思想史

Peter Watson

IDEAS

A History
from Fire to Freud

从火到
弗洛伊德　上

［英国］彼得·沃森——著　胡翠娥——译

译林出版社

献给贝贝

没有完全的真理，
所有的真理都是部分的真理。
把它们当作完全的真理
就是胡作非为。

阿尔弗雷德·诺斯·怀特海
《对话录》（1953）

忍受概括归纳也许很困难，
但没有概括和归纳则无法想象。

彼得·盖伊
《施尼茨勒的世纪》（2002）

目　录

第四部　从阿奎那到杰斐逊：攻击权威、世俗思想和现代个人主义的诞生

中文版序

《思想史：从火到弗洛伊德》即将在中国出版，我非常高兴，也非常荣幸。这个国家近来发生的许多变化（社会的、经济的、技术的、教育的）意味着新的思想正在各处涌现，对此没有人能够怀疑。本书虽然审视的是过去（它是一部历史），但是我认为它同样适合中国现在特有的“前进状态”（正如英国人所说的）。

需要着重说明的是，这本书不仅仅是一部西方胜利高歌的历史。相反，该书虽然花了很多篇幅讲述欧洲（不仅作为一块大陆，而且作为某些思想的象征）的崛起及其重要地位，但是它同样探讨了中东、印度、朝鲜半岛、日本，尤其是中国的思想在历史上关键时期所起的作用。这是一部包含多种传统的叙述。

但这并不意味着本书不具有批判精神。中国的读者也许会对第 14、15 和 23 章特别感兴趣，因为这些章节不仅讨论了新儒家、理学和中国古代的“毛笔文化”，而且还探讨了中国士大夫文人的性质和地位，并且尝试回答为什么穆斯林文化和中国文化没能发展出现代科学这一突出的问题。

近来西方学界声称，他们在东西方之间发现了一些有趣的差异，现代中国学人对此会予以首肯。例如，哈佛的学者托比 · 赫夫让人们去关注非欧洲地区的科学如何落后。托比 · 赫夫一直在亚洲工作，其研究成果也在亚洲出版。他指出，在11世纪，穆斯林中东拥有“几百座”图书馆，其中设拉子的一座图书馆据说包含多达三百六十个房间。但在伊斯兰制度下，天文学家和数学家通常还扮演另一种叫作穆瓦奇特的角色，即清真寺中的计时员和历法专家，因此他们很难产生新的思想，因为这些思想可能对信仰造成威胁。赫夫认为阿拉伯的天文学家知晓开普勒所知的一切，但从未仔细思考太阳中心说体系。中国人和阿拉伯人没有发明数学上的等号，事实上中国人也从不认为实证调查可以完全解释物理现象。赫夫认为，13世纪的欧洲学者与伊斯兰学者或中国学者数量相当，但后两种文明由于学术被国家或统治者中央集权化，没有形成系统的或集体的怀疑论，最终导致了文明的落后。

16世纪，了解天体是科学最重要的目标，这里的科学主要指物理学。在宗教社会，“人的全部命运和其他一切都与天体运动密不可分：天体统治着大地。因此，谁理解了天体是怎样运行的，谁就理解了地球上的一切”。17世纪西方科学革命的主要影响之一，是天体并不统治大地，到牛顿思想被接受的时候，这种观念已经很明显了。这是最重要的一大进步。

现代中国正在学术上快速发展。中国的大学尽管存在某些限制，但是似乎发展良好，正在创立新传统，尤其在科学和数学领域，这主要得益于这些领域较少受到政治和社会因素的干预。

在一个国家，重要性仅次于政治机构的，当属它的大学。大学是新旧思想汇聚之地，尤其是新旧思想密切接触的重要连接点。我们正在目睹历史转型的关键时期，亚洲开始在思想领域重新获得其应有的地位。如果本书有助于这种值得欢迎的变化的顺利发展的话，那么我更有理由为这本书在中国出版而感到欣喜。

胡翠娥教授为翻译该书付出了不懈的努力，对此我深表谢意！

彼得·沃森
伦敦，2016年夏

作者按

利奥·罗斯腾在他出版于1970年的《意第绪语的快乐》的“致谢”中，对一位朋友表示了感谢。这位朋友在对该书手稿的批评中，展现出他“对古代历史、拉丁语、希腊语、德语、意大利语、希伯来语、阿拉米语和梵语的熟稔”。正是最后的一笔让我很喜欢：阿拉米语和梵语。能够说英语、德语和意大利语已经令人惊叹了；加上拉丁语、希腊语和希伯来语，就已经能让你成为一个非凡的语言学家；再加上阿拉米语（耶稣说的语言）和梵语？这样的人，罗斯腾只在书中的另一处提到过，那是一位伟大学者，一位“拉比”，一个“聪明、睿智或学识广博的男人或女人”。在《思想史》这样的著作中，把学识和智慧视为同一是一件令人感到安慰的事情，但是罗斯腾很快打消了这样的希望。“这位年轻、聪明的拉比告诉祖母自己将要成为哲学博士。她自豪地笑了：‘很好。但是哲学是一种什么病啊？’”*

在撰写本书的过程中，我本来需要很多像罗斯腾的朋友那样的人，因为本书的材料涵盖了多种语言写成的文献，包括阿拉米语和梵语。但是现

* 在英语中“博士”和“医生”是同一个词。——译注

在能找到的通晓多种语言的“马文”（意第绪语里的“专家”“鉴赏家”之意）不如以前那么多了。尽管如此，我的运气并不差，因为许多喜欢为大众读者撰写思想史的著名学者答应阅读部分甚至全部打印稿，让我从他们的专业知识中获益。在向他们致谢之前，我先要声明，书中遗留的错误、缺漏和语法问题都由我本人负责。接下来，我要向以下各位表示感谢。他们是：John Arnold, Peter J. Bowler, Peter Burke, Christopher Chippendale, Alan Esterson, Charles Freeman, Dominick Geppert, P.M. Harman, Robert Johnston, John Keay, Gwendolyn Leick, Paul Mellars, Brian Moynahan, Francis Robinson, James Sackett, Chris Scarre, Hagen Schulze, Robert Segal, Chandak Sengoopta, Roger Smith, Wang Tao, Francis Watson 和 Zhang Haiyan。在编辑和文字输入方面，我还要向以下人物表示谢意：Walter Alva, Neil Brodie, Cass Canfield Jr., Dilip Chakrabati, Ian Drury, Vivien Duffield, Hugh van Dusen, Francesco d’Errico, Israel Finkelstein, Ruth Fitzgibbons, Harry Fitzgibbons, David Gill, Eva Hajdu, Diana Harari, Philip Harari, Jane Henderson, David Henn, Ilona Jasiewicz, Raz Kletter, David Landes, Constance Lowenthal, Fiona McKenzie, Alexander Marshack, John Menzies, Patricia Menzies, Oscar Muscarella, Andrew Nurnberg, Joan Oates, Kathrine Palmer, Colin Renfrew, John Russell, Jocelyn Stevens, Cecilia Todeschini, Randall White 和 Keith Whitelam。如果没有来自三家图书馆的工作人员的帮助，本书不可能写完。它们是：英国剑桥大学的哈登人类学和考古学图书馆、伦敦图书馆、伦敦大学东方与非洲研究所图书馆。对它们的帮助，我至为感激。

在本书的结尾，共 3550 条参考文献。不过，这里我想请大家注意那些我参考最多的文献。研究并撰写《思想史》的一大乐趣是能够熟悉这么多的著作，它们虽然从来不是畅销书，却都是博学、有洞见、有学识的杰出作品。下面提到的不少著作都是同类作品中的经典之作，要不是因为本书的篇幅已经太长的话，我还想写一篇书目介绍，对以下清单中许多书的内容、研究方法和吸引人之处进行描述。其实，我只想说，以下清单包括的著作都是任何希望通晓思想史的人士的必备之书；而且，我对以下作者的感激之心没有止境。这些书给予我的快乐是无法衡量的。

按照作者/编者的姓氏字母顺序排列，它们依次为：Harry Elmer Barnes, *An Intellectual and Cultural History of the Western World*; Isaiah Berlin, *The Sense of Reality*; Malcolm Bradbury and James McFarlane (editors), *Modernism: A Guide to European Literature, 1890—1930*; Jacob Bronowski and Bruce Mazlish, *The Western Intellectual Tradition*; Edwin Bryant, *The Quest for the Origins of Vedic Culture*; James Buchan, *The Capital of the Mind*; Peter Burke, *Culture and Society in Renaissance Italy*; J.W. Burrow, *The Crisis of Reason: European Thought, 1848—1914*; Norman Cantor, *The Civilisation of the Middle Ages*; Ernst Cassirer, *The Philosophy of the Enlightenment*; Jacques Cauvin, *The Birth of the Gods and the Origins of Agriculture*; Owen Chadwick, *The Secularisation of European Thought in the Nineteenth Century*; Marcia Colish, *Medieval Foundations of the Western Intellectual Tradition, 400—1400*; Henry Steel Commager, *The Empire of Reason*; Alfred W. Crosby, *The Measure of Reality: Quantification and Western Society*; Georges Duby, *The Age of the Cathedrals*; Mircea Eliade, *A History of Religious Ideas*; Henri F. Ellenberger, *The Discovery of the Unconscious;* J. H. Elliott, *The Old World and the New*; Lucien Febvre and Henri-Jean Martin, *The Coming of the Book*; Valerie Flint, *The Imaginative Landscape of Christopher Columbus*; Robin Lane Fox, *The Unauthorised Version*; Paula Fredericksen, *From Jesus to Christ*; Charles Freeman, *The Closing of the Western Mind*; Jacques Gernet, *A History of Chinese Civilisation*; Marija Gimbutas, *The Gods and Goddesses of*

Old Europe: 6500 to 3500 BC; Edward Grant, *God and Reason in the Middle Ages*; Peter Hall, *Cities in Civilisation*; David Harris (editor), *The Origins and Spread of Agriculture and Pastoralism in Eurasia*; Alvin M. Josephy (editor), *America in 1492*; John Keay, *India: A History*; William Kerrigan and Gordon Braden, *The Idea of the Renaissance*; Paul Kriwaczek, *In Search of Zarathustra*; Thomas Kuhn, *The Copernican Revolution*; Donald F. Lach, *Asia in the Making of Europe*; David Landes, *The Wealth and Poverty of Nations*; David Levine, *At the Dawn of Modernity*; David C. Lindberg, *The Beginnings of Western Science*; A. O. Lovejoy, *The Great Chain of Being*; Ernst Mayr, *The Growth of Biological Thought*; Louis Menand, *The Metaphysical Club: A Story of Ideas in America*; Steven Mithen, *The Prehistory of the Mind*; Joseph Needham, *The Great Titration*; Joseph Needham *et al., Science and Civilisation in China*; Hans J. Nissen, *The Early History of the Ancient Near East*; Anthony Pagden, *The Fall of Natural Man and People and Empires*; J. H. Parry, *The Age of Reconnaissance*; L. D. Reynolds and N. G. Wilson, *Scribes and Scholars*; E. G. Richards, *Mapping Time: The Calendar and Its History*; Richard Rudgley, *The Lost Civilisations of the Stone Age*; H. W. F. Saggs, *Before Greece and Rome*; Harold C. Schonberg, *Lives of the Composers*; Raymond Schwab, *The Oriental Renaissance*; Roger Smith, *The Fontana History of the Human Sciences*; Richard Tarnas, *The Passion of the Western Mind*; Ian Tattersall, *The Fossil Trail*; Peter S. Wells, *The Barbarians Speak*; Keith Whitelam, *The Invention of Ancient Israel*; G. J. Whitrow, *Time in History*; Endymion Wilkinson, *Chinese History: A Manual*。

我还要请大家关注世界各大学出版社的赞助人和编辑。后面讨论到的许多最引人入胜和重要的著作从来不会成为商业选题；但是大学出版社的存在至少在一定程度上保证了新思想得到出版。为此，我们充满感激。我们还不应忘记本书提到的许多著作的译者（有些是匿名的，有些已经辞世多年）。正如利奥·罗斯腾所言，语言技能不应当被视为理所当然。

在关于中国的章节中，我使用了汉语拼音来进行音译而不是威妥玛注音，不过有些词的威妥玛注音即使对非专家而言也已经广为人知（拼音中没有撇号和连字符）。在抄录其他文字（例如阿拉伯语、希腊语、梵语）时，我几乎省略了所有的附加符号，因为大多数读者不知道 å 或 ẹ 如何改变原有的发音。只有在必不可少的情况下，我才保留了附加符号，例如，为了区别俄罗斯的史前遗址马尔他（Mal'ta）和地中海的马耳他岛（Malta）。大多数时候，我所说的“经书”指希伯来《圣经》，有时，为了避免重复，我也用《旧约全书》。

一如既往地，我最诚挚的谢意要献给凯瑟琳。

思想史大事记

有些年代，尤其是早期的年代，是大致的估计。

60000 至 40000 年前："创造激增"，大量洞窟艺术与雕刻

14000 至 6000 年前：动植物的驯化

前 11000 年：最早使用黏土

前 5500 年：最早的文字出现于印度

前 2900 年之后：《吉尔伽美什》，第一部文学创作的史诗

前 2100 年：第一部法典

前 2000 年：发明轮子

前 1200 年之前：第一套字母表

前 640 年：发明货币

前 600 年：书面拉丁文的最早证据

前 585 年：米利都的泰勒斯预测日食。亚里士多德认为，这是科学与哲学的开始

前 538 年：佛陀开始游历

前 507 年：克里斯提尼在雅典引进民主制

前 336 年之后：亚里士多德为世界分类

前 3 世纪中叶：阿里斯塔克斯提出太阳系日心说

前 2 世纪中叶：中国发明纸张

前 160 年：以色列流行复活和弥赛亚的概念

前 120 年：《马加比二书》中第一次使用“犹太教”这个术语

公元 1 世纪：中国发明手推车

33 年：保罗皈依基督教

80 年：中国发明罗盘

2 世纪 70 年代：基督教的四《福音书》出现

242 年之前：亚历山大港盛行新柏拉图主义

431 年：马利亚作为圣母得到宣福

570 年：穆罕默德出生

633 年：《古兰经》得到编纂

8 世纪：发明农田轮作

751 年：纸从中国传到西方

904 至 906 年：中国最早将火药用于军事

1001 年之后：雷夫 · 埃里克松探索文兰

1094/1117 年：牛津大学出现第一批名字有史可查的教师

13 世纪末 /14 世纪初：资本主义与银行在意大利发源

14 世纪初：欧洲大量出现大学，西方艺术开始出现透视技术

14 世纪末：复式记账法得到运用

1403 年：朝鲜使用活字字模

1440 年：发明印刷术

1450 年之后：欧洲重新发现柏拉图

1506 年：最早的包含美洲的印刷地图

1517 年：马丁·路德将《九十五条论纲》钉在维滕贝格教堂的大门上。宗教改革开始

1519 年：麦哲伦发现通往太平洋的南部航线，他的助手塞巴斯蒂安·德尔·卡诺完成环球航行

1525 年：再洗礼派在德意志发动农民起义

1543 年：哥白尼《天体运行论》发表

1605 年：弗朗西斯·培根《论学术的进展》发表；塞万提斯《堂吉诃德》第一部出版（第二部出版于 1615 年）

1619 年：勒内·笛卡尔认识到怀疑的重要性以及心灵—肉体的二元论

1669 年：最早认识到化石是生物的残留

1670 年：斯宾诺莎《神学政治论》发表

1675 至 1683 年：列文虎克发现原生动物、精子和细菌

18 世纪初：报纸兴起；学术期刊与音乐厅兴盛；“公共领域”出现；中国出现禁书目录

1721 年：第一家工厂出现在德比

1729 年：长距离输送电力

18 世纪 40 年代：大卫·休谟攻击基督教

1750 年之后：北美的大觉醒运动

1760 年：工业革命开始

1789 年：法国大革命，法国公布《人权宣言》；边沁的“幸福计算法”

1790 年：第一次使用“中产阶级”这个词

18 世纪末：哥廷根大学开始对《圣经》进行文本批评；火成论与水成论，关于地球历史的不同理论

1805 年：贝多芬《英雄交响曲》问世

1816 年：电报首次运作；第一次使用“印度”（Hindoo）这个词

1831 年：英国科学进步学会组建

1833 年之后：首次使用“精神错乱”及“精神病”的术语

1838 年：孔德发明“社会学”这个术语；首次使用“古生物学”这个术语

1840 年：路易·阿加西发现冰期

1848 年：欧洲多个城市爆发革命；罗伯特·欧文证明脊椎动物有类似的结构

1856 年：在德意志发现尼安德特人头骨

1859 年：查尔斯·达尔文在《物种起源》中确立自然选择为物种演化的机制；约翰·斯图尔特·密尔发表《论自由》

1864、1879、1893 和 1899 年：教廷发布敕令，反对现代主义、《圣经》批评和科学

1874 年：剑桥大学卡文迪许实验室建立

1880 年：约瑟夫·布洛伊尔治疗贝尔塔·帕彭海姆（“安娜·O”）

1885 年：巴斯德发现狂犬病疫苗

1897 年：发现电子，粒子物理学建立；埃米尔·涂尔干发表《自杀论》

1899 至 1900 年：西格蒙德·弗洛伊德《梦的解析》发表，为精神分析论奠基

前　言

历史上最重要的思想：一些候选

1936年，英国物理学家和自然哲学家艾萨克·牛顿爵士的一组文件在伦敦索斯比国际拍卖行进行拍卖，而五十年前，当这组文件被提交剑桥大学时，曾被认为“毫无科学价值”。文件被另一位剑桥学人约翰·梅纳德·凯恩斯（即后来的凯恩斯勋爵）购得。他花了几年的时间研究这些文件（主要是手稿和笔记），并于1942年，第二次世界大战中，在伦敦的皇家学会俱乐部举办讲座，展示了“历史上最有名、最受崇敬的科学家”的全新一面。“18世纪以来，”凯恩斯告诉俱乐部的会员，“牛顿一直被认为是第一位也是最伟大的现代科学家和理性主义者，一个教会我们如何用纯粹理性冷静思考的人。我不这么看他。我想任何一个人如果仔细研读过牛顿在1696年离开剑桥时留下的那个盒子里的东西（虽部分失散，但传到我们手中），都不会那样看他。牛顿不是理性时代的第一人。他是最后的魔法师，最后的巴比伦人和苏美尔人，他和不到一万年前那些开始铸造我们思想遗产的人用同样的眼光注视着这个物理世界和思想世界。”[1]

当然，对我们来说，牛顿仍然最主要是建构现代宇宙观念（即宇宙因为重力作用而凝聚成形）的人。但自凯恩斯在皇家学会发表演讲以来的几十年，一个非常不同的牛顿开始出现：他在虚幻的炼金术世界里耗时多年寻找魔法石，潜心研究《圣经》编年，因为他相信那有助于预测末日天启的具体时间。他几乎是个神秘主义者，对玫瑰十字会、占星术和命理学着迷。牛顿相信摩西早就认识到哥白尼的日心说和他自己的重力理论。在他的名著《自然哲学的数学原理》出版几十年后，牛顿还在努力发掘所罗门圣殿的确切布局图，因为他相信所罗门圣殿是“天堂地形的最佳指引”。[2]也许最令人惊奇的是，最近的学术界发现指出，如果牛顿没有在炼金术方面做研究，就可能不会取得那些改变世界的发现。[3]

1 牛顿身上的悖论是开始本书的一个有用的矫正。人们可能期望一部思想史应该展现一个流畅的人类思想发展进程：从早期人类使用石器的时代的原始思维，经过几大宗教的酝酿，直到文艺复兴时期史无前例的艺术繁荣、现代科学的诞生、工业革命、摧枯拉朽的进化论和我们非常熟悉并赖以生存且成为我们这个时代标志的神奇技术。

但是从这位伟大科学家的生涯中，我们发现，情况并非这么简单。多数时候，确有一个总体的发展和稳定的进步（关于进步的思想将在第26章详细讨论），但绝不是所有的阶段都如此。通观整个历史，某些国家和文明在一段时期内散发过光芒，然后由于种种原因，光芒消退了。思想史绝不是一条直线，这正是它的魅力所在。剑桥大学科学史学家李约瑟在他的《伟大的滴定》（1969）一书中，着手解决他认为是历史上最令人费解的难题之一：为什么发明了纸张、火药、木板印刷、瓷器和科举制度的中国文明在领先世界思想几个世纪之后，从未发展出成熟的科学或现代商业机制——资本主义，并且在中世纪以后被西方超越，远远地落在后面？（他的答案将在本书后文讨论。）[4]伊斯兰文明也是如此。9世纪，巴格达在地中海的文化领域居领先地位：正是在这里，古代文明的伟大典籍得到翻译，医院得以建立，几何学得到发展，哲学取得重大进展。到11世纪，由于宗教极端主义的严酷与苛刻，先进的伊斯兰文明消失了。查尔斯·弗里曼在他的新著《西方思想的终结》中，描述了许多在中世纪早期基督教极端主义统御下智识生活枯萎的案例。[5] 5 世纪的拉克唐修写道：“知识有何用？关于自然界，即便我知道尼罗河从何而来，或拥有任何‘科学家’为之疯狂的知识，又能为我带来什么福祉呢？”[6] 早在公元前 5 世纪，希波克拉底就把癫痫描述为一种自然疾病。然而到中世纪，它却成为圣克里斯托弗负责的事情。当时的一位英格兰医生加德斯登的约翰，向癫痫病人推荐了一种治疗方法，让他们一边读《福音书》，一边在身上放一根白狗毛。[7]

这也许是我们从思想史中能吸取的最重要的教训：思想生活（它可能是我们最重要、最令人满意、最有特点的一个存在维度）是非常脆弱的，很容易被毁灭或丢弃。在本书的最后一章，我将尝试性地给出某些结论，以期评价这一领域取得了哪些成就，遗失了哪些东西。本“前言”要表明，这部思想史如何不同于其他历史，并试图帮助解说思想史是什么。这里的讨论将限于组织思想史材料的不同方式。一部思想史当然要涉及浩繁的材料，因此必须找到一种适用的组织方式。

因为某种原因，过去许多人都把思想史看作一个三分体系，即围绕三
大思想、三个时代或三项原则进行组织。菲奥勒的约阿希姆（约 1135— 2
1202）主张，曾经存在三个时代，分别由圣父、圣子和圣灵统御，主导每个时代的分别是《旧约全书》《新约全书》和“精神永存的《福音书》”。[8] 法国政治哲学家让·博丹（约 1530—1596）把历史分成三个阶段：东方民族的历史、地中海民族的历史和北方民族的历史。[9] 1620 年，弗朗西斯·培根指出了使他生活的时代区别于以往时代的三大发现。[10] “我们有幸能观察到发明的力量、价值和成果。没有比这三大发明更显著的了，它们不为古人所知，它们的源头直到最近才被发现，此前既不清楚，也不广

为人知。它们是印刷术、火药和磁石。这三样东西改变了世界的面貌和现状，第一样改变了文学，其次是战争，最后是航海，并由此衍生出无数变化。没有哪个帝国、宗教派别，或名人，对人类事件施加的力量和影响能超过这些机械发明。”[11] 这些发明的真正起源在培根之后得到了明确，但这并不能改变他的论断的力量。

培根的“秘书”托马斯·霍布斯（1588—1679）认为，有三种知识门类在解释力上超过其他任何知识：研究自然物体的物理学、研究个体人类的心理学和研究人类社会群体的政治学。詹巴蒂斯塔·维柯（1668—1744）划分了三个时代：神的时代、英雄时代和人类时代（虽然他从希罗多德和瓦罗处借用了一些东西）。维柯往往用三分法思考问题，他区分了形成历史的三种“本能”和形成文明的三种“惩罚”。[12] 三种本能是对神的信仰、对父母的承认和埋葬死者的本能，它们分别给人类带来了宗教、家庭和墓葬制度。[13] 三种惩罚是羞耻心、好奇心和劳动的需要。[14] 法国政治家安·罗贝尔·雅克·杜尔哥（1727—1781）认为文明是地理、生物和心理因素的产物（圣西门同意此说）。孔多塞侯爵（马利·让·安托万·尼古拉·德·卡里塔，1743—1794）认为法国大革命是过去和“辉煌未来”的分水岭，并且相信历史上有三大突出问题：国家之间不平等的消灭、一国之内平等的进步和人类的完善。英国无政府主义者威廉·戈德温（1756—1836）认为有三大思想能够实现生活的最终目标（理性和真理的胜利），那就是文学、教育和（政治上的）公正。托马斯·卡莱尔（1795—1881）注意到“现代文明的三大要素是火药、印刷术和新教”，而奥古斯特·孔德（1798—1857）建构了三大历史阶段：神学阶段、形而上学阶段和科学阶段，后来又扩展为神学—军事阶段、形而上学—法律至上主义阶段和科学—工业阶段。[15] 到 19 世纪，人类学家詹姆斯·弗雷泽爵士区分了三个时期，即巫术时期、宗教时期和科学时期，而路易斯·摩尔根在他的《古代社会》中把历史分成蒙昧社会、野蛮社会和文明社会，认为文明的主要组成思想包括政府、家庭和私有财产的思想。

不是每个人都同意三分法历史观。孔多塞认为进步有十个阶段，约 3
翰·哥特弗里德·冯·赫尔德把历史分成五个时期，格奥尔格·威廉·黑格尔则分成四个时期，而伊曼努尔·康德则认为进步经历了九个阶段。

不管怎样，W.A.邓拉普在1905年的文章中，使用“三分体系”（triposis）这个词来描述那种把思想史划分成三个阶段的倾向，而欧内斯特·格尔纳在1988年则使用了“三位一体”（trinitarian）这个词。[16]较近期的J.H.丹尼森在《作为文明基础的情感》（1932）一书中，把社会分成父权社会、兄权社会和民主社会。1937年，哈里·艾尔墨·巴恩斯在《西方世界思想文化史》中描述了人类“情感”史上的三大变化，即轴心时期（前700—前400）的“伦理一神教”、文艺复兴时期的个人主义（此生本身成为目的，而不是通往不明确的来生的准备）和19世纪的达尔文进化论。[17]

经济学家也经常以三分法思考问题。在《国富论》（1776）中，亚当·斯密（1723—1790）率先对收入做了基本区分：租金、工资和股票收益，分别把它们的获得者称为地主、工人和资本家，认为它们“构成了每个文明社会的三大秩序”。[18]甚至马克思主义也如此划分：没有剩余产品也没有剥削的时期，剩余产品和剥削都盛行的时期和只有剩余产品却没有剥削的时期。[19]卡尔·波兰尼在《巨变》（1944）一书中，区分了三个经济时代：互惠时代、再分配时代和市场时代。两年后，R.G.柯林伍德在《历史的观念》中，描述了欧洲史学史上的“三大危机”。第一次危机出现在公元前5世纪，历史学开始成为一门科学；第二次危机发生在公元4世纪和5世纪，随着基督教的出现，历史被认为是上帝的创造物，而不是人类的创造；第三次危机出现于18世纪，否认任何先天说、直觉说或天启说。1951年，哈佛大学古代和现代史教授克雷恩·布林顿在《思想与人》一书中，区分了形成现代世界的三大思想：人文主义、新教主义和理性主义。1965年，卡罗·奇波拉出版了《欧洲扩张早期的火炮和帆船：1400—1700》，在书中他提出，民族主义、大炮和航海促成了欧洲对世界的征服，因而创造了现代世界。宗教改革之后在欧洲兴起的民族主义导致了新一轮战争，促进了冶金术和更有威力、更残酷的武器的发展。这些远远超越了东方任何已经取得的成就（1453年的情况正相反，土耳其人攻陷了君士坦丁堡），同时在帝国野心的刺激下，航海术的发展使欧洲船只能够到达远东（瓦斯科·达伽马时代）和美洲。[20]

欧内斯特·格尔纳在《犁、剑和书》（1988）中提出，历史上有三个伟大时代，即狩猎采集时代、农耕时代和工业时代，它们分别对应三大人类活动，即生产、强制和认知。1991年，理查德·塔纳斯在《西方思想的激情》一书中提出，至少在西方，哲学发展可能分成三大阶段：哲学在古典时代有自主地位，在基督教统治时期从属于宗教和此后从属于
4 科学。[21]

约翰·古兹布鲁姆在《火与文明》（1992）中提出，人类对火的控制带来了人类生活中的第一次转变。早期人类不再是掠食者，对火的控制使他们能够圈禁野兽和清理土地。没有这些，农业，即第二次转变，不可能出现。对火的控制同样使烧煮技术成为可能，使人和动物区分开来，而且可能被视为科学的起源。（烟的使用也可能是人类的第一种交流形式。）当然，对火的控制还产生了烘焙、制陶和熔炼（“烟火文化”），由此才能制造金属短剑和长剑。但是，古兹布鲁姆说，继农业之后的第三次大转变，也是最重要的一次，是工业化。水和火的结合产生了蒸汽，人类开始驾驭一种全新的能量，使无论尺寸还是力量都前所未有的庞大机器能够执行日常工作，比人工更好、更快。[22]

牛津大学的政治哲学家以赛亚·伯林认为历史上存在三大政治学/心理学转折点。第一次是在亚里士多德死后，雅典的各哲学学派“不再认为个体只在社会生活的背景下是可以理解的，不再讨论曾经主宰柏拉图学园和吕刻昂学府的那些与公共生活和政治生活有关的问题，仿佛这些问题不再是核心……突然转而仅从内心经验和个人救赎的角度来探讨人”。[23] 第二次转折点开始于马基雅维里，他承认“自然品德和道德品德之间的区分，认为政治价值不仅仅不同于，而且可能在原则上不容于基督教伦理”。第三大转折点（伯林认为是迄今为止最伟大的）是浪漫主义的出现。这些变化将在第 30 章讨论。

最后，1997 年，贾雷德·戴蒙德在《枪炮、病菌与钢铁》中继续讨论奇波拉留下的问题：他着力解释前现代世界的发展方式以及为什么是欧洲发现了（而且征服了）美洲，而不是相反。他的答案包括三个宽泛的主题。第一，欧亚大陆基本上是个东西走向的大陆，而美洲则是南北走向的大陆。他说，地理上的严峻现实意味着，从理论上讲，家畜和植物沿着纬线播迁比沿着经线播迁更容易，这意味着欧亚大陆的文化演进比美洲大陆更容易也更快。第二，欧亚大陆可驯养的哺乳动物种类比美洲大陆要多（15∶2），这也有助于文明的演进。尤其是，在欧亚大陆，马的驯养改变了战争，刺激了剑的制造，后者又促进了冶金术的发展，它们都意味着欧洲的武器远远胜过新大陆。第三，动物的驯养意味着欧洲人对动物体内携带的病菌具有免疫力，而这些病菌进入新大陆时使当地人口急剧减少。[24]

令人欣慰的是，上述不同的方法之间有重叠之处。例如，农业、武器、科学、工业化和印刷术，每一项都被不止一位学者选中。这些论争和思想显然有助于我们在这一庞大领域中找出自己的研究方法，但是，正如 5
我在“前言”的下文，乃至整本书将要清楚阐述的，虽然所有这些思想和发明都很重要，我却有不同的选择。

当然，识别历史上最有影响力的发明和思想绝不是论述思想发展的唯一方式。雅各·布罗诺夫斯基和布鲁斯·马兹利希在他们的著作《西方思想传统》中，区分了思想活动的三大“王国”，我发现这是一种非常有用的做法。首先是真理的王国，追求真理是宗教、科学和哲学所关心的问题。在真理的王国，在理想的情况下，人们意见的一致性是完全的、不由自主的，即在逻辑、数学和演绎意义上是必然的。其次是正确的王国，这是法律、伦理学和政治学关心的问题。在这个王国，意见的一致性多数时候是自愿达成的，人们不需要完全同意，但是为了行之有效仍需要广泛流布。最后是趣味的王国，主要与艺术有关。在这个王国，完全不必达成一致性，甚至不一致往往还饶有意味。同样，这三大王国之间也有重叠之处（艺术家也追求真理，宗教对什么是真理和什么是正确都关心），不过它们的区别是阅读本书时需要牢记的。希腊人很早就认识到自然之律和人事之律之间的重要区别。[25]

当然，“三分法则”并没有任何神圣性或必然性。另一种途径是强调“大”思想之间的连续性。例如，在诸如“进步”“自然”“文明”“个人主义”“权力”和“什么是现代”“什么不是现代”等热门话题上，论著甚多。许多学者，尤其是政治历史学家和道德哲学家，把贯穿历史的最重要的思想脉络看作围绕自由和个人主义这两个主题而推进的道德传奇。有人把历史看成是一部道德演进的宏大叙事，伊曼努尔·康德就是其中之一。以赛亚·伯林还花了大量笔墨界定和完善不同的“自由”概念，解释在不同的政治和思想体制下以及在不同的历史时期，自由是如何被理解的。个人主义的研究近来急剧增加，许多历史学家都认为它代表了现代性和资本主义的本质特征。丹尼尔·丹尼特在其近著《自由的进化》中，描述了历史上个人主义的发展历程以及自由如何发展，如何造福人类的不同方式。自由本身既是一种思想，也是一种特别能激发思想生成的心理 / 政治条件。

上述每一种解说思想史的方法都自成一说，上述每一种著作和文章都值得推荐。最后，本书也仿照弗朗西斯·培根、托马斯·卡莱尔、詹巴蒂斯塔·维柯、卡罗·奇波拉、欧内斯特·格尔纳、贾雷德·戴蒙德等人，采用三分结构，不是为了照猫画虎（另辟蹊径可能更糟），而是因为我所确定的三个最重要的思想，能够言简意赅地概括我对历史上发展的论述，也能更好地描述我们的现状。

以上提到的所有组织形式在后面的叙述中都会涉及，但是我要确定的最重要的三大思想将决定本书的最终结构和主题，它们是：灵魂、欧洲 6
和实验。在此，我不想预先演示本书的论证。不过，如果有批评的话，我相信本书能阐述清楚，为什么我认为灵魂概念比上帝概念更为重要；为什么欧洲不仅仅是地图上的一个位置，更是一种重要思想；为什么小小的实验能发挥如此深刻的影响。我还认为，这三大思想能够解释我们现在的困境，不过这也要容后叙述。

也许我应该稍稍花点笔墨解释我所说的“思想”的含义。我没有什么神奇的公式，可以依据它来选择本书所包括的思想。我把自己认为重要的抽象思想和发明都包括在内。根据某些古生物学家的观点，人类的第一个抽象思想出现于大约 70 万年前，当石器手斧在比例结构上开始呈现标准化的时候。科学家认为，这一标准化表明早期人类的头脑中已经有了手斧应该是什么样的“思想”。我会在下文讨论这一论述以及它的意义。不过，我认为在 250 万年前，远在手斧的标准化之前，早期人类认识到锋利的石头能够刺穿他们用手指和牙齿都不能撕开的兽皮而首次发明手斧，也是一种“思想”的证据。公元前 3000 年之前发明的书写是一种思想，而且是非常重要的思想。现在，我们一般都不认为文字和书写像电脑或手机一样，是一种发明，因为它们伴随我们的时间已经太久了。但是，发明是思想的证据。我把语言当作一种思想，因为语言反映了人类的思考方式，不同语言之间的差异亦标志着不同民族的社会和思想史特点。而且，大多数思想是在语言中形成的。所以，我讨论了在世界思想中最有影响力的几种语言的历史和结构：汉语、梵语、阿拉伯语、拉丁语、法语和英语。

第一位构思思想史的人也许是弗朗西斯·培根（1561—1626）。他肯定说过，最有趣的历史形式是思想史，不曾考虑各时期主导思想的“历史是盲目的”。[26] 伏尔泰（1694—1778）谈到了历史哲学，认为历史应该被看作某种让哲学家（而不是军人—政治家）感兴趣的东西。他认为文化和文明以及此意义上的进步，应当容许世俗的、批判的和经验的探索。[27] 法国的年鉴学派对历史中较不易察觉的“心态”感兴趣，例如历史上不同阶段的思想氛围（比如时间是如何被理解的，中世纪对隐私的观念是什么），这一派也构成了一种思想史，尽管谈不上系统性。

在现代，美国巴尔的摩约翰·霍普金斯大学的哲学教授阿瑟·O. 洛夫乔伊在激发对思想史的兴趣方面，比其他任何人都用力更多。他是霍普金斯大学思想史俱乐部的创建人之一。1933 年春季，他为哈佛大学“威廉·詹姆斯哲学和心理学讲座”项目做了系列讲座，主题是他称之为西方
7 思想中“最有力最持久的假说”。讲座题目为“存在巨链”，1936 年作为同名书出版，到 2001 年共再版二十一次。洛夫乔伊认为，存在巨链是两千四百年来最有影响力的理解宇宙的一种方式，它暗示了对神的性质的某种认知。他坚持认为，不了解这一点，“对［西方］思想历程的理解……是不可能的”。[28] 简而言之，书中隐含的观点是，正如首先由柏拉图认清的，宇宙本质上是一个理性世界，所有的有机物组成一根巨大的链条，不是从低到高（因为柏拉图能够看出，即使低等生物在其体系内也是完美

“适应的”），而是存在一个普遍意义上的等级秩序，从虚无到无生命世界，到植物王国，再向上进入动物王国和人类世界，再向上进入天使和其他“非物质的、思想的”实体，最后到达一个最高最超越的存在，即终点或绝对。[29]除了说明有一个理性的宇宙外，洛夫乔伊还说，链条还暗示了某些现象的“非现世性”，不仅指“绝对”（或神），还特指“超感觉的永恒实体”，即“思想”和“灵魂”。

这一存在链进一步表明，越往上，越完美。这就是变得完美、改善和趋近完美的概念，由此出现“善”，什么是善，以及把神和绝对等同为善的思想。“神在他永不停止的内省中总能享受的福佑是善，这是所有其他存在以不同方式渴望并且极力达到的。”[30]思想的永恒世界的观念进一步提出了两个问题：第一，在永恒的思想世界，或在最高存在之外，为什么存在一个“变得完美”的世界？实际上也就是，为什么存在有形世界，而不是尽是虚无？第二，是什么原则决定了构成这个可感觉的世俗世界的存在的种类数？为什么种类如此丰富繁多？这是不是体现了神的善？

洛夫乔伊接着追溯了这一思想在中世纪、文艺复兴和18与19世纪的变迁。他举例说，哥白尼的天体运行论证明地球是围绕太阳运转的，而不是相反，当时很多人把这一理论理解为对天堂是“至善”的一种新的思考方式，更加接近上帝希望人类对他的理解。[31]例如，红衣主教贝拉明也说：“上帝希望他的子民能通过他的创造物多少了解他，而且由于没有一个单一的创造物能完全展现上帝的至高完美，所以他创造万物，赋予每个事物以某种程度的善和完美，这样从它们身上我们得以一窥上帝的至善与完美，因为他就是至高的完美。”[32]在第25章，我们将看到，红衣主教贝拉明是天主教会抵制哥白尼学说的主要人物。根据这种解读，哥白尼的突破不过是人们通往上帝而迈出的小小的一步而已。

卢梭在《爱弥儿》中说道：“噢，人啊！安分守己，你就不会感到不幸。恪守自然指定你在存在链中的位置……”[33]蒲柏有诗云：“了解你自己；这种种类、程度的 / 盲目和软弱，是上帝的赐予。”[34] 18 世纪法国《百科全书》的作者认为这种方法能够增进知识，“因为‘自然界任何事物都
8 联结在一起’，因为‘所有的存在都被一根链子连为一体，链子的有些联结我们能看见，但是更多的时候，它们之间的连续性不被我们注意’，‘哲学家的艺术就是为看似不相干的各部分寻找新的联系，尽可能缩短它们之间的距离’”。[35]甚至康德也谈到“那条著名的创造物连续性的规则……”[36]

尽管很有影响，洛夫乔伊还是感到存在巨链说没有效果。他说，事实上，它不得不失效，因为它暗示了一个静态的宇宙。不过这与它的影响关系不大了。*

不管从哪方面看，洛夫乔伊都是个令人难忘的人物。他能阅读英语、德语、法语、希腊语、意大利语和西班牙语文献。他的学生打趣说，他在霍普金斯大学的休假年中，埋头于“大英博物馆图书馆，阅读仅有的他未曾读过的几本书”。[38]然而，他还是被人批评为把思想当作“单位”——一种永不变化的实体，就像化学中的元素。他的批评者则认为思想是流动的。[39]

不过，洛夫乔伊成了一项运动的发起人，他是 1940 年创办的《思想史期刊》的首任主编。（在众多的撰稿人中有伯特兰·罗素和保罗·O. 克里斯泰勒。）在第一期，洛夫乔伊制定了期刊的宗旨：探索古典思想对现代思想的影响，欧洲思想对美洲思想的影响，科学对“趣味和道德标准以及对教育理论和模式”的影响，以及某些“普遍流传和广泛发展的思想或教义”的影响，例如进化论、进步、原始主义、决定论、个人主义、集体

---

* 这里需要记住，一种思想有影响并不代表它是正确的。20 世纪的批评家保罗·罗宾逊也这样说过西格蒙德·弗洛伊德：“我们这一世纪的主导思想，多半是错误的。”[37]

主义、民族主义和种族主义等。他提出，思想史不是“一种完全逻辑意义上的进步，其中的客观真理并不是以一种理性的秩序逐步展现自身”。相反，他认为，思想史揭示出在唯智论和反智论之间、浪漫主义和启蒙之间的某种来自非理性因素的“摇摆”。他认为这是代替“进步”说的另一模式。在另一篇文章中，他指出思想史的内容包括：哲学史、科学史、宗教和神学史、艺术史、教育史、社会学史、语言学史、民俗和民族志史、经济学和政治学史、文学史和社会史。

自此之后，《思想史期刊》继续探索历史上的一种思想引发另一种思想的微妙方式。最近刊登的文章有：《柏拉图对加尔文的影响》《尼采对苏格拉底的崇拜》《佛教和19世纪的德意志思想》《弗洛伊德之前的无意识心理学家（以色列·萨兰特，1810—1883）》《牛顿与亚当·斯密、爱默生和印度教之间的联系》《先于卡尔·波普尔的皮埃尔·贝尔》《古典时代晚期和文艺复兴时期的佛罗伦萨之间的相通之处》。也许该刊物最重要的成果是1973年出版的《思想史词典》，编辑是继洛夫乔伊之后的第二任主编菲利普·P. 维纳。这部四卷本巨著共两千六百页，有二百五十四位撰稿人，有包括以赛亚·伯林和欧内斯特·内格尔在内的七位助理编辑，有包 9
括E. H. 贡布里希、保罗·O. 克里斯泰勒、彼得·B. 梅达沃和迈尔·夏皮罗在内的七位特约编辑。[40]《思想史词典》覆盖了七个核心领域：关于自然的外部秩序的思想；关于人性的思想；文学和美学；关于历史的思想；经济、法律、政治思想和制度；宗教与哲学；形式逻辑数学和语言学思想。正如一位评论家所言，“这是一座巨大的思想宝矿”。

在纪念创刊五十周年的一篇文章中，作者指出了三个值得注意的失败。第一，关于“世俗化”这个现代重大思想，历史学家未能提供任何解说。第二，大家对“心理历史学”普遍感到失望，而历史上的众多人物，如伊拉斯谟、路德、卢梭、牛顿、笛卡尔、维柯、歌德、爱默生和尼采都需要我们对其有一种深刻的心理学解释。第三，历史学家和科学家都未能把“想象”作为生活的一个维度加以认真对待，尤其就思想的生产而言更是如此。阅读本书时，这些所谓的失败是我们需要牢记在心的。[41]

《思想史期刊》经常会区分“思想史”（英语，主要是美式用法）和几个德语术语，即“概念史”（Begriffsgeschichte）、“精神史”（Geistesgeschichte）、“思想史”（Ideengeschichte）、“词语史”（Wortergeschichte）和“用现代概念观照历史过程的时代错置倾向”（Verzeitlichung）。这些术语对学者来说在细化主题上是有用的，但是一般读者只需要明白，如果他们想进一步了解，在哪里可以找到这种深层次的分析。

在本“前言”中，通过讨论他人的理论和论述，我力图展现思想史是什么，能有什么特点。不过，阅读本书的更简单方法就是把它当作传统历史之外的另一种解读：一部没有帝王将相，略去军事战役、帝国征服和停战协约的历史。传统历史书比比皆是，我想读者对主要的历史框架都了然于心。不过，虽然我不讨论具体的军事战役，或某一国王 / 皇帝的事迹，但我确实讨论了军事战术的进步、新式武器的发明、君王理论以及国王和教皇之间为了争取民心而展开的斗争。虽然我不打算对美洲的征服做任何详细的探讨，但是我确实要讨论引起发现新大陆的思想背景以及该发现如何改变欧洲人和穆斯林的思考方式。虽然我不描述帝国的建立，但是我要讨论帝国思想和殖民思想。我探讨了“帝国心态”，例如，大英帝国是如何改变印度人的思维方式以及印度人又如何改变英国人的思维方式。种族观念不是总像现在这样有争议，而且它本身也是个有趣的重要话题。

我还给和洛夫乔伊的“存在巨链”假说不同的理论留出空间，代表作是詹姆斯·思罗尔卓越却不为人所知的《另一传统》。[42] 它对自然主义历史观所作的探讨非常吸引人，所谓自然主义历史观就是不用求助于上帝
10

或神灵来解释世界及世界的存在和秩序。在我看来，这一传统仍未获得应有的重视（而且现在比任何时候都更需要）。思罗尔的著作将在第25章得到讨论。

我介绍了许多我认为引人入胜的“小”思想，但是它们很少被纳入传统史书中，尽管它们不可或缺：例如，是谁、什么时候开始把年代划分成公元前和公元后？为什么把圆周分成360 ？加号和减号是什么时候在什么地方开始运用到数学中的？我们生活在一个到处都是自杀爆炸的时代，那些人这样做是因为他们相信死后能在天堂获得一席之地，天堂这种奇怪观念是从何处获得的？是谁发现了大冰期，它是怎么、又是为什么出现的？本书的目的便是去明确和讨论那些对我们现在的生活方式和思想方式产生长远影响的思想和发明。我不期望每个人都同意我的选择，不过这本书有点厚，任何人如果认为我有严重的疏漏，请务必写信告诉我。我也敦请读者参考书后的注释。历史的许多方面都是学者津津乐道的话题，如果在正文中把他们的论辩全面展开，将妨碍我的叙述。不过，对于那些比较重要的思想大论辩，我在注释中有详细的交代。11

序　曲

发现时间

1859年5月1日，一个星期三的晚上，英国考古学家约翰·埃文斯从福克斯通乘汽船渡过英吉利海峡来到布洛涅，然后乘火车到达阿布维尔，与著名英国地质学家约瑟夫·普雷斯特维奇会合。第二天早晨7点，他们又与雅克·布歇·德·克雷弗克·德·佩尔特会合，他是该镇的海关负责人，同时也是一位业余考古学家。埃文斯和普雷斯特维奇在法国要对东道主的一些发掘做调查。

自从1835年以来，工人在阿布维尔郊区的河里采集沙砾，不断发现古代动物的骸骨和不同种类的石器。这些石器让佩尔特相信人类的历史比《圣经》上说的久远得多。根据宗教权威基于《创世记》中的年谱所作的研究，人类在公元前6000到前4000年被创造出来。阿布维尔地区本要建造一所医院，但他们在挖掘中，发现了三柄石手斧，同时出土的还有很久以前就已经在法国灭绝的一种大象的臼齿。佩尔特由此证实了自己的不同看法。

然而，他很难让他的法国同胞相信，人类在数十万年前就出现了。当时的法国不乏专家，天文学有拉普拉斯，地质学和博物学有居维叶、拉尔泰和斯克罗普，古生物学有皮卡尔。不过，古生物学界的专家往往只是业余爱好者，散布在法国各地，只在当地做些挖掘工作，与像法兰西学院这样的高层次学术机构没有什么联系。另外，佩尔特的可信度也特别成问题，因为他是在五十多岁时才开始从事考古发掘的，之前写了几部五幕剧，加上一些关于政治、社会和形而上学方面的论述，加起来不少于六十九卷。他在一些圈子里被称为“万能博士”。更不利于说服别人的是，他把自己的发现说成是一个早期人类被全球性大灾难彻底灭绝，后来被重新创造的神奇理论的一部分。英国人更能理解他，不是因为他们的科学家比法国科学家更强，他们并不更强，而是因为类似的发现在海峡以北的萨福克、德文郡和约克郡都出现过。1797 年，古文物研究者约翰・弗里尔在萨福克的迪斯附近的霍克斯尼地面十一英尺以下的自然地层发现了一些与
12 灭绝动物骸骨混在一起的手斧。1825 年，天主教神父约翰・麦克奈里在德文郡托基附近的肯特穴发掘的时候，发现一个和已经灭绝的犀牛牙齿在一起的“确定无误的燧石器”，它们都被密封在石笋层下面的地层。[1] 1858 年，在德文郡布里克瑟姆港附近采矿的时候，发现了一些小山洞，皇家学会和地理学会成立了一个出色的工作委员会，来负责科学发掘。他们在石笋层中发现了已经变成化石的猛犸、狮子、犀牛、驯鹿和其他已经灭绝的更新世动物的骸骨，在石笋层下面发现了“确定是人类加工过的燧石”。[2] 同一年，著名的英国古生物学家休・福尔克纳博士和赞助布里克瑟姆发掘的一名委员会成员凑巧拜访了去西西里路上的佩尔特。福尔克纳对自己看到的东西非常震惊，他说服了普雷斯特维奇和埃文斯，两位专业领域最相关的人，亲自去看看在阿布维尔出土的东西。

两位英国人在法国仅待了一天半。星期四的早晨，他们看了看阿布维尔的沙砾坑。据埃文斯的日记记载：“我们走近石坑，清楚地看见没有动过的石床上有一只手斧，离地面十一英尺……最特别的是，石床上与手斧一起出现的几乎所有动物骸骨都是已经灭绝的动物。有猛犸、犀牛、乌鲁思

（一种老虎）等。”埃文斯和普雷斯特维奇在现场拍了一张手斧的照片，然后回到伦敦。5 月底，普雷斯特维奇在伦敦的皇家学会发表演讲，解释在英国和法国所作的近期发现如何使他相信人类历史有多么古老。6 月，埃文斯在古文物专家学会提出了同样的看法。其他一些著名的学者也宣布接受这一关于人类更早起源的新观点。[3]

现代的时间概念正是来源于这些事件，以前从未想象过的人类的古老起源逐渐取代了《圣经》中的传统纪年。[4] 这一变化和石器研究密不可分。

这并不是说，佩尔特是第一个怀疑《旧约》的人。最晚至公元前 5 世纪，人们就知道燧石斧的存在，一位色雷斯公主就收集了一些燧石手斧，并作为葬品同她埋在一起，可能是祈求好运。[5] 这些奇怪东西的普遍出现引起了人们对石器的许多奇妙的解释。有一个流行的说法，认为它们是“石化的霹雳火”，普林尼就是相信这种说法的人。还有一种说法认为它们是“精灵之箭”。17 世纪中期的阿尔德罗万迪认为，石器的产生是因为“雷、电的某种喷气和含金属的物质在乌云中结合，遇到充盈的湿气而凝结，合成一团（就像面粉和水），然后遇热而硬化，就像砖块”。[6]

然而，在 16 至 17 世纪的地理大发现时期，水手们在美洲、非洲和太平洋开始遇见狩猎采集部落，它们中的一些还在使用石器。主要因为这些，意大利地质学家格奥尔格·阿格里科拉（1490—1555）提出，欧洲发现的石器可能是人类的制造物。米凯莱·梅尔卡蒂（1541—1593）也这么认为。作为梵蒂冈植物园的主管和克雷芒七世教皇的医生，他对作为礼物 13
从新大陆送到罗马的石器很熟悉。[7] 另一个人是伊萨克·拉·佩莱尔，他是法国的一座加尔文教图书馆的管理员，1655 年，他撰写了最早挑战《圣经》关于创世记载的书之一。其他人，像爱德华·鲁伊德，也开始发表类似的观点，但是佩莱尔的书极受欢迎，还被翻译成不同的语言，表明他说的东西是普通人乐意听的。他的书名是《关于亚当之前的人类假说的神学体系》。他认为这些“雷燧石”是“前亚当”时代人种，尤其是亚述人和埃及人的武器，他们在第一个希伯来人被创造之前就已经存在。因此，他说，亚当和夏娃只是犹太人的祖先。非犹太人，也就是前亚当人，出现得更早。佩莱尔的书被斥为“渎神和不敬”，他本人也被宗教法庭拘禁，他的书在巴黎的大街上被烧毁。他被迫宣布放弃“前亚当”说，甚至放弃加尔文教，后来因“精神打击”而死于一家修道院。[8]

虽然佩莱尔遭受了不幸，但是人类的远古起源思想并没有消亡，相反，正如我们已经看到的，这种观点随着新的发现而被进一步证实。然而，这些发现都没有产生应有的影响，因为当时的地质学，即为石器发现提供背景的学科，本身就存在很大的分歧。令人吃惊的是，直到 18 世纪晚期，地球的年龄问题还不是地质学家的主要研究领域。他们最关心的是地质历史是否和《创世记》中记载的地球历史相符。正如我们将在第 31 章详细看到的，关于这一点，地质学家分成了大灾难派和均变派。大灾难派，又叫洪水派，是传统主义者，他们坚持《圣经》中关于创世的观点，而《圣经》是当时欧洲人所能获得的最古老的文字记载。他们把历史理解为一系列灾难（主要是洪水，因此又称为洪水派），所有的生命形式不断地被灾难清除，又不断地被上帝创造，以更高级的形式出现。因此，《创世记》中诺亚洪水的故事就是那些毁灭事件中最近的一个。[9] 整个教会都是洪水派的支持者，他们几十年来一直拒绝接受对手的证据。例如，曾经有一段时期，他们相信，《圣经》中前五天的创世寓指五个地质年代，每个年代为一千年或更长些。这意味着，“第六天”创造人类发生在约公元前 4000 年，而诺亚洪水则发生在大约 1100 年以后。

传统主义者的论点还被 19 世纪在中东，尤其是在传说中亚伯拉罕的家乡尼尼微和迦勒底的乌尔的考古大发现所支持，尽管是间接的支持。

《圣经》中记载的列王也在真实的楔形文字中发现了，例如西拿基立王和犹大国王希西家，都符合《旧约》的记载，因此大大增强了《圣经》作为历史文献的可信度。随着伦敦和巴黎的博物馆开始收藏这些遗迹，人们开始把它们称为“圣经地质学”。[10]

与这一论点相反的均变派也开始赢得支持。他们宣称相反的观点，认为地质历史是连续不断的，没有什么大灾难，我们所看见的地球经历了一 14
个自然过程，现在如此，过去也是如此：河流从岩石中流过，切割出山谷和峡谷，携带淤泥到海边再沉积下来；偶尔发生火山爆发和地震。但是这些地质过程过去和现在都非常缓慢，因此，对于均变派来说，地球的历史远比《圣经》的记载要古老许多。在这一方面，比佩莱尔更重要的人物是贝努瓦·德·马耶（Benoît de Maillet）。他极可能在18世纪初撰写、于1748年出版的《泰里阿麦》（*Telliamed*）一书描绘了地球的历史总貌，根本无意附会《创世记》的记载。（正因如此，德·马耶的书以一个叫泰里阿麦的印度哲学家写的神话故事的形式出版，泰里阿麦正是他的名字的倒写。）德·马耶认为世界本来大部分覆盖着海水。山脉是由于强大的水流作用而形成的，当水流消退的时候，它们受到侵蚀，冲积物留在海底形成沉积岩石。[11]德·马耶认为到他那个时候，海洋还在消退，每年一点点。他的观点中有一点很重要：他的纪年中没有近期的洪水记载。如果地球按照他所说的方式演化的话，地球早在人类文明出现的许多年前就已存在。他认为生命肯定出现在海洋中，每种陆地生命形式都有其对应的海洋形式（例如，狗是海豹的陆地形式）。和佩莱尔一样，他认为人类在亚当之前就已经存在了。

后来，还是在法国，伟大的博物学家布封伯爵在1799年计算出地球的年龄是7.5万年，后来又修改为16.8万年，不过他私底下认为地球的年龄将近50万年，这一观点在他有生之年从未发表过。他还缓和了自己的激进观点，宣称在地球的形成过程中有七个“时代”，这让更正统的基督徒以为这七个时代对应了《创世记》中的七天。

这些观点在当时不像现在看起来那么有想象力。对均变派观点的经典总结出现在查尔斯·赖尔的三卷本《地质学原理》中，于 1830 到 1833 年间出版。书中使用了赖尔在西西里的埃特纳火山进行的许多观察，也参考了他在欧洲大陆遇见的其他地质学家的著作，例如艾蒂安·塞尔和保罗·图尔纳。在《地质学原理》一书中，赖尔详细阐述了他的结论：历史是一个没有中断的漫长时间，是与现在运转速度大致相当的同一地质过程的结果。这一关于地质历史的新观点还表明，人类起源的问题是可以做出经验性解答的。[12] 在赖尔的热切读者中，深受其影响的便有查尔斯·达尔文。

如果说均变派的胜利证明了地球的古老，它并不一定能说明人类也古老。赖尔自己就是一个多年来只接受地球古老但是人类不一定古老的人。《创世记》可能是错误的，但是怎么错了？有多严重？在这方面，法国解剖学家和古生物学家乔治·居维叶走在了前列。他对现有动物，尤其是脊椎动物的比较解剖学研究，帮助他在仅有一些骨头的基础上重建整个生物形态。18 世纪后期，化石骨头得到了大量研究，居维叶的技术也变得非常
15 有用。当这种新的知识与化石骨头在岩层中的分布方式联系起来的时候，它证明：（1）较深岩层中的动物和现有的动物很不一样；（2）它们已经灭绝。曾经有一段时间，人们相信这些不寻常的动物在世界的某个尚未发现的地方依旧存在，这种希望很快落空，而且有一种观点逐渐被人接受：整个历史是一系列创造与灭绝的过程。这是均变说在生物学和地质学的应用，而且再一次与《创世记》相异。岩层中的证据表明，创造与灭绝持续了非常漫长的时间，当埃及法老的木乃伊被作为拿破仑的征服战利品带回法国、证明几千年来人类没有什么改变的时候，人类古老起源的可能性就

越来越大。

1844 年，爱丁堡的一位出版商和博学者罗伯特·钱伯斯，匿名出版了《创世的自然史遗迹》。正如詹姆斯·西科德最近论述的，这本书在维多利亚时代的英国引起了轩然大波，因为是钱伯斯而不是达尔文向更广泛的大众介绍了进化论的大致思想。虽然钱伯斯不知道进化是怎么进行的，自然选择如何产生了新的物种，但是他的书令人信服地详细论述了一个古老的太阳系，它在“火雾”中诞生，在重力下凝聚冷却，伴随地质过程（开始非常剧烈，逐渐变得轻微），经历了漫长的时间开始成形。钱伯斯设想了一个完全自然的、物质的生命起源，而且公开宣布：“人的本质不是源自使他区别于动物的精神特征，而是在进化过程中发展起来的各种官能的直接延伸。”[13] 下面是书中最重要的一句话：“我对地球上有机生命演化的观点是（它也适用于所有生命形式的相似过程），**最简单最原始的物种，按照同样的法则，演化成比它更高一级的物种，后者又演化成更高级的物种，以此类推，直到最高级物种。**从一个物种到另一个物种的每个阶段的进化都很微小，因此从来都体现出一种简单、温和的特点。”[14]

此时，在另一新的学科领域考古学，也出现了类似的发展。虽然 19 世纪早期见证了一些主要在中东出现的神奇的发掘，但是，古物研究（即对过去的兴趣）自从文艺复兴以后，尤其是在 17 世纪一直保持很强的势头。[15] 特别是出现了我们现在习以为常的三分法体系：石器时代、铜器时代和铁器时代。由于一系列非比寻常的历史因素，三分法首先出现在斯堪的纳维亚半岛。

1622 年，丹麦国王克里斯蒂安四世签发了保护古物的法令。1630 年，瑞典成立了国家古物办事处，同年建立了古物学院。奥勒·沃尔姆在丹麦的哥本哈根创立了沃尔姆博物馆。[16] 19 世纪刚开始，丹麦出现了民族主义运动。这主要归因于它与德意志争夺石勒苏益格—霍尔施泰因的战役，以及正与拿破仑斗志消沉的大陆盟军作战的英国人，在 1801 年消灭了哥本
16 哈根港的大部分丹麦海军后，1807 年又再次进攻丹麦首都。这些战役以及之后兴起的民族主义鼓励了对本国历史的研究，这种研究是“对国家命运的安抚与激励”。[17] 凑巧的是，丹麦拥有丰富的史前遗址，特别是巨石，因此它尤其适合探索遥远的民族历史。

这里的主要人物是克里斯蒂安·尤尔根森·汤姆森，他本来是个专业的钱币收藏家。古物研究首先是由文艺复兴时期对古希腊和古罗马的重新发现而激发的。作为文艺复兴运动一个方面的钱币收藏在 18 世纪尤其受欢迎。根据钱币上的文字和年代，可以把它们排成序列，展现历史的进程，而且风格的变化也可以同具体的年代相对应。1806 年，哥本哈根大学图书馆管理员拉斯穆斯·尼鲁布出版了一本书，建议仿照法国大革命之后在巴黎建立的法国纪念物博物馆，在丹麦成立国家古物博物馆。第二年，丹麦政府宣布成立古物保管与收藏王家学会，并为成立这样一个国家博物馆而做准备工作。汤姆森是第一任馆长。1819 年当博物馆的大门向公众开放时，所有的物品都按照年代顺序，分别归入“石器时代”“铜器时代”和“铁器时代”。这种分期以前也采用过，可追溯到卢克莱修，但这是第一次人们把它付诸实践，用它来排列物品。至此，丹麦的古物收藏是欧洲最多的，汤姆森采用的这一方法不仅创造了一种纪年方法，而且形成了一种装饰风格序列，使他能够研究从一个阶段到另一个阶段的发展过程。[18]

虽然博物馆成立于 1819 年，但是汤姆森直到 1836 年才发表他的研究和理论，而且当时只以丹麦语发表。这本书，《北方古物指南》次年被翻译成德语；1848 年，即钱伯斯出版他的《创世的自然史遗迹》四年以后，汤姆森的著作又被翻译成英语。三阶段体系逐渐从斯堪的纳维亚传遍欧洲。文化进化思想可与生物进化思想相媲美。

大约在同一时期，弗朗索瓦·茹阿内等学者开始认识到石器中凿器与更光滑的石器之间的区别。前者与灭绝的动物骸骨一起出现，后者出现在较晚期的古坟中，在已灭绝的动物年代很久之后。这些观察最终产生了四阶段纪年：旧石器时代、新石器时代、铜器时代和铁器时代。

所以，到 1859 年 5 月，当埃文斯和普雷斯特维奇从法国的阿布维尔拜访佩尔特回来后，人们再也不能否认和误解石斧的用途、重要性和相关性。欧洲各国的古生物学家、考古学家和地质学家一起帮助构建了这一历史图景。但还是有很多疑点。居维叶在巴黎的继任者爱德华·拉尔泰和普雷斯特维奇一样坚信人类的悠久历史。但是，正如我们看到的，赖尔多年来反对这一观点（他给达尔文写了一封著名的书信，为其不愿意接受物种进化说而致歉）。在埃文斯和普雷斯特维奇从法国返回英国的那一年，达尔文出版了《依据自然选择或在生存斗争中适者生存的物种起源》（以下简称《物种起源》）。他在书中的主要目的不是证明人类的悠久历史，而是 17
要说明一个物种如何演化成另一物种，是钱伯斯观点的延伸，也是对创世说的打击。但是，在始自佩莱尔和德·马耶，由钱伯斯推广的进化思想革命的过程中，《物种起源》证实了自然选择是一个多么缓慢的过程。因此，即使不是达尔文的初衷，他的书还是强调了这样一个事实：人类比《圣经》中所说的要古老许多。自然选择能解释的诸多现象中，就有古生物记录的变化。人类的古老起源由此而确立。

一旦这一事实被接受，观念随之推陈出新。1864 年，一支由爱德华·拉尔泰和伦敦一位银行界文物研究者亨利·克里斯蒂组成的英法小组在法国的佩里戈尔挖掘出了一些岩石遮蔽所，后来又引发了许多别的发掘，其中包括在拉马德莱娜发掘的猛犸象牙雕刻，上面刻的是一头卷毛猛犸。这件物品“消除了任何对人类曾经和已经灭绝的更新世动物共存这一事实的最后怀疑”。[19]

四阶段体系成为1867年在巴黎世界博览会举办的盛大考古展展品排列的基础，参观者可以从一个展间到另一个展间分阶段浏览欧洲的史前史。科学考古代替了文物爱好者的传统。“人们现在可以构想一部独立于书面文献的文化史，从法国和英国的铁器时代墓地、瑞士的青铜时代湖边聚落、丹麦的新石器时代贝丘……一直上推到旧石器时代。”[20] 当查尔斯·赖尔最终在他的《人类古老的地质学证明》（1863）中接受新观念时，该书在出版后的最初几周售出四千册，同年又出了两版。

从此之后，正如我们在第1章要看到的，古代石器相继在世界各地被发现，其分布和式样的多样性使我们能够重建远古人类遥远的过去、最初的思想和观念。在普雷斯特维奇和埃文斯证实了佩尔特的发现之后的一个半世纪，石器制造的最早年代一直在往前推，直到本书正式开始的地方：
18 270万年前埃塞俄比亚的贡纳河。

第 一 部
从露西到吉尔伽美什：想象的演化

1

语言之前的思想

乔治·夏勒是纽约动物学协会野生动物保护部的主任。在生物学同行眼中，他是大家公认的一位非常严谨细致的野生动物观察者。在漫长而又成绩斐然的职业生涯中，他对狮子、老虎、猎豹、美洲豹、野狗、山地大猩猩和鬣狗等动物做了大量的系统研究。他于 1993 年出版的《最后的熊猫》一书记录了熊猫许多生动而感人的故事。他发现，有一次，一只生病的熊猫自己走进卧龙山区的一户人家，在那里，人们喂它吃了三天的糖和米粥，直到它身体康复回到森林。[1]

20 世纪 60 年代后期，夏勒和一名同事在东非坦桑尼亚的塞伦盖蒂平原花几天时间做了一个没有人做过的简单观察。那几天里，他们随处都能发现许多“散布在地上”的动物死尸，有死的非洲水牛，是狮子捕杀过的猎物的残骸。他们还遇见了一些失去行动能力的动物，食肉动物非常容易就能捕获它们。体型较小的鹿科动物（如汤普森瞪羚）一天之内就会被吃完，成年水牛之类的大型动物大约四天内都会“一直作为重要的食物来源”。[2] 夏勒由此得出结论，早期人类在塞伦盖蒂平原仅靠捡食残肉就能很容易地生存下去，非洲荒野上有足够的残肉供他们食用，他们无须打猎。其他同事因此指出，甚至在今天，坦桑尼亚北部的一个狩猎采集部落哈德扎人有时候仍然捡食残肉，他们悄悄跟踪狮子，在它们捕杀猎物后制造巨大的声响，把狮子吓跑。

这种关于人类早期生活方式的简单描述只是一种推测，[3] 将这种生活方式上升到“思想”无疑是夸张的：起作用的不过是本能。觅食残肉虽然听起来不太有情调，却可能是个不错的开端。更可能的是，开阔的非洲大草原既有利于泛食动物，也有利于像河马、长颈鹿等专食动物，正因为如此才首先激发了人类的智力。不过，食腐假说也获得了最新的证据：一项针对古生物遗址出土的骨骼上痕迹的研究表明，食肉动物捕杀的动物身上确实有工具的痕迹，但比人类屠宰的动物身上少。需要强调的是，早期人类的食肉行为本身并不能证明他们狩猎。[4]

人类最早的思想可能有两个，其中一个比另一个更有待证实，即后两
21 足行走说。自 1871 年查尔斯·达尔文《人类的起源》出版以来，人们都认为后两足行走说已是定论。受达尔文影响，大家都认为人类的早期祖先来自树上，气候变化导致雨林减少、草原面积扩大，人类因此开始直立行走。650 万年前至 500 万年前，南极冰冠从海洋中吸取了大量的水，导致地中海枯竭。这个时间与基因证据吻合。我们现在知道，DNA 的基本变异率是每百万年 0.71%。从黑猩猩与当前人类的 DNA 的差异追溯，我们得出 660 万年前黑猩猩与人类开始分化的结论。[5]

目前在非洲已经发现了多种两足猿，都源自 600 万至 700 万年前生活在乍得久拉普沙漠的萨赫勒人，他们很接近黑猩猩和人类的共同祖先。[6] 但是最能显示后两足行走的是南方古猿阿法种，她有一个更有名的名字“露西”，因为她被发现的那天，古生物学家的营地里正在播放甲壳虫乐队

的《缀满钻石天空下的露西》一歌。露西的骨骼保存良好，足够说明 340 万年前至 290 万年前，早期人类是后两足行走的。

现在人们相信，人类直系祖先的脑容量最早也是最重要的一次大增长与两足行走有关。（最重要是因为它是最大的一次增长；有证据表明我们的大脑与身体的比例较之过去要略小。[7]）在全新的开阔大草原环境中，直立行走解放了手臂和手掌，使它们能够将食物传递给居住在分布更广泛的树上的同类。后两足行走还解放了手来制造石器，石器有助于早期人类改变饮食习惯，变成食肉动物。肉含有更多的热量，促进了大脑进一步增长，但还有第二个重要的结果：直立使喉头的位置下降成为可能，人类的喉头在喉咙的位置比类人猿低得多。[8] 在新的位置，喉头能够更好地发出元音和辅音。另外，后两足行走还改变了呼吸方式，提高了声音质量。最后，肉不仅营养价值高，而且比坚硬的植物更容易咀嚼，这改变了下颚的结构，促进了敏感肌肉的生长，使舌头活动更加灵活，对于丰富说话的声音很有必要。切割工具对牙齿是一种补充，于是牙齿变小，有利于说话。当然，这些都不是“有意为之”，只是后两足行走与食肉引起的“连锁反应”。后两足行走的最后一个结果是，女人只能生育头相对较小的后代，因为相对窄小的骨盆能让母亲行走更方便。从中可知，婴儿会较长期依靠母亲，这反过来又促进了男女分工，男性必须为配偶和后代带回食物。随着时间的推移，这种分工会促进核心家庭的发展，使认知群体的社会结构更加复杂。这个复杂的结构要求人预测不同社会状况下其他人的行为。科学家普遍认为这是意识进化所需要的机制。通过预测他人的行为，个人获得了自我意识。 22

这一切都非常简单明了，结果证明，它过于简单明了了。首先，早期人类在 600 万年前就开始直立行走，而最早的石器却出现于大约 250 万至 270 万年前（也可能是 300 万年前），二者之间的时间差也太漫长了，很难说这二者有联系。其次，现代实验表明，两足直立行走并不能增加能效。随着越来越多的化石被发现，我们现在都承认早期直立行走的类人猿生活在树木茂密的环境中。[9] 对于这种情况，加州科学院的尼娜·雅布隆斯基和乔治·查普林提出，人类直立行走的真正原因是能在与其他动物争斗的时候显得更强大、更有威慑力，避免伤害性冲突，从而获得食物。这一观点来自对野生大猩猩和黑猩猩行为的观察。这两种类人猿在争夺食物或配偶时，都直立后两足、摇晃身体、挥舞手臂、捶打胸脯以震慑对方。这样的举动当然并不总能奏效，但是足以使雅布隆斯基和查普林得出这样的结论，即："学会用直立举动消除紧张局势的个体可能会减少受伤或死亡的危险，并因此提高他们的生殖率。"在这种情况下，后两足直立虽然是早期人类身体结构方面发生的物理变化，之所以能够发展，却是因为它具有了某种进化意义上的行为学和心理学意义。当然，几乎可以确定的是，这种行为包含很大的本能成分，因此，至多可以称之为思想雏形。[10]

人类最早思想的第二个候选则有更多的记录，这就是石器的出现。正如我们将要看到的，由于早期人类对石头的使用越来越精细，史前石器的制造经历了至少五个主要阶段。应该记住的最重要的几个时间段是 250 万年前、170 万年前、140 万年前、70 万年前和 40 万至 50 万年前，[11] 分别出现了重大的技术进步。至今发现的最古老的石器是在埃塞俄比亚的贡纳河一带发现的，是一组从远古河床中发现的挑选过的火山石，这些火山石和未经加工的自然岩石很难区别。大约 250 万年前，在某个时候，原始人类发现，如果用一块石头以一种特殊方式击打另一块石头，就能砸出一块薄而锋利的石片，其锋利度足以刺穿死斑马或死瞪羚的皮。在一个外行人看来，贡纳的一把原始石斧同那里的任何石头没有什么两样。但是考古学家发现，故意击打两块石头而制造出的石片通常会在紧靠冲击点的地方产生一个显著的突起，即所谓的"撞击球"，这成为研究人员用来区别人造石器和由于诸如水的冲刷等自然撞击而产生的断石碎片的主要依据。[12]

虽然是一种文化产品，但是石器制造和人类后来的生物学发展之间的联系具有重大意义。这是因为，250 万年以前，早期人类的饮食一直是素食，石器的发明使他得以获得大大小小野物的肌肉和内脏，成为食肉者，这对于大脑的发展具有举足轻重的意义。所有的哺乳动物（灵长类，尤其是人类）脑部都高度发达，即它们拥有相对于身体而言较大的脑部。例如，和同样大小的爬行动物相比，哺乳动物的脑部大约是前者的四倍。[13] 现代人的大脑只占整个身体重量的 2%，却消耗整个身体 20% 的新陈代谢资 23
源。正如我们将要看到的，石器技术的每一大进步都似乎伴随着脑容量的增长，不过，后来的增长永远也比不上第一次。[14]

大约 250 万年前，人类祖先的脑结构（大小以及 / 或组织）发生了某种重大变化，这是毫无疑问的。人们曾经认为制造工具是人区别于其他动物的本质特征。但是，20 世纪 60 年代，珍・古道尔观察到黑猩猩摘掉树枝上的叶子，把枝条塞进白蚁洞，再抽出爬满白蚁的枝条，享受美食，从此以后，人们的认识有所改变。人们还观察到黑猩猩用石块当榔头敲开坚果，乌干达的黑猩猩用树枝当扇子，赶走昆虫。但是，古生物学家注意到早期人造石器区别于其他灵长类动物制造的工具的两大不同之处。第一，有些石器的产生是为了用来制造其他工具，例如石片是为了用来削木棍。第二，早期人科动物必须具备从地上散乱的石头堆中“看出”从中可制造哪种工具的能力。印第安纳大学的考古学家尼古拉斯・托斯曾经用很长时间教一只非常聪明的名叫坎兹的倭黑猩猩（一种矮小的黑猩猩）制造石器。坎兹学会了，但不是像人类那样用一块石头击打另一块石头，而是用石头砸它笼子里的水泥地板，因为它缺乏从石块中“看出”工具的思维能力。[15]

与在贡纳河一带发现的早期石器相似的工具在埃塞俄比亚南部的奥莫、肯尼亚边境库比福勒的图尔卡那湖和巴基斯坦北部的里瓦特地区（有争议）也有发现。在一些圈子里，这些工具被称为奥莫工艺综合体。继奥莫工艺工具之后的第二种石器在奥杜威峡谷被发现，被称为奥杜威石器，距今约 150 万到 200 万年。奥杜威位于坦桑尼亚，接近塞伦盖蒂草原的南端，它很可能是古生物学界最有名的遗址，因为它提供了许多先驱性的考古发现。

石器一般不单独出现。在奥杜威的几个距今 175 万年的遗址中，石器都和骨头堆放在一起。有一个遗址中，石器和一些大石块一起排列成一个半圆形。一些古生物学家认为这些大石块组成了一个原始防风带（有可能是人类的第二种思想？），人类在它的遮挡下，用早期的手斧宰杀动物。170 万年前使用的石器同最早的石器已经有微妙的不同。路易斯·李奇和玛丽·李奇被称为古生物学界“第一家庭”，他们在奥杜威峡谷考古发掘了许多年，对奥杜威工具做了仔细的研究。虽然从后来的标准看，这些石器非常原始，但是李奇夫妇和他们的同事还是能够区别出四种类型：重型斧头、轻型薄岩片、用过的石片和被称为“残屑”的东西，即工具被制造出来后的剩余碎石。至于奥杜威的早期人科动物属于消极食腐者，还是像现在的哈德扎人那样属于对抗性食腐者，尚有待讨论。[16]

是谁制造了这些早期石器？在南方古猿阿法种（A. afarensis）的遗骸中，没有发现这样的石器。石器出现之时，非洲大陆生活着不同种类的人
24 科动物，其中两三种被称为傍人属（Paranthropus，意为“和人一起”），也被称为粗壮种傍人（A. robustus）和鲍氏傍人（A. boisei），其他属于人属（Homo），包括能人（H. habilis）、人属鲁道夫种（H. rudolfensis）和匠人（H. ergaster）。这些人科动物之间的区别很有趣，很难推断哪一种是我们的祖先。他们的脑容量都比“露西”大（前者是 500—800 毫升，后者是

400—500 毫升），但是能人有着大猩猩一样的身体和人类一样的脸和牙齿，人属鲁道夫种则相反，有着人一样的身体和大猩猩一样的脸和牙齿。[17] 从理论上说，他们中的任一种都可能制造工具，不过有两个理由把傍人属排除在外。第一个理由与原始人的拇指有关。人类学家兰德尔·萨斯曼发现黑猩猩的拇指和人类很不一样。黑猩猩的手指弯曲，指端又窄又尖，大拇指很短，非常适合抓取树枝；而人类的手指短而直，指端宽平，拇指较大较粗壮，很适合抓握石块一类的东西。考察证明，南方古猿阿法种具有和黑猩猩一样的拇指，傍人属很可能也同样。第二个理由是，如果傍人属和人属一样都制造了工具，那么我们应该能在化石记录中发现两种不同的石器传统，但是没有发现。

英国雷丁大学的考古学家斯蒂文·米森认为原始人的思维包含三种实体：技术智慧（能制造石器）、自然史智慧（能了解周围的环境和野生动物）和社会智慧（具有群居生活的知识）。米森认为，没有证据证明“能人”兼具这三种智慧。石器总是和动物（早期猎人的牺牲品）的骸骨堆放在一起。迄今为止的发现表明，工具和食物没有做社会区分，也没有证据表明原始人有任何有组织的群体活动，早期的考古遗址不过是一堆杂乱的工具和骨头罢了。[18]

大约 160 万到 180 万年前，人类迈进了一大步，一个新的物种直立人（Homo erectus）出现了。它首先在库比福勒被发现，后来又在爪哇被发现。直立人“带着一脸的忧伤、机警和那扁平的鼻子”，第一个离开了非洲大陆。其他的骸骨也在格鲁吉亚的德马尼西和亚洲大陆被发现。据报道，2004 年 10 月，被认为是由直立人制造的石器在北京西边的马圈沟被发现，距今大约 166 万年。[19] 直立人的脑容量进一步增加到 750 到 1250 毫升，尽管他（或她）头骨上的眉骨还很粗壮，[20] 但这是第二大飞跃，也可能是最重要的一次飞跃。经过了大约 40 万年的“技术停滞”之后，在大约 140 万年前，最早的真正的手斧出现了。这些手斧属于第三代手斧，之所以被称为“真正的”，是因为它们结构对称，石块两边被轮流削打，形成一个优雅的尖顶，最后制造出一个梨状石器。专家们把它们叫作“阿舍利”石器，因为是法国考古学家在亚眠的郊区圣阿舍利发现的。（许多石器年代的术语名称都得自法国的出土地，例如克罗马农、莫斯特、勒瓦卢瓦等，因为第一批考古发掘是法国考古学家进行的。）在非洲、欧洲和亚洲部分地区（亚洲西南部较少，东南亚和东亚则没有）的考古记录中，这些手斧出现得非常突兀。一些古生物学家认为直立人是猎人，第一个真正的猎人，而不是食腐者，改良后的工具使他们得以横穿欧亚大陆，也就是所谓的“旧大陆”。

直立人可能还发明了烧煮，当然这只是个推断，因为虽然他们比前任体格大 60%，牙齿和内脏却较小，这可以从他们会烧煮中得到解释。把不能消化的植物纤维分解成能提供能量的碳水化合物，能减轻牙齿和消化道的工作强度。正因如此，最有意思的直立人遗址大概是周口店的龙骨山遗址，该遗址是 20 世纪 30 年代一系列考古发掘的对象，位于北京西南约二十五英里的石灰石山岭中，距今大概 30 万到 40 万年。周口店遗址的意义在于，它就像一个大本营，直立人把打猎得到的野物带回来烧煮。可是，那时的动物（像大象、犀牛、野猪和马等大型哺乳动物）真的会被烧煮吗？在周口店还发现了大量的朴树种子，是迄今所知最古老的植物遗迹，它们得以留存至今，正是因为曾经被烤过。现在人们一致认为，这不是有意识地使用火，但是就像那个时期的其他许多问题一样，这个问题仍有待解决。[21]

有人认为，火的使用可追溯到 142 万年以前。至少有十三个非洲遗址提供了这方面的证据，最早的一个是肯尼亚的切苏旺加遗址，里面和奥杜威工具一起出现的还有动物的骨头和燃烧过的泥块。该地发现了多达五十块烧黏土，而且在有些古生物学家眼里，某些石头的排列就像一个灶台。有意思的是，在这个狭小的区域之外，却没能发现任何烧过的黏土，而且对那些烧黏土的测试表明，它们的燃烧温度约为400℃，是典型的篝火的温度。[22]在中国的一些100万年以前的遗址中，石器和烧过的动物骸骨一起出现。约翰·古兹布鲁姆指出，没有哪种动物像人类一样能控制火。一些史前史学家认为，早期人类可能关注过火，因为他们发现烤过的肉更容易保存。（人们发现黑猩猩会在山火后搜寻缅茄豆，这种豆子通常太坚硬，但是火烧过后，很容易裂开。[23]）考古学家C.K.布雷恩提出，人类对火的控制使他们从大型猫科动物的猎物转变为猎食者，火为人类提供了自身缺乏的保护。在西班牙，有证据表明，人们用火布成环形阵，把大象赶进泥沼地，再进行屠宰。此后，如何让火保持不灭有可能鼓励了社会组织的产生。[24]最新的考古发掘报道了位于以色列北部盖舍贝诺特亚考夫的约79万年前一处篝火的遗迹，里面有燃烧过的一小堆一小堆的燧石碎片，说明那里可能有过灶台。对火的控制和使用可以算入原始人三大最早的思想之一。

从这些遗迹发掘出的古代人类颅骨，我们可以推断人的脑容量在早期有过两次巨大增长，其中第一次的增长更大，而且每次增长都伴随着石器技术的进步：即与能人相关的第一批石器以及同直立人相关的双面阿舍利工具。自此之后的将近100万年时间里，除了火的使用外，似乎
只发生了一次重大变化，这就是大约70万年前出现的手斧的标准化。虽 26
然考虑到个体差异以及这样一个事实——约100万年以前，直立人分散到了欧亚大陆大部分地区（不包括较高的纬度，不包括澳大利亚和美洲），所以不得不加工各种不同形状的石头——然而，各地的手斧开始展示一种令人惊奇的一致性。世界各地的古生物学家仔细研究了数千种手斧，发现它们虽然大小不同，但大多数手斧都以几乎同样的比例制成。专家们认为这绝非偶然。澳大利亚著名考古学家V.戈登·柴尔德甚至认

为，标准化工具是一种“化石理念”，需要直立人具备某种抽象思维能力。柴尔德认为，早期人类为了制造标准化工具，他们的头脑中必须有一个整体的工具形象。其他的专家则走得更远，认为“……许多遗址中出土的手斧表明……早期人类已经具备了某种精神结构，在没有纸笔和尺子的情况下，可以进行基本的数学计算。它和几十万年以后欧几里得定型的数学运算本质上是相同的”。[25]

脑容量的第三次增长发生在距今30万到50万年，从直立人的750—1250毫升增长到1100—1400毫升。在非洲，这一新的拥有更大脑容量的人类被称为古智人，后来又演化为尼安德特人。经过又一个“技术停滞”期后，大约25万年前，出现了由我们称之为“勒瓦卢瓦技术”制造的第四代石器。到这个时候，粗糙的手斧完全消失了，取而代之的是制作更精细的石头结节。勒瓦卢瓦—佩雷是巴黎的一个郊区，在一次发掘中，考古学家在那里首次发现，25万年前的人类对石头断裂动力学（早期的物理学）具备了足够的知识，能够预测要制造的工具形状，而不是依赖偶然地敲击石块。此时的人类选取手掌大小的卵石，砍削边缘有纵向裂纹的石片，直到卵石变成一个巴掌大小的冠状物。然后，当中从横向迅速给它一击，产生一块四边都锋利的斜面石片。这样做的结果是，能够制造出许多形式各异的石器（据一位专家称，有六十三种），而且可以给它装上柄，成为长矛的矛尖。这一技术在非洲、亚洲和欧洲迅速传播，一点也不奇怪。

差不多同一时期，可能稍早些，大约42万年前，第一批打猎用的长矛出现了。迄今为止发现的差不多最古老的木质工具是克拉克顿矛尖，1911年在英国埃塞克斯的克拉克顿被发掘出来，距今36万到42万年。让人印象更深刻的是三支形状像标枪的长矛，在德国汉诺威西南舍宁根的一座煤矿被发掘出来，距今 40 万年。最长的一支长 2.3 米。它们的形状像现代标枪，前端突起，说明它们是用来投掷，而不是用来戳刺的。[26] 同一时期，赭石第一次得到使用。南非奇迹洞可能是能够提供证据的最早的赭矿洞，因为洞中和许多手斧堆放在一起的是几片从当地岩石上凿下来的赭石。[27] 在法国南部距今 38 万年的阿玛塔遗址出土的阿舍利工具中，再一次发现了赭石，有使用过的痕迹。这是否说明赭石被用作“蜡笔”？是否表 27
明早期人类具有某种象征行为？很有意思，不过现代的一些部落民族也使用赭石，或用来处理动物皮，或用来驱赶蚊虫、止血或防晒。赭石也可能是第一种药剂。[28]

我们在德国哈雷附近的比尔钦斯莱本遗址发现了三处 30 万至 35 万年前的圆形居住地，每一处都有成堆的石头和骨头以及专门的工具制造区，当然也有证据表明那里曾经有过灶台。这些早期的工作间还使用了石头砧板。[29] 2003 年，在亚的斯亚贝巴东北 140 英里的赫托村出土的两个成年智人和一个儿童智人的头骨上有令人不解的石器割划痕迹，说明在他们死后，他们尸体上的肌肉被削去。这难道是一种墓葬仪式？可以确定的有目的的墓葬可追溯到 9 万至 12 万年前，出现于以色列的卡夫泽和斯胡尔洞。[30] 这些“坟墓”中的骨头很像现代人，但是因为尼安德特人的出现而使问题变得复杂起来。大约 7 万年前，尼安德特人（他们的骸骨从未在非洲和美洲被发现过）和智人至少在某些时期，都埋葬死人。这当然是一个重大发展，也许是继工具标准化之后的第二大纯抽象思想，因为有目的的墓葬可能意味着人类对来世的早期信仰和一种原始的宗教形式。

过去对尼安德特人原始、残忍形象的描述现在已经过时了。我们对他们的智力生活有了更多了解。虽然和我们相比，他们的智力生活是简单的，但是较之他们以前的生活形式，所取得的进步是毫无疑问的。在尼安德特人生活的年代，他们在某种程度上与现代人类平行发展。例如，西班牙最近的考古发掘表明，尼安德特人懂得在具有最大生物多样性的地方选择居住地。[31] 然而，解剖学意义上的现代人类的出现使得这一图景变得有些模糊。现代人类似乎在距今 10 万到 20 万年间居住在非洲，然后分布到全球。他们被认为源自古智人或海德堡人，牙齿较小，没有眉骨，脑容量在 1200 到 1700 毫升之间。从那时起一直到 3.1 万年前，也就是最后的尼安德特人生活的时期，这两种人类同时存在，因此，保存下来的东西有可能出自任何一方。法国古生物学家弗朗切斯科·德·埃里科断定，尼安德特人和智人都表现出“现代行为”。[32]

例如，我们发现，大约 6 万年前，灰烬、燃烧过的骨头和木炭普遍存在于露天和洞穴遗址中。[33] 旧石器时代中期的人类有了火，但是还没有制造精致的灶台。（旧石器时代中期指尼安德特人和第五代叶片状手斧出现的时期，距今大约 6 万到 25 万年。）只有到了大约 6 万年前，我们才在葡萄牙的维拉斯卢伊瓦斯和俄罗斯德涅斯特河畔的摩罗多瓦发现，人类对火的控制和搭建良好的灶台与用猛犸骨头制成的防风带一起出现。事实上，人类第一次对火的确定使用，与其说是为了烧煮食物，不如说是为了解冻冬天冻死的大型哺乳动物的尸体，这些尸体是其他食腐者，例如鬣狗，无
28 法享用的。[34]

有些尼安德特人遗址，尤其在中东地区，似乎曾经埋葬过人，有一个遗址还有花粉。当然，这也存在争论，而且这些是不是仪式葬礼，也完全不能肯定。在这些所谓的尼安德特人坟墓中，不止一具骸骨把头枕在他 / 她的胳膊上，因此从理论上推测，他们可能是在睡眠中死去的，在那里被遗弃（尽管这样的行为在早期人科动物中没有发现）。其他的坟墓中或有赭石的遗迹，或发现旁边的地上插着山羊角。在解释这些现象时，许多考古学家认同自然主义的说法，即这种联系是偶然的。尽管如此，也不排除这种可能：尼安德特人确实以一种暗示某种早期宗教形式的仪

式来埋葬死者。当然，现在对骸骨的完整或几近完整的复原有了显著增加，这也有帮助。[35]

在评价这些墓葬的意义时，必须指出研究样本只包括六十个坟墓，所以考虑到时间长度，我们谈论的是以平均每千年两个墓葬计算。牢记这个条件，接下来还有三个因素值得讨论。第一个是死者的年龄和性别。多数是儿童或青少年，足以说明存在某种“死者崇拜”，尤其是儿童，他们的葬礼相对于成年人有更多的仪式，也许是为了保证他们的重生。第二，死者中男性多于女性，暗示男性比女性享有更高的地位。第三个因素是，在伊拉克北部的沙尼达尔洞发现的一具尼安德特人骸骨，死者是个瞎子，患有关节炎，右胳膊从肘部上面部分被截掉。这个人活到四十岁，被掉下的岩石击中而死，在死之前，显然一直由他的同伴照顾。[36] 截掉的胳膊意味着他们懂得某种医疗知识，这个观点被在沙尼达尔发现的第二具骸骨进一步证实。死者大概死于 6 万年前，一同埋葬的还有不少于七种花，它们都有治疗作用。这当中包括麻黄属植物。很久以前，亚洲人就用它来治疗咳嗽和呼吸道疾病，并且用作长时间狩猎行动中提高耐力的刺激物。[37] 将这些药草药花放在坟墓中是为了帮助死者顺利到达另一个世界，还是如批评者所称，仅仅作为床垫，又或更简单一点，是被风刮进洞里的，或被啮齿动物带进去的？

古生物学家和考古学家一致认为，距今 4 万到 6 万年间，古智人和尼安德特人都没有表现出象征性行为，而且他们筹划未来的能力也很有限。剑桥大学的保罗·梅勒斯区分了在向旧石器时代晚期过渡时出现的三大变化。首先是石器技术的明显转变。在旧石器时代中期，原始人制造工具时，对成品的整体形状没有清楚界定的预先设想的模板。而旧石器时代晚期的工具属于第五代石器，除了短小、更容易抓握外，还更标准化，它们的形状符合“预先设想的形态‘规范’”。[38] 其次，梅勒斯还区分了骨器技

术中的一大变化，即从使用随意的碎片到形状的制造。最后就是居住地从
没有结构到高度结构化，有的甚至是长方形。他认为，所有这些都几乎相
29 当于一种具备了行为“规范”的“文化”。他说，总而言之，这些变化体
现出原始人在长期规划思维和策略性行为上的进步，说明在这一时期，人
们开始计划将来的行为。[39] 他说，他不认为这一进步能够脱离语言而取得。

其他古生物学家则认为，从大脑的发展来看，制造复杂的工具类似于语言活动，这两种活动应当在同一时期出现。例如，詹姆斯·斯蒂尔和他的同事通过现代实验，发现要制造阿舍利双面手斧（也就是与直立人相关的第三代手斧），平均需要击打三百零一次，耗时二十四分钟。他们认为这样的过程就像组句一样，而且他们还指出，大脑布洛卡氏区如果受到损伤，会严重损害语言和手势功能。[40] 下一章将详细讨论语言问题。

我们现在所讨论的时期，即 40 万至 50 万年前，被多伦多女王大学的心理学教授梅林·唐纳德界定为可能是人类历史上最重大的时期。唐纳德把现代心智的发展分成四个阶段，包括三个过渡。第一种思维他称之为“片段式思维”，就像大猩猩那样。它们的行为是对环境的短期回应，它们的生活“完全是现在时态”，由一系列具体的片段组成，只有对特定情景下特定事件的记忆。[41] 第二种思维是以直立人为典型的“模仿”。在唐纳德眼里，直立人的世界与其之前所有人类的世界有性质上的根本不同，因此而凸显其重要性。直立人生活在“一个群体社会中，合作和社会协调对于种族的生存至关重要”。[42] 虽然还没有出现语言，但是直立人逐渐发展出一种基于模仿的文化，包括有意的拟态和模仿、脸部表情、摹声、动作等。唐纳德认为这是质的变化，因为它允许出现意图、创造性、指称、协调和对年轻人的教学，最后一点可能最重要。这一变化之所以重大，还在于个体 / 思想不再是孤立的。“即使是高度发达的动物，例如大猩猩，也只能单

独面对世界，因为它们无法分享具体的思想和观念。每只大猩猩只学习对它自己有用的东西。每一代大猩猩都要从头开始学习，因为老猩猩一死，它的智慧也永远封存在它的大脑中……孤立的心灵找不到捷径。”[43]尽管如此，模仿的进程也是缓慢的，它可能花费了直立人 50 万年的时间去控制火，又花费了大约 75 万年的时间去适应寒冷。[44]但是唐纳德毫不怀疑，在语言产生和进入促成语言产生的“神话”思维阶段之前，直立人已经生产了许多文化产品。唐纳德认为，转变到“模仿”阶段是历史上最伟大的分水岭，是“人科动物神经系统的伟大超越”。[45]下面要谈谈后来的转变。

从如此少量的粗糙的石器遗迹和各种骸骨中重新构想早期人类的最初思想，其本身就是我们现代古生物学家所取得的伟大的智力成就。遗迹告诉我们（或被解释成）一个前后一致的故事。然而，当涉及 4 万到 6 万年前时，分歧出现了。据一组古生物学家和考古学家所言，到这个时候，30
我们再也不需要依靠这些不吉利的石头和骨头碎片来推断人类祖先的行为。在这段短时间内，我们找到了极其丰富的材料，充分证明历史学家约翰·法伊弗把这一时期称为“创造激增”时期是对的。[46]

站在另一学术阵营的是渐进主义者，他们认为不存在什么真正的激增，人类的智力是稳定增长的，正如证据所表明的那样。辩论中涉及的最突出的东西是所谓的贝列卡特蓝小雕像。1981 年在以色列的贝列卡特蓝的发掘中，耶路撒冷希伯来大学的纳阿玛·戈伦–因巴尔发现了一块约有三点五厘米长、黄褐色的小石头。石头的自然形状让人联想到女性的身体，但是独立学者的细致分析表明上面有人工的凹槽。[47]石头的年代被认定为 23.3 万年前，但它是否属于艺术品，学界争论很激烈。这是该遗址的六千八百件出土文物中唯一一件此类产品，持怀疑论的考古学家说，它不过是古人在一个“下雨的星期三”无所事事的“胡乱涂鸦”。[48]渐进主义者则把这个小物件和距今 40 万年的舍宁根矛，在扎伊尔的塞姆利基河畔发现的距今 8.2 万至 17.4 万年的“短剑”，在以色列卡夫泽发现的距今 10 万年的赭染穿孔蚶蜊贝壳，在坦桑尼亚罗扬加拉尼河谷发现的距今 4.5 万至 11 万年的鸵鸟蛋壳穿孔珠，在南非边界洞发现的距今 8 万年的疣猪长牙，以及在南非布隆伯斯洞发现的一些距今 7.5 万至 8 万年的螺珠（这些珠子是从二十公里以外带来的，里面还黏附着赭石）放在一起讨论。他们认为，这些东西表明，早期人类的智力是逐渐发展的，而且可能不是在欧洲。他们暗示，欧洲之所以成为“文明的摇篮”，仅仅因为它的考古技术非常发达，发掘出了很多东西，如果非洲或亚洲的国家也拥有这些设备和技术，它们现在微乎其微的考古发现就会成倍增长，那将出现一个全新的图景。

争论起起伏伏。渐进主义者在面对另一个重要证据时处于不利地位，它就是所谓的斯洛文尼亚笛，1995 年出土时，它被大力宣称为世界上最古老的乐器。该乐器距今 5.4 万年，在斯洛文尼亚西部利克附近的迪维巴贝被发现，是一根管状骨头，有两个完整的孔和两个不完整的孔，呈直线排列。它是由一只小熊的大腿骨制成，是洞中六百块骨头中唯一一块这样穿孔的骨头。吸引考古学家注意力的是，这些孔直径大约一厘米，彼此间隔两点五厘米，这种构造非常适合人手抓握。根据一些考古学家的见解，这支乐器能够演奏“构成西方音乐基础的完整的七个音符”。[49] 但是，弗朗切斯科·德·埃里科和位于波尔多的国家科学研究中心的一些同行指出，这种排列其实完全出于自然巧合，骨头被其他食肉动物咬过，可能是洞熊。
31 同样的小孔在西班牙巴斯克地区几个洞穴出土的骨头上也发现过。[50]

不过，在过去的几年里，渐进主义者的声音重新变得强烈起来。牛津大学格林学院的斯蒂芬·奥本海默在一本名为《走出伊甸园：世界原始住民》的书中搜集了相关证据。[51] 他指出，能够装上手柄的第三代手斧是古智人在 30 万年前制造的。这些早期人类同时还制造了像鱼叉尖一样的骨器，在 28

万年前开采颜料，南非的早期人类在大约 10.5 万至 13 万年前使用了穿孔贝壳制成的吊坠，10 万年前还制造了赤铁“铅笔”。图 1 是他绘制的各种认知进步的年表。奥本海默得出结论，到 14 万年前，“最终引领我们飞向月球的重大认知技术和行为的重要先导技术中，有一半已经出现了”。[52]

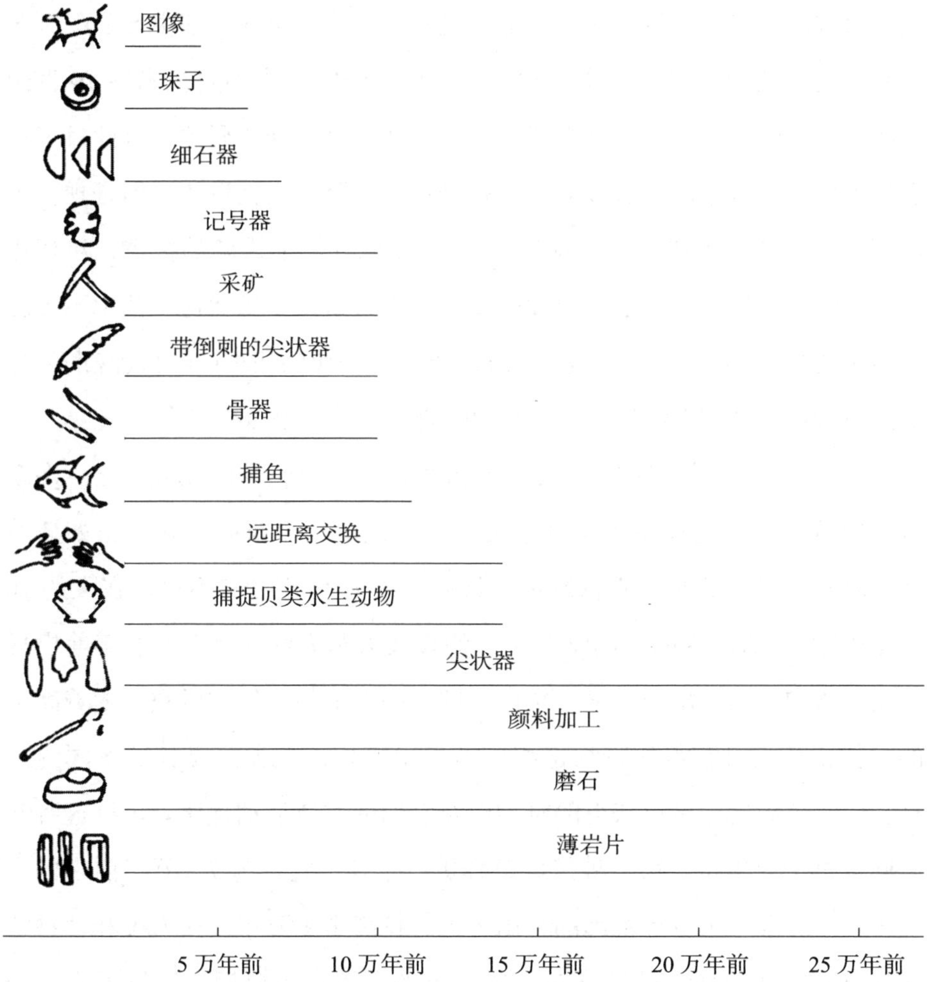

图 1　早期认知技术年表

（Source: Stephen Oppenheimer, *Out of Eden: The Peopling of the World*, London: Constable, 2003, p. 123）

32

尽管渐进主义者提供了强有力的证据，但是不能否认，正是大约4万年前突然出现的非常漂亮、高水平和非常现代的艺术吸引了所有目击者的想象力。这种艺术有三种主要形式，一是著名的洞窟画，主要出现于欧洲但不局限于欧洲；二是所谓的维纳斯小雕像，出现于西欧和东欧的广阔地区；三是彩色珠子，它在某些方面是最重要的证据。最引人注目的是这种艺术出现之突然、数量之多以及形式之复杂。在西班牙北部主要是雕刻艺术品，而从法国西南部到澳大利亚则主要是绘画。当洞窟艺术在19世纪首次被发现时，由于它的许多形象非常写实，具有现代属性，因此过了许多年人们才承认它的远古性质。它曾经被认为是后人伪造的，但是现在大家都普遍承认（当然还有怀疑者），随着绘画在欧亚大陆的传播，年代也非常一致，大约4万年前一定发生了什么重大事件（虽然这一艺术不太应该被视为单一的现象）。因此，从旧石器时代中期到旧石器时代晚期的过渡阶段很可能是古生物学最令人激动的研究领域，原因有三。

艺术出现得如此突然（从古生物学角度），传播得如此广泛，许多科学家认为它一定反映了早期人类心智发展的一个重要变化。正如斯蒂文·米森所说，那时“心智发生了最后一次大重组”。[53]不过，在大约10万至15万年前出现的解剖学意义上的现代人和大约4万至6万年前出现的创造激增之间，出现了又一次停滞期。一种解释是气候所致。随着冰川的起伏变化，可获得的野物也相应地发生变化，人类需要各种不同的工具，同时还需要记录可获得的野物以及它们的季节活动规律。也许这听起来同样过于简单了。第二种气候解释更有争议，它认为7.1万年前多巴火山爆发导致了一个世界范围的火山冬天，持续了1万年，使人类和动物的数量剧减。接踵而至的应该是一段严酷的资源竞争时期，导致了完全分立的群体的迅速发展，加速了创新进程。“创造激增”的另一种解释来自艺术自身。在西班牙东北部和法国西南部（而不是其他地方），很多艺术在非常难进入的洞穴中保存完好，那里的图像一层层叠加，这表明几个世纪、几千年以来，人们一次又一次地进入这些地下洞穴。学界因此怀疑，洞窟艺术事实上既可理解为艺术，又可理解为书写，它是早期人类对赖以生存的动物所作的秘密的神圣记录。（这一观点由以下事实得到佐证：许多当代部落居民创造了洞窟艺术，但他们的语言里却没有艺术这个词。[54]）洞窟绘画和雕刻可能其实记录了该地区有什么野兽、什么时间会出现、多少数量以及路线。这些记录开始可能在洞外面，后来转移到了难以进入的地方，部分是因为安全的考虑（这样竞争者永远也找不到），部分是出自仪式需要。动物可能受到崇拜，因为人类的生存依赖它们和它们的繁衍，反映出早期人类对它们的习性了解多少，这其实是人类计划未来的能力的一个记录。洞窟也可能被用作寺庙，选择它们不仅因为难以进入，而且因 33
为它们在某种意义上被认为是通往另一个世界的通道。根据法国史前史学家安德烈·勒鲁瓦-古朗的说法，欧洲的洞窟艺术包含“一种单一的意识形态系统”，“一种洞窟宗教”。[55]

关于这种艺术，有两个重要问题。首先，它的出现为什么“形式如此完美”，为什么没有初级版本？其次，它的意义是什么？“形式完美”的一个原因可能仅仅是因为那些初级版本被创造在易腐蚀的材料上，已经丢失。然而，斯蒂文·米森对此有更深刻的理由。他认为，组成早期人类大脑的三种智慧，即自然史智慧、技术智慧和社会智慧，在大约 4 万至 10 万年前的某个时间最终融合，形成了我们现在所知的现代大脑。他说，早期艺术表现出高超的技巧和丰富的情感表现力，这个事实本身就是对人类最新的心智重组最强有力的论据。当然，这只是臆测，没有别的证据可用来支持米森的观点。

加州斯坦福大学的人类学教授理查德·克莱因提出了另一种理论。他认为人类的文化革命开始于一次或更多次基因变异，“基因变异改变了人类的交际能力”。[56] 克莱因教授认为，“一组语言和创新基因，可能少至十个，也可能多至一千个，由于随机变异而发展演化”，并因此产生了一种新的人类文化。他举 FOXP2 基因为例，这种基因在 2001 年被发现存在于伦敦一个大家庭（“KE”家庭）的十五名成员身上，他们家三代都有严重的说话和语言障碍。研究人员指出，人类身上这一基因同老鼠身上的类似基因在 715 个分子中只有三个不同，同黑猩猩身上的同一基因只有两个分子的差别。发现此种变异的德国研究人员认为，变异开始于大约 20 万年前，并且在五百至一千代人之间，或在 1 万至 2 万年间得到迅速传播。“如此迅速的传播在生物学家眼里意味着，新的基因一定为人类的祖先赋予了重要的进化优势，人类有幸能将它遗传至今。”[57]“文化激增”的另一解释来自人口学。直到 7 万年以前，地球上的人口一直相当稀少。我们知道这一点是因为，作为食物的主要动物都是成年动物，而且是需要很长时间才能成年的动物（例如乌龟）。之后，食物开始转向繁殖迅速的鹿等动物。日益激烈的竞争可能同时刺激了新的手斧和艺术的繁荣，这时的艺术应该被理解为对野物活动习性的秘密记载。[58] 这个时期，海洋动物也开始成为食物。

渐进主义者说，这一切都是错觉，因为艺术和其他象征性行为在明显的“激增”时期之前的 10 万至 25 万年间就一直在发展，不过有的已经消亡，有的还有待发现。他们认为，这正好可以解释为什么欧洲洞窟艺术“形式如此完美”：因为技术的进步已经持续了好几代。他们还指出，早期人类一到澳大利亚，那里的艺术形式就变得发达了。鉴于此，有理由认为创造艺术的能力早在人类离开非洲之前就已经发展出来了。[59]

34 这些艺术的意义则更复杂。3 万至 4 万年前，艺术出现了巨大的进步，不仅仅有拉斯科、阿尔塔米拉和肖维闻名于世的洞窟画，而且出现了第一批个人饰品，例如珠串、挂件、穿孔的动物牙齿、刻有人身兽头（如狮子和野牛）的象牙，还有很多蚀刻在岩石上的V形标记。古生物学家毫不怀疑，这些图像都有意义，传递了某种信息。例如，在当代澳大利亚部落中，一个简单的圆圈在不同的情境下可以代表一堆火、一座山、一处营地、水坑、女人的乳房或鸡蛋。所以要完全揭示古代艺术的具体含义或许是不可能的。不过，从比较宽泛的意义上解读，艺术始终是存储的信息。[60] 旧石器时代晚期留下的许多骨头和鹿角制成的工具都带有装饰，约翰·法伊弗把它们和洞窟画统称为“部落百科”。需要记住的一个基本事实是，大多数旧石器艺术可能是在最后一个大冰期创造出来的，其时环境严酷到极点。说是可能，因为在这一领域没有什么是确定无疑的。因此，这种艺术（至少部分）一定是对这一恶劣环境的回应，这应该能帮助我们理解它的意义。[61] 例如，从这一事实中我们推测，许多动物画就其身体而言，都是侧影，但是它们的蹄子都是正面，这说明人们画出蹄子的形状是为了以后能记住它们，或是为了教给他们的孩子如何辨认。[62] 即使现在，在新几内亚的乌普卡敏狩猎采集部落，人们把捕捉到的动物的骨头陈列在家中的后墙，摆成“地图”状以便帮助回忆动物的习性。[63]

旧石器艺术中普遍存在的对女性形体的描绘同样需要解释和评论。在韩国发现了距今12165年的所谓“维纳斯石头”，即形似乳房和裙子的雕刻石头。在下奥地利州的克雷姆斯附近发现了距今3.1万年的“加尔根贝格的维纳斯”，形似一位胸脯硕大的妇女在跳舞。最为重要的是，从法国一直延伸到西伯利亚的浅圆弧地带，发现了“维纳斯小雕像”，它们中的大多数属于大约2.5万年前的格拉维特时期。关于这些雕像，存在许多争论，这也许是不可避免的。许多雕像（不是全部）体态丰满，胸脯和肚子都很大，可能说明她们是怀孕的妇女。许多雕像（不是全部）有膨胀的外阴，表明她们快要生产。还有许多雕像（不是全部）赤身裸体。另有许多（不是全部）没有脸，却有精致的发型。许多（不是全部）雕像不完整，缺胳膊缺腿，似乎创作者只专心于展现她们的性征。有些（但不是全部）本来涂上了赭红，这是不是象征经血呢？有些批评家，例如考古学家保罗·巴恩指出，我们应该格外谨慎，不宜在这些雕像上读出太多的性意义，这种解读告诉我们的更多是关于现代古生物学家的想法，而不是古代人类的想法。不管怎样，其他的早期艺术作品确实暗示了性主题。在法国凯尔西的库尼亚克岩洞，有一个天然凹穴，确实暗示（在现代人眼里）女性外阴形状，古代人类似乎也这么认为，因为他们用红赭涂染了这个凹穴来“象征经血”。[64] 1980 年在俄罗斯乌拉尔山脉南部的伊格纳捷夫卡洞发
35 现的雕像中有一座女性雕像，两腿之间有二十八个红点，很有可能指月经。[65] 在西伯利亚的马尔他，苏联考古学家发现了一座分成两半的房子，一边全是男性用品，另一边放的是女性小雕像。这是否说明家庭从仪式上出现了性别划分？[66]

不管这些“性形象”是否被过度解读，有一点是对的，那就是性确实是早期艺术的一个主要主题，而且对女性性器官的描绘远远多于男性。事实上，在格拉维特时期（2.5 万年前）没有对男性的描绘，这似乎可以支持立陶宛著名考古学家玛丽亚·金布塔斯的见解，即早期的人类崇拜“大女神”而不是男神（详细讨论见第 3 章）。这种信仰的发展很可能同当时生育的神秘性有关，比如母乳喂养和令人烦恼的月经现象。纽约大学的人类学教授兰德尔·怀特补充了一个有趣的观点，他认为这些雕像产生于早期人类还未能把性交和生育联系起来的时期（这一时期肯定存在过）。在当时，生育确实被看得很神奇，人类可能认为，为了生育，女人肯定接受了某种精魂，比如从动物那里（因此图像中才有动物头）。在人们把性交和生育联系起来之前，女人会比男人显得神奇得多。

伊利诺伊大学的奥尔嘉·索弗尔还指出，有些维纳斯小雕像好像戴着手织的帽子。她认为纺织品很早以前就已经发明了：她在摩拉维亚和俄罗

斯旧石器遗址中的泥块碎片中找出了织网的痕迹，由此表明用织网狩猎的可能。她还相信，用植物纤维制成的绳索可以追溯到6万年前，它帮助早期人类建造航行工具，并由此远航澳大利亚。[67]

珠串首次出现于距今7.5万到8万年的南非布隆伯斯洞，到1.8万年前已经很普遍了，但它最戏剧性的出场还是在“创造激增”末期，出现在俄罗斯桑基尔距今2.8万年遗址的系列墓葬中。在研究了这些珠串之后，考古学家兰德尔·怀特在考古报告中提到了三个墓葬，一个是六十岁的老人，一个是小男孩，一个是小女孩，他们身上分别装饰着2936、4903和5274颗珠子，其中老人身上还有一顶用狐狸牙齿串成的帽子和用25颗猛犸象牙制成的手链。通过实验，怀特发现每颗珠子的制作都花费了1到3个小时，总共1.3万到3.9万个小时（约18到54个月）。因此“装饰”这个词不太合适，我们需要问一问，这些珠子是不是表明某些更重要的东西，比如社会地位，甚至原始宗教？怀特认为社会分层早在2.8万年前就已经存在了，因为不可能在桑基尔埋葬每个人的时候都能有上千个花费如此漫长时间制成的珠子做陪葬品，否则就没有时间从事真正的劳动了。因此，用珠子做陪葬品的人有可能是某种宗教人士。人与人之间的装饰差异也表明早期人类具备一种“自我”感。[68] 36

墓葬品的存在，无论哪种类型，都表明古代人类相信至少有来世的可能，这反过来又表明了超自然信仰的存在。人类学家指出了三种产生宗教的条件：个体身上的一种非物质东西在死后能够永存（“灵魂”）；社会中的某些人更有可能从超自然媒介中接受直接的启示；某些仪式能够改变现世。[69]桑基尔的珠子强有力地表明，早期人类相信来世，尽管我们不知道他们是如何认知“灵魂”的。饰有如此众多杰出画作的偏僻洞穴一定是仪式的中心（它们由原始灯火照明，把苔灯芯放在动物脂油中燃烧，这是火的另一用途）。在法国南部与西班牙接壤的阿列日的三兄弟洞穴，有一个直立的人物雕像，背上披着一种食草动物的皮，还戴着马尾和一套鹿角，换句话说，就是萨满。2003 年底，据宣布，在巴伐利亚汝拉山脉的谢尔克灵根附近的洞穴中发现了几根刻有人物的猛犸象牙，其中包括一个半人半兽的“狮人”，距今 3.1 万至 3.3 万年，它表明较成熟的萨满巫术或宗教信仰体系的存在。

大卫·刘易斯-威廉姆斯相信最初的宗教具有萨满性质，而且与洞窟艺术的布局有联系。他提出，随着语言的出现，早期人类能够交流两种甚至可能是三种不同的意识状态：梦、药物引起的幻觉和恍惚。他说，这些状态使早期人类相信在某个地方存在一种“精神世界”，而洞穴就是通往这个神秘的地下世界的唯一通道。他认为，与洞窟艺术相联系的一些线条和波形曲线是“内视”，是人们在药物状态下实际“看见”的大脑结构（在视网膜和视皮质之间）。[70] 同样重要的是，他指出，洞中的许多画和雕刻利用了自然形成的形状或特征，例如马头或野牛。创作这种艺术是为了“释放”被“拘禁”在岩石中的形象。同样，比较软的岩石上的“手指洞”和著名的手印，都是一种原始的“按手”仪式，是为了释放锁在岩石中的形象。[71] 他还注意到洞中的组织形式。他认为，大家可能聚集在通往地下世界的洞口，可能使用某种已经遗失的象征性的代表形式。只有少数被挑选出来的人才能进入洞内。刘易斯-威廉姆斯认为，在洞内的主要隔间当中，能产生共鸣的隔间比不能产生共鸣的隔间有更多的图像，因此可能存在一种“音乐”元素，或通过敲打钟乳石，或使用原始的“笛子”（遗迹已经被发现），或使用鼓。[72] 最后，最难进入的区域只有萨满才能进去。有些这样的区域含有高浓度的二氧化碳，可能会使人产生异样的意识状态。不管怎样，在这种封闭的空间里，萨满可以追寻一种幻觉。有些药物引起刺痛感，或被刺扎感，这符合洞中的某些图像，其中的人物身上涂有一条条的短线。结合萨满经常需要变换新的角色（在现代的“石器时代”部落中得到证实），这可能是死亡和重生思想的起源，也是祭祀的起源，后者正如我们将看到的，在后来的宗教信仰中将占据越来越重要的位置。[73]

刘易斯–威廉姆斯的观点很有吸引力，但仍旧是猜想。但我们能确定的是，这种复杂的艺术，以及以有装饰的洞穴为中心进行的古代仪式，没有语言的帮助是不可能完成的。对梅林·唐纳德而言，到模仿认知和交流的转变是人类历史上最重要的转变，但是口头语言的出现几乎同样是个突破。

人属弗洛勒斯种（Homo floresiensis）在印度尼西亚的弗洛勒斯岛被发现，并于 2004 年 10 月正式对外公布。这一发现是否对上述图景带来根本性的改变，现在还很难说。这一新的人种生活于 1.3 万年前，最近的亲戚是直立人，身高不到 1 米，脑容量只有 380 毫升。然而，他们直立行走，制造了相当复杂的石器，还可能学会了控制火，他们的祖先可能乘筏到达了弗洛勒斯，因为没有证据表明该岛曾与亚洲大陆有任何连接。他们的小型体格可以解释为对岛屿环境的适应，那里没有大型掠食者。但是，从表面判断，这一新的人种表明，早期人类的脑容量同智力之间可能并不像之前的学者指出的那样存在密切的关联。[74] 38

2

语言的出现及战胜寒冷

语言的获得或许是早期人类智力生活最具争议性和趣味性的一个方面。据我们所知，语言和模拟认知（如果梅林·唐纳德的观点正确）是区分智人和其他动物的最主要特征。由于本书后文讨论的绝大部分思想是用文字（而不是用绘画、音乐或建筑）表现出来的，所以了解语言的发明和演化是最基本的任务。

不过，在我们研究语言本身之前，我们要先考虑它为什么产生。在这里我们要重提食肉的意义。正如第 1 章所概述的，能人的脑容量较之先前有显著增长，这与石器技术的发展有关联。对本章非常重要的一点是，有些石器被发现的地点距它们的原材料来源地达十公里，这说明，从能人开始，早期人类可能就具备在行动之前在大脑中形成“路线图”的能力，事先计划，预测捕猎点并将工具运送到那些地方。这是远远超过其他灵长类的智力行为。但是考古发掘遗址也告诉我们，早期人类食用过羚羊、斑马和河马。对大型猎物的搜寻可能会令人类在觅食残肉时与鬣狗产生竞争，在捕猎时与猎物本身发生对抗。一些古生物学家认为，这是独立个体甚至小型群体都无法胜任的。一些动物学家注意到灵长类动物脑容量的大小与它们的社会群体平均规模有关联。甚至有一种观点认为，脑容量的大小与斯蒂文·米森所称的“社会智慧”有关。根据一项估测，南方古猿生活在平均规模为 60 至 70 只的群体中，而能人的平均群体人数为 80 人左右。[1] 这为早期人类提供了基本的认知群体，一个其必须每天打交道的群体。古生物学家认为，这个不断扩充的认知群体刺激了人类社会智力的增长。语言一旦产生，从不断扩大的群体中区分不同的成员及亲属会容易得多；而珠子或吊坠等其他身体装饰物一旦被发明，区分就会更容易，因为人们可以靠它们凸显个性。对此持不同意见的是第 1 章开始时提到的乔治·夏勒，他指出狮子不靠语言也可以非常成功地进行群体捕猎。 39

我们的确看到了旧石器时代晚期技术及捕猎技巧的显著改变，若没有语言的存在，这两种改变都是难以想象的。至少在欧洲，出现了一整套的工具，包括带柄工具、鱼叉，以及由加工过的鹿角和骨头制成的投掷矛（这是最早的“塑性制品”）；同时我们也发现了刀片的发展，作为“标准坯料”，它们可以根据需要被做成雕刻刀、刮削器、锥子或针。[2]

在非洲南部，将科拉西斯河口（6 万至 12 万年前）的发掘物与年代更近的纳尔逊湾洞穴（2 万年前）做对比，我们得到了非常不同的结论。后者包括更多像水牛和野猪这样的大型危险猎物的遗骨，而大羚羊遗骨则少得多。也是在这个时期，人们已经发明了像弓箭这样的抛掷器具，从而得以远距离攻击猎物。科拉西斯河口和纳尔逊湾的海豹遗骸之间也同样存在着差别。科拉西斯河口海豹遗骸的年代表明，这里的古人类全年居住在河岸，“包括内陆的［食物］资源可能更充足的时期”。[3] 然而，在纳尔逊湾，人类会在深冬或早春能够在海滩上捕到海豹幼崽时来到岸边，然后再迁回食物更充裕的内陆。[4] 在捕鱼方面，两地还有最后一个不同点。科拉西斯河口发现的遗骸中没有鱼骨，而纳尔逊湾的遗骸中鱼骨占了大多数。正如我们前面所了解的，那时人们已经发明了鱼叉。这样的合作在没有语言的情况下可以完成吗？鱼叉上倒钩的概念没有一个专门的词汇就能够传达吗？

通过对恶劣环境中（尤其以西伯利亚为代表的寒冷地区）突然出现的早期人类的观察，对语言的起源可以有更多的推测。西伯利亚的地位之所以重要，是因为克服寒冷是农业出现之前人类最伟大的成就，并且因为它是人类历史上最伟大的自然实验（在美洲繁衍生息）的起点。所以，我们要问，如果没有语言，这些可能发生吗？在大西伯利亚，许多遗址可追溯到至少 20 万年之前，它们的存在再次引出了火和衣服的问题。许多古生物学家认为，如此恶劣的环境里，如果人类不穿“缝制的”衣服就无法占据这片土地。无论缝制手法多么粗糙，这都意味着针的发明非常早，虽然从未发现过任何证据。2004 年，德国莱比锡马克斯·普朗克进化人类学研究所的生物学家的报告认为体虱与发虱有差别。马克·斯通金和他的同事推断，“当一个新的生态位置（衣服）出现时，发虱可能进化成体虱”。他们根据基因突变率计算出这个时间为 7.5 万年前。[5]

为了征服西伯利亚和澳大利亚，早期人类需要的不只是用来缝制衣物的针，在征服澳大利亚时他们还需要漂流筏，而且在两处生存都需要一个复杂的包括亲属和非亲属（以及对差异的认可）的社会结构。所有这些都需要个体之间的复杂交流，也就是说，需要语言。[6] 实验表明群体决策在多于六人的集会中效力会减弱。因此，更大的群体只能以等级制度的形式
40 存在，这也意味着需要语言。我们所说的“交流”，是指用原始语言，它很可能没有表示行动和思考与此时此地不同步的时态和从句。[7]

在 1 万至 2.5 万年前之间的某个时期，今天分隔西伯利亚和美洲的海域白令海峡仍然是陆地，古人类能够从欧亚大陆步行到阿拉斯加。事实

上，在最后的大冰期，世界的这部分地貌与今天非常不同。不仅现在被淹没的陆地当时在海面以上，而且阿拉斯加和现在加拿大的育空地区和西北地区被两片巨大的冰盖与美洲的其他部分隔开。被古生物学家和考古学家称作白令陆桥的这片地区从西伯利亚最深处横跨海峡三百至四百英里，进入北美大陆。之后，约在 1 万年前（当然这是一个长期渐变的过程），全球气温上升，冰盖融化，致使海平面再次上升，并将我们现在所称的旧大陆与新大陆和澳大利亚分开。地球被成功地分成两片巨大的陆地，一边是欧亚大陆和非洲，另一边是美洲。早期人类于是开始在这两片陆地上繁衍，多数情况下互不知晓对方的存在。双方在各自发展过程中的相似和不同为我们提供了大量关于人类基本特质的信息。

西伯利亚的最东端是杰夫尼奥夫角（或称乌厄连），与奥杜威峡谷的直线距离是 8250 英里。然而，早期人类的迁徙路线却非常曲折，或许更接近 1.2 万英里。这是一次漫长的跋涉。根据一些古生物和考古遗迹，直立人在 70 万至 80 万年前开始在亚洲出现并使用属于奥杜威文化的原始工具，在 35 万至 40 万年前开始使用火。直立人的洞穴遗址内许多烧焦的动物遗骨（鹿、羊、马、猪、犀牛）表明洞穴主人不仅用火取暖，也用它烧烤食物。尚未明了的是直立人是懂得怎样生火，还是仅仅保存天然火种，虽然有些洞穴内厚厚的炭灰确实表明火曾持续燃烧过。

最新证据表明，现代人类两次迁离非洲，第一次是约 9 万年前经西奈半岛进入黎凡特地区，这次迁徙后来逐渐停止。第二次在约 4.5 万年之后，路线经过地处埃塞俄比亚“悲怆之门”（曼德海峡）的红海海口。人类经过美索不达米亚河谷到达中东和欧洲，沿着海滨流浪一直到达东南亚。（最新证据表明早期人类在约 5 万至 6 万年前到达澳大利亚，与上面的推论并不完全吻合。[8]）

研究发现，中国发现的直立人头骨与蒙古人种和美洲土著人的头骨有一系列引人注意且极具争议的相似之处。这些相似之处包括头骨顶端的中线突起、在爱斯基摩人中尤其普遍的拉长下颌，以及相似的铲形门齿。综合来看，这些特点表明中国直立人为后来的亚洲和美洲土著智人提供了一些基因，尽管这些证据很受争议。[9] 同时，必须指出的是，在美洲或北纬
41 53° 以北，没有发现直立人或尼安德特人的踪迹。这表明只有智人成功地适应了极寒的环境。蒙古人种靠双层上眼睑、更小的鼻子、更短的四肢和更多的脸部脂肪来适应寒冷。查尔斯·达尔文在他的旅行中遇到过不需要太多御寒衣物的火地岛人。[10]

俄罗斯（苏联）考古学家的发掘成果告诉我们一些智人在当时的行为表现。一些亚洲学者称亚洲的智人最早可以追溯到 6 万至 7 万年前，并且亚洲的现代人类是独立和分别完成进化的。然而，能够为这两种说法提供证据的化石却非常少。[11] 最有可能的是，现代人类在非洲完成进化之后，在 3 万至 4 万年前来到西伯利亚。当然，西伯利亚东北部直到约 3.5 万年前才有了人类的居住痕迹，因为这个时期记录他们存在的遗址数量“剧增”。这可能与气候变化有关。[12]

自约 3.5 万年前开始，不只在西伯利亚，全世界范围内都开始出现更加复杂的手工制品：新型石器、鱼叉、矛尖，最重要的可能是用来缝制衣服的针。[13] 在欧洲、北美和西亚，尼安德特人制作和使用了大约六十种石器。[14] 它们总称为莫斯特文化工艺（以法国西南部的勒莫斯特遗址命名）。勒瓦卢瓦—莫斯特工具发现于西伯利亚，但是很少出现在北纬 50° 以北，北纬 54° 以北便完全不存在了。这可能意味着尼安德特人时期的气候比后来更加恶劣或他们没有成功地克服寒冷（当然也有可能他们的遗址是存在的，只是还未被发现）。如果说现代人克服了尼安德特人没有克服的寒冷，那么这可能得益于针的发明带来了缝制的衣服，很可能与现代爱斯基摩人

的毛皮大衣类似。（西伯利亚艺术品描绘的三位女性的衣服使人想起这种大衣。）骨针在欧洲最早可以追溯到 1.9 万年前，在莫斯科附近的桑基尔遗址发现的骨针可以追溯到 2.2 万至 2.7 万年前。在桑基尔遗址发现的衣服上的装饰没有像遗骸的皮肤那样破碎，因此考古学家得以复原他们曾经穿过什么样的内衫、外套、裤子和鞋子。

智人迁往西伯利亚可能与气候变化有关。如前文提到的，最后一个大冰期，气候干燥得多，北方出现了大片苔原（长有北极植被的无树平原），南方出现了大范围的泰加群落，又叫针叶林带。这次向北和向东的迁移似乎与东欧和俄罗斯平原三条大河（德涅斯特河、顿河和第聂伯河）沿岸一带突然大量出现的遗址分布相一致，并与大型狩猎活动的增加有关。迁徙反映了可携带刀片石坯的发展，这些工具轻便到可以长距离运输，并且能够根据情况打造成所需的各种工具：刀、钻孔器、矛尖。起初这些人类掘地而居，但是约在 1.4 万至 1.8 万年前，他们开始建造更复杂的建筑，用猛犸骨做地基，顶部覆盖兽皮和小树苗。他们用赭石装饰猛犸骨，并刻上程式化的人物和几何图形。这些大部分建在避风之地的营地，是相对长久的居住地。一些古生物学家称，这表明这些原始社会能够解决纠纷，并且 42
正在产生社会阶层。[15] 这些居住点虽然简陋，却能维持三十至一百人的生活，而且显而易见的是，这里一定产生了语言。

西伯利亚针叶林可能非常浓密，人类无法深入，这意味着智人是经由一条或非常靠北或非常靠南的路线跋涉到白令海峡的。[16] 在更靠北的路线上发现了占地六百平方米、由半地下式房屋组成的遗址，例如马尔他和阿丰多沃山。马尔他可能是冬季大本营，这里的房屋由大型动物骨头和驯鹿角穿插搭建而成，象牙雕刻描画了猛犸象、野禽和女人的图案。大量的剥去皮毛后的北极狐被埋葬在此，可能暗示了一种仪式。[17]

然而，这里的主导文化似乎是现代所知的久克台文化，它于 1967 年首次在阿尔丹河（今天的雅库茨克城周围，莫斯科以东三千公里）泛滥平原附近的一处遗址被发现。这里发现了大型哺乳动物的遗骸，一同出土的还有独特的双面打磨的矛尖、由特有楔形石芯做成的刻刀和刀片。其他非常类似的遗址最先在阿尔丹河谷被发现，距今 1.2 万至 3.5 万年，虽然大多数学者倾向于将久克台文化的起源定在 1.8 万年之前。最令人兴奋的是，后来在白令海峡对岸的阿拉斯加及向南远至不列颠哥伦比亚省都发现了久克台文化遗址。许多学者因此认为，早期人类跟随猛犸象和其他哺乳动物从久克台横跨（无水的）海峡进入新大陆。东西伯利亚海的因迪吉尔卡河口附近、北纬 71° 的贝里列赫是最北端的久克台遗址，它以猛犸象“墓地”而闻名，有一百四十多头被春洪淹没的保存完好的猛犸象骸骨。早期人类可能沿因迪吉尔卡河从贝里列赫来到东西伯利亚海，然后沿着海岸向东迁移。[18]

我们可以断定的是，现在的俄罗斯和阿拉斯加之间的大陆桥在 1.2 万至 2 万年前之间是露出海面的，之后海水再次上涨将它淹没。[19] 然而未被淹没前，它是一片干燥的苔原，长满了牧草、莎草和艾草，散布着浅浅的池塘。这里几乎没有树，但是，尤其在夏天，却可能是食草动物以及猛犸象和野牛这样的大型哺乳动物的乐土，因为在阿拉斯加和西伯利亚发现的昆虫化石出现在有蹄类动物身上。[20] 池塘可能连接着鱼、贝丰富的大河。流传于加拿大育空地区布鲁克斯岭的奈齐库奇里印第安人中的传说讲到，“原始的土地”上“没有大树”，只有低矮的柳树。

当然，早期人类可能划船横跨过海峡。从水下的陆地尚未发现手工制品，但打捞到了猛犸象骨。我们知道，人类在 5.5 万至 6 万年之前发现澳大利亚，必定需要航行或漂流约五十英里以上的距离，这大体相当于白令海峡的宽度。然而，普遍的共识是，在遥远北方的这块危险海域，航行是非常不可能的。人类为了追踪猎物沿着海岸航行至海峡，然后走过大陆桥，则更有可能。海峡两侧相同的动物群证明了动物也曾横跨海峡。当然，早期人类并未意识到白令地峡最终会被淹没。就像前文提到的，那时 43
两片巨大的冰盖，劳伦冰盖和科迪勒拉冰盖，覆盖了北美洲大部分，向西一直延伸到现在育空地区和西北地区的交界处。对早期人类而言，冰盖西侧的陆地是一块连续的土地。的确，一些考古学家和古生物学家认为白令地峡是一个“文化自主区”，表现出生物一致性，而且认为那时的人口比现在更多。[21]

有关人类横跨海峡迁徙的证据分为地质证据、动物学证据、生物或医学证据、考古学证据及语言学证据。如今海峡两侧相同的地质特点，比如向内陆延伸数英里的较高的海滩，表明这两片大陆有相似的地质史。动物学上，长期的观察认为旧大陆和新大陆的热带动植物几乎没有相似之处，但是越靠近海峡，动物的相似性就越强。生物学上，美洲原住民与亚洲蒙古人种最接近。粗而直的黑头发、毛发相对较少的脸部和身体、褐色眼睛和相似的偏褐色皮肤、高颧骨和出现概率较高的铲形门齿，这些明显的身体特征都表明了这一点。生物学家将这些人称为中国齿型人，意思是他们的牙齿有中国人的特征，而其他齿型人则没有这种特征，这将两者区分开。在西亚和欧洲发现的古人类头骨中的牙齿没有显示出中国齿型的特征（主要是为适应北亚对牙齿要求更高的植物性食物而在门齿上进化而来的凹槽[22]），而所有美洲土著都表现出中国齿型的特征。最后，从生物学上，体质人类学家发现美洲土著和亚洲人的血蛋白非常接近。事实上，我们可以进一步认为美洲土著的血蛋白在与亚洲人相似的同时，分属于三种主要群体，分别与美洲北部、中部和南部的古印第安人，爱斯基摩—阿留申种群，以及阿萨巴斯卡种群（位于新墨西哥的阿帕切和纳瓦霍印第安人）相对应。一些学者认为，根据语言学和 DNA 研究，这表明早期人类不是一次而是三次甚至四次迁往新大陆。一些学者认为其中包括美洲印第安人的“早期登陆”（可能早至2.6万至3.4万年前）、美洲印第安人的“晚期登陆”（1万至1.2万年前），以及爱斯基摩人和纳—德内语族人的迁徙（7000至1万年前）。但是尴尬的事实仍然是，没有直接的考古学证据支持这些更早的年代。到公元2000年在美洲仅仅发现了三十七具1.1万年前的遗骸。[23]

令美洲早期人类的考古学证据处境更加尴尬的是，在阿拉斯加没有比1.2万至1.5万年前育空地区东部蓝鱼洞穴更早的年代确切的遗址。[24]然而，白令地峡两侧有许多共同特点，这是毫无疑问的。其中一点是“西北薄刀片”传统，那是一种特殊类型的楔形薄刀片，用白令地峡常见的特有石芯制成。[25]这些石芯与一处叫作德纳里的遗址联系尤为紧密，F. 哈德雷·韦斯特认为它是久克台文化最东边的基地，在阿拉斯加至少分布有二十处。（德纳里峰位于阿拉斯加腾戈湖及其周边地区。）久克台文化不早
44 于1.8万年以前，而德纳里在8000年前消失。[26]来自宾夕法尼亚西部梅多克罗夫特岩棚的证据也证明，早期人类在1.2万至1.8万年前横跨白令陆桥。通过对这里八处不同地方的骸骨进行测算，可推算至公元前1.1万至前1.7万年之间。南美洲最南端、“迁徙之路的终点”火地岛约公元前9000年存在早期人类这一事实也为它提供了证据。然而梅多克罗夫特的年代测定仍然存在疑问，因为骸骨由于煤的存在而腐化，使它看上去比实际更久远。

表面上看，早期人类发现新大陆似乎不该归入“思想”的范畴，但是有三条理由证明它应该被包括在内。第一，克服寒冷是早期人类能力的重大进步。第二，新大陆与旧大陆的隔绝历时漫长，并且从相当早的时期就已经开始（假定为1.5万年前至公元1492年，历时1.45万年，古斯堪的纳维亚人与美洲接触的可能性可以忽略，因为它以失败告终），两地的平行发展为比较不同思想的发展方式和顺序提供了一次绝佳的自然实验。第三，正如我们即将解释的，这种隔离为语言的发展提供了

关键的线索。

如前所述，乔治·夏勒指出，狮子在没有语言帮助的情况下可以相当成功地以群体形式捕猎。因此，我们不能断定当人类开始从事大型捕猎活动时必定已经掌握了超乎雏形的语言形式。而另一方面，早期人类没有语言就能够制造标准的工具、洞窟画或珠子，看起来非常不可能。但这些都是推测。是否有更直接的证据呢？

我们必须考虑到，作为研究基础的许多古代人类的头骨承受着岩石和黏土的压力在地下埋藏了200万年之久。所以，它们现在的形状不仅是由原始的形态决定，而且受几百万年压力的影响。然而，即使考虑到这些（非常重要的）附加条件，我们也可以做出如下判断。对今天人类的现代研究表明，大脑中主要有两片区域负责语言：布洛卡氏区和韦尼克氏区。布洛卡氏区位于左半脑靠前且中间偏上的位置。这片区域受到损伤的人一般会失去部分词汇能力。韦尼克氏区比布洛卡氏区稍大，也位于左半脑，但在其后方，也是中间偏上的位置。韦尼克氏区的损伤会影响理解力。[27] 当然，大脑中与语言相关的部分不只包括这些。然而，对能人的研究表明最早的人科动物大脑中有布洛卡氏区，但南方古猿则没有。没有布洛卡氏区的猩猩科类人猿无法发出任何人类的声音，研究进一步发现它们无法有意自发地控制语音信号：例如，它们无法抑制见到食物时发出叫声，即使知道不发出声音对它们有利。[28] 而另一方面，20世纪晚期的几次实验表明，黑猩猩具有初期的语言能力，因为虽然无法讲话，但是它们能够学会美国手语。有些人认为，这表明语言能力非常古老。[29]

与这种推理相一致，在以色列斯胡尔和卡夫泽发掘出的年代为9万至9.5万年前的头骨中，每一块都有完整的现代喉前声道："这些人科动物可能会讲话和使用语言。"[30] 古生物解剖学家也找不出理由证明早期人 45

类不能掌握现代语法。[31] 这说明能人已经形成了一种比黑猩猩和大猩猩发出的约六七种相互区分的叫声更复杂的语言，但仍然不是我们所认为的完整的语言。

古生物学遗址中找到的唯一的舌骨（通过肌肉与下颌相连，在说话中起重要作用）是 1983 年夏天在以色列海法的迦密山的凯巴拉洞穴中发现的。这里发现的骨骼年代为 6 万年前，被称为莫斯特人，即尼安德特人。特拉维夫大学的 B. 阿伦斯堡称，这种人类的舌骨“与现代人类舌骨的构造和大小类似”，“为尼安德特人的说话能力提供了全新的解释……从解剖学的角度看，凯巴拉的莫斯特人似乎与现代人一样具备说话的能力”。[32] 2004 年发掘于西班牙的尼安德特人耳骨显示，“他们的听觉能够捕捉到与人类的说话频率相同的声音”。

通过对工具及早期人类、灵长类和其他哺乳动物行为的观察，我们可以做出其他一些关于早期思想的推断。其中一项与石器工具的标准化有关。石器工具的标准化在没有语言的情况下可能发生吗？一些古生物学家提出疑问。他们认为，老师在将新工具的准确形状教授给学生时是需要语言的。同样，复杂的亲属系统的发展也需要完善的语言来描述不同亲属之间的关系。一些像黑猩猩和大猩猩一样的灵长类是有基本亲属系统的，兄弟之间及母子之间偶尔能够辨认出彼此，但并没有得到高度发展，而且前后不一致、不可靠。例如，大猩猩的“家庭单位”并不是我们所认为的亲属群体。

2002 年，一项与众不同的证据被公之于世（这在前面不同的情境下提到过）。德国莱比锡马克斯·普朗克进化人类学研究所由斯万特·帕博带领的队伍在这年 8 月宣布，他们在一种与语言相关的基因中发现了两次大约发生在 20 万年前的重要突变，然后这两种突变在解剖学意义上的现代人类向外迁徙并开始大范围在地球居住的同时扩散到了整个人口。这种改变可能对现代人类说话能力的发展起了重要作用。[33] 莱比锡的研究者称，突变的基因赋予早期人类更好地控制脸部、嘴部和喉部肌肉的能力，“因此可能给他们提供作为语言基础的一系列丰富多彩的新声音”。研究者并不十分清楚这种被称为 FOXP2 的基因在人体中究竟起了什么作用，但是所有的哺乳动物可能在胎儿发育期就有了这种基因的不同版本，表明它发挥了一种或多种重要功能。[34] 在《自然》杂志发表的一篇论文中，研究者称，使人类与黑猩猩分化的基因突变出现在相当近期的进化中，然后迅速扩散，在五百至一千代的人类遗传中完全代替了更为原始的基因，历时一万至两万年。如此迅速的扩散速度表明这种新型基因具有非常明显的优势。 46

比语言何时出现更具争议性的是对早期语言进行重构的尝试。乍一看，这是一个离奇的想法（书写产生之前的语言如何能留存在考古记录中？），许多语言学家也这样认为。然而，这并未阻止其他同行继续研究的步伐。无论其科学价值如何，他们都留下了生动而可读的成果。

一种观点认为，语言从非洲南部某些部落（例如桑族或哈德扎族）的咂嘴音中产生，在开放的大草原上，捕猎者使用咂嘴音能够在交流信息的同时不把猎物吓跑。另一种观点是语言产生于 30 万至 40 万年前，甚至 175 万年前早期人类有节奏的哼唱中。最初，这些声音是一个部落中的男性用来吸引另一部落中女性的“远距离的呼喊”（就像某些种类的黑猩猩所做的那样），但是之后这种有节奏的吟唱成为联结一个社会的纽带，将一个部落与其他部落区分开。

从现有的其他人类学证据和现代的狩猎采集部落中，我们发现每一千人或两千人大约有一种语言（欧洲人发现澳大利亚时，那里约有两百七十种土著语言）。[35] 这意味着，人类从西伯利亚横跨海峡到达阿拉斯加，世界人口达到一千万时，[36] 语言种类跟今天一样多。东安格利亚大学的威廉·萨瑟兰认为，当时共有6809种语言。[37]虽然看上去有困难，一些语言学家仍然认为根据现今语言之间的相似之处，结合史前史加以推断，以至重构原始语言是可能的。最引人注目的尝试是美国的约瑟夫·格林伯格所做的工作，他在众多的美国土著语言中识别出三种基本群体，即爱斯基摩—阿留申人、纳—德内语族和美洲印第安人。结合先前提到的有三批移民从亚洲迁往美洲的事实，他的调查尤其值得重视。[38]*然而，最新的DNA证据显示，从西伯利亚到美洲的迁徙潮不是三次而是五次，其中一次的路线可能是沿着海岸前进。[40]这项证据表明第一批移民可能最早于2.5万年前进入美洲，即大冰期之前。这意味着开拓者是靠船横渡白令海峡的。

丹麦语言学家霍尔格·彼得森和俄罗斯语言学家弗拉季斯拉夫·伊里奇–斯维特奇、亚伦·多尔戈波利斯基的研究引起了更大的争议，他们认为欧洲、亚洲甚至北非的所有语言（印欧语系、闪族语系、乌拉尔语系、阿尔泰语系，甚至白令海峡对岸加拿大的爱斯基摩—阿留申语系）都来自同一个叫作“诺斯特拉语系”的遥远“祖先”。“诺斯特拉”源自拉丁语形容词nostras，意思是“我们国家的、本土的”。[41]（这意味着，现今世界上的六十亿人口中，有四十亿说诺斯特拉语。[42]）他们称，这次“语言古生物学”行动将人类的历史提前了1.2万至1.5万年。它与同样受争议的德内—汉—高加索语系之间的关系更扑朔迷离。德内—汉—高加索语系包括巴斯克语、汉语、苏美尔语、海达语（不列颠哥伦比亚和阿拉斯加地区的一种语言）等差别极大的语言。汉语和纳—德内语的关系自20世纪20年
47 代就被承认了，但这除了进一步证明新大陆民族和东亚民族之间存在联系外，还为更多的争议埋下了伏笔。这就是，欧亚大陆的土著和迁往美洲的移民说原始德内—汉—高加索语言，但是后来说原始诺斯特拉语的最早的

* 别的证据表明，早期美洲人的艺术也分成三种不同的风格。[39]

农民征服了他们，并取代了他们及他们的语言。[43] 最新证据发现印度、巴基斯坦、中亚与欧洲人之间都有一种特殊的线粒体DNA变异，恰好支持了这个理论。[44]

这具有很强的推测性（最乐观的说法），正如以梅里特·鲁伦为首的一些语言学家声称，他们可以分辨出一种原始全球语或原始世界语。多尔戈波利斯基发布了115个原始诺斯特拉语词的词源，鲁伦和他的同事发布了45个单词的“全球词源”，他们认为这表明了世界上所有语言之间的联系。以下是词源中的三种，读者可以自行判断它们的可信度。[45]

MANO，意思是人类。它是这样被推导的：古埃及语，Min，一个生殖神的名字；索马里语，mun= 男性；塔马语，苏丹东部的一种语言，ma= 男性；泰米尔语，mantar= 人、男人；冈德语，manja= 男人；原始南方语，讲话者称自己为man或mun；斯夸米什语（一种加拿大土著语言），man= 丈夫；瓦纳纳语（南美洲的一种语言），meno= 男人；卡利亚纳语，mino= 男人、人；瓜希沃语，amona= 丈夫；印欧语，包括英语，man。

TIK，意思是手指或一。古尔语（非洲的一种语言），dike= 一；丁卡语（非洲的一种语言），tok= 一；豪萨语（非洲），（daya）tak= 唯一；韩语，teke= 一；日语，te= 手；土耳其语，tek= 仅仅；格棱兰—爱斯基摩语，tik= 食指；阿留申语，tik= 中指；特林吉特语，tek= 一；美洲印第安语（卡罗克语，tik= 手指、手；曼盖语，tike= 一；卡坦布里语，tika= 脚趾）；博温莫比安语（新几内亚），tek= 指甲；拉丁语，dig（-itus）= 手，decem=10。

AQ’WA，意思是水。尼芒语（非洲），kwe= 水；卡玛语（非洲），uuku= 水；亚涅罗语（非洲），ak（k）a= 水；日语，aka= 船底污水；阿伊努语，wakka= 水；美洲印第安语（Allentaic，aka= 水；库里诺语，yaku= 水，waka= 河；科拉维卡语，ako= 喝；弗尔尼奥语，waka= 湖）；

印欧语（拉丁语，aqua；意大利语，aqua＝水）。

多尔戈波利斯基对原始诺斯特拉语的实际词汇的重构表明，说这种语言的人“对农业、畜牧业和制陶不熟悉”，但是他认为他们使用“弓箭和渔网”的观点却受到了语言学界同行的攻击。[46]多尔戈波利斯基还重构了表示可食用的食物（蛋、鱼、蜂蜜）、各种工具（燧石刀、钩、杆）、皮质鞋类、身体部分（脾、颈）、亲属关系（父亲、母亲、姻亲、氏族成员）和超自然实体（施展法术、魔法）的词汇。[47]没有发现有关大型水体的词汇，所以部分因为这个原因，他认为讲诺斯特拉语人的原始家园位于亚洲西南内陆。[48]

研究者也尝试重构语言形成的方式和顺序。2003 年公布的一项实验报告称，亚特兰大的一只黑猩猩突然开始“讲话”，因为它创造了四个“单词”或固定的声音，分别表示“葡萄”“香蕉”“果汁”和“是”。印第安纳州布卢明顿印第安纳大学的久洛·德奇认为，人类语言的各种特点是按
48 照如下顺序发展的：

H 和 e，最早的声音，由尼安德特人发明，约 10 万年前；

鼻音 u、i、a、j、w 发明于 2.5 万年前；

W、m、p、b 发明于 1.5 万年前；

t/d、k/g 发明于 1.2 万年前；

我 / 你、这里 / 那里、留 / 走、好 / 坏发明于 1 万年前；

第三人称发明于 9000 年前。[49]

一些人认为这种推测走得太远，尤其在其他学者最近对这一问题的争论升级时更是如此。例如，哈佛大学语言学心理学家斯蒂文·平克认为，语言在“200 万至 400 万年前”产生，罗宾·邓巴提出的语言由黑猩猩之

间互相梳理毛发发展而来的理论在20世纪90年代中期引起了极大的关注。事实上，声音使早期人类能够一次为多个同伴梳理毛发。[50]

与语言的出现同样具有趣味和引发争议的是意识的产生。两者之间具有假定性的关系，但是密歇根大学动物学家理查德·亚历山大认为，意识产生的关键因素是早期人类社会智力的发展。我们知道，后两足行走的一个结果是男女之间劳动分工的增加及核心家庭的形成。一些古生物学家称，这本身就足够激发对男性与女性之间、自我与他人之间差异的意识，至少可以激发意识的雏形。当人类开始在更大规模的群体中生活、互相合作并与其他群体竞争时，对人类差异的识别对促进自我意识的产生起了重要作用，对未来的预测（即猜想其他群体在某些环境中可能做什么）使人们更加注重现在以及如何安排现在。辨认亲属的能力和为自身谋求利益而不断发展的欺骗技巧在自我意识的演变中也非常重要。[51] 亚历山大认为这两种因素（自我/非自我、现在/未来）不仅是意识，而且是道德（我们赖以生存的规则）的基础。他认为，情景构建（根据他的提法）有利于幽默、艺术、音乐、神话、宗教、戏剧和文学这类社交/智力活动的发展。[52] 他还认为，这也可能是原始政治的基础。[53] 这是另外一个推测先于证据的领域。

前一章提到的梅林·唐纳德对此持不同意见。对他来说，思维的前两种模式是“片段式的”（在猿中）和“模仿”（在直立人中）。他认为到第三种模式的第二个过渡是“神话”思维。首先，他称（基于对今天的“石器时代”部落的分析），随着个人和群体的自我意识与语言一起产生，语言首先被用于创造宇宙的概念性模型和宏大的统一综合体。他认为语言可能最终被用于许多其他用途，但这是语言最初的用途与目的。[54]

49 对唐纳德来说，最后的过渡是向理论思维或文化的过渡。这体现在诸多表现出明显的分析思维技巧的发明与人工制品中，这些技巧包含了“通向后来的理论发展”的萌芽要素。[55] 他举出的例子包括 2.5 万年前的陶瓷制造，1.5 万年前的飞去来器，约 1.2 万年前的针、缝制的衣服、弓箭、月球运行记录、绳子、砖块，当然还有动植物的驯化。[56] 思想的去神话化的最后阶段始于希腊古典时期自然哲学或科学的发展。

上文提到的发现许多都是零碎的片段。但是，将它们放在一起就显现出了思想雏形逐渐发展的脉络，显现它们是在何时，（在一些情况下）还有何地首次付诸实践的。这是一幅到处都是断点的图画，但是最近几年，古生物学家和考古学家已经开始进行综合。这也不可避免地涉及推测。

这种综合的一个方面是，传统认为“文明”发展于约五千年前的西亚，但现在可以将之提前到更久以前。许多研究者已经注意到，在旧石器时代晚期，不同地区之间的石器已经存在差异，似乎地方“文化”正在发展。[57] 他们认为，洞窟艺术、维纳斯雕像、4.7 万年前研磨工具的存在和 2 万年前纺织物的存在，加上各种各样的记事符号，实际上已经可算作文明了。

早期记事符号中最重要的一例最近以非常重要的方式得到了重估，即 1938 年在法国西部维埃纳省的拉马什洞穴发现的拉马什鹿角，上面刻了两匹马，马的上方是几行标记。1972 年，亚历山大·马沙克对该鹿角进行了分析，认为那是对七个半月的月亮运动的记录，该鹿角由此而闻名。[58] 20 世纪 90 年代，弗朗切斯科·德·埃里科对它重新进行了检测，之前我们在讨论贝列卡特蓝雕像和所谓的斯洛文尼亚长笛时提到过它。德·埃里科用高清显微镜对拉马什鹿角上的刻痕进行了研究。他认为所有标记都是在同一时间刻上的，并非累积而成，与月亮运转周期没有关系。他并不确定这些刻痕代表什么，或意在测量什么，但他注意到它们与楔形文字中的刻痕有相似之处。如我们将在第 4 章看到的，楔形文字最初是记录商业交易（对干草捆数、酒的罐数进行计数等）的一种方式，德·埃里科提出拉马什鹿角也可以用同样的方式理解为原始文字。[59]

保罗·巴恩更进一步。他提出，位于比利牛斯山脉和东坎塔布里亚的洞窟装饰与这些遗址附近的温泉和矿泉存在联系。他认为，也许这些中心在旧石器时代的神话中发挥了作用。几乎都与水有关的蛇形和之字形线条的广泛出现不是偶然，他推测这可能与母神崇拜有关联。之字形是一个很常见的主题，通常与鱼联系在一起，法国莱塞济的一个三万年前的人身塑像躯干上就刻有之字形图案。[60] 1970 年在保加利亚巴克奇洛发现的一个骨头碎片显示的之字形图案也许可追溯至尼安德特人时期。M 形和 V 形雕刻
也是如此，这些图案令人联想起诸如子宫和女阴等女性符号。这些符号直 50
到青铜时代还可以在盛水器皿上见到。

许多专家称，刻过的骨头是猎人的计数签，其他专家认为标记可以分为男性（线条和点）和女性（椭圆和三角），大冰期的人类离发明字母表已经不远了。这可能言过其实，但已经很清楚的是，通过在骨头上刻图案和排列组合的点，早期人类正在建立人类学家所说的人工记忆系统。那其实就是书写。萌芽中的书写可能是最恰当的描述。这些标记之间的根本相似性尤其有趣，以至于一些考古学家认为“法国—坎塔布里亚地区的洞窟艺术和流动艺术中众多的人为标记与从地中海到中国的古代书面语言中的许多文字非常相似”（见图 2）。[61] 可能有人会反驳说，人类能够发明的标记数量有限。但即便如此，这种相似性还是能说明点什么，它意味着也许在这一领域我们的想象力受到基因的限制。目前我们还不清楚，但是 2005 年一项针对 115 种不同字母系统的研究表明，大多数语言的一个字平均有三个笔画。这并不是一个巧合，有关的研究员马克·尚伊兹称，“三恰好是我们的大脑不需要数就能识别的最大数目”。[62]

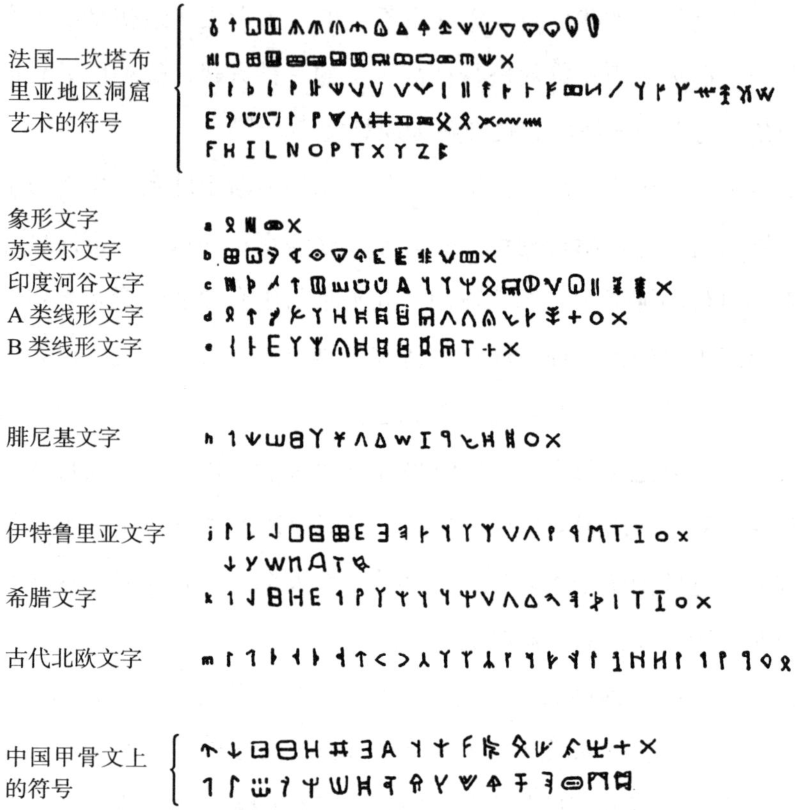

图 2　书写与原始书写早期形式之间的相似符号

（Source: Richard Rudgley, *The Lost Civilisations of the Stone Age*, New York, The Free Press,
51 1999, p. 78）

对考古学家来说，“文明”这个词通常意味着四个特征：书写、拥有纪念性建筑的城市、有组织宗教、专门化的职业。我们不能说旧石器时代的人类完全达到这些条件，例如城市在之后才会出现。而且对文明中语言和书写的研究，现在虽然已经很发达，但还有很长的路要走。例如，梅林·唐纳德强调了语言发展的某些重要阶段，尤其是修辞、逻辑（辩证）和语法。[63] 正如他另外指出的，这些组成了基督教世界的中世纪三艺，这三艺将这些基本技能和思维规律同专门科目的四术（数学、天文、几何、音乐）区分开来。

表意、象形和字母书写系统在修辞、逻辑和语法方面各不相同，这种不同是否导致了世界上不同文明的不同发展轨迹呢？书写的物理形态对思维产生过根本影响吗？三艺所基于的理念是：争论 / 辩论是可以训练的技能。这是否就是本书第三、四、五部要讨论的西方与其他地方的本质区别呢？这是否鼓励了对宗教权威的攻击以及至关重要的从神话思维的脱离
呢？这是我们在讨论中需要记住的。 52

3

神灵的诞生，房屋和家的演化

正如我们在前面已经谈到的，在梅林·唐纳德看来，人类历史上最伟大的转变是从片段式思维到模仿的转变，因为它意味着文化的发展，“神经系统的伟大超越”。直到本书结尾，我们将遇到其他许多作为“历史上最重要的单一思想”的候选——灵魂、实验、唯一真神、以太阳为中心的宇宙说、进化论等，每一个背后都不乏热烈的支持者。有些思想是高度抽象的概念。然而，对大多数考古学家而言，人类“最伟大的思想”是非常实实在在的东西。对他们来说，植物和动物的驯化（农业的发明）显然是最伟大的思想，因为它导致了迄今为止人类生存方式最深刻的转变。

植物和动物的驯化发生在大约 1.4 万到 6500 年前，也是史前史研究中讨论最多的领域之一。它的起源与地球的气候记录密切相关。直到大概 1.2 万年前，地球的平均温度比现在要寒冷得多，变化幅度要大得多。在不到十年的时间内，气温变化大至 7℃，而现在一个世纪之内的气温变化是 3℃。[1] 但在大约 1.2 万年前，随着最后一个大冰期结束，地球开始大幅度变暖，气候开始稳定。这一变暖和稳定的现象标志着地球历史从一个时期到另一个时期的过渡，即从更新世到全新世的过渡。这实际上是历史上的“大触机”，从而形成了我们的世界。[2]

我们可以肯定地说，虽然我们非常清楚农业在什么地方出现，怎么开始，以及从哪些植物和动物开始，但是即使今天，关于这一划时代的变化为什么会出现，仍然没有一致的看法。有两大说法，其一是环境 / 经济说，分好几种理论；其二是宗教说，目前只有一种理论。

植物和动物的驯化（按这种顺序）在世界的两个地区分别独立产生，这是已经确定的，也可能在七个地方。第一个地方首先是西南亚和中东，尤其是从以色列的约旦河谷到黎巴嫩和叙利亚的“肥沃新月地带”，包括土耳其东南部一角，绕过扎格罗斯山脉进入现在的伊拉克和伊朗（在古代被称为“美索不达米亚”）。第二个确定无疑出现驯化的地方是中部美洲，53
在现在的巴拿马和墨西哥北部之间。世界上还有五个地方也出现了驯化，但我们不确定是独立产生的，还是源自中东和中部美洲。这些地方包括新几内亚的高地；中国（它的大米驯化似乎有自己的历史）；撒哈拉以南的一个狭长地带，它穿越了现在的科特迪万、加纳和尼日利亚，一直到苏丹和埃塞俄比亚；安第斯 / 亚马逊地区，其特殊的地理特征可能促进了独立的驯化过程；还有美国东部。[3]

至于为什么把世界划分成这些区域，牛津大学阿什莫尔博物馆的安德鲁·谢拉特给出了一个解释。他的理论是，其中的三大地带是“热点”区：中东、美索不达米亚和东南亚岛链，它们在地质上和地理上都是运动频繁的地区，构造板块在地球表面的运动所产生的巨大压力在这三个地区形成了狭窄的地峡，产生特殊的接合，其特征是地球其他地方没有的。这些特殊的特征首先是山脉、沙漠和冲积层（流水形成的泥沙冲积）彼此毗邻；其次是狭长土地的出现，使得人口聚集，无法继续传统的狩猎 / 采集生活。[4]这些“热点”区因而成为“核心地区”，当时的条件迫使那些地方的早期人类发展不同的生活方式。

不管这一简单又吸引人的理论有多正确，也不管农业“发明”的次数是多少，很少有人怀疑，从时间上看植物和动物的驯化首先出现在西南亚的“肥沃新月地带”。为了充分理解这点，我们需要把握驯化证据的性质，这意味着首先要了解相对较新的孢粉学，即花粉分析。植物，尤其是风媒树种，每年都产生上千颗花粉粒，它们的外皮非常坚硬，不容易腐烂。花粉的形状和大小各异，而且由于是有机物，可以用放射性碳素测定年代。虽然无法确定花粉的种，但是可以确定它们的年代和属，能够帮助考古植物学家（一个较新的专业）重新构建各个历史阶段的地球表面植被。

中东数百个遗址中的植物遗迹（不仅仅是花粉）已经得到了确认，并且用放射性碳素测定了年代。根据以色列基因学家丹尼尔·祖海里的研究，情况多少有些明确了。首先，有三种谷物，它们形成了新石器时代农业的主要“开创性庄稼”。这些谷物依其重要性分别为二粒小麦（学名 triticum trugidum，是双粒小麦的亚种）、大麦（学名 hordeum vulgare）和一粒小麦（学名 triticum monococcum）。它们首次出现在 1 万到 9000 年之前。其次，这些谷物的栽培伴随着几种“混栽植物”的培育过程，尤其是豌豆（学名 pisum sativum）、小扁豆（学名 lens culaniris）、鹰嘴豆（学名 cicer arietinum）、苦巢菜（学名 vicia ervilia）和亚麻（学名 linum usitatissimum）。[5]每一类的原始野生植物都得到了确认，从中可以得知培

育后的庄稼比它们的野生亲戚有什么优势。以一粒小麦为例，野生和培育种类之间的主要区别在于种子传播生物学。野生一粒小麦的麦穗易裂，麦穗成熟时颗颗裂开，传播种子。相反，培育的一粒小麦的成熟麦穗不易裂，只有脱粒时才会裂开。换句话说，为了繁殖，它必须等到人工收割后

才能被播种。其他庄稼也是如此：培育的品种都比野生品种不易裂开，这样种子只有在庄稼收割后才能传播，因此为人类所控制。对肥沃新月地带各类麦子所作的DNA比较表明，它们根本上是一样的，比野生麦子的DNA之间的差异小得多。这表明在每类庄稼中，驯化只出现一次。“粮食生产赖以存在的植物在西南亚‘核心地区’开始，（作为已经培育的庄稼）在这些辽阔的土地开启农业时代。”[6]

有一些遗址已经被确认为可能是首先开始培育植物的地方，其中包括距今1万年的叙利亚的阿布胡赖拉丘和艾斯沃德丘，土耳其的卡拉贾达，约旦河谷的内提夫哈格达、吉甲和耶利哥，以及叙利亚大马士革盆地的阿斯旺（后者距今更远，大概1.05万至1.2万年）。另一理论（也是猜想）认为，人类对火的控制使他们得以焚烧大片森林，在灰烬中生长的柔嫩的草和小芽可能就是已经培育的庄稼，它们可以吸引食草动物。[7]这需要“刀耕火种”的技术和工具，能有效地砍伐大树，留出防火带。我们无法确定早期人类是否掌握了这些工具。

在动物的驯养方面，证据的种类有点不同。首先，我们必须说明，地球的大历史多少有帮助：最后的大冰期结束之后，大多数哺乳动物比之前都变得更小。[8]有三个标准一般被作为判断驯养的依据：动物数量的变化，在一个遗址序列中某一品种所占比例突然增大；体型的变化，多数野生品种比相应的驯养品种体型大，因为人类发现控制小型动物更容易；种群结构的变化，在驯养的牲畜或禽类中，饲养者为了尽量增大产量，可以控制它们的年龄和性别结构，通常通过保留雌性和挑选亚成体雄性。运用这些标准，动物驯养的年代可能开始于9000年前，即在植物栽培的大约1000年以后。这些过程发生的遗址都在中东的肥沃新月地带，与植物栽培区域虽然不完全一致，但有重叠之处。这些地带包括9400年前的阿布胡赖拉、9000至8450年前伊朗的甘吉达雷、8600至7770年前土耳其的格里蒂勒，以及艾斯沃德丘、耶利哥、拉马德、艾因—加扎勒、贝达和巴斯达，都在9000年前以后。在大多数地方，驯养的顺序是：先是山羊，然后是绵羊，紧接着是猪和牛。“从狩猎和采集经济向永久性村庄和包括全部种类植物和动物驯化的混合农业经济的转变，可能开始于野生谷物的栽培，这一转变耗时至少3000年。”没有根本性的中断，多少年来人们只是简单照料着
55 “野生菜园”而不是我们所知道的“小农田”或农场。有一个过渡期，其时狩猎采集者也剔除小动物。猪不能适应游牧生活，因此它们的驯养意味着定居生活。[9]

动物的驯养首先出现在现代伊朗、伊拉克和土耳其交界的山区。这些地方之所以成为最可能发展驯养的地方，是因为大多数野生动物本性上不能被驯养，而山区（由于海拔和植被的多样）能繁育最多种类的动物，而且同一品种能产生最大的个体差异。这种环境最可能繁育出体型较小的品种，更容易控制。

在旧大陆，农业出现的地理位置和时间与其赖以为基础的植物栽培和动物驯养出现的地理位置和时间相同。还有，古生物学家普遍认为，驯养和栽培只出现一次，然后传播到欧洲和印度。它是否随之传播到更远的东南亚和中非仍然是个有争议的问题，而最近的农民的基因证据（与他们栽种的植物相比）却不像想象中那么确定。证据表明，现代希腊人与中东人（来自巴格达、安卡拉和大马士革）拥有85%至100%的相似基因，而巴黎人与中东人只拥有15%至30%的相似基因。一些考古学家指出，这说明传播的不是思想，而是把思想付诸实践的人。不过，并不是所有人都接受这一说法。[10]

然而，更有争议的是农业为什么发展？为什么在那个时候发展？又为什么在那个地方得到发展？这对理解人类的心智发展无疑具有举足轻重

的意义。当你考虑到狩猎采集生活其实是很轻松的生活方式时，那么这个问题比表面上看起来就更有趣了。对现在仍然存在的狩猎采集部落所作的民族志研究表明，他们每天只需要工作三至五个小时，就能养活自己和家人。石器时代农民的骸骨显示出他们比先前的狩猎采集祖先有更多的营养不良、感染性疾病和龋齿。因此，为什么人类要放弃这样一种舒适的生活方式，而选择更艰苦的劳作？另外，对谷物的依赖给早期人类带来的是比在狩猎采集时期单调得多的膳食结构。人类开始栽培庄稼时，它们依然只占膳食结构中的一小部分，这种情况维持了几个世纪，甚至一千多年。还是那个问题，为什么要改变？

一种说法是，向农业的转变是出自仪式或社会的需要，因为新的食物是罕见的奢侈品，然后逐渐传播，就像我们现在的时髦品一样。以小扁豆为例，每株野生植物长出两颗，对石器时代的一家人来说，几乎无法果腹。可是，小扁豆是近东的第一批庄稼。一些古生物学家觉得酒是谷物最重要的最终产品，酒在仪式宴会中的重要性显而易见。

但是最基本的经济学论据基于这样一个事实：正如前面提到的，大约 1 万至 1.4 万年前的某个时间，世界气候发生了重大变化。部分原因是大冰期的结束导致了两个后果，一是海平面上升；二是温暖的气候有利于森林的扩张。这两个因素导致开阔的陆地面积急剧减少，“把原来开阔的土 56
地分割成小块，为不同的海拔地带提供了不同的动物和植物品种……定居和减少的开阔陆地鼓励了地域性。人们开始保护、繁殖当地畜群，这种前驯养活动可以称之为对食物来源的管理”。[11] 这些变化的另外一个方面是，气候变得越来越干燥，季节越来越分明，这种情况鼓励了野生谷类植物的播迁，这也导致了人们为了寻找植物和肉类，从一个环境迁移到另一个环境。在山区、滨海平原、高地和河流等地方，气候类型更丰富。这解释了肥沃新月地带的重要性。近东地区天然富产草本植物（那里的二粒小麦和一粒小麦以及野生大麦现在还存在）。但是，不难看出发生了什么事情。“从收割后的种子中挑选出不易脱落的、完全成熟的种子。人类一旦开始播下他们收获的种子，他们就自动（即使是无心地）开始了不易脱落型基因的挑选过程。”[12]

马克·内森·科恩是以下理论最著名的支持者，这一理论认为，史前曾有过一次人口危机，正因如此才加快了农业化的过程。在他列举的证据中，有这样的事实：农业不比狩猎采集生活更容易；巨型动物（为早期人类提供丰富蛋白质的巨大哺乳动物）的同时灭绝是“全球性的巧合”，而驯养在更新世末期出现更是一个巧合，当时地球变暖，人类开始了更频繁的迁移；在正式的农业出现之前，野生品种的驯化有利于人类繁育更多的后代。例如，众所周知，游牧民族和狩猎采集部落为了控制儿童的数量，两年之内不给孩子断奶。这限制了迁移群体的规模。科恩提出，定居生活发展以后，这种限制就没有必要了，并导致了一次重大的人口激增。科恩还认为，远古人口危机的证据有：为寻找食物而开发的新地带的数量；膳食从需要加工时间较少的植物到需要加工时间较多的植物的变化；膳食从大型动物到较小动物的变化（因为大型动物灭绝了）；营养不良的人体骸骨比例的增加；为了解决越来越少的动物和植物问题而出现的加工品的专业化；为了烧煮难以生吃的食物，火的使用日益增加；水生资源的使用；许多植物虽然在更远古之前就是食物来源，但是直到1.2万年前才被收获；草本植物（谷类）作为食物不是首选，诸如此类。科恩争辩道，所有这些都被考古发掘所证实。对他来说，农业革命就其本身而言不是对早期人类的解放，而是对付人口危机而采取的权宜行为。狩猎采集民族的生活根本不是一种低级形式。相反，他们的生活如此成功以至传播到整个世界，没有了回头之路。[13]

这又是一种简单却很有吸引力的理论，但是存在一些问题。最强烈

的批评来自雷·格鲁贝，他是另一理论的支持者。根据格鲁贝（他在法国 57
生活与工作）的观点，远古世界不可能发生过人口危机，更不可能有人口过剩的危机。他的论点与科恩正好相反：较晚出现的欧洲和美洲移民证明地球上的人口稀少。对格鲁贝而言，人类走出非洲，进入一个更寒冷的环境，疾病的发生率应该更低，因为从微生物学角度看，地方越寒冷就越安全、越健康。因此，在许多千纪里，人类在欧洲和西伯利亚的患病率相比在非洲要少。但是，大约 2 万年前，一个重大的巧合发生了。地球开始变暖，人类到达了旧大陆的末端，也就是说，已知世界住满了人。食物还是很多，不过，当气候变暖时，人身上的寄生虫也开始走出非洲。总之，以前属于热带的疾病现在也成为温带疾病。格鲁贝提到的疾病包括疟疾、血吸虫病和钩虫，“可怕的三大疾病”。第二个巧合也发生了。巨型动物由于大量狩猎而灭绝，它们都是大型哺乳动物，在很大程度上与人类具有生物相似性。突然之间（进化论意义上的突然），微生物赖以生存的哺乳动物变得日益稀少，它们随即转向了人类。[14]

换言之，2 万年前以后的某个时间，世界上出现了健康危机，疾病爆发，威胁到人类的生存。根据格鲁贝稍显古怪的理论，早期人类在面临疾病的肆虐时，认识到每隔三年生一个孩子的游牧生活不能维持人口数量。因此，他们向定居生活转变，因为它允许人类更多地生育，提高人口数量，避免种族灭绝。

格鲁贝的理论值得称道的地方是，它把定居与农业分离。这一发现是第二次世界大战以来比较重要的洞见之一。1941 年，当考古学家戈登·柴尔德创造“新石器革命”这一术语时，他认为农业的发明带来了第一批村庄的出现，这种新的定居生活方式反过来促进了制陶、冶金的发展，并且在仅仅几千年的时间内，出现了文明的第一次繁荣。[15] 这一简单化的观点现在已经被推翻了，因为很显然，定居生活（从狩猎采集模式到村庄的转变）在农业革命发生之前就已经开始了。这改变了我们对早期人类及思想的理解。

虽然现在的“石器”部落远非古代狩猎采集部落（他们倾向于居住在边缘地带）的同类，但是很显然，“原始”民族确实对他们生活的自然世界有非常密切的了解。虽然他们没有完整的农业活动，但他们确实驯化了植物和动物。他们清理土地，种植草本植物、蔬菜或果树。他们播种、排水、灌溉，有简单的放牧和“自由放养”。他们养宠物鸟和哺乳动物，而
58 且充分认识到某些植物的药效。这显然是在旧的狩猎采集生活和完全意义上的农业之间的居中阶段。同样，“出现了大量的证据证明，在更新世结束期（尤其是纳图夫和希阿姆时期，即约公元前 10500 年至公元前 8300 年），黎凡特一些资源丰富的地带常年被‘定居的掠食者’占据，他们发展出了……植物利用技术，包括储存和小规模的栽培……而且常年居住在半公顷大小的地方”。[16]

定居生活先于农业的事实激发法国考古学家雅克・库文对中东的考古发掘形成一个广泛的认识，他将许多思想发明，特别是宗教和家庭思想的起源，与我们基本的革新和思考 / 哲学革新的深远意义联系起来。如果工具和对火的控制是最先的思想，那么衣服和遮蔽所随后产生。

库文曾是法国阿尔代什的雅利（在里昂与马赛之间）的东方史前研究所的荣誉研究主任，他首先详细研究了近东的前农业村庄。他说，这些村庄开始于公元前 15500 年和前 12500 年之间，位于约旦的喀兰内，“营地”占地面积两千平方米，包括露天的圆形洼地。公元前 12500 年和前 10000 年之间，所谓的纳图夫文化传播到几乎整个黎凡特，从幼发拉底河到西奈半岛（纳图夫得名于以色列瓦迪・昂—纳图夫的一个遗址）。在位于加利利海以北约旦河谷的艾南—马拉哈的考古发掘发现了储窖的存在，说

明“这些村庄不仅可以被确定为黎凡特第一个定居社会，也是‘谷物的收获者’”。[17]

纳图夫文化还以房屋著称。六座房屋聚在一起形成村庄，建在半地下的浅圆坑中，“圆坑四边是干砌的挡土墙。房屋有一到两个灶台，还有同心圆柱群的迹象，这些都是真正建筑的证据”。他们的石器不仅是为了狩猎，也用于碾磨和捣碎，还有许多骨器。单人或集体坟墓就在房屋地下或安置在“真正的公墓”。[18]有些坟墓，包括狗的坟墓，可能是仪式性的，因为它们饰有贝壳和打磨过的石头。在这些村庄发掘出的主要是骨头艺术品，通常刻画的是动物。

在阿布胡赖拉，大约公元前11000年和前10000年间，纳图夫人还大量收割野生谷物，但是到这一阶段末期，野生谷物越来越稀少（世界变得越来越干燥），他们就转向了两耳草和巢菜。换言之，还没有出现特意的分工现象。对这些遗址中薄刀片的分析表明，它们既用于收割谷物，也用于切割芦苇，更加证明不存在分工。

库文接着转向所谓的希阿姆时期。它的名称得自死海最北端以西的希阿姆遗址。有三个理由显出它的重要性：第一，出现了新型的武器；第二，圆形房屋第一次开始完全建筑在地面上，表明黏土被用作建筑材料；第三，也是最重要的，是“象征革命”。[19]纳图夫艺术的基本主题是动物，然而在希阿姆时期，女性雕像开始出现。它们一开始是会意性的，后来变得越来越写实。大约公元前10000年左右，发现了埋在房屋中的欧洲野牛（一种已经灭绝的野牛）的头骨和角，牛角有时嵌入墙中，这种做法表明它们具备某种象征功能。然后，大约公元前9500年左右，根据库文的观点，黎凡特出现了两个主要象征人物，女人和公牛，“当然还是在狩猎和采集这一不变的经济环境中”。他认为，女性居支配地位，经常被描绘成产下公牛的角色。 59

库文从中发现了宗教的真正起源。他的主要观点是，这是第一次人作为神出现。女性法则和男性法则同时得到体现，这标志着动植物驯化之前的思想变化。要解释为什么是女人而不是男人被当作神灵相对容易些。女性形态是生殖力的象征。在婴儿死亡率很高的时期，生殖力应该得到高度推崇。生殖力崇拜是为了保障部落或家庭的繁荣。

不过，除了证明可辨认的宗教起源于约公元前9500年的黎凡特，库文提出了第二个重要观点，即，所有这些都发生在栽培和定居开始之后、真正的驯化和农业开始之前。

他接着转到穆赖拜特文化，得名于幼发拉底河附近的穆赖拜特丘，位于现在的叙利亚。这里的房子更复杂，有专门的睡觉区，有高出地面的独立的灶台和储存区，有黏土做的平顶，用相互连接的托梁支撑。在几栋房子之间，有公共的露天区，包括几个大火坑。这些火坑在近东新石器时代遗址中经常出现，呈盆状，经常装满了石子。它们可能相当于现在波利尼西亚人的炉子，石子可以储存火焰的温度，可以长时期散发热量。穆赖拜特的火坑周围一般都有一圈多多少少有点烧焦的动物骨头。“用火坑来烧煮公共肉食的可能性很合理。”[20] 让库文最激动的是公元前9500年以后在穆赖拜特出现的建筑物的重要变化。“正是在这个时期，近东开始出现世界上第一批已知的长方形建筑。”房屋和储存室都变成长方形（尽管有些屋角呈圆形）。这些建筑都是用白垩“凿成雪茄形状”，然后用灰泥砌成。长方形的房屋使更小的空间容纳更多的东西。库文猜想这样做的原因是为了防御。

穆赖拜特的另一个重要发明是使用烧焙土制作女性雕像。“它还被用来制作小型容器，尽管近东普遍使用陶器还要1500年……显然，火在加固这些模型中的作用已经被公元前9500年的穆赖拜特人充分了解并且有意识地付诸实践。”[21]

库文的中心观点（其他人总体上也赞成他）是，在像穆赖拜特这样的地方，驯化的发展不是因为贫穷或其他经济威胁而突然产生的。相反，定居生活早在驯化之前就已经存在，房屋也从原始的半地下圆形结构发展成长方形的地上建筑，砖块和象征性手工制品已经产生。他认为，从这我们可以推断，早期人类在大约 1 万到 1.2 万年前经历了一次深刻的心理变化， 60
实质上是一种宗教革命，而这发生在动植物的驯化之前。（这个观点让人想起梅林·唐纳德的观点，即语言的第一次使用是为了神话，而不是用于更加"实际"的目的。）库文说，这一宗教革命反映了从本质上属于动物或神灵的崇拜向我们今天能辨认的某种崇拜的转变。也就是说，有男性伴侣（公牛）相衬托的女神，作为一种最高存在而被崇拜。他指出这一时期的雕塑中，那些"信徒"的雕塑举起胳膊，好像在祈求或恳求。他说，第一次"在神和人之间出现了一种新的屈从关系"。[22] 库文认为，从此以后，有了天意，神"高高在上"，凡夫俗子"在下面"。

他认为，公牛不仅象征着男性法则，而且象征着自然的不可驯服，例如由暴风雨释放出来的宇宙之力。圆滑的石棒在穆赖拜特文化中很普遍，库文认为那是阳具的象征。库文还辨认出在中东有一种鲜明的进化。"希阿姆或穆赖拜特文化中的第一批公牛头骨被埋在厚重的墙中，这样住在屋里的人看不见。也许他们只是想借助这种新的象征性献祭（即在房子刚建的时候），保护他们的房子抵御各种毁坏性力量。那时还没有到与动物直接面对的时候。"[23] 在那之后，公牛象征扩散到黎凡特和安纳托利亚的所有地方，而且在艾因—加扎勒，我们发现公元前 8000 年左右人们第一次明确提到了斗牛行为。其中，男人占据主导地位。[24] 库文指出，在这里男性气概受到赞美，正是对男性气概的关注才把农业革命和宗教革命联系起来：它们都企图满足"人类对动物王国的支配欲"。[25] 他认为这是一种心理变化，正如传统智慧一样，是"心智"变化，而不是经济变化。

如果这样理解，思想中最重要的发明与其说是动植物的驯化，不如说是对野生谷类的栽培。这种谷类在黎凡特地区非常丰富，定居生活才能在这里出现。正是定居生活缩短了生育间隔，增加了人口，并因此产生村庄，社会组织也变得更复杂，而且还可能产生了一种新的宗教观念，这在某种方式上反映出有领导者和被领导者的村庄结构。这些变化一旦开始，当人们挑选适应新生活方式的野生谷物时，至少植物的驯化在无意识中就可能产生。

这些早期文化，连同动植物的驯化，一般被称为新石器文化。这些文化实践稳步传播，首先传播至肥沃新月地带，然后进入安纳托利亚，再往西传入欧洲，往东传入伊朗和高加索地区，正如我们将看到的，逐渐扩展到整个旧大陆。但在这一传播中，除了农业和宗教，还有第三个思想：长方形的房屋。在安纳托利亚的涅瓦利克利、伊朗和黎凡特南部都发现了不同形式的地基。不过，圆形房屋向长方形房屋的发展似乎是驯化和农业发
61 展的必然结果，因为在这一阶段，需要为储存、家庭规模变大和防卫需求（由于定居生活，财产数额增加，引来嫉妒和偷窃）提供更多的空间。长方形的屋子和长方形的建筑配搭更有效，更方便调整大小，能建造更多的“内”室，还能更多地共用墙壁。[26]

这里，我们看到的与其说是复兴，不如说是兴起，这是一个高度创新的时期，尽管很短暂。在这一时期，三个最基本的思想开始定型：农业、宗教和长方形建筑。早期人类不太可能认识到抽象和实际思想的结合。宗教可能充满了其他两种思想，因为每一类活动都会对另一类活动有所渗透。

20 世纪 30 年代，当英国考古学家多萝西·加罗德发掘耶利哥的时候，她发现了三个在本章的语境下有趣的现象。第一，这个聚落包括七十座建

筑，可容纳一千人，所以耶利哥是个“镇”。第二，她发现了一座塔，高八米，底部直径九米，里面有一段二十二阶的楼梯。这样的建筑是前所未有的，建造这样的塔需要一百个人工作一百天才能完成。[27] 加罗德的第三个发现是在台地 B 出土的一个完好的纳图夫烘焙 / 烧煮台。“这块台地好像拥有烹调过程所需的全部器具：部分保留完好的铺砌面适合打谷和去壳，杯状盆和众多的石臼适合碾磨谷粒，稍大的盆用来搅拌碾磨后的谷粒或粗糙的‘面粉’和水。所有这些东西离真正的灶台不远了。”[28]

那里没有黏土。纳图夫人的所有工具和个人配件都是用石头在石头上打磨或在骨头上打磨制造而成的。[29] 中东地区第一次使用黏土是在耶利哥（公元前 9000 年）、雅莫（公元前 8000 年）和哈西拉尔（公元前 7000 年）发现的，黏土和草、谷糠和谷壳的混合物（实际上是打谷的副产品）被用来砌砖。在耶利哥和雅莫都发现黏土地面上有凹陷。[30] “不管是用作日常生活的盆，还是箱子，还是作为有‘沸腾石’的炉子，主要让人感兴趣的是，这些固定的容器和庭院（作为屋里的工作区）里的炉子和灶台放在一起。我们可以下结论……由于紧挨着在固定的盆和炉子上烧煮或烘焙研磨小麦或大麦等各种活动，黏土偶然受到火的熏烧，这也是它们变成陶器的原因。”[31] 约翰·古兹布鲁姆推测，早期村庄对火的保管是一种专门职司，赋予保管者一种特殊的权力。[32]

考古学家中存在一些争议，认为最古老的陶器形式从未被发现过，因为已经发现的都太完美，不能代表“最初的蹒跚学步”。[33] 所以，陶器的最早发明可能还要早得多。这就符合以下事实：第一个陶器是公元前 1.45 万年在日本，作为绳纹文化的一部分，由完全意义上的狩猎采集者制造出来的。[34] 绳纹时期的日本人对非常细致的手斧的使用非常有创造力，他们还发明了漆器。然而，没有人确切知道绳纹陶器为什么出现、用作什么目的（有人甚至提出，大量的陶器出于某种仪式被打碎）。作为“火文化”的陶

62 器的全面发展，在中东所取得的成就中得到了更好的展示。

在土耳其的新石器早期遗址恰塔尔土丘（公元前 7 千纪），发现了两种并列的炉子。“一种是常见的拱形烘焙炉。第二种不同，它有一个火箱，下面被半块十五厘米高的砖头隔成两个小室。这些炉子和烧窑的前盖已经毁坏了，如果把它们取下来，可以拿出里面烤的东西，不管是罐子还是面包。下一次再烘烤时，前盖又会盖上，黏土做的盖子当然容易操作。”[35] 从耶利哥、雅莫和恰塔尔土丘发现的陶器碎片来看，陶罐是由环状的黏土圈烧制，然后打磨而成。燃料是粪便和干草，而不是木头。[36]

在约旦靠近死海北边的村庄特莱拉特加苏尔，我们看见，当这一重要的转变发生时，石器和早期的陶器一起出现。弗雷德里克·马特森在伊朗西部靠近克尔曼沙阿的萨拉卜土丘（时间大致与雅莫同期）进行发掘的时候，发现那里的陶器主要分三种直径。这是否说明有三种功能？他发现，陶器一旦发明，制陶技术就迅速提高。例如，人们已经发现通过打磨或高火，有时浸入有机物质，可以降低黏土的孔隙度。孔隙度高的容器水分挥发太快；另一方面，又需要一点孔隙度，有利于挥发一些水分，让剩下的水冷却。[37]

一些早期的陶罐都是素陶，不过装饰很快就出现了。红带是第一种装饰，同时还有手指雕刻。“褐土在烧制时能够发出亮红色，这一发现大概来自篝火。”[38] 最早的遗址中出土的最常见的陶器形状是圆底球形（下端埋入土中，防止啮齿动物咬破），还有浅口碗，多半用来盛用野生和栽培植物混合煮成的稀粥或浓粥。[39] 继最初的陶罐之后（黑色、褐色或红色），开始出现奶白色和杂灰色（例如安纳托利亚的陶器）。[40] 奶白色陶器上的装饰尤其多。最早的装饰是手工添加的，在烧制之前，把贝壳等物加入黏土中。[41] 盖子、嘴和外翘的边缘也不断变化，并且从那以后，陶器的造型和装饰开始成为一种文明的决定性特征，也是帮助考古学家了解古代社会的早期知识形式。

女人和公牛被库文确定为最早的真正的神，最早的非动物精灵的抽象体，它们在其他地方也相继出现，至少在新石器时代的欧洲是如此。它们出现于非常不同的情境和文化中，伴随因地而异的象征主义。但是这一证据再次表明，定居和农业确实改变了早期人类对宗教的认识。

在大约公元前 5000 至前 3500 年间，我们发现了巨石的发展。巨石在世界各地都有发现，但是最集中也是研究最多的地方是欧洲，而且似乎与欧洲大陆最西端有关：西班牙、葡萄牙、法国、爱尔兰、英国和丹麦，虽然地中海的马耳他岛也有一些最好的巨石建筑。这些巨石都无一例外和地下墓室（有时很大）联系在一起，它们有的高达六十英尺，重两百八十 63
吨。它们可分成三种构造。指代巨石的最初术语有三种。第一种是竖石纪念碑（menhir，由布列塔尼语 men 和 hir 组成。men 的意思是“石头”，hir 的意思是“长”），通常是一块垂直插入地下的大石。第二种是石圈（cromlech，crom 的意思是“圆圈”，lech 的意思是“地方”），指的是一组竖石排列成圆形或半圆形的石阵（例如英国索尔兹伯里的巨石阵）。第三种是石板墓（dolmen，dol 的意思是“桌子”，men 的意思是“石头”），通常是一块巨大的拱顶石，下面由几根竖着的石柱支撑，形成一个圈或室。[42] 现在都使用简单易懂的词，例如用“圆形阵”来指代“石圈”。

大多数坟墓最初都建在巨大的土丘下面，能容纳几百名死者。在连续的时期，它们作为集体墓地，墓葬品也不起眼。偶尔，墓室中会出现一根中央柱，上面有绘画的痕迹。正如米尔恰·伊利亚德说的，“所有这些都证明存在一种重要的死者崇拜”：同一文化中农民居住的房屋都没能经受住时间的考验，而墓室却成为世界历史上保存最长久的建筑。也许最引人注目的是马耳他的石庙，一些考古学家认为马耳他可能是史前的一个圣岛。根据科林·伦弗鲁的说法，最让人震惊的是马耳他群岛较北边的戈佐岛的支干提亚神庙。“在神庙的前面，有一处宽约四十米的宽敞台地，正门由一面巨大的挡土墙支撑，它或许是世界上最早具有建筑风格的正门，非常宏伟。巨大的珊瑚石石灰岩板，或两端对接，或两边对接，有八米高。这些石板第一层有四米高，上面还有六层巨石，至今完好无损。这一时期的小型神庙模型表明，神庙最初有十六米高。”[43] 在马耳他岛的另一座塔尔欣神庙里发现了螺旋纹浮雕和壁缘上的动物饰带，最令人惊奇的是，还有“一个残缺的坐姿妇女的巨大雕像。坐高最初可能有两米。这一定是世界上最早的巨大雕像了”。[44] 还有一些较小的石刻，多数都是“肥硕的妇女”和“非常丰满的石雕人物”。[45] 坐着的女神可能怀孕了，让我们联想到库文讨论的纳图夫雕像。

这些神庙中的崇拜背后隐含了什么思想？伦弗鲁对苏格兰阿伦岛的研究表明，那里的坟墓和可耕种土地的分布关系密切，因此似乎这些坟墓/神庙与一种伟大的生育女神崇拜有关。随着农业的产生，以及随之产生的对自然的密切关注，它逐渐发展成一种信仰。对这一信仰我们可以多说一点。虽然有变化，但是这些巨石遗址的位置很特殊，“乡村围绕它们形成某些模式。典型的巨石遗址建筑在一块台地上，半依着山嘴。从遗址上俯瞰，可以看见下面的盆地或山谷，而地平线周围是从山嘴后环绕的山脊”。[46] 人们相信，这样的选址与古代风水信仰有关，即探地术。“福地几乎都有青山掩映，又微微突起，山下连着的是土地，大地线从中穿过。在这样的
64 山脊连接处形成的角度中，探地占卜者会寻找‘一处山谷或土丘’，从那能看见周围的山脉呈现‘一个完整的马蹄形’，一边张开，河流从中缓缓流过，而不是急流而过。”[47] 1930 年以后，现代探矿者一直都在勘探巨石遗址，他们发现附近有非常强烈的反应。一位叫盖伊·安德伍德的探矿者在 1969 年出版了在巨石阵下面的原始探矿矿脉图，证明有二十条矿脉汇

集在该处。[48] 有些（当然不是所有的巨石阵）排成一条直线，当放在英国地图上显示的时候，连成直线的各地的名称结尾都有“ley”这一音节（它们被称为“ley 线”）。不论它是否有道理，有一点似乎是真的，一些巨石圆形建筑群是史前的观星台。关于太阳周期的知识显然对一个农业社会至关重要，尤其是冬至那一天，太阳开始往北回归。当冬至到来的时候，从土丘上可以观察到地平线的景象，竖立石块是为了日后可以预测、庆祝这一日期。太阳观测台出现于大约公元前 4000 年，而月亮观测台到公元前 2800 年才出现。坟墓一般都面东。剑桥大学的克里斯·斯卡里认为，许多巨石都是从圣地运来，这些地方是“充满力量的地方”，例如瀑布或悬崖，能够给巨石带来特殊的颜色或纹理。巨石被运到重要的狩猎或驯化处来建造神殿。他说，这解释了为什么这些石头从遥远的地方运来，却不曾改变形态。[49]

这些巨石或许还有另一层意义。考古学家在巨石神庙和观星台上发现了一些雕刻，尤其是螺旋纹、涡纹以及所谓的“杯环印”，其实就是一系列的同心圆。[50] 在欧洲的其他地方，稍后我们也会看到这些图案与史前人指称的大神母有关，她是生育和再生的象征（不是每个人都接受这一解释）。在德国和丹麦，和巨石在一起的陶器也饰有双圆，它们也和大神母有关。鉴于以下事实，即对早期人类而言，在男性被认识之前，女性的生育是最大的奥秘和神奇之事，又鉴于竖石几乎与男性生殖器官相似这一事实，很有可能巨石圈就是为庆祝男性的新发现而建造的观星台或神庙。竖石的性意义不能简单看成是考古学家对证据的过度解读。在《圣经》中，耶利米（2:27）提到了那些对一块石头说话的人：“你是生我的。”对竖石的生育功能的信仰在 20 世纪初的欧洲农民中依旧很普遍。“在法国，年轻的女性为了怀上孩子，会溜石（从石头上滑下来）和摩擦（坐在大块石头上，或用肚皮摩擦岩石）。”[51]

理解这种象征主义并不难。冬至是太阳重生的时刻。当它在那天出现的时候，圆形排列的竖立石块能让第一束阳光射入圆阵中心，那也是圣地中的世界中心，可以帮助聚集到这里瞻仰它到来的整个群体的再生。最好
65 的一个例子是爱尔兰的纽格兰奇。

关于巨石最后还要说一点。虽然奥克尼和马耳他不能称为同一种早期文化，但是有迹象表明，在相当多的巨石社会，都存在一个特殊的不同于普通大众的阶层。“在马耳他，那些与公元前3500年后建造的神庙相关的骨架表明，他们是一些肌肉不发达的人，在新石器时期，他们的饮食特殊，没怎么磨坏牙齿。”一些动物的骨头显示出铺张浪费的宰杀方式，以及超过那个时期条件的奢侈房屋，这些表明，当时已经存在社会分层，最上面是一个特殊的阶层，由首领、祭司和科学家组成。[52]

在巨石思想兴盛的差不多同一时期，在欧洲的其他地方，一种新的但本质上相同的崇拜形式正在发展。欧洲的这块地方，一般被称为“旧欧洲”，包括希腊、爱琴海、巴尔干、意大利南部和西西里，以及多瑙河盆地下游和乌克兰。立陶宛学者玛丽亚·金布塔斯对这里的古代神祇有具体的研究。

她发现了一套复杂的图像，共分成四类，包括大神母、鸟或蛇女神、植物女神和男神。蛇神、鸟神、蛋神和鱼神在创世神话中扮演角色，大神母代表创造法则，是所有思想中最重要的。正如金布塔斯所说：“大神母从死亡中，从作为牺牲的公牛中奇迹般出现，在她体内，新的生命诞生。她不是大地，而是一位女性，能够化身为许多生命形式：母鹿、狗、蟾蜍、蜜蜂、蝴蝶、树或石柱。”[53]她接着说：“……大神母与新月、四分图案、公牛角有关，它们都是不断创造和变化的象征……和农业的产生有关。”[54]婴儿的降生是以母亲为主神的万神殿的中心主题。两腿分开、呈现三角形

私处的“孕育生命之女神”成为一种缩写记号，大写字母 M 成为“大神母的表意符号”。[55]

金布塔斯对许多小雕像、神龛和早期陶器的广泛研究带来了非常有趣的见解。例如，她认为植物女神在公元前 6 千纪前一般都是裸体，之后才穿上了衣服。还有，小雕像上的刻画是线形原始文字的一种早期形式，比真正的书写早几千年，具有宗教而不是经济意义。不是所有人都接受她关于原始文字的观点，但是她的主要论点是关于大神母的演化。大神母具有复杂的图像，本质上是人形，却能够化身成其他动物，有时是树和石头。[56] 回到刘易斯–威廉姆斯关于洞穴中的心灵思想，即从岩石表面“释放”生命形式，二者之间有关联。

那么，在大约公元前 4000 年，在原始宗教的背后，有一种交织在一起的思想群。我们有大神母和公牛思想。大神母从维纳斯小雕像中发展出来，象征生育的神奇、女性法则，以及每年随着太阳的回归而带来的再生。这标志着当时人们注意到了人的生物规律和自然界的天文规律，但是还没有理解。公牛和石头代表男性法则，但是，通过旧石器时代的洞窟绘
饰，它们也象征着圣地思想，因为圣地是人类世界的特殊地方，重大事情 66
在此处发生（主要是狩猎，然后是农业）。这些就是早期人类最基本的宗教思想。[57]

石头和景观成为神圣之地还有另一个原因，这和天文无关。大约公元前 4000 年后，早期人类发现，坚硬的岩石在高热下，会产生熔化的金属，有时呈现一种非常不同的颜色。

陶器，正如我们已经看到的，是构成“火文化”的五种新物质中的第一种，它是后来所谓文明的基础。其他四种是金属、玻璃、赤陶和水泥。这里我们将集中讨论金属，不过其他几种烟火物质突出了古代火的重要

性，展示出早期人类在理解和使用热与火方面的成熟度。

虽然考古学家把人类历史分成石器、红铜、青铜和铁器时代，然而，对金属物质的第一次使用几乎可以肯定是铁。早在大约 30 万年前，当赭石成为人们喜爱的装饰时，赤铁矿因为其颜色（红色，血与生命的颜色）尤其受欢迎。到新石器时代（前 8000—前 6000），在恰塔尔土丘等地似乎出现了特别的作坊，制造出用于储存的蛋糕状的红色赭石和绿色孔雀石。[58] 在前陶器时代的耶利哥文化，我们发现了三个赭染的人体大小的石膏人物，被认为描绘的是神灵。而在中东的其他遗址，房屋也被涂成红色。随着陶器的发展，赭色一直是受欢迎的颜色，尽管蓝绿色后来被认为是最能为死者带来福运的颜色。[59]

如果金属的颜色、光泽甚至重量对早期人类产生了影响，那么人类首先发现它们时（如在河床），也把它们当作自然岩石。他们可能发现有些岩石（比如燧石和黑硅石）比较容易加热；而其他物质（比如天然铜）更容易打制成有用的工具。随着时间的流逝，金属相对于石头、木头和骨器的优势逐渐变得明显。不过，当我们思考古代的冶金术时，我们主要指一种东西，即熔炼，一种把坚硬的岩石转变成熔化的金属的神奇过程。我们很容易想象这种过程对早期人类产生了极大影响。

铜矿在肥沃新月地带到处都有，而且无一例外都是在山区。考古学家因而往往认为冶金术开始的地方是山区而不是河谷。现在人们普遍认为冶金术诞生之地是在“居民除了拥有矿石和燃料外，还形成了某种定居生活，形成一种铜石并用文化的地区”。[60] 这个地方在厄尔布尔士山和里海之间，是冶金术最有可能的起源之地，当然也有人主张冶金术起源于兴都库什和其他地方。“早期人类的这一发现出自偶然，没有人怀疑这一点，因为他们不可能仅仅通过思考，就认识到在孔雀石（一种深蓝色的易碎石头）和红色、可锻的我们称之为铜的物质之间有什么联系。”[61]

因为这种联系当时被认为是神奇的，因此早期的铜匠也被认为拥有超自然的力量。 67

在某一时期，人们相信“篝火是最初的熔炉”。现在没有人相信了。很简单，公元前4000年左右的灶台不够热。如果没有外加的通风装置，“篝火发出的热虽然足以烧煮食物和取暖……却不能产生高于600℃或650℃的温度。像孔雀石这种最容易加工的铜矿，在低于700至800℃的温度下也不能冶炼，而金属铜矿在低于1083℃时无法熔化”。不仅是篝火的温度不够。如果没有围挡，空气也不利于“冶炼”（分离）。[62]另一方面，在熔炼出现之前，一些陶器烧窑可能产生高温。火在下面、陶罐在上面的两层烧窑到公元前5千纪已经出现，在伊朗的苏萨和伊拉克摩苏尔附近高拉土丘的烧窑可以产生高达1200℃的温度。[63]这些窑里的温度具有很强的冶炼力，而且现代实验证明，海绵状的铜可以在这种烧窑中熔化。有可能古代陶工偶然使用孔雀石给陶器添加色彩，“然后，当发现出来的颜色和预想大大不同时，感受到了平生未有的惊奇”。[64]

我们把公元前5千纪末发明的两层烧窑和考古学家对在苏萨、欧贝德、尼尼微和乌尔出土的某些铜器的观察放在一起的话，能够得出结论，熔炼开始于公元前4300年左右。我们知道，到公元前4000年，关于熔炼的知识已经传播到西亚的一些地方；到公元前3800年，铜熔炼在古代世界已经得到“相对广泛”的实践。[65]“到公元前3千纪早期，苏美尔人已经创造了第一种金属扮演重要角色的主要文明。”（已知最古老的金属工具可追溯到公元前2900年。）从此，铜成为西亚和北非最主要的金属，直到公元前2000年以后。[66]

就早期冶金术而言，在熔炼技术发明之后，还有两个进步至关重要。首先是青铜的发现，接着是铁的发现。围绕青铜时代的到来，存在两个谜团，至少是就中东而言，因为青铜在那里首先出现。第一，与红铜组成青铜合金的锡，在自然界非常稀少。这种特殊的合金是什么时候开始制造的？第二，为什么进步如此之快，以至于到公元前 3000 至前 2600 年之间，除了铁的硬化，冶金史上最重要的进步都已经出现？[67]

在某种意义上，我们应该把青铜时代早期称为合金时代。这是因为，在很多年里，大约公元前 2000 年前后，除了我们上面提到的，可以称为青铜的物品有多种不同的化学组成。和红铜构成合金的，按照从 1% 到 15% 不等的比例，可以有锡、铅、铁和砷，表明早期人类虽然多少知道什么东西能使红铜更坚硬、延展性更好，使工具和武器更锋利，但是对冶炼过程的具体细节并不很了解。青铜的确切构成因地而异，例如在塞浦路斯、苏美尔和克里特就不同。从红铜到青铜的重大转变发生在公元前 2 千
68 纪的前半部分。“锡和红铜与贵金属不同，因为它在自然界从不单独存在。相反，它总是一种化合物。因此，必须将它加以熔炼，尽管考古学家的发掘中几乎从未发现过任何金属锡。（这又是一个谜团，事实上，只有一块早于公元前 1500 年的纯锡曾经出土。）”[68]

尽管青铜的确切起源无法断定，但是一旦它的制造方法稳定下来，它对红铜的优势很明显，而且越来越受欢迎，为古代世界的经济带来了重大变化。红铜在大量地方出现，青铜却并不如此，因为，正如我们上面提到的，锡矿无论在亚洲还是欧洲都没有广泛分布。这种限制意味着，锡矿开采的地方，其重要性剧增，而且因为锡矿几乎全部分布在欧洲，所以这块大陆拥有亚洲和非洲所不具备的优势。青铜比红铜可锻性更高这一事实使它更适合浇铸，而它在武器和工具上的广泛使用说明，如果锡的含量控制在 9%—10% 左右，打造出来的青铜器一般比红铜器要整整硬 70%。青铜工具的边缘比红铜工具至少硬两倍。[69]

关于青铜的这最后一个事实非常重要。青铜的硬度意味着，短剑的两

刃变得和它的剑尖一样重要，因而促进了长剑的发明。还有，这一发展与欧洲大草原国家对野马的驯化和苏美尔人的车轮发明同时发生，战争也突然发生变化，事实上比任何时候变化得都要快，直到火药在公元 10 世纪的中国得到使用。[70]

青铜时代的鼎盛时期是公元前 1400 年，那时，铁器还很稀有而且昂贵。图坦卡蒙作为埃及的法老只统治了短短几年，卒于约公元前 1350 年。他的墓地在 1922 年被卡那封勋爵和霍华德・卡特发掘出来，里面除了大量的黄金珠宝和奇妙的饰品，还包括一把短剑、一张头垫和一只手镯，全都用铁制造。[71] 还有一些不到 1 英寸长的工具模型，全都用铁制造。所有这些都是熔炼后的铁，不是陨铁。

最早的铁器可追溯到大约公元前 5000 年的伊拉克北部、伊朗和埃及等地。不过，只有一种是用熔炼铁制成，其他都是用陨铁制成。另一个早期铁器来自乌尔，在公元前 3000 年早期制造。不过，似乎在铁器制造的初期，人们还没有认识到它是一种新的金属，甚至根本没有把它当作金属。[72] 要把铁从矿石中分离出来，需要比铜（1100℃至 1150℃）更高的温度，而且需要更大的熔炉，这样铁粒才能从熔炼区掉落，在底下沉积，形成坯团，通常称之为“熟铁坯”。[73] 这样一种工艺可能首先在赫梯联盟境内得到发展和实践。赫梯人在今天的土耳其中部和叙利亚北部建立了国家，时间从公元前 1450 至前 1200 年，一度成功挑战过亚述人和埃及人。[74] 西奥多・沃泰姆认为，第一次有目的地熔炼铁似乎是在青铜器制造达到顶峰之时，在盛产铜、铅和铁矿的地方开始出现的，也就是黑海边上的安纳托 69
利亚北部地区。[75] 换句话说，正是因为青铜器的成功制造、锡的稀少和铁矿的丰富促使赫梯人进行试验。几百年来，炼铁技术作为一种秘密被严加保护，细节要领只限于工匠家庭内部传授，而且制造出的铁器要价极高。

一开始，铁被当作一种珍贵的金属，根据古代记载，它比黄金还要昂贵；只有在制造饰品的时候才能使用它，而且关于铁的秘密也只限于公元前1400年赫梯国的影响范围之内。[76]（在图坦卡蒙法老的墓地发现的铁质短剑可能是在赫梯国的监管下制造的。）然而，到公元前13世纪中期，赫梯联盟遭遇变故，到公元前1200年，秘密终于泄露，关于铁器制造的完整知识传播到亚洲其他地方。[77]真正的铁器时代正是始于铁不再被认为是珍贵金属的时候。[78]

铁还有一个优点，即炼铁没有制铜那么复杂。如果有足够强力的风箱提供气流，单层熔炉就可以，而要在坩埚中冶炼铜矿石则需要复杂的两层烧窑结构的熔炉。在炼铁的第一个千年，人们使用的是设计简单的熔炉，因此，一旦秘密泄露，几乎所有人都能制铁，当然，炼铁场所一般都在矿石容易开采而且容易获得木炭的地方。和锡一样，铁不同于铜和黄金，它从不在自然界单独出现，除了少有的坠落地球的陨铁。和铜一样，铁矿从不出现在大河流域，却在流域附近有很丰富的储量。公元前2千纪晚期，最重要的铁矿开采和熔炼中心是在托罗斯和高加索山区以及亚美尼亚建立的。

制铁过程中的关键是使铁转化成钢的渗碳技术，它大概发展于公元前1200年之后两个世纪的地中海东部沿海地区。为了使铁碳化，它必须在木炭上“近距离”长时间加热，这一发现很可能出自偶然（没有碳化的铁器不像青铜那么坚硬）。[79]以色列北部的艾迪尔山是早期铁碳化的一个场所，巴勒斯坦的塔纳赫和哈佐雷阿是另外的场所。[80]在《奥德赛》中，荷马也提过将碳化的铁淬火能增加它的硬度。

鉴于铁的多样性、硬度和低成本，人们可能认为这种新的金属应该会很快流行。在青铜时代晚期，碗状的铁锭可能被交易过。[81]然而，在埃及发现的最早的铁质工具只追溯到公元前700年，即在赫梯人开始使用铁工具的1500年以后。[82]在《工作与时日》中，赫西俄德把他的同时代人称为“铁的种族”。[83]

冶金术在一开始就很复杂。焊接、钉子和铆钉都是早期的发明，公元前3000年就在使用。镀金技术早在公元前3000年就出现了，接着是制造青铜雕像的脱蜡技术。[84]就思想而言，金属的三种用途可能最深刻。它们是前面提到的短剑、镜子和硬币。镜子在中国人中尤其受欢迎，罗马人非常擅长制造镜子，他们发现用23%—28%的锡、5%—7%的铅、其余部分 70
为铜的合金制造出来的镜子效果最好。镜子中的反射后来被认为与人的灵魂相关。[85]

历史学家杰克·韦瑟福德说，货币不是自然的产物。19世纪法国作家儒勒·勒纳尔则这样说：“我终于知道使人区别于野兽的是对金钱的忧虑。”货币的最初形式是实物货币，从盐到烟草、椰子，再到大米、驯鹿和水牛。英语中的“薪水”（salary）一词来自拉丁语“salarius”，意思是“盐的”。（罗马士兵的兵饷可能以盐的形式支付，可以给他们寡淡的食物增加味道。[86]）古罗马钱币阿斯相当于百分之一头母牛的价钱。英语中的“牛”（cattle）一词和“资本”（capital）一词都来自同一拉丁语词根。早在公元前3千纪，美索不达米亚人已经开始使用稀有金属锭来交换物品。统一重量的金锭或银锭被称为“迈纳”，或“谢克尔”，或“塔兰同”。[87]

从原始货币到钱币的过渡发生于吕底亚，位于现在的土耳其，时间大约在公元前640至前630年。第一种钱币是用琥珀金制成的（琥珀金是金银的自然混合物），大小同拇指指甲盖相当，和拇指一样厚，就像一个小型锭块。硬币上印有狮子头，确保其权威性，而且冲压也可以使钱币平展，看上去更像我们现在使用的硬币。[88]最初的钱币是否像我们现在一样使用仍然有待讨论。最初的钱币应该非常有价值，因此不可能用作“零钱”。向商品化的主要突破很可能开始于双金属铸币法的引入，例如金和银、金和铜。这大概开始于公元前 3 至前 2 世纪，用来支付那些通过投票而选举出来的担任政府公职的古希腊人（见第 6 章）。

但是货币的发明给人类生活带来的最终变化是巨大的。在吕底亚一座名叫萨迪斯的城市，出现了第一个零售市场，任何人都可以到这里来卖东西。在考古报告中，最早用作贸易的物品是黑曜石，一种非常精美、乌黑发光的火山玻璃，只有土耳其南部一个地方可以开采，但在中东各地都有发现。在那里，由于黑曜石的透明、反光和锋利的特性，使它成为神奇之物而被广泛搜求。[89] 但是，货币的发明也催生了各种新事物。例如，在萨迪斯，出现了第一批已知的妓院，赌博也开始出现。[90] 更根本的是，货币的出现使人们从亲缘关系中解放出来。货币成为人与人之间的纽带，创造了一种在物物交换体制下不可能存在的关系。同样，货币削弱了传统的纽带，而且，随着时间的推移，带来深刻的政治影响。劳动和劳动力成为商品，可以用货币来衡量其价值。因此，时间也可以用同样的方式来衡量。

希腊因为靠近吕底亚，所以很快受到这种新的发展影响，货币催生了政治的民主化。在梭伦统治时期，旧有的特权被废除，获得公职的资格开始建立在（土地）财富的基础上。[91] 拥有市场经济和坚挺货币的城市出
71 现了民主。另外，商业创造的财富产生了大量的闲暇时间，希腊的精英才得以在哲学、运动、艺术和政治上取得卓越的成就。在货币出现之前，计数就已经存在，但是市场的出现和货币经济的产生，刺激了理性和逻辑思维，尤其是古希腊人在数学上取得的进步，这一点我们将在后面的章节中探讨。德国经济史学家格奥尔格·齐美尔在他的著作《货币哲学》中这样评论：“认为生命赖以存在的本质基础是知识，知识在实际生活中被视为最有价值的精神能量，这一思想是伴随着货币经济的发展而发展的。”[92] 他补

充道："那些与具体的知识活动相关的行业，例如教师、文学家、艺术家、医生、学者和政府官员，只能在货币经济中产生。"这有点夸大其词（教师和医生在货币出现之前就存在了），不过他的观点有可取之处。

货币还极大地推动了国际贸易。这比任何其他东西都更有力地推动了思想在全世界的传播。继萨迪斯之后，世界上的大城市中心既可以是市集所在地，也可以是宗教崇拜之地，或王城所在地。 72

4

智慧之城

1927年，英国考古学家伦纳德·伍利开始在迦勒底（迦勒底是巴比伦的别称）的乌尔进行发掘工作。乌尔即《圣经》上所说亚伯拉罕的家乡，它在1854至1855年首次被确认，而伍利轰动性的发掘工作揭示了它在人类历史上的深远意义。在他的众多发现中，出土了所谓的乌尔“马赛克军旗”，上面绘有一群古代战车，表明很可能正是苏美尔人（约公元前3400年开始居住在现今的伊拉克最南端）发明了轮子并将这种装置运用到战事中。伍利还发现一种习俗，即巴比伦王族成员并不单独被埋葬。和国王、王后同葬在一个房间的还有许多殉葬的士兵（在他们的遗骸旁边发现了铜头盔和矛），在另一个房间里是九个宫廷侍女的骸骨，她们仍然戴着精致的头饰。现在看来，这都是很残酷的习俗，但是它们非常重要，因为它们反映了古代信仰。但尤其引起伍利注意的是，没有任何文本曾提及过这种集体殉葬行为。因此他得出结论，这种殉葬在人类发明书写体系记录事件之前就已经发生了。

历史学家 H.W.F. 萨格斯认为，“对人类进步而言，没有比书写更重要的发明了”。彼得·哈尔瓦特称书写为“发明之首”。[1] 所以这里我们有了另一个重大思想，它和耕种都被认为是“至今最伟大的发明”。事实上，在人类发展史上，比书写体系更重要、更根本的是这一令人兴奋的偶然，即苏美尔人除了发明文字外，也发明了古代战车。如果给这个奇特民族创造的“第一”列个清单的话，将会无止境。例如，1946 年，美国学者塞缪尔·诺亚·克莱默开始出版他翻译的苏美尔泥板书，在翻译过程中他认识到至少有二十七种“历史上的第一”是由这些早期伊拉克人发现、创造或记录下来的。其中包括历史上第一批学校、第一位历史学家、第一本药典、第一批时钟、第一道拱门、第一部法典、第一家图书馆、第一本农民历书、第一个两院制国会。苏美尔人最先建造花园遮阴纳凉，记录下了最早的谚语和寓言，最先创造了史诗文学和情歌。我们不难发现迸发这种非凡创造力的原因：我们所称的文明只有在早期人类开始生活在城市之后才会出现。城市比以往任何环境都更具竞争性、实验性。城市是文明的摇篮，几乎是我们所有最宝贵思想的发源地。 73

文明的经典定义包括以下三个或更多的方面：城市、书写体系、职业分工、纪念性建筑和都城的形成。[2] 这固然没错，但忽视了一个根本原则。在公元前 4 千纪后期的某个时候，人们聚居在大城市里。这种过渡改变了人类经验，因为新环境要求男人和女人以前所未有的方式合作。正是这种亲密的接触、这种面对面的共处才导致了大量新思想的传播，尤其是共同生活所需的基本工具：书写、法律、政治制度、职业分工、教育和度量衡。

根据 2004 年秋公布的调查研究，第一批城市遗址位于美索不达米亚北部、伊拉克—叙利亚边界的布拉克丘和哈姆卡尔丘，可追溯到公元前

4000年。那里有一排排的砖灶，足以准备大量的食物，还有众多的“图章”来记录物品和“锁”门。但它们相对来说比较狭小（哈姆卡尔只有十二公顷），并且第一批严格意义上的城市大约在公元前3400年出现在美索不达米亚的更南端。这些城市遗址包括埃利都、乌鲁克、乌尔、乌玛、拉格什、舒鲁帕克（基本上就是这样的顺序）。到公元前3千纪末，美索不达米亚南部90%的人都居住在城市。[3]这些城市都非常大，乌鲁克就有五万人。为什么会出现城市？城市生活是什么样的？人们关于城市的出现提出了几种解释，其中最明显的是出于安全的考虑。但这种观点也不再站得住脚，原因有三。第一，古代一些大城市，尤其是在西非国家（如马里），从来没有建过城墙。第二，即使在建有庞大而复杂城墙的中东地区，城墙也是定居之后才出现的。例如，在乌鲁克，城市主要在公元前3200年左右建立，而城墙却直到公元前2900年左右才建造。（此外，“乌鲁”的意思是有围墙的地区。[4]）第三，还有另外一些得到大量证据支持并且更让人信服的解释。

实际情况可能是，在公元前4千纪中期，美索不达米亚的气候发生了轻微但对人类来说显著的变化，导致气候更凉爽、更干燥。在那之前，底格里斯河和幼发拉底河流域的农业几千年来都很繁荣。由于这些河流的存在，该区域相对比较安全而且灌溉系统良好。[5]“有文献记载，公元前4千纪中期的气候变化似乎在两三百年间导致定期淹没这大片土地的洪水消失，使大片土地成为旱地，以致在很短时间内，巴比伦的很多地方吸引了许多新的永久定居者。”[6]考古发现表明，伴随着这种气候变化，人类定居模式也发生突变，由分散的小规模个体性定居变成前所未有的大规模密集性定居模式。[7]这种地理条件似乎促进了集体灌溉系统的发展，这种系统在那个时期并不精密，但明显增加了大麦的产量（由原先双行种植变成六行种植），这同时教会人们合作的益处。换句话说，起作用的是美索不达米亚这一特定的气候条件，那里的灌溉系统能显著提高作物产量，并且（除了在错误的地方外）充足的水源使得灌溉系统的发 74
展相对简单、明显。最重要的一点是，这片土地虽然现在可以居住，不过水仍然很充足，使得几乎每一块可耕种土地都能容易而直接地获得水源。“这一事实……必然会产生一个每年多次高产丰收的‘天堂’。”[8] 另外一个因素就是美索不达米亚南部的冲积平原缺少像木材、石头、矿产和金属这样的物品。这片“天堂”的剩余食物可以用来交换其他物品，形成了一个密集的交换体系，为城市行业工人的发展提供了条件。这也可能是导致人口多样化这一早期城市生活特征的一个因素，它不再限于简单的亲属团体。这是个令人激动的进步：第一次人们能够参与和粮食生产没有直接关系的活动。然而这一发展也带来了忧虑：城市居民不得不依靠他人而不是亲属来获得生活必需品。这一潜在的担忧可能很好地解释了大量前所未有的有利于团体精神形成的计划和方案的产生：宏大的劳动密集型建设活动。出于同样的原因，宗教很可能在城市里比在以前的组织结构中显得更重要。

人们通常认为，第一座城市应该是距波斯湾一百多英里的内陆城市埃利都，即现在的阿布沙赫赖因。它的实际地理位置很特殊，处于海洋和陆地的过渡带。它靠近冲积平原，接近沼泽地，这就意味着它受益于三个生态系统——冲积平原、沙漠和沼泽地，因而能得益于三种不同的生存模式——农业、游牧畜牧业和渔业。[9] 但是埃利都的发展还有一个宗教原因。城市建在一座小山上，四周是一片洼地，地下水汇聚于此。这四周就像是沼泽地，在雨季能形成相当大的湖泊。[10] 这样的地理结构完全符合美索不达米亚人对宇宙的设想，他们把地球想象成巨大水体中的一个圆盘。而埃利都反映着这种格局，因而成为一个神圣的地方。彼得·哈尔瓦特说，人们认为埃利都蕴含了一切智慧的源泉，它就是智慧之神的宝座。他还说

“世界上第一个可知的世界性宗教的发源地”就是埃利都。在埃利都的祭祀仪式上使用的当地陶器需要三种颜色。世俗生命用红色，死者用黑色，永恒的生命（和纯洁）用白色。[11]

一般而言，考古学家将镇定义为占据30公顷或更少面积的地方，而城市则为占据31公顷或更多面积的地方。就乌鲁克而言，到其城墙建成时，占地面积大约为550公顷，最长处约为3公里，最宽处约为2.5公里，大致呈菱形。该城人口密度为每公顷约1000至2000人，人口总数为2.75万至5.5万。乌尔市区占地41公顷，人口约为2.4万。其周边1000公顷区域可能“住着50万人……吉尔苏紧挨着拉格什，也是它的一部分，据说有3.6万名男性，这意味着8万至10万的人口”。[12]与公元前500年占地250公顷的雅典，或基督时期仅100公顷的耶路撒冷相比，这些城市的规模丝毫不落下风。哈德良时期的罗马也只有3000年前的乌鲁克的两
75 倍大。[13]关于这个时期的巨大变化可以从汉斯·尼森的调查中看出，该调查显示在公元前4千纪，农村定居点与城市定居点的比例为4∶1。600年后，即公元前3千纪中期，这个比例完全颠倒过来，城市定居点与农村定居点的比例为9∶1。[14]此时，乌鲁克是“腹地”的中心。“腹地”本质上是受乌鲁克影响的一个农垦地区，围绕乌鲁克向外延伸约12至15公里。邻近该地区的是一个不受乌鲁克影响，面积2至3公里见方的地区，然后就是另一座城市乌玛的外围地区。[15]在美索不达米亚，这样的城市至少有20座。

这些城市和城邦的成就令人震惊，它们历经约26个世纪，产生了数量惊人的发明创造，极大地塑造了我们现在了解并赖以生活的这个世界。正是在巴比伦，人们发明了音乐、医学和数学，建造了第一批图书馆，绘制了第一批地图，同时孕育了化学、植物学和动物学。至少我们是这么认为的。巴比伦是许多“第一”的发源地，因为它也是发明书写体系

的地方，因此我们能用一种与了解之前历史不同的方式来认识巴比伦的历史。

考古发掘表明这些早期城市通常可分为三个部分。首先是有城墙的内城，里面可以发现供奉神灵的神殿，统治者、管理者或宗教领袖的宫殿，以及许多私人住宅。其次是郊区，由比较小的房子、公共花园和城市居民日常所需的牛圈组成。最后还有一个商业中心。尽管被称作“港口”，该地区却是陆上贸易的场所，也是异域商人和当地商人居住的地方。很多城市的名字本身说明了它们的视觉外观。[16]

在第一批城市中，很多日常活动都是围绕神殿展开的。参与祭祀仪式的人都是社会上最显赫的成员。[17] 在埃利都和乌鲁克，神殿里神坛的存在表明那时已经有充分的公共组织来建造这样的建筑物，它们是继巨石阵之后的第二批纪念性建筑。[18] 随着时间的推移，这些神坛越建越高，直到最后一步步变成阶梯状的、顶部是神龛的神塔。它被称为金字形神塔（ziggurat），来自亚述语，并且可能源自更早的阿卡德语（zigguaratu），意思是顶峰或山顶。[19] 这种越来越复杂的精巧建筑必须有人维护，这就需要一个高度组织化的宗教组织。

这些神殿如此重要、如此宏伟，因而在早期的城市经济生活中起着中心作用。从拉格什的巴巴女神（又叫巴乌）神殿的文献记载中可以看出，在公元前 2400 年之前不久，神殿及其周边的占地面积为 1 平方英里多。神庙的土地被用作各种农业用途，能维持 1200 个为神庙服务的人员的生活。这些人中有专门的面包师、酿酒师、羊毛工人、纺纱工、织布工以及奴隶和管理人员。[20] 神庙的佃农不完全算作奴隶；相反，他们和神庙的关系似乎是封建制的一种早期形式。[21] 除了前面已经提到的，新职业还包括
理发师、宝石匠或金属工人、服饰供应商、布商、洗衣工、制砖工、园艺 76

师、船夫、“卖唱者”和艺术家。在我们看来，最重要的职业是抄写员。

现在，书写的起源是一个有争议的问题，因为有三种可能。很多年来，人们都认为美索不达米亚的楔形文字是最早的真正的书写体系，但这却有个问题。楔形文字差不多由抽象符号组成，然而许多人认为真正意义上的书写体系应该和绘画或图画文字有联系。图画文字是由半图像、半符号组成的文字。这也是考古学家丹尼丝·施曼特-贝瑟拉的研究内容。

在20世纪60年代后期，她注意到在古代近东地区遗址中发现了成千上万“相当普通的泥制品”，大部分考古学家认为它们并不重要。施曼特-贝瑟拉并不这么认为，她觉得这些泥制品可能代表了一个一直以来被忽视的古老体系。因此她去近东、北非、欧洲和美国参观了各种各样她所谓的“符记”收藏品。[22] 在研究过程中，她发现一些符号在外形上呈几何状——球体、四面体、圆柱体，而另一些则是动物、工具或器皿的形状。她开始意识到这些是第一批经过火硬化的泥制品。不管是什么，它们的制作过程都非常耗时耗力，它们绝不普通。最后，她偶然读到，在伊拉克北部的努济发现了一段公元前2000年刻在一块空心泥板上的文字。这段楔形文字写着“计数签代表着小体积牲口的数量：二十一只能产小羊羔的母羊，六只母羊羔，八只成年公羊……”当泥板被打开后，在里面发现了四十九个计数签，正好是清单上牲口的数量。[23] 对于施曼特-贝瑟拉来说，这就“像一块罗塞塔石碑”。在接下来的十五年里，她研究了一万多个符记，并得出结论：它们构成了促进书写系统产生的一种原始计数系统。从某种意义上说，文字最初表现为数字。毕竟，这就是书写的作用，能让不同时间、不同地方的人进行交流的一种形式。

第一批符记可追溯到公元前8000至前4300年，而且十分简陋，没有什么变化。它们是在伊朗的阿西阿卜土丘（约公元前 7900—前 7700）等地方发现的，那儿的人们仍然主要靠狩猎和采集为生。大约从公元前 4400 年起，比较复杂的符记开始出现，主要和神庙活动有关。不同的形状代表不同的物品：例如，圆锥体代表谷物，卵形体代表一罐油，而圆柱体代表家畜。[24] 这些符号变得流行起来，因为它们省去了人们记忆一些事物的需要，省去了人们对口头语言的依赖，因而可以被说不同语言的人使用。它们被使用，是因为社会结构和经济结构都发生了变化。随着村庄之间贸易往来的增加，村庄首领需要记录谁制造了什么。

这些复杂的符记似乎传播到了埃兰（伊朗南部）的主要城市苏萨和乌鲁克，这似乎也是出于记录城市作坊（大部分都在公共建筑物而不是私人建筑物内）产品的需要。这些符记还提供了一种新的、更准确的评价和记录税收的方式。它们以一种或两种方式连在一起。它们或是被串在一起，
或是被放入泥封中，这一点在我们看来更重要。人们正是在这些泥封外面 77
做了记号，记录着里面有什么以及参与者是谁。尽管这种理论最近遭到了法国学者的质疑，但它仍不失为对楔形文字起源的最好解释。当然，新的体系很快使这些符记变得多余，最终在公元前 3500 至前 3100 年，泥封的记号代替了古老的计数体系。这些泥封变成了泥板书，为成熟的楔形文字的发展指出了方向。[25]

在属于温查文化的东南欧的罗马尼亚和保加利亚出土的大量泥板、小塑像、陶器和护身符上发现了一个差不多是用几何线条、螺纹和波形曲线构成的记号体系。这些与山羊、兽头、麦穗等图画文字有联系的记号都出现在约公元前 4000 年的葬礼和明显的祭祀活动中。1969 年在保加利亚西部的弗拉察发掘的格拉德斯尼卡饰板更古老，可追溯到 6000 至 7000 年前。[26] 根据它们出现在哪种人工制品上，例如护身符或陶器，人们已经对

这些与温查文化有联系的记号进行了分析。分析结果表明它们的分布具有一致性。这个语料库由 210 种符号构成，共形成五大类：直线、十字形、V 形、点和曲线。但这些却不能形成文本。相反，它们似乎都具有象征意义，毫无疑问，更具有宗教意义而不是经济意义。它们构成了一种原始的书写形式。

一些学者认为这些使用“旧欧洲”文字（玛丽亚·金布塔斯创立的术语）的人被入侵的印欧民族赶出家乡。赫尔辛基大学的哈拉尔德·哈曼就是其中之一，他认为，“旧欧洲”人可能被赶到像克里特这样的地方。在 20 世纪早期，阿瑟·埃文斯爵士和他的同事在克诺索斯和其他地方发现了一个重要的文明——米诺斯文化，其基本特征就是公牛和蛇崇拜。但米诺斯人也发明了两种文字，就是我们所称的 A 类和 B 类线形文字。“线形”这个术语的使用来源于金布塔斯的观点，是为了强调温查符号的主要线形特征（与图画文字相对）。虽然 B 类线形文字在 20 世纪 50 年代由英国业余考古者迈克尔·文特里斯破译为一种希腊语变体，A 类线形文字却不曾被破译过。哈曼认为，这是因为 A 类线形文字不属于印欧语系，而是“旧欧洲语”的一种。哈曼还认为他在 A 类线形文字中发现了五十个和“旧欧洲语”相同的符号（见图 3）。

对于书写体系的起源问题，最新的推论将我们引向印度。在印度，传统上认为，最早的主要文明是印度河文明，都城是公元前 2300 至前 1750 年的哈拉帕和摩亨约-达罗。1999 年 5 月，考古学家宣布在哈拉帕发现了一块有 5500 年历史的刻有文字的泥板。一个月后，又宣布文字已经破译出来了。它由两个 M、一个 Y、一个中心有点的菱形、另一个变形了的菱形和一个 V 组成。根据贾哈和拉贾拉姆博士的观点，它的意思是“它滋润了这片神圣的土地”。这种语言已确定是“前哈拉帕语”，比其他的印度河文明的符号古老得多。在该地区还发现了另外四个例子。印度学者认为，这种文字像其他地方的古老文字一样，没有元音，虽然在这里它使用了双辅音，如两个 M，来表示元音。78

换句话说，它展现了演化中的早期书写系统。与该发现有关的学者都认为，这足以使“文明的摇篮”从美索不达米亚转移到印度河地区。[27] 这些都是最新的研究结果，最终可能会改变我们对于书写体系起源地的认识。但就目前而言，温查的符号并不能构成完全成形的文字，而在印度河地区和该地区周围发现的泥板书只是一小部分例子。虽然毫无疑问这很有吸引力，甚至很有前景，但是我们还不能放弃美索不达米亚和楔形文字是最早的真正书写起源这一观点，除非出现更进一步的发现。

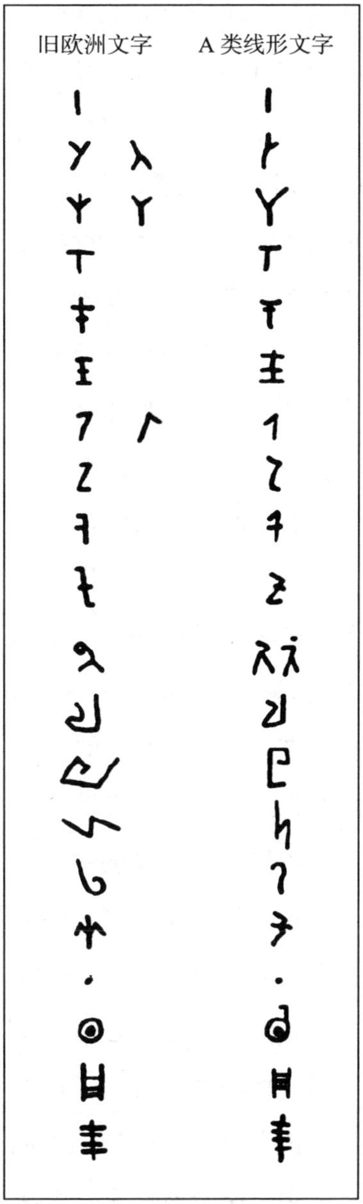

图 3　旧欧洲文字和 A 类线形文字共有的符号

（Source: Richard Rudgley, *Lost Civilisations of the Stone Age*, New York, The Free Press, 1999, p. 70）

自从 17 世纪末期起，人们就知道了楔形文字。在 1802 年和 1846 年，人们成功破译了部分楔形文字。79 但是对巴比伦文明完整的认识是在奥斯丁·亨利·莱亚德的发现之后才成为可能的。当时的奥斯丁·亨利·莱亚德是一个刚获得律师资格、“年轻洒脱的英国人”。他从陆路到锡兰（斯里兰卡的旧称）的过程中，中途停在了中东地区，最远只到了波斯西部（现伊朗）。“在为驻伊斯坦布尔的英国大使做了一些非官方的情报工作后，他获得了在伊拉克做一段时间考古发掘的资助，在那儿他选了摩萨尔以南二十英里处一个叫尼姆鲁德的巨大土堆。”[28] 尽管他不是专业的考古学家（在那个时期几乎没有人是专业的），但他却很幸运。他发现了一系列巨大的石板和十四英尺高的石灰岩公牛。这些雕像如此惊人，以致他的研究报告成为畅销书。莱亚德还在石头上发现了许多看起来像楔形文字的刻字，该处遗址可上溯到公元前3500至前3000年，这使它成为已知的最早的文字形式。虽然直到20世纪苏美尔文字才最终为人们所理解，但是一旦为人们所知，发现就越来越多、越来越快。[29]

我们的最新认识表明，在真正意义上的书写体系出现之前，美索不达米亚使用了好几种“原始书写”。其中，石头圆柱体刻章不仅更持久，而且比施曼特-贝瑟拉发现的泥封更灵活。这些刻章采取空心圆柱体的形式，上面刻有一系列符记。把这些圆柱体刻章在湿黏土上来回滚动，会留下与刻章图案相反的凸起的符记。[30] 这些泥印章可用于各种地方：它们可以压在打捆的绳结上；或是闩门的绳子上。其中的用意是，印章带有明显的标记，可以识别物品的主人。[31] 同施曼特-贝瑟拉研究的泥封一样，刻章也是一种经济控制手段，用来监督交易过程或确认交易已经发生。实际上，苏美尔人发明了许多富有想象力的图案来识别主人：神庙参拜、一队队船只、统治者面前的犯人，以及喂养动物。这些实际上是图画签名。[32] 后来，一种新的刻章出现了，是由切削工具生产的。这明显表明贸易不断增加，对于识别性标记的需要也在相应增长。

关于原始书写的论述就这么多。但是楔形文字实际上是从古老的乌鲁克图画体系中发展而来的，借用了很多早期符号，如表示羊的符号和表示水的波浪线。第一批抄写员对所谓的乌鲁克“斜面碗”的运用，很清楚地表明了真正意义上的书写体系的起源。这些碗都很便宜、粗糙而且孔隙率高。它们不能用来盛水，却如此普遍，在一些地方发掘的陶制品中有时竟占四分之三。它们的孔隙率如此之高，以致只适合盛放固体物质，而且大小一样，这一事实为理解它们的用途提供了线索。已经破译的刻字告诉我们：乌鲁克的工人，至少那些为大型神庙建筑工程工作的工人，领取实物报酬，即每天的食物配给。既然工人的主要配给是谷物，那么这些“斜面碗”被用作衡量工人获得报酬的“标准”碗也是合情合理的。[33]

图 4 所示的就是古代表示“吃饭”的符号。它很清楚地表明一个脑袋，张着嘴从一个“斜面碗”接食物。换句话说，这是一幅图或是图画文字。许多其他词语也是从图画文字开始的（见图 5）。 80

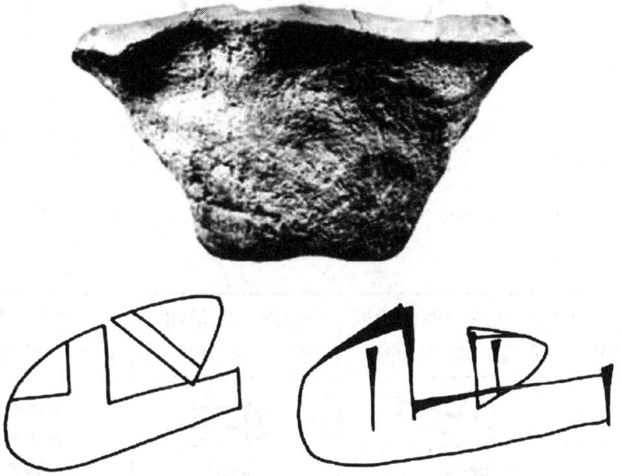

图 4　一个斜面碗（上）和早期表示“吃饭”的符号（左下）；“吃饭”在早期楔形文字中的表现形式（右下）[34]

（Source: Hans J. Nissen, *The Early History of the Ancient Near East: 9000–2000 BC*, translated by Elizabeth Lutzeier with Kenneth J. Northcott. © 1988 by the University of Chicago）

这只是个开端。当圆柱体印章变得越来越简单并且更便于大量制作时（以便应对繁忙的生活），书写体系也发生了演化。由于在湿黏土上很难清晰、快速地画下这些图案（而在光滑、干燥表面上书写的埃及人从来没有遇到过这样的难题，这就是为什么他们始终使用象形文字），因此符号和词变得更加抽象、更少并且朝一个方向排列，所有这些发展都加快了书写演进的
81 速度。图 6 表明一些词在一千多年中发生的形式变化，从乌鲁克早期到乌尔鼎盛期，也就是从公元前 3800—前 3200 年至公元前 2800—前 2100 年。

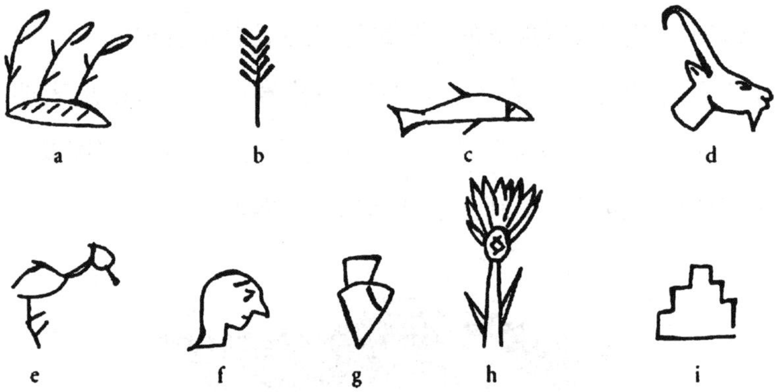

图 5 早期的象形文字：（a）一片芦苇；（b）一粒麦穗；（c）一条鱼；（d）一只山羊；（e）一只鸟；（f）一个人头；（g）罐子；（h）棕榈树；（i）金字形神塔[35]

（Source: H. W. F. Saggs, *Civilisation Before Greece and Rome*, London: B. T. Batsford, 1989, p.62）

乌鲁克晚期 约公元前 3100 年	捷姆迭特·那色时期 约公元前 3000 年	迪恩三世早期 约公元前 2400 年	乌尔三世 约公元前 2000 年	意义
			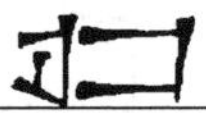	头
				面包
				吃
				母牛
				1

图 6 图画文字发展成巴比伦的楔形文字[36]

（Source: Hans J. Nissen, *The Early History of the Ancient Near East: 9000—2000 BC*, translated by Elizabeth Lutzeier and Kenneth J. Northcott.© 1988 by the University of Chicago）

我们仍然不知道为什么这些图案会发生 90 变化，但这无疑会使图像越来越难辨认，从而促使产生更简单的书写方式。圆形和曲线标记总是很难在湿黏土上书写，这就是为什么楔形文字是一种由简单笔画和楔形构成的体系。所有的符号在公元前 3 千纪的头三百年都被简化和统一化了。

在这些早期阶段，书写的使用是有限的，而且由于它主要运用于贸易，书写体系中数字的数量和其他文字一样多。例如，有一个 D 形符号：它的直边刻得很深、很清晰，而另一端的圆弧却很浅，几乎看不见。有意思的是，这些 D 成组出现，从一到九个不等。这样就形成了十进制。有的时候，这些 D 形符号上有一个用圆柱形芦苇杆压在黏土上形成的圆孔。“我们有理由假设这些圆孔代表整十位。”[37] 我们经常看见早期的泥板上一边列着一些事物，另一边是它们的总数，[38] 这也有助于破译。

一种符号体系是一回事，但从我们从其他地方找到的例子来看，这样一种体系并不完全等同于我们现在所知的书写体系。要构成书写体系，需要其他三项发明：人名、语法和字母表。

在大家庭中，大家彼此都认识而且共同拥有财产，但是从经济组织超出大家庭那一刻起，个人识别就成为一个难题而且变得必要。有一些名字很容易辨认，比如说“狮心”。[39] 但人们又如何解释像“被神所爱”这样抽象的名字呢？正如我们现在用心形（❤）表示“爱”一样，图画文字也在进化。这种方式能产生多个意思：例如，太阳（☼）可能表示“白天”“光明”或“白色”，而星星（★）可能表示“神”或“天空”，具体意思视情况而定。在巴比伦，思想主要是通过类比而不是我们现代社会采用的归纳或演绎而产生的，因而“用名原则”是非常重要的。[40] 对于巴比伦人和埃及人而言，物体或人的名字都与其 82
本质属性相关。[41] 因此，一个“好”名字会造就一个“好”人。因为这个原因，人们会以一些神来命名，并且用同样的方式来命名一些街道（“愿敌人永远不在上面行走”）、运河、城墙和城门（“贝尔神建造了贝尔城门，表现了他的恩赐”）。最后，人们渐渐习惯用特定的语调来说一些专有名称。在说众神的名字时尤其如此，而且从某种意义上说，即便在今天也是这样的，当人们大声祈祷时，也会用一种不同的语调。[42]

一开始时没有语法。词语（主要是名词和少量动词）可以不分顺序，随意地一起使用。产生这种现象的原因之一是乌鲁克的书写体系，或称原始书写，不是我们所理解的读写体系，它们不是用来读的。它是一种人工记忆体系，可以被说不同语言的人共同理解。

我们现在所知道的读写体系似乎是在美索不达米亚南部的舒鲁帕克发展起来的，这就是苏美尔人的语言。没有人知道苏美尔人是什么人、来自哪里。他们的书写有可能是作为“官方”语言来使用的，而且像几千年后的梵文和拉丁文一样，仅为博学的人使用。[43] 书写体系发展的下一个阶段是，与某一物体相对应的声音被归纳、概括，可以进一步对应其他词语或其他语境中的相同声音。英语中的一个例子就是画一个有条纹的昆虫代表“蜜蜂”（bee）。后来，它被进一步改造，用到像“相信”（be-lieve）这样的词中去。同样地，例如，苏美尔语表示水的词是 a，其符号是两条平行的波浪线。语境使人清楚 a 是表示水还是只是语音。这个时期是符号被转了 90 的时期，符号变得更容易快速书写，也变得更抽象。这种书写形式很快从舒鲁帕克传播到美索不达米亚南部的其他城市。尽管贸易仍然是书写体系发展的主要原因，但现在文字的使用扩展到宗教、政治和作为想象文学开端的历史 / 神话中。

这样的转变不是一夜之间发生的。在早期的抄写员学校，我们发现了词汇清单和谚语表。这可能是他们学习书写的方式，正是通过这些有名的谚语、咒语甚至是魔法才建立起句法和语法要素的抽象符号系统。（这些谚语有一个简单、熟悉的形式。）正是这种方式使书写体系从一个完全用来记录信息和交易的象征符号体系变成了一个再现口头语言的体系。

尽管第一批带有语法要素的文本来自舒鲁帕克，但词序仍然具有很大的变动性。真正用口头语言顺序进行书写的重大突破首先出现在恩纳图姆成为拉格什国王时（约公元前 2500 年）。只有到这时，语言的各个方面才都转变成书面形式。[44] 达到这样的读写能力非常艰难，而且需要渊博的知识和其他词语清单的辅助。[45]《圣经》和其他书中的人都被描写为“知道各种事物的词语”，如鸟类和鱼类，这就意味着他们在一定意义上会读。有一些清单是历代国王的名单，这又带来了另一个进步，即文本不再仅仅是清单，而是对统治者、统治者间的斗争以及他们创立的法典进行评论和评价。由此，历史第一次被书写下来。[46] 例如，关于枣椰树的清单包括数 83
百个词条，不仅有对椰树从树皮到树冠等组成部分的介绍，而且还有关于腐烂的类型以及这些树用途的记载。也就是说，这就是最初的知识被排列和记录的方式。舒鲁帕克的词条有：牛、鱼、鸟类、容器、织品、金属品、职业和工艺。[47] 还有神灵、数学和经济术语的列表。（在众神的名称中，女神的名字仍然占主导地位。）

这些记录条目使新的智力活动成为可能。它们鼓励了比较和批评。清单里的条目摆脱口头世界赋予其意义的语境，因而变成抽象概念。它们可以按照从来没有想到过的方式分门别类，因此出现了口头文化中从来没有过的问题。例如，天文记录表很清楚地表明了天体复杂的运行模式，标志着数理天文学和占星学的产生。[48]

这些文本不断提及同舒鲁帕克有接触的其他城市，其中有拉格什、尼普尔、乌玛和乌鲁克。我们从最原始的书写中能解读的第一个思想，除了经济文本和专有名词，就是“国王”和“祭司”之间的斗争。在一个阶段，人们认为一座城市的所有市民和所有土地都“属于”这座城市的最高神灵，而大祭司是管理城市的神的代理，但这样的观点不再站得住脚：土地的所有权问题远比这复杂得多。大祭司又被称作昂（en）或昂西（ensi）。通常一开始，大祭司是最有权力的人，但是还有另一个人物卢伽（lugal），字面意思是“伟人”。他实际上是军事领袖、要塞指挥官，在城市与外敌有争端的时候管理城市。不需要发挥太大的想象力就能想象到这两股力量之间的斗争。比较可信的观点是，最好不要把美索不达米亚的城市理解为宗教实体，相反，它们是公司实体，人们得到平等的对待。这些城市最主要的特点是经济性：商品与产品归集体所有，然后重新分配给城市居民，和那些通过交换为城市提供它所缺乏的物品和商品的外地人。这主要是从印章上关于配给的记录，所有人墓葬形式相同（至少起初是这样）和商品被锁在仓库的发现中推断出来的。起初，是昂管理这一体系，但是正如我们将要看到的，后来发生了变化。[49]

除了清单，书写体系的另一主要发展就是从图画文字发展成音节文字，最后发展成完整的字母文字。正如书写体系是出于需要在贸易繁荣的苏美尔城市发明的一样，字母文字没有在美索不达米亚而是在比它更远的西方产生，是因为那儿的闪族语支持这一变化。图画文字有局限性，因为即使没有好几千也有好几百个“词”需要记住（正如今天的汉语一样）。而在音节文字中，一个“词”对应一个音节，只需要记住约八十至一百个“词”。字母文字就更简单。

希伯来语和阿拉伯语是现在最为人所知的闪族语，但在公元前 2 千
84 纪，主要使用的闪族语是迦南语，腓尼基语和希伯来语都是它的后代。使闪族语更适合字母化的原因是，它的大部分名词和动词都由三个辅音组成，根据语境添加一看就清楚的元音作为补充。（萨格斯教授给出了对应

的英语例子：th wmn ws cryng 和 th wmn wr cryng。大部分读者都很容易明白它们的意思。[50]）

迄今为止发现的最早的字母表是在拉斯沙姆拉（“茴香头”）进行发掘时找到的。拉斯沙姆拉靠近叙利亚和小亚细亚之间的地中海东北角一个叫亚历山大勒塔的地方。1929 年在这里一座小港口的山上发掘出一个古遗址，该遗址在古代被称作乌加里特。在该遗址发现了一座图书馆，位于供奉巴力神和大衮神的两座神殿之间。该图书馆为大祭司所有，主要收藏的是用楔形文字书写的泥板，这些泥板仅包含二十九个符号。因此，它是一个字母表。发掘这种泥板的学者推测，这种语言可能与迦南语或腓尼基语或希伯来语有关。他们是正确的：文字很快被译解。上面描写的很多事件，正如我们所见，预示了《旧约》中的故事。[51] 这个体系似乎是特意发明的，并没有任何真正的前身。如图 7 所示，这些符号可归为五组，各组的复杂程度越来越高，且表明了一种字母顺序。

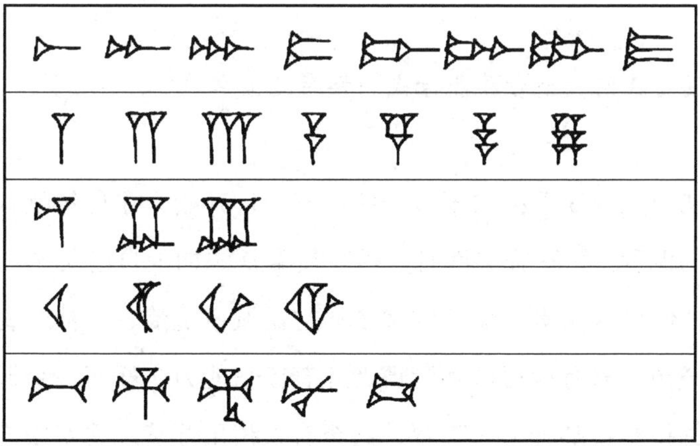

图 7　乌加里特字母 [52]

（Source: H. W. F. Saggs, *Civilisation Before Greece and Rome*, London: B. T. Batsford, 1989, p.81.）

虽然第一个字母表出现在乌加里特，但是它主要限于在叙利亚北部和一些巴勒斯坦遗址中使用。公元前 12 世纪后，它逐渐消失了，文字的未来则有赖于原始迦南语的衍生语言。这个字母表经过一段时间才稳定，字母可以朝向任一方向，用犁地形式书写。* 不管怎样，公元前 1000 年前不久，原始迦南语的确稳定下来，形成了通常所指的腓尼基字母表。最早的铭文出现在比布鲁斯（今朱拜勒，黎巴嫩境内的贝鲁特以北），很多出现在青铜制成的箭头上，表明箭头的所有者。此时字母已经减少至二十二 85 个，并且所有符号都变成了线形符号，没有任何图画文字的痕迹。书写的方向也稳定了，始终是从右向左的水平方向书写。按照一般的传统说法，古希腊引入的正是腓尼基字母表。

在美索不达米亚和埃及，读写能力备受推崇。舒尔吉是公元前 2100 年左右的一位苏美尔国王，他曾自夸说：

> 年轻时，我在泥板书屋从苏美尔和阿卡德的泥板书上学习了抄写艺术；
>
> 没有任何一个贵族能像我一样写泥板书。[53]

至少从公元前 3 千纪的第二个两百五十年开始，在乌尔就有对抄写员进行培训的课程。[54] 签署文件时，抄写员常常添加上自己父亲的名字和职位，证明他们出身高贵。他们的父亲通常是城市统治者、神殿管理者、军队官员或祭司。只有抄写员和管理者才有读写能力。任何一个握有权力的人很可能都接受过某种书写教育，甚至有人指出苏美尔文字中的术语“都

* 指文字书写遵循犁地的路线：如果第一行从右到左，那么第二行从左到右，第三行从右到左，以此类推。

布沙”，字面意思是“抄写员”，相当于绅士，或文学学士，用于指任何受过教育的人。[55]

在公元前3千纪的最后一个世纪里，国王舒尔吉在尼普尔和乌尔建立了两所学校，它们或许是世界上最早的学校。但是他提到它们时没有详加说明，因此它们在此之前可能早已存在了。表示学校或书写学院的巴比伦词语是爱都巴（edubba），字面意思为“泥板书屋”。校长被称作“泥板书屋之父”。在一段文字中，有个学生这样写道：“您使我像一只小狗一样睁开双眼；您塑造了我的人性。”[56]有专门的语言、算术（“计算抄写员”）和调查（“野外抄写员”）老师，但是每天的教学是由被称作“老兄”的人来指导，他很可能是一个高年级的学生。

在一些城市中发现了用楔形文字写成的摘录，这表明已经出现了用于教学的“标准文本”。例如，一些泥板书上有用不同笔迹书写的同一篇文本；另一些泥板书上一面是文学文本，一面是数学练习；还有一些泥板书上一面是老师的文本，一面是学生的文本，并附有老师的修改。在一块泥板书上，一位学生对他的课业进行了如下描述：

> 这是我每月在学校的出勤计划：
> 我每月的自由时间是三天；
> 我每月的宗教假日是三天；
> 每月剩下的二十四天
> 我都必须在学校。这是多么漫长啊！[57]

抄写员也得学习自己的技艺，他们需要知道如何准备书写用的黏土以及如何烘烤要保存在图书馆的文本。添加石灰岩可以使黏土的表面更光滑，画出来的楔形更清晰。[58]除了准备黏土外，还要经常给木板或象牙板涂上一层蜡，然后串起来。蜡可以擦掉，这样板片可以重复使用。[59]

86 书写传统远远传播到美索不达米亚以外，并且因此得以扩展。[60] 埃及人最先使用芦苇笔在旧陶片上写字；后来，他们使用无花果树做成的木片，上面涂抹一层石膏灰泥，石膏灰泥在被擦掉后可以重新使用。[61] 莎草纸是最昂贵的书写材料，只有最出色、浪费最少的抄写员才能使用。书写训练需要的时间可能与现在博士的培养时间一样长。

并不是所有的文字都与商业有关。苏美尔早期比较有文学性的文本包括最早的宗教文学，尤其是赞美诗，这或许很自然。在乌鲁克，对国王与依楠娜女神（巴比伦的依什塔尔、古希腊的阿斯塔尔特）的爱情有广为流传的记述。其他文本包括父亲教导儿子如何过一种有用且有价值的生活、战争和征服的记述、建造活动的记录、宇宙起源学以及关于巫术的大量记述。差不多到公元前 1900 至前 1200 年，阿舒尔繁荣时，除了公共档案馆外，还有很多私人档案馆，其中一些档案馆拥有的文本多达四千种。到此时，最为人推崇的学问是天文学 / 占星学、预言文学和巫术。这些帮助阿舒尔确立了“智慧之城”的声誉。[62]

我们不应该忘记，在古代，文字出现之前，人们需要记住大量的东西。记住成千上万行诗歌是众所周知的事，这就是文学得以保存和传播的方式。然而书写一旦形成后，可能要强调两种早期的书面文学形式。首先是预示后来《圣经》某些情节的故事。考虑到《圣经》的影响力，它的起源很重要。例如，阿卡德国王萨尔贡由无名小卒成为“世界之王”。关于他的祖先，在广为流传的故事中有详细的叙述：他的母亲是一位女祭司，为了掩盖生育他的事实，将他放入柳条编织的篮子内，用沥青密封后抛入河中，顺流而下。后来，一个汲水者发现了他，将他抚养成人。萨尔贡一开始是位园丁，后来成为一位国王。显然这与摩西的故事很相似。苏美尔文学宣称有很多“最初的国王”，他们的统治时期异乎寻常地长。这也预示了《旧约》。例如，在《圣经》中，亚当在一百三十岁时有了儿子塞特，并且据说又活了八百多年。在亚当和大洪水之间出现了十位国王，在世时间都很长。在苏美尔，有八位这样的国王，一共统治了 24.12 万年，每位国王平均在位时间是 3.04 万年。拉斯沙姆拉 / 乌加里特出土的文本提到了巴力神与罗腾的搏斗，后者是“一条有七个脑袋的大长蛇”，这预示了《旧约》中的利维坦。还有关于洪水的文学。我们会在《吉尔伽美什》中看到洪水故事的一种版本，下面将进行详述。在史诗中，洪水英雄是乌塔那匹兹姆，即“获得永生的人”，尽管在类似的传说中他也被称作祖苏德拉或阿特拉–哈西斯。在所有的故事中，洪水都是众神施加的惩罚。[63]

位于两河流域的美索不达米亚，其名字本身就表明该地区经常发生洪水。但是大洪水这个概念似乎已深深植入古中东地区人们的意识里。[64] 有三种可能性。第一种可能性是底格里斯河和幼发拉底河同时泛滥，产生大片水域。根据本章开头提及的伦纳德·伍利在乌尔的发掘，淤泥揭示出洪 87
水有二十五英尺深，泛滥地区可能达三百英里长、一百英里宽。[65] 这已经遭到质疑，因为乌鲁克距乌尔有十五英里，地势较低，却没有洪水的痕迹。第二种可能性是，公元前 1900 年左右，一场可怕的地震袭击了印度的印度河流域，造成萨拉斯瓦蒂河改变流向。古代印度文献《梨俱吠陀》中的这条大河，有些地方宽达十公里，但现在已经不存在了。造成这场巨大灾难的事件一定使洪水淹没了大片地区。下章将详细讨论这种可能性。第三种可能性就是所谓的黑海洪水。根据 1997 年公布的理论，黑海是在最后一个大冰期之后才形成的。那时大约是八千年前，地中海海平面上升，海水涌进博斯普鲁斯海峡，淹没了从东到西六百三十英里、从南到北三百三十英里的大片地区。[66]

巴比伦最伟大的文学创作，即世界上第一部想象文学杰作是《吉尔伽美什》或《见证世界末日的人》，正如这首诗的标题所示。几乎可以确定的是，吉尔伽美什在公元前2900年左右统治乌鲁克，因此史诗中的一些情节有事实依据。[67]他的英雄事迹很复杂，通常很离奇而且难以理解。在某些方面，它们让人联想到赫拉克勒斯的英雄事迹，并且正如我们所见，与《圣经》中的某些故事类似。在诗中，他身上有着三分之二的神族血统和三分之一的人类血统。在篇首，我们了解到吉尔伽美什如何战胜乌鲁克人，设法完成了“非凡的功绩”，即建造了城墙。城墙长9.5公里，据说至少有900座半圆形的塔楼。故事的有些地方有历史依据，因为考古发掘已发现了早期王朝时代（即公元前2900年左右）用弯曲的砖块建造的半圆形结构。[68]吉尔伽美什是个严厉的工头，他太过严厉以至于他的臣民祈求神创造一种反抗力量，挑战吉尔伽美什并让市民过上平静的生活。出于同情，众神创造了恩奇杜，“一个多毛的野人”。但是情节在此处发生转变，恩奇杜和吉尔伽美什建立了牢固的友谊，并从此开始一起冒险。[69]两人回到美索不达米亚，在这儿依楠娜女神爱上了吉尔伽美什。但他不予理睬，依楠娜女神为了报复，派遣了令人生畏的“即使一百个人也难以制服的天牛”来杀死他。[70]但是恩奇杜与吉尔伽美什齐力，一起撕下它的四肢并打败了它。

这首诗的前面部分总体上是积极的，但是后来却变得阴郁。空气和大地之神恩利尔认为，恩奇杜必须为他的一些英勇的杀戮行为付出生命的代价。恩奇杜的死对吉尔伽美什打击很大：

> 整日整夜我为他哭泣，
> 不愿将他埋葬，
> 希望我的朋友可能会在我的（大声）痛哭中站起来，
> 七天七夜，

直到一条蛆从他的鼻子上掉落，
因为他永远地去了，我找不到慰藉，
像平原上的猎人不停地游荡。[71]

在此之前，吉尔伽美什很少考虑过死亡。然而，从此以后，他的唯 88
一目标就是找到永生。他想起了那个传说：在世界尽头，“死亡水域”之外，住着他的一个祖先乌塔那匹兹姆，他能长生，因此肯定知道永生的秘密。现在，吉尔伽美什独自一人出发去世界的尽头，在太阳落山的那头。他找到了太阳在夜间消失的黑暗通道，最终来到一片宽阔海域的岸边。[72] 在那儿，他遇见了乌塔那匹兹姆的船夫，船夫答应渡他过死亡水域，“碰到里面的一滴水就意味着死亡”。[73] 最后，当吉尔伽美什到达乌塔那匹兹姆的住处时，却感到很失望。这位祖先告诉吉尔伽美什，他的长生不老是归功于不可重复的特殊情况。乌塔那匹兹姆吐露，早些时期，众神决定毁灭人类并发起了一场洪水。他和妻子是唯一被允许活下来的人。他们事先得到警告并建造了一艘大船，将所有生物成对装上船。风暴冲击了船只六天六夜，当一切都平静下来后，他打开一扇舷窗，发现自己的船搁浅在一个岛屿上，实际上搁浅在山顶上。他又等了六天后，放出一只鸽子，又放出一只燕子。两只小鸟都飞回来了。最后，他放出去一只乌鸦，但它没有回来。[74] 后来，乌塔那匹兹姆说恩利尔为自己的鲁莽决定感到后悔，因此让他长生不老，作为对他拯救地表生命的奖励。但是，众神不会再重复这个行为。

最早的图书馆出现在美索不达米亚，尽管一开始它们更像是档案馆而不是真正意义上的图书馆。它们保存了美索不达米亚城邦的日常活动记录。无论是在公元前 3 千纪中期的尼普尔图书馆，或是在可追溯到公元前

2250年左右的埃卜拉图书馆（1980年在此处发现了两千种泥板书），还是在后来的图书馆，情况都是如此。我们需要注意的是，在大多数情况下，图书馆是为祭司服务的，并且，在大片土地被神庙占有的美索不达米亚城市里，正如宗教文本是神圣仪式的一部分一样，用于记录交易、合同和配送的日常档案也是神庙生活的一部分，也是信仰的一部分。但是神庙和新兴王室精英的宣传需要（赞美诗、铭文）有助于产生一种更现代的读写形式。因此，像《吉尔伽美什》或创世史诗这样的文本可能在宗教仪式中使用过。但是，这种超乎纯粹交易记录的包含某种脑力活动的作品在公元前3千纪中期最先出现在尼普尔，后来在埃卜拉、乌尔和尼普尔得到进一步的发展。[75] 这些后来的图书馆发明了一种新的、更学术化的手段——书目，这样，想象性作品和/或宗教作品能够分开排列。后来，又有了进一步的革新：在文本结尾的背面添加几行文字，说明该文本的内容，跟现在的目录差不多。这就产生了一个术语“书尾题署”（colophon），该术语源自希腊语“科洛风”（kolophon），意思是“最后的一笔”。例如，其中一个这样写道：“杜巴杜帕萨节日的第八个泥板、神殿女祭司西拉鲁伊和库瓦塔拉的话。抄写人，努基萨的儿子卢；见证人，监管者阿努万扎。”书尾题署进行了编号，并且记录该文本的泥板数目。有些书目比书尾题署的内容更详细，因此抄写员通过仔细阅读该文件便可以断定该图书馆有什么书。
89 然而，排序是随意的，因为字母顺序排序法在一千五百年后才被采用。[76]
随着时间的推移，宗教作品的数量开始增长。到亚述王国最伟大的统治者之一提革拉帕拉撒一世（前1115—前1077）在位期间，文本的大部分内容是关于天体运行和基于各种征兆对未来的预测。有一些赞美诗和音乐作品的目录（“五首为阿达帕［可能是铃鼓］而作的苏美尔颂歌组成的祈祷文”）。亚述巴尼拔是亚述最后一位重要的统治者（前668—前627），也拥有一座很好的图书馆，并且他自己也识文断字。该图书馆主要由大量的档案资料组成；数量位居第二的是征兆文本；排在第三的是清单、词语和姓名、翻译词典；最后是文学作品，如《吉尔伽美什》。总共有一千五百种单独的作品。[77]很多亚述泥板书上刻有咒语，防止盗窃。[78]

无可置疑，古埃及也有图书馆，但是因为人们在莎草纸（也就是把婴儿摩西包起来的蒲草）上书写，书很少流传下来。在描述拉美西斯二世（前1279—前1213）的建筑群时，希腊历史学家狄奥多罗斯说那里有一座神圣的图书馆，上面刻着“灵魂诊所”的铭文。

在早期城市中，有两种权威。第一种是大祭司，被称为昂。昂管理着城市，祈求众神保佑有足够的终年肥沃的土地为每个人提供食物/收入，并且昂负责食物在市民之间以及对外交易中的再分配。昂的配偶叫婉，用彼得·哈尔瓦特的话来说，他们组成了“祭司夫妇”。[79]第二类握有权力的人是卢伽——监管者、要塞指挥官，字面意思是“伟大的人”，他们掌管军事和我们所说的外交，也就是与外界的联系。然而，我们不能过于强调这种划分：不是每座城市都有两类领导人，有些城市只有昂，有些城市只有卢伽，如果城市里存在两种权威，那么军事领袖为了取得军事战绩都需要寻求宗教领袖的支持。不过，有记录表明这种早期的分工有时会发生变化，因为，在某个时候，婉会疏远昂，而同卢伽结盟。[80]与此同时，昂的作用在减弱，变得越来越仪式化，而卢伽和婉发挥我们所称的国王和王后的作用。于是世俗权力和精神权力之间的划分更加清晰，也更加强调男性的作用，[81]这个变化可能是战争引起的。当时看来战争越来越成为一种威胁，有两个原因。第一，在两河流域，随着人口的增加，城市间的竞争、对土地和水域的争夺不断加强；第二，专业人员的数量不断增加，使得城市变得越来越繁荣，物质财产不断积累，因此进行掠夺的话，会有更多的收获。在战争中，一个勇士就是自己的主人，与和平时期相比，更是如此。一个聪明卢伽的感召力和成功会对他的人民产生强有力的影响。卢伽带领一座城市打败另一座城市后，管理这两块领地是很自然的事情：是他取得了胜利，而且无论如何，敌对城市的众神很可能与他原来城市的众神
90 不同。因此，城市甲的昂在城市乙的权力很少，甚至没有权力。这样，卢伽开始位居昂之上，成为苏美尔社会最强大的人物。彼得·哈尔瓦特注意到，在不同的苏美尔城市中，对同一个神的崇拜的确开始出现，证明了这一变化。卢伽日益增长的权力得到承认，并由此获得控制测量体系（或许是建筑防御工事工程的遗存）以及把他们的事迹用文字记录下来的特权。这一部分是宣传，一部分是历史，因此人们才能记住谁在什么时间以什么方式做了什么。[82] 因此，这个差不多是现代的王权概念开始在美索不达米亚发展，同时发展的是国家概念。成为国王的卢伽管理一个以上的城市以及城市间的领土。在古老的中东，第一个跨地区的政治实体是萨尔贡在约公元前 2340 至前 2284 年创立的阿卡德王国，萨尔贡是我们现代意义上的第一个国王。

那时，王权部分是由战争打造的。战争或战争的制度化是孕育其他一些思想的熔炉。车轮可能是在美索不达米亚发明的，也可能不是。最早的行走工具雪橇在公元前 7000 年已经被生活在北欧靠近北极地区的早期渔猎社会所使用，很可能是狗拉雪橇。[83] 公元前 4 千纪晚期，在乌鲁克的图画文字中出现了“行走工具”符号。在瑞士苏黎世的一个遗址中发现了相近时期轴轮装置的遗迹。这些车辆有固定的轮子，由一块或三块木板制成。从公元前 2000 年以前的遗址现场的考古遗迹得知，这些所谓的盘式车轮从丹麦到波斯都有分布，在紧邻黑海以北的地区最密集。[84] 因此，这可能表明了最先使用车轮的地方。牛和驴子似乎是最先被用来驾车的动物。

这些（四轮）车非常慢，据估计是每小时 3.2 公里。然而，（两轮）战车就快得多，正常每小时 12 至 14 公里，疾驰时可达到每小时 17 至 20 公里。在楔形文本中，苏美尔人用“沙漠马科动物”指驴，用“山区马科动物”指马。[85] 有三个词表示带轮的车辆：mar-gid-da，表示四轮马车；gigir 表示两轮马车；而 narkabtu，随着时间的推移，被用来专指战车。考古学家斯图尔特·皮戈特说，随着战车的出现，“我们来到了古代历史伟大篇章之一的开端：两匹马驾驶的轻便两轮战车的发明是一项技术，也是一种社会制度，是身份和地位的象征”。[86] 第一批整体车轮发明后，人们便设计了辐条式车轮。这种车辆必须用成形的木头在张力下制造而成，但是它的轻便使更快的速度成为可能。[87] 战车战争兴盛于公元前 1700 至前 1200 年，即青铜时代末期和铁器时代初期。

再说说山区马科动物。可以说目前没有人知道人类从什么时候起在什么地方开始驯养马匹，以及什么时候在什么地方产生了骑马的想法。直到最近，人们提出假说，认为定居欧亚大草原取决于马的驯养，并且大草原的第一批移民是“秉性好战的牧人骑手”。考古学界很多年来都认为马匹驯养的最早证据出现在黑海以北 300 公里的德累夫卡，在今天的乌克兰境内，是斯莱德涅斯多格文化的一部分，可能与车轮的发明出现在同一个地方。这个遗址可追溯至公元前 4570 至前 3098 年，位于第聂伯河的支流奥 91
梅利尼克河右岸。这种说法的依据是墓葬中发现了马的骸骨、被马嚼子磨损的前臼齿、被认为是马勒带的穿孔鹿角尖，以及古代遗址出现的大量公马遗骸，表明它们在牵拉和乘骑中更受欢迎。此外，间接的证据是骨头制作的马头权杖的出现，如果不能说明人们掌握了骑术的话，那么它表明了一种马崇拜。[88]

在过去几年中，对这些材料的重新分析基本上推翻了这些结论。所谓的马勒带从来就没在马的头骨上找到，并且只是非常偶然地与马的残骸有关。野马前臼齿的磨损与所谓的驯养马并没有什么不同，并且在古代遗址坟墓内外发现的马骨轮廓与野生种群（例如“成年的单身马群”）没什么不同。我们现在知道，驯养使马的骨骼结构发生永久性改变的唯一区域是马背中部，即骑手坐的地方。确定被骑过的古代马匹，其脊椎的骨骺，即外部较硬部分，有微小的压力损害（裂缝）的特征。野马完全没有这种损害。到目前为止，古代马匹上的这些损害不会早于公元前5世纪。[89]有关马匹驯养最早的、清楚的、可确定年代的文本和艺术证据可追溯至公元前3千纪末期，而带有明显与乘骑或牵拉有关的手工艺品的马墓穴的证据，其年代更靠后，大概不会晚于公元前2千纪末期，那时在近东、欧亚大草原和希腊，马匹被广泛用于战车。因此，关于骑马的可靠的文本或艺术证据不会早于公元前2千纪末期。[90]

古典时代有许多作家相信曾经有过原始的黄金时代，那时没有侵略，也没有仇恨。拉丁诗人奥维德是其中之一：“没有人施加惩罚，没有任何法律，人们坚持信念，做正确的事情……人们过着安全和平的生活，不需要军队。”[91]

要是这样就好了……1959年，雷蒙德·达特发表了一篇关于更新纪灵长类动物下颌的分析，得出结论是，“它是被迎面而来、对准下颚左边的一记重击打坏的”。他认为，这个重击工具是一根羚羊肱骨。[92]在原始新石器时期，四种“非常强大的”新武器出现了，“一直到现在的这个千年为止，它们一直在战争中处于重要地位。它们是弓、投石器、短剑和硬头锤”。[93]西班牙的洞窟画显示战士拿着弓和箭，头领的头盔较奇特。其他的绘画显示射手排成一行准备发射。“纵队和横队的出现，意味着指挥和组织，是战术发明的代名词。”[94]其他绘画描绘的是保护士兵膝盖、生殖器和肩膀的铠甲。投石器在恰塔尔土丘使用，并且在公元前8000至前4000年间，整个中东地区出现了防御工事。[95] 历史上根本不存在和平的黄金时代。

到埃及的新王朝建立时，法老们能够把多达 2 万士兵投入战场。这意 92
味着出现了庞大的组织和后勤支援。相比之下，在阿金库尔战役（1415）中，6000 至 7000 名英格兰士兵打败了一支 2.5 万人的法兰西军队；在新奥尔良战役（1815）中，4000 个美国人打败了有 9000 人的英国部队。两轮战车的引进意味着快速反应比以往任何时候都更加必要，进而促进了常备军概念的产生。在埃及，军队由专业军人、外籍雇佣兵（这里是努比亚人）组成，有时候还包括应征士兵。“士兵的管理者”这个头衔相当于我们现在的“将军”，任何时候都约为 15 人。[96] 应征士兵由巡游全国的特派官员征募，他们被授权可以从 100 人中挑选 1 人。除了两轮战车外，亚述这个好战之国的惊人的军事力量还归功于这两个因素：铁器和骑兵。铁器，尤其是亚述人发现了如何在炽热的铁中加入碳产生渗碳铁，促进了带刃长剑的发展，而不是尖头短剑。[97]

鉴于马不是亚述土生土长的动物，他们获取马的方法是很特别的。剑桥大学的尼古拉斯·波斯特盖特教授于 1974 年在《亚述帝国的税收和征兵》一书中揭示了这一点。他指出，每天写给国王的“马匹报告”大约有 2000 份，国王在每省设两人专门寻找马匹并将它们运到首都。三个月中，这些被称为穆萨基苏斯的特使，每天向尼尼微送去大约 100 匹马。在马匹报告中提到的马匹数量差不多有 3000 匹，其中 1840 匹是“上轭的马”或用于驾两轮战车的马，787 匹是供骑乘的马或骑兵用马。“虽然亚述人一直是最优秀的驾战车者，但是机动性更高的骑兵将很快取代他们，并且从公元前 1200 年左右直到 1918 年第一次世界大战中坦克的出现，骑兵一直是世界上最精锐的部队。”[98]

美索不达米亚国王的职责之一是主持司法。（在早期城市里，不公被视为是对众神的亵渎。[99]）几个世纪以来，人们认为世界上最古老的法律是《旧约》中的摩西戒律。然而，20 世纪初，这个观点被推翻了。法国考古学家在 1901 年和 1902 年在伊朗西南部的苏萨进行发掘时，出土了一座高达八英尺的黑色玄武岩柱（现藏于卢浮宫），并且被证实刻有公元前 2 千纪初期在位的巴比伦国王汉谟拉比制定的法典。上面一部分是国王向坐在宝座上的太阳神马杜克或正义之神沙马什祈祷。石柱的其余部分，前面和后面，按水平方向都刻有漂亮的楔形文字。[100] 自从法国考古学家的这个发现以后，法律的起源又往前推了几次，但是我们最好从后往前讨论这个顺序，因为这样法律概念的演变会更清晰。

汉谟拉比（前 1792—前 1750）是一位富有冒险精神的国王。他将首都设在巴比伦，把各地的神灵崇拜统一为马杜克崇拜。[101] 作为这一目标的一部分，他在整个王国简化并统一了政府机构，包括法律制度。在《汉谟拉比法典》中，在导论和结语之间现在可知的条文差不多共有三百条，排列如下：侵犯他人财物（二十条）、贸易和商业交易（四十条左右）、家庭
93 （六十八条，涉及通奸行为、纳妾、遗弃、离婚、乱伦、收养和继承）、雇佣工资和利率（十条）、奴隶所有权（五条）。正如 H.W.F. 萨格斯告诉我们的，“《汉谟拉比法典》采取了明文法和决疑法这两种形式中的一种”。明文法是绝对禁止令，如“不可杀人”。决疑法的类型是：“如果一个人将钱财或物品交给他的邻居保管，而钱财或物品从邻居家中被偷走，那么如果找到小偷，小偷应加倍偿还。”导论明确说明，《汉谟拉比法典》在公共场所展示，供市民阅读或被宣读。[102] 它们并不是我们所理解的成文法：它们是王室的规定，是一系列典型的案例而不是正式的原则公告。汉谟拉比欲将该法典在巴比伦王国全国实施，取代不同地方的早期地方法律。

我们从法典中可以看出，从法律意义上说，巴比伦社会分为三个等级：自由人、平民和奴隶。平民可以通过服兵役或徭役来获取某些利益，

从这个意义上，他们享有某种特权。例如，自由人的救命赏金是十个谢克尔银币；平民是五个；而奴隶是两个（第215—217条）。同样地，“如果一个人刺穿一个自由人的眼睛，他的眼睛也要被刺穿”；但“如果他刺穿一个平民的眼睛，或打断后者的骨头，要赔偿一迈纳银子”（第196—198条）。按我们的标准来说，这样的惩罚是残忍的，但惩罚的目的没有太大区别。家庭法旨在保护妇女和儿童不受任意欺凌及防止贫困和忽视。因此，虽然妻子犯了通奸罪，被处以死刑，但是她的丈夫可以宽恕她，并且国王也可赦免她的情人。这使他们免遭“捆绑在一起投入河中的下场”（第129条）。[103] 正像很多苏美尔和巴比伦文学故事预示了《圣经》中的故事一样，《汉谟拉比法典》也预示了摩西的法律。例如，《汉谟拉比法典》第117条规定：“如果一个人因欠债而被抓捕，并且将其妻子或儿子或女儿卖了换银币，或将他们送去扣押抵债，那么他们应在买主或扣押人家中服务三年；第四年恢复自由。”试比较《申命记》15：12—18：“你兄弟中，如有一个希伯来男子或一个希伯来女子被卖给你，服侍你六年，到第七年就要任他自由离开。”

在某些地方，《汉谟拉比法典》提到了法官并且论述了取消其资格的条件。听起来他们好像是专业人士，由国家支付费用。他们在神庙里或在庙门外工作，尤其是在供奉正义之神沙马什的神庙。不过，国王一直扮演上诉法庭的角色，可以随时干涉。巴比伦人不太关注抽象的公正理论，而更关注找到一种不会扰乱社会的可接受的解决方案。例如，案件的双方都被要求宣誓，表示对裁决满意且不会进行仇杀。[104] 将案件递交给法官时，没有诉讼代理，也没有盘问。法庭首先审查所有的相关文件，然后听取原告、被告以及证人的陈述。任何作证之人都要先在众神面前发誓。如果证词有冲突，通过诉诸神明考验进行解决，即证人被迫跳入河中。这里的思想是， 94
害怕神怒的念头会迫使撒谎的一方认罪。它似乎是起作用的，因为神明考验的做法在《圣经》时代仍在使用，在《民数记》中有所提及。[105]

所有这些听起来很有条理而且经过了深思熟虑。需要补充的是，并没有直接证据表明《汉谟拉比法典》曾被采用，并且该时期现存的法律裁决并没有提到它的法律制度。

但是著名的《汉谟拉比法典》不再是我们拥有的最古老的成套法律。20世纪40年代发现了用苏美尔语书写的一部更早的法典。[106]这部法典由依新的里辟依士他（前1934—前1924）制定。乌尔衰落后，伊新成为美索不达米亚南部的一座重要城市。这部法典也包括一篇导论，导论中提到众神赋予里辟依士他权力，“在这片土地上确立公正……为苏美尔和阿卡德人民带来福祉”。这部大约有二十四个条文的法律涉及的范围比《汉谟拉比法典》更有限，涵盖土地所有权，包括偷窃果园或破坏果园、逃亡奴隶、继承、订婚和婚姻、对租用牲口的伤害。土地所有权产生特权，也产生责任。例如，第十一条写明：“如果某人的邻居未耕作的土地处于闲置状态，而且他对闲置土地的所有者说，‘因为你的土地闲置，有人可能会闯进我的庄园；请为你的土地设防’，并且对方也同意这一条款，那么如果该人财产有任何损失，邻居应该予以补偿。”[107]

20世纪50、60年代，更早的法律被发现，它是由公元前2100年左右建立乌尔第三王朝的乌尔纳姆王制定的。发掘的残片中涉及滥征税和度量衡标准的确立，而且它也有一个原则性的严厉声明，防止经济实力强的人对实力弱的人进行剥削：“孤儿不应被交给富人；遗孀不应该被交给有权的人；有一个谢克尔的人不应被交给有一个迈纳的人。”[108]《乌尔纳姆法典》并不试图成为一部由抽象的法律原则主导的系统法典。它的基础是真实的案例。此外，与《汉谟拉比法典》和《圣经》的法律不同，对人身伤害的处罚，它没有同态复仇法，即以眼还眼、以牙还牙的原则。[109]同态复仇法似乎是更原始的一种法律形式，尽管它出现在《圣经》中（从法律发展上讲，

《圣经》是一部较晚的文献）。例如，在赫梯法典中（约前1700—前1600），盗窃蜂窝的惩罚是“被蜜蜂蜇一次”，该规定后来被罚金取代。[110]

但同样，所有这些都使古代的司法听起来比真实的情况更有条理和更现代。我们所知道的最早的“法典”是拉格什的乌鲁依宁基那王制定的法典，但是他像其他人一样，可能只是试图减轻古代社会的不公正传统而已，这些不公正总是有失控的危险。乌鲁依宁基那王的改革和其他改革一样，差不多也是王室宣传。王权在不断迅速变化和充满竞争的社会中出现。国王自己也喜欢干涉司法，这是他们显示自己力量的一种方式。司法大多数时候远不是理想化法典看起来的那样言之凿凿。

在美索不达米亚城市中，有证据表明抽象思想有了发展。例如，首先，早期的计数体系只用于具体的商品，即，“三只羊”的符号只用于羊，与“三头牛”的符号并不相同。它本身并不含有独立的“三”这个符
号（用翁贝托·艾柯的一句名言，“在乌鲁克时代，没有单纯的名称”）。[111] 95
度量也是如此。然而，后来表示抽象属性的词语，如数字、抽象单位的体积测量（空间）以及几何形状（如三角形）出现了。LU这个词也被使用，表示“人、人类的个体”。[112] 同样重大的是私有财产概念的演化，这可以从城外墓地得到证明，它们只为特殊的群体建造。[113] 这是巴比伦人又一个重要的“第一”。

因此，正是在这些第一批城市中，人类发现了自己在艺术、文学、贸易、法律，以及很多新事物方面的才能。我们称之为文明，并且会想到它在神殿、城堡和宫殿遗址中的体现。但是，远不止这些。群居生活是一项很伟大的试验，激发了一种全新的心理经历。这种经历，甚至在今天，比其他任何方面都更能激发更多的人。在推动生活前进的几乎所有方面，城
市一直是孕育思想、观念和创新的温床。 96

第 二 部
从以赛亚到朱熹：灵魂的传奇

5

祭祀、灵魂、救世主:“精神的突破”

1975 年，英国考古学家彼得·沃伦发掘了一座小型建筑，它属于克里特岛克诺索斯建筑群的一部分。克诺索斯是断代为公元前 2000 年的信仰公牛的米诺斯文明的所在地，由阿瑟·埃文斯爵士在 1900 年发现。沃伦发掘的建筑在某个时候遭受了地震破坏，因此，它的废墟比平常更难“解读”。尽管如此，他很快发现了散落的四个八至十二岁儿童的骸骨。许多骨块上带有肌肉剥离留下的明显刀痕。旁边屋子里发现了更多儿童的骸骨，“其中一个是脊椎骨，上面的刀痕，病理学家认为和切割喉咙有关”。[1]沃伦得出结论，这些儿童是作为禳灾之祭的人牲，也许就是为了阻止很快发生的那场地震。

在古代宗教的所有信仰和实践中，祭祀，不管是人祭还是牲祭，甚至王祭，是最触目惊心的，当然是从现代角度而言。在审视宗教的起源时，在旧石器时代的洞窟画和维纳斯小雕像中，在大约大神母和公牛信仰开始的时候，我们没有发现祭祀的迹象。然而，到第一批伟大文明（苏美尔文明、埃及文明、摩亨约—达罗文明和中国文明）出现的时候，祭祀已经很普遍，而且事实证明持续了很长时间：到19世纪，人祭在印度部分地区才被废除。[2*] 对古代文献、庙宇和宫殿墙上的装饰、陶器和马赛克的研究，连同考古学家对19、20世纪世界各部落的调查一起，证明了祭祀活动的普遍多样性（宗教祭祀和巫术祭祀的不同在注释中有讨论）。在墨西哥，儿童被用作牺牲，因为他们的眼泪能够祈雨。[3] 在其他文化中，生理残疾的人被选作祭祀品。常见的一种祭祀是宰猪。它向神发出讯息，神会根据猪肝的状态做出回答。（肝是猪含血最多的内脏，而血通常象征着
99 生命力。）

如果说大神母、公牛和圣石思想是许多宗教的最早萌芽，那么紧接着是第二类信仰，它们在至今仍具有支配地位的主要信仰产生之前就已经存在。祭祀就是第二类信仰中最触目惊心的。

祭祀究其实质，是两件事。它既是一件礼物，又是人与神灵之间的纽带。它或试图胁迫神灵，逼迫它们按照人类的想法做事；或试图安慰它们，消除它们的愤怒，有所求，有所消除，也有所补偿。这很容易理解。然而，需要详细解释的是祭祀现在和过去采取的实际形式。为什么要屠宰牲畜和人？为什么要洒血？这种显然是血腥的活动是如何扎根、如何盛行的？古代人类认为它残忍吗？

祭祀起源于人类认为他所经验的所有事物，包括岩石、山川，都是生命形式的时期。在印度，头发被认为是神圣的，因为它在人死后还继续生长，因此被认为具有自身的生命。[4] 吠陀时代的雅利安人认为跳跃的火苗是生命体，它能吞没祭祀品。[5] 也许最重要的是，祭祀起源于世界规律被观察到但还没有被理解的时期。正是这些规律，这些周期性概念，成为宗

* 2002年夏天，印度北部报道了一位寡妇跟随死去的丈夫一起埋葬的“殉夫自焚”的事件。关于19世纪孟加拉冈德人的人祭，在注释中有说明。

教的基础。这些规律是神秘力量的表达形式。

随着第一批伟大文明在世界各地（例如在苏美尔、埃及和印度）的发展，以大神母、公牛和圣石为核心的象征主义随之发展和繁荣，呈现出许多不同的形式。在早期印度神中，因陀罗经常被比作公牛。[6] 在伊朗，公牛牺牲非常普遍。[7] 公牛神在非洲和亚洲部分地区也受到崇拜。在早期美索不达米亚的阿卡德人的宗教中，公牛是权力的象征，在泰海法耶（现在的巴格达附近），公牛形象和“大地女神”联系在一起。[8] 早期腓尼基宗教的主神是“肖尔”（公牛）和“爱尔”（慈悲的公牛）。米尔恰·埃利亚德认为：“公牛和大神母是欧洲、非洲和亚洲原始宗教的一个统一要素”。[9] 位于印度中部的达罗毗荼部落有一种习俗，死者的继承者必须在他死后四天内在他的墓旁放一块九到十英尺高的巨石。石头是为了“系住”死者的灵魂。[10] 在太平洋的许多文化中，石头有时象征神，有时代表英雄，有时代表“石化的祖先灵魂”。阿萨姆邦的卡西人相信，排成圆形的石圈是“女性”石头，代表氏族的伟大母亲；而竖立的巨石阵是“男性”石头。

祭祀开始出现的时候也可能不那么残忍，那时谷物是主要的膳食，食肉还相对罕见。那时动物是崇拜的对象，吃肉是吸收神的力量的一种方式。这可以从希腊词“修西亚”（thusia）中推断出来，它有三个重叠的意义：剧烈、兴奋的动作；烟雾；祭祀。[11] 但是，播种和收割是农业活动的中心，这些都无一例外与仪式有关。[12] 例如，在许多文化中，第一批种子不用来播种，而是撒在犁沟中，作为给神的敬献。[13] 同样，最后的果子也从不从树上摘下来，最后的几撮羊毛总留在羊身上，农民从井里取水的时候，也要放回几滴水，“这样井水就不会干涸”。[14] 100

我们已经发现了克己、牺牲自己的部分所有以供养神灵、谋求神灵好感的概念。在别的地方（这种行为从挪威一直延伸到巴尔干半岛），最后的麦穗被做成人形。它们有时会被撒入另一片田地，有时一直保留到来年，到时会被燃烧，留下的灰烬会撒在尚未播种的地上，以确保多产。[15] 记载表明，美洲中部和北部的一些民族、非洲一些地方、太平洋岛屿，以及印度的一些达罗毗荼部落，人们用人祭祈求丰收。[16] 除了冈德人，墨西哥的阿兹特克人也非常清楚地展现了这一过程。在庄稼刚刚成熟的时候，一个年轻的女孩在玉米神庙前举行的仪式中被砍头。只有履行了这一仪式才能收割、食用玉米，在此之前，它们是神圣不可侵犯的。我们可以想象，为什么刚开始只是留下几粒麦穗的祭祀，后来会发展得越来越复杂、越来越残忍。每当庄稼歉收、饥荒降临的时候，原始人类就会猜想是神灵不满了，发怒了，因此他们就会加倍努力，增加平时的献祭，增加克己的程度，以恢复往日的平衡。[17]

除了祭祀，新石器时代早期传播最广泛的新思想是“天空之神”的概念。这也不难理解，尽管许多现代学者淡化这一方面。白天，太阳的运动，它持续的“死亡”和“再生”，以及它在形成四季变化和促使万物生长方面所起的作用，对每个人来说既很明显，又很神秘。晚上，无数的星星，以及更令人惊奇的月亮的运动，忽盈忽亏，消失了又重现，它和潮汐以及女性月经周期的联系，显得更加神秘。在美索不达米亚（那里有三千三百个神的名字），苏美尔语中表示神性的词“丁格尔”（dingir），意思是“明亮的，发光的”；阿卡德语中也是如此。天空之神迪亚斯（Dieus）是所有雅利安部落共同崇拜的神。[18] 印度人的特尤斯（Dyaus）、罗马人的朱庇特和希腊人的宙斯，都来自一个原始的天空之神，在有些语言中，表示光的词同时也表示神性，正如英语中“白天”（day）和拉丁语“deus”相关。在吠陀时期的印度，最重要的天空之神是伐楼那，在希腊神话中，乌拉诺斯是主管天空之神。[19] 他的位置最后被宙斯（Zeus）取代，后者的意义大概也相当于“迪亚斯”和“特尤斯”，意为“明亮”“发光”和“白天”。天空之神的存在是产生“升天”思想的根源。在几种古代语言中，动词“死亡”和爬山有关，或和抄小路进山有关。[20]民族志研究表明，在世界各地，天堂是“上面”的一个地方，可以通过绳子、树或梯子到达。例如，在古代吠陀、密特拉和色雷斯宗教中，有许多升天仪式。[21]升天在基督教中具有重要地位。

月亮的象征主义似乎同早期的时间观念有关（见《创世记》1：14—19）。[22]月亮有时呈新月形，诱发早期人类在月亮中看见公牛角的影子，因此，像太阳一样，月亮有时也被当作神性的表现。最后，和太阳一样，月亮的死亡与再生也和生育力有关。女人月经周期的存在使一些早期人类相 101
信，月亮是“女人的主宰”，而且有时还是她们的“第一个配偶”。[23]

天空之神对另一核心思想（来世概念）的形成也产生了影响。我们知道，从旧石器时代开始，早期人类就有一种基本的来世观，因为即使在那个时候，死者也同葬品一同埋葬，那些葬品被认为在另一个世界用得上。早期人类放眼四周的时候，应当能发现许多证明来世、死亡和再生的证据。太阳和月亮每天都消失和重现。许多树木每年落叶，但是春天一到，又都长出新叶。来世显然暗示着某种死后的存在，这带来了又一核心信仰，也就是历史学家S. G. 布兰登所说的人类“最根本的概念”：灵魂。他说，这是一种比较现代的思想（相比来世），即使现在，它也不普遍存在（虽然他的同行E.B. 泰勒认为它是所有宗教的核心）。[24]常见的信仰是，只有非常特殊的人才有灵魂。有些原始人认为男人有灵魂，女人没有，有些原始人的意见则相反。在格陵兰，有一种信仰认为，只有分娩中死亡的女人才有灵魂，才能享受来世的生活。根据不同的民族，灵魂位于身体不同的部位：眼睛、头发、影子、肚子、血液、肝脏、呼吸，还有最重要的，心脏。对一些原始人来说，灵魂通过头顶离开身体，为此，脑钻孔成为一种常见的宗教仪式。[25]同样，在印度教中，灵魂不是心，它的“大小相当于拇指（死后）”，居住在心中。《梨俱吠陀》认为灵魂是“心中的光”。诺斯替教徒和希腊人把灵魂看作“火花”或生命之“火”。[26]

但是，也有一种普遍的看法，认为灵魂是自我的另一种存在。[27] 人类学家，例如泰勒，把这归因为原始人的梦经历，“在睡眠中，他们好像能够离开自己的身体，到处漫游，有时还能看见那些死去的人”。[28] 想到这些，原始人可能会得出结论，有一种内在的自我或灵魂居住在身体内，当人体进入睡眠状态时，它会暂时离开，当人死亡的时候它会永久离开。[29]

对古埃及人而言，在身体之外，还存在两种东西，“卡”和“巴”。“前者被认为是活着的人的化身，充当守护神。它的表示符号是两臂上举呈保护状。”人死的时候必须供养它，坟墓被称为“赫特卡”，或“死亡之家”。[30]“它是由什么物质构成的，没有人知道。”[31]“巴”在研究古埃及文化的现代著作中通常被描述为“灵魂”，在艺术作品中被描绘为人首鸟。几乎可以肯定，它的意思是能够自由移动，不受身体的限制。在约公元前1450年的《死者之书》的插图中，“巴”经常被画成栖息在墓门上，或在观看自己死后的心被称量。“不过，这个概念有点模糊，‘巴’好像不是本质的自我或重生的法则。”[32]

埃及人把个人看作精神—肉体的有机体，“这二者谁也不比谁更本质”。在埃及盛行了三千年的复杂的墓葬仪式反映了这一事实：人被期望
102 在死后“重造”。这就是为什么对尸体精心熏香，防止它腐烂，以及随后的“张嘴”仪式，目的也是为了激活死者吸收营养的能力。“在埃及人的想象中，来世从来都不是难以捉摸的。而在别的文化，它是不可捉摸的。不过，我们确实发现，一旦人类能够用书写记录他们的思想，人不仅仅是血肉之躯的概念就被记录下来了。”[33]

美索不达米亚的情况不同。那里的人们相信，神褫夺了人类的不朽，这正是人之为人的原因，但是人仍然被认为是精神—肉体的有机体。不

过，与埃及人不同，美索不达米亚人认为，肉体是一个单一的存在，被称为“那皮斯都”（napistu），原始的意义为“喉咙”，后来引申为“呼吸”“生命”“灵魂”。不过，这个“那皮斯都”并不被认为是内在的本质自我，而是一种激活生命的法则，至于人死后它变成什么，并不清楚。古代美索不达米亚人虽然不相信不朽，但是确实相信某种死后的存在，在某种意义上这有点矛盾。[34] 他们认为，死亡给人带来了可怕的变化：人变成一个幽灵。“幽灵需要殉葬品供给营养，如果它受到忽视，则具有折磨活人的力量……在美索不达米亚最可怕的恶鬼，是那些死的时候不为人所知，没有经过正式埋葬仪式的幽灵。当然，即使好吃好喝，来世也是阴暗的。它们居住在库尔努基亚，即不归之地，以灰尘为食，以黏土为料……看不见阳光，生活在黑暗中。”[35]

印度宗教的起源比其他任何一种主要宗教更为问题重重。威廉·琼斯爵士是18世纪末期在印度居住和工作的一位英国法官，他首次把我们的注意力引向梵语和各种欧洲语言之间的相似性。此后，学者提出一种假说，认为存在一种早期原始欧洲语言，其他欧洲语言从中发展而来；以及存在一个说这种原始语言的原始印度—雅利安民族，他们帮助了这种语言的播散。简而言之，这种理论认为，这个民族是第一个驯化野马的民族，这使他们获得了更大的机动性和对其他民族的优势。

因为与马的关联，原始印度—雅利安人有时被说成来自黑海和里海之间的大草原，有时被说成来自里海和咸海之间，或被说成来自中亚的某个地方。最近的研究把他们的家乡确定为伏尔加河下游的阿巴舍沃文化和乌拉尔山脉南部的辛塔什塔—阿尔卡伊姆文化。根据芬兰印度学教授阿斯科·帕尔波拉的观点，从那里，“驯化的马连同印度—雅利安语一起进入约公元前1600年巴基斯坦北部犍陀罗坟墓文化的南亚”。这次迁徙中最重要的一个地方是印度西北部，印度河谷附近，那里在公元前 2 千纪，伟大的早期哈拉帕和摩亨约—达罗文明突然神秘地衰落，人们相信这同印度—雅利安人的到来有关。人们认为是印度—雅利安人创造了《梨俱吠陀》。关于他们的起源之地、他们的迁徙，据说可以从以下事实中得到说明，即芬兰—乌戈尔语中有一些词是从后来的梵语中借用过来的；大草原上的安德罗诺沃部落文化与《梨俱吠陀》中的描述相似，而且在他们穿过中亚的
103 时候，留下了一些名称，主要是河流名（一些被认为是非常固定的名字）。他们还把马车（还有马）以及铁器引进印度，这在《梨俱吠陀》中也有提及。[36] 最后,《梨俱吠陀》的大背景是田园，而不是城市，说明它是在印度—雅利安人到达印度河谷的主要城市地区之前写成的。

这一观点在最近几年受到严厉批评，尤其是印度学者，他们认为这种“迁徙”理论是“种族主义的”，是由不相信印度人本身能创造《梨俱吠陀》的西方学术界发明的理论。他们指出，没有证据表明印度—雅利安人来自外界,《梨俱吠陀》描写的中心场景有点对应今天的旁遮普地区。从传统意义上看，这是个问题，因为旁遮普这个名字源自梵语“panca-ap”，意思是“五条河流”，而《梨俱吠陀》提到了“七条河流”汇集之地，其中萨拉斯瓦蒂河是最雄壮的一条。[37] 许多年来，没有人能够指出萨拉斯瓦蒂河是现在的哪条河，因此被有些人认为是“天上”的存在。然而，1988 年，考古学家发现了一条曾经非常宽阔、现在已经干涸的河床，宽六英里，随后由卫星拍摄的照片所证实。[38] 这条干涸的河床沿岸（一条主要的支流，构成了旁遮普的七条河流）分列着不少于三百个考古遗址。至少对本土主义者来说，这证明不仅《梨俱吠陀》中的地方就在印度境内，而且干涸的河流帮助解释了印度河流域文明衰落的原因。[39] 他们还借助对《梨俱吠陀》中记载的天文事件所作的近期研究，证明这些文字比传统确认的公元前 1900 至前 1200 年早得多。他们认为，天文学和相关的数学研究表

明，印度—雅利安人是印度西北部的土著民族，那里是印欧语起源的地方，而且印度的数学比其他地方要先进许多。虽然这一争论目前尚无定论（迁徙论和本土论都存在严重的学术漏洞），但是不可否认，印度的数学在历史上曾经非常先进，而且，正如在上一章讨论的，最近在印度发掘出了一种非常古老的文字，也许是已经发掘出来的最古老的一种。

在吠陀思想中，一个人的生活分两个阶段。他的尘世生活被认为更令人向往。《梨俱吠陀》中的赞美诗提到了一个充分享受尘世生活的民族，他们重视健康、美食、美酒、物质享受、儿孙。[40]但是，还有死后的阶段，死后的生活在一定程度上取决于他活着的时候有多虔诚。不过，这两个阶段是固定的：没有任何认为灵魂可能回到人间的思想。那是后来的发明。在早期，当一个雅利安人的肉体被埋葬时，死者被想象成生活在一个由死亡之神亚玛统治的冥界。[41]陪同死者埋葬的有他的个人用品，甚至还有食物，尽管他的哪部分能够在死后保持不朽仍然不清楚。[42]印度—雅利安人认为个人由三部分组成：肉体、阿苏和玛纳斯。阿苏本质上是“生命法则”，相当于希腊人的“普赛克”（psyche）；而玛纳斯是心灵、意志和情感所在的地方，相当于希腊人的“赛摩斯”（thymos）。似乎没有任何表示灵魂等于“本质自我”的词或思想。为什么会发生从墓葬到火葬的变化，至今还不清楚。 104

如果接受灵魂存在说，接下来就需要有一个死后灵魂能去的地方。这提出了一个问题：所有这一整套相关思想——来世、复活，以及天堂和地狱——从何而来？

要明确的第一件事情是，在古代世界，天堂、地狱和不朽的灵魂是相对较晚出现的观念。[43]现代的灵魂不朽概念是希腊人创造的，很大程度上归因于毕达哥拉斯。在那之前，多数古代文明认为，人有两种灵魂。“自由灵魂”，代表个人的性格；“肉体灵魂”赋予身体以生命和意识。[44] 例如，对早期希腊人来说，人性由三部分组成：肉体、普赛克和赛摩斯。普赛克位于头部，是生命法则；赛摩斯在肺中，主宰“心灵”或“意识”。[45] 活着的时候，赛摩斯更重要，但是死后它无法永生；而普赛克则变成精灵，身体的影子。

到公元前6世纪，这种区分就不存在了，普赛克开始被认为既包括本质的自我、意识的主宰，也包括生命法则。品达认为普赛克具有神圣性，因此是不朽的。[46] 在发展灵魂不朽的思想方面，同毕达哥拉斯一起的还有巴门尼德和恩培多克勒，他们生活在意大利南部和西西里，是毕达哥拉斯的同时代人。他们都和俄耳甫斯教有关，那是一种神秘主义的苦行教派，有时是严格的“素食主义者”，这似乎是对祭祀的一种反抗。这一教派服用能移换心智的药物，即各种大麻类药物（不过在这一点上学界有分歧）。这些思想和实践据说来自居住在黑海以北地区（荷马曾经到过那里）的斯基泰人。他们有一种奇怪的信仰，其中的核心人物是一些患有一种慢性疾病的人，可能是因为当地大量的铁沉淀物所致的血色沉着病。这种情况会导致整个身体无力和性无能。有不少关于当地人异装癖的记录，这些核心人物大概能主持斯基泰的葬礼，在这种场合会服用导致迷幻的药物。[47] 这种信仰是不是俄耳甫斯教的基础？希腊人是不是从药物导致的恍惚和幻觉中形成了灵魂的概念，并把它与再生联系起来？毕达哥拉斯、恩培多克勒和柏拉图都相信再生和转生，即灵魂能在动物或植物上再生。俄耳甫斯教认为，灵魂再生时呈现的实际形式是对某种“原罪”的果报。[48] 但是苏格拉底和柏拉图都赞成品达关于灵魂的神圣起源说，正是从这里，灵魂比肉体更高贵的思想开始扎根。应该指出，这不是大多数雅典人的看法，他们大多认为灵魂是和生者敌对的令人讨厌的东西。许多希腊人不相信来生。*

* 英语的“灵魂”一词源自日耳曼语“saiwalo”。

在那些确实相信某种死后生命形式的希腊人看来，死者直接进入冥界，在《伊利亚特》中，那是一个由恶犬刻耳柏洛斯守卫的地方。灵魂只能穿过冥河到达这个“无趣的地方”。冥界被称为哈得斯，它的词根意思是“无形的”。[49] 死亡似乎被认为是不可避免的。雅典娜告诉奥德修斯 105
的儿子忒勒马科斯，“谁也不能避免死亡，即使是神明也无法让他庇护的人免于一死……”[50] 然而，在《奥德赛》的后半部出现了变化。例如，普罗透斯告诉墨涅拉俄斯，他要被送往“世界尽头的极乐世界”。极乐世界（Elysium）是前希腊语，因此这种思想可能源自希腊以外的地方。到赫西俄德写《工作与时日》（公元前 8 世纪晚期）的年代，我们听说有“福佑之岛”，许多英雄在死后被送往那里。大约同一时期，在史诗中，我们第一次听说了卡戎，摆渡死者的船夫。公元前 5 世纪，在希腊开始了用奥波勒斯陪葬死者的风俗，那是一种用来付给卡戎的小钱币。[51] 大约公元前 432 年，在一座正式的战争纪念碑上，战死的雅典人的灵魂被描写成由埃忒耳，也就是“上面的空气”接引，不过他们的肉体仍然留在地上。在柏拉图作品和许多希腊悲剧中，我们知道雅典人似乎并不相信死后的报应。“事实上，他们不怎么期望。‘死后，每个人都成为灰土和影子。没有什么变成什么。’”（这是欧里庇得斯戏剧中的一句。）在柏拉图的《斐多篇》中，西米亚斯流露出对死后灵魂会四处流落的“悲惨结局”的忧虑。[52]

天堂（paradise），至少这个词本身有较详细的记载。它来自古老的米底语“pari”（周围）和“daeza”（墙）。（米底是公元前 6 世纪伊朗的一种文明。）“paridaeza”一词有时指葡萄园，有时指一丛枣椰树，有时指制砖的地方，有时甚至指萨摩斯岛上的“红灯区”。但是跟它最相关的是王家猎苑，或贵族专用的草地和绿树成荫的花园。这与下面的信仰有关，即只有国王和贵族才能升入天堂，其他人都进入地狱。在毕达哥拉斯的作品中就有这样的暗示：来世和灵魂不朽是为贵族保留的，因此，这可能是在城市（和商人）变得益发重要，上层阶级被边缘化时，贵族为了保留他们的特权而发明的一种思想。

在以色列人那里，灵魂从来都没有发展成一种复杂的思想。以色列人的上帝用黏土创造了亚当，然后“将生气吹在他鼻孔里”，他就成了“那费什”，“一个有灵魂的活人”。[53] 这和阿卡德语中的“那皮斯都”相似，都和血、“生命物质”有关，它在人死时会流干。[54] 希伯来语中从来没有一个词表示死后永生的“本质的自我”。我们不应该忘记，在希伯来《圣经》中，整部《约伯记》都是关于人生的信仰、苦难和不平等问题，没有来世（犹太人的上帝许诺给他们的酬答都是物质的）。即使当犹太教的弥赛亚信念出现时，仍然没有灵魂的概念。他们有地府的概念，但它更类似于英语中的“坟墓”，而不是冥界，但它经常被翻译成“冥界”。“地府在地底下（《诗篇》63:10），满是虫子和灰尘（《以赛亚书》14:11），无处可逃（《约伯记》7:9f）。”只有在流亡巴比伦之后，人们才开始把地府分成好坏两个部分，开始和欣嫩子谷（地狱）联系起来，那是耶路撒冷以南的一个山谷，人们起初认为那里是最后的审判之后施行惩罚的地方。不久，它成为
106 烈焰地狱的代名词。[55]

这一套核心信仰中最后的也是最重要的是这样一个简单的事实：在第一批伟大文明诞生的时期，主神改变了性别。大神母或其他的小女神被贬黜，男神取代了她们的地位。同样，这并不难理解。以家庭为中心、农业居主导的社会至少是平均主义的，而且很有可能是母权社会，母亲是大多数活动的中心。而正如前一章所述，城市生活则以男性为主导。对常驻军的需要对男人有利，他们可以离家外出。职业分工（陶工、铁匠、士兵、书记员，还有祭司）也对男人有利，因为女人只能待在家里照顾孩子。随着男人承担不同的职业，他们拥有了比家庭主妇更大的利益，因此更强烈

地感到参与政治的需要。在这种背景下，男性成为领导者也只能是自然的事情，因此国王比女王更重要。男性祭司管理寺庙，而且，在有些情况下，他们可以授予国王以类似神明的地位。这一变化对历史的影响是不可估量的。19 世纪，约翰·雅各布·巴霍芬在他的《母权论》一书中首先指出了这一点。

对早期宗教的分析有时看起来像命理学。形式如此众多，种类如此繁复，以至于哪种理论都解释得通。然而，所有的宗教都可以简化为几个核心要素，这些要素包括：大神母信仰、公牛信仰、对主要的天空之神（太阳和月亮）的信仰、圣石信仰、对祭祀的信仰、来世信仰和对某种死后可以永生并居住在福佑之地的灵魂的信仰。这些要素甚至能概括在今天世界不发达地方的许多宗教特征。不过，在几个伟大文明中，这一描述再也不能成立。其原因，无疑是思想史上最大的谜团之一。因为，在公元前 750 至前 350 年间，世界经历了一次伟大的思想突变。在短时间内，世界上几大主要信仰开始形成。

最先指出这点的是德国哲学家卡尔·雅斯贝尔斯 1949 年的著作《历史的起源与目标》。他把这一时期称为“轴心时期”，在归纳它的特点时，他说：“正是在这个时期，我们同最深刻的历史分界线相遇。我们今天所了解的人开始出现……最不平常的事件集中在这一时期。中国出现了孔子和老子，中国所有的哲学流派，包括墨子、庄子、列子和诸子百家，都出现了。印度出现了《奥义书》和佛陀，像中国一样，探究了一直到怀疑主义、物质主义、诡辩派和虚无主义的全部范围的哲学可能性。伊朗的琐罗亚斯德传授一种具有挑战性的世界观，认为人世就是一场善与恶的斗争。在巴勒斯坦，从以利亚经由以赛亚和耶利米到以赛亚第二，先知纷纷涌现。希腊出现了荷马，哲学家巴门尼德、赫拉克利特和柏拉图，许多悲剧家，以及修昔底德和阿基米德。在这数世纪内，这些名字所包含的一切思想，几乎同时在中国、印度和西方这三个互不知晓的地区发展起来。”[56]

雅斯贝尔斯认为，在这一时期人类从某种意义上变得“更像人”。他说，反省和哲学出现了；出现了“精神突破”；中国人、印度人、伊朗人、
107 犹太人和希腊人合起来创造了现代心理学；人同神的关系更像个人追求一种“内在”目标，而不是与一些在天空、地上，或在祖先中的“外部”神明的关系。严格地讲，并非所有这些信仰都是一神教，但是它们确实围绕一个个体，不论这个人（总是一个人）是神明，还是神的代言人，还是什么别的人，他具有特别的洞察力或知道如何通向许多人向往的生活。这大概是思想史上最重大的变化。

我们从以色列的宗教开始，不是因为它最先出现（后面将看到，它并不是第一个），而是因为，正如格兰特·艾伦所说，“发展出上帝的概念是以色列的独特荣耀”。[57] 这一发展在以色列尤其清晰。

被透露给摩西的犹太人上帝的名字，耶和华，似乎源自美索不达米亚北部。20 世纪 30 年代，在位于今天伊拉克的巴格达和尼姆鲁德之间的努祖发掘出一批泥板书，从那以后，我们才知道这一点。这些泥板书写于公元前 15 和前 14 世纪，里面虽然没有提到任何《圣经》人物，但是确实规定了一套法律，描写了一个社会，可以辨别出那是以撒的儿子雅各在欺骗父亲祝福他而不是他的哥哥以扫之后逃亡的地方（根据《圣经》，是在美索不达米亚）。例如，在《圣经》中，雅各从以扫那里买到他的长子权。努祖泥板清楚地表明，那里的继承制度是可以协商的。雅各的祖父亚伯拉罕虽然出生于乌尔，但后来在哈兰居住，那也在美索不达米亚北部。这个地方是各民族的汇集地，主要是亚摩利人、阿拉米人和胡利安人。圣名耶和华就常常出现在亚摩利人的名字中。[58]

然而，只有到较晚的时期，以色列人才有了数目“相当之多”的神

明。“有多少城市，就有多少神明，哦，犹大”，耶利米先知在公元前6世纪这样说道。[59] 当以色列人的宗教第一次在希伯来人的《圣经》中出现时，我们发现了不少于三种的主要信仰。有对特拉斐姆或称家神的信仰；有圣石信仰；有对某些主神的信仰，他们有些是本土的，有些是外来的。有些神明以动物的形式出现，有些以天空之神的形式出现，尤其是太阳。《圣经》中有许多对他们的指称。例如，当雅各从拉班处逃离时，我们听到拉结如何偷了她父亲的家神像；当愤怒的酋长最后追上逃亡者时，他提的第一批问题之一就是为什么要偷他的家神。[60] 何西阿说家神像不过是“木块”，而撒迦利亚说它们不过是“对人们撒谎的雕像”。[61] 显然，家家户户供奉家神，定期献上供品，凡是需要决疑或有困难的时候，由一位“家庭祭司‘穿着圣衣’，向家神祈求建议。在这一点上，以色列人和周边的民族没有什么不同”。[62]

石头崇拜在原始闪米特宗教中也扮演了重要的角色。对早期希伯来人来说，一块圣石就是一个“伯特利”，神明居住的地方。[63] 在雅各的梦中，我们找到一个例子，其中，圣石被涂油，祷告者承诺把自己财产的十分之一奉献给它。在别的地方，妇女向阳具形状的石头祈祷保佑她们怀上
孩子。[64] 在《申命记》和《撒母耳记下》中，耶和华被指为“一块石头”。 108
其他主神的指称也很多。巴力和摩肋克是《圣经》中常见的称呼，主要指闪米特宗教中的地方之神，有时也指圣石。以小公牛形式出现的神在达恩和伯特利受到崇拜，在《出埃及记》时期，以色列人在荒野中为自己铸了“一头金牛犊”。[65] 格兰特·艾伦清楚地阐明，耶和华起初是以一头小公牛的形式被崇拜的。换言之，以色列宗教几个世纪以来一直都是多神教，对巴力、摩肋克、公牛和蛇的信仰与对耶和华的信仰同时并存，“互不竞争”。[66] 但后来，一切开始改变，给人类带来了重大的影响。

这一变化有两个方面。第一个方面是早期的耶和华是生长、丰收和孕

育之神。在《圣经》中，耶和华向亚伯拉罕承诺，“我必使你的后裔极其繁多”，“我已立你作多国的父”。他对以撒也说了同样的话。[67]犹太教最为人所知的仪式之一，割礼，是一种明显的生育力仪式，它与男性法则相关，同时还证明了男神对女神的主宰。

早期的耶和华还是光与火之神。火焰中的荆棘的故事众所周知，然而撒迦利亚还说，“发闪电的耶和华”；而以赛亚这样描述他：“以色列的光必如火，他的圣者必如火焰……他的嘴唇满有忿恨，他的舌头像吞灭的火。”[68]后来，“因为耶和华，你的神，乃是烈火，是忌邪的神”。[69]月亮崇拜的某些因素也被吸收进了早期犹太教。例如，安息日（巴比伦语中指“满月日”）起初是指献祭恶神科旺或萨图恩的不祥之日，那一天不宜做任何事情。把一个月分成四个星期，每星期七天，分别献祭七大行星之神，在经书的各种指称中不言自明。

当我们搜寻这些指称，能确定无疑地发现《圣经》中的诗篇与早期犹太教和更早期异教信仰之间的联系，这些联系展现出所有我们已经确认的核心信仰。早期犹太经典中的上帝根本不是一个全知全能的缥渺存在，而是住在约柜中。否则，它为什么神圣不可侵犯？为什么当非利士人抢走它后，人们感到绝望？现在需要解释的有两件事情：为什么耶和华以单一神灵的形式出现？为什么他嫉妒心这么强，不能容忍其他神灵的存在？

我们需要注意巴勒斯坦的以色列人的特殊境况。[70]他们是一个小部落，周围都是强大的敌人。他们总是在战争中，经常受到威胁。位于示罗的耶和华的约柜（可以携带的供桌），可能是希伯来爱国者聚会的地方。一有战争，希伯来军队的前方总会带着里面放着金色牛犊（即公牛）的供桌。柜子里只有一个神，虽然所罗门（公元前10世纪）为其他希伯来神也建造了寺庙，而且持续了数个世纪，但是耶和华还是成为主神。[71]两个以色列小王国在埃及和美索不达米亚几个帝国之间维持了几代的独立。然而，从公元前 8 世纪开始，这种平衡被打破，他们在战场上首先被亚述人击败，后来又被巴比伦人打败。以色列的生存岌岌可危，作为一种回应， 109
“突然出现了对耶和华的狂热崇拜”。“先知时代”因此而产生，并创造了最早的希伯来文学巨作，目的是让罪孽深重的以色列人遵循他们的神耶和华的意志，至此，耶和华已经取得了至高无上的地位。“先知”是个希腊语，指在神谕洞前演讲的人。[72]

这里有两个问题，下面要讨论其中一个，另一个在后面的章节中会讨论。首先是先知的预言和影响；其次是希伯来《圣经》的编撰问题，它根本不是上帝的神圣之言，而是像所有的神圣经文一样，是人们出于具体目的而编撰的一套文献。[73]

希伯来先知所承担的角色，是人类历史上独一无二的，但是，即使如此，令他们卓然独立的与其说是预言本身，不如说是他们对一个邪恶与虚伪的民族的大力抨击，以及对远离上帝而招致厄运的辛辣预测。先知全都反对祭祀、偶像崇拜和传统的祭司阶层，与其说是出于原则，不如说是因为“人们现在的行为，只是在形式上尊敬上帝，而日常行为证明他们对上帝没有分毫的敬爱，而只有爱才能使祭祀变得有意义”。[74] 先知关心的主要问题是保持以色列人的内在道德性。他们的目标是把耶和华信仰从偶像（约柜里的偶像）崇拜中分离出来，使信上帝者可以反思自己的行为、感情和缺点。这种对内心的关注表明，先知关心的是一种城市宗教，他们面临的是群居生活的问题。这可以解释为什么当先知在激发以色列人提高他们的道德标准时，会发明天启这一思想。[75]

狂热的预言是什么时候在以色列开始的，还不确定。摩西不仅对上帝说话，演示了奇迹，而且还表演了巫术。例如，他把一根杆变成了蛇。最早的先知穿着巫法师的服装，我们读到过以利亚“披过的魅力非凡的斗篷”（“自摩西以来最伟大的奇迹创造者”）被传给了以利沙。[76] 根据《列王纪》(《列王纪上》，18：19ff)，预言在迦南人中很常见，所以以色列人很可能从他们那里借用了这种形式。[77] 以色列预言的中心角色是坚持宗教的“内部精神”。“几乎从一开始，赋予以色列预言以鲜明道德色彩的，是以色列宗教中鲜明的道德特征。先知独特的历史地位来源于以色列独特的历史地位……只有在神被认为是道德的条件下，宗教在本质上才是道德的，但这一点在古人那里并非普遍规则。差别出现在以色列，上帝通过启示证明了他的道德性。”[78] 先知还把某种程度的理性主义引进了宗教。正如保罗·约翰逊指出来的，如果存在一种超自然的力量，为什么必然是某些圣石、河流或行星和动物呢？为什么这种力量只能通过一些随意的神灵来表达呢？力量有限的神的概念本身是不是自相矛盾？“上帝不仅仅是大，而且是无限之大，因此想要描述他是荒唐的，而试图给他画像则是对
110 他的亵渎。”[79]

虽然先知的性格和背景各不相同，但是他们在诅咒以色列的道德败坏，它远离耶和华的教导，它对流于虚文的祭祀的热衷，特别是它的祭司阶层等方面则是一致的。他们都认为，因为普遍的腐败，惩罚正在降临，不过以色列最终将会被一些存活下来的“幸存者”拯救。几乎可以肯定，这反映出一个剧烈的社会和政治动荡期，以色列正从一个部落社会转变成一个政权国家；有强有力的国王和宫廷；祭司有俸禄，因此依靠王族；富裕的商人正在兴起，他们渴望为自己和子孙购买特权，对他们来说，宗教多半居次要地位。所有这些都发生在外部威胁最严重的时候。

第一批先知以利亚和以利沙，引进了个人良心的思想。以利亚批评王室，因为其中有些成员堕落了，他们信仰巴力神。[80] 他公开宣称，上帝用“微小的声音”和他说话。阿摩司为他看见的贿赂和一所寺庙妓院而感到震惊，那里曾经是古代生育崇拜的遗址。[81] 正是他发展了“选民”的思

想，即以色列人被上帝选中，作为他的子民。只有遵守与耶和华的约定，敬爱他而且只敬爱他，才会受到保护。阿摩司认为，如果以色列人没能遵守与耶和华的约定，耶和华将介入他们的历史，和他们“清算”。[82] 何西阿进一步完善了约定。他相信一个支配所有历史、“完美地设计”整个世界的耶和华。他也反对堕落的王室和寺庙崇拜，公开表示王室神堂摆设的金色公牛是偶像崇拜（《列王纪上》12:25—30）。他还发展出了把以色列救赎出来的弥赛亚思想。[83] 正是何西阿首先发明了不受空间限制的心灵宗教的概念。当耶路撒冷从公元前 701 年亚述王西拿基立的一次围攻中保全下来后，这种思想得到了加强。虽然因为腺鼠疫，以色列人取得了胜利，但是对他们来说，这不过证明他们的命运和耶和华，和他们自身的道德行为联系在一起。[84]

以赛亚毫无疑问是先知（也是所有的希伯来经典）中最巧妙的语言艺术家和最能感动人的作家。根据他自己的记述，他是在大约公元前 740 年乌西雅王死后开始传教生涯的。从血统上，他是犹大国王亚玛谢的侄子，结交了当时的许多权贵人物。[85] 但是他从他们当中脱离出来，赢得了很大的名声，影响力非常持久，这可以从以下事实得到验证：第二次世界大战后在库姆兰发掘的文献中，有一部二十三英尺长的皮革书卷，在五十卷的希伯来文中记录了以赛亚的全部故事。因为他对希西家王施加的压力，耶路撒冷圣殿恢复了对耶和华的信仰，各省的圣所被关闭，公众信仰集中于首都。[86] 以赛亚谴责犹大国是一个穷奢极欲的国度，一个贪图享受的地方，缺乏对精神、神圣性和人类的关心。[87] 他明确地谴责土地垄断“在犹大国结出了如此邪恶之果”。[88] 以赛亚把以色列的宗教推向了一个新的精神高度和新的内省高度，比何西阿设想的更不受时间和空间的限制。当人类只能被迫依赖自身获取社会公正的时候，以色列的宗教越来越成为一种良知宗教。他说，男人和女人必须摒弃把追求财富当作人生主要目标的思想。“祸哉！那

111 些以房接房，以地连地，以致不留余地的，只顾自己独居境内。”[89]

但是以赛亚还有同样重要的另一面。在他的宗教思想中，光祭祀还不够，还需要忏悔。上帝总会宽恕，而且如果忏悔的人足够多，他就会预示一个和平时期，那时的男人和女人“要将刀打成犁头，把枪打成镰刀；这国不举刀攻击那国，他们也不再学习战事”。正如许多学者指明的，这第一次画出了历史的线性趋势。上帝指明了历史发展的方向，这里，以赛亚提出了更激进的主张：“必有童女怀孕生子，给他起名叫以马内利。”这个特别的儿子将推进和平：“豺狼必与绵羊羔同居，豹子与山羊羔同卧；少壮狮子与牛犊并肥畜同群；小孩子要牵引他们。”但他还会成为一位伟大的统治者：“因有一婴孩为我们而生；有一子赐给我们。政权必担在他的肩头上；他名称为奇妙策士、全能的神、永在的父、和平的君。”基督徒比犹太人更重视这一段。马太把它看作是耶稣降临的预言，而犹太人并不从弥赛亚的角度解释以赛亚。[90]《以赛亚书》最关心的是个人灵魂，尽管这个词不恰当。对以赛亚来说，每个人都有来自良知的“微小的声音”，这使得犹太教与众不同。犹太人没有对来生的真正信仰，因此，他们能想到的最接近灵魂的就是良知。

在耶路撒冷被攻陷之前的最后岁月，继以赛亚之后的是耶利米，他与以赛亚大不相同。同样批评现存的制度，同样地直率，甚至更尖刻，耶利米却成为一个被驱逐者，被禁止进入（甚至靠近）圣殿。他的生活既不稳定，也不受人欢迎：他的家人不理睬他，没有女人愿意嫁给他。[91]（不过，他确实有一名秘书。当别人都流亡时，他却在耶路撒冷以北的一个小镇米士巴作了短暂停留。）不过，他的文字保留了下来，因为他的末日预言成为现实。公元前 597 年和公元前 586 年，巴比伦人围攻了耶路撒冷，在第二次攻打后，耶路撒冷的圣殿和城墙被毁，剩下的大部分在大火中烧成灰烬。耶利米也在逃亡的人中，成千上万的以色列人被掳到巴比伦。尽管造成了巨大的创伤，但是逃亡将促进犹太教的转型。

公元前 586 至前 539 年，以色列人一直在巴比伦过着流亡生活。他们发现巴比伦人信仰琐罗亚斯德教，那是中东地区在伊斯兰教出现之前的主要信仰。这一信仰的起源不清楚。根据琐罗亚斯德教的传统，琐罗亚斯德“比亚历山大早 258 年”就有了第一个信徒，也就是公元前 588 年，正是轴心时期的中间时期。但是，这不可能是真的。理由之一是，琐罗亚斯德教经文《迦特》，即组成琐罗亚斯德教经典《阿维斯陀》的礼拜诗中的文字非常接近最古老的梵文，即作为印度教神圣经典的吠陀中的语言。这两种语言如此相像，就像“一种语言的不同方言”，它们与其共同的本源之间应该相隔不到几个世纪。[92] 既然吠陀的时间是公元前 1900 年到前 1200 年间，那么《迦特》的时间也不会太晚。 112

然而，吠陀时代被确定为英雄时代，那时的神“举止行为同人类一样”，有时非常残忍，琐罗亚斯德教却不同。[93] 琐罗亚斯德教起源于公元前 3 千纪的一次移民，考古学家、史前史学家和语言学家把他们称为“印度—雅利安人”。正如前面论述的，关于这些人的起源问题存在很多的争论：黑海和里海之间，里海和咸海之间，波斯（今天的伊朗）以北的奥克苏斯河周围地区，所谓的“巴克特里亚—马尔吉阿纳文明体”（主要在阿富汗北部），甚至包括印度河流域。比较确定的是，他们分成两支，一支往东发明了吠陀教，后来发展出印度教；另一支往西发明了琐罗亚斯德教。

琐罗亚斯德教的某些方面好像是从密特拉神崇拜发展而来。密特拉据说从岩石中降生，经常与公牛牺牲联系在一起。关于它的历史记载最早出现在公元前 14 世纪安纳托利亚东部博阿兹科伊发现的碑文中。碑文记录了赫梯人（我们之前已经讲到）和米坦尼人（一个雅利安人为酋长的部落，在与今天的叙利亚相隔幼发拉底河的地方）的结盟，提到了一些后来在印度教经文《梨俱吠陀》中出现的神明。这些神包括密特拉、伐楼那和因陀罗。[94]密特拉是古波斯语，意为“合约”，它的有趣之处至少有三个方面。首先，当然是猜想，合约之神让人想起以色列人的约定思想，其实就是人与上帝缔结的合约，是不是来自密特拉神崇拜呢？其次，合约之神还表明一种新兴商人阶层的城市文化，或城市化文化。第三，也可能是最重要的，合约代表公平，因此也代表公正。[95]这里，我们第一次有了一个抽象概念的神，这是琐罗亚斯德的成就。他打破了传统的多神崇拜。

根据传统说法，琐罗亚斯德的出生地在拉格斯，即拉伊古城，也就是现在德黑兰郊区的一个小镇，或在阿富汗，甚至更远到了哈萨克斯坦。到他大约三十岁的时候，琐罗亚斯德进入了古什塔斯普王的宫廷，他是伊朗北部、也许是喀布尔西北巴尔赫遗址的一个部落民族的统治者。在那里，他取得了国王和当地人的信任，他的信仰随之成为官方宗教。

琐罗亚斯德教的关键之处，也是它的神秘之处，部分在于它引入了神的抽象概念，部分在于其他特点，有些特点在佛教和儒家思想中能找到相似之处，有些特点则帮助形成了后来的犹太教，以及基督教和伊斯兰教。根据弗里德里希·尼采的说法，琐罗亚斯德是“人类历史上最大的错误之源，是他发明了道德性”。[96]琐罗亚斯德设想了三种灵魂：乌尔瓦尼，是身体中能死后永生的部分；弗拉瓦西，是“死后还能在地上生存的部分”；还有达依那，即良知。[97]不管从哪一方面，琐罗亚斯德教都可能是帮助形成我们现在所知的几大世界宗教的思想根源。

琐罗亚斯德对之宣讲的对象是一个敬畏火和崇拜常见的大地与天空之神，再加上一群恶神和灵鬼的民族。[98]琐罗亚斯德教徒相信，琐罗亚斯德
113 从唯一的真神阿胡拉·马兹达直接获得了启示。在接受启示的时候，他模仿了神的原始举动——择善。这是琐罗亚斯德教的关键之处：人被邀请追

随神的道路，但是人有选择的自由，因为他不是奴隶也不是仆人。[99]阿胡拉·马兹达是一对双胞胎的父亲，他们分别是善神司本达·曼纽和毁灭之神安格拉·曼纽。这一对双胞胎分别选择了公正和欺诈。[100]

琐罗亚斯德几次自称“救世主”，这帮助他形成自己的关于天堂和灵魂的学说。在他那个时代的宗教中，只有祭司和贵族被认为具有不朽的灵魂，只有他们才能进入天堂，普通人只能下地狱。[101]琐罗亚斯德改变了一切。他谴责用牛做牺牲是残忍的行为，他抨击对苏摩酒的崇拜，那可能是与印度教经文中提到的肉珊瑚汁饮料相关的一种致幻植物，可能是印度大麻类植物，据希罗多德记载，大草原的游牧民族在仪式上曾经使用过它。[102]同时，有证据表明，早期的琐罗亚斯德教自身就是一种迷幻宗教，琐罗亚斯德本人也服用过印度大麻。[103]这种新宗教中的天堂名叫伽罗德玛纳，即“充满歌声的屋子”，有记载，萨满通过长时期的唱歌达到迷幻状态。从理论上说，“充满歌声的屋子”的大门对每个琐罗亚斯德教徒敞开，但是只有正直的人才能进入。通往天堂的道路很艰险，必须通过辛瓦桥，这是正义和邪恶的人分离的地方，罪人永远留在“邪恶之屋”。[104]一条河把这个世界同另一世界隔开的思想在许多宗教中都有，但是审判思想成为犹太教、基督教和伊斯兰教的重要特征。事实上，死后的生活、复活、审判、天国和天堂，以及地狱和魔鬼，首先都是琐罗亚斯德教的思想。[105]《迦特》中的一首诗说，死后，灵魂仍然贴近人的身体，但是三天后一阵风会刮起来。对于正直的人，那是香风，能迅速把灵魂送到“没有开始的光明之处，天堂”；但是对其他人，那是寒冷的北风，会把罪人赶到黑暗地带。[106]要注意这三天的延期。

以色列人在公元前 586 年被巴比伦的尼布甲尼撒王征服，沦为俘虏。然而，公元前 539 年，巴比伦被波斯国王居鲁士征服，他还打败了米底人和吕底亚人。他和他的继任者把琐罗亚斯德教传到整个中东。居鲁士解放了犹太人，允许他们回到自己的国土。因此，在希伯来《圣经》中，他是仅有的两位受到尊敬的外国国王，并非偶然。（另一位是亚比米勒王，见《创世记》21）因此，犹太教、基督教和伊斯兰教在许多地方与琐罗亚斯德教很相似，绝非偶然。

佛陀不是神，也不是一位先知。但是他倡导一种新的生活方式，因为他对城市中新兴的商人阶级、他们的物质主义和贪婪感到不满，对地方上的祭司阶层、他们对祭祀和传统的执迷也感到不满。他的解决方法是要求人人反思自己，寻找更高的生活目标。在这点上，公元前 6 到前 5 世纪的印度与以色列很相似。

悉达多·乔达摩从各方面都是一个悲观主义者，天性倾向于生活中更严峻的一面。然而，在他生活的时代，印度的社会和宗教思想正在发生
114 根本变化。“印度教”（Hinduism）是穆斯林对传统印度宗教的称呼，公元 1200 年才开始出现，当时伊斯兰入侵者希望借以区分印度人的信仰和他们自己的信仰。（Hindu 其实是波斯语对印度人的称呼，见第 33 章。）传统印度教更多被描述成一种生活方式，而不是一种思想方式。[107] 它没有创始人，没有先知，没有教义，也没有教士阶层。相反，印度教徒讲“永恒的训示”或“永恒的法则”。对这些信仰的首次记录来自哈拉帕和摩亨约—达罗的出土发现，它们是印度文明的两个中心，相隔大约四百英里，在印度河边，时代约为公元前 2300 年至前 1750 年。印度教的一个中心仪式是净化（现在也一样），非常强调斋戒沐浴。[108] 另外，有许多母神小雕像，有些描画了孕妇，有些着重女人的乳房。每个村庄都有自己的女神，她们都是女性法则的体现。当然，也有一个头上长角和三张脸的男神，被称为“三相神”，在后来的梵天、毗湿奴和湿婆中都有表现。还发现了生育力象征，尤其是林伽和约尼，分别代表男性和女性的生殖器。除了净化仪式，

哈拉帕和印度河谷的人还修炼瑜伽和弃世。

印度教的第一次变化发生在公元前1700年雅利安人入侵印度的时候。顾名思义，雅利安人来自伊朗，但是他们真正的起源至今仍是考古学界的一大难题。雅利安人对印度的影响是深刻的。即使今天，北部印度人也比次大陆南部的达罗毗荼人更高大、肤色更浅。雅利安语在印度发展成了现在的梵语，它和希腊语、拉丁语以及其他印欧语言都有亲属关系，这一点在第2章已经讨论过。他们的宗教可能与荷马时代的希腊有关，因为两者的神有许多相似之处，都体现出自然的力量。他们有祭祀，在火的周围举行仪式，向火中投入黄油、谷粒和香料。据了解，他们还服用一种能够致幻的苏摩酒，通过它，能获得《吠陀经》的“启示”。圣火在他们的宗教中非常重要，因此可以推测他们来自北方寒冷地区。与原始印度教徒不同，雅利安人有一部圣典，这就是写于大约公元前800年的《梨俱吠陀》（“智慧之歌”）。其中的许多宗教赞美诗可能是在雅利安人到达印度之前创作的，虽然后来，它们被认为是来自万物本源的梵天的启示。[109]《梨俱吠陀》由一千多首赞美诗（两万诗行）组成，歌颂几十个不同的神。最重要的神是因陀罗，被刻画成一个战胜邪恶、为万物造福的战神；阿耆尼是火的人格化（拉丁语中的 ignis），它把祭品献给诸神，是天国和地上的中间人；伐楼那（相当于希腊神话的乌拉诺斯）是天空之神，也是众神之主，是宇宙秩序的守护者。

在演化过程中，吠陀提出了一个世界灵魂的概念。它是一个神秘的存在，与任何东西都不一样：它被认为既是一种牺牲，也是身体的一种形
式，为世界带来秩序。创世主通过牺牲创造了世界，即使神灵的存在也依 115
赖不断提供的牺牲。世界灵魂的嘴由祭司构成（被称为婆罗门，反映了他们与梵天的关系：在吠陀写下来之前，诵记和保存经文的任务由婆罗门承担，父子相传）；世界灵魂的双手是统治者，双腿是商业阶层——地主、

农民、银行家和商人；双脚是工匠和农民。一开始，这四种阶级不是世袭的，但是后来成为世袭，很可能由婆罗门率先世袭，因为如果父亲能够早日教导他的儿子，那么诵记吠陀的任务要轻松许多。婆罗门还知道如何履行复杂的祭祀仪式，正是因为祭祀，世界才得以存在。[110] 国王和贵族为祭祀提供资金，地主提供作为牺牲的牛。这样，四个阶层中的三个出于既得利益，都愿意维持现状。

这是传统情况。不过，到乔达摩时期，无论是社会层面还是精神层面，印度发生了大范围的变化。城镇在增加，因为商人和市场经济的发展，国王和寺庙共享的权力逐渐削弱而趋于崩溃。一个新的城市阶级正在兴起，他们积极经营自身，对旧的传统表示不满。新的铁器技术也在发挥作用，帮助农民开垦茂密的森林。[111] 越来越多的可耕种土地被开垦，经济从畜牧养殖转向农业种植。虽然这有助于增加人口，但是也改变了人们对祭祀的态度，它变得越来越不合时宜。

乔达摩居住的迦毗罗卫城集中反映了这一变化。在他出生前不久，印度发生了一次宗教动乱。当时的贤哲不满旧的吠陀信仰，开始创作一系列新的经典，在内部秘密传诵。这些经典成为后来的《奥义书》，源自梵语“apa-ni-sad”，意思是“坐近”，反映出这些新的重释的诗篇是如何以非正统方式开始的。在某些方面，《奥义书》同以色列先知传播的教义具有相同之处，因为它们使旧的吠陀信仰更精神化，赋予其内省特征。[112] 受过《奥义书》训练的信徒会发现，梵天就在他自身。“救赎不在祭祀，而在于需要认识到，比神灵还高的绝对的、永恒的实在就是个人最深的真我（atman）。”在《奥义书》中，救赎不仅仅是对罪恶的救赎，也是从人类生存条件自身的解脱。[113] 这才是我们所称的印度教的真正开端，它同先知宣扬的犹太教之间的相似是很明显的。

重生的思想从何而来，我们还不清楚。然而在吠陀的“家庭仪式经”篇中，有一种思想：“眼睛必须进入太阳，灵魂进入风；进入天国还是进入地下，那是命运注定；进入水底，如果那就是你的命运，或蜷缩四肢住进植物里。”[114]虽然很原始，但是这篇经文在许多方面都预示了这样一种思想，即死者火葬后，会根据他们在人间的生活，或“与神同在”（devayana），梵我同一；或“与祖先同在”（pitrayana），通过黑暗和幽深到达祖先的住所，然后回到人间开始新的轮回。[115]正是在《奥义书》中出现了轮回和羯磨这一对思想。轮回就是重生，羯磨是一种生命力，它的特 116
征决定了一个人投胎的形式。这两个过程的主体是自我，灵魂（atman）。这个词源自“an”，是呼吸的意思，它表明，对于印度教徒，灵魂等同于生命原则。[116]为了达到梵我同一，从轮回中得到解脱，最终“与神同在”，也就是救赎，自我需要克服无明，那是一种深刻的无知，其最重要的表现是幻象，把现象世界当作真实，把自我看作分离的实体。印度教和柏拉图思想之间的重叠在这里是明显的，而且会越来越明显。

这就是悉达多·乔达摩（佛陀）出现的背景。对他生平的记载远远不如对以色列先知或耶稣的记载那么多。历史上有过他的传记，但是最早的传记始于公元3世纪，它虽然以早期的记述为基础，在他死后一百年写成，但是那部传记已经亡佚，而对现存传记的真实性，我们毫不了解。不过，似乎乔达摩在大约公元前538年突然抛弃妻子、孩子和优裕的家庭生活，踏上证得正觉的道路的时候，时年二十九岁。据说，他偷偷上楼，最后看了一眼妻子和孩子，然后不辞而别。至少他心中有一部分并不后悔离开：他给儿子取名“罗睺罗”，意思是“锁链”，显然孩子象征着乔达摩认为他看见的恐怖的生活方式是一种桎梏。他渴望一种更干净、更精神的生活，因此他做了当时许多印度圣人所做的事情：背弃家庭、抛弃财产，穿上游僧的黄袍，乞讨为生，这在当时的印度是被认可的生活方式。

整整六年，他聆听圣人的教诲，但是直到有一天晚上，他让自己陷入恍惚之际，他的世界才发生了变化。“整个宇宙都在欢悦，地面在摇撼，鲜花从天上飘落，香风吹来，各处神明在欢呼……出现了从苦痛中解脱和证得涅槃，也就是结束苦痛的新的希望。乔达摩成为佛陀，觉者。”[117] 佛陀“相信”他熟悉的神，但是他也同以色列的先知一样，认为最终的真实高于这些神。根据印度教，通过他对神的经验，或根据他对神的理解，神也不能逃脱痛苦和变化的无常，也无法摆脱出生与重生的轮回。事实上，乔达摩相信，所有的生命都是苦；而达磨，即“关于正确生活的真理”，能把人带到涅槃境界，即最后的真实、苦痛的解脱。[118] 佛陀的智慧是，这种状态与神无关，因为它“超越了神”。涅槃对人是一种自然的境界，只要你知道如何看待它。乔达摩声称他的方法不是一种“发明”，而是一种“发现”，所以，别人也可以达到，只要他们省察自身。对于先知时代的以色列人，真理也在自身。更具体一点，佛陀相信，人的第一步是要认识到事情出了错。在别的宗教世界，这种认识会产生天国和天堂的概念，但是佛陀的思想是，我们通过“过一种对所有生命充满同情、和蔼可亲又谨言慎行的生活，远离任何像药物或麻醉剂等使心智不明的东西，就能在人间
117 实现解脱”。[119] 佛陀没有天国的概念，他认为这样的想法是“不合宜的”。他认为，语言无法解说这些思想，它们只能被经验。

但是，正如我们将要看到的，佛教确实发展了与基督教非常相似的救赎思想（如此相似，以致早期传教士认为佛教是魔鬼创立的伪宗教）。佛陀提出了一个脱离人生苦海的概念（还有一个词，“解脱”），还提出三个化济众生的佛：观世音菩萨、多罗菩萨、阿弥陀佛。他们都属于一个大家庭。

希腊人以他们的理性主义而著称，这容易模糊这一事实，即他们最伟大的思想家之一柏拉图（前 427—前 346）也是一个公认的神秘主义者。

他受到的主要影响来自苏格拉底和毕达哥拉斯。前者对古老的神话和传统的宗教节日表示质疑；后者正如我们已经看到的，发展出了灵魂的思想，并且印度思想有可能通过埃及和波斯对他产生了影响。

毕达哥拉斯相信灵魂是堕落的、被污染了的神，它被束缚在身体里，“犹如囚禁在坟墓里，注定了永远的轮回”。[120] 毕达哥拉斯和俄耳甫斯派都认为，灵魂只有通过净化的教礼才能得到解放，但是柏拉图走得更远。对他来说，有另一种层面的真实，一个永恒的神圣王国。它超越了感官。他也接受灵魂是堕落的神之说，但是他相信可以通过自身的净化形式（理性）得到解脱，甚至重新回到灵魂的神圣状态。他认为，在这个永恒的层面，存在永恒的真实，就像他说的形式或理念，比我们在世间看见的一切都更完美、更永久、更有效，只能被心灵充分理解。对柏拉图来说，有一种理想的形式，对应了我们所有的一般理念，如正义或爱。其中最重要的形式是美和善。他对神或神的性质阐述不多。形式的世界是不变的，静止的，这些形式不像传统的神明就“在那里”，它们只能通过内心而被发现。[121]

他的思想在《会饮篇》和其他书中有所概括，它表明，对一个特殊的美丽身体的爱如何能“净化并且转化”成对理想的美的忘我沉思。柏拉图认为理想的形式多少隐藏在心中，思考的任务是去发现和揭示这些形式，如果思考足够长的时间，就能够理解它们。记住，人类是堕落的神灵（中世纪的基督教复活了这一思想），因此神性在某种意义上先天存在于人身，只要它能被理性“触及”；而理性被理解为是一种对内在永恒王国的直觉把握。柏拉图没有使用“涅槃”这个词，但是他的信仰体系显然同佛的思想相似，都让人回到内心。就像琐罗亚斯德，柏拉图也认为，精神生活的目的是专注于抽象实体。曾有人把这称为抽象思想的诞生。

亚里士多德（前 384—前 322）的思想也一样神秘，尽管他是一个头脑更冷静的科学家和自然哲学家（关于他的各方面思想将在下一章详细讨论）。即使他认为自己是一个理性主义者，他也认识到，宗教信仰存
118 在一种感情基础。这就是为什么希腊戏剧，尤其是悲剧，是作为宗教节日的一部分而发源的：戏剧化的悲剧对亚里士多德是一种净化形式（他称之为“宣泄”），由此，恐惧和同情等感情得到发泄并得到控制。柏拉图提出了一个只能通过沉思到达的单一的神圣王国，而亚里士多德认为存在一个现实的等级秩序，最上面是不动的创造者——不朽、不动，实质上就是纯粹思想，虽然它是思想者也是思想本身。[122] 是他引发了宇宙间所有的变化和流动，所有的这些都来自一个地方。在这一宇宙体系之下，人类是幸运的，因为他们拥有智慧，一种神圣的实体，使他们位于动物和植物之上。对亚里士多德来说，思想的目标是不朽，是一种救赎。和柏拉图一样，他认为思想本身是一种净化形式。但是他又认为，沉思不仅仅包括逻辑理性，而且包括“训练有素的直觉带来的自我超越的狂喜”。[123]

孔子（孔夫子，前 551—前 479）是轴心时期所有先知 / 宗教导师 / 道德哲学家中最没有神秘色彩的人。在传统的意义上，他非常虔诚，对天和全能的精神世界表现出无比的敬畏，但是他对超自然的东西非常淡漠，似乎既不相信人格神，也不相信来世。他发展出的教义实际上是对传统思想和行为的改造，因此非常世俗化，针对的是他那个时代的社会问题。然而，在孔子、佛陀、柏拉图和以色列先知的教义中，有不可思议的相同之处。他们都源自相似的社会和政治环境。

到孔子出生的时期，中国人就已经是一个古老民族了。从公元前 2 千纪中期开始，商朝就已经建立，而且根据考古发现，有一个至高无上的王，一个由若干家族组成的统治阶级，以及一个被土地束缚的低等阶级。

据一位史学家的观点，这是一个非常残暴的社会，它的特点是“祭祀、战争和狩猎”。同古代印度教思想一样，祭祀在早期中国是所有信仰的基础。“狩猎提供祭祀用的牲畜，战争提供俘虏。”[124]战争本身被当作一种宗教活动，在战前，人们都要举行占卜、祈祷和宣誓仪式。

早期中国有两种神灵：祖先神和天神。每个人都崇拜其祖先，祖先的灵魂被认为能给活着的人带来生命。但是贵族还信仰天上的最高神上帝，还有日月星辰和雨水雷电之神。上帝被认为是商族的始祖，所有的贵族家庭都自称是他的后裔。[125]其显著特征是食肉。有三种宗教职司：史、祝、巫。史是一种抄写祭司，他的职责是记录和解释对王朝具有征兆意义的重大事件。祝又叫乞灵者，他们是负责撰写祭祀仪式所用的致告鬼神词的学者，他们后来成为司礼，确保正确的祭祀仪式得以保存（就像佛陀时代 119
印度的婆罗门）。巫是占卜的专家，他们的职责是用所谓的“龙骨”同祖先神交流。[126]甲骨占卜活动直到19世纪末才被发现，现在已经出土了约十万片甲骨。巫一般把炽热的火钳放在各种动物的肩胛骨片上，然后从出现的爆裂纹中寻求祖先神对某一问题的看法。骨片上画的灵魂或是一个大脑袋的鬼，或是一只蝉，它后来成为不朽和重生的象征。约在孔子生活的时代，形成了这样一种思想，即万物是两种永恒的、互相转换的法则——阴和阳的产物；每个人的内心都有两个灵魂，阴性灵魂和阳性灵魂，一个源自天，一个源自地。[127]阴对应鬼，即身体；阳是生命原则和人格。中国哲学的目标是在二者之间进行调和。

孔子出生于山东，当时是战争和社会动荡非常激烈的时期，他受到这两方面的影响。城市规模越来越大（据一些资料来源，城市人口多达十万），铸币得到发展，商业如此发达以致有些地方因盛产某种商品而闻名（山东的丝绸和漆器、四川的铁矿开采）。中国最有特色的阶层是士，这些人都出身贵族，但是因为某些原因而衰落，成为平民。他们不是商人，而是学者，受过教育，但是被剥夺了曾经有过的优越地位。孔子就出自这样的阶层。

孔子非常聪明，他在一所贵族学校接受了教育。之后，他的第一份工作是管理国家仓廪的委吏。他十九岁结婚，不过对他的妻子和家庭，我们知之甚少。[128] 他受郑国宰相子产的影响很大，子产卒于公元前 522 年，那时孔子二十九岁。子产颁布了中国第一部法典，他命人把法典刻在青铜器上，向公众展示，让大家都清楚应该服从什么样的法律。[129] 孔子受到的最后一个影响是当时中国人对宗教产生的普遍的怀疑。战争频仍，人们不再相信神佑助君王的力量，结果许多庙宇被毁，那都是历史上最杰出的城市建筑。祈祷和祭祀都无济于事，这一事实为理性主义的兴起创造了条件，孔子就是这一理性主义结出的最佳果实。

他和他最重要的后继者墨子（约前 480—前 390）和孟子（前 372—前 289）等人形成了一个重要的思想家群体，即“诸子百家”。孔子的学问逐渐为他赢得了名声，他和他的几个学生被委任政府公职。但是他辞官不做，周游列国十年，之后建立了一所学校（中国历史上的第一所学校），教授来自社会各阶层的学生，更有效地传播自己的思想。他关心的主要问题是伦理生活，解决群体生活出现的问题。这反映出中国向城市社会的转型。同佛陀、柏拉图和亚里士多德一样，孔子的视野超越了神灵，他教导说，有道德的生活在于人自身，只有当人表现出超出他们自身及其家庭利益的更广泛的集体感和义务感时，宇宙秩序与和谐才能实现。[130] 他认为，知识和学习是通往和谐与秩序的必经之路，而且他理想的社会中，圣人是天生的贵族。

120 他的思想包含三个关键要素。第一是道。对此，他从来没有给过详细的定义。就像柏拉图，他相信直觉在这里的作用。但是汉语中的“道”本义指道路，通往目的地的路径。孔子想借此强调，存在一条人们应该遵循的生活之路，它能带来智慧、和谐与“正确的行为”。他指出，我们从本能知道它是什么，但是出于狭隘和自私，我们假装不知道。第二是仁。它是一种善（同样，让我们想到柏拉图的理想形式），最高的善一般只能在传说中的圣王那里实现。孔子相信，个人的本性是上天预定的（他经常提到天，而不是一个神人同形同性的神），但是重要的是，他认为人能够对自己的本性有所作为，能够提升自己：人能培养道德，努力工作，爱他人，努力为善。[131]一个人应当（就像佛陀也说的）温柔敦厚，恭俭礼让，遵循文明社会的礼仪。他认为，这种内心的和谐可以通过学习音乐而达到。第三个概念是义，是正直或正义的意思。同样，孔子对此保持谨慎，没有给出明确的定义。但是他相信，人能够从日常经历中学习什么是正义（就像柏拉图说的，我们能够学习识别美和善），义应当成为人们永远的行为指导。

道教在很多方面同儒家相反，尽管它同亚里士多德和佛陀也有很多相似之处。有人认为，道教的创始人老子比孔子年长，是孔子的同时代人。有些人则认为，老子根本不是真实人物：“老子”的意思是老人，而且，怀疑主义者还认为，《老子》这本书（被翻译最多的中文书籍）由多人写成。无论真相是什么，有一点可以确定，儒家试图在世间寻求自我完善，而道教总是逃避这个世界，目的是超越人类存在的（有限）条件，以达到不朽和永生，即几种不同的灵魂要素的统一。道教的本质是追寻自由：摆脱世间、身体、心灵和自然的束缚。它形成了所谓的“神秘之术”：炼金术、瑜伽、丹药，甚至腾云驾雾。它始终追求的是道，就是路，虽然这个名称不太适用，因为语言难以充分表达（就像佛教中的涅槃）。道被认为是宇宙的创造者，也是维持宇宙运转的力量（就像吠陀中的原始牺牲）。道只能通过直觉把握。无为胜过有为，无知胜过有知。道涵盖了一切变化，永不停止的生命流动是它的统一思想。道教反对文明。关于神的认识，就像希腊人说的，道教也认为神本质上是不可知的，“除非通过否定方法，通过认识神不是什么”。[132] 道教认为，人能够提升本性的想法是对神的一种亵渎，欲望就是地狱。[133] 神不能被理解，只能被经验。“目标是要成为大海中的一滴水，既独立完整又同更大的实体融为一体。”老子谈到了获得永生的圣人，他们就像希腊人认为的那样居住在福佑之岛。后来，这些思想受到一位伟大的理性主义者庄子的嘲笑。[134]

总而言之，在公元前 6 世纪，前后共三百年间，宗教开始脱离对许多传统“小”神的多神教信仰，实现了转向内心的伟大转变，重点放在了人自身、他的心理、他的道德意识或良心、他的直觉和他的个体性。大城市
121 成为生活现实，男人和女人越来越关注共同生活。他们认识到，传统农业社会的传统神无法帮助他们应对新的生活。这不仅是同过去的重大分裂，标志着近古与远古的分离，而且标志着未来几个世纪将要出现的第一次东方与西方的分裂。在轴心时期所有新兴的伦理体系中，以色列人的解决之道脱颖而出。正如我们要看到的，他们发展了一神教思想，认为历史有一个发展方向。而对希腊人，以及对佛教、儒家和道教思想而言，神与人之间的关系和西方不同。在东方，神和人的关系更加密切，东方的宗教一般
122 比西方的宗教更倾向于神秘主义。而在西方，渴望成神成圣是亵渎行为。

6

科学、哲学和人文学科的起源

当芝加哥大学的艾伦·布鲁姆教授在1987年出版《美国精神的封闭》时，他没有想到他会因此成名。受到无处不在的“媚俗”风尚刺激，他非常愤激地提出，“高雅文化”研究应当成为教育的主要任务。他说，我们首先必须研究古希腊，因为它提供了“现代成就的模板”。布鲁姆相信古典世界的哲学家和诗人才是我们从中获益最多的人，因为他们曾经提出过的重大问题至今未变。他们仍然具有启迪我们、改变我们、打动我们和“让我们明智”的力量。[1]

他的书引发了一场风暴，在大西洋两岸成为畅销书，布鲁姆本人的名气和财富也剧增。同时，他也受到诋毁。在他的书出版一年后，在教堂山（北卡罗来纳大学所在地）举办的一次学术大会呼吁大家思考人文教育的未来，“与会者一个接一个”抨击了布鲁姆和像他一样的“文化保守主义者”。根据《纽约时报》的报道，这些学者认为布鲁姆的书企图把“已经死去的、白人的、欧洲男性的精英主义论调”强加给生活在不同世界的新一代学生头上，而在当今世界，对两千五百年前小城邦社会的迷恋早就过时了。

这些“文化论争”已经不像当初那样激烈了，但是仍然有必要指出，为什么几千年前一个小小欧洲国家的历史如此重要。在《希腊人》这本书中，H.D.F. 基托开篇这样写道：“在这里，我要求读者接受这一合理的事实陈述，即，在有着几个世纪的文明史和文化高度发达的世界的一个角落，逐渐出现了这样一个民族，他们人口不多，不十分强大，也没有很好的社会组织，但是他们对人生目的有一种全新的认识，而且第一次证明了人类心灵的目的。”[2] 或正如彼得·霍尔爵士在论述他称为“源泉”的古代雅典的一章中所说：“关于雅典，其关键之处是，它是第一个。这个第一的意义可不小：在对西方文明具有举足轻重意义的许多事物当中，它都是第一个。公元前 5 世纪的雅典为我们奉献了民主制度，其形式之纯粹，是我们乐意看到的……它为我们献上了哲学，包括政治哲学，其形式如此完美、
123 如此完整，乃至在近一千年的时间里，几乎没有人能再往前推进一步。它为我们奉献了世界上第一部系统撰写的历史。它提供了系统化的医学和科学知识，而且第一次把这些知识建立在对经验观察的归纳基础上。它为我们献上了第一篇抒情诗，然后是喜剧和悲剧，同样，其形式如此复杂、如此成熟，似乎它们在希腊的阳光下已经生长了数百年。它为我们留下了第一件自然主义的艺术品；人类第一次捕捉、记录下了风的呼吸和美好的笑容。它独立发明了建筑原则和规范……”[3]

这是对人生目的的全新认识。它是源泉，成为众多至关重要事物的创始者。这就是为什么古希腊如此重要，即使在今天。古希腊人早就作古，大多数人都是白人，而且，没错，按照现代标准，不可饶恕地都是男性。然而，在古希腊人发现历史学家（也是国会图书馆馆员）丹尼尔·布尔斯廷所称的“奇妙的内心世界”（勇敢的人脑以及它的观察和推理力量）时，他们

给我们留下的远远多于其他任何民族。他们的馈赠是迄今为止最丰富的。[4]

这笔馈赠有两个主要方面。第一，希腊人第一个真正理解到，世界是可以被认知的，知识可以通过系统观察而获得，无须借助神的帮助；世界和宇宙运行有自己的秩序，不是我们祖先所想的神话。第二，自然和人事不同，自然的运行根据不变之律，而人事没有这样的定律，而是一种强制或协议之律，可以采取各种形式，具有可变性。与世界只能通过或借助于神被认知，或世界根本就不能被认知的思想相比较，希腊人的观念是一个巨大的转变。

第一批农民似乎于公元前6500年出现在希腊北部的塞萨洛尼基。希腊语被认为是在公元前2500年才被引进到这里，可能是由从俄罗斯大草原迁移过来的雅利安人带来的。（换言之，是与差不多同一时期入侵今印度北部的人种相似的人。）至少到公元前2000年，希腊的兴旺城镇还没有建造城防，尽管青铜短剑已经开始发展成长剑。[5]

希腊是一个地形多样的国家，有许多岛屿和一些半岛，这可能对城邦的发展产生了一定影响。王权和贵族式的英雄文化，是荷马时代盛行的政治制度，但是到有文字记载的历史时期（约公元前700年），它已经从多数城邦消失。雅典人的经历证明了王朝制度是为什么、以及怎样被废除的。[6]对王室特权的第一次侵犯发生在贵族选举出一位独立的战争领袖——执政官之时，因为当时的祭司国王不是战士。后来，执政官的权力逐渐凌驾于国王之上。根据传说，第一位执政官是墨冬，终身在位，他死之后由他的家人接任。国王丧失了权力，但仍旧是城市的首要祭司。法律责任也被分割：执政官负责有关财产的案件，国王审理宗教案件和杀人案
件。这样，出现了与美索不达米亚类似的情况。[7] 124

战争也是一系列故事发生的背景，这些故事对希腊人自我意识的形成

至关重要，战争还是第一批西方书面文学杰作产生的背景。它们讲述了阿开亚人（即迈锡尼人）对小亚细亚（现在的土耳其）城市特洛伊的远征。荷马的两大史诗《伊利亚特》和《奥德赛》，经常被描述为最早的文学，是所有欧洲文学的最初来源，是通往新思想的“通道”。两大史诗共包括2.8万诗行，在此之前和在此之后的数百年间，“没有什么作品能比得上它们的骄人成就”。荷马的天才从一开始就在希腊获得了承认。雅典人谈到他的书时就像虔诚的基督徒谈到《圣经》，或像穆斯林谈论《古兰经》一样。苏格拉底在面对审判的时候，就引用过《伊利亚特》中的句子。[8]

关于这些成就，要说的重要一点是，它们与早期的《圣经》文学有多么不同，现在多数学者都认为它们是差不多同时写成的。希伯来《圣经》由多人写成，都围绕一个主题：以色列人的历史以及它所显示的上帝的目的。它是一部关于平凡的、普通的小人物如何努力理解上帝旨意的历史。其他国家、其他民族崇拜其他神，因而走入歧途：他们不值得同情，也不会得到同情。与此相反，荷马的史诗并不讲述普通人，而是英雄和神。他们珍视各种形式的卓越。但是这些故事不是真正的历史，它们更像现代小说，叙述一个情节，然后详细检视它所揭示的人性。用贺拉斯的话说，荷马一下子扎进故事的中段。不过，在荷马那里，神不是“不可知的”。他们其实都是人，具有人的问题和缺陷。同样重要的是，在荷马那里，英雄的敌人本身也是英雄，经常得到同情对待，被允许有自己的尊严和荣誉。在创作史诗时，荷马取材了大量世代口头相传的诗篇和歌谣。它们的基础是神话和虚构的故事（mythos），这是个希腊词，英语中的“神话”一词就来源于它。它实际指“词”，指“最后的话”，即最后的宣告。它与逻各斯不同，逻各斯也指“词”，但指的是能够辩论、能够变化的真理（如“关于……的词是什么？”）。逻各斯用散文写成，而神话用韵文写成。

荷马的史诗在某种意义上是第一种“现代”叙事。他的人物很丰满、立体，既有优点也有缺点，有不同的动机和情感，有时勇敢，有时踌躇，更像人而不像神。他给予了女人和男人一样的同情。例如，在海伦身上，我们看到美貌既是一种福佑，也是一种诅咒。更重要的是，随着故事的展开，奥德修斯的性格在发展，他变得比神更有趣、更有尊严。奥德修斯证明自己具有理性思维的能力，不需要神的帮助。

在荷马那里首次表现出的那种理性化过程对群体生活产生了影响，给人类带来了巨大的影响。正如在《伊利亚特》和《奥德赛》中一样，战争起了某种作用。

我们之前已经讨论过，吕底亚人还在这里发明了钱币。它在希腊人中 125
迅速传播，货币的频繁使用促进了财富的增长，越来越多的人变成土地所有者。土地需要保护，因此，在公元前 7 世纪，同新型武器一起出现的，是一种新的战士和新的战争形式。这就是“重步兵”（hoplite）的发展，他们披挂青铜头盔、矛和盾（希腊语 hoplon 表示盾）。之前的战斗主要是单兵对抗，现在则是重步兵队形。训练有素的士兵以八排队形前进（主要在山谷地带，为了保护或抢夺那里的庄稼），每个人都被其右侧同伴的盾牌所保护。如果他倒下了，后面的人会立刻补充上去。[9] 随着越来越多的人共同分担军事义务，产生了两个后果：首先，权力从传统的贵族下分；其次，穷人和富人之间出现了鸿沟。（重步兵必须自己承担盔甲的费用，因此他们主要来自中等和富裕的农民家庭。）

出现这一鸿沟的原因是，阿提卡的土地非常贫瘠，当然是就种植谷物而言。因此，在歉收的年份，较贫穷的农户只有向比较富裕的邻居借贷。随着钱币的发明，农民不再像以前一样借一袋谷物，再还一袋，而是借一袋谷物的价钱。不过，这袋谷物是在歉收的时候买的，因此相对较贵，通常在收成好的时候再归还，也就是当谷物价钱下跌的时候。这引起债务增加，而且在阿提卡，法律允许债权人没收债务人的财产，抓走他和他的家人充当奴隶。这种“富人的法律”已经够恶劣，在德拉古的统治之下制定法律时因为书写的普及而变得更加恶劣，因为它鼓励人们行使自己的法定权利。据说，“德拉古法律”是用鲜血写成的。[10]

不满在蔓延，它变得如此强烈乃至雅典人采取了我们会认为是不可思议的措施。他们任命了一位僭主进行干预。起初，僭主在近东出现的时候，不是一个贬义词。它是一个非正式的称呼，相当于“老板”或“首领”，通常在战后出现，其首要任务是把敌人的土地平均分配给取得胜利的军人。在雅典，梭伦因为丰富的经验而被推选为僭主。作为王室的遥远后裔，梭伦还写过诗抨击富人的贪婪。他在公元前 594 年或前 592 年就职，他的第一个举措是废除债务奴隶制，同时还取消了所有的未偿债务。除雅典丰产的橄榄油之外，他禁止所有农产品的出口，认为大地主不能在雅典人饥饿的时候把农产品卖到更富裕的市场。他的另一举措是改变政治制度。在他就职之前，雅典人一直被三头政治统治。在当时，最高层有九个执政官；他们的下面是长老会议，又叫阿里斯托，他们的职责是讨论所有的重大问题；最后是公民大会（ekklesia，从这产生了法语 église，教堂）。梭伦改变了公民大会，把成员资格扩大到商人，而不仅仅是地主，他还扩大了执政官的选举资格范围。不仅如此，执政官必须在公民大会上陈述他们一年内的职责，只有那些合格者才能进入长老会议。整个制度变得公平许多，也比过去更开放，公民大会的权力大大加
126 强。（上面的描述多少过于简化了雅典的民主，但是至少表明，我们所认为的 21 世纪民主实际上是一种选举寡头制度。[11]）

然而，如果对城邦没有一个全面的理解，不考虑希腊城邦按现在的标准有多小，那么就无法理解雅典的民主。柏拉图和亚里士多德都认为一个理想的城邦应当拥有大约 5000 名公民，事实上很少有能超过 2 万的。这

里的“公民”指男性自由人，因此在这个数字之外还应当算上女人、儿童、外国人和奴隶。彼得·琼斯统计，在公元前431年雅典的总人口是32.5万，公元前317年的总人口是18.5万。总体上，希腊城邦大约相当于英国的一个小郡的规模，而且城邦的形成很大程度上归功于希腊的地理环境：许多岛屿和半岛，整个国家被分割成许多自成一体的小地貌。不过，城邦也归功于希腊人的性格。虽然这个词起初指“城堡”，但后来指“人民的整个群体生活，包括政治的、文化的、道德的……”[12] 希腊人逐渐把城邦当作一种生活形式，在这里每个人都可以过一种完整的生活，实现其真正的潜能。他们努力不让自己忘记政治的目的是什么。[13]

民主是在公元前507年由克里斯提尼引进雅典的，到伯里克利时期（约前495—前429），即雅典的黄金时代，公民大会成为最高机构，而且有充分的理由。虽然不乏敌人，伯里克利仍然是希腊最伟大的统帅之一、最优秀的演讲家之一和杰出的领袖。他为陪审员和议事会成员设立了薪酬，完成了城墙的建设，这几乎使雅典固若金汤。他还对哲学、艺术和科学产生了浓厚的兴趣，这对一个军事领袖和政治家来说非同寻常。他的朋友包括普罗泰格拉、阿那克萨哥拉和菲狄亚斯，这些人我们稍后都要谈及。而苏格拉底本人同伯里克利的养子亚西比德和伯里克利的平民妻子阿斯帕齐娅的关系都很密切。伯里克利重建了帕提农神庙，为无数的手工艺人提供了就业的机会，开始了雅典的黄金时代。

在他的统治下，公民大会由所有没有因为犯罪而被剥夺权利的成年男性组成。它完全成为一个立法机构，对行政和司法握有全部的控制权。大会每月召开一次，任何公民都可以发表演讲，任何人都可以提议任何事情。但是一个由五千多人组成的大会，需要一个委员会做准备工作。这一委员会被称为立法会议，也不怎么轻简，因为它由500名公民组成，不是选举产生，而是通过抽签产生，这样永远不会产生一个可能腐败、扭曲公民大会的实体。没有职业律师。“受害者可以直接向他的同胞要求公正，这一原则被保留。”[14] 陪审团从公民大会中产生，人数从 101 到 1001 不等，依案件的重要性而定。没有上诉。如果罪行没有具体的刑罚，那么原告如果赢了官司的话，可以提议一个处罚，被告也可以提议一个处罚。陪审团于是在两者中做出选择。“对雅典人来说，自己做出决定、执行决定并且承担相应的后果，是一个自由人生活的必要组成部分。”[15]

考虑到雅典城邦的规模，那里的民主是一项伟大的、独一无二的成就。不是每个人都喜欢它，例如柏拉图就诅咒它，它的程序也不像我们现
127 代的议会民主。（重复彼得·琼斯的观点：现代民主是选举寡头制度。）这也是为什么希腊的另一思想，修辞，未能留存至今的一个原因。修辞是一种讲话、论辩、说服方式，它是民主制度下的必需才能。在没有麦克风的公民大会上，发言人需要在辩论中影响他人。修辞有自己的一套规则，它鼓励雄辩和记忆，这对古典文学的发展产生了深远影响。然而在选举寡头制度下，政治礼仪变得更私密，更玩世不恭，修辞没有用武之地：在现代人听来，它显得咄咄逼人和矫揉造作。

如果说政治（民主政治）是希腊人传给我们的最伟大思想，那么其次就是科学（科学这个词的最初意义是知识）。这一最有价值的人类活动通常被认为起源于小亚细亚最西部（现在的土耳其）的伊奥尼亚，以及近海岛屿。埃尔温·薛定谔认为，有三个理由可以解释为什么科学起源于那里。首先，该地区不属于一个强有力的国家，这样的国家通常对自由思想有敌意。其次，伊奥尼亚人在东西方之间，是一个航海民族，有频繁的贸易往来。商业交换永远是思想交换中的主导力量，而后者又经常来源于对实际问题——航海术、交通工具、水的供给、手工技艺——的解决。第三，这里没有占统治地位的“祭司”，没有像巴比伦和埃及那样世袭的、

享有特权和既得利益的祭司阶层。[16] 在比较古代希腊和古代中国的早期科学成就时，杰弗里·劳埃德和内森·席文认为，希腊哲学家 / 科学家享有的庇护比他们的中国同行要少得多，中国的科学家和哲学家受聘于皇帝，经常被委任负责历法修订工作（这是国家大事）。正因如此，中国科学家在提出观点、接受新的思想时要谨慎许多：他们比希腊人失去的会更多，而且他们很少像希腊人那样辩论。相反，在中国，新思想总是被纳入旧有的理论体系，产生一连串意义；新观念永远不需要同旧观念决一胜负。[17] 而在希腊，存在“智慧竞赛”，就像体育竞赛一样（体育本身也被认为是智慧的一种）。[18] 劳埃德认为，希腊科学有比中国科学多得多的个人自我表达的陈述和更多的自我主义，个人更经常描述自己的错误、不确定性，以及更多的自我批评。[19] 希腊戏剧总是嘲弄科学家，即使是这样，科学也有价值。[20]

这些伊奥尼亚人所了解的知识是，世界是能够被理解的，只要你努力去正确地观察它。世界不是那些一时冲动就随意行动，总是被强烈的爱情、愤怒或复仇所左右的神灵的游戏场。伊奥尼亚人对此感到震惊，正如薛定谔所说的，“这实在太新奇了”。[21] 巴比伦人和埃及人对天体的运行也了解很多，但是他们把这当作宗教秘密。

第一位科学家是公元前 6 世纪的米利都的泰勒斯，米利都是伊奥尼亚海岸的一座城市。然而，现代意义上的“科学”一词第一次使用是在 19 世纪早期，古希腊人并不认识它。他们分不清科学与其他知识的界限，事实上，正是从他们提的问题中同时产生了科学与哲学。[22] 泰勒斯不是第一 128
个思考宇宙起源和本质的古代人物，但他是第一个“用逻辑而不是神话方式表达这种思想的人”。[23] 作为一个曾经去埃及旅行的商人，他掌握了足够的数学知识以及巴比伦人的天文学知识，使他能够预测公元前 585 年发生的一次日全食。日全食在那年的 5 月 29 日如期出现。（两个世纪后，亚里士多德写道，这是希腊哲学的开始。[24]）但是，让泰勒斯更为人所知的是他提出的一个基本科学—哲学问题：世界是由什么组成的？虽然他给出的答案水是错误的，但是提出这么一个根本问题其本身就是一种革新。他的答案同时也是新颖的，因为它表明，组成世界的东西不像看起来那么多，世界的背后只有一种东西。换言之，宇宙不仅是理性的，因此是可知的，而且还是简单的。[25] 在泰勒斯之前，世界被认为由神创造，创造的目的只能通过神话间接了解，或（如果犹太人的话可信）根本不能被了解。这是思想的划时代革命（虽然一开始只影响了极少数人）。

继泰勒斯之后的是另一个伊奥尼亚人阿那克西曼德。他认为，宇宙的最终物理现实不可能是一种可以认知的物理存在（这一理念离真相并不远，正如后来所证明的）。为了取代水，他提出了一种“无法确定的事物”，没有我们能辨认出的化学属性，尽管他指出了某种他所称的“对立性”，例如热和冷、湿和干。这可以被看作是朝着“物质”的一般概念迈出了一步。阿那克西曼德还提出了一种进化理论。他否认人类是神和巨人（乌拉诺斯的孩子都是巨人）的间接后代。他认为所有的生命体首先出现在水中，“披着带刺的甲”。后来，随着部分海水干涸，一些生物出现在陆地上，它们的甲破裂，形成新的动物。按照这种理论，阿那克西曼德认为“人的始祖是鱼”。[26] 这里，说正在发生的是一场划时代的思想革命一点也不夸张：拒绝用神和神话来解释一切，开始用观察作为理性的基础。人应该起源于动物，而不是神，这一思想是对旧思想的一大决裂。

阿那克西美尼是第三位来自伊奥尼亚的思想家，他认为，气是原质，气有不同的形态。它是一团雾，浓度总在变化。“最均匀的时候，”他说，“肉眼是看不见它的……当气变浓时，以及在压力下移动时，就成为风。当它变得更浓时，就成为云，然后变成水。当从云中下落的水固化时，就成为冰雹。当水在更潮湿的条件下固化时，就成为雪。”[27] 这种推理也没什么错，它引向了一百年以后德谟克利特的原子理论。

不过，在德谟克利特之前，还有毕达哥拉斯，也是一个伊奥尼亚人。他在萨摩斯岛长大，那是米利都以北的一个岛屿，靠近土耳其海岸。后来，他迁移到希腊属意大利的克罗顿，因为，据说萨摩斯岛的海盗国王波利克拉特斯虽然吸引诗人和艺术家到萨摩斯岛，并且建造了威武的城墙，但是他的宫廷是一个腐败的宫廷。毕达哥拉斯是非常虔诚的宗教信徒，更不用说是神秘主义者，他憎恨这样的宫廷。终其一生，毕达哥拉斯都是一个充满矛盾的人物。他传授许多迷信思想，例如不要用刀子拨火（可能会伤到火，它会报仇）。但是毕达哥拉斯的名声在于以他的名字命名的数学定理。129
我们永远不要忘记，这一特殊的定理（如何获得一个直角）不仅仅是一种抽象：在建筑中，绝对垂直至关重要。对数学的兴趣引发了他对音乐和数字的兴趣。正是毕达哥拉斯发现，如果按住七弦琴弦的四分之三、三分之二或二分之一处，会出来第四、第五和八度音阶。这些乐音，如果排列适当，“可以把人感动得流出眼泪”。[28] 这一现象使毕达哥拉斯相信，数字蕴含了宇宙的秘密，数字，而不是水或其他原质，才是基本“元素”。对和谐的神秘关注使毕达哥拉斯和他的信徒相信，数字中存在美，从这又特别推衍出了我们称为“平方数”的概念，即那些可以用平方来表达的数字：

但是对数字的着迷也使毕达哥拉斯相信我们所称的命理学，即相信数字的神秘意义。这就走入了一个复杂的死胡同。

毕达哥拉斯派信徒还知道，地球是一个球体，而且他们可能是第一批得出这个结论的人。他们从月食的影子轮廓得出了这样的推论（他们还知道月亮自己不会发光）。他们认为地球总是用同一面对着宇宙的“中心之火”（不是太阳），正如月亮用同一面对着地球。所以，他们想象地球的一半是不能居住的。正是水星和金星不断变化的光亮让赫拉克利特（他与晚期毕达哥拉斯派很亲近）相信它们在变换同地球之间的距离。这些运行轨道增加了天体的复杂性，并且证实，行星就是“漫游者”（这正是“行星”一词的初始意义）。[29]

对宇宙是由什么组成的探求由两位“原子论者”继续，他们是米利都的留基波（活跃于公元前 440 年）和阿布德拉的德谟克利特（活跃于公元前 410 年）。[30] 他们认为，世界是由“无数”微小原子组成的，原子总是在“一个无限的虚空”中随机运动。这些原子是固体微粒，很小，肉眼看不见；原子存在的形状各种各样，正是它们的“运动、相互碰撞和短暂的构形”创造出了物质的丰富多样性和我们所经历的各种不同现象。换句话说，现实是一台没有生命的机器，其中发生的任何事情都是没有生命的物质原子根据它们的属性运动的结果。“没有任何思想和任何神圣力量介入这个世界……没有目的，也没有自由。”[31]

克拉左门奈的阿那克萨哥拉接受了原子论的部分思想。他认为一定存在某种基本粒子：“头发怎么能从不是头发的东西上长出？肌肉怎么能从不是肌肉的地方长出呢？”[32] 不过，他还觉得，我们所熟悉的物质形式，例如头发或肌肉，没有一个是纯粹的，每一种物质都是一个混合体，产生于“原始的混沌”中。他为心灵保留了一个特殊的位置，对他来说，心灵就
130 是一种物质：心灵不可能从不是心灵的东西中产生。只有心灵是纯粹的，因为它没有同任何物质混合。在公元前 468 至前 467 年，一颗巨大的陨石落入加里波利半岛，这似乎促使阿那克萨哥拉对天体产生了新的想法。他提出，太阳就是“另一块这样的炽热石头”，“比伯罗奔尼撒半岛还要大”，其他的星星也是如此，只不过它们太远，我们感受不到它们的炽热。他认为月亮和地球一样，由同样的物质组成，“上面有平原和崎岖的大地”。[33]

原子论者的观点非常接近真理，两千多年后的实验证明了这点。（作为一个理论，正如薛定谔所说，它是所有“睡美人”中最美丽的。[34]）但是，不可避免地，当时不是所有人都接受他们的观点。阿克拉加斯的恩培多克勒（活跃于公元前450年），差不多和留基波同一时代，他指出了组成所有物质的四种要素或“四根”（用他的话）：火、空气、土和水（分别用神话中的宙斯、赫拉、埃多纽斯和奈斯蒂斯表示）。恩培多克勒写道，从这四根中，“产生了所有过去、现在和将来的事物，树木、男人和女人、野兽、鸟、鱼，还有享有特权的长生不死的神……每一种要素都独立存在，当互相发生关系时，就呈现出不同的形态”。但是他还认为，物质成分本身不能解释运动和变化。因此，他引入了另外两个非物质原则：爱和斗争，它们“促使四根混合又分离”。[35]

就像之前那样，我们不应言过其实地夸大伊奥尼亚人的实证主义。毕达哥拉斯的名声如此之大，以致他被冠以许多虚名，即便他那有名的定理，也可能是后来者的成就。这些第一批“科学家”被比作“一支小型船队”，他们本来朝着不同的方向行驶，唯一共同点是对未知水域的好奇。

在《伊利亚特》和《奥德赛》中，瘟疫被认为是神干预的结果（这种思想在一千多年后的基督教中复兴），但是在关于战争本身的记述中，荷马对伤口的处理作了仔细的描述。显然，伤口处理已经成为一门专门技术。阿斯克勒庇俄斯被描述为一位伟大的医者，后来被希腊式地神化，对他的崇拜也由此建立。考古学家发现了至少一百座他的神庙，病人蜂拥到那里祈求他的疗方。[36]

在公元前5世纪和前4世纪，一种新的更世俗化的传统医术产生了，它的产生和科斯岛的希波克拉底（约前460—前377）有关。希波克拉底是一个非常细致的观察家（瑟尔苏认为希波克拉底是把医学从哲学中分离出来的人[37]）。他在一篇文章中分析了气候和环境对体质和心理的影响，另一篇文章《神圣的疾病》是他对癫痫所做的研究。希波克拉底否认所谓的神干预说，把这种病归因于“自然因素……人们觉得它是神灵作怪，因为他们不能解释它……所有的疾病既是神意，也是人意；所有的疾病都有前因”。他的理论是，癫痫是大脑中的血管被黏液堵塞而造成的。

或许是在恩培多克勒的影响下，希波克拉底学派采用了四体液说：黏液、血液、黄胆和黑胆，它们是“宇宙四种元素或四根，即火、空气、水
131 和土在身体内的表现，每种体液对应着热、干、寒和湿四种基本属性。例如，黏液是寒性，在冬天会加重，因此冬天黏液型疾病更普遍。各种体液的平衡是保持健康的要素，不平衡导致身体痛苦。同时，根据哪种体液占主导，可以分成不同的气质（黏液质、多血质、胆汁质和抑郁质）”。通过放血或通便来净化身体是恢复平衡、保持健康的一种正确方式。[38] 正如历史学家安德鲁·伯恩指出的，“两千年来这种理论对医学造成了极大的危害，因为它可以解释任何疾病，从而阻碍了进一步的观察研究”。（希波克拉底治疗下颚脱臼的方法在 19 世纪的法国仍旧被采用。[39]）希波克拉底还教导说，仔细观察症状是医学的重要组成部分：检查身体、体态、呼吸、睡眠、尿、大便、痰，以及病人是否咳嗽、打喷嚏，是否有气胀和器官损伤等。治疗不仅包括食疗，而且包括洗浴和按摩，还有许多草药，包括催吐药和祛痰药。不过，希波克拉底最著名的可能是在他的学派采用医誓。医誓的主要内容是永远把病人放在第一位，不提供毒药，不为妇女施行堕胎手术，也不利用自己的权威勾引“男人或女人，奴隶或自由人”。医誓非常详细地明确了医生和患者之间的保密关系，它在历史上为医生赢得了很高的地位。

不难想象，这对那些认为天体和风云现象是神或神的代理的人们是

多么令人震惊的事情。人们采取各种行动反对这些“前卫”知识分子，神职人员想方设法要控告他们，而阿里斯托芬在《云》中对他们进行了著名的奚落。但是新思想是希腊城邦正在发展的文化的一部分。杰弗里·劳埃德表明，在雅典法庭上使用的“证人”一词，也是早期科学家使用的“证据”一词的词根，而“讯问”一词同样被稍作改变，用来描述对假说的验证。[40]

现代学者把在伊奥尼亚兴起的思考称为伊奥尼亚实证主义或伊奥尼亚启蒙，它以双重形式出现：科学和哲学。泰勒斯、阿那克西曼德和阿那克西美尼既可以被称为最早的哲学家，也可以被称为最早的科学家。科学和哲学都起源于这一思想，即存在一个逻辑的、属于自然秩序一部分的宇宙，如果假以时日，它是能够被认知的。杰弗里·劳埃德和内森·席文说，希腊哲学家发明了自然的概念，“以强调他们相对于诗人和宗教领袖的优越性”。[41]

泰勒斯和他的追随者试图通过观察找到这些问题的答案，然而是巴门尼德（约公元前 515 年出生于意大利南部的爱利亚，当时是大希腊的一部分）发明了一种可辨认的“哲学”方法，也就是我们现在所理解的哲学。他的成就很难估量，因为只有一首约一百六十行的《论自然》诗被保存下来。但他是一个伟大的怀疑论者，尤其怀疑现实世界的统一性以及作为理解现实方法的观察。相反，他更愿意通过思考，纯粹的脑力活动，他所谓 132
的“意识活动”，来解决问题。他相信这是有别于科学观察的另一种可行方法，并由此建立了一直延续到今天的智力活动的一个分支。[42]

巴门尼德以诡辩家闻名。起初，诡辩家指一个有智慧的人，或热爱智慧的人，但是现代的“哲学家”一词，掩盖了古希腊诡辩家的实用性质。正如古典学者迈克尔·格兰特所说，诡辩家是第一种高等教育（至少在西方）在教师中的发展形式，他们周游四方，向青年提供指导，获取报酬。这种指导包括修辞（这样，学生在公民大会的政治论辩中可以流利表达，这在希腊是很受敬仰的一种才能）、数学、逻辑、文法、政治和天文。因为他们周游各地，有许多学生，所以诡辩家擅长提出各种不同的观点，不久人们便对他们的方法产生了怀疑，况且他们一再强调自然与希腊法之间的区别。（强调这种区别对他们有利，因为自然之律是无法改变的，而国家的法律却能够由受过教育的人做出改变，即他们教授的那些学生，那是他们的收入来源。）这样，“诡辩术”本来指对智慧和知识的热爱，后来逐渐表现为“狡辩之术，美化糟糕观点的技巧”。[43]

希腊最有名的诡辩家是来自色雷斯阿布德拉的普罗泰格拉（约前490/前485—前421/前411之后）。他的怀疑主义甚至涉及神。“我对神一无所知，他们也许存在，也许不存在，我也不知道他们以什么形态出现。”[44]（色诺芬也持怀疑观点。他问，为什么神长得和人一样？以此类推，马应该崇拜长得像马一样的神。他认为可能有很多神，也可能只有一个神。[45]）也许普罗泰格拉最为人所知的一句话是：“人是万物的尺度：是存在的事物的存在的尺度，也是不存在的事物的不存在的尺度。”

哲学以这种方式开始，我们还拥有三位家喻户晓的伟大的希腊哲学家：苏格拉底、柏拉图和亚里士多德。在《普罗泰格拉》中，柏拉图描述了苏格拉底如何戏弄诡辩家。苏格拉底（约前470—前399）说，诡辩家更感兴趣的是炫耀辩才，而不是真正的知识。但同巴门尼德和普罗泰格拉一样，苏格拉底也不做科学观察，而是专注于纯粹思想能达到的成就。然而，他从未写过任何书，我们对他的了解主要来自柏拉图和阿里斯托芬，后者在他的两部戏剧中对苏格拉底有不友好的描写。我们记住苏格拉底主要因为三个原因：他认为关于善和正确，存在一种永恒不变的“绝对标准”，相信所有的人性都为着一个目的，即把握这一“标准”；为了发现这一标准，人必须首先了解自己；他对任何事情和任何碰见的人都发问的“苏格拉底方法”（“未经反思自省的人生不值得活”）。当然，苏格拉底不是在玩文字游戏。他相信，他从神灵那里获得的使命是教会人们思考，因此他的智力游戏是为了激发人们去质疑所有想当然接受的事情。他的目的是帮助人们过一种善的、充实的人生，但是他的戏弄方式最终把他带上了审判庭，他被指控嘲笑民主和公共道德、败坏青年、唆使他们违抗父母。当他被判有罪时，法律允许他选择处罚方式。如果他选择流放，肯定能获 133
准。但是，好辩的苏格拉底说，他真正应该得到的是作为一个公共慈善家由国家供养终生，不过他愿意付罚金。陪审团被激怒了，他们以比判决他有罪时更大的多数票判决他自尽。根据柏拉图的记载，在发表了一席关于灵魂的雄辩之后，在太阳下山时，他饮毒身亡。[46]

柏拉图出生于约公元前 429 年，他本来想成为一个诗人，后来在约公元前 407 年遇见了苏格拉底，受其启发，决定献身哲学。他在意大利南部和西西里多方游历，据说经历了很多次险境，其中有一次他在埃吉那岛被拘留，交付赎金后才被释放。回到雅典后，他在迪普利翁城门外约一公里处创立了著名的柏拉图学园。学园的名字 Academy 是为了纪念希腊英雄阿卡德摩斯（Academus），他的坟墓就在附近。（雅典有四所著名学府：柏拉图学园、吕刻昂学府、斯多葛学派柱廊、伊壁鸠鲁学园。）除了捍卫和记录苏格拉底的思想，柏拉图也显示出运用“纯粹思想”理解世界的方法所具有的全部长处和不足。他的知识面非常广博，和苏格拉底不同的是，他写了许多书。在《斐多篇》中，他捍卫了灵魂不朽的理论（前一章提及）；在《蒂迈欧篇》中（蒂迈欧是个天文学家），他阐述了关于生命起源的著名理论，他把生命的起源叙述为想象中的亚特兰蒂斯大陆的神话传说，以及雅典人如何打败崇拜公牛的海上强国的入侵。当柏拉图说蒂迈欧把神看作整个世界及其道德秩序的创造者，并且以我们永远不可能知道的方式支配这个世界时，他陷入了他惯常的神秘主义直觉论。[47]《蒂迈欧篇》在后来的基督教中会找到相似之处（见第8章）。

柏拉图还以巨大的创造激情对自然的数学化进行了思考。他说，宇宙是一位慈善的匠人的作品，他同时也是一位理性神、造物主、理性的人格化身。正是他从混乱中创造了秩序。柏拉图继承了恩培多克勒的四根说——土、水、空气和火，并且受普罗泰格拉的影响，把一切都简化为三角形。他说，等边三角形是世界的基本实体。这种“几何原子说”解释了稳定和变化。在柏拉图的时代，人们已经知道只有五种规则几何体：四面体、八面体、二十面体（二十个等边三角形组成）、立方体、十二面体（十二个五角形）。柏拉图把这些和四根联系起来：火是四面体，空气是八面体，水是二十面体，土（最稳定）是立方体。他认为，十二面体代表了整个宇宙。这里，重要的不是柏拉图把五种形状同四根联系起来、牵扯进来以便把宇宙同数字对等的牵强方式，也不是他随意忽视立方体不是由等边三角形组成的事实。相反，柏拉图认为，所有这些多面体（“柏拉图多面体”）可以分解成三角形，然后以不同的形状再现，创造出不同的物质。这一观念发展、完善了现象背后的宇宙原质思想，它才是稳定和变化的原因。这与我们前面讨论的思想相差并不很大。[48]

但是柏拉图主义的核心，也是他最有影响、最神秘的，是关于“理
134 念”的理论。这个词的真正含义是“形式”，它首先被德谟克利特用来命名原子，但是柏拉图赋予它崭新的含义。柏拉图似乎认为他的理论建立在苏格拉底和毕达哥拉斯派的基础上。苏格拉底认为存在独立的德行本身，它不依赖于有德行的人而存在。毕达哥拉斯派揭示了抽象秩序，宇宙背后的数字模式。在此基础上，柏拉图做出了自己的贡献，其中第一个也是最重要的，是关于美。他认为，我们有可能在对美丽身体的冥想中认识到，

在另一个王国存在一种理想的美，它拥有最纯粹的形式。通过学习、自我认知、直觉和爱，美的纯粹形式（以及其他形式，例如善和真）能够被启蒙的心灵所获得。对柏拉图来说，存在的世界按照四种层次被组织：影像、可感觉的物体、数学物体和理念。同样，知识也分四种存在状态：幻觉、信仰、数学知识和论辩（询问、讨论、学习和批评），它们最终引向“最高的理念世界”。[49]

当柏拉图试图设想理想城邦的时候，这一无所不包的理论甚至还包括了政治学。在《理想国》中，他摒弃了四种“不纯粹”的政府形式（荣誉政府、寡头政府、民主政府和僭主政府）。他设想有一种制度，专门培育理想的统治者。男人必须如苏格拉底所说的那样能够得到自由发展，因此女人和孩子必须归集体所有，使男人能够接受一套严格的教育体系：体育（从十七岁到二十岁）、数字理论（从二十岁到三十岁）和理念理论（三十岁到三十五岁）。完成了这一教育的人才能在三十五至五十岁之间担任公职，然后退休回到他的学业中去。[50] 在《法律篇》中，柏拉图的理论走得更远。他预见了一种财产、女人和孩子都归共同所有的早期共产主义形式，主要目的是保护个人不受“喧闹的本能影响”，因此需要广泛监管。偏重数学的教育是国家的特权。几乎没有自由：女性督察官可以随意进入年轻人的家庭。禁止娈童（这是一大创新），五十岁以下的人被禁止出国游历。同时，宗教信仰是强制性的，不敬神者被关在“思过屋”五年，直到改过自新。那些被认为不可教的人被处以死刑。[51]

在现代读者的眼中，柏拉图的神秘直觉主义让人无法忍受，正如他的精力、执着和广泛兴趣让人印象深刻一样。他的书，从心理学和末世观到伦理学和政治学，无所不包。他的重要性在于他对后世的影响，尤其体现在公元1世纪亚历山大港的斐洛和基督教的教父们试图调和《旧约》与柏拉图思想，形成一种新的智慧。人们相信基督教能使智慧“更加完美”

（见第 8 章）。柏拉图的直觉观，关于隐藏的世界、灵魂的不朽以及灵魂是一种独立存在的物质观，被后来的基督教新柏拉图主义者进一步阐发。[52]同样的直觉观也会激怒后来的哲学家（例如卡尔·波普尔），他们认为这种内在的反科学观虽有益处，但也带来了极大的危害。这个问题我们会在结语中会讨论。

“亚里士多德是个巨人，他的著作为接下来两千年的欧洲思想既带来
135 了光明，也投下了暗影。”[53]丹尼尔·布尔斯廷说，“谁能想到柏拉图最有名的学生会成为（据说为柏拉图语）踢它母亲的一只小马驹呢？”

亚里士多德（前 384—前 322）是一个实用主义者，他对柏拉图的直觉论和神秘论不感兴趣，也不倾心于柏拉图学园强调的数学。（据说，在学园的入口上方，写着“只有几何学家才能进入”。）他来自医生家庭，他的父亲尼科马库斯是马其顿国王阿明塔斯的私人医生，这位国王又是马其顿的腓力的父亲、亚历山大大帝的祖父。公元前 367 年父亲死后，年轻的亚里士多德被送到雅典接受教育，那年他十七岁。虽然他进入了柏拉图学园，但是终其一生他始终是一个旁观者。作为一个客籍民，一个有居住权的外地人，他在雅典不可能拥有土地。[54]他在学园待了二十多年（学园不收费，学生只要能负担自己的衣食，可以想待多久就待多久），到公元前 347 年柏拉图死时才离开。幸运开始向他微笑，因为当时马其顿的腓力正在为他的儿子亚历山大寻找一位老师。“这次偶遇本应激发比实际历史重要得多的后果：西方最有影响的哲学家和将来征服整个中东辽阔土地、统治罗马时代之前西方最大帝国的征服者开始了亲密接触。”事实上，亚里士多德比亚历山大大帝从中获益更多。伯特兰·罗素认为，年轻的亚历山大“一定对他父亲为了使他不致胡闹而给他安排一位没有趣味的老迂腐感到烦闷”。[55]而亚里士多德这方面，他从马其顿人处得到了双倍的奖励。马

其顿人给他的报酬很高（他去世时很有钱），并且资助他的博物学研究项目，他们让王室猎场看守人给那里的野生动物系上标签，便于他跟踪它们的活动。在马其顿，亚里士多德还和将军安提帕特建立了友谊，这一点将来非常有用。

公元前 336 年亚历山大继承王位之后，亚里士多德回到雅典。这时柏拉图已经去世了十年，学园也发生了很大变化。不过，此时富有的亚里士多德在吕刻昂建立了自己的教学中心，那是离雅典广场约一公里远的一座树林兼运动场。在那里，亚里士多德开始在公共人行道上漫步，和他的学生谈论哲学，直到他们“到了涂油准备运动的时间”。同学园一样，吕刻昂学府也有一些讲课间，不过它还有一座图书馆：据传说，亚里士多德对那里面的书第一次做了系统排列。（他可能认为，所有的知识都是一个连贯的整体，不过现在对其藏书的分类是公元 1 世纪的罗马人做的。）上午，他给严肃的学者上课，晚上则向所有人开放。作为一天的结束，会举办飨宴，根据亚里士多德自己制定的规则举办。[56]这种飨宴是雅典的传统，相当于后来的俱乐部。甚至关于长榻的摆放和如何上酒都有相关的规定 / 时尚。

亚里士多德在吕刻昂度过了十多年，他的书和讲演内容涉及非常广博的领域，从逻辑和政治学到诗歌和生物学，其范围与柏拉图相比毫不逊色。他试图对任何东西进行分类，尽其所能记录所有的事物，成为第一个百科学家。具有反讽意味的是，亚里士多德“发表”（用我们的话）的作品没有保存下来。保存下来的是经过学生补充和注解的他每天上午的讲课内容。[57] 136
公元前 323 年的夏天，听到亚历山大大帝去世的消息后，他被迫离开雅典。雅典公民大会立即对当时作为马其顿王国摄政的安提帕特宣战，他曾经是亚里士多德的朋友和保护人。作为客籍民的亚里士多德被当作马其顿人，很快成为嫌疑犯。他逃到哈尔基斯，那里是马其顿人的一处大本营。正如亚里士多德本人敏锐观察到的，这至少阻止了雅典人“对哲学的再一次犯罪”。[58] 一年以后，他在哈尔基斯去世，享年六十三岁。

伯特兰·罗素认为，亚里士多德是“第一个像教授一样写作的哲学家……一个专业教师，而不是一个受灵感启发的先知”。和柏拉图的神秘主义不同，亚里士多德具有一种精明的常识。[59] 他与柏拉图主义最大的不同表现在政治学上。与柏拉图对理想国的直觉描画不同，亚里士多德的理论牢固地建立在研究基础上。例如，他的助手对一百五十八个不同的政治体制做了描述，其中涵盖了从马赛到塞浦路斯的整个地中海地区。他的调查研究让他相信，理想的城邦不存在，也不可能存在。没有哪种政体是完美的，各个政府“因为气候、地理环境和历史背景”而注定彼此不同。他本人则更喜欢只对受过教育的人开放的民主制。[60]

亚里士多德对自然世界进行分类的天资，虽然富于想象力，却成为后世的一种桎梏，尤其在生物学领域。他赞成这样一种观点，即自然界存在一种不变的统一性。“我们观察到的事实说明，自然界不是由系列片段组成，像一部拙劣的悲剧一样。”（《形而上学》）[61] 不过，同时他又认为自然是不断变化的。“再见了，形式。它们都没有意义，而且它们是否存在根本无关紧要。”事实上，亚里士多德完全颠覆了柏拉图的理论。例如，他认为音乐家的存在不依赖某种被称为“音乐”的形式。抽象概念不能像树木或动物那样实际存在。它们只存在于心中。“没有音乐家，就不可能存在音乐家身份。”[62]

如果说他有神秘的一面，那就是，他往往在万物中看出目的。例如，他认为，每种动物都实现了某种特别的目的，它们因为某种理由而存在：“自然从不徒劳用功。”不过，大多数时候他还是尽力保持逻辑性。事实上，他可以自称是逻辑的创始人。他称之为分析学，不管怎样，他都是第一个解释演绎推理的人，演绎推理是通过形式三段论从前提得出结论的科学。他认为这是理解任一学科的基本工具。[63] 逻辑从两个方面引导他对动物的思考。在马其顿王国猎场看守人的帮助下，他对四百多种动物进行了描述（非常细致）和分类。例如：

亚里士多德对动物王国的八个“大分类”

一　红血动物

1　胎生动物（哺乳类动物和鲸目动物）

两个种类：两足动物和四足动物

2—4 卵生动物：2　鸟类：八种

3　爬行动物

4　鱼类 137

二　白血动物

5　软体动物（头足纲）

6　有鳞软体动物（甲壳纲）

7　有壳软体动物（腹足纲）

8　昆虫（九种）和蠕虫

逻辑学（違论常识）引导他解剖动物，因为这样他能描述动物的内脏结构。这强化了他的观点：生命的统一性。他表明，动物的内部结构与人的区别并不那么大，动物之间的区别也不那么大。[64]

他的存在观也是常识性的，包括十个方面：物质、数量、质量、关系、空间、时间、位置、支配、行动和激情。这里唯一的神秘因素与物质有关，它包括两方面：一是功能，“当形式得到实现的时候”；二是潜能，在形式实现之前。当雕刻师把一块青铜材料雕刻成最后的作品时，他就“实现了”物质的功能。[65] 这也反映出亚里士多德对目的的执迷。

变化和目的也适用于人类和动物。然而，他关于神的思想正好相反。

他宣称，在所有的变化中，位居其上的是一个永不变动的推动者，即神。神是纯粹思想，纯粹功能，“没有实体，没有意外，也没有发展”。宇宙万物都渴望达到这种相当于真正的美、智慧与和谐的状态。他说，这种和谐就是学习的目的，在这里，他也许与柏拉图最相像。[66]记录他这些观点的讲演集被亚里士多德自己称为“第一种”或“最初的”哲学。不过，后来的编纂者把它放在另一部《物理学》集子的后面，它们一起成为后来所知的《形而上学》（*Meta ta physika*）。这就是“形而上学”一词（metaphysics）的来源。[67]

最能显示亚里士多德的常识的是他关于伦理学的论文。他说，每个人都想要幸福，但是像多数公民所理解的那样，去追求愉悦、财富和尊重是一种错误。幸福、和谐、美德来自符合人性的行为，换句话说，来自合理的行为。幸福包含对激情的节制，人们应当寻求生活中的均衡，即两个极端之间的中间位置。正如皮埃尔·莱韦克说的，亚里士多德太“枯燥”（用罗素的话说，他的写作像个教授），不过，即使这是真的（记住，我们拥有的只是他的课堂笔记），他贴近事实、贴近具体以及贴近常识的能力都远远超过了他的缺点。对他来说，人生下来就具有潜能，如果假以理性和正确的成长 / 教育，人就能达到伦理上的善。这与后来圣奥古斯丁和原罪思想下的基督教伦理观完全不同。

对哲学相同的执迷也是悲剧的一大主题，悲剧是雅典独一无二的伟大荣耀。“其他民主制下的城邦发展了喜剧，但悲剧是雅典的独创。”[68]“虽然对演出至关重要的音乐和舞蹈已经佚失，但是这种悲剧诗歌成为最具决定性的戏剧和文学创新，它所取得的成就跨越时空。它的目的是为了表达男人和女人具有的最深刻思想，尤其是为了探究和评价人与神圣力量之间的关系。”[69]

虽然埃斯库罗斯、索福克勒斯和欧里庇得斯（只有他们的悲剧作品流传下来）的戏剧在我们眼里是经典，但是对于古希腊的雅典人，它们却是崭新的作品，探索并且反映了民主、科学和军事战术的新成果。新思想使人与神、人与人之间的关系出现新的变化。在古典悲剧中，人性与神性相对立，自由意志与命运相对抗。虽然人总是失败，因为对神的无知或不敬或狂妄自大而被杀或被放逐，但是死亡在悲剧中作为一种方法，发人深思，让人思考为什么会有死亡降临。虽然很难发现悲剧与当时政治之间的直接联系，但联系还是存在的。雅典的悲剧代表了人类自我意识演化过程中的一个阶段：科学、哲学、政治学和法律进步所表现出的自信是不是等同于傲慢？在所有这些新知识中，神灵的真正位置在什么地方？

雅典剧场的发展是长期繁盛的直接结果。我们推测，雅典有过一个繁盛期，因为这一时期种植了许多橄榄树。橄榄树需要大约三十年的时间才能结果，因此种植本身说明，人们至少对未来充满信心。橄榄油出口的增长也促进了制陶业的发展，因为橄榄油要用陶器运送。大约公元前535年，出现了红彩陶瓶画，以前是在瓶上绘饰黑彩人物，细节用刻刀刻印。现在整个表面是黑的，人物用自然的红色涂绘，这样就增加了更多的变化和写实精神。[70] 橄榄油国际贸易带来的繁荣也给农民带来了利益，正是他们在庆祝酒神狄俄倪索斯（他的血供人饮用）的仪式上编排的合唱歌曲和模拟舞蹈成为早期戏剧的基础。当献祭狄俄倪索斯的时候，通常的祭品是一头羊，因此这种仪式本身被称为“山羊歌”。祭祀和悲剧之间由此建立了一种直接联系：这种原始的仪式在我们最有力的戏剧形式中一直存在。开始，“山羊歌”是一种纯粹的宗教庆祝仪式，只有一个庆祝者，称为“回答者”，由他叙述圣童的诞生以及“他的敌人对他的阴谋”。在故事之间，合唱队唱歌并且跳舞（他们的角色是强调回答者为引发大家思考而提出的问题）。[71] 不久，创新大量涌现，开始叙述狄俄倪索斯之外的神灵的故事，引进了对话，一般都在回答者和合唱队队长之间进行。大约在公元前 534 年，泰斯庇斯引入了另一个变化：独白。这时已经开始连续出现独白，每次都在更衣帐篷（skēnē，英语的“场景”一词 scene 就是这么来的）变换服装和面具。这样一来，独白可以表现不同的人物，增加了叙述的复杂性，而且他的话语由一支双长笛伴奏。合唱队仍然大多数时间在舞台上，用歌声或舞蹈衬托随情节发展而产生的情感。

雅典每年都在卫城的阴凉处庆祝酒神节，正是从这里开始，悲剧成为一种固定的节目。设立了最佳戏剧奖和技术创新奖。泰斯庇斯凭借更衣帐篷的发明，是早期获奖者之一，普律尼科司也因为开始使用女性角色（虽然人物一般都由男性扮演）而获奖。在探索人物、情节和对策的
139 过程中，剧作家开始了创作四联剧的传统，即包括三部悲剧和一部讽刺剧。[72]

雅典三大悲剧家中的第一位是埃斯库罗斯（前 525/ 前 524—前 456），他的语言“丰富而机智”。他引入了第二位演员，使对话不那么僵硬，而是更写实，更有张力。他对延迟的戏剧性也很关注。[73] 早期的剧本没有什么戏剧性，也没有我们所理解的启示、激动。通常，一开始就揭示中心矛盾，剩下的就是人物围绕它做出不同的反应。但是在《波斯人》中，埃斯库罗斯把主要情节的发展延迟到三百行以后。即使如此，在剧本还没到一半的时候高潮就出现了。[74] 一份书目记录了他创作的七十二部悲剧，但是只有七部流传下来。

索福克勒斯（约公元前 496—前 406）的父亲索非勒斯是雅典城外克罗诺斯的兵器制造商。他可能向埃斯库罗斯学习过，而且认识伯里克利，伯里克利让他担任了一系列重要职务：税收管理者、将军、祭司和大使。当他开始写作的时候，他的幸运也不亚于从前：一百二十部剧本获得了二十四次奖，不过同样，只有七部幸存下来，这也是个悲剧。[75] 不过，他

在剧本中引入了埃斯库罗斯之后的两大创新。首先，他引入了第三位演员，增加了情节的复杂性和深刻度。同样重要的是，他以观众非常熟悉的神话作为情节。这使他得以发展和完善“悲剧讽刺”艺术，即观众知道会发生什么，但是人物却不知道。这增加了紧张感，而且当观众将人在困境中的视角同神和命运的传统视角相比较时，能激发他们的反省。这种模糊性正是它的部分魅力所在，而且直到今天也非常有吸引力。亚里士多德认为《俄狄浦斯王》是所有戏剧中最伟大的，因为它展示了戏剧性张力以及对自我认识和无知的关注。它的影响因为弗洛伊德和俄狄浦斯情结而一直持续到现在。然而，索福克勒斯的主要思想是，人总是被比他更伟大的力量打败。英雄也会倒台。

欧里庇得斯（前 485/ 前 480—前 406）是第三位伟大的悲剧作家，他的作品更通俗，更尖锐。他来自一个世袭祭司家庭，他在雅典远不如索福克勒斯那么受欢迎：他的九十部剧作很少获奖。最有名的是《美狄亚》，它处理了希腊戏剧中的一个新主题：可怕的激情能够改变一个被冤屈的女人。他的目的不是为了展现傲慢同其他感情之间的区别，而是为了表明人性如何会因为复仇和惩罚而堕落。相对神的任性随意，欧里庇得斯对人的处心积虑和唯利是图更感兴趣。爱和爱的牺牲品，尤其是女性，是他作品中的一大主题。因此，在欧里庇得斯笔下，个人占据前所未有的重要地位，心理学取代了命运的中心位置。[76]（美狄亚不是希腊人，而是一个来自黑海的外来者，所以在剧本中可能提到了“蛮族”行为。见第 10 章。）

荷马和悲剧家的作品都取材于神话。里面有一定程度的真实历史，但是谁也不知道到底有多少。不管怎样，正是希腊人发明了严格意义上的历史学，它即使还不是我们所理解的历史学，也从神话得到了解放。 140

希罗多德（约前 480—前 425）通常被誉为“历史学之父”，虽然他很有可能非常喜欢讲故事，以致我们不能全部信以为真。他来自哈利卡纳苏斯（即现在爱琴海海岸土耳其的博德鲁姆）的一个诗人家庭。他给自己规定了撰写希腊战争史的任务，首先是雅典与斯巴达之间的战争，然后是波斯国王大流士一世（前 490）和薛西斯一世（前 480—前 479）对希腊本土的侵略。希罗多德选取这些事件，是因为他相信这些是所有事件中最重大的。除了撰写历史而不是神话这一基本思想外，还有三个原因让他的作品与众不同。首先是他的研究方法（“历史”的本来意义是“研究”)：他广泛游历，尽其所能参阅档案，访问目击者，核对土地测量记录（地名是否正确，战场的地形如何）和文学作品。其次，他承袭了荷马，但是又有所进步。他承认，敌对双方都有值得叙述的故事，有各自的英雄、深谋远虑的指挥官、优胜的武器和战术。第三，同荷马和悲剧家一样，他对傲慢也非常执迷。他认为所有“声名显赫”的人都沾染上傲慢的恶习，从而激怒神灵。[77] 这种观念以及对于神灵干预的信仰使他对于战争起因和后果的大部分论述变得毫无价值。但是这些多多少少迎合了他的读者，而且清晰的写作风格（和纯粹的勤奋）使他的书非常受欢迎。

修昔底德（约前 460/ 前 455—约前 400）又增加了两个创新。他选择的也是战争题材，但是他自己那个时代的战争：事实上，他创造了当代史。他也认为伯罗奔尼撒战争（前 431—前 404，发生在雅典和斯巴达之间）是历史上最重大的事件。但是他没有像希罗多德那样对故事趣闻感兴趣，而且（这是他的第二个创新）他的战争中很少甚至没有神灵的位置。“和希罗多德不同，修昔底德承认智谋在军事中的重要地位。‘诺姆’一词的意思是理解或判断，它在书中出现了三百多次，有智谋的人也不断受到表扬，尤其是地米斯托克利、伯里克利和塞拉门尼斯。”[78] 因此，修昔底德能够敏锐地洞察到，这场战争具有两个起因，直接起因和隐藏起因，他认为后者就是斯巴达人对雅典扩张的恐惧。对直接原因和基本事实的区分，对神灵的排除，是政治思维的一个进步。“从这个意义上来说，修昔底德还被称为政治史的创始人。”[79]

正如繁荣是希腊戏剧诞生的一大因素，和平也帮助创造了古典艺术的黄金时代。到公元前 450 年，粗略地说，战争之后的雅典重新获得了安全。它成为一个城邦联盟的首领，其他城邦向它进贡。为免受外来敌人的攻击，尤其是来自波斯人的进攻，其他城邦寻求雅典海军的保护。公元前 454 年，伟大的雅典将军和统帅伯里克利从进贡中拨出一笔钱用于战争破坏之后的重建工作。他的目标是让雅典成为希腊的典范。[80] 确实，它从来没有如此辉煌过。

公元前 6 世纪末和前 5 世纪初，在艺术和建筑领域出现了一系列实用技术的进步。希腊人发明了山形墙，还有正方形柱间壁、各种形式的风格 141
独特的圆柱、女像柱（支撑山形墙的女性雕塑）、城市规划，以及陶器上的红彩人物。而且，正像历史上其他时期那样（例如文艺复兴盛期），出现了比任何时候都多得多的天才艺术家：欧夫罗尼奥斯、欧西米德斯、米隆、菲狄亚斯、波利克里托斯、波利格诺托斯、“柏林画家”（古希腊雅典著名的陶瓶绘画家，因为他从来不在自己的瓶画作品上署名，所以后人无从知晓他的名字。但是他有一个最著名的双耳陶瓶现在收藏于柏林，于是大家称他为“柏林画家”）、“尼俄柏画家”和“阿喀琉斯画家”（他们的名字不为人所知，以其最著名的作品命名之）。各种因素共同造就了艺术的黄金时代，即我们所敬仰的“古典时代”。它创造了厄琉息斯的泰勒斯台里昂神庙、苏尼昂的波塞冬神庙和拉姆诺斯的涅墨西斯神庙、著名的奥林匹亚宙斯神庙和宙斯像、德尔斐的青铜驾车人、巴赛的阿波罗神庙，但是最著名的还是雅典剧场（原来的剧场，不是现在的）和赫淮斯托斯神庙与狄俄倪索斯神庙，更不用提雅典卫城圣山上崭新的建筑，即我们所知的帕提农神庙。这些神庙每座都不是一种艺术的体现，而是多种艺术的结晶。

伟大的帕提农神庙建造在始终供奉城市守护女神雅典娜的地方（她的全名是雅典娜·波利亚斯。“贞女雅典娜”一名说明后来她融合了古代的贞女生殖女神）。建筑师伊克蒂诺和建造者卡里克利特设计了一系列光学效果，让神庙显得更有吸引力（例如，圆柱稍微向内倾斜，置于凹凸线条上，使线条看起来更长）。他们融合了粗犷的多利亚柱廊和纤巧优雅的伊奥尼亚饰带，使主殿和入口达到最佳的视觉效果。帕提农神庙及“克里托斯男孩”雕像和厄瑞克忒翁神庙，以及整个希腊风格的成功可以从这样一个事实中得到证明：它是至今被全世界模仿最多的建筑风格。

饰带浮雕以及神庙中独立雕像的设计者菲狄亚斯仅仅是使这一世纪中期的雕像闻名雅典的三大设计师中的第一位，其他两位是米隆和波利克里托斯。菲狄亚斯的饰带（由他设计，其他七十位雕刻家完成）原长五百二十英尺，其中四百二十英尺保存至今，大多珍藏在伦敦的大英博物馆。上面主要描绘的是雅典最著名的节日，每隔四年举办一次的泛雅典节。在节日上，由城市公民的女儿织的新衣被送到卫城。神庙的两面山墙描绘了雅典娜的出生以及她与海神波塞冬争夺阿提卡控制权的斗争。但是菲狄亚斯的杰作是他设计的站立的雅典娜雕像，雕像高四十英尺，由黄金和象牙做成（也许是用这类材料做成的第一例）。同其他许多物品一样，雅典娜雕像也佚失了，我们只有从保萨尼亚斯的描述、小复制品和钱币中了解一二。她的肩上披着具有神奇法力的短山羊皮披风，又叫“山羊盾”。菲狄亚斯在她的盾牌上刻上了自己的肖像（一个秃顶男人），由于他的这种傲慢，他被迫逃离雅典，逃到奥林匹亚，在那里他设计了第二座黄金象牙雕像，宙斯像。它后来被运到君士坦丁堡，在大火中被烧掉。不过，同样通过钱币和复制品，我们能了解到它的全貌。据说，它的表情如此庄严和祥和，“以致能够抚慰最深重的伤痛”，它被誉为世界七大奇迹之一。[81]

142

古典雕像的鼎盛期“代表了理想的写实主义”，即理应存在的美。它的两种主要形式是裸体男性（古莱斯）和披衣女性，通常是女神（科莱）。裸体男性雕像似乎起源于纳克索斯岛和帕罗斯岛，那里盛产石灰岩和大理石，能够制作大型雕像。女性雕像发展于雅典，不过是在伊奥尼亚人在公元前 546 年因为波斯人入侵而逃到雅典之后才出现的。[82] 古莱斯传统起源于这样一个事实：在古希腊，体育竞技是一种崇拜形式，在参加比赛的时候，希腊运动员以一种宗教仪式进行竞赛。因此，竞赛中加入了一种神秘色彩，但是从艺术的角度看，更重要的是身体，尤其是男性运动员的身体，是从宗教的角度来观赏的。完美的身体被视为一种美德，是具有类似神的力量的人的特质。艺术家因此尽力展示尽可能真实的身体，肌肉、头发、生殖器、脚或眼睛都得到刻画。但是同时，这些雕像融合了不同人身体的精髓，所代表的人是至美的超人——神。这显然很大程度上归功于柏拉图的形式理论。最有名的是米隆的“掷铁饼者”，它很可能是一组雕像中的一个，同样现在只有罗马人的复制品。它完美地捕捉了运动员掷出铁饼之前的紧张瞬间。在信仰理性的雅典，像神灵一样控制自己的激情是一个人的美德。雕像也是如此。[83]

红彩陶瓶在大约公元前 530 年开始在雅典出现。此时的色彩体系与从前正好相反：以前是红底黑绘人物（阿提卡的制陶土富含铁元素，使整个陶土呈红色），现在是黑底红绘。同时，画笔代替了刻刀，能够刻画出更多的细节，在题材、姿态和评论方面有更大的灵活度。[84] 希腊陶瓶在古代地中海沿岸非常受欢迎，它们的题材半为神话，半为日常生活：婚礼、葬礼、爱情场景、运动游戏，以及井边人们的闲谈。这些作品展示出人们戴什么样的耳环，在运动比赛之前如何包裹他们的生殖器，演奏什么样的乐器，什么样的发型时髦。公元前 5 世纪，雅典诗人克里特雅斯列出了各个城邦最著名的产品：希俄斯和米利都的家具、伊特鲁里亚的金杯和青铜装饰品、底比斯的战车、腓尼基人的字母表、雅典的陶工转盘和“泥灶之童，最精美的陶器，也是家家户户的吉祥物”。[85]

从欧夫罗尼奥斯的先锋技法，经过“尼俄柏画家”，到“柏林画家”和他的学生“阿喀琉斯画家”，希腊绘画的发展在陶瓶装饰的演进中能得到最好的反映。绘画技巧和题材越来越自由，变化更丰富，从未真正失去它们柔和与节制的格调。这些作品虽然都非常美丽，但是它们首先是一种历史记录，其次才是艺术品。没有哪个古代民族像希腊人那样在他们的陶瓶上为我们留下了对自己如此详尽的记载。它或许是第一种通俗艺术形式。

约翰·博德曼爵士同样指出，对希腊人而言，他们对艺术的体验和我们不同。古典希腊的艺术有很高的一致性，这让我们感到厌倦，“类似
143 整个 21 世纪充斥了新艺术派建筑”。另一方面，所有的希腊艺术都达到了很高的程度，我们感觉不到希腊艺术有任何“劣质廉价”之处。很可能许多公共艺术在大家看来都是理所当然的：神话故事人人都知道。读写能力比较低，因此雕塑尤其会成为一种永远存在的前希罗多德时代的历史形式。[86]

在古典艺术中，有两样东西是紧密联系的。第一是对自然世界的纯粹观察，从最细微的解剖学和肌肉组织到花束的摆放，恐惧、欲望或狡诈的表情，狗、马或音乐家的活动，每一种都不乏幽默感。所有这些观察都具有一种务实特质，对使用材料的驾驭能力越来越高。这在雕塑中对衣料的处理方法上最能得到清楚的体现。希腊雕塑家在石头上表现衣服的技艺堪称大师，衣服垂落下来，里面的身体似隐似现。（卫城上雅典娜胜利女神庙中一位女子弯腰触摸凉鞋的雕像就是一个完美的例子。）但是，在观察和写实主义的背后，表现的是人物的节制，一种安详与和谐，那正是希腊

人所推崇的“有节制的激情”，因为节制是希腊成就的全部象征，他们把智慧或理性看作进步之路。[87]这种节制有时被误解为感情上的冷漠，而且在以后的世纪中，“古典主义”与“浪漫主义”经常被对比，成为感情的两种对立形式。这是对希腊人和古典主义的错误认识。他们虽然将艺术家的“技艺”区别于诗人和音乐家的“智慧”，但是他们并不缺乏激情。普律尼科司的戏剧《米利都的陷落》让雅典人如此伤心欲绝以至于被禁止演出。[88]希腊人推崇平静，因为他们知道激情会带来什么后果。（柏拉图希望让感情“销声匿迹”，因为它妨碍冷静和理性思考。）这就是古典主义的全部内涵。

古典希腊的许多神都是女神，尤其是雅典娜。但是古希腊人对女性、性和性别的观念和现在大不相同，而且女性在公共生活中几乎没有一席之地。她们不是完全意义上的公民，因此不能直接参与政治。她们没有财产所有权，结婚前她们属于父亲，结婚后她们是丈夫的财产。如果一个女人的父亲死了，那么她就属于她父亲那边的男性亲属。丈夫晚上外出参加飨宴（一种谈论严肃话题的时尚晚餐），他的妻子必须待在家里。飨宴上男人们的女性伴侣由交际花担任，她们是专门的有教养的女子。亚里士多德也是相信女人比男人低等的古希腊人中的一个。[89]有位学者指出，古希腊男性世界对女人非常戒备，她们被认为是“玷污者”。在埃斯库罗斯、索福克勒斯、欧里庇得斯和阿里斯托芬的戏剧中，女人被刻画成男性社会秩序的颠覆者。[90]最近几年，学界出现了大量关于古希腊的性别研究。整体印象是，在热爱家庭、专心抚养孩子的女性观和狂野、没有节制的感性女性观（像美狄亚）之间存在一种张力。

雕塑家普拉克西特列斯（公元前4世纪中期）把裸体女性引入了西方艺术，这可能是所有时期最受欢迎的一个主题。在这个过程中，他完善

了大理石雕刻技艺，雕凿出光滑的平面，在上面以强烈的写实主义表现皮
144 肤，尤其是女性皮肤和色情暗示（不仅仅是暗示）。约公元前 364/ 前 361 年，普拉克西特列斯为位于土耳其海岸克尼多斯城雕刻的阿佛洛狄忒像被老普林尼誉为“世界上曾有过的最精美的雕像”。[91] 毫无疑问，它是最有影响力的，虽然已经遗失。

无论古希腊人对女性的态度如何，男性之间的同性恋在希腊非常普遍，比现在更普遍。在整个希腊，不仅仅是雅典，年长一些的男性和他年轻的爱人之间的关系被视为一种风俗（这也是为什么古典雕像中有这么多裸体男性的另一个原因）。柏拉图在《斐德罗篇》中，通过斐德罗表达了自己的观点：“世界上最强大的军队”肯定由一对对男同性恋者组成。而且在公元前 4 世纪，成立了类似的军队，即底比斯圣军，他们在留克特拉战役中获胜。“一整套教育哲学都建立在这种关系上。”[92] 和性别研究一样，关于同性恋也出现了大量的学术著作。

考虑到希腊遗产的重要性，也许这里有必要指出，最近，学者曾经三次宣称，希腊人本身受到了外来文化的极大影响。第一次是在 1984 年，德国历史学家瓦尔特·布克哈特研究了希腊生活中的一些方面，认为它们受到中东文明的影响。例如，他指出，希伯来语和亚述语对希腊人的称呼分别是“亚旺”和“爱旺”，即“伊奥尼亚人”，证明某些地方之间存在确定无疑的联系。在《奥德赛》中，荷马提到腓尼基人，也就是西顿人，是制造昂贵金属容器的人。重步兵武器同亚述人的武器有非常直接的联系。希腊语中的字母来自闪米特语，其他许多词语也是借词：chrysos（黄金），chiton（服装，和棉花相关）。阿卡德语中的重量单位“米纳”，成为希腊语中的“纳”。另一个词“哈拉苏”，划、刻的意思，成为希腊语中的“夏莱克夏”（charaxai），最后发展为英语中的“书写符号”（character），一种

刻下的字母。布克哈特认为，希波克拉底医誓也源自巴比伦的魔法师，以及把守护神像埋在建筑下面的习俗（这点，正如我们在前面看到的，出现在纳图夫文化）。争议更大的是，阿斯克勒庇俄斯可能是阿兹戈拉特，阿卡德语中“伟大的医师”，而拉弥亚女妖可能是近东的女魔拉玛什图。最后（虽然布克哈特提供了大量其他的例子）他在《奥德赛》和《伊利亚特》同《吉尔伽美什》之间发现了相同之处。[93]

最近，愈加有争议的是，纽约哥伦比亚大学的政府学教授马丁·伯纳尔在《黑色雅典娜》中认为，北非，尤其是古埃及（它的几代王朝都曾经是黑色人种），对古典希腊产生过最主要的影响。他认为，公牛崇拜在传播到米诺斯文明的克里特岛之前，就已经在埃及出现。他同样从外来词以及埃及人的作品同埃斯库罗斯的《乞援人》之间寻找相似之处。他认为遍布希腊的河流名称“科非索斯”来自“Kbh”，是“一个普通的埃及河名”，意思是“新鲜的”。在论述雅典的一章中，他说这个名字源自埃及语“HtNt”：“在古代，雅典娜经常被作为埃及的女神 Nt 或 Neit。她们都是水、纺织和智慧的贞洁女神。”他在陶器风格、军事术语和斯芬克斯狮身人面像的意义上也读出了相似之处。[94] 伯纳尔比艾伦·布鲁姆遭到了更严厉的批评，因为他的解读缺乏学术依据，年代和数据混乱，而且没有如他承诺的续集出版。

第三次关于希腊受外来影响的论题是由 M.L. 韦斯特在《赫利孔的东
方面孔：希腊诗歌与神话中的西亚元素》（1997）中提出的。韦斯特证实 145
了在《吉尔伽美什》和《伊利亚特》之间、吉尔伽美什和奥德修斯之间，以及萨福和巴比伦诗歌之间大量的重叠之处。[95] 这不是为了贬低希腊人的成就，而是把它置入一个合理的背景中，并且重新证明（对不住伯纳尔教授），从整体上，传统认为希腊文明更多源自中东和巴尔干地区而不是北非的观点仍旧占上风。虽然这样的背景对表明希腊思想的可能来源是必要的视角，但是它丝毫没有改变这些思想本身的重要性。

亚里士多德卒于公元前322年。1962年，牛津大学的思想史学家以赛亚·伯林在耶鲁大学举办了系列讲座，讲座内容后来以著作形式出版。在书中他指出，亚里士多德死后，希腊发生了一个伟大的变化。"大约十六年后，伊壁鸠鲁开始在雅典授课，之后是来自塞浦路斯基提翁的腓尼基人芝诺。短短几年之内，他们的思想就发展为雅典的主导哲学流派。似乎突然之间政治哲学销声匿迹。没有人再谈论城邦，也不谈论如何教育公民履行自己的职责……带有必然的社会性和公共性的成就观消失得无影无踪。在大约二十年的时间里，我们发现平等观代替了等级观；人们不再强调专家的优越性，代之而起的是这样一个信念：每个人都能自己发现真理，都能像其他任何人一样过上幸福的生活；对意志、道德属性和性格的强调代替了对知识才赋的强调；内心生活代替了外部生活；人们不再强调政治参与，而强调个体自足，赞美苦修，像新教徒一样履行职责……强调这样一个事实：最高的德行是灵魂的宁静，个人救赎不是由积累知识或逐渐增加科学信息而获得（像亚里士多德教授的那样），而是通过突然转变信仰——内心之光的照耀。人被分成转变了信仰的和没有转变信仰的两类人。"[96]

伯林认为，这就是希腊个人主义的诞生，它是西方政治理论中的三大转折点（在后面我们将讨论其他两大转折点）之一。他认为，在希腊的古典时期，对人的思考经常是用本质上属于社会的角度进行。所有人（哲学家、戏剧家和历史学家）都理所当然地认为"人的自然生活就是城邦的制度生活"。"人们不应该说一个公民属于他自己，"亚里士多德在《政治学》中说，"而应该说，所有的一切都属于城邦，因为个人只是城邦的一部分。"[97]伊壁鸠鲁的观点非常不同："人的天性不适合居住在公民社群中。"[98]他进一步说，除了个人幸福，没有什么东西其自身能成为目的。公正、税收、投票，这些东西除了能给个人带来幸福外，本身没有价值。独立就是一切。同样，芝诺之后的斯多葛学派追求无情，即没有激情，他们的理想是达到冷漠、超然和无动于衷。“人是拴在推车后的一条狗，如果他够聪明，就会跟着车跑。”[99]芝诺既是一位斯多葛学派信徒，也是一位数学家，他告诫人们要反省自身，因为除了自身，没有别处可看；要遵循自然之律，此外别无他律。社会是生活中最重要目标（自足）的最大绊脚石。他和他的追随者提倡一种极端的社会自由：男女杂交、同性恋、乱 146
伦、食人肉；人类的法律是非理性的，“有智慧的人不需要这些”。[100]

伯林认为这一思想断裂的影响是巨大的。“有史以来第一次，政治是肮脏的行业，不配让有智慧的人和有德行的人为之献身的观念开始扎根。伦理学和政治学的分裂成为绝对事实……重要的不是公共秩序而是个人救赎。”[101]他承认，许多历史学家认为，之所以发生这种转变，是因为马其顿的腓力和他的儿子亚历山大大帝在征服过程中毁坏了许多城邦，导致城邦变得无足轻重。随着古老而熟悉的标志被毁灭，人们被一个强大的帝国所包围，一种对个人救赎的忧虑是情理之中之事。人开始退回到自身。[102]

伯林并不同意这种看法。他认为，这一切发生得太突然。而且，亚历山大大帝没有毁坏城邦，相反，新的城邦在产生。[103]伯林发现，新思想起源于公元前 5 世纪的安提丰和第欧根尼。安提丰是诡辩家；第欧根尼反对城邦，相信只有真正独立的人才是自由的，“只有自由能让人幸福”。只有对个人生活的追求才能满足人的最深层需要，人只有追随自然才能获得幸福和尊严，也就是说，要无视人为的安排。[104]事实上，伯林想知道，这种思想是否来自东方，因为芝诺来自腓尼基的塞浦路斯殖民地，第欧根尼来自巴比伦，其他具有相似思想的人来自西顿、叙利亚和博斯普鲁斯。（“没有一个斯多葛派信徒出生于古希腊。”）

无论起源于何处，这场思想革命包括五个要素：第一，政治学和伦理学开始分离。“现在，自然的单位不再是群体……而是个人。他的需要、他的目标、他的解决方法、他的命运才是最重要的。”第二，唯一真正的生活是内心生活，外部生活是不重要的。第三，伦理学是个人的伦理学，它带来了一种尊重个人生活的新价值观，后者又产生了我们赖以生存的自由思想，即必须规定边界。超出此边界，政府无权侵犯。第四，政治被贬低，被认为不值得真正有才能的人为之献身。第五，在两种观念之间出现了重大分歧，一种认为所有人被一个相同的纽带联系在一起；另一种则认为，每个人都是一座孤立的岛屿。这肯定是此后人们之间的一个根本性的政治区分。

“古典”本身就是一种思想。在21世纪，它包含了一种卓越和某种品位：古典音乐、古典摇滚、这家或那家出版社的“古典作品”书目（那些我们所有人都应该熟悉的著作，不管它们出自什么时代）；甚至还有古典汽车，它已经成为拍卖行销售目录中的一个固定类目。当我们描述某种东西是“古典的”，我们指它是该类中最好的，好到可以成为将来的标准，经久不衰。但是，当我们谈及古典希腊时，我们说的是公元前5世纪的整个希腊，尤其是雅典，即本章提到的人物和思想。[105] 正如艾伦·布鲁姆所坚持的，这些思想和实践虽然在当时都很新，但是从那以后经受了时间的考验。我们将在第9章看到，正是罗马人对希腊生活方式的敬重才产生了“古典”这个观念，它认为过去曾经被思考、被书写、被雕刻、被描绘过的最优秀的东西都值得保留并能使我们从中获益。我们有很多要感谢罗马
147 人的地方，但是对那些因为艾伦·布鲁姆以及他的同行保卫了两千五百年前一个小小城邦“已经死去的、白人的、欧洲男性的”文化成就而进行攻击的人，下面的回答可能是最好的。这是德国科学史学家特奥多尔·贡珀茨的话：“我们几乎所有的智识教育都发源于希腊。彻底了解他们的起源是
148 使我们从其压倒性影响中解放出来的必不可少的前提。”[106]

7

以色列思想与耶稣思想

公元前 597 年，威胁以色列已久的灾难最终摧毁了它。在尼布甲尼撒王的率领下，巴比伦人攻陷了耶路撒冷，俘获了国王并且任命了他们自己的总督。根据《列王纪下》，“耶路撒冷的众民和众首领，并所有大能的勇士，共一万人，连一切木匠、铁匠”都被掳走，只留下了这片土地上最贫穷的人。[1] 更糟糕的是，被任命的总督如此不得民心，以致起义接连不断，城市再次遭到攻打。最终，当这座饱受灾难的城市在公元前 586 年再次陷落时，巴比伦人肆意破坏，将城市洗劫一空，包括圣殿。能逃跑的都逃跑了，又一批俘虏被流放。“从那天起，更多的犹太人将生活在巴勒斯坦以外的地方，而不是它境内。”[2]

现在还不能确定究竟殃及了多少人。虽然《列王纪》提到了 1 万人，但是《耶利米书》中的数字更适中些，总计约 4600 人，其中前 586 年的人数只有 832 人。另一方面，这些数字可能只指成年男子。如果确实如此的话，我们所讨论的总数可能是 2 万人。无论哪种情况，它都是一个小群体，这一事实具有一定的重要性，因为它使流放中的犹太人更容易保持凝聚力。

对他们而言，这个不幸从多方面来看都是灾难性的。正如保拉·弗雷德里克森所说，犹太人本可以从他们的困境中得出一个“或许是最现实的结论”，即他们的上帝实际上远不及邻国的神强大。然而，犹太人得出了完全相反的结论：以色列的不幸证实了先知的预言，证明它已经远远背离了与耶和华的立约，并因此遭受惩罚。这意味着犹太人的行为需要一个重大变化，而流放正好提供了这样一个喘息的机会。[3]

犹太教大部分教义是在流亡中形成的，不过今天的犹太教教义像基督教一样都超出了其早期阶段。（今天我们所知道的犹太教是在公元200年左右确立的。）最重要的变化是犹太人因为缺少自己的领土，也没有一位政治或精神领袖，他们不得不寻找一种新的方式来保全他们的身份以及他们与其上帝之间那种独一无二的关系。答案就在他们的作品中。在犹太人流亡期间，还没有产生我们所知道的《旧约全书》或称希伯来《圣经》。相反，他们有包括世俗法在内的书卷合集，有《十诫》，有一本据说是摩西编写的
149 其他宗教法律，有《战事记》，有先知的语录以及在圣殿中吟诵的诗篇。[4]

之前，抄写员并没有特别的声望。此时，由于经文对信仰变得越来越重要，抄写员的地位也得到了提高。实际上，有段时间他们比祭司还重要，因为他们得到富商的资助，记录使传统得以确立、使人民能够团结的材料。另外，很多以色列同胞将书写看作是一种近乎巫术的神圣活动。当然，抄写员不但会书写，还会阅读。在美索不达米亚，他们读到很多苏美尔人、亚述人以及巴比伦人写的东西，并且适时地翻译了他们的文字。通过这种方式，他们受到了其他文化，包括其他宗教信仰的影响。

但是，在流亡过程中得到巩固的不仅仅是成文的传统。某些饮食规定

和割礼也开始确定下来，“以彻底区分犹太人和异教徒”。[5]（古代的其他民族，如埃及人，行割礼，叙利亚人不吃鱼类。）巴比伦人的天文学比犹太人的天文学要先进许多，因此他们据此更新自己的礼仪年，制定了一个固定的节日周期：逾越节（耶和华的使者在以色列人穿越红海到达应许之地从而建立国家之前，击杀埃及人而逾越犹太人）、五旬节（《摩西律法》的制定和宗教的确立），以及赎罪日（对审判日的期待）。曾在《以赛亚书》中提到的安息日正是在这时才具有了新的意义（这样推断，是因为记录显示，当时最受欢迎的新名字是“安息日”）。“安息日”在前面章节中提到过，原本是个巴比伦词语和习俗，意思是“满月日”，在这一天人们不用劳作。[6]甚至有些证据表明与上帝“立约”的思想是在这次流亡期间产生的。它使人想起了琐罗亚斯德教的一个古老观点，而正如我们即将谈到的，最终将犹太人从流亡中解放出来的居鲁士大帝是一位琐罗亚斯德教信徒。

巴比伦之囚从公元前586年持续到前538年，还不到半个世纪。然而，它对犹太人的思想产生了深远的影响。根据《耶利米书》和《以西结书》，大部分流亡者被迁移到美索不达米亚南半部，就在巴比伦附近。他们可以自由地建造房屋、经营农场，以及自由地信仰其宗教，尽管在巴比伦并未发现一座犹太圣殿。很多人似乎是成功的商人，并且在当时用楔形文字撰写的商业泥板上，犹太人的名字有所增加。[7]

虽然流亡本身并不艰苦，但是犹太人的境况还是在公元前539年得到极大的改善。这一年，波斯人和米底人组成的盟军征服了巴比伦。这支盟军由阿契美尼德（“伟大的波斯”）帝国的缔造者居鲁士大帝统率。此外，居鲁士大帝不仅是一位琐罗亚斯德教信徒，而且对其他宗教也非常包容，他不愿意让犹太人继续当俘虏。公元前538年，犹太人被释放（不过很多人不愿离去，巴比伦作为犹太文化中心持续了一千五百年）。[8]

希伯来《圣经》告诉我们，第一批俘虏的返乡比流亡要艰难得多。巴比伦人早先不屑掳走的贫穷以色列人的后裔对出资修建新的城墙几乎没有一点热心，也不欢迎返乡者。第二批流亡者人数更多，于公元前520年离
150 开巴比伦。《圣经》告诉我们有4.2万多人，可能是原来被掳去人数的两倍。这群人得到居鲁士之子大流士的支持，但即便如此，重建耶路撒冷的工作直到公元前445年尼希米到来之后才开始。他是个富有的犹太人，在波斯宫廷担任要职。他听说耶路撒冷的悲惨状况之后，重新修筑了城墙和圣殿，并且采取措施帮助穷人。但是，正如罗宾·莱恩·福克斯所说，"虽然他认为大家广泛了解《摩西律法》，但是他在任何地方都未提及成文的经文"。[9]

人们现在普遍认为是以斯拉首次提到了这一特别重要的文献。以斯拉是一位祭司，在巴比伦有良好的社会关系，也是美索不达米亚波斯宫廷的一位官员。公元前398年，他到达耶路撒冷，"随身带着王室的支持信函、一些敬献圣殿的华丽礼物以及一部《摩西律法》"。[10] 根据莱恩·福克斯等学者的观点，正是在这时"我们首次看到'求助于书面经文的诉求'"。由此我们得出结论：一位无名编者开始将所有不同的书卷和经文合并成一部统一的叙事和律法。大致说来，希腊在公元前300年就有了统一的《荷马史诗》形式，但是希伯来《圣经》（基督教的《旧约全书》）直到公元前200年左右才在以色列完全形成。这一年，便西拉等人物提到了"最高神的圣约，摩西立下的律法"。[11] 便西拉是《便西拉智训》的作者，并且是第一位我们知道名字的犹太作家。我们前面提到过，与上帝立约的思想是犹太教的一个核心元素，可能根据美索不达米亚的琐罗亚斯德教信仰改编而成。结束流亡之后，犹太人生活中的主要内容就是经文，这意味着人们做出了巨大的努力，以确保在什么内容写入律法、什么内容不应写入方面保

持严格一致。犹太人必须确立一部正典经文。因此开始了《圣经》编写的第一步。《圣经》可能是史上最具影响力的作品。

“正典”这个词原本是个苏美尔词汇，它的意思是“芦苇”，一种垂直的东西。阿卡德人和埃及人都有正典，而在埃及显得尤为重要。在埃及，尼罗河定期泛滥，淹没财产，改变土地并且冲掉分界线。因此，精确的记录非常重要，这也是正典的主要意义。在同一时期，负责档案的维齐尔也掌管司法，这就是该词如何扩展为表示一种传统的不变的标准。[12] 在希腊语中，“正典”这个词也指直杆或直尺，并且它的用法也扩展了，指一种抽象的标准（用我们的话说，一种“衡量标准”），甚至指诗歌或音乐创作应遵循的规则。[13] 柏拉图关于理想形式的观点本身也容易形成“正典”概念：伟大的作品使传统规则变得神圣。因此在古希腊，正典既可以指单部作品，也可以指整个合集。波利克里托斯写了一部关于人体形式的正典。但是，最先用这个词指称经文的是犹太人。纳入正典的经文必须受到神的启示。

《圣经》的发展对犹太人产生了影响，使他们与希腊人以及后来的罗马人区分开来。公元前 5 世纪、前 4 世纪、前 3 世纪的希腊见证了哲学、批判性思维、悲剧、历史写作的发展，以及宗教信仰的衰弱。在以色列，情况正好相反：由于人们学会了阅读并从中得到快乐，因此越来越重视经
文。由于经文的大部分是预言，而不是神话或观察（如在希腊），因此在 151
解读先知的隐含意义时存在巨大的空间。《圣经》的评注激增，但随之带来的是经文真正含义的普遍混乱。很多《圣经》书卷被看作是神圣的，尤其是有上帝之名耶和华的早期经文。后来的经文不再使用这个名字，以免非犹太人将其用于符咒中。不说这个名字也意味着上帝是不能被界定或限定的。[14]

约瑟夫斯是一位犹太领袖，出生于公元 37 年左右，后来成为罗马公

民。他写了两部关于犹太人的著名历史著作《犹太战争》和《犹太古史》。他确认了二十二本经卷，虽然有很多其他非正典经书。他说，这二十二本经卷“是可靠的，是对所有时期的记录”。他确定了五本律法，十三本他认为都是由先知写成的史书，以及四本“对上帝的赞美诗和人类行为的戒律”(《诗篇》《箴言》《雅歌》和《传道书》)。[15] 选定二十二本可能是因为希伯来字母只有二十二个，又是数字命理学。然而，在耶稣活着的时候，似乎并没有固定的正典这种思想，并没有我们所说的“权威版本”。各版本的文字和长度都可能不同（一些书同时有长短版本，如《以西结书》)，并且它们的意义也有很大分歧。[16]

基督徒所称的《旧约全书》就是犹太人的《塔纳赫》。实际上，它是三种神圣经文的书名首字母组成的缩略词：《托拉律法》（律法书）、《先知书》（先知）和《文集》（作品集）。组成《托拉律法》的五本经卷在早期的希腊文版本《圣经》中被称为《摩西五经》。[17] 最初的作者并没有想到将经书划分成章节，它们是后来的创新，分别在 9 世纪和 13 世纪发明。希伯来《圣经》的经卷顺序与基督教的《旧约全书》有所不同，天主教《旧约全书》中有《旧约》和《新约》之间过渡的经文，而东正教的《旧约全书》却没有。[18]

关于《旧约全书》的写作，出现了浩繁的学术研究成果。这些研究揭示了最早的编写时间、有多少作者，有些文章还揭示了经文的写作地点。例如，学者现在认为《托拉律法》由四重文本组成，于公元前 4 世纪末期（即流亡后）编写而成。这样推断是因为，虽然《创世记》位于《圣经》篇目之首，但是最早形成于公元前 8 世纪中期到末期的《先知书》，尽管描述了早期以色列人的许多经历，却一点也没提到创世、亚当和夏娃或（对基督徒而言）人类的堕落。考古学家在犹大王国七个地方发现的可追溯到更早几个世纪的文字证据，无一例外都是经济材料（酒或油的交货），或与政府或行政事务有关。此外，赫西俄德的《神谱》（约前 730—前 700 年）中有些思想明显与《创世记》相同。例如，在《神谱》中，潘多拉是从男人中创造出来的第一个女人，就像《圣经》中的夏娃。公元前 7 世纪 20 年代，德拉古在雅典拟定了希腊的第一部成文法典。这些因素是否启发了以色列《托拉律法》的产生？希伯来《圣经》中前面部分的史实（也许不是史实）也受到了质疑，因为没有独立的证据证明任何早期人物的存在，如摩西，尽管生活在他那个时期的一些人得到了充分证实。例如，摩 152
西率领的出埃及时间，都有不同的记载，从公元前 1400 年到前 1280 年不一。而该时期巴比伦和埃及国王的名字以及他们的很多行动都得到了确认，且发现了很多可识别的遗迹。然而，被证实的最早一位《圣经》人物是亚哈王，他在公元前 853 年与亚述国王撒缦以色三世交战。

我们可作进一步的分析。在以色列工作的考古学家（他们中有些是以色列人，有些并不是）认为，没有考古证据能证明这些先祖中的任何一位（亚伯拉罕、诺亚、摩西或约书亚）存在过，犹太人没有流亡到埃及，没有英雄般地出埃及，也没有对迦南的武力征服。对于大多数《圣经》学者而言，现在的问题不是亚伯拉罕这样的人物是否存在过，而是他们故事中的风俗习惯和制度是否具有史实依据；问题不是出埃及和征服迦南是否像《圣经》中所说的那样发生过，而是它们是什么样的。除此之外，犹太人和上帝之间并没有立约，并且最重要的是，犹太人的上帝耶和华，并不像以色列人一直声称的那样是一种非常不同的神灵，而不过是中东某类神中的一位而已。至少在公元前 7 世纪以前，耶和华有一位妻子。犹太教并非一直是一神教。[19] 在最近的研究中，学者甚至怀疑大卫王、所罗门以及“统一的王国”是否存在过，那是犹太历史上的黄金时代。根据《圣经》的记载，它开始于公元前 12 世纪，当时十二个支派统一在一位共同的王之下，并且建立了如米吉多（哈米吉多顿）、哈措尔和耶斯列这样的大城市。从这个观点来看，大卫和所罗门，如果他们是王的话，也是势力很小的统治者，而不是耸立在该地区（今以色列）并且在《圣经》中占据重要地位的宫殿的伟大建立者。[20] 尤其是，“所罗门的黄金时代”历来就是个问题。

然而，随着考古学的发展，人们普遍认识到：一直认为属于青铜时代（公元前 1800 年左右）的某个时期实际上属于铁器时代（即公元前 1200 年后），这一认识尤其严重削弱了《圣经》的权威。《圣经》中的地名是铁器时代的名称，非利士人（巴勒斯坦人）直到公元前 1200 年左右才在《圣经》外的其他文本中被提到过。虽然早在《圣经》的《创世记》第 24 章中已经提到了驯养骆驼，但是骆驼的驯养直到公元前 2 千纪末期才被人类掌握。[21]

此外还有伊斯拉埃尔·芬克尔斯泰因的著作。他是特拉维夫大学的考古学教授，也可能是他这一代人中最富有魅力和争议的考古学家。他的贡献是双重的。传统意义上，即根据《圣经》，以色列人从其他地方来到迦南地，并且在他们的神耶和华的帮助下，于公元前 13 至前 12 世纪征服了非利士人（或巴勒斯坦人），随后于公元前 12 世纪和前 11 世纪建立了显赫的大卫和所罗门王国。北部撒马利亚的以色列王国和南部的犹大王国一直延续至公元前 6 世纪，直到巴比伦人攻克以色列，让犹太人“第二次流亡”，流亡到美索不达米亚做奴隶。然而，现在看来，实际上没有任何考古证据支持这一观点。没有证据证明约书亚发起了短暂的军事征服，并
153 且没有证据证明该地区任何城市遭到过洗劫或烧毁。实际上，现在人们已经知道，《圣经》中提到的被约书亚攻占的许多城市，如阿鲁德、艾城和吉比恩，在当时并不存在。然而有充分的证据证明生活像以前一样没有变化。早期的考古学家声称，某种陶器（有独特瓶颈的花瓶）以及四室房屋的突然出现表明外地人（即以色列人）突然涌入到该地区。然而，后来的

研究表明这些发展在不同地方经过了一百五十年左右才得以成熟，并且很多时候先于外来者（以色列人）到达的年代。如果这个观点是正确的，那么当然就意味着《圣经》在试图表明犹太人与该地区其他人有多么不同这一重要方面是错误的。根据最新的研究，犹太人并不像《圣经》所说的那样，从其他地方来到迦南地并且征服当地居民。他们其实就是当地的一个部落，像其他很多部落一样逐渐分离出来，有了自己的神（复数）。[22]

上述推测的意义在于，它证实了这样的观点：《圣经》首先是由流亡到巴比伦的第二批犹太人（第一批流亡到埃及）返乡时收集的，他们编写了一部叙事，目的有两个。首先，它意欲说明在古代历史上就有犹太人从外面进来并占领迦南的先例；其次，为了证明自己对迦南的所有权，他们编造了与上帝的立约，这意味着以色列人需要一位特殊的神来确保这件事的发生，一位与该地区其他任何神都不同的神。[23]

拉兹·克勒特博士的最新研究正是从这个角度入手的。克勒特博士就职于以色列考古委员会。他最近刚检查完过去几十年间挖掘出的八百五十多个小雕像。这些小雕像体形通常很小，由木头或黏土制成。它们有夸张的胸部，通常都是正面像。很多可能在仪式中被打碎了，还有很多被丢弃在废料堆里。其他的是在开阔的圣地找到的。所有小雕像都可追溯到公元前 8 到前 6 世纪。没有人知道这些小雕像为什么会在这些地方被发现，为什么有着这样的形状。也有男性塑像，有的只有头，有的是全身，骑在马背上。根据克勒特博士和埃弗拉伊姆·斯特恩在其权威著作《圣经地考古学》（卷 2）中的观点，这些小雕像代表耶和华及其配偶阿斯塔特。（在《箴言》第 8 章中，“智慧”女神被认为是《圣经》中上帝的配偶。）斯特恩教授说，这些以色列人小雕像和高地圣殿与邻国的没有多大区别，并且断定它们代表犹太教发展过程中介于异教和一神教之间的一个中间阶段，他称之为“异教耶和华教”。这些小雕像的意义在于它们的年代以及它们与其他国家的小雕像没有实质性区别这样一个事实。它们似乎能够证明，犹太教是在流亡巴比伦之后才完全成熟的。总之，“第二次流亡”期间的犹太人将耶和华转变成了一位特殊的唯一神，以证明他们有权拥有迦南。[24]

当然，也有人持相反但同样坚定的观点。如果说特拉维夫大学在这些问题上是激进派阵营的中心，那么耶路撒冷的希伯来大学便是保守派的中心。阿米哈伊·马扎尔是希伯来大学的考古学教授，并且著有《圣经地考古学》(卷 1)。他承认，希伯来《圣经》的很多早期经卷，尤其是有关始
154 祖的地方，是不可靠的。但仅此而已，他不愿作进一步的怀疑。他以开罗博物馆的美尼普塔石碑为例进行说明。这块石碑是一块刻字的石板，美尼普塔是一位埃及法老。这块石碑可追溯到公元前 1204 年，描述了埃及人对这个地区（今以色列，包括亚实基伦和基色）几座城市的攻占。但是，该石碑也描述了“以色列人”的毁灭。马扎尔进一步举 1993 年发现的但丘石碑为例。这块石碑上有阿拉米文字，提到了“大卫王朝”，石碑的年代是公元前 9 世纪。马扎尔教授认为这块石碑证实了《圣经》中的传统观点。[25] 正如威廉·福克斯韦尔·奥尔布赖特所说，无论对《圣经》纪年及其意义做什么样的修改，没有人质疑一神教是以色列人在中东独一无二的创造。

希伯来《塔纳赫》的第一部分，始于《创世记》止于《民数记》，共五卷，涵盖了从创世到希伯来人到达应许之地这段时间。学者认为它的来源有四个，是第五个人在公元前 520 至前 400 年间将其收集整理，并且试图使它具有统一性。第二部分有八卷，始于《申命记》止于《列王纪下》。这几卷有“内在的统一性”，使得大多数学者认为除了《路得记》外，它们是由同一个作者，即所谓的《申命记》作者或 D 写成。这几卷的统一主

题是先知以及他们对以色列人有一天会被赶出迦南的担忧。因此，学者认为这几卷一定是在那次灾难事件发生之后写成的：换句话说，这几卷是于公元前 6 世纪中期在流亡中写成的。[26] 第三部分始于《历代志》，止于《以斯拉记》和《尼希米记》。这几卷讲述了从流亡地返乡以及在迦南地重新确立《摩西律法》之事。它们通常被认为由同一位作者，即《历代志》作者，于公元前 350 年前后完成编写。希伯来《圣经》剩余部分由好几位作者在不同的时间写成，时间跨度约从公元前 450 年直到最后写于公元前 160 年左右的《但以理书》。[27]

在本书第 4 章和第 5 章中，我们发现好几个《圣经》故事与早期巴比伦文学相似。例如，包在纸莎草中的婴儿或大洪水，上帝选定的一对夫妇造了一只船，并在船上将每种动物都放入一对。但是，希伯来《圣经》让人最为困惑的是，它给出了两个互相矛盾的创世故事。在《创世记》前面的章节中，上帝用了六天创造世界，第七天休息。他将光明与黑暗、天与地分开，让太阳和星星发光，然后在创造了树木青草后又创造了飞鸟、海洋生物和陆地动物。他按照自己的形象造人，并将他们分为男人和女人，让他们管理所有的动物，食用水果和草本植物。“第一种创世是素食风格。”[28] 然而，在《创世记》后面的章节中，又出现了对创世的描述。此处上帝用地上的尘土创造了人（希伯来文中尘土为 adamah，即亚当）。这里创造的是男性，并且在这个叙述中男人先于其他生物，如植物。上帝发现男人孤独的时候，又创造了动物并将它们带给男人，给它们起名字。他用男人的肋骨创造女人，并称她为“女人”（wo-man，“由男人而出”）。[29]
这两个版本大相径庭，并且一直让学者感到困惑。17 世纪，正如在本书绪 155
论中提到的，伊萨克·拉·佩莱尔提出，第一个创世故事适用于非犹太民族，第二个适用于亚当那个民族。这个观点解释了所有的异常现象，如北极地区和美洲有人的事实，《圣经》中没有提到这些地方，但是大发现时代却证明了他们的存在。直到 1711 年，一位德意志牧师 H.B. 威特才指出一个更凡俗的事实：《创世记》中的创世故事是由两个不同的人在不同的时间写成的。[30] 古希伯来人如何到达应许之地的故事中也存在着同样的分歧。在一个故事中，亚伯拉罕的后裔来到埃及，然后在摩西的带领下，穿过荒野到达迦南。在另一个故事中，他们是从东面移居到迦南的，没有提到埃及。还有其他几处不一致的地方，但这种不一致也是其他宗教的一个共同特点。

要解释这种不一致，部分论据是通过论证《圣经》的早期经卷有两个主要来源。它们是 E 或埃洛希姆派（根据其称上帝为埃洛希姆）和 J，指耶和华派（说它是部分论据，是因为人们可能会期待后来的编者消除这些不一致）。E 被看作是较早的来源，尽管源自 E 的材料少于 J。有时，J 似乎是对 E 的回应。这些早期来源主要可追溯至公元前 8 世纪，但是有些学者认为公元前 10 世纪更可取。正是在 J 来源中提到了上帝与犹太人之间的特殊关系，但没有提及有关迦南的立约。这就是人们为什么说立约是后来在前 6 世纪编造的。在这个时期，犹太人在流亡中接触到巴比伦的琐罗亚斯德教信仰。[31]《托拉律法》的第三位作者是 P，指“祭司”，他（仅仅是可能，一些学者提出质疑）将 E 和 J 合到一起，同时也加入了自己的材料，主要是仪式和什一税的律法。P 也将上帝称作埃洛希姆而不是耶和华。[32]

后来，流亡结束后，由马所拉学士负责《塔纳赫》的准确性。他们是抄写者的家族，其工作就是忠实地抄写古代文本。这就是正典为什么被称为马所拉版本的原因。在库姆兰发现《死海古卷》后，我们对《圣经》在古代的变化过程形成了某种观点。在库姆兰发现了八百部书卷，其中有两百部是《圣经》经卷。例如，我们现在知道，撒马利亚人采用的《托拉律法》，粗略地说，与马所拉版本有六千个不同之处。撒马利亚人是北方的一个部落，大部分人没有被流放。在这些不同之处中，撒马利亚本与

《七十子译本》相一致的地方有一千九百处。[33] 举个例子便可说明编者的删改有多么重要和具有启示性。希伯来语言中有辅音，但没有完全明确的元音，因此一直有混淆的可能性。绝大部分希伯来词语由三字母词根构成，在不同的位置添加成分可以构成表示相似物体的一类词语。在一些情况下，这使希伯来语很高效，英语或法语需要三个或四个词语的地方一个希伯来词就足够了。但是，这也容易产生混淆。以大卫和歌利亚这个脍炙人口的故事为例。在他们那著名的交战中，歌利亚身穿铠甲，戴着头盔。考古发现表明，该时期的头盔上有个突起的金属条，它可以盖住战士的鼻子和额头。那么，从大卫投石器上射出的石头怎么可能打中歌利亚的额头并使其丧失战斗力呢？一个可能的答案是，指额头的希伯来词 metzach 很容易与 mitzchah 混淆，后者指胫甲，其原理与板球垫一样。两个词来源于同 156
一个词根：m-tz-ch。如果大卫将石头打在歌利亚胫甲之间的肉上，他就无法弯曲膝盖，可能会失去平衡而摔倒，大卫才能扑到他身上并杀死他。[34]

《先知书》分为前先知书，如《约书亚记》《士师记》《撒母耳记》和《列王纪》，主要是叙事；和后先知书，有《以赛亚书》《耶利米书》和《以西结书》，第 5 章已经谈到它们。便西拉在公元前 180 年左右写作时，提到了“十二先知”；因此，《塔纳赫》的这部分肯定在那个时候已经确立。[35]《文集》主要由智慧书文学和诗歌作品（《诗篇》《传道书》和《约伯记》）组成。这些经卷的写作晚于其他部分，它们成为正典的原因可能是：公元前 2 世纪中期，犹太人受到亚历山大大帝的继业者安条克·依皮法尼的迫害，他试图将希腊生活方式强加给他们并毁灭希伯来《圣经》。作为回应，犹太人将《文集》作为其正典的一部分。在便西拉的《智训》开端（该卷成为《次经》的一部分，且不应与《传道书》混淆），他提到了三种不同类型的经卷：《摩西律法》《先知书》和“其他经卷”。既然《便西拉智训》在公元前132年左右被翻译成希腊文（由作者的孙子翻译），我们可以认为正典差不多就是在那个时候形成的。[36]这个正典究竟有多“正式”，这一点值得怀疑。库姆兰的《死海古卷》是在第二次世界大战之后发现的，它庞大繁复，这本身表明当时存在众多经卷，其中一部分与马所拉版本有很大的不同。到耶稣生活的时代，虽然有“一部”正典，但没有理由推测这就是“唯一的”，也没有理由认为其他受崇拜的经本没有广泛流传。[37]

《七十子译本》，即《塔纳赫》的希腊文译本，就是一个恰当的例子。公元前3世纪，托勒密·菲勒底法国王（前285—前247）拥有世界上最好的图书馆。（亚历山大大帝在公元前331年根据亚里士多德关于理想城市的规划修建了亚历山大港。它位于地中海和一个湖泊之间的地峡上，靠近尼罗河最西端。作为埃及的一座希腊城市，这里到处是宫殿、神庙，还有一座大图书馆。这座图书馆很快使它成为“世界思想和文化之城”。[38]）然而，图书馆馆长德米特里告诉托勒密，他缺少五卷重要的经文：《托拉律法》。于是，托勒密找到耶路撒冷的大祭司以利亚撒，后者让七十位学者将希伯来《圣经》翻译成希腊语。在没有互通有无的情况下，这七十位学者每个人给出了相同的译文。较大的可能是，作为口语的希伯来语在流亡过程中开始消失，阿拉米语（耶稣的语言）取而代之成为口头语言。慢慢地，希伯来语成为一种文学语言（像中古拉丁语一样），在亚历山大港希腊化的犹太人中产生了对希腊文版本《圣经》的需求。《托拉律法》可能早在公元前5/前4世纪就被翻译成了希腊文。让我们感兴趣的除了翻译传说的不可思议之外，还有就是《七十子译本》包含了我们使用的《旧约全书》的所有经卷（只是顺序不同），外加《次经》和《伪经》。[39]

157 《次经》包括《便西拉智训》《犹滴传》《马加比二书》《多比传》和《智慧书》。在耶路撒冷，虽然它们具有二等权威，但是人们并不认为它们受到了神的启示。在亚历山大港，虽然人们认为它们不那么重要，但仍视它们为正典的一部分。[40]《伪经》的得名是因为当时习惯将不知名作品归在过去的著名人物下。例如，《所罗门智慧书》是其“作者”死后很久才写下来的。《禧年书》描述了从创世到犹太人在西奈流浪这段时间的世界历史，并且加入了一些细节，如亚当儿子的名字，长幼依次为该隐、亚伯和赛特。其他经卷提供了关于出埃及的其他细节。[41]然而，《次经》和《伪经》的大部分内容是关于耶稣出生前犹太教思想的发展形成，如撒旦思想的出现、肉体复活与灵魂复活的区分、死后回报与惩罚思想的出现。“冥界”，即死者居住的阴间（可能不太舒适），现在被分为两部分，一是好人的天堂，一是恶人的地狱。这些思想可能是以色列人在流亡中，第一次接触巴比伦琐罗亚斯德教教徒时遇到的。[42]

值得再次注意的是，希伯来《圣经》与差不多同时期的希腊文学有多么不同，尤其是《塔纳赫》的狭隘视野。正如罗宾·莱恩·福克斯所说，它对铸造世界的政治或其他伟大力量（经济、科学甚至地理学）没有详细的关注。一些比较可以凸显这一差异。例如，《旧约全书》中的《底波拉之歌》和埃斯库罗斯的《波斯人》一样，探讨了战败对敌国王室女性的影响。希伯来《圣经》是一部胜利者的颂歌，他们对那些妇女的处境冷眼旁观，他们说：“主啊，愿你的仇敌都灭亡。”相比之下，埃斯库罗斯的悲剧表现了对这些妇女的同情：众神可能为希腊而战，但这并不妨碍他们的敌人有权受到人的待遇。[43]

希罗多德和修昔底德撰写的历史与希伯来《圣经》之间存在更大的鸿沟。希罗多德认可奇迹，修昔底德看到事件背后的“命运之手”。希腊人在文献中搜寻，亲赴现场调查，访问能找到的目击者。他们认为人应当为其行动负责，无论是胜利还是失败，而且尤其在修昔底德的作品中，几乎没有众神的地位，而希伯来《圣经》几乎完全相反。经文是匿名的，没有研究的迹象：没有人为了亲自调查而旅行，或试图把希伯来故事与经文之外的独立资料做比较。希伯来《圣经》的目的是讲述创世起的整个世界历史，它处理上古事件的方法与处理最近发生的事件的方法相同。《创世记》中的叙事到处都是虚构的日期（后面的经卷好一点），也从来没有受到怀疑，不像修昔底德，他意识到各地历法之间有何不同。《旧约全书》的要点是希伯来人与其上帝之间的关系。它是一个较为封闭的、只关注自身的故事。一些学者阐明了这样的观点：在公元前 120 年左右写成的《马加比二书》中，“犹太教”首次作为一个专有名词被使用，将犹太人区别于希
158 腊文化的生活方式。[44] 然而，《塔纳赫》真正让人感动的是它对面临重大问题的普通人的关注。“犹太人是第一个寻找词语，表达人类最深层情感的民族，尤其是身体或精神遭受折磨、焦虑、精神绝望和孤寂时所产生的情感……”[45] 一些文本是从早期作品中“借来”的。例如，《箴言》是埃及作品《阿门涅墨坡的智慧》的乔装改换。但是，整个希伯来《圣经》表达的是一个弱小民族生活在上帝阴影下的感受，“其实就是，他们的生活大部分时间都对上帝的意志无知。因此不可避免地，生活就是应付不幸，经常是没有预知的、不该承受的不幸”。[46] 有哪部经文比《约伯记》更令人心酸、令人悲痛、令人震惊？在对邪恶的处理上，它并不像人们有时候所说的那样独特。《约伯记》可能在公元前 600 至前 200 年间写成，在这个时期，邪恶问题已经在其他近东文学中得到讨论。[47]《约伯记》的特殊体现在两个方面。首先，有一百多个词在经文的其他任何地方都没出现过。早期译者是如何处理这一难题的，语言学家对此一直困惑不解。其次，该经卷真正的创新之处无疑在于对不公平的上帝这个问题的审视。从某种程度上讲，这本书是关于无知和苦难的。开始，约伯对上帝与撒旦的打赌并不知情。随着遭受的苦难增多，约伯会背弃上帝吗？虽然，作为读者的我们

知道这个赌约，但是约伯不知道，但这并不意味着我们能更好地理解上帝的动机。这本书就是关于无知和邪恶的：我们知道什么，我们认为自己知道什么，最后我们能知道什么。[48] 在上帝不公的世界里，信仰处在什么样的位置？我们是谁，竟能质疑上帝的动机？

流亡之后，作为一种拥有正典经书的宗教，犹太教的特征变化产生了两个重要的完全不同的后果。重视正典使以色列人成为一个相对狭隘的民族（虽然有例外，如斐洛和约瑟夫斯）。这可能使他们变得执拗、不愿去适应，而带来严重的（更别提灾难性的）后果。另一方面，具备正典经书的宗教无疑提高了读写能力和对学术的尊敬，这对犹太人有益。对书写的尊重，尤其是对律法的尊重，也是一个文明因素，赋予犹太人一种鲜明的集体目标感。围绕《圣经》的学术研究在犹太教中引入了一个新实体：教授和详细研究《圣经》的犹太会堂。“犹太会堂”实质上是个希腊词汇，就是指人们聚集的地方，这也表明它是在流亡过程中形成的。在巴比伦，犹太人在新确定的安息日那天也可能聚集在某人的家里，朗读《摩西律法》的相关部分。这个习俗在以斯拉和尼希米时期肯定存在，尽管我们知道的最早的犹太会堂位于亚历山大港，那个地方的遗迹可追溯至托勒密三世（前 246—前 221）。[49]

犹太人面临的问题是，尽管他们在宗教上很成功（他们自己所认为的那样），但他们的政治困境却几乎没有什么变化。他们仍然是处在强国包围之中的一个始终如一信奉宗教的小民族。从亚历山大大帝时期开始，巴勒斯坦和中东地区就先后被马其顿人、埃及的托勒密王朝和叙利亚的塞琉古王朝等众多的王国统治。这当中的每一个国家（这也是至关重要的一个 159
因素）在观念上都是希腊化的，而且以色列人的四周不是城市，就是城邦，那里没有犹太会堂和圣殿（耶路撒冷例外），而运动场、剧院、学园、市场和表演场才是主要的文化场所。在推罗、西顿、比布鲁斯和的黎波里都是这种情况，因此，撒马利亚和犹太都被认为是落后的地方。这种文化分隔只是很有效地使更正统的犹太人更趋保守。许多人回到沙漠，寻求宗教仪式的纯洁性，他们感觉这种纯洁性在城市甚至在耶路撒冷都是无法获得的。然而同时，还有其他犹太人，通常是那些受过更好教育的犹太人，发现希腊文化比他们自己的文化更多样化、更协调。实际上，用保罗·约翰逊的话说，对犹太人来说这意味着，希腊化“是一种让人精神涣散的力量，而且最重要的，是一种世俗化、物质化的力量”。[50] 这种一触即发的局势在公元前 175 年塞琉古王安条克·依皮法尼即位时终于爆发，这在前面提及过。在此之前，也有过改革正统犹太教的尝试。遍布中东的希腊化促进了贸易，并大体上缓和了宗教分歧。和犹太人相比，希腊人对神有不同的理解。“在希腊人的想象中，神就像我们自己，只不过更美丽，他们降临人间是为了教会人们理性与和谐法则。”[51] 按照这样的想法，希腊人、埃及人和巴比伦人都接受将他们的神合为一体，例如，阿波罗—赫利俄斯—赫耳墨斯，都是太阳神。[52]

然而，对于正统的犹太人来说，这是最恶劣的异教野蛮行径。当安条克·依皮法尼采取一系列措施来推进希腊化进程并帮助以色列的希伯来人当中的改革者时，这一信念得到进一步加强。他罢免了正统派的大祭司，用一位改革者代替；把城市的名字改为安条克；他在圣殿旁边建了一座运动场；用圣殿的钱来资助希腊化活动，如竞技比赛（记住，这些竞技比赛本身就是一种宗教仪式）。最后，在公元前 167 年，他废除了《摩西律法》，用希腊世俗法取而代之；同时降低圣殿的地位，使它变成只是多种宗教做礼拜仪式的一个地方。这一步对于哈西德派教徒（即虔敬派犹太教徒）来说是难以接受的。他们拒绝接受这些变化，并采取新的策略反对安条克：殉教。二十五年来激烈的宗教纷争不断，当时的结果是哈西德派教徒获胜。犹太人不仅赢回了他们的独立，包括宗教独立，而且改革思想也失去了公信力。从那时起，“圣殿比以前变得更神圣不可侵犯，也加强了对《托拉律法》的严格遵守。犹太教断绝了与外界的来往，远离希腊世界。暴民成了耶路撒冷的一个重要组成部分，使得整个耶路撒冷城和犹太地区都很难被任何人统治……希腊和希腊世界特有的思想自由，在巴勒斯坦是未曾有过的。巴勒斯坦建立了一个由地方学校组成的全民教育体系，所有的男孩，而且也只有男孩，只学习《托拉律法》，别无其他。不得教授其他形式的知识”。[53]

在安条克·依皮法尼之后和耶稣出生之前的那些年，尽管哈西德教派势力很大，犹太教还是不断发展，并且主要呈现出四种形态。如果对这四种发展形态缺乏了解，就难以理解接下来发生的事。 160

撒都该人是祭司，有时被称为犹太人社会的贵族，他们对于外来思想和影响比大多数人更开明。他们的名字可能取自大卫王朝时期的一位大祭司撒都，当然也有其他的解释。在政治上，他们倾向于和任何一个掌权的力量和平共处。在宗教上，他们的特点是按照字面意思理解《托拉律法》。不过这并没有使他们变得那么保守，因为他们对教义的严格理解促使他们反对将《托拉律法》延伸到经文没有具体指定的领域中去。既然他们将自己的《圣经》限定为《摩西五经》，那么他们对弥赛亚就没什么概念，也不信奉复活。[54]

复活思想似乎在约公元前 160 年首次产生，那时正是殉教时期，是对于殉教的一种回应（殉教者一定不会永远死去吧？）。《但以理书》首次提到了复活。我们在前面看到，在流亡过程中冥界的概念如何出现，然后发展成基本的天堂和地狱概念，犹太人如何从巴比伦的琐罗亚斯德教发展出与上帝立约的概念。复活的概念可能也是如此，它是又一个琐罗亚斯德教概念。尽管琐罗亚斯德曾说过，所有灵魂在死时要跨过一座桥，才能到达极乐世界，那时罪恶之人会跌入阴间。他还说过，在“大限”之后，就会有肉体的复活。世界将会经历一次严酷的考验，世界各大山脉上的所有金属将会熔化，地球会被一股宏大的金属熔流覆盖。对于正直的人来说，熔化了的金属不会是个问题，“就像是走在热气腾腾的牛奶上”，但邪恶之人就会死亡。世界清除了罪恶之人，只有正直的人活着，那么地球到时将会是天堂。[55] 正如许多注释家所说的那样，犹太人周围都是强国的困境是产生琐罗亚斯德信仰的自然环境，一场大火将毁灭邪恶力量，正直的力量会复活。正是在这样的情境下，一个能引领正直之人走向胜利的弥赛亚的思想产生了，但这是后话。

法利赛人是和撒都该人截然相反的教派。他们是非神职人员，非常保守，却把《托拉律法》运用到生活的各个领域，甚至是《圣经》并未指明的那些领域。他们非常热衷于宗教仪式的纯洁性，并对弥赛亚和复活深信不疑。对他们来说，犹太会堂而不是圣殿才是他们传播自己信仰的主要场所。“他们渴望上帝带来最后的审判日，自己却不曾做什么来发起最后的审判日。”[56]

奋锐党是极端的一派，事实上，这个词已经进入现代语言中，成为极端主义的象征。与撒都该人不同的是，他们的主要目的是“清除”外界对以色列的“亵渎”。而且如果必要的话，他们不惜进行战争来达到目的。他们相信“上帝的选民”将会获胜。[57]

艾赛尼教派共同拥有财产，吃住都在一起。在库姆兰居住的很可能是一个艾赛尼教派团体，第二次世界大战后在那发现了《死海古卷》。[58] 他们都很虔诚，敌视其他犹太人，举行复杂的入教仪式。他们最著名的思想就是他们生活在“时间的边缘，最后的世界末日中”，每天都在准备迎接上

帝的到来，上帝会使他们摆脱严峻的政治现实，恢复犹太人的荣耀。他们 161
相信，会有一个弥赛亚带领他们进入天堂（有人甚至相信有两个弥赛亚，一个是宗教上的，一个是军事上的，这是对古代美索不达米亚思想的回归）。艾赛尼教派的经文是在马萨达发现的，该教派在那里被消灭了。

很多学者认为，弥赛亚（“受膏者”）思想是犹太教固有的思想。这和认为在大灾难之后会有一个和平、公平和公正的新时代的观点相关。[59] 人们还相信从创世到末世的世界历史预定论（“末世”，意思是时间的终止，“会带来上帝对历史决定性的、最终的干预”）。[60] 这一系列观点被称为“天启末世论”：大灾难之后，会揭示隐藏的事件，上帝会取得最终的胜利。再次引用保拉·弗雷德里克森的话，“快乐的人们不会创作天启”。弥赛亚是天启末世论中的一个重要因素。在《旧约》中大约有三十九处提到这一人物，一开始，这个词语指代国王。“犹太人的传统是首先期望大卫王的后代会在世界末日崛起，领导上帝的选民……大卫王的后代会为以色列人的极乐铺平道路。”[61] 那时，犹太人将会回归到他们在创世时的素食风格。[62] 这个弥赛亚的形象起初不是一个超自然的现象；例如，在所罗门《诗篇》中，他是一个像其他人一样的人，他的人性是毋庸置疑的。[63] 弥赛亚变得超自然只是因为犹太人的政治地位不断恶化，变得“如此绝望以至于只有超自然的力量才能拯救他们”。[64]

在耶稣时期，包括巴勒斯坦在内的地区不得不向世界上前所未有的最强大国家罗马低头。对于一个像犹太人那样把政治占领和宗教占领视为同一并且信奉宗教极端主义的民族来说，世界一定比以往看起来更加无望。在更早一些的黯淡时期，正如我们所看到的，就已经有预言爆发，而现在从公元前 2 世纪开始又出现了一次，尽管这一次，由于琐罗亚斯德教的观点已经融入犹太人的思想中，天启末世论成为这些预言的主调。只有一个拥有超自然力量的弥赛亚才能拯救犹太人。耶稣就是在这样的世界中诞生的。在希腊语中，弥赛亚这个词被译为基督，这就是为什么它后来成了耶稣的名字，而不是他的头衔。这样，关于弥赛亚的所有预言都开始应验到耶稣身上。[65]

在我们讨论耶稣之前，我们需要看看另一个因素：希律王以及他在耶路撒冷重建的圣殿。当希律王在公元前 37 年成为罗马的附庸时，巴勒斯坦已经被罗马统治了二十五年。犹太人内部从来没有停止过争端，也从未停止过反对外来统治。希律王本人有许多自相矛盾的思想，正如保罗·约翰逊所说的，他是个令人困惑的人，"既是一个犹太人，又反对犹太人"。[66] 他掌权后采取的第一批行动之一就是处死最高评议会，即长老委员会的四十六位成员，他们主要负责将《摩西律法》运用到传统的世俗领域。和他之前的安条克·依皮法尼一样，希律王委派更练达但不太信奉宗教极端主义的犹太人代替他们，同时将最高评议会仅仅作为宗教法庭。[67]

162 希律王同意许多练达之人的观点，他们认为巴勒斯坦是落后的，可以通过进一步了解希腊生活方式而获益。因此，他建造新城镇、新港口和新剧院。不过他通过大规模重建圣殿而避免了安条克·依皮法尼引起的那种反抗。重建工作开始于公元前 22 年，历时四十六年，意味着在耶稣一生，这座大圣殿都在施工。工程的规模极其宏大。仅招集和训练一万名劳力就花了两年时间。一千名祭司作为监工，因为只有祭司才能进入限定的神圣区域。完工后的圣殿是原来的两倍（大约是我们今天看到的犹太人称之为"圣殿山"的两倍高）。这是一个五彩缤纷、充满异国情调的地方。有一个向所有人开放的宽阔的外庭，货币兑换商在这里摆摊设点，把钱币从任何一种货币换成可以付香钱的"圣殿谢克尔银币"。（耶稣抗议的正是这些货币兑换商。）在这个外围部分，有用拉丁语和希腊语写的大标记，提醒非犹太人如果他们敢往前一步，就有生命危险。往里走是一系列对特殊的犹太人群体（如妇女和麻风病患者）开放的小庭院。内庭只对男性犹太人开放。圣殿总是很拥挤、繁忙。除了在这工作的几千名祭司外，还有大量的经文抄写员和利未人，他们要么作为乐师，要么作为工匠，要么作为清扫人员在仪式中帮忙。[68] 只有大祭司才能进入中央隔间，至圣所，而且也只能在每年赎罪日进入。[69]

根据传统，每天黎明和傍晚分别要献祭一只羊羔，每个朝圣者还可以献上自己的祭品。这项仪式伴随着歌唱、奏乐和喝酒而进行，据我们所知，每场献祭仪式平均需要十三个祭司。关于圣殿的一处描写提到七百名祭司参加献祭仪式，也就意味着有五十多只羊羔同时被宰杀。难怪它们的尖叫声，再加上奏乐和吟唱使许多人感觉很野蛮。[70]

圣殿是个宏伟的地方。但在希律王的统治下，犹太人一点也没有更幸福，巴勒斯坦仍然是一个附庸国，正统派犹太教始终和从前一样不妥协。在公元 66 年，希律王死后的第七十年，犹太人再次起义，这次他们遭到强有力的镇压，乃至宏伟的圣殿被彻底毁灭。犹太人被驱逐出巴勒斯坦长达两千年。在希律王死后和圣殿被毁之间，出现了世界历史上最具决定性、然而也是最神秘的事件之一：耶稣的诞生。

耶稣存在吗？他是一个人还是一种思想呢？我们到底能不能搞清楚？如果他不存在，那为什么他建立的信仰会如此迅速地流行起来？自启蒙运动以来，“寻找历史上的耶稣”成为主要的学术问题，这些问题激发了许多学者的兴趣。必须指出的是，今天，曾经存在的怀疑正在消退：很少有《圣经》学者现在还怀疑耶稣不是一位历史人物。同时，没有人能忽略《福音书》的混乱和矛盾，也不能否认，保罗的作品（主要是书信）虽然早于《福音书》，然而却没有提到耶稣生活中许多比较重大的事件。例如，保罗从来没提到童贞女生子，没有称耶稣为“拿撒勒的耶稣”，没有

提到他的审判，也没有表明耶稣被钉死在十字架是发生在耶路撒冷（尽管
163 他在《帖撒罗尼迦前书》2：14—15 暗示是发生在犹太）。他从没给耶稣冠以“人子”的头衔，也没提到耶稣据说曾创造的奇迹。因此，关于耶稣的生平至少存在大量疑问。[71]

关于耶稣的思想并不是全新的创造，这一事实也导致了怀疑的兴起。例如，那时至少有四个神，阿提斯、塔木兹、阿多尼斯和奥西里斯，在中东作为“早逝的牺牲者”而广泛受到尊崇。[72] 这些都是植物神，不是明确的弥赛亚，但为了群体，他们也需要复活。这里意思有重叠。[73] 我们也不应忘记，在希伯来语中，耶稣的名字（Ieshouah）意思是拯救。正如上文提过的，基督即弥赛亚，意思是国王和救赎者，当耶稣基督联用时，它更多是一个仪式称呼，而不是一个历史人物。

早期的基督教文学及其与基督教思想的发展关系尚不确定。下面会谈到《新约》的很多缺点，但我们应该记住的是，最早的《福音书》是在耶稣受难约四十年后写成的，因此除了希伯来《圣经》中的一本外（这个例外就是《尼希米记》)，它们在时间上比所有其他文献都更接近它们记载的事件。[74] 现存《新约》篇章总共大约有八十五个残篇可追溯到公元 300 年之前。我们现在使用的四本《福音书》大约在公元 100 年就都存在，但我们知道至少还有其他十本。这包括《多马福音》《彼得福音》《希伯来人福音》和《真理福音》。[75] 例如，《彼得福音》就像我们的《福音书》一样，详细描述了耶稣受难、葬礼和复活，更注重后来的事件，也比我们的《福音书》更有意把耶稣受难和希伯来《圣经》联系起来。《多马福音》可以追溯到公元 2 世纪中期，里面收集了耶稣的言论，有很明显的反女性倾向，而且颠覆了耶稣的许多言论。[76] 正如罗宾·莱恩·福克斯报告的，1935 年在埃及出土的纸莎草纸上发现了一本“不明身份”《福音书》的四个残篇，里面有许多我们现存《福音书》的故事，但顺序不同。

第三本《福音书》(《路加福音》) 的序言提到，之前有“许多”撰写耶稣故事的尝试，但除了《马可福音》和《马太福音》外，没有一个幸存下来。保罗的至少部分书信也是这样。保罗在耶稣死后不久写了他最早的一批信件（约公元 48/50 年写给加拉太人），所以如果保罗没有提到某些更令人惊奇的事件，那么它们真的曾经发生过吗？如果没有，这个传统又源自何处？我们知道第一次提到《马太福音》是在约公元 110 年安条克主教伊格纳提乌斯写的一系列信件中，虽然并没有提到马太的名字。《约翰福音》的第一个证据来自莎草纸碎片，根据字迹可追溯到约公元 125 年。稍晚一点，约在公元 125 至 140 年有史料提到了《马可福音》。[77] 人们通常认为最早的《福音书》是约公元 75 年的《马可福音》。这是希拉波立（在土耳其境内小亚细亚的伊奥尼亚海滨的内陆地区，靠近米安德河）的主教帕皮亚的引文中提到的。约公元 120 至 138 年，帕皮亚引用上帝信徒老约翰的话，说马可是彼得的阐释者，“仔细记录了他所记得的耶稣说过、做过的事，但是顺序不对”。然而，《马可福音》的语言（和其他《福音书》一样，都是用希腊语写的）在风格上逊色于那些受过教育的作者。因此他可能不是一个有见识的人，与使徒无直接联系，而且更糟糕的是，他可能轻易相信别人，并且不可信赖。鉴于耶稣的死和后来写成的《福音书》之间 164
有五十至八十年的时间跨度，其准确性值得怀疑。在这些《福音书》中，只有《约翰福音》提到了一个作者：“耶稣喜欢的那个使徒。”[78]

对于《福音书》，早期基督徒似乎持矛盾的观点。大约在公元 140 年，一位著名的异端分子马吉安认为《新约》的上帝高于《旧约》的上帝，认为一部《福音书》(《路加福音》) 就够了。然而到 2 世纪 70 年代，我们的四本《福音书》开始变得有些特别。因为罗马基督徒作家查士丁的门徒他提安把它们放在一起，“糅合”成一本特别的书。我们现在所用的四本《福音书》最初用希腊语写成，但我们知道用拉丁语、古叙利亚语、埃及语翻译的早期译本。其中一些译本早在公元200年就出现了，因此产生了很多变体。大约在383年，哲罗姆编纂出拉丁语版本的主要修订本，据说是用比较早期的希腊语文本作为标准，更正已经逐渐侵入拉丁语译本的错误。哲罗姆版的《圣经》成为《武加大译本》，即标准拉丁文译本的基础，取代被称为“意大拉”的比较早期的拉丁选译本。[79] 但是我们现在使用的《新约》的篇目直到4世纪才确定下来，当时早期基督教主教认可了这种编排。[80]

《福音书》中最大的不同是在《约翰福音》和其他三部之间。《马太福音》《马可福音》和《路加福音》以对观《福音书》而著称，因为它们基本都是对耶稣故事的著述。人们经常认为，这些故事就像从不同角度给同一对象照的相片一样。(《路加福音》可能有意对《马太福音》和《马可福音》稍作调整，展现耶稣的不同方面。）在对观《福音书》中，耶稣几乎从不提及他自己，更少提到上帝交给他的使命。[81] 但是在《约翰福音》中，相比耶稣的生平，他作为上帝密使的意义更重要。[82] 在第四部《福音书》里，甚至连耶稣的说话方式都不同，因为他不断声称自己就是“上帝之子”。可能《约翰福音》是后来的作品，特地用来反映其他三部《福音书》里描述的事件。如果是这样的话，那它为什么不尝试消除一些明显不一致的地方呢？这些《福音书》在时间上与它们描述的事件很近，这只能使这些不一致更麻烦。

它们都从耶稣诞生说起。首先，《马可福音》和《约翰福音》甚至都没提到耶稣的出生，尽管耶稣的诞生具有传奇色彩。《马太福音》将耶稣的出生地定为伯利恒，但认为这发生在希律王统治的后几年。《路加福音》将天使传报和希律王的统治联系在一起，将耶稣诞生在伯利恒和一个特定事件联系起来：“当那些日子，恺撒·奥古斯都有旨意下来，叫天下人民都报名上册。”第一次征税是在居里扭当叙利亚总督时，我们认为这一年是希律王死后的公元 6 年。根据这一点，《马太福音》和《路加福音》关于耶稣出生的时间相差十年。[83]

关于童贞女生子的详情更令人生疑。令人不舒服的事实是，尽管这一事件非常罕见，但是在《马可福音》或《约翰福音》或保罗的信件中都并未提及此事。据牛津大学《圣经》学者盖佐·韦尔迈什的研究，甚至在《马太福音》和《路加福音》中，它只被当作“主要故事的序曲，因为这两部《福音书》以及《新约》的其他部分都不曾再次提到，因此可以很确定地将其视为次要的附加部分”。[84] 无论如何，在希腊语和希伯来语中，“童贞”这一词的使用很灵活。从一种意义上说，它用来表示第一次结婚的人。在 165
罗马地下墓穴发现的希腊、罗马文字表明“童贞”这个词可以适用于任何结婚多年的妻子或丈夫。因此几乎可以肯定，“童贞丈夫”表示一位以前没有结过婚的已婚男子。在另一种意义上，这个词语可以指当前不能生育的女子，也就是说，没来月经的女子。“月经一来，童贞即告结束。”[85] 即使在那些提到过童贞女生子的《福音书》中，不一致的地方也很多。在《马太福音》中，天使拜访约瑟，宣布耶稣的诞生，而不是拜访马利亚。在《路加福音》中，他拜访的是马利亚而不是约瑟。在《路加福音》中，基督的神性是向牧羊人宣告的。在《马太福音》中，是通过东方出现的一颗星得以体现。在《路加福音》中，是牧羊人首次表达了对耶稣的崇拜，而在《马太福音》中是东方三贤。还有就是《马太福音》提到的一个事件，希律王害怕“新国王”的诞生，命令杀死住在伯利恒的所有不满两岁的婴儿。如果如此大规模的杀婴行为发生过，约瑟夫斯一定会提到，因为他非常详细地记录了希律王的其他暴行。但是他没有。[86]

耶稣为童贞女所生的奇特身世也和他的年谱相抵触。正如我们所认识的，犹太人的弥赛亚传统认为耶稣应该是大卫王的后代，这样就排除了马利亚所生的可能，因为据我们所知，她不是来自大卫王所属的犹大部落，而是来自利未部落。[87] 但是根据《福音书》，耶稣根本不是约瑟之子，而是圣灵之子，因此和大卫没有关系。[88] 另一方面，根据《新约》的一个非常早期的版本（西奈抄本，可追溯到公元 200 年），“雅各是约瑟之父，约瑟为童贞女马利亚之夫，是被称为基督的耶稣的父亲”。[89] 这么看来，耶稣还能被视为神圣吗？同样，在《路加福音》中，十二岁的耶稣以其惊人的理解力让圣殿里的博学之士为之惊叹。当担心他的父母来找他时，他指责他们道：“岂不知我应当在我父的家里么？”《福音书》继续写道：“他所说的这话，他们不明白。”也就是说，他们看起来没有意识到他的神圣使命。马利亚若经历过这样神奇的生育，怎么会不知道呢？这些不一致以及《新约》其他篇章对此问题的沉默，使许多学者同意韦尔迈什的观点：这是后来附加的。但这一思想是如何产生的呢？犹太教传统没有这方面的说法。在希伯来《圣经》中，一些族长的妻子不能生育，她们的子宫“被上帝关闭了”，后来又“打开了”。这是上帝的干预，“但从未导致圣灵感孕”。[90] 一个可能性是第 5 章讨论的以赛亚预言（7：14），它这么写道：“因此，主自己要给你们一个兆头，必有童女怀孕生子，给他起名叫以马内利。”（这个名字意为“上帝与我们同在”。）但这里以赛亚并没有暗示什么超自然力量：他用的希伯来词 almah 意思是“年轻女人”，可能是也可能不是处女。然而，当这个词在《七十子译本》中被翻译成希腊语时，所用的词（parthenos）意思正是“处女”，译文这样写道：“这个处女会怀孩子，你［丈夫］会给他取名以马内利。”[91]

和犹太教传统形成强烈对比的是，异教世界有许多重要人物由童贞女所生的故事。在小亚细亚，阿提斯的母亲娜娜女神就是处女，她“把熟了的杏仁或石榴放在胸部”就怀孕了。还有就是赫拉远离“宙斯和男人”，怀孕生下提丰。[92] 在中国也存在类似的传奇，但最相近的是墨西哥的羽蛇
166 神，他是一位天生“纯洁的童贞女”所生，被称为“天后”。一位来自天堂的使者告诉她，是神的旨意让她可以“不和男子结合”就怀孕生子。人

类学家 J.G. 弗雷泽认为这些故事都很原始，其生命力来自一个人类还不懂男性在怀孕中的作用的时期。[93] 亚历山大港的斐洛（出生于公元前 20 年，因此和耶稣是同时代人，并早于《福音书》）的著述表明童贞女生子思想在基督生活时期的异教世界非常普遍。[94] 当然，圣诞节最后选定在许多异教庆祝太阳神诞生的日子，因为那一天是白昼开始变长的冬至。在这里弗雷泽又一次认为："在叙利亚和埃及，异教徒在冬至这一天向朝拜者展现的婴儿图案代表新一轮旭日，告诉朝拜者：'看看童贞女的杰作吧！'"[95]

耶稣是加利利人这一事实也让我们心生疑惑。因为加利利人在社会和政治上都不同于犹太人。它主要是农民定居的农村地区，但因橄榄油出口而富裕起来。大一点的城市都希腊化了，只是在最近才变得犹太化。例如，在公元前 8 世纪，以赛亚提到过"非犹太教徒区域"。[96] 加利利也是我们现在可称为"恐怖主义者"的希西家的家乡，他约在公元前 47 年被处死。他的儿子犹大和一个法利赛派教徒撒都创立了政教合一的奋锐党，鼓动不缴税，也不服从外来统治者。马萨达城堡在犹太沙漠边缘一千三百英尺高的岩石上，领导那里起义的正是犹大的后代。在那里，九百六十名"叛乱分子和逃难者"被杀，或大规模地自杀，拒不投降。[97] 加利利人有明显的乡村口音（《圣经》提及了这一点），因此不管耶稣是不是革命者，他都可能被视为一个革命者。我们也必须记住，阿拉米语表示木匠或工匠的词也表示"学者"或"有学识之士"。这可能解释了耶稣一开始就受人尊重的原因（因为他似乎从来没有什么职业）。[98] 难道因此缘故，他被当作加利利革命党的一个雄辩的代言人吗？[99]

矛盾和不一致的地方也出现在耶稣受审和受难上，这更增加了人们对其身份和信仰性质的疑问。克里斯托弗·罗兰清楚地表述了这个问题：耶稣是被罗马人钉死在十字架上的，这是为什么？这样做的目的是什么呢？具体来说，为什么他不是被犹太人惩罚呢？是因为他的罪是政治上的，而不是宗教上的，还是既有政治性也有宗教性？（在当时的巴勒斯坦总是很难区分这两者。）耶稣总是支持非暴力方式，这说明他不可能是奋锐党；另一方面，他不断主张上帝的国“即将到来”，也很容易被理解为政治性言论。

第一个不一致的地方是耶路撒冷迎接耶稣的仪式。据我们所知，他受到“群众”的隆重欢迎，而且带领这些群众的祭司都一致赞同他。然而，几天之后，他就被审判，所有的祭司都呼吁判处他死刑。四本《福音书》都认为耶稣首先被犹太宗教机构审讯，然后才被交给犹太的总督彼拉多。第一次会议是晚上在大祭司该亚法的家里进行的。[100] 当时聚集着所有的抄
167 写员和长老，该亚法问耶稣是否真的自称弥赛亚，“耶稣的回答让大祭司觉得亵渎了神明”。[101] 这个回答可能是什么呢？在犹太人的律法中，亵渎神明是死罪，但自称弥赛亚却不是亵渎神明，西蒙·巴尔·科赫巴在耶稣死后一百年也自称弥赛亚，甚至被一些犹太显贵认可。[102] 不一致的地方还不止这一处。在和该亚法见面后，耶稣被交给了彼拉多。然而犹太律法禁止在安息日或节日审判和执行死刑，其他律法也禁止在这一天的白天或晚上进行审判和执行死刑。最后，亵渎神明的死囚应当被用石头砸死，而不是钉十字架。

如果耶稣的罪主要是宗教上的，那么在那个时代的背景下，这些都不合乎情理。[103] 但如果他的罪是政治上的，为什么据说彼拉多称，“我查不出这人有甚么罪来”。其他的文献资料也证实，彼拉多“一直警惕着外来入侵或起义”。犹太人在彼拉多面前甚至指控耶稣煽动革命。“我们见这人诱惑国民，禁止纳税给恺撒，并说自己是基督，是王。”然而耶稣的信徒却没有一个和他一起被逮捕，如果他真是政治组织的首领，他们肯定会被逮

捕。彼拉多把他交还给犹太人，执行所谓的罗马死刑。在一些《福音书》中，彼拉多没有做出正式的审判和判决，他只是让犹太人自行处理。[104]钉十字架的意义也不怎么明确。例如，据我们所知，没有一个例子说明罗马总督会一经要求就释放犯人（如巴拉巴）。[105]事实上，这一事件可能比看起来复杂得多也简单得多。巴拉巴的意思其实是“父亲之子”。我们现在知道在《马太福音》的一些早期版本中，巴拉巴的名字被写为耶稣·巴拉巴。[106]最后，据我们所知，在钉十字架时，太阳变暗，大地动摇。这应该是一个真实的事件，还是具有比喻意义的事件呢？没有对这个事件的独立证据：老普林尼（约23—79）在他的《博物志》中用一整章记录了日食，却没有提到与这次受难相符的任何自然事件。[107]

尽管首先我们必须提醒自己，这些事件没有见证人，但有关耶稣复活的不一致更加明显。确实如此，尽管最早提到亲身经历这一系列非比寻常事件的人是保罗，在他写给哥林多人的第一封信件中，那是在《福音书》写成之前的1世纪50年代中期。至于发现空坟墓，《马太福音》上说是妇女前去看坟墓时发现的，而在《马可福音》中，她们之前就看过了，后来又带回香料去处理尸体。《约翰福音》又不同：尸体已经被尼哥底母拿香料涂过膏了。《福音书》的其中三本里，石头已经被人滚开了；而在《马太福音》中，是天使当着妇女的面把石头滚开的。[108]在《马太福音》中，复活后的耶稣在加利利出现在门徒面前，而《路加福音》里，这件事发生在耶路撒冷。

保罗于1世纪50年代第一次写给哥林多人的书信，尽管不一定比流传的口头《福音书》早，但在《福音书》写成之前。信中保罗列举了耶稣复活的目击者。一个重要发现就是尽管他很期望能活着见到最后审判日，但未提到空坟墓。[109]可能更重要的是，他用来描述复活后的基督出现在门徒面前的词语 ophthe 和他用来描述自己去大马士革路上所见异象的词语一样。换句话说，似乎对保罗来说，复活不是一件肉体上的事，“不是死了 168

的血肉之躯复活”，而是一种精神上的转变，一种不同的理解。[110]

也有观点反对这种解释。例如，所有见证空坟墓的都是妇女。尽管在犹太不乏富有的妇女，尽管当时文学有女主角，但总体来说，妇女在那时地位很低。如果有人捏造证据，他们肯定不会选妇女做证人。同样地，复活后的耶稣与他所见之人的所有谈话都和他受难之前一样，普普通通，没有什么特别之处。而且，如果人们杜撰这些相遇，考虑到复活的奇特性，这些碰面肯定会被渲染得更重要。[111]

很可能耶稣既是一个宗教威胁，又是个政治威胁，这两方面并不矛盾。如果耶稣真的自称弥赛亚，或即使他允许信徒像看弥赛亚那样看待他，他就自动地成了政治威胁，因为犹太人认为弥赛亚就是能带领他们反抗罗马的军事领袖。他是一个宗教威胁，因为撒都该人会因为他对犹太教的理解与他们大相径庭而遭受灭顶之灾。但这仍不能解释不一致的地方。

下面是最新的耶稣研究学术成果：尽管有上述不同，《马太福音》《马可福音》和《路加福音》的惊人相似之处是因为，马太和路加在创作各自的《福音书》时，每人有一本《马可福音》的复本。此外，如果从《马太福音》和《路加福音》中去除《马可福音》那部分，仍然有许多相似之处，“包括大量几乎是字对字的相同部分”。[112] 19 世纪德国学者称此为 Q，用来表示“信息来源”。加上 1945 年在上埃及的拿哈马地发现的学者知道存在但认为已经消失的《多马福音》，这给《新约》带来了新视角。最引人注目和最具争议的两个观点来源于这些发现。第一个是伯顿·马克，他认为耶稣是一个“历史上的次要人物”，“一个边缘化的人，因为一系列事件而变成神”。第二个是保拉·弗雷德里克森，她认为“耶稣是一个预言大灾难的犹太人，期望上帝的干预能扭转历史……但彻头彻尾错了。后来，基督教可以说是在不断尝试解决这个令人惊愕的错误，尤其是基督再临的信条”。[113] 虽然这些都让基督的地位下降，但他仍然被视为一位历史人物。[114]

不管今天基督教意味着什么，而且在后面的章节中我们还将要追踪其教义的改变过程，《新约》中反映的耶稣的主要思想都相对简单，就是“神的国近了”。实际上这个短语在希伯来《圣经》中并不普遍，但正如我们知道的，弥赛亚的思想在以色列人中变得更流行。在耶稣诞生前一百年左右的时间里，弥赛亚的含义从“国王”变成“救赎者”。然而，需要补充的是，耶稣从来没有自称弥赛亚。[115] 169

德国《新约》学者约翰内斯·魏斯在 1971 年出版的英文版《耶稣关于上帝国度的宣言》一书中宣称，耶稣的这个主要观点可分为三个部分：第一，弥赛亚时代即将来临；第二，一旦上帝建立王国，审判和统治将交给耶稣；第三，开始耶稣希望自己能活着看到王国建立，但后来他意识到他的死是必要的。然而即便是那个时候，他相信王国可以在排斥他的那一代人的有生之年建立。那时他会从“天堂的云端”重返人间，而且巴勒斯坦地区将成为新国度的中心。换句话说，耶稣说的不仅仅是精神上的再生，他也设想了世界现实的根本变化，而且他希望很快实现。[116] 在这个主要观点之外，耶稣通常对犹太律法的细节（遵守安息日、饮食限制）采取更加宽松的态度，强调上帝的仁慈而不是惩罚性公正，坚持心灵证悟而不是对仪式表面上的遵守。毕竟，他的教义针对的是犹太人。他从未设想一个新的宗教制度：“我奉差遣，不过是到以色列家迷失的羊那里去。”[117] 他甚至避开那些寻找他的非犹太教徒。[118] 这是历史上失传的一个简单却很重要的思想。

耶稣复活后升了天，他的信徒继续在圣殿朝拜，期望他随时重返人间，同时自己也能获得救赎。出于这个目的，他们做了各种努力，让以色列人做好准备，督促他们的犹太同胞做出耶稣之前提议的改变。但这当然和传统的祭司与抄写员的权威相冲突。而且信徒走出耶路撒冷越远，在没有直接亲身经历耶稣事迹的犹太人中受到的阻力就越大。这进而导致基督教的一个主要转变（基督教这个术语是首先在安条克的犹太基督徒群体中创造出来的）：非犹太人不怎么反对使徒宣传的教义，因为他们的传统思想没怎么受到威胁。所以在 1 世纪末期，若是和紧接着耶稣被钉十字架的时期相比，早期基督教会（不是犹太会堂）和犹太教更加疏远。他们否定《托拉律法》，不无乐意地看到罗马在 66 年摧毁圣殿，将《新约》原先给以色列人的允诺转到了自己身上。[119] 我们现在所了解的基督教就是这样发展起来的，它起初是一种犹太教形式，随着基督教远离耶路撒冷，渐渐从犹太教中分离（主要多亏了保罗）。

保罗几乎是耶稣的同代人，他希望在自己有生之年能看见基督再临。马可将圣殿的摧毁视为世界末日的开始。但是当《马太福音》和《路加福音》写成时，基督再临已经被认为比较遥远了。即便如此，早期基督徒仍然沿袭犹太教的传统，为自己设想一个神学上的特殊位置：他们抛弃希腊化思想，不仅是因为它的多神论，也是因为它对世界的混杂的理解方式；他们坚持历史的独特性——神明在特定时期通过某一个人显现出来。他们对这个特殊事件和特殊地方的关注，不管有多偶然，是迄今为止蕴育的最
170 伟大思想之一。

8

公元 0 年的亚历山大港，西方和东方

当然，0 年是不存在的，原因有几个。一个原因是当时还没有发明 0，0 出现于大约公元 7 世纪的印度。另一个原因是那时候世界上的许多人都不是基督徒（现在也一样），他们计算时间的方法完全不同。第三个原因是西方使用了若干个世纪的纪年法——公元（AD）是 Anno Domini 的缩写，意为我主之年，公元前（BC）是基督诞生之前的意思——直到 6 世纪才被采用。耶稣，正如我们所见，从未试图开创一种新的宗教，所以，与耶稣同时代的人即使听说过他，也从未想过一个新的时代由此拉开了序幕。实际上，直到 8 世纪比德在他的《英吉利教会史》一书中采用了公元纪年法（AD），它才被普遍使用。而公元前纪年法（BC）虽然为比德所提到，但直到 17 世纪下半叶才被普遍使用。[1] 尽管如此，假想一个“0 年”能够使我们一窥古代的时间概念，了解在耶稣生活的时代还存在着哪些其他思想。

在古代世界，对时间的理解因为当地情况，尤其是当地宗教的不同而不同。可确定年代的第一批钱币铸造于大约公元前 312 年的叙利亚，刻

有铸造这些货币的塞琉古时代的年份（“胜利者”塞琉古于公元前321年，即亚历山大大帝死后两年建立了塞琉古帝国[2]）。了解古代时间的基本天文学因素是将地球分为东方（Orient，来自拉丁语，意为“出生、增长、生长”）和西方（Occident，来自拉丁语，意为“倒下、死亡”）。例如，巴比伦人注意到了所谓的“与太阳同时升起的”星星。这一现象使我们能够在黎明之前观察到靠近太阳位置的星星升起。巴比伦人还注意到，随着一年的变化，太阳沿着这些星星以一个似乎规则的圆周来回运动。他们将这些星群分为十二组，无疑因为一年大约有十二个朔望月，并给其命名。这些名字的起源不明，但其中许多是动物名（也许反映在星星的排列上）。希腊人从巴比伦人那里继承了这一习惯，我们才有了黄道十二宫，这个词来源于希腊文 zodion，意为“小动物”。正如一年十二个月中每个月都被分
171 为大约三十天一样，黄道十二宫的每一段也都被分为三十度。对天空的这种划分最终导致我们将包围一个点的完整圆分为三百六十度。[3]

巴比伦人的天文知识传播甚广，直达希腊、埃及、印度，甚至中国（但是其对中国的影响最近受到了质疑）。不同文化之间计时方法的相似性可能由此而来。但是将一天分为二十四小时似乎起源于埃及。在埃及，人们注意到夜晚每隔一段时间就有明星升起，这就是最初人们怎样将夜晚分为十二个时刻的。后来，白天也用同样的方式划分，但是在中世纪机械钟表发明之前，时刻的长度随着季节的变化而变化：夜晚越长，夜晚的时刻也越长，白天的时刻就越短。后来，这种埃及计时法才普及开来。在巴比伦，一天分为十二个贝鲁，在中国则是十二个时辰，在印度则是三十个穆哈拉。在巴比伦，一个贝鲁分为三十杰斯，一杰斯等于六十加尔。在印度，一个穆哈拉分为两个伽地，一伽地分为六十个巴拉斯。换句话说，在古代，人们趋向于将时间分为十二或三十的倍数，而这几乎可以肯定与一年分为（大约）十二个朔望月、一朔望月分为（大约）三十天有关。巴比伦人这种以六十为基数

的六十进制系统也可以解释为什么我们将一小时分为六十分钟，一分钟分为六十秒。正如我们现在熟知的十进制系统，右边的数字只有左边数字的十分之一大（如 22.2），在巴比伦系统中六十是基数。而且，这一细分系统中的名称延续了下来。第一个用拉丁词组表示是“第一小部分”，第二个是“第二小部分”，以此类推。后来，这些词组产生讹误，“第一小部分”只剩下“小”（与英语里的“分”同形），另一词组只剩下“第二”（与英语中的“秒”同形）。第一、第二和其他部分有时用′ 和″ 等表示，至今还在使用。[4]

记录时间最主要的问题在于协调月相周期和太阳周期。太阳支配着四季，这对农业社会来说是至关重要的；而月球控制潮汐，是重要的神祇，并有规律地改变形态。大多数社会在某些时候另外增加月份来克服太阴年和太阳年之间的差异，但是这虽然能够暂时调整时间，最后还需要其他的置闰手段。最重要的闰月是公元前 499 年在巴比伦产生的，但是我们对它的了解主要来源于两个希腊人，默冬和优克泰蒙，他们在公元前 432 年将其传入希腊。所谓的默冬周期有十九年。每年有十二个月，但是另外有七个闰月，分别加在第三、五、八、十一、十三、十六和十九年。一些月份是“满月”（三十天），其他月份为“残月”（二十九天）。这可能看起来过于复杂，但印度人和中国人对其的沿用说明了它的重要性。（魏根深称中国早在公元前 7 世纪就使用了非常类似默冬周期的历法。）在中世纪历书中，标明一年在默冬周期中位置的数字是用黄金写成的，直到今天它们都以“金数”著称。[5]

复活节也来源于这些传统。犹太教和基督教历书都采用了十九年的 172
太阴—太阳周期，因为它解决了为新月确定日期的难题，这对于宗教仪式来说很重要。最初，巴比伦的祭司王需要绝对精确地确定新年日期，因为庆祝仪式被视为对创世神迹的重演，只有精确的对应才能取悦神灵。由此产生了基督教要在准确的日期庆祝复活节的思想，“因为这是上帝（或基督）与撒旦战斗的关键时刻，上帝需要崇拜者的支持来打败撒旦”。[6]巴比伦人似乎还是第一个将阴历月分为七天段的人（每一天代表七个神圣行星之一，或说“漫游者”中的一个，这些“漫游者”不同于恒星，是不“固定”于天空的天体）。每七天以“凶日”结尾，这一天有许多禁忌，同样也是为了取悦神灵。楔形文字记录还显示巴比伦的满月日在每月的第十四或十五天，而这似乎是希伯来安息日的来源。基督徒也将其沿用。每周各天的次序来自一个复杂的时刻表。一天的每个时刻都以七大行星之一命名，按照轨道时间长度依次递减排列，顺序为土星（二十九年）、木星（十二年）、火星（六百八十七天）、太阳（三百六十五天）、金星（二百二十四天）、水星（八十八天）、月球（二十九天）。当确立了以上顺序的循环后，结合一天的二十四小时，接下来每天的第一个时刻依次为：土星、太阳、月球、火星、水星、木星、金星。[7]

古埃及人将一年分为十二个历月，每月三十天，最后再加五天，这五天被认为很不祥。这样的计算方式纯粹出于实用考虑，因为那是尼罗河在赫里奥波利斯地方泛滥的平均间歇期（尼罗河泛滥是埃及人生活中最重要的事件）。埃及人很快发现，一年实际上还要稍微长一点，为 365.25 天，因此做了调整。他们还发现，尼罗河涨潮恰好发生在最后一颗星——天狼星出现在地平线的时刻。这颗星“与太阳同时升起”的时刻成为所谓“天狼星”历法的固定点，比尼罗河的泛滥更有规律、更加精确。天文计算显示，两种历法（前天狼星历法和天狼星历法）的第一天在公元前 2773 年重合。学者得出结论，这必然是天狼星历法启用的年份。所以对埃及人来说，无论他们知不知情，0 年实际上是公元前 2773 年。[8]

希腊人有两种时间观念：神圣的或永恒的时间，以及普通时间。在希腊，有一种观点认为时间是仲裁者。在雅典的法庭上，人们使用水钟，或称滴漏，将演说限制在半小时之内。[9] 在公元前 432 年默冬周期传入希腊之前，人们一直使用一种八年的周期，“八年法”。这个历法中一年有十二个月，每个月交替有三十天和二十九天，总计三百五十四天。每隔一年增加一个三十天的闰月，以此与太阳周期相协调。这意味着这种历法在八年之后会与月球运动整整相差一天。前 6 世纪后期，希腊人每八年将闰月去掉，这种八年周期成为基本的时间段。时至今日它依然存 173
在，奥运会每四年举行一次，四年就是半个“八年法”。[10] 希腊人有时以当时的执政官（每年选举产生）来确定事件的时间，有时参照奥林匹克运动会。第一届奥林匹克运动会被认为于公元前 776 年举行，照这样计算，亚历山大港建于第一百一十二届奥林匹克运动会之后的第二年，记为 112.2（我们所说的公元前 331 年）。[11]

《圣经》中只提到了一年中的四个月，但有可能是因为古犹太人使用的太阴历同以秋天为开端的季节年相关。这可以从其他文献证据中得到推断，这些证据表明，如果犹太人发现大麦在亚笔月（“新水果之月”）十六日之前无法成熟，就会插入一个月以保证大麦束能在逾越节之后那天献给上帝。在耶稣的时代，大多数犹太人使用塞琉古历法，它始于公元前 321 年（与第一批确定日期的钱币相吻合），被称为“契约时期”，因为塞琉古人要求所有的法律文件以他们的纪元注明时间。[12] 根据犹太人的计算，世界创始于公元前 3761 年 10 月 7 日，但算法不确定而且复杂。这些“世界纪元”（12 世纪的一种观念）由于犹太文、撒马利亚文、希伯来文和希腊文版本间的矛盾而各不相同。例如，根据犹太希伯来文版本，从创世到亚伯拉罕的出生相隔 1946 年，根据撒马利亚希伯来文版本相隔 2247 年，根据《七十子译本》则为 3412 年。现在人们倾向于认为创世发生于公元前 3761 年。

基督教产生和发展的世界部分受古希腊文化影响，部分受犹太文化影响，还有部分受古罗马文化影响。罗马有许多宗教和许多迷信。一年有那么几天，宗教日历禁止一切交易，船不能离开港湾，例如 8 月 24 日、10 月 5 日或 11 月 8 日。[13] 罗慕路斯，传说中罗马的缔造者，被认为发明了最初的历法，该历法始于 3 月，共有十个月。罗马的第二任国王努马对其进行了修改。努马建立了大祭司团，即以祭司长为首的一群官员。他们的职责包括提供宗教建议、负责罗马的桥梁（它们具有重要的神学意义）、监督历法。后来，罗马的基督教领袖成为祭司长，所以现在的教皇还被称为祭司长。传说是努马增加了 2 月和 1 月（按这个顺序），这样一年有三百五十五天，与月相周期一致。他还增加了一个被称为默西多尼乌斯的闰月，它来源于“工资”（英语单词“雇佣的”即来源于此），因为那是人们领取工资的月份。[14] 公元前 5 世纪出现了进一步改革，1 月（January）成为第一个月。这是因为雅努斯（Janus）是门户之神，以此作为罗马官员开始就职的新年之始很合适。

罗马在公元前 158 年竖立了一个公共滴漏计时器，但是罗马富人有自己的水钟，他们会雇佣奴隶在整点大声向他们报时。[15] 我们今天所用的历法实际上是公元前 45 年 1 月 1 日尤利乌斯·恺撒在罗马开始使用的历法的修订版。前一年，即公元前 46 年，为了同步，天数长达四百四十五天，
174 被称为“最后的混乱之年”。[16] 之所以有这样的变化是因为，之前历法中增加的闰月没有固定的天数，被各怀目的的政客肆意滥用，例如为了延长执政期或提前选举。[17] 恺撒废除了太阴年和闰月，改用太阳年，定为 365.25 天，每四年一个闰年来补齐这另外的 0.25 天。原来 1 月、3 月、5 月、7 月、9 月和 11 月都有三十一天，其他月份三十天，除了 2 月有二十九天。公元前 7 年奥古斯都作了调整，形成我们今天使用的历法，他希望有一个以他的名字命名的月份（罗马古历 6 月）。[18] 官方的罗马历始于春天，3 月

1 日（反映在 9 月到 11 月份的名称上），但这也变了，因为每年选举一次的罗马官员在 1 月 1 日就职。早期基督徒反感这样的安排，认为这反映了异教习惯，他们一度将天使传报节（3 月 25 日，圣诞节的九个月前）作为一年的第一天。7 月至 12 月份的名称来源于拉丁文的五到十，可能非常古老。3 月以战神玛尔斯的名字命名，5 月以春之女神迈娅的名字命名，6 月代表朱庇特的妻子朱诺。4 月可能来源于“开启”，或阿佛洛狄忒。2 月可能来源于一个萨宾词，意思是“净化”。7 月以尤利乌斯·恺撒的名字命名，他为终结历书的混乱做出了很大的贡献。

瓦罗在公元前 1 世纪发明了自罗马建城开始的罗马纪元系统，传统认为罗马城建于公元前 753 年。罗马人还承袭了巴比伦人七天一周的做法（希腊人没有承袭这样的做法），不过他们起初将一个月分成三部分：初一（Calends，我们的“日历”这个单词正来源于此）是一个月的第一天；月中（Ides）是一个月的第十三天或第十五天；五号 / 七号（Nones）是月中的八天前。初一适逢新月，而月中适逢满月。[19] 最初，每周各天没有名称，以数字形式从初一、五号 / 七号和月中往前推算，但是在罗马帝国时代，由于占星术的广泛传播，各天就以行星的名字命名。

早期基督徒认为上帝之国“触手可及”，对于他们来说，时间无足轻重，反正不会很长久（例如保罗写信就不标日期）。最初基督徒沿袭犹太人做法，除了安息日，都以数记日，并不命名。但是随着越来越多的异教徒皈依基督教并随之带来了占星术，基督徒也采用了以行星为一周命名的做法，但是他们将周日作为一周的第一天，因为那是基督复活的日子，也因为这将他们与犹太人区别开来。复活节大约在 160 年引入罗马。根据 G. J. 惠特罗的说法，圣诞节第一次被提到是在罗马历的 354 年。之前，人们庆祝 1 月 6 日，那是耶稣受洗的纪念日，人们认为耶稣在三十岁生日那天受洗。随着基督教的传播，婴儿受洗代替了成人受洗，情况发生了变化，这也导致了信仰的变化。现在认为基督一出生就具有神性，而不是在受洗后才具有。[20]

到耶稣的时代，埃及的亚历山大港（位于东西方之间）几个世纪以来
175 就是学术中心、“算术中心”“典范之地”。亚历山大大帝于公元前 331 年建造了亚历山大港，因为他希望拉近埃及与希腊世界的距离，并想要一个不会受尼罗河泛滥影响的港口城市。亚历山大港从一开始就被构想为“特大城市”，布局如同马其顿式的军用斗篷，它的城墙仿佛能“无限”延伸到远方，它的街道比任何其他城市的街道都宽阔，其理念基于亚里士多德对理想城市的构想：棋盘式街道布局，使城市既受惠于海上清风，又保护其不受大风袭扰。[21] 亚历山大港的三分之一是“王室领地”，城市位于地中海东端，交通便利，是贸易中心，尼罗河和红海在其附近形成一个国际交汇处，从非洲内陆和亚洲而来的商队路线交汇于它的海岸。亚历山大港有两个港口，其中一个就是著名的法罗斯岛灯塔所在地，该灯塔高一百四十四英尺，三十五英里以外也能看见，是古代奇迹之一。[22] 亚历山大死后，他的将军们互相争斗，帝国分裂，塞琉古控制了帝国的北部，包括以色列和叙利亚，而埃及部分则由托勒密一世统治，至少从公元前 306 年开始。

但是最令亚历山大港闻名宇内的还是学术。根据传统说法，当亚历山大决定把此处作为新城市的理想之地时，他同时下令修建一座图书馆献给缪斯女神。这个想法并不新鲜，据我们所知，巴比伦和地中海沿岸的其他地方都建有图书馆，特别是在帕加马和以弗所。但是从一开始，亚历山大港就比其他地方更有雄心，用一位学者的话说，“一个学术产业”在那里启动了。[23] 早在公元 283 年，一个由三十至五十名博学之士（仅限男性）组成的团体在图书馆成立，他们拥有特殊的地位：这些学者享受免税待

遇，而且在城市的王室领地享受免费食宿。图书馆由国王指定的学者型馆长主持，他同时又是王室的老师。[24] 图书馆有多个侧厅，厅内沿着走道摆有一排排书架，或叫“太克”，还有保存着不同类别学术文献的壁龛。图书馆有讲座厅和一个植物园。

第一任馆长是德米特里，到公元前 3 世纪他的较著名的继任者卡利马科斯担任馆长时，图书馆已拥有超过四十万卷混合书卷和九万卷单一书卷。后来，坐落于塞拉比斯神殿的塞拉皮翁分馆藏有另外四万书卷。塞拉比斯是一个新的埃及化希腊神，原型可能是希腊神话中的死神哈得斯。卡利马科斯是世界上首次提出使用分类目录的人，其影响之一就是到公元 4 世纪，来到图书馆查阅书籍的学者一次竟多达百人，他们互相讨论。这一卓越群体存在了将近七百年。学者用莎草纸书写，亚历山大港一度对莎草纸进行过垄断，后来当埃及国王为了扼杀其他地区，尤其是帕加马建造的图书馆而停止莎草纸出口后，学者改用羊皮纸书写。[25] 莎草纸和羊皮书籍都是书卷形式（从长度来说一卷相当于我们所说的一章），由亚麻或皮革罩好，存于架子上。至罗马时代，不是所有的书都是书卷：出现了书册，它们被保存在板条箱内。[26] 176

图书馆还有许多所谓“转写人”，实际上就是翻译人员。亚历山大港的国王们（托勒密家族）为了获得希腊、巴比伦、印度和其他地方的所有智慧，非常急迫地想获得他们没有的书籍。尤其是托勒密三世尤尔格特斯的使者遍寻地中海，他自己还写信给已知世界的所有君主，向他们借书抄写。当他从雅典借到欧里庇得斯、埃斯库罗斯和索福克勒斯的作品时，他将原本据为己有，归还的是摹本，放弃了担保金。同样，所有经过亚历山大港湾的船只都必须将携带的所有书籍寄存于图书馆，这些书经人抄写，归类为“泊来之书”。大多数时候归还的也是摹本。这种孜孜不倦的“收集”使亚历山大港图书馆在古代文明世界扮演了极其关键的角色。[27]

在亚历山大港成名的学者中有欧几里得，他可能在托勒密一世在位期间（前323—前285）创作了《几何原本》；还有提出太阳系日心说基础的阿里斯塔克斯；“伟大的几何学家”佩尔吉的阿波罗尼奥斯，他在亚历山大港写出了影响深远的关于圆锥截面的书。罗得岛的阿波罗尼奥斯是史诗《阿耳戈船英雄纪》（约前270）的作者，他介绍了叙拉古的阿基米德，后者观察了尼罗河涨落之后发明了使他闻名遐迩的螺旋抽水机。阿基米德开创了流体静力学，用自己的方式计算面积和体积，这成为一千八百年后微积分的基础。

之后的一位馆长厄拉多塞（约前276—前196）是地理学家兼数学家，阿基米德的好朋友。他认为地球上的所有大洋彼此相通，某一天人们可以环绕非洲航行，“从西班牙往西航行可以到达”印度。厄拉多塞计算出一年的正确长度，提出地球是圆的，并计算出其直径，误差在50英里以内。他的计算方法如下：选择两个距离已知的地点，北方的亚历山大港和南方的赛依尼（今天的阿斯旺），当时认为赛依尼正处于北回归线上，这意味着夏至那天太阳垂直照射，不会有阴影。同一天，在亚历山大港，他将一根竖立的杆作为日晷固定在一个碗中，即一个凹半球的中心位置。杆投射的阴影占了碗表面的1/50，因此厄拉多塞计算出地球周长为50×5000（=250000）斯塔德（之后调整为252000斯塔德，为了更方便除以60）。250000斯塔德相当于25000英里，与今天稍低于26000英里的计算结果相去不远。[28] 厄拉多塞还开创了年代学，仔细确定了特洛伊陷落的时间（前1184）、第一届奥林匹克运动会的时间（前776）和伯罗奔尼撒战争爆发的时间（前432）。他开创了后来尤利乌斯·恺撒实施的历法，还想出了确定质数的方法。在学者圈中，他被称为“老二”（柏拉图是“老大”）。[29]

欧几里得的《几何原本》被广泛认为是古往今来最有影响的教科书。

该书成书于公元前300年左右，至今已有大约一千种版本，成为大概是仅次于《圣经》的再版最多的书（它的内容至今还在中学教授）。欧几里得 177
（Euclid，其中eu意为“好”，kleis意为“钥匙”）很可能在柏拉图的学园就读过，但可能没见过这位伟人本人（欧几里得大约公元前330年出生于雅典）。虽然没有提出自己的观点，但他的《几何原本》被视为至他为止的一部希腊数学史。[30] 书的开头是一系列概念：点（“没有长度和宽度”）、线（“没有宽度的长度”）、各种角和面，然后是五个公设（如“从任何一点到另一点都可以画一条线”）、五个公理，如“与同一个东西相同的所有东西之间都相同”。[31] 后面的十三卷，或十三章，探讨了平面几何、立体几何、数论、比例和他著名的“穷举法”。[32] 欧几里得展示了怎样用内切多边形来“穷举”一个圆的面积：“如果我们成功地使多边形的边加倍，我们最终能将多边形的面积（已知）与圆的面积（未知）之差减少到比我们所选择的任何单位都小的地步。”（见图8）欧几里得著作的一个影响是，和雅典人不同，亚历山大港人将数学视为完全独立于哲学的一门学科。[33]

佩尔吉的阿波罗尼奥斯是一位数学家兼天文学家。他出生于潘费利亚（位于小亚细亚南部）的佩尔吉，求学于帕加马，成名于托勒密三世统治下的亚历山大港，公元前200年去世。他的很多著作都散失了，但他的《圆锥曲线论》和欧几里得的《几何原本》一样，在古代世界保存了下来，没有受到改动。他是一个猜疑心很重的人，被称为“艾普西隆”，因为在缪斯园图书馆他总是住希腊字母中第五个字母的房间。在《圆锥曲线论》中，阿波罗尼奥斯研

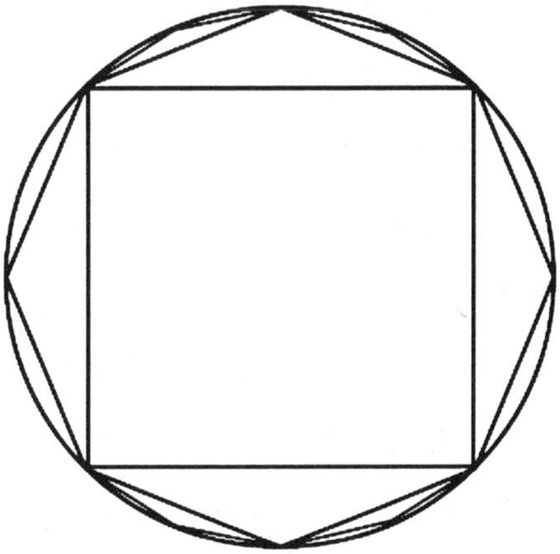

图8 欧几里得的“穷举法”

究了椭圆、抛物线和双曲线（将一个圆锥体分别以锐角、直角和钝角切割所产生的平面图形），并提出了对其定义和描述的新方法。圆锥体后来在光学和天文学中都很重要。[34] 在他的天文学著作（他在全部公开之前会拿给同行评议）中，阿波罗尼奥斯依靠克尼多斯的欧多克索斯提出的本轮来
178 解释行星运动。这一系统设想行星围绕一个点进行小周期运动，而这个点围绕地球进行大周期运动。在当时椭圆轨道还未曾为人考虑的阶段，这是唯一符合观测的数学理论。[35]

希腊化时期最有趣也是最多才多艺的数学家是叙拉古的阿基米德（前287—前212）。他应该在亚历山大港与欧几里得的学生一起学习过很长时间，并和那里的学者经常保持联系，不过他主要住在叙拉古，也在叙拉古去世。第二次布匿战争期间，叙拉古卷入了罗马和迦太基的争斗中，由于站在迦太基一边，叙拉古在公元前214至前212年被罗马人围困。普鲁塔克在罗马将军马凯鲁斯的生平传记中告诉我们，在这次战争中，阿基米德发明了许多巧妙的武器对付敌军，包括石弩和焚烧罗马人船只的燃烧镜。但是无济于事，城市最终陷落，虽然马凯鲁斯下令赦免阿基米德，他还是被一个罗马士兵用剑刺死了，当时他正在沙地上画数学图。

阿基米德本人不太重视自己的发明。他更感兴趣的是理论，其涉猎之广泛令人惊叹。他在《论平面的平衡》中讨论了杠杆，在《论浮体》中讨论了流体静力学。后者引发了他下面所说的著名论断："任何比液体轻的固体，如果放在液体中，完全浸入，其排出的液体重量等于该固体的重量。""比液体重的固体，如果放在液体中，会沉入液体底部，如果在液体中称重，所得重量等于其实际重量减去其排出的液体重量。"[36] 他还研究了大数，这促使几个世纪以后对数的产生。他还是将圆周率计算得最为精确的人。[37]

希腊化时代亚历山大港最后一位伟大的数学家是克劳狄·托勒密，活跃于127至151年。（这里的托勒密指的是他出身的城市区域；他与亚历

山大港的王室托勒密家族没有亲缘关系。）他的著作最初叫作《数学汇编》，有十三卷或十三章，但因为它常被人与其他（次要的）作者的作品比较，渐渐被称为“最伟大的”。后来在穆斯林世界，人们习惯用这个词对应的阿拉伯语“天文学大成”，而这也是托勒密这部书最广为人知的名字。[38]《天文学大成》是一本主要关于三角法的书，即与三角有关的数学分支，涉及角和边的长度有什么关系，它们与包含它们的圆有什么关系。反过来，这些又与天体轨道和地球上观测者看到行星的角度有关。《天文学大成》第七和第八章列举了一千多颗星，按照四十八个星座排列。

到公元前 3 世纪中期，萨摩斯岛的阿里斯塔克斯就已经提出了地球绕太阳运动说。大多数其他天文学家，包括托勒密，对此持怀疑态度，因为他们认为如果地球如此运动，那么天上“固定”的星星就会改变彼此相对的位置，但它们没有。托勒密通过他的三角法计算——计算弦和弧（类似正弦函数）——发展出了他的行星周期和本轮系统，被称为托勒密系统。
这一系统将宇宙设想为以地球为中心，其他天体围绕这个中心沿着一个大 179
圆周运动（均轮），同时如欧多克索斯所设想的，绕它们的轴自转。

托勒密的另一部伟大著作是《地理学》，该书有八章。在亚历山大港，赋予地理学重要性的是斯特拉波，他记录了这一学科和他的旅行历史，证明“埃及”最初指的只是沿着尼罗河的一片狭长土地或“地带”，后来向东西扩展，最终包括了塞浦路斯。斯特拉波还注意到了海洋的凸起。[39]但托勒密更加理论化，更有创新精神。他的《地理学》阐述了我们今天所使用的纬度和经度，记载了大约八千座城市、河流和地球上的其他景观特征。当时还没有令人满意的确定经度的方式，结果，托勒密严重低估了地球的大小，选择了庞培和西塞罗的斯多葛派老师波希多尼计算的 18 万斯塔德，而不是厄拉多塞计算并经喜帕恰斯修改的 25.2 万斯塔德。这一错误的主要后果之一就是后来的航海家和探险者认为向西航行至印度的路途没有实际那么遥远。如果哥伦布没有被这样误导的话，他可能就不会冒险开始他的航行了。托勒密还是第一个绘制地球投影的人，即在平面绘制地球。[40]

亚历山大港延续着自己作为希腊化时代数学中心的历史：亚历山大港的墨涅拉俄斯、希伦、丢番图、帕普斯和普罗克洛斯都继承了欧几里得、阿基米德、阿波罗尼奥斯和托勒密的学说。我们不应该忘记，希腊数学和科学的伟大时代一直从公元前 6 世纪延续到公元 6 世纪初，反映了一千多年的学术成果。没有哪个文明在这么长的时间内取得了这么多的成就。[41]

在亚历山大港，数学，或至少说数字，有着非常重要和不同的一面。所谓的俄耳甫斯秘仪强调秘密和神秘主义。根据马尔西利奥·费奇诺在 15 世纪的论述，古代世界有代代相传的六位伟大神学家。琐罗亚斯德是“东方术士之首”；第二位是赫耳墨斯·特利斯墨吉斯忒斯，埃及祭司的首领；俄耳甫斯继承了特利斯墨吉斯忒斯；其后是阿格劳法穆斯，他把毕达哥拉斯带入了这一神秘教派；毕达哥拉斯又传给了柏拉图。在亚历山大港，柏拉图的继承者克莱门特和斐洛创立了人们所知的新柏拉图主义。

俄耳甫斯秘仪基于三个理念。一是数字的神秘力量。数字的存在、它们的抽象性和它们的行为与宇宙中的许许多多事情紧密相连，使古人长期为之着迷，（人们认为）它解释了宇宙和谐的原因。[42] 二是数字的抽象特点还强化了抽象灵魂的概念，而这又进一步带来了更重要的救赎概念，即人们相信未来通过轮回或化身可以获得天赐之福。最后是流溢原则，即存在永恒的“善”，也就是“太一”或“单子”，万物从中衍生。如同数字，善也被认为是一个抽象的本质存在。在单子和物质世界之间，在完全抽象的精神与感觉之间，灵魂占据中心位置。根据俄耳甫斯教义，单子将影响投射于物质世界，灵魂的任务就是运用感觉来抓住它。用这种方式，通过一次又一次的化身，灵魂进化到无须化身为止。一系列获得真知的狂喜时刻产生一种称为灵知的知识形式，“头脑与所感知的事物融为一体”。可见来源于琐罗亚斯德的这一思想是世界上许多主要宗教的基础。除了前面章节讨论的其他信仰，这也是一个核心信仰。

毕达哥拉斯尤其相信对数字与和谐的研究能够获得灵知。对他的学派来说，1 不是一个真正的数字而是数字的“本质”，数字系统从中衍生。将 1 分为 2 创造了一个三角形，一个三位一体，这是最基本的和谐形式，在许多宗教中都可以找到呼应。柏拉图最带有神秘主义色彩的地方是，他宣称存在一个基于数字与和谐的“世界灵魂”，万物由此而来。但是他又做出了很重要的修改，称达到灵知的途径是辩证法，即对观点的批判性认识。[43]

根据传统，基督教于公元 1 世纪中叶传入亚历山大港，其时福音传道者圣马可到达此地传播新宗教。最全面理解柏拉图主义与基督教之间相似性的是亚历山大港的克莱门特（约 150—215），但是斐洛将两者融合起来。毕达哥拉斯和柏拉图学派已经在亚历山大港存在了一段时间，受过教育的犹太人非常清楚犹太思想和希腊思想的相似之处，以至于他们中的很多人认为俄耳甫斯教只是“《旧约》首五卷未曾记录的溢出部分”。斐洛是一个典型的亚历山大港人，他“从不依赖事物的字面意思，而是寻求神秘的象征性解释”。他认为我们可以通过神圣的思想“联系”神，思想是“神的想法”，因为它们赋予“不成形的物质”以秩序。与柏拉图一样，他对人持二元看法:“在居于非尘世的纯洁灵魂中，那些靠近地面的灵魂被理智生命吸引，降落在他们的体内。”灵魂是“人的向神面”。当灵魂回归神时，人获得拯救。[44]

阿蒙纽斯·萨卡斯（卒于 242 年）继承了斐洛的理念，他在亚历山大港教书五十多年。他的学生有异教徒和基督徒，包括一些著名思想家，如普罗提诺、朗基努斯和俄利根。对阿蒙纽斯来说，神是三重的：本质、智慧、力量，后两者是本质的流溢（这种方式反映了数字的行为）。对阿蒙纽斯和其他新柏拉图主义者来说，神的性质不能仅仅通过智慧知晓，智慧只产生“意见和信仰”。这是早期基督徒和希腊人的主要区别：对基督徒来说，需要的只是信仰。但这不符合希腊人的理性传统。新柏拉图主义者（就像之前的俄耳甫斯教徒一样）提出，实际上属于第三种知识形式的灵知是可以经验的，并不完全属于智慧的管辖。哲学和神学帮助一个人到达灵知的境界，基督教的理念（只需要信仰）对新柏拉图主义者来说削弱了灵魂的进化说。对于从亚历山大港移居到罗马的普罗提诺来说，灵知（对神圣的认知）只能通过行善、经历善，以及在获得单子或太一的自省和自
181 知中运用智慧才能达到。这不是基督教；但它的神秘元素、它关于三位一体的理念、三位一体的理由（甚至比基督教的三位一体更难理解）和它对智慧及辩证法的运用，确实帮助形成了早期基督教思想。《圣经》释义的概念、禁欲主义、隐逸主义、隐修主义的践行都能在俄耳甫斯秘仪、灵知和新柏拉图主义中找到。[45] 我们要理解（甚至撰写）和展示早期基督教和现在的基督教有什么不同，是很困难的。

克莱门特认为所有的知识（灵知、哲学、理性）都是基督教的基础。例如，人类早期阶段对天体的崇拜，“是为了从这些令人敬畏的天体进而崇拜造物主”。[46] 他说，圣父是哲学家的绝对真理，圣子是上帝的理性（“道”）。由此他认为一个基督徒的生活就是情欲将他向下拖拽和信徒严格要求之间不可避免的冲突。人是为了沉思上帝而被创造的，所有的知识都是为此做准备，所有的行为都指向这一目的。

亚历山大港早期新柏拉图主义基督教世界至少发生了两次激烈的争执。第一次发生在 2 世纪，起因是异教徒哲学家瑟尔苏的专著《真言》。瑟尔苏无法理解为什么那么多犹太人背弃了他们祖先的神圣戒律，而皈依新的宗教。瑟尔苏抨击弥赛亚，指出他出生于一个小村庄，母亲是一个与

士兵通奸之后被丈夫休弃的女人。他不无讽刺地说，这可不像一个神的出身。他又将耶稣的所谓疗病能力与“埃及巫师”做比较，这些巫师“每天都在集市上为了几个小银币”表演与弥赛亚类似的戏法。“我们不叫他们上帝之子，我们叫他们无赖和流浪汉。”[47] 瑟尔苏坚持认为人类并不比狮子或海豚更受造物主的青睐，基督徒所持的只有他们才掌握神圣知识的观点是很荒谬的，救赎和赐福的“承诺”只是妄想。但瑟尔苏不仅仅是一个善辩家，也是一个能干的研究者。他说明了撒旦的概念源自哪里，巴别塔的故事只是剽窃了早期的希腊思想，天堂来源于柏拉图的一个概念。基督教就是一堆“借来的”、思想上支离破碎的大杂烩。

他的指控一个多世纪都没有人回应，直到克莱门特的追随者之一俄利根·阿达曼提乌斯毅然承担了这一任务，他更为人所知的名字是俄利根。他很小心，没有去反驳那些无法反驳的部分，而是指出宗教信仰总是比哲学更有益，更能满足情感需要，更能提升道德，只要基督徒过着有道德有收获的生活，基督教就有存在的意义。

但即使是俄利根也认为圣父和圣子的本质是不同的，不属于同一个三位一体。实际上，他认为两者之间相差巨大，圣子远远低于圣父，根本不应该受到崇拜。这一观点在撼动基督教的第二次大辩论，即所谓的阿里乌异端中找到了共鸣。不仅仅是共鸣。我们无法确定阿里乌出生于利比亚还是亚历山大港，可以确定的是他成年后生活在亚历山大港。他似乎是个好争论的人，曾两次被亚历山大港的主教处罚，但他最著名也是最惹麻烦的观念是对基督神性的质疑，宣称耶稣是“被造出来的”，因此完全不同于（且低于）上帝圣父。这成为亚历山大港街头巷尾热议的 182
焦点，还发生了流血事件。对阿里乌来说，耶稣介于上帝和世界的中间，他先于时间和所有生物而存在，是上帝思想的执行者。但耶稣是被造出来的，阿里乌说，不是以圣父的本质所造，而是从虚无中产生。[48] 因此耶稣不是永恒的，也不是不变的。阿里乌在论辩中指出，基督曾在圣经中说："因为父是比我大的。"

第一次世界性基督教会议于公元325年在尼西亚召开，以解决这一问题。会议做出了驳斥阿里乌的决议，确定圣子与圣父具有相同的本体。阿里乌拒绝接受这一决议，但即使如此，他还是被准许回到亚历山大港。然而，他刚回城，就在去教堂参加重新入教仪式的路上胃痉挛发作，肠子排出体外，"大量"出血，几乎立刻就毙命。之后好几年，亚历山大港人都避开阿里乌的死亡地点。

还有最后一种需要考虑的亚历山大港思想：经验主义。我们知道，古埃及有"大量"医生，不过当时的医生主要是理论家（术语为伊阿特洛索菲者）。也就是说，医生对于疾病是怎么产生的、什么治疗手段可能会起作用有很多理论，但他们不会做实验来验证他们的理论。还没有人想到这样做。但是似乎在公元前3世纪初的亚历山大港，至少有两个医生，希罗菲卢斯和埃拉西斯特拉图斯，获准对"经国王允许从监狱中"获取的犯人身体进行解剖。这些实验震惊了许多市民，但活体解剖带来了太多的新发现，以至于"用希腊语都不能对其全部命名"。[49] 他们俩都应该感谢亚里士多德，他与斯多葛派学者实际上已经提出了尸体的世俗化，认为"所有事物在道德上中立"。[50]

希罗菲卢斯取得了两点进步。一是在医学领域建立了"小"文化，即对身体微小结构的认知。他发现了神经的存在，精确地区分了运动神经和感觉神经，分辨了脑室、眼角膜和视网膜。他是第一个精确描述了肝，对胰腺、卵巢、输卵管和子宫进行深入研究的人。他揭开了子宫的神秘外衣以及排除了子宫在主人情绪激动的时候会动的观念。[51] 他的第二个成就是对身体的数学处理，认为胚胎的发展有阶段性，疾病（如发烧）有周期性，并提供了关于脉搏的一套定量理论。他认为，脉搏在生命的不同阶段会发生变化，每一阶段都有特别的“音乐”或节奏。婴儿阶段首先是抑抑格（∪∪），青少年阶段是扬抑格（—∪），鼎盛期是扬扬格（— —），老年是抑扬格（∪—）。他制作了一个可携带的滴漏计时器来测量病人的脉搏。[52] 他还注意到伤口的几何图形：圆形伤口比其他伤口愈合得慢。

在某种程度上，按照我们今天的看法，埃拉西斯特拉图斯在数学化的道路上比希罗菲卢斯走得更远，他认为身体是机器的一种形式，所有的生理过程在它们的物质特征和结构方面都是可以理解的。[53] 他说，血和空 183
气从心脏和肝通过动脉机械地流动，灵力通过神经从大脑辐射出去。他认为，心脏就是一个风箱，有防止倒流的瓣膜。此时克特西比乌斯已经发明了两箱水泵，尽管我们不知道是埃拉西斯特拉图斯借鉴了克特西比乌斯还是克特西比乌斯借鉴了埃拉西斯特拉图斯。不过，埃拉西斯特拉图斯确实认为身体是有目的的，他不是一个像诸如启蒙时代法国生理学家那样的纯机械论者。[54]

纵使有着令人震惊的性质，产生了令人惊讶的结果，实验医学（或说无论什么实验）似乎没有流行开来。一千四百年后，实验才被当成一种严肃的方法。[55]

另一方面，虽然实验没有流行开来，另一种形式的经验主义却很流行。其创立者是科斯岛的菲利努斯，他与希罗菲卢斯走上了不同的道路。我们对菲利努斯知之甚少，我们所知道的是来自2世纪希腊的著名医生盖伦。菲利努斯写了许多关于亚历山大港医学经验主义的书，告诉我们，他们已经抛弃了理论（当时认为理论就是能够通过“精神之眼”看到的），转而认为真正的见解只能通过观察在某一状态下发生了哪些情况（这样一组观察资料被称为“症状”）而得到。另外，对菲利努斯来说，有三种方式可以获得这种经验：第一，仔细观察；第二，分析类推，使医生能够初步判断适用于身体一部分的药物可能也适用于另一部分；第三，早期书卷和书册的研究成果。这样，记录希波克拉底医学传统的作品就或多或少被当成了一种研究工具（套用今天的话），它增强了，而不是削弱了该传统权威性。后来盖伦在 2 世纪重新发现了实际调查的重要性。但他也是个学究派，经常借助图书馆，或出没在专卖医学书籍的书商之间。很多个世纪以后，医学才会向经验主义传统敞开大门，而这一传统在今天使我们受益良多。[56]

到 0 年，亚历山大港在两个很重要的方面发生了改变。公元前 48 年，一场大火至少摧毁了伟大图书馆的一部分。一些记载称大多数书都丢失了，其他记载称受灾的主要是塞拉皮翁分馆，还有一些记载则称图书馆主体在之后的 6 世纪被阿拉伯人毁灭。但是，正如我们将要看到的，阿拉伯人只要找到希腊和近东的书籍资料就会想方设法保存下来，因此穆斯林不太可能故意摧毁这座图书馆。但可以肯定的是，亚历山大港图书馆的毁灭是导致古代思想遗失并且多个世纪都没有恢复的原因之一。

但是，亚历山大港在公元前 2 和前 1 世纪发生的主要变化是，主导的学术形式发生了变化。自然知识（我们所说的自然科学）受到的重视在降低，文学、文学批评和“保管学术”越来越受重视。[57]“至公元纪年之初，亚历山大港精心收集、整理、系统化并保存了有关巴比伦、埃及、犹太和希腊思想的所有知识。亚历山大港成为西方传统的以文本为中心的
184 文化基础。”[58] 亚历山大港书籍边缘的注释（scholia）就是英语中“学者”（scholar）和“学术”（scholarship）的词源。

如同其他地方一样，在印度，纪年方式取决于人们信仰的宗教。班智达·尼赫鲁在 1953 年的文章中称，即便在那时也有三十种以上的历法。[59] 吠陀经中的历法一年有十二个月，每个月三十天。一年分为两部分，太阳

向北移动时为乌塔拉雅拿，向南移动时为达西拿雅拿。一年有六个季节：春季、热季、雨季、秋季、寒季、露季。公元1世纪出现了若干天文学著作，统称《悉檀多》，它们体现着巴比伦和希腊的影响，尤其体现在将时间分为更小的六十份和黄道十二宫的命名上。[60]

公元前1世纪以前，佛教徒以佛的涅槃（而不是诞生）纪年，传统上认为是公元前544年，但是许多印度人以王朝的年号纪年。耆那教徒也用类似的方式，以公元前528年大雄的去世为标志。公元前1世纪之后，印度教徒使用两种方式之一。毗克罗摩时代开始于公元前58年，根据耆那教经典《十二安伽》，这是在毗克罗摩阿迭多征服塞种人之后。印度教徒在使用这种纪年时，将它称为毗克罗摩萨维塔，或简称萨维塔。但是传播最广且印度仍在使用的纪年法可追溯至开始于公元78年的塞种时代。塞种时代以迦腻色迦王的即位作为开始。迦腻色迦王是一位伟大的贵霜国王/皇帝，他统治着辽阔的疆域，并定都富楼沙，或叫白沙瓦，那里至今仍然保存有一座直径近一百米、高据称有两百米的巨大纪念碑遗迹。人们认为塞种人来自斯基泰，即伏尔加河以西、黑海以北的高加索地区。[61]

到耶稣基督时代，地中海世界和印度西部及北部地区有多种联系。到贵霜时代（公元1世纪中期），印度的钱币上已经铸有希腊、波斯和印度的众神混合像。[62]公元前1世纪晚期，到埃及以及更远地方游历的印度人数量激增，文学作品中也有几处提及，公元前17年贺拉斯所作的一首颂歌中就提到了罗马的印度人和斯基泰人。[63]一位佚名的亚历山大港船长于公元50至120年之间的某个时间所著的《厄利特里亚海航行记》描述了红海及印度沿岸的各港口，其中包括西印度港口的许多细节。[64]若干古印度文学著作中提到希腊人时使用了“亚瓦纳斯”一词，这个词据称来自“伊奥尼亚”。[65]印度发现了大量的阿雷佐红釉陶器以及罗马钱币。这些钱币由于其稀有的金属材质而被广为搜求。其他有关游历的信息则是现实和浪漫的怪诞结合。塞琉古国王的使者麦加斯梯尼在约公元前300年出使印度后，在报告中称一些印度部落的人长有狗的脑袋，并且像狗那样吠叫而不是讲话；他称另外的人脚向后生长，或没有嘴巴，并且河中有时发现金子。[66]但是他也报告了印度有专门官员负责修理河道或保护外国人，以及
185 沿路每隔一定的距离就摆放柱子来指示距离，这些都十分准确。[67]

但是佛教和基督教之间密切的关系或许是这个时期最饶有兴味的问题。鉴于佛教比基督教早几百年，我们可以认为，如果有哪一方借鉴了另一方，那么一定是基督教借鉴佛教。三藏经（“三个篮子”），即通常说的佛经，在公元前3世纪护法王阿育王时期就至少以某些形式（很可能是口头形式）存在。[68]佛和耶稣之间除了具体的相同点外，最惊人的是他们人生故事的整体相似度。让·塞德拉对他们的故事做了研究后，指出两个人物都由“没有性经历”的女性所生。他们降临到世界之时，神将这一消息告诉了一位年长的圣人，圣人预言了婴儿未来的荣耀。他们都实现了一个古老的预言，在长大之后成为“苦行者和传教者”。他们都能够掌控自然、妙手回春，并且在死后不久都化身。他们的故事都以巨大的地震结束。两人都派出了门徒。[69]一些具体的相同点也同样引人注目。佛的故事中，圣人阿斯陀从天宫众神那里得知未来之佛诞生的消息后，赶去看望这个婴儿并预言他的命运。《路加福音》告诉我们，圣灵向西蒙透露，在未见到弥赛亚之前他不会死去。前往神庙（按照犹太传统，马利亚和约瑟将耶稣带到那里向上帝展示）的途中，西蒙预言“这孩子被立，是要叫以色列中许多人跌倒，许多人兴起”。同样，与《圣经》里的彼得一样，佛经里也描述了一位僧侣徒步行走在阿什拉瓦蒂河的河面上，最后因丧失信仰而沉入河底。[70]让·塞德拉也指出，两种宗教都提倡爱的伦理、不抵抗暴力、自我克制、放弃世俗享受并且赞成独身，并总结说：“佛教和基督教伦理之间大量存在的相似之处都归因于它们重视来生的相似态度。”例如，两种宗

教中，死后获得救赎的目标都无比重要。塞德拉认为虽然两者彼此借鉴，但《次经》借鉴得更多。在《次经》的大多数故事中，“佛教故事很可能是原型”，[71] 两者的相似之处可能并不像一眼看去的那样意义深刻。

有关基督教和印度之间的关系，最著名的例子是耶稣最早的十二门徒之一多马。根据一部可能作于公元 3 世纪美索不达米亚西北部埃德萨的叙利亚文资料《犹大·多马行传》，耶稣的门徒在耶稣受难后将已知世界进行分配，各自传教，印度被分给了多马。[72] 今天，在印度西南的马拉巴尔海岸，有一个由两百万印度基督徒组成的群体，他们认为自己的教派是多马创立的。根据当地传说，他在约公元 50 年到达这里并且建立了七座教堂。[73] 除了马拉巴尔群体，没有其他任何人认为最先建立印度基督教派的那个多马就是《圣经》中那个叫多马的门徒，但是基督教确实在印度产生了一些有趣的影响。特别是公元 2、3 世纪印度教两个主要分支中的毗湿奴派。被认为是毗湿奴主要化身的神叫黑天。正如欧洲传教士在 18 世纪发现的那样，在某些印度方言中，黑天的发音是“克利须他”，与基督（Christ）的发音一模一样。正如让·塞德拉所讲：“黑天派或许是基督教的 186
讹化形式，这具有理论上的可能性。”[74] 两种宗教之间存在相同之处，但事实是，黑天这个名字可以追溯到公元前 6 世纪。我们又一次无法找到一个完整的答案。[75]

在我们所称的公元 0 年，印度次大陆分裂为多个国家。孔雀王朝已于公元前 180 年灭亡，笈多王朝直到公元 320 年才出现。

用一位历史学家的话说，用“‘古典’一词来形容孔雀王朝时代，就像用它来形容古希腊和古罗马时代一样当之无愧、具备充分的理由，因为它是印度政治统一和道德重建的典范”。[76] 孔雀王朝定都于北部的华氏城，并产生了两位非常不同的领袖，以及一部经典著作。第一位领袖在历史上长期被认为是旃陀罗笈多。塞琉古王朝的使者麦加斯梯尼的无稽之谈所形容的正是旃陀罗笈多帝国，也正是旃陀罗笈多被18世纪印度的一位英国法官威廉·琼斯于灵光一闪中意识到与犍陀罗笈多是同一个人。犍陀罗笈多被称为“印度的恺撒”，他留下了最伟大的帝国，疆域从孟加拉国延伸至阿富汗。[77]

旃陀罗笈多与犍陀罗笈多的联系是威廉·琼斯法官瞬间的洞察。对他们关系的另一洞察来自詹姆斯·甫林切补的智慧。甫林切补是加尔各答英国铸币厂的检验员，他在1837年的发现被约翰·凯伊称作“解开印度古代历史之谜的最重要发现”。[78]甫林切补对坐落在印度中部博帕尔附近桑吉的一座巨大佛教窣堵波（纪念碑）很熟悉。窣堵波上刻有用不知名的文字写成的铭文。这种文字在印度其他地区也有发现。山丘上、悬崖上、巨大的石柱上都有它的踪迹。许多铭文似乎都在说同样的内容。甫林切补最终将这种语言确认为梵语的一种派生语言——巴利语。它流行于佛陀时期，具有重要意义。事实上，正如甫林切补猜想的（因为许多铭文都很相像），它是佛经使用的语言。在某种程度上，甫林切补只猜对了一半。巴利文是佛教圣语，但是这些铭文却不只具有宗教用途；它们也包括“确信无疑的政治条文……一位君主的法令”。[79]这些铭文的作者被称为德瓦那皮亚·皮亚达西，铭文内容是阿育王法敕。“德瓦那皮亚”的意思是“诸神宠爱的人”，虽然甫林切补一开始并不知道这个人是谁，但很快谜底揭开。他就是阿育王，孔雀王朝第三代君主，旃陀罗笈多之孙，印度最伟大的帝王。他在大约公元前268年登基，统治印度四十年。阿育王是印度佛教的护法王，他派儿子将佛教传入斯里兰卡。斯里兰卡的佛教文学中有许多关于他功绩的记载。[80]

阿育王法敕现在被分为十四章大磨崖法敕、八章小磨崖法敕和铭文，以及七章大石柱法敕，描述了阿育王的成就。法敕中的“伟大思想”是阿育王的达磨理念，即“慈悲、慈善、真实和纯洁”，放弃暴力、虔诚、责任、得体和“正当的行为”。[81] 如果不把它放在“钢铁般的婆罗门”考底利耶所著的经典著作《政事论》的背景之下，我们就很难理解阿育王的新理念。[82] 187
考底利耶是旃陀罗笈多的宰相，他的论著是一部治国方略的综合概述，涉及治理国家、征收税款、外交关系和战争。它被形容为一部近乎偏执的文献，包括怎样洞察政治异见、国家应当怎样干预几乎所有的活动，并对怎样实施严苛的法律提出了残忍的建议。另一方面，它也为世界上首个世俗福利国家奠定了基础。[83] 虽然最近的电脑文本分析显示它事实上是由多人写成的，但它仍然“不仅是获得此生而且是获得来世的指南”。[84] 在《政事论》中，作者（们）认为征服邻国是国王的神圣职责。与之相反，达磨思想是阿育王超越这种观点的尝试。他征服了许多国家，拥有一个辽阔的帝国。因此，达磨是他统一帝国的尝试：实施通用法、通用税，尽可能将度量衡和刑罚标准化。这是一个令人钦佩的目标，约翰·凯伊的评价非常得当。他认为这个时期可以被视作印度的“古典”时代，旃陀罗笈多等同于恺撒，阿育王等同于奥古斯都。

但是阿育王及孔雀王朝的其他统治者也鼓励学术。起初，主要的争执发生在婆罗门和佛教徒与耆那教徒等僧侣之间。虽然那个时期没有太多的书面材料流传下来，但是我们知道，佛在世时，印度有两处学术中心，即我们所讲的大学，分别在迦尸和塔克西拉。但是在公元前 4 世纪早期，它们被位于比哈尔的被誉为“佛教印度之牛津大学”的那烂陀寺的光芒所掩盖。[85] 那烂陀寺由一系列院落、建筑、许多佛和菩萨的大型雕像组成。婆罗门教的大学在这之后很晚才出现，时间约在耶稣时代，地点在迦尸（那时称瓦拉纳西）。基础课程是文法、政治学和种姓法律，以及之后引入的医学、美术、逻辑和哲学。[86] 学生的惯例是将论文贴在讲堂大门上，民众就会聚集到门前阅读这些论文，听他们在讲堂里的答辩。

大学的出现推动了文化和学术的传播，其中包括：（1）伟大史诗《摩诃婆罗多》和《罗摩衍那》；（2）《奥义书》，用于记诵的宗教小诗；（3）佛经，用于学习的简短散文形式的哲学指导；（4）圣典，传达哲学和法律原则的说教韵文；（5）戏剧；（6）动物故事；（7）《往世书》，即后来的印度教经文。[87]

《摩诃婆罗多》的意思是“伟大的婆罗多”，它起源于吠陀时代。根据传说，这部史诗作品在古代有若干版本，包括2.4万到10万诗节不等。然而现有的版本出现得很晚，大约在公元前100年，主题是争夺王位造成的骨肉相残。[88]故事以婆罗多王朝的般度被奉为君主开始，他的即位是由于他的哥哥法定继承人持国是盲人，因此失去了继承资格。然而，般度先于哥哥而死，持国一面宣称替般度的儿子坚战摄政，一面篡取国家大权。坚战已经被封为太子，统治着一部分王国，并与另一个王国的首领奎师那结成婚姻联盟。这引起了持国的儿子难敌的嫉妒。他在一场生死赌局中向坚
188 战宣战，而输赢已经事先被他知道。在这场赌注中，坚战失去了一切并被流放。十二年后，坚战派奎师那作为使者去谈判收复王国的事宜，但是难敌不肯交出哪怕一小块土地，于是不可避免地发生了战争。战争进行了十八天，在奎师那各种兵不厌诈的战术的帮助下，般度族重新得到他们的王国，并消灭了他们的敌人。《摩诃婆罗多》主要批判了过多世俗野心对人性的影响。某种程度上，它具有佛教和希腊思想的双重特点。[89]即使在今天的印度，改编自这个故事的电视节目仍然能吸引整个国家的目光。

《罗摩衍那》传统上认为由蚁垤（活跃于约公元前200年）所作，是第一部梵文叙事诗。从格律看，它晚于《摩诃婆罗多》，缺乏早期史诗的古韵，后世补充的材料也较少。它也是一个宫廷阴谋的故事。罗摩被剥夺了继承父亲王位的权利，并被判流放南部十二年。在那里，他发现这片土

地一直受到楞伽（锡兰）恶人的抢掠，甚至他的妻子也被拐走。为了报复，他建立了一支军队，入侵楞伽，救出妻子，并杀死邪恶的国王拉瓦那。他回到家乡时，流放期已经结束，他的哥哥大方地让出了王国。《罗摩衍那》是一个比《摩诃婆罗多》更加宽宏的故事。从梵文翻译成印度通行语言后，它成为举国喜爱的诗篇，罗摩成为最受欢迎的英雄。书中的故事被广泛用在雕塑及其他艺术作品上。[90]

从孔雀王朝结束到笈多王朝建立（公元320年），横跨公元0年的五百年曾经被认为是印度的"黑暗时代"。[91]这种观点再也不能成立了。这是一个拥有伟大城市的时代，是华氏城和迦尸的时代，是马图拉和乌贾因的时代。这些城市通常依据共同的建筑规划，呈四方形，每面城墙的中间都有城门，四周由护城河环绕。这更是一个雕塑和岩庙的伟大时代，它们使印度的声名当之无愧。毗卢、桑吉、阿马拉瓦蒂的宏伟浮雕都可以追溯到这个时期，它们由新兴的商人阶层而不是帝王出资建造。这些遗址主要在印度西部比孟买更远的内陆被发现，德干高原边缘的褶皱在这里形成了成百上千的自然岩洞，许多遗址不只是寺庙。这里有完整的寺院、禅室、柱石大厅、精美的楼梯连廊，都是由天然岩石雕刻而成。除了岩庙之外，两种雕塑形式也在这个时期出现。一种出现在北方的旁遮普和阿富汗，它深受希腊思想影响，所雕的佛和其他人物具有阿波罗和其他希腊神的特点（现在被称为犍陀罗艺术）。第二种出现在马图拉周围，使用这一地区特有的粉色砂岩，主要展示了可能与各种祭祀仪式有关的丰满的女性人物。[92]印度雕塑和雕刻远不及同时期的古希腊雕刻出名，但是它理应得到同样的称赞。

这个横跨公元0年的时期同样以文学著名。公元前2世纪，斯里兰卡文法家帕坦加利编纂了有关瑜伽的标准文本。瑜伽被定义为精神状态

的静止。[93] 瑜伽修行者学习将自己摆成一个特定的姿势（正坐）并平稳地
189 控制呼吸过程。他 / 她同时不断将注意力集中在自己的精神状态上，目的是"解构精神的构造"，学习"超凡的孤独"，带来道德净化和新智慧。最伟大的宗教作品是后孔雀王朝后期的《薄伽梵歌》。《薄伽梵歌》在《奥义书》的基础上集合了社会管理和哲学。它划分四个种姓及四种归于他们的职责。婆罗门的职责是祭祀和学习；刹帝利的职责是作战和保护民众；吠舍的职责是提供经济福利、贸易和农业；首陀罗从事服务和卑贱的工作。从哲学上看，其目的是使自我从一切"激情造成的不纯洁"（贪婪、憎恶、利己）中解放出来。但是即使是先知或圣人，也必须履行他们的公共职责，为低于他们的其他人树立榜样。[94] 无论一个人地位有多高，从哲学意义上说，他仍然被现世的社会枷锁束缚。最高的智慧不能与我们生活的世界分离：它必须与世界共存。《薄伽梵歌》与孔子的《论语》同样具有保守性。

与之地位相同的佛教作品是《妙法莲华经》，又称《法华经》。某种程度上它更具影响力，因为正如我们看到的，与印度教相比，佛教更是一种传教式宗教。《法华经》为中国和日本提供了有关神和人类的新观念，如今日本每处佛教祭坛上都可以找到它。到公元 2 世纪，筏蹉衍那的《爱经》《摩奴法典》（摩奴的法律准则）和考底利耶的《政事论》都最后定型。[95]

这个时期，东方可能最重要的一个长期的思想趋势是：佛教走出印度，传入中国、斯里兰卡、苏门答腊等国，以及印度教佛教传入爪哇岛、马来西亚和其他地方。传统上认为佛教在汉明帝统治期间（58—75）传入中国，但事实上在这之前很久它就是吐火罗斯坦众多国家的主要宗教，也正是从那里，公元前 2 年中国使节景卢收到作为礼物的佛经，将其带回了中国朝廷。[96]

从中国官方史书《后汉书》中我们得知，到公元1世纪，佛教已经传入中国都城。皇帝的同父异母兄弟刘英得到准许，在尊奉道教的同时可以从事佛教活动。汉明帝“夜梦金人，项有日光，飞在殿前”后，派遣使节去印度寻求佛法，带回僧侣、一些佛经和许多艺术品。公元1世纪，中国朝圣者撰写了若干中国人游历印度的事迹，配有图画。例如，王玄策几次出使印度，并在佛陀悟道成佛的菩提迦耶临摹了一幅佛像，带回皇宫，成为公爱寺佛像的雏形。这种从印度传来的早期佛教艺术刺激发展出更加美妙的中国艺术。到1世纪中期，佛教传播到淮河以北的河南东部和山东南部。[97]

佛教在中国如此迅速流行的原因与汉族的生活和思想本质有关。汉族的统治从公元前206年至公元222年，刚好横跨公元0年。中国最早的聚 190
落出现在约公元前3500年，文字起源于商代（约公元前1600年）。关于中国文字的起源说法不一。有关数字的产生，一种理论是（与美洲相同）字符由绳结发展而来，重要的事情用大绳结，小事情用小绳结。例如，图9就显示了绳结可能是中国数字的前身。

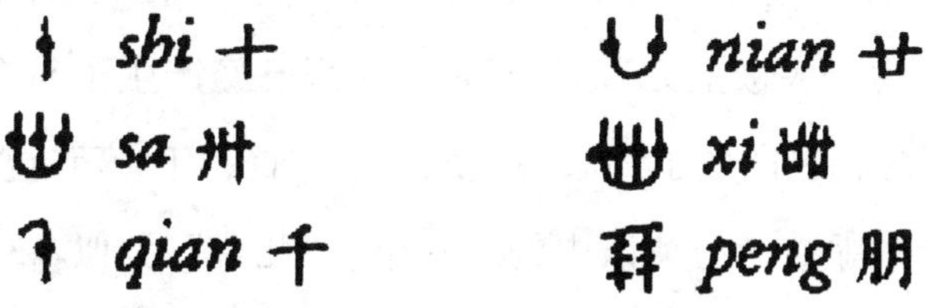

图9　中国“绳结”数字

（Source: Endymion Wilkinson, *Chinese History: A Manual*, Cambridge, Massachusetts: Harvard University Press, 2000, p.374）

另一种理论认为一些文字（男、女、蛇、脚、山）从岩刻艺术中产生。还有一种理论认为，人们用来表示同制作和保护陶器有关的迷信仪式的陶器符号，也就是图画文字，也发展为汉字。最后，甲骨铭文看上去也成为一些汉字的雏形，尤其是日、目等。因此，汉字很可能有多个源头。它们上下细长的一般形状以及表示动物的文字上头下尾，说明它们最早写在竹片上，后来竹片消失了。目前所知最先使用文字的是筮官和商代君王的抄书吏，这一事实表明正式的书写直到约公元前 1600 年才出现，也表明汉字的起源与宗教和政治有关，而不是像美索不达米亚文字那样与经济有关。

历法从很早开始就很受重视，制定历法的官员在朝廷中地位显赫。两次世界大战期间，黄河附近的安阳出土了许多甲骨，通常是牛的肩胛骨，或龟的腹甲。它们在被灼烧时产生裂痕，这被占卜者用来占卜。有一些甲骨片涉及纳税，所以包含了历法信息。它们显示最初中国人将一昼夜均分为 100 份（百刻），并意识到一年有 365.25 天，一个历月有 29.5 天（汉语中最初有四个表示“年”的字）。同样地，在中国，时间由一系列的周期组成。十天为一周期的称为“天干”，十二天为一周期的称为“地支”。两者合并，构成六十天的干支周期（最小公倍数）。传统上说，干支周期的开始对应了公元前 2637 年。也有一些其他的周期：极，即 31920 年，是“大结合”；所有行星在 138240 年后会合；“世界周期”即 23639040 年，它的开端被称为“太极上元”。[98] 那时，中国已经产生了与众不同的“深
191 层”时间的观念，也产生了约数的概念。十、百、千、万这些用来表示数量级的数字叫作虚数，与英语中的“几十”“几百”类似。3、9、12 这些数字意思分别是“若干”“许多”和“大量”。一些数字很吉利，与权威、力量和长寿相联系，因此紫禁城所有的门上都有九排九列乳钉。一些数字则使用无法更改的汉字来防止窜改。

公元前 163 年，一种新的纪年体系——年号（统治头衔）开始使用，从此各代皇帝在即位后的第一年都宣布一个新的年号。公元前 104 年，一种新历法被引进，其中有 12 个历月及第 13 个闰月，与印度纪年和黄道

十二宫极其相似。但是一周七天的概念直到公元13世纪才为中国人所用；在此之前人们将一年以14天为单位分为二十四个节气，以2月的立春（“春天开始”）开始，以次年1月的大寒（“极其寒冷”）结束。直到宋代，“餐鼓”一天打五次，作为一日三餐、宵禁和早晨解禁的信号（宵禁在每个诸侯国尤其是城镇中都必须严格执行，以预防火灾和犯罪）[99]。

佛教传入中国正值汉代衰落之时，统治较长时间的哲学体系也随之瓦解。传统中国思想的根本原则是想象一种宇宙秩序，它在人间的体现是以皇帝为中心的井然有序的中央集权。这种秩序观念统治一切，从贸易到政府、哲学和宗教。大城市的贸易只能在官办市场中进行，由官方制定价格和税收标准。政府筑路修路，并收取使用费。政府也垄断铁、铸币和盐（谷物食谱的每日必需品）的生产。这样就产生了中央集权。

最重要的是，汉代皇帝在信仰上扮演特殊的角色。他召集大量学者为他出谋划策并辅助他治理国家。这些有学问的人成为汉代的新贵族。他们成为有权有势的地方官员，对更加独立的老贵族造成（有意的）威胁。用这种方式，汉代渐渐发展出许多重要思想，经过整合，儒家成为官方哲学。如今它被称为“法家化儒家”或“帝国儒家”，以区别于之前的思想。就像伟大的哈佛汉学家费正清所说：“法家化儒家的本质在于统治者喜欢法家思想，而官僚喜欢儒家思想。”[100]儒家认为统治者遵守礼仪，行为规范，就会形成美德，别人就会尊崇他。虽然武力威胁常常存在，但这个复杂的儒学专家聚集的太学确保皇帝的行为正确。儒家思想认为“正行”主宰一切，它一直以中国宇宙论为背景。这种宇宙论与西方思想很不一样，是一种天文儒学，因为中国人将宇宙想象成一个有秩序的整体。中国人与比他们更西边的民族不同，他们没有创世神话和超自然的创世者和立法者。他 192
们设想宇宙是有序、和谐的，但不认为存在一个赋予这种秩序的超自然的神。“中国人认为宇宙的至高权力是自然固有的，而不是超验的。”[101] 人是这个有序整体的一部分，他的位置由他的君王以及他的祖先决定。

这种方法的结果是，汉代人处处看到“对应”和“感应”。人类微观宇宙是宏观宇宙的缩影，这决定着每个人在事物格局中“合适”的位置。因此，在约公元前139年写成的《淮南子》中称：“故头之圆也象天，足之方也象地。天有四时、五行、九解、三百六十六日，人亦有四支、五藏、九窍、三百六十六节。天有风雨寒暑，人亦有取与喜怒……”[102] 这种方法在五行学说中最为显著：水、火、木、金、土。“五行”中的“五”处处有体现：五行星（在那时可以见到的）、五色、五向、五音律、五刑及更多的“五”。只要合适，或看起来明智，中国人就会想方设法使原本难以联系的事情产生对应。我们已经提到十天干和十二地支。另外加上阴（女性）和阳（男性），使四、五、十或十二种对应得以翻倍。最复杂却最风行的对应围绕《易经》（“关于变化的经典”）发展而来。《易经》主要是六十四卦，由六条或断或连的平行线产生六十四个数字，每个数字都有特定的含义，用来占卜。[103] 最著名的理论家是齐国的邹衍（前305—前240），他将解释或占卜延伸到天文、地理、历史和政治。他认为政治变动由五行控制，顺序为：土、木、金、火、水。

这种对应的观点导致了“感应”思想的产生，渗透了从音乐到政府的所有领域。例如，琵琶上的琴弦相互呼应，统治者和被统治者也是如此：一个好的行为应当有一个好的回应来平衡。当统治者做出好的榜样，他的人民应当而且愿意模仿他。[104] 针灸是一种完美的对应科学：身体上特定的穴位控制其他部位的神经灵敏度。虽然针灸麻醉直到20世纪才发明，但是针灸的存在本身被认为是对应和感应的生动证明。

如上所述，这个复杂宇宙的中心要素是统治者以及他们对礼仪的遵守，它们反映了四季更替和其他天象。[105] 从甲骨文时期开始，绵延许多世纪，中国人对天象的记载非常详细，当然汉代早期的记载最为系统。自然现象（日食、流星、洪水和地震）都可能被视作自然对统治者行为的评判。因此如果想坐稳龙椅，聪明的统治者就会任命专家顾问，一旦采取了他们的建议而犯错，受惩罚的就是顾问而不是统治者自己。到汉代，人们 193
认为中国的伟大经典中蕴含玄奥学问，只有博学的学者才能知晓。（经，意思是“经典著作”，最初指的是织布机上结实的经纱或垂直的纱线。）由此朝廷中发展出一整支权威的儒家哲人 / 学者队伍，比如董仲舒（约前175—前 105）。他们为皇帝怎样与宇宙发生联系提出建议，然后急切地观察结果。祭天和祭祖是皇帝的特权，但他也控制巡捕、军队和其他社会权力机构。因此他与儒家学者形成意识形态联盟，他们关心的是经书中记载的历代皇帝的模范行为。这两种因素（一方是祭天和祭祖以及中央集权的皇帝，一方是他周围的儒家顾问）形成中国的统治和知识精英，他们位于两极社会体系的顶端，底层为农民。[106]

这种方式的影响在公元前 124 年帝国学府（太学）成立时达到顶峰。太学中有研究五经的博士：《易经》，即“变化的经典”（用来占卜）；《书经》，即“历史的经典”；《诗经》，即“诗歌的经典”（古老民间诗歌）；《春秋》（孔子所在的鲁国的编年史，有评注）和《礼记》，即“仪式和恰当行为的记录”。据称在公元前 156 年至公元 93 年之间的某个时间，在孔子住处的墙上也发现了别的版本。这不仅为经典提供了不同解读，引发它们是否是密码预言的争论，而且比世界任何地方都更早激发了人们对文本鉴别的兴趣。[107] 也是在汉代，历史首次在中国以一种系统的方式记录下来，许多口头的传统终于得以保存。其中最重要的是司马迁（前135？—前 93？）所作的《史记》，班固及其妹班昭于公元 82 年所作的《汉书》。它们体例相同：包括本纪、书（音乐、天文、水道、法律等）和列传。[108] 在那时选拔帝国顾问的考试制度已经确立，但是皇帝要求学子必须读过经书后才有资格参加考试，尽管就儒家来说孝也是选拔的一个标准。[109]

经书被认为载有玄奥内容，它们在一代代学者中传递，儒学统治着大部分的思想领域。“儒学的根本是强调史前时代非常明显的等级秩序，认为人们只有以优劣等级的方式组织起来，秩序才能维持。”同样，强调的是职责而不是权利：如果每个人都尽到责任，每个人都会得到应有的回报。“人尽其责，社会就会秩序井然，人人获益。”[110]儿子顺从父亲，就像人民顺从政府“父母”，忠是最高价值。统治者的任务是将吉祥的事情（吉），如恩赐和大赦，和不吉的事情（凶），如行刑和处罚，相结合来维持宇宙和谐，避免无节制。[111]

尽管儒家势力强大，道家思想却并未消失，几位汉代皇帝或他们的皇
194 后，都信奉道家思想，雇用道士。扬雄（前 53—18）写有著名的道教著作《太玄经》。到此时，道家最基本的思想是关于长寿和永生。他们相信，世上有仙人存在，从古到今都以不同的形式现身。道家信徒通过炼金术、饮食、健身甚至性仪式来延长寿命。[112]

进入中国的佛教宗派是大乘佛教。它与小乘佛教不同。第四次佛教会议之后，佛教僧伽（指由佛教出家僧侣组成的团体）当中出现了大乘佛教和小乘佛教的分裂。第四次佛教会议据说是由贵霜国王迦腻色伽二世资助的，他于约公元 120 年登基。小乘佛教信徒认为，他们的信仰实质上是一个伦理系统。而大乘佛教则将佛和其他“觉悟者”提升至神的地位，受人礼拜。也就是说，小乘佛教是一种宽泛的哲学系统，而传入中国的大乘佛教则是一种更为传统的宗教。举个例子，小乘佛教信徒不以人的形式表现佛陀，而是通过脚印、宝座或一棵树的形式来代表。而大乘佛教徒借用希腊人的观念，让端坐的佛像穿上高雅层叠的衣披，赋予他平静、安详和古典的表情（同时要保持人种上的与众不同）。大乘佛教运动的领袖人物是

哲学家兼诗人马鸣（活跃于约 150 年），他的著作《佛所行赞》，即“佛陀的一生”，很长时间内都是大乘佛教的主要文献。[113] 活跃于公元 300 至 350 年的僧人无著发明了瑜伽，同时将大乘佛教发展成为一种救赎宗教，不仅关注现实，而且关注“来世”。

公元 2 世纪以后，大乘佛教的主要教义著作是《妙法莲华经》，是“可以与印度的《薄伽梵歌》和基督教第四《福音书》相媲美”的信仰陈述。[114] 该书向平民百姓描述了“来世佛”弥勒佛教导人们救赎的方式：

随宜方便事，无复诸疑惑，
心生大欢喜，自知当作佛。

这首比《新约》还长的诗描述了救赎的唯一真正方法，并且强调只有一个永恒的主。弥勒佛与伊朗的密特拉神有很多重合之处。大乘佛教认为，佛独自端坐于山峰，能够使所有事物成真。当邪恶在世上堆积，他就会以一种新的形象降下山顶，播撒光芒，大发慈悲，指引人们走上救赎之路。也就是说，除了最初的佛陀，还有一系列的佛，每个佛都在宇宙的发展演变和人类道德成长中起到重要的作用。更重要的是，来世佛弥勒佛将会来到世上，拯救世界脱离邪恶。

大乘佛教另一重要的概念是菩萨思想。菩萨在一生正行最终成佛后，
为了留在世上服务和教化人们而推迟了归往极乐世界的时间。作为这个传 195
统的一部分，菩萨提倡十大美德，克己是主要的个人美德，怜悯（爱他人）是最高的社会美德。[115] 这意味着大乘佛教一个更大的改变，老师更多是一个传教者而不是僧人。“救赎之路只有一条，但它有三个门：一个是罗汉门（有修为的人，已到达极乐世界），一个是为善于冥想的人而开的门，第三个门属于无私、社会之人。”瑜伽对培养克己美德十分重要，但

是念诵经文也非常重要。人在临死时的最后想法决定了他死后灵魂的命运，这鼓励了“正行”。人们死后，灵魂被送往炼狱，“承受各种折磨”。地狱一共有十六层，对不同的罪恶有不同的惩罚。[116]对那些没有罪恶的人们，他们的最终目的地是阿弥陀佛的“西方极乐世界”。“那里有七座喷泉，流淌着美德的泉水。每天清晨和夜晚的六个小时天上都会下花雨……每天早晨，这些有福之人将天上的花朵献给众多回到他们的乐土用餐的佛。反复诵念阿弥陀佛的名字就能升往这个天国。”[117]这与释迦牟尼的设想大不相同。[118]

佛教在中国汉朝传播的最后一个因素是文武的分离。文即书写、文学和与之相关的价值：反思、理性道德、劝诫、文明。而武则表示暴力、武力、军事秩序。儒家重文轻武。但是这导致了两个不幸的连锁反应。第一，它使统治精英和各省的地方农民之间形成分裂，削弱了汉朝的统一，使国家无力对抗周边乃至其他国家的进攻。第二，它意味着儒家思想作为思想和信仰的体系越来越远离普通民众，它成为一个只属于精英的知识体系。[119]

从公元220年前后开始，北方的贵族开始叛乱。在最终的战乱中，北方草原上的突厥拓跋部侵入中原并建立了北魏。他们同样信奉佛教。

在汉代，不是所有的思想都只关注一个抽象的“大观念”。中国人一直以来都是十分务实的民族。早在公元2世纪，中国人就将铁和不同的碳成分混合，制成了钢。[120]那个时候，中国的技术发明已经走向繁荣的国际贸易，特别是一些奢侈品，如丝绸、漆器和铜镜。汉朝人对邻邦采取一种非常独有的“炫耀的慷慨”政策，“这一政策因其高昂的花销和系统性而让我们震惊。世界上再无其他国家像当时的中国那样如此大方地赠送邻国礼物，因此将礼物上升为一种政治工具”。根据官方记载，在公元前1年，汉朝送出去约3万卷丝绸；到公元91年，作为礼物的丝绸总价值达到了 1 亿 90 万钱。[121] 根据著名的法国东方学家谢和耐的计算，当时汉朝每年的财政收入是 100 亿钱，其中 30 亿到 40 亿用于礼物开销。这笔巨大的国库支出既刺激了生产，也削弱了经济。但是这些礼物是汉朝有意识的长期政策的一部分，它试图引诱周边野蛮邻邦，使他们习惯于奢侈而腐化。这似乎确实起了作用，因为它使汉朝在几个世纪内实现 196
了边境的政治稳定。[122]

水磨是王莽（9—23）年间发明的。起先它看起来是一个直立的轮子，由水力推转，带动水平轴，继而使一系列的碾槌转动。但是有记录记载，公元 31 年，人们在冶炼中用水力推动活塞风箱。胸带马具也许早在公元前 5 世纪就开始使用。同样重要的是公元 1 世纪发明的独轮车。它使单人可以运送较重的货物，也方便在对马车来说过于狭窄或弯曲的道路上运输。[123] 中国的船只从公元 1 年开始有了舵，于公元 80 年开始使用指南针。对太阳黑子的系统记录始于公元前 28 年。在公元 132 年，张衡（诗人兼天文学家）发明了第一台地动仪。这是中国思维的一个佳例，因为张衡的目标是找出地震发生的位置，正如我们已经了解的，地震被认为是自然秩序被打乱的一个征兆。在公元 124 年，张衡还发明了带有赤道圈的星象仪。[124] 这具有十分重要的意义，尤其是促进了逻辑 / 科学思想的发展。这一时期还有一位重要人物，王充（27—97）著有《论衡》一书，广泛批判了当时的迷信思想。他对物理、生物和遗传学十分感兴趣，嘲笑人类在宇宙中拥有一个特殊位置这一思想，不相信来世、宿命以及灵魂可以独立于人的身体而存在，而推崇根据经验对现象进行逻辑论证和解释。[125]

可以认为这个时期中国最重要的发明是纸张。传统上，纸张的发明被归功于蔡伦。蔡伦是汉和帝时期的宦官，主管皇室手工作坊。他利用树皮、麻头、旧渔网等原料制造出纸，用它来书写。他因此项发明升迁至尚方令，即技艺和生产的主管。但这个故事现在成为修正主义历史讨论的主题，乔纳森·布鲁姆认为，在蔡伦时期编撰的汉语字典中，“纸，絮一苫也”。“絮”就是“从破布或煮沸的蚕茧中取得的纤维物”，而“苫”的意思是“一种由交织毛片制作而成、用于盖东西的席子”。[126] 这些工序可以追溯到公元前6世纪，因此纸张的发明也许来源于这个时期。现今大多数中国权威认为我们所说的纸张发明于公元前2世纪，虽然当时的纸张质量粗糙，不利于书写，直到公元1世纪才得到改善。一个中国故事记录了公元前93年面巾纸的第一次使用：一名宫廷侍卫建议王子用一张纸捂住鼻子。[127] 纸必须用石膏、树胶、胶水和淀粉进行处理后，方可用于书写。这一过程发生在公元1世纪左右，或更早一些。到公元76年，一位学者在给学生讲课时，使用了抄在纸上的经书，由此可见，当时的纸张使用已经普及，并且成本低廉。早期的例子显示，中国的造纸者将由碎布料和织物废料制成的纸浆倒入漂浮在水池内的布模中；然后将模子蘸入大桶纸浆中，当纸浆开始干燥时，将它揭下，模子可循环利用。随着纸张需求的增加，人们放弃使用废料，直接用麻头、黄麻、藤、竹子和桑树的纤维制成
197 纸浆。[128] 厕纸于公元6世纪开始出现。[129]

在汉代，艺术领域也出现了很多革新。其中比较突出的是赋，一种华丽夸张的韵律诗，记录宫廷生活（打猎、游园和聚会等）。另外还有乐府，汇集流行的歌曲、舞蹈和乐器。乐府一定程度上促进了古诗的产生，这种新型诗歌形式包含五言和七言。这些发展为7世纪的唐代律诗。[130]

公元190年，随着农民起义和军队首领对中央的反叛，皇家藏书室和汉朝档案在战争中付之一炬。分裂和混乱持续了二十五年；城市社会瓦
198 解，优雅的汉代文明也消失在中国的中古时代。

9

法律、拉丁语、读写能力和自由七艺

公元前322年亚里士多德去世时，留下了一个规模相当大的私人图书馆。为了辅助研究，他曾经收集了数量众多的书籍，用地理学家斯特拉波的话说，“他是第一个把书籍收藏起来的人，也是第一个教会埃及国王如何排列图书馆藏书的人”。[1]后来，“几经辗转”，他的藏书落到了一个居住在帕加马的家族手中，“他们将其藏在地下，防止被国王充公”。[2]他们后来把书卖给一个叫亚贝里康的藏书家，后者把藏书带到雅典。公元前86年，罗马独裁者苏拉入侵阿提卡，攻陷雅典，不久亚贝里康去世，苏拉没收了他的图书并将其运回罗马。苏拉知道自己在干什么：这批藏书包括了亚里士多德及其继承者泰奥弗拉斯托斯的著作，这些是别处任何地方都无法找到的。这些书的状况很糟糕（虫蛀、发霉），但是能够阅读和抄录，从而得以保存下来。[3]

罗马人对希腊的生活方式、思想以及它的艺术成就的尊崇，是贯穿整个漫长帝国时期的主导思想。当我们现在谈论“古典作品”时，我们常常指希腊和罗马文学。不过，是罗马人发明了“古典”这个概念，认为过去曾经被思考、被书写过的最优秀的东西值得保留并能使我们从中获益。不过，这样表述的话，就掩盖了罗马和希腊在思想领域的真正差异。当希腊人为其自身的缘故对思想产生一种几乎是游戏的兴趣，继而探索人和神之间的关系时，罗马人却对人与人之间以及利益（即思想的有用性，对人间事物带来的影响）有着更大的兴趣。正如马修·阿诺德所说：“拉丁经典的力量在于它的性格，而希腊经典的力量在于美。”[4]有许多本身就被我们尊为经典的罗马作家：小说界有阿普列尤斯，诗歌界有卡图卢斯、维吉尔、贺拉斯、奥维德、马提亚尔、尤维纳利斯，戏剧有泰伦斯、塞内卡和普劳图斯，历史学有西塞罗、撒路斯提乌斯、普林尼和塔西佗。他们每个人都做出了某种高于他们希腊同行的贡献。但是，尽管他们的作品受人喜爱、使人受益，但是他们并没有构成罗马世界的主要思想革新。就我们的日常生活而言，最重要的两种罗马思想是共和制度或代议制民主，以及法律。直接民主制是希腊人的发明，但是，我们得承认，它在现代鲜有继承
199 者。而代议制民主则进入了从 18 世纪以降开始出现的各类共和国家的宪法体系，现在它已经植根于从阿根廷到俄罗斯和美国的许多国家。在古罗马，正如在当今的美国，政策要由参议院（或元老院）投票通过，再由享有“军权”的行政长官执行。军权是罗马人的一个特殊概念。[5]古代国王、贵族和行政长官都被授予军权，“它是一个关键概念，具有命令下属人员以及期望他们服从的指定权力……这种权力在任何时候都没有明确的规定，范围很广，而且武断。一开始，表达军权的重要方式是通过战争把持有人或罗马的权威强加给被认为挑战了罗马的邻国”。征服是罗马人对于自身思考的必不可少的组成部分。[6]

公元前 510/ 前 509 年，国王被废除，选举产生的官员取而代之，罗马体制开始形成。这种取代王权的执政官或行政长官的主要特征是：任期限

于一年；有两位享有相同军权的行政长官，“再也没有最高权力集于一人的时候了”；问责制，每年年底行政长官被要求对他的行为做出陈述。[7] 连续的征服以及不断发生的变乱危机意味着这一体制有时会进行调整，关于此，塔西佗和苏埃托尼乌斯都有记载。在危机时，会任命一位独裁官，让人想起希腊世界的僭主；而在其他时候，如果在几个地方同时出现军事行动，就会允许出现一个以上的行政长官，有些负责军事，其他的履行民事行政职责。这样，共和国的行政机制才呈现出其熟悉的形式：行政长官执政，元老院参政（他们是一群老人）。[8]

一开始，当罗马城建立的时候，罗马国王的“军权”来自神灵。这样，国王有权代表民众行使权力。结果，军权成为行使者的一种特权，因此人们认为他能够根据自己的判断行使这种权力。同时，军权也代表罗马本身的权力，或至少代表了它的人民的权力。军权是共和国得以运转的重要力量，[9] 它不是一种抽象的权力概念，而更倾向于签署敕令（来自拉丁语“imperare”，意思是“命令”）。君主制被废除后的很长一段时间，行政长官仍然就未来的行动听取神明的昭示（占卜）。行政长官就职的第一天，会早早起来，向神灵祈祷，以确定自己是否获得了行使军权的允许。尽管没有哪个确定可知的例子表明神明拒绝赐予他权力，然而仪式总是被认为是必需的。[10]

随着时间的流逝，行政长官开始分为那些享有军权和那些没有军权的人。独裁官和执政官享有军权；裁判官也有军权，这是一个新的行政长官阶层，成立于公元前366年，目的是减轻执政官审理法律案件的职责。没有军权的行政长官包括财政官，其实是法律和财政事务的调查官；保民官，职责是管理平民议事会；以及市政官，负责城市建筑、道路、城墙、高架渠等的修缮。最后是监察官，“他们的职责更多是我们现在所说的人口调查，而不是监察”。他们的职责之一是确认哪些人违

200 反了道德准则（这些人因此不能担任公职）。同其他行政长官一样，他们也都获准穿一种特殊的托加长袍，有占卜的权力，那是听取神灵昭示的高级特权。[11]

罗马的代议制民主非常复杂。它势必如此，因为到第一任皇帝奥古斯都时期（前 63—14），单罗马城就有 100 万居民，帝国疆域东西横跨近 5000 公里（从大西洋到里海），南北绵延近 3000 公里（从英格兰到撒哈拉）。即使像奥古斯都这样狂热追求效率的人也无法独自管理这么大一个帝国。

在实际事务中，除了行政长官，还有四个政治实体。百人会议开始是作为一个代表军队利益的大会而出现的，但是后来它代表全体民众，由 193 个百人团组成。监察官根据公民的财产数，分配大家到不同的百人团。公民分五个等级：最高等级有 70 个百人团，最低等级只有 1 个百人团，它甚至没有登记为一个等级，代表了那些没有财产可以登记的人们。这些不幸的人被称为“最下层阶级”，因为他们不在现存的农业体系之内，只能生孩子。[12] 就部落会议和平民大会而言，投票单位是部落。一开始，只有 4 个部落，都在罗马城，但是后来增加到 35 个部落，直到公元前 241 年，部落数开始稳定下来。在这两种实体中，富人不像在百人会议中那样享有相同的固有特权。关键的问题是结构平衡：百人会议的参加者主要是有地贵族，而平民大会只由平民组成，部落会议则是由所有人组成的大会。这些大会在一定程度上权力很大，但是实际上仍然听从行政长官，后者对商业活动和选举时间表的讨论都有控制权。[13]

另一个重要实体就是元老院。起初，执政官每年选出一组新的元老。后来监察官承担了这一职责（公元前 4 世纪），改为元老终身任职，这一简单但是非常重要的事实使元老院成为国家结构中最持久的政治因素。另外，它的成员都是前行政长官，有经验，关系广，不再觊觎职位。这个特

点给予元老院无限威望。[14] 严格来说，元老院的角色是纯粹顾问性的：在
任何时期，在罗马城的元老都有五百人，其他人则在各省行使职责。只有
高级行政长官才有权召集元老院，当执政官就某一事情寻求意见而提交元
老大会时，这样的大会才会召开。元老们按照顺序表达意见。首先是下一
任执政官，然后是前任执政官们，依次发言。时间来不及的时候（元老院
在天黑后不能开会），资历浅的元老会穿过大会厅，坐在他们赞成的发言
人身旁以表达他们的意见。他们被称为“走路派”，因为他们用脚投票。
会议结束时，执政官判断大会的情绪，如果没有反对意见，他会签发元老
院法令，一份正式的“决议”敕令。[15] 如果还有疑问，就会进行投票。虽
然从理论上说，元老院的决定只是“建议”，但是实际上执政官很难忽视
元老院法令。执政官任期只有一年，之后通常进入元老院。很少有执政官 201
会冒险去触怒这些他将与之共事的同伴。元老院还监督其他大会通过的新
的法律条文，这首先意味着它对军队拥有控制权，实际上也控制对外政
策。[16] 既然“帝国”对罗马的自身观念至关重要，那么这一点也不可估量
地增加了元老院的威望。

我们可以说，罗马法是罗马思想中最有影响力的一个方面。[17] 希腊人从来没有发展出一套成文法或一种法学理论，因此罗马人的发明是他们自己的成就。罗马法是当今西方使用的主要法律的基础，而且仍然是一些大学法律课程的一部分。根据法国年鉴学派历史学家的观点，欧洲这么多国家拥有一个共同的法律传统，这一事实部分解释了 12 世纪以后欧洲的兴起。

罗马法首先成形于公元前 451 至前 450 年的《十二铜表法》。就像《十诫》一样，《十二铜表法》确定了基本的法律程序和惩罚，它成为后来教育的一个重要部分：在西塞罗的青年时期，男孩们仍然被要求背诵《十二铜表法》。到共和国后期，刑事法庭开始建立，法官被任命在法庭上

按照规定的程序审理案件。这一程序产生了两种新的职业。第一是代表客户的发言人，即辩护律师。在罗马，这是任何绅士都可以从事的活动，他的修辞学教育就是为他进入这一行业而准备的。辩护律师被要求为了社会群体的利益而工作。西塞罗和普林尼都是这种意义上的辩护律师。同时还出现了一种新的法律专家职业——第一批诉讼律师。这在以前一直都是大祭司的特权，但是，随着罗马的扩张，生活变得日益复杂（而且因为许多纠纷与宗教无关），专业知识变得很有必要。这些所谓的法学家撰写法律意见书（包括反驳状），以补充或反驳元老院的决议或皇帝的敕令。一开始，重要的法学家会收一到两个学徒，后来就发展为第一批法律学校。[18]

有一部罗马法著作至今仍完好无损：即法学家盖乌斯的《法学总论》。该书写于约公元 150 年，很长时间一直作为罗马法的教材用书。[19] 除了具体的法律条文，它还记录了元老院颁发的法令、皇帝的决议和法学专家达成一致的决议，展示了法体的形成过程。这一法体适用于帝国的所有罗马公民。

罗马法的根本是地位的区分，这与现代法律很不同。在现代法律中，财富、性别和国籍被法庭认为是不相干的因素。罗马法区分了奴隶和自由人，并且允许不同程度的自由：服从他人的人（服从主人、父亲或丈夫）以及法律上虽然独立但是仍然需要监护的人（儿童和妇女）。这样一来，使情况变得复杂化：对一位已婚妇女的侮辱意味着可能产生三个受害者——妇女本人、她的父亲（如果他活着）以及她的丈夫。他们的地位越高，侮辱罪就越严重。[20]

地位和尊严最显著的表现是父亲的法律权力，即父权。罗马的父亲对
202 他的整个家庭拥有绝对权力——生死大权，这就是家长的含义。这是对他的合法孩子（包括成年子女、他的奴隶和他的妻子）具有的绝对权力，当然，婚姻形式可能会把女方的父权移交给丈夫（见下文）。常有人说，家

庭可以被视为“国中之国”。父亲的权威是绝对的，嫉妒心受到保护。在非常特殊的犯罪案例中，儿子和妻子可以从国家的监管下转移到家长的监管之下。[21]

在罗马，一个人的父亲只要活着，就没有人可以完全独立，尤其在财务和合同法中。一个成年儿子只有通过私产，即他父亲允许的某种托管财产，才可以获得自己的财产，但是这种委托任何时候都可能被取消。父亲活着的时候，儿子不能立遗嘱，不能继承属于自己的财产。儿子可能是行政长官，或甚至执政官，但是只要他的父亲还活着，他就仍然在父权的控制之下。不过，罗马的人口事实缓解了这一状况。差不多 1/3 的儿童在他们十岁之前失去父亲。到二十五岁时，人们通常会结婚，超过 2/3 的人获得独立。到四十一岁（执政官的最小年限），他们中只有 6% 的人的父亲还活着。父亲也可以“解放”儿子，这个词起初指把他从控制中解放出来，但是这好像并不普遍。

同样重要且复杂的是丈夫和妻子之间的关系。罗马人特别强调丈夫应当严格控制他们的妻子，不过实际生活中，这取决于夫妻缔结了哪种形式的婚姻。有三种结合形式，两种利用古代仪式。在其中一种形式中，夫妻在十位证人面前举办的合祭中献上用二粒小麦制成的饼。在另一种仪式上，父亲当着五位证人的面把女儿“卖”给她的丈夫。两种形式都具有把父亲对女儿的控制权移交给她丈夫的法律效应。她的财产也随之成为丈夫的财产，而她本人也被他控制。[22]

很难说妇女从这种安排中能得到什么，因此有必要指出还有另外的安排。还有第三种缔结婚姻的方法，正如罗马人所称的，“按照惯例”形成。如果一个男人和一个女人在一起生活满一年，她就成为她丈夫的附属品。[23] 同样，如果夫妻在一年中，有三个晚上分居，“惯例”就失效。因此，在实际生活中，人们可以不费周折地结婚和离婚，也不需要对方的同意。这些习俗影响到罗马人关于爱情和婚后共同财产的观念，后者其实并不存在。如果夫妻在证人面前缔结婚约，那么丈夫拥有一切。如果婚姻来自惯例，那么妻子的财产仍旧属于她，而且离婚后，也随之带走。[24] 可能因此缘故，离婚和再婚在罗马非常普遍，并不奇怪。

法律对罗马国家的重要性体现在这样一个事实上：如果没有遵循正当的法律程序，决议就可以被认为无效。即使皇帝的敕令也不能忽视法律纠纷中当事人的地位。正如普林尼说的，正是以这种方式，法律凌驾于皇帝之上，而不是相反。这是市民社会演进中的一个重大进步。

我们可以说，罗马法的巅峰是查士丁尼（527—565）的法典，它极大
203 地塑造了现存的欧洲法，包括欧洲各国和它们的殖民地的法律。法典由以下几部分组成：法学总论，阐述基本原理；学说汇集，是以往法学家的著作汇编；法典，历代皇帝颁发的法令汇集；新律，查士丁尼自己颁发的新法律。《查士丁尼法典》的组织结构确定了思想的演进过程，因此对于表明法学思想在罗马的发展方式尤其有帮助。它最为人所知，也是影响最大的部分是《民法大权》，它实际上是一种成文法，影响到民事管理以及宗教权力和特权的范围。在中世纪，《查士丁尼法典》在帝国的东半部分（拜占庭）更有影响力，但它是被 12 世纪的西欧重新发现的古典因素之一。

前面说到，法律是西塞罗时代学童教育的一个重要部分。罗马的教育，整个学习程序，比之前任何地方都更有组织。巴比伦也有学校，古希腊有学园，在亚历山大港和帕加马出现了图书馆和学者。而在罗马，除了一个更广泛的学校体系和标准课程外，还有更多的公共图书馆（我们知道的有二十九家），出现了繁荣的图书贸易、有记载的第一个出版事业、文学批评的新发展、艺术品贸易（艺术展览很普遍）、室内装潢（尤其是马赛克）、在市中心用混凝土制造的大型剧场，以及一种新的文学体裁，讽

刺文学。心灵生活、思想世界，比之前任何时期都更普及、更有组织性。

标准或“核心”课程向精英阶层的所有子弟开放，精英人士希望自己的儿子能够进入仕途。这种核心课程，这种共享的因素，很可能就是罗马文化在西方得以传播的原因。[25] 男孩们在七到十一岁时接受的第一门课是拉丁语。在近两千年的大半个时期里，拉丁语在西方历史上占据了一个特殊的地位。罗马帝国的成功表明拉丁语成为一个辽阔疆域的通行语言。它后来被早期基督教会改造，成为通用语，先是用于教会事务，后来用于外交和学术。与此同时，由于古希腊和古罗马被认为是西方所有文明事物的起源，因此熟悉它们的语言被认为是受过教育的标志。据说，拉丁语可以“让思维变得敏锐，培养正确的美感，而且学习过程中需要的艰辛能教导男孩们‘苦学’的价值，以及培养他们专心的能力”。[26]“拉丁特性”，即拉丁文化，被视为代表了“秩序、清晰、整洁、准确和简练，而‘本地话’混乱、无序、简单、粗糙”。[27] 拉丁语的重要性当然并不完全体现在这一方面。在后面的章节中我们会看到，它在教会组织、学术生活以及在现代欧洲的兴起上，扮演了非常重要的角色。不过，在此之前，我们需要考量一下它在罗马的地位。

第 2 章讲述了世界语言的状况，其中谈到新大陆的人类同旧大陆的人类相互隔绝。拉丁语的出现轻而易举地帮助更新了这一故事。拉丁语的真正历史重要性在 1786 年以后才开始被认识到，当时一位在印度任职的英
国法官发现了一个前所未有的思想突破。威廉·琼斯爵士在攻读法律之前 204
是一位受过训练的东方学学者（在那些日子里，学过法律意味着他学习过拉丁语）。1785 年他到达加尔各答后开始学习梵语，即印度经文的书写语言。经过几个月的研究和思考，他在孟加拉亚洲学会发表了一次演讲，其中提出的思想也许是整个历史语言学研究的起点。琼斯的突破在于，他认为梵语的动词词根和语法形式与希腊语和拉丁语都非常相似。他提出，它

们如此相似，肯定来自同一个源头。琼斯法官的论据如此充分，以至于自他之后，学界对欧亚大陆的语言（无论是死的语言还是活的各种语言）进行了成千上万种研究。这些研究得出的一个大体结论是，确实存在一种被称为“印欧语”的“母语”，这种语言最初被发明农耕的人群使用，后来随着农业的传播而扩散，最终成为欧亚大陆所有的，或大部分语言的共同基础。[28] 更多的细节在第 2 章和第 29 章有讨论。

意大利语族（拉丁语、奥斯坎语、翁布里亚语）与凯尔特语族（爱尔兰语、盖尔语、威尔士语、康沃尔语、布列塔尼语）非常相似，以致一些学者感到，在不早于公元前 1800 年，在多瑙河中部的某个地方一定出现了说一种共同的意大利—凯尔特语的人。后来，由于某种原因，说意大利语的人群向南迁移，先进入巴尔干，然后绕过或是穿过亚得里亚海进入意大利。同时，说凯尔特语的人群向西迁移进入高卢（法国），从那里又进入西班牙、意大利北部和不列颠群岛。同希腊语相比，拉丁语的语法和句法更陈旧，同起初的印欧语更接近。这在屈折过程中表现得尤其明显。屈折语言通过在词根上添加后缀，揭示词与词之间的关系。另外，拉丁语还通过添加前缀揭示出词与词之间的关系。[29]

说印欧—意大利语的新来者似乎在公元前 2 千纪分三批到达意大利。第一批到来的是说原始拉丁语的人，他们很快被后来者逼迫，向西迁移，他们的语言只在台伯河下游存活，说这种语言的人是拉丁部族，也作为弗勒莱附近和西西里的方言被使用。第二批在意大利中部的山区定居，他们的方言成为意大利中部靠北的翁布里亚语和靠南的奥斯坎语，奥斯坎语的名称来自那不勒斯附近一个叫奥斯基的部落（罗马人称他们为萨莫奈人，他们的主要支族是萨宾人）。[30] 最后，在公元前 1000 年至公元前 700 年间，意大利亚得里亚海岸被第三批移民占据，他们的语言包括北部的维尼蒂语。

根据梅森·哈蒙德的研究，书面拉丁语的最早证据是在一个黄金做的安全别针的搭扣上发现的，据有些专家的估计，年代约为公元前600年。上面的文字是希腊字母，从右往左书写，和后来的用法相反。把它转化成罗马字母后，读作“Manios med fhefheked Numasioi”。如果转化成后期拉丁语，它读作“Manius me fecit Numasio”，意思是，“马尼乌斯为努马修斯制造”。[31] 公元前3世纪之前很少有文字留存至今，让人以为罗马人很少写东西，或即使写，也是写在容易腐烂的材质上。同时，拉丁语的传播是逐步的，到公元前200年传播到奥斯坎地区，到公元前1世纪传播到更南的阿普利亚。[32] 然而，在意大利的许多地方，当拉丁语在西班牙很普遍之后很久，奥斯坎语仍然被使用。我们确实听说，早在罗马执政官斯普里 205
乌斯·卡西乌斯于公元前493年与拉丁部族签订的协议以及前面提到的《十二铜表法》（公元前451—前450）中就存在拉丁语文件。但是这一时期的读写能力肯定很有限，否则应该能看到更多保存下来的文字。

现存最早的文学作品大致保存了口头文学的模式和节奏。也就是说，它们无论在押韵还是在节奏上都是反复性的。很显然，如果叙述节奏感强，而且押韵，叙述的故事就容易记住。[33] 我们所称韵文（verse），来自拉丁语“uersus”，字面意思是“翻转”，从动词“uerto”而来。它本来指犁沟，因为在犁地的时候会来回翻起土壤。该词因此又用来指一行播种在犁沟中的植物，最后用来指任何成行的事物，包括一行诗。在英语中，韵文和诗歌都指同样的事物，但是韵文狭义上仅仅指形式；而诗歌，从希腊语动词“我做”变化而来，既包括形式也包括内容。[34] 现在我们把韵文和诗歌同散文相对。“散文”（prose）这个词来自拉丁语“向前”（prosa），它是拉丁语形容词“prorsus”的讹用，意思是“直向前”。“直白演讲”（Prosa oratio）是“一直朝前的演讲”，没有像韵文那样的翻转。

拉丁语的词汇比希腊语贫乏，而且许多词都借自别处（例如，拉丁语从希腊语的借来词是希腊语从东方的借来词的两倍）。[35] 其中的一些不足是很基本的，例如，希腊语中表示颜色的词比拉丁语要多得多。[36] 另外，与拉丁语相比，希腊语多一种语态、数、情态和时态，小品词数量是拉丁语的两倍。[37] 另一方面，罗马人表示家庭事务的词比较多，例如他们区分母系和父系亲属。由于罗马最受欢迎的食物是猪肉，因此，我们发现他们表示猪的词汇比任何民族都要多得多。虽然拉丁语中有大量的法律和军事比喻，但是帝国的大部分仍然是农耕社会，这影响到其语言。例如英语中“精神错乱的”（delirious）一词来自拉丁语 delirare，其字面意思是“走出犁沟”，然后举动像一个疯子一样。[38] 同样，“灾难”（calamity）起源于拉丁语 calamitas，指对庄稼有害的虫病。罗马人并不认为拉丁语具有希腊语的优雅。他们认为拉丁语更适合雄辩，而不适合抒情，这在某种程度上反映了他们认为男子气概和尊严是最重要的个人品格的观念。奥斯卡·魏泽在《罗马人的语言和性格》一书中提出，在拉丁语中，“几乎没有任何矫揉造作和文学修饰的痕迹”。罗马人说的拉丁语是一种严整的语言，一个支配动词后面有许多从句，“可以看作单词的军事安排，所有的从句都服从支配动词，就像士兵服从他们的指挥官”。拉丁语是一种具体的、明确的语言，尽量避免抽象。约瑟夫·法雷尔说，古典拉丁语是一种男性语言，“我们发现用希腊语写作的女性要大大多于用拉丁语写作的女性”。[39]

当然，许多英语单词来自拉丁语，它们的语源有助于说明罗马思想。例如，“保民官”（tribune）本来是部族的首领，他们后来成为以保护人民为职责的行政长官。他们使用的高座，因其所处的高位，被称为“高台”（tribunale），这样就产生了英语中的“法庭”一词（tribunal）。“候选人”（candidatus）一词用来描述行政长官职位的申请人，但是它起源于申
206 请人拉选票时穿的亮白色托加长袍（candida）。[40] 英语中的“达到顶点”（culminate）一词来自拉丁语“芦苇”（culmen），人们用它来搭建屋顶以完

成整座房屋。“冥思”（contemplari）和“庙宇”（temple）有关系：“冥思”起初指仰望天空。一开始，神圣建筑被称为“圣所”（fanum），因此所有神殿前的非神圣地面都被称为“世俗”（pro fanum）。[41] 尽管与希腊语相比，拉丁语作为一种诗歌语言有不足之处，但是它是一种内部联结的逻辑系统，这使它成为引起后世极大兴趣的一大课题。

古典拉丁语的鼎盛时期，所谓的“黄金时代”（还有一个“白银时代”）是奥古斯都时期，产生了西塞罗的散文和维吉尔的诗歌。在那之后，它的发展道路很不顺利，直到最后成为一种死语言。到公元 5 世纪西罗马帝国灭亡时，欧洲普通民众的口头语言在发生变化，衍化成各种各样的“罗曼语方言”。但是拉丁语成为一种国际语言。作为口头语和书面语，拉丁语一直到 17 世纪都是学术、外交和教会事务的通用语，在欧洲的某些地方甚至更晚。[42] 同时，文学语言（受过修辞学训练的作家的语言）离普通人说的拉丁语越来越远。虽然有西塞罗的优雅和维吉尔的流畅，大多数人还是使用一种通俗拉丁语。当那不勒斯以南的庞贝城在公元 79 年因为维苏威火山爆发而被掩埋时，它的日常生活也在瞬间被“冻结”。现代考古发掘发现了一些墙上的涂画作品，用意大利语说就是“涂鸦”。它们保留了公元 1 世纪中期普通人的日常拉丁语。许多“涂鸦”是对仇人的粗俗诅咒，大大不同于西塞罗和维吉尔的语言。[43]

拉丁语在教会中也变成主要语言。基督教开始是在地中海东部的希腊语人群中发展起来的（罗马的第一批主教都说希腊语）。[44] 第一批基督教传道士和《新约》的作者使用了希腊化世界的通用希腊语，即所谓的希腊“通用”语。不过，早期基督徒使用的是普通人的拉丁语，他们是第一批皈依者。另外，他们避免使用西塞罗的文学风格，因为那种风格代表上层阶级的异教信仰。不过后来发生了变化。随着罗马帝国的衰落和沦陷，教会接管了帝国的一些职能（下一章将讨论），基督教采纳了拉丁语，而且是西塞罗和维吉尔语言中较精致的成分。这在公元400年前不久圣奥古斯丁的《忏悔录》中得到最好的体现。在书中，他以一种亲密的忏悔语气，讲述自己皈依基督教的过程。[45] 就拉丁语对西方教会的影响而言，也许更重要的是圣哲罗姆从约公元380至404年的《圣经》翻译。[46] 这部《圣经》武加大译本融入了许多古典传统，如讽刺诗和自传，产生了一部流传几个世纪的标准文本。[47]

现在回到罗马青年的教育问题。第二阶段的教育从十二岁到十五岁，主要内容是语言和文学。学习的主要教材是维吉尔的《埃涅阿斯纪》。学生大声朗读这部作品以及其他作品，培养批评技巧，对其中的文法、修辞以及作家对神话的运用发表评论。十六岁时，男孩们从文学转移到修辞学，通过参加公共讲座来学习。

207 西蒙·普赖斯说："修辞学在现代的名声不太好。我们更重视'诚恳'而不是'矫饰'，因此我们现代的喜好为我们欣赏拉丁和文艺复兴文学带来了真正的问题。正如C.S.刘易斯所写的：'修辞学是我们和古人之间的最大障碍……几乎所有的古老诗歌都是那些人写成的，在他们眼里，现代形式上的诗歌和修辞学的区分毫无意义。'"[48] 修辞学的学习分成两种：劝告和诘问。劝告是为了帮助男孩们组织论证。他们对过去的事件进行争论，例如，恺撒是否应该接受王位？在诘问训练中，男孩们会面临许多法律难题。例如，普赖斯提到了一个案例：儿子同父亲吵架后，被赶出家门。在放逐中，儿子学习了医术。后来，父亲生病，当他的医生无能为力时，儿子被召唤回来。儿子开出了一个特殊处方，父亲服药后死亡。儿子平静地喝下自己开的药，却没有死。不过，他还是被指控杀父。在课堂上，学生必须为起诉方和辩护方提供辩词。[49]

这样的体系似乎很有效，因为教师的特权在罗马变得很普遍，当然迈克尔·格兰特认为当局应该有更多地介入，以维持标准。公元 69 至 79 年在位的韦斯巴芗皇帝为教授希腊语和拉丁语修辞学设立了两个带薪席位。即使在罗马城之外，教师也可以豁免各种市民义务。[50]

罗马读写能力的传播是逐渐的，但是非常重要。涂鸦的存在以及普通士兵多多少少能够写家书这一事实表明，读写能力已经扩大到元老和政治家之外的人群。[51] 但是我们必须小心不要夸大。古罗马没有眼镜，没有印刷的广告，没有时间表，没有《圣经》的大众传播。[52] 一项估计是，古代雅典具备我们所说的读写能力的人不超过 5%，而在奥古斯都时期的罗马，不超过 10%。[53] 无论雅典还是罗马，一开始，读写能力可能并不具备像我们今天这么明显的优越性。许多古人拥有了惊人的记忆力，能够没有差错地背诵大段材料。其他人则满足于听他们的背诵，对记忆力的尊敬由来已久。[54] 事实上，人们可以通过“二手”方式“具备读写能力”（从“了解书本”的意义上）。[55]

否认读写能力广泛传播的论据包括经济因素。在古罗马，书卷是用莎草纸黏合而成的，携带和阅读比较困难，而且长长的书卷使得笔管和墨水写作因文字增加而尤其困难。尽管如此，书还是得到复制，西塞罗曾经派人把书卷送给他的朋友阿提库斯，后者让奴隶随时抄录。贺拉斯提到了索苏兄弟，说他们的图书销售 / 出版收益可观。昆体良和马提亚尔都提到了出版家特里丰和阿雷克特斯。[56] 这有点可疑。根据一项估计，公元 1 世纪，在埃及一张纸莎草纸的价格是 30 至 35 美元（按 1989 年的价格），在其他地区更贵。马提亚尔的第一卷《隽语》大约 700 行，标价为 20 塞斯特尔提乌斯（=5 迪纳厄斯），第十三卷（276 行）标价 4 塞斯特尔提乌斯（=1 迪纳厄斯）。为了给大家一个价值概念，马提亚尔本人说过：“一个阿斯（古罗马铜币）可以吃一顿鹰嘴豆晚餐，外加享用一个女人。”1 阿斯相 208

当于 1/18 迪纳厄斯，因此，约翰·巴斯比说："买一本马提亚尔的一卷《隽语》的钱可以吃四十五顿鹰嘴豆晚餐外加享用四十五个晚上的女人。他能卖出一本才怪呢！"[57]

当然大多数作品并不是隽语或哲学。它们都是事务性的，涉及农场或生意管理、账簿、写信等。这就是威廉·哈里斯所说的"手艺人的读写能力"。在《萨蒂利孔》中，释奴厄西昂在提到阅读法律材料的能力时这样评论道："这件事情能挣到面包。"[58]随着时间流逝，书面合同获得了地位，在有些城市，提交书面合同成为强制性的要求，以至于不为档案馆所收藏的文件被认为无效。还有一种新的文件形式越来越多地在借贷中被使用——手迹，即借款人亲笔书写的借条。[59]最重要的是，共和国后期的罗马人需要书写一些文字以行使自己的投票权。[60]

衡量读写能力的另一个标准是公共和私人图书馆的规模。虽然古雅典不存在我们所说的公共图书馆，但是伪普鲁塔克在《十大演讲家的生平》中说，吕库古（约前 390—前 324）提议，在重大节日表演的剧本的正式抄本应该存放在公共档案室。图书馆可能就是以这种方式开始的。[61]我们听说的罗马第一座公共图书馆是由阿西尼乌斯·波利奥在公元前 39 年建立的（之前恺撒曾下令建造一座，但是从未建成）。到罗马帝国灭亡时，仅罗马城就有 29 座公共图书馆。[62]科姆（由普林尼出资建造）、以弗所、帕加马和乌尔皮亚也有图书馆。[63]权贵当然有自己的图书馆，西塞罗的书信中经常提到他去朋友那里借书。他会时不时地去卢库鲁斯的私人图书馆，有一次发现加图也在那里。[64]1752 年在赫库兰尼姆发掘出一座私人图书馆，里面藏有 1800 个书卷。[65]最后，在考察读写能力的程度时，我们要记住罗马作家的不同背景。泰伦斯曾经是阿非利加的一个奴隶，加图来自统治国家的贵族，而贺拉斯是意大利东南部维努西亚的一个被解放的奴隶的儿子，诗人斯塔蒂乌斯是一个校长的儿子。其他线索显示，军队也深刻地官僚化，[66] 罗马出版的至少一种书会印制 1000 册，[67] 甚至涂鸦中也提到维吉尔的作品，[68] 这些事实也可以说明当时的读写能力。（作为罗马最著名的作家，维吉尔从未担任军政职务，自然受涂鸦者的欢迎。）在罗马很可能有数以万计的人能够阅读，并且第一次形成了一种读写文化。[69] 同时，口头文化在大多数人中依然很普遍。在市集，人们仍旧大声朗读诗歌，根据记忆讲述史诗。[70]

作家多少可以自由地表达他们想说的东西。《十二铜表法》禁止诽谤，奥古斯都虽然对别人对他个人的讽刺作品不以为意，但是仍然明文规定署名的讽刺作品是一种犯罪。不过，还存在社会压力。特别是元老院的内部关系很密切，西蒙·普赖斯告诉我们，当奥维德因为记述了皇帝外孙女的性行为习惯而被流放到黑海时，他感到“受到不公平的待遇”，因为其他社会地位更高的人犯有差不多同样的罪却未受处罚。[71] 大体上，写作是一种城市活动，并且“都市”价值在罗马很时髦。[72] 与此同时，罗马人自 209
认为是一个行动的民族，热衷于战斗、管理和有所作为。这又让我们回到“利益”，即有用原则，它在罗马人心中永远都是享乐的对立面。这样，阅读只有能引导写作时，才成为一种有用的行为，“尤其当作品被证明对道德有益时，更是如此”。

因此，诗歌很成问题。每个人都承认，诗歌大部分是优美的，尤其是早期的希腊诗歌。但是，大量的诗歌确实轻浮。贺拉斯被迫从两面辩护：“诗人或想有用，或想给人带来快乐，或说一些既能愉悦人又对人生有用的东西……兼具实用和愉悦的诗人在哪里都受欢迎，既愉悦读者又能提供建议。”[73] 不过正如他们之前的希腊人一样，罗马人还相信诗人在某方面是特殊的，所以称呼他们“瓦提斯”，意思是“先知”。

前面提到，正是罗马人发明了“古典”思想，即认为过去时代（尤其指古希腊时代）所思考的、所说的和所写下的最好的东西值得保留。这一思想的产生与学术的产生关系很密切，学术是罗马人生活的一个重要特征。

我们现在的词语“学者”（scholar）和“学术”（scholarship）其实来自中世纪在文本旁边撰写评论和批评的写作活动，这些评论被称为“页旁注解”（scholia）。但是这种批评和评论活动本身开始于亚历山大港的图书馆，它的开始也是由于早期书卷的某些特征。这些书卷由薄莎草纸片做成，由尼罗河三角洲到处可见的一种芦苇的纤维木髓制成。两张纸草以直角压在一起做成纸张，多张纸张黏合成书卷，第一张称为“起页”，最后一张称为“尾页”。一张普通的莎草纸上，一栏有 8 到 10 英寸高，25 到 45 行。当埃及政府为了控制书籍制作而禁止出口莎草纸，从而导致纸张稀少的时候，人们就用兽皮代替，在帕加马尤其如此。英语中的“羊皮纸”一词（parchment）就来自帕加马（Pergamum），意大利语中羊皮纸的对等词是“帕加马那”（pergamena）。[74] 大多数时候，莎草纸是单面书写，部分是因为抄写员都喜欢顺着纸张的纹理书写，部分是因为在书卷中，任何写在反面的东西都会很快脱落。读者阅读时，要慢慢展开书卷，一手握住已经读过的部分。这样当他读完后，整个书卷都反过来，为了方便其他读者的阅读，必须再把它重新卷回去。对有些长达 10 米的书卷，这么做带来很大的不便，而且不断地卷来卷去会缩短书卷的寿命。不便还意味着，如果一个作家想引用另一位作家的话，他更愿意依靠记忆，而不愿意费劲去展开相关的书卷。因此，复制文本比听起来要困难得多，而且由于标点很不完善，甚至几乎没有，使得复制更不容易。例如，文本中单词之间没有间隔（间隔到中世纪才系统化），剧本中变换说话人也总是没有清楚的表示（一行的开头用一条横线表示，就像一个破折号，但是几年后，横线容
210 易脱落），人物的姓名也会被全部省略。[75] 正是在这种情况下导致的不准确和混乱才催生了学术。

学术产生的另一个原因是，亚历山大港缪斯庙图书馆的图书管理员有意识地尝试编撰一部完整的希腊文学文库，他们发现来自世界各地的不同版本之间有很大的差异。这种情形又产生了一些研究方法，它们也推动了学术的产生。第一步是为受过教育的大众普遍阅读的作家编辑一个标准文本。第二步是确保公元前 5 世纪阿提卡的书籍（有些用早期希腊语写成），被译成当时通用的希腊语。直到公元前 403 年，雅典人一直使用早期字母表，其中字母 ε 可以用于表示三个元音：ε、ε-ι 和 η，字母 o 可用于表示 o、o-ι 和 ω。[76]第三步是发明重音体系，它的出现其实比标点还要早。第四步，撰写自成一书的评论，讨论古典文本中的不足。第一种例子是，引进一套批注记号，书写在文本页边空白处，让读者参考评论中的相关地方（正是这些页边记号形成了后来的页旁注解）。批评记号中最重要的一个是诗歌左边空白处的短剑号，表明该诗属伪造。其他记号包括“>”，表示精彩的内容或语言；“⊃”表示诗行的顺序被打乱；以及“※”，表示这一段在别处错误地重复出现。[77]

亚历山大港人的这一套批注方法被罗马的 L. 艾利乌斯·斯蒂洛采用，他活跃于公元前 100 年左右，他的成果包括编制他认为是真实的古希腊和早期罗马的戏剧清单。虽然他感兴趣的不仅仅是作品的真实性，但是他的方法和评判被他的学生瓦罗（前 116—前 27）采用，并且部分决定了古典作品留给我们的遗产。自此之后，像塞内卡和昆体良这样的作家总能意识到，在罗马，文本可能会有很多讹误，因此他们经常把不同的版本进行比较。

随着帝国的衰落，书的制作越来越少，古典文化的延续性岌岌可危。保存它的方式之一是发展新的文学形式，即摘要和简编。摘要就是我们现在所谓的“节本”，一本书的简略形式，包含书的主要内容，它通常和别的摘要一起在简编中出现。虽然这样做会丢失许多细节，但是简编的作者必须对各种书的版本进行筛选，同时要进行批评判断。除了简编之外，罗马人还创作了许多评论，它们告诉现代学者哪本经典的哪个版本可在何处与何时获得。[78]

正是在这个衰落时期，学术和读写能力的共同提高产生了至少三套不仅在罗马时期，而且在后来的中世纪都具有重大影响的书。第一套是艾利乌斯·多纳图斯的两本文法书，《文法初阶》和《文法进阶》，它们和《文法基础》一起成为中世纪的主要文法教材。第二套是诺纽斯·马凯鲁斯的
211 《教学简编》，这本词典因为收录了许多当时佚失作品的引文而弥足珍贵。第三套书是马尔提亚努斯·卡佩拉的《论墨丘利的婚礼》，这是关于自由七艺的寓言性论文。“人文学科”被认为是一个罗马绅士必须接受的教育科目，它起初是瓦罗受波希多尼（前 151—前 135）的影响而构思出来的。瓦罗编写了一部有影响力的百科，《艺术九书》。在书中，他概述了九门学科：文法、修辞、逻辑、代数、几何、天文、乐理、医药和建筑。后世作家略去了后两门。[79] 在罗马，到公元 1 世纪末，教育多少有些标准化，确立了自由七艺。这些又成为中世纪教育的基础，到中世纪自由七艺又分成两大类：基础三科（文法、修辞和逻辑论证）和高级四艺（代数、音乐、几何、天文）。我们在后面章节中将会看到，这一体系形成了现代教育体系的基础，而且是导致西方兴起的因素之一。[80]

罗马的另一重要创新是，书卷逐渐消失，代之而起的是书册，这对学术和读写能力产生了影响。这一过程发生在 2 世纪和 4 世纪之间。书卷的替代物一直都有，即用涂蜡木片做成的书写板。它能擦干净，因此平时使用很方便：教学、书信、简单记事。不过，罗马人开始用它书写法律文件，逐渐用羊皮纸取代了木版，并且用皮带或钩环把多页羊皮纸穿在一起。[81] 马提亚尔是我们所知的第一个提到以书册形式出版的文学作品的人（在一首 1 世纪 80 年代写的诗中），不过这种做法在那个时候还不普遍。

书册开始于 2 世纪，真正盛行于 4 世纪，至少对非基督教文学作品而言是这样。书册流行的原因不难解释。莎草纸书卷虽然不易损伤，但是很少能维持 300 年，而且可以说，如果没有出现书册的话，许多古典文献将会全部消亡。书册没有书卷那么笨重，标号的书页使它成为一种更方便的参考版式，使用起来更不容易破损，而且生产成本可能也便宜许多。

不过，对于书册，我们似乎最应感谢的是早期基督徒。在公元 2 世纪，非基督教书册还非常稀罕，然而书册形式的基督教文献却非常普遍。可能是因为基督徒想有别于异教徒，也可能是因为书册比书卷更便宜。不过更有可能的是，书册在基督徒中受欢迎是有另一个完全不同的原因：由于它的版式（标号的书页以及目录），在书册中添加伪造内容尤为困难。对于一种处在发轫期的宗教，经文的准确和权威是主要问题，而书册版式在此方面的优势是巨大的。[82]

希腊人已经发明了主要文学样式：史诗、历史著作、喜剧、哲学、悲剧、田园诗、抒情诗、演讲术、辩论术。虽然许多罗马作家如今被尊为“古典”，但事实上，就文学而言，他们相对于希腊人的真正超越出现在两个领域：爱情诗和讽刺诗。除了这两大创新，在罗马，作家对希腊人的模仿是被认可的，模仿是与变异一样正当的文学手法。212

西塞罗（前 106—前 43）是最著名的吸收希腊文化的罗马作家。[83] 除了他最擅长的演讲术外，他的作品主要包括书信和关于不同阶段希腊学术的论文。他的《论神性》以及《论义务》是我们了解希腊宗教和伦理思想的最好来源之一。他的作品一直以来是研究文学辞藻和哲学内涵的主要对象，它们的重要性如此之高，乃至于被普遍认为在为西方文化传统提供思想源泉的贡献者之中，仅次于亚里士多德。[84]

西塞罗出身于一个富庶家庭，受过辩护律师的训练，担任过占卜官职务，其职责包括预测未来和解释征兆。他的作品很少有真正的原创性，但是他的风格和拉丁语的优雅却是无与伦比的："一个又一个世纪的人们从这些作品学习哲学文法，它们现在仍然很有价值。"[85] 斯多葛主义是在西塞罗时代最有影响的哲学流派，西塞罗认为，它更多是一种实用的、关涉伦理道德的折中主义，而较少是一种希腊意义上的哲学和对形而上学的根本性探索。斯多葛主义在罗马产生了三个主要影响。第一是与基督教的重叠，与其说体现在西塞罗的作品中，不如说体现在塞内卡的作品中，后者常被与圣哲罗姆作比较。不管怎样，这对许多异教徒皈依基督教起到了某种作用。第二个影响体现在罗马人对法律的态度上。斯多葛主义认为，人应当遵循自然法则，而"自然具有一种哲学家能够一瞥的法则"。[86]"自然法则"的观念就是这样提出的，它将在西方思想史上拥有漫长的历史。最后，斯多葛主义关于"四海之内皆兄弟"的思想对罗马人对待奴隶的方式也产生了巨大影响。

对于西塞罗，"真正的法律是理性的、正确的、自然的……不存在罗马的法律、雅典的法律，也不存在此时的法律和后来的法律……"（《论国家》III，33）他最关心的是不同阶级之间的和谐、元老院外的中等阶级和元老院之间的合作关系。用迈克尔·格兰特的话说，他是一个中间派："他反对两种专制，复古和革命。不管什么时候，只要其中一种成为威胁，他就会站到另一边。"[87] 他是一个自由主义者。"事实上，他是西方社会整个自由传统的最伟大的先驱。"

他还是"人情"的创立者，通常称之为西塞罗主义的核心。他相信德行"使人与神联结"，由此得出，所有人，不论贵贱，都有价值，这又"使人与人联结，不论国家、种族和阶层"。[88] 他的"人情"，不仅仅指人性，或人道，或人文主义，而是对他人的关心、宽容、人文学科，以及教育。在他翻译的希腊著作中，他为了使自己母语中较少的词汇适应较大的希腊思想，发明了像“性质”和“数量”这样的术语。西塞罗对西方思想的影响“大大超过了任何其他散文作家，不论哪种语言”。教皇格列高利一世甚至说，他希望能够销毁西塞罗的作品，因为“它们转移了人们对《圣经》的关注”。[89] 西塞罗虽然不属于刺杀恺撒的一党，但是他赞同刺杀行动，然而，他认为后来安东尼的专制更加可怕，并且公开宣布自己的看法。结果，他自己也在公元前 43 年 12 月被刺杀。（当刺客们逮住他的时候，他正在读欧里庇得斯的《美狄亚》。） 213

维吉尔（约前 70—前 19）被誉为奥古斯都时期的桂冠诗人。他的《牧歌集》和《农事诗》为他后来的伟大史诗《埃涅阿斯纪》奠定了基础。《埃涅阿斯纪》是荷马式英雄传奇的罗马版，在书中奥古斯都被公开描画为埃涅阿斯。偶然的是，恺撒和奥古斯都所属的尤利乌斯家族，自称是埃涅阿斯的儿子尤卢斯的后代，埃涅阿斯是《伊利亚特》中的人物。因此，维吉尔的史诗也是典型的荷马式，主人翁埃涅阿斯在地中海漫游，以《奥德赛》的方式从特洛伊到台伯河，然后在第二部，在意大利进行了伟大的战斗，让人想起《伊利亚特》。[90] 除了与荷马的相似之处，这部书还是个密码本：埃涅阿斯是奥古斯都，书本身就是关于权力性质的探讨。其中的一个中心主题是虔敬，它有两种意义：罗马意义上的对父母、国家和神的义务，以及同情，但不是传统的或现代意义上的同情。埃涅阿斯对其他人物怀有同情之心，包括他的妻子狄多和他的敌人图尔努斯，但是他最后遗弃了前者，杀死了后者。这就是维吉尔对战争的评述：战争既毁灭我们憎恨的人，也毁灭我们热爱的人。故事的结尾完全不是对罗马和帝国权力的理想化，而是模棱两可。维吉尔的人性与西塞罗是一致的，在温柔和怜悯方面不相上下。

考虑到大致耶稣时期地中海一带权力以及文明中心的变迁，那么古代医学最大的权威也发生相应的变化就不足为奇了。克劳狄·盖伦在十六岁时决定从医。公元 131 年他出生于帕加马，在转向医学之前，先后学习了数学和哲学，并且为了求学先后游历了士麦那（现在的伊兹密尔）、科林斯和亚历山大港。他回到帕加马，成为角斗士的医生，不过后来定居罗马，成为受富人和名人追捧的医生，他的客户包括皇帝马可·奥勒留、康茂德和塞普蒂米乌斯·塞维鲁。他卒于 210 年左右，传世作品包括二十二卷内容，确立了他在古代世界的权威地位：除了希波克拉底能和他比肩外，盖伦的影响一直延伸到现代。[91]

一直以来，盖伦有更看重疾病，而不是病人的名声，“他把后者视为理解前者的工具”。从希波克拉底那里，他借用了四体液说，即构成人体的基本组成是血液、黏液、黄胆汁和黑胆汁，它们对应热和冷、湿和干等基本特质。盖伦对这一理论进行了完善，认为这四种体液以不同的方式组合，形成器官，这些器官又共同组成人体。对他而言，当体液之间或各器官状态出现不平衡时，疾病就会产生。他的主要创新之一是确认疾病在具体器官中的位置。例如，广义的发烧是由于体内的体液腐败，导致发热，而局部疾病来自个别器官中的有毒体液导致肿胀，或硬块，或疼痛。[92]诊断时，盖伦特别注意病人的脉搏和尿，同时也关注病人的姿势、呼吸、“上部分泌物和下部分泌物的性质”的变化，以及是否头疼。

他认识到解剖的重要性，但是承认实体解剖在他那个时代是不可能
214 的。因此他鼓励学生留心可能的机会，例如当有坟墓被发掘或发生事故的时候，进行细致的观察。他还推荐学生去亚历山大港参观，“那里可以亲手检视骸骨”。[93]不过总体上，他承认学生需要依靠动物尸体解剖，尤其是那些与人类相似的物种。他自己解剖了一些动物，包括一只小猴子，他们称之为无尾猴，也就是我们所称的猕猴。他借用了柏拉图“三重灵魂”说，提出灵魂的理性机能所在的大脑是神经的来源；情感所在的心是动脉

来源，动脉血由此传送到身体各部位；胃口或欲望所在的肝脏，是静脉来源，静脉血使身体得到强化。食物到达胃部后，部分通过体热“烹煮”被转换成流汁，然后通过胃壁输送进周围的静脉被吸收，再输送到肝脏。在肝脏，食物被进一步加工、烹煮，转变为静脉血，为各种器官提供营养。静脉血到达心脏，为心脏提供营养，当然心脏也接收从肺部输送的动脉血。动脉血提供生命，同样被传送到各器官。大脑同其他的器官一样，接收动脉血。在这里，盖伦犯了一个特殊的错误，他认为动脉血会进入细脉网，那是他在解剖某些有蹄类动物时发现的一种细密的动脉网络，他认为人体内也存在这样的网络。他说，动脉血液在这个网中被加工成“最高等级的”精神或元气，即心灵元气，后者又通过神经被输送到身体的各个部位，负责感觉和运动机能。[94]

盖伦的体系远比我们所解释的复杂得多，但是这些足以说明他的思想结构。这一思想将主宰整个中世纪和现代早期，它的形成部分可以归因于他的其他观念。盖伦虽然不是基督徒，但是他相信目的论，这使他同时受到基督徒和穆斯林的欢迎。受柏拉图《蒂迈欧篇》和亚里士多德《动物之构造》的启发，他得出结论：人体和动物的构造中具有“智慧设计”。在他的论文中，他极力赞美造物主的“智慧和深谋远虑”，这一理解显然来自柏拉图。盖伦认为人体构成与其机能之间匹配得非常完美，“将它提高，即使是想象，也是不可能的”。[95]这是自然神学，即关于神灵的存在于自然中得到体现之理论的滥觞。

实用，即罗马人的理性及对其成就的自豪，对视觉艺术的革新产生了重大影响。虽然希腊的肖像画变得越来越写实，但是它们仍旧具有某种程度上的理想化。到罗马时期就不是这样了。皇帝可能希望他的画像能表达出帝王的尊严，但是对其他家庭，越写实越好。在罗马有一个传统，至少在贵族家庭，人们要保存祖先的蜡像面具，以备活着的亲人在葬礼中佩戴。从这里发展出青铜和石制半身雕像，非常写实。[96]

在建筑业，水泥的发现改变了一切。它是在大约公元 3 世纪末期发明的，可能通过非洲传入。人们发现水、石灰和像沙子一样的沙砾物质混合
215 在一起会形成一种耐久物质，可以用来砌砖瓦，本身还可以作为一种建筑材料，而且在某种程度上可以铸模。它产生了两个直接后果。第一，重要的公共建筑物，例如澡堂或剧院，能够在市中心建造。不需要从远处运送大型石块，相反，沙子可以用较小的、更容易操作的工具运送，建造复杂得多的基础设施，可以容纳更多的人。第二，因为水泥在湿的状态下能够成形，因此不需要像在石头上那样进行雕刻。因此，对工人的手艺要求不高，甚至奴隶都能胜任，成本也因此降低很多。所有这些都意味着，大型建筑的规模比以往任何时候都更加宏伟，这也是为什么罗马成为如此众多的大型建筑遗迹所在地的原因。[97]

罗马视觉艺术的另一发展源自之前提到的“古典”思想。它是罗马人的首创，它产生于这样一种情感：虽然罗马战胜了古典希腊，虽然许多罗马人认为希腊人虚弱，甚至女子气，但是在罗马存在一种对希腊文化的无比敬重。（希腊诗人阿尔启亚斯被指控冒充罗马公民，西塞罗在为他辩护时说：“希腊文学在世界各地被广泛阅读，而拉丁语只限于它自己的疆域，而且，我们必须承认，这疆域非常狭小。”他自己准备“以亚里士多德的方式”写作。[98]）公元前 1 世纪以后，罗马许多上层社会的家庭收藏希腊的雕塑以及复制品，许多复制品都非常优秀，而且现在对希腊雕塑的知识只能或主要通过罗马的复制品才能获得，当然这些复制品本身现在也非常有价值。[99] 首先，罗马的将领尽其所能地劫掠：公元 264 年，沃尔西尼的两千座雕像被洗劫。[100]（乔治·梅里迪斯曾经说，军人唯一能够想到的一个抽象观念就是战利品。[101]）希腊艺术家迅速做出调整，在雅典很快出现

了一个繁荣的艺术品市场（所谓的新阿提卡作坊），满足罗马游客的需要。后来，希腊艺术家还在台伯河一带开业。[102] 因此，罗马本身就是希腊思想和拉丁雄心的混合。不过，由于水泥的出现，相比雅典，罗马为后人留下的要多得多。

虽然罗马没有取得古典希腊那样的思想成就（例如，几乎没有证据表明罗马人有过原创性数学成果），但是他们的成就表现在别处。对他们最精到的评价还是18世纪英国历史学家爱德华·吉本的话："若要指出世界上哪一个时期人类最为繁荣幸福，我们将毫不犹豫地说是从图密善被弑到康茂德登基。幅员辽阔的罗马帝国受到绝对权力的统治，其指导方针是德行和智慧。连续四位皇帝一脉相传，运用恩威并济的手段，统帅部队，使之秋毫无犯，全军上下无不心悦诚服。在涅尔瓦、图拉真、哈德良和安东尼小心翼翼的维护下，文官政府的形式得以保持。他们喜爱自由的形象，愿意成为向法律负责的行政首长。"[103]

即便这一论断如今不能完全被人接受，对罗马的这种情感却延续了如此漫长的时间，这一事实本身就充分证明了罗马的成就。 216

10

异教徒和基督徒，地中海和日耳曼传统

罗马的成就是伟大的。罗马人自己也意识到这一点，因此他们开始信奉“永恒的罗马”也不足为奇。但正如学童都知道的那样，罗马并不是永恒的。阿瑟·费里尔说:“关于罗马帝国，众所周知的是，它衰亡了。”[1]

这种大众认知至少一部分归因于可能是现代最著名的历史著作，即上一章结尾提到过的爱德华·吉本的《罗马帝国衰亡史》。这本著作距今年代久远，很多学者的研究都发展了吉本的观点。例如，最近有一本德语著作，几乎有 700 页，列举了不少于 210 种可能导致罗马衰亡的因素。[2] 它除了强调衰亡的主要原因现在没有定论外，并没有使我们有任何进展。而另一方面，尽管吉本的书从 1776 至 1788 年共出版六卷，但他对罗马衰亡的原因所持的观点比较简单。他指出两个弱点，一个内在的，一个外在的，他认为这是导致西罗马帝国衰亡最重要的两个因素。“内在的弱点就是基督教，外在的缺陷就是蛮族入侵。”[3] 这样的观点在今天仍然能获得支持。正如阿瑟·费里尔指出的，在 4 世纪最后的十年里，有一位叫狄奥多西的皇帝仍然统治了一个比奥古斯都大帝时期还大的帝国，统率一支庞大的军队。不到八十年后，西罗马的帝国和军队都被消灭了。或正如法国历史学家安德烈·皮加尼奥尔所说的："罗马文明不是自然消亡的，而是被扼杀的。"[4]

毫无疑问，欧洲从古代转入中世纪的最大特征就是基督教的传播。这也是形成我们现在所知世界最重大的思想变化之一。在追溯这一变化的过程中，有两件事要记住。我们必须准确地解释这一变化是如何发生、以何种顺序发生的，但同时我们还要阐明为什么基督教如此受欢迎。[5]要回答这些问题，我们需要回到第 7 章已经讨论过的《福音书》的产生。

在《新约》中，犹太被描述为新信仰的发祥地，并有一个总教会坐落于耶路撒冷，但它没有提及犹太人的反抗或耶路撒冷遭围攻和毁坏这些同时期的政治事件。[6]传统观点认为，之所以没有提到这些，原因在于这
一反抗对于基督教并没有产生影响，因为早期基督徒已经离开了这座注定 217
遭劫的城邑，移居到外约旦的佩拉。好几个世纪以来，没有人质疑过这个观点，因为首先它完全符合耶稣是一位与政治无关的神这一观点。其次是因为犹太历史学家约瑟夫斯在 1 世纪 70 年代所写的《犹太战争》一书中，解释这场起义的主要责任在于狂热的奋锐党，他们"唆使一个和平的民族参与致命的起义"。[7]这一传统解释现在广泛遭到质疑。首先，佩拉在《圣经》中从来不具有基督教中心这样重要的地位。圣保罗的书信以及《使徒行传》都证实耶路撒冷的教会是"公认的信仰和权威的来源"，所有信徒都要顺从。因而，完全不提及这个公元 70 年后的教会就需要一些解释。新的学术研究从这产生。

首先是《马可福音》，它一直以来都是重新解读的焦点，尤其是关于两个有歧义的论断。第一个就是法利赛人想要利用耶稣对罗马的态度来设计陷害他时，耶稣当时的著名回答："恺撒的物当归给恺撒，神的物当归给神。"传统上，人们认为耶稣的回答是一种巧妙的策略，至少含蓄地表

明他容忍犹太人纳税的观点。然而，另一种研究从《马可福音》还不是长篇著作引发，认为这一事件显然对著者来说十分重要。因为它最初于公元 65 至 75 年左右在罗马用希腊语写成，现在人们认为它的措辞是为了满足意大利非犹太人基督徒的“需要”。这发生于基督教的早期，那时虔诚的教徒担心他们的处境。这样看来，耶稣对向罗马纳税所持的态度关系到他们的福祉。这是因为导致犹太人 66 年起义的罗马压迫产生的主要原因之一是犹太人没有纳税。[8] 奋锐党的创始人犹大和耶稣一样，来自加利利。因此现在的怀疑就是耶稣真正想表达的意思和《马可福音》想要他说的正好相反，即不应进贡。意思之所以发生变化是因为若不这样的话，早期基督徒就无法在罗马待下去。而这也有趣地揭示了《马可福音》中的第二个短语，也就是他把十二位信徒中的一位称为“迦南的西蒙”。若不加以详述的话，公元 1 世纪罗马的非犹太人基督徒就完全不知道这应该是什么意思。事实上，西蒙在犹太也被叫作“奋锐党西蒙”。所以《福音书》掩盖了耶稣所选信徒中的一位是反对罗马的恐怖分子这一事实。正如 S. G. F. 布兰登所说的：“承认这一点是很危险的。”[9] 其他学者反对这一观点，他们坚持认为罗马的基督徒人数太少，不足以在《福音书》中做出如此巨大的更改。而且《新约》中许多对非犹太人基督徒毫无意义的地方（例如割礼），并没有被更改。

这些事件及其解释对于理解早期基督教都十分重要。如果将其同《新约》，尤其是《使徒行传》放在一起，我们可以看出，新的研究解释了什么叫“基督教的犹太发轫期”。我们不能忘记最初的信徒都是犹太人，他们相信耶稣就是以色列的弥赛亚。尽管耶稣的死对他们是一个打击，但他们仍然相信耶稣会回来并救赎以色列。正如他们自己认为的那样，他们的主要任务是使犹太人同胞相信耶稣真的是弥赛亚，他们应该为基督再临做好准备。因此他们继续以犹太人的方式生活：他们遵守《摩西律法》，在耶路撒冷的圣殿里朝拜。他们由耶稣的兄弟雅各带领着，吸引了许多皈依者，尤其是因为雅各以狂热地履行犹太教仪式而闻名。（他如此狂热以至于被一心要控制以色列革命情绪的大祭司处死。[10]）

另外，在耶路撒冷发生这些事件时，在耶稣受难和发生起义之间，保罗在以色列之外的地方活动频繁。保罗来自今土耳其阿达纳以西的塔尔苏斯，是一个制帐篷的人，他不是耶稣最早的信徒之一。和基督不同的是，他来自城市。他皈依基督教这一著名事件发生在约公元 33 年他“去大马士革的路上”，当时他“见到”了基督（《使徒行传》9：1—9）。（他有慢性病，有人怀疑是癫痫。[11]）保罗创立了另一种基督教，认为在以色列之外的希腊罗马世界传播这些思想是自己的责任。另外，他皈依基督教这一事件不应该被夸大：保罗是一个法利赛人，因此非常相信复活；就他而言，他是从一个犹太教宗派转到了另外一个宗派。[12] 几乎可以肯定的是，那时有互相敌对的多个基督教派。例如，在《哥林多后书》中，他是这么说的：“假如有人来传另一个耶稣，不是我们所传过的；或你们另受一个灵，不是你们所受过的；或另传一个福音，不是你们所得过的，你们容让他也就罢了。”在其他地方，他称他的对手为“最重要的信徒”，指的是雅各、矶法（彼得）和约翰。因为保罗的一些思想威胁到以色列的犹太—基督徒的权威，因而他受到严厉的谴责。在公元 59 年左右，他被逮捕并带到罗马（因为他是罗马公民）。[13] 如果公元 66 至 70 年的起义从未发生的话，很可能在历史上就不会听说保罗这个人。但起义的确发生了，耶路撒冷及其圣殿都被摧毁。尽管犹太—基督教的遗迹保留了一个世纪，但再没有昔日的辉煌，最终不复存在。反而，保罗创立的教派得以幸存，结果是宗教的性质发生重大变化。过去犹太教的弥赛亚派现在变成了在地中海的希腊化世界里，即非犹太人中，宣传普遍救赎的宗教。保罗尤其通过强调上帝“乐意将他儿子启示在我心里，叫我把他传在外邦人中”，来证明自己的独立教义。

和耶路撒冷的信徒相比，保罗信条的不同之处主要在于两个方面。一个就是我们看到的，他深信他要在非犹太人中布道。首先，这可能是非犹太人中的特殊群体，他们同情以色列的传统，但反对割礼，他们被叫作“敬神者”(《使徒行传》13：26)。[14] 与此相关的就是保罗认为耶稣不仅仅是殉教者，而且还是神，他的死有更深远的意义，对那些以色列之外的人有深远意义，从历史角度说有深远意义。[15] 这里根据克里斯托弗·罗兰的观点，我们要理解保罗的目标就不得不提醒自己，保罗受到了希腊化思想的熏陶，尤其是他关于拯救世人的神和人类堕落状态的思想。救世之神的典型例子就是敬拜埃及神奥西里斯的宗教。这个神的信徒相信他曾经死去并死而复生，他们相信通过朝拜仪式他们也能死而复生。我们还必须把保罗放在众多的诺斯替教派背景下来理解。一些诺斯替教徒信奉柏拉图思
219 想，并认为每个人都是不朽灵魂“被囚禁”在身体（而且是凡人）的混合体。最初诺斯替教徒说灵魂从“光和极乐之所”降临到人间。灵魂化身为人时，受到生活在地球（和其他星球）的邪恶力量的诱惑，只有通过对其本性真正的了解（灵知）才能获救。将灵魂从肉体的囹圄中释放出来，让它们重返原来的地方，就是灵知的目标。[16] 因此保罗的基督教是三个要素的结合：犹太—基督教（耶稣信奉救世上帝和救世主弥赛亚）、异教徒的救世神和诺斯替教徒关于人类堕落状态的思想。耶路撒冷的犹太人基督徒对后两个观点深恶痛绝，也反对保罗认为耶稣的到来代替了《摩西律法》的思想。[17] 当保罗到耶路撒冷同那里的基督徒协调这些信仰时，遭到暴徒的袭击。一些罗马士兵救了他，于是他要求以罗马公民的身份接受帝国法庭的审判（否则他几乎一定会在耶路撒冷被私刑处死）。最后的裁决不得而知，但这场审判似乎发生于 59 年。

保罗的思想开始流行起来，是因为它们似乎解释了过去发生的事。在

犹太教传统中，天国降临之前会有大灾难，耶路撒冷的毁灭如果不是灾难的话，又是什么呢？这些事件都被视为弥赛亚重返人间和世界末日的先兆。[18] 保罗自己也同意其中一些思想。例如，他从不给他的书信标上日期，就好像时间一点也不重要。当然，弥赛亚并没有再出现，耶稣再临没有实现。渐渐地，早期基督徒不得不做出改变。他们并没有摒弃对天启的憧憬，但他们思想体系中的这一部分渐渐变得不那么重要了。这带来了保罗的另一个新思想。迄今为止，犹太—基督教一直接受犹太教的基本历史观，即随着弥赛亚的到来，时间将停止。但对基督徒来说，耶稣已经来了。如果他化成肉身是上帝为人类所做的部分计划，那么时间可被视为两段，一个是从创世一直到耶稣诞生，是以色列人为耶稣降临做准备的时期，这在犹太人的《圣经》中有记载；第二个时期从耶稣时期开始。保罗称犹太人的著作为《旧约》，并且他现在说耶稣在创立一个新的约定。[19] 他认为耶稣就是救世主，是人们应循之路，这样做才可能获得永生。就这样，基督教变成了非犹太人的宗教，并积极地寻找皈依者，因为皈依是获得救赎的唯一正确的道路。

保罗也为早期基督教作了许多修改，他谴责偶像崇拜、性欲，并含蓄地谴责哲学活动。[20] 在早期的罗马，基督徒经常标榜自己的无知和缺乏教育，把独立的哲学思考同傲慢之罪联系起来。[21] 最后，我们必须注意的是，保罗这种形式的基督教产生于罗马世界，那里有罗马律法，周围都是罗马异教徒的神。（“异教徒”这个拉丁词 paganus 的原意是山野村夫。）对罗马的忠诚在罗马帝国的背景下很重要，它意味着承认皇帝的神性和接受国家之神，这些神比基督教古老得多。塔西佗（约 55—116）就将基督教斥为“一种新迷信”。

在罗马，世俗生活和宗教生活总是相互交织。帝国的每一座城市都受
自己的城市之神的“保护”，古罗马从澡堂到竞技场的所有建筑物都装饰 220

着神的雕像，还有神坛和小神龛。奥古斯都非常关心宗教生活，在他统治时期里重建了82座已经年久失修的神庙，又下令建造另外13座神殿。[22]但是在异教徒的世界里，没有人会期望宗教为人生的意义提供答案。人们转向哲学寻求这种理解。罗马人崇拜异教的神灵，是为了在危机时向其寻求帮助，确保国家有神明庇佑，体验“一种治愈心灵的社群感”。[23]对于受过教育的异教徒来说，基督教之神很原始。像亚历山大大帝这样一位伟大的君主和战士成为神或神之子是合情合理的，但崇拜一个在罗马帝国遥远的角落作为罪人死去的可怜的犹太人则很荒唐。[24]尽管异教徒崇拜许多神，并且到处都是神殿（有一个作家曾经写道：“神殿就是乡村的灵魂。”），但实际上在罗马有三种信仰比其他的都重要。它们是皇帝信仰、伊西斯信仰和密特拉信仰。

公元前44年，尤利乌斯·恺撒死后被封为神，他是第一个获得此项荣誉的君主。和恺撒有血缘关系的奥古斯都公开自称“神之子”。[25]他死后也被封为神明，他的后继者提比略也是如此。提比略的后继者卡利古拉在有生之年就把自己封为神。异教徒有思想自由的传统，公民可以自由选择把皇帝视为神明的“当真”程度。在罗马帝国的西部，受到敬拜的经常是皇帝的“神性”，一种依附于该职位的神圣力量。而在东部，通常是皇帝本人被当作神。

许多人受奥古斯都的鼓励，崇拜主要的太阳神阿波罗，而最先产生于埃及的伊西斯和塞拉比斯（原本是奥西里斯）信仰也很受欢迎。塞拉比斯和奥西里斯死后都变成相同的神牛埃皮斯，这使人们把塞拉比斯与宙斯、波塞冬和狄俄倪索斯联系起来，他们在中东都和牛有联系。伊西斯是魔法女神和文明的创造者。她是救世女神，让人不禁想起更早期的大神母。[26]密特拉教是波斯琐罗亚斯德教的分支。康茂德皇帝（180—192）崇拜密特拉神，信仰斯多葛主义的皇帝马可·奥勒留在梵蒂冈山上建了一座密特拉神殿。这种信仰似乎在公元 60 年左右在叙利亚就有，由士兵带到罗马并且一直成为士兵的宗教，仪式中不能有女人在场。[27] 它有一个复杂的、令人生畏的入会仪式，有七个成员等级。信徒被称作“献身者”，仪式还包括圣餐。可能就是因为这个原因，很多基督徒把密特拉教派视为自己信仰的亵渎神明的低级形式。密特拉教的中心思想之一就是二元论，即世界上到处都是善恶之间、黑暗与光明之间的永恒斗争。这跟基督教的思想不谋而合，却和其余的异教思想大相径庭，后者认为世界或基本上都是好的，或不好不坏。密特拉神的斋日是 12 月 25 日（记住，这曾是一个没有周末的世界，斋日是唯一的节日）。尽管这些信仰都是主要的，但一神教不符合罗马人的本性。他们对找出他们的神和其他民族的神之间的联系更感兴趣。这让他们变得宽容。 221

除了这三种信仰，还有一个犹太教或基督教都没有的异教机构。这就是神谕所。同古希腊一样，罗马的神谕所就是神殿，通常远不止是神殿，例如山洞，人们认为那是神明开示的地方。通常，一个复杂的仪式会在这里进行，经常是晚上，以增加戏剧性和神秘色彩。神明通过个别人（“先知”）说话，朝圣者向他发问。有时先知就是当地的祭司，有时从朝圣者中挑选出来。有时会有两个先知：一个制造模糊的声音，另一个则将这些声音变成韵文。最著名的神谕所是在今土耳其伊奥尼亚海岸的迪迪马和克拉罗斯的阿波罗神谕所。罗宾・莱恩・福克斯告诉我们，去克拉罗斯的朝圣者来自从今保加利亚一直延伸至克里特岛和科林斯的四十八座城市。[28]

犹太教和基督教不同于异教的一个重要方面是，它们给予的是“启示”而不是神秘主义。每一种异教信仰都是一种神秘的宗教体验，从入教仪式到获得特定的经验和神示。而另一方面，犹太教和基督教表明的是一个能适用于所有人并且也能为所有人获得的普遍真理，而且是相当开放的。[29]

从保罗时代起，基督教就脱离犹太教，成为一种独立的宗教。在公元

66至70年犹太人起义和耶路撒冷毁灭之后，犹太人花了二十年重新整顿。他们废除神殿祭司和献祭制度，用拉比制取而代之，并在这个过程中，驱逐了所有基督徒。

许多最基本的基督教教义受到罗马人的诅咒。例如，穷人的精神价值这种思想就是革命性的。同样，异端也是一个外来的概念。罗马人可以自由地加入多种他们喜欢的宗教，尽管无神论者不被人接受。（我们所说的无神论当时并不存在。“无神论者”指伊壁鸠鲁派，虽然他们不否认神的存在，却否认神意。[30]）早期基督徒的执着可以从一个教派的行为中看出来，他们把自己卖作奴隶，以赎回其他身陷囹圄的基督徒。[31]女性在早期基督徒聚会中的显著作用也和罗马的习俗不一致。一边是异教徒和犹太教徒的思想，另一边是基督徒的思想，二者最大的不同在于对死亡的态度。异教徒和犹太教徒若死了，即使他们相信某种“来世”，如福佑之岛，也不会想象在尘世获得完全的身体的复活。基督徒却相信这一点。虽然基督再临可能不再被视为即将到来，但毫无疑问，有一天完全意义上的复活会发生。[32]

然而，那时的帝国在各方面都面临危机。贸易萧条、出生率降低、哥特人在多瑙河沿岸构成威胁。更糟糕的是，165至167年东征回来的军队带来了瘟疫。这种情况在后来岁月中越变越糟，因为罗马允许帝国外的部族迁移，加入到军队中去，直至最后定居在边界线之内。对众多部队的控制权很快转移到这些能干的蛮族人手上，而且由于军队在选举皇帝中起着重要作用，这种多样性和不稳定性在政治上得到了体现。235至284年之间的二十位皇帝中，除了三位外，其余都被刺杀。[33]这些情况有利于新思
222 想的繁荣。一个就是新柏拉图主义的产生，是由阿摩尼阿斯（活跃于235年）、普罗提诺（204—275）和波菲利（活跃于270年）从亚历山大港带到罗马的。他们讲授各宗教间的最终统一，宣传从精神合一（即太一）到

物质世界万千事物的“流溢说”。新柏拉图主义受到摩尼（卒于276年）的竞争，他宣传物质世界的邪恶本质，信徒需要不断净化自己来更接近永恒之光。[34]摩尼相信每个人都有天使的一面监管并保护自己。光明和善良都被邪恶所困，食肉和耕作都是恶。据说，蔬菜要被切时，曾向摩尼哭泣；棕榈树要被修剪时，也曾向他抱怨。[35]当选民死后，他们去的是光明之都；而不信者则进入世界尽头的地狱。这个未来时刻将在耶稣再临后到来，那时世界会在连续燃烧1468年后的大火中消灭。

由于正统基督徒甚至异端基督徒不能或不愿意接受罗马的传统习俗，而且他们的仪规和罗马既定的仪规有如此多的不同之处，那么他们的信仰和忠诚自然遭到怀疑。尽管早期基督教并未连续遭到镇压（211年在地中海地区周边和远至里昂都有主教），但也有一些残忍的皇帝制造了数量众多的殉教者。由于早期基督徒天启论的思想，这只会增加他们的使命感和传奇效果（人们坚信，童男童女在天堂里能得到普通基督徒六十倍的回报，而殉教者的回报是一百倍）。[36]所以君士坦丁大帝在312年成为皇帝时，基督教的命运改变了，优待代替了迫害，基督徒有很大的成就感。[37]在这个时期出现了一套正典《圣经》，它向虔诚的教徒宣称，“人类的神圣使命”分两个时期，基督教教义缓慢而平稳的胜利是使命的一部分。

这把我们带回到新的时间观。从传统意义上说，人们认为时间是循环运行的，这从星星的周期运动中获得证实。许多人感觉一旦掌握了这些循环，就能揭晓天堂的奥秘。但这种时间的循环性观点在一定意义上使历史变得没有意义（时间只是不断重复），然而现在，基督徒认为根据上帝的旨意，时间是一个线性过程。这就意味着历史朝着一个确定的目标发展，或叫teleos。基督的出生是这个线性过程的焦点，但现在理解道成肉身在帮助世间所有人获得救赎中所起的作用变成了基督教的目标。早期基督教作家在充分利用这一情况上毫不逊色。例如，尤利乌斯·阿非利加努斯

（约 160—240）认为世界会延续 6000 年。根据他的计算，基督诞生正好是在创世之后的 5500 年发生，因此，在他有生之年，在上帝完成他神圣使命之前还有约 300 年时间。基督教以这种方式与其他宗教相区别。在其他宗教的创世神话中，只是模糊地提到发生在未知的、遥远过去的事件。但是基督教是具体的；对于基督徒来说，他们的上帝介入历史，证明他有一个使命，他是真正的神。

这些思想有很大的吸引力，尤其对于罗马帝国比较贫穷的奴隶和劳动
223 者更是如此。原因很明显：基督教认为“受难是高尚的”，随着耶稣再临即将到来，基督教在未来提供了一个更美好的世界。这对社会底层的人们最具吸引力。新的宗教正是在广大城市民众中，而不是在像罗马贵族或军队上层这样的阶层中流行起来。（当然，异教徒没有就这么让步。马克西米努斯二世推行了将耶稣描绘成奴隶和罪犯的反基督教的教科书。[38]）

然而，即便是最虔诚的基督徒也不会一直等待耶稣再临，需要有其他策略。一个就是用宗教迫害的方法。首先，正如前面叙述的，罗马人是相当宽容的，他们只要求被征服的民族能以他们那样的精神认可他们的神。但自从引入皇帝崇拜以后，罗马人变得不那么宽容。就像许多古代民族一样，他们认为国家不断繁荣依赖于神的不断恩赐。基督徒所做的不仅仅是拒绝朝拜罗马神和罗马皇帝：救赎或耶稣再临的思想意味着由某人推翻这个国家。这已经够糟了，但基督徒拒绝担任公职或入伍就是更直接的冒犯。而且在礼拜中，他们将奴隶和主人等同起来，这同样是严重的社会错误。他们确实也向他们的上帝祈求“国家的福祉”，但这是不够的。渐渐地，帝国政策开始对基督徒不利。[39] 首先，图拉真规定对皇帝不敬就是死罪。然后在 248 年，基督徒拒绝参加罗马城建立一千年的纪念庆祝活动后，基督徒变得不受欢迎。德西乌斯颁布法令，规定所有人都必须出现在行政长官面前给罗马神献祭。据估计，那时基督徒占罗马人口的 10%，因

此殉教的人尤其多。但基督徒持有异议，认为那时罗马帝国明显衰落的原因在于罗马人拜错了神。这开始对上层阶级产生影响，促使瓦莱里安和戴克里先威胁元老院议员，如果他们皈依基督教将永远失去职位，并且通过整肃军队、毁掉教堂和焚书的方式，来试图彻底铲除基督教。

到 3 世纪，一段奇怪的交叉时期到来了，那时“殉教的欲望几乎无法控制”。[40] 到这时，基督徒故意蔑视罗马习俗，他们冒犯行政长官，毁坏异教神的雕像，尝试模拟耶稣所受的苦难。他们追求的正是迫害。“他们相信，遭受人世间一小时的苦难就会得到永恒不朽的极乐。”[41] 这些（取决于你自己的观点）都是不错的思想。但事实上，从受迫害的宗教到成为罗马帝国的官方信仰，这一重要变化的产生并不是由于罗马哲学思想上的根本变化，而是因为有一个皇帝君士坦丁（306—337）发现基督教更实用。312 年在罗马城外的米尔维安桥之战中，君士坦丁和篡位者马克森提乌斯决战。拥护君士坦丁的基督徒建议，如果他向他们的上帝寻求帮助，他就会赢。在一些记述中，他做了个梦，梦里有人让他的军队在盾牌上画带环十字架。[42] 他照做了，而且取得了决定性的胜利。此后， 224
他允许帝国内各种信仰敬拜各自的神明，而且最重要的是，他撤销了以前针对基督徒设的法律上的限制。从那以后一直到他临终时皈依基督教，君士坦丁一直相信他受到基督的指引。在壁画上，他被刻画成头部环绕着圣人的光环。

他还做了其他改变。庆祝礼拜日变成一种义务，至少在城市里是这样。他开创了收集圣物并将其放在神龛的风尚。同样重要的是，他将罗马帝国的都城从罗马迁到君士坦丁堡，那是 330 年在拜占庭古遗址上建立的一座新城市。这座城市曾经受到女神赫卡特的庇护，但君士坦丁劫掠了爱琴海的异教神殿来充实他的新宫殿。他还为自己立了一尊巨大雕像，举着一个象征着征服世界的球，里面嵌入了据说由他母亲发现的真十字架的碎片。[43]基督教现在得以广泛传播，教徒达到希腊、土耳其（当时的小亚细亚）、埃及和埃德萨（一直到亚美尼亚）人口的一半。它一步一步地延伸至阿比西尼亚、西班牙、高卢和波斯，延伸到非洲的毛里塔尼亚和欧洲北部的不列颠。基督教的成功得益于它不断增长的自信使其能够稍稍放松一点，吸收它感觉能为其所用的异教习俗。除了采用密特拉教 12 月 25 日的斋日作为耶稣诞生之日外，就连“显灵”这个词也是异教概念，指神在朝圣者面前的现身，未必不是在梦里。[44]“教区神父”和“主教管区”这两个词来自皇帝的行政改革。最初创立“主日”不是对耶稣表示敬意，而是对太阳的敬拜。公元 326 年，君士坦丁把尼禄竞技场中太阳神阿波罗的神殿交给基督徒，用来建造圣彼得新教堂。基督教神父剃发制来自埃及异教祭司的习俗。马利亚于 431 年在以弗所第一次被尊称为圣母，供奉她的教堂就建在狄安娜神殿的旧址上。[45]在供奉仪式中所焚的香和用于供奉狄安娜神的香一样。

从 3 世纪 40 年代初期起，就有了第一部要求“绝对不能容忍”异教崇拜的基督教著作。公元 380 至 450 年，异教规模迅速缩小。尤其是 3 世纪 80 年代后，再没有听说过运动场了。这同罗马帝国的财富不断减少有一部分关系：城市当局再也没有能力给公共学校提供资金。但也是由于基督徒的态度。“‘在基督教环境下，有关身体方面的教育减少了’：在城市里，它曾经和裸体运动、异教信仰和同性恋行为有关。‘运动场这一希腊化世界的焦点最终消失，比任何事件都更能表明中世纪的特征’。”[46]公元 529 年，查士丁尼皇帝关闭了雅典古老的哲学学校，“这是异教学术最后的堡垒”。[47]到 530 年，他在北非建立了一座新城市，那里的艺术完全是基督教色彩，所有的异教成分都融入新的宗教图像。

基督教的成功还有最后一个原因。人们认为宗教的稳定会帮助改善罗马帝国日益恶化的国运。这进而暗示了社会结构中的一个关键变化，就像我们已经指出的那样，这个变化将促使中世纪的形成。这就是教士阶层的兴起。

在早期，支撑教会的主要思想是“耶稣圣灵的恩赐”。人们相信耶稣 225
圣灵曾降在使徒身上：这就是为什么彼得突然能说多种语言，保罗能看到幻象。使徒转而把圣灵传到罗马早期教会的领袖身上：这些“长老”不同于其他教众是因为他们坐在桌子旁，而其他人都站着。但是使教士成为单独阶层的最重要的发展是主教的出现。“主教”这个词是希腊语，起初这个词意思是“监督者”。在早期教会，教众被划分为七个团体，主教是这七个教士团体的首领。[48] 出于这个原因，再加上“圣灵恩赐”，就产生了只有主教能居于基督徒和上帝之间，只有他们才能解释《圣经》的思想。

首先，在所有的地中海大城市（安条克、以弗所、亚历山大港、迦太基和罗马）都有主教，他们的实力和影响力都差不多。他们偶尔聚集在一起召开集会或会议，解决诸如他们是否有权力宽恕罪恶这样的教义问题。这样的结果是使主教成为不同于教会其他人员的一个阶层。独身主义还没有提出，但是把一生专门用来冥思和读书开始成为教士的一种风尚。教士阶层形成的最后一个因素是君士坦丁决定赐给基督教教士那些异教祭司曾经享有的待遇：不纳税、不参军。后来的格拉提安皇帝（375—383）还让教士不受民事法庭的审判，除刑事案件外，涉及教士的其他所有案件都在主教法庭审判。由于还允许主教接受遗赠，到 5 世纪时，教士成了一个享有特权的阶级：他们富有，完全掌控教会教义，基本上就是独断专行。正如一位历史学家所说的，教士“享有政治、经济和思想上的特权，一千年来，他们在西方社会总是一个要素，有时甚至是主宰要素”。[49]

罗马成为基督教主要的中心，这绝不是已经确立无疑之事。在早期，如果有谁比较重要的话，那就是安条克的主教，但迦太基和亚历山大港的主教地位也很高。每个地方的主教都被称为“牧首”。但罗马是帝国的都城，据传统说法，彼得和保罗都曾到过那儿。所以“耶稣圣灵”尤其兴盛于台伯河流域。即便如此，罗马第一任主教（不算彼得）克雷芒据说并不高于其他主教。直到维克托时期（约 190—198）才发生变化，当时他竭力把许多东部的主教绝罚，因为他们不接受维克托决定的复活节日期。[50] 在公元 325 年的首次普世教会公会上，据说罗马比其他地方享有更多声望，但不拥有更多权力。但是到公元 343 年召开的赛尔迪卡（今保加利亚的索非亚）教会会议时，所有代表都同意，当某些教会事务出现分歧时，问题最后会提交到罗马。

当然，罗马的权力在东部从未完全被承认，但是一些有雄心的教皇使罗马在皇权逐渐丧失的帝国衰落期间越来越成为焦点。（“教皇”一词来自拉丁语 Papa，等于牧首。）教皇达马苏斯（366—384）排干了他住宅所在山上（即现在的梵蒂冈）的水，重新开始之前君士坦丁大帝中断的事业，即收集殉教者的遗物。他还翻修了早期基督徒的坟墓。因此，罗马以这种
226 方式成为基督徒朝圣的圣地，这是安条克或迦太基这样的城市从未有过的。教皇利奥一世（440—461）确定（即创制）了“使徒统绪”，这是专门从《马太福音》16：18 中引用的：“你是彼得，我要把我的教会建造在这磐石上。”这里圣灵的恩赐也起了作用。利奥一世说服当时的皇帝坚持罗马在整个帝国至高无上的权力，而且他之所以能这么做是因为他自己的两个杰出的外交成就：一个是公元 451 年他说服匈人撤出罗马；另一个是公元 455 年他把罗马从汪达尔人手中解救出来。[51]

但早期基督教并不仅仅关乎“神权等级”，即教士阶层的发展。早期的另一个重要思想是隐修主义，认为完全的灵性最好通过摒弃尘世及其所

有诱惑来实现。[52]

正如我们所知道的，隐修主义不仅仅是一个西方理念。在地中海地区，它产生于一个叫瓦迪纳特仑的山谷，或叫作苏打谷，“从尼罗河三角洲往西大约骑一天骆驼就能到”。[53] 早在2世纪中期就有一群隐士开始聚集在这里。到3世纪，来自基督教世界各地的男男女女受一个叫阿蒙的隐士指引，来到这个山谷。每个隐士要用粗糙不平的石头建造一个有两个房间的小屋（这通常要花约一年时间）。之后他们基本靠织地毯为生，商人从他们手里购买，然后在亚历山大港市场上出售。据估计，到4世纪末，苏打谷有五千个隐士。“之所以产生这种吸引力，原因一部分在于随着迫害的减少，殉教机会也随之减少，人们认为到瓦迪纳特仑山谷接受恶魔的诱惑仅次于殉教。”[54]“隐士”源自希腊语中的“沙漠”。

和沙漠的隐士相比，第一个修道士团体建于4世纪早期，在尼罗河上游约六百英里的塔本奈斯。这里，帕科米乌（292—346）创立了第一套不同于尘世生活方式的教规。每个修道士都有自己的小屋，而且他的时间分为两大部分：熟记《新约》和完成分配给他的工作。[55] 于是，罗马的第一批修道士被叫作“埃及人”。但是遁世的思想越来越受欢迎，4世纪初在西罗马开始建立修道院。到目前为止，最具影响力的修道院是本笃（卒于543年）建立的，他创立了对欧洲思想生活影响很大的群居方式。（550至1150年通常被称作“本笃时代”。）[56] 他的修道院建在罗马以南几百英里处的蒙特卡西诺。本笃花了很长时间完成《修道士教规》。在经过大量艰苦的试验后，这本《修道士教规》旨在提供理想的宗教生活。他也曾尝试隐士的生活方式，但发现这种方式让人孤单，甚至带来心理上的危险。[57] 他的教团被认为在经济、政治和精神上完全自给自足，只有在受到丑闻威胁时，才允许外界干涉。修道院院长由修道士选举出来，终身任职，享有绝对权力。但他有责任为他所监管的修道士提供食物，保证他们身体健康。

这些“黑修士”（因其修道服的颜色而得名）沉默寡言，生活在远离尘世的“冥想世界”中，外人很难入会。首先所有申请者都要等待（被拒）五
227 天。只有他们做好等的准备，他们才能入会。而且作为一个新人，他们要受到已经入会的修道士整整一年的保护和指导。在那之后，如果新人仍然想加入，他就会被授予“固定成员”称号，正式会员都是这么称呼的。这些入会成员和在瓦迪纳特仑隐修的人不同，所有的事情都共同进行。他们一起工作、祈祷、吃饭、睡觉，宣誓要坚守贫苦、禁欲和顺从。他们白天每时每刻都有功课，白天、晚上都履行仪式。

本笃本意并非如此，但他创立的组织却正好适合早期的中世纪。在罗马帝国衰亡过程中和衰亡之后，城市地位下降，世界更混乱、更地方化。学校和其他民政机构都衰败了。而修道院（坐落于远离城市的地方）仍然很强大，领导教育、经济、宗教，甚至是政治事务。修道士通常成为神的代理人，结果是，修道院获得王室和贵族的大量捐赠。修道院享有不计其数的财富，院长成为很有影响力的地方势力。

基督教是一种新信仰，但远不止如此。在4世纪到6世纪之间，主要是在欧洲，教士精英接管了不断衰败的帝国的许多民事、政治，甚至是司法职能。虽然很有用，但这也决定了中世纪的基本特点，即教士和那些不被允许在教堂布道的俗人之间横着一条鸿沟（还会有一个时期甚至不允许俗人读《圣经》）。同时，教会为逃离严苛的日常生活，逃入“另一个世界”提供了入口。这种思想尤其使教士对俗人具有很大的控制权。

教士的这种权力随着《圣经》和礼拜仪式的发展得以强化。最开始时，耶稣什么都没写。但渐渐地，一些书面著作的经典被确立下来。最初的两本是用阿拉米语写成的，一本叫《耶稣语录》，另一本是《箴言书》。这些主要摘录自《旧约》，似乎为了证实耶稣确实是弥赛亚。换言之，是专门面向犹太人而不是基督徒的著作。还有另一部著作，叫《十二门徒所

录上帝的箴言》，指导如何组织早期教会以及正确的敬拜仪式。[58]《圣经》的思想源自犹太教，基督教在很多地方都得益于犹太教（例如庆祝安息日，这两个宗教只是在一周的不同天庆祝安息日）。我们现在仍然保留的洗礼和圣餐都是基督教的首创。还有第三种仪式，已经不用了，但在少数教派中还有保留，就是一人同时说不同的语言，“它被认为是圣灵向教众显圣的方式”。[59] 这种仪式来自希腊的神秘信仰。

但书写传统是在保罗开始给他创立的教会写信（《哥林多书》《以弗所书》等）后才真正开始兴盛起来的。保罗和教众从来没想到有一天这些“信件”会成为任何圣书的一部分；他只是评论一下前人口授给他的教义。大部分信件写于公元 50 到 56 年之间。[60] 阐释耶稣的使命当然不错，但对于信徒来说，尤其在早期，最重要的是耶稣曾经存在过、被钉十字架并且复活。因此，约于公元 125 年召开的以弗所公会决定把四本《福音书》作为敬拜的基础。四本《福音书》正确介绍了有关耶稣的方方面面，力图遏 228
制所有异端的出现。正是这些早期异端最终导致了正典的确立。有三种早期异端教义的形成特别有影响力。这三种异端是由瓦伦蒂努斯（卒于 160 年）、马吉安（活跃于大约公元 144 年）以及孟他努斯（活跃于大约 150 至 180 年）提出的。瓦伦蒂努斯认为耶稣是幻影而不是真人，在十字架上并没有遭受任何痛苦；马吉安认为耶稣不是犹太人，而是一位比耶和华“级别更高、更仁慈的”的神之子；孟他努斯反对教会的组成结构，认为神职人员只能由“受圣灵恩赐”“受神启示的先知”组成，认为决定敬拜对象的是他们所说的而不是任何福音。[61] 为了应对这些悖逆的信仰，教会团结起来，不仅确立了《新约全书》正典，而且确定了宗教习俗的主要组成部分。圣餐仪式就是在这个时候确立的。圣餐仪式是对最后晚餐的重现，基督徒认为通过它可以赎罪（这是犹太思想）并且得到拯救（这是希腊的诺斯替教思想）。“新约”这个词在 192 年第一次被使用。[62] 因此，200 年左右时，基督教正在成为一种有经书的宗教，这是它与犹太教的又一共同之处。当然，这只能增加教士阶层的权力，因为多数情况下他们是唯一能够阅读的人。

对信徒而言，使徒传统当然是一个强有力的工具，同时它也是罗马强调自己在基督教世界最高地位的一个有效手段。但是，罗马不是唯一的中心，也不是唯一有影响力的思想策源地。正如《约翰福音》受到以弗斯的希腊和诺斯替教信仰的影响一样，地中海东部的其他作家也结合哲学和神学，形成了一种更为复杂的基督教。这些人通常被称作教父（教会元老）。罗马境外两个突出的中心是亚历山大港和安条克。亚历山大港人深受诺斯替教派信仰的影响，尤其采用寓意法解读《圣经》，竟然到了能从错误拼写中发现隐含意义的程度。《圣经》注释学正是以这种方式开始的。[63]

最著名的亚历山大港教父是克莱门特（约150—216），他的目标是调和异教学问（尤其是希腊思想）和基督教。在其作品《启蒙师》中，克莱门特称柏拉图的地位类似于古代以色列的先知。柏拉图的逻各斯在英语中被译为“词语”，尽管它比“词语”的意思更复杂，是永恒的理性法则。它将上帝这个高层界域和人类这个被创造的低层界域联系起来。克莱门特说，柏拉图受到逻各斯的启示，就像以色列的先知受到神的启示一样，因此人类才可能了解真正的信仰，了解以色列为迎接耶稣降临所做的准备。在柏拉图的观念理论中，克莱门特发现了对“现世”的“轻蔑”，这在耶稣的教义中也有体现（并且也体现在如隐修主义的行为中）。[64]

克莱门特在亚历山大港办过一所学校，但被迫离开了。经过几年的中断后，俄利根（约185—254）重开了他办的学校。除希伯来语外，他还教授异教学科（修辞学、几何学、天文学、哲学）。他写了很多书，其中两本是最早的基督教注释学著作，被称为《六种经文合璧》和《论原理》，它是“基督教神学最早的系统介绍”。[65]俄利根最著名的创新之处在于：

《圣经》中的一切都有三层意义——字面意义、道德意义和寓意，只有最后一层是启示的真理。例如，他认为不能按字面意义理解圣母马利亚子宫内的童贞女之子基督。它真正代表的是神圣智慧在灵魂中的诞生。[66]俄利根是我们前面提到的阿蒙纽斯·萨卡斯的弟子。萨卡斯创立了新柏拉图主义。在他的影响下，俄利根称宇宙是“一个神灵的等级体系，上帝位于顶端，魔鬼和堕落天使位于底部”。[67]俄利根说，可通过两种方式认识上帝：通过自然这个合理有序的宇宙和通过基督。基督是上帝仁慈和智慧的完全昭示。人由肉体中的理性灵魂构成，因此居于天使和魔鬼之间。灵魂因存在于肉体内而堕落，因此生命的目的是“以尽可能不使灵魂堕落的方式行事”。[68]俄利根认为灵魂先于人而存在，在肉体死后灵魂会进入一种净化状态，并且最终所有灵魂经过火的炼净后共享宇宙的复兴。[69]然而，俄利根不相信肉体会复活，并且随着时间的流逝，基督复临并没有发生，这个观点因此越来越具有影响力。 229

哲罗姆（约340—419）为人真诚，受过教育，他试图开办一所自己的修道院，但未能如愿。他在近东攻读过希腊语和希伯来语。337年，教皇达马苏斯将他召回罗马，让他负责将《诗篇》译成拉丁文。这成为他获得声誉的主要原因。在罗马，他和一群富有的女性交往，并且最终在她们的共同出资下在伯利恒附近建立了一所修道院兼研究所。在那儿他用余生将整部《圣经》译成拉丁文，这一工程将取代此前存在的被称为“意大拉”的不完整的旧拉丁文译本。[70]他同时将希伯来文本和希腊文本用作原始材料，想写成一部既能使学者和主教满意又能让普通民众喜欢的作品。最终他写成的文本语言介于受教育的文人所用的古典拉丁文与普通民众所用的通俗语言（该语言最终发展为法语、西班牙语和意大利语等各国俗语）之间。《武加大译本》（通俗拉丁文译本）获得巨大成功，并且几个世纪以来一直被视作标准版本。

毫无疑问，奥古斯丁（354—430）是最伟大的拉丁教父和思想史上的主要人物之一。多亏了他的作品，人们才能更多地了解他。他于354年11月13日出生于塔加斯特，即现在的桑克阿哈拉城，位于阿尔及利亚的波尼（安纳巴）以南。他的父亲是当地一位政府官员和异教徒，而母亲莫妮卡是基督徒。（由于基督徒的态度趋于温和，4世纪时，“异教通婚”并不少见。）奥古斯丁是一位著名的作家（写有113部作品和200封书信），但在历史上却以“成为伟大圣人的罪孽深重之人”而出名。[71] 根据他自己的忏悔，在三十二岁皈依基督教之前，他一直是个罪人。但即便是皈依后，他仍因“无力抵制性诱惑”而达不到自己的期望。（他常常祈祷，“上帝，请赐予我贞洁吧”，“但不是现在”。[72]）伟大的仁爱使奥古斯丁极富同情心，此外他还具有伟大作家的天赋。《忏悔录》和《上帝之城》是用生动的拉丁文写成的两部杰作，今天仍受到人们的关注，原因是奥古斯丁在皈依基督教之前，曾经涉猎当时大多数的其他思想体系。由于他的母亲是
230 基督徒，他很早就受到了基督教的影响。但他却坦率地告诉我们，他觉得《意大拉译本》很枯燥。他读过据说是西塞罗写的《霍尔腾西乌斯》，研究过柏拉图、亚里士多德和怀疑论。有段时间，他粗略地探究了摩尼教，但持续的时间并不长。他养了一个情妇并与之建立了稳定的关系（长达14年），育有一子，从而产生更多的情欲（摩尼认为这是罪恶）。奥古斯丁后来尝试了新柏拉图主义，但也未能感到满足。一天，他在花园中读书时，听到一些儿童在唱歌。实际上他听到的话语是“拿起来读吧”，于是他翻到《罗马书》。（根据马西亚·柯里希的说法，随意翻开一本书，寻找解决个人问题的方法，是早期基督徒从异教徒阅读荷马和维吉尔作品中学到的一种习俗。[73]）奥古斯丁那天偶然看到的、如此吸引他注意的思想是保罗将邪恶视为“对秩序的毁坏”。（4世纪末，保罗影响力的扩大以及反知识对古典学术的衰落产生了影响，这一点会在下一章进行论述。）新柏拉图

主义关注的是秩序——宇宙中万物的等级，而奥古斯丁最伟大的贡献是在此基础上补充了自由意志思想。他说，人有能力对事件或事情或人或情境的道德做出评估，然后判定孰轻孰重，因此我们避开错误的道路，遵循正确的道路。他认识到，选择善就是认识上帝。这一点已被证明具有极大的影响力。[74]

除了仁爱，奥古斯丁的睿智也很重要。这尤其体现在他的三位一体思想中。三位一体思想是早期教会最重要、最激烈的论争，它引发了一次著名的会议。这次会议是君士坦丁大帝于325年5月在尼西亚召开的。尼西亚位于靠近马尔马拉海的一个美丽如画的湖岸（现在的土耳其）。正如我们在第8章所见，点燃这次争论的是亚历山大港的阿里乌，他认为耶稣和上帝圣父的神圣是不一样的。阿里乌没有否认耶稣在某方面是神圣的，但是，耶稣自己特意声明上帝比自己更伟大。[75]因此对于阿里乌而言，耶稣既不同于人也不同于上帝。只要耶稣称上帝为“圣父”，这就意味着上帝的先在性和某种优越性。阿里乌认为耶稣生下来是人，但变成了神；如果他不是人（至少在起初），那么我们就不会有任何希望。然而，在尼西亚，主教们持有不同的观点，并且在《尼西亚信经》（仍广泛使用）中规定，上帝从虚无中创造了世界，上帝圣父、圣子和圣灵是同一性质。

但是主教们观点一致并不意味着一般信徒也一定赞同这个观点。实际上，很多早期基督徒认为这个观点难以理解（现在仍有很多人这么认为）。不过，几年后，来自土耳其东部卡帕多细亚的三位令人敬畏的神学家提出了一个解决办法，至少令一些人，主要是东部的人感到满意。他们是恺撒利亚的主教巴西勒（329—379）、他的弟弟尼撒的主教格列高利（335—395）及其好友纳齐安的格列高利（329—391）。他们的解决办法是，称上帝是我们无法理解的单一实质，但有三种表现形式（三位一体），通过它们人们可以了解上帝。[76]三位一体不是三个神，而是一种圣灵/神秘体验，是冥想的结果。

奥古斯丁的思想以此为基础，并且对大多数人而言，这是他最伟大
231 的成就。他认为，既然上帝以他的形象塑造了我们（如《圣经》中所说），那么“在我们的灵魂深处，我们应该能领悟三位一体”。[77]在《三位一体论》中，他证明这个观点在生活的各个方面有多么重要。例如，他说灵魂有三种功能：记忆、理智和意志。犯罪后的忏悔有三个阶段：痛悔、忏悔和赎罪。爱有三个方面：爱人者、被爱者和连接这两者的爱。关于上帝，有对上帝的记忆、对上帝的知识和对上帝的爱三个层面。信仰的三位一体是：在我们心目中牢记道成肉身的真理；深思它们；因它们感到快乐。这算得上某种命理学，但也是一项有独创性的智慧成果，是此前从未有人想到过的神学和心理学的融合。[78]

奥古斯丁的另一部著名作品是《上帝之城》。这是针对西哥特人410年洗劫罗马而写的，这是罗马在当时遭受的最沉重最激烈的挫败。他之所以写这本书，至少部分原因是为了反驳这一指控：基督教应该对这次灾难性的逆转承担责任。不过他的主要目的是阐述一种历史哲学。奥古斯丁是批判时间是循环的这个古老观点的人之一；相反，他说时间是线性的，上帝可以按自己喜欢的方式进行处理，那是他的权力。从这个角度看，创世与《旧约》中的始祖立约、道成肉身以及教会制度都可以视为上帝旨意的显露。他说，最后的审判将是历史上的最后一个事件，“此时时间自身也会停止，每个人都会得到永恒的死后居所”。[79]他坚持说，罗马衰亡发生的原因是它完成了自己的目标：整个帝国的基督教化。“但我们不应误解更大规模上发生的事情。”他说，历史的真正目的是使对自我的爱和对上帝的爱相互竞争。“对自我的爱通向地上之城，而对上帝的爱通向上帝之城。这两座城会一直处于争执和冲突中，直到上帝之城成为不朽的天堂，地上之城成为地狱。”[80]奥古斯丁对历史的观点也含有一种强烈的、有影响力的

悲观主义。例如，罗马的衰亡渲染了他的原罪观，该教义是西方基督教思想的中心部分。奥古斯丁开始相信上帝使人类永世受罚，这一切都来源于亚当的原罪。这个“与生俱来的罪”是通过奥古斯丁所称的性欲传递的，性欲指一种沉溺于性而不是热爱上帝的欲望。更高层的虔诚生活受“混乱的感觉和无法无天的激情”拖累的意象可与罗马的堕落现象相比拟，并且这将是一个非常耐人寻味的观点。从奥古斯丁开始，基督徒认为人性有根深蒂固的缺陷。[81]

教皇格列高利一世（540—604）获得声望时，蛮族入侵已经改变了帝国的版图。例如，6 世纪，东哥特人（半个世纪以前他们就打入了意大利）遭到伦巴底人的驱逐。君士坦丁堡还有一位皇帝（查士丁尼，527—565），但是西罗马帝国的蛮族统治意味着，传统上由罗马行政机构履行的职责——教育、贫穷救济，甚至食物和水供应——由主教们接管。[82] 格列高利一世是一位了不起的行政官员，从世俗意义讲，教会在他的管辖下一天比一天更有效率。他同时也爱沉思，这种二元性使他非常适于提出使
教会吸引普通人的教义。例如，为了使信徒更容易接受礼拜仪式，他的天 232
才做法是引入音乐。于是格列高利圣咏便诞生了。本着同样的精神，他提出了炼狱的概念。他特别关注的是，一个罪人获得了神父的赦免，并且一直在“赎罪”计划中受教，但他在该计划结束之前去世了，他的命运会如何？对格列高利一世而言，将这样一个人判入地狱是非常不公的，不过他也不能升入天堂，因为允许这个人和那些已经完成赎罪的人在一起是错误的。对此，他提出了一个新的、临时的处所——炼狱，人们在这儿可以赎罪，忍受惩罚，如果一切进展良好的话，就会升入天堂。他对信徒的另一个“人性化”思想是七宗罪。格列高利一世认为邪恶对人而言永远是神秘的：上帝有意为之，让其作为对信仰的考验（就像约伯所经历的）。但是，格列高利一世提出七宗罪的目的是引导信徒，使他们不至于总是被一种罪

恶感“弄得不知所措”。七宗罪按严重性递增排列依次为：贪欲、暴食、贪婪、怠惰、暴怒、嫉妒和傲慢。[83] 该顺序清楚表明，思想上的罪行比肉体上的罪行更严重。

到此时，对时间的基督教化基本结束。然而，基督教的主要节日，即庆祝耶稣诞辰、死亡和复活的节目，在基督受难后很长一段时间内都未确定下来。复活节这个英语名称（Easter）是以古老的斯堪的纳维亚异教女神厄俄斯特（黎明和春季女神）命名的，并且在一开始，这个节日比圣诞节重要得多，因为这个节日庆祝的是耶稣复活，没有复活就不会有基督教信仰。法语词“复活节”（Pâques）——意大利语和西班牙语也是这个词——源自表示逾越节的希伯来词语 pesakh。在罗马，庆祝复活节的时间最早可追溯至公元 200 年，依据是这一年的一封信函中提到了通过燃烧蜡烛来庆祝仪式。相比之下，圣诞节直到 4 世纪才开始庆祝。

由于《福音书》中没有给出有关耶稣诞辰的信息，早期的神学家，正如我们所知，承袭了异教徒的做法。复活节的情况要复杂得多。根据《福音书》，基督是在犹太教逾越节的第一天去世的。根据希伯来传统，这天正好是春分后的第一个月圆日，因为这是依据阴历年有 354 天计算的，所以用回归年（365.25 天）计算的话，每年的日期都会不同。即使在最好的情况下，这已经是个很棘手的计算了，但是早期基督徒又增加了新变数，使难度更大。他们决定在星期日庆祝复活节，因为基督是在那天复活的，并且这可以将他们同在星期六庆祝安息日的犹太人区分开来。在教会的早期阶段，地中海一带的不同国家是在不同的日子庆祝复活节的，不过在 325 年召开的尼西亚会议上，318 位主教决定基督教世界应在同一天庆祝这个节日。选定的日子是春分后第一个月圆日后的星期日。这个日期除了在《圣经》中被提到外，还有一个神学意义：这一天亮度最大有十二个小时的白天和十二个小时的满月。这与圣诞节（漫长的黑夜）形成了强烈的对比。后来神学家逐步建构了一层一层的寓意，将月亮和复活节故事联系在一起。复活节在春季举行，春季是世界最先形成的季节、第一个人被放 233
入伊甸园的季节。月亮每个月都复活，像基督一样给世界带来一线光明。月亮借助来自天空的反射光（即借来的）而发光，就像人蒙受的天恩来自上帝一样。[84]

正如第 8 章所谈到的，希腊的天文学家发现太阳和月亮 19 年后会回到各自的位置（默冬周期）。但这一发现没有考虑一周七天这个制度（希腊人没有采用该制度）。尼西亚会议规定必须在星期日举行复活节之后，又经过一个多世纪，阿基坦的维克多利亚斯才于 457 年又计算出一个 28 年的周期（考虑到一周的天数和闰年），该周期需要在计算中用到。因此，他提出 532 年这个周期（28×19）是考虑了所有变量的、唯一的、可循环往复的周期。[85] 这个周期不停地被修订，直到英国的尊者比德在 725 年发表关于时间的伟大作品《时日计算》将该争议解决后才算完全确定下来。不过，众所周知的“复活节争议”另外还产生了两个连锁反应。借助近来的考古发现、钱币发现，更不用提哥白尼革命后取得的更精确的天文学发展，20 世纪的学者能够越来越精确地确定耶稣受难日的日期了。现在最受认可的两个日期是公元 30 年 4 月 7 日和公元 33 年 4 月 3 日。但是，早期的基督教学者没有任何这样的优势。6 世纪，罗马修道院院长狄奥尼修斯·厄西格斯（意思是“谦卑的狄奥尼修斯”）认为，复活节表除了用于计算未来的复活节日期外，还可以反过来往回推算，得出耶稣受难日日期。正如我们所注意到的，因为两个理由，早期基督徒主要关注的并不是日期的确定。除了他们认为耶稣基督再临已指日可待这个事实外，他们还试图强调，至少在罗马，基督教是个古老的信仰而不是新生的信仰，强调它来源于犹太教，因此其创立时间比与之竞争的异教派别要早得多。这有助于他们免受批评者的嘲弄，因此他们尽可能少用新日期。但是，随着时间的流逝，弥赛亚没有出现，于是礼仪年历问题，即强调一年中信徒能够团结的时刻，变得急迫起来。[86]

厄西格斯计算时所使用的历法是根据戴克里先皇帝即位的年份 285 年确定的。因此，对狄奥尼修斯而言，我们所称的公元 532 年就是 247 年。厄西格斯不明白为什么以一个异教皇帝的统治年开始计算时间。在计算复活节的过程中，这位修道院院长想出了按基督诞辰来划分时间的方法。此时一个罕见的数字命理学巧合降临到厄西格斯的头上。前面已提到，阿基坦的维克多利亚斯提出了 532 年的周期。往回计算时，厄西格斯在我们所称的公元 532 年发现，一个维克多利亚斯周期正好在他认为基督诞生的这一年开始，即现在所称的公元前 1 年。也就是说，在他计算时，太阳和月亮之间的关系正好与耶稣诞生时两者之间的关系一样。这真是太巧了，并且，用尊者比德的话说，它使厄西格斯确定了公元前 1 年就是“耶稣道成肉身”的那一年。从那时起，多亏了厄西格斯，日期以公元（Anno
234 Domini）记录，“我主之年”。然而，将这以前的纪元命名为“公元前”直到 18 世纪才成为惯例。[87]

这些日期在那时产生的反响比现在要大得多。这是因为，根据早期的神学家，世界会持续 6000 年。这种说法的依据源自《彼得后书》（3：8），其中提到“……主看一日如千年，千年如一日”。上帝用六“天”来创造世界，因此说世界也会持续同样长的时间是很有道理的。神学家，如优西比乌，采用《圣经》中的年谱，计算出耶稣诞生时世界已经存在了 5197 或 5198 年。因此，在公元 532 年，世界在迎来天启和信徒的天国之前，最多还有 271 年。历法的精确性真的很重要。

复活节争议的第二个连锁反应是形成了一种新的文献形式。虽然现在这种文献形式很大程度上已被忘却了，它却是几个世纪以来所有写作形式中仅次于《圣经》的最神圣形式。它就是计算。“计算”这个词最初的意思和现在的差不多，指任何一种计算。但在中世纪，它仅用于指数学家编写的、预测未来复活节日期的一组表格。中世纪的人之所以认为这些表格神圣，其原因是显而易见的：天体的运动是人类面对的最重要、最令人敬畏的奥秘，并且太阳和月亮周期可以相一致这个事实意味着上帝已经（至少向数学家）揭示了他对宇宙的宏大设计的一部分。[88] 因此，确定复活节日期的努力使人类了解到一个主要的天体奥秘。对于信徒而言，这是基督教真实性的另一个标志。

根据历史学家彼得·布朗和 R.A. 马库斯的观点，基督教的特征在奥古斯丁和复活节争议期间发生了决定性的变化。在基督教受迫害的年份里，殉教现象很普遍，并且早期（贫穷的）基督徒期待耶稣随时再临，人们对现世、《圣经》、礼拜仪式和艺术的强调较少。这是一个崇拜圣徒的时代。圣徒崇拜来源于殉教，在圣徒崇拜中，基督徒将圣徒和圣徒的遗物视为信仰的主要激励以及基督教力量和真实的证据，然而很多异教徒认为这很恐怖。这些早期基督徒认为贞洁、克己和隐修是他们追求的理想。但是，在 400 年（大约是奥古斯丁写作的时间）和 5 世纪 60 年代（异教的最后一丝痕迹被记录的时间）期间，基督教对性做出了让步，使自己成为一种群体性更强（更加城市化的）信仰。随着耶稣再临重要性的减弱（因为它即刻来临的可能性越来越小），《圣经》占据了显著地位，时间的基督教化促使礼拜仪式得以全年展开。地理上的基督教化，尤其是在地中海东部，产生了大量的圣地、朝圣路线以及更强烈的历史感。蛮族的劫掠促进了教会的群体性和城市特征，基督教开始呈现出现代人熟悉的形式。[89]

无论基督教在罗马帝国衰亡过程中扮演的真正角色是什么，历史学家，尤其是德意志历史学家赞同吉本的观点：蛮族入侵是主要因素。他们

235 构想出所谓的“蛮族入侵时代”，称这才是那个历史时代的主要因素，是它使希腊—罗马古典文明发生了重要的转折。[90] 他们认为，它同基督教一起成为“一个灾难性的事件，是欧洲历史的一次剧烈中断”。[91] 这一观点得到了 A.H.M. 琼斯一项简单但又无可争辩的观察的支持。他指出，罗马帝国并没有在 5 世纪整个灭亡：它在东部继续以我们所知道的拜占庭帝国的形式存在，直到 15 世纪中期为土耳其所征服。[92] 琼斯说，这些观察资料很重要，“因为它们证明罗马帝国没有像一些现代历史学家所说的那样，因年老衰弱而蹒跚走入坟墓，蛮族只不过是轻轻地推了一把而已……大部分的内部缺陷是东西罗马帝国所共有的”。[93] 如果说基督教使帝国从内部衰弱，那么，既然基督教在东罗马帝国更强大也更造成分裂，为什么西罗马帝国灭亡而东罗马帝国却继续存在呢？正如琼斯所发现的，主要的区别在于“到 5 世纪末期……从战略上讲，东罗马帝国不易受攻击并且……受到的外部敌人的压力较少”。总之，蛮族入侵是罗马帝国灭亡的主要原因。[94]

“野蛮（Barbaros）这个词源自早期希腊语，它在古典时代获得的三个目前仍保留的主要意思：民族志学意义、政治意义和道德定义。”[95] 例如，荷马在《伊利亚特》中用该词指小亚细亚的卡里亚人，说他们“说话像野蛮人”，意思是希腊人听不懂他们的话；但他没有像古代其他人贬低外国人一样，将他们描述成“不会说话”；他也没有将他们的语言比作“鸟语或狗吠”，就像从中国到西班牙的很多其他民族描述异族那样。[96] 然而，随着时间的流逝，希腊人在哲学、科学、艺术和政府治理上开始取得成功，他们对自己的看法也发生了变化。他们开始认为自己是“理想的民族”，而他们的敌人是次等民族。在公元前 472 年的希波战争中，埃斯库罗斯认为敌人是“野蛮人”，部分原因是“他们说话像马嘶”；不过主要原因是，他认为他们的政治传统是原始的，他们几乎和奴隶一样，对一位东方军事暴君俯首帖耳，没有希腊人所有的各种自由。[97]“野蛮”已经不再是一个中性词，而是具有了侮辱含义。

这个词的意思在希腊化时期又发生了变化。在这个时期，希腊文化和罗马政府同时存在于地中海东部。那时人们开始通过人性来评判人，依据的是道德和社会习惯而不是军功。野蛮这个词语开始用于指粗俗的、不文明的、残暴的人。[98]根据阿尔诺·博斯特的说法，西塞罗就是这么理解“野蛮”这个词的，这是能读会写、受过希腊教育的罗马人诋毁基督徒的原因，称他们是原始人、帝国的敌人、野蛮人。（早期的基督徒自豪地接受这种侮辱。“是的，我们是野蛮人。”亚历山大港的克莱门特说。[99]）

然而，所有这些与日耳曼民族的入侵相比显得微不足道。他们在 5 世纪侵占了刚刚基督教化的罗马帝国。“野蛮人”这个词语不仅再次流行起来，还“被夸大指邪恶的人”。“入侵的日耳曼部落说的是难懂的方言，拥有军事力量，像农民一样粗野，并且鄙视城市文明；他们的异教迷信排斥基督教。”[100]卡西奥多鲁斯在 550 年左右总结了信仰基督教的罗马人的态度，并在野蛮这个词中发现了一个隐含的意义：他说，它由“胡子 236
（barba）和平地（rus）组成；因为蛮族不是居住在城市中，而是像野生动物一样居住在野外”。[101]

“中世纪”是个“黑暗”时期的观点最早是意大利人文主义者在 14 与 15 世纪表述出来的。例如，弗朗切斯科·彼特拉克（1304—1374）承认，与更近的中世纪前辈相比，自己对伟大的古典作家有更强烈的依恋和更亲密的精神亲缘。[102]“他对毫无根据的冥思和中世纪作家不合规则的拉丁语的鄙视，很快成为人文主义运动的流行口号。”第一个使用“中世纪”这个术语的人是科西嘉岛阿勒里亚的主教乔万尼·安德烈亚，他是在 1469 年出版的一部拉丁诗歌史中使用该术语的。

我们对于这个黑暗时期的看法现在有点不同。人们将公元 400 至 1000 年这个中世纪最极端的时期视为真正的黑暗时期。黑暗的原因有两个：第一，没有多少文献幸存下来说明这一时期；第二，即便是幸存下来的那些艺术和文学作品，也很少被视为伟大作品。但是，13 世纪的欧洲拥有大城市、繁荣的农业和贸易、复杂的政府和法制体系。大学和大教堂遍布整个大陆，大量的文学、艺术和哲学杰作可与其他任何时期媲美。因此，“中世一千年”的说法需要进行相应的调整。我们现在承认有中世纪早期（黑暗时期）和中世纪盛期，后者为现代世界奠定了很多基础。

了解这些黑暗时期是多么黑暗，将具有启发意义。真正的中世纪思维与我们的思维方式有很大的不同。甚至查理曼，第一位神圣罗马皇帝和中世纪最伟大的统治者，也不识字。[103]

1500 年，古老的罗马道路仍是欧洲最好的道路。至少在 8 世纪之前，欧洲的很多主要港口都不能使用。[104] 消亡的艺术包括砌砖。“在整个德意志、英格兰、荷兰和斯堪的纳维亚，”威廉·曼彻斯特说，“除了大教堂外，十个世纪以来几乎没有建造任何石头建筑物。”[105] 中国很早就发明的马项圈、马具和马镫直到 900 年左右才在欧洲出现。欧洲虽然有马和牛，但它们却几乎不被使用。英格兰验尸官的记录表明，黑暗时期的杀人频率是事故死亡率的两倍，一百个杀人犯中只有一个被绳之以法。（以死亡相威胁也被广泛用作基督教传播的一种方式。在镇压萨克森人反叛时，查理曼让他们在受洗和死刑之间做出选择。他一个早上就将四千五百个犹豫的人斩首。[106]）猖獗的海盗行为阻碍了贸易，农业也歉收，以致人们从来就没有吃饱过。国库（exchequer）这个词出现了，描述的是王室金库。由于官员的算术能力不强，计算时不得不使用方格（chequered）布作为算盘。[107] 除了充满危险、不公正和一成不变外，中世纪的生活方式也是无形无声的。“中世纪的思想中没有自我。”有姓氏的贵族还不到人口的 1%。因为

很少有居民离开他们出生的村子，因此没有取名的必要。大多数村子也没 237
有名字。由于暴力的普遍存在，人们聚集在公共房屋内，村民之间相互通婚，与外界如此隔绝乃至于地区方言连住在几英里外的人们都不能理解。所有这些一点也不奇怪。

罗马作家留下的对温带欧洲民族的描写具有一些明确的缺陷。它们写于军事背景下，并且都是以局外人的身份写成的，没有一个拉丁语作者曾经生活在铁器时代的村子里，也没人以商人的身份在国外游历。罗马人发现自己的书写文明和蛮族之间存在根本性的区别，但得出了两个不同的结论。有时，他们将蛮族描述成粗鲁的不文明的野蛮人，异常强壮和野蛮，并且在很多方面孩子气。恺撒指出日耳曼人甚至比凯尔特人更不文明，居住的社群更小，自然环境更原始，宗教习俗也不怎么成熟。他们没有长期的领导人，但是会为军事行动选举临时首领。居住越往北的人，就越是如此。在其他时候，蛮族则被理想化地描述成纯朴高贵的民族，没有受到复杂生活方式的污染。[108]

在文艺复兴时期（见后面的第 18 章），当欧洲修道院保存的古典文本被发现时，人们认为其中的描述是客观的，但正如彼得·威尔斯所说，现在有充分的理由对此质疑。例如，恺撒描述的要点是日耳曼人住在莱茵河以东，凯尔特人住在莱茵河以西。然而没有理由推测凯尔特人或日耳曼人认为他们属于一个共同的民族，或认为自己是大地域人口中的一员。恺撒的可靠程度可以通过他对日耳曼森林中不同寻常的动物的描述来确定，其中包括独角兽和麋鹿，“一种没有腿关节的动物”。这意味着麋鹿不可能从地面上站起来，所以它只能站着睡觉，恺撒推荐的捕捉麋鹿的方法是将一棵树锯开。当麋鹿斜靠在这棵树上时，树就会倒下，麋鹿会跟着树一起倒下，从而容易被猎取。[109]

目前，我们对中世纪早期的认识实际上混杂着19世纪的语文学和20世纪末期的考古学。“凯尔特语”和“日耳曼语”这两个术语是由语文学家根据对后来年代中的已知语言的研究创造的：凯尔特语指布列塔尼语和爱尔兰语；日耳曼语指英语、德语和哥特语。用帕特里克·吉尔里的话说，“蛮族，真要是存在的话，是以理论范畴的形式存在的，而不是活生生的体验的一部分”。[110] 至于凯尔特语，最早的证据是高卢南部用希腊文字写的铭文，可追溯到公元前3世纪。所提到的人名与恺撒两百年后提到的非常相似。[111] 至于日耳曼语，最早的证据来自如尼文，它们是由直线组成的字符写成的文字，可追溯至公元2世纪末期。[112] 早期凯尔特语和如尼文在高卢和欧洲大陆北部的分布的确表明，罗马人向北向西扩张时，说凯尔特语和说日耳曼语的人们之间存在着一般性的地理区别。希罗多德说，凯尔特人居住在多瑙河的源头附近（即今瑞士阿尔卑斯山脉），并且考古学将他们与早期拉登文化联系在一起。该文化是第一次世界大战爆发前夕
238 在瑞士的纳沙泰尔湖东端发现的。发掘揭示了一种木制品主导的文化：木桩（房屋的残存部分？），两条木制堤道，一些工具和青铜、铁制和木制兵器。一些物品上有曲线图案，这些图案自此成为从中欧到爱尔兰到比利牛斯山的拉登艺术的标志。[113]

最近的人类学证据表明，强大帝国的存在使居住在其周边地带的民族发生变化。首先，帕特里克·吉尔里说，蛮族包括生活在黑海到北海之间的河流沿岸、海岸和林中空地的村庄小团体。[114] 具有乱伦禁忌的部落为了防御聚集到一起。他们有神圣宗谱，有针对特定场合（如战争）而选举的头人（“兵营皇帝”）。[115] 罗马帝国将民族身份强加给他们之前，他们不认为自己是凯尔特人、法兰克人或阿勒曼尼人。（法兰克人的意思是“一群人”，阿勒曼尼人的意思是“所有人”，两个都是日耳曼词语，罗马人只能是从那些群体自身或他们的邻居那儿学会使用这些词。[116]）人类学证据也

说明，从广义上讲，无组织的民族受到威胁时，会被迫凑到一起组成“部落”，团结在一个首领的周围并且提出领土要求。[117] 有些证据表明，罗马帝国周边地区发生的正是这种情形。例如，对陶器的分析表明，在恺撒时代之前，日耳曼人群的陶器、装饰物、工具以及埋葬习俗十分相似，但是地区与地区之间的差别很大。（考古学家称之为亚斯托夫文化。[118]）然而，在罗马扩张期间以及以后的几个世纪中，这种格局发生了变化，陶器和埋葬习俗在更广阔的区域变得更统一了。似乎邻近帝国的存在确实对部落“团结成”较大的、多样性减少的单位产生了影响。在前 2 世纪初进行的高卢战争中，新的、更大的聚落形成了，其中位于今德国下萨克森州的维耶德和弗勒格尔恩已经得到了仔细的研究。考古学也表明，居住在帝国周边地区的民族开始在埋葬习俗中模仿罗马人，将人与兵器，甚至马刺埋葬在一起。[119]

目前，沿着罗马帝国边界已经挖掘了约三十六个遗址，差不多呈西北到东南轴线分布，就像莱茵河和多瑙河所勾勒的一样。[120] 这些挖掘提供了一系列有关“蛮族”的社会组织、信仰、艺术和思想的信息。恺撒和塔西佗分别于公元前 1 世纪和公元 100 年对蛮族进行了描述，他们的描述方式与 3 世纪的作家有很大的不同。早期作家描述的族群较小，居住地也小。而 3 世纪时期的群体要大得多，组织性也更强，形成部落联盟。罗马人自己促进了这一切的发生：他们将外国人训练成辅助部队，帝国对物资的需求使得地区中心为满足这个市场而得到扩大。亚库索威茨、古默和希姆林戈耶等中心逐渐形成，不过得到研究最深入的是伦德伯格，它是今天德国西南部原罗马帝国边境的五十座山顶堡垒之一。此处的考古证据表明，该堡垒被一个阿勒曼尼国王和他的拥护者占领。堡垒内的作坊不仅制造兵 239
器，还制作青铜和黄金饰品、雕刻的骨器和游戏用品。还有大量罗马帝国晚期的陶器和玻璃器皿，这些物品是从莱茵河以西的高卢进口的，运输距离至少有九十英里远。[121]

凯尔特人在神圣的小树林拜神，但他们没有供奉神像的精美神殿。狄奥·卡西乌斯写到，布立吞人拥有供奉胜利女神安德拉斯特的圣所。[122]“这些小树林是令人生畏的地方，受到人们的敬畏，并且只有祭司才能接近。”[123]对在日耳曼土地上发现的敬拜之地进行的复原工作表明，它们模仿了罗马帝国统治下的高卢神殿。荷兰马斯河南岸恩珀尔发掘出的金属搭扣和其他物品表明供奉的是赫拉克勒斯·马古斯努斯神，该神是罗马神和本地神的典型结合。这些圣所中有兵器和骑马用具。将物品投入水中也是仪式的一种方式。在法国东部的塞纳河源头，发现了木制的人物雕像，它们是敬献给前罗马女神塞奎娜的。水井同样是仪式的中心。[124]蛮族敬拜的神也包括温泉和治愈女神希柔娜（莱茵河、摩泽尔河；英国巴斯的苏尔或苏利丝）、凯尔特女马神依波娜、航海女神尼哈莱尼亚（荷兰的北海海岸）以及莱茵兰的母神安法奈和母神瓦卡琳奈。[125]塔西佗在《日耳曼尼亚志》中告诉我们，日耳曼人只有三个季节：春季、夏季和冬季。实际上，他们的一年由六个节期组成，每个节期六十天，或叫“双月”。每年始于冬季，伴随的节日相当于凯尔特的夏末节。[126]如尼文在公元1或2世纪出现，目前的普遍看法是，由于蛮族和说拉丁语的罗马人之间的跨文化交往，人们试图设计一个与拉丁字母表相当的体系。[127]

因此，仔细思考这些考古发现可以得出这样的结论：除了一个重要的例外，蛮族不是凭空出现的；没有突然出现的艰险的“文明冲突”。

这个例外就是匈人。匈人是中亚的一个游牧联盟，4世纪末期居住在临近黑海的一个地区。匈人与“罗马人或其周边民族所见的任何民族都不同”。[128]他们的一切——生活方式、外貌，尤其是战争风格——在旧大陆看来都是可怕的，最重要的是匈人的到来改变了罗马人和蛮族对自己的看法。这些大草原的游牧民为了生存必须不停地迁移。他们发明了反曲复合弓，骑在马背上就能发射致命的箭矢。在反曲复合弓的帮助下，他们吸引了很多部落的支持者，从一群人发展成一支军队，以劫掠为生。除了阿提拉的统治时期外（444—453，他被称为“上帝之鞭”，但他的名字在哥特语中指“爸爸”，说明匈人的种族成分是多么复杂），匈人一直都不是一个统一的或集中的民族，几代之后就解体了。但是他们的介入（蛮族内部的蛮族）使其他部落从受匈人劫掠的罗马帝国中坐收其成。

这些人远比罗马人原始，他们没有复杂的法律或政治体系，没有宏大的公共建筑，没有教育体系，就我们所知道的，也没有伟大的文学作品留存下来。（最早的法典是西哥特人在470至480年左右制定的尤力 240
克法典。[129]）然而，日耳曼入侵者比某些记载所说的更灵活，不是那样残酷无情。在6世纪，这些部落一个接一个都适应了基督教，这产生了奇妙的结果。一个将来永远无法完全弥合的鸿沟在欧洲出现了，即拉丁民族和日耳曼民族之间的民族分歧，及深谙拉丁语的教士与操方言的农民之间的一种社会鸿沟。[130]“因为法兰克人和盎格鲁-撒克逊人像学生一样学习这些［基督教］传统，而不是像老师一样运用它们，所以他们总是被一种自卑感困扰。法兰克和日耳曼的作家在整个中世纪都不得不忍受被拉丁人称作‘野蛮人’的嘲弄。”[131] 撰写查理曼传记的艾因哈德在830年写道，自己“也不过是一个没有精通罗马语的野蛮人而已”。拉丁民族与日耳曼民族之间的这种分歧永远不可能完全从欧洲人的思维定式中消除，前者比后者更“文明”的这个相关观念也同样如此。但是，法兰克人和撒克逊人对基督教的皈依带来了决定性的变化。从那以后，只有异教徒和异端者被视为野蛮人，从而为中世纪鼎盛时代最激烈的思想论战创造了条件。正如我们将要看到的，异教虽然“被击败”了，但是绝对没有被消灭。 241

11

书籍的浩劫，基督教艺术的兴起

奥古斯都是一个务实的人，他把帝国疆域的一面限制在三大河流之内，即莱茵河、多瑙河和幼发拉底河，一面限制在非洲和阿拉伯的沙漠地带。他认为这些是天然屏障，即使帝国的进一步扩张很困难，也能够阻挡敌人。尽管如此，到3世纪，在帝国的几个边境地带，境外的一些部落决定继续进攻，给帝国带来了确实的威胁。[1]此时，尤其在莱茵河以东，塔西佗名著中描写的零散的小部落已经不复存在。正如在上一章所解释的，这些众多的氏族合并成更大的部族，并且从3世纪开始，罗马帝国与波斯和日耳曼的边境战事不断，只有偶尔的停息。地理和外交两个因素相结合，使日耳曼人的进攻主要限于帝国西部，而东半部则较少受到冲击，特别在2世纪40年代萨珊王朝的进攻受到遏制后更是如此（例如，该地没有发生过货币贬值）。君士坦丁堡以海洋为屏障，一直无法撼动。这将对中世纪思想的保存具有不可估量的影响。[2]

帝国政府一开始迁到米兰，后来迁到拉文纳（它面向大海，且从陆地很难攻击它）。[3] 西哥特人三次包围罗马城，并在410年的第三次进攻中，攻陷了罗马，掳走皇帝的姐姐加拉·普拉西提阿作为人质。5世纪早期，汪达尔人和阿兰人的国王盖塞里克从他们的据点西班牙入侵非洲，并在罗马领地上建立了第一个日耳曼主权国家。[4] 在奥古斯都和图拉真时代，罗马城拥有29家公共图书馆，人口超过百万。经过多年的血腥屠杀，它的人口剧减到3万，而且“既没有支持图书馆的资金，也没有使用图书馆的人”。[5] 正如约瑟夫·沃格特所说，现存秩序遭到的破坏“无疑是巨大的”。[6] 到4世纪末，盗匪如此猖獗以致在有些地方法律允许居民携带武器进行自卫，最严重的地方是受日耳曼人侵略的省份。[7] 此时，许多公共建筑成为废墟，市民被严禁改变职业，未经允许不得出城（总有人试图逃离，到乡村谋生）。5世纪末以后，再也没有关于元老院的记 242
载。税收不断增加。人们造出了一个新的拉丁词“罗马式”，描写罗马世界的文明生活，以区别于蛮族人的生活方式。[8]

像以往一样，我们最好还是不要夸张。许多高卢罗马贵族即使在日耳曼人占领期间也想方设法不让自己的领地受到侵犯。5世纪的作家仍然编纂作品颂扬罗马，甚至列举它的伟大成就。同样，约瑟夫·沃格特认为，陶工和织工作坊“似乎未受到风暴的冲击”。西哥特人的国王狄奥多里克一世和他的儿子们在阿维图斯的引导下，接触到拉丁文学和罗马法，并且深为感激。[9] 在昔日的帝国出现了两种法律并行的现象：罗马人的罗马法和勃艮第人的勃艮第法（惩罚较轻）。[10] 社会一团混乱，而且有时毫无疑问不如人意。但是，并不是完全的混乱。

实际情形是，野蛮人为了确立他们的权威，做了必要的最大限度破坏。但是与此同时，他们也承认罗马文明，至少承认大部分罗马文明的优越性。因此在把当时出现的确定无疑的学术衰亡归咎于法兰克人、哥特人以及其他蛮族的时候，我们必须非常谨慎。因为另有原因。

让我们回到基督教。前面提到，古典时代早期的宗教宽容是普遍现象，而不是例外，但是随着异教徒和基督徒之间的敌意越来越深，情况发生了变化。[11] 我们不能忽视当基督教成为国教时人们态度发生的变化。人们最大的愿望是“服从新的神圣权力，它束缚着人们的内心”；最大的“需要”是超人类的启示。结果，当时的思想家对解开物理世界的谜不怎么感兴趣（或感到灰心）。“基督教学术的至高任务就是理解和深化神启的真理。”[12] 异教很少对罗马知识分子施加限制，然而基督教积极地排斥科学探索。米兰主教安布罗斯（374—397）说，关于天空的科学研究都可以忽略，“因为它对我们的救赎有何帮助呢？”米兰是当时西罗马帝国的首都。罗马人一直以来都乐意接受地球是一个球体的思想，它首先是希腊人的创造。在《博物志》中，普林尼写道：“人类分布在地球的各个角落，双脚彼此相对而站立，天空的顶部在哪儿都一样，脚底下的土地在任何方向都是中央。”三百年后，拉克唐修挑战了这一观点：“现在有谁无知到相信人的脚比脑袋还要高？……庄稼和树木朝下生长？雨点、雪花和冰雹向上掉落地球？”[13] 拉克唐修的观点为大家如此普遍接受，乃至在 748 年一位叫维吉留斯的基督教神父因为相信对跖点说而被控异端邪说。

基督教思想整体上经常悖于异教 / 古典传统。修辞学是一个例子。传统上，修辞无法脱离作者而单独存在。但是在基督徒心中，是上帝在通过
243 他的传道士说话。这是保罗的贡献，他强调圣灵的力量：说话的是圣灵，而不是个别人。这归根到底意味着拒绝把整个哲学和独立思考作为寻求真理的方法。[14] 尼撒的格列高利是所谓的卡帕多细亚教父之一，他们都是心仪于古典哲学的伟大雄辩家。就连他也说：“人类的语言只为了一个理由而存在：它是将被圣灵感召的内心情感清楚地翻译成上帝福音的媒介。”同样，以亚里士多德为代表的辩证法也被禁止：没有人可以同上帝辩论。主

要因为这个缘故，除了两部逻辑学著作，亚里士多德从西方世界消失了。他能够保存至今，完全有赖于阿拉伯译者的努力。亚历山大港和君士坦丁堡的学者继续阅读亚里士多德和柏拉图，但是，正如上所述，仅作为这些书的监护者，而不是为了增加新的思想。529年，查士丁尼关闭了雅典的柏拉图学园，理由是哲学思考已经成为异端分子的同谋，是导致基督徒发生争执的"罪魁祸首"。许多学者开始往东走，先进入埃德萨，一座美索不达米亚古城，那里聚集了几个著名的学园。然后他们穿过波斯边境到达尼西比斯，那里的大学被认为是亚洲最好的。理查德·鲁本斯坦说，这就是阿拉伯人继承亚里士多德和希腊科学财富的方式。聂斯脱利派（即景教）教徒以语言学家著称，他们把大量的希腊科学和医学著作翻译成叙利亚语，它是当时叙利亚和美索不达米亚的国际语言。[15]

医学提供了基督教扼杀西方思想的其他例子。希腊人虽然没有在寻找疾病的处方上特别成功，但是他们发明了观察症状的方法，以及疾病是一种自然过程的思想。公元2世纪，在罗马，伟大的医学家盖伦提出，有一个至高无上的神按照一个目的创造了人体，"身体所有部分的功能都是为了完成这一目的"。[16] 这一说法与基督教思想如此吻合，乃至于在公元500年左右，盖伦的著作被编成十六卷，成为一千年来的医学经典。它标志着从科学探索到魔法和神迹的转变。圣泉和圣所成为人们寻求治疗的处所，瘟疫被解释成"上帝施加"的惩罚，中世纪意大利的油画仍然显示出瘟疫被上帝用箭射出，正如一千多年以前荷马世界中的阿波罗一样。希波克拉底早就把癫痫描述为一种自然疾病，而晚至14世纪，英格兰医生加德斯登的约翰建议在病人的身上放白狗毛，同时为他读《福音书》来治疗。这一方法在金口约翰那里得到了简明的概括，他是一个虔诚的保罗门徒。"约束我们的理性，清空我们的世俗学问，用一颗澄净的心接受上帝的福音。"[17] 这不仅仅是漠不关心。布雷西亚的菲拉斯特里亚斯暗示，对经验知识的寻求本身就是异端邪说。“有一种关于地震的异端邪说，认为它不是出于上帝的旨意，而是源自元素的性质……他们［异教徒］无视上帝的力量，自以为是地把力量的运动归因于自然要素……就像某些愚蠢的哲学家把这一运动归于自然力量，而不知道上帝的力量。”[18] 公元 6 世纪关于神迹的报道比 3 世纪多得多，把它们看作自
244 然过程的解释被大大淡化。

在基督教世界的有些地方，甚至连书籍和文本也遭到强烈的怀疑：它们有可能充满谬论，也可能记载了同神秘教派之间的来往。异教徒历史学家阿米阿努斯·马尔切利努斯详细记载了公元 4 世纪东罗马帝国皇帝瓦伦斯发起的迫害异教徒活动的行为。在书中，他说：“在东部各省，书籍的主人为了避免类似的迫害，焚烧自己的整个图书馆，巨大的恐惧攫住了他们。”[19] 编者评述道：“瓦伦斯极大地削减了我们对于古代作家的知识，尤其是关于那些哲学家的知识。”一些观察者指出，书籍不再随处可见，学术越来越被宗教据为专有。[20] 在亚历山大港，人们注意到“哲学和文化几近废弃”。爱德华·吉本讲述了一个故事：亚历山大港主教西奥菲勒斯允许洗劫图书馆，“将近二十年以后，空空荡荡的书架仍然激起每个心灵没有完全被宗教偏见蒙蔽的参观者的感慨和愤怒”。恺撒利亚的巴西勒对其家乡论辩活动的衰退感到无限悲哀：“现在，我们再也没有了聚会，没有了论辩，再也没有聪明人聚集在集市，我们的城市赖以闻名的一切都不复存在。”[21] 查尔斯·弗里曼告诉我们，当塞维利亚的伊西多尔在公元 6 世纪末开始撰写他的《词源学》（一部记载宗教和世俗知识的词典）时，他虽然有自己的图书馆，但还是发现很难找到他需要的古典作家的文献。他说：“这些作家本来就像遥远地平线上的青山，而现在把他们按时间排列都很困难了。”

卢恰诺·坎福拉认为，到公元 4 世纪中期，罗马的书籍几乎被洗劫一

空。二十九座公共图书馆因为各种原因先后关闭。公元391年在亚历山大港，基督教大主教毁灭了在规模和声誉上仅次于缪斯庙图书馆的塞拉比斯神庙大型图书馆。缪斯庙图书馆此时还完好无损，主要是因为它成为神圣的基督教文献库，尽管都是拙劣的复制品，“错误百出”，因为希腊语越来越成为一种外语。当阿拉伯人在640年的圣诞节前征服亚历山大港后，缪斯庙图书馆的馆长请求征服者阿慕尔·伊本·阿斯不要烧毁图书馆，后者把这一请求转达给了哈里发。哈里发说：“如果它们在内容上与真主的经典一致，我们可以不需要它们，因为真主的经典就足够了。如果它们与真主的经典相悖，更没有必要保留它们。那么，去吧，去烧毁它们。”[22] 这些书就这样被散发到各公共澡堂，用作炉子的燃料。一连六个月，焚烧的书卷加热着亚历山大港澡堂里的水。只有亚里士多德的书免于烈火的焚烧。

罗马教皇有一个图书馆，或至少开始是一个档案馆，似乎没有受到损害（一般来说，出于明显的原因，基督教图书馆比非基督教图书馆更容易留存下来）。这个图书馆始创于教皇达马苏斯一世时期（366—384），他在家中住宅接近坎榭列利亚宫的地方建造圣洛伦佐教堂时，建立了这座图书馆。后来图书馆迁移到拉特兰宫，那是教廷所在地。随着时间的推移，增加了《圣经》文本、手稿和各种基督教作品，许多都是异端观点。在拉特兰宫的一个房间里，发现了公元7世纪的一面壁画，画中圣奥古斯丁坐在 245
一本书前，一手握着书卷。据推测，这个房间就是原始的教皇图书馆。[23]

另一座古代图书馆在西班牙的塞维利亚，属于公元600至636年间那里的主教伊西多尔。这座图书馆里既包括基督教文献，也包括同样多的世俗作品，尽管主教并不认为它们适合他的僧侣阅读。[24] 伊西多尔的藏书已经遗失，但是我们知道他的图书馆里有哪些书，因为他写了一些诗贴在门上和书架上。第一首诗的开头非常简单：“这里有无数的书，宗教的、世俗的，都有。”从其他的诗篇中，我们知道，他拥有俄利根、优西比乌、金口约翰、安布罗斯、奥古斯丁和哲罗姆等基督徒作家的作品，同时收藏了保卢斯（诗歌）、盖乌斯（法学）、希波克拉底和盖伦（医学）等世俗作家的作品。

然而，古典学校先后关闭（查士丁尼在529年关闭了雅典的哲学学园），这样到公元6世纪中期，只有君士坦丁堡和亚历山大港的学校保留下来，相应的是可读文献范围在缩小。“公元3世纪后，要找到一个对没有留存到现代世界的文献知识有所了解的人实在太难了。”[25] 现代学者认为，这反映出一种情形：由一位著名的校长（可能是犹金）拣择出一个课程大纲，它如此成功，别的学校纷纷仿效。“随着文化的衰退和帝国的枯萎，大纲之外的文献没有一本被阅读和复制得足够多，能保证留存下去。”[26] 例如，埃斯库罗斯的七部戏剧和索福克勒斯的七部剧作被选入其中，这就是我们所知道的他们的全部作品。

到6世纪末期，学术和文化的衰退已经非常严重。帝国主要地方唯一活跃的教育机构是君士坦丁堡帝国大学，它创立于425年，是一个由牧首管辖的神学院。亚历山大港的学校此时已经被隔绝。在事态有所好转之前，这里笼罩着关于偶像崇拜的争论（见本章下文）。三个世纪以来——从6世纪中叶到9世纪中叶（真正的黑暗时代）——没有关于古典研究的任何记录，也几乎没有什么教育。这一时期很少有任何形式的手稿留存于世。

此时仅有的几家学校坐落在雅典、以弗所、士麦那、帕加马、亚历山大港、加沙和贝鲁特。贝鲁特与安条克的学校都在6世纪毁于地震，安条克在540年又被波斯人攻陷。因此，我们无法说，公元6世纪宣告的学术消亡有一个首当其冲的原因：自然灾害、蛮族入侵、基督教兴起、阿拉伯人兴起。它们都起到了一定的作用。但是到6世纪末，学术生活越来越稀少。例如，关于希腊的知识出现衰退，甚至是灭绝。即使君士坦丁堡从来不是一个完全双语的城市，拉丁语和希腊语也一直以来是被人理解的语言（例如，希腊语是查士丁尼的第一语言）。这一情形最著名的例子是教皇格列高利一世在 597 年的一封书信，其中写着，在君士坦丁堡“不可能得到一部令人满意的译作”。[27] 虽然查士丁尼在位期间（527—565）许多方面取得了辉煌的成就，我们仍然有理由认为，当时书籍的生产已经开始下滑。当然，希腊世界与拉丁世界的彼此摒弃是一个关键因素。到 6 世纪，几乎 246
没有哪个西方学者懂得希腊语。

对书籍而言，这几乎是灭顶之灾。但是对学术而言，正如后来所证明的，并不是最终的灭绝。理由之一是，在拜占庭，为保护古典文献，各方做出了共同努力。357 年 1 月 1 日在致皇帝君士坦提乌斯的一封信中，拜占庭学者特米斯提乌斯（约 317—388）提出了一个“保护古代文学”的计划。[28] 他的远见让他认识到“为古典文献生产新的复制品”而建立缮写室将保证君士坦丁堡成为学术中心，因为古典文献的生存因漠视而受到威胁。最需要缮写的作家有柏拉图、亚里士多德、德摩斯梯尼、伊索克拉底和修昔底德。“还有”，特米斯提乌斯继续指出，“荷马、赫西俄德的后继者与哲学家克里希普斯、芝诺和克里安提斯，以及一大批其他作家，他们的作品没有广泛流传，因此他们的作品在被遗忘之前应该得到抢救。”[29] 372 年，拜占庭城市长官克里楚斯收到敕令，要求任命四位熟谙希腊语和三位熟谙拉丁语的抄写员“负责书籍的誊抄和修缮工作”。[30] 尽管这离特米斯提乌斯提出建议已经过去了十五年，但是最终还是付诸实践。他的影响力并没有自己期望的大。

古典思想得以保留的另一原因是，有一批被称为“拉丁传播人”的作家，主要是百科全书作家，他们使古典思想（或至少传播古典思想的作品）保存下来，在 4 世纪和四百年以后加洛林王朝的复兴之间搭起了一座桥梁。马西亚·柯里希描写了他们的工作。

第一个传播人是马尔提亚努斯·卡佩拉，奥古斯丁的同时代人，也是北非人。卡佩拉很可能是一个基督徒，但是他的著作中没有提及他的宗教信仰。他的主要著作有一个奇怪的书名：《语文学与墨丘利的婚礼》。书的结构和内容也非常怪异，但是可读性很强，它至少表明他认为当时自由七艺摇摇欲坠，亟须保护。[31] 说是自由七艺，而不是九艺，部分是因为《圣经》中的《智慧书》：“智慧为自己建造了一间大屋，劈出了七根柱子。”医学和法学被马尔提亚努斯排除在外（也因此被中世纪大学的艺术学院和一些现代人文学院排除在外），因为它们不是“自由的”的艺术，而是“世俗的”东西。[32]“婚礼”发生在奥林匹斯山，而且从一开始，墨丘利就是注意的焦点。墨丘利一直以来都充当神之间争斗和爱情的信使，这次他也想给自己找一位妻子。他被介绍给了“语文学”，语言的艺术，介绍非常成功。其他神灵同意赋予语文学以神性，在这对新人交换誓言后，阿波罗宣布了他的结婚礼物：七位仆人。“这七位仆人不是别人，正是自由七艺。”每项艺术都穿戴合宜地进行自我介绍。例如，文法是一位头发灰白的老妇人，一手拿刀，一手拿文件，“用它们驱赶野蛮，为佶屈聱牙的短语修补边角”。修辞学身材较高，年轻许多，也漂亮许多，“她五彩缤纷的
247 衣装展现出修辞的花朵……”[33] 马尔提亚努斯提出的论点都有赖于希腊人：亚里士多德、欧几里得、托勒密。这本书虽然怪异，但是非常流行，它至少帮助保存了希腊思想的基本元素。

第二位传播者是波伊提乌，他在狱中等待行刑期间完成了著名的《哲学的慰藉》。他没有可以凭借的图书馆，只有脑子里的记忆。不过，在入狱之前，他曾经给自己规定了把柏拉图和亚里士多德的全部作品翻译成拉丁语的任务。他的早逝意味着他没有完成这一任务，不过他翻译的亚里士多德的《逻辑学》成为中世纪早期西方保存的这位伟大哲学家的唯一著

作，确保部分希腊哲学被保存下来。同时，波伊提乌确信自己的翻译很有必要，这进一步证明他确信柏拉图和亚里士多德的重要性，也证明当时这些作家的教导很少流传于世。

他在狱中完成的书，《哲学的慰藉》，被设计为波伊提乌和哲学夫人之间的一场优雅对话，书中的主题——为什么一个正直的人要遭受磨难——使它迅速流行起来。哲学夫人的形象非常不寻常：她的头触碰到云端，她的希腊式服装的褶边点缀着“实用”和“理论”的词语。她在开头就逐一赶走了波伊提乌试图从中寻求慰藉的其他八位文艺与科学女神。

卡西奥多鲁斯是波伊提乌的同时代人，同他一样，也在东哥特国王狄奥多里克的宫廷位居要职。同波伊提乌一样，他也非常关心希腊研究在西方的衰落。（不过，同波伊提乌不同，他活的时间很长。[34]）他的第一个想法是在罗马建立一所基督教大学。他与教皇进行了接洽，但是考虑到当时的政治动荡，他的想法被拒绝。卡西奥多鲁斯接着转向正在兴起的修道院运动。他用自己的钱创立了第一所后来成为学术中心的修道院（在意大利南部的维瓦瑞姆），这一做法几个世纪以来一直被许多其他修道院所效仿。他收集基督教和世俗的作品手稿，而且一生都担任校长。卡西奥多鲁斯具有当时人共有的基本观念，即教育的主要目标是学习神学、教会史和《圣经》注解，不过同时他也相信学者需要自由七艺的教育作为坚实的基础。于是，他准备了一份“普遍知识大纲”，这是他作为一个传播者的主要工作，即《宗教和世俗读物总论》，并且把它附在一份古典作品的书目之后，认为它将有助于僧侣的理解。[35]除了拟定应该阅读的书目，卡西奥多鲁斯还概述了自由七艺中每一项的历史，包括当时观点虽然已经过时、但是在他们生前曾经具有重要影响的作家。这一套思想为中世纪许多僧侣学校的课程奠定了基础，而且为了能够阅读这些古典作品，需要更多的抄写本。因此在卡西奥多鲁斯的鼓动下，许多僧侣学校开始有选择地抄写古典作品，这也是修道院成为学术中心的另一个原因。卡西奥多鲁斯还编写了一本拼写书，它一般被用来证明，当时除了希腊研究在衰退之外，拉丁文的读写能力也在下滑。

248 我们已经谈到了7世纪早期的塞维利亚主教伊西多尔。他在思想传播中最重要的工作是编写了《词源学》，书名本身反映出他的观点，这一观点在一个对象征主义和寓言着迷的时代并非罕见。他认为，通往知识的道路要从词和词源入手。虽然他犯了许多错误（仅仅词源相似并不意味着它们表达的物体和思想也相关），但是他涵盖的范围非常之广，除了基督教主题外，还有生物学、植物学、语文学、天文学、法学、鬼怪、石头和金属、战争、游戏、造船和建筑等。马西亚·柯里希说，伊西多尔在写作中投入的热情和特殊的兴趣表明，他认为“如果自己不凭借广博的知识和剪刀糨糊的帮助来挽救文化，没有人会这样做”。尽管有许多缺点，但是在中世纪早期，《词源学》成为一本标准参考书。（正如查尔斯·弗里曼指出的，“参考”是个关键词，“几乎没有证据表明在12与13世纪之前，这些作品起到了启发思想的作用”。[36]）

历史学家诺曼·康托认为，这些传播者既不是创新思想家，也不是语言大师，而不过是教书匠和教材编纂者。然而，鉴于当时的危险情况，以及许多基督徒对古典和异教思想的敌视态度，也可以这么认为，这些传播者具有自己的价值。因为他们的努力，古典传统（或一部分古典文献）得以保存。

尽管从思想的角度，真正的黑暗时代从6世纪中期延伸到9世纪中期，然而其间发生了图书史上的两大重要变化。第一个是从东方传过来的新的书写材料：纸。在8世纪末左右，人们认为阿拉伯人从751年怛罗斯战役的中国战俘那里学到了造纸技术，纸成为莎草纸之外的另一个选择。[37]

一些从埃及过来的晚期古文稿显示出新材料的碎片，不过完全写在纸上的最古老的希腊文书籍一般被认为是梵蒂冈图书馆大约写于公元 800 年的著名书册。[38] 莎草纸在西欧直到 11 世纪仍在使用，但是即便如此，纸张很快流行起来，可能是因为阿拉伯人控制着从埃及出口的莎草纸供应，而且允许出口的都是低劣产品。一开始，拜占庭从阿拉伯人那里进口纸张，但是到 13 世纪，意大利出现了繁荣的造纸业。

差不多同时，出现了第二个创新变化，它同样降低了生产书籍所需的纸张 / 莎草纸的数量。在书写字体上出现了一个重大变化。传统的安色尔字体全部由我们所称的大写字母组成，非常大。虽然理论上抄写员可以把安色尔字体写小一些，但是实际上这并不常见，尤其当使用羊皮纸时，显得更加昂贵，因为 N.G. 威尔森提醒我们，羊皮纸只能通过屠宰动物而获得。[39] 为了节省成本，一张羊皮纸经常多次使用。誊写过不止一种作品的羊皮纸被称为“覆写本”，来自希腊语“我重新擦干净”。有些作家，例如撒路斯提乌斯和西塞罗的一些作品是从覆写本底下没有擦干净的地方辨认出的。在 9 世纪末左右，人们对现在我们所谓的“草书小字体”做了各种试验，但是大多数都很难辨认。第一本年代明确的用清晰、成熟的草书小 249
字体抄写的书是以修道院大院长波菲利・乌斯蓬斯基命名的著名的《福音书》，他是在参观黎凡特的修道院时发现这本书的。[40] 年代为公元 835 年。

不仅新字体出现的时间不确定，它的发明地也不确定，尽管一个合理的假设是，它发展于君士坦丁堡的斯都迪奥斯修道院（乌斯蓬斯基《福音书》中有一页记录了其中一些成员的讣告，有些是广为人知的书写专家）。850 年以后，不管什么时候需要新的抄本，更多会用新的字体来抄写。950 年以后，无一例外全部使用新字体。（大写字体的书籍现在几乎没有存世。[41]）新字体对古代文献的保存至关重要：一页上可以容纳多得多的单词，意味着成本降低。另外，字母之间的连字弧线（以 e、f、r 和 t 开头）

使书写更快。其他的发展还包括重音符号和帮助读者理解的停顿，也就是我们所谓的标点的开始。这些符号的使用并不常见，也不标准，但是个开端。[42] 差不多与此同时，即 9 世纪末，抄写员开始标记字间距，书中有一个常规部分作为使用重音符号和标点的指南，至少在斯都迪奥斯修道院是这样的。缩略符号也很普遍：p'（= 后面），∪（= 反面），li^{o}（= 平衡）。问号（？）也在这个时候出现，伯恩哈德·比朔夫找到了 10 种不同的问号形式；300 可以写成 iii^{c}；发明了新的字母，例如⊙和 Δ。

860 年左右，副皇帝巴达斯恢复了位于君士坦丁堡的之前几个世纪被废弃的帝国大学，由哲学家利奥、几何学家西奥多、天文学家西奥德吉亚斯和文学家科梅塔斯共同主持。我们现在知道有些古代手稿只有单本传世，而且在某种意义上，巴达斯创立的学校成为官方特藏书库。[43] 里面都是古老的安色尔字体抄本，9 世纪的学者用草书字体将它们誊抄。正如雷诺兹和威尔森所说："主要因为他们的活动，希腊文学至今能被世人阅读，因为几乎所有作家的作品都最终依赖于这个时期或之后的草书字体抄本，所有后来的抄本都以此为底本。"[44]

同样因为 9 世纪拜占庭的学者，我们现在才能知道不仅什么东西被挽救过，而且知道什么东西佚失了。不少学者，著名的有佛提乌斯（约 810—约 893），记录了他们读过的书，或至少他们知道的书，这些书单包括许多我们在别处找不到的书籍。例如，在 855 年开始一段漫长而危险的旅途（或许是去同阿拉伯人交换战俘）之前，佛提乌斯给他的兄弟塔拉修斯写了一个自己多年来读书的图书评述。有些论述只有两行，但是多数要长得多。他的这部作品包括 280 条，每一条对应其藏书中的一本。在此文本中，佛提乌斯对大量的异教和基督教文献做了广泛的评论。

250 佛提乌斯出生于 810 年左右，来自一个富有、受过良好教育、有着广泛社会关系的崇拜圣像的家庭。在 832 至 833 年迫害圣像崇拜者期间，佛提乌斯一家被流放，他的父母死于流放地。在9世纪40年代，当圣像崇拜在君士坦丁堡重新得势后，他被召回，并且同其兄弟一起在政府担任要职。（在提拔他的人中就有巴达斯。）那之后，佛提乌斯的仕途大起大落，不过他还是继续写作。我们不清楚他的书目完成于何时，年代约在838至875年之间。这本书目似乎是作为佛提乌斯的读书评述，这可以从他给的题目中看出来：《我们所读之书的清单和罗列，应爱弟之请而写的一般分析》（简称《书目》）。[45]《书目》包括280本书，除了一本，佛提乌斯宣称都读过，不过他略去了任何一个受过良好教育的拜占庭人（像他的兄弟一样）都熟悉的著作，比如荷马、赫西俄德，以及伟大的希腊戏剧家。《书目》令人感兴趣的地方在于他提到的、但是现在已经佚失的书，共42种。

在佚失的书中有一本由阿明提亚诺斯写的亚历山大传记（献给马可·奥勒留）、明德斯的亚历山大写的《述异记》（沃伦·德雷德戈尔德在研究佛提乌斯时，把这本书归入“志怪作品”）、一位4世纪不知名作家写的《致俄利根》、大马士革的达玛修斯（约458—533）写的《神奇的动物》、波埃修（1/2世纪）写的《柏拉图难词解疑》、爱琴海的狄奥尼修斯（1/3世纪）写的一本关于医学的书、一本公元前3/前2世纪的作者佚名的毕达哥拉斯传记、金口约翰写的《论圣保罗》。除了这42本完全佚失的书外，还有81本书只能通过《书目》了解。这意味着，在280本书中，123本（44%）现在实际上佚失了。这是一个令人伤心的数字。

我们已经看到，在6世纪中期到9世纪中期这段时间，学术领域没有什么进展。这段时间构成了真正的黑暗时代，这一事实可以从拜占庭帝国城市的命运中得到佐证。城市是智力生活的中心，也是戏剧、公共澡堂、竞技场和手工作坊的中心。直到5世纪，拜占庭帝国还是一个发达城市集合体，一本手册列出了九百多座城市，尽管正如西里尔·曼戈所说，到查士丁尼时代（527—565），这一数字要翻倍。大多数城市的布局具有罗马风格，横平竖直的街道，两条主要大道，南北大街和东西大街垂直相交，一直延伸到城门口（城市都有城墙，以抵御蛮族入侵）。大道非常宽敞，有柱廊，柱廊底下是商店。按我们的标准来说，城市很小，例如尼西亚南北和东西各长 1500 米。一个拜占庭省城的平均人口在 5000 到 2 万之间，安条克是 20 万，而君士坦丁堡是 10 万。[46]

然而，由于蛮族入侵，这些城市一个接一个陷落。从叙利亚到巴尔干半岛，帕加马、西多波利、辛吉杜努姆（贝尔格莱德）和赛尔迪卡（索非亚）等城市或被毁坏，或人口消失。长期的劫掠，再加上瘟疫、地震和其他自然灾害，情况更加恶劣。阿拉伯地理学家伊本·胡达德（约 840）记
251 录道，在他生活的时代，小亚细亚只有五座城市——以弗所、尼西亚、阿摩利阿姆、安卡拉和萨马拉，还有一些城堡。流通的青铜硬币也急剧减少，而且根据西里尔·曼戈的研究，在巴尔干半岛的斯托比，找不到 7 世纪之后的硬币。[47]

虽然君士坦丁堡是个例外，但也不是完全不受影响。它的人口在 500 年左右达到顶峰，之后受到瘟疫的袭击而减少。这一衰退是长期的，到 750 年左右达到一个最低点。740 年城墙被地震摧毁时，当地人缺乏足够的资金去重建。在 747 年的瘟疫之后，皇帝通过有计划地从爱琴海各岛移民，试图增加人口。即便如此，一本 760 年的指南书形容该城是“被废弃的荒城”。[48] 只是从 8 世纪末以后，该城才开始恢复。

拜占庭的基督教艺术尽管在思想史上占据重要位置，却大不同于后来的艺术思想。自乔托以来，艺术（至少在欧洲）不仅记录了形式变化，而且记录了可识别的个体艺术家，他们不断创新，独出心裁，既受前人影响也影响后来者。然而在拜占庭，艺术家被视为工匠，仅此而已。（只有一

个拜占庭画家被人记住了名字，“希腊人狄奥凡”，他于 14 世纪末、15 世纪初活跃于俄罗斯。）建筑也是如此：我们知道安提莫斯和伊西多尔在君士坦丁堡建造了查士丁尼的圣索菲亚大教堂，不过仅此而已。由于拜占庭的艺术发展如此缓慢，要确定年代几乎是不可能的。不过，这并不能削弱拜占庭艺术的重要地位，因为它是第一种成熟的基督教艺术，是表明基督教思想如何通过视觉形式（圣像）得到体现的最初艺术。

考虑到后来的发展，有必要说明，耶稣从未暗示肖像是对他的冒犯。[49] 然而，对早期基督徒而言，视觉艺术没有经文重要，所以他们从来没有发展出一套象征和形象体系。当公元 303 年戴克里先迫害基督徒时，锡尔塔教堂里收藏有经文、圣餐杯、青铜烛台，但是没有提到神坛。事实上，在公元 2 世纪之前，不存在什么基督教艺术。尽管耶稣的态度很平和，许多早期基督徒对视觉艺术没有兴趣，这或许是受犹太人的影响。公元 3 世纪，亚历山大港的主教克莱门特告诉他的教众，虽然基督徒被禁止像异教徒那样制造偶像，但是他们获准制造记号（例如鱼或船）表示所有者身份或作为签名。克莱门特还允许使用其他的符号，例如鸽子和锚。鸽子是基督徒的象征，来自《马太福音》10：16：“我差你们去，如同羊进入狼群。所以你们要灵巧像蛇，驯良像鸽子。”

拜占庭的艺术“是后期罗马帝国为适应教会的需要而发展起来的艺术”。[50] 第一次真正的繁荣是在君士坦丁大帝皈依之后，他下令建造一大批宏伟的教堂。在公元 4 世纪之前，不存在基督教建筑。早期基督徒利用任何方便的地方，作为教堂之家（群体）。第一批教堂（至今在地中海东 252
部一带仍然可见）的形式与异教徒使用的地方相似：会堂，一种长方形大厅，有柱廊，一端有高起的讲坛。会堂（Basilica）是个希腊词，意思仅指一个大厅，基督徒最早用它指君士坦丁大帝在罗马建立的七座教堂。[51]

但是罗马最早的地下墓地以及幼发拉底河岸边的杜拉欧罗波斯的早

期小教堂表明，甚至在君士坦丁大帝之前，基督徒已经发展了某些视觉艺术，可能是以古老的插图版《七十子译本》为基础。主题都来自《旧约》（人类的堕落、以撒的祭祀、越过红海），当然约拿的故事尤其为人喜爱，因为他被一条鱼吞进肚子，三天之后才被吐到岸上。基督徒从中体会到了浸礼和复活。在最初对耶稣的描述中，他是个年轻人，没有胡须；他头上的光环直到公元4世纪才出现。[52]最早出现在建筑物上的《新约》故事出现于公元500年左右拉文纳的圣阿波里奈尔教堂，最早出现的插图本是《罗萨诺书册》（现藏于巴黎）和古叙利亚语的《拉布拉书册》（现在收藏在佛罗伦萨）。这些都较晚出现，但是它们都说明，到公元500年左右“权威形式”的圣像已经确立。有些书册非常豪华，圣哲罗姆轻蔑地称它们为“紫皮书册”，它们可能不是为了阅读，只是为了在仪式中使用。

基督教艺术吸收罗马帝国因素的另一特征是宫廷装饰。正如劳伦斯·尼斯所说：“至少就圣像而言，基督教向整个罗马，尤其是帝国思想的‘转变’是很有诱惑力的。”[53]装饰变得越来越华丽，帝王紫色被越来越多地用在神圣人物上，重要人物形象比其他人都要塑造得更高大，通常比真人还大。在拉文纳的盖拉·普拉奇迪亚陵墓，耶稣不再是牧羊人打扮：“他披着一件有金色条纹的紫色外衣（全能的主形象）。”拉文纳的其他图像中，耶稣在接受使徒们的欢呼，就像帝王接受臣民的朝拜一样。[54]“自公元4世纪早期以来，加冕的基督教上帝形象突然成为基督教圣像的中心元素。”考虑到早期基督教信仰吸引贫贱者和被遗弃者，现在把豪华奢侈引入基督教艺术和基督教理想是革命性的举动。[55]在帝国的威严进入基督教艺术之后，紧随而来的是叙述的铺张。这可能发生在公元4世纪，当第一批长方形会堂开始建造时。这提供了更多的墙壁空间，但实际的革新直到公元5世纪才出现，也许是受到5世纪早期普鲁登提乌斯的一组诗歌的启发。此时的叙述按照经文上的时间顺序排列，而不是按主题排列。

正是在这些叙述中，人们在对新的拉丁文《圣经》（4 世纪末、5 世纪初的哲罗姆版）仔细阅读的基础上创作出大量的基督教圣像。[56]

6 世纪末基督教世界关于形象的信仰发生了一次重大变化。形象不再被认为是具有伟大热情的基督徒的表现，越来越多的教徒开始把形象本身视为神圣。这种“圣像崇拜”在基督教世界的东部，也就是拜占庭帝国尤
其强烈，这可能同它离圣地巴勒斯坦相对较近有关。前往圣地的朝拜者回 253
来时通常会带回各种各样的纪念品，例如巴勒斯坦某些被认为多少是准神圣遗址的石块（查士丁尼曾派遣一队工匠前往耶路撒冷）。这种做法逐渐传播到整个西方，就连罗马也不能幸免：拉特兰宫的至圣小堂藏有一幅公元 8 世纪的耶稣像，至少在中世纪，它被认为是神圣的，而且在危机的时候会被拿出来。

对圣像态度的变化从两个具体的发展中可以推测出来。第一，画像越来越易于携带，说明它们不仅在家里、坟墓或教堂里使用，也在旅行时使用。第二，出现了减少甚至去除画像人物动作的倾向，“它所传达出的人物是神圣的，似乎在等待手握圣像的人祈祷他的出现”。[57] 正是这种“凝固”的特性产生了我们对“偶像的”（iconic）一词的使用。尽管如此，虽然《圣经》没有提供任何关于耶稣、使徒，或童贞女马利亚的相貌的信息，到公元 6 世纪基督教作家已经在依据他们所相信的传统描绘这些人物画像（经常来自幻象）。例如在一篇记述中，圣彼得被描绘成“身材中等，发际线后退，苍白色的皮肤，眼睛像酒一样深暗，浓厚的胡须，大鼻子，连成一线的眉毛……”基督的形象是有胡子，长发，头上有光环，穿着金色和白色相间的衣服，一手握着书卷，手臂庄严地上举。[58] 身体形象一般都被认为与精神特质相关。有些画像被认为具有神奇的来源，被描写为“神来之笔”，意思是“不是人工画成”。[59]

在今天的我们看来，圣像显得高度形式化，但当时人们的感受是不一

样的。对拜占庭人而言，一幅圣像就是真正的肖像，完全表现了神圣人物的真实特征。这就是不允许改变圣像的原因：因为它们是某个圣人的真实记录。公元 692 年，第五、六次宗教会议通过了关于表现人体形象的新方案。在那之前，基督一直被表现为羔羊，但是现在取消了。从此，他可以以真实的人物形象出现。“于是教会的故事从墙壁下来，转向把教堂最神圣的内殿同外殿分隔开的圣障。”正如西里尔·曼戈所写的，圣像是圣人传记的视觉版：“虔诚的教徒在礼拜基督的时候，可以凝视他们的英雄（总有一个英雄会符合人的期望，或抚慰他们心中的恐惧）。”圣人传记就是在此时成为一种特殊的文体。[60]

这对某些人来说简直太过分了，他们的愤怒因为耶稣的画像被查士丁尼二世印到钱币上而变得越来越强烈。公元 8 世纪中期，强烈反对崇拜圣像的运动爆发，导致了反对圣像崇拜的论争，论争从 754 年持续到 843 年。这场论争的背后有几个原因，它们对教皇权威和基督教艺术的表达形式都产生了重大影响。首先是这样一种感情：制造基督画像是渎神行为，上帝的神圣性，他的非物质性，显然是不能用任何可知的方式表达的，这样做就否认了耶稣的神圣性。这一态度完全符合当时有名的阿
254 里乌异端教派的观点（见第 8 章）。其次是这样一个观点：对基督和圣徒的描绘不过是偶像崇拜，标志着向异教习俗的退步。第三，反圣像崇拜者认为圣像崇拜本质上是一种新现象，它违逆了基督教最初和最纯洁的发展阶段，那时基督教对圣像没有兴趣（这也是《圣经》无意描述耶稣或使徒形貌的原因）。[61]

754 年，君士坦丁五世支持的赫里亚教会会议就是在这些争论的背景下召开的。他公开谴责圣像崇拜，并且寻求将它们毁灭。和以前一样，不只这么简单。8、9 世纪反圣像崇拜的帝王的行动背后有两个更深刻的理由：其一，那时拜占庭的掌权者来自东部，因此更多地受到中东传统的影

响，尤其是犹太人和阿拉伯穆斯林的影响，他们都禁止圣像。其二，反圣像崇拜者的论争可以被看作是拜占庭皇帝扩张权力的一次尝试。皇帝发现希腊僧侣的行为是他们目标的障碍，这些僧侣通过一系列所谓的创造奇迹的圣像而非常受人欢迎。这些圣像可以移动，还能流血，被保存在修道院。[62]

由于当时的教皇格列高利二世，即格列高利一世的后继者，认为艺术中的画像对穷人和文盲是一种重要的教育和宗教教导手段，反对圣像崇拜者的论争转变为关于教皇权威的论战。格列高利二世给君士坦丁堡写了一封措辞激烈的信，指责皇帝干预不属于他管辖的教义问题，并且（有些乐观地）威胁说如果皇帝再犯，就要动用武力。从这时起，教皇开始转向西方的国王们寻求保护，首先是法兰克人的国王丕平。皇帝把罗马对意大利南部和达尔马提亚的宗教管辖权转移到君士坦丁堡，以此作为回答。于是开始了罗马教会与我们现在所称的希腊东正教的分裂。[63]

在反圣像崇拜运动的最激烈时期，许多圣像被毁，可携带的圣像被烧掉，壁画和马赛克至少也被粉刷一新，或被完全刮掉。带插图的手稿被剪掉或被撕碎（如果没有被烧毁的话），仪式器具被烧。不过，这些也是浩劫，而不是彻底灭绝。君士坦丁堡和小亚细亚用西里尔·曼戈的话，“即权力所在之地”，遭受的破坏比其他地方更厉害。反圣像崇拜者在减少基督教艺术的数量上显然是成功的，但是他们并没有达到完全毁灭它的目的。结果，有证据表明，马赛克技术出现下滑，画家对人体形式的掌握也在衰退。[64]

反圣像崇拜者更喜欢教堂的“中性”主题，如动物、鸟、树木、常春藤等，而不是人像。维护圣像崇拜的人认为，他们的反对者正在把上帝的屋子变成水果店。[65]不幸的是，许多（也许是大多数）反圣像崇拜者的作品都被毁灭，而他们的反对者的作品（大马士革的圣约翰、圣杰曼努斯、

尼科弗鲁斯）却以胜利者的姿态告诉了我们这段历史。整体上，他们的论
255 辩探讨了经文和教父对真实人像的权威性、画像与所描绘圣人之间的关系，尤其是用画像代表基督时（他的双重性质，既是上帝又是人）存在什么样的权威。

经过近两个世纪的恐怖冲突（艺术家被拷打，鼻子被割开，舌头被割掉，人被监禁），最后人们同意，基督徒可以表现那些确实在人间出现过的人物，也就是基督本人、使徒和圣徒，甚至包括一些在特殊场合以人形“现身”的天使（例如天使传报），但是不允许描绘天父上帝和三位一体。最后一个重要的完善是，任何表现都必须“同真人一致”，即必须是真实的描写，就像镜中的人物一样，艺术家不能发挥自己的想象。（要求对耶稣的描绘准确到信徒在审判日那天能够认出他。）从这得出，传统形象永远不能改变，什么也不能增加，什么也不能减少。如同在其他方面，任何理性讨论和创新都不受鼓励。以此类推，同样的方法也被运用在建筑和教堂装饰上。装饰仍然是简单的，拜占庭人所称的“外部知识”一律被排除在外。这意味着，没有寓言故事，没有自由七艺，没有数月的辛劳。重要的、被允许的，只有基督教的中心主题：耶稣的诞生、传教、受难和复活。（《旧约》中的先知被允许出现，因为他们宣告了耶稣的道成肉身。）

不仅是使徒的相貌显得呆板。比例和透视法继续被忽略。任何一幅拜占庭画上的人物，其大小不是依据其空间位置，而是依据他在故事中的重要性。这正是为什么圣母马利亚总是比约瑟看起来高大，也能解释为什么圣徒会比作为背景的山脉还要高大。色彩的处理不是为了加深对距离的感觉，人物也没有投下可能会干扰作品宁静和谐的阴影。重要的是，画中的所有元素都必须被平等地笼罩在天国之光中。但是，由于圣像不允许有变化，因此拜占庭的不知名艺术家把他们的创造力投入到对色彩前所未有的大胆使用上。“拜占庭艺术在色彩上远比之前的任何艺术都更丰富，因此

产生了散发着精神光芒的图画，金色的叶子和其他绚丽的色彩闪烁着珠宝一样的光芒，有些画作甚至用宝石镶嵌。”[66]

今天，要完全理解最初的基督教艺术，我们需要做出大胆的想象。在浑浊的烛光下，画像闪烁不定的灿烂金色、紫色和闪耀的宝石给一个不确定的充满敌意的世界提供了神奇的、神秘的、永恒的威严和宏伟。拜占庭的长方形会堂都是色彩绚丽的剧场，故事的要点是，它永远不会改变。“拜占庭人认为这些画像是真实的肖像，这赋予了他们的会堂以强烈的神圣气氛，对此我们现在只能猜想。”[67] 这些于 843 年在反圣像崇拜的论争结束之后而艰难获得的思想在几个世纪之内将不会变化。到建造大教堂的伟大时代，教会才允许做出改变。

很少有人会反对，基督教艺术是人类取得的重要光荣成就之一。因此，尤其令人惊叹的是，它的兴起出现在其他思想领域处于衰退的时期。 256
导致拉文纳教堂、米兰的圣洛伦佐教堂、西奈山上的圣凯瑟琳修道院产生的力量也有阴暗的一面，同照耀世界的光芒和色彩并存。反圣像崇拜的论辩提醒我们，残暴、毁灭和愚蠢也是宗教偏见的产物。西塞罗的一些作品只有孤本以及覆写本的底下字迹传世都说明，文明有多么脆弱。 257

12

巴格达和托莱多的哲学与代数

“智慧”，埃及的一则古老谚语说，“降临到了这三者身上：法兰克人的头脑、中国人的双手和阿拉伯人的舌头。”口才与箭术、骑术一起构成了贝都因人生活的阿拉伯半岛上“完人”的三个基本特征。[1]

这些贝都因人是阿拉伯半岛的土著，文明程度相当低。“阿拉伯”这个词，在《旧约》中为“艾拉伯”，意为游牧，正如我们所看到的，这种生活方式阻碍了财物的集中，也不需要任何公共建筑，而艺术恰恰是在公共建筑中繁荣起来的。骆驼使人在沙漠中居住成为可能，但是直到约公元前1100年骆驼才被驯化，所以贝都因人的历史不会比这久远很多。总是处于迁移之中限制了部落的大小，最大的部落仅有约六百人。在这个半岛上，劫掠作为一种强盗行为，“几乎就是一种民族制度”。[2]用一个诗人的话说：“我们袭击我们的敌人、我们的邻居，如果没有可袭击的人，就袭击我们的兄弟。”[3]

这不能造就一种定居文明，但是正如上面这句话暗示的，早期阿拉伯人成就卓著的一个文化领域是诗歌。甚至在今天，语言的韵律与节奏（即音乐）在阿拉伯人心中会产生他们所说的“合法的魔术”。另一则谚语说道：“人的美在于舌头的灵巧。”[4] 最古老的成文诗可追溯到 6 世纪，形式是颂歌。但是它作为一个口头传统，到那时肯定已经存在了许多代，因为诗中有一系列固定的惯例。从形式上来说，颂歌可能有一百行之多，一个韵脚可能贯穿整部作品。开头很老套，诗人总是会对他到过的某个异国他乡进行引人入胜的描写。一些主题是诗人的最爱，包括骑着骆驼的一段漫长旅程。同样的数量有限的暗喻、寓言和格言组合在一起，在结尾诗人通常会反思“面对全能的世界，人类多么渺小”。颂歌本质上是叙事，而非戏剧或散文，对于阿拉伯人来说，重要的是其叙述方式，有人甚至认为颂歌的稳定节奏是为了与骆驼在沙漠中穿行时的摇晃协调一致。无论这是真是假，这些诗一起构成了阿拉伯人的诗集，他们集体经验的“记录”。[5] 在古 258
阿拉伯世界，诗人和诗享有崇高的声誉。

最有名的古代颂歌是所谓的“七悬诗”，或说“悬挂的”诗。这些诗如今仍在阿拉伯世界广受崇拜，因为传说它们在乌卡兹繁华集市的诗歌比赛中获得了年度奖。乌卡兹是一个靠近麦加的集镇，每年在严禁劫掠的时节举办集市。集市的一部分是文艺大会，从整个阿拉伯世界赶来的诗人聚集到这里，在公开竞赛中朗诵自己的诗歌。在乌卡兹大获成功之后，七首悬诗被用金字记录在亚麻布上，并悬挂于麦加的圣石克尔白的墙上。它们被翻译成英语《七金诗》。[6]

游牧的生活方式决定了，贝都因人没有很浓重的宗教倾向。他们早期信奉的神灵有泉水（绿洲）和岩石。在盖曼有一块红石，在阿巴拉特有一块白石，在奈季兰有一块黑石，最有名的是麦加的一块正方体陨石。这就是克尔白。[7] 由于是游牧民族，贝都因人也崇拜一些月亮神，但是另外还有胡伯勒神，一个非常罕见的人形偶像，有人认为它是从巴比伦传入的。

但是，麦加最主要的神是安拉，即真主。至少这个写作“hlh”的名字非常古老，可追溯至公元前 5 世纪，似乎起源于叙利亚。麦加的名字源自麦库赖伯，意为圣所，这暗示了从很早以前麦加就是宗教中心了。当然，托勒密在其成书于约公元 150 至 160 年的《地理学》中提到麦加的时候也是这么认为的。

现在的穆斯林将伊斯兰教之前的这一时代称为“蒙昧时代”，那时候人们还没有试图将遍布阿拉伯半岛的不同神话和传说整合起来。也许正是他们早期信仰的这种不调和特征，使伊斯兰教一出现就有巨大的吸引力。据传说，穆罕默德在大约公元 570 年出生于麦加古莱氏部落的一个家庭。彼时麦加正处于变革之中。理论上，它是罗马和东方之间贸易路线上的一环（伟大的沙漠商队路线的终端位于也门港）。但实际上，对罗马人来说，“阿拉伯省”是指纳巴泰人的土地，纳巴泰人居于更北方，首都是佩特拉（位于现在的约旦）。所以，阿拉伯半岛和叙利亚一样属于边缘行省，地位不明确。商人往往沿丝绸之路穿过中亚进入东方，这意味着阿拉伯半岛的财富远远无法得到保障。另外，灾难频频发生，450 至 570 年间，马里卜大坝三次溃决，淹没大片肥沃的土地。阿拉伯传说讲述了 6 世纪经济的严重衰退。[8]

另一个因素对理解伊斯兰教的出现也很重要：一神论在当时阿拉伯半岛的周边发展。除了一神论在北方的发展，也门早有犹太人聚居，阿比西尼亚当时已经皈依基督教。红海很狭窄，人们经常来回穿越，前伊斯兰时代的早期陶器显示出许多基督教影响的痕迹。麦加是个十字路口，通往也门港口的南北向路线和从红海到伊拉克的东西向路线在这里交汇。两支大型商队每年
259 从麦加出发，一支夏天行动，一支冬天行动。这是思想传播的另一种方式。

对穆罕默德我们知之甚少，尽管到 6、7 世纪，关于他的作品、传记和学术研究已经发展得很完备。我们所知的第一部他的传记写于这位先知去世很久以后的 767 年，而这也是通过 833 年写成的另一更晚版本才为人

所知的。至于非阿拉伯的资料来源，穆罕默德第一次被一个拜占庭历史学家狄奥法内斯提到是在9世纪。我们也知道穆罕默德的外貌。他不高也不矮，并且不胖。他的黑发长而卷曲，皮肤白皙，眼睛黝黑，睫毛修长，肩膀宽阔，四肢有力。他有一张大嘴巴和一口漂亮的牙齿，除此并无特别之处。我们还知道，传说穆罕默德在六岁的时候失去了父亲，之后他先后被祖父和叔叔抚养。一些传说称穆罕默德的亲戚是与克尔白有关联的某些遗迹的看守者，所以这个家庭在伊斯兰教出现之前可能就享有宗教威望。传说穆罕默德在十二岁的时候被叔叔带到了叙利亚，在那里他遇见了一个名叫巴希拉的基督教僧侣。二十五岁的时候，穆罕默德娶了他的雇主海迪彻，海迪彻是“一个富有而高尚的寡妇，比他年长十五岁”。[9]他帮她经营了一段时间的商队贸易，正是这桩婚姻使穆罕默德有了自己的空闲时间，能够长时间待在麦加城外一个叫希拉的小山洞里。

610年的一天，当他在山洞中时突然听到一个声音命令他：“诵读！”一开始，他不知道怎么办，这个声音重复了两次，然后他鼓足勇气问：“我读什么？”那声音回答：“你应当奉你的创造主的名义而宣读，他曾用血块创造人。你应当宣读，你的主是最尊严的，他曾教人用笔写字，他曾教人知道自己所不知道的东西。”这一晚后来被称为“力量之夜”。在山洞中和麦加的家中，还有后续故事，穆罕默德心烦意乱，让妻子给他盖上毯子。一开始有许多声音，后来只有一个声音，大天使吉卜利勒（加百列）的声音。穆罕默德记下了他收到的所有指示，一些写在棕榈叶上，一些写在石头上，一些他直接记住了。后来，正如我们所见，它们被收录进一本书中，即《古兰经》。[10]

穆罕默德受到的神示从某些方面来说并不新鲜。它与琐罗亚斯德教、希伯来和基督教思想有所重合。神是唯一的，没有其他神。在审判日，那些忠实遵循神的指示、崇拜神的人将进入永恒的天堂，而那些违背神的意愿的人将在地狱承受无穷无尽的惩罚。

甚至在小时候，穆罕默德就被亲朋好友称为“阿敏”，即忠诚的人，所以他可能一直受到人们宗教上的尊敬。他的首批皈依的信徒是家人和朋友，然后和基督教一样，是奴隶和贫困阶层。这使得富有的家族成为他的第一批反对派，他被迫到红海另一边的埃塞俄比亚避难。在那里，他经历了很多奇象，最有名的是所谓夜行，穆罕默德于夜间被送到耶路撒冷，然后是天堂，在那里他见到了真主的脸。这一传说奠定了耶路撒冷成为继麦
260 加和麦地那之后伊斯兰教第三圣地的基础。

继山洞的声音之后，穆罕默德事业的第二个关键阶段开始于621年。那一年，当他还在红海另一边流亡的时候，一些来自麦加以北约两百英里一个名叫雅斯里布的小镇的使者找到了他。他曾经在乌卡兹一年一度的集市上见过其中一些人，给他们留下了深刻的印象。他们现在问他愿不愿意裁决他们镇上的争端。他们说，作为回报，他们愿意为他和他的追随者提供保护。穆罕默德同意了，但他没有急于行动。他让大约六十户家庭先行试探情况，他自己则于第二年出发。这一在阿拉伯语中称为希吉拉的行动被信徒视为伊斯兰教的决定性时刻，后来当穆斯林历创立时，就以希吉拉发生的那一年作为开端。新宗教的中心现在转到了雅斯里布，它被信徒们称为麦地那：那座城。[11]

我们所了解的在麦地那的穆罕默德是复杂的。一方面，他集宗教、政治和军事领袖于一身。另一方面，他是一个普通的市民，自己补衣服，住在简朴的土房子里，（最终）有十二个妻子，生了一大群孩子，其中很多都夭折了。他继续发展他的思想，逐渐偏离犹太教和基督教。在麦地那，他将星期五定为安息日；制定了艾赞，即从宣礼塔发出的礼拜的召唤；确定斋月；并将礼拜时的朝向从向耶路撒冷改为向麦加。他还批准了前往克尔白亲吻黑石的朝圣之举。这带有挑衅色彩，因为那时麦地那和麦加处于

敌对状态。事实上，当经过八年的战争，穆罕默德三百人的军队战胜了三倍于己的军队并掌控了麦加之时，伊斯兰的第三阶段开始了。其间，据说有三百六十个神像被毁灭，伊斯兰教取而代之。克尔白周围区域被宣布为神圣地区。一开始，只禁止多神教徒靠近克尔白，后来逐渐扩大到所有非穆斯林。菲利普·希提在他 1937 年出版的《阿拉伯通史》中称："迄今只有不超过十五个欧洲基督徒成功地见过两座圣城并活下来。"[12] 将克尔白周围定为神圣区域的命令使人想起非犹太人不得靠近耶路撒冷圣殿的至圣所。

穆罕默德身兼政治领袖和宗教领袖这一事实对伊斯兰教至关重要。他制定法律，执行司法，征收税赋，发动战争，建立同盟。他做这些的目的是重建他认为在其他地方已经堕落和扭曲的真正的一神教。"他是安拉最后的启示，在他去世（传说为 632 年 6 月 8 日）以后，关于安拉对人类的意志的启示已经完成。穆罕默德之后不会再有先知，不会再有启示。"[13]

作为一系列思想，伊斯兰教更接近犹太教而不是基督教。然而，在中世纪，它与这两种一神教是如此相似，以至于许多基督徒以为它只是基督教的一个异端教派，而不是一种全新的信仰。[14] 但丁在《神曲》中把穆罕默德置于地狱偏下的一层，与"有辱教规和分裂教派的煽动者"在一起。[15] 和犹太教一样，在伊斯兰教中，安拉的独一性是最高的现实。他有 261
九十九个"非凡的名字"，因此完整的穆斯林念珠有九十九颗珠子。伊斯兰教更接近犹太教而不是基督教还体现在它的安拉与其说是仁爱之神，不如说是力量和权威之神。这契合了伊斯兰教将宗教视为对安拉意志的"顺从"或"屈服"的思想。使穆罕默德印象尤其深刻的是亚伯拉罕接受耶和华的最高测试时愿意把自己的儿子当作祭品。亚伯拉罕的顺从，用阿拉伯语叫"阿斯兰"，使这一新宗教由此得名。

在安拉的独一性和顺从之外，伊斯兰教另一重要的思想是，穆罕默德是安拉真正的使者，“安拉唯一的奇迹就是《古兰经》”。[16] 这唯一的奇迹反映了新信仰的简单本质：它没有诸如复活、三位一体或圣餐变体论等神学复杂性。没有圣礼，没有教士的等级制度，至少一开始没有。唯一的奇迹暗示《古兰经》是安拉的话，因此它“不是被创造的”。迄今为止，最严重的罪，也是唯一不可原谅的罪，就是将其他神等同于安拉。

伊斯兰教还确立了五功，通过它们来追求信仰。第一是念，即信仰告白。第二是礼拜。虔诚的穆斯林必须每天面向麦加方向礼拜五次。[17] 然而，星期五中午的礼拜是伊斯兰教唯一的公共仪式，所有男性必须参加。[18] 第三是天课，一种用于帮助穷人和为修建清真寺提供资金的什一税。据普林尼说，伊斯兰教出现之前的阿拉伯人必须为他们的神缴税才能在市场卖香料，所以穆罕默德可能借用了这一古老办法。第四是斋月期间从黎明到太阳落山的斋戒。斋戒对犹太人和基督徒来说很熟悉，但是没有证据表明阿拉伯半岛在伊斯兰教出现之前有过斋戒。最后是朝觐，无论是男性还是女性教徒，如果他们负担得起，一生中必须在一年的神圣时刻去麦加朝觐一次。这个想法可能也来源于古代的太阳崇拜，他们在一年一度的集市结束之后聚集于克尔白。

从表面来看，伊斯兰教、犹太教和基督教有相当程度的重合，更不要说古老的异教仪式。与其他信仰不同的一个思想是圣战，它被一些小教派信奉为第六功，但这存在争议。《古兰经》明确提到，伊斯兰教的职责之一是把“伊斯兰世界”与“战争世界”分离开的地理疆域不断推进，但是这在多大程度上靠战争达成以及怎么理解“战争”，还远远不清楚。

穆罕默德死后的633年，第一任哈里发阿布·伯克尔发现专司《古兰经》诵记的人都在老去。惊恐之下，他开始收集（传说）写有那本“书”零散片段的棕榈叶、石头、骨头和羊皮纸。这花了不少时间，实际上是他的继任者欧麦尔和做过先知秘书的载德·伊本·塔比特一起将那些片段集合起来，不过将这本书定型的是另一个人，第三任哈里发奥斯曼（644—656）。这本被称为奥斯曼本的书有三个抄本，分别存放于大马士革、巴士拉和库法，成为权威版本，至今仍在使用。这是传统说法。但是现代学者 262
怀疑阿布·伯克尔根本没有参与其中。相反，他们认为奥斯曼发现阿拉伯世界存在很多文本不同的《古兰经》。他将麦地那的版本确定为神圣版本，并下令销毁其他版本。照此观点来看，《古兰经》的文本是在933年才由两位维齐尔最终确定的。因此，三百多年过去了，《古兰经》的权威版本才得以确定，比耶稣受难之后《圣经》的成书时间长得多。

尽管如此，虔诚的穆斯林还是相信《古兰经》的每一个字母都是由吉卜利勒口授给穆罕默德的，因此是受安拉启示的。《古兰经》有114个苏拉或章，分为90个麦加章和24个麦地那章。早期的麦加章总体来说篇幅短，充满激情，带有预言性。主要论题是人的伦理义务和即将到来的对不虔诚者的惩罚。（伊斯兰教实际上有两种审判：死亡时和复活时。[19]）相反，麦地那章是在穆罕默德最初的斗争之后被"启授"的，要长得多，主要关于法律事务。书中概述了宗教仪式的细节，什么是神圣的，什么不是神圣的，并确立了关于偷窃、谋杀、报复、高利贷、婚姻、离异等的法律。书中还屡屡涉及《新约》和《旧约》。亚当、诺亚、亚伯拉罕、摩西、大卫、所罗门、约拿，与人类堕落、大洪水和所多玛城一起赫然在目。学者注意到，《古兰经》里许多《旧约》中的名字形式，表明它们来源于希腊或叙利亚的资料，而不是希伯来资料。一些被认为属于耶稣的奇迹，如在摇篮里开口讲话，只有在《伪经》中才能找到。这使我们得以一窥穆罕默德在7世纪能读到的书。[20]

《古兰经》用阿拉伯语写成，这对虔诚的穆斯林来说非常重要，他们相信阿拉伯语是安拉的语言，是天堂使用的语言。他们相信亚当一开始讲的是阿拉伯语，但忘记了它，所以被惩罚学习其他低下的语言。实际上，阿拉伯语是闪族语系中相当年轻的一种语言，闪族语系包括阿卡德语（巴比伦语和亚述语）、希伯来语、腓尼基语、阿拉米语（耶稣所说的语言）、叙利亚语和埃塞俄比亚语。按年代来看，这一语系可分为三组。美索不达米亚的语言可追溯至公元前 3 千纪，叙利亚—巴勒斯坦地区的语言可追溯至公元前 2 千纪，而阿拉伯半岛和埃塞俄比亚的语言只能追溯至公元前 8 世纪。[21] 这是现代学者的观点，但是早期穆斯林官方根本不知道他们的语言来自何方。一种观点认为它产生于对自然界声音的模仿，另一种观点认为它是早期各族人的一次大会的结果，与会者认为它是最优秀的语言。实际上，我们所知的阿拉伯语来源于阿拉米语，通过纳巴泰人的草书写本发展而来，纳巴泰人的首都是位于今天约旦的佩特拉。甚至在伊斯兰教早期，阿拉伯语还在不断发展中。例如，那时还没有元音书写系统，如今用来区分相似字母（a 和 ā）的附加符号还未曾发明。为了辅助阅读，人们习惯于在元音的位置添加红色点，其他地方则用黑笔书写。[22]

因此，阿拉伯语远非亚当所讲的第一语言，而是阿拉伯半岛西北部出现相对较晚的一种方言而已，碰巧穆罕默德所属的古莱氏贵族讲这门语
263 言。阿拉伯语作为《古兰经》语言的地位导致了观点的出现。穆斯林，甚至现代的文法学家、语文学家和文艺批评家坚称阿拉伯语优于其他语言，《古兰经》的阿拉伯语优美非凡到无以复加的地步。这就是为什么全世界的穆斯林都必须读阿拉伯语原本的《古兰经》，为什么只有一个译本（翻译成土耳其语）获得过授权认可。《古兰经》的阿拉伯语无比优美，这一直是现代伊斯兰学者的观点，甚至在 18 世纪开始发现阿拉伯语的起源和外来词语的存在之后也没有改变。[23]

穆罕默德去世之时，伊斯兰教仅限于阿拉伯半岛。但是，正如这位先

知所坚持的，他的新信仰是要走出去的。“伊斯兰教不是血缘的宗教，而是信仰的宗教。”这一思想对阿拉伯人来说很新鲜，并且取得了巨大的成功。不到一百年，伊斯兰教已经发展到东接印度，西抵大西洋，南至非洲中心，北达拜占庭。它的吸引力部分是由于它提供的确定性，在于早期伊斯兰教的宽容，当然是就启示的早期形式（犹太教和基督教）而言；部分是由于纯粹实际的因素，例如，伊斯兰政权比拜占庭帝国征的税低。

但是还有另一个原因：哈里发制度。先知死后，需要一个新的领导者。他身边的追随者选择了阿布·伯克尔，他是最早的皈依者之一。当被问及如何称呼他时，阿布·伯克尔说他选择哈里发的头衔，在阿拉伯语中哈里发意为继任者和代理人。这就出现了模棱两可的地方：阿布·伯克尔是穆罕默德的继任者 / 代理人，还是安拉的继任者 / 代理人呢？不管怎样，哈里发制度确立了，它将产生深远的影响。[24]

一开始，这一制度不是世袭的（《古兰经》没有对继承问题做出指示，这很奇怪）。最初的四个哈里发之间没有血缘关系，被现代穆斯林称为“四大正统哈里发”，即“受到正确引导的”。尽管他们中只有第一个不是被刺身亡，他们统治的时期通常被视为黄金时代。然而，第四任哈里发阿里是穆罕默德的女婿和堂弟，他对哈里发地位的角逐恢复了前伊斯兰的一个传统。考虑到过去的刺杀，许多信徒相信先知的亲属做领导人会更加接近先知最初的方向。阿里的追随者建立了一个后来简称为什叶派的教派。[25]什叶派后来将产生巨大的影响力，但不是此时，因为阿里也被刺杀了。在随之而来的伊斯兰内战中，胜利者是叙利亚总督穆阿维叶，他来自麦加的倭马亚家族。这带来了伊斯兰发展的新阶段，因为随后将近一个世纪，哈里发的继承权都掌握在倭马亚王朝手中。在之后的正史中，这一时期在重要性上有所降低。倭马亚王朝之前有“四大正统哈里发”，在他们之后，如我们将要看到的，伊斯兰领导权掌握在“被神认可的”哈里发手中。[26]

这表明伊斯兰教出现了一个巨大的分歧。什叶派认为神圣的权力规定了哈里发职权属于先知的血亲后代，这导致了680年的一场叛乱，阿里的儿子、先知的外孙侯赛因对倭马亚王朝宣战。侯赛因的军队被彻底击溃，根据传说，只留下了一个幸存者。从此以后，什叶派和所谓的逊尼派之间出
264 现了两个巨大的分歧：前者相信（1）哈里发应该拥有穆罕默德的血统；（2）《古兰经》的一字一词都是真实的。

倭马亚家族战胜侯赛因并不出人意料。他们是极其精明的政治领导人（将他们的帝国扩张到印度、非洲和伊比利亚半岛）。他们还发展了宏伟的建筑，促进了学术的兴盛。这主要是由阿卜杜勒·马利克（685—705）和他的继任者希沙姆（724—743）完成的。在他们的统治下，阿拉伯语取代希腊语和波斯语成为官方行政语言；罗马和拜占庭的货币被阿拉伯货币取代；“伊斯兰历史上首个伟大的宗教建筑群”，圆顶清真寺和与其毗邻的阿克萨清真寺在耶路撒冷拔地而起。[27] 这标志着伊斯兰教成为世界主要文明之一。

也是在倭马亚家族统治下，第一批阿拉伯学术中心得以建立。它们位于巴士拉和库法。正是在这里，阿拉伯语得到系统研究，并出现了第一批文法和字典。也是在这里，哈迪斯（圣训）的传统发展起来。哈迪斯意为“穆罕默德教义”，但它具有更加具体的意思，指的是穆罕默德或其亲随的言行。圣训被视为仅次于《古兰经》，为许多伊斯兰神学和教律（即非教会法）提供了基础。[28] 在《古兰经》中，讲话的是安拉；在圣训中，讲话的是穆罕默德。在圣训中，只有意义是受神启的；在《古兰经》中，意义和语言都是受神启的。[29]

正如上文提到的，伊斯兰教最早的建筑典范是在倭马亚王朝统治下建造出来的：耶路撒冷的圆顶清真寺（691）和大马士革的大清真寺，大马

士革是倭马亚王朝的王庭所在地。许多人认为圆顶清真寺仍然是迄今为止最美丽的伊斯兰建筑，许多穆斯林认为它展现了伊斯兰教的优越性。这是事实，不过伊斯兰教从没有产生任何美学理论的伟大思想。建筑物如果不是以功能重于外表来衡量的话，也是按照两者的同等重要性来衡量的。考虑到贝都因人作为游牧民族住在帐篷里，实际上对建筑没有什么需要，这就没什么奇怪的了。第一座清真寺（这个词来源于“麦斯吉德”，意为匍匐的地方）位于麦地那，只是一个简单的露天庭院，后来被棕榈树干支撑的棕榈叶覆盖。一根树干被砍下作为敏拜尔，即宣教台，穆罕默德会在上面对信徒讲话。早期的资料一致宣称，先知自己的及其亲随建造的清真寺都很简朴。此外，据称穆罕默德对清真寺的装饰十分反感，他说“吞噬信徒财富的最无益的东西就是建筑”。[30]

即使伊斯兰教没有正式的美学，但确实有一些大体思想成了传统。一个就是装饰或说点缀的思想。伊斯兰教认为安拉创造了世界，并装饰了世界，而且给予人类创造“点缀物”的能力。阿拉伯语单词“扎亚那”意为点缀和制作美丽的东西，“正如安拉用群星点缀天空”，不过另一个单词malih，来源于词根m-l-h，形成了milh，意为盐。因此，在阿拉伯语中，美有“欢娱”之意，而非柏拉图思想中的道德之善。[31]阿拉伯诗歌中的美女无一例外都妆点着珠宝和香水。然而，这一装饰思想所传达的含义比这
个词在西方表达的意义更多。伊斯兰教认为安拉创造了世界，世界是完美 265
的。因此，人类没有真正创造的余地，人类能做的就是美化安拉创造的东西。于是，美化、点缀、装饰被理解为并非真正的创造性活动，也不是对安拉创造之物的改进，而是崇敬和赞美安拉的方式。与此相关的是，前现代穆斯林没有类似基督教十字架的宗教象征（新月符号是现代发明的）。只有安拉的话语是神圣的，其他所有形状和图案都是中性的，可互换的。[32]因此，清真寺建筑与装饰的整个思想都强调了信仰的谦卑和内在性。主要的装饰

是拱形，但是清真寺的中心是米哈拉布，即面向麦加方向的礼拜壁龛。壁龛周围的装饰最为浓重，两种主要装饰形式是阿拉伯花饰和书法。

阿拉伯花饰的产生并非全然因为禁止描绘人物形象。《古兰经》并没有禁止描绘人物形象，早期伊斯兰社会的画和雕塑绝非不存在，就连倭马亚王朝哈里发的肖像画也有。对人物的描绘实际上到 14 世纪才开始消失。阿拉伯花饰背后的思想其实来源于几何学。阿拉伯人从希腊人那里继承了比例是美之基础的思想，而且他们认为那是所有科学的基础，因为它鼓励人们进行抽象思考，“一项通往纯洁的活动”。[33] 阿拉伯语中没有表示阿拉伯花饰的词，而且也没有关于其功用的详尽理论。说到底，线条发挥了主要效果。它谦卑而平等（没有一个图案比另一个更重要），这是伊斯兰诗歌所珍视的文字游戏的视觉体现。它的目的是为了使注视者眼花缭乱，从而令其清醒头脑，思考安拉。同样重要的是，这些清晰连贯的图形不会出错。[34]

书法的力量来源于这一主要事实：《古兰经》代表“直接、神圣的话语”，穆罕默德认为书写是“人每日食粮的关键之一”，因此它成为与基督教艺术中圣像类似的东西。《古兰经》之于穆斯林就如同耶稣（不是《圣经》）之于基督徒：那是安拉对他的信徒显露自己的方式。正如命理学总是流行于神秘主义者之间一样，一些苏非派（见下文）将阿拉伯字母表视为神秘玄妙。但是对书法更好更典型的理解是将其视为“文笔的修辞”，即对文字的装饰，使其反映几何学的和谐。[35]

这种对装饰的处理将我们带回了圆顶清真寺。圆顶建筑不仅仅是一个宗教场所；在另一个层面上，它是一项复杂的政治行为。实际上那时候的耶路撒冷不是耶路撒冷。《古兰经》从未直接提到耶路撒冷，也没有提到耶路撒冷在哪里。早期伊斯兰著作中，耶路撒冷被称为埃利亚，这是罗马人为了将耶路撒冷去神圣化、消除犹太教和基督教影响而取的名字。圆顶清真寺建造的目的是超越圣墓教堂和犹太教最神圣的场所（根据拉比的传统说法，亚伯拉罕就是在这里愿意献祭自己的儿子，这里也是圣殿约柜放置的地方）。正如历史学家伯纳德·刘易斯所说："阿卜杜勒·马利克似乎在说，这是最终的赦免之圣殿——献给亚伯拉罕宗教的新圣殿，它取代所罗门的圣殿，将赐予犹太人和基督徒的神启延续下去，并改正他们所犯的错误。"例如，刻在神龛上的《古兰经》铭文明确否定了基督教的三位一 266
体思想："安拉唯一，没有同伴，没有伙伴。"其他地方写道："赞美献给安拉，他没有儿子……"正如圆顶清真寺所示，伊斯兰不仅仅是犹太教和基督教的继承者：它取代了它们。[36]

尽管取得了这些政治、军事和文化上的成功，早期伊斯兰教有其内在的不稳定性。就其理想形式而言，它是一种比诸如基督教简单得多的信仰。它倡导平等，理论上没有神职人员，没有教会，没有表明某些人比其他人更有特权、更接近安拉的级别。但是这并不能被同时行使世俗与精神权力的王朝所接受。当这样一个政权的反对者同样也是先知后代的时候，不稳定性加剧了。这就是反对倭马亚王朝的起义的背景，起义首先发生在747年，两年后再次发生。起义拥护的是先知的叔叔阿拔斯的后代。[37]第二次起义之后，什叶派领袖阿布尔·阿拔斯被他的军队推选为哈里发，一个新的王朝诞生了。阿拔斯王朝将会持续五百年，阿布尔·阿拔斯的继承者曼苏尔的迁都之举标志了这一重大变化，他将首都从大马士革迁至底格里斯河西岸的一座全新城市，这座城市位于今天的伊拉克，靠近波斯旧都泰西封。曼苏尔给他的这座新城取的官方名字是麦地那·阿萨拉姆，意为和平之城。但是这个名字从未流行开来，人们总是用此地一直通用很多代的一座小城的名字称呼它：巴格达。[38]

巴格达这个名字意为"安拉所赠"，但这座城也因为其形状为圆形而被称为“圆城”。这座新的大都市的建造用了四年时间，据说曼苏尔雇用了十万名劳工、工匠和建筑师。他选择这个地点，部分原因在于这里易守难攻，部分原因在于底格里斯河能使人们通向远至中国，上游还能到达亚美尼亚。泰西封的废墟是建筑用石料的主要来源。

巴格达的伟大哈里发有阿拔斯王朝第二任君主曼苏尔、第三任君主马赫迪，还有哈伦·拉希德（786—809）及其子马蒙。“虽然还不到半个世纪，在那时巴格达已经从一无所有发展成拥有惊人财富和国际地位的世界中心，唯有它能与拜占庭抗衡。”[39] 皇宫占据了这座圆形城市的三分之一，其中的奢侈品如传说一般华丽。哈里发的表妹兼妻子“不能容忍非金制或银制的器皿摆放在她的桌上”。在一次欢迎外国要员的队列中有一百头狮子。树厅的银制小鸟能“自动鸣叫”。[40] 城市的港口停满了从中国、非洲和印度周边来的船只。

人们从已知世界的每一个角落涌向巴格达。[41] 这座城市的位置意味着它离印度和叙利亚不远，最重要的是，它离希腊和希腊化世界不远。尤其是，它距离波斯西南的恭德沙普尔很近，那是一个历史悠久的杰出的学术中心。在这里活跃着一大群聂斯脱利教徒，他们是基督教的一个异端教
267 派，如我们在前章所读到的，于 5 世纪被迫从更远的西方逃亡而来。（聂斯脱利派认为耶稣不仅具有神性，而且具有人性。）和他们一样，其他的政治和宗教难民也来到恭德沙普尔，包括一些从雅典的那所 529 年被基督徒关闭的异端学园（柏拉图所创办）来的人。因此，多年来，恭德沙普尔一直是持不同信仰的学者和无神论学者，尤其是医生的聚集地。在向已知世界学习药用草本植物、手术方法和治疗手段上，他们比其他人有更多的兴趣。所以对于他们来说，翻译外国文本是常事。恭德沙普尔的许多聂斯脱利家族发展为医学世家，（翻译的）医学手稿父子相传。恭德沙普尔还拥有第一家医院比斯马里斯坦。城内可以听到多种不同的语言——希腊

语、叙利亚语、阿拉米语、梵语，反映了多种传统，文本多是从希腊语和梵语翻译到叙利亚语和阿拉米语。在恭德沙普尔于638年被阿拉伯人征服后，这些学者很快学会了征服者的语言，开始了将希腊和印度的医学、几何学与其他科学手稿翻译成阿拉伯语的宏伟工程。[42]

这一模式后来传入了巴格达和大马士革。翻译有价值的外国手稿这个主意本身一开始是基督教/犹太教/异教徒的做法。在阿拉伯世界没有这样的传统和先例，由于恭德沙普尔是不同宗教融合的国际城市，主持翻译的有犹太人、异教徒和基督徒，巴格达的翻译工作也是这样组织起来的。随着这座和平之城的规模和重要性日益提高，许多聂斯脱利派医学世家的后人和继承者来到这里。9世纪初，伊斯兰世界十分幸运地拥有了一位开明的哈里发马蒙，他十分同情一个半秘密的穆尔太齐赖教派，他们是唯理主义者，一心想将《古兰经》文本与人类的理性标准进行调和。据说，马蒙做了个梦（也许是历史上最重要、最幸运的梦），梦中出现了亚里士多德。因为这个梦，哈里发决定派遣使者远至君士坦丁堡，尽可能搜求希腊语手稿，并在巴格达建立了一个专门致力于翻译的中心。

771年前后，一个来到巴格达的印度旅行者带来了一本天文学著作《悉檀多》，曼苏尔坚持要将其翻译。这本书在这座城市被称为《信德欣德》。这个旅行者还带来了一部数学著作，其中介绍了一套新的数字，如1、2、3、4等，我们至今还在使用（在那之前，数字用单词或字母表的字母表示）。这些后来被称为阿拉伯数字，不过现在我们（至少数学家）承认它们是印度数字。这本书还介绍了0，它可能最初来自中国。表示0的阿拉伯单词zephirum成为英语单词“密码（cipher）”和“零（zero）”的基础。这些文本是由穆罕默德·伊本·易卜拉欣·法拉兹翻译成阿拉伯语的，著名穆斯林天文学家花拉子米的许多想法就是以他的翻译为基础。[43]

阿拉伯人对希腊文学（诗歌、戏剧、历史）不是很感兴趣。他们觉得自己的文学传统就足够了。但是以盖伦为代表的医学、欧几里得和托勒268 密的数学、柏拉图和亚里士多德的哲学则另当别论。最早对科学的全貌进行思考的穆斯林思想家是法拉比（卒于950年），他的分类著作《科学分类》，拉丁语名为《关于科学》（*De Scientiis*），将不同的活动分为：语言学；逻辑学；数学，包括音乐、天文学和光学；物理学；形而上学；政治学；法学；神学。之后的伊本·西那将理性科学分为理论科学（追求真理）和实用科学（以富足为目标）。[44] 理论科学包括相面术、解梦和咒语解释。实用科学包括道德和预言。

许多图书馆和学术中心在伊斯兰大城市建立起来，很大程度上参照了阿拉伯人征服亚历山大港和安条克时发现的希腊模式。不过最有名的是建于833年的马蒙的智慧馆。许多翻译就是在此完成的，另外还有天文观测、化学实验和教学（不过休·肯尼迪对此表示怀疑，认为这只是个图书馆）。不过，即使在这里，所谓的“翻译长”也是一个从希拉赫来的聂斯脱利派基督徒侯奈因·伊本·伊斯哈克，他懂四门语言，被任命为智慧馆的负责人，全权负责所有的科学翻译。据休·肯尼迪称，侯奈因受穆萨家族的保护，穆萨家族是巴格达黄金时代精密科学最主要的赞助人。侯奈因将衣钵传给了他的儿子伊斯哈克和侄子侯贝什，他们一起翻译了亚里士多德的《物理学》、柏拉图的《理想国》、盖伦关于解剖学的七本著作（希腊语本现已失传）、希波克拉底和迪奥斯科里德斯的作品。侯奈因还将《旧约》从希腊文《七十子译本》翻译过来，不过这本书也失传了。[45] 丝毫不逊于侯奈因·伊本·伊斯哈克的是塔比·伊本·库拉，第二个翻译家学派的创始人，他将欧几里得、阿基米德、托勒密和阿波罗尼奥斯的著作（包括托勒密的《天文学大成》）翻译成阿拉伯文。如果没有伊本·库拉，现存希腊文著作的数目不会这么多。伊本·库拉也不是穆斯林，他是异教萨比教派的成员。幸运的是，萨比教派在《古兰经》中被提到过，所以受到保护。伊本·库拉和伊本·伊斯哈克合作测量过地球的周长。为了确定结果，他们测量了不止一次，这是实证方法的早期体现。他们理所当然地认为地球是圆的。

哲学和文学也是如此，基督徒和异教徒的成功突出了巴格达的开放性。阿布·拜舍尔·马塔·本·尤努斯是著名的法拉比的亲密同事，他是基督徒，在巴格达求学，试图将亚里士多德和《古兰经》调和起来。7、8世纪早期最重要的诗人之一吉亚特·伊本·萨尔特是基督徒，他来自幼发拉底河畔的希拉赫附近，甚至曾被哈里发一起带到过麦加。虽然被任命为宫廷诗人，他却拒绝皈依伊斯兰教，拒绝放弃对酒的“沉溺”，拒绝摘下佩戴的十字架。他与妻子离婚，娶了一个离婚的女人，常常被看到与妓女在一起，喝酒喝到“烂醉”，他说这是他获得诗歌灵感的唯一方法。他死在自己的床上。[46]所谓阿拉伯文学作品中最著名的《一千零一夜》实际上就是古老的波斯作品《一千个故事》，它包含许多故事，其中不少来自印度，这也不是什么秘密。随着时间的推移，加入了许多故事，不仅有来自阿拉伯半岛的，还有来自希腊、希伯来、土耳其和埃及的故事。[47] 269

除了像智慧馆这样的学术机构，现代意义上的医院也是在伊斯兰教的影响下发展起来的。[48]第一所也是最完备的一所医院是由8世纪的哈里发拉希德（《一千零一夜》里的哈里发）建立的，但是设立医院的理念迅速传播开来。在当时，巴格达、开罗和大马士革的中世纪穆斯林医院比恭德沙普尔的比斯马里斯坦还要先进得多。比如，男女病房分开，内科、眼科、骨科和精神科均设特殊病房，为传染性疾病设有隔离病房。同时出现了流动诊所和药店，军队也配有军医院。较大的医院附属有清真寺，并设立学校，全世界有远大抱负的医生都来这里接受培训。也是在8世纪，阿拉伯地区出现了药学和药剂师。至少在巴格达，药剂师必须在通过考试后才有资格制药和开药。考试内容涵盖药品的正确成分、合适的剂量及疗效。穆斯林除了发明一些古老的疗法之外，还制出了樟脑、没药、硫黄和水银，以及糖浆和药水的混合物。[49] 尤值一提的是 13 世纪伊本·贝塔尔所著的《简单饮食及药品汇编》一书，包括一千多种根据作者沿地中海海岸亲自采集的植物写成的条目。公共卫生的概念也是在阿拉伯世界产生的，尤其是医生要前往监狱，检查犯人中是否有传染病携带者。

这个时期诞生了两位享誉千秋的穆斯林医生。一位是拉奇，以拉丁文名字拉齐斯为西方所知。他于 865 年生于波斯城镇赖伊，年轻时不仅精通炼金术，而且学问广博。他撰写的将近两百本书包罗各种学科，如神学、数学和天文学，不过将近一半是医学。他的幽默感体现在他的两本书名上：《神医也不能治百病》和《为何庸医和郎中比神医更吃香》。他是巴格达大医院的第一位首席医师，据称，为了给医院选址，他将碎肉挂在各地，从中选择腐烂度最小的地点。[50]（如果属实的话，这可以算作第一例实验。）但拉奇最为人所知的成就是最早描述了天花和麻疹。[51]《医学集成》是他的另一部伟大作品，共二十三卷，是一部集希腊、前伊斯兰阿拉伯、印度甚至中国医学的百科全书。它探讨了皮肤和关节疾病、饮食疗效及卫生概念（疾病微生物理论出现时才明确提出这一概念）。

另一位伟大的穆斯林医生是伊本·西那，以其拉丁文名字阿维森纳为西方所知。[52] 与拉奇相同，他也有约两百部题材各异的著作，但其中最著名的当属汇集了希腊和阿拉伯医学成果的鸿篇巨制《医典》。该书记载了多种病症，从解剖到排便、从肿瘤到骨折以及以水和土壤为介质的疾病
270 传播，还收录了七百六十种药物。《医典》也开启了心理学研究，因为伊本·西那发现了情绪和生理状态之间的密切联系、音乐的益处以及环境对医学的影响（即基本流行病学）。他认为医学是“去除阻碍自然正常运转因素的艺术”，可以说他提供了医学的哲学基础。12 世纪时克雷莫纳的盖

拉尔多（见此章后文）将《医典》译为拉丁文，在此后长达五百年的时间里，至少到17世纪，它与拉奇的《医学集成》一道，取代了盖伦的著作，成为欧洲医学学校的基础课本。[53]

641年，亚历山大港被穆斯林占领。如我们所了解的，亚历山大港在此前长期是世界的数学、医学和哲学中心，因此穆斯林获得了大量关于这些学科的希腊文书籍及手稿。后来，智慧馆中出现了一位天文学家和数学家穆罕默德·伊本·穆萨·花拉子米。像欧几里得一样，他成为知识界无人不晓的名字。他以两部作品著称于世，一部具有较大的原创性，另一部原创性稍弱的作品或许根据《信德欣德》(《悉檀多》的阿拉伯文名字）而编成。《悉檀多》由婆罗摩笈多所著，曾被带到曼苏尔的宫廷，里面描述了各类算术问题及印度数字。花拉子米原创的书如今仅存拉丁文译本，阿拉伯文原本已经失传。[54] 该书的拉丁文书名的意思“印度计算法”。花拉子米对印度算术体系做了十分完备的叙述，正如卡尔·波耶指出的，“人们认为计数法起源于阿拉伯，这种广为流传但错误的认识或许得归因于他”。[55] 花拉子米并未将它称作自己的创造，但是这个新的记数法却被称为花拉子米记数法，最终简化为算法二字，现在指任何特定的程序法则。数字符号的演化过程参见图10，但其中并未显示这些转化的过程多么缓慢。甚至到11世纪，阿拉伯学者书写数字时仍然使用全称和文字。

花拉子米也被视为“代数之父”，他的《代数学》（Hisab al-Jabr wal muqabalah）也的确包含八百多个例子。《代数学》在12世纪被盖拉尔多译为拉丁文，直到16世纪仍被用作欧洲大学的主要数学教材。从阿拉伯文版本的前言（拉丁文译本中没有这一部分）来看，代数很有可能起源于复杂的伊斯兰继承法。为决定哪个儿子该继承什么及怎样还清债务，这些法律通常涉及复杂的计算。Al-jabr 一词明显具有“还原”或“完成”

的意思，也明确指移到方程另一边的负项。Muqabalah 意为“对消”或“平衡”或与之十分相近的意思。《堂吉诃德》中，“代数学家”一词用来指跌打医生，即一个还原者。在二次方程中，等式两边同时消项以还原平衡。[56] 在《代数学》中，花拉子米提出了用符号（如 x）代表未知量的思想，并用六个章节介绍包含三个量的六种方程的解法：它们是根、
271 平方和数。

尽管《代数学》历来被视为代数学的开山之作，20 世纪末土耳其发现的一部手稿却令我们对此提出质疑。这部名为《混合方程的逻辑必然》的书与《代数学》内容十分相似，解出的一些方程更是一模一样。因此，

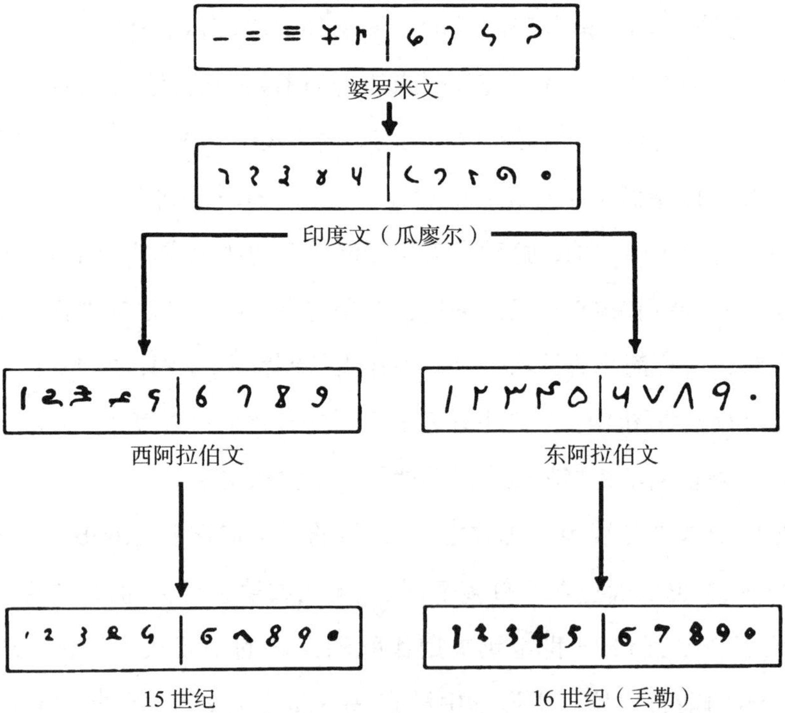

图 10 数字的谱系 [57]

（Source: Carl Boyer, *A History of Mathematics*, New York: Wiley, 1991, p.237. This material is used by permission of John Wiley & Sons, Inc.）

似乎其中一部是在另一部的基础上产生的，但究竟哪一部最先出现却无人知晓。[58]

在化学科学领域，阿拉伯的领军人物是8世纪后半叶居住在库法的贾比尔·伊本·哈扬，西方称他为格伯。同那时的多数化学家一样，他沉迷于炼金术，尤其沉迷于用普通金属炼金（贾比尔认为通过一种神秘物质伊克西尔，或长生不老药，就可以做到，但仍未发现这种物质）。炼金术士还相信他们所研究的是"平衡的科学"，认为通过观察并改进天然生产方法就可以生产出贵金属。[59]但是化学为系统实验提供了机会，贾比尔当然也是实验方法的创始人。他首次系统地描述了最主要的化学操作过程：煅烧、还原、蒸馏、升华、熔化和结晶。与此同时，拉奇将自然物质进行了系统的分类。他认为，矿物质分为精（汞、卤砂）、矿（金、铜、铁）、石（赤铁矿、氧化铁、玻璃、孔雀石）、矾（明矾）、硼砂和盐类。在这些 272
"自然"物质之外，他又增加了"人工"物质：铜绿、朱砂、烧碱及合金。他主张实验研究，为化学与炼金术的彻底分离做出了巨大贡献。[60]

正如安拉创造了完美的世界，"艺术"只能用作"装饰"以赞美安拉的创造一样，哲学是关于事物存在方式的学问，不过也只是在人们解决问题的能力范围之内。

换言之，哲学具有明显的无可避免的局限性：启示永远在理性之上。与科学一样，阿拉伯哲学本质上是希腊式的，融合了印度及其他东方思想，用阿拉伯语表达，并且一直以来都有个预设：理性是有限的。从事哲学活动的侯凯玛（智者）与从事神学的穆台凯里姆（神学家）就形成了对比。

肯迪、法拉比和伊本·西那是三位最伟大的阿拉伯哲学家。肯迪于约801年生于库法，他既融合了柏拉图和亚里士多德的思想，又非常重视毕达哥拉斯的理论。在他看来，毕达哥拉斯的数学成就是所有科学的基础。肯迪出身高贵，“悬诗”的作者之一伊木鲁勒·盖伊斯（大约卒于 545 年）是他的祖先。阿拉伯人将肯迪称为“阿拉伯哲人”，并常认为他是首位阿拉伯哲学家。事实上，肯迪更是一个哲学的传播者（希腊式思维的倡导者），而不是一个原创思想者。他冒着遭传统穆斯林忌恨的风险，坚持认为哲学和神学不同，并主张神学应受如逻辑这样的哲学规则支配。同时，他认为哲学面前人人平等，而不是像神学那样认为通往真理的道路有等级区分。他写了大量关于灵魂的作品，认为灵魂是安拉创造的精神实体。他的主要成就或许可以用一个关于他的故事来总结：他走进马蒙的沙龙，并坐在高于神学家的位置上。当有人提出质疑时，他的理由是“你知晓的我都了解，但我了解的你却并不知晓”。[61]

法拉比也试图融合柏拉图和亚里士多德的思想，但是上文医学部分提到的伊本·西那在对柏拉图思想的改造中最大限度地运用了希腊思想。[62] 伊本·西那的哲学具有冥想性质：他接近亚里士多德的形而上学和柏拉图的理念论。他对神的观念与亚里士多德“永不变动的推动者”（尽管伊本·西那称之为造物神）相近，认为其他所有的事物都具有双重本质：肉体和灵魂。人的灵魂是神流溢的宇宙灵魂的一部分，是三种流溢中的第二种（第一种是智慧，第三种是物质）。他认为人死后灵魂依旧存在，但不会占据其他身体。人类的至高境界是成为先知，真正的先知不是通过中间人而是借神性之光直接从安拉那里获得知识。尽管安拉掌控主要力量，人类却有自由意志。而正统思想认为安拉的意志是永恒的，它决定一切，伊本·西那因此与之发生冲突。由于时间久远，现在很难理解伊本·西那在宣扬哲学与神学分离的过程中有多激进。然而，英格兰哲学家罗杰·培根
273 （卒于 1294 年）认为他是继亚里士多德之后最伟大的哲学权威。[63]

伊斯兰世界的科学与哲学往往是叙利亚人、波斯人和犹太人的成就。

与此相反，伊斯兰神学（包括教法）主要是阿拉伯人的成就。“圣训”思想早已产生，但在8世纪这种传统经历了一些转折，其中最为显著的一次来源于著名的穆罕默德法令：“追寻学问，即便它远在中国。”这激励着许多穆斯林学者出外旅行，这些艰苦的行程最终被视为虔诚的象征，旅途中死去的人被看作殉教者，与圣战中牺牲的人一样崇高。[64]旅行赋予虔敬的信徒以权威，谁能反驳他所见所闻的事实呢？因此，尤其在8、9世纪，圣训的数量猛增。在此，我们必须注意到，即便是虔诚的人也有私人的野心。据菲利普·希提称，一个在772年被处决的库法教师承认自己共捏造了4000条圣训。因此后来规定，一条“完美的”圣训必须具备两个因素：权威链和源本。在此基础上，圣训分为真实的、良好的和缺乏说服力的。

9世纪（穆斯林的3世纪），圣训发展成6卷本经典，其中普遍被认为最有权威的是穆罕默德·伊本·伊斯玛仪·布哈里（810—870）的圣训集。据称，他在16年间拜访了1000位酋长，从收集的60万条传述中，选取7397条作为圣言，并将它们分为三类：祈祷、朝觐和圣战。这部圣训集成为仅次于《古兰经》的第二权威；依它所宣的誓言在穆斯林国家都真实有效，它深刻影响着伊斯兰思想。

早期伊斯兰学校的教学以学习《古兰经》为主，核心课程包括背诵《古兰经》和圣训、写作和数学。学生通过创作世俗诗歌来练习写作，以免在使用经典时产生错误。“巴格达小学中表现好的学生获得的奖励是上街展示自己并接受向他们投来的杏仁。”[65]

智慧馆是巴格达最出色的教育机构，但是第一个与大学（我们所说的可供学生居住并注重教学而不是研究的机构）类似的机构却是由波斯维齐尔尼扎木·穆勒克于1065至1067年在巴格达创立的神学学校：尼扎米亚学校。[66] 神学学校的阿拉伯文是“马得拉萨”，课程以《古兰经》和古诗为主，还包括其他人文学科，正如后来希腊和罗马经典成为欧洲教育的基础那样。尼扎米亚学院与另一所神学院——穆斯坦色利亚赫学院合并，该学院配有医院、浴室和厨房，正门还有一座钟塔。伟大的阿拉伯旅行家伊本·白图泰于 1327 年访问巴格达时，发现合并后的学院拥有 4 所司法学校。[67] 在巴格达成立的神学院总共 30 所，大马士革的神学院数量几乎与之相同。纸出现之前，人们主要通过记忆来学习，有关惊人记忆力的故事常常是闲谈中的有趣话题。据称，一些有学问的人可以记下 30 万条传述。
274 清真寺也设有图书馆，并提供圣训讲座。所有的旅行者都可以信赖圣训。此时，书在伊斯兰世界已经非常普遍。根据 9 世纪末一位作家的说法，巴格达有一百多家书商，全部聚集在一条街上。书商通常也是书法家，他们常常抄录书本获取额外收入，而且经常把自己的书店当成作家的聚会场所，就像后来的咖啡馆一样。[68]

并非人人都认同《古兰经》为安拉一人所作。在伊斯兰历第二世纪（公元 8 世纪）中期涌现出一派思想家，他们对传统伊斯兰教几乎提出全面质疑。他们被称为穆尔太齐赖（“分离派”），认为只有对《古兰经》揭示的内容进行理性分析才能获得真理。例如，如果安拉是独一的，他没有人类的特质，就不可能说出《古兰经》,《古兰经》一定是由别的方式创造的。同时，由于安拉是公正的，受到公正原则的约束，那么人类必须具有自由的意志，否则，从不自由的行动上来评判人们是不公正的。[69] 最激进的穆尔太齐赖思想家是马扎姆（活跃于 9 世纪上半叶），他提出怀疑“是获得知识的首要条件”。[70]

穆尔太齐赖的思维方式尤其受到马蒙的极大关注。他将穆尔太齐赖的思想提升为国教，宣称“《古兰经》的创造”说。它与传统称《古兰经》

“是安拉的语言，而非安拉的创造”的思想截然相反。可以想象，这种对信仰的背离引起了巨大恐慌，尤其在马蒙设立“米哈奈”（一种类似异端裁判所的法庭）来审判对新教义持异议的人之后，这种恐慌更加强烈。马蒙死后的两位继任者继续推行这项新制度和对传统教义的迫害，但是后来情况发生了转变。通常认为开始向正统思想回归的是艾哈迈德·伊本·罕百里（780—855），他提出，由于安拉是全能的，他的公正就不同于人类的公正；他是《古兰经》的唯一创作者，并不意味着他必须具备人类的特质；他的特质是神圣的，人们必须按原样接受，不需要与人类的特质做类比。巴格达的阿布·哈桑·阿里·艾什尔里（活跃于10世纪上半叶）继承了伊本·罕百里的观点。艾什尔里认为安拉的听觉、视觉、语言都不同于人类，人类只需接受，“不需要问为什么”。巴格达尼扎米亚学院的成立，就是为了宣扬艾什尔里的思想。[71]

艾什尔里之后，许多伊斯兰思想像基督教思想一样，开始热衷于将希腊思想融入经典，继艾什尔里之后的是阿布·哈米德·本·穆罕默德·安萨里，他被普遍认为是最伟大的伊斯兰神学家。他于1058年生于波斯呼罗珊的图斯，某种程度上堪称伊斯兰教的圣奥古斯丁。他遵循先知留下的传统，漫游世界，获取智慧，思想上同时涉猎怀疑论和苏非主义。苏非主义过去是，现在也是伊斯兰神秘主义（一种禁欲运动）的主要形式，具有诺斯替教、新柏拉图主义、基督教和佛教的元素。他们模仿基督教僧侣，穿着粗羊毛（苏非）织就的衣服，保持独身。苏非派的启示意味较微弱，
他们相信有“敌基督”，将获得喜悦作为净化灵魂的方式。他们可能从印 275
度教那里引入了念珠（十字军东征时传给了基督徒），并且像诺斯替教那样将安拉的知识（神智）和理性知识区别开来。[72]

如今在许多穆斯林心中，安萨里的地位仅次于先知。他的主要著作《圣学复苏》综合了辩证法、神秘主义和实用主义，对包括托马斯·阿奎

那和布莱兹·帕斯卡在内的许多人都产生了巨大的影响，并很大程度上形成了今天的伊斯兰教。全书共分四部分。第一部分研究伊斯兰教的支柱；第二部分思考了仪式之外日常生活的各方面，如婚姻、聆听音乐及世俗财富的获得；第三部分着眼于激情和欲望；最后一部分最具独创性，论述通往安拉之路。在书的前半部分，安萨里不断提醒读者要每时每刻感受自己的灵魂，正是这种自我意识为人们的行为添加了额外的意义并使其更有价值。[73] 在这部分中，安萨里将通往安拉之路分为几个阶段。第一阶段是悔过，然后是耐心、恐惧、希望和放弃那些本身无罪但妨碍人们信仰安拉的东西。每个阶段都会有给旅途中的人以慰藉的启示，但这些都来自安拉的恩赐，而且是暂时的。然而，随着灵魂的上升，它自身的努力起越来越少的作用，更多依靠安拉的引导。在此过程中遇到的重大问题是停滞在某一阶段无法前进。人必须放弃所有的错误信仰，把自己完全交给安拉。当人完全忘记自我、安拉成为爱的化身、人开始意识到一种新的知识（神智）时，人就达到了最高境界。此时人就可以从远处看到安拉，并被准许看一眼即将到来的天堂。安萨里之后，逊尼派（认为《古兰经》和先知的言行就是足够的指引）成为伊斯兰教的主流。

开放和宽容贯穿巴格达的黄金时代，这个时期，医学、数学、哲学、地理和其他科学分支也打下了雄厚的基础。苏非派在 10 世纪末、11 世纪初时达到顶峰。伊本·纳迪姆的《索引书》（巴格达所有书本的纲要汇总）也在这个时期出版。正如上文提到的，巴格达展现了一系列具有异域风情的活动，吸引着当时的阿拉伯人，但从这里也清楚看出，许多人（商人、戏剧演员、作家、科学家、占星术士、炼金术士）涌向巴格达，如同后来人们涌入柏林、巴黎和纽约一样，因为巴格达如此开放且展现出万花筒般的人性。11 世纪早期，中国指南针的传入使阿拉伯人摆脱海岸航行，阿拉伯人的旅行热情由此被激发。

然而大规模的开放并未持续下去。源自希腊和印度的研究在某些领域被视为“异域科学”，虔诚的信教者也对它们提出怀疑。正如我们所知，1065 年或 1067 年，尼扎米亚学院在巴格达成立。在这所神学学校里，《古兰经》和古诗，而不是希腊科学，是学习的主要内容。后来它与一所比较晚近的学院——穆斯坦色利亚赫学院合并，成为常附属于清真寺并且分布
在整个伊斯兰世界的神学院的雏形，主要依据《古兰经》教授道德和伦理 276
内容。它的课程包括宗教学、《古兰经》学以及最重要的凯拉姆学，即神学和“辩解”的综合，以抵御科学和哲学的侵袭，重申信仰的重要。由此，伊斯兰教出现了一次大规模的内转。在某些方面，阿拉伯世界从此再未恢复过此时的繁荣。

尽管远在阿拉伯半岛以西两千英里以外，西班牙（或西班牙大部分地区）从 8 世纪早期开始就信奉伊斯兰教。在被穆斯林攻占之前，西班牙是欧洲国家中皈依基督教时间最晚的国家之一，因此阿拉伯文明能够很快占据主导地位。756 至 961 年，倭马亚王朝统治西班牙两百多年。阿拔斯王朝在大马士革将倭马亚王朝推翻之后，希沙姆之孙阿卜杜·拉赫曼·伊本·穆阿维叶得以逃亡，他率领忠诚的叙利亚军队横跨北非，最终到达直布罗陀海峡。尽管遭到当地与查理曼结盟的阿拉伯人的反对，阿卜杜·拉赫曼还是击败了他们，建立了另一个倭马亚王朝。

在西班牙，阿拉伯文明在 10 世纪后半叶发展到顶峰，取得了可以与伊拉克的阿拉伯文明媲美的辉煌成就。在那时，西班牙首都科尔多瓦与巴格达和君士坦丁堡并列成为“已知世界”的三大文化中心。铺设的街道两旁，每家每户晚上都会在门外挂起明灯。这里有定期的邮政服务、金银币、众多的花园、整条街的书店及七十家图书馆。“莱昂、纳瓦拉、巴塞

罗那的统治者需要外科医生、建筑师、歌唱家或裁缝的时候，都会去科尔多瓦。”[74]

阿卜杜·拉赫曼三世是最令人敬仰的统治者。他创立了科尔多瓦大学，它建在清真寺内，比开罗的爱资哈尔大学，甚至巴格达的尼扎米亚学院都要早。科尔多瓦大学装饰着从君士坦丁堡运来的马赛克，并用铅制管道运水。它拥有一座藏书四十万册的图书馆。北方的一位游客在回忆录中评价道，“几乎人人都能读会写”。[75]比较宗教学是科尔多瓦的思想成果之一，产生于阿里·伊本·哈兹姆（994—1064）的著作。他的著作《教派和异端的批判》开创了新天地，其创新性不仅在于研究了不同的穆斯林群体，而且表现在他提醒大家注意《圣经》叙述中诸多不连贯处，这比基督教思想家对如此重要问题的思考早五百年。与此相似，伊本·赫勒敦（1332 年生于突尼斯）取得了同样重大的突破：创立社会学。在《历史绪论》中，他提出了一种历史发展理论，综合考虑地理、气候、心理因素，试图探寻人类社会发展的合理模式。这与他的经历有极大的关系：他中年定居埃及并任教于最古老而著名的爱资哈尔大学，因此有机会见到来自突厥斯坦、印度、东亚和最遥远的非洲的学者。《历史绪论》开始部分就明确提出了他的方法：“表面上看，历史只不过是以优雅方式呈现的穿插
277 着谚语警句的有关政治事件、朝代和久远过去的信息。它为芸芸众生提供乐趣，让我们了解人类事件……但是另一方面，历史的内在意义也包括思索和获得真相的努力、对事情的起因和来源的精妙解释，以及事件怎样和为何产生的深层学问。因此，历史牢牢植根于哲学中，应当作为哲学的分支。”[76]他称此为社会科学，并宣布在其中发现了文明科学。他认为，任何文明的核心都在于社会凝聚力，这是人们需要了解的最重要现象。[77]

巴格达及其周边地区阿拉伯人的思想成果，包括穆斯林从别处获取的外来思想，事实上是通过西班牙渐渐传入欧洲的。印度数字就是一个很好

的例子（见下章更全面的论述）。正是在9世纪后期的西班牙，印度数字被修改成“尘土的字母”形式。这些古巴尔数字似乎是与沙制算盘同时使用的，与我们今天使用的数字更相像。印度数字传入欧洲的另一途径是通过比萨的列奥纳多·斐波那契（约1180—1250）的著作。斐波那契的父亲是商人，在北非有很多生意，因此斐波那契能游历埃及、叙利亚和希腊，并拜一位穆斯林为师。他对阿拉伯代数产生了浓厚的兴趣，并由此学习了印度数字。[78] 1202年，他写了一本极具价值的书，尽管书名具有误导性。《算盘书》的内容与算盘毫无关系，却是一部极好的代数学论著，里面详细介绍了印度数字。该书开篇即描述了“九个印度数字”和符号0，“阿拉伯语称为zephirum”。[79] 斐波那契也在分数中使用了分数线。分数线在阿拉伯半岛已经使用了有一段时间，但直到16世纪才在其他地区普遍使用。

西班牙的阿拉伯人在植物学领域取得了巨大成就。他们加深了人们对发芽（哪些植物由扦插长成，哪些由种子长成）、土壤，尤其是肥料性质的了解。医学方面，他们提出烧灼伤口的疗法，并发现了“疥螨”。正是阿拉伯人提出了糖浆的想法，糖浆最初是糖与水的混合物，用来遮盖难以入口的药物味道。他们还发明了“苏打”。中世纪拉丁文为“苏打努姆”（sodanum），是治疗头痛的药物，由阿拉伯语的“苏打”（意思是偏头痛）而来。酒精、蒸馏器和碱都为阿拉伯化学术语，方位角（al-sumut）和天底（nazir）则是天文学术语。[80]

就阿拉伯文明对西方思想的影响而言，穆斯林时代西班牙最重要的成就是阿布·瓦利德·穆罕默德·伊本·艾哈迈德·伊本·鲁世德的哲学，他的另一个名字是阿威罗伊。正如菲利普·希提指出的，西班牙的思想极具冒险精神。伊本·奈伽暗示了无神论的可能，伊本·图斐利意识到了进化。然而，可能他们太遥遥领先于他们的时代了。阿威罗伊更像是这个时代的人。他于1126年出生在科尔多瓦的一个法官家庭，在科尔多瓦以清真寺为中心的大学学习法律和医学，并成为医生和哲学家。他首次发现天花一生只会患一次，接种观念由此产生。他也构想出视网膜的功能，这是医学的重大进展。[81] 但是阿威罗伊最具影响力的当属其哲学思想，并且对基督教
278 世界的影响甚于伊斯兰世界。摩洛哥的苏丹委托他整理一部清晰的哲学文稿。由此他不仅获得了酬金、荣誉袍，而且被授予首席法官的职位，他最初在塞维利亚就职，而后在科尔多瓦成为伊本·图斐利的接班人。[82]

阿威罗伊的著作主要有三方面内容。首先，像许多前人一样，他试图将希腊，尤其是亚里士多德和柏拉图的思想与《古兰经》相调和。其次，他尽力将理性和安拉的启示相融合。最后，他尝试说明不同层次的平民是怎样根据自身的智力和教育与这些思想相联系的。同当时的风格一样，他的主要作品是对亚里士多德的评论，但同时也是一种阐释。他尝试陈述亚里士多德和柏拉图的原有思想，去除后来的添加和臆造，并给出自己的注释。在论述理性方面，他最重要的观点是，《古兰经》中并非所有的文字都应当按字面意思理解。当文字的字面意思与理性的哲学真理相矛盾时，就该把它们当作隐喻来理解。他特别指出，自己无法接受预定论和肉体复活论。他认为，永生的是灵魂而非肉体，这改变了天堂的本质，使其不具感官性。他同意柏拉图的观点，认为英明的统治者可以将人民带到安拉身边。他提倡，人类分为三个层次，哲学属于精英，字面意义属于普通民众，辩证推理属于两者之间的人。阿威罗伊的方法与其论点一样重要。他引入了某种怀疑论，虽然这在伊斯兰教中从未流行，但在基督教中却成果颇丰。他的理解层级观在神职人员作为内部特权阶级的宗教中极具吸引力。在威尼斯，仅 15 世纪 70 年代，阿威罗伊的著作就再版了五十次，阿威罗伊主义成为欧洲所有主要大学的基本课程。[83]

正如 9 世纪巴格达及其智慧馆是主要的翻译中心一样，1085 年托莱多

被基督教势力占领后也拥有了类似的地位。从时间来讲，第一个将阿拉伯文作品翻译为拉丁文的人是来自非洲的君士坦丁（卒于1087年），他是一个皈依基督教的突尼斯穆斯林，在意大利南部的萨勒诺工作。他翻译的希波克拉底和盖伦著作极为糟糕（一位学者称之为“野蛮”），有时他冒充是作者。西西里岛也有众多的翻译者来翻译阿拉伯的哲学著作，但是托莱多的翻译成就是无与伦比的。[84]

在加泰罗尼亚，对阿拉伯语的翻译从10世纪就开始了。巴塞罗那是我们已知的首位西班牙翻译家蒂沃利的柏拉图的故乡。1116至1138年，在安达卢西亚犹太人萨瓦苏达的帮助下，蒂沃利的柏拉图翻译了犹太和阿拉伯占星术和天文学著作。但很快，这些活动的中心转移到希腊—犹太—阿拉伯文化的明珠——托莱多。学者涌向托莱多，拜读伊斯兰教主宰西班牙时期收集在此的阿拉伯宝藏。托莱多大主教雷蒙德（1125—1152）参与了这项事业，“托莱多学派”也成为这个分散多样的群体的名称。情况似乎是
这样的：一开始，来到托莱多的西方学者几乎无人懂阿拉伯语，所以他们 279
向那里的犹太人和莫扎勒布学者寻求帮助（莫扎勒布人是穆斯林统治下被允许在非常严格的条件下修习其信仰的基督徒）。这些人将阿拉伯文翻译成西班牙文，而后西方学者再将西班牙文翻译为拉丁文。久而久之，境况有所进展，移民学者自己也学会了阿拉伯语。即便如此，这种合作精神仍然流传了下来。正如蒂沃利的柏拉图与萨瓦苏达合作那样，托莱多学派两名最杰出的翻译家也有自己的合作者。塞戈维亚的执事长多米尼各斯·冈狄萨尔维与皈依基督教的犹太人阿文德斯（伊本·达乌德）合作，后者有一个更有名的名字，叫约翰内斯·希斯巴纳斯。克雷莫纳的盖拉尔多或许是最著名的翻译家，他的合作者是莫扎勒布教徒加利普斯（加利卜）。[85]

冈狄萨尔维是包括法拉比、肯迪、安萨里和伊本·西那在内的阿拉伯哲学的主要翻译家。盖拉尔多（1114—1187）去世后，他在托莱多的

同事及学生给他撰写了传记及书目注释，并将其插入他的许多翻译手稿中。“从这些注释中我们了解到，盖拉尔多不屑于自己拥有的世俗财富，他生活简朴，将一生奉献给科学。出于对科学的热爱，他学会了阿拉伯语，并翻译了七十多部阿拉伯作品。这些作品列在了书的注解中。”[86] 最著名的有《天文学大成》（托勒密由此为西方所知）、伊本·西那的《医典》，以及欧几里得、亚里士多德、希波克拉底、盖伦、拉奇、花拉子米（“欧洲代数之父”）和肯迪的作品。事实上，推动 9、10 世纪阿拔斯王朝文化的整个希腊—阿拉伯科学都被盖拉尔多保存和传承了下来。盖拉尔多在托莱多生活多年以后，回到家乡伦巴底终老。除了这些人，我们还应当增加两位英格兰人，巴斯的阿德拉德（欧几里得和花拉子米的翻译者）和切斯特的罗伯特，他首次将《古兰经》翻译为拉丁文并首次翻译花拉子米的代数学著作。[87]

到 13 世纪末，大部分阿拉伯（因此也是希腊）科学和哲学传入欧洲。由于这条从北方到伊比利亚半岛的路线途经普罗旺斯和比利牛斯山脉，法国南部城镇图卢兹、蒙彼利埃、马赛和纳博讷受益很大。翻译活动在这些地方进行，蒙彼利埃成为法国医学和天文学的主要研究中心。在众多西班牙僧侣的帮助下，里昂以北著名的克吕尼修道院变成阿拉伯学术的传播中心。修道院院长皮埃尔（1141—1143）赞助了《古兰经》的新版拉丁文翻译。阿拉伯和希腊科学从克吕尼传播到列日及其他地区，然后继续传入德意志和英格兰。

包括地中海东西两部分（像之前的罗马帝国一样）、向东延伸到印度的阿拉伯帝国的整体形态对欧洲的发展具有重要意义。希腊学术得以保存和补充，并沿着一条迂回的路线（穿过北非向北进入西班牙，而不是径直通过拜占庭和巴尔干半岛）到达西欧。其久远影响将在接下来的章节中介

绍，但有两点在此值得一提。首先，欧洲最初接触希腊文化，尤其是亚里 280
士多德思想，但也包括柏拉图和其他人的思想，经过了阿拉伯语的“重新阐释”，而非直接传播。例如，对亚里士多德的逻辑学、物理学和形而上学的研究或是依据希腊原本的阿拉伯转译本，或是依据伊本·西那的著作。这意味着，至少在一段时期内，希腊哲学被涂上了伊斯兰教力图调和《古兰经》与理性主义的色彩。尤其是伊本·西那认为《古兰经》中与理性相悖的段落应当用隐喻的方式加以理解。这深深影响了托马斯·阿奎那等人以及人们对《圣经》的解读。

其次，这意味着，欧洲在一段时期内接受了伊斯兰思想中确立的哲学和医学之间的紧密联系。这种联系（阿拉伯单词“哈奇姆”既指医生，也指哲学家）在拉奇、伊本·西那和阿威罗伊的著作中尤为明显。阿拉伯医学为西方所承认，它的显著重要性增强了与之紧密联系的哲学的重要性。

阿拉伯人在数学、天文学、医学和哲学上的成就对西方早期的科学发展至关重要。从巴格达到托莱多的曲折传播路线保存了我们今天依然赖以
生存的基本思想。 281

13

印度数字、梵语、吠檀多

公元499年，印度数学家阿耶波多计算出圆周率为3.1416，回归年的长度是365.358天。差不多同时，他构想出地球是一个绕自身的轴自转并绕太阳旋转的球体。他认为地球的影子投在月球上产生了月食。人们要问，将近一千年之后当哥白尼做出以上“发现”时，有什么值得大惊小怪的？中世纪的印度思想比欧洲要先进许多。当时的印度佛寺得到大量的资助，它们甚至就像银行一样，把富余的资金进行商业投资。[1] 这些事实解释了为什么历史学家把笈多王朝（约320—550）统一北印度的时代称为黄金时代。它和戒日王朝（606—647）一起构成了现在所称的印度古典时期。除了数学上的进步，这一时期还见证了梵语文学的兴起、新兴的然而影响持久的印度教，包括吠檀多，以及宏伟的寺庙建筑。

和之前的孔雀王朝一样（见第8章），笈多王朝的经济基础也是巴拉巴山脉丰富的铁矿（今比哈尔邦的巴特那以南）。旃陀罗·笈多一世与创立孔雀王朝的旃陀罗笈多没有任何关系，公元320年2月，旃陀罗·笈多一世在华氏城铸造了一枚钱币，以庆贺他的加冕，并且采用了梵语称号“摩诃拉贾迪拉贾”，即“王者之王”。通过一系列的征服和联姻，旃陀罗·笈多一世，及其“征战百次”的儿子沙摩陀罗，击败了印度北部的九位王、南部的十一位王，并且迫使帝国周边的其他五个王国向他进贡。二十五个部族被他征服。不过，古典笈多王朝的鼎盛期是旃陀罗·笈多二世时期（约 375—415）。他最宏伟的事迹（如果确实发生过的话），后来被记录在约 6 世纪写成的梵语剧本中。剧本叙述了旃陀罗的兄长罗摩，一个软弱的人，如何因为在战斗中受辱于塞种国王而献出自己的妻子。巧妙的旃陀罗扮作那位妻子，当他一进入女眷内室，立即杀死了塞种国王并逃走。故事可能说明了点什么，因为那时铸造的硬币表明塞种人在 409 年（即旃陀罗·笈多二世时期）被笈多人打败，从那以后笈多人控制了印度西海岸的港口，那是通往阿拉伯海的巨额贸易的口岸。随后是更多的政治联姻，笈多王朝的版图（直属地、附属国、势力范围）延伸到除最边上的西南部和最北部之外的整个现代印度。就控制的疆域而言，笈多王朝很可 282
能是印度史上最成功的王朝。[2]

旃陀罗·笈多二世的统治比其他君主留下了更多的记载。在阿拉哈巴德的石柱上刻有一段重要的文字，有对他的记载。中国僧人法显的日记中详细记录了他统治的时期。另外，被称为“印度莎士比亚”的迦梨陀娑很可能就是在这一时期创作了他的剧本和诗歌。最后，当时出现了一个新的对历史学家有帮助的发明。

先说最后一点。公元最初的几个世纪出现了一批土地契约书，它后来发展成一种文学形式。一开始，它们被写在棕榈叶上，但是因为很难持久，契约开始被刻录，有时刻在洞穴的石壁上，但越来越多地刻在铜板上。这些契约，或叫萨萨纳，记录了国王以礼物形式赐予的土地。契约因此弥足珍贵，也因此得到保存。这些契约有的被藏起来，有些被埋进房子或农场，就像中东第一批文明时期，神灵被装入箱子放进墙内一样。如果契约非常复杂，就在几张铜板上分开记录，然后用一个金属环别在一起。[3]不过它们的历史重要性在于，它们不仅仅是商业文件。契约的开头往往是对王室捐赠人的颂扬之词，甚至极尽华美夸张。这些契约书成为珍贵的历史记录，因为它们记载了哪些国王生活在什么年代，并且穿插了其他政治和社会事件，历史得以在此基础上还原。契约书的结尾往往警告违反契约的人会遭受严酷的惩罚，例如，拒绝遵守萨萨纳的惩罚等同于杀死一万头瓦腊纳西牛而受的处罚，“是无法想象的恶劣的渎神”。[4]如果没有这些铜板，我们就无法像现在这样了解笈多王朝。

让我们回到阿拉哈巴德的石刻文字，它也许是全印度最著名的。它用所谓的笈多婆罗米文写成，但是由梵语诗篇和散文组成。[5]印度字母最早的证据来自公元前 3 世纪，有两种文字形式，佉卢文和婆罗米文，它们都以成熟的形态出现在阿育王的石刻上。佉卢文字母自右向左书写，限于印度西北部，那里曾经是波斯人的统治地区。它是对阿拉米语字母的改进，到公元 4 世纪消亡。婆罗米文字母自左向右书写，是所有印度字母体系的基础，也是那些受到印度文化影响的国家的文字的基础，如缅甸、暹罗、爪哇。它源自某种闪米特字母，但是其真正的发展演化无从得知。[6]在印刷术发明之前，梵语用各地的字母书写，但是随着印刷的采用，被称为“天城文”的印度北部字母成为标准字母。一开始，最常用的书写材料是棕榈叶，也就是说，最古老的手稿已经不存在了。因此大量的梵语文献保存在最后几个世纪的手稿中。[7]旃陀罗·笈多二世似乎想让阿拉哈巴德石刻像阿育王的法敕（见第 8 章）一样传世。现在看来，阿拉哈巴德的石柱可能是从恒河盆地的一座古城俱赏弥沿河而下运送过来的，那里发现了一些最古老的石拱门。正是通过这些石刻，我们才了解到笈多王朝的征战以
283 及旃陀罗如何把十万头牛作为礼物送给他的婆罗门支持者。[8] 19 世纪当这

些石刻被翻译成西方文字后，他被誉为“印度的拿破仑”。

对来自中国的佛教香客法显来说，在公元5世纪伊始游历印度时正是笈多王国最后打败塞种人的时期，笈多王国看起来非常完美。他记录了自己朝拜与佛陀生平相关的圣地时，如何能够安全地穿越整个恒河流域。[9]“人民殷乐，无户籍官法……王治不用刑罔，有罪者但罚其钱，随事轻重，虽复谋为恶逆，不过截右手而已。王之侍卫，左右皆有功禄。举国人民悉不杀生，不饮酒，不食葱蒜……”[10]他发现那里的行会很有势力，它们负责工匠的培训，产品的质量控制、定价和分配。[11]各种行会的首领定期聚会，就像现代的商会。[12]不过，他发现佛陀的诞生地迦毗罗卫城是座废城，“大空荒，人民稀疏”。华氏城的阿育王宫殿也一样荒芜。[13]尽管如此，佛教在印度依然有巨大的影响力。法显记录了几百座窣堵波，有些非常宏伟，还有供养着几千僧人、香火旺盛的寺庙。虽然阿育王的宫殿被废弃了，但是在华氏城，法显目睹了一次令人印象深刻的节日，游行的队伍中有二十座装有轮子的金银镶边的窣堵波。

就是在这个时期，梵语成为独立的文字。18世纪对梵语以及它同其他语言，例如拉丁语和希腊语之间亲属关系的发现开启了比较语言学的事业。这将在第29章详细展开，这里仅举几个例子，说明梵语和其他“印欧语言”之间的重叠。梵语中的“deva”（神）对应了英语中的“deity”和“divinity”。梵语中的“asthi”（骨头）对应了拉丁语“os”。“在前面”在梵语中是“anti”，在拉丁语中是“ante”。“迅速”在梵语中是“maksu”，在拉丁语中是“mox”。“打喷嚏”在梵语中是“nava”，在德语中是“niesen”。

与大多数语言相比，梵语更是一种思想的象征：特别之物应当有一种特别的语言。这是一种有三千多年历史的古老语言。最初，它是旁遮普的语言，后来向东扩展。就像在第5章讨论的，不管《梨俱吠陀》的作者是印度之外的雅利安人还是本地土著，他们都已经掌握了一种非常丰富和精确的语言，以及优雅的诗歌传统。[14] 在第 5 章我们也描述过，这些祈祷文诗歌的监护者是祭司家族，他们最后演化成婆罗门种姓。这一诗歌发展于约公元前 1000 年之前的几个世纪中，之后的发展主要是专注于仪式事务的散文。梵语的散文形式与其诗歌形式略有不同，显示出东方影响的痕迹。例如，“l” 代替了 “r”，这种声音变化在中国也发生过。不过，无论是散文形式还是诗歌形式，都完全是口头语言。当然有点变化，但是负责保存这些材料的家族展现出惊人的记忆力，使得这一语言的变化比想象中要少许多，也比其他人说的通俗语言的变化少许多。前古典梵语文学分成
284 《梨俱吠陀》本集（前 1200—前 800）、对仪式做出神秘解释的梵书（前 800—前 500）和详细解说仪式的经书（前 600—前 300）。[15]

公元前 4 世纪的某个时间，出现了波你尼和他的《语法书》。语法学家在梵语历史上的重要地位是世界上任何地方都无法比拟的。语法之所以杰出是因为需要保护吠陀经典，使其完好无损：因为根据传统，关于仪式的每一个词都必须准确发音。对波你尼的生平，除了知道他出生于印度最西北部的萨拉图剌之外，我们几乎一无所知。他的《八章书》包括四千句格言。它们不厌其烦地详细描写了当时婆罗门使用的梵语形式。波你尼成功地完成了他的使命，如此成功以至于他描写的梵语被固定下来，甚至后来被称为“完美的语言”。[16] 波你尼的伟大成就不仅在于翔实描写了这种语言，还在于它对印度语言发展的影响。即使在那时，“雅利安”语也有两种形式：梵语是学术和仪式的语言，为婆罗门专用；而普拉克利特语是日常语言。虽然这些名称实际很晚之后才出现，但是它们之间的区别到佛陀和大雄时期就已经存在了，而且从波你尼之后，由于他的《语法书》，语言变化只发生在普拉克利特语中。这是一种很奇怪的情形，有极大的人为因素，而且其他任何地方都没有出现过。更奇特的是，尽管梵语同普拉克

利特语之间的鸿沟随着时间的变化而日益扩大，梵语并没有受到损害。如果有损害的话，也是另一方受损。例如，在孔雀王朝时期，从阿育王的石刻上可以看出，当时的官方用语是普拉克利特语。然而，几个世纪之后，它逐渐被梵语取代，直到笈多时代，梵语成为唯一的官方语言。同样的变化也发生在佛教徒之中。起初，根据佛陀的话，佛经和文献应当以俗语保存，即一种被称为巴利语的中古印度—雅利安语。但是，在公元的最初几个世纪里，北部的佛教徒放弃了巴利语：古老的佛经被翻译成梵语，新的经文也用梵语写成。同样的变化在耆那教徒中也发生了，当然时间更晚。[17] 印度的“现代”语言（孟加拉语、印地语、古吉拉特语、马拉地语）仅仅是在公元 1 千纪末才有记录。[18]

印度读写能力的普及开始于波你尼编写《语法书》之时。之后的大约两百年内，大多数书面梵语文献都是宗教文献，不过在公元前 2 世纪左右开始出现了诗歌、戏剧、科学、技术和哲学文献。当时，所有的文人都必须把《八章书》熟记于心。虽然这是一个费时的过程，但是表明他们受过教育。[19] 随着时间的流逝，波你尼定下的规则在运用时越来越严格，这样做是为了保存学术语言和神圣学科的纯洁性。有时，这种严格鼓励而不是阻碍了创新，帮助激发了梵语文学的黄金时代，其兴盛期为公元 500 至 1200 年，首先是最著名的迦梨陀娑。需要补充的是，印度的古典传统本质上是世俗的。宗教文献和学术作品一般与文学作品有区别。[20]

迦梨陀娑的身世不比波你尼更确定。他的名字意思是“迦梨女神的 285
奴隶”，某种程度上说明他出生于印度南部，尽管作为湿婆配偶的迦梨在孟加拉有众多的追随者。与此同时，迦梨陀娑作品中的某些特征暗示他是来自乌贾因或曼陀娑尔的婆罗门（许多细节表明他非常熟悉马尔瓦地区肥沃的纳尔马达河谷）。同索福克勒斯一样，迦梨陀娑也只有七部作品传世。他首先是一位抒情诗人，但他也创作了史诗和戏剧。他最有名的诗是《云使》。诗中，一位恋人试图通过大雨来临之前一片移动的乌云向他的情人传递消息。在叙述中，乌云从德干高原以北的圣山向喜马拉雅山飘去，飞过下面变化万千的风景——美丽的河流、雄伟的山脉、精美的宫殿，产生各种感情。迦梨陀娑最让人感动的戏剧是《沙恭达罗》，它讲述了豆扇陀国王在一次狩猎中遇见了一位美丽的仙女。落入情网的国王抛弃了他的妻子和宫廷，与这位迷人的仙女结合。最后他回到宫廷，逐渐忘记了她。后来，当沙恭达罗生的儿子来到首都时，国王一开始拒绝承认。故事情节很简单，但突出的是迦梨陀娑对话中的欺骗性现实、人物的多变人性，以及他随时随地发现美的方式。尤其是迦梨陀娑对人物的理解和刻画，人物能够提升或堕落的方式，使他成为莎士比亚的前驱。[21]

笈多王朝有自己的戏剧理论，由婆摩诃（5世纪？）做出了总结。他是有据可考的最早的文学批评家/理论家，尽管他的理论改编自更古老的传统：婆罗多（传说是第一位“演员”）的《乐舞论》。根据《乐舞论》，戏剧的发明是为了描写和谐的黄金时代衰退之后世界上出现的冲突。[22]《乐舞论》的主要思想是，戏剧可以划分成十种：街头戏剧、关于神灵的远古戏剧、幕间舞等。戏剧探讨八种重要感情：爱、幽默、力量、愤怒、恐惧、悲伤、厌恶和震惊。戏剧的目的是模仿世间主要事件，给观众带来各种美的享受（戏剧家的目的不是为了引诱观众与人物认同）。戏剧“应当向观众展示，敏感、喜剧化、英勇、愤怒、不安、同情、恐惧、神奇都意味着什么”。戏剧是为了享受，不过舞台也应当有教育意义。婆摩诃把这一理论扩展到了整个文学领域。

这一时期印度文学的思想和创作传播至整个东南亚，这一事实更印证了它的璀璨成就。在马来亚、爪哇和婆罗洲都出现了笈多风格的佛陀形象。[23]据认定，公元3、4世纪第一次在印度支那出现的梵语文字表明它是那里读写能力的开始，“几乎东南亚所有的前伊斯兰文字都是笈多婆罗米文的派生”。[24]

正是在笈多王朝的统治下，印度教寺庙成为印度的古典建筑形式。印度教寺庙的重要性怎么强调都不过分。整个世界（尤其是中国、朝鲜、西藏、柬埔寨和日本）很大程度上要归功于印度艺术，西方也是如此。英国达勒姆大学古尔班基安东方艺术博物馆的菲利普·罗森这样描述：“后来 286
历史上的艺术的某些象征和形象首先出现在印度河谷的微雕和印章上。例如，以‘万兽之王’形象盘腿而坐的阴茎神、裸体女孩、一条腿成对角线穿过另一条腿的舞者、圣牛、健壮的男性半身像、‘生命之树’，以及众多的小型猴子、女性、牛和推车等陶俑。”[25]

从历史上看，印度教没有产生任何永久的仪式。印度教徒可以自由地在乡村任何地方献祭，因为神灵喜欢在乡村现身。[26]然而，公元 2 世纪时，印度教开始表现出与印度王权理论结盟的倾向，在此理论下，某些神灵受到国王的敬拜，这样国王可以把自己的权力同神的超自然力量联结。结果，印度教的石室建筑和寺庙雕刻在分散的各处发展起来，这些地方都曾经是王朝的都城。婆罗门在他们的神圣文献《往世书》中利用这些地方创造传说，吸引信徒，他们中的很多人又建造了其他寺庙。寺庙建筑群就是以这种方式成为印度宗教 / 建筑生活的一个特征。

正如古典时期的希腊一样，印度教寺庙也被理解成神灵的家园，里面有神像，人们可以献祭供品、做祷告。每座寺庙供奉一位特殊的神，经常是毗湿奴、湿婆等的化身。（就像史诗中那样，主神往往是其他信仰、当地神祇、自然神祇等的衍生。）早期寺庙的结构分成三部分。外部是门廊，饰有各种神话场景下的神祇浮雕。内部是一个正方形大厅，叫回廊或“曼达帕”，信徒在这里聚会，有时跳舞。再里面是圣堂（加婆格里亚，意思是“子宫屋”)。寺庙通常用大块石板砌成，不需要灰泥，整个院落建筑在铺砌的长方形地基上，象征微型宇宙，寺庙则类似天国。寺庙风格从开始的简单浑朴发展到后来的铺张华丽，有些甚至发展成整座城市。许多寺庙后来被一圈圈同心建筑围绕，每一圈都建有巨大的门，而且都被认为是“世界的轴心”，象征着印度教神圣的宇宙中心，即传说中的须弥山。[27] 与寺庙建筑群相联系的则是各建筑学派。

虽然印度寺庙的图像显然来自不同于基督教艺术的各种理论，但是它本身也具有同样的想象力和联动性。总体而言，印度教的形象比基督教要古老许多，而且在许多情况下甚至比希腊艺术还要古老。关于毗湿奴和湿婆等伟大主神的神话是雕塑的主题，他们每一劫都会重复出现，即每 43.2 亿年重复出现。所有的神习惯上有自己的坐骑伴随：毗湿奴的坐骑是天蟒或天蛇（创世之初远古水域的象征)，梵天的坐骑是雄鹅，因陀罗的坐骑是大象，湿婆的坐骑是公牛。雄鹅被选为坐骑是因为它代表了所有生命的两重性：能在水面游泳却不受它的限制。[28] 雄鹅的呼吸声正是瑜伽练习者渴望达到的，实际上，瑜伽的呼吸节奏被称为“内心的雄鹅”。[29] 一直以来
287 负载因陀罗的大象被称为“爱罗婆多”，它是所有大象的天祖，也是带来大量雨水的季风云的象征。[30] 因为大象是众神之王因陀罗的坐骑，所以大象为国王专有。[31]

湿婆神庙最基本也是最普遍的物体是林伽或阴茎，这是湿婆神的一种形式，其源头可以追溯到新石器时代的石头崇拜（见第 3 章)。关于林伽的起源，印度教神话中有一些复杂的神话，说它从海上升起，然后裂开，里面出现的是湿婆。这隐约让人想到希腊神话中的阿佛洛狄忒神话。

印度艺术中最著名的人物是以舞王神相出现的湿婆，纳塔罗迦，他有四只手臂，被火圈笼罩。这个例子很好地说明了印度图像。舞王湿婆和他的美丽妻子帕尔瓦蒂、他的两个儿子和他的神牛南迪住在凯拉萨山。这是

一种通过林伽崇拜诸神的家庭生活。作为舞王，湿婆的舞步既能把宇宙化为乌有，也能创造一个新的宇宙。[32]（在印度传统中，舞蹈是一种古老的巫术，它能致幻。同时它也是一种创造活动，可以把舞者“召唤”到一个更高的身份。[33]）舞王的上边右手通常握着鼓，用来打鼓点。这能召唤声音，语言的载体，通过它得到启示。在印度，声音和以太联系在一起，以太是五大原质之首，其他原质都从它而生。上边的左手托着火焰，是毁灭元素，也是对将要发生的灾难的警示。第二只右手摆出“不必畏惧”的姿势，第二只左手则指向抬起的脚，象征着从地面的解脱，也即获得救赎。整个人物形象是在恶魔身上舞蹈，不仅仅表示胜利，也表示人类的无知，因为真正的智慧来自对恶魔的征服。火圈不仅代表火，而且代表光明；不仅象征地上肆虐的毁灭性力量，而且象征真理的光芒。虽然这些远没有穷尽这一人物的丰富蕴含（例如，他的实际姿势代表“时间的旋转”），但是它们传达了印度图像的联动性质。不了解这一点，就无法理解印度的寺庙。

笈多时代的几十座寺庙得以保存，分别在桑吉、那烂陀、菩提伽耶，以及在中央邦、北方邦和比哈尔邦的其他地方。不过正是在今天孟买东南两百英里处的艾荷洛和巴达米，“建筑和雕刻的盛宴”标志着这一新形式的真正到来。在艾荷洛，约七十座寺庙刻有拉维基尔蒂的诗歌，其中一首第一次提到了迦梨陀娑。紧随其后的是帕拉瓦王朝的主要港口马马拉普拉姆（位于东海岸中部）的巨大石刻寺庙（帕拉瓦是一个稍晚的王朝，我们此时说的是 7 世纪末、8 世纪初）。在花岗岩小山上雕刻而成的马马拉普拉姆“七大宝塔”是印度南部雕刻—建筑一体的最好例子。柬埔寨和爪哇的很多艺术，包括吴哥窟和婆罗浮屠，都是印度教—佛教艺术的代表。[34]

稍晚一点的罗湿陀罗拘陀王朝是埃洛拉的庇护者（孟买西北两百二十英里处）。那里有一个空旷的岩面，从一端到另一端有两公里，一直以来装点着许多石洞寺庙。从这块岩面上，罗湿陀罗拘陀国王黑天一

世开始雕刻无疑是世界上最令人景仰的岩刻纪念柱，所谓的凯拉萨寺庙
288 就是从岩石中雕刻而成，它最终成为一个完全独立的结构，寺庙大小相当于一座大教堂，包括为僧人准备的单间小屋、楼梯、神堂、寺庙围地和大门，都用岩石雕刻而成。约翰·凯伊说得对，它看上去像建筑，但其实是雕刻。当地的刻录文字暗示，甚至连神祇都感到震惊，雕刻工自我陶醉地评价说:“噢，我怎么创造出了这样的作品？”雕刻/寺庙也为理解罗湿陀罗拘陀王朝的动机提供了线索。喜马拉雅的凯拉萨山被认为是主神湿婆在人间的居所。罗湿陀罗拘陀王朝在命人从岩石中凿建埃洛拉的凯拉萨寺庙时，企图把圣山放在他的王国境内，把印度的神圣之地纳入他的领土。[35]

然而，次大陆最大的寺庙群落在奥里萨邦的邦府布巴内斯瓦尔。奥里萨和卡朱拉霍从未完全皈依伊斯兰教，而且在卡朱拉霍的八十座寺庙中，有二十五座幸存下来，它们分布在一个湖泊四周。[36]有些寺庙建有与主殿分离的舞蹈室，所有的寺庙都刻有精美的人物浮雕，所有的人物都动人心魄，许多造型很淫荡。需要说明的是，从图像学的意义上，这些淫荡的雕刻目的是为了表现人死后从天女（即飞天）那里获得的快乐（虽然这个主题很大，在学术界也非常有争议）。许多评论家认为这些人物代表了印度艺术的最高成就。除了这些精美的雕刻，寺庙里还有大量的绘画和墙壁挂饰，上面镶嵌着宝石，大多数宝石已经被劫掠。

奥里萨的寺庙群也许是最有魅力的。它们由两百座寺庙组成，过去曾经更多。最早的建于公元 7 世纪，最晚的建于 13 世纪。它们紧密地建在一起，有点呈鸡蛋形状。这些有巨大竖笛和众多水平风向标的建筑群意欲使访客完全慑服，而且这种群落建筑的中心思想可能是对伊斯兰入侵印度的一种回应。这些群落幸免了被穆斯林毁灭的命运，似乎仅仅是因为它们地处偏僻，很快就被淹没在丛林中。19 世纪一个叫伯特的上尉重新发现了

它们，他看见，“那里树木缠绕，复杂的湖泊和水道野草丛生，无法再修复。就像柬埔寨的吴哥窟被一支法国探险队‘发现’那样，这里也被废弃了几个世纪，其象征神圣的复杂地貌也湮没在丛林中”。[37]从那以后，对石刻文字的分析研究再现了旃陀罗王朝的某些历史。对图像的研究表明，这些遗址对湿婆崇拜有多么重要。

对许多人来说，全印度最令人难忘、最美丽的单座寺庙是 11 世纪早期由朱罗王在丹周尔建造的。朱罗王朝统治者是达罗毗荼人（印度南部），他们自史前就居住在卡佛里三角洲地带。卡佛里于公元 985 年在国王罗阇一世时期经历了一次复兴，罗阇一世在其统治末期决定在丹周尔建造一座寺庙以纪念他取得的成就。寺庙历时十五年才建成，它可能是印度最高的寺庙，高近两百英尺，屋顶有一块八十吨的压顶石。[38]寺庙刻有重要的文字，装饰着展现湿婆神话和飞天舞女的稀世朱罗绘画。主殿有一个巨大的林伽，表明丹周尔神庙是献祭湿婆的神庙。这座寺庙是一个巨大建筑群落的中心，可能有五百名婆罗门和同样数量的乐人与舞女参加献祭仪式。周 289
围几百英里的人们向寺庙捐赠财物和土地，村庄向寺庙进贡十一税。[39]朱罗王朝铸造了著名的青铜器，前面讨论过的许多雕刻都以湿婆的舞王相出现，被火圈包围。

印度的印度教神庙正如西方的古典希腊建筑一样，其艺术和智慧成就是不言而喻的。不过，他们与希腊人站在同一水平线，他们的成就既是雕刻上的，也是建筑上的。[40]需要抓住的要点是，寺庙和雕刻都反映了一整套理想的形式经典。这些经典背后的思想不是西方的，而是世代相传的神圣法则和比例。更重要的是，西方的“古典主义”思想不包括作为印度古典主义中心成分的感官与色欲的张扬。然而，我们永远不应该忘记，印度艺术中的这种肉欲性质没有世俗成分，而是为了提醒信徒，在天国等待他们的是什么，人间的美是多么贫乏，以及世俗的欢乐是多么短暂。在某种意义上，这就是柏拉图的思想。不管怎样，印度的艺术和建筑是对古典主义内涵的挑战。

笈多王朝的成就不限于印度。从孟加拉（那时叫万加）的耽罗栗底港口出发，印度的船只一直远航到中国，主要出口胡椒，也有棉花、象牙、铜器、猴子和大象，再带回丝绸、麝香和琥珀。（当时还没有茶叶和鸦片贸易。）已经向世界出口过佛教的印度，现在则出口印度教和梵语文化。扶南的印度教王国，也就是现在的越南，由婆罗门憍陈如统治。巴厘岛、苏门答腊岛的一部分以及爪哇都成为“印度教之岛”。这些地方很可能是在引入梵语之后才有了读写能力的。[41]

但是笈多王朝的统治并没有持久。第五代君主塞健陀·笈多是最后的一代。公元 455 年他登基之后不久，西北边境的胡那人（匈人）大兵压境，抵御的代价亏空了整个笈多的国库。467 年塞健陀死后，帝国迅速崩溃，就在公元 500 年之前，胡那人首领攻占了旁遮普，他的儿子后来把克什米尔和恒河平原纳入自己的疆域。到公元 6 世纪中期，笈多王朝的辉煌已经完全消失。随后是半个世纪的分裂，直到 606 年，笈多王朝的一个与王室没有关系的分支开始崛起。这其中最出色的是第一位君主戒日王，他试图重新统一整个印度北部地区。同旃陀罗·笈多一世一样，戒日王的伟大被广为承认，当时一个叫波那的婆罗门廷臣记录了他的成就，写下了戒日王的圣录传记《戒日王传》。另一部更有判断力的记述来自一位中国佛教信徒。他就是玄奘，在 630 至 644 年间到达戒日王统治的印度，著有《大唐西域记》。

虽然戒日王扩张了他的帝国，但是让我们记住他的是，他既是一位战士，也是一位诗人。他把要殉夫的妹妹从燃烧的柴堆上救下来，而且最重要的，在他的统治期间，实施了重大的宗教和哲学改革。正是在戒日王

的统治下，印度教达到极盛，并取代了佛教，形成了其经典的崇拜形式，290
“礼拜”。它包括信徒把水果、糖果以及其他点心等祭品供奉给寺庙的神像或图像，并伴随某些秘密的仪式，所有这些都与“性力”有关，又叫“夏克提”。这被人称为“密教”。密教显然是一种非常古老的信仰，它和古代的大神母有关，但是其中的纵欲性质是如何以及什么时候开始的，我们并不清楚。密教的基本教义同其他正统印度教或佛教非常不同，有些学者认为，它们这么流行，证明这些思想非常古老。其基本教义是，对大神母的真正信仰只能通过性交才能实现。最后带来的是群交，通常在所谓的“被污染的”火葬地进行。伴随这些活动的还有其他禁忌活动，例如食肉、饮酒等。[42]

密教影响了（有些人可能会说侵染）佛教，使佛教在 7 世纪走向继小乘佛教和大乘佛教之后的第三种形式。这就是金刚乘（“雷电之乘”），它引入了一些女性救世者作为其最有神力的神祇，即“多罗菩萨”，她们是法力较弱的佛和菩萨的配偶。[43] 换句话说，印度教中的密教和佛教中的密宗都抬高女性法则，把她们视为法力的最高形式。

密教崇拜变得非常神秘，也很秘密，因为它的活动对正统教派的许多人是无法接受的，不过它与瑜伽的密切关系增加了它的流行度。人们练习瑜伽，因为对呼吸和身体的控制对正确地性交非常重要。瑜伽作为一套思想体系，此时成为一种更有经典可依的信仰体系，例如王瑜伽的“八步功法”。这八步法是：内制、禁制、体式、调息、制感、专注、冥想，以及彻底的无分别境界。[44]

但是瑜伽只是戒日王时期出现的六大古典印度教哲学派别之一。这六大派别一般分成三对。例如，瑜伽和数论派是一对，后者也可能具有古老的渊源。根据数论哲学，世界由二十五谛组成，其中二十四种是“物质”（自性），另一种是神我——人、精神或自我。在这一体系中，没有创造者，没有神圣之物，所有的物质都是永恒，自性存在。但是所有的物质都具有三种不同程度的属性：或多或少的纯质、或多或少的激质、或多或少的翳质。这三种属性的不同混合决定了事物在崇高、道德、惰性、残忍、强大或光明等方面的程度大小。[45]这二十四种物质形式表现了某种进化程度，因为它们开始于原质，后者产生智慧（菩提），再上升到我们所说的自我意识，然后上升到心。从心产生五知，再产生五知根，然后是五作根。决定所有物质的是五大：以太、空气、光、水、土。成为个体感觉的神我拥有个体的精神，它认为，众生平等，但是同时又都不一样。只有当一个人实现了自性与神我的基本分离，使精神不再受苦并且得到解脱时，
291 才能获得救赎。这些神秘主义思想与希腊柏拉图主义和亚历山大港的诺斯替信仰有很大的重叠之处。[46]

另外两组古典印度教哲学是正理派/胜论派和弥曼差派/吠檀多派。正理派哲学（或称识见，印地语中的“达沙那”）意思是“分析”，它教授通过十六种逻辑类别获得救赎的方法。这些类别包括三段论、辩论、驳斥、诡辩、论争等。与正理派成一对的胜论派，意思是“个体特征”，它被认为是印度的“原子论”，因为它的基本前提是，物质世界由单个原子组成，它们形成四种元素——土、水、火、空气。胜论派也设想非原子实体的存在，例如灵魂、心、时间和空间。同样，完美的知识是为了达到拯救，那时“自我”从物质世界和生死循环中解脱。正理派同瑜伽派一样，是一种行为哲学，或是一种思辨方法；而胜论派就像数论派，是解释物质和心灵如何组织、如何彼此相区别的一套体系。[47]

弥曼差派（“前期探求”）是一种宗教极端主义，它认为《梨俱吠陀》的文字就是神启的经典，因此坚持救赎只能通过严格履行苏摩酒祭祀仪式才能获得。[48]由于弥曼差派强调仪式而缺乏新的思想，后来的信徒越来越少。与之形成鲜明对比的是，吠檀多派（“吠陀的结束”，有时也被称为

“后期探求”，后弥曼差派）成为印度最有影响力的哲学体系，衍化出许多分支，吸引了历史上众多的思想家和知识分子，而且不限于印度。同样与弥曼差派形成强烈对比的是，吠檀多派以解释《奥义书》作为其出发点，而不是《梨俱吠陀》的祭祀，并且寻求把各种表面上看来相互矛盾的印度教经文综合起来。它提出，万物存在一个“绝对灵魂”。

最成功的吠檀多大师，也是仅次于佛本人的印度历史上第二位最受崇敬的人物是商羯罗（约780—820）。他出身婆罗门种姓，在他短暂的人生中，他从家乡喀拉拉四处游历，直到喜马拉雅山，其间发展了自己的理论。他认为我们的世界是幻（摩耶），唯一的现实是梵，或阿特曼，即世界精神或灵魂。[49] 商羯罗最著名的教义是不二论（字面意思是“没有第二个”，或就像我们说的一元论）。根据不二论，现象世界都不是真实的，万物都源自那个“最终的，绝对的存在”，那个被称作“梵”的“没有人格的无性的实体”，它具有三个属性：存在、意识和至福。对商羯罗来说，梵是不变和永恒。对西方人来说，这听起来很神秘，就像柏拉图的“一”和亚里士多德的“不动的推动者”的结合。[50] 宇宙其他任何事物都在变化，因为它们在某些层次上是不真实的。对人而言，这种变化的表现形式是轮回。

迦梨陀娑在他的一篇诗中提到了一个使空气凉爽的旋转喷水管。在古代和中世纪，印度人的智慧仅次于中国人，这一点还体现在这样一个事实上：到公元1世纪，印度医生已经完善了二十种为不同的外科手术准备的手术刀。同时，他们的数学家已经发展了数群概念，让我们想起某种古埃及思想，那可以被视为关于未知数x的代数概念的原型。 292

在印度和在埃及一样，数学的出现似乎开始于寺庙建筑，人们用一套不同长度的绳索设计圣地的布局，建立直角，对齐神坛。这门学问在系列《苏瓦经》中被确定下来。“苏瓦”指的是测量用的绳索，“经”指的是记录一种仪式或科学的规则或格言的书。[51] 现存的《苏瓦经》有三种版本，最著名的版本叫《阿帕斯坦巴》。这些版本出现于公元前 8 世纪到公元 2 世纪之间。因此，我们无法确定其中的思想是印度人的自创，还是来自美索不达米亚或希腊化世界。不过，印度的算术肯定发端于寺庙：例如神圣公式就是为了计算建造神坛需要多少砖块而发明的。[52]

年代比较确切的是《悉檀多》，即（天文）体系，它有五个版本，都写于公元 5 世纪初，也是梵语复兴的早期例证。在这点上，印度学者同样坚持认为《悉檀多》中的思想是印度本土思想，然而其他人从中看到了希腊影响的确定痕迹。[53] 无论结果如何，在《悉檀多》中，印度人完善和扩展了托勒密的三角学。用 H.J. 温特的话说：“古印度数学毫无疑问是中世纪南亚次大陆取得的最卓越的思想成就。在希腊的几何学传统之外，它还发展了一种以分析为表现形式的强有力的方法。这不是建立在既有的公理、公设和普通观念基础上的演绎推理过程，而是对数字行为以及它们的排列组合的直觉洞察，也许可以认为是归纳性总结，简而言之，就是代数，而不是几何……对超越纯粹几何的更广泛的归纳法的探求使印度人抛弃了托勒密测算圆内弦的方法，而代之以正弦测算，由此启动了三角学研究。我们要把分析方法的起源归功于这些痴迷于神秘数字的婆罗门数学家的哲学心灵。在这种抽象化过程中，出现了两个尤其有趣的特征：较低的成就是十进位的完善，较高的成就是某些不定方程的解法。”[54] 托勒密的三角学以圆内各弦与其所对应的中心角之间的关系为基础。而《悉檀多》的作者把这种对应改为半弦和整个弦所对的半角之间的关系。这就是被称为角的正弦的现代三角函数产生的过程。[55]

印度人的第二大创造是发明了印度数字。这主要归功于著名的印度数学家阿耶波多，本章开头介绍过他。公元 499 年，他完成了一个小薄本

《阿耶波多文集》，由 123 行韵诗组成，涵盖了天文学，其中三分之一讲述了数学。[56] 书的后半部分讨论了时间和球面三角学，在提到计算中的数字时，他用了一句话，“后一位数总是前一位数的十倍”。“本地值”曾经是巴比伦计算法的主要构成，不过巴比伦人并没有使用十进制。刚开始时，
印度的计算法都是用简单的竖笔画排在一起，这是一种重复算法，当然下 293
一步是为 4、10、20 和 100 发明新的符号。这种佉卢文字被前面提到的所谓婆罗米文代替，它和伊奥尼亚的希腊数字近似，例如：

Α	**Β**	**Γ**	**Δ**	**Ε**	**F**	**Ζ**	**Η**	**Θ**	**Ι**	**Κ**
1	2	3	4	5	6	7	8	9	10	20
Λ	**Μ**	**Ν**	**Ξ**	**Ο**	**Π**	**ϟ**	**Ρ**	**Σ**	**Τ**	**Υ**
30	40	50	60	70	80	90	100	200	300	400

从这种排列发展到我们现在使用的算法，需要两步。第一步是要掌握在位值系统下，只需要九个数字——上表中从 I 往后的所有其他数字都可以不用。我们还不确定这一步是什么时候开始迈出的，但是数学史家一致认为它出现在印度，也许是在印度和波斯的交界处，那里巴比伦人的位值系统可能激发了它同婆罗米文字的融合使用；也可能是在印度同中国的交界处，因为中国人用算筹计数：

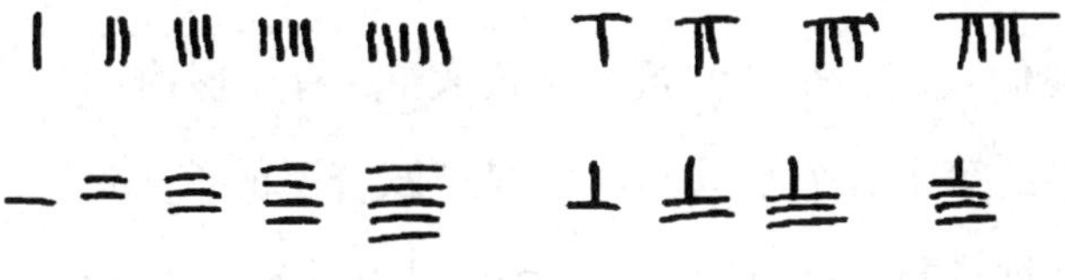

这有可能表明九个数字的简化。[57]

最早提到九个印度数字的文献是叙利亚主教塞维鲁·塞博赫特的著作。在第 11、12 章我们提到查士丁尼于公元 6 世纪关闭了雅典的哲学学校，因此有些希腊学者逃到叙利亚（有些则逃到恭德沙普尔）。有可能塞

博赫特对这些希腊人看不起别处的学问这一事实感到愤怒，因为他“发现有必要提醒这些说希腊语的人‘别人也知道点什么’”。[58] 为了强调这一点，他接着提到了印度人，提到他们在天文学上的发现，尤其是“他们弥足珍贵的计算方法和难以形容的运算。我只想说，他们的运算是通过九个数字进行的”。[59]

注意这里提到了九个数字，而不是十个。显然，在当时印度人还没有向现代计数体系（0 的计数）迈出关键的第二步。D.E. 史密斯在他的数学史中写道：“0 在印度最早的确凿证据出现在 876 年的一处铭文上。”换句话说，是在其他九个数字出现的两个世纪之后。我们仍然不清楚 0 第一次是在哪里出现的，而且零或空的概念由玛雅人独立发展出来，这一点在后面的章节中会讨论。剑桥的中国科技史学家李约瑟倾向于认为中国是 0 的起源地。他说：“比较古老的印度文献在描写中国计数板上的空格时只简单用了‘孙亚’，即‘空’这个词，这也许非常重要。”[60] 柬埔寨一处 683 年的
294 铭文使用了“.”，又叫“宾度”，来表示 0，而邦加岛（苏门答腊岛海岸）686 年的铭文使用了闭合的圆圈。[61] 不过这无疑受到了印度影响，而且确实看起来是印度人第一次使用了以上三种新的记号，它们成为我们现代计数体系的基础：十进位基础；位值计数；十个数字，而且只有十个数字。这些到公元 876 年都出现了。

现在，我们只用一个“鸭蛋”来代表 0。有一段时期，人们认为 0 最先起源于希腊的第十五个字母 O，它是“欧登”的首字母，意思是“空”。这种说法已经被推翻。有时用“.”，有时用倒写的“h”来表示。[62]

印度数学家的最后一个重要创造是发明了格子乘法和长除法。“格子”是个意大利词，这种算法在 12 世纪发明后传入中国和阿拉伯世界，14、15 世纪又从那里传入意大利。格子看上去像威尼斯风格窗户上的格栅。下面是格子乘法的一个例子：

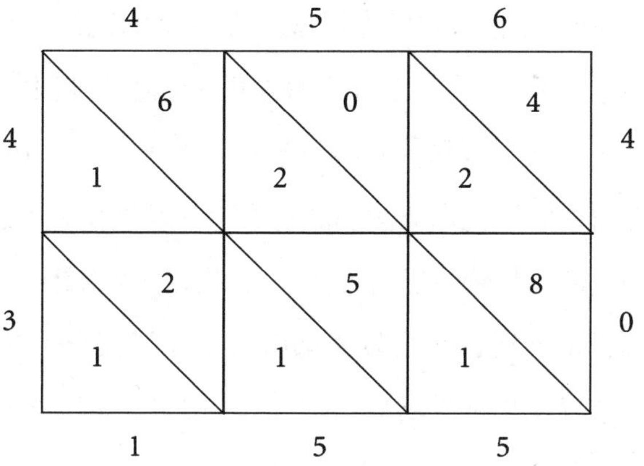

在这个例子中，456 和 34 相乘，得数是 15504。顶上的数字和左边的数字分别相乘，把每个得数写在相应的由对角线分割的方格中。这样除了个数相乘外，不需要别的记忆负担。然后，只需要把对角线上的数字相加，从右边顶部开始并向左进位，得出最后的答案。[63]

直到公元 8 世纪早期，印度人才接触到伊斯兰教，而且如果不是因为 711 年的一件事情，可能还要更晚。那一年，一艘装满货物的阿拉伯商船在印度河口被劫，这一事件激怒了伊拉克的倭马亚总督，他向信德之王发起了一支由 6000 名叙利亚骑兵和同样数量的伊拉克骆驼骑兵参加的军事远征。[64] 这支军队很快征服了婆罗门阿巴德，所及之处，印度人不是改宗就是被杀。但是这种早期的暴行没有持续多久。阿拉伯人很快认识到印度人太多，难以杀尽；再者，穆斯林学者研究了浩繁的印度宗教文献，最后认可印度人的顺民地位，印度教成为一种与犹太教和基督教并行的受保护的信仰（当然是在他们缴纳特别税的前提下）。[65] 295

伊斯兰教对中东的征服如此之迅速，人们以为它也能在印度达到同样的效果，但是事实不尽然，这可以从信仰伊斯兰教的巴基斯坦和孟加拉国以及信仰印度教的印度并存这一事实可见一斑。当然在印度，也有几百万穆斯林。穆斯林对印度北部的武力征服不在本书的范围。只需指出，几个世纪以来，突厥人和阿富汗人比阿拉伯人更多地参与其中，而且伊斯兰教在印度的主要形式是逊尼派和苏非派。苏非派神秘主义在1095年获得振兴，其时安萨里从巴格达的尼扎米亚学院的首席神学教授位置上退下来，开始了一个苏非信徒的生活（尽管诗歌也促进了苏非派的大众化）。到12世纪，苏非派分成几个不同的教团，每个教团都由一位导师领导，以罕卡（招待所）为中心，吸引各地寻求精神生活的信徒。[66]一开始，罕卡依赖施舍维持，但是后来就像中国的佛寺，许多发展成非常兴盛的群体。

信德、旁遮普和孟加拉成为苏非教派的主要中心，其中最重要的两个教团是苏哈拉瓦迪教团和契斯提教团，前者得名于一本关于苏非派神秘主义的手册的作者，后者取名于它发源的村庄。契斯提苏非信徒过着守贫和禁欲生活，他们有一些帮助入定的静修功夫，如控制呼吸、在偏僻地方苦修四十天，还有最奇特的是，两腿系在树上，头顶地，倒立四十天。这些修炼方法让比较正统的穆斯林感到震惊，有几次他们试图镇压，都未能成功。正如佛教在中国被汉化一样，伊斯兰教在印度也被印度化。[67]

整个一千五百年来，佛教和印度教在印度和平相处，互相借用思想和修习方法。然而，随着伊斯兰教的入侵，佛教中心（那烂陀寺、超戒寺、欧丹多富梨寺）越来越萎缩，它们受到的压迫日益严重。佛教在印度逐渐消亡，直到19世纪中期才得到复兴。[68]

宗教思想从美索不达米亚到印度，从印度到东南亚和日本的向东传播，同基督教和犹太教的向西传播在规模上不相上下。这些重大思想从世界上如此之小的地方向外辐射，从它们所影响的生活各方面来看，很可能是整个历史上最伟大的思想转变。

14

中国的士大夫、理学和毛笔文化

希腊语中，“中国人”叫“赛里斯”，拉丁语“赛里卡”由此而来，意思是丝绸。普林尼就指责他的矫揉造作的同时代人奢靡放纵，抱怨说太多的中国丝绸进入罗马。中国的纺织品至少自公元前1200年就经过“丝绸之路”运往西方，因为直到公元200年左右，只有中国人知道如何养蚕。* 晚至7世纪，旅行家和僧侣携带丝绸，以备生病时当医药费使用。据传说，一位中国的新娘远嫁给一位中亚的王子，她在头发里面私藏了一个蚕茧，由此，中国失去了在丝绸业的垄断地位。到4、5世纪，波斯、印度、拜占庭和中国一样，都能生产丝绸，当然，中国人仍然保持着他们的竞争优势，因为他们生产的丝绸编织更致密，式样更复杂。[1]

到中世纪为止，世界上思想最发达、技术最先进的国家是中国。事实上，中国的领先地位可能在宋代（960—1279）比其他任何时代都更突出。

* “丝绸之路”这一浪漫的名称是在19世纪70年代由德国地理学家费迪南德·保罗·威廉·冯·李希霍芬创造出来的。他是第一次世界大战中被称为“红男爵”的王牌飞行员的亲戚。

剑桥学者李约瑟（1900—1995）毕生致力于早期中国科技史研究，他在其皇皇巨著中说："无论什么时候追踪中国文献中任何一项具体的科学或技术史，人们总是在宋代发现它们的重大进展。"不过，魏根深指出，这可能是因为印刷术的发展（这点我们很快要讲到），相比以往任何时期，更多的宋代文献得以保存下来。[2] 中国发达与成功的一个标志是其人口，12 世纪超过了 7000 万，一个世纪以后可能达到了 1 亿，几乎是整个欧洲人口的两倍。[3]

自从汉代的强盛（见第 8 章）之后，又经历了几个朝代更替。中国被蛮族游牧部落瓜分后又统一，再次被瓜分又再次统一，朝廷征召劳力建造长城和遍布乡镇的运河。到唐代（619—906），虽然君主登基、废黜、复位，但是唐代的君主在 8 世纪为发展骑兵而开始了马匹饲养和繁殖计划，这为火药发明前的中国军队提供了主要战斗力，因此唐代实现了某种程度
297 上的稳定和辉煌。两宋时期（北宋从 960 年至 1127 年，南宋到 1279 年结束），中国已经接近了近代科学边缘，并且出现了小规模的工业革命。"在把自然知识运用到人类的实际需要方面，没有哪个国家能与之相比。"[4]

有一些思想和突出的技术发明推动了宋代的发展，第一就是纸张，它最终带来了印刷术的发明。中国人早在商代（前 1765—前 1045）就有了文字，商代人在占卜时，用红热的木棍灼烧兽骨和甲壳，从开裂的纹路卜筮吉凶，将结果刻在这些骨头和甲壳上。这些甲骨片上已经发现了大约 3500 个不同的汉字（现代汉语总共约有 8 万个汉字），这些甲骨片有时绑在一起。后来，出现了竹简，用刻刀在涂有一层清漆的竹片上写字。这些竹片也用线或绳穿在一起。孔子研究《易经》时，使用的就是这种书，显然他是一个非常刻苦用功的学生，因为他"韦编三绝"。[5] 吕西安·费夫贺和马尔坦在他们的图书史中指出，现存最古老的中国书籍于 20 世纪初在中亚的沙漠地带被挖掘出来，包括简策和版牍，上面写有词语、日历、药

方以及守卫丝绸之路的驻兵日常生活的官方记录。它们都用毛笔书写于公元 98 至 137 年。不过，从那以后，版牍在古墓中不断被发掘，最早可追溯到公元前 5 世纪。

有的时候，竹片被缣帛代替，因为后者更轻、更韧、更有弹性，而且能用棍子卷起来，节省空间。因此，汉字中的“卷”成为“书”的代名词（正如拉丁语中的“卷轴”一样）。但是缣帛昂贵，中国人一直都在寻找替代品。从丝绸碎布，到其他废弃物（破布、破渔网、大麻类植物、桑树皮），经过不断的试验和失败，他们终于制成了一种糊状物，当它干燥后，能够在上面书写。当时的惯例是，所有的发明都要归功于宫廷，因此纸的发明者被正式认定为任宫廷作坊主管的蔡伦（卒于 121 年）。是他在公元 105 年给皇帝的进呈中首次提到了纸的发明，不过之前纸张肯定使用了有段时间，发明者是些从未见诸记载的无名人士。[6]

纸张代替缣帛后（除了奢华的书），开始以 24 厘米 ×45 厘米的尺寸生产。纸张前后粘贴形成长条，可以卷在轴上。但是这样做比较麻烦：如果想寻找某一篇章，必须展开整个卷轴。这大概促使书后来向书页发展，尽管当时印度的许多经典写在棕榈叶上，用麻线穿起来，所以有可参考的原型。在敦煌发掘的一个古代中国图书馆出土了 5 至 10 世纪的 1.5 万卷
手稿，从封闭的墙中发现了各种形式的书。除了书卷，还有中国人所称的 298
“旋风装”。书页的竖边相互粘贴，卷起来后就像手风琴，打开时呈波浪曲线。这种形式现在还用在书法作品、某些佛经或道教经文，以及画作上，但是由于边缘容易破损，于是出现了第二步——把纸张对折，再把书脊缝起来。这样可以自由翻动书页，这种书有个中国名称，叫“蝴蝶装”。[7]

随着纸的出现，印刷术的发明也不会远。到纸发明出来时，中国人和其他民族一样，一直以来在大石板上刻写经典文本，以便尽可能精确地保存它们，同时也让大众能够阅读。于是出现了在石板上反向雕刻的经文，

好让朝圣者或游客可以带回拓片。这实际就是印刷，除了名称不是。但事实上直接导致书籍印刷出现的是阳文篆刻的发展。到公元 1 世纪初时，虔敬的信徒当中流行阳文篆刻的印章，上面刻的通常是长篇经文、祈祷词，甚至还有佛像。这些印章有时会摆放在僧人的禅房里。不过，重大的突破可能还是纸张能够压出印痕，这是丝绸无法做到的。对反向雕刻的文字进行压印就可以印刷出正面可读的书页。在大量的试验之后，在已有的发现中，最早的阳文反向雕刻木版是一幅 8 世纪中期的小佛像，它是伟大的法国史前史学家伯希和在新疆的库车发现的。世界上最古老的印刷书现藏于大英图书馆，那是 868 年用木版印刷而成的长书卷。它是佛经文本，有漂亮的卷首插画，质量上乘，说明木版印刷技术已经非常发达。最近在韩国发现的一本书也许年代更久远，但是目前学者还无法决定它起源于韩国还是中国。[8]

雕版印刷可能出现在长江两岸，从那里开始往外传播，主要是宗教权威组织出于保存经文的需要。公元 932 年，冯道给皇帝呈送了一份报告，建议使用雕版印刷来保存经典文献，因为当时的朝廷没有足够的财力按照传统的方式进行保存，即通过雕刻“石经”。新的方案非常成功，大大提高了读写能力，从 932 到 953 年，大多数传世文献都被印刷。这一新技术得到官方正式认可，冯道也被认为是印刷术的发明者。正如东汉时蔡伦和纸的发明一样，雕版印刷真正的发明者也是更早的不知名的人物。

试验在不断进行，但是铜版印刷和活字印刷的早期尝试都没有成功。对活字印刷的第一次真正尝试是在 11 世纪，发明者是一个叫毕昇的铁匠，他用胶泥制作活字，然后火烧令坚。这些活字被放入松脂和熔蜡浇灌的铁版内，松脂和蜡汁冷却后会凝固，能固定活字。当重新加热的时候，版上的字就会脱落，可以重新排列，组成新的文本。[9] 硬木、铅、铜和锡都曾被用作字模，但都不是很成功。当时的一篇文章提到，这些字模按照发音
299 分别存放，即同一韵部的字放在一起。[10]

然而，现在清楚的是，活字印刷在中国的近邻朝鲜发展最快。这得益于一位仁慈的国王，世宗，他于1403年颁布了一项特别法令，这项谕令即使在今天也非同寻常，更不用提当时了。他说："须广布律令、典籍，以扬善去恶；唯有如此，方能长治久安。我邦鄙处海外，自中国输入之书甚少。而木刻雕版容易腐损，且难以刻尽天下之书。朕欲以铜活字印刷，以印制更多书籍。其利之广，诚不可限量。工程之费不宜由百姓承担，当由国库所出。"法令颁布后，浇铸了约十万个铜字，一个世纪的时间内又制作了另外十种字模，我们现在知道，前三种（分别在1403，1420和1434年）在古登堡发明印刷术之前。[11]但是无论是朝鲜的印刷术还是中国的印刷术都似乎未能迅速传播到西方，对欧洲的印刷术产生影响。[12]

虽然宋代的复兴很大程度上有赖于更多的书籍，但是中国人自己并不像欧洲人那样认为印刷术是一种革命性的技术。一个重要的原因是，中国文字不是字母文字，而是由数千个汉字组成，所以活字印刷没有表现出印刷拼音文字那样的便利性。另外，文艺复兴和宗教改革时期，在中国的欧洲人注意到，木版刻字工雕刻一页汉字的速度同欧洲的排字工编排一页拉丁文本一样快。木版印刷还有两个优势：雕版可以保存以备后用；雕版既可以刻字，也可以刻图。因此在早于西方的几百年前，中国书籍就有彩色插图。[13]

印刷术必然引发书写和语言问题。汉语和汉字同印欧语言大不相同。虽然有很多方言，但是北方人所说的官话为现在70%的人使用。汉语所有的字都是单音节，例如，"China"在普通话中是"中国"，字面意思为"中央之国"。而且，汉语中只用420个音节，而英语中有1200个音节；因为汉语字典中大约有5万个字，所以有很多词的发音相同。这样，为了区分不同的意义，所有的音节都有声调：平、上、去、入。以周有光所举英语句子为例，想想英语中在不同情况下说"是"的语调：例如当你沉浸于工作中回答敲门声时，又如同意某一观点但心里仍有疑问时。这种声调的差异可以完全改变汉字的意义。例如，“ma”依声调不同，既可以是“妈”，也可以是“马”，还可以是“骂”。[14] 更复杂的字如第四声“yì”，有 41 种意义，其中包括“易”“义”“异”“艺”等。意义必须根据上下文才能
300 清楚。

因为汉语是非屈折语言，不会因为数、性、格、时态、语态或情态而发生屈折变化。各成分之间的关系或通过词序，或通过使用助词加以表示。以汉语常用的一句话为例：“昨天他给我两本文学革命的书。”“昨天”表明“给”是“过去给”（就像我们在英语中那样说）。从词序上，“我”是“宾格我”，而“两本”表明“书”应该是“书的复数”。最难理解的是“文学革命”。句子中的词序表明它是“文学的革命”，而不是“革命的文学”。因此整句话的意思是“昨天，他给了我两本关于文学的革命的书。”[15] 助词“了”表明已经完成的动作，“我”和“们”在一起表示“复数我们”。汉语中的词还分成“实词”和“虚词”。实词本身具有意义，而虚词只有语法意义，具有介词、连词或疑问功能。“你是一个英国人吗？”意思就是问“你是不是一个英国人？”[16]

汉语的思想不同于印欧语言，同样，汉字也不同于西方的字母文字。它更让人想起文字诞生之初美索不达米亚使用的早期图画文字。所有的汉语方言都使用一种文字，它也是朝鲜语和日语的基础。根据传说，汉字是由公元前 3 千纪初半神话时期黄帝宫廷的一位官员仓颉所造，尽管并没有任何考古证据表明存在比公元前 1400 年的甲骨文更早的文字。汉字的基础是四书，第一种是象形，例如，太阳开始是一个圆圈，中间一点。后来简化成一个小长方形，中间一横。三个山峰连在一起表示山。（见图 11 的例子。）第二种是指事，例如数字用简单的短横表示，“上”和“下”的概念分别用横线上一点和横线下一点表示（见图 11）。第三种是会意（含有

某种幽默），例如“闻”字，是两扇门中间一个耳朵，“林”是两棵并排的树。第四种是形声，例如表示海洋和羊的字都读“yáng”，第二声。如果加上“水”，“yáng”就是“洋”。这当然只是萌芽阶段。在字典中汉字根据214个“部首”或区别性字根分类排列，表示意义的一般特征，在此基础上添加各种成分。[17]

传统汉字用毛笔书写，而不是笔管。有几种字体，例如楷书、行书和草书。楷书的每一笔都相互分开，类似于英语或拉丁语的手抄体。行书的各笔倾向于相互牵连成流线状，比英语中的草写体更流动。草书则更为简约，就像速记。例如，“禮”字如果用楷书书写，有十七笔，用行书有九笔，而用草书仅有四笔。[18]楷书用于正式书写场合，行书通常用于包括书法在内的艺术作品中。

汉语和汉字的诸多方面对中国人的思想产生了重大影响。不仅汉字本身的图画性质，更重要的是四声，它为中国诗歌注入了西方语言所没有的因素。在某些情况下，汉语的体验同其他语言完全不同，它通常体现了儒家的阴阳思想。再举一例，“山高”在汉语中是一个完整的句子，没

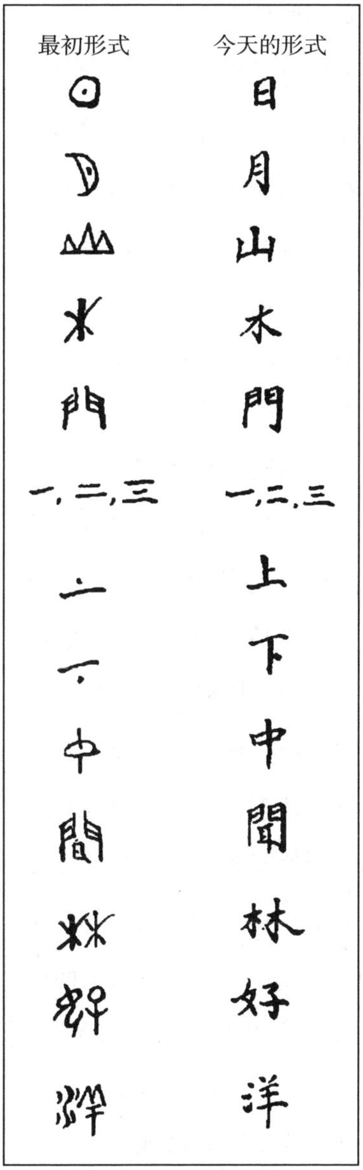

301

图11　汉字的发展

（Source: John Meskill et al. (editors), *An Introduction to Chinese Civilisation*, 1973 © Columbia University Press. Reprinted with the permission of the publisher）

有必要使用动词“是”。周有光说:“因为没有主谓结构，中国人没有发展出逻辑学中的同一律思想，也没有发展出哲学上的实体概念。没有这些概念，就不可能有因果关系或科学的观念。相反，中国人发展出了相关逻
302 辑、类比思维和关系思维，这些思想虽然于科学无益，却是一种非常有用的社会政治理论。这就是为什么中国哲学的主体是关于人生的哲学。”[19]

然而，在讲到中国的时候，人们总是回到实用层面。无论纸张、印刷术、汉字和中国人的思维之间有何关系，纸和印刷术的发明具有其他更为实际的用途。例如纸币，这是宋代的又一项发明，它其实体现出两种思想：印刷的纸和书面承诺。这是对钱币的一大进步，因为钱币本身能代表这种或那种金属的价值。纸币首次见载于 11 世纪初，可能是对多种同时出现的危机做出的回应。首先，在 10 世纪的中国，也就是宋代之前，国家分裂成十多个各自独立的政权，每个政权都铸有自己的钱币，北方用铜，南方用铁或铅。10 世纪末，宋代完成了国家的政治统一，并实行单一的货币：铜币。但是，此时正值战乱频仍，国家花费巨大。因此，政府大量铸造铜币，但仍不足以应对。起初从为军队提供军需品的商人开始，国家开始发行纸券，它们被称为“飞钱”[20]，是真正的纸币的先驱。真正的纸币出现于 1024 年，后迅速传播，至少使用了一段时间，直到元代末期（14 世纪中期）因滥发而废止。它们被称为“交子”，或“钱引”“关子”。纸币还促进了其他交易工具的出现。兑票、汇票等，都出现在 11 世纪。一开始，政府新成立的交子务规定纸币分界发行，每界三年，不过，后来这一规定逐渐松弛。[21]

除了纸和印刷技术的发明，中国在钢铁制造方面也比欧洲先进几百年。从 8 世纪开始，煤矿得到开采，并用于炼炉，制造高质量的铁和钢。中国在这方面的成就从一项估算中可见一斑。11 世纪中国生产的铁已经是 18 世纪英国工业革命初期生产铁的 70%。[22] 在蒙古人入侵和占领期间（13

世纪中期到 14 世纪中期)，钢铁制造急剧下滑，再也没有往日的辉煌。[23]

一些被归功于中国人的发明，尤其是马鞍和马镫（5 世纪），很可能是中国边境草原游牧民族的首创，后被中国人习得。尽管如此，大批新技术是在中国境内被发明的，[24] 其中两项尤其受到全世界的瞩目，即火药和瓷器。[25] 煤、硝石、硫黄的燃烧和爆炸性能首先是在唐代的炼金术中发现的，但是直到 904 至 906 年火药才被用于战事。[26] 起初，它只用于飞行投射物，称为“飞火”。后来该技术迅速发展，制造出烟雾弹和燃烧弹，最终制成炸弹。这些弹药在 1161 年的采石之战中已经投入使用，帮助宋军取得了对女真人的胜利。女真族是满洲人的祖先，又称为金，占据了宋朝西北的 303
土地。换言之，虽然火药成为燃烧武器，但是就战事而言，它最有威力的性能是爆炸性能。[27]

第三个也是最致命的发展是火药在管中的爆炸，它的使用可追溯到 1132 年。第一批火药管有点像臼炮或火箭，其实就是第一批火炮，用木头或竹子制成。使用时要用两次火药，一次用于箭镞的推射，一次用于点火。金属管的第一次使用是在 1280 年的宋蒙之战中，有一个描述这一新型杀伤性武器的新词叫“铳”。到火药传入西方的时候，它不仅仅是炸药，而且火炮的基本要素都已经具备。同纸一样，火药也是通过穆斯林传入西方的，具体来说是通过安达卢西亚的植物学家伊本·巴伊塔，他于 1248 年死于大马士革。硝石的阿拉伯语是“中国雪”，而波斯语是“中国盐”。[28] 在西方，火药的历史重要性被大书特书，人们一般认为，火药的发明加快了骑士阶层的没落，结束了刀剑和战马的主宰地位，从而加速了中世纪的终结。

在火药发明的同时，宋代瓷器的生产无论是质量还是数量都达到鼎盛。[29] 11 世纪最重要的瓷器产地是黄河之滨的开封以及河南、河北一些城市的官窑。12、13 世纪，这些官窑被东南沿海（香港的东北方向，台湾对岸）的其他官窑取代，例如杭州、福建和江西。这也是为什么中国被外界看成是“奢侈之国度”的一个原因，它生产的商品令人垂涎。除了瓷器之外，大麻、养蚕用桑树以及棉花在 13 世纪也开始向外传播，茶树也开始在四川的高地种植。漆树在河北、湖南和浙江更加普遍。[30]

中古中国最后一项伟大发明是它出色的航海事业，它开始于 11 世纪，鼎盛于 1405 至 1433 年明代的探险，最远到达了红海和非洲东海岸。中国的早期航海活动很大程度上受益于那个地区的风向。[31] 那里的季风很有规律。风向突变或完全无风的情况相比大西洋或地中海要少得多。因此，对划桨奴隶的需求也少得多。相反，中国比世界其他地方发展了更先进的各种帆。季风的规律性以及它们随季节而改变风向的特性（冬天是东北方向，夏天是西南方向）意味着，每年一次的长途航行可以不需要停靠港，在中途做一长时间的停留后，一旦时机适合即可返程。这样的航行导致中国人在东南亚和印度海岸建立了重要的海外殖民地，促进了思想的传播。[32] 所有这些大概对 10、11 世纪大型中国外海平底帆船的出现起到了一定的作用。[33]

304 自古以来，中国船的船体就有相互隔开的水密隔舱，这种构造直到 19 世纪初才被西方船只采用。但这决不是中国航海技术的唯一先进之处。指南针发明之前最重要的技术是船尾柱方向舵的发明，可追溯至公元 4 世纪。中国平底帆船的船体是长方形，能够把方向舵安装在船的尾部。直到 1180 年左右，船尾柱方向舵才传入西方，此前西方的船只一直使用后方桨控制方向。这种方法的控制力弱得多，而且在外海暴风雨天气几乎没有控制力。它还限制了大海航行船只的规模。与此相反，到两宋时期，中国的平底帆船规模巨大（400 英尺长；哥伦布的船刚刚 80 英尺）。这是一系列发明和创新的结果，它的 4 个甲板可以装载 1000 人，4 座桅杆上装有 12

张帆。这样的船可以在海上连续航行两年而不用添加补给。在中国人的其他航海发明中，还有锚、滑动龙骨、绞盘、布帆和转向帆，以及指南针。指南针第一次被提及是在一本名为《萍洲可谈》的中国书中，作者叫朱彧，里面提到前一个世纪末广东船只就已经使用了指南针。两百年后，即1280 年，欧洲船只才使用指南针。[34]

每项发明都证明，此时的中国人不仅是一个非常有创造力的民族，而且是一个非常务实的民族。我们检视过的所有这些发明都促进了中国的兴盛，带给中国人探索世界的乐趣。但与此同时，中古的中国人生活中也存在另一面，一种更加抽象的、哲学的和形而上学的心性，它创造了另一种类的许多发明。其中最根本的就是中国的士大夫阶层观念，这一观念在欧洲也有对应物，但是在中国远比欧洲出现得更早、更广。

古典时期，由于各国之间的战争，中国出现了一个新的社会阶层。正如第 5 章所说，这就是士。[35] 在这段动荡混乱时期，世袭出身开始变得不那么重要，而个人的才能逐渐凸显。越来越多的贵族子弟，虽然受过教育但是没有爵位，因此他们施展自己的才能，游走于各国之间，充当书吏或史官。一些人的主张颇有成效，就能带来政治上的晋升：士开始成为一个有影响力的社会阶层。到两宋时期，这一阶层已经经历了几次变化。成为士的途径也变得更复杂。最重要的途径是参加科举考试，士大夫从中产生，并由此形成一个事实上的文官行政体系，管理整个国家。在科举制度之前，士都由有威望的人甄选，尽管有时他们也会犯极大的甚至是荒唐的错误。[36] 正因如此，习惯做法是，士必须先在地方官衙进行历练，可是，由于特殊阶层总是尽力保护自己的利益，这一体系自然就弊端百出。结果是，到隋唐时期（581—906），不满情绪滋生。第一种改进的方法是让荐 305
举官为候选人的表现负责，不过这种方法并不见效。从 6 世纪开始，人们尝试采用口试和笔试与推荐制度相结合的体系。[37]

整个唐代，考试取代了推荐 / 实习制度，到宋代正式成为一项制度。到那时，称为“科举”的整个考试包括三个阶段，一般每三年举办一次，第一轮是在州、府考试，几乎所有的考生，不论家世，均可参加。[38] 考生一般在地方书院学习备考，书院类似现代“填鸭式”私人教育机构。[39] 现代研究者计算，大概两万到八万考生参加州考，而通过率很少高于百分之十，而且经常低至百分之一：考试非常难。[40] 通过考试的人可以进入县或府级的儒学书院学习，准备参加下一轮考试。第二轮考试在帝国的都城举行（从唐代的长安迁到宋代的开封），由礼部主持。合格的生员会留在京城，参加最后一轮考试，这最高级别的考试有时被西方学者视为相当于博士学位。同样，第三轮及第的生员不会超过十分之一，但是即使失败也不会感到耻辱。考生从十八岁开始参加科举，直到三十多岁才及第是很常见的事情，有的直到五十多岁才及第。事实上，那些仅取得参加礼部考试资格的生员就可称为“举人”，意为“中举之人”。起初，第三轮是整个科举考试的最后阶段，但是 975 年宋代第一位皇帝发现及第的名单中有一个人的名字，觉得他缺乏才能，因此下令让所有的举人都参加皇帝的面试。这一做法延续了下来，而且由于皇帝亲自参与，使这一制度更有声望。从那时起，只有那些通过了州考和京城三个轮回考试的生员才被认为拿到全部学位。[41]

考试分四场，每场考试用时一天。考生可以在经、史、礼、法和算等科目中选择。四场考试前后持续几个星期，起初在大型会场举行，后来考场设立单间，以防作弊。为了做到公平，采取了各种别出心裁的措施。去掉考生的姓名或涂抹姓名，而代之以号码，这样考官无法确认考生的身份。1015 年成立了誊录局，专门誊抄考生的答卷，这样考生的字迹也无法分辨。每张试卷由两位考官共同评阅，如果意见相左，两人必须达成一致才能上交给主考官。[42] 对科举考试的主要批评是，认为它太学究气，就像我们所说的，太书本化。一般来说，会考查考生对经书的强记博诵能力以及赋写各种诗体的能力，当然也会要求他们就当时的政治和社会问题作策论。即使这样，也要求考生熟悉历史，运用古代的史传文体，知古鉴今，预测未 306
来。科举制的批评者认为考生通经致用的能力没有得到足够的重视。[43]

而且事实上，即使在现在的中国，科举对宋代社会的影响也是学术界争论最激烈的一个问题，尤其是科举的真正开放程度以及鼓励社会流动的程度。无论科举是否刺激了社会流动（现代的研究结果既有支持的，也有否定的），有一点是肯定的，它是为此而产生的，而且，正如我们已经看到的，官方精心制定了各种规章以实现这一目标。“法律规定考试面向国内每个男性臣民，由此树立了通过个人努力而成功的理想，它成为整个社会的动力。”在这一方面，中国遥遥领先于世界其他国家。[44] 科举制度在 1905 年才被废除。

无论科举制度是否鼓励了社会流动，与周边对手和邻国相比，它确实帮助中国保持了较高的读写能力和教育程度较高的社会文明。从最早期开始，教育和学术就成为在中国发展的关键因素。到宋代，这一进程被制度化。在更抽象的思想领域，这引发了一些重大变化和进步的产生。

最全面的一个变化是从佛教到新儒家的转变，后者又叫“理学”。虽然佛教在亚洲的传播与基督教在欧洲的传播几乎发生在同一时间，但是佛教比基督教传播得更加深远，地理范围更加广阔，民族也更加多样。如果仅以数量计，佛教影响的人口更多。[45] 佛教在中国的传播基本分为三个阶段。从公元 1 世纪开始传入到 5 世纪是佛教的缓慢发展阶段，这时佛教逐渐改变其性质，开始适应中国人的心性与传统。5 到 9 世纪是中国化佛教的鼎盛时期，宗教热情不仅体现在信仰活动中，而且体现在大量佛教艺术、建筑和思想的兴起与繁荣中。9 世纪早期开始，佛教开始受到限制，中国向儒家思想转变，尽管也是为了适应当时社会的需要。

佛教起初是沿着贸易路线获得商人的支持而征服中国的，但也是因为它不再像开始那样追求抽象的“涅槃”，而更像我们今天说到它时所认识的那种宗教。这种佛教形式就是我们在前面章节中提到的大乘佛教。大乘佛教认为人人都能成佛，而小乘佛教认为只有那些完全灰身泯行、一心向佛的人，例如僧侣，才能成佛。大乘佛教强调佛（而不是法），并且承认三世十方各佛，尤其是弥勒佛，即来世佛。它包括佛迹崇拜、如来崇拜和阿罗汉崇拜。很可能在穿过巴基斯坦的“世界屋脊”，从印度进入中国的伟大贸易路线上，佛陀首次被描绘成人形，当时希腊风格对犍陀罗艺术的
307 影响表现在坐像人物披衣的皱褶上。这种新的宗教开始在中国周边的各国流传。把佛经翻译成汉语的第一批译者不是印度人，而是帕提亚人、粟特人和印度—斯基泰人（现在乌兹别克斯坦附近）。有史记载的第一个佛教团体于公元 65 年在江苏彭城成立，它的吸引力一部分在于强调新的入定方法（例如瑜伽），一部分是由于有些教义与道教相同，有似曾相识之感。特别是它的三种教义让人联想到道教。首先是羯磨（此生的业决定了来世的存在形式），令人联想到中国的个人份数和命运的概念。其次是世界皆空的大乘思想，它和玄学派及其有无之辩有内在的联系。（玄学在下一段落讨论。）第三，修行瑜伽同道教修炼致幻和狂喜没有什么不同。[46]

尽管如此，佛教开始只在非常有限的人群中传播：僧人走的商路上的商人和地方贵族。贵族对此产生兴趣的一个原因是由于当时的“清谈”风尚。“清谈时，双方争相发表机智的言论、有趣的回答和华丽的名言，它逐渐扩展到……文学、艺术、道德和哲学问题。”玄学派也经常钻研老子，对形而上学问题很感兴趣，尤其是有和无之间的关系。从传统角度看，它们并不是如我们所认为的一组对立体。相反，“无”被看作“有”的反面，

是存在的另一种模糊形式，这一点很难让现代人明白。对玄学来说，佛教把“无”看作什么都没有、纯粹虚空的思想非常有趣，因为这是一种崭新的思想。[47]

在这个意义上，中国人对佛教的兴趣成为知识贵族的一种哲学/形而上学活动，当时仅限于南方。这种情况一直延续到4世纪末，之后它开始在北方发展。但是在一些能够表演奇迹和诱导产生恍惚和狂喜的僧人推动下，它已经成为一种不同的佛教，对大众具有更大的吸引力。一些僧人成功地获得了朝廷的支持，朝廷出资帮助建立寺庙，特别是资助佛经的翻译，并且资助中国僧人前往印度求法。中国两位著名的佛教人物是慧远（334—417）和鸠摩罗什（350—413），正是通过他们的努力，佛教在中国发展成熟。由于他们的译经和传法，尤其是对戒律（毗那耶）的翻译，有组织、有戒律的僧侣制度在中国开始发展。这使佛教成为一种更伟大的救赎宗教，并且鼓舞了更多的朝圣者前往印度“求法”。402年，慧远召集僧人和居士，在阿弥陀佛（无量光佛）像前发誓愿往生西方净土，那是这位 308
大乘佛教中的伟大菩萨所居之地。“它第一次证明所有的信徒共同拥有一种信仰，是佛教第一次以一种普遍的救赎宗教的形象出现。”[48]

自4世纪后期以来，中国开始出现各种佛塔（窣堵波）和佛堂。同时，开始在岩石上雕凿佛窟，信佛者人数剧增。这时期的皈依不再关乎个人信仰或良知，而是某种团体（甚至大众）行为。这一时期佛教的胜利同中世纪欧洲的基督教有着惊人的相似：都宣称僧侣阶层的自主性。404年，慧远撰写了《沙门不敬王者论》。正如在欧洲，教会的财产不可剥夺一样，佛教徒的某些行为也被认为是不容侵犯的，例如剃度、独身和持戒。[49]5世纪以后佛教信仰如此昌炽，许多相应的问题开始出现。例如大量的“伪造度牒”（可以避免税役），假意向寺院捐赠土地同样也是为了逃税。大量的钟和佛像被铸造，以致没有足够的金属来铸造钱币和犁。中央政府担心太多的男子出家远游成为行脚僧或托钵僧会破坏作为社会核心的家庭生活。从这开始播下了后来对佛教不满的种子。

求法在5至9世纪也达到高峰。许多僧人前往印度，撰写游记。最有名的是法显，399年，他以六十多岁高龄离开长安，游历长达15年。他撰写了《佛国记》(《历游天竺记传》)，并带回大量佛经，将其翻译。这些求法僧人撰写的记述非常准确，为当时的亚洲史提供了许多资料。据谢和耐的统计，已知翻译的佛经总共有1692种，其中包括被认为是佛陀本人的讲法。515至946年，制作了大约14种汉译佛经的书目，使我们得以重新构建佛教影响鼎盛期的思想和活动传播情况。最多产的翻译队伍是玄奘（602—664）主持的译场，他西行印度，在著名的那烂陀寺待了5年，然后返回中国，用了18年的时间翻译了全部印度佛经的四分之一，约计1350卷，而在他之前的六个世纪里，185位译者总共翻译了5100卷。[50]

在佛教思想从印度传播到中国和日本的同时，佛教艺术也发挥着巨大的影响。这种艺术受到了希腊和伊朗的影响。[51]印度僧人还带来了在岩石上雕凿佛窟的艺术。敦煌（长城的西端，丝绸之路附近）的千佛洞始建于366年。从那以后直到8世纪，大型佛像在中国各地出现，最著
309 名的是云冈石窟，那里最大的佛像高160英尺。除了佛像，石壁上还绘有各种佛教故事，但几乎都已经佚失。这些故事一般取材佛本生记、地狱等。著名寺庙的墙壁也绘有宗教壁画。中国的古典艺术风格讲究纯粹、简单、精确。传统的中国艺术家会略去细枝末节，追求简洁。佛教艺术却更加华丽：它是一种铺陈、夸张、反复和修饰的艺术。佛教文学也是如此，它不仅提供了新的题材（描述佛本生故事、跌入地狱、求法），而且提供了新的形式——讲法、师徒对话、寓言故事，这些促进了中国小

说和戏曲的发展。[52] 在许多方面，佛教文学使中国文学在一段时期更像异域文学：人的世界同神、动物以及来自地狱的鬼怪世界糅合在一起。我们应该记住，这些与中国的传统经历非常不同，在此之前中国传统文化从未想象出创世神和地狱，也没有精灵鬼怪。

因此，从 4 世纪后半叶开始的五百年里，佛教在中国（随后在日本）兴旺发展。寺庙成为学术和文化中心，僧人（也是诗人、画家和书法家）同那些喜欢佛学和修习入定的俗家文人相互唱和往来。[53] 宗派随之产生，其中最重要的是智顗（538—597）创立的天台宗（在浙江西北部的天台山），主要以《法华经》为教义根据；以及禅宗（日本禅宗），始于 8 世纪，尤其受到文人的欢迎。佛教许多宗派奉行长期的禁欲苦修，借助于苦修，通过更为艰难的禅定功夫，达到存在的极致。与此相反，禅宗追求“顿悟”，努力使自己的心灵远离散漫的思想，远离自我心念。因此，会借助于一切可能使人们从自我超脱的手段：悖论、“冥想荒唐的事情”、令人困惑的对话，甚至大声喊叫。

然而，从 842 到 845 年，出现了一次巨大的回转。佛教被禁止，佛教组织被驱散。

当然，这种巨大变化不是一夜之间发生的。反佛情绪存在了有一段时间，而且有两个来源。一个来自贵族与平民之间的重要差别。中国的贵族阶层总是欢迎外来影响，而且事实上，贵族阶层比整个中国民众容纳了更多的外国人：突厥人、粟特人、藏人。各种战争隔断了佛教徒的联系渠道，这也是一个影响。但是另一个更重要的影响来自受过教育、通过科举考试制度而进入仕途的士大夫文人。科举考试鼓励学习中国经书，在士大夫文人之间逐渐形成这样一种观点：中国已经远离了其简单明了的根本。819 年，唐宪宗敕迎佛骨，送往长安各寺供僧俗礼敬，从而掀起全国性的宗教狂热，中国的一位大文人韩愈（768—824）写了一篇激

310 烈的檄文表示反对。这篇有名的檄文进一步激起了反佛（和排外）情绪，并且逐渐从文人传到广大民众。最后一个意想不到的转折是，寺庙占有整个国家的大多数贵金属（以钟和佛像的形态）。当这些钟被熔烧，用来铸造钱币时，许多人拒绝使用，因为知道它们曾经是神圣之物，使用这样的钱币是渎神。这一行为也使佛教徒疏远了士大夫文人。836 年，当局颁布一项敕令，禁止中国人与“有色人群”，即外国人有联系。这一敕令被普遍认为是对外来思想的攻击，并很快开始清理寺庙中的作伪现象：未受过教育的僧人、伪造的度牒、虚假的土地交易。政府对僧人的控制越来越紧，寺庙里的僧人被强制遵守他们的誓言：僧人必须发誓守贫，这样所有富裕的寺庙都被褫夺了财产。最终总共有 26 万和尚和尼姑还俗，这意味着他们必须纳税，还有 4600 座寺庙或被毁或被改建成公共建筑。（另外 4 万座小型寺庙也被拆除或改建。[54]）到宋代，出家修行虽然又重新获得了一些影响，但是一直未能恢复之前的繁盛。此时的中国佛教中断了同印度的联系，当时的印度本身正受到伊斯兰教的威胁。只有禅宗仍保持着发展活力，但主要在日本。在宋代，出现了一种新的激情，也就是后来所知的新儒学。

新儒学其实是西方人对中国人所说的新理学（关于人性和宇宙秩序的一个学派）或理气学（关于宇宙秩序和宇宙能量的学派）的称呼。从某些意义上，这些称呼更准确，因为它们传达了新儒学关注的中心问题，即理，它既是宇宙（秩序）的中心理性法则，也是解释道德行为和事物的方式（如果它们能被理解的话）。把道德行为与事物联系起来是一种非常中国化的思维方式，与西方人的思维方式迥异（但对西方人并非没有吸引力）。

新儒学在宋代的发展被认为是最伟大的思想成就，是现在所称的中国“文艺复兴”王冠上的一颗明珠。它影响了社会各个阶层，从政治到宗教到法律（在至今保存完好的第一部中国法典《唐律》中，规定儿子杀父亲所犯下的罪行比父亲杀儿子要严重得多，后者在某些情况下甚至不构成犯罪）。[55] 新儒学的重要性一直延续到 20 世纪。做出总结的是 12 世纪的朱熹，他列举了五位重要思想家——周敦颐、邵雍、张载、程颢和程颐，他们都是 11 世纪的人物，彼此之间或为师生或为朋友，而且他们关心的问题都是关于"太极"的概念，即解释宇宙—时间—道德行为以及确保宇宙保持这种文明进程的力量或法则。这些思想家都是士大夫文人，科举进士，学习过相同的伟大的儒家经典，尤其是以孔子和孟子为基础的教育。新儒学内部有两个重大分支。一派重视经世济国和道德伦理，一派则专研 311
理和心。强调经世济国的一派批评宋代哲学家太脱离现实，认为知识分子的真正角色是在政治现实中帮助个人的道德修行，认为大多数人不能达到理想的境界，政府必须承认这一事实。

最著名的心学家，也是主观唯心主义的主要代表人物是陆象山（1139—1191）。心学对很多人具有巨大的吸引力，因为它的信徒认为，人们只能相信那些通过自己的主观意识而获得的真理，而且在关于对错、真假问题上，个人其实是自己的权威。[56]"宇宙便是吾心，吾心即是宇宙"是陆象山最著名的名言，被后人反复传诵。理学家反对这一观点，认为它可能削弱道德和社会行为中的所有权威。

最杰出的新儒学理学家是朱熹（1130—1200），他经常被称为"中国思想史上继孔子之后最有影响力的人物"，有些人说他是儒学"集大成者"。朱熹十八岁考中进士，出任过一系列官职，经历了一系列政治沉浮，在放逐中去世，两年后又被完全免罪。在他生前，他主张的理学被斥为"伪学"（因此而蒙羞并被放逐），但是在免罪后，他的思想变得极富影响力，以至于受到 20 世纪共产主义者的批判，被指责为中国在中世纪之后落后于其他文明国家的罪魁祸首。他的思想在今天很难获得认可，因为按照后来的标准，它们非常平淡乏味（这也许能说明共产党对他的态度）。但是没有人能否认它们在许多个世纪中的影响。[57]

朱熹把程颐和周敦颐等前辈的一些思想融合起来。与佛家和其他人的观点相反，朱熹减弱了超自然力量在人类事务中的作用。风、雨、雷、电等自然现象现在又重新成为自然力量，成为宇宙法则的表现形式。他说，只有遵循理学，或说包容整个世界、解释其存在及发展的自然法则，人们才能同时获得智慧、幸福和有道德的生活。[58]只有当人遵循理学之道，他才能发现世界预先存在的和谐而接近自我完善。朱熹提出，宇宙中存在两种终极力量或实体，即太极和理，前者解释物质的存在（以及虚无的不存在，这在佛教进入中国后非常重要），而后者解释物质的形式和演化（本体论），以及如何导致人类和伦理道德的发展。正如他之前的孔子一样，朱熹也相信宇宙是自我更新的。为了解释人在宇宙中的地位，他提出了一种生生不息的仁慈力量，仁。这解释了为什么孔子和孟子认为宇宙本善，人性为善。[59]朱熹的权威部分在于其思想综合之精致，同时也在于他深厚的经学素养。在《道统》篇中，他阐明了类似的思想如何从古代一直传承到宋代。在梳理道统的同时，他其实是在宣称这些思想的真正中国特质，
312 是与佛教的又一次分裂。他最喜欢的一个比喻是把人比作一碗污水中的珍珠。珍珠可能看上去暗淡无光（在人的眼里），但是如果把它从水中拿出来，它仍旧会发出璀璨的光芒。朱熹认为，恶行的产生是因为忽视或缺乏正当的教育。[60]

有感于此，朱熹汇编了《四书》。这是他确保新儒学，也就是他的理学之道能得以保存并广为传播的一种方法。他把《论语》《孟子》，以及从《礼记》中分离出的两章《大学》和《中庸》汇集在一起。他认为，这四本书应当成为教育的基础，同时还包括他对这四本书的注解和另外九种儒学经典。这一体系很快成为教育的主导。在他死后的短短几年，

他汇编的儒学经典被正式指定为科举考试的标准，并且一直延续到 1905 年废除科举。

向儒学的回归不仅仅是一次哲学转变，它也是理智的转变，这一转变助力于宋代的复兴。佛教中的华丽、虚幻和来世思想消失了，代之以一种更务实的理性主义，一个更加纯智识的世界：沉思的、有见地的、对过去一切充满怀疑的世界。这是一种自由，它不仅仅带来了文明艺术的兴盛，而且带来了新的艺术和学术形式：配乐诗，大百科系列和文选，风景画，园艺，关于法医学、考古学、批评史、社会史的第一批论文，以及小说，这些同本书的主题更相关。

五代时期（907—960，外族入侵而建立的几个次第更迭的短暂军事政权）创立的作为皇家学府机构之一的画院到宋徽宗（在位：1101—1126）时成为一个独立的学院。[61] 他还把绘画作为科举考试的一科，因此提升了画家的地位。考试的问题千篇一律，总是摘取经书中的一句话，要求考生运用独到的手法予以表现。考生的成绩根据构思之独到而定，而不是写生是否栩栩如生。我们应该牢记，在中国，书写用的是毛笔，而不是笔管，因此，相比后来的西方，书写和绘画的关系更加密切，它们是不同形式的笔墨艺术。魏根深认为，在某种程度上，书法比绘画更重要。

五代末期，山水画开始取代动物和人物画，到 10 世纪末和 11 世纪，它成为主要的艺术形式。这部分归因于宋代城市的增长，使乡村（尤其是山川）山水成为人们追慕之所在。但是它们对那些受过教育的文人进士的吸引力在于它们能唤起人们对沉思生活的向往，突出了云雪映照下中国山川的峻秀和瘦硬。山水画其实代表了对儒家简朴、洗练和宁静理想的浪漫主义的怀乡式回归。 313

与山水相关的是中国式庭园。荣叶和阿瑟·科特雷尔告诉我们，庭园艺术的兴起与山水画的发展同步。“它的源头是道家思想中回归自然的永恒召唤，既指内心的自然，也指外部的自然。不过，佛教也鼓励了这种风尚。”[62] 许多佛教圣地都有庭园，富裕的居士开始把自己的庭院作为礼佛场所。[63] 到宋代，中国式庭园开始努力发展成一种真正的艺术品，成为人与自然关系的表现形式。尽管在庭园设计的背后确实存在某些规则，但是同后来欧洲的花园不同，这些规则并没有导致整齐划一的现象。庭园中必须有山水（野外岩石和池塘）、花、树和一些装饰性建筑——桥、凉亭，或仅仅是墙面。庭园也可以作为房屋的一部分。“天井”，又叫内庭，是日常生活不可缺少的部分，它可以在里屋，也可以在外面。所有的宫殿都朝南。[64] 庭园中的物体还具有象征意义，有助于沉思。水是庭园的灵魂。没有草坪，没有设计成图案的花。相反，嶙峋的岩石边栽种着三三两两的植物。关于花，有一个复杂的象征体系。例如，菊花，秋天的花，“代表了退隐和涵养”；莲花，“出淤泥而不染”，象征着纯真；竹，“遇劲风而不折”，代表坚忍不拔，同时也是永恒的友谊和逆境不败的象征。[65]“中国式庭园的不对称性和随意性是信仰自然的宣言，同时也是对人类在自然世界中谦卑位置的承认。”[66]

就像风景画和庭园艺术一样，考古学在中国也比世界其他地方更早成为一种有组织的活动。宋徽宗时，在安阳发现了公元前 2 千纪的青铜和玉器，安阳是位于黄河以北的商代都城。这激发了古董风尚，但也刺激了对这些物品上古代铭文的兴趣，包括上面的信息和书写风格及其演化过程。从这产生了批评性考古学和金石学。这一时期出版了一篇关于古代钟鼎的论文，1092 年，吕大临撰写了《考古图》，试图对公元前 2 千纪和前 1 千纪的青铜器进行分类断代。[67]。关于古钱币的书籍也开始出现，一对夫妇撰写了《金石录》，书中共记录了两千条古代铭文。

宋代出现了历史写作的复兴，在新儒学的影响下，表现出向早期文学情感的回归。这就是所谓的“古文”，它表明了对早期文学特质的体认，而且不以仿古为耻。然而，在承担这一工作的时候，欧阳修（1007—1072）重新编修了过去的历史，例如《唐书》（1060 年重修的史书名为《新唐书》），同时把过去常规的官方记述（而且多数是匿名）变成一种更加严谨的、评鉴性的科学著作，其价值远胜之前的史书。这些批评性史书中最著名的是司马光写于 1072 至 1084 年间的《资治通鉴》，记录了从公元前 403 至公元 959 年的中国历史，但是给后世学者留下深刻印象的不是
该书跨越年代之宏大，而是它对材料的使用：总共 354 卷中，有不下于 30 314
卷包含批评性注解，讨论作者为什么得出这样的结论；当不同的材料相互矛盾时，作者不厌其详地对所有事件逐一核对，其态度之严谨足以使希罗多德汗颜。

科举考试及其产生的士大夫阶层带来的整体成就可以最终从以下事实中得到衡量：北宋成为一个取得“完美的诗歌艺术、纯文学和史书创作、辉煌的书画艺术、无与伦比的瓷器，以及一整套艺术成就”的时代。[68] 书籍的出版也是如此，“宋版书”成为最受追捧的版本。这是一个学术开始呈现出某种现代严谨性的时期，是第一批百科全书出现的时期，这些百科全书至今仍有很大价值。“宋代精英阶层已经远远超出了很久之后在欧洲仍然流行的‘古董收藏’阶段，他们沉浸在鉴定、训诂、年代测定和注解等相关学术研究中。”[69] 宋代还是数学、科学、医学和技术发展的鼎盛期。航海技术、桥梁、军事装备，所有这些都在宋代取得了巨大的进步。[70]

正如牟复礼关于宋代文化的描述，所有这些成就的取得离不开毛笔，从诗歌到绘画到书法，从史书创作或对经典的批评性研究到行政治理甚至到开医药处方，“都属于士大夫文人的正当行为……他们以毛笔为生，而且与毛笔相关的一切活动都属于高雅文化”。[71] 这当然不足为奇，然而奇怪

的是，许多其他体力和脑力活动（雕刻、制陶、漆器制作）被认为是工匠活，因此不属于高雅文化。后来的中国人继承了宋代的文化价值等级观，这种等级观一直延续到 20 世纪。

宋代确实取得了全新的、全方位的突破性进步：艺术、技术、自然科学（8 世纪发明了天文钟）、社会制度、哲学。这可以从沈括（1031—1095）的一生中得到最好的体现，牟复礼认为，沈括“可能是中国科技史上最有趣的人物”。[72] 沈括广泛游历，仔细观察，尤其对太行山上的海洋生物化石进行了详细的记载，认识到山体曾经是海底。他在天文学、数学、冶金术、药物学和绘图法上也取得了进步。他制作了第一幅详细的中国地图，计算出了精确到 1 英寸之内的等高线，而且第一个详细记录了磁力指南针在航海上的应用。[73]

当我们接近本书第二部的结尾时，我们可以看出，到西方人所称的中世纪末期，世界主要文明，也是最重要的思想和发明策源地，在中国、印度和伊斯兰世界。从政治力量、人口、技术创新和抽象思想而言，亚洲占据主导地位。欧洲既远离当时的文明潮流，也远离伟大的贸易路线。但是一种长期的、系统的变化正在酝酿。我们很快就要看到，13 世纪对许多事情而言是不寻常的一个世纪，但是正如美国学者珍妮特·阿布-卢格霍德指出来的，它之所以不寻常，主要是因为它代表了一个“枢纽”
315 世纪。“一个地区接着一个地区出现了文化和艺术的繁荣。旧大陆这么多的地方从未同时呈现出这种文化成就。中国制作了最辉煌的瓷器，宋代青花瓷，只有波斯制作的溢彩流光的绿松石釉碗才能与之比肩。在马穆鲁克王朝的埃及，工匠制作出镶有金银阿拉伯花饰图案的精美家具……印度南部伟大的印度教寺庙群在此时也达到鼎盛。几乎在各个地方，都能看到大量的财富被用在装饰和象征性展示上……在所有的地方，繁荣……产生高雅文化。”[74]

然而，她同时指出，这也是西方伟大的教堂建筑活动达到高潮的一个世纪。也就是说，欧洲正在崛起。为什么东方在13世纪之后举步不前、最终一直落在后面？这个问题一直困扰着所有国家的历史学家。在2001年9月11日纽约世贸中心事件之后，这个问题可能是当今世界面临的最重要的历史遗留问题。316

第 三 部
历史的伟大转折：欧洲的加速发展

15

欧洲的观念

公元10世纪，著名的阿拉伯地理学家马苏第这样谈论“乌鲁发”（这是当时穆斯林对欧洲的称呼）民族：“他们缺乏暖的体液；他们身材高大、本性粗犷、举止粗鲁、理解迟钝、话语沉闷……越往北，人就越愚笨、粗犷和野蛮。”[1]稍后，他的同事赛义德·伊本·艾哈迈德，也是西班牙穆斯林城市托莱多的法官，对欧洲也没有更深刻的印象。根据研究伊斯兰的大学者伯纳德·刘易斯的观点，1068年，即黑斯廷斯战役两年后，伊本·艾哈迈德用阿拉伯语写了一本关于民族类别的书。他发现，对知识做出最大贡献的有八个民族，包括印度人、波斯人、希腊人、埃及人，当然还有阿拉伯人。另一方面，他发现北欧人“没有发展出科学，与其说他们是人，不如说他们是动物……他们没有敏锐的理解力和清晰的头脑……”[2]即使到13世纪，牛津大学的学者罗杰·培根还是坚定地把目光投向东方。他向教皇克雷芒四世请求开展一项宏大的工程：自然科学领域内的新知识百科全书。他能想到的很多著作都译自阿拉伯语，他建议研究东方语言和伊斯兰教。

然而，到与他同姓的弗朗西斯·培根的时期，世界已经大不相同了。在公元 1000 至 1500 年之间的某个时期，欧洲发生了巨大的变化，欧洲大陆取得了决定性的领先地位。弗朗西斯·培根认为从欧洲之外的地方已经学不到什么东西。

发生了什么事？为什么“西方”领先了？如伊本·艾哈迈德描写的那个“呆板”“粗犷”和“冷漠”的民族的哪些特点发生了转变，从而创造了我们今天所看到的一切，使西方在财富、技术进步、宗教和政治自由方面都毫无争议地处于领先地位？在思想领域（本书主要关心的话题），欧洲在公元 1000 至 1500 年之间某个时期所发生的变化，也许是一个最令人着迷的问题，这个问题的重要性超过了其他任何问题，并且塑造了历史新纪元。公元 1500 年左右，（西欧人）发现了美洲。鉴于至今仍没有正确的答案，这个问题显得越发重要。虽然有很多理论，但它们差不多都只是猜测而已。

令人惊讶的事实是，对这一问题的研究并不太多。从现有的学术研
319 究来看，有六种答案。它们都认为欧洲在 1000 至 1500 年间发生了重大变化，并且此时“西方”首次出现。这些答案的一致之处仅此而已。任何一个决定性的论据都有待证明。

本章与其他章节有所不同，从某种角度讲是本书的枢纽。其他章节都是描述产生的思想，试图评价它们的重要性，并且按时间顺序排列；而本章后退一步，着眼于思想产生的可能背景，力图回答这样一个问题：对于后来的历史而言，为什么是在欧洲而且是西欧，出现了具有决定性优势的有影响力的思想？因此，我们要提前讨论一下后面章节将详细论述的一些发展。本章的直接目的是要说明，在过去的一千年中，为什么欧洲会成为这么多主宰我们生活的思想的发源地。

法国年鉴学派历史学家费尔南·布罗代尔试图从地理学方面进行解答。在《菲利普二世时代的地中海和地中海世界》和《文明和资本主义》这两本书中，尤其是在后者的卷一《日常生活的组织》中，他试图解释为什么欧洲呈现出当时的特征。例如，他认为食物和世界文明之间存在着明显的关系。他发现，在亚洲，大米“使人口高度密集，[因此]在人口繁荣的地区产生了严格的社会纪律”。另一方面，“玉米是一种需要很少投入的农作物”，这使美洲印第安人有更多的自由时间，建造使这些文明声震遐迩的大型金字塔。他认为，欧洲成功的关键因素是其相对较小的面积、谷物的效率和气候。他说，如此多的室内生活时间促进了家具的发展，进而促进了工具的发展；天气越恶劣，工作的天数就越少，但仍得养家糊口，这使得欧洲的劳动力相对昂贵，致使对省力设施（在工具的发展之外）的需求高涨，先是促进了科技革命，后又促进了工业革命。[3]

在关于地中海的书中，布罗代尔写得较为具体，力图说明地中海那些促进欧洲崛起的特征。例如，他指出，从地质学上来说，地中海古老而深邃，几乎没有沿海大陆架。海水的“倦怠”和浅海的缺乏使地中海不产什么鱼类，因而促进了长途贸易。山脉临近海岸线，尤其是阿尔卑斯山脉，这意味着高地村庄里的人们迁移到海岸上，并带来不同的技术。迁移是思想传播的一个主要因素，并且更容易在地中海进行，因为（1）地中海是东西向的，与盛行风向相同，因而使航行更容易；（2）岛屿和地中海的大体轮廓将其分割成更小的区域（第勒尼安海、亚得里亚海、爱琴海、黑海、伊奥尼亚海、苏尔特湾），它们使航海和航行更为容易；（3）地中海被很多半岛环绕着（伊比利亚半岛、意大利半岛、希腊半岛），它们的地理凝聚力促进了强烈的民族主义，这反过来刺激了国际竞争； 320
（4）阿尔卑斯山脉中部是三条河流的源头——莱茵河、多瑙河和罗讷河/索恩河，它们支撑着到欧洲腹地的运输。欧洲大陆面积较小，加上这三条大河流域如此深远，促进了道路的发展，完成了运输网络的最后一步。这些道路，像可通航的海洋和大河一样，意味着欧洲中心地的开放程度是独一无二的。结果，移民，连同他们的新方式和不同的思想，在欧洲比在其他地方更为常见。

这种观点就其本身而言并不错（虽然，西班牙不像布罗代尔所说的那么有凝聚力，人口也相当混杂，有阿拉伯人、柏柏尔人、莫扎勒布人和犹太人）。然而，实际上要“解释”的是，为什么欧洲在某个阶段迅速发展。布罗代尔的主要论点是地理决定原材料、城市（市场）和贸易路线的产生。换句话说，文明的发展方式在地理上具有某种不可避免性，这种不可避免性使欧洲，而不是亚洲、非洲和美洲，成为科学和资本主义的摇篮。但是，这并不是个充分的解释。我们仍需解释为什么会在那个时期发生加速发展。不是每个人都认为欧洲崛起是不可避免的。

也不是每个人都认为这一变化发生在1050至1200年之间。在《欧洲经济的起源：公元300至900年的交流和商业》（2001）这本书中，哈佛大学的迈克尔·麦考密克认为，欧洲早在8世纪晚期就处于发展之中了，并且到1100年左右已经全面展开，这意味着欧洲大陆的发展时间是通常所认为的三倍长，“并且难度也是通常所认为的三倍”。[4] 他指出，真正的最低点，至少在西欧，是公元700年，此时所有的商业活动都急剧减少，香料的国际贸易也暴跌，莎草纸不再销往法兰克地区，并且较少制作覆写本。[5] 他记载到，比德于735年去世前，在病榻上捐赠了胡椒和香料。然而，四代之后，胡椒贸易大大增加，它不再是一生难得的礼物了。他说，加洛林帝国的钱币铸造比人们迄今所想的更普遍、更复杂，并且在帝国的42个地方发现了54种7至10世纪时的阿拉伯钱币。[6] 他指出，船只拥有量在9世纪中期增加，并且他发现该时期有记载的、进行长途跋涉的将近有 700 人。9 世纪，多瑙河上的运输如此繁忙，水匪和收费员随处可见。[7] 到 10 世纪早期，莱茵兰和巴黎的市场繁荣发展，巴黎郊区圣德尼的商人来自西班牙和普罗旺斯，所交易的物资最远来自伊拉克。[8] 他指出，匈牙利王国在 1000 年左右改信基督教是一个决定性事件，由此重新开放了到君士坦丁堡的陆上线路。[9]

麦考密克的论点具有说服力（他的书长达 1100 页，史料翔实）。然而，他确定的似乎只是欧洲正在凝聚的酝酿期。游历过乌鲁发的阿拉伯人（如他们的钱币所示），如马苏第，并没有注意到这块大陆正在发生变化。毫无疑问它正在发生变化，但伟大的飞跃还未发生。321

关于 10 世纪后的加速发展，第二种解释是从经济角度进行的，由两部分组成。珍妮特·阿布–卢格霍德在《欧洲霸权之前》中详述了“旧大陆”的经济 / 文化情况。[10] 她写道：“13 世纪下半叶是世界历史上不同寻常的时期。在旧大陆，之前从未有过这么多地区彼此相互接触，虽然仍然只是表面的接触而已。这段时间的鼎盛时期是 13 世纪末期和 14 世纪头几十年，此时欧洲和中国甚至也建立了虽然是有限的、但是直接的联系。”[11] 她说，这个经济世界的奇妙之处不仅在于其自身，而且由于它不存在单一的霸权，它与在它基础上发展起来的世界体系形成了一个重要对比：后者是按照自身目的重新塑造的、长期居主宰地位的欧洲。

她的论点是，从时间上来说，公元 1250 至 1350 年之间的一百年构成了世界历史的一个支点或重要“转折点”；从空间上来说，连接地中海东部和印度洋的中东中心地带构成了使东西方大体平衡的地理支点。她著作中的论点与布罗代尔的论点相反，认为不存在一种使世界体系向有利于西方而不是东方发展的内在历史必然性。她指出，曾经有八个基本贸易体系，但是它们瓦解成三个主要体系：欧洲体系、中东体系和亚洲体系。它们具有一些共同点：货币和信贷的发明；融资和分散风险的机制；拥有独立财富的商人。因此，虽然欧洲在13世纪和16世纪之间确实超过了东方，她仍断定欧洲没有什么“特殊”之处；东方只是“暂时陷入混乱”而已。她说：成吉思汗统一的陆路贸易路线在慢慢分裂；帖木儿1400年所进行的破坏比十字军东征对亚洲造成的影响更为严重；“1348至1351年，这个世纪的中期，从中国一路蔓延至欧洲的黑死病摧毁了位于著名的世界贸易海上路线上的许多城市，彻底打乱了习惯行为。由于不同的人口损失而改变了交易条件，引发了世界形势的可变性，促进了激烈的改革，使一些国家获益，另一些国家受损”。[12] 她说，这可以在欧洲得到证实，英格兰以前是一个边缘国家，在这场瘟疫之后开始扮演更加重要的角色，因为它的“死亡”率低于欧洲大陆。此外，13世纪末期，意大利城邦的桨帆船使大西洋北部开始通航，这是对持续了几个世纪的世界体系的致命一击。葡萄牙人因此“发现”了到东印度群岛的大西洋路线，东印度群岛的大部分早在几个世纪前已为阿拉伯人和中国商人所知。然而，阿拉伯和印度的船只无法对抗16世纪早期出现在他们海域的葡萄牙战船。

她的观点是，13世纪时的世界体系相对稳定，是真正的世界性体系：不同的宗教体系和平共处——基督教、伊斯兰教、佛教、儒家思想、琐罗亚斯德教；全世界的商业惯例也同样先进，“甘吉布勒姆生产纺织品的组织与佛兰德的组织并无差异；在威尼斯和中国，都是国家制造商船；在13世纪以前的几个世纪中，开罗、泉州和特鲁瓦贸易中心的发展方式和速度
322 大致相同”。[13] 在珍妮特·阿布-卢格霍德看来，一度稳定的世界贸易体系在13世纪开始瓦解，没有影响以布鲁日、特鲁瓦、热那亚和威尼斯为中心的西方体系，但破坏了东方的中心，如开罗、巴格达、巴士拉、撒马尔罕、霍尔木兹、坎贝、卡利卡特、马六甲和中国大陆。[14] 阿布-卢格霍德指出，历史学家通常未能“尽早开始这个故事”，因此对西方崛起的因果解释断章取义、失之歪曲。她说，实际上，13至16世纪是一个转折阶段，

世界体系中其他部分的地缘政治因素创造了一个时机，没有这个时机，欧洲不可能崛起。

因此，阿布-卢格霍德认为，重要的是先有“东方衰落”而后才有“西方崛起”。1386年，因黑死病而遭到严重打击的蒙古人“失去”中国时，世界也失去了连接陆上路线和海上路线的关键枢纽。陆路贸易路线止于北京，海上路线经过印度洋和南海，止于中国东南部的港口。整个贸易世界都感受到了与世界体系东端相分离而产生的后果。[15] 尤其是，分离有利于热那亚，损害了威尼斯。威尼斯和热那亚都是这个世界体系进入欧洲的通道。但是，热那亚还有另一个更方便的通道——大西洋。因此，随着大西洋的开放，往返于那条路线上的船舶能够从东方的混乱中受益。这个地理上的重新定位决定性地颠覆了世界的重心之所在。

剑桥大学中国早期科技史学家李约瑟的理论有很大不同。他首先提醒我们，东方在公元1000年之前的发明数量多得令人难以置信，很多发明在上一章中已经描述过。李约瑟认为，在较早的几个世纪里，欧洲这块大陆无论从社会、政治还是文化方面来讲都远不及中国稳定，因此发展一直落后。欧洲缺乏贵金属，地理格局——一系列的半岛和群岛（伊比利亚、意大利和希腊）——使其民族主义更强烈，因为自然边界很多。此外，他说，正因为字母书写系统如此灵活，不同的部落和群体比较容易形成相互之间无法理解的语言，从而加剧了这个问题（相比之下，中国具有统一的书写系统）。所有这些使欧洲不断陷入冲突之中，因此发展落后。[16]

随后而来的是中国的两项发明。第一项是马镫，它大大增强了欧洲骑士阶层的权力，帮助产生封建制度。第二项是火药，至少在欧洲，它帮助摧毁了封建制度，因为它削弱了骑士阶级的权力。根据李约瑟的说法，随着西方封建制度的衰弱，商人阶层出现了，该阶层与科学的兴起密切相关。然而，这一现象并没有在中国发生。中国虽然有很多发明，但它是一个更为稳定的大陆，有着根深蒂固的、统一的帝国历史，取代封建制度的是“官僚封建制度”或“官僚统治”。这个士大夫精英阶级非常适合一个高度集权、皇帝专制的大国，官僚的治理使中国稳步发展。然而，令人
323 遗憾的一面是，商人阶级在这样的体系中被抑制。在社会的四个等级士、农、工、商中，商人地位最低。这种等级划分不但扼杀了创造力，还意味着中国从未发展出城邦：管理城市者是皇帝的代理人，没有市长、行会和议员。中国的城市不是向上流动的场所，而是受自上而下的统治。因此，虽然有很多发明，但中国从来没有形成现代的商业方法或现代科学。在李约瑟看来，这点终究是致命的。[17]

不管中国的城邦是否有过发展，李约瑟的其他论述在被最近的学术研究推翻的同时也得到支持。（关于“李约瑟因素”举行了一系列会议。）首先，人们对封建制度这个概念的使用存有疑虑，这不仅因为这个术语出现较晚，还因为土地 / 法律 / 效忠关系这种思想不完全符合中世纪的经历。领主对农民的权力不是来源于马匹和马镫，而是来源于更广泛的社会政治体系，该体系将世界分为三个阶层（祈祷者、打仗者、劳动者），并且支持一种少数统治多数的法律体系。此外，该体系在 1000 年左右才产生，因此在中世纪早期就谈论“封建制度”是毫无意义的。使领主对农民的权力瓦解的最终因素与骑士阶层的命运没有什么关系，而与 14 世纪的人口危机有很大关系，当时蔓延的瘟疫和饥荒使农民数量减少，对劳动力需求增多，这给予了他们更多的工资和更大的活动自由，从而结束了“农奴制”。

同时，其他历史学家强调这样一个事实：西方和东方的学术确实存在差异。前面的章节介绍了杰弗里·劳埃德和内森·席文对中国和希腊早期科学结构差异的研究和观点。近来，托比·胡弗声称，西方和东方在这一

方面的一个重要区别是，在中国和伊斯兰世界，学生的能力是由国家或师父判定的，这两个体系都未能培养独立思想。胡弗认为，在12、13世纪，欧洲、中国和伊斯兰世界拥有的学者数量差不多，但是东方的学者没有形成一个集体身份；因此，伊斯兰世界和中国的学者没有获得在欧洲实现的独立权利。[18]他说，独立权利在西方发展的一个原因是11世纪末期《查士丁尼法典》，即《民法大全》的重新发现。这一发现重新引入了法律体系概念，一种新的法律科学，产生了可供讨论和争辩的共有知识这一思想。胡弗说，共有知识的思想是大学之所以在欧洲而不是在中国或伊斯兰世界孕育的原因。[19]这意味着，东方不存在有组织的怀疑主义。例如，他指出阿拉伯天文学家与开普勒知道的相同，但是因为他们没有集体天文学这个概念，因而没有形成像哥白尼那样的日心说观点。集体天文学指总体的天文学知识，它为全民所有，并且可以被质疑。[20] 324

另一种经济学解释让我们回到布罗代尔的观点：欧洲面积较小。在《西方世界的崛起》中，道格拉斯·诺斯和罗伯特·托马斯认为，在中世纪鼎盛时期，即1000至1300年之间，欧洲从“蛮荒之地转变成一个被充分殖民的地区”。人口的显著增加，说明欧洲实际上是世界历史上第一个“住满”人口的地区。其主要河流的分布对此也有所助益：多瑙河、莱茵河和罗讷河/索恩河一直深入欧洲腹地。这些因素的结合产生了若干结果，特别是，古老的封建结构开始变化，越来越多的人关注财产，关注土地所有权。[21]正是这种更广泛的土地所有权很快导致了专业化的出现（先是出现在农作物的种植中，然后是在支撑这种专业化的服务业），然后导致了贸易的增长、市场的扩展和货币经济的发展，它是产生剩余财富的必要条件。所有这些都是真正的资本主义产生的条件。[22]

作为支持他们论点的部分证据，诺斯和托马斯发现欧洲在这些年间引入了新的农业体系，即从二区轮作制改为三区轮作制。采用二区轮作制时，人们翻耕所有的可耕地，但只在一半土地上种植农作物，剩余一半土地处于休耕状态，以便恢复肥沃度。采用三区轮作制时，庄园的可耕地被划分为三部分。通常，一块地翻耕后在秋天种植小麦；另一块地翻耕后在春天种植燕麦、大麦或豆科植物，如豌豆、菜豆；剩余一块地翻耕后休耕。第二年，农作物轮栽。该轮作制使产量增加 50%，同时也将农业劳动力分散于一年四季，降低了因农作物减产造成饥荒的可能性。[23] 该时期发生的另一变化是，马耕取代了牛耕。从生物学上讲，马比牛的效率要高 50% 到 90%。

而且，11 世纪，水磨的使用量在增加。水磨不是欧洲发明的，但是它被引入后在这个新气候区迅速传播开来，尽管需要很高的资本支出：1086 年，《末日审判书》记载，英格兰的 3000 个社区建有 5624 个磨坊。尽管水磨在这里容易大量增加（因为这个小地区河流众多），但没有理由认为英格兰的技术比欧洲其他国家更先进。因此，羊毛和布匹制造成为英格兰和佛兰德的一大特色。

诺斯和托马斯说，这两个发展（土地对越来越多的人利害攸关，而且没有更多的土地可供分配）产生了两个心理影响。人们更加注重个人主义：因为某物对他或她利害攸关，个人身份不再仅仅由其宗教信仰或庄园主的农奴身份来确定；出现（或重新出现）了效率观念，因为资源现在被视为是有限的。这些与日益增强的专业化和迅速发展的市场（供应来自远方的诱人商品）一起，构成了一场深刻的社会心理革命，最终将导致文艺复兴。

这一观点近来也遭到学者的质疑，他们强调总是有 40% 到 50% 的大
325 量人口不是农奴（指“不自由”的意义），并且他们已经拥有自己的土地。意大利经济历史学家卡洛 · M. 奇波拉进一步指出，欧洲不存在土地短缺问题，相反，土地很充足。他指出，欧洲与东方的不同之处在于，未婚人

口较多，这有助于避免地产的分割和减少大家庭的数量，而这两个因素都有助于改善贫困。奇波拉还支持迈克尔·麦考密克关于科技稳步增长的论点：6世纪的水磨、7世纪的犁、8世纪的轮作制度、9世纪的马蹄铁和套头马具。同样，磨坊也被用于其他用途：从861年的啤酒生产到1138年的制革，到1276年的造纸，再到1384年的鼓风炉。[24]所有这些都证明，欧洲的发展是稳步进行，而不是突如其来的。奇波拉同意诺斯和托马斯的以下观点：11世纪出现了新的商业技术，特别是从积聚钱财（通货紧缩）到"资本"投资的转变，尤其是康曼达契约的出现。[25]该契约实际上是一方借贷资金给另一方的合同，以资助对外贸易，所借出资金会连本带息偿还。奇波拉还发现，自10世纪以来，对货币（钱币）的需求量不断增加，他提供了一份当时批准建造的造币厂的地图。他说，"银行"和"银行家"这两个术语最早出现于12世纪。在1252至1284年间，威尼斯、热那亚和佛罗伦萨开始铸造金币，并且它们的金币很快成为价值标准。[26]现在还不清楚这些是变化产生的原因还是表征。

关于欧洲的崛起，一个完全不同的、研究最多的解释与基督教会及其在欧洲大陆统一中的作用有关。当时，很少使用欧洲（拉丁语：Europa）这个名称。它是一个古典术语，可追溯到希罗多德，尽管查理曼称自己为欧洲之父。11世纪时，更常用的术语是基督教世界。

教会的早期目标是领土扩张，第二个目标是修道院改革，由修道院（散布在整个基督教世界）领导争夺皈依者的思想之战。由此掀开了教会历史上的第三章，中央—教皇统治取代分散的地方主义。1000至1100年左右，基督教世界进入了一个新阶段，部分原因是千禧年无论从宗教意义还是从天启意义上讲都未能提供任何奇观，部分原因是视伊斯兰教为共同敌人的十字军东征也是促使基督徒团结一致的因素。所有这些在13世纪达到顶峰：教皇与国王和皇帝争夺最高统治权，甚至到了帝王被绝罚（参见下一章）的程度。[27]

然而，在这种情形下，产生了某种心态，这才是我们感兴趣的主要问题。遍布整个大陆的巨大而分散的教会组织产生的问题，教会和帝王、教会和国家间的关系，所有这些都引发了很多教义和法律问题。因为当时开
326 办的修道院和学校讨论和辩论这些问题，所以它们被称为经院问题。关于作为“超国家实体”的学者如何促进了欧洲统一这个问题，研究最多的是英国历史学家 R.W.S. 萨瑟恩。以下几页的内容主要以他的著作为基础。

学者所扮演的角色最直接明显地体现在他们使用的语言——拉丁语上。在欧洲各地的修道院、学校、正在发展中的大学和主教宫廷，教廷大使和教皇使节使用相同的语言交流观点和信息。皮埃尔·阿伯拉尔的对手认为他的书有危害性，不仅因为其内容，而且因为其影响范围：“它们从一个种族传到另一个种族，从一个国度传到另一个国度……它们远渡重洋，越过阿尔卑斯山……它们传遍各地和各国。”[28] 正因为如此，教廷的职业众所周知地具有国际性。法兰西人可能被派驻西班牙，德意志人到威尼斯，意大利人到希腊和英格兰，然后到克罗地亚和匈牙利，就像维拉齐奥的翟理斯在 1218 至 1230 年间的派驻经历那样。通过这种方式，欧洲在公元 1000 至 1300 年间在讨论和决定什么是重要的事情上，统一了思想和辩论规则，这在其他地方不曾出现过。它不仅存在于严格的神学事务中，还体现在建筑、法学和人文学科上。萨瑟恩认为，在 12、13 世纪，“也就是 19 世纪前欧洲人口、财富和世界性雄心膨胀最迅速的那段时期”，神学、法学和人文学科是欧洲秩序和文明的三大支柱。这三大思想领域的一致性和影响世界的能力可归功于对全欧洲都具有重要意义的学校的发展。教师和学生都从欧洲各地游历到这些学校，并把他们所学到的知识带回家乡。[29]

甚至到1250年，欧洲的大学仍然屈指可数：意大利北部的博洛尼亚大学、法兰西南部的蒙彼利埃大学、法兰西北部的巴黎大学和英格兰的牛津大学。但它们每一个都是真正的国际性大学。虽然大学后来变得很国家化，但不是一开始就这样，而且不仅仅是因为拉丁语是通用语言。[30]12世纪前半叶就奠定了经院思想的主要基础，这带来了看待自然界和有组织的基督教社会的新视角。[31]这种目标现在可能看起来很奇怪，但事实上却同创世、人类的堕落和救赎、圣礼一样具有内在的连贯性，“借此，救赎可以延伸至个人”。之所以连贯是因为创造这一体系的人都用相同的、数量不断增长的教科书，他们都熟悉讲课、辩论和学术活动的类似程序，而且他们都认为基督教能呈现出系统性和权威性。[32]

从古代世界继承下来的东西大部分都不协调。学者现在的目标是尽可能将“早在创世时就已经拥有或接触到的那种完美的知识体系归还给堕落的人类”。[33]人们认为，这种知识体系在人类堕落和洪水之间的几个世纪里就已经完全失传，但后来通过受上帝启示的《旧约》先知以及希腊罗马世界许多哲学家的努力慢慢在恢复。然而，这些成就再一次被破坏，其中一部分在中世纪早期征服了基督教社会的蛮族入侵时期就已经失传了。然 327
而，古代学术的许多重要文本，尤其是亚里士多德的作品，都幸存下来，尽管存在于阿拉伯语译本和注解中，这在第11和12章提到过。约从1050年开始，继续恢复人类堕落时失传知识的责任被认为是新学者的任务。[34]这种责任包括澄清、更正由于文本的失落或古代作者的片面理解所造成的错误，最后使之系统化，以便使新知识在西方基督教社会中广泛传播。“人类始祖在堕落之前的所有知识已经不能恢复了，从深远意义上说，试图了解一切会犯好奇之罪。但能够正当追求的知识，是那种对公正地看待上帝、自然界和人类行为十分必要的知识，它能促使人类救赎的产生……这样构思出来的整个计划期盼的是一个不太遥远的时期，这个计划将尽可能地令堕落的人类回归人类始祖的天性。”[35] 在当时的神学背景下，恢复知识有一个很实际的目的。[36]“世界很可能在几十年或最多几个世纪内会走到尽头，几乎可以肯定是在另一个千年结束之前。无论如何，当理想数量（但我们可能不知道到底是多少）的人获得救赎时，世界末日将要来临，并且学校的使命和普遍意义上的基督教会的使命一样，是让世界为这一事件做准备，加速这一事件的到来。”[37] 萨瑟恩也提醒我们，当时学术总体的数量不像今天那么令人生畏，因为所有学科基本文本的数量按照现代标准来说是很少的，基本材料不会超过中等篇幅的三四百卷。[38]

这种对最后综合的希望到 14 世纪就破灭了，但那时早期大学开始形成，它们的国际性产生了许多拥有相同方法和观点的教师和学生，足够在欧洲创立一个完全由饱学之士（主要是男性）构成的阶层。这些人在相同的文本和注解方面接受训练，对相同的问题都高度重视。如前所述，他们认为神学、人文学科和法学才是重要的。[39] 除此之外，学术体系赖以建立的知识理论（所有知识是对人类堕落前大量可自由获得知识的再次获取）认为，随着时间的推移，会渐渐出现一个权威体系。[40] 到 1175 年，学者不仅把自己视为古代学问的传递者，而且是一个“迅速达到巅峰”的综合多方面知识体系的发展的积极参与者。[41] 在稳定和促进神学和法学的研究中，学者帮助建立了一个有序的、向前看的社会。整个欧洲是这一过程的受益者。

除了神学家外，有三位学者因他们对西方这个理念的贡献可能要格外被强调。第一个是博洛尼亚修道士格拉提安。在他之前，教会法不是系统的研究体系。直到那时，大部分决定都是由当地主教做出的。可以公正地说，到 1100 年，整个教会法体系是一片混乱。所以当他的论著《不一致的教会法规全集》（也叫作《教会法汇要》）在 1140 年出现时，整个欧洲大陆甘之如饴。[42]格拉提安尝试以废除盲从惯例的方式对教会法进行重新思考、重新组织和合理化（教会法在一个完全宗教化的社会中当然是法学的主要形式）。他并不总是成功的，但在他之后，法律经常要经受合理性测试，以便能被教皇、当地主教和教士以差不多相同的热情接受。它既具有解放性，又具有统一性。 328

第二个学者是罗伯特·格罗斯泰斯特（约1186—1253）。格罗斯泰斯特毕业于牛津大学，在巴黎学习神学，以担任牛津大学的校长而著名。他是古典著作的翻译者，是《圣经》学者和林肯的主教。他还创造了（而且这可能是最重要的一点）实验的方法。* 罗杰·培根在他的《大著作》中最先指出，“格罗斯泰斯特最早写下了关于科学的著作”。[43]在格罗斯泰斯特出生前的半个世纪中，西方学者一直把希腊、伊斯兰国家的科学著作从阿拉伯语译成拉丁语，而这本身就是塑造西方的一个因素。格罗斯泰斯特参与了翻译运动，但正是他看到了，要想取得超越古典著作的进步，就必须解决科学方法的问题。从9世纪开始，西方就取得了大量的科技进步，那时就引进了新型轮式犁和给役畜套挽具的新方法。除此之外，水磨和风车改变了粮食研磨和冶金术，指南针和星盘工艺得到改进，发明了眼镜和时钟。但正如格拉提安之前的法学一样，这些都是即兴的、通过经验取得的进步，而且那个时期对如何归纳论证来建立论据、做出解释和提供更准确的测量和答案没有概念。

格罗斯泰斯特的主要见解是在亚里士多德的基础上发展了自己的“归纳法”和系统测量模式。他说，调查的第一个阶段就是把调查的现象分解成构成现象的要素或元素。在分解了这些要素或元素之后，应该把它们系统地重新组合，来建立有关现象的知识。他从彩虹开始，观察它如何出现

* 亚历山大港的经验主义者曾经进行实验，但并没有把它发展成一种系统方法。汉代的中国人和9世纪巴格达的拉齐也是如此。

在天空，如何出现在水车轮和划艇桨产生的喷雾、嘴里喷出的水、太阳光照射的装满水的玻璃瓶中。这最终导致弗赖堡的狄奥多里克得出关于光照射球状水滴产生折射作用的理论。从这个意义上说，这是第一例实验方法。[44]

格罗斯泰斯特的创新引起人们对精确性的兴趣，进而导致对测量的关注，这也是一个具有深远意义的心理和社会变化，它在西方最初出现在 13、14 世纪。同时，时钟被发明（13 世纪 70 年代）。在那之前，时间被认为是水流（借助滴漏或水钟），而且时钟随着季节而调整，这样夏季白天的 12 个小时比冬季白天的 12 个小时长。现在，钟楼开始出现在城镇和乡村，在田里劳作的人根据报时的钟声来调整作息时间。这样，
329 准确性和效率就结合在一起。在欧洲人时间观念改变的同时，他们对空间的理解也改变了，空间的准确性也变得越来越有可能。这些综合变化将在第 17 章讨论。

帮助奠定西方基础的第三个学者是托马斯·阿奎那（约 1225—1274）。他尝试将基督教和亚里士多德以及一般意义上的古典著作调和起来，这是一项极富创造性和筚路蓝缕的成就，这也会在第 17 章详细阐述。在阿奎那之前，除了与上帝有关的知识外，世界既没有意义，也没有规律。我们所谓的托马斯式革命至少在原则上使一种自然观和世俗观成为可能。正如科林·莫里斯所说，这场革命区分了“自然和超自然、自然和上帝恩典、理性和启示。从［阿奎那］开始，对自然秩序的客观研究就成为可能，世俗国家的思想同样成为可能”。阿奎那坚持认为事物有一个自然的本质秩序，这似乎否认了上帝的神奇介入的力量。他说存在一种理性能掌握的“自然法则”。[45] 理性最终从天启的阴影中重新出现。

阿奎那也是一个关键人物，他一方面使某束思想之光达到顶峰，另一方面开创了一种看待世界的新方法。被托马斯引向顶峰的那束思想之光

首先由圣维克托（位于12世纪的巴黎，圣维克托是一座奥斯定会修道院）的于格阐明，他提出，关注自然界纯粹现实的世俗学问是宗教冥思的一个必要基础。“学习一切事物，然后你就会发现没有什么是多余的”，这是他的座右铭。这种态度在中世纪产生了撰写“大全”的做法，这是一种旨在综合所有知识的百科全书式论著。于格写了第一本《大全》，而阿奎那的《神学大全》可能是最好的。这种态度也得益于阿伯拉尔的《是与否》，它是一本宗教当局明显矛盾的言论的合集。尽管表面上看其方法是消极的，但它积极的一面是让人注意到，通过质疑矛盾之处和探索三段论，逻辑论证能深入知识的表面之下。[46]

尽管古典著作的复苏是在信仰上帝的前提下进行的，这种恢复仍然很有影响力。安瑟伦在总结对日益增长的理性力量不断变化的态度时说：“如果在坚定我们的信仰之后，却不努力去理解我们所信仰的，那么在我看来这就是一种渎职。”差不多同一时期，宗教和政治当局之间漫长的斗争达到高潮，1215年巴黎大学赢得了教皇颁发的书面特许，确保它追求知识的独立性。巴黎有一位学者，也就是阿奎那的老师大阿尔伯特，他是第一个明确区分从神学中获得的知识和从科学中获得的知识的中世纪思想家。大阿尔伯特在强调世俗学术的重要性和经验观察的必要性的同时，为世界引发了一个变化，其力量之大是他始料未及的。

阿奎那同意他老师提出的区分，也赞同他的观点，即亚里士多德的哲学没有受益于基督教启示，而是人类理性所创造的最伟大的成就。在这一点上他加入自己的观点：正如亚里士多德在某种程度上描述的那样，自然十分宝贵，因为上帝赋予了它的存在。这就意味着哲学不再只是从属于神学。“人类的思想和自由从上帝身上获得真实性。”[47]人只有通过自由地追 330
求知识才能实现自我。阿奎那说，不应该像很多人表现出的那样害怕或诅咒这种探索。既然上帝设计了一切，世俗知识只会更准确地揭示上帝的设计，因此能帮助人类更加了解上帝。“通过扩展自己的知识，人变得更像上帝。”[48]

托马斯坚信信仰和理性能结合起来，他最初遭到教会的非难，后来又得到教会的支持。但正如在他之前的大阿尔伯特一样，他所引发的变化也比他想到的要大。在巴黎的其他同时代人，例如布拉班特的西格尔认为哲学和信仰不可调和，事实上它们彼此冲突，因此如果是这种情况的话，“理性和科学的王国在某种程度上必须在神学之外”。[49] 曾经有一段时期，这一争论通过提出一个“双重真理”的世界而得到了“解决”（希望用词恰当）。教会拒绝接受这样的情况，因而切断了传统神学家和科学思考者之间的交流。但太迟了。即使现在，思想独立的科学家/哲学家仍然有宗教信仰，但他们比以往更看重跟随理性的指引。

在将亚里士多德和基督教结合起来时，阿奎那取得了部分成功。这使亚里士多德以前不被接受的思想现在得到了认同。在将亚里士多德基督教化的过程中，阿奎那最终成功地使基督教亚里士多德化。世俗的思考方式被引入到世界中，它最终将永远改变人们的理解。这基本上是本书下一部分的主要论题。

科学的方法、准确的测量、一个有效率且思想统一的世俗世界：任何对西方现代性的定义都一定会包括这些基本要素。比这些更抽象却更有趣的是一种根本的心理变化，某种形式的个体性于 1050 至 1200 年之间的某个时期在欧洲产生，这最能解释西方思想及其在以上所述事件中取得的突飞猛进。如果个体性真的很重要，那么所有其他的进步（科学、学术、准确性、世俗生活等）就可能是现象，而不是起因。

有三个主要因素导致这种情感变化的产生。一个是城市的发展，它促进了教会之外其他职业的发展，如律师、文书和教师。突然间，人们比以前有了更多的选择。第二个原因是土地所有权的变化，这助长了长子继承制的趋势。实行长子继承制是为了减缓土地分割，因为土地分割容易使其遭到袭击。这一变化的一个重要副作用是，没有长子继承权的幼子被迫到其他地方寻求财富。通常，他们进入别的宫廷，成为军人。这样的社会很快培养出一种英雄文学趣味（幼子寻求财富）。正是在这一系列环境下产生了骑士制度和宫廷爱情思想（尽管还有其他原因）。这种亲密的感情立刻占据中心位置。例如，对爱情的关注激发了人们对个人形象的兴趣，意味着 12 世纪是一个服装大胆创新的时代，它是不断发展的个体性的另一种表现方式。[50]

这一变化的第三个刺激因素是 12 世纪的复兴，即对古典世界的重新 331
发现，它尤其使人们认识到刚刚逝去的年代的缺陷，认识到古典作家已经表明，人类在动机和解决共同问题的方式上可能会各不相同，甚至表明教会之外也可能存在丰富的生活。[51] 同样重要的是，新的经院哲学表明过去的权威可能有出入，而且出入还很大。因此人们不得不依靠自己，找到新的解决办法（他们自己的）并且形成新的思想。这产生了可能最富革命性的思想：个人信仰。[52] 理查德·萨瑟恩说，新思想用一句话可以概括："了解你自己，以此作为通向上帝的途径。"其基本思想是，每一个灵魂都受到各自心灵的影响，人们有很多共同之处，但他们接近上帝的程度不同。[53] 这种变化不应被过分夸大，它主要影响精英人群。虽然出现了多种敬拜形式，但普通大众仍把自己视为集体，视为教众。

一个相关的原因是千禧年的到来和结束，即时间年表上的公元 1000 年。在公元 1000 年左右，仍有人希望地球上的生活秩序发生决定性的变化。随着 11 世纪的推进，什么都没发生，对于身体复活的信仰不可能永远持续下去。结果是，神秘思想增加，出现了所谓的耶路撒冷文学，主要形式是新赞美诗。这关系到耶路撒冷意义的变化。这座城市不再被认为是从天上降落到人间的天堂。相反，人们的目标是到达天堂里的新耶路撒冷。这是一个重大变化，因为它表明不是所有人都会被救赎，只有那些获准救赎的人才能被救赎。反过来，这也发展了个人救赎思想。[54]耶稣受难艺术表现上的一个重要变化反映了这些新思想。在中世纪早期，有一种标准圣像：胜利的基督被钉在十字架上，马利亚和约翰看着他。基督的形象是活着而身体笔直，他的两只脚并排站在一个支撑物上。他双眼睁开，胳膊伸直，没有任何痛苦的迹象。他的脸通常没有胡须，很年轻。在基督教历史的第一个千年，到处都是死亡，死亡威胁着大部分人，死去的基督却几乎从来没被描绘过，这真是件非比寻常的事情。“耶稣受难被视为万物之主基督的胜利。”[55]基督教传统对把基督表现为遭受痛苦的人感到不安，而是更喜欢在他身上看到神圣力量的表现。与此相反，在 11 世纪我们突然发现耶稣裹着薄薄的围腰布，陷入痛苦中或已经死了，而且在降格过程中太过人化。现在关注的是耶稣的悲伤和他内心的痛苦。

这种变化之前的古老思想在教会的礼拜仪式中最能得到体现。[56]国王和贵族如此重视修道院仪式，以至于政府被合理地描述成“礼拜式国家”。例如，在 11、12 世纪最大、最有影响力的修道院中心克吕尼，礼拜仪式变得如此之多、如此之复杂，以至于它占据了用于学习和体力劳动的时间。礼拜仪式过多，大型建筑物激增，无视农民经常缺乏许多最基本的生活必需品，更无视仪式是用大部分俗众不理解的语言进行的：这都突出了
332 个体性的缺乏，正如弃世的修道生活所突出的一样。[57]在所有这一切当中，普通人、世俗个人只被允许目睹在基督身上再次印证的上帝的胜利，而不能参与其中。[58]中世纪的残酷和暴力也起到某种作用，因为在 10 世纪不快乐的世界中，弃世似乎对很多人来说是获得救赎的唯一途径。[59]这种心理因以下事实而得到强化：直到 1100 年左右，基督徒相信人是为了补差

堕落天使的数量而被创造的。换言之，人的目的不是成为人，而是成为天使。人不应期望发展自己的天性，“而应变成另一种存在”。[60] 这个时期的赞美诗是集体性的，不是个体性的。

科林·莫里斯注意到，在中世纪的早期文学中，尤其在史诗中，都叙述了在严格的贵族和等级社会中，忠诚和正式义务之间的冲突。这就等于没有个体主动性或表现更多亲密感情的余地。[61] 但在 11 世纪，这些也都消失了。现在我们发现，对于自我表达的欲望在不断增强。例如，在 1050 至 1200 年期间，布道和提倡个人对《福音书》的理解有了明显增加。用诺让的吉贝尔的话说：“任何人都有教育他人的责任。如果他想完全做好准备，可以首先认识自我，然后才能很好地将自己内心的斗争经历教给他人……”[62] 需要补充的是，尽管吉贝尔把自己视为一个思想上的叛逆者，他的叛逆也只限于严格界定的范围。

类似的变化在教会的教规调整中也可以看出。在 11 世纪中期之前，罪人必须在教会全体大会前被宽恕，如果罪孽深重，被宽恕之前会有一段时期被取消正式教会成员资格。这一做法后来被具体的苦修取代。萨瑟恩举了一个 1066 年黑斯廷斯战役后征服者威廉的军队受到惩罚的例子。任何杀人者必须为他所杀的每个人做一年的苦修。伤人者必须为他所伤害的每个人做四十天的苦修。不知道自己杀害或伤害多少人的人必须在他的余生每周做一天苦修。这里的关键在于不考虑动机或痛悔，简言之，就是不考虑内心感受。这些在 12 世纪发生了变化。[63] 现在人们意识到，外在的苦修不如内心的悔过重要。最终，这种对内心痛苦的强调促使人们更广泛地采用个人告解。一开始，告解很少见，例如临死前或朝圣时会做这件事。但是在 1215 年的第四次拉特兰公会上，一年一次的忏悔被强制作为对教会每一位成员的最低要求，为的是信徒能聆听“灵魂的声音”。“对内心宗教信仰的追求从少数人延伸到每个人。”[64]

这些变化也反映在礼拜仪式之外。乔治·迪比指出，在这个时期的绘画中，在意大利历史上，各种各样的人物首次“表现出最深刻的感情”：温柔、尊敬和绝望。[65] 用第一人称写成的文学作品增多了，“获得”这个动词开始普遍使用，“1125 至 1135 年之间的某个时候，那些负责圣像的人命令在欧坦的圣拉扎尔教堂门廊上雕刻的石匠放弃抽象性，而赋予每个人物个性化的表情”。[66] 迪比说，随之产生的是对洁净的执迷，然后是对洗澡和
333 裸体的执迷，使人们越来越意识到自己的身体。那些有财力的人在家里开始另建私密房间，例如书房。[67] 越来越多的人有自己的名字，尤其是突出个人特点的昵称。例如，在 12 世纪 40 年代特鲁瓦大教堂的三个教士都被称作皮埃尔，每个人都有易于辨别的昵称（当然，用拉丁语）：斜视的皮埃尔、好饮者皮埃尔和好食者皮埃尔。[68] 古代世界几乎没有过的自传也从 11 世纪末增加。[69] 传记和通信集也在增加，这些通信集经常探究通信者的内心生活、他们的问答，以及类似于忏悔的自我反省。[70]（至少对我们来说是这样。）我们了解到，身份可确认的艺术家第一次在他们的作品中表达了自豪之情，这同拜占庭的态度形成鲜明对比。[71] 例如，埃德温是 1150 年左右坎特伯雷圣咏的抄写者或构思者：“我是作家之主；我的名声和赞美不会很快消失……名声永远在你的作品中铭记你，埃德温，你的名字将会在这里的画作中被世人看到。”[72]

艺术也以其他的方式在发生变化。公元 1000 年后，我们看到肖像中的个人细节有所增加。科林·莫里斯认为，事实上我们理解的肖像在公元 2 世纪左右就失传了，直到 11 至 12 世纪才重新出现，并且“形成一种新理念”。[73] 例如，王家肖像和墓碑雕刻变得更明晰，不那么理想化，人物较少地表现美德，更多是用特有的现代方式对待人物的形体。[74]“在这个世纪中期之前，雕刻家吉斯勒贝尔在欧坦雕刻的夏娃被称为自罗马衰亡之后西方艺术中第一个具有诱惑力的女性。”[75] 纪念性雕刻在 11 世纪晚期之前

基本不存在，现在渐渐变得比较普遍。

这一系列变化的最后一个方面，是一位历史学家所称的“爱的革命”，它将个人主义、心理学和教会连接起来。11 世纪见证了爱情文学的爆发，它的成就不亚于，可能更胜于罗马最伟大的诗人。不止一位历史学家说，所有的欧洲诗歌都来自中世纪鼎盛时代的爱情诗。当然在我们最熟悉的行吟诗人中，出现了男人对女人（高度程式化）的奉承这一新元素。即使在现实生活中没那么努力，诗人在纸上还是竭尽全力表现出对他人的不同反应。单恋即使不算完美的爱，也获得广泛的关注。产生这一现象的一个重要原因是它不同于对上帝的爱。一个人今生都不可能知道自己对上帝的爱与他人相比是怎样的，除非到审判日。而对一个女人的单恋使男人反思自己，并迫使他们考虑自己为什么会失败以及怎么能改进。[76]

我们充分考虑到修道院了吗？910 至 940 年之间就已经为修道院的复兴打下了基础，然而在 1050 至 1150 年之间修道院数量大幅度增长。在这方面数字统计相当准确的英格兰，在 1066 至 1154 年（亨利二世登基时）之间，男修道院数量就从不到 50 座增加到约 500 座。克里斯托弗·布鲁克计算出修士和修女的数量在不到一百年的时间里翻了七八倍。[77] 仅熙笃修会在 1098 至 1170 年就建立了 498 座修道院。[78] 在德意志，为妇女建立的修道院数量从 900 年的约 70 座上升到 1250 年的 500 座。[79] 这一 334
复兴对建筑和艺术产生了很大影响，尤其是对花窗玻璃、书籍彩饰，但也许最重要的是对雕刻以及对妇女和女性观的影响。修道院和后来大教堂的大规模建造（在后两章会介绍）促进了雕塑的激增，这些雕塑除了它们本身的辉煌外，还将激发人们对将成为艺术现代化特征的透视法的兴趣。[80] 正是在 11、12 世纪的修道院建立和发展了圣母马利亚崇拜。崇拜圣母马利亚既表现了（男性认为的）理想女性，也体现了一种新的信仰形式。“有许多证据表明在 12、13 世纪，出现了让女性有更多机会参与宗教生活的强烈需求。”[81] 女人同男人一样开始关注内心生活。

科林·莫里斯说：“个体的发现是1050至1200年间最重要的一个文化成就。”[82] 但它是否有助于独特的西方个体观的出现？它无疑是基督教发生根本变化的一个原因或表征，基督教本身在统一欧洲大陆的过程中发挥了很大作用。中世纪鼎盛时代新的修道会不是本笃会，而是方济各会，它强调传教而不是组织，强调良知而不是等级。“如果任何一个教士给兄弟修士的命令不符合我们的规则或良知，兄弟修士不必服从他。”[83]

约翰·本顿认为，如果男人和女人在1050至1200年间真正开始关注内心生活，他们一定比他们的先辈具有更多的自尊，而正是这种精神变化加上关于自我（口头上和视觉上）词汇的增加，最终产生了西方不断提高的自信，带来了地理大发现时代和文艺复兴。

虽然没有证据，但是变化的确出现了。11至12世纪是时代的枢纽，那时欧洲开始加速发展。从那以后，新的思想主要发生在我们现在所说的
335 西方。不管出于什么原因，这都是怎么赞扬都不过分的巨大变化。

第 四 部

从阿奎那到杰斐逊：攻击权威、世俗思想和现代个人主义的诞生

16

“上帝与人之间”：教皇的思想控制手段

1077年1月末，正值严冬，神圣罗马皇帝亨利四世来到意大利北部帕尔马东南方二十英里的卡诺莎。亨利当时刚刚二十三岁，他身材高大，充满活力，有着蓝色的眼睛和亚麻色的头发，是典型的条顿人。他来卡诺莎是为了见“罗马教廷的尤利乌斯·恺撒”，即教皇格列高利七世，教皇当时正在卡诺莎的城堡里。格列高利七世当时五十出头，在未来他会被教会封为圣徒，但是如教会史学家威廉·巴里所说，他实际上是“世人所说的狂热分子”。那个月早些时候，他竟然将皇帝绝罚，表面上是因为亨利四世胆敢任命德意志的主教，还因为他没有采取措施禁止当时十分普遍的买卖圣职行为，也没有禁止包括主教在内的神职人员结婚。[1]

这个月的25日，亨利四世获准进入城堡辖区。传说他光脚站在厚厚的积雪中，饥肠辘辘，只穿了一件长衫，足足在严寒中等待了三天，格列高利七世才同意见他并赦免了他。这次公开羞辱是一场已经酝酿多年的争端的戏剧性转折点，而这一争端还要持续两个世纪。

前一年末，格列高利七世在为自己写的《教皇教谕》中宣称“罗马教会从未错过，也永远不会错”。他声称，教皇“不受任何人裁判”，“教皇的判决任何人不得取消”。格列高利七世进一步说教皇“可以免除臣民对邪恶君主的效忠”，“所有诸侯都只能亲吻教皇一人的双足”，教皇“有权……废黜皇帝”，“只有教皇可以使用帝国徽章”。[2]

这次被称为主教叙任权之争的严重争端是教会与世俗政权争夺教会职务控制权的漫长斗争，格列高利七世只是一长列追随他的教皇中的第一个而已。[3]他所引发的这一争端因1122年的《沃尔姆斯宗教协定》而达到高潮（当时正值法兰西籍教皇卡利克斯特二世在位期间，1119—1124），皇帝同意放弃主教叙任权，允许教会自由选举。对历史学家来说，主教叙任权之争只是一个更大范围运动的一部分而已，这一运动有一个很相称的名字，教皇革命。[4]它最直接的结果是使神职人员脱离皇帝、国王和封建贵
339 族的控制。将神职人员控制在手中之后，罗马教廷很快成为某位观察家所说的“强大中央集权的官僚权力中心”，在这里，集中了中世纪的强大工具——读写能力。[5]一个多世纪之后，教皇英诺森三世在位期间（1198—1216），教廷达到了权力的顶点。英诺森三世可能是中世纪教皇，乃至所有教皇中最强大的一位，他公开宣称：“正如宇宙的创造者上帝在天堂上空创造了两大灵光，强者管昼，弱者管夜［《创世记》，1：15，16］，他也在全教会上空创造了两大尊贵力量……强者管昼，即灵魂；弱者管夜，即肉体。这两大尊贵的力量即教权和王权。正如月亮的光辉来自太阳，并在质量、数量、位置和效果上低于太阳一样，王权的光辉也来自教权。”[6]

这是挑衅性言论，但事情远非仅仅如此。1076至1302年间，另有两条教皇教谕宣称教权的优越性，四个国王被绝罚或受到绝罚的威胁。1302年的《一圣教谕》被公认为中世纪教皇声明中的登峰造极之作，当时的教皇博尼法斯八世显然希望借此来确立其持续的至高权威。[7]该教谕没有指

名道姓其针对的对象，即法兰西国王腓力四世，他曾下令禁止从法兰西出口钱币（因此断绝了教廷的这方面的财政收入）。虽然两人原本是可以达成协议的，但博尼法斯八世坚持要求法王完全服从，这促使法王对博尼法斯八世进行了一系列的指控，其中包括异端。教皇又发出一条教谕进行还击，宣布解除腓力四世的臣民对他的效忠，这对忠于国王的支持者来说过于冒犯，他们闯入了教皇位于罗马东南五十英里阿纳尼的住处并绑架了教皇。虽然教皇很快被释放，但由于受惊，一个月之后去世。继任者很快被选出，但他只在位九个月，之后枢机主教们又争执了两年，最后波尔多大主教当选教皇。他定居在阿维尼翁，身边聚集了法兰西的枢机主教。阿维尼翁将在未来的六十多年（1309—1378）里成为教廷所在地。[8]这些事件震惊了整个欧洲，标志着教廷命运的一个转折点。从此往后，教皇再也无法享有从《教皇教谕》到《一圣教谕》颁发期间所享有的至高地位。

在 1075 至 1302 年的教谕颁发期间，教皇享有至高无上的地位，这段时期也叫作教皇专制时期，是历史上最不寻常的时代。中世纪鼎盛时期潜伏着三场同时进行的战争：三种思想互相斗争，它们虽然在时间和地点（及新闻价值）方面有交错，但在概念上是很不同的。第一场战争发生在教皇和国王之间，焦点是谁的地位更崇高。这反映了神权的本质和国王在这一等级制度中的位置。上一章和第 11 章说明了东西方教会的不同：在东方教会，国王作为耶稣在世间的代表直接拥有权力；在西方教会，教皇作为圣彼得的继任者，将权力赋予国王。在西方，城市和商业不断发展，随之而来的是商人阶级不断加强的独立性。他们不像之前的农奴和骑士， 340
不会轻易被唆使为了国王的利益而发动战争，因此国王的权威越来越受到质疑，议会和各社会阶层不断发展，新阶级及其利益有了表达意见的权利。如果像某些时候，教皇的权力大于国王，国王地位不够高，那么国王就越来越必须遵从法律。这一变化非常重大，对于它的描述和讨论将在本章下面进行，并在第 24 章继续。

我们要考虑的第三个思想在上一章（枢纽章）开了个头，即对于信仰的新认识，将信仰视为内在的、在一个人内心发现的东西，新的个体性的一个方面。某种程度上说，这是所有问题中最有趣的。内心的信仰虽然在神学上很有意义，而且《圣经》也表明，它更接近耶稣基督的教义，但它实际上却是削弱组织严密的教会的腐蚀剂。个人信仰超出神父和主教的控制；另外，个人信仰可能会陷入非正统，甚至异端的危险。将这三个问题和本章讨论的其他问题联系（不过再次声明，我们不能过分夸大这一联系）起来的是思想（因而是政治）权威。如果国王和教皇宣称他们的地位和权力属于神授，但自己却公开地激烈争吵（事实如此）；如果个人信仰是通往真正救赎的道路，这岂不是神学上和政治上的一个新情况、一个新状态？这意味着也许新的个性以及思考一个世俗世界的新自由是有意义的。

这很重要，因为它有助于我们解释那一时期的一些悖论，如果我们要完全理解中世纪鼎盛时期，理解这些悖论非常关键。例如，以上简短的分析有助于解释，为什么两个强大的教皇——格列高利七世和英诺森三世——出现在从长期来看教皇权威实际上正处于衰弱的时期；为什么枢机主教团和罗马教廷在这一时期形成：它们是为了应对新的心理 / 神学氛围下教会固有的弱点，为了加强教会的团结性所做的尝试。它还特别有助于解释英格兰、法兰西和意大利的历史。的确有为了重新确立国王权威所做的努力，经常是通过“宗教”方式：路易九世被封为圣徒，卡佩王朝和金雀花王朝试图通过“国王摩顶”等方式为国王增添神性色彩。“国王摩顶”据称可以治愈瘰疬。但是在这一时期的英格兰和法兰西，随着商业革命的发生，议会首次确立了自己的地位；而在意大利的各城邦国家，公社思想发展为一种完全独立的（世俗）权威。

现在，这些问题都是研究思想史需要探究的主题。它们同现代世界的诞生以及这个词的确切意义关系密切。专业历史学家再也不把文艺复兴视为现代性的诞生时期。1050 至 1250 年很可能如 R.W.S. 萨瑟恩所说，是除了时间跨度相同的 1750 至 1950 年之外西方历史上最重要的时代，无论是在教会，还是在商业、政治、学术方面，教皇的命运变迁与此关系密切。

在开始详细讨论之前，先让我们回顾一下中世纪人们对王权的看法。341
在西方，王权以两种不同的形态出现。在东罗马帝国，希腊化和东方传统使皇帝被视为基督教预言中“万众期待之人”，在尘世代表上帝。通过上帝的名义，君王就能够保证经济繁荣和战争的胜利。俄罗斯也接受了这一理念。[9]

但是在西罗马帝国，王权带有部分日耳曼部落的传统色彩，也受到天主教扩张的影响。莱因哈特·本迪克斯告诉我们，日耳曼语中“国王”这个词是从“家族”这个词发展而来的。古代日耳曼异教徒的超自然信仰使他们认为整个家族而非个人具有神赐的力量（这一思想在多个世纪以后连阿道夫·希特勒都信服）。因此，日耳曼统治者，或国王，并不比家族中的其他人更接近神，但他通常是最高军事领袖。他的成功反映出整个民族的超自然属性，而不仅仅是他个人。

另一方面，基督徒从罗马和犹太 / 巴比伦 / 希腊传统那里继承了思想，认为教士统治者独立于军事统治者，但地位至少不低于军事统治者。另外，随着教会的发展，神职人员得到了越来越多在税收和其他义务方面的豁免权。教会法的重要性在增强，主教做出的司法判决被视为“如同基督的判决”。[10] 加剧这一现象的是，在中世纪早期，教权往往取代世俗国家权力，特别是因为教会通常能吸引更有才能的人，剩下的才进入帝国行政系统。

这些造成了东西方之间一个非常重要的差异。罗马圣约翰拉特兰教堂的一幅8世纪马赛克画显示了圣彼得授予教皇利奥三世精神权力，授予查理曼世俗权力。实际上，天主教会的权威来源于耶稣早期的门徒，而非像希腊东正教传统那样直接来源于基督。根据教皇的使徒统绪思想，圣彼得将统治精神的教皇的地位提高到统治世俗的国王的地位之上。[11] 后来的画像显示圣彼得将天堂的钥匙交予教皇，而国王在一旁看着。米兰主教圣安布罗斯说："皇帝在教会之内，不在其上。"[12] 在东方，情况相反，由于战胜了日耳曼侵略者，政治上取得了完全的自主，拜占庭皇帝压倒了教会。教皇格列高利一世（590—603）称呼君士坦丁堡的君主为"皇帝主公"，而称呼欧洲西部和北部的国王为"亲爱的孩子们"。751至752年间加洛林王朝的宫相丕平被贵族大会选举为国王，之后马上由主教波尼法爵为其涂油，这与主教的任命程序相同。"西方教会承担着使王位继承神圣化、因而合法化的功能，而在东方教会，为皇帝加冕代表了皇权的神圣来源。西方教会将国王置于其所解释的上帝法律之下；东方教会接受皇帝为基督在世间的代表。"在东方，我们可以说皇帝是教会的首脑；在西方，国王和神圣罗马皇帝的地位要模糊得多。[13]

342 因此，教皇与帝王之间的权力平衡在整个中世纪此消彼长。定都于亚琛的查理曼的称号是"承蒙上帝的恩典"而被授予的，通常由教皇授予，但这还不够。在朝时，人们用《圣经》中的头衔称呼他为"大卫王"。换句话说，无论罗马天主教怎么说，他认为自己是君权神授。[14] 但是在查理曼死后，他的儿子们再也没能拥有同等的权力，只能在加冕礼上被教皇涂油。虽然这在某种程度上对教皇有利，但查理曼的死也意味着教皇失去了一位强大的盟友，再一次受到以难驾驭而著称的罗马贵族的摆布。正如我们要看到的，法兰西国王也与教皇作对，尤其是教皇在阿维尼翁的"囚禁"期间。正是这些情况使地方主教的权力开始增长，而正是他们的种种习性、放荡和其他恶习产生了对教会进行重大改革的需要。

另一个使情况更加复杂的因素是，教会自身一直在扩大其世俗权力。因为馈赠制度，教会得到了越来越多的土地，而土地是当时主要的财富形式。为了获得教会的支持，国王成为教会的赞助者，他们资助修道院等，使教会更加富有，也加强了教士对人们思想的控制。“只有当国王遵循教会所阐释的正义道路，他们才能拥有幸福，获得丰收，战胜敌人。”[15]在这种情况下，发生主教叙任权之争这样的事情只是时间问题。

但是，在我们回过头来讨论这个问题之前，还要考虑到另一种中世纪思想：封建制度。“封建制度”不是封建时代的词语。它是17世纪的发明，由孟德斯鸠传播开来，并被卡尔·马克思和其他人采用。[16]当时用来形容封建等级制的词语是“封臣制”和“领主制”。封建制度其实是从9世纪到13世纪在北欧和西欧盛行的一种权力分散形式，它的基本特征是领主制，即政治、经济和军事权力集中在世袭贵族手中。但是除了封臣制和领主制，还有两个要素：财产因素（封地）和治权与法权的分散。

根据历史学家诺曼·康托的说法，封建制度的萌芽是扈从队或随从队，即一个日耳曼军事团体中的武士通过效忠领主以换取庇护。“封臣”这个词来自凯尔特语中表示“男孩”的一个词，而一开始，“武士”通常就只是一群男孩而已。（这与后来“骑士”的概念很不同。）在早期，封臣并不拥有土地，他们住在领主提供的营地，靠领主供养。改变这一切的是军事技术方面的不断革新。首先，中国发明的马镫传入欧洲，极大地改变了骑兵与步兵的关系。马镫使骑手能够将重量与速度的合力集中在冲击点——长矛的末端，这从根本上增强了骑手的优势。[17]但是这一变化也带来了问题。骑士的盔甲、剑、马刺、马衔、缰绳都很昂贵。战马甚至更昂

贵：骑士上战场至少需要两匹战马，这些马也得装备护甲。骑士还另外需
343 要几匹驮马将装备运送到战场。因此，正是那些希望骑士为其作战的领主发现授予骑士封地比较合算，骑士可以从自己的封地上获得必要的收入来完成他们在战场上的责任。这激发了骑士对土地的渴望，推动了欧洲的形成。然而，这一状况的一个后果是，治权和法权，或至少其中一部分，从国王下移到大封臣的手中，这些大封臣私自收税、开庭。在法庭上，他们听取诉讼，并执行他们自己草率（有时候非常草率）的司法。这一体制只在一定程度上发挥作用。这意味着农村，尤其是法兰西和英格兰的农村，被分成了一块块领土，这些领土有着不同的和重叠的税收系统、司法权和效忠对象。国王实际上仅仅是这一系统中地位同等的许多人中的第一个而已。

教会一开始对这一系列变化非常敌视，但不久主教们（我们可以看到，他们越来越独立了）发现他们可以适应这一系统，因为他们自己成为封臣和领主，除了不发动战争，他们完全参与进了封建社会。正如人们所说，一环扣一环的效忠组成的等级制度现在超出社会，“到达了天国”。[18]

最近的学术研究在一些重要方面修正了这一传统图景。先前提过，对“封建制度”整个概念的传统理解已经受到质疑，尤其是领主和骑士的重要性。现在人们认为更重要的是农奴的总体状况，他们中的很多人实际上拥有土地，所以是自由人。另外一个因素是，至少在有些时候，主教确实发动过战争：1381 年，东安格利亚发生的农民起义遭到德斯潘塞主教的武力镇压。很多农民拥有土地（在某些地区高达 40%），这一事实使领主 / 骑士 / 效忠的结构有所松动。当同时考虑到商人阶级的崛起时，封建制度可以被视为王权衰微的一个方面。中世纪鼎盛时期所发生的就是衰微的教皇与衰微的国王之间的斗争。教皇失败了（经过很长一段时间后，最终失败了），而国王也许由于数量众多的原因，在应对变化时比较灵活，意大

利之外的国王都巩固了他们的地位。也许教皇树敌太多，不过这也是衰微的一个标志。

尽管主教也卷入封建社会，在德意志，权力还是回到了国王手中，尤其是奥托大帝（936—973）在位期间。他坚持由美因茨大主教为其加冕，并有效地利用教会的团结力量将自己置于其他封臣和公爵之上。同时，他控制着主教们，这要归功于德意志独有的财产法，它规定王室领地上的修道院属于王室，而非教会。其结果就是，在奥托大帝的领土上，国王要比其他地方的国王对高级神职人员的选举有更多控制权。这意味着，主教叙任权之争会在德意志爆发。

这场争端背后还有另一个因素。除了教皇制，10、11 世纪的西欧还
存在着一股半独立的精神力量，而它也是促进统一的一个因素，那就是本 344
笃修道会。在这个修道会中，勃艮第南部出现的克吕尼修道院影响最大。“克吕尼修道院的修道生活成为主要的世界秩序的思想表达形式。”[19] 克吕尼修道院是欧洲最大的，也是资助最丰厚的，它所践行的宗教生活具有深远的影响。

817 年，阿尼亚讷的圣本笃受虔诚者路易委派，为使修道生活稳定进行，对原先的教规进行了改革。此后几个世纪发生的重大变化是，本笃会成员再也不靠体力劳动来养活自己。[20] 他们现在主要的角色是通过复杂的礼拜仪式担当神的代祷者，并佐以教育、政治和经济义务（教牧关怀的水平得到提高，这对丰富教区生活有影响）。不管怎么说，这对本笃会成员来说是一个新角色，而这又被他们的“封建”（或至少等级制）结构所强化。通过一系列有才智且长寿的修道院院长，尤其是奥迪路（卒于 1049 年）和伟大的于格（卒于 1109 年）的努力，以礼拜仪式华美著称的克吕尼在欧洲北部（德意志、诺曼底、英格兰）建立了一连串机构，它们接受

克吕尼的领导，正如封臣接受上一级领主的领导一样。

修士成为代祷者这一思想产生了重大后果。国王和贵族争先恐后资助克吕尼式修道院，急切地希望自己的名字出现在修道院的祈祷词中。贵族临死前会来到修道院，因为他们相信这样更接近天堂。修道院的代祷者角色激起了一股建造教堂的热潮和人们对神职人员的崇拜。但是克吕尼对历史最直接的影响来自它在亨利三世时期（1039—1056）在德意志的扩张。亨利三世娶了阿基坦公爵的女儿，阿基坦家族就是早先创立克吕尼修道院的家族，但是亨利三世对神权王位有更远大的雄心，并认为修道院对于达成他的目标非常重要。他想使欧洲全盘基督教化，但是为了做到这一点，他必须要首先处理某些事情。亨利三世相信，或说愿意相信，在他加冕的时候，他的职权已经神圣化，并相应获得了任命主教和指挥教会事务的神权。他还认为，他需要改革已经衰微近一个世纪的教皇制。例如，在1045年，罗马并存着三个教皇，部分因为这一原因，亨利三世在那一年召开了一次宗教会议，开始改革。三个德意志人先后被任命为教皇，任期都很短，其中最后一个教皇，即利奥九世（1049—1054），是亨利三世的亲戚。不久证明，这一情形超出了其他教会人员的接受尺度，并引发了所谓的格列高利教会改革。而这反过来又引发了主教叙任权之争。

格列高利改革是现在的历史学家对1050至1130年这段时间的称呼，在这一时期，四位教皇努力改变崇拜的形式（圣奥古斯丁时代之后最大的剧变）和教皇的地位。由于受到罗马当地贵族和国际上欧洲各国国王的挑战，教皇的地位衰微已经持续了几个世纪。有学者认为，改革的联合目标不亚于一场世界革命，是“西方历史上的第一次”。[21] 这样一来，教会将从世俗控制中获得相当程度的自由，神职人员的知识和道德水准会得到极大的提
345 高，教会自身会成为一个由罗马的教皇机构或说罗马教廷统治的国上之国。

但是格列高利改革还同11世纪宗教情感更重要的基本变化有关：俗

人对宗教更加虔诚。这一现象的产生部分是由于克吕尼运动。由于克吕尼修道会在欧洲的普及，普通人产生了几乎与修士和教士一样的对教义的虔诚和对华丽仪式（“无穷无尽的礼拜仪式”）的热衷。不过，克吕尼修会成员自称代祷者这件事虽然满足了很多人的需要，但也与新兴的信仰内在化发生了冲突，信仰的内在化认为代祷者是不必要也是不可取的。另外，信仰的内在化将某些人导向了不同寻常的非正统方向：异端重新出现。因此两件互相对立的事情同时发生：以扮演代祷者角色的神职人员为中心的崇拜的集权化和个人信仰的分散化。相当一部分私人信仰可被视为异端。这是 11 世纪产生的对修道院生活的态度的思想 / 情感背景——对克吕尼的反叛。它包括对苦行主义和隐士生活的回归，并很快引发了熙笃会和方济各会运动。

熙笃会改革的背后思想是恢复原初的本笃会修行方式。其创始人莫莱姆的罗贝尔（约 1027—1110）反对克吕尼艺术、建筑，特别是礼拜仪式的繁复，他认为现在的克吕尼修道会“过分强调装饰，已经到无以复加的地步”，不仅没有加深崇拜，反而对其有害。[22] 他提倡代之以简朴的生活方式，教士应进行体力劳动，穿着朴素，并食素。他将熙笃会修道院建立在远离文明的边远地区，远离诱惑。这些修道院自身简单朴素，依靠线条和形式而不是装饰来产生美感。某种运气也在其中起作用，因为将熙笃会修道院建在边远地区的结果之一是他们也参与到当时发生的农业复兴之中，他们中的很多人成为高效土地管理的榜样，这增加了他们的重要性和影响力。但是这一影响力不仅仅是组织上的：他们还成为精神领袖。原因之一是克莱尔沃的伯尔纳的贡献。伯尔纳是勃艮第一位贵族的儿子，二十二岁时受到神的感召。他熟知古典著作，创立了一种十分流畅的书写和演讲风格，这使他得以侍奉多位教皇和国王。他是教会圣会的倡导者之一，希望借此防止滑向异端，他也是十字军东征的热烈拥护者，这使他与本笃最初的和平隐士的理想背道而驰，相去甚远。他还提升了人们对圣母马利亚的崇拜。

马利亚崇拜是12世纪世俗虔诚的一个重要例子。把马利亚在某种程度上视为神圣之爱的象征，“一切慈悲之母”，认为她的代祷为所有人提供了救赎的机会，这是伯尔纳的贡献。伯尔纳说，她是“圣灵停伫其上的鲜花”。马利亚在教会早期不是一个重要人物，但是通过伯尔纳，她成为神、圣子和圣灵的重要补充，帮助人们接近上帝。[23]他不同意同时代人认为马利亚免于原罪的观点。他的观点是，马利亚的重要性在于她的谦卑：她愿意成为基督降临人世的载体。伯尔纳遵循本笃的观点，认为谦卑是所有美
346 德中最重要的，是谦卑使马利亚自愿接受了上帝的计划。“上帝本可以用任何他喜欢的方式来完成对我们的救赎，但通过马利亚，他教导我们与上帝的恩典自愿合作的重要性。”[24]实际上，圣母马利亚崇拜的意义不止如此。正如马里纳·沃纳指出的，“……通过把普通女人与圣母马利亚的崇高与完美进行对比，尘世的爱遭到贬斥，人们再一次将目光投向天堂”。[25]马利亚崇拜所包含的对神圣家庭的新的关注将公元1000年后的基督教与之前的基督教区分开来。为了增强人们的虔诚，教会现在更关心俗世。[26]

13世纪出现的化缘修士填补了教士和修士留下的空白。化缘修士的创始人，阿西西的圣方济各（1182—1226）和多明我（约1170—1234）都认为，当时教会需要的是流动的神职人员，他们可以自由地到街上去传教，聆听告解，到人们生活的地方去照顾他们。化缘修士的自由使他们高度组织化，并且思想开明：他们调整教规，吸收了女性和他们所说的“第三级教士”，即将自身同精神性相联系的普通人。

方济各会成员深受其创立者的影响。圣方济各的父亲是一位富有的布商。圣方济各在童年时期生活无忧无虑，以礼貌和开朗著称。[27]但丁这样评价圣方济各：“对于世界来说，一个太阳诞生了。”圣方济各喜爱法兰西

文学，尤其是抒情诗，“方济各”（意为“法兰西人”）实际上是因为他的文学品位而得到的别号。他的皈依，如果采用这个说法的话，经历了两个阶段。在一场阿西西人和佩鲁贾人的小规模冲突中，圣方济各被俘虏，他发了高烧，皈依了上帝。在他被释放之后的一天，他在路上遇见了一个麻风病人。当时人们对麻风病人非常恐惧，他们必须携带铃铛，并在靠近健康人的时候摇铃。圣方济各没有唯恐不及地避开这个病人，相反，他拥抱了他。但是，当他回头的时候发现根本没有人，于是他相信出现在他面前的是基督，基督将厌恶变成了兄弟友爱。被这一经历所触动，圣方济各用家族的财富修复了一座废弃的教堂。当受到父亲的责难时，这个年轻人在阿西西主教和众人面前抛弃了自己的家族财富，拥抱了清贫。这个故事在某种程度上让人想起释迦牟尼。

不是所有的皈依都如此硕果累累。但是圣方济各的魅力富有传奇色彩。他认为一个宗教领袖最好的教导是在道德上以身作则（不过他也被一致认为是一个出色的布道者）。他的魅力意味着即使他向动物布道，人们也不会认为他精神错乱，反而更加崇拜他。因为他，方济各会成员开始尊崇婴儿时期的耶稣，而正是从这时候开始，耶稣诞生像首次出现。圣方济各还有许多其他的神秘经历，包括有一次一群鸟围绕着他唱歌，还有一次他身上出现“圣痕”，即耶稣被钉死在十字架上时的伤口。这些众多的故事使圣方济各在死后两年内就被封为圣徒，这一纪录无人能超越。效法圣方济各的方济各会成员的主要成就是将神学的目的确立为“使心流动，而不仅仅是告知和说服有智力的人”。[28] 这是信仰内化运动的另一个方面。

但是在某种程度上，我们讲得太超前了。新的隐修会是对世俗虔诚的变化的一种回应，但远非唯一的回应。格列高利改革的根本目的是建立一 347
个统一的世界体系，格列高利本人称之为基督教世界。[29] 三位教皇和多位枢机主教试图开始这项雄心勃勃的改革。（“枢机主教”这个词来自拉丁语

“门上的铰链”，铰链是开启和关闭的关键装置。[30]）

三位改革家中的第一位是彼得·达米安，他引发了一场对基督教社会本质的大讨论。达米安出生于一个贫穷家庭，是个孤儿，他被一位教士收养，因此接受了良好的教育。他也认为克吕尼派的生活与尘世牵连过甚。他对教会的忧虑之一是，许多神职人员不是结婚，就是有私生子。达米安写了一本书，谴责这些丑闻，同时强烈呼吁神职人员独身。在拜占庭，普通教士被允许结婚，而主教应该独身。（当一个教士被提升为主教，人们认为他的妻子应该“做合适的事”，进女修道院。）但是即使如此达米安也不满：他认为神职人员只有完全独身，才能毫无保留地将自己献给教会，而不是利用职权为子孙谋求财产和工作，这样的行为随处可见，败坏了所有神职人员的名声。（普通人似乎对神职人员有情妇并不十分介意。对神职人员独身的要求来自上层，其目的之一是将神职人员和俗众区分得更清楚。）

达米安也是第一个对风行天主教会的新信仰进行遏制的人，这种新信仰在前文和上一章已经提到过，那就是上帝与人关系的变化。中世纪早期流行的《旧约》中那个原初的、嫉妒的上帝现在渐渐被《新约》中描绘的那个慈爱的耶稣所取代，他为我们的罪而受苦，越来越多的人向他“悲伤的母亲”祷告。因此，我们上文也提到过，信仰不再是克吕尼理想中形式化、仪式化的祈祷和吟唱，而更多的是个人内在的体验。在一方面，这丰富了基督教；另一方面，它造成了不幸。达米安强烈的内心信仰方式释放了许多人心中强烈的宗教情感，这是一种不受控制的、走向狂热的情感。正是这种激烈的情感导致了十字军东征、异端、反犹主义和宗教审判。[31]

格列高利改革的第二个执行者是希尔瓦坎迪达的枢机主教安贝尔。他来自洛林，曾在克吕尼修道院当过修士，在那里，他也开始反对过于华丽浪费的礼拜仪式，认为克吕尼修会创立者的理想遭到了背叛。作为一位受过良好教育、机智聪明并且熟练掌握希腊语的枢机主教，安贝尔作为教皇的大使被派往君士坦丁堡。由于极度缺乏外交才能，他的使命完成得简单粗暴，并不成功。他以 1054 年在博斯普鲁斯将君士坦丁堡牧首绝罚而终止了他的访问，这一行动正式宣告酝酿了几个世纪的基督教大分裂。（在某种程度上说，这一分裂一直未曾愈合。）一回到罗马，安贝尔就成为那些希望看到重大变化的人的精神领袖。从 1059 年开始，他出版了两本书，引发了之后发生的事。第一本是关于教皇选举的法令，这本雄心勃勃的书开创了选举教皇的新方法，将德意志皇帝和罗马人排除在外，而之前德意志皇帝和罗马人都参与教皇选举。取而代之的是枢机主教团（起初大约 348 十二人），选举现在完全掌握在他们手中。这一变化的重要性怎么说都不过分：仅仅一代以前，德意志皇帝还操控着教皇选举。不过当时的皇帝亨利四世还是个未成年人，所以安贝尔忖度这样的机会再也不会有了。安贝尔的另一本书叫作《反对圣职买卖的三本书》，诺曼·康托指出，这是一本反德意志的小册子，攻击了整个“中世纪时期教皇与世俗世界的平衡”。甚至连这本书的语气都是新的。安贝尔没有采用夸张的修辞风格，而是使用了我们下一章将要讨论的新学识，尤其是重新发现亚里士多德之后发展起来的新逻辑。他的风格非常克制，甚至冷漠，但充满了对德意志的仇恨。其主要论点是，买卖圣职是对教会事务不可饶恕的干涉，与异端一样可怕。[32]

他没有就此打住。他还声称如果神职人员不能靠其他方式来进行改革，那么俗众有权考查教士的道德品质，如果他们发现教士的道德品质低下，他们可以拒绝接受这些教士主持的圣礼。这实际上是多纳图斯派教义的再现，即俗众有权评价神职人员。这是文化上和情感上十分危险的一步，是改革中最易挑起争端的问题。教会长久以来都声称圣礼的效力不在于教士，而在于其具有神圣性的职务。现在安贝尔将几个世纪以来的传统扔到了一边。在12世纪后半叶，这将导致异端运动，并引发宗教审判，后来又将引发马丁·路德十分有说服力的新教思想。

第三位改革家并不是一个那么具有原创性的思想家，但他是最伟大的组织者和集大成者。这就是希尔德布兰德，即后来的教皇格列高利七世。诺曼·康托认为16世纪之前最伟大的三位教皇是格列高利一世、格列高利七世和英诺森三世，最后一位我们不久就会讲到。“没有一个教皇像格列高利七世一样具有争议、被崇拜、也被同等程度地憎恨。”甚至在成为教皇之前，希尔德布兰德就迫使意大利学者开始教会法的编纂和综合，而这将在欧洲复兴和新式大学的建立方面发挥重要的作用，下一章的主题就在此。但是真正引起世界注意的是1073年他当选教皇后不久发布的《教皇教谕》。从各方面看，这都是教皇权力非常有力的宣言，“一部轰动的、非常极端的文献”。[33] 上文提到，这一教谕坚称罗马教皇是受圣彼得认可的，教皇从未错过；根据《圣经》，教皇也永远不会错。教谕说，只有教皇是普遍的权威；只有教皇可以任命主教；不经教皇的批准没有什么是符合教规的；除非赞成教皇，否则无人可以成为真正的信仰者；教皇自身不受任何人的裁判。教皇有权力废黜皇帝，对统治者不满的人可以依法向罗马教廷表达他们的不满。

教谕涉及的范围非常之大，它试图创造一个服从罗马的新的世界秩
349 序，而格列高利七世非常清楚地知道这一点。这场革命如此之大，不仅欧洲北部的皇帝和国王感到不安，高级神职人员也很不安，因为教皇提议改变业已存在几个世纪的生活方式。不仅如此，没有一个中世纪统治者曾允许教皇干涉国家事务。大多数人都意识到，一场教皇和国王之间的斗争不远了。但是，在教谕发布之后，格列高利七世并没有罢手，他在写给梅斯主教赫尔曼的一系列尖锐的信中继续发展他的观点。这些信写在小册子上，列出了主教向教皇提出的一系列问题，并送到欧洲所有宫廷。在这些

信中，格列高利七世扩展了他富有挑衅性的观点，进一步坚称国家在道德上不受认可，王权在很大程度上来自暴力和犯罪，世界上唯一的合法权威是神职人员的权威。只有全盘基督教化的世界才是可以接受的。

但是，除了这一基本的攻击，格列高利七世还引入了，或说重新引入了一种思想，这一思想已经有一段时间没有出现在教会活动的中心了，这就是对穷人的关心。格列高利提出穷人与其说是一个经济问题，不如说是一个准政治问题。他自己本能地站在受压迫者一边，同时唾弃他眼中的压迫者（包括国王）。这样他将一定程度的社会良知和批评引入了基督教，而这是基督教在农业中世纪时代所缺乏的（虽然由于他对教士独身的坚持，成千上万的教士妻子被赶到了大街上）。这种本质上情绪化的对待贫穷的态度一时成为增强教会的一个因素；它在新兴城市阶级中很受欢迎，这些人不可能个个都在新城市中生活快乐。[34] 格列高利七世也暗示许多富人在精神上的贫瘠，而这使他更加受欢迎。但这些不足以推迟将要到来的斗争。

当亨利四世在 1065 年成为德意志国王和皇帝时，距离安贝尔出版他的两本书只有六年，这两本书一本是关于选举教皇，一本是关于买卖圣职，两者都特别针对德意志人。亨利四世不可能喜欢这些文字，但无论如何，他直到 1075 年才稳定了他的国家，并认为德意志的农民、市民和贵族对现状感到满意，或至少能保持沉默。希尔德布兰德成为教皇格列高利七世之后不久，米兰主教的职位空了出来。在不久前的 1073 年，格列高利七世已经发布了《教皇教谕》。一场竞赛隐约可见，并在亨利四世和格列高利七世各自提出米兰主教候选人的时候成形。但是，受到近期在自己领地取得的种种成功的鼓舞，亨利四世特别自信，所以非常“粗鲁地”回复了教皇的教谕。他寄了一封信到罗马，在信中，他用十分直白不客气的语言将格列高利七世贬斥为“现在根本不是教皇，而是个虚伪的修士”。[35] 这封信敦促格列高利七世“从彼得的宝座上下来”，用一位历史学家的话说，这封信语气“顽固，带有侮辱性”。[36]

格列高利七世反击了。他知会德意志的主教和修道院院长，除非他们拒绝承认亨利四世，否则他们会被集体绝罚。他得到了敌对亨利四世的政治势力的支持，以防战争发生。这是十分成功的一步棋，亨利四世的支持者流失了，德意志的贵族在教皇的号召下开始讨论从其他家族选举一位新
350 国王。格列高利七世宣布将亲自去德意志主持取代亨利四世的选举大会。这不啻火上浇油。

这就是 1076 到 1077 年间隆冬季节亨利四世来到卡诺莎的背景。谋臣们建议他亲自向格列高利七世寻求赦免，这是这场斗争的唯一出路。真相很可能是，亨利四世毫无悔过之心，格列高利七世本身也不愿赦免他。但是，亨利四世的亲戚、托斯卡纳的玛蒂尔达（她的卡诺莎城堡正是教皇的栖身之地）和克吕尼的于格都出面为亨利四世求情。格列高利七世不能冒招致克吕尼修会及欧洲其他国王反对的风险，他们正看着他将如何专横地对待这个亲自前来负荆请罪的君主。所以，亨利四世最终免于被绝罚。

现在，绝罚对大多数人来说没有什么可怕之处，但在中世纪情况却不同。事实上，格列高利七世扩大了绝罚的观念和做法。绝罚部分来源于异教仪式“献身”，即犯下重罪的公民被用来祭祀神灵。在执行仪式的同时，犯罪者变得神圣化，并同其他人隔离。[37] 在一个法律不健全的时代，诅咒作为一种额外的执行手段被附加于契约之上，这种观念也被早期教会所用。最后一个方面是流放：“巴比伦囚虏”时期与异教徒结婚的犹太人被流放，财产被没收。[38] 耶稣诞生之前，巴勒斯坦禁止异教徒参与犹太教会及社区生活。基督教绝罚的直接来源是《马太福音》，它提到，基督徒必须对罪人提出告诫，先是私底下，然后是在两三个证人面前，最后如果必要

的话，当着全教会的面。“若是不听教会，就看他像外邦人和税吏一样。”（《马太福音》18：17）。《新约》描写了几个用社会驱逐作为惩戒的事例。3世纪的叙利亚文献《宗徒规诫》首次详述了绝罚的做法。《宗徒规诫》据传为匿名使徒所作，它将仪式驱逐与社会驱逐分开，并记叙了有罪之人重归教会必须做的苦修。所有的性行为、诉讼、军事义务、洗浴、比赛活动，被绝罚的人都被禁止参与。[39] 然而，传统上，教会一直以来都意识到了过多社会驱逐带来的危险：罪人很容易在歧途上越走越远，导致更坏的结果。[40]

1078年，格列高利七世颁布教规《致大多数》，用来限制绝罚做法的“扩大化”，从列出可以与被绝罚者往来但不受牵连的人着手。（事实上，这样做是为了纠正格列高利七世的教廷改革导致的绝罚做法的“流行”）。例如，被绝罚者可以与家人往来：考虑到无法与妻子进行性生活的丈夫会去外面拈花惹草，教会采取了一种实用的做法。[41] 格拉提安用“革出教门”一词表示全面的社会及宗教驱逐，将绝罚本身限定成“仅”为仪式驱逐。[42] 只有被教会法庭定罪的人才会被革出教门，而绝罚成为良知问题，理论上
人们可以自我绝罚。第三次拉特兰公会（1179）将所有的异教徒绝罚。对 351
异端的绝罚一直以来都是最残酷的，异端分子可能被判监禁或死刑。[43]12、13世纪之交时，格拉提安的划分成为规范，但在那时将它们称为“小绝罚”（仪式绝罚）和“大绝罚”（彻底的社会驱逐）。[44]

格列高利七世在将亨利四世绝罚又将其赦免后，已经没有必要前往德意志，于是他返回罗马。表面看来，他取得了重大胜利，重振了教会权威。（赦免亨利四世时，他迫使亨利四世承诺将来遵守教皇敕令。）然而与此同时，亨利四世也挽救了他的王国，并开始巩固自己的地位，使自己永远不会再受卡诺莎之辱。在德意志教会的支持下，他成功地领导了另一次反贵族运动。这样一来，他拒绝遵守教皇敕令的意图很快公之于世。不久

之后，他再次被绝罚。这次，他几乎无视教皇这种重复的伎俩，可见境况发生了很大的改变。1085 年，他终于实现了秘密寻求已久的复仇，将教皇从罗马驱逐至意大利南部，这成为“格列高利七世无法翻身的耻辱驱逐”。[45] 即使是格列高利七世也并不像看上去那样强大。

许多史学家认为，用体育术语说，最终的结果是双方在卡诺莎事件中打成平手。但这不等同于没有任何意义。亨利四世的负荆请罪给神圣王权的观念以致命一击，给欧洲的众多“诸侯国”带来安慰，并支持了教皇有权判决国王的观念。这毫无疑问强化了天主教会的政权，但同时，许多人，尤其是国王们，并不欣赏格列高利七世在使用或滥用权力时的专制和羞辱方式。格列高利七世的继任者之一乌尔班二世（1088—1099）开始寻求解决教皇与皇帝之间永久斗争的方式，尝试通过第一次十字军东征把欧洲统一在罗马身后。但他的统治风格也令许多人难以接受，所以此后出现了另一种风格的枢机主教——温和的外交官和官僚，他们的经验是，幕后的商讨比直接对抗更富于成效。因此卡诺莎不仅从根本上改变了国王的地位，而且改变了教皇的统治。即便较为好战的教皇没有意识到教权的固有弱点，罗马教廷也意识到了。

格列高利七世在位时也密切关注西班牙的收复失地运动。穆斯林在 8 世纪攻占了伊比利亚半岛之后，被逐出家园的基督教贵族在比利牛斯山避难，他们用两个世纪的时间重新整合，到 10 世纪末，至少收复了部分失地。如果要完全摆脱穆斯林的统治，还需要四百年，到 15 世纪末才有可能。但是，在此过程中，基督徒接触到了伊斯兰教的吉哈德（圣战）思想，其教义是把为安拉而战死作为最高道德。[46] 基督教中，“正义战争”的观念始于希波的圣奥古斯丁，甚至更早，而希尔德布兰德就是一名热切的奥古斯丁信徒。此时，穆斯林正像统治西班牙那样统治着中东，基督在耶路撒冷的圣墓落在他们手中。这一切，连同重新统一东西方教会（作为对抗伊斯兰教威胁的有效方式）的愿望，促进了十字军东征思想的产生。[47]

当然，原因不止这些。十字军东征是教会至高权力的最好体现，有利于南北欧的统一，理想情况下甚至可以确认罗马对拜占庭的统御权，可谓一石多鸟。然而，主教叙任权之争耗费了格列高利七世大量时间，使他无暇发动一场十字军东征。这项任务落到了他的继任者乌尔班二世的身上。他即位时，仍有更充分的理由证明十字军东征行之有效。它有利于消除格列高利七世改革造成的长期敌视，重新统一基督教世界。在德意志还未完全归附于罗马时，它有利于提高教皇的威信。它也很可能提升法兰西的威望，因为乌尔班有法兰西背景。由于叙任权之争，德意志人不太可能支持十字军东征，法兰西北部、英格兰及西西里岛的诺曼人也是如此。但是乌尔班二世了解，在法兰西中部及南部，许多领主及他们的封臣愿意借此机会获得外邦土地，并在此过程中拯救他们的灵魂。

因此，1095 年，在法兰西中部举行的克莱蒙会议上，乌尔班二世宣布第一次十字军东征。会议上，他向前来的骑士发表了热情洋溢、极具煽动性的演说，激发他们的虔诚信仰和对世俗利益的追求。他详述了突厥人统治下基督徒的遭遇，以及穆斯林入侵给拜占庭帝国和耶路撒冷圣墓带来的威胁。* 乌尔班二世用《圣经》中一个著名的短语来描绘巴勒斯坦，“流奶与蜜之地”。他提出一个影响深远的想法：承诺为十字军战士的财产和家庭提供教会保护。他宣称，作为天国钥匙的守护者，他承诺“豁免”十字军的罪恶。[49] 这种想法很可能来自伊斯兰教中任何为信仰而战死的勇士都将进入天堂的保证。但是基督教的豁免观念很快扩大化，甚至被滥用，以至于在 16 世纪遭到马丁·路德的攻击并最终受到特伦托公会的抨击。到

* 在君士坦丁堡，尤其受到威胁的是世界上最伟大的文物藏品：荆棘冠、来自埃德萨的印有耶稣面孔的布、路加的圣母画像、施洗者约翰的头发等。[48]

12世纪，天主教会的豁免制度不仅适用于十字军，还扩展到为他们提供财力支持的人。似乎正是这种做法造成了对教会的损害。14世纪，教会出售赎罪券已经不需要以十字军东征为托词，富人可以直接买通进入天堂的道路。[50]人们加入十字军的理由极易被嘲弄，毫无疑问，许多人确实动机复杂。尽管如此，据说乌尔班二世的克莱蒙演说结束时，全场的骑士站起来，异口同声地叫喊："这是上帝的旨意。"许多人从红袍上撕下布条，做
353 成十字形状。由此产生了我们熟悉的十字军标志。[51]

关于十字军东征带来的思想影响，长久以来存在争议。可以肯定的是，十字军东征使部分基督徒的眼光更加国际化，当然也将他们观察学到的一些东方生活习惯引入生活中（例如，喜食香料、使用念珠和新乐器）。但整体来看，我们不能说十字军东征产生了广泛影响。穆斯林在两百年之内就收复了基督徒通过十字军东征攻占的土地，并且比圣战之前更加敌视和仇恨他们。基督徒和他们的敌人一样狂热。后来，当基督徒试图在中东与犹太人或穆斯林共同生活时，曾经对耶路撒冷的围攻和劫掠经常成为他们之间的障碍。更令人意想不到的是，十字军东征对学术的影响比想象中小得多：促进西方学术复兴的手稿是经由西西里岛、西班牙及拜占庭帝国传播的，而不是十字军。这是下一章的论题。

如果格列高利七世的改革有一样名副其实的成就的话，那就是它引起了对教会的关注。某种程度上，这是一件好事，但不全然如此。11世纪，欧洲正在发生变化；12世纪，随着城市的持续发展，欧洲将会有更大的改变。这对教会来说非常重要，因为中世纪的教会本质上管理的是一个以农业为主的社会，而这个社会正在迅速城市化。许多新兴的城市居民成为新兴中产阶级，比起前辈来，他们受过更好的教育，具有更深的学识，工作更加勤奋，且极其虔诚。因此，他们对神职人员的态度逐渐改变。进入12

世纪，针对神职人员的批评越来越激烈。在新成立的大学中，神职人员被犀利地讽刺，将他们刻画成粗鲁而腐败形象的做法在学生当中相当风行。教皇使节经常被看作地方事务的插手者，而不是教皇的使者。这个时期的文献，无论翻到哪一页，都充斥着对教会与日俱增的不满。

这种新兴宗教虔诚（新的内心宗教）的表现之一，正如我们所看到的，是新修道会的发展。另一个影响是异端激增，人们对它们更加重视。[52]事实上，异端一直存在，尤其在拜占庭帝国，但从 380 年至 12 世纪之间，没有人被烧死。这种新形势的表现之一是，人们对富有且世俗化的教会机构的反叛。另一个是读写能力及冥思的提高，这体现在新兴的大学中，尤其是巴黎。巴黎的两个学术异端是迪南的大卫和贝纳的亚马里克，但 12 世纪影响最大、争论最激烈的异端是瓦勒度派、菲奥勒的约阿希姆之千禧年主义及清洁派的阿尔比异端。

皮埃尔·瓦勒度是一位里昂商人，像许多异端分子一样，他是一位禁欲主义圣徒。里昂是首座反克吕尼修道院的所在地，该城的大主教是希尔德布兰德的忠实追随者，因此这里坚持教会使徒应当坚守清贫的传统。瓦勒度的信徒自称“里昂的穷人”，除了主张信徒应该守贫、赤脚走路外，他们还宣扬反对神职人员（即反僧侣神权）。瓦勒度派认为，异端与圣人 354
之间的分界线很小，“教会”不是那无处不在的天主教机构，而是由“经历过神圣的爱与恩典的”虔男信女建立起的一种纯粹的精神团体。[53]

南意大利修道院院长菲奥勒的约阿希姆宣扬一种更为激烈的反教权主义。12 世纪末，他认为世界已经进入敌基督时代，也是基督再临和末日审判之前的最后时代。敌基督的观念来源于早期的第二圣殿犹太教启示传统中上帝和弥赛亚的“人类”反对者。这些观念由公元 1 世纪后期的早期基督徒传承下来，他们认为存在着阻止耶稣返回的势力（《圣经》中第一次提到“敌基督”是在《约翰一书》中）。这个传统在拜占庭帝国极为盛行，并通过10世纪的著名文献——阿德松所著的《敌基督信》传到西方，成为西方长达几世纪的标准观点。[54]阿德松是一个僧人，后来成为蒙捷昂代尔修道院院长，在给德意志帝国的复兴者奥托二世的姐姐热贝嘉的信中，他全面介绍了敌基督思想。这是一部“颠倒”的圣徒传记和叙述，也是它无比受欢迎（被广为翻译）的原因。在阿德松的叙述中，敌基督（最后一位敌基督）将出生在巴比伦，前往耶路撒冷重建圣殿，自行割礼，并创造包括起死回生在内的七个奇迹。他将统治四十二个月，最后死于橄榄山，但阿德松并未明确指出是耶稣还是大天使米迦勒造成他的死亡。在绘画及书的插图中，敌基督常被描绘成一个坐在天启之兽背上或只是勉强驾驭它的国王（少数情况下是一个提坦）。[55]

菲奥勒的约阿希姆与阿德松的不同之处是，前者将教皇本人看作敌基督。约阿希姆认为，《圣经》注解是了解上帝旨意的唯一途径。在此基础上，他从《启示录》第十二章看出：“龙的七个脑袋象征着七个暴君，对基督教的迫害正是从他们开始。”[56]他们是：希律（犹太人对基督教的迫害）、尼禄（异教徒）、君士坦丁（异教徒）、穆罕默德（撒拉森人）、“美兹莫斯”（巴比伦之子）、萨拉丁以及“第七位王”，也就是他认为即将到来的最后一位“最大的”敌基督。身为熙笃会修士，约阿希姆建立起自己的修道会，并实践自己的想法。他这样做的部分原因是，未来取决于修道生活，他认为其他组织终将消亡。但通过对《圣经》和七头龙的解读，他推断，最后的敌基督将会效仿耶稣，具有教士和国王的双重形象。由于11、12世纪的教皇对君主权力的追求，难怪约阿希姆认为教皇就是他寻找的敌基督。[57]

他的观点很受欢迎，很可能是因为它的诉求简单明了：一切都颠倒了。教皇的所作所为越积极，敌基督就越具有欺骗性。末日即将到来的“事实”使千禧年信徒的信念比任何人都坚定。约阿希姆信徒推断，世界历史分为三个时代（本书“导论”部分已有提及），分别由圣父（从创世到道成肉身）、圣子（从道成肉身到1260年）、圣灵（1260年之后）主宰，圣灵时代现有的教会机构将被清除。1260年并未发生任何大事，这使约阿 355
希姆的理论失去了依据，但他的思想仍在此后流传了一段时间。[58]

对教会形成最大威胁的异端是清洁派（纯洁者、圣人），又称作阿尔比派，以图卢兹附近的阿尔比城命名的。[59]清洁派运动背后的主要思想秘密流传已久。这些思想让我们想起4世纪的摩尼教徒，一些历史学家认为，他们在巴尔干半岛的一个宗派中存活下来，被称为鲍格米勒派。然而，同样有可能的是，清洁派由更传统的神学和哲学中的新柏拉图思想发展而来。（有充分证据证明，许多清洁派教徒接受过较高的教育，精通辩论之道。）最后一种说法是，他们很可能来自犹太教神秘主义——喀巴拉，尤其是诺斯替主义。摩尼教徒认为，世界上有两个神，分别主管善与恶、光明与黑暗，他们为争夺世界的统治权长久不息地斗争。（这与敌基督思想有明显相似之处。）与这些信仰相联系，人类被看作精神（美好的）和物质或身体（邪恶的）的混合体。像其他异教徒一样，清洁派教徒是追求纯粹精神——“完美”境界的禁欲者。婚姻和性行为是应当避免的，因为它们产生更多的物质。清洁派教徒也不食用肉和鸡蛋，因为它们来自交配繁殖的生物。（由于对生物的认识存在局限，他们吃鱼类和蔬菜。）他们认为，饥饿而死是得到救赎的最可靠方法，人在弥留之际受过坚信礼后，不应当再吃任何东西，否则会被再次亵渎。这样看来，他们宁可饥饿而死。[60]然而，他们也承认，即使没有过一种完全纯洁的生活，人们仍然可以通过肯定“完人”，即清洁派的领导权而获得救赎。真正清洁派信仰的所谓“听众”在临终之际会接受圣礼，洗清在世时的所有罪恶，使灵魂与圣灵重聚。对“不完美”的人来说，临终“净化”是唯一真实的通往上帝之路。[61]关于清洁派有各种各样耸人听闻的观念。例如，据说他们拒绝承认道成肉身，因为它表明上帝被“禁锢”在邪恶物质之中。只要能避免怀孕，他们就会性滥交。他们让孩子饥饿而死以得到救赎，同时为世界消除更多的物质。据说，所有这些恶行都能轻易获得认可，因为清洁派的惯例是允许在死前净化，那么其他的行为又有什么关系呢？

后来，清洁派先是在讨伐阿尔比派的十字军圣战（1209—1229）中受到挫折，这使它失去了贵族的支持，之后受到成立于 1231 年用来应对威胁的教皇裁判所的镇压。这些运动除了帮助法兰西国王兼并这片土地外，还将“十字军东征”重新定义为欧洲内部反异端的战争。[62] 这反过来强化了欧洲对自身作为基督教世界的认识。

随着 1200 年的到来，教廷处于内忧外患之中。最大的，或至少最明显的威胁来自异端，但也存在其他问题，尤其是教皇本身的软弱无能。
356 1181 年亚历山大三世死后，即位的多个教皇无力应对信仰的巨大改变和十字军东征的余波，更不用说从巴黎和博洛尼亚新兴大学中得到解放的新学术。严格地说，亚里士多德（他在大学中被重新发现）不该被视为异端，因为他早于耶稣，但他的思想仍然引起罗马教廷的恐慌。下章将重点讲述亚里士多德的重要性。

正是在这样的环境中，1198 年枢机主教团选举出一位年轻有为的律师作为教皇，希望他可以统治长久，逆转教廷的境况。虽然寿命并不长，但是教皇英诺森三世并未让众人失望。

洛塔里奥·孔蒂，即英诺森三世（1198—1216），出生于一个罗马贵族家庭。他分别在博洛尼亚和巴黎学习法律和神学，成为当时欧洲学识最渊博的人之一，并在二十六岁就早早进入枢机主教团，辅佐舅舅克雷芒三世。但英诺森三世靠的却不仅仅是裙带关系，他的共事者都被他非凡的才能和决断力所折服。加冕之日，他明确地描绘了未来。他宣称：“我就是耶稣与之说话的人。耶稣对我说：‘我将交给你天国之门的钥匙，你在世间拥有的一切，在天国也会同样拥有。看看这位管理着整个家庭的仆人；他是耶稣基督的代理人，圣彼得的继承人。他站在上帝和人之间，小于上帝，大于人类。’”[63]

大于人类。或许没有哪位教皇比英诺森三世更自恃了，说句公道话，英诺森三世言之凿凿的背后多半是虚张声势。英诺森三世认为“世界上的一切都属于教皇管辖”，耶稣授权圣彼得“不仅统治全基督教会，而且掌管整个世俗世界”，而他，英诺森三世，则决心建立或重建世间新的平衡，在欧洲建立全新的政治、文化和宗教秩序。[64]英诺森三世去世时，教会重新占据主导地位，并且对抗异端，争夺世俗权力，提高神职人员的素质，打击知识异端。正是英诺森三世首次征收什一税资助十字军东征，由于这次成功的尝试，1199 年他又第一次向教士征收所得税来资助教廷本身。也正是英诺森设立了异端裁判所，才有效地对抗了阿尔比教派。1208 年，一位教皇使节在法兰西被谋杀，图卢兹伯爵被认为脱不了干系。这使英诺森三世产生了讨伐异端的想法。[65]这并不是西班牙那个臭名昭著的异端裁判所（那个裁判所与其说是教会机构，倒不如说它是王室机构），但跟它有类似的想法。英诺森三世制定了一套新的法律程序，用调查和审问的方式系统地搜寻异教徒，而不是坐等有人控告。这也是教皇权力和野心的新体现（也是神学弱点的体现）。

这个教廷裁判所虽然并不总像描述中的“邪恶帝国”那样，但也极其糟糕。一切的背后是一个尖刻的讽刺：异端迅速生根发芽的原因之一是神职人员本身的道德放纵和腐败，而罗马教廷新法律的执行者也正是这些人。例如，阿维尼翁会议（1209）谈到一位教士用掷骰子的方法决定是否苦修，酒馆用教士的立领作为标牌。巴黎公会（1210）揭露主持弥撒的教 357
士妻妾成群，修女也举办聚会。[66]英诺森三世在 1215 年第四次拉特兰宗教会议开幕致辞中证实，“平民堕落的罪魁祸首是神职人员的腐败”。[67]

12 世纪充斥着巫术和根深蒂固的迷信活动，尤其是在教会内部。有必要说明的一点是，异端与这两者毫无关系。基思·托马斯这样描述巫术活动：神迹是“证明（教会）对真理垄断的最有效方法”。[68] 人们有时从字面意义上理解圣体变成血和肉之说。一位历史学家援引过这样一个例证，塞戈维亚一个犹太银行家同意将圣体作为借款担保；还有一位也举过这样的例子，女人在与丈夫亲吻时将圣体含在嘴中“以得到丈夫的爱”。[69] 基思·托马斯也提到，一个诺福克女人受七次坚信礼，“因为她发现这能治疗她的风湿”。[70] 教会明确区分了异端（固执信守的观念，背离教规）和迷信（包括将圣餐用于非教事活动，如前文提到的）。不管怎样，异端者对巫术毫无兴趣，因为巫术涉及滥用或误用圣礼，而圣礼是他们极力反对的。

起初，教会不情愿地宽容异端。直到 1162 年，教皇亚历山大三世还拒绝将兰斯主教交付给他的清洁派信徒定罪，理由是“赦免罪人胜过取无辜者的性命”。[71] 但是讨伐清洁派却好处颇多，因为人们不必冒险和花钱跋涉至艰苦危险的中东就可以获得物质和精神利益。事实上，后果是多方面的。一开始，贝济耶有七千人被屠杀，这次恐怖的经历给讨伐者留下了永远的心理优势。[72] 与此同时，清洁派教徒被迅速驱散，这意味着，他们的潜在吸引力比之前传播得更快更远。为应对这种局面，召开了第四次拉特兰公会，制定了详细的正统信仰，首次概述了全新的法律程序。

教廷审判从格列高利九世在位时期，1227 到 1233 年间正式开始，不过整个中世纪主教法庭对刑事案件的审判采取了三种不同的诉讼形式：起诉、告发、讯问。过去，“起诉”依靠起诉人提起诉讼，若指控无法被证实，起诉人要受到惩罚。在新的异端堕落审讯（教廷裁判所）体系下，不需要起诉人也可以进行调查，但采取“调查方法”。1231 年 2 月，格列高利九世颁布《绝罚通论》，为针对异端者的惩罚制定详细的立法，包括剥夺申诉权、剥夺律师辩护权以及对漏网的异端信徒进行掘尸。[73]首位教廷裁判所审判官，即“异教堕落的审讯者”，是马尔堡的康拉德，这位相信唯有经历痛苦才能得到救赎的审判官，被证明是这一不光彩行业有史以来最血腥的刽子手之一。但在宗教审判的历史上，最恐怖的教皇敕令是由英诺森四世在1252年5月颁布的。这就是骇人听闻的“斩草除根”令，包括刑讯逼供、火刑和为信仰事务所（罗马对教廷裁判所的委 358
婉说法）配备警察。[74]

然而，裁判所最主要的任务却不是惩罚，至少理论上绝对不是，而是使异端者回归天主教。大审判官经常出入异端分子所在的各个城镇（许多小村庄从来没有见过审判官）。十四岁以上的男性和十二岁以上的女性如果认为自己是违背信仰的有罪者，都必须到场。所有人集合完毕后，审判官会布道，起初称为大会布道，后来改为“信仰审判”。[75]有时，参加的人可能得到赦免。布道之后，忏悔的异端信徒可以免于绝罚及更严重的惩罚。然而，忏悔和赦免的一部分包括“告发”，即指认没有站出来的其他异端信徒。告发一直都被当作异端信徒忏悔有效的标志。被指认的异端信徒将会受到审判，恐怖从此开始。整个过程是绝对保密的，被控告者无权知道谁告发了他（否则就不会有人告发了），只有当被控告者作出猜测并能证明控告者与自己有私人恩怨，他才有机会得到赦免。1310年4月，贝尔纳·居伊在图卢兹举行的一场“信仰审判”展示了可能发生的事。4月5日周日到4月9日周四之间，103人受到审讯并判刑：20人被判戴上罪恶徽章去朝圣；65人被判终身监禁；18人被交由地方当局处以火刑。甚至已死的人也难逃惩罚。几十名已死的异端信徒被判刑60年，尸体被挖出并焚烧，骨灰常被丢进河里。在那个信奉来生、尊崇遗骸的时代，这种惩罚是极其可怕的。[76]

酷刑手段包括水刑，即把漏斗或浸湿的长绸子强塞进异端信徒的喉咙。“通常的”做法是使用5公升水，这些水足以使血管爆裂。火刑是将犯人绑在火前，脚上涂满油脂放在火上烤，直到认罪为止。吊刑时，犯人被天花板上的滑轮吊离地面6英尺，脚上绑有重物。如果不认罪，就被吊得更高然后抛下，在即将落到地面时再次吊起。脚上的重量足以使关节脱臼，造成难以忍受的痛苦。[77]酷刑使人闻之色变，但在封建社会中，声名狼藉的标记以及随之而来的绝罚同样让人难以承受（例如，犯人后代的婚姻前景是悲惨的）。[78]

1215年在罗马的拉特兰宫举行的第四次拉特兰公会，承认并正式确立了新的虔敬思想。这是天主教会三次最重要的全基督教会议之一，其他两次是325年的尼西亚公会和16世纪的特伦托公会，后者讨论了天主教会对新信仰做出的回应。400位主教及800位其他高级教士和知名人士参
359 加了第四次拉特兰公会，为基督教制定了多项议事日程，明确了崇拜和信仰的多个领域并使之成文。会议废除了英格兰的《大宪章》，确定七项圣礼（早期教会从未确定圣礼的数量，一些神学家，如达米安，倾向于九项甚至十一项）。这七项是：洗礼、坚信礼、婚姻、临终涂油礼，加上弥撒、告解、神职授任礼。前四项标志人生的不同阶段。第四次拉特兰公会也规定，教会的每个成员都必须向教士告解，一年至少接受一次圣餐，多多益善。这当然是对教权的再次肯定和对异端的直接挑战。但这确实反映了新信仰的需要。会议规定，除非受到教皇封圣，否则新的圣人或遗骨不能获得承认。[79]

将结婚圣礼化是教会意义非凡的举动。在千年之交，可以说大部分欧洲人都不在教堂结婚。虽然交换戒指也很常见，但一般情况下，夫妻仅是住在一起。甚至到1500年，许多农民还是通过古老的同居仪式结婚。然

而，到1200年，大部分富有和受过教育的人由教士主持婚礼。这一方面剥夺了教士和主教的婚姻，但从更普遍的意义上看，它赋予教会控制离婚的权力。第四次拉特兰公会之前，人们在与七代血亲之内的人结婚时必须征得教会的同意（堂兄弟姐妹之间此时被允许结婚，因为相隔四代血亲）。实际上，人们对此并不理会。只有后来当即将离婚时，这种非法的血亲结婚才“被发现”，成为婚姻无效的理由。第四次拉特兰公会将七代血亲改为三代，诺曼·康托对此评论说，这样做的主要作用是“增加教会对个人生活的干涉”。英诺森三世的目的即在于此。

英诺森三世的执着非同寻常。他被形容为最伟大的教皇、“欧洲的领导者”。大卫·诺尔斯和迪米特里·奥伯伦斯基这样评价道：“他的任期是教皇世俗统治的短暂夏天。他之前最伟大的前任在为统治权而鏖战；他之后的继任者在运用权力时越来越缺乏精神智慧和政治远见。只有英诺森三世在为那些听命于他的人的利益考虑而行动时，能够让他们听命于自己。”[80]

13世纪，教皇的道德权威消减殆半。虽然罗马教廷仍是不可一世的行政力量，但法兰西、英格兰和西班牙民族君主国的发展却越来越成为与梵蒂冈抗衡的力量。尤其是法兰西王权的增长对罗马教廷构成了威胁。中世纪早期，与教皇冲突最激烈的君主是德意志皇帝。但是由于这些冲突，德意志人没有像法兰西人那样在十字军中占有重要地位。如此一来，法兰西人得到更多与罗马教廷对峙的权力，除此之外，法兰西国王通过讨伐阿尔比教派获得了法兰西南部的大片领土，从这个意义上说，罗马教廷是自掘坟墓。这些涌动的趋势在法兰西国王美男子腓力四世时（1285—1314）达到顶峰。

十字军东征和讨伐清洁派运动之后，枢机主教团出现了一个相当大的 360

法兰西派系，民族主义的产生使教皇选举变得异常艰难。法兰西的安茹王朝统治西西里岛，但1282年西西里人发动起义，法兰西驻军被屠杀，这场起义被称为西西里晚祷。[81]那时，西西里人效忠于（西班牙）阿拉贡王朝。而当时的教皇是法兰西人，效忠于安茹的查理。因此他宣布阿拉贡王朝无效，并在教会的部分资助下发动讨伐。这是一种极端措施，没有任何道德公正可言。在中立者看来，这贬低了教皇统治，讨伐的失败更是雪上加霜。由于想寻找替罪羊，腓力四世也因此站到了教皇的对立面。渐渐地，法兰西越来越强硬，在1292年达到顶峰：教皇职位空缺，枢机主教团的法、意两派互不让步，争吵持续两年未得到和解，没有哪个候选人得到所需要的三分之二选票。[82]1294年，随着隐士塞莱斯廷五世的当选，妥协终于达成。塞莱斯廷五世对自己的当选困惑不已，几个月后即宣布退位。这次“伟大的拒绝”（但丁这样描述它）本身是一次耻辱的丑闻，因为历史上没有过退位的教皇，许多忠实的教徒认为教皇的任命是受到圣彼得的神圣恩典，因此教皇不得退位。塞莱斯廷五世称“一个天使的声音”劝他放弃教皇职位，但这是一个最方便的理由。随后本尼迪克特·加塔尼成为教皇，即博尼法斯八世（1294—1303）。博尼法斯八世可能是中世纪教皇中最具灾难性的一位。他的政治野心不亚于英诺森三世，但缺乏这位著名前任的才能。[83]

1294年，英法之间爆发战争，很快，双方都痛感资金严重不足，四处寻求战争经费。法兰西的一项权宜之计是向神职人员征税，这种手段曾成功地资助了十字军运动。然而，这个做法遭到罗马教廷的反对，博尼法斯八世为此颁布了《教士不纳俗税》教谕。这项措辞激烈的教谕遭到了法兰西的报复，它将意大利银行家驱逐出境。更为切中要害的是，法国停止了向教廷进贡，这极大地削减了教会收入。迫于形势，博尼法斯八世做出让步，允许法兰西国王，也暗指所有世俗统治者，出于国家安全目的向神职人员征税。（虽然向神职人员征税在现在并不能获得多少财政收入，但要记住，那时教会拥有多达全国三分之一的土地。）几年之后，即1301年，关系进一步恶化，法兰西南部一名持异见的主教被以叛国罪逮捕。法兰西当政者要求罗马教廷剥夺这名主教的职位以使其接受审判。由于成千上万的朝圣者在1300年涌向罗马庆祝大赦年，博尼法斯八世大受鼓舞，采取了专横手段加以回应。他撤回先前对法兰西国王向神职人员征税做出的让步，将法兰西的神职人员召回罗马以重组法兰西教会。一年以后，他颁布了臭名昭著的《一圣教谕》，宣称“精神和世俗宝剑都最终握在基督世间的代理人手中，如果国王不正当地使用借给他的世俗宝剑，他将被教皇废黜”。教谕最后说：“我们宣布、声明和规定，对罗马教皇的服从是每个人 361
得救的绝对必需。”[84]

腓力四世的法兰西谋臣也以牙还牙，绝不手软。在法兰西三级会议的首次会议上，博尼法斯八世遭受到了能够想象到的一切诽谤：异端、谋杀、黑巫术。三级会议坚称法兰西的每一位“基督教国王”的使命是将世界从这怪物的魔爪中拯救出来。法兰西人没有开玩笑。国王的谋臣之一、来自朗格多克的律师纪尧姆·德·诺加雷被派往意大利执行一项秘密任务，在那里与某些世俗和教会的反对教皇的人会面。他的目标就是绑架博尼法斯八世，即教皇本人，并将其带回法兰西接受审讯。事实上，诺加雷确实在罗马以南教皇的家乡阿纳尼成功绑架了他，并带他启程返回北方。但博尼法斯八世被亲戚救出，仓皇返回梵蒂冈，之后在心力交瘁中很快去世。但丁将此视为文明史的转折点。[85]

事实也正是如此。“法兰西人虽然没能成功绑架教皇，但某种程度上，他们成功地杀死了他。”博尼法斯八世的继任者是法兰西的大主教克雷芒五世，他选择居住在阿维尼翁而不是罗马。“但丁哭泣了。”[86]或许不可避免地，这被描述为教权的“巴比伦囚虏时期”，但它持续了将近七十年。

即使教皇在 1377 年返回罗马，混乱和滥权也没有结束。当选的教皇乌尔班六世着手惩治腐败，其手段之烈导致几个月之后部分枢机主教团成员撤回阿维尼翁，重新选举新的教皇，于是形成了两个圣座、两个枢机主教团和两个教廷。甚至在地方，天主教会大分裂也到了不可调和的荒谬地步：修道院有两位院长，教堂有两种对立的弥撒，等等。1408 年，比萨会议召开，目的是结束混乱局面。然而事与愿违，会议选举出第三位教皇。整个荒谬、滑稽又悲惨的事件直到 1417 年才结束。

但损害已经造成了。政治上，教权永远没能恢复昔日的雄风。在文艺复兴时期以及晚至 19 世纪，也出现了其他强势教皇，至少看起来是这样。但事实上，这些教皇无论在雄心上还是成就上都无法与格列高利七世和英诺森三世比肩。再也没有教皇宣称站在上帝和人类之间了。然而政治只是教权衰落的一个方面。思想领域的重大变革将给教权带来同样持久
362 的损害。

17

学术的传播和精确性的兴起

1144年6月11日，二十位大主教和主教聚集在巴黎的圣德尼教堂，为此而专门建造的祭坛与出席仪式的高级教士人数一样多。大多数主教并未到过这里，因此眼前的景象令他们大为震惊。毫不夸张地说，这座教堂的掌管者苏热尔院长创造了一千七百年来第一种完全崭新的建筑风格。这是一次无与伦比的美学和思想突破。[1]

传统上，教会建筑采用罗曼式风格。罗曼式建筑的基础是地中海东部的巴西利卡式会堂，这种建筑本来是为气候炎热的国家而设计的闭合式构造，一直以来都使用简单的材料。苏热尔新的圣德尼大教堂则另辟蹊径。他将自己对建筑的全新理解运用其中，结合最新数学原理，创造了一座恢宏的建筑，放弃了罗曼式教堂对水平面的强调，代之以垂直面和尖肋拱顶；建筑之外的“飞拱”支撑墙体，使广阔的中殿几乎可以脱离柱子的支撑；大量的光线从巨大的垂直窗户射入，照亮了之前一直黑幽幽的内殿和祭坛。尤其令人印象深刻的是正门入口上方的彩色玫瑰花窗。缤纷的色彩和精致的蕾丝状图案，以及工匠在玻璃上描绘《圣经》故事所表现出的匠心独运，都令人叹为观止。

苏热尔本人虽然出身并不高贵，却是法兰西国王幼时的玩伴，这段友谊保证了他在宫廷的最高席位。后来，当路易六世参加一次最终失败的十字军东征时，苏热尔以摄政者身份很好地履行了职责。虽然身为本笃会修士，苏热尔却并不认同弃世是正确的道路。相反，他认为，在人间级别最高的教堂，应当展现卓越，反映它的崇高地位。[2]“人人都可以有自己的想法。我个人最认同的是：一切最珍贵的东西应该首先用于弥撒圣祭。如果按照上帝和先知的旨意，金器皿、小金瓶和小金钵被用来收集山羊、牛犊和红色小母牛（出现于古代以色列的圣殿中）的血液，那么我们应该如何
363 用更大的热情捧出金花瓶、宝石及所有我们认为最宝贵的东西来收集耶稣基督的血呢？”[3]因此，1134 至 1144 年，苏热尔彻底重建和装饰了圣德尼教堂，调用他能够支配的各种资源建造了这个新的礼拜场所。

苏热尔骄傲地将自己的成就写入《论上帝的管理》和《论献祭》二书中。从书中我们可以了解到，他认为圣德尼教堂应当成为他在法兰西南部游历途中见过的所有美学创新的集大成者，并应当超越它们。他从伪法官狄俄倪索斯（这样的称谓来源于除了宣称自己是使徒保罗最初的希腊门徒之一以外，他还自称是雅典最高法院的官员之一）的神学中找到灵感，圣德尼教堂即得名于他。[4]狄俄倪索斯习惯上被认为是一部中世纪神秘专著的作者，8 世纪教皇将这部著作交给了圣德尼，其主要思想是上帝即光。根据这种神学思想，每个生命都受到神圣之光的照耀并将其传播出去，神圣之光按照上帝确定的等级顺序“倾泻而下，灌溉世间”。上帝是纯粹的光，所有生命体都根据内心的光辉对上帝之光进行反射。正是这种观念影响着 12 世纪大教堂的形态，苏热尔院长的圣德尼大教堂成为它们的先驱。[5]

除了光的一般理念，苏热尔还用了一些新手法。教堂正面的两座锯齿状塔意在为教堂增添一种军事氛围，是军事化基督教和国王在捍卫信仰中的作用的象征。门廊有三重，反映了三位一体学说。玫瑰窗照亮了三座高高的礼拜堂，分别献祭圣母、圣米迦勒和天使。唱诗班席尽头有呈半圆形排列的礼拜堂（后殿），既能同时满足许多僧侣或教士做弥撒的要求，又增强了唱诗班席的照明，补充了来自玫瑰窗的光线。支撑扶壁设在教堂外侧，中殿四周得以形成回廊，沿回廊而建的是呈辐射状延伸的由自然光线照明的侧礼拜堂。这也可容纳更多的僧侣或教士做弥撒。但最重要的是，整座教堂如今开放了，尤其在苏热尔移去了圣坛屏之后，所有的一切都沐浴在同一处光源中，从而使整座建筑成为单一的神秘整体。[6]关于光的神学不仅促进了彩色玻璃的问世，也奠定了新式教堂礼拜仪式中珍贵宝石和金属（珠宝、珐琅、水晶）的地位，它们主导着中世纪的艺术。宝石被认为有一种介导力量，甚至有一种道德价值，每种宝石都象征某种基督教美德。所有这些与光有关的物体都被用来帮助信徒（他们聚在一起形成一个庞大的会众）接近上帝。

苏热尔的成就或许超出了他的想象。1155 到 1180 年间，努瓦永、拉昂、苏瓦松和桑利都建起了大教堂。受圣德尼大教堂玫瑰窗的启发，沙特尔、布尔日和昂热也出现了类似的结构。很快，英格兰和德意志的主教们也效仿法兰西的大教堂。它们的辉煌在此后的一千年里都不曾消减。

早期的大教堂并不只用来做礼拜。经验丰富的主教允许行会在此开会，也允许其他世俗会议在此举行。许多当地人都参与了大教堂的修建，因此对它十分了解。在沙特尔，每个行会都希望拥有自己的彩色玻璃窗。[7] 364
正是通过这种方式，大教堂也变成了学校。大教堂吸引着市民，而修道院却从来没有，因为修道院都建在城市之外很远的乡村。城市中大教堂附近的区域通常称作“封闭回廊区”，尽管这里是开放的。这里是学生开始聚集的地方，同时还有艺术家和工匠。另外，大教堂学校不同于修道院学校。由于地处城市，大教堂学校更开放、更与现世相关，它们提供的教育也反映了这一点。在修道院，教学是两个人之间的事，一位年轻的僧侣受教于一位更年长的人。但大教堂学校却与之截然不同：一群学生围坐在一位老师的脚边。一开始，学生仍然以教士居多，学习也主要是一种宗教行为。然而他们生活在城市里，在世俗民众中，最终的工作是到民众中去成为教士，而不像在修道院那样与世隔离。

在这样的环境中，信息的传播比修道院更迅速，想要成为教士或学者的人很快就会知道哪些老师更有智慧，哪个人的书最多，哪个学校的辩论最活跃。当同时代人说到与众不同的学校时，经常提及某位名师。比如，“默伦学派”以默伦的罗伯特命名，“普瓦捷派”则指普瓦捷的吉尔贝尔的学生。[8] 这样一来，拉昂、沙特尔和巴黎先后提供了最好的教学机会。这个时候，“学者”一词成为在修道院或教堂“唱诗班中做礼拜”的所有人的统称。[9]12 世纪，学生数量激增，远远超出了教会需要的正常人数。

在这种背景下，至少在最初，学校教授的主要技能是拉丁文的读写、歌唱及散文和韵文写作。但不打算成为教士的新学生希望学到更实用的技能：法律、医学、博物学。他们也想学习辩论和分析，阅读当代的主要著作。

13 世纪早期，巴黎拥有 20 多万人口，发展迅速，不再局限于巴黎大区。它在各方面都得天独厚，尤其是丰富的食物和酒，而且城市一百英里之内至少有二十五所著名学校。这培养了众多学生，其数量对刺激需求具有关键作用。市内也有许多教堂，它们的附属建筑经常为学生提供膳宿。曾在沙特尔和巴黎求学的伊普尔的埃弗拉尔说，在沙特尔的学校中，班里只有四个学生；而在巴黎，班上有三百人，都在大礼堂中。[10]

仅巴黎的规模就能说明一切。到 1140 年，巴黎明显成为北欧占据主导地位的学校，不过“学校群”比“学校”更贴切。它的声誉来源于，这里有许多而不是一个独立的大师，正是他们之间的互相影响促进了学术思想的发展。“到 1140 年，在巴黎几乎可以找到一切。当然，想要取得更高的教会法造诣，你需要去博洛尼亚；要了解最前沿顶尖的医学，你需要去蒙彼利埃；但在文法、逻辑、哲学、神学的每个分支，甚至法律或医学，巴黎可以满足最有雄心的学生的一切学习愿望。”[11] 从 12 世纪的文献中，365
R.W.S. 萨瑟恩找出了十七位巴黎学者，包括阿伯拉尔、艾伯里克、皮埃尔·海利亚斯、沙特尔的伊沃及伦巴底人彼得。

12 世纪中期，每年都有成百上千的学生从诺曼底、庇卡底、德意志和英格兰来到巴黎。教学仍然在巴黎圣母院的回廊进行，但范围开始扩大，最先扩展到塞纳河左岸。乔治·迪比告诉我们，新教师在福阿尔街和小桥上租摊位从事教学。1180 年，一位曾在巴黎求学的英格兰人为贫穷的学生建立了一所学院，一个全新的街区在塞纳河以南西岱岛的对面发展起来，巴黎大学从这些狭窄的小巷中诞生了。

学校以及后来大学中的知识生活与修道院差别很大。在修道院，知识生活与冥想（独自默想经文）没有什么区别，尽管修道院也的确试图建造高质量的图书馆：例如，德意志的富尔达收藏有两千本书供学者使用，克吕尼也有将近一千本，其中包括《古兰经》的一个拉丁文译本。但在沙特尔和巴黎，人们却进行辩论，教师和学生正面交锋，思想上像决斗的骑士一样平等。辩论结果在当时的时代背景下是那样惊心动魄和不可预测，教师并不总是赢家。学校的课程仍然是中世纪早期确定的自由七艺，但此时“三科”被作为基础课程，或准备部分。“三科”的主要目的是为教士的首要职责做准备：能够阅读《圣经》，并对经文做批判性解读，以此提炼真理。然而，要做到这些，学生必须掌握拉丁文的精妙之处，出于这个原因，一些古典或异端作家，尤其是西塞罗、维吉尔、奥维德，成为学习的对象。学校的教学因此倾向于古典主义，重新激发了人们对古罗马及整个古代的兴趣。[12]

然而，更为重要的是，逻辑学随着亚里士多德译本的重新发现而重新抬头。“从 12 世纪 50 年代开始，重新发现的作品的拉丁文译本涌入欧洲学者的图书馆。”12 世纪，逻辑学发展成“三科”中最重要的一科，一位教士甚至认为推理可以“为人类增加荣耀”。（人们当时所知唯一的柏拉图作品是《蒂迈欧篇》，但对其了解并不充分。[13]）人们感到，逻辑学使人类逐渐参透上帝的奥秘成为可能。“人们相信，由于上帝所有的法则被掩盖和隐藏在模糊、有时甚至矛盾的表达中，因此逻辑推理有责任拨开迷雾，澄清矛盾。学生必须以文字为基础，发掘其深层含义。”[14] 逻辑的根源是怀疑，因为在怀疑中产生辩证推理：论证、辩论、说服（这是科学的另一个基础）。“我们在怀疑中探索，”阿伯拉尔说，“在探索中感知真理。”“旧式逻辑”的一个主要特点是“共性”，也是柏拉图思想的本质，即一切事物，比如“凳子”或“马”，都有一种理念形式。潜在的原则是，如果这些事物能够按系统的（逻辑的）顺序排列，上帝的意图就可以被理解。“新式”逻辑最先由巴黎的皮埃尔·阿伯拉尔（安德斯·皮尔茨在对中世纪学术的
366 研究中将他称为“第一位学者”）提出，他认为《圣经》中许多章节都无法经受推理，因此人们不能仅仅接受它，而应当提出质疑。他强调，真正的思考应当反映出亚里士多德的思想，以三段论为基础，比如：所有的 a 都是 b；c 属于 a；因此 c 属于 b。阿伯拉尔的著作《是与否》通过找出和比较《圣经》中的矛盾段落，尽力调和这些矛盾，集中体现了这种方法。除了阿伯拉尔，普瓦捷的皮埃尔认为：“尽管信条的确定性是存在的，但怀疑、探索和讨论它们仍然是我们的义务。”曾在包括巴黎等多地求学的英格兰人索尔兹伯里的约翰将逻辑放在理解的中心位置：“正是头脑通过推理，超越感觉经验，并使它明白易懂，之后，又通过理智将事物与它们的

神圣原因联系起来，理解创造的秩序，最终获得真知。”[15] 对今天的我们来说，“逻辑”是一个枯燥无味的词，许多趣味已不复存在。但在 11、12 世纪，它却远比现在生动而富有争议，它是怀疑的舞台，可以质疑权威，提供了用新的方式接近上帝的机会。

但是大教堂本身只是更大的社会变化的一部分，这一变化不仅促进了学校的诞生，更推动它们发展为大学。正如我们所了解的，大教堂存在于城市，城市既需要实用知识，也需要宗教知识。例如，由于对译自希腊和印度著作的阿拉伯书籍的翻译，数学得以广泛传播，并在教堂的修建中发挥了重要作用。12 世纪巴黎发明的飞拱，至少要将其构思部分归功于数学。人口越来越密集的新兴城市对律师和医生也有庞大的需求，这些需求也刺激了学校向大学的转变。[16]

我们再来回顾一下自由七艺的概念。[17] 对希腊人来说，人文学科的概念就是一个适合自由公民的教育体系，不过至少有两种不同的版本：柏拉图式，从哲学和形而上学的角度，认为教育旨在培养高尚的道德和超群的智力；伊索克拉底式，倡导更适合社会和政治生活实践的课程。罗马人最先对人文学科进行完善，特别是公元前 1 世纪的瓦罗在所编的《艺术九书》中确立了九门学科——文法、逻辑、修辞、几何、算术、天文、音乐、医学和建筑。第 11 章提到，5 世纪早期，马尔提亚努斯·卡佩拉创作了《语文学和墨丘利的婚礼》一书，这本名字怪异的书将瓦罗的九门学科减少了两门，使医学和建筑成为最早自成一体的行业。[18] 卡佩拉的分类法被广泛接受，在后来的几个世纪中，习惯上将自由七艺分为三科（文法、逻辑和修辞）和更高级的四艺（算术、几何、天文和音乐）。艾伦·库班在对中世纪大学历史的研究中发现，公元 1000 年之前，四艺相比之下不受重视，因为人们认为它们在培养大量神职人员的读写能力时不太重要。

367 “普通教会学生只需要掌握足够的算术技巧来计算变动的教会节日的日期，通常这就是他们学习的全部四艺知识。”[19] 教育主要是一种文学体验，对接受教育的教士的分析能力要求不高。（人们用蜡板教授写作。[20]）主要学科从文法和修辞到逻辑的转变成为重要的知识转型，标志着教育体系从“以过去的知识积累和思维模式为基础，到从着眼未来的创造性探索精神中汲取力量”的转变。人文学科被当作是更高级别的学习，尤其是为神学的准备，这种观点我们如今看来是怪谈，这些学科至多跟神学擦边而已。[21] 但这却是希腊人文学科传统的一部分，反映了头脑应当通过对一系列学科的学习得到扩展，从而为在一个负责任的民主国家中圆满生活做必要准备的观念。主要的不同是，神学在中世纪教育等级体系中享有至高无上的荣耀，这种地位在希腊曾为哲学占有。

这种传统的另一方面是学校中鼓舞人心的乐观主义精神。所有的学者都认为，即使堕落之后，人类也“能够在知识和精神上得到最充分的扩展”；宇宙是有序的，因此可以对它进行理性的探索；人能够通过智慧、知识积累和经验掌控环境。[22] 人们相信，在天启的真理之外，人的认知和理解能力几乎是无穷的。艾伦·库班认为这是西欧思想的重要转向。这明显体现在坎特伯雷大主教、意大利人安瑟伦（人们常称其为圣安瑟伦）和僧侣高尼罗的思想冲突中。安瑟伦寻求证据（合乎逻辑的证据）证明上帝的存在：因为我们能够想象一个完美的存在，所以这种完美的存在（上帝）就一定存在；否则，如果它不存在，就一定有比我们想象的更加完美的存在。在我们看来，这不过是个文字游戏，在高尼罗看来亦是如此。他不以为然地指出，我们可以想象出一座比任何岛屿都完美的岛屿，但这不意味着这座岛屿确实存在。这次思想交锋中重要的一点是，安瑟伦作为一个地位高于僧侣的高层人物，发表了高尼罗的回应，并附上自己的辩驳。这场辩论表明，人们可以用“理性的”方法谈论上帝，可以将上帝与任何事物一视同仁，地位同权威并无太多关联。[23] 这是从未有过的。

推动早期大学发展的四个探索领域是医学、法律、科学和数学。中世纪鼎盛时代，医学和法律非常受欢迎。[24] 这些实用学科可以提供待遇优厚的职业和稳定的社会地位。“书写艺术”，即书信和正规文件的写作艺术，成为法律和修辞的专业化分支。应用法律、医学和书写艺术很快变成文学人文主义的天敌，因为它们反映了新兴大学实用的一面，与安静脱世的古典研究形成强烈的反差。因此，最早的大学并非规划而成，它们的职业性本质来源于实际需求。然而，就科学而言，大学的产生并不顺利，或许出于教会对异端作家长久的不信任。比如，巴黎圣母院 1164 年上任的司祭皮埃尔·科麦斯特宣称，古典作家或许能为《圣经》研究提供有用的背景知识，但应该避免他们的许多“思想涌流”。约 1200 年，维勒迪约的亚历 368
山大诋毁了 13 世纪中期之前重要的人文主义研究中心——奥尔良大教堂学校，把它视为“邪恶知识的温床……它使邪恶知识在民众中蔓延”。他坚持认为“人们不应当阅读任何违背《圣经》的东西”。[25]

这种态度蔓延开来，13 世纪早期，亚里士多德本人也成为攻击的对象。从逻辑学的早期研究开始，对亚里士多德著作，尤其是关于科学的“自然”书籍的翻译就在不断增多，直到他的著作成为不掺杂任何基督教思想的完整的哲学和综合体系。一位历史学家说，亚里士多德著作的再发现是“西方思想史的转折点……只有牛顿学说和进化论可以与之相提并论”。[26] 在巴黎大学，思想上最激动人心和麻烦不断的学科理所当然是“哲学为王”的人文学科，“人文大师是思想动荡的永恒因素和思想变革的推动力量”。[27] 事实上，人文学科几乎成为大学中的大学，亚里士多德著作的拉丁文译本引入后，教师们为此修改了课程计划。将亚里士多德的逻辑学著作引入课程没有问题，但他关于“自然”的书籍却很快引发了麻烦。1210 年，巴黎地方主教会议要求停止巴黎大学所有关于亚里士多德的研究。他的著作既不能私下阅读，也不能公开教授，否则就会“受到绝罚的处罚”。[28] 教皇先后在1231年和1263年支持这道禁令，巴黎主教在1277年也再次给予支持。后来，私人研究被允许，但公共教学仍被禁止。教会设法施加给亚里士多德作品的禁令是前面章节所述的思想控制的又一个方面。

对思想的控制还有更多的手段。1231年，用通俗语言谈论科学问题成为应受处罚的违法行为，教会不愿让普通民众接触此类影响。但是，没有任何禁令是彻底的，毕竟，对某些人而言被禁的著作更具吸引力。亚里士多德在其他地方，比如图卢兹和牛津，就没有被禁。1242年，阿尔贝图斯·图托尼卡斯，即今天所称的大阿尔伯特，成为拥有巴黎大学神学教席的首位德意志人之后，禁令开始全面解除。阿尔伯特虽然强烈反对异端，却对亚里士多德的思想非常感兴趣。他认为亚里士多德的全集应当在全欧洲可以读到。阿尔伯特认为，通往真理的路有三条：解读《圣经》、逻辑推理和实践经验。后两者显然都是亚里士多德式的方法，但他又添加了一条：在肯定造物主上帝在创造宇宙中作用的同时，坚持认为对自然过程的研究（按我们的说法）不应该被神学顾虑阻碍，因为在这些自然过程中，“只有经验具有确定性”。[29]“自然科学的合理关注对象不是上帝按照意愿能做什么，而是他已经做了什么”，也就是说，“由于自然的内在原因”发生了什么事。[30] 亚里士多德曾说过“认识……就是理解事情的起因”。[31]

在阿尔伯特身上，我们第一次隐约看到了不同的思考方式开始分离。阿尔伯特有着坚定的信仰，正是这种坚定的信仰使他思考，亚里士多德可以为传统信仰做什么补充，以丰富人们的理解。

369 然而，其他人却更加激进。例如，两位学者——布拉班特的西格尔（卒于1284年）和戴恩·波（拉丁名为“达契亚的波伊提乌”）对亚里士多德的集中研究产生了一个影响深远的观念，即“双重真理观”。巴黎大学对亚里士多德的禁令并没有波及巴黎的其他地方，这促进了以亚里士多德思想为基础的哲学的发展。这两位学者最重要的创新是思考了一种可能性，即同一件事在哲学上是真理，在神学上却不尽然，这在当时甚至任何时代都是激进的，并成为将要产生的大分裂的前奏。波伊提乌特别指出，哲学家应该享受自己的智慧成果，探索自然世界（现世），但这些能力并不表明他有权探索如世界的起源、时间的开始、创世的秘密及事物是如何从无中创造的问题。因此像世界末日会发生什么、与天启而非理性相关的这些事情不在哲学家的研究范围之内。真理有两个体系，分属于自然哲学家和神学家。就像阿尔伯特理解的一样，它区分了两种思想领域，代表了有关世俗世界思想发展的一个新阶段。

然而，教会中的许多人发现西格尔更加棘手，因为他似乎钟爱亚里士多德学说中更为令人不安的方面：世界和人类是永恒的，事物的行为由它们的本性控制，自由意志受到必然性的制约，所有的人类共有同一种“智力准则”。他在教学时拒绝讲明这些思想的蕴涵，但它们却一目了然：没有创世，没有亚当，没有末日审判，没有神圣天意，没有道成肉身、救赎和复活。[32] 这当然引起正统教会的担忧，也是亚里士多德被禁的原因（因为他的思想导向）。巴黎大学的另一位神学教授乔万尼·迪·菲登扎，又名波纳文图拉，尤其对亚里士多德感到不安。亚里士多德坚持认为，虽然上帝是一切存在事物的第一因，但自然存在自身的因果，其运作并不受上帝的干预。[33] 对以波纳文图拉为代表的许多人来说，这样的推论指向一个没有上帝的世界，因此波纳文图拉试图修改亚里士多德的学说，从而，当树叶变黄时，他可以说这不是因为自然过程，而是由于上帝植入树中的某些特性。

所有的这些表明，13 世纪中期是巴黎大学经院神学的顶峰，在很多方面也是经院思想的顶峰，它的顶点是托马斯·阿奎那的综合。托马斯·阿奎那被称为“介于奥古斯丁和牛顿之间最有影响的西方思想家”，是伟大的集大成者。阿奎那的杰出贡献是试图调和亚里士多德和基督教，但在本书的后文中我们可以了解到，他对基督教的亚里士多德化比对亚里士多德的基督教化更有影响。阿奎那出生于罗马和那不勒斯之间，是一位伯爵的儿子，他自负、行事思考沉着从容，至少开始时容易被人低估。但他的老师兼导师大阿尔伯特欣赏他的天资，他也没有令人失望。

阿奎那认为，只有三种真理无法被自然原因证实，人们必须接受。它们是宇宙的创造、三位一体的本质、耶稣在救赎中的作用。[34] 除此之外，更具争议性和影响力的是，阿奎那站在亚里士多德一方反对奥古斯丁。传
370 统上，正如奥古斯丁所称，由于人类的堕落，男人和女人生来就是为了在现世经受苦难，对幸福唯一真正的希望在天堂。但是，亚里士多德主张，现世，今生，给了人们无数快乐和幸福的机会，而“这当中最永恒可靠的是用我们的理性学习和理解所带来的快乐”。[35] 托马斯对此做出修改，认为我们在现世就可以利用理性“预尝”来世的滋味，享受相对的幸福。他说，自然世界“绝非是邪恶的”。[36] 当上帝用基督的道成肉身将人类的身体神圣化后，人的身体怎么会是邪恶的呢？另外，托马斯认为身体和灵魂是紧密相连的。灵魂不是住在机械里的幽灵，而是因身体而塑造形态，就像金属雕塑因模具而塑造形态一样。最后一种观点或许是他的思想中最神秘的一方面。

阿奎那在他的时代并没有像西格尔一样被视为激进分子。然而，对很多人而言，这反而令他更具危险性。他是中世纪亚里士多德主义，尤其是现世更重要的思想的合理面孔。现世更重要（这是因为能够享受的幸福比传统允许的更多），也因为亚里士多德对怎样享受现世论述甚多。通过暗示，阿奎那淡化了来世的重要性，显然，在后来的几十年、几百年中，这

对教会不断削弱的权力产生了重大影响。

某种程度上，大学的前身是公元前4世纪雅典的哲学学园，是3至6世纪繁盛一时的贝鲁特法学院，是成立于425年、断断续续持续到1453年的君士坦丁堡帝国大学。中世纪学者注意到了这些学院。艾伦·库班称，加洛林王朝时代出现了学术迁移的观念，这种观念认为学术中心已经先后从雅典、罗马、君士坦丁堡转移到了巴黎。“在这种体系下，新兴大学也是掌控基督教社会的三大权力之一——学校（studium）的体现，另两种权力是精神（神权）和世俗（主权）。”[37]

现代术语“大学”的使用似乎是偶然的，来自拉丁语“universitas”。但在12、13和14世纪，这个词用来“表示任何有共同利益和独立法律地位的人的集合或团体”，可以是手工业行会或是市政团体，通常有着装要求。[38]直到14、15世纪晚期，“大学”一词才有了现在的含义。但是，中世纪相应的术语是“大学校”（studium generale）。“学校”指配有学习设施的学校，“大”指学校具有吸引外地学生的能力。这个术语在1237年首次使用，在1244年或1245年首次用于教皇文件，与罗马大学的建立有关。[39]其他的术语还有“普通学校”（studium universale）、“正规学校”（studium solemne）和“公共学校”（studium commune），但到14世纪，博洛尼亚、巴黎、牛津、帕多瓦、那不勒斯、巴伦西亚和图卢兹均使用“大学校”。卡斯蒂利亚国王阿方索十世的法典《七法全书》（1256—1263）从法律上规定了早期大学校的基础。学校必须为自由七艺配备教师，必须有 371
教会法、世俗法的教师，学校的权威可由教皇、皇帝或国王授予。[40]其中没有提及后来作为进一步要求的规定：设立神学、法律及医学系科作为优秀的研究生中心。12、13世纪之交，只有博洛尼亚、巴黎、牛津和萨勒诺在高级学科上提供连贯教学。[41]

第一所帝国大学，事实上也是第一所有意而建的大学，是1224年由皇帝弗里德里希二世在那不勒斯创立的。第一所教皇大学，是1229年由格列高利九世授权在图卢兹建立的，部分原因是为了对抗异端思想。这形成了只有教权和皇权才能创立大学校的观念，到14世纪这种观念成为信条。[42] 这种信条在当时比在现在重要得多，因为这使刚刚起步的大学获得许多不小的特权，其中两种最为有利。第一种是，享有俸禄的神职人员有权在大学学习的同时继续享受俸禄。由于一些课程持续十六年之久，这是一笔不小的数目。第二种特权是通用授课权，即任何从大学校毕业的人可以在其他任何一所大学任教，而无须接受进一步的考试。[43] 这来源于将学校/学术作为普遍的、超越国界和种族的社会"第三权力"这一观念。但是流转欧洲的教师团体的观念从来没有真正付诸实践。每所新成立的大学都认为自己比其他大学优越，坚持对其他大学的毕业生进行考试。[44]

最早的大学出现在萨勒诺、博洛尼亚、巴黎和牛津。然而，萨勒诺与其他三地很不一样。萨勒诺的地位虽然不如托莱多重要，但在希腊及阿拉伯科学和哲学原著的翻译上却发挥了作用。但是除了医学之外，它在其他任何学科上都不能提供优秀的师资。[45] 实际上，萨勒诺的实用医学技术比它的其他任何东西都著名（它的周围矿泉环绕，吸引着跛脚的人和盲人）。学校成为医师的集会场所，虽然肯定存在某种教学活动，但没有正式的行业协会。不管怎样，11世纪，最早一批医学文献开始在萨勒诺出现，包括百科全书、草药医术学和妇科医学专著（包括托洛都拉在内的一些女性医生都在此行医）。这里也有无数的阿拉伯科学及医学著作和译成阿拉伯语的希腊医学原著。[46] 这些著作得以使用，主要归功于一位有阿拉伯血统的学者——非洲人君士坦丁，他在大约1077年定居萨勒诺，后来北迁到卡西诺山修道院继续从事翻译，直到1087年去世。在他译成拉丁文的阿拉伯专著中，影响最大的是贾法尔的《旅行》、以撒·尤第乌斯关于饮食、发热和泌尿的著作，以及155年前哈利·阿拔斯在巴格达编纂的综合医学百科全书。君士坦丁的翻译成果为希腊医学的研究注入了新动力，萨勒诺的医生在随后几个世纪里写下了大量医学新作。萨勒诺因此建立了医学课程，在传入巴黎和其他大学之后，受新逻辑和经院哲学的影响得以扩展。[47] 在博洛尼亚和蒙彼利埃，医学得到了长足发展。关于人类解剖的最早论述约于1300年出现在博洛尼亚。这很可能来源于法律程序中需要的 372
调查。（验尸后来为解剖研究提供了便利。）关于外科医学的最早著作是佚名作者的《班贝格外科学》（约1150）。其中描述的症状有骨折和脱臼、眼耳外科病变、皮肤病、痔疾、坐骨神经痛和疝气。[48] 书中还记载了用含碘物质治疗甲状腺肿，以及使用经过莨菪和罂粟浸泡的“催眠海绵”的外科麻醉手段。[49]

博洛尼亚大学是最古老的大学，却不符合中世纪大学的总体图景，因为它是为想要学习罗马法以满足职业需要的世俗人士而建立的世俗机构。只有到12世纪40年代，专属于神职教师和学生的教会法才被引入博洛尼亚。[50]

主教叙任权之争引发的争吵和动荡促进了法律的发展。“由于罗马法是对抗教皇僧侣统治教条的可用的最好思想武器，因此自然被世俗人士用来发展驳斥罗马教皇统治思想的早期政治理论。”[51] 但是博洛尼亚大学能够超过其他羽翼未丰的意大利法学院，比如拉文纳或帕维亚，得益于1087年左右在博洛尼亚任教的早期法学家之一伊纳留（可能是德语名字维尔纳的拉丁语译名）的教学。在对查士丁尼《民法大全》的评论中，伊纳留运用了类似阿伯拉尔“是与否”的批判性分析方法，因此空前成功地整合了罗马法。罗马法基础文本以适合专业研究的形式得到广泛使用，成为高等教育的特殊领域，使博洛尼亚大学成为出色的世俗法研究中心，欧洲边远地区的学生开始涌向这里。[52]不久之后，在12世纪40、50年代，作为一种应对措施，教会法成为重要的学术科目而进入课程，博洛尼亚大学的名气有了更大的提升。格拉提安，博洛尼亚圣斐理斯修道院学校的教会法名师，是这个时期发展的领军者。他约在1140年完成的《歧义教规之协调》(《圣令集》）对教会法的意义相当于伊纳留对罗马法的意义，它成为一部适用于学术研究的综合著作。在随后的两个世纪，法学家出身的人在教皇中占据了很大比例，其中不少人曾经是博洛尼亚大学的法学教授，由此可见这些变化带来的影响之大。[53]

博洛尼亚大学的另外一项成就是《惯例》，它是弗里德里希一世皇帝于1158年11月在隆卡格利亚颁布的学术法规，很明显这是应大学学者的要求，并且得到了教皇的批准。其学术意义之重大，远远超出了初衷，形成了一个与历史悠久的教士特权相抗衡的学术特权体系。[54]事实上，《惯例》从此被奉为学术自由的开端，“就像《大宪章》成为英格兰自由不可或缺的参考点一样”。[55]起初，它是国王壮大世俗法律人力量用以对抗教会法律人既得利益的尝试，这加剧了叙任权之争。在《惯例》中，皇帝被看作上帝的使
373 节或仆人，这一信条反映了君权神授而不是以教会为媒介的思想。[56]随着时间的推移，这套思想得到进一步完善，用以否定教皇对于大学的任何权力。[57]

教权／皇权之争使多个意大利城市的社会冲突加剧，博洛尼亚就是其中之一。这些几乎处于无政府状态的环境促进了互相保护的团体的成立，即塔式群体或兄弟会。正是在这样的环境下，博洛尼亚建立了学校，这也是博洛尼亚大学的特殊性（由学生控制）的原因。博洛尼亚学生大学的理念极大地得益于意大利当时的公民意识。在一个因为战争而支离破碎的国家，这是宝贵的财富。在为公民提供人身保护的状况下，非公民缺乏这样的保护，容易受到伤害，很自然地，来自外国的法学学生只能联合起来形成保护性组织，或叫“universitas”。后来，这些团体又进一步分化成民族

性团体，由主事领导。[58]

如果教权与皇权的斗争是赋予博洛尼亚大学特殊性的一个因素，那么另一个就是经济因素。博洛尼亚意识到城市中大学带来的经济优势之后，很快出台了禁止学者离开大学去往别处的法律。[59]学生意识到这赋予他们的权力后，在1193年成立学生公会作为回应，意图建立一个由学生全面控制的体制。在这种体制下，学生和教师之间的契约安排被有组织的（往往很强势的）学生公会取代。这一安排如此成功，以至于学生公会最终得到博洛尼亚公社和教廷的承认。[60]值得指出的是，当时之所以存在“学生权力”，一定程度上是因为大量博洛尼亚法学学生比现在的学生年龄大。许多人二十五岁，一些人将近三十岁。很多人在来到博洛尼亚大学之前已经获得文科本科学位，不少人享有教会俸禄。最重要的是，他们的法律学习可能要长达十年，由于享有俸禄，许多人很富有，因此他们的存在是城市事务中举足轻重的经济因素。[61]所有这些都极大地影响着大学生活。学生在学年开始前的几个月对教师进行选举，被选上后，教师必须宣誓服从。讲座即便耽误一分钟，或超出了规定时间，教师就要被罚款。[62]学期开始，学生和教师要对日后的课程达成一致，学期中每两周为一个单位，这样学生能够了解什么时候该教什么。学生不断评估老师的表现，可以对任何低于他们标准的人进行罚款。[63]所有老师必须吸引至少五名学生来上课，如若不能，就被视为旷课而罚款。如果一位老师出于某些原因不得不离开城市，就不得不缴纳保证金确保能返回。[64]随着其他大学纷纷创立，博洛尼亚大学发现，这种严格的体系正在失去吸引力，至少对教师而言。因此，从13世纪晚期，它开始为教师支付薪酬，学生权力从此渐渐丧失。[65]

讲课的形式也在12世纪确立。课本以《圣经》为开篇，从四个角度
进行学习：主题、直接目标、根本目的、从属何种哲学流派。在解释单个 374
词语和词组之前，老师先讨论这些方面，整个过程被称为诵读或阅读。一

开始，学生不被允许记笔记，但是随着课题越来越复杂，记录下老师所说的话就有必要了。

博洛尼亚大学校在中世纪被多次关闭。原因很多，从瘟疫到教皇的禁令，不一而足。考虑到教会法和世俗法（律师）之间固有的冲突，这也许是不可避免的。但是其直接结果是一些分校的创立：维琴察，1204 年；阿雷佐，1215 年；帕多瓦，1222 年；锡耶纳，1246 年；比萨，1343 年。

巴黎大学校是仅次于博洛尼亚大学校的第二古老的大学校，它的不同之处在于它最主要的专业是神学。“巴黎大学提供了欧洲历史上大学自治与教会控制之间斗争的最早、最引人注目的例证。”[66] 在这种情况下，教会对大学自由构成的最直接的阻碍是巴黎圣母院大教堂的司铎和教士会。巴黎圣母院大教堂学校可追溯至 11 世纪，坐落于被称为回廊的封闭区域，是该学校最原始的起源。“随着这些学校声誉日隆，许多外面的学生加入进来，学校秩序开始混乱。当主教和教士会限制在回廊的学习机会时，学生就转移到塞纳河左岸，今天的拉丁区。到 12 世纪，塞纳河桥上和周边分布了许多神学、文法和逻辑学学校。”[67]

与博洛尼亚大学不同，巴黎大学从一开始就是教师主导的大学。巴黎的学者聚集在巴黎圣母院周围，对他们的教士身份很满意，因为这给他们带来了特权和独立（他们免于缴纳某些税，也不需要去军队服役）。这意味着巴黎大学是一块自治飞地，受到国王和教皇的双重保护。巴黎城区的这种自治解释了其在神学方面的显著地位，后来又将它置于学术自由辩论的最前沿。[68] 就像在博洛尼亚大学，法兰西卡佩王朝的国王们很快认识到这些从事学术的人产生的经济价值，因此，从一开始就对学生和老师采取了宽容和积极的态度。[69]

在巴黎大学，人文学科规模是最大的。实际上，因为巴黎太大了，来自每个国家的学生都有自己的学校，由校长收取费用。这些学校基本上坐落于塞纳河左岸的福阿尔街。这些不同的学校（法兰西人、诺曼底人、庇卡底人、英格兰人、德意志人）播下了学院思想的萌芽。百年战争对巴黎大学打击沉重，国外学生大量流失。部分由于这一原因，其他地方纷纷创办大学：西班牙、不列颠、德意志、荷兰和斯堪的纳维亚。

英格兰早期的牛津大学和剑桥大学不同于欧洲大陆的大学之处是，它们诞生于没有大教堂的市镇。[70] 从某种程度上说，牛津大学在牛津诞生纯属偶然。在 12 世纪，英格兰有很多地方本可能诞生大学校，例如，在林肯、埃克塞特和赫里福德都有很好的教堂学校。约克和北安普敦也很
有可能。[71] 一种理论认为牛津大学是在 1167 年左右由一群从巴黎大学出 375
走的学者创办的。[72] 另一种理论认为，一开始，北安普敦的学校非常出色，但是所在的市镇很不友好，所以学者一起离开，并在 1192 年左右撤到了牛津。牛津交通方便，是连接伦敦、布里斯托尔、南安普敦、北安普敦、贝德福德、伍斯特和沃里克的枢纽。[73]

也有可能，某些人会说很可能，是北安普敦的学者被牛津已有的杰出老师所吸引。他们包括：1117 年的特奥巴尔德斯·斯坦潘西斯，也许他早在 1094 年就在牛津了；1133 年的罗伯特·普伦，他的老师是索尔兹伯里的约翰；蒙茅斯的杰弗里，他于 1129 至 1151 年居住在牛津。[74] “能证明牛津存在一些学科和大批老师与学生的最早证据来自威尔士的杰拉尔德的叙述，约 1185 年他在与会学者面前朗读了他的《爱尔兰地形》，整个过程长达三天。在约 1190 年，牛津被一名当时［在镇上］学习的来自弗里斯兰的学生形容为学习公社……到该世纪末，牛津有着包括莫利的丹尼尔和亚历山大·内科姆等知名学者这一事实又强化了这一点。”[75] 基本上，牛津大学是以巴黎大学体系为模型（即教师而非学生主导），但是它从未像巴黎大学那样吸引那么多国际学生。在组织上，北方人和南方人（现在的剑

桥郡尼利河以南）之间也有区别。[76]

博洛尼亚大学的主要专业是法律，巴黎大学是逻辑学和神学，而牛津以数学和自然科学著称。[77] 正如之前简略提到的，这很大部分要归功于12世纪那些英格兰旅行者，他们广泛游学，熟悉了托莱多、萨勒诺和西西里的翻译所呈现的各种科学知识。牛津还受惠于教皇在13世纪初颁布的禁止巴黎大学教授新亚里士多德思想的谕令。

罗伯特·格罗斯泰斯特现在被视为牛津科学运动的关键人物（他将亚里士多德研究定为必修阅读）。他于1235至1253年担任林肯主教，也是牛津大学早期的一位校长。[78] 格罗斯泰斯特的翻译（他懂希腊语、希伯来语和法语）和他对新亚里士多德思想的吸收促成了两个进步，两者都对中世纪的科学发展有着重大影响。它们是：一、将数学作为描述和解释的方法应用于自然科学；二、强调观察和实验是测试既定假设的基本方法。"这些原则将科学数据研究从相当随意的操作转变为对物理现象的整体数学探索，这种探索建立在观察、假设和实验证明这三者的循环上。"[79]

格罗斯泰斯特之后就是罗杰·培根。他们两人并驾齐驱，都可称为史上第一批现代意义上的科学家。在牛津师从格罗斯泰斯特之后，培根到巴黎大学讲学，在那里，他和阿伯拉尔一样爱好争论。他相信，某一天科学知识能够使人驾驭自然。他还预测了潜水艇、汽车和飞机（和水上行走的
376 装置）。和格罗斯泰斯特一样，他认为数学是自然隐藏的语言；光学，当时称为"透视"，能让我们一窥造物主的思想（他认为光线沿直线传播，速度有限，但是很快）。培根的思想无疑是一个进步，它介于宗教思想和现代科学思维方式之间。

在14世纪早期至1500年间，大学数量从大约十五至二十所增加到约七十所，不过德意志和西班牙落后于其他国家。[80]15世纪的大多数大学

都是市政当局创办的世俗机构，只是由教皇批准而已。它们包括特雷维索（1318）、格勒诺布尔（1339）、帕维亚（1381）、奥朗日（1365）、布拉格（1347—1348）、瓦朗斯（1452）和南特（1461）的大学。这种增长使得越来越多的学生可以进入地方大学，这反过来又增强了新办大学的世俗性。15 世纪的许多法兰西学校，其中有艾克斯（1409）、多勒（1422）、普瓦捷（1431）和布尔日（1464），一开始就摆脱了教会的干涉，德意志、波西米亚和低地国家的情况也是如此。维也纳（1365）、海德堡（1385）和莱比锡（1409）大学由当地统治者创办，而科隆（1388）和罗斯托克（1419）大学由市镇当局赞助。大体上，北欧的大学遵循巴黎大学模式，教师居主导，而欧洲南部大学遵循博洛尼亚大学模式，学生居主导。[81]

中世纪大学没有正式的入学要求。想入学的学生只要证明自己的拉丁语水平足够听懂课程即可。（他还应该在大学内用拉丁语交谈。）学生不需要为获得学位而参加笔试，但是在每个学期阶段都要接受考评。“比起现在，当时的浪费更严重，大学认为自己没有义务培养谁获得合格的学位。”[82] 除了听课（这是必须的，上午进行，不允许有干扰），学生还必须参加每位老师在下午举行的一周一次的公开辩论。这些辩论分为两种：问题式，包括逻辑性问题；诘问式，与数学、自然科学、形而上学和四艺的其他领域有关。作为获得学位的要求，高年级学生必须参与到权威辩论中。虽然许多本科生太年轻，无法在正式辩论中扮演重要角色，但他们出现在这些火药味十足的辩论场所本身就有助于他们摆脱迄今为止所受的“权威主宰型”教育捆缚他们的紧身衣。这些场合中最自由的是讽刺辩论。[83] 在这里，任何提议，不管是不是出自权威，都可以讨论；任何问题，无论有关教会还是政治，无论多么有争议，都可以讨论。它们向所有人开放。[84]

在大学崛起的同时，在欧洲正发生另一重大变化。这一变化不那么连贯具体，在宗教和政治上也没那么敏感，却同样实用、同样深刻。这就是量化的产生。在大约 1275 至 1325 这半个世纪内，大量的创新在欧洲境内
377 产生，完全改变了人们的习惯和思考世界的方式。根据阿尔弗雷德·W. 克罗斯比的说法，“一直到 20 世纪初，当无线电、放射、爱因斯坦、毕加索、勋伯格席卷欧洲时，才再次发生了像这半个世纪一样的革命”。[85] 在这段短暂的时间内，各地的生活都变得越来越定量化，也越来越可以定量化。一些历史学家从中看到了一个重大变化，这一变化促使欧洲超越了中国、印度和伊斯兰世界。

一直到此时，空间和时间还都是模糊的。由于那些对欧洲人来说“显而易见的”历史和宗教原因，耶路撒冷被认为是世界的中心，世界分为四个王国，这些都源自《但以理书》中的一段话。时间还未统一分成公元前和公元后。某些人热衷三分法：从创世到十诫，从十诫到道成肉身，从道成肉身到基督再临。[86] 人们广泛认为耶稣降生之前的人是无法得到救赎的，这也是为什么但丁在《神曲》中将荷马、苏格拉底和柏拉图置于地狱边界而不是炼狱或天堂。虽然存在“小时”，但中世纪的一天实际上分为七个教会“小时”：早课时、晨课时、第三时、第六时、第九时（英语中“正午”一词即来源于此）、晚课时和晚祷时。这些都是祈祷的时间。[87] 天之下的万物都由四种元素构成，并且是可变的。但是天是完美的，在地球四周形成了一个完美的球体，而且由第五种完美的元素构成，“这种元素是不变的、无瑕的、高贵的，完全高于人类所接触的四种元素”。[88] 这一思想反映在现代英语单词“第五元素”（quintessence）中。

数字在中世纪只是个近似概念。制造玻璃或风琴金属部件的配方里很少有精确的数字。相反，例如“再加一点”或“中等大小的一片”等说法被认为足够了。例如巴黎的一个建筑群就被描述为“像田地里的茎秆”。罗马数字还在使用，使算术愈加困难，而且它们写起来和我们理解起来并

不总是一致：MCCLXVII 可能被写成 x.cc.l.vij。当时的做法是，在大数字末尾加“j”，以避免窜改。基数词和序数词由 v^o 和 v^m 表示。[89] 在手指计数中，超过 10 的数字就指向手指关节来代表 10 的倍数，如果是非常大的数字，如 5 万，人们就将大拇指指向肚脐。“人们抱怨大数字简直要用‘舞蹈姿势’才能表达。”[90]

但是，在 13 世纪末，欧洲社会全方位地从一个主要关心定性思考的社会转变为定量思考的社会。这可能与人口变化有关，西方人口在 1000 至 1340 年间至少翻了一番。不管怎样，被雅克・勒高夫称为“计算气氛”的东西进入了欧洲人的生活。[91] 这也与亚里士多德被重新发现很有关系。阿尔弗雷德・克罗斯比注意到，伦巴底人彼得写于 12 世纪中叶的神学标准教科书《箴言录》只有三处引用了世俗哲学家，数千处引用了教父们的话；而托马斯・阿奎那在他写于 1266 至 1274 年的《神学大全》仅亚里士多德就引用了 3500 处，其中的 1500 处引自 100 年以前西方还不知道的著作。[92]

这时期识字率飞快增长，这与书写的改变在一定程度上互为因果（主语—谓语—宾语的语序也确定下来）。最著名的例子是英诺森三世 378
（1198—1216）和博尼法斯八世（1294—1303）之间的区别，前者一年最多发出几千封信，而后者每年多达 5 万封。M.T. 克朗奇报告了一个非同寻常的细节，英格兰王家文书官衙在 13 世纪 20 年代平均每周消耗 3.63 磅蜡用于文件封印，但是到 13 世纪 60 年代末上升到了每周 31.9 磅。在那时，单词、句子、段落之间没有或几乎没有分隔（罗马人摒弃了单词间隔）。总之，这意味着阅读非常困难，而且必须大声读出来。到了 14 世纪早期，草写体中才加入了单词间隔、标点符号、章节标题、页眉、互见和其他我们现在习以为常的标记（还有一些我们今天不常见的符号，比如表明某个单词一直持续到下一行的半圆形）。大约 1200 年，斯蒂芬・兰顿（未来的坎特伯雷大主教）发明了《圣经》各书的章节系统，在此之前，《圣经》的章节一直未作区分。图书馆传统上根据宗教排列书籍：首先是《圣经》，然后是教父们的书，最后才是关于文科的世俗书籍。但是在这大体的一致之外，许多书的实际顺序是很随意、不可靠的。这个时候学者发明了按字母顺序的排列方式。每个人都能明白这种方式，且这一顺序不会暗示学说的意义孰轻孰重。[93] 同样，学者还引入了分析目录表。这些创新都改变了阅读体验，尤其是从大声朗读变为默读。牛津大学在 1412 年，昂热大学在 1431 年都规定图书馆内必须保持安静。在此之前，图书馆都是吵吵闹闹的。同样，书本知识取代了对领袖人物的模仿而成为教育的中心。这点极其重要，因为阅读成为私人活动，因此很可能成为异端行为（这在 15 世纪的英格兰尤其重要）。还有证据表明是默读提供的私密性导致了色情作品的增多。[94]

市镇上最早的时钟没有钟面，也没有指针，只是一口钟。（“时钟”与法语 cloche 和德语 Glocke 有关，这两个词意为“钟”。）一开始钟很受欢迎。里昂市有一份要求安装时钟的请愿书这样写道：“如果制造这样一个时钟，那么更多的商人就会来到集市，市民会非常欣慰、喜悦和高兴，市民的生活会更有秩序，城市也会装点得更加美丽。”[95] 许多市镇，甚至是小镇，也同意交税制造时钟。机械钟大概发明于 13 世纪 70 年代（眼镜也在这十年发明），但丁在写于大约 1320 年的《天堂篇》中提到了时钟。虽然中国比欧洲先有时钟，但正是西方对等分小时的热情改变了对时间的看法。等分小时在 14 世纪 30 年代的德意志应用广泛。[96] 研究百年战争的历史学家让·傅华萨在他的编年史开头使用的是教会小时，但在叙述中转向了等分小时。不久之后，市镇的时钟决定了一天的工作何时开始、何时结束。

透视的发现（第 19 章关于美的观点中将详细讨论）及其与数学的

关系是这段时期生活量化的另一方面。我们最早在乔托（1266/1267或1276—1337），然后在塔代奥·加迪（1366）身上看到了透视的迹象，而到皮耶罗·德拉·弗朗切斯卡（1410/1420—1492）时期则已经相当牢固了。这些发现和应用之间互相补充，以至于库萨的尼古拉斯（1401— 379
1464）动容地说道："上帝本身就是绝对的精确。"[97]这种思维形式将会引发尼古拉·哥白尼（1473—1543）著作的产生，帮助开启科学革命，使空间变得更大，但更精确。

花拉子米关于印度数字和代数的书由切斯特的罗伯特于12世纪翻译成拉丁文，从此以后，新数字的影响开始增长（最后一本使用罗马数字的数学教科书写于1514年）。[98]但是，有一段时期，欧洲人同时使用这两种系统。有一名作者写下MCCCC94的年份，即哥伦布发现美洲之后两年，而迪尔克·鲍茨为他在鲁汶教堂祭坛上方的装饰画注明日期为MCCCC4XVII，可能是1447年。算术的运算符号后来才产生。15世纪下半叶，意大利人和其他人还在使用$\overline{P}$表示"加"，$\overline{M}$表示"减"。我们熟悉的"+""−"号首次刊印于1489年的德意志。它们的起源，据阿尔弗雷德·克罗斯比称，还不清楚："也许它们来源于仓库管理员在大包和大箱货物上用粉笔记的简单标记，表示超过或不足分量。"[99]1542年，英格兰的罗伯特·雷科德宣布"这个图形'+'表示多，而这一横'−'没有一竖，表示少"。可能是雷科德在16世纪发明了等号"="来避免文字"等于"的重复出现，因为"没有两个东西能更相等了"。[100]乘号"×"一直到几个世纪以后才会确定下来：一开始在中世纪的手稿中它有多达11个意思。分数是贸易的一种功能，在中世纪，分数可以非常复杂，例如$\frac{197}{280}$，在一个案例中甚至有$\frac{3345312}{4320864}$。小数处于萌芽状态，但是其系统要再过300年才能最终确立（见第23章）。

随着印度—阿拉伯数字的到来，代数终于得以发展。在 13 世纪早期，列奥纳多·斐波那契用一个字母代替了一个数字，但是未对这一思想进行阐发。与他同时代的约旦纳斯·尼莫纳纽斯将字母作为符号表示已知量和未知量，但他没有使用表示加、减、乘的符号。16 世纪法兰西的代数学家对这一系统进行了完全的整理。弗朗索瓦·韦达用元音表示未知量，辅音表示已知量。在 17 世纪，笛卡尔引入了现代系统，a，b 和字母表前列与它们相邻的字母代表已知量，x，y 和字母表末尾与它们相邻的字母代表未知量。[101]

与这些书写和数学方面的变化同时发生的是音乐记谱法的发展。中世纪教堂音乐中最著名的格列高利圣咏是典型的无量音乐：乐行的结构由拉丁语单词的流动决定。但是在大约 10 世纪，不同圣咏的数量增长太多，没有人可以把它们全记住，因此需要有一个记录它们的系统。一开始，他们发明的系统被一位学者称为“气动记谱法”：系统中的记号表明当声音应该升调（尖音符′ ）或降调（沉音符ˋ ）或先升后降（长音符号 ^）时
380 的呼吸。僧侣在纸上轻轻地画了一条水平线，后来是两条甚至更多条，使高低音更容易辨认，这一系统又得到提高。这就是五线谱的开端。传统上将五线谱归功于本笃会唱诗班指挥阿雷佐的圭多，不论是不是他发明了五线谱，肯定是他将其标准化了。关于他的唱诗班成员，他说过很有名的一句话：“通常我们似乎不是在歌颂上帝，而是在和自己较劲。”[102] 圭多称，有了新方法，他可以在两年而不是十年内培养出一个优秀的演唱者。圭多注意到，在人们熟悉的歌唱施洗者圣约翰瞻礼日的《圣约翰赞美诗》中，音调升高就像在五线谱中升高一样：

Ut queant laxis *Re*sonare fibris
*Mi*ra gestorum *Fa*muli tuorum

*Sol*ve polluti *La*bii reatum

Sancte Iohannes*

斜体音符 ut、re、mi、fa、sol、la 成为今天教孩子们学习音符的基本方法，后来 do 取代了 ut，也许是因为 ut 中的 t 无法唱出来。[104]

格列高利圣咏的基础是男高音（tenor，来自拉丁语 tenere，表示保持），它形成了固定旋律，或我们可以说基本低音。从 9 世纪后期开始，其他更高的音开始脱离，不过一开始它们还保持平行。后来，它们脱离得愈加厉害，这就形成了西方复调音乐的基础。复调音乐似乎是第一种专门用音符谱写并记录的音乐，而不是经过声音的反复尝试得来的。这些最主要发生在巴黎，音乐家这个职业就是首先在这里出现的。音乐是中世纪四艺之一，是所有的高级学者都要接受训练的高级艺术之一。巴黎圣母院乐派的佩罗坦引入了休止符（这一概念可能来源于零），而科隆的弗朗哥规范了记谱法，确定了所有音符和休止符的时间值。他勾勒了音乐记谱法中的四种单音符标记——倍长音符、长音符、二全音符和全音符，它们每个之间都是倍数关系。基本单位是节拍，即"完全呈现或可以呈现最小音高和或音符的一段音程"。[105] 新音乐，即复调音乐，写在纸上，对细节的控制更加严密，被称为新艺术，与古艺术相对。不是所有人都喜欢新音乐，（也许不可避免地）包括教皇。在教廷关于音乐的最早公告《充满智慧的神父》中，教皇猛烈抨击了复调音乐，复调音乐被禁止在教堂中使用。[106]

量化发展的最后一个重要因素是复式簿记和相关技术的引入。普拉托一位商人弗朗切斯科·迪·马尔科·达提尼从 1366 至 1410 年的账簿表明，印度—阿拉伯数字约于 1366 年开始出现在欧洲，一直到 1383 年账簿

---

* "神圣的约翰，让我们不洁的嘴唇免去罪恶，让我们，您的奴仆，可以自由地表达我们内心深处的感情，赞美您奇妙的壮举。"[103]

都是以叙述的形式记录的。但是在那之后，记录方式发生了变化，资产和债
381 务开始记录在平行两列，这两列要么在同一页上，要么在对开的两页上。从此以后，生意是赚钱还是亏本就一目了然了，而之前却没这么显豁。[107] 在托斯卡纳，这种技巧被称为威尼斯方式，表明威尼斯更早使用它。虽然从此以后清账成为我们时代的神圣仪式，但是它对于地理大发现时代来说是一个重要的创新，因为它使人们对远在千里之外的生意仍然能够加以控制。

量化的传播，与学术的传播一样，因为印刷术的发明而加速发展。在 13 世纪，大多数学生都买不起学习需要的书本，至少不做重大牺牲是买不起的，因为手稿的价格很高。因此，学生十分依赖在大学里对课本的阅读和讲解。13 世纪后期这一局面因为更便宜更实用的手稿生产方式而得到缓解，手稿的生产先是受到大学的鼓励，后来受到严格控制。[108] 该制度的基础是样本的多次复制，即准确誊抄教学中所用的文本和注释。每个样本都分成几部分，每部分通常有 4 张对开纸（8 页），对应文本中不同的部分。多名抄写员可以同时誊抄一个样本，每个人抄写不同的部分。这制度使学生可以购买或租借一本书相对便宜的某个部分抄本。更自由的文本流通将学生从对讲师一字一句的依赖中解脱出来，缓解了学生的记忆压力，使学习可以在更轻松、更私密的环境中进行。[109]

在纸传入之前，牛皮纸书很贵，但不是贵得离谱。一些现代学者认为一本书需要多达一千张动物皮的说法太夸张了。如果一张动物皮的平均面积是半平方米，大约能制作 12 至 15 张 24 厘米 ×16 厘米大小的纸，这意味着一本 150 页的书需要 10 到 12 张动物皮，成本还是很高。随着阅读需求的增加，随着大学日益流行，学生人数日益增加，对书的需求也在增加，而且随着版面规格的扩大，牛皮纸书或羊皮纸书越来越不实用。[110] 每一个大学城都有文书或文具商行会，他们与抄写员和书商一起经常会成为

大学半官方的附属机构，拥有被大学法庭审判的权利（这可能部分与大学当局坚持为了教义的精确性而审查书籍有关）。[111] 这一制度效率颇高：从13、14世纪流传给我们的亚里士多德著作的抄本超过两千多本。这也表明13世纪出现了一个新的阅读公众。

至14世纪，纸的使用已经十分广泛，至少在意大利是如此。造纸厂通常设在市镇上游，因为那里的水更干净，正是在这时捡破烂的人变得常见了（捡破烂很赚钱），甚至旧绳子也很值钱［因此才有了“旧绳子赚的钱”（便宜事儿）这一说法］。造纸商行会是在15世纪初形成的，它们与文书和书商一样与大学联系紧密。[112]

印刷术在西方的“发现”靠的是三个创新：金属活字、油脂墨、印刷机。在众多先驱中我们要提到的是金匠，他们知道如何制作用来装饰书的 382
皮革封面的图章；还有懂得凹凸印刷术的白镴制造者；以及13世纪的金属铸造工，他们懂得如何利用刻有浮雕的冲压机来制作黏土模具，他们用这些模具的凹字模制作了饰章上的凸版印刷刻字。[113] 当然硬币的生产使用了锤子敲打出的模具。印刷的原理是一目了然的。

以此为背景，我们可以继续说到1439年在斯特拉斯堡发生的一场著名的官司。保存下来的有点令人疑惑不解的文件显示，一个叫约翰·根斯弗莱希（又名古登堡）的金匠与汉斯·里夫、安德烈亚斯·德礼存和安德烈亚斯·海尔曼三人成为合伙人，古登堡负责完善一系列秘密技术，而其他三人则在经济上支持他。在德礼存死后，他的继承人想接替他的位置，由此引发了官司。这些秘密技术包括打磨宝石、生产镜子和一种新技术，这一新技术涉及印刷机的使用、一些单个或铸在一起的“片”、一些铅版，最后是“与印刷有关的东西”。古登堡不是唯一一个对印刷术进行实验的人。另一个金匠，布拉格的普罗科皮乌斯·瓦尔德福格尔，在15世纪40年代中期与阿维尼翁的市民签订协议，制造一些“与书写有关的……铁模”。这件事情也很令人疑惑。无可争议地第一次提到印刷术是在 1499 年的《科隆编年史》，作者在其中称与科隆第一个印刷工，一个叫乌尔里希·泽尔的人有联系，而这个人又与古登堡的伙伴之一舍弗尔有联系。他写道：“印刷术这一伟大的技术首先是在德意志的美因茨发明的。1440 年它传入我们这里，此后一直到 1450 年，这一技术和与其相关的所有一切都在不断进步……虽然如我们所说，这一技术是在美因茨发明的，但是对其首次试验是之前在荷兰印刷的一本多纳图斯著作。这一技术的开端源自这些书；实际上它现在比一开始更加权威，更加精细。”关于荷兰和美因茨哪个是印刷术最先产生之地的争议至今还没有得到圆满的解决。[114] 但是美因茨毫无疑问是最早的印刷业摇篮。

古登堡似乎在 15 世纪 40 年代后期从斯特拉斯堡回到了美因茨，在那里他与约翰·富思特和彼得·舍弗尔组成了新的团队。前者是他的新赞助人，一个富有的市民；后者曾就读于巴黎大学，在成为印刷商之前可能当过抄写员。一切都似乎进展顺利，直到 1455 年，富思特和古登堡闹翻，又引发了一场新官司。古登堡输了，不得不偿还贷款利息和剩下的本金，富思特和舍弗尔撇下他单干。1457 年 10 月 14 日，可确定日期的第一本印刷书出自这台印刷机。这就是所谓的《美因茨诗篇》，它是一家将要繁荣一百多年的印刷厂的第一件产品。吕西安·费夫贺断定它的印刷质量很高，不可能是第一次尝试，现在历史学家基本上同意 1450 至 1455 年间还有其他印刷机在运作，它们以商业规模印刷了很多书：文法、历书、弥撒书，著名的 42 行和 36 行的三卷本《圣经》。[115] 古登堡后来欠下了债务，但是之后他因为个人服务被美因茨大主教兼选帝侯授予爵位，所以他可能
383 开办了一家印刷厂。字母的形式还没有统一，一直要到 18 世纪法国启蒙运动才确立，那时采用了一种标准量“点”，即国王脚长大小的 1/144，今天仍然在使用。[116]

当印刷术出现的时候，四种手写体十分流行。它们是学者偏爱的“黑体”哥特体，直笔画较多、不那么圆润的较大的哥特体，精装书使用的“非标准哥特体”和人文主义者使用的罗马手书体“古字母”。彼特拉克受到加洛林小书写体的启发，使之成为时尚。它也同一种教皇宫草书体有联系，这种草书体基于流行于梵蒂冈文书衙门的一种手写体，它是斜体字的起源。罗马手书体也因为彼特拉克而流行开来，彼特拉克是一位狂热的书法家；他和其他人希望使古典作品（许多新近才被发现）更接近它们的原始面目。[117] 但是罗马手书体和斜体字的胜利很大程度上与威尼斯著名印刷大亨阿尔杜斯·马努蒂乌斯有关。他在 1501 年让弗朗切斯科·格里福根据教皇宫字体刻写罗马体和斜体字，这极大地减少了文本的占用空间。这些威尼斯字体很快被德意志和法兰西采用，并成为标准。在一段时间内，大学仍然继续使用哥特体，但通俗印刷品更偏爱罗马体。从 16 世纪中叶开始，罗马体的应用在学界渐渐扩大。阿尔杜斯还引入了页数标记方法，但这要到 16 世纪前中期才成为惯例。

有了印刷，书本就不再是奢侈品了。有了书，读者就希望能够在旅行时随身携带，因此书的尺寸变得越来越小。四开本书（折叠一次，提供四页）和八开本书（折叠两次，产生八页）一开始就有人印，但是阿尔杜斯为了使阅读经典作品更方便，发行了著名的“便携式”作品集，这一做法被很多人效法。因此，到 16 世纪，图书分成了面向图书馆的笨重的学术大部头和面向普通大众的小部头文学或辩论作品。[118]

大胆的书卖得更好，因为它们能引起流言蜚语，这是出版业的本质，结果就是早期的出版商经常庇护有异端嫌疑的作家。因为出版人是最先阅读新手稿的人，他们很自然地不断接触新观点，而且他们通常是最先相信新论点的人。这样一来，印刷商成为最早一批皈依新教的人。但是他们也很容易成为受害者，因为他们有工厂，他们的名字印在书的封面上。异端裁判所很容易就发现，根除异端最简单的方法就是关闭那些传播这些思想的印刷厂。结果，在16世纪早期，许多印刷商为了躲避间谍、告密者和审查员而被迫逃离法国。奥热罗只是被处以火刑的众多印刷商之一。艾蒂安·多勒是最著名的“书的烈士”，他原先是名作家，后来成为一名书商和印刷商。他为出版商格里夫工作，同时写自己的书，他还与伊拉斯谟发生过争论。但是在1542年，他出版了一些可疑的宗教作品。警觉的当局搜查他的住处时，发现了一本加尔文的作品。多勒于1544年被执行火刑，他的书也被焚烧。

一开始，在印刷业早期，出版商不支付作者的酬劳，作者收到他们作品的一些免费样书，然后会将它们寄给富有的赞助人，并附上华丽的题
384 献，希望以此获得报酬。这种方法往往能奏效，“那时的作家和后来的作家一样很少挨饿”。一些作者被出版商强迫购买很多本他们自己写的书，例如一个叫塞里安努斯的作者在1572年买了186本（一共出版了300本）他自己写的《读莱韦提茨有感》。[119] 但是到16世纪末、17世纪初，现代做法开始引入，作者将他们的手稿卖给出版商。随着阅读越来越普遍，卖出的书越来越多，预付金也开始提高，到17世纪，预付金数目已经相当大（例如在法国就高达数万法郎）。[120] 版权大约在17世纪的英格兰开始出现。[121] 按照现代标准，当时一版书的印数不多，有时候只有100本。《圣经》可能一版出930本或1000本，但这样的规模已经算很大了，冒险出版的出版商往往陷入财务危机。[122] 但是随着技术的进步，书的生产成本下降，印刷更多的书变得更加安全。到16世纪后半叶，一版出2000本书或更多已经很常见了。尼古拉·克雷纳尔1564年的希腊语语法书和1566至1567年他编辑出版的《民法大全》都印了2500本。一些《圣经》在荷兰出版达到3000至4000本。[123]

早期版权法的缺失意味着许多盗版书随处可得。国王或议会采取行

动镇压盗版商，试图制止盗版行为，但这仅仅成功地将盗版业赶入了地下。15 至 18 世纪的书籍审查制度使这一情况更加恶化。早在 1475 年，科隆大学就获得了教皇的批准，可以对禁书的印刷方、出版方，甚至读者进行审查。[124] 许多主教也试图行使同样的权力。1501 年，教皇亚历山大六世颁布了《内部多样性》谕令，禁止德意志在没有教会许可的情况下刊印任何书籍。在 1515 年的拉特兰公会上，这一谕令的覆盖范围扩大到整个基督教世界，并由宗教法庭和大审判官负责。当然，审查恰恰使被审查的书更具吸引力，至少对某些人是这样。在整个 16 世纪，禁书的数量快速增长，建立一个《绝对禁书目录》就变得很有必要了，这个目录还必须不断更新。整个天主教的第一批禁书目录是 1559 年由教皇保罗四世发布的，虽然人们很重视它，但是很快就发现，在许多地区（例如佛罗伦萨，离罗马不远）如果彻底执行这一目录，新兴的图书业就会遭到毁灭性打击。因此，在许多地方，这一目录只是象征性地执行罢了。例如，宗教法庭驻佛罗伦萨的代表同意，律师、医生和哲学家所需的书在豁免之列。[125] 法国人尝试了另一种制度：每一本出版的书都要事先获得国王的批准。这也使出版转入地下，因为大多数出版商都无视法律，而禁书继续毫不费力地几乎在各个地方流通。[126]

毫无疑问，印刷业发展十分迅速，这似乎证明印刷业出现之前的书对于许多人来说远远不是默默无闻的。据计算，1500 年之前印刷出来的 385
书不少于 2000 万本。[127] 虽然一开始这个市场主要包括大学和其他学术界人物，但书籍很快进入普通大众的生活。一种全新的文学成长起来，反映也鼓励了普通大众的信仰，例如对圣母马利亚的狂热崇拜仍然非常流行，赞颂基督之母的生活和美德的作品同有关圣徒的作品一样流行。印刷与人文主义的发展（见下一章）恰处同一时期，促进了对古代的新兴趣。文法书的数量也大幅增长，中世纪早期的骑士传奇也很畅销。但是科学和数学也引起了人们极大的兴趣，尤其是古代的科学家和数学家。占星术和游记也很流行。

因此，印刷术的到来与其说改变了文化的形态，不如说使更多的人能够更轻松地接触到文化（这是可以预料的）。印刷术所带来的更深刻的变化更多与诸如精确的标准（在确定经典作品排版时，学者希望使用可以得到的最好的范本）、对宗教改革运动的宣传（第 22 章将讨论）和人文主义的胜利相联系。印刷使更多的人熟悉古典（即非基督教）作者，更加意识到纯文学和风格方面的特征（而非教义问题）的存在，进一步促进了生活的世俗化。懂得希腊语、拉丁语和希伯来语这三种语言是许多人文主义者的目标，印刷在这一点上有所帮助。[128] 但是不可能每个人都懂三门语言，因此印刷图书的另一个影响是，在激发普通大众对古典作品兴趣的同时，它也激发了对翻译成本国语言的古典作品的兴趣。这些译作在传播观点和知识方面往往比原作扮演的角色更加重要。[129] 同样，本国语的译作也激发了对民族语言的兴趣，这一过程始于意大利，但在法国影响最为深远。1539 年法国的《维莱哥特雷法令》规定法语是法庭的官方用语。作为国际通用语的拉丁语直到 17 世纪才会消亡，而到那时民族文学已经发展得很成熟，正准备瓜分图书市场。

印刷术的最后一个影响是拼写，拼写此时变得固定下来，而且与发音的对应越来越弱。换句话说，拼写更多的是遵循单词的词源。[130] 这一点也受到民族语言发展的强化。1530 年之后，拉丁语明显开始处于劣势。例如，在巴黎，1501 年 88 种出版物中只有 8 种用法语写成；但是到 1530 年，456 种出版物中用法语写成的有 121 种，从 9% 上升到了 26%。这不奇怪，许多读者是新兴的中产阶级商人，他们无心成为懂三种语言的人。但是这一过程在某些国家由于宗教改革运动而加速，因为宗教改革带有反罗马倾向，维护本地文化。路德在印刷的帮助下对德语的发展起到了决定性作用。

当然，最终《圣经》，更不要说《英国国教祈祷书》，也用各国的民族语言刊印，使其达到了从未有过的浅显易懂的程度。我们将在本书的余下部分讨论它带来的后果，但是现在我们可以说，大体上，印刷确定了各国的民族语言。由于翻译，外来单词和词组使许多语言更加丰富，但是现在拼写和用法固定下来了。印刷商有意将语言统一起来，例如在阿里奥斯托 386
作品的一个译本中：

手写稿	印刷稿
bee	be
on	one
greef	grief
thease	these
noorse	nurse
sevaunt	servant[131]

拉丁语的消亡是缓慢的。笛卡尔的《方法论》用法语写成，而他的通信通常用的是拉丁语。如果一个人面对欧洲读者，用拉丁语写作还是必要的。直到17世纪，拉丁语才最终消亡，从那以后法语成为科学、哲学和外交用语，每一个受教育的欧洲人都必须懂法语，法语书籍在整个欧洲出售。[132]

印刷术就这样开启了欧洲的统一拉丁语文化的灭亡之路，这个文化曾经使欧洲超越了印度、中国和阿拉伯世界。它同时标志着属于大众的另一种文化的开端。这一变化之强烈如同地震，但是其特征要在几个世纪以后才能显现。 387

18

世俗的到来：资本主义、人文主义和个人主义

扬·范·艾克于1434年画了一幅叫《阿诺菲尼夫妇》的双人肖像画，它应当被誉为文艺复兴早期佛兰德艺术的杰出代表。它画的是意大利商人乔万尼·阿诺菲尼和新婚妻子乔万娜·切纳米站在他们家的一个房间里，温柔地握着彼此的手。这幅画运用细腻的笔法和微妙的光影效果，巧妙地捕捉了这对资产阶级新婚夫妇虔诚、平静而又有点自我满足的表情。这是一项引人注目的心理学研究。然而它也完全是另一回事。这幅画让观看者专注于这对新婚夫妇享有的大量财富。地板上是用小而复杂的菱形花纹织成的东方地毯；布包高背椅上装饰着雕刻的球形图案；红色华盖床、凸形的威尼斯镜子，镜子华丽的框架嵌入了表现基督受难情景的微型瓷釉；所有这一切的上面，是一个闪闪发光的交错成花纹图案的黄铜枝形吊灯。两个人也都衣着华丽，束腰外衣的袖子和下摆都是毛皮衬里，乔万娜的头饰表现出复杂的针线和折边。最后，在地板上有一双厚鞋底的木底鞋，表明阿诺菲尼夫妇远离城市街道的泥泞。正如历史学家丽莎·贾丁所评论

的，这不仅仅是对两个人的记录，它是对私有制的庆祝。“我们应当对这些丰富的细节感兴趣，因为它们揭示出画像中人物的重要性，而不是因为它记录了一种佛兰德式室内陈设。这幅作品是对那个成功商人的心理的颂歌——他想要拥有和掌控的欲望。”[1]

这幅画和本章的主题十分相关，因为尽管文艺复兴可能是最为人熟知的历史时期，然而在过去几十年里，学界对“1350至1600年发生了思想和文化的‘文艺复兴’”这种观点进行了非常深刻的重新评价，过去很少有哪些观念经历过这样深刻的重新评估。从19世纪开始，而且主要由于瑞士历史学家雅各布·布克哈特的《意大利文艺复兴的文明》(1860)，形成了这样一种观点：文艺复兴对现代社会的发展具有“非比寻常的重要性”。中世纪的停滞期后，伴随着对古典文学的重新欣赏和视觉艺术的辉煌成就，“文化的春天”遍布欧洲。尽管这当中的一些观点毫无疑问是正确的，但同样正确的是，文艺复兴现在既被理解为一种文化革命，更是一种经济革命。[2] 388

细细想来，若考虑到文艺复兴本身就是一些重要发明的产物，其中许多发明在性质上是经济性的，那么这就不足为奇。前三章已经表明，可能从10世纪起，但肯定从11世纪起，欧洲就已经在宗教、心理、城镇发展、农业和知识传播这些方面酝酿重大变化。还出现了新建筑形式。科学、医学和哲学的异教世界已经被重新发现。在计时、数学、阅读、音乐和艺术上出现了重要的新发明，还发现了透视法。中世纪盛期绝不能被称作是停滞时期。从20世纪20年代哈佛历史学家查尔斯·哈斯金斯开始，学者开始谈论12世纪的复兴，这个概念现在被广泛接受。[3]

一些学者现在对历史上的“超大”时期持怀疑态度。它被认为是19世纪“必胜信念者”的历史观。在这种历史观中，文艺复兴成为中世纪的对立面。正如20世纪埃尔温·潘诺夫斯基等历史学家指出的，情况也可能是这样：有其他几个“复兴”，如加洛林王朝复兴、奥托王朝复兴、盎格鲁—撒克逊复兴和凯尔特—日耳曼复兴。因此不仅仅是14、15世纪的意大利人重新发现了古典艺术。然而，仍然可以说，尽管有这些复兴，意大利人比其他人更清楚正在发生什么。即便是潘诺夫斯基也承认，意大利文艺复兴是一种“突变”，是决定性、不可逆转的前进，而不是一种“演化”。[4]

各种各样的因素（主要是科技和经济因素）似乎共同帮助创造了我们所谓的真正意义上的文艺复兴。从科技角度上说，这些因素是：中国指南针的引入，使许多杰出的海上航行功绩成为可能，这些功绩为欧洲探索打开了世界之门；火药也来自中国，正如前面提到的，火药为推翻旧封建秩序做出了贡献并有利于增强民族主义；机械钟表改变了人和时间的关系，在特定工作中，使人类的活动结构不受自然节奏的影响；印刷术导致了知识传播的突破性进展，而且削弱了教会曾经在知识传播上拥有的垄断地位。除此之外，默读促使独立思考产生，独立思考以一种不知不觉的方式使个人摆脱更传统的思维方式，摆脱思维的集体控制，有助于激发颠覆、异端思想、原创性和个体性。

大量笔墨被用来分析大瘟疫黑死病对文艺复兴的影响。例如，在14世纪，由于瘟疫，乡村地区的很多地方都缺人。这迫使许多地主不得不向农民的要求屈服。考古发现证明了这个时期从陶器到金属锅的转变，从中可以看出生活水平的提高。[5]瘟疫似乎对教会和宗教生活有两个主要影响。大量的死亡使人们悲观，使他们更注重内心世界，趋向更个人化的信仰。随着瘟疫的发生，比以前更多的私人小教堂和慈善团体开始建立，而且神
389 秘主义有所增加。对基督圣体的新关注开始出现：鉴于第四次拉特兰公会曾规定天主教徒应该每年至少领取一次圣餐，现在信徒力图尽可能多地领取圣餐。[6]当然，与此同时，许多人产生了相反的心理倾向，开始怀疑是

否存在眷顾众人的上帝。这场瘟疫的第二个主要作用是对教会自身结构的影响：大约 40% 的教士丧命，在很多情况下非常年轻的教士被指派代替去世的教士。这些年轻的教士比他们的前任受到的教育少得多，这证实了教会在知识领域的权威大大削弱这一事实。在许多地区，天主教学校教育体系崩溃了。因此，黑死病和文艺复兴之间的任何联系都是模棱两可的，具体的证据从两方面理解都行。诚然，受教育程度低的教士可能导致教士权威下降，但随着瘟疫而来的更高的虔诚与我们在文艺复兴中所看到的情况相反。或许最好的说法是，黑死病在帮助摧毁已经渐渐衰退的旧封建制度时发出了致命一击，使新制度得以蓬勃发展。

更有说服力的是对文艺复兴在意大利起源并发展最快的解释。这和意大利城邦的规模小有很大关系。它们获得独立的很大一部分原因在于罗马教皇和神圣罗马帝国之间旷日持久的斗争。此外，意大利的地形（五分之一的山区和五分之三的丘陵，一个有很长海岸线的狭长半岛）不利于发展农业，却有利于商业、航海业、贸易和工业的发展。总之，政治结构和地理构造促进了城镇的发展：到 1300 年，意大利有 23 座城市人口达 2 万或更多。相对城市化的人口有很大的独立性，再加上它处于北欧和中东之间的贸易位置，意味着意大利商人比大部分商人受到更好的教育，更利于他们从正在发生的变化中获利。

我们在前面一章看到 12 世纪的复兴同学校教育的变化有关（从修道院学校到大教堂学校），也同教学方式上的变化有关，从单个具有超凡能力的教师和学生之间一对一传授变为更大的教室和课本学习。同样，在意大利文艺复兴中，有另一种变化，如保罗·格伦德勒在他的《意大利文艺复兴中的学校教育》中说的，怎么强调都不过分。“[意大利] 独特的政治、社会、经济甚至语言的多样性（分裂性可能是个更好的词语）在任何时候都有把半岛分裂的危险。但是学校教育使意大利人联合在一起，并对文艺复兴的产生起了主要作用。人文主义教师发明了一种不同于15世纪早期欧洲其余地方的新教育方法。从那以后，意大利的统治者、专业人士和人文主义者中的精英都使用古典拉丁语。他们使用相同的修辞。他们从由学校里学到的道德态度和生活实例构成的同一个宝库学习知识。人文主义课程统一了文艺复兴，使它成为一个卓有成就的协调的文化与历史时代。”[7]

格伦德勒说，在文艺复兴教育的背后是一个乐观的假想：世界可以被理解，能够被控制。到14世纪中期，当中世纪的教会教育体系崩溃时，意大利出现了三种学校。它们是由城市当局经营的公共拉丁语学校、独立学校（或像我们所说的私立学校）和用来训练商人和经商技巧的算术学
390 校。根据格伦德勒引用的有关威尼斯的数字，约89%的学生就读于独立学校，与4%就读公共学校的人形成对比。他说33%的学龄男孩具备基本的读写能力，12%的学龄女孩具有基本的读写能力；总体上，到1587年，约23%的威尼斯居民有读写能力。[8] 他说威尼斯并不是个例外。

在15世纪，人文主义者修改了课程，取消了诗体文法课和词汇课，以及道德诗和写作课。相反，他们代之以根据最近被重新发现的古代作家作品为基础的文法课、修辞课、诗歌课和历史课，而且最重要的是，他们把西塞罗的书信推举为“拉丁散文的典型代表”。大部分教师是人文主义者。格伦德勒说，到1450年，意大利北部和中部大部分城市的学校都教授人文学科。[9] 教育强调学习阅读，注重富有文采的书信写作，重视诗歌和“在中世纪课程中不曾有过的新课程”——历史。格伦德勒不赞成“学习拉丁语会扼杀创造性，使学生变得温顺”这样的批评。他说，文艺复兴中的事实也否定了这一点。相反，他说大部分学生“喜欢拉丁语及其揭示的文明”。他认为，这也有助于解释什么是文艺复兴。他将拉丁语的学习比作今天音乐和体育运动的学习。年轻人如此喜爱他们所做的事以及通过

努力获得的成绩，以至于他们并不感到很艰辛：人们着迷于技艺，知道掌握技艺对于未来是多么重要。最重要的是，这种教育是世俗的，对这个体系下不计其数的毕业生的人生观显然有很大影响，不论他们是艺术家、公务员还是商人。

算术学校的名字取自列奥纳多·斐波那契在13世纪早期写的《计算之书》。他的父亲是比萨的一个政府官员，被派去管理比萨在贝贾亚（阿尔及利亚）的贸易殖民地。他在那儿接触到印度—阿拉伯数字和阿拉伯数学的其他方面（见第12章）。斐波那契对大学的数学理论没有多大影响，但他却大大地影响了意大利文艺复兴时期的商业。孩子们在接受其他学校教育的中途要花约两年时间学习算术。例如，尼科洛·马基雅维里在十岁零八个月大时进入一所算术学校上学，待了二十二个月。那时几乎所有上这些学校的孩子都在十一到十四岁之间。有时社区会请教师教算术，有时是教师独立上课。[10]甚至莱昂·巴蒂斯塔·阿尔伯蒂在《论家庭》中建议孩子应该学习算术，从这一事实可以看出这些技巧的重要性。“学生然后应该回到‘诗人、雄辩家和哲学家’的行列中去。”[11]算术包括基本算术、手算、会计、计算利息、记忆乘法表、一些几何学知识和由多达两百道商业数学题构成的体系中的核心问题：称重和测量、货币换算、涉及合伙的利益分配问题、贷款和利息及复式记账法。算术书，尤其是关于商人难题的那一部分，在上完学后充当参考书：当一个商人不会解决难题时，他会浏览算术书直到找到大致相似的内容。这些书也教给人们不错的商业实践：如何将某个财政年度的所有文书都束成一捆，如何记录争论，如何提前考虑继承问题，等等。没有提到“公平价格”。[12] 391

我们不应该夸大这些学校的实际作用，也不应该忽视这是第一次有一种文明常规性地、系统地使用有效的商业实践训练儿童或青少年。文艺复兴主要以想象力的爆发而闻名，想象力的爆发不仅仅是由于商业上的繁荣，计算能力和商业技巧也被认为是 14、15 和 16 世纪意大利儿童教育中一个必不可少的要素，它们的作用不应被忽视或贬低。

在意大利城邦中，佛罗伦萨最引人注目。其人口约为 9.5 万人，大约是米兰、威尼斯或巴黎的一半，与热那亚和那不勒斯差不多。[13] 佛罗伦萨远离大海，没有海港。但到 15 世纪晚期时，它把米兰或威尼斯与手工艺相关的服务业和银行业结合了起来。彼得·伯克说，佛罗伦萨有 270 家织布作坊、84 家木刻工艺和镶嵌工艺作坊、83 个丝绸铺、74 个金匠铺和 54 个石雕铺。同时代的记述中提到了井、蓄水池、污水池和厕所，从中可以看出城市的许多新宅邸有现代管道系统。街道已经被铺设得很好，而且因为有下水道，水排向阿尔诺河，街道保持得很干净。[14] 所有的一切都反映了 12 到 14 世纪佛罗伦萨的经济增长规模是其他地方不可比拟的。这是基于三个基础：纺织品贸易、纺织品行业本身和银行业。整个意大利，尤其是佛罗伦萨，是商业革命的起源地。在商业革命中，贸易和对外贸易是其他事业的基础。[15] 举个例子，14 世纪中期，巴尔迪家族在塞维利亚、马略卡岛、巴塞罗那、马赛、尼斯、阿维尼翁、巴黎、里昂、布鲁日、塞浦路斯、君士坦丁堡和耶路撒冷都有代理商。达提尼家族与爱丁堡、贝鲁特等 200 座城市有贸易往来。[16] 罗伯特·洛佩斯说，没有哪次经济剧变像这次一样对世界产生如此大的影响，“除了 18 世纪工业革命……可以毫不夸张地说，意大利在第一次伟大的资本主义转变中所起的作用和 400 年后英国在第二次转变中所起的作用相同”。[17]

尽管有一些科技进步，如卡拉维尔帆船和移动前帆的发明，但商业革命主要是一场组织革命。“对利益的原始性追求被合算、深思熟虑和理性的长期计划取代。”[18] 记账货币和复式记账法几乎同时发展，海上保险产生于对外贸易繁荣的托斯卡纳地区的城市。这导致货物关税变得更加复杂，反过来增加文书工作。1382 至 1410 年，达提尼家族在普拉托的档案包括超过 500 本账簿和 12 万封信件。这表示平均一年有 4285 封，差不多一天 12 封。“写作成了所有活动的基础。”[19]

所有这一切都是资本主义诞生的标志吗？从稳定的资本积累、使用贷款增加、管理同资本所有权和劳动力分开这个意义上说，是的。从通过大规模运营，有意扩大市场这个意义上说也是的。从有意识地教给年轻人贸易技巧这一意义上也是的。当然，规模比今天要小得多。[20] 392

但或许资本主义最明显的标志是佛罗伦萨的另一项主要活动银行业的成功，这本身就是场经济革命。13 世纪晚期和 14 世纪见证了大银行业家族阿恰约利、阿美耶利、巴尔迪、佩尼奇、斯卡利的崛起，而且到 1350 年，它们在所有的主要贸易中心——布鲁日、巴黎（1292 年有 20 家）、伦敦（14 家）——都建立了分支机构。大部分现代运营方式已经发明：外币兑换、吸收存款、转账、贷款利息和透支。需求来自欧洲非常富有的王公这一相对较小的群体，他们对炫耀性消费的热情引起对奢侈品（尤其是衣服）和对银行服务业的巨大需求。[21] 理查德·高德斯威特说贵族社会的这个小群体可以被认为是文艺复兴的开创者。[22]

随着从事商业的人越来越多，财富，而不再是出身，首次成为阶级区分的主要基础。商人，甚至是店主，如果他们足够富有的话，经常会被授予爵位。于是，他们经常效仿老贵族，建造宫殿、购置乡村田产。彼得·伯克说，正是老贵族和资产阶级上层的这种混合才产生了价值和品质的融合，“贵族军人般的勇气和资产阶级在经济上的精打细算”。这产生了一种新的开拓精神，“一部分具有军事性质，一部分具有商业性质，最早表现在海上贸易”。最后，它以更平静、不太冒险的内陆贸易形式稳定下来，但正是这种海盗精神首次引发了伟大的商业革命。[23]

贵族和资产阶级的“联姻”也产生了新的城市精英分子，他们文化素养高、有教养和理性，代表了一种新秩序，就像复式记账法、机械钟和被广泛使用的印度—阿拉伯数字所代表的一样。但这仍然是一个手工业社会。知识活动依旧保持它的实用性，与特定的职业和专业目的有关，用来满足世俗世界的社会需要。[24] 从心理上说，它产生了一种新兴的能人崇拜，即超越所有宗教传统而只依靠自己的人，它与希腊的“英雄”概念相似并不完全是一种偶然。[25] 对个人来说，当他们意识到不得不依靠自己的力量、理性优越于传统，以及时间和金钱的管理具有决定作用时，人生以一种更快的步伐在前进。现在意大利的时钟一天敲二十四下。

这一切虽然解释了为什么佛罗伦萨有如此多的新财富，但没有告诉我们为什么这些财富带来如此巨大的文化爆发现象。城市研究专家彼得·霍尔将原因归结为（这适用于古典时代的雅典，同样也适用于 19 世纪的维也纳），“创造财富的人和有知识的人来自同样的家族”。因此贵族不仅是艺术和知识的赞助人，而且也是积极的参与者。“几乎每一个显赫的家族都有一个律师和教士，许多人文主义学者……科西莫·德·美第奇是银行家、政治家和学者，也是人文主义者（布鲁尼、尼科利、马苏皮尼、波吉奥）、艺术家（多纳泰罗、布鲁内莱斯基、米开罗佐）和博学的教会人士（安布罗乔·特拉维萨里、教皇尼古拉五世）的朋友和赞助人。”正是这些因素导致了艺术赞助模式发生变化并得以拓宽。彼得·伯克表示，从 1420 到 1539 年，意大利创作的约两千幅标明日期的画中，87% 是宗教题材，其中约一半是关于圣母马利亚，25% 是关于基督（其余的有关圣人）。
393 同时，变化正在酝酿中。第一个变化是，对宗教艺术品的订单很少来自教会，而是要么来自大行会，要么来自精神的兄弟会，要么来自私人。[26] 现在不是教会人士，而是新变富有的市民在选择重要的艺术家并和他们讨论诸如圆顶或整个教堂的设计细节。

第二个变化是世俗赞助的对象从教会建筑转向城市公共建筑。例如，

14世纪艺术的几个重要人物（乔托、杜奇欧、安布罗乔·洛伦泽蒂）将他们事业的大部分都放在政府工程上。与这个变化相关的是推动介绍新的世俗主题，尤其是14世纪艺术的主要创新手法，即叙述法的产生。[27]

第三个变化是艺术和艺术家的地位。首先，在文艺复兴早期，艺术仍然是一种工艺，就像以前在雅典那样。一幅画是一个实用的物体，用于特定的祭坛；一座雕塑用于特定的壁龛。但14、15世纪意大利日益增长的需求表明手工艺者应该发展新的思想，而且最重要的是证明他们熟悉新的知识——透视法、解剖学、光学、古典艺术，甚至是理论。“此后出现了艺术市场，首先是教会和女修道院建筑群的设计需求，然后约在14世纪中期是私人住宅的设计需求。”[28]虽然艺术家实际上可能高价兜售他们的作品，但赞助人对完成品有很大的影响力。合同从各种意义上变成了商业文件，它们详细说明了材料、价格、交货、大小、助理的工作和要涵盖的细节（如小天使和天青石另外付费）。合同可能指明艺术大师应该自己执行此项工作；1485年乔万尼·达尼奥洛·代·巴尔迪和波提切利之间为一幅圣坛画制定的合同，十分详细地规定了颜色和画笔的使用。另一个例子是1445年为皮耶罗·德拉·弗朗切斯卡的《仁慈圣母》订立的合同，用斜体明确指出“只由皮耶罗执笔”。[29]乔托或许是第一个这样的例子：他在商业方面十分成功，似乎把最高的艺术技巧和敏锐的商业头脑结合在一起。到1314年，他有多达六个公证人照管他的财产。[30]

与此一致的是，艺术家开始在自己的作品上盖自己的印章。赞助人的家庭开始出现在画上，艺术家也是如此，如贝诺佐·戈佐利在他的《三圣贤之旅》（1459）和波提切利在他的《对三圣贤的崇拜》（约1472—1475）中都是那么做的。“到15世纪，艺术家的社会地位发生明显的变化；吉贝尔蒂和布鲁内莱斯基在佛罗伦萨都占据重要的行政职位，后者甚至成为市政府官员。”公众对艺术家的尊重极大地增长；到16世纪，当“神圣”这个词被用在米开朗基罗身上时，几乎达到了谄媚的地步。对艺术史学家阿诺德·豪泽尔来说，“文艺复兴时期的艺术概念中一个全新要素是发现了天才的概念；这是一个在中世纪世界观中不曾知晓、也实在无法想象的概念，中世纪世界观认为思想的原创性和自发性毫无价值，而推崇模仿，认为剽窃是颇可允许的，不看重思想竞争。天才思想当然是新的个人崇拜的
394 逻辑结果，是自由市场下自由竞争的胜利”。[31]

这种思想变化还关系到建筑的变化。1450 年后的某个时期，建筑师开始精心设计个人住宅的正面，来突出彼此的不同及其和周围中世纪建筑的不同。住宅开始要求比以前更令人印象深刻的主要入口。商店被迁走，为的是让世界上的其他人能看到一座住宅是多么宏伟。大约也是从 1450 年开始，室内摆设也追随这种潮流。购买有艺术价值的物品，包括购买早期的艺术品，是为了时尚，而不仅因为它们有用。当然这种收藏暗示了对艺术和艺术史的了解。“高雅或说精致成了常规主题，它体现在意大利人购买的物品中：餐具、乐器和艺术品。”[32]

因此资产阶级上层的崛起和艺术家地位的提高是同时的。教会和王室不再是唯一的，甚至不是主要的艺术赞助来源。艺术收藏仍然只限于少数人，但是比以前广泛得多。到 15 世纪末，艺术品的价格开始上升。1480 年后，当艺术家开始被授予贵族头衔时，画家和雕刻家也能够向往过上富裕的生活了，就像拉斐尔和巴尔达萨雷·佩鲁齐那样。[33]

汉斯·巴隆认为，文艺复兴另一个重要的变化是摒弃了中世纪的“弃世”思想（这比天才的概念更重要）。“僧侣不再是唯一有美德的人。”现在完美的人是亚里士多德，一个认为自己需要“房屋、财富和艺术”的人。佛罗伦萨人和他们之前的希腊人一样，相信成就，视人生为一场比赛，不再如托马斯·阿奎那所说的每个人“在人生中都有一个固定的位

置”。[34]“精打细算的习惯对意大利城市生活来说很重要”；到处都有计算；时间十分珍贵，必须通过合理规划谨慎地“花”；节俭和精打细算是原则。“15 世纪早期佛罗伦萨人文主义思想的整个趋势是倾向于过好这一世，倾向于含蓄地或有时明显地反对之前一直与宗教正式相关的自我克制。”[35]结果是产生了许多不同的世界观，这可能会促进思想创新。

我们很快就要讲到的新的人文主义本质上提供了神圣秩序之外的另一种选择，即根据实践经验建立的理性秩序。“就好像世界是一个由抽象、可互换、可测量，尤其是客观的数量组成的巨大数学实体。”[36]美德因此是个人的，通过个人的努力获得，与出身、财产的优势无关，更与超自然力量无关。正是古典时期为这种观念奠定了基础。经院哲学在教会之外大部分领域都被摒弃。[37]在很大程度上国家取代了正在衰退的教会的地位。雅各布·布克哈特在他著名的研究中指出：“在意大利城市，我们首次看到国家作为精心的、有意识的创造物而出现，看到国家作为一件艺术品出现。”[38]

在纽约学者珍妮特·阿布-卢格霍德的研究《欧洲霸权之前：1250 至
1350 年的世界体系》中，她认为在 13 世纪，“各种各样的原始资本主义体 395
系共存于世界各地，没有哪个体系有足够实力超过其他的体系”。[39]她继续说道，14 世纪的黑死病是影响远东地区贸易体系的不利因素之一，但它对欧洲贸易体系的不利影响小得多，而且也有助于解释西方的崛起（这些论述在第 15 章介绍过）。瘟疫可能起了作用，而且是很重要的作用，但是这种纯粹的经济分析忽略了 14 世纪在意大利佛罗伦萨同时开始的心理变化和思想变化的作用。这就是人文主义的兴起和个人主义的迅速发展。

文艺复兴第一个人文主义者是彼特拉克（1304—1374）。彼特拉克的成就在于，他是认识到“黑暗时代”的第一人。在他之前的一千年左右是古罗马及之前古希腊的辉煌之后的倒退。追溯起来，彼特拉克关于征服阿非利加的西庇阿的诗也预示了历史的一个转折点。

> Poterunt discussis forte tenebris
> Ad puram priscumque iubar remeare nepotes
> Tunc Elicona noua reuitentem stripe iudebis
> Tunc lauros frondere sacvas; tunc alta vesurgent
> Ingenia atque animi dociles, quibus ardour honesti
> Pyeridum studii ueterem geminabit amorem.

“那么或许，随着黑暗的驱散，我们的后人能回到纯净而古老的光明中去。然后你会看见随着万物复苏，赫利孔山又是一片绿色；神圣的月桂也是一片欣欣向荣的景象；然后伟大的天才会再一次崛起；善于接受的灵魂对真诚研究缪斯女神的热爱，会重复着古老的爱。”[40]

当然彼特拉克是幸运的，他生活在一个中世纪学者的努力已经开花结果的时代，因为在之前的几个世纪里，古典著作渐渐被恢复、被翻译。但是彼特拉克以一种全新的视角看待这些古典著作。正如我们所看到的，以托马斯·阿奎那为首的中世纪盛期的学者，集中研究亚里士多德的作品，尝试把它们和基督教教义结合起来。彼特拉克的创新是双重的。他关注的不是亚里士多德的科学和逻辑，也不是新知识的基督教内涵，而是根据其自身的情况把古代诗歌、历史、哲学等理解为早期文明“光彩夺目的楷模”，它们也理应被这样理解。他觉得欧洲只是忘记了这个伟大的早期，他开始就这个时期本身来理解它的想象力。理查德·塔纳斯说：“因此，彼特拉克开始了欧洲的再教育。”[41]

在他生活的世界里，就连彼特拉克也相信基督教是一切思想的神圣成就。但是他强调生活和思想不是一维的，古典世界值得研究是因为它是基督来到世界之前人们可接触到的最高的生活形式。在鼓励他的同时代人追溯历史时，彼特拉克因此鼓励了重新追寻失去的古典著作。在这一点上，西方很幸运，因为这和君士坦丁堡发生变化的时期一致。由于土耳其人入侵的威胁，很多学者离开君士坦丁堡（这座城市在 1453 年陷落），前往西 396
方，尤其是意大利，随身带着许多著作，特别是希腊语版柏拉图的《对话录》、普罗提诺的《九章集》以及很多其他柏拉图传统的作品。这是彼特拉克的第二个贡献，他促进了柏拉图哲学的复兴，这令人想起亚里士多德哲学在 12 世纪时的复兴。实际上，虽然彼特拉克总是着迷于柏拉图，但在他生活的 14 世纪，新手稿还未到达西方。直到 15 世纪早期，希腊原作才真正出现（1450 年之前，西方很少有人懂希腊语）。那时，只能靠其他人文主义者，如马尔西利奥·费奇诺和皮科·德拉·米兰多拉等人发展彼特拉克的思想，并将这些思想介绍给他们的同时代人。

亚里士多德学说有益于学术思想的发展，而柏拉图主义为人文主义者提供了一种看待世界的方式，这种方式适合他们正试图引发的变化。柏拉图主义的基本思想是，人的灵魂是神的形象和肖像，用威廉·克里根和戈登·布雷登别出心裁的话来说，即“知识的神性”。更为重要的还是这样的观点：“美是寻找终极现实的一个基本部分，想象力和洞察力在这一寻求中比逻辑和教条更重要，人可以获得对神圣事物的直接认识。这些观点对正在欧洲成长的新思想具有很大的吸引力。”[42] 最重要的是，柏拉图的流畅文体比亚里士多德纯粹的随笔更具有吸引力，而后者正是 12 世纪复兴的基础，并且也帮助塑造了新思想。很多人认为亚里士多德对柏拉图的描写是极其不准确的。科卢乔·萨卢塔蒂和尼科洛·尼科利两人都认为，柏拉图比亚里士多德更优秀，认为苏格拉底的雄辩术才是应追求的理想。而列奥纳多·布鲁尼歌颂人文主义以及苏格拉底、柏拉图和西塞罗华丽文体的著作成为畅销书：他的牛皮纸手抄稿有两百五十份流传至今。[43]汉斯·巴隆将布鲁尼的《同彼得·保罗·希斯特鲁姆的对话》称作“一个新时期的出生证明”。[44]

当时还出现这样的情况，在阿奎那之后近两百年的时间里，学者对阿奎那和其他中世纪大师观点的琐碎细节的争论导致经院哲学不断僵化，逐渐在大学中变得荒谬刻板。因此，15世纪下半叶，当一所柏拉图学院在佛罗伦萨城外建立时，它没有设在大学中，而是在科西莫·德·美第奇的私人赞助下，由马尔西利奥·费奇诺，一位医生的儿子担任院长。正是在这样一个非常不正式的环境中，学术的传统观念发生了变化。在这里，在柏拉图的诞辰之日会举行大型盛宴，并且任何时候都有一支燃烧的蜡烛照耀着他的半身像。[45]费奇诺最终将整个柏拉图文集翻译成拉丁文。[46]

在柏拉图主义或新柏拉图主义中，人文主义者发掘出一条古老的精神河流，它与基督教自身一样古老，并且两者在很多方面没什么不同。这一认识反过来对信仰产生了新的理解。基督教或许仍是上帝对世界旨意的最终形式，但柏拉图主义的存在本身意味着，基督教并不是这一深层真理的唯一表达方式。因此，人文主义者没有止于希腊文学。佛罗伦萨的柏拉图学院（实际上位于城外的卡雷吉）提倡学习所有理性的、精神的和富于想象力的作品，不管这些作品在哪里发现，包括埃及和美索不达米亚文本、琐罗亚斯德教、希伯来语的喀巴拉作品。关键一点是，
397 在包括普罗提诺和柏拉图思想的新柏拉图主义时代，整个世界都弥漫着神性，一切事物都带有“超自然的”品质，自然实际上被赋予了魔力；上帝的旨意可以通过审慎的解读来了解，上帝的讯息通过数字、几何学、形式，尤其是通过美被昭示。柏拉图主义教授的是一种对世界的审美理解，也有助于解释文艺复兴时期的艺术繁荣和艺术家地位的提高。马尔西利奥·费奇诺写了《柏拉图神学》一书，他在书中说道，人“和造物

主几乎是一样的天才”。[47]

而且由于柏拉图主义最重视美学，所以那时对想象力的赞扬超过了对密切观察和研究亚里士多德式美德的赞赏。人们认为上帝通过数字、几何学和直觉启示给天才的形而上学真理提供了更多获取终极知识的途径。因此，占星学、星座和十二宫，以及它们的神秘数字命理学被复兴。古老的希腊—罗马众神不具有犹太—基督教上帝那种崇高的地位，但古典神话却获得了新生和尊重，作为生活在基督道成肉身之前的人们的宗教真理而被接受。人们甚至期待一个宗教由基督教和柏拉图混合而成的新黄金时代。[48]

在这背后，不可低估财富累积的重要性。用一位历史学家的话来说：“文艺复兴时期的人可以说是生活在两个世界之间……悬浮于信仰与知识之间。由于中世纪超自然主义的桎梏开始放松，世俗的和人类的利益变得更加突出。个体在世上的经验事实变得比虚无的来世更令人感兴趣。人们对上帝和信仰的信赖在减弱。现实世界本身成为目的，而不是为未来世界做的准备。”[49] 财富的积累显然促进了这个变化，该历史学家还强调该变化是思想史上的三大变化之一，“另外两个分别是公元前 600 年左右伦理一神教的到来……和 19 世纪中期达尔文带来的变化”。就此而言，文艺复兴可理解为三个相互联系的发展元素，它们共同构成了这一新思想。这三个元素是人文主义、资本主义和美学主义运动，对美的狂热崇拜导致了世界上有史以来最大的艺术爆发。资本主义现在不仅被理解成一种经济形式，还被理解成一种自我表达形式。如果没有人文主义者“现世”第一的思想，那么资本主义是不可能发展完善的；并且如果没有早期资本家积累的巨大财富，那么艺术的激增也是不可能的。

人文主义更关注的不是重新发现古代科学，而是重新树立一套异教价值观，即希腊人和罗马人的世俗价值观：人是衡量一切事物的尺度。正如彼特拉克最先认识的，这一态度已经被遗忘了一千年左右，因为基督徒接受了奥古斯丁对“过度沉溺于”世俗利益的警告，害怕不能进入新耶路撒冷（凡人之城而不是上帝之城）。[50] 然而，古人更感兴趣的是此时此地幸福、丰富的人生，而不是他们灵魂的永恒命运。例如，古典哲学关注的更多是现在如何成功地生活，而不是来世。人文主义者接受了这一观点。例如，伊拉斯谟说：“任何虔诚且有助于良好举止的事物都不能被称作是渎
398 神。居于首位的必须是《圣经》的权威；但尽管如此，我有时发现古人，不，甚至是异教徒，不，甚至是诗人，他们说的和写的一些东西是如此纯洁、虔诚和神圣，以致我不得不相信，他们写这些东西的时候受到了神的启示……向朋友们坦白承认，我阅读西塞罗的《论老年》《论友谊》……时忍不住亲吻书本。”[51] 伊拉斯谟借他创作的一些人物之口说，像圣徒苏格拉底或圣徒西塞罗这种头衔并不是亵渎神明。

人文主义理想的中心是这样一个观点：实际上，意大利出现了新的贵族，具有审美情趣、受过教育，而不是建立在继承的特权、土地，甚至金钱的基础之上。它源自文化欣赏以及艺术和学术成就，并且它最重视的是自我表达。文艺复兴时期可能是美学理论最兴盛的时期（虽然恩斯特·卡西尔认为 18 世纪更关注这一方面，见第 29 章）。人们认为诗歌和艺术包含了世界和谐的秘密。第 19 章将更全面地论述这一点。

在中世纪盛期，思想革命表明，古代的权威之间彼此有分歧，而且这些权威尽管没有《圣经》，仍然过着充实的生活。同时，生活是按社区组织的：信众、行会和大学。时钟、火药、瘟疫等带来变化之后，随着财富的增长，个人主义开始超出了大教堂和大学的“学术”界。此外，因为黑死病对教会的冲击，古老中世纪的经历（神职人员常常受到较好的教育）也中断了。印刷品和默读出现时，个人主义的传播差不多完全实现了。个人主义加上财富，无论是它帮助创立了资本主义还是自身就是早期资本主

义的产物，一起成为现代生活方式的首要元素。但丁、彼特拉克、马基雅维里和蒙田以不同的方式撰写关于思想自由和个人表达的文章，文章中经常夹杂着一种对基督教思想的怀疑主义。[52] 印刷术发明之后，民族文学的兴起取代了统一性，促进了多样性的产生。正是这些信仰决定了文艺复兴的思想性质。

在文艺复兴时期的哲学中，彼得罗·蓬波纳齐（1462—约 1525）的哲学思想很典型。他断定亚里士多德哲学不能证明灵魂的独立存在。尽管他没有否认灵魂的不朽，但认为这是一个不能解释的问题，因此，建立在死后奖惩基础上的伦理学体系是没有任何意义的。相反，他认为我们应构建一个与现世有关的体系。“美德本身就是对美德最好的奖赏，”他说，“而邪恶是对邪恶最好的惩罚。”宗教权威不赞同蓬波纳齐的观点，他得以逃脱火刑是因为他和枢机主教彼得罗·本博（1470—1547）的深厚友谊，本博本人是异教 / 古典思想的崇拜者。但是，蓬波纳齐的著作被焚烧。

不过，他的哲学说明了观念如何在开始发生变化，并且这一变化包括了某种怀疑主义的增长。伊拉斯谟、皮埃尔·拉米斯（1515—1572）、米歇尔·德·蒙田（1533—1592）、皮埃尔·沙朗（1541—1603）、弗朗西斯科·桑切斯（1562—1632）和布莱兹·帕斯卡（1623—1662）都可以称作怀疑论者；尽管他们中没有一个人与休谟或伏尔泰的怀疑论方式相同，他 399
们都反对经院哲学家的迂腐、神学家的独断和神秘主义者的迷信。伊拉斯谟说，阅读敦司·苏格徒的作品令他感到“生气和厌倦”。[53]（这种怀疑主义，用理查德·波普金斯的话来说，是 17 世纪思想的“第三大力量”，这将在第 25 章中更全面地论述。）

伊拉斯谟不仅是一位伟大的语言学家和学者、卓越的拉丁文学家和四处游历的怀疑论者，还是最著名的人文主义者，正如阿奎那是最著名的经院哲学家、伏尔泰是最著名的理性主义者一样。[54]伊拉斯谟于1466年生于荷兰，他的思想主导了一代欧洲思想界。他的一个朋友曾说："我在公共场合被认出是收到伊拉斯谟信函的人。"[55]他的母亲和父亲在他十几岁时就去世了，他的监护人将他送入修道院。这本来可能是没有前途的，但1492年他成了一位神父并搬到了康布雷主教的宫廷，并且后来实现了他的目标：进入巴黎大学。然而，他大失所望，因为一到那儿，伊拉斯谟就发现这座伟大的学府声望已经大大下降，并且经院哲学家的争论枯燥僵化，专注于枯燥乏味的细节，在敦司·苏格徒、奥卡姆的威廉和阿奎那之间纠缠不休。这座大学已经失去了昔日的辉煌。[56]

如果说巴黎对伊拉斯谟的发展影响是负面因素，那么1499年到英格兰访问使他的人生从根本上向更好的方向发展。他在英国遇到了托马斯·莫尔、威廉·格罗森、托马斯·利纳克尔、约翰·科雷特以及其他英格兰人文主义者。对伊拉斯谟而言，这些虔诚，甚至禁欲的人物是古典学者和虔诚基督徒的完美结合。他认为，他们是宽厚仁慈之人，坦率地追求真理，没有沾染上巴黎经院哲学家那琐碎的争吵和沉闷的自我辩护的习气。在托马斯·莫尔爵士的家中，他发现了他开始认识到的一生的事业追求：基督教和古典的协调。当然，不是阿奎那所理解的、主要包括亚里士多德正典的古典，而是以柏拉图为中心的新发现。对伊拉斯谟来说，柏拉图、西塞罗以及其他伟人是一种启示。"当我阅读这些伟人的一些段落时，"他写道，"我几乎禁不住地说，圣徒苏格拉底啊，请为我祈祷吧！"[57]这种感觉是如此强烈，以至他从英格兰返回时，尽管已经三十四岁，还是开始学习希腊语，以便能够阅读深爱的经典原作。他花了三年的时间学习希腊语。而后便开始了他生命中最激昂的时期，他翻译和编纂了古典作品。1500年左右，他从拉丁古典作品中收集了大约八百条格言和谚语，出了好几个通俗本。然而，他没有背弃基督教，仍留出时间翻译《圣经》（一页是希腊语，对页是拉丁语），以及教父们的著作。

1509年，英王亨利七世去世。伊拉斯谟的朋友们写信给他并且催促他来英格兰，希望他在亨利八世的统治下得到提拔。正在意大利的伊拉斯谟马上出发去英格兰，在穿过阿尔卑斯山脉时，他构思出了后来成为他最著名的作品《愚人颂》。这部讽刺僧侣生活的作品是当他再次在托马斯·莫尔爵士家中居住时花一周写完的。作为感谢，伊拉斯谟将作品题名为《愚人颂》（*Moriae Encomium*）（希腊名词Moria“愚人”与莫尔的名字More很相似）。该书于1511年出版时就获得了巨大的成功，被翻译成多种语言。 400
在1517年的一个版本中，十八岁的小汉斯·霍尔拜因在空白处加上了一组插图，从而使这本书无疑成为史上最精美、最有趣和最有价值的著作之一。这本书还激发了一整套讽刺作品类型的出现，包括拉伯雷的作品。该书的“幽默”在我们今天看来是相当严厉的，因为伊拉斯谟痛斥了僧侣的怠惰、愚蠢和贪婪。但以时代精神来看，他的语气恰如其分，因为读者与他一起大笑的同时，并没有严肃地质疑自己的信仰。愚人在中世纪故事和戏剧中是一个众所周知的人物，伊拉斯谟描绘的正是这种类型。正如彼特拉克提供了两个讯息（美学和柏拉图），伊拉斯谟也提供了两个讯息：古典文学是知识和情趣的高尚的、值得尊敬的来源；教会越来越无知、自负和偏狭。[58]

宽容，尤其是宗教宽容，是人文主义的一个特殊方面，具有长期的影响，克罗图斯·鲁比亚努斯、乌尔里希·冯·胡滕和米歇尔·德·蒙田都是杰出的人物。鲁比亚努斯和胡滕所写的《蒙昧者书简》经常被称作是斯威夫特之前最辛辣的讽刺作品。它的来源很复杂。德意志犹太人约翰·普费弗科恩皈依了基督教。像很多皈依者一样，他对自己的新信仰非常狂热，并且建议强迫那些没有看到他所看到的光明的犹太人都进入基督教教堂，并且禁止借贷和收取利息。他还希望焚烧除《旧约全书》之外的所有犹太作品。因为他过去的身份，普费弗科恩的观点受到了重视，并且很多德意志教士和学者的观点都得到详细的讨论。其中一位是约翰·罗伊希林，他对这一主题思考后说，正相反，犹太作品整体上应受到赞扬，尽管他承认应摒弃一些神秘主义作品。因此，他没有支持普费弗科恩的观点，反而采取了相反的立场，并且建议在所有大学设立希伯来语教席，“以便非犹太人可以更好地了解犹太作品，也更宽容犹太作品”。[59] 这一言论激怒了世界各地的反犹分子，但罗伊希林也收到了很多著名朋友的来信支持，他以《名人书简》为题出版了其中一些信函。正是这部作品启发鲁比亚努斯和胡滕撰写了一部讽刺迫害罗伊希林的人的作品。《蒙昧者书简》于 1515 年出版，假称收集了地位较低的教士和无知的教徒写给一位真实人物奥尔登·格拉提乌斯的信函。他是一位重要的德意志多明我会教徒，集中体现了当时经院哲学家的偏执和迂腐。《蒙昧者书简》一方面突出粗俗和荒谬（醉醺醺的教士问，向犹太人致礼是不是不可饶恕的大罪，什么时候鸡蛋能孵出小鸡，成为鸡肉，因此在周五禁食），但它主要抨击的是经院哲学家的迂腐，此后经院哲学家再也没能恢复其昔日的声望。[60]

人文主义的另一个主要成就 / 影响在教育。其胜利是如此全面，以至于古典异教的语言和文学成为课程基础，它的突出地位在很多地方至今仍然存在。这种古典课程首先在意大利的大学中被采用，从那里传到巴黎、海德堡、莱比锡、牛津和剑桥。人文主义课程是由伊拉斯谟引入剑桥大学的，将其引入德意志大学的是阿格里科拉、罗伊希林和梅兰希通等人。伊拉斯谟提倡在整个欧洲进行人文主义教育，在英格兰得到了托马斯·莫尔和罗杰·阿斯卡姆的支持，在法兰西得到了勒·费夫尔·代塔普和纪尧姆·布德的热烈支持。在人文主义者的影响下，大学变得对科学尤其是数

401

学越来越宽容。医学也得到了传播，这一点我们会在后面的章节中看到。

1517年，即小汉斯·霍尔拜因为《愚人颂》添加插图的这一年，马丁·路德将其抨击赎罪券的《九十五条论纲》钉在了维滕贝格教堂的大门上。虽然伊拉斯谟赞同路德对教会的很多担忧，但两人的性格有很大不同。1517年初，在采取其决定性行动的几个月之前，路德写了以下有关伊拉斯谟的话："他对人的关怀比对神的关怀多得多。"对一个人文主义者来说，这是拐弯抹角的恭维话。

与路德不同，伊拉斯谟知道对教会批评过火只会造成双方不妥协，这种僵持不会带来任何发展，并且实际上可能阻碍双方都想看到的那种变化。下面是两人之间的书信来往，体现了他们之间的不同之处，并且触及人文主义者试图实现的变化的根本。"您好，"路德写道，"我们经常彼此交谈，伊拉斯谟，我们的荣耀和我们的希望，然而我们并不相互了解。这难道不令人惊奇吗？……有谁的内心深处未被伊拉斯谟穿透，有谁未受到伊拉斯谟的教导，有谁未被伊拉斯谟主宰？……因此，亲爱的伊拉斯谟，如果能让您高兴，也学着去了解这个信主的小兄弟吧；他一定是您非常热切的朋友，尽管他由于无知，理应被埋在一个角落里，甚至不为您的太阳和气候所知。"伊拉斯谟的回信巧妙但极其清楚："亲爱的兄弟，您信中透出的热切和流露出的基督教信仰，令我感到非常愉快。您不知道，您的作品在这儿［鲁汶］造成了多大的骚动。无论如何也无法使这些人消除这样的疑问：您的作品由一个助手写成，并且他们认为我是你们这一群人的领导人……我已经向他们证明，我完全不认识您，没有阅读过您的作品，不赞同也不反对任何事情……我试图保持中立，以便能尽我所能地促进学术复兴。并且在我看来，谦逊有礼比热情冲动所取得的成就更大。"[61]

路德在1520年被绝罚后，阿尔布雷希特·丢勒请求伊拉斯谟支持路德，但他回复说自己没有殉教的力量，如果发生“骚动”，“我会效仿彼得”。

但是，尽管采取中立态度，伊拉斯谟还是未能完全避开这场争论。偏执的天主教徒指责他产下的蛋“被路德和茨温利孵化”，并且《愚人颂》被列于“禁书目录”，伊拉斯谟也被特伦托公会谴责为“不虔敬的异端”。换句话说，他在两个阵营都不受欢迎。这或许是不可避免的，但尽管如此，仍是悲剧性的。伊拉斯谟曾过着，或试图过人文主义者的理想生活。这样一种人相信精神生活，相信美德可以建立在人性之上，相信宽容与狂热的信仰一样都是美德，相信深思的人可以成为好人，熟悉各个时代作品的人可以在自己的时代过得更幸福，而且更公正。

在之前的一章中，我们了解到拉丁学术的兴起如何促进了欧洲的统一。在后面章节将要论述的宗教改革运动具有强烈的民族主义因素。例
402 如，路德无可争辩地是德意志人，毫无疑问亨利八世是英格兰人。伊拉斯谟之后的一些学者（利普修和格劳秀斯）和他一样都是世界主义者，但是，从某种意义上说，伊拉斯谟是最后一位真正的欧洲人。

乔尔乔·瓦萨里（1511—1574）认为，佛罗伦萨文艺复兴应归因于人性的变化。他认为，竞争、嫉妒、追求荣耀和名望促使这座城市发生变化，资产阶级商人和银行家的生活节奏更快了。现在，我们更倾向于把这些感觉和行为方式看作是变化的表现而不是原因。不过，这种新思想确实需要做进一步探讨。

例如，艺术家是天才和放荡不羁之人，按自己的原则行事，这种现代观点正是佛罗伦萨最先公开表现的。它起源于古代医学的改变。当时，希波克拉底确定的四种气质（胆汁质、多血质、黏液质和抑郁质）仍在使用，不过增加了一个“对应”体系。例如，多血质被认为血液过多，它使人们安静、高兴、愿意爱以及与维纳斯和春天有关。抑郁质是因为黑胆

汁过多（因此有“melan 黑”+“cholic 胆汁”），与农业之神萨图恩和秋天有关。但是亚里士多德认为所有伟人都是抑郁质，人文主义者马尔西利奥·费奇诺在此基础上，添加了柏拉图关于灵感是神启的激情的观点。艺术家是忧郁的天才这一描写经久不衰。[62]

但是，文艺复兴时期最大的心理变化是个性的崛起，它最先被雅各布·布克哈特注意到，后又得到其他人的阐述。彼得·伯克说，这一点体现在三个方面：自我意识的加强、竞争力的增强（与资本主义有联系？）和对个人独特性的兴趣的增加。自画像、自传和日记的增多（甚至比 1050 至 1200 年间的数量还多）是一个方面，“指南”类书籍的撰写是另一个方面，例如马基雅维里的《君主论》、卡斯蒂廖内的《廷臣之书》和阿雷蒂诺的《对话录》。这些书的重点往往是技术和选择，意思是个体可以从可供选择的事物中选择适合其性格、财力或奇想的任何一个。[63]差不多在同一时间，不失真的平面镜最先在 15 世纪的意大利（主要是在威尼斯）大量生产，这些镜子被认为对自我意识的提高非常重要。16 世纪佛罗伦萨一首关于镜子的狂欢节歌曲突出了这一点。这首歌翻译成白话是：“一个人的缺陷可以从镜子中看到，这些缺点不像其他人的缺点一样容易看到。因此，一个人可以自己判断说：‘我会比从前更好。’”[64]接着出现了卡斯蒂廖内的“若无其事的优雅”观点，即所有事物都应该看起来自然，这也是自我意识的一个方面，反映出个人风格很重要。[65]

布克哈特还认为，现代意义上的名声的理念诞生于文艺复兴时期，尽管其他学者并不赞成，认为中世纪的骑士精神体现了同样的心理。然而，彼得·伯克发现在文艺复兴时期的文学作品中，暗示自信、竞争和渴求名声的词语很常见，例如：赶超、竞争、荣耀、对抗、嫉妒、荣誉、羞愧，尤其是勇敢或价值。[66]布克哈特本人发现了“单一”和“唯一”作为赞美词的新用法，例如，瓦萨里这样说：“对抗和竞争是值得称赞的东西。为 403

了获得荣誉和荣耀，一个人通过对抗和竞争以巨大的努力去征服和克服比自己更著名的人物。”[67] 名声崇拜一般被看作是人文主义最重要的产物之一。“对古代的研究让我们重新接触到异教徒普遍持有的个人荣誉的概念（‘用行动扩大声望是美德的任务’，《埃涅阿斯纪》10.468—469），记录这一成就的古典作品能够幸存，其本身就有力地证明：当代的努力可能经得住同样的考验。”[68] 威廉·克里根和戈登·布雷登说，有一种“眩晕”感与个人主义相联系，并且他们引用马基雅维里的话说：“我深信：大胆冒险胜于谨小慎微，因为命运是女人，如果想控制她，就必须鞭打她、同她较量。”[69]

与所有这些相联系的，是对成就而不是对出身的重视，这是中世纪以来的另一个显著变化：在中世纪，出身的价值决定一切。与它相关的是这样一种观念：人是理性审慎的动物。在意大利语中，表示“理性”的词是“ragione”，该词有很多使用方法，但都有计算的意思。商人称自己的账簿为计算之书。位于帕多瓦的“理性宫殿”过去是法院，因为公正涉及计算。在艺术中，“ragione”指比例或比率。动词“ragionare”如今在意大利语中表示“说”，反映了人在说话中讲道理（和计算）的事实，这将人与动物区分开来。正如我们所见，计算在 12 世纪后开始出现在各行各业中，深深根植于文艺复兴。布克哈特让我们注意威尼斯和佛罗伦萨的进出口统计数据，以及罗马教会的预算。[70] 在 14 世纪末之前，时间一般划分成一天中的各个部分，而用“万福”计算较短的时间长度，一个万福指说“万福马利亚”所用的时间。然而，15 世纪下半叶，公共时钟在博洛尼亚、米兰和威尼斯出现，随后携带式钟表很快就被发明了。在安东尼奥·费拉莱特的理想国斯福尔金达城，连学校都有闹钟。莱昂·巴蒂斯塔·阿尔伯蒂在关于家庭的论文中说，时间是“宝贵的”，并且表现出对懒惰的憎恶。[71] 实用也越来越受到关注。费拉莱特在其理想国中甚至宣布取消死刑，认为如果迫使罪犯从事别人都不乐意做的、令人不快的工作，他们会更加“有用”。这是残忍的，但它是一种计算。

就教育有助于人的计算而言，人们认为学习提高了人的尊严。文艺复兴时期的作家尤其关注他们所谓的人类境况。人文主义者的理想是变得尽可能理性，因此文法、修辞、历史、诗歌和伦理学在佛罗伦萨被称为人文学科，因为它们有助于使人更完善。自我认知是人自身完善所必不可少的。[72]这导致了新的教育观念，更确切地说是一个复兴的概念：教育的目的不仅是学术，还应理解为培养良好公民，这是古老的古典思想，即完善的个体自然会参与城邦生活。中世纪的人文主义远离世界。文艺复兴时期的人文主义是一种公民人文主义，因此代表了重新发现古典的另一个方面。[73] 404

我们不能夸大这些变化，同样也不能贬低它们。文艺复兴有其消极的方面：街头暴力，激烈的、长期的家族仇恨，政治派系斗争和恶毒残酷的行为。海盗和土匪有时十分猖獗。巫术和魔鬼崇拜激增，甚至罗马教皇批准的行刺也并不少见。教会这个“西方的根本制度”似乎有时也在精神上破产了。[74]这是财富的快速积累和传统价值观的崩溃造成的吗？它是个人主义泛滥的副产品吗？现在有人怀疑个人主义是否就像布克哈特所说的，在文艺复兴时期是非常新的或相当普遍的思想。实际上，在晚年，布克哈特自己也开始怀疑这一点。[75]在 12 世纪的文艺复兴中，还有一个领域可能发生了真正的变化。但相比之下，中世纪的观念是，人是堕落的不幸的生物，在世间等待、期待着某处有天堂存在；而文艺复兴时期的人文主义者更关注此时此刻，关注现世的可能性、乐趣和机遇，关注在人世间可以实现的一切。[76]几乎同样的是，对冥想生活和清贫的痴迷被对积极生活的热爱和对财富的赞美所取代。例如，语文学家、辩论家和古文物研究者波焦·布拉乔利尼的对话体著作《论贪婪》，是对一直以来都被认为是罪恶的东西的辩护。他说，人的生产必须多于他的需求，否则“所有城市的辉煌都会消失殆尽，上帝崇拜及其装饰均会逝去，不会有教堂或拱廊的建造，所有的艺术都会终止完结……城市、联邦、省份、王国不正反映了公众对贪婪的崇拜吗？”[77] 文艺复兴的另一个创新是炫耀性消费，其本身就是一种计算，因为它对个人的名誉和声望产生了影响。科西莫·德·美第奇说，他“曾经”所犯的最严重错误是没有提前十年开始花钱。[78]

尽管布克哈特放弃了个人主义，他仍忠于自己的论断：意大利是“现代欧洲诸子中的长子”。文艺复兴时期世俗世界急剧扩张，但基督教信仰
405 还没有撤退的迹象。

19

想象力的爆发

在1497年佛罗伦萨狂欢节的最后一天以及一年后的同一天，在市政广场出现了一个奇怪的建筑物，从韦其奥宫可一睹全貌。这建筑的中心是一长段金字塔形状的阶梯。最底下的阶梯摆放着狂欢节用的假胡子、面具以及化装用品。上面一节陈列着藏书（印刷本和手稿都有）：拉丁和意大利诗人的作品，包括薄伽丘和彼特拉克。再上面是各种女性用品（镜子、面纱、化妆品、香水），它们的上面是鲁特琴、竖琴、棋牌。最顶端两层展览着画作，一种特殊的画作，都是美貌的女性，尤其是那些拥有古典名字的美女：卢克蕾西亚、克利奥帕特拉、福斯蒂娜、本奇拉。当这一“虚荣的篝火”开始点燃时，政客们正从自己的宫殿阳台观看。人们载歌载舞，教堂的钟声响起。大家又都前往圣马可广场，团团围成三圈，接着跳舞。中心是僧侣，有时换成天使打扮的男孩。他们的外面是其他教士，最外面是市民。[1]

这一活动是为了取悦多明我会的先知，费拉拉的吉罗拉莫·萨伏那洛拉修士。“怀着强烈的领袖感”，萨伏那洛拉认为上帝派他来帮助意大利人完成内心改革，坚持认为教士的职位高尚，“仅在天使之下”。他试图寻求教会的振兴，尤其是从一系列灾难预言中拯救教会，那些预言都是关于如果不进行彻底迅速的改革，邪恶就会出现的可怕警告。在这里，古典文学和学术都没有用武之地。“我们唯一要感谢柏拉图和亚里士多德的地方是，”他说，“他们给我们提供了对抗异端的许多辩论技巧。然而他们以及其他哲学家现在正在地狱。老太太都比柏拉图更懂信仰。如果那些看上去有用的书被销毁，宗教将受益良多。”[2]

这些美的作品和装饰被毁灭尤其令人心痛，因为正如前一章提到的，艺术、艺术目的和对美的执着正是文艺复兴的决定性特征。[3] 至少对布克哈特而言，“甚至就连［意大利］男男女女的面貌和日常生活习惯都比欧洲其他国家更完美、更美丽、更有光彩”。[4] 文艺复兴时期的美学比任何时期都更有地位，“漫长的”16 世纪（1450—1624）也被恰如其分地称为美
406 学时期。

在艺术领域，15 世纪充满了创新，其中最重要的是油画的发明、直线透视法的发现、解剖学知识的进步、对自然的新关注以及柏拉图式普遍主义观，这很可能是最有穿透力、最根本的影响。

油画技术传统上归功于范・艾克兄弟，即胡伯特和扬，两人都活跃于 15 世纪 20 年代，活动地区在根特、布鲁日和海牙。虽然这一说法不再站得住脚，但是可以确定的是，扬・范・艾克的确完善了油画和上色技巧，这使他的色彩和色彩效果经久不变。油画最重要的一点是，它干燥得慢，这与之前最重要的绘画媒介壁画不同。壁画干得太快，画家不得不加快速度，而且做修改的机会也是最少的。但是经油混合后的颜料几周都不会干燥，这意味着修改成为可能，画家能够改进较差的色块，或如果有新的灵

感可以完全改变心意。这使画家有更多的时间思考和反思，也使他们有更充裕的时间调色，取得更微妙的效果。这在范·艾克兄弟的早期作品中可见一斑，他们对物体和表面的细节处理（这在壁画中几乎是不可能的）说明，形式与空间现在得到了更好的发展，更具现实性。这同样适合表达作品的情感力量。油画为画家提供了更多的时间，他们可以进一步细化人物的面部表情，并由此扩大了表现人物情感的范围。

直线透视法一开始在意大利被称为“合法的建构”，发明于15世纪早期，可能是由布鲁内莱斯基发明的，后来被莱昂·巴蒂斯塔·阿尔伯蒂和皮耶罗·德拉·弗朗切斯卡进一步发展和改进。直线透视概念可能是在伟大的大教堂建造时代之后缓慢发展起来的，因为大教堂建筑使人们关注不同的距离，并且激发了三维雕塑的飞跃。透视法的重要性不仅在于它给绘画增加了写实主义，而且因为它涉及对数学的理解，在当时数学被纳入自由七艺。如果画家能够证明他们的艺术依赖于，或说受益于数学，那将更加证实绘画是一门艺术，而不是一种机械工艺。直线透视法的要点是，平行线在同一水平面上永远不会相交，但是当所有的平行线在水平面的消失点上汇聚时，似乎能够相交。这改变了绘画的逼真性，并且在很大程度上解释了为什么绘画越来越受欢迎。[5]

15世纪许多艺术家对解剖学的精密研究以及因为人文主义运动而兴起的对自然的新情感，增强了油画和透视法带来的写实主义。就前者而言，由于医学的进步（后面的章节会讨论），画家可以表现出更精确的肌肉组织；就后者而言，它激发了人物画之外的风景描绘。同这些相联系的是一种新的叙事风格，即绘画在增加上帝的荣耀的同时也在叙述一个吸引多数人的故事。正如之前提到的，彼得·伯克发现，在1480至1489年两千幅注明日期的画作中有5%呈现出世俗特征；到1530至1539年间，这一比例上升到22%。半个世纪里增加了三倍多。尽管如此，我们不宜夸大这一变化：即使在1530至1539年间，大多数作品仍然呈现出宗教特征。

407 在世俗作品中，寓言在1480年后日益受到欢迎。现在看来，寓言性作品挺怪异，一般也不受欢迎（艺术史学家除外）。穿着暴露的妇女在古代废墟中跳舞或奔跑，圆胖的丘比特手握弓箭或拿着剑和丝带，半人半兽的男人，或鱼尾山羊，都不怎么符合现代人的审美观。在人文主义全面兴起的文艺复兴时期，寓言就像我们现在的印象主义那样流行。在波提切利完成他的《春》时，正是古典寓言开始流行的时期，《春》已是世界上最著名的画作之一。它蕴含了复杂的基督教和神话指涉，描绘了九位人物，包括墨丘利、丘比特、美惠三女神，以及最著名的花神，群花点缀的佛罗拉。寓言故事在16、17世纪继续为人喜爱，但是到了17世纪末，这种浓重的象征主义变得如此支离破碎，以至于代表这种特殊信息方式的神话开始急剧衰退。

然而在整个文艺复兴时期，寓言的兴盛具有重大意义。人们对古典神祇的喜爱说明，它们从未彻底消失，而不过是潜入底层而已，经常以各种混杂形式融入基督教传统。这反过来也表明，在中世纪，普通大众从未如教会希望的那样完全信服基督教。当然，在基督教世界不可避免地存在某些异教因素，首先就是星期各日的名称和圣诞节的日期。但是远不止这些。在13、14世纪基督教艺术蓬勃发展的时候，在意大利，星相学家引导着整个城市的生活。到14世纪初，异教的神祇不仅出现在文学作品中，而且出现在纪念建筑上。在威尼斯，它们被用在执政官宫殿的哥特柱头上，而且几乎与此同时也出现在帕多瓦、佛罗伦萨和锡耶纳。[6]15世纪早期，异教神话和星相学的使用更加公开化。在佛罗伦萨圣洛伦佐教堂的老圣器室，就在祭坛的上面，是一个穹顶，上面绘有神话人物和天象图，它与佛罗伦萨公会召开时城市的天空正好一致。后来，相似的装饰还会进入教皇的宫殿（博吉亚家族套房里的圣彼得继承人名单就由天体象征物环绕，包括朱庇特和玛尔斯）。马尔西利奥·费奇诺创立了一个注经学派，他们认为，智慧能够在古典寓言中寻得，这清楚地表明寓言不仅仅是神话故事。破解寓言的能力给予了人们一种内行人的地位，这非常吻合时代思潮，费奇诺的追随者之一皮科·德拉·米兰多拉（1463—1494）对它加以灵活运用。根据他和他的同道人，古代神话是一种隐藏着秘密智慧的密码：智慧藏在寓言中，一旦破解，将揭示整个宇宙的秘密。皮科引用了摩西的训诫，毕竟他曾经在山顶同上帝亲密交谈了四十天，然而从西奈山回来时却只带来了两片字版：他一定隐藏了上帝向他揭示的许多秘密。当耶稣对他的门徒说“你们获准了解天国的秘密，但是其他人却没有获准”时，他也承认了这一事实。对米兰多拉和许多像他一样的人来说，所有的宗教都有秘密，而且这些秘密只能通过破解古代神话才能向少数被选中的 408
人（哲学家）揭示出来。方法之一是探索古典神话与基督教之间的联系和相似性。[7]

但是在文艺复兴艺术家中最流行的观点是柏拉图的博学通才观。博学通才其实是历史上最古老、影响力最大的一种观念。它部分来源于古希腊，体现出毕达哥拉斯和柏拉图的理论，当然它也要归功于早期基督教思想家，他们在公元初的几个世纪把亚历山大港的希腊思想进行了改造。到文艺复兴时期，通才思想已经有了一个很长的谱系了，并且变得越来越复杂。

在关于中世纪艺术和美的理论研究中，翁贝托·艾柯得出结论：中世纪的美学充满了重复和回流，构成了一个“所有事物都各居其位的世界……中世纪文明试图用精确的定义捕捉住事物的永恒本质，包括美以及其他任何事物”。[8]差异在艺术家的地位中得到最明显的证明：中世纪艺术家“为信仰和社群奉献自己微薄的力量”（社群可能是指远在乡村的修道院）。[9]而文艺复兴时期的普世主义却认为，虽然自然是一个“神授”系统，正如中世纪那样认为的，但是现在应由人，尤其是艺术家和天才，来理解这一系统。根据这一理论，自然是同质的，因而所有的知识都能够化约为一些基本公理，即“自然法则”。弗朗西斯·培根等人相信上帝赋予人类理解自然的能力，并且知识被完善的那一天指日可待。基督徒有意识或无意识地采用了柏拉图的思想，尤其是这样一种观念：既然人类分享了神圣智慧的某些属性，那么如果正确地观察自然，观察各种艺术同科学之间的联系，就能使人类，尤其是艺术家和科学家，一睹宇宙的真正本质，即根本的现实。在文艺复兴时期，这就是智慧的意义。费奇诺的观点是明确的。“上帝创造了一切，只要你能看见。因为上帝的创造，所以人类能够思考。人类的理解在有限的范围内同创世行为相似。人同神灵得以统一是因为他分享的神圣属性、他的智慧。”[10] 皮科·德拉·米兰多拉表达得更鲜明：“人之中有万物；让他成为万物、理解万物，以这种方式成为神灵吧！”野兽的本性是固定不变的，然而人，尤其是艺术家，有能力改变自己的本性并且“成为万物”。这就是成为艺术家的意义，也是为什么成为一个艺术家如此重要。

文艺复兴时期的思想家还相信整个宇宙是神圣思想的模板，人类是“继神圣造物主之后的另一创造者”。这种思想的中心是美的概念，认为美是体现上帝意图的一种和谐。赏心悦目的东西就是善，其本身就具备了道德价值。更重要的是，美部分地揭示了上帝为人类制订的神圣计划，因为它揭示了部分同整体之间的关系。文艺复兴关于美的理想支持这样一种观点：美具有两种功能，它适用于所有的学科。首先，建筑、视觉艺术、音乐和文学以及戏剧艺术中的形式层面都能激活心灵；其次，它们通过得体、风格和对称而愉悦心灵。美和启蒙之间的联系由此得以建立。同样，
409 这就是智慧的意义。

由此而得出的自然推论是对个人知识全面性的希求以及对人类获得

整体知识的渴望。从部分意义上，把各门学科综合在一起，是为了通过探索知识不同领域核心的一般共通性而加深对理解的有意识探求。由于对希腊、拉丁古典著作的最新发现，以及这些著作越来越容易获得，人们假设存在的这种共通性越来越明显。结果，文艺复兴时期的人们经常从一个领域转移到另一个领域。维特鲁威评论道，所有的科学和艺术尽管在实践和技巧上存在很大的差别，但是具有共同的理论。他因此建议建筑师努力成为具备多种不同学科理论背景的大师。“他应当是个文人、娴熟的绘图员、熟悉科学调查的数学家、勤奋的哲学学生，熟谙音乐，对医学不陌生，能熟练回答法律咨询，熟悉天文学和天文计算。”[11] 这种全面性又重新被文艺复兴时期的人们拾起来。它在人文主义学者身上，在佛罗伦萨学院的理想中能找到。雅各布·布克哈特在《意大利的文艺复兴文明》中写道：“15 世纪首先是博学多才之士的世纪。所有的传记，除了记述主人公的主要工作之外，无不谈到他们的其他追求，这些追求都不仅仅是涉猎而已……但是在众多的博学者中，有一些可以真正称为博学的人，远在其他人之上。”他专门提到了阿尔伯蒂和列奥纳多（后者有自己的数学导师，卢卡·帕乔利）。[12]

下面是布克哈特对阿尔伯蒂的评述：“他对科学和武器、马匹和乐器，以及文学和美术等技艺的追求孜孜不倦……用实例表明人能够做他们想做的任何事情。”阿尔伯蒂自己写过很多关于博学多才的作品，列奥纳多也是如此。例如，阿尔伯蒂说：“人之所以被创造是为了取悦上帝，为了在动物生活的多样性、差异、美、丰富性中，从所有能标志动物的形式、结构、毛皮和颜色中，识别根本的、原初的起源。”[13] 在关于建筑学的书中，他明确提出，“意识到和谐与美的潜在能力根植于我们的心灵”，对这些真理的识别来自“迅速而直接的”感官刺激。“为了对美做出真正的判断，重要的不是观点，而是一种先天存在于心灵的理性。”阿尔伯蒂说，人的心灵具备与神性相似的特质，尤其是“识别能力”和“创造能力”。所有的生物在充分实现自身特性的同时完善自我。[14]

阿尔伯蒂继续说，自然已经由上帝根据一种神圣构想模式做出了和谐安排，这种模式可以用数学术语得到最佳的描述。其他人，例如开普勒，也同意此说。人类对先天特性的意识，例如对美的意识，能够从不断积累的正确例证中逐渐深化。这就是艺术的目的。在寻找自然中的真正美好形式时，艺术家不断搜寻美的例证，例如人体美的例证。从这些例证中，他逐渐提炼出什么是美的身体这样一种更清晰的概念。最终，通过许多次类似的求证，艺术家完善了对广泛意义上美的认识。虽然所有人都天生具有识别美的能力，但是艺术家在实践中完善这一天赋，并且把
410 它的概念向其他人描绘出来。他通过呈现给我们高品质的艺术实例而成为我们的美学老师。对美的鉴别依赖于人类智慧的天赋能力。在阿尔伯蒂的全部课程中，没有提到基督教作家或《圣经》，只有古典作品。[15]关于美的大约四十三篇论文写于文艺复兴时期。博学多才思想几乎成为那一时期所有人的共同特点。

彼得·伯克区分了文艺复兴时期的十五位博学者（“博学”被定义为在三个或更多领域内都超过了业余爱好者的水平）：菲利波·布鲁内莱斯基（1377—1446），既是建筑师、工程师、雕刻家，又是画家；安东尼奥·费拉莱特（1404—1465），建筑师、雕刻家、作家；莱昂·巴蒂斯塔·阿尔伯蒂（1404—1472），建筑师、作家、奖章设计者、画家；洛伦佐·韦基耶塔（1405/1412—1480），建筑师、画家、雕刻家、工程师；伯纳德·泽纳莱（1436—1526），建筑师、画家、作家；弗朗切斯科·迪·乔治·马提尼（1439—1506），建筑师、工程师、雕刻家、画家；多纳托·布拉曼特（1444—1514），建筑师、工程师、画家、诗人；列奥

纳多·达·芬奇（1452—1519），建筑师、雕刻家、画家、科学家；乔万尼·乔康多（1457—1525），建筑师、工程师、人文主义者；西尔韦斯特罗·阿奎拉诺（1471年前—1504），建筑师、雕刻家、画家；塞巴斯蒂安诺·塞里欧（1475—1554），建筑师、画家、作家；米开朗基罗·博那罗蒂（1475—1564），建筑师、雕刻家、画家、作家；圭多·马佐尼（1477年前—1518），雕刻家、画家、戏剧制作人；皮耶罗·利戈里奥（1500—1583），建筑师、工程师、雕刻家、画家；乔尔乔·瓦萨里（1511—1574），建筑师、雕刻家、画家、作家。[16]

从上面的清单中可以看出，十五位博学者中，有十四位建筑师、十三位画家、十位雕刻家、六位工程师和六位作家。为什么建筑学在这一群体中这么突出？文艺复兴时期，许多艺术家的梦想都是在建筑上有所成就。15世纪，建筑是自由七艺之一，而绘画和雕刻只算机械艺术。这种情况后来会发生变化，但是这解释了15世纪意大利各种艺术的优先顺序。

有些博学者的生涯是非常杰出的。例如，弗朗切斯科·迪·乔治·马提尼设计了大批要塞和军用机械。他的其他思想可以从他雕刻的七十二座浅浮雕中得到说明，“这些浅浮雕描绘的全部都是战争器械”。他是锡耶纳市的议员，后来证明，他还是个间谍，汇报关于教廷和佛罗伦萨军队行动的情报。他接受过绘画的训练，15世纪80年代他的职业生涯趋于成熟，体现在他的雕刻和建筑事业上，并且他撰写了一篇重要的建筑学论文。在论文中，他将鸟巢和蜘蛛网与人类建筑做对比，提出它们之间的不变性证明动物不具备人类拥有的神授创造力。[17]乔万尼·乔康多是一个多明我会修士，“一个才华横溢的人，一个通才大师”。瓦萨里把他主要描写为一个文人，但是又补充说，他是非常优秀的神学家、哲学家、杰出的希腊文学者（当时这在意大利很少见）、杰出的建筑师和优秀的透视法大师。乔康多在他生活的城市维罗纳很有名气，因为他重新设计了当地的石拱桥，这座桥以前建在松软的地面，因此常常倒塌。青年时代，他在罗马度过了很多年，因此非常熟悉那里的古代遗迹，收集了许多最美丽的东西，写
411 成了一本书。穆捷莱称乔康多为“一位古典大师”。他撰写关于恺撒的评论，向他的同时代人讲授维特鲁威，他在巴黎一家图书馆里发现了普林尼的书信，为法兰西国王在塞纳河上建造了两座桥。在布拉曼特去世后，他和拉斐尔一起被委托完成布拉曼特的圣彼得教堂重建工作。他保证在原来的地基上建造。但是他最伟大的成就很可能是为威尼斯大运河想出的解决方案，把从布伦塔河引入的水分流。在他的帮助下，威尼斯才得以生存至今。他是阿尔杜斯·马努蒂乌斯的至交。[18] 布鲁内莱斯基比上述人物展现出更丰富的才艺。他除了设计并指导圣母百花大教堂令人炫目的圆顶外，还是钟匠、金匠、考古学家。他是多纳泰罗和马萨乔的朋友，却比他们更多才多艺。[19]

这种通才硕学，也就是文艺复兴博学者的概念是不是有点过于夸大了？ 12 世纪的某些学者，例如阿奎那，接近于通晓“各种知识”，他们知道所有能被认识的一切（记住第 15 章讨论的 R.W.S. 萨瑟恩的观点：那时的文献总量不过几百种，意味着通晓全部或几乎全部的知识是可能的）。也许文艺复兴时期博学者的真正意义在于他们的态度、他们的自我意识、他们的乐观主义。这一点同其他任何方面一样，显然也是想象力爆发的原因。

与通才硕学最相关的是优劣比较，即到底是绘画高于雕塑，还是雕塑高于绘画？这是 15 世纪的一个重大思想问题，也是阿尔伯蒂、安东尼奥·费拉莱特和列奥纳多等人著述中的中心话题。阿尔伯蒂主张绘画优越论。绘画有色彩，能够描绘雕刻无法描述的许多事物（云、雨、山），并且运用了自由七艺（例如透视法中的数学）。列奥纳多认为浅浮雕介于绘画和

雕刻之间，也许比二者更优越。提倡雕塑优越论的人则认为雕像的三维空间更真实，而画家从雕刻的人物中获得灵感。费拉莱特争辩说，雕塑永远不能逃避这一事实，即它用石头或木头做成，而绘画能够展现皮肤的色彩和金黄色的头发，可以描绘烈火中的城市、美丽的晚霞和波光粼粼的大海。所有这些都优于雕塑。为了说服那些主张雕塑优越论的人，曼提尼亚和提香等画家创作了错视画。绘画能够模仿雕塑，而雕塑却不能模仿绘画。[20]

在文艺复兴时期，正如绘画和雕刻不断地被比较，绘画同诗歌也在不断地被比较。有一段时期，人们观察到二者之间的极大相似。洛伦佐·瓦拉在 1442 年的论文中指出，绘画、雕塑和建筑是“同自由七艺最接近的”三种活动，也许这句话是摘自阿尔伯蒂的论文《论绘画》。巴尔托洛梅奥·法兹欧在其 1456 年的《当代名家选粹》中关于绘画和画家部分的引论说得更详细，观点类似：“……在画家和诗人之间存在某种相似；一幅画其实不过是一首没有字的诗。因为画家和诗人对其作品的创意和布局都给 412
予了几乎相同的关注……对人物特性的描写是画家和诗人的共同任务，也正是因为这一点，双方的天赋和能力最能得到体现。”[21] 阿尔伯蒂的《论绘画》比法兹欧的画家传记早二十年，正是阿尔伯蒂首次详细阐述了艺术家向诗人学习以及在绘画和诗歌之间寻求相似性的必要。他希望画家“尽可能多地浸淫所有的自由七艺”，这样“如果［他］陶醉在诗人和演讲家的技艺中，就会获益，因为这些技艺具有同绘画相同的修饰”。[22] 此外，阿尔伯蒂还建议“勤勉的画家主动同诗人、演讲家以及其他文人交往，因为从这些渊博的心灵中，他不仅能够获得美妙的修饰技艺，而且也会在绘画创意方面受益，这些创意可能会为他赢得最伟大的赞誉。杰出的画家菲狄亚斯常常说，他从荷马那里学到了如何最好地展示朱庇特的庄严。我相信通过阅读我们这个时代的诗人作品，我们也能变得更有创意，成为更好的画家……”对阿尔伯蒂来说，绘画就像诗歌一样，在理论基础方面要运用四艺中的部分知识，几何和算术；因此，像诗歌一样，绘画应当被列为一种文科艺术。[23]

在为《绘画论》做准备的大量笔记中，达·芬奇清楚地表明，依他看来（根据古典论述），绘画艺术更优越、更崇高。正是在达·芬奇身上，有关绘画和诗歌的许多思想得以成形。“如果你认定绘画是沉闷的诗歌，”达·芬奇写道，“那么画家也可以称诗歌是盲目的绘画……但是绘画仍然更高贵，因为它愉悦更高贵的感官，”也就是视觉。他坚持认为模仿自然并欺骗观者的绘画的力量大于诗歌的欺骗性。“我们有充分的理由宣称，绘画同诗歌之间的区别就如同身体同影子之间的区别。”[24]

一些文艺复兴画家试图通过写作诗歌练习自己的创造力。他们希望作为诗人被承认，因为尽管有阿尔伯蒂为绘画的辩护以及达·芬奇对画家优越性的论述，在整个文艺复兴早期的思想界，诗人的地位比画家更高。布鲁内莱斯基在与多纳泰罗就佛罗伦萨圣洛伦佐教堂旧圣器室的装饰发生争论的时候写了一组十四行诗作为自我辩解，其中一些流传至今。布拉曼特也尝试着写诗：他创作的三十三首十四行诗保留至今。当然在所有的文艺复兴艺术家中只有米开朗基罗创作了富有文学价值的诗歌。[25]

通才硕学思想表明，博学者是特殊的、个别的，是理想的典范。因此这些博学者被推到运动的风口浪尖是最自然不过的事情，正因如此，艺术家的地位在15世纪得以提高。表现之一是自画像艺术。15世纪中期在认识自画像的价值以及用于宣传其思想和社会地位的相关意象方面，安东尼奥·费拉莱特是无人可比的。他把两幅自画像融合进圣彼得教堂的铜门装饰，铜门是在1435至1445年为教皇尤金四世铸造的。第一幅是与罗马钱币和纪念章相似的侧面肖像。它是一个小纪念章，嵌入大门左扇的底框
413 中心；它的背面图案嵌入了大门右扇的对应位置，两个纪念章都刻上了名记。[26]费拉莱特第二个展示自己的作品是大门内侧底端的一个浮雕，雕刻

的是他和助手们跳舞的场景。其意义不仅仅是跳舞而已，因为他想象中的理想城市是斯福尔金达城，并为此撰写了专文。他写道："如果所有人同时工作，不分先后，那么就像跳舞一样。如果有好的领舞和好的音乐，第一个起舞的和最后一个起舞的会跳得一样好。"[27]

与艺术家地位提高、优劣比较和自画像表露出的自负相一致的是发明和想象的概念，二者一起构成艺术的破格。15 世纪，尤其在博学者中，人们逐渐接受这一观念：艺术家不能总是严格服从其资助人的要求。这是一个重大变化。下面是伊莎贝拉·德·埃斯特于 1501 年 3 月写给彼得罗·德拉·诺菲拉腊修士的信："如果你认为［佛罗伦萨的画家列奥纳多］会在那里逗留一段时间，阁下不妨试探他是否愿意为我们的书房画一幅画。如果他乐意的话，我们将由他来决定画作的主题和时间……"换言之，资助人甚至没有指定主题。[28]

视觉艺术发生的巨大变化可能在委罗内塞于 1573 年受到异端裁判所审判这件事上得到最清楚的体现。稍后我们将更详细地讨论异端裁判所，但是在宗教改革和天主教会的应对措施之后（从 1544 至 1563 年断断续续召开了特伦托公会，目的是为了决定罗马教廷的政策），后果之一是艺术作品要接受审查。委罗内塞曾经为威尼斯圣约翰与圣保罗教堂的博学神父们创作了一幅巨大的盛宴油画，用来代替毁于火灾的提香的《最后的晚餐》。委罗内塞的画其实是一幅三联画，有三座帕拉迪奥式拱门，基督位于中间的拱门，台阶延伸到远方。整个作品尽管是宗教主题，画面却非常生动，描绘了威尼斯人庆祝的优美场面，参加聚会的人身着优雅的服装，他们的周围是一罐罐的美酒、丰富的食物、穿着奇异的黑人、狗和猴子。作品以一种强烈的透视法创作而成。异端裁判所为此把他带到法庭。

审讯官：那个鼻子流血的人有什么重要意义？那些德意志人打扮的士

兵又是什么？

委罗内塞：我是想画一个因为事故而鼻子流血的仆人。我们画家同诗人一样有自主权。我画了两个士兵，一个在喝酒，一个坐在台阶上吃东西，因为有人告诉我这屋子的主人很富有，理当有这样的仆人。

审讯官：圣彼得在做什么？

委罗内塞：切割羔羊肉，传给桌子另一端的人。

审讯官：他旁边的那位在干什么？

委罗内塞：他拿着牙签在剔牙。

审讯官：有人委托你在作品中画德意志人［即新教徒］、小丑等类似的人物吗？

委罗内塞：没有，大人，只是为了点缀空间。

414 审讯官：增加的点缀是不是不合适？

委罗内塞：在我的能力范围之内，我觉得怎么画好就怎么画。

审讯官：你知道在德意志和其他充斥异端的地方，有些绘画嘲笑、蔑视神圣的天主教会以便向无知的人传播邪恶的教义吗？

委罗内塞：我知道那是不对的。但是我重申，我有义务追寻艺术大师们的道路。

审讯官：他们怎么做的？

委罗内塞：罗马的米开朗基罗画了基督、圣母、圣徒以及天父的裸体像，圣母马利亚也是如此。

审讯官迫使委罗内塞道歉，并且让他承诺在三个月内对画作进行修改。他修改了，但不是按照审讯官预期的方式。只是把画的题目改为“利未家的盛宴”。这要安全得多，因为在《圣经》中，参加这一事件的有“税吏和罪人”。[29]

这样的对话在一个世纪之前简直是无法想象的，它表明艺术家的地位发生了多大的变化。就算人文主义没有取得别的什么成就，它至少带来了艺术家的解放，这一发展仍然影响着我们。

1470 年，在匈牙利国王马加什一世的婚礼上，人们用许多喇叭和“各种弦乐器”奏出的音乐向新婚夫妇表示庆贺。这被认为是对数目庞大的弦乐器的最早记载，弦乐是后来所称的管弦乐队的主要构成。一百年后，大约在 1580 至 1589 年间，一些绅士开始在佛罗伦萨的乔万尼・代・巴尔迪伯爵家中定期聚会。这一被称作“同好会”的群体听起来像初期的黑手党，但其实他们当中包括一位叫温琴佐・伽利莱的横笛吹奏者（天文学家伽利略・伽利莱的父亲）、音乐家雅各布・佩里和朱利奥・卡奇尼，以及诗人奥塔维奥・里努奇尼。在他们主要关于古典戏剧的讨论过程中，形成了这样一种观念：这种戏剧可以用“咏叹”格调唱出来。[30] 歌剧就是这样诞生的。我们可以说，大体而言，在 1470 至 1590 年间的一个世纪中，现代音乐的主要元素开始形成。它与绘画的爆发同步。

音乐的发展分成三个阶段。首先在谱写乐曲和发声方面出现了一些技术进步，发展出我们现在听见的声音类型。其次是音乐形式的发展，它产生了我们现在了解的音乐形态。最后，出现了第一批现代音乐作曲家，也是我们至今仍然记得的第一批著名人物。

在诸多技术进步中，我们首先可以确认“模仿”原则。它是佛兰德音乐学派的独创，其中最著名的人物有让・奥克冈（约 1430—1495）和雅各布・奥布雷赫特（约 1430—1505）。然而在 15 世纪和大半个 16 世纪的时间里，佛兰德音乐呈发展态势，不仅在欧洲北部，而且在整个意大利。在罗马教廷，在威尼斯的圣马可教堂，在佛罗伦萨和米兰，佛兰德音乐家受到热烈欢迎。这种情境下的“模仿”指复调音乐中的个体乐声不再同时演唱，而是轮流演唱同样的歌词。这种安排发展了巨大的表现力，而且保留在现代各种音乐形式中。同时在唱诗班和合唱队中引入了和声，教皇唱诗班变得尤其重要。在威尼斯，佛兰德人阿德里安·维拉尔特（约1480—1562）引入了双重唱，两位歌手在歌唱过程中持续相互对唱。它具有更强烈的戏剧表现力。[31]

还是在威尼斯，配器迈出了第一步，也就是为每个声部设计特殊的乐器。[32]这与1501年左右在威尼斯出现乐谱印刷有关，它意味着人们可以把音乐思想"装进行李，而不是头脑中"。[33]威尼斯产生了两位杰出的音乐家，安德烈·加布里埃利和他的侄子乔万尼。正是他们完善了合唱的协调，引进了弦乐组、管乐器和铜管乐组，分别放在相对的两个唱诗席，来回演奏，两个硕大的风琴是底音。耶胡迪·梅纽因认为这是"西方音乐史上标志独立器乐音乐真正开始的时刻"，特别是出现了对整个现代都至关重要的一个特征：延迟的不和谐音。这种引人注目并且需要分解的（直到1907年勋伯格才进行了分解）有意设计的不和谐音突出了音乐中的情绪，带来了转调技术，即从一个音调自由转到另一个音调。如果没有这种转调技术，音乐中的浪漫流动就不可能发生（例如瓦格纳）。[34]

15、16世纪还见证了乐器种类的增多，从初步意义上说，管弦乐队开始出现。最重要的首先是从中亚通过伊斯兰世界和拜占庭传入的琴弓，早在10世纪，那里的拉巴巴琴和鲁拉琴就搭配单弦或两弦的琴弓演奏。在欧洲，琴弓首先出现在西班牙和西西里，但是很快向北传播。演奏用琴弓直接从打猎用弓发展而来，拨动弦的声音会很快消失，但是如果加上弓的话，震动的弦音能够持续很长时间。西方音乐发展史上第二件具有决定意义的事是12、13世纪的十字军东征。十字军在中东发现的新乐器迅速传播，尤其是小提琴。它首次出现在11世纪的拜占庭插图画中，它有多种形状——卵形、椭圆形、长方形，而且通常都制有弓腰，这样会更灵活。其他乐器还有三弦琴和吉坦，后者是吉他的原始前身，用一大块木头挖空制造而成。[35]

带弦键盘乐器最初出现在 15 世纪的前半期，它或许发展自一种叫切克的神秘乐器。切克只能从图画中看见，现在没有真实的模型。还有一种称作"莫纳柯蒂斯"（可能是毕达哥拉斯发明的）的早期翼琴和一种早期拨弦古钢琴，这是一种颇大的乐器，后来的小型立式钢琴和小型有键乐器就从中脱胎而来。到 16 世纪，随着人们对半音阶风格的喜爱增长，鲁特琴、六弦琴、维奥尔琴和小提琴变得非常流行。1560 至 1574 年间统治法兰西的查理九世从克莱默那著名的小提琴制造者安德里亚·阿玛蒂那里定制了 38 把提琴，分别是 12 把大提琴、12 把小提琴、6 把中提琴和 8 把低音提琴。 416

在管弦乐器中，管风琴自罗马时代就开始使用，尽管从 10 世纪以后它完全成为教堂乐器。从东方输入的最重要的是肖姆管，源自波斯的唢呐，是一种有指孔和喇叭口的簧乐器。现代双簧管可能是 17 世纪中期一个来自奥特泰尔家族的人发明的，供法兰西宫廷使用。[36] 双簧管被认为是小提琴的补充，它们一起组成低音部。

一些新的音乐形式在 11 世纪以后陆续出现，尤其是情歌小曲、奏鸣曲、新教圣咏、协奏曲、清唱剧和（之前提到的）歌剧。情歌小曲是意大利受过教育阶层的一种主要世俗音乐形式，在约 1530 年达到极盛。它源自意大利的一种抒情诗歌形式，通常是些爱情歌曲，目的是娱乐而不是对心灵感情的严肃评论，由单一乐器伴奏。在阿德里安·维拉尔特的影响下，情歌小曲得到更大的发展，五个声部变得更常见，合唱变得更丰富更感性。随着情歌小曲的成熟，欧洲的音乐领导权也从佛兰德人转移到意大利人，尤其是罗马人和威尼斯人手中，尽管我们不应忽略法兰西人在发明香颂中的贡献，它在别处又称为"法兰西香颂"。香颂非常轻快、活泼，经常包含伤感的"爱情小调"（用爱因斯坦的话），声音常模仿鸟叫、战争场面等，正是在这个基础上发展出了奏鸣曲。情歌小曲和香颂 / 奏鸣曲的伟大倡导者是乔万尼·皮耶路易吉·达·帕莱斯特里纳（1525—1594）和奥兰多·拉苏斯（1532—1594）。帕莱斯特里纳在1571年后是罗马圣彼得教堂的乐队领导人。他创作了94首弥撒曲和140首情歌小曲，不过他主要还是个宗教作曲家，在音乐中创造出超凡脱俗的纯粹；而拉苏斯是情歌小曲和赞美人世之爱的圣歌的大师。对乐器风格和卓越才能的追求最后导致音乐鉴赏家的产生，尤其是对键盘乐器和木管乐器的鉴赏。这里我们看见同绘画一样的发展方向：音乐家作为艺术家而获得应有的尊重。[37]

到该世纪末，法兰西香颂分成两个类型：为管风琴乐器而写的奏鸣曲和为弦乐器而写的合组曲，前者发展为协奏曲（后来又发展为交响乐），后者发展为室内奏鸣曲。协奏曲的最初意义是“一起的独奏”，不区分人声和乐器。实际上，一开始“协奏曲”“交响乐曲”和“奏鸣曲”这几个词可以互换使用。到后来，奏鸣曲用来表示为一种乐器谱写的乐曲，在17世纪最后几十年，协奏曲开始指作为一个整体的没有人声的乐器组合。因此，在管弦乐队这个术语在18世纪中期开始使用之前，有一段时间协奏曲本质上就是我们现在的管弦乐队。在那之后协奏曲在某种意义上代表了它现在的意义，也就是独奏乐器和乐队的标准术语。

发明歌剧的佛罗伦萨人文主义者相信，音乐的首要功能是强化语言的
417 感情效果。这种新的音乐话语一开始被称为“吟诵”，在主要由一些和弦与偶尔为加强戏剧效果而加入的不和谐音组成的音乐背景中朗诵文本。不过从一开始就有了和音结构，与简单的“横排”音乐相对的所谓“竖排”音乐。和音，一种由同时发声的不同音调组成的音乐单位（竖排记谱），成为歌剧的一个重要元素。[38] 这和复调音乐很不同。歌剧也促进了管弦乐队的发展，管弦“乐队”（baná）这个特殊的名字来自乐器组合靠近舞台的事实（在古希腊，乐队位于合唱队站立的地方，在剧场主要的演出区前面）。

第一个伟大的歌剧作家是克劳迪奥·蒙特威尔第（1567—1643）。他

为六弦提琴和小提琴谱写、并于 1607 年在曼图亚上演的歌剧《奥菲欧》，相比佛罗伦萨上演的早期歌剧是一大进步。蒙特威尔第拥有独特的和音天赋，这能让他引进一些大胆的不和谐音，但是他的音乐的主要特色是伟大的表现色彩，相比以前的作品，这是极大的进步。《奥菲欧》如此受欢迎，以致它的全部乐谱立刻被出版，这也是第一次发生这样的事情，也是出版技术的重大突破。一年后，还是在曼图亚，他创作了《阿丽亚娜》，可能比之前更富于戏剧性，和音更多。在创作这部歌剧期间，蒙特威尔第的妻子去世，他陷入绝望之中。最后的作品是《阿丽亚娜的哭诉》，它可能是第一首成为流行歌曲的歌剧咏叹调，“在整个意大利哼唱”。由于蒙特威尔第的成功，歌剧院开始在整个欧洲修建，尽管直到 1637 年歌剧院还都是私人建造，是贵族的专有权利。只有在那之后，在威尼斯，观众才可以买票进入。17 世纪的威尼斯拥有十六家歌剧院，任一晚上都有四家开放。[39]

清唱剧是类似歌剧的圣咏，几乎同时发展起来。它是一种从头至尾都有音乐伴奏的圣剧。虽然以前也尝试过这种形式，但是只有在埃米利奥·卡瓦列里（约 1550—1602）于 1600 年为《灵魂与肉体的再现》配上音乐之后，清唱剧的现代形式才可以说开始了。第一次清唱剧演出是在罗马的圣菲利普·内里祈祷室进行的，这也是清唱剧（字面意思为祈祷剧）得名的原因。在一部清唱剧中，由歌唱者、音乐家和合唱队组成的全班人马都用上，但就是没有“动作”，没有服装，也没有布景效果。[40]

虽然音乐中的故事叙述比绘画中来得稍微晚点，但是它一旦出现，就很快找到了全部表现手段。音乐的世俗化是 16 世纪发生的，它把音乐从宗教陈规中解放出来，新的形式成为叙述不同故事的方法，这些故事可短可长，可严肃可诙谐。这极有可能是音乐史上最大的变化。

委罗内塞在威尼斯接受异端裁判所的审讯和巴尔迪的音乐同好会在

佛罗伦萨聚集的差不多同一时期，伦敦发生了一件同样值得注意的事情。“同时代的人看见了它；外国游客为之惊叹；法因斯·莫里森在写于1617年的《旅行日程》中记下了它：‘在我看来，伦敦比世界任何地方都拥有更多的戏剧，这些演员或说喜剧表演者比世界任何地方的都要优秀。’他们
418 目睹的是伦敦舞台的一种爆发，它体现了各种文学形式的突然繁盛：莎士比亚和马洛的戏剧、多恩和斯宾塞的诗歌，钦定本《圣经》的翻译。”[41]然而，在英国最杰出的是戏剧。

彼得·霍尔说，历史性的时刻是1576年的春天，一个大剧院公司的一名成员詹姆斯·伯比奇在伦敦市郊外的肖尔迪奇为戏剧建立了第一家固定的场所，在此过程中，“一项娱乐变成了一门专业”。在那之后的仅仅二十五年里，新思想发展到顶峰：莎士比亚和马洛你方唱罢我登场，他们的戏剧对演员提出了新的巨大挑战，舞台的主要传统发生了变化和整合。在十多家新剧院大约上演了八百部戏剧，尽管我们不知道有多少已经遗失。我们知道的是，除了莎士比亚和马洛，还有二十位作家每人都写了大约十二种剧本，其中包括托马斯·海伍德、约翰·弗莱彻、托马斯·德克、菲利普·马辛格、亨利·切特尔、詹姆斯·雪利、本·琼森、威廉·哈瑟维、安东尼·芒迪、温特沃斯·史密斯、弗朗西斯·博蒙特。[42]海伍德写道，他“主要参与撰写了”两百二十部戏剧。

戏剧的爆发说明伦敦继佛罗伦萨之后成为当时最成功的资产阶级城市之一。就伦敦而言，与此最相关的是16世纪伟大的探险航行，下一章将讨论。美洲发现的黄金白银极大地增加了欧洲的货币供应，物价的通胀带来廉价劳动力，资本家乐享超额利润。专业阶层也出现了可观增长。进入牛津大学和剑桥大学的学生从1500年的每年四百五十人增加到1642年的每年近一千人，成本从1600年的每年二十英镑上涨到1660年的三十英镑。专门训练律师的律师学院录取的学生在1500至1600年间翻了三倍。

“在 1540 至 1640 年间发生的事情，”理查德·斯通说，“是相对财富从教会和王室……到中产阶级中上层的一次巨大转移。”[43] 这个转变与在佛罗伦萨发生的类似。“到处都是有钱人，”另一记录说道，“这可以从购物、建筑、肉制品、酒宴，尤其是着装方面人们的普遍放纵中看出来。”[44] 这一论述让人想起范·艾克的阿诺菲尼夫妇肖像画。

伦敦的变化是翻天覆地的。随着修道院、小教堂和医院被卖掉，宗教人物消失了。贵族也消失了，取代他们的是商业和手工艺人。法庭纷纷出现，“因为人们更愿意诉诸法律而不是暴力”。圣保罗大教堂现在成为闲聊的主要场所，有点像俱乐部。“伊丽莎白时代的花花公子会习惯性地早上去看看谁在那里，有没有什么重大新闻，什么丑闻，关于最新的书或剧本的有趣评论，或任何适合回家贩卖的新的讽刺短诗或逸闻趣事。”[45] 但是最有名的聚会地点是美人鱼酒馆，它是最好的酒馆，也是伊丽莎白时代伦敦的文学和戏剧中心，是诗人、剧作家和才子聚会的地方，他们每个月的第一个星期五会在那里聚集。最著名的伊丽莎白时代人物都会加入：本·琼森、伊尼哥·琼斯、约翰·多恩、迈克尔·德雷顿、托马斯·坎皮恩、理查德·卡鲁、弗朗西斯·博蒙特、沃尔特·雷利。博蒙特曾经给本·琼森写信，概括了美人鱼酒馆的魅力： 419

> ……在美人鱼酒馆我们看见了
> 多么美妙的事情啊！听见的话
> 这么机智、这么热情洋溢！

一些经济学家，包括梅纳德·凯恩斯，认为英格兰的商业繁荣是导致其剧院出现的主要原因。[46] 1588 年击败西班牙无敌舰队在英格兰人心中激发了一种放任和不敬感：没有什么事情是神圣的，就连女王也频频说脏话，并且“朝她的宠臣吐口水”。[47]

虽然伯比奇迁到肖尔迪奇是英国戏剧复兴（或说诞生）的催化剂，但是它仍旧是从一些中世纪传统发展而来的：英格兰中部和北部的神秘剧、奇迹剧和道德剧；圣诞节十二天里的王室狂欢，它后来发展成假面舞会；还有组织游行的行会和同业公会。即便如此，当莎士比亚成长的时候，伦敦之外没有戏剧，连伦敦也没有职业剧院。亚茅斯在 1538 年有一个游戏屋，埃克塞特自 14 世纪之后有一个类似剧场的地方，上演滑稽剧。但是还没有真正意义上的职业演员，而自从宗教改革之后，就连耶稣受难剧也停止了演出。大学里研究古典戏剧，从 16 世纪 20 年代以后，学校的男孩们开始表演普劳图斯和泰伦斯的喜剧和塞涅卡的悲剧。[48] 后来，学校教师和大学教师会模仿古典戏剧的风格创作自己的戏剧。1550 年左右，伊顿的一位教师创作了韵体打油诗《拉尔夫·罗伊斯特·多伊斯特》。十年后，在剑桥的基督学院上演了一出更有名的戏剧《葛根婆的缝衣针》。不过，这些也都是在莎士比亚出生三年前的事情，由于没有证据表明他上过大学，因此他同这些戏剧之间的联系不会太密切。威斯敏斯特教堂的档案表明，在整个 16 世纪 60 年代，戏剧都是私底下在枢密院演出，由学者表演。同时，王室有两个剧团，每个剧团由八人组成，随着剧院开始讲述人间的故事和个体人物开始出现在舞台，他们也表演娱乐剧，有时是“马戏团性质”的剧目，有时是比较严肃的剧目。[49]

就结构而言，当时伦敦的剧院是两个圆形场所，一个是斗牛场，一个是熊栏。它们都坐落在泰晤士河南岸，有几百年的历史。但是这些熊栏从来没有上演过戏剧，相反，客栈的院子成为自然剧院开始出现的地方（莎士比亚称之为“木头圆圈”），里面用一个脚手架当舞台。虽然很方便，但是也产生了问题。当局害怕瘟疫和叛乱，因为剧院随时都有酒供应。同业公会（依附于某个如莱斯特、牛津、沃里克伯爵的有权势的赞助人的演员公会）的成立就是为了停止流浪演出，因此逐渐把幕间表演引入道德剧中，这些幕间表演在主题性和戏剧内容方面得到发展。因此，当伯比奇建造他的剧院时，以前发展出来的所有能量和趣味全都派上了用场。“曾经的一个封建组织，同业公会，一夜之间成为一个资本主义组织。”[50]剧院从一开始就是一种商业机构，里面的演员多少具有职业性质。

我们应该记住，这些早期戏剧是写来听的，而不是阅读的。尽管如 420
此，阅读大众在伦敦飞速增长。17 世纪早期，伦敦只有 25% 的商人和工匠不会签自己的名字。大约 90% 的妇女是文盲，但她们仍然是剧院观众的生力军，这也是为什么那时的景观比现在还重要的原因，也是为什么当时不存在像今天这样的“高雅”文化和“通俗”文化之间的区别。[51]

到 17 世纪早期，“表演者”这个词被用来指伦敦的剧院演员，体现出相较于“演说家”的一大进步，说明“角色扮演”和“性格描绘”正在发展和深化。虽然演员还未得到完全意义上的尊重，但是全部剧目单（没有哪个剧目会连着两天表演）的确让人注意到演员在快速的连续时间里表演非常不同的角色的能力，那是很容易就能欣赏的多才多艺能力。然而，当约翰·多恩在 1604 至 1605 年间撰写他的《王子宫廷图书馆目录》时，没有包括任何戏剧，因为他并不认为它们是文学作品。

在这种背景下创作出的戏剧包括两个主要成分：那个时代的技巧所能表现的写实主义和感情的即时性（除了其他要素，伦敦剧场还产生了一种萌芽中的新闻要素）。但是也许最重要的因素是剧院反映出正在变化的世界，观众在这里找到了自我。社会形势正在发生变化，旧的规则被打破，个人阅读正在兴起，许多人的购买能力比以前任何时候都要高。

莎士比亚迈入的正是这样一个世界。正如哈罗德·布鲁姆恰如其分地提出的：“莎士比亚的出现是偶然吗？”毕竟，他并不是一开始就是一个像后来那样的卓越天才。正如布鲁姆还指出的，如果莎士比亚在二十九岁时被杀，就像马洛一样，那么他的作品就不会有那么大名气。“在《爱的徒劳》上演之前，马洛的《马耳他的犹太人》《帖木儿大帝》两部和《爱德华二世》，甚至《浮士德博士》片段，都比莎士比亚的作品更伟大。马洛死后五年，莎士比亚就超过了这位先驱和竞争对手，创作出《仲夏夜之梦》《威尼斯商人》和《亨利四世》等伟大的系列剧。在《约翰王》中的福康勃立奇之外又增加了伯顿、夏洛克和福斯塔夫，在《罗密欧与朱丽叶》的默库肖中我们发现了一种新的舞台人物，远远超越了马洛的才能和兴趣……在福斯塔夫这一人物创造之后的十三至十四年里，我们发现了一批同等重要的人物：罗莎琳德、哈姆雷特、奥赛罗、伊阿古、李尔王、埃德蒙、麦克白、克利奥帕特拉、安东尼、科里奥兰纳斯、泰门、伊默琴、普洛斯彼罗、卡利班等。到 1598 年，莎士比亚已经确立了他的地位，而福斯塔夫就是这一确认天使。没有哪个作家具有莎士比亚那样的语言天赋，它在《爱的徒劳》中如此丰富，让我们感到语言已经达到了登峰造极的地步，而且是永远。”[52]

莎士比亚到达伦敦时，还没有任何事业发展计划，除了要成为一个流行作家甚或受雇文人之外，没有其他任何雄心，而且在作为一个作家出名之前他是一个演员。他创作了严肃剧、诙谐剧、适合演员的剧作。他很少注意拼写或语法，经常在需要的时候造出新词。尽管如此，在思想史上，
421 莎士比亚不比任何人逊色，因为他是两个开创性发明的创始人。第一是易变性。莎士比亚的人物，至少是重要人物，能听到自己的不同声音并且表现出变化的能力，当然是心理学和伦理意义上的变化。这是崭新的发明。这在哈姆雷特和李尔王身上有表现，但最突出的是福斯塔夫，他可能是莎士比亚最杰出的创造。第二是莎士比亚的作品“拒绝基督教化”，这也是最容易忽略的，也是与城市化最相关的：他的戏剧活在自己的世界，完全

由戏剧组成的世界，我们不假思索就会接受的世界。在从古代获取灵感这一鲜明的意义上，这些世界不是明确的人文主义的；这些世界也没有尽量利用学术知识（米兰通过水道与大海连接）。“莎士比亚似乎不是一个热情的人（至少他的婚姻不是），他没有什么神学，没有什么形而上学、伦理学，也几乎没有什么政治理论。”相反，他在非常现实的意义上发明了我们现在使用的“自我”。或许最能说明莎士比亚的戏剧是《李尔王》，剧的结尾出现了布鲁姆所说的“宇宙空虚”，剧中的幸存者以及观众都被扔进了这个“宇宙空虚”中。“《李尔王》的最后没有什么超验……李尔王的死亡对他是个解脱，对活下来的人却不是……对我们也不是……自然和国家都受到损害，几近死亡……最重要的是对自然的破坏，以及我们对自身生活中什么是自然的、什么不是自然的认识。”[53] 这是非常不同于以往任何时候的成就。

据说莎士比亚和塞万提斯死于同一天。一个更重要的巧合是，小说，我们现在非常普通的一种文学形式，在西班牙随着《堂吉诃德》的出现而诞生。差不多与此同时，现代戏剧在伦敦出演。在西班牙文学中，从时间上来说，《塞莱斯蒂娜》（又叫《卡里斯托与梅丽贝娅的悲喜剧》）是最早期的作品（1499 年的版本中是个十六幕剧，1526 年版本中是二十二幕）。[54] 故事情节，如果有的话，围绕一个职业媒人塞莱斯蒂娜，她撮合了两个恋人，卡里斯托与梅丽贝娅，但最后因为她而导致两人的死亡和自己的死亡。在《塞莱斯蒂娜》中有大量对下层生活的描写，它帮助建立了西班牙文学中流浪汉小说的传统，其中，《托尔梅斯河边的小癞子》是第一部此类重要作品（一个犯罪家庭及其冒险的故事），以及迄今为止最有魅力的《堂吉诃德》。[55]

同莎士比亚不同，塞万提斯是一个英雄式的人物。他显然是伊拉斯谟的信徒，他的家庭曾经被异端裁判所强迫放弃犹太教。他参加了勒班陀战役，并在战斗中脱颖而出。在战役中，他病痛缠身，先被摩尔人俘虏，后被投入西班牙监狱，历经磨难，《堂吉诃德》可能就是在监狱里酝酿的。小说面世的时间与《李尔王》差不多同时，因此可以说属于纯粹的原创作品，史无前例。故事的中心，也即它的伟大之处，是堂吉诃德和他的贴身侍从桑丘·潘沙之间“有爱的、经常是暴躁的”关系。他们的个性，他们那些无足轻重而又伟大的英勇行为是一种启示和颂扬，让读者心中充满了温馨，正如李尔王的结局让我们感到孤寂和寒凉一样。小说的许多背景都不清楚。塞万提斯告诉我们堂吉诃德是个疯子，却没有告诉我们为什么，也没有给出任何诊断细节。堂吉诃德可能是因为阅读了另一时代的骑士传奇故事而变得疯狂，这些故事激发他开始了实现梦想的不可能的路程，在旅行中经历人生。随着友谊的加深（这种友谊
422 曾被比作彼得和耶稣之间的关系），在整个旅行中，“任何一方没有哪种思想未经审视或批评。通过主要是一种彬彬有礼的反驳方式，冲突最激烈的时候最彬彬有礼，他们建立了一个自由游戏的领域，在这里，思想被自由地释放给读者，供他们思索”。[56] 尽管存在等级差异，在堂吉诃德和他的侍从之间有着一种平等的亲密关系，它既搞笑，又严肃（一些搞笑的插曲纯粹是低俗的闹剧）。堂吉诃德始终对战斗的渴望，他把风磨误认成巨人、把木偶当作真人的奇特能力，桑丘·潘沙对名望而不是财富的希冀（这在今天听起来多么奇怪），他们与非常危险的罪犯和骗子德·帕萨蒙特的会面，所有这些都非常新颖。而中心要点是，堂吉诃德和他的侍从在小说中发生变化，他们在聆听对方的同时也在互相改变。同莎士比亚的发明一样，《堂吉诃德》主要的心理学创造是可变性。同莎士比亚一样，塞万提斯创造了伟大的人物，而且同莎士比亚一样，他大大超越了有学问的人文主义、古典和教会，而达到一种新的境界。“它不是一种哲学，”埃里希·奥尔巴赫在描述这本书的时候说，“它没有说教

目的……它体现了对世界的一种态度，勇敢和沉着扮演了重要角色。”可以这么说，《堂吉诃德》不仅仅是第一部小说，更是一部“公路电影”，这种体裁至今还伴随着我们。[57]

想象力的爆发（以及讲故事和讲故事的技巧）没有单一的原因。但是这些伟大作品开始超越基督教的程度不应该被忽视。毫不夸张地说，想象作品提供了与传统祷告文和《圣经》叙事完全不同的一种形式。423

20

克里斯托弗·哥伦布的精神视野

“直到临终的时候，克里斯托弗·哥伦布仍然坚持认为他到达了他要寻找的‘印度’。他登上了靠近齐潘戈（日本）的岛屿，登上了契丹（中国）的大陆。他接近了马可·波罗所说的蛮子［中国的另一别称］的海岸，距离大汗的领土只有数里格之遥。”[1] 中世纪的一里格是一般的船只行驶一个小时的平均距离，大约在七至十二英里之间。今天我们可能会对哥伦布临终前的错觉报以一笑，但是他对自己看法的坚持与他史诗般的发现之旅一样，向我们揭示了他所处的时代。尤其是，它们表明发现新大陆的这个人属于中世纪，而不是现代。

哥伦布代表了所有的历史力量，无论他有没有意识到这点。首先，他的航行是数世纪以前就开始的一大批航海胜利的高峰。（巴尔托洛梅·德·拉斯·卡萨斯在16世纪对这些航行进行了调查和总结。[2]）有些航行比他的距离更长，也不比他的更安全。在某种程度上，这些发现之旅共同代表了人类最令人惊叹的特点：对知识的好奇。人类在中世纪向未知世界的冒险是我们无法感同身受的，因此从根本上将我们与哥伦布的时代分离开来。虽然对商业利润的追求往往是这些旅行家的一个动机，但是很肯定的是，他们的旅行也代表了最纯粹的对知识的好奇。

正如之前所讨论的，历史上西欧曾经并不在旅行和探险方面处于领先地位。希腊人在公元前 7 世纪发现了大西洋，当时他们将直布罗陀海峡命名为赫拉克勒斯之柱。根据赫卡泰乌斯的说法，世界本质上是一个平的圆盘，中心在特洛伊或后来的伊斯坦布尔附近，地中海通往大洋，大洋完全包围陆地。[3] 公元前 6 世纪后期，意大利南部的一位毕达哥拉斯追随者提出地球是一个球体，在太空中有十个这样的物体围绕着位于中心的火而旋转。这些其他物体包括太阳、月亮、固定的星星（天空）、五个行星和一个反地球。[4] 我们在地球上无法看到位于中心的火和反地球，是因为我们的行星有人居住的一面总是背对着位于中心的火。对许多人来说，地球是平的，这是不言而喻的，但是苏格拉底和柏拉图都接受了毕达哥拉斯派的观点，苏格拉底甚至称地球只是因为巨大所以看上去才是平的。 424

希腊人知道陆地从西班牙向东一直延伸到印度，有传言说在更东方还有陆地。南北方向的陆地就不那么为人所知了，不过亚里士多德认为陆地南北长是东西长的五分之三。更重要的是，他认为亚洲一直向东延伸，环绕整个世界，与赫拉克勒斯之柱只相隔一小片水域。这是一个有着巨大冲击力的思想，几个世纪以后，当哥伦布扬帆起航时，这一思想仍然具有重大意义。[5]

我们所知的第一位伟大的旅行家是生活在马萨利亚（现代的马赛）的皮西亚斯。马萨利亚的居民从那些沿着罗讷河航行并遇见过其他旅行家的船夫口中得知，在北方有大到容纳岛屿的巨大海洋，那里出产贵金属和一种漂亮的棕色树脂，非常有价值，被称为琥珀。但是罗讷河并不通向这片北方的海洋，也没有人知道它到底在多远的地方。然后，在大约公元前 330 年，从西地中海回港的水手报告说赫拉克勒斯之柱这一次没有军队把守。对马萨利亚的商人来说，这是他们等待已久的机会。他们寻找北方海洋的道路畅通了。人们选出皮西亚斯进行这次航行，并配备了一艘一百五十英尺长的船（比哥伦布的船还大）。[6] 他紧靠陆地航行，最终到达了法国北部，然后在寒冷的雨水和雾中，穿过了英格兰和爱尔兰之间的海域，到达了他称为奥卡的群岛（我们今天仍然称之为奥克尼群岛）。接着他穿过设得兰群岛和法罗群岛，到达了一片陆地，在这里，夏天的第一天，太阳二十四小时都在地平线之上。他将这个地方称为图勒，之后的几个世纪，图勒实际上就是这个方向的世界尽头。它可能是冰岛，或挪威、设得兰群岛或法罗群岛。皮西亚斯回程通过丹麦和瑞典，发现了一片通往内陆的宽广海域，波罗的海，开始了对琥珀之地的探寻。他发现了从南流向北的河流（如奥德河与维斯瓦河），并意识到关于北方海洋的消息就是这样传到地中海的。但是当他回到家乡，许多人拒绝相信他的话。之后迦太基人控制了赫拉克勒斯之柱，大西洋又一次被隔绝在外。[7]

在另一个方向上，希腊人也知道波斯之外有一个地方叫印度。他们听说了许多神奇的故事：一个极其显赫的国王能够号令十万头大象参战；据说还有长着狗头的人，狗头上有巨大的蠕虫，能把一头牛或骆驼拖入河里吃掉。[8] 公元前 331 年，亚历山大大帝开始了他的一系列征服，越过波斯，来到阿富汗，一直到达印度河。在这里，他确实遇见了鳄鱼，即传说中巨大的蠕虫。[9] 他沿着印度河往南，直到来到一片大洋，传说中的南方大洋。因此现在这就是个“事实”了，陆地确实如古人所说，被海洋所包围。[10]

学者们开始收集所有这些旅行细节，尤其是在拥有闻名遐迩的图书馆的亚历山大港（见第 8 章）。[11] 其最著名的图书馆长之一厄拉多塞（前 276—前 196）可以被视为世界上第一位数学地理学家，他着手绘制了更精

确的世界地图。他用第 8 章描述的方法，计算出地球的周长略小于 25000 425
英里。这一数字与真实答案相差不远。这还不是厄拉多塞唯一的成就。他还根据气候计算了可居住的陆地，发明了与太阳角度相关的纬度概念，这使得对诸如亚历山大港、马萨利亚、阿斯旺和麦罗埃等城市更精确的定位成为可能，麦罗埃是人们溯尼罗河而上发现的。[12] 大约公元前 140 年，喜帕恰斯在厄拉多塞工作的基础上，将地球周长调整为 25200 英里（252000 斯塔德），这样他就可以将它以 70 英里为一度，正好分为 360 度。这使得他能够在地图上每隔一度画一条纬度，他称之为 klimata，我们今天使用的“气候”（climate）一词就是这样来的。[13]

在罗马时代，知识的进步主要是贸易带来的结果。罗马对丝绸的需求意味着人们发现并扩大了陆上丝绸之路和通往中国的海上路线。情况究竟如何，可以从亚历山大港一个不知名的希腊商人在大约公元 100 年写的航海指南中看出。这本书叫作《厄立特里亚海航行记》，描述了对南至拉夫塔的非洲东海岸（大约 1500 英里）的探索，然后是从红海到印度河的印度洋北岸，之后是到锡兰（斯里兰卡），但再往东去的信息就很模糊了。但是这个不知名的希腊人表明，他是知道恒河和更远方的丝绸之地（即中国）的。正如前文所提到的，人们对这个世界的地理知识的增长许多都是因为丝绸，而且丝绸促进了知识的不断更新。继厄拉多塞之后是 140 年的克劳狄乌斯・托勒密。

虽然托勒密手头的信息比厄拉多塞更多，但不是所有的信息都是准确的，而且他也要为哥伦布航海时带有的一些误解负责。是托勒密发明了经度的观念，虽然当时没有办法计算这些线应该怎么走。他的思想是将世界分成大小相等的正方形，以助于精确定位。除了中国，他的地图中还包含了有关大西洋的信息，谣传大西洋中的幸运岛就在非洲沿岸的某处。[14]

托勒密之后，地理学在基督教极端主义时期陷入低潮，其他思想领域亦是如此。6世纪，一个叫科斯马斯的航海商人兼修士提出地球是一个长方形。他的观点基于《出埃及记》，在书中上帝召唤摩西到西奈山，并向他揭示了许多秘密。上帝指导摩西建造一个圣所，并称圣所应该再现这个世界的形状。对于科斯马斯来说，这暗示了世界的形状像圣所一样。[15] 这后来导致了“基督教地形学”的产生，在这一学说中，地球与天堂在边缘相接，伊甸园在海那边的东方，位于接近天堂的一座“光芒万丈”的岛上。[16] 科斯马斯说，实际上，虽然地球是平的，但是倾斜的，这解释了山的存在以及为什么太阳会在夜晚消失（他说，地球只有四十二英里宽）。他说这也解释了为什么向北流的河比向南流的河流得慢（因为它们往上流）。科斯马斯称地球一定是平的，因为如果地球是圆的，另一边的人们就倒着生活了，这不用说是不可能的。但是他并没有发现，在他的系统下，尼罗河实际上是往上流的。

426 对于早期基督徒，尤其是神父们来说，伊甸园的位置非常重要。根据基督教信仰，既然底格里斯河和幼发拉底河发源于伊甸园，那么这两条河的位置和走向必须与伊甸园位于世界东方尽头这一早期信仰相合。一个解决办法是，认为伊甸园的河流在地下流过一段距离之后才上升到地面。但是这没什么实际帮助，因为这意味着人们无法沿着河流到达伊甸园。[17] 另一个问题是《圣经》中描述的那些怪物般种族的下落，尤其是从北方入侵古代世界的哥革人和玛各人，传说他们还会出现。他们到底在哪里？另一个难题是地球的中心。《诗篇》中的两篇和《以西结书》中两条引文认为耶路撒冷是地球的中心。在许多中世纪地图上，耶路撒冷也被如此描绘。[18] 但是很快耶路撒冷的地球中心地位就难以保持了。

皮西亚斯之后第一位重要的大西洋探险家，也是历史上第一位基督教探险家，是一名被称为航行者圣布伦丹的爱尔兰修士。布伦丹在大约484年出生于特拉利，512年被授予圣职，在他的成长时期，许多爱尔兰渔民被风吹到海上，回来之后讲述了许多关于西方海洋中岛屿的故事。[19] 据我们所知，布伦丹是自发航海的。为了寻找“圣徒的应许之地”，他和十六名修士于约 539 年出发，开始了史诗般的航行。“他的航行故事直到四百年后才被写下来，在此期间，其他修士也在大西洋进行了许多次航行。但是布伦丹名声太大了，其他人的航行也被算到了他的头上……［他和他的同伴］没有指南针，但是他们能识别星象，观察迁徙的鸟类。他们向西航行了五十二天，然后到达了一个岛，在那里登陆。岛上只有一只狗迎接他们，将他们带到了一栋建筑，他们就在里面休息。当他们要离开的时候，一个岛民出现并给了他们食物。他们被风吹得迷失了方向，后来来到了一座有着纯白羊群和满是鱼的溪流的岛。他们决定在岛上过冬，并在一座修道院受到了欢迎。然后他们继续航行，来到了一座光秃秃的小岛，但是在他们煮饭的时候，这座岛震动了。当他们匆匆爬上船的时候，岛沉了。据布伦丹解释说，那是一条鲸鱼。”[20]

在其后的七年间，布伦丹到达了大西洋的许多其他岛屿。有一个长满了白色和紫色鲜花的大力士岛；他们还驶过了漂浮在海上的巨大水晶柱；经过了附近一个岛，岛上的人都是“高大的铁匠”，向他们扔燃烧的熔渣块。（他们认为这是地狱的外沿。）在一次向北的旅行中，他们见到了一座向天空喷射火焰和烟的山。[21] 但是他们哪儿都找不到他们航行的目标，即应许之地。最后，羊岛的长官同意带他们去应许之地。他们花了四十天穿过一堆厚重的雾或云。上岸后，他们在陆地上又探查了四十天，然后来到了一条河，这条河太深了，他们根本无法通过。他们回到船上，穿过云堆，回家去了。

对这些“发现”已经有许多推测。法罗群岛的名字来源于丹麦语的羊。[22] 有着紫色和白色的花的大力士岛似乎是加那利群岛，或可能是西印度群岛。水晶柱只可能是冰山，其附近的大铁匠岛可能是冰岛，而在北方 427

喷射火焰的岛与小小的扬马延岛相符。那应许之地呢？考虑到云堆，那只可能是北美了。无论如何，这个故事被反复传诵，后来应许之地变成了圣布伦丹岛，这后来成了大西洋地图的一个特征，一直到 1650 年，但是其确切位置从未被确定。[23]

在 10 世纪，挪威人有一幅不同的图景。如果你在挪威大陆以西画一条线，你会找到设得兰群岛、法罗群岛、冰岛、格陵兰岛和巴芬岛。冰岛在很早就被发现了，不仅仅被爱尔兰修士发现：挪威人习惯将顽抗者发配到冰岛。一个人如果在去冰岛的路上被风吹离了航线就有可能见到格陵兰岛，大约 986 年，那里开始有人定居。他们饲养牛羊，狩猎海象和北极熊。他们还探索了南方的一些土地，不过对比亚德尼·荷约夫松来说，“探索”这个词就太刻意了。他是一名年轻的冰岛商人，在从格陵兰岛回程的路上被风吹离了航线，穿过浓雾来到了南边。他到达了一片长满绿色森林的丘陵地带，这里与格陵兰岛或冰岛完全不同。比亚德尼回到格陵兰岛之后将他所看到的告诉了别人，激起了他们的兴趣，随后一个叫雷夫·埃里克松的年轻人在 1001 年出发，效仿他的航行。

他首先来到了贫瘠的陆地，他称之为荷鲁兰，意思是平石之地或平板地。再往南去，他重新找到了比亚德尼见到的森林地貌，他称之为马克兰或森林之地。再往南去，他来到了一片长满葡萄或浆果的土地，他称之为文兰，并在那里过冬。其他人效法雷夫，但是他们都发现，被他们称为斯盖林人的当地人非常敌视他们，最终他们要么被杀死，要么被迫回去。不莱梅的亚当写于 1070 年的关于文兰的描述被认为是真实的。1117 年，来自格陵兰岛的教皇使节访问了文兰，这说明有人住在那里，至少持续了一段时间（1960 年，纽芬兰发掘出的建筑与格陵兰岛的很相似，用碳十四法测算其存在时间为 11 世纪）。罗马教廷的记录表明，15 世纪末那里留有关于格陵兰岛的记载。[24]

在另一个方向，亚洲的面貌正在具体化。“关于亚洲，最流行的一种
看法是，在这个广袤大陆的某个地方有一位强大的基督教统治者，叫作祭
司王约翰，人们认为他非常强大，连国王们都要在餐桌上侍奉他。”但是
尽管许多探险家和旅行家进行了多次史诗般的航行，却都从未找到过祭司
王约翰（一些人认为这是一个来源于亚历山大大帝的走了样的传奇）。中
世纪三大旅行见闻记的第一部由柏郎嘉宾所著，他的《蒙古史》开始于
1245 年的复活节。他作为教皇的代表，从里昂出发。他一帆风顺地，甚至
是隆重地前进，直到基辅。他体重超标，骑马不容易。但是从基辅开始，
他发现蒙古人已经建立了一套非常高效的通讯系统，一路上都有驿站，他
们可以一天换五到六次马。[25] 就这样，他经由克里米亚、顿河、伏尔加河、
乌拉尔河、咸海以北，穿过西伯利亚，到达了贝加尔湖以南的哈拉和林，
大汗王庭的所在地。柏郎嘉宾受到了热情接待，大汗接见了他，大汗的母 428
亲送给他一件狐皮大衣，这件大衣在他回去的路上非常有用，因为道路经
常覆盖着厚厚的积雪，他们不得不露宿野外。回去以后，他基于自己的旅
行写成的书大获成功，不过正如作者竭力指出的，他在哪里都没有听人提
到过祭司王约翰。

但是，他的旅行大大增加了人们对东方的了解，《蒙古史》传阅整个欧洲［英语中常与蒙古人联系起来的“游牧部落”（horde）一词来源于突厥语的“斡儿朵”（ordu），意为“帐篷”］。教皇决定派一名传教士到哈拉和林，希望使大汗皈依。被选中的人是鲁不鲁乞，他于 1253 年出发，但是非常失望地发现大汗对皈依根本没有兴趣。[26] 但是，在逗留哈拉和林期间，他看到了不少其他欧洲人，包括一个从巴黎来的金匠、一个从匈牙利被诱拐来的法兰西女人、一个英格兰人、一些俄国人和一些从大马士革和

耶路撒冷来的旅行者。柏郎嘉宾激发了欧洲人对亚洲的兴趣。

对亚洲最感兴趣的是威尼斯，因为威尼斯的商人自古就和阿拉伯 / 穆斯林商人保持着良好关系，而阿拉伯 / 穆斯林商人的货物来自更远的东方。这就是为什么尼科洛·波罗和马费奥·波罗兄弟决定于 1260 年穿越亚洲。第一次旅行非常成功，因为当时的蒙古统治者忽必烈汗对欧洲的兴趣如同兄弟俩对亚洲的兴趣一样大，并将他们作为自己的大使派遣回去。当他们在 1271 年回到东方的时候，带来了尼科洛十七岁的儿子马可。这次旅行成为历史上史诗般伟大的旅行之一。他们沿着旧丝绸之路（五十二天的行程）来到了中国边疆的喀什和叶尔羌。在那里他们穿越沙漠，最终到达了汗八里（现在的北京），大汗的首都已经从哈拉和林迁到了这里。马可·波罗被汗八里所倾倒；他形容这座城市“伟大得超乎头脑的理解……每天有一千多辆装满生丝的四轮马车和驮马进城；大量的金纱和各种各样的丝绸被生产出来”。[27]

和他的父亲一样，马可也是位精明的商人，对市场非常敏感；和他的父亲一样，他也成为大汗的宠臣。在十五年中，他作为使者被派往中国各地和东方国家。[28] 实际上，忽必烈汗和波斯的统治者订立了一项婚约，需要送年轻的新娘到西方去，波罗一家人才得以回家。十四艘船组成的护航队整装待发，波罗一家人也是新娘护卫中的成员。船队离开太平洋海岸（波罗一家人认为这海岸一直延伸，绕过整个地球到达欧洲）的刺桐（今天的厦门），但是他们首先经过了行在，即今天的杭州，那是另一段不可思议的经历：城市周长一百英里，有十个主要市场和一万两千座桥。“每天有四十三堆重达两百四十三磅的胡椒在行在的市场上流通。”[29] 从护航队的水手那里，马可听说了齐潘戈（日本），他被告知齐潘戈距离大陆一千五百英里（实际上日本距离上海六百英里，距离朝鲜两百英里）。当波罗一家人最终回到家乡的时候，他们的朋友们都很震惊，以为他们早就死了。马可写完了他的旅行记述《东方见闻录》之后，一开始没有人相信他，他还被人取了个“百万”的绰号，因为他总习惯于讲大话（实际上比萨的鲁斯蒂谦给他代笔）。但是，波罗一家人已经到达了亚洲的极限，并 429
见到了一片巨大的新海洋。

中世纪第三个伟大的旅行家是阿拉伯人伊本·白图泰。他于 1325 年离开家乡丹吉尔，最初要去麦加朝觐。但是到了那里以后，他决定继续往前走。他沿着非洲东海岸向南，再向北到小亚细亚，之后穿过中亚到达阿富汗和印度。他在印度受到热情接待（作为法官，他受过良好的教育），并在印度居住了七年，然后像他之前的马可·波罗一样，他也被任命为大使，德里苏丹的大使。伊本·白图泰代表苏丹去了中国。一路上他经历了许多冒险，包括被攻击、被抢劫、被留下慢慢等死，但是他在 1346 或 1347 年到达了中国。他在中国的港口城市发现了许多穆斯林，他们对他的到来丝毫不感到惊奇。回家后，他又旅行到了西班牙，然后出发去了西非，远达尼日尔河，在那里他又受到了黑人穆斯林的热情接待。他的旅行成为科尔多瓦和托莱多穆斯林学术中心教授的地理学、天文学和航海学知识的基础。这些传统在哥伦布思想的形成中扮演了重要角色。[30]

因此哥伦布的精神视野至少部分是由早期旅行家的这些经历决定的。旅行是艰巨的，而且通常是危险的，但是人们还是进行了非常漫长的旅行，有关这个世界的知识也广泛传播，引起了像哥伦布这样的人的兴趣。但是，除了前人的航行，还有许多其他因素影响了哥伦布的思想，其中最重要的是基督教的世界地图。哥伦布在 1492 年 10 月 24 日的日记中写到了古巴：“因为我不懂他们的语言，这些岛上的和我带在船上的印度人用手势让我明白，这里是记录有许多奇妙事物的齐潘戈岛。从我看过的地球仪和世界地图来看，它就在这一地区。”[31]

这些世界地图和基督教一起到来，它们就是宗教传播的代理人。例如在《马太福音》中，门徒们被命令向“所有国家”布道，因此，地理被赋予宗教重要性。正如瓦莱丽·弗林特所说，基督教世界地图“在很大程度上不是地理描述而是宗教辩论；不是一种地图而是一种道德”。[32]这些地图选取《圣经》中《启示录》、各福音书、《诗篇》和其他书的段落为主要指导。“主耶和华如此说，”《以西结书》中写道，“这就是耶路撒冷。我曾将他安置在列邦之中、列国都在他的四围。”因此耶路撒冷被安置在世界的地理中心。同样地，东方位于地图的上方，因为这一特殊位置包含了伊甸园，根据《创世记》所说，伊甸园就位于东方，四条河流从其间流出。[33]人类可居住的世界被分为三块大陆，与大洪水三天后上帝将土地“交付”诺亚相对应。[34]这些陆地通常被画成圆形，周围是海洋，主要的内陆水道都呈 T 字形。列奥纳多·达蒂（1360—1425）在
430 他的诗《球体》中首次将它们称为“T-O”地图。[35]需要纳入基督教世界地图的其他东西有来自东方某个地方的三博士、祭司王约翰和那些怪物种族，他们后来很受地图绘制者的欢迎。尤其印度被视为许多怪物的家园。在那里可以找到长着狗头的人、脚往后长的人、眼睛鼻子嘴巴长在胸前的人、有三排牙齿的人。印度也以拥有“一片巨大的胡椒林”而著称。随着时间的推移，制图者也似乎认识到了旅行者的发现。例如，里海再也不是流入北方的大海，而是完全被陆地包围。中国大陆外的岛屿数量也根据马可·波罗的报告增加了。1375 年绘制的所谓加泰罗尼亚地图以尚且过得去的精确度描画了大西洋的岛屿，如马德拉群岛和亚速尔群岛，印度很明显是个半岛，印度洋的一些大岛也在地图上标明了。中国在最东方，标注出了一些城市。

同样具有基督教寓意色彩的是“地区和气候”地图，这些地图传统上把地球分成五大气候区：北方极寒区；南边可居住的温和地带；不可居

住的环赤道中心“酷热区”；还有更南方的两个区，一个温带，一个严寒，与北方两个区相对应。[36] 存在一个不可穿越的酷热区，尤其存在一片极端酷热的海洋，这一概念似乎来源于希腊，后来被基督徒继承。其影响是，它提出北方有一条海路极其寒冷，南方的则极其炎热。这暗示了只能向西进行环球旅行。

15 世纪早期，2 世纪地理学家托勒密的《地理学》重见天日。这本希腊语书由克里索洛拉斯带到西方，并在约 1409 年被雅各布·安吉洛·德·斯卡贝利亚翻译成拉丁语而广泛流传。[37] 这本书由枢机主教纪尧姆·费拉斯特配上地图，所谓的“新地理学”流行开来（不过人们对托勒密所说的亚洲的巨大面积有所怀疑）。[38] 学者的集会，尤其是 1450 年教皇大赦年的集会，鼓励了越来越多的地图采用托勒密的思想。这些地图引发了学者对哥伦布式思维模式的研究兴趣，其影响之一是使地球的尺寸最小化。虽然哥伦布没有采用可算出的最短估算距离，但是塞缪尔·莫里森在他撰写的哥伦布传记中，通过复原一位与哥伦布通信的佛罗伦萨医生保罗·托斯卡内利绘制的图表，表明 15 世纪的地图绘制者已经采纳了马可·波罗的观察记录，即齐潘戈（日本）距离中国海岸大约 1500 至 1600 英里，中间分布许多海岛。照这样计算，波罗所说的刺桐（他回家时从此港口出发）可能位于“今天的加利福尼亚州圣地亚哥偏东”。[39]

瓦莱丽·弗林特对已知的哥伦布所读资料的研究表明，除了意大利语，哥伦布还精通拉丁语、卡斯蒂利亚语和葡萄牙语，他读的书（许多因为做注太多而几乎损坏）分成两大类。正如本章开头所说，他对亚洲和那里奇异的人和财富深深着迷，这些都强化了他将来会找到通往东方的新路径的信念。他还涉猎了统治和管理国家的图书。这是探险家都需要的 431
知识储备：天文学、算术、地理学、几何学、历史和哲学方面的基础知识。[40]哥伦布似乎涉猎并不广泛，但是他读书深入。有五本被这位船长做了密密麻麻注释的书现存于世。包括刊印于15世纪80年代早期的皮埃尔·德·埃利（1350—1420，康布雷主教，后来成为枢机主教）的《世界图景》，这本书称，在世界上的某些地方有长达六个月的白昼，然后是六个月的黑夜。[41]哥伦布在这本书中写了898条评注。第二本书是恩尼亚·席维欧·皮可洛米尼（即庇护二世，1458至1464年任教皇）的《罗马历史地理大全》，这本书中有862条评注。第三本书是多明我会修道士博洛尼亚的皮皮诺写于14世纪早期的《东方的习俗与情况》，书中有366条评注。哥伦布精神视野中的许多东西都可以从这些评注中得到再现。例如，我们可以从哥伦布在这些书中挑选的内容来观察他。他对这些书描绘的宝藏很感兴趣，对气候对人类本性的影响也很感兴趣。例如，他相信生活在太阳升起之处的东方的人天生比其他人更敏捷，“往往更有事业心，更精通占星术”。[42]哥伦布对大自然的异常现象尤其感兴趣。他认为极端的气候会导致人类的变态，尤其是食人行为，他的写作中充满对食人行为的兴趣。在所有怪物种族和神奇人类中，哥伦布对亚马逊人有着持久的兴趣。亚马逊人的社会中，传统的性别角色颠倒了过来，女性才是领导人。[43]他和同时代的许多人一样，认为穿戴丝绸会导致道德沦丧，但是他对中国非常着迷，因为他认为中国与西班牙隔大西洋相望，中国的北部在爱尔兰对面。

当然，可以想象的是，他对航海也很有兴趣，尤其是海上可能会遇到的疾病。治疗肾结石的药物有酒中浸泡的一种海蝎，或是水蛇胆，或是酒中浸泡的海荨麻。也许哥伦布所读的书中最出人意料的是普鲁塔克的《希腊罗马名人传》，这本书1470年才被完整译成拉丁语。[44]除了表现出对历史和历史传记的兴趣，哥伦布似乎也在寻找政府模式，如果他真的发现了新国家的话就会用到这些知识。[45]他注意到了开明和开放的例子，促进市民之间同胞感情的措施，以及可允许公开展示的财富的数量。

以上就是哥伦布的大概背景。但是对他的见识和思想产生影响的还有一系列直接因素，第一个关键人物就是葡萄牙王子恩里克，在历史上他更为人所知的名字是航海家恩里克。恩里克对航海的兴趣据说来自葡萄牙1412年对摩洛哥的战争，葡萄牙胜利以后，恩里克对休达的市场比对其他东西更感兴趣。“在那里，他看到了经由沙漠路线，从南至非洲腹地的廷巴克图、东至红海而来的货物。恩里克回到葡萄牙后想知道，海路是不是比沙漠更好的到达南方和东方的捷径。”他定居在小镇热波赛拉学习地理学、天文学和航海，并接见了停泊在欧洲西南端圣文森特角的船上的水手。[46] 这个地方再好不过了，因为他可以学习地中海和大西洋两地的航海 432
技术传统。[47]

地中海航海家带来了指南针的知识。指南针是中国发明的，因为中国人总是想埋葬的时候朝着最吉利的方向。（鉴于我们在世上活着的时间很短，而躺在地里的时间很长，坟墓被认为比房子这样的东西重要得多。）正确埋葬的方法之一是用一块特殊的板，板上有一个勺子。（用勺子可能是因为它们的形状粗看像天空中确定北极的大熊星座。）随着这一习惯的发展，做神圣勺子的材料越来越珍贵：玉、水晶、天然磁石。人们注意到，虽然所有其他材料都产生不同的结果，天然磁石总是最终指向南方。这就是指南针的基础。指南针大约在公元6世纪被发明，逐渐传到西方。它代替了航海（指穿越开阔海域）的最早方式，即将鸟带上船，每隔一段时间放飞。鸟本能地知道陆地在何方，水手就跟随它们。冰岛就是这样被发现的。[48] 如果没有指南针，大航海时代就不可能到来。

地中海的船只还带来了航海图，图上的路线是根据每天的航行记录绘制的，被称为航位推算法。这些航海图包含大量基于定期贸易活动的“干货”信息。但是大洋航行的要求与此不同，它是逐渐产生的。一个很简单的事实是，海洋太巨大，地球的曲率就成为航海中一个很重要的因素。人们花费了不少时间才意识到这一点并找到解决方法。

“波特兰（portolano）”这个词最初指书面的航行指示，但后来用来指地中海的航海图。这些航海图是手绘的，根据经验标明了主要的海港、地标和介于中间的城镇港口。它们的外观几乎相同，画在一块羊皮纸上，3 到 5 英尺长，1.5 到 2.5 英尺高，海岸线是黑色的，城镇也是黑色的，镇名垂直于海岸线，主要特征用红色标示。除了河流和山脉，内陆的细节很少。[49] 离岸航行的危险处用点或十字标记出来，但是没有标出洋流、深度和急潮流。当时制图者的主要目标是做到距离的准确性，并没有考虑地球的球面性。这在地中海没有引起太大误差，因为地中海是一个相对较小的东西向海洋，所处的纬度范围较小。

然而，在 15 世纪中叶，随着葡萄牙探险家扩大了对西非海岸和大西洋岛屿的认知，对这些地区的航海图的需求增加了。（最早的大西洋航海图制作于 1448 至 1468 年间。）这些新海图的第一个技术创新是引入了一条单独的子午线，通常是通过圣文森特角的那条子午线，从航海图的顶部
433 贯穿到底部，标明了纬度刻度。虽然这是个进步，但问题是波特兰航海指南传统上使用的是磁北而不是真北，而且随着探险活动的进行，这一差别越来越有影响。因此一些航海图加入了第二条子午线，倾斜着画在图上，与中心子午线有一个角度，对应了这一差别。[50]15 世纪晚期和 16 世纪早期的地图显示出那些逐渐进步的发现：例如，印度尼西亚群岛和摩鹿加群岛，即人们长久追寻的香料群岛，被更精确地描绘了出来。

同时包含新旧大陆的最早的世界地图来自西班牙，由比斯开的制图者兼领航员胡安·德·拉·科萨于 1500 年绘制，他曾跟随哥伦布进行第二次航行。图上没有纬度标记，两个半球画的比例也不同。稍后有一张地图

被历史学家称为坎提诺地图，因为这张地图是一个叫坎提诺的人偷运出葡萄牙的，这张地图上显示了基于瓦斯科·达伽马的航海发现记载而绘制的整个西非，一直画到印度西海岸。在这张地图上，安的列斯群岛西北的一条海岸线清楚地标着“亚洲部分”。整张地图的标题是“最近发现的印度地区岛屿航海图”。

但是这一时期最重要的地图是西班牙的《王家标识》，即航海发现的官方记载，最初是在1508年奉王室命令而绘制的，保存在塞维利亚的“贸易馆”，并随着发现的增加而不断更新。[51] 虽然这些地图都没有保存下来，但是迪奥戈·里贝罗根据它们绘制的一些现存于梵蒂冈的地图表明，人们对世界各个部分比例的理解越来越进步。地中海的大小缩小到近似真实的样子，非洲和印度也表现得更加准确了。但还是有一个重大错误：亚洲的东西向长度被大大拉长。人们还是认为亚洲离西班牙西部并不遥远。[52]

受《圣经》启示而绘制的中世纪基督教世界地图以耶路撒冷为中心，东边是陆地上的伊甸园，到15世纪中叶这种地图变得不为人认可。体现思想进化（而不是革命）、可以被称为过渡地图的是毛罗修士在1459年于威尼斯绘制的著名的世界地图。这张地图在风格上是波特兰航海图；耶路撒冷从纬度上看处于中间，但是从经度上看位于西方，因此欧洲和亚洲差不多处于恰当的比例。非洲的部分地区名称是阿拉伯名字，亚洲具有一些最先由马可·波罗描述的特点。非洲和亚洲的南边是一片连绵的大海。那些怪物种族和陆地上的伊甸园不见了。

随着地球上更多的地区被发现，波特兰地图在许多更重要的方面开始无法满足航海者的需要。这也与托勒密《地理学》一书的发现同时发生，这本书试图解决地球的曲率问题，但是同时假定了酷热地区以南有一块广阔的未知领域。现在人们知道根本没有古代意义上的酷热地区，也没有未知领域，至少没有与非洲或亚洲相连的一整块大陆。

第一幅包含美洲的印制地图是1506年由乔万尼·马特奥·康塔里尼绘制的，这张地图表现了地球的曲度，同时将新大陆分三部分展现出来：北部与中国相连，西印度群岛位于距日本不远处，南美洲是南部一块单独
434 （而广袤的）大陆。一年之后，马丁·瓦尔德泽米勒绘制了他著名的世界地图，这张地图由十二张纸组成，画在一块心形的投影图上，题作“基于托勒密的传统与亚美利哥·韦斯普奇和其他人的航行”（这是第一张用美洲这个词来形容新大陆的地图）。这张地图显示旧大陆横跨230°的经度，但是瓦尔德泽米勒后来抛弃了托勒密，绘制了亚洲比例近乎准确的地图。[53]

但是托勒密的影响还在继续，随着人们对地球曲率越来越了解，他为那些希望提高航海技术的人提供了灵感。第一个探索这一问题的是佩德罗·努涅斯，一位葡萄牙数学家和宇宙学家。虽然他从未实际投影出一张图，但是其他人做到了，尤其是佛兰德人格哈德·克莱默，即墨卡托。墨卡托是一位土地测量员、雕刻师、数学和天文工具制造者、地图制图员。他是那个时代最富学识的地理学家（他编辑了托勒密和其他人的著作），但是令他声名鹊起的是他绘制的世界地图。他绘制的地图很大，由二十四张纸组成。[54]地图按照他的新投影绘制，虽然他的投影方法后来被修改了很多次，但仍以他的名字命名。这张地图的基本原理是画成平行直线的纬度和经度组成的格网。但是墨卡托按照纬线离两极的距离渐进地增加了每一纬度的长度，越靠近两极，每一纬度的长度更长，而且这种渐进的增加与子午线在曲面上的汇聚比例相同，这样就克服了地球曲率的影响。用当时的话说，他的地图拥有“增长的纬线”。这样就保留了两地之间正确的角度关系，也意味着航海家能够在航海图上将路线画成直线。墨卡托投影在某种程度上是一个理论上的突破，它虽然给航海带来了稳定性，但没有相应地提高使用墨卡托投影的地图的质量。在海上仍然不可能测量经度，

最重要的是，整个 16 世纪，探索世界的水手和探险家都不知道怎样将他们的发现画在航海图上。墨卡托地图犯了一个约翰·诺贝尔·维尔福特所说的奇怪错误：希腊人概念中的一片广大的南方大陆，即澳大利斯地，覆盖了南极，并向北延伸到南美洲和南非。[55]

以上这些都不容易，因为一旦在海上，计时就非常困难和麻烦。船上通常实行两班制度，每班四小时。时间的流逝用沙漏记录，沙漏每半个小时翻转一次，以值班水手的吆喝为标记。（这些沙漏通常由威尼斯生产，非常脆弱易碎，船上会携带许多个备用，麦哲伦的船上就带了十八个以防万一。）正午是由罗经刻度盘确定的，刻度盘的阴影会变短，然后变长。[56]

掌舵也是个问题，至少在 18 世纪之前是。一个长长的舵柄被榫接在船舵上。舵手通常看不见船前进的方向，航线由值班驾驶员大声传话给他。船舵在顺浪甚至横浪中都几乎没什么用，遇到暴风雨的话，可能需要多达十四个人来稳住舵柄。17 世纪出现了垂直船舵，这是一根支点位于后甲板的长杠杆，通过一个环与舵柄相连。这使得舵手可以观察船帆，使它
发挥额外的杠杆作用，但是在恶劣天气里它仍然不是那么理想。最终在船 435
舵顶部安装了一个轭，绳子穿过一系列滑轮连接到后甲板的一个卧式滚筒上，这个滚筒可以由轮子带着转动。但是舵轮一直要到 18 世纪才出现。[57]

除了指南针（据传欧洲最初使用指南针是在阿马尔菲），还有测深锤。通过使用深海测深锤，船员们可以提早发现陆地。人们知道在欧洲外围海洋深度达一百英寻（六百英尺），然后深度陡然增加。船员们认识到，例如在葡萄牙外围，大陆架延伸大约二十英里；而在更北方，例如不列颠，大陆架延伸约一百英里。测深锤重约十四磅，系在两百英寻长的线上，线上二十英寻处和其他每隔十英寻处用绳结做有标记。在熟悉的海岸，水深测量还有助于定位，船员们学会了记住海底的走向形状。有时候测深锤是中空的，带上来的岩屑还能帮助有见识的船长看出他们的位置。[58] 其他的

帮助包括《航海指南》，一本写成于13世纪末、内容覆盖整个地中海和黑海的综合领航书。这些种类的书要在很久以后才在北方使用，在那里它们被称为“航迹图”。到16世纪，这些书提供了水深的详细记录。[59]

随着船冒险进入外海，领航术被真正的导航术取代，但是早期的一个问题是没有办法测量速度。最早的方法是将一块木头系在绳子上，绳子上每间隔一段有绳结。当放开“圆木”，所有绳结在船尾上方完全显现的速度被用沙漏记录下来。这不是非常精确，许多水手，包括哥伦布，常常高估了他们的速度。人们对洋流的无知也使得计算无法降低难度，但是从13世纪末开始有了一些表格，这些表格能够让航海家算出当他们在顺风的时候逆风调向会对他们的位置有怎样的影响。对速度的初步认识能通过航位推算法来帮助航行，但是如果不了解洋流和潮汐，一趟航行的距离越长，误差也就会越大。唯一的另一种方法是航海的时候观察天空。在夜空中最耀眼的是北极星，北极星在地平面以上的高度会随着人们往南航行而降低。这里就要用到四分仪来读出纬度。在哥伦布的时代，纬度的一度测算约合50英里，这是一个相当大的误差，可以追溯到托勒密。北纬9°往南，北极星就完全消失在视野中，但是可以用到与北极星的角度距离已知的其他星辰。北极星的消失当然证明了（对于那些不接受其他证据的人来说）地球是圆的。

最后一个因素是，随着航行的时候观察天空和纬度航法的采用，真北和磁北间的差距变得越来越重要，需要航行者将他的航线与真北，而不是磁北联系起来。最初人们认为两者间的差距是不变的、系统性的（有一条不存在差距的子午线通过亚速尔群岛）。然而随着时间的推移，人们在世界性大洋（印度洋和大西洋）中的经验表明，情况要复杂得多。只有把整个16世纪海员的经验综合起来才最终使情况明晰，而这也需要用上记载在年鉴中的地方信息。经度仍然是个更棘手的问题，因为它与速度和时间紧密相连。问题是，因为地球是个曲面，经度间的距离大小不一：在南北极为零；在赤道，它近似纬度一度的长度。如果一个人知道他所在的纬度，那么他理论上可以算出经度的一度，但是这只有在可以精确测量速度的时候才有用，而且需要精确的计时。正如 J.H. 帕里所说，整个 15 世纪和 16 世纪的大部分时期，外海航行基本上就是“通过观测纬度来核查和补充”航位推算法。[60]

在 15 世纪中叶约短短二十年的时间里，航运业发生了一次重大革命。[61]这就是装有大三角帆的地中海船与装有横帆的北欧—大西洋船的结合。“这一结合诞生了基本的三桅帆船，即文艺复兴和后来大航海（时代）所有横帆船的直系祖先。”[62]

地中海的主要战船是桨帆船，直到 17 世纪它还是地中海海军的组成部分。[63]它的主要缺点是需要大量人力，这使其不适合外海的长距离航行。地中海航海术的另一个理念来自阿拉伯人，即大三角帆。大三角帆是阿拉伯船上唯一的帆型，大体上呈三角形，系在一根前倾的桅杆和长帆桁上。无论是不是阿拉伯人发明了大三角帆，它都在印度洋和地中海的阿拉伯人中得到广泛使用。大三角帆的形状最大限度地利用了风向，而且作为帆的一种，它可以多面转动，使船只更加灵活机动。[64]

欧洲北部大西洋沿岸国家的另一个传统产生了更结实、更敦实、浮力更大的船只，船上只有一块巨大的方形帆。这些船被称为柯克船，比较笨重，行动缓慢，至少开始的时候是这样，但是船的容量大，而且需要的人力要少得多。人们计算过，大三角帆船上需要五十个人做的工作，北方的横帆柯克船上只需要二十个人就能做到。

15 世纪的船使用两种帆，横帆在船头，大三角帆在船尾。还有龙骨形状和上层建筑方面的变化，但是后来证明帆和人力的要求是世界性大发现中最重要的因素。这种“结合”的两个最重要的形式是克拉克帆船和卡拉维尔帆船。克拉克帆船按当时的标准来看十分巨大，有六百甚至一千吨。卡拉维尔帆船要小得多，六十或七十吨，也快得多。后者装有大三角帆，探索河口和岛屿更加方便，而且它们虽然小，但非常安全。哥伦布在第一次航行的时候带了两艘卡拉维尔帆船，其中一艘“尼尼亚”号就装有大三角帆。它从来没有出过问题，在第二次航行中也起了作用。

除了帮助整理文学家、航海家和地理学家的工作，航海家恩里克和他的兄弟佩德罗王子还让王室贵族指挥船只，指示他们完成更远大的目标，要求航线要更长，报告更加详尽，更努力地让探险队尽可能快地到
437 达尽可能远的地方。在恩里克的赞助下，葡萄牙船队于 1434 年绕过博哈多尔角，1442 年绕过布朗库角，1444 年绕过塞内加尔河口。同年到达了佛得角，两年后到达了冈比亚河口。塞拉利昂于 1460 年被发现。人们发现这些沿海地区生活着穆斯林和赤身裸体的异教徒，还有出售鸵鸟蛋和狒狒皮的市场。探险家见到了大象、河马和猴子。贝宁出产奴隶和味道很浓的胡椒。

1460 年恩里克的去世使探险暂时中断，不过另一个原因是人们到达塞拉利昂的时候，北极星在天空中的位置太低了，水手们担心北极星完全消失之后他们无法航行。但是在 1469 年，王室将几内亚租给了一个叫费尔南·麦哲伦的人，他在五年租期内着手每年探索海岸线的一百里格。在那五年中，葡萄牙人到达了位于南纬 2° 的圣凯瑟琳角（在今天的加蓬）。从某种程度上来说，这些发现是令人失望的，因为它们表明非洲比许多人预期的往南延伸得更远，这意味着通往印度的捷径越来越不现实。但是国王若昂二世没有退却，他赞助了一系列探险队沿非洲海岸向南探索。巴尔托洛梅乌·迪亚士在 1487 年从里斯本出发，到达了南纬 40°（好望角在南纬

34°)，然后向东，然后向北航行，在位于今天的开普敦和伊丽莎白港之间的莫塞尔港登陆。他已经到达了好望角，但是没有看见它。疲惫的船员担心供给不足，劝说他返航。在回程的路上，迪亚士看见了好望角，虽然没有确认，但他猜测自己已经发现了通往印度的道路。他于1488年12月回到里斯本。他将这个海角称为风暴角，但是传说是国王将这个名字改为好望角。[65]

瓦斯科·达伽马史诗般的航行要到1497年7月才从里斯本开始，差不多是迪亚士归来的八年之后。J.H. 帕里认为在中间的这几年间，葡萄牙人在南大西洋肯定进行了许多次航行，只不过其记载已经丢失，而达伽马的探险利用了这些航行积累的知识。帕里坚持这么认为是因为达伽马的探险队在大西洋上航行了十三个星期没有看到陆地，这是“欧洲航海家到那时为止进行的最长时间的航行”。[66] 达伽马绕过了好望角，在莫塞尔港由他带来的补给船进行了补给，然后向北挺进。他将圣诞节时经过的海岸命名为纳塔尔，最终到达了莫桑比克和受穆斯林影响的地区。在蒙巴萨，他被迫用火炮驱除登船者，但是在大约南纬3°的现今肯尼亚海岸的马林迪，他受到了较好的接待。非常幸运的是，达伽马获得了当时最著名的阿拉伯航海家艾哈迈德·伊本·马吉德的帮助，马吉德还是名为《马赫特》的航迹图集和航海指南书的作者，他带领葡萄牙人穿过印度洋，于1498年5月到达卡利卡特。无论达伽马到达东方的哪里，他都非常失望地发现穆斯林已经捷足先登。另外，他发现他携带的商品（在非洲西海岸很受欢迎的布匹和金属器件）在东方根本不合时宜。他费了好大的力气才装了一船的胡椒和肉桂运回国。回程的时候，他在印度洋遭遇了猛烈的风暴，但是到了大西洋就一切顺利，并于1499年9月回到里斯本。他连续航海三百天，
损失了一半以上的船员。贝伦区的热罗尼莫教堂和修道院就是为纪念他而 438
修建的。[67]

哥伦布是热那亚一名织布工的儿子，他在葡萄牙人的船上最远到过几内亚，但是与其说他是个职业海员，不如说他是个“极其有说服力的地理学理论家”。[68] 1492 年批准他航行的协议中规定，他要去“发现并获得海洋中岛屿和大陆的领属权”。当时还没有人经过好望角到达印度，这份协议的意思指的就应该是日本和中国。这样的期望绝不是不同寻常的：人们已经知道地球是圆的，但没想到有大陆分布在欧洲和亚洲之间。哥伦布最初在 1484 年向葡萄牙王室提出航海建议，被拒绝了。法兰西和英格兰也拒绝了他。他又第二次找到葡萄牙王室，1488 年这一次他有可能成功，但是迪亚士恰好胜利归来，吸引了所有人的精力和关注。因此哥伦布转向了卡斯蒂利亚王国。在这里，他最终成功赢得了王室和富人的支持。他于 1492 年 8 月从帕洛斯向“阴影之海”起航。[69]

现代学者认为哥伦布不是一个非常先进的航海家，但是他细心谨慎。他的路线位于加那利群岛（北纬 27°）正西方，不过他后来的航行要偏南，那里的风更加可靠。但是他的第一次航行很幸运，经过 33 天只能看见海草和鸟的航行之后，他看见了巴哈马的外围岩礁（圣萨尔瓦多，位于北纬 24°）。毫无疑问，哥伦布认为这些岩礁是一个群岛的外围岛屿，而日本就在这个群岛中。（这也正是马丁·倍海姆 1492 年发明的地球仪所描绘的。）这是马可·波罗的错误（亚洲的东西范围）和托勒密对地球大小的低估（比实际大小低估了 25%）的综合作用所致，马可·波罗认为日本距离中国 1500 至 1600 英里。所以哥伦布认为欧洲距离日本大约 3000 英里，而实际上有 10600 海里。

因此下一步是找到日本。哥伦布继续前进，发现了古巴和伊斯帕尼奥拉岛（今天的海地和多米尼加共和国）。后者出产少量沙金，而金鼻塞和金手镯是通过以货易货方式从“当地人”手中换来的。由于搁浅损失了旗舰之后，哥伦布决定返航，他将一些人留了下来，吩咐他们建立基地，寻找金矿。在这次回程的路上，哥伦布发现他需要再往北航行，在靠近百慕大纬度（北纬 32°）的地方寻找西风。在靠近欧洲的时候，哥伦布遭遇了强风暴，最终被迫在里斯本港寻求庇护。葡萄牙人审问了他，但是对他的故事有所怀疑，因为他们曾经遇到过夸大其词的意大利人。[70] 但是为了以防万一，他们还是宣称有权拥有他的发现。

西班牙人同样谨慎。他们让他尽快进行第二次航行，为了抢在葡萄牙人前面，他们向教皇寻求定居和航海垄断的认可。因为当时的教皇就是西 439
班牙人，获得他的支持并不困难。在开始于 1493 年 9 月的第二次航行中，哥伦布发现了多米尼加、维尔京群岛、波多黎各和牙买加。1498 年的第三次航行没有志愿者参加。相反，参加的人都是被迫的，或是监狱里释放的犯人。这次他向南走得更远，发现了特立尼达岛和奥里诺科河口。这条河比欧洲人已知的任何河流都大得多，它携带的淡水量表明它所处的大陆是多么巨大。他没有太认真地考虑到，这里太靠南了，不可能是亚洲的一部分。然后哥伦布往回向北走，但是在伊斯帕尼奥拉岛，他发现他留在那里的人公开叛乱了。哥伦布作为一个管理者远没有他作为一个探险家优秀，后来他戴着镣铐被遣回。1502 年他又得以进行一次航行，在洪都拉斯和哥斯达黎加发现了大陆。他死于 1506 年。[71]

到那时候，人们开始意识到，被发现的许多岛屿并不是更遥远的靠近中国的群岛的一部分。奥里诺科河的发现是中国和欧洲之间存在一整个大陆的第一个迹象。早在 1494 年，彼得·马特就写道："当论及这个新国家时，人们必然谈到一个新大陆，如此遥远，如此缺乏文明和宗教。"[72]

此后，英格兰人和葡萄牙人会发现北美洲（没有丝绸或香料），渐渐地，南美洲的广袤也被揭开面纱。随着在委内瑞拉发现珍珠，在巴西红木中发现一种珍贵的红色染料，在纽芬兰发现鳕鱼，对东方的兴趣开始减退。最终，在 1519 年 9 月，麦哲伦从塞维利亚带着五艘船组成的船队起航，船上满载葡萄牙人发现在东方贸易中有用的商品。和哥伦布一样的是，他也是个外国人，手下指挥着一群麻烦的西班牙人。[73] 在巴塔哥尼亚发生暴动后，麦哲伦不得不绞死暴动的带头人，又在以他的名字命名的海峡损失了两艘船之后，他到达了太平洋。穿越这片广阔海域的旅程似乎永远没有尽头，船员陷入吃老鼠和生皮革的境地。他们在菲律宾的宿务岛登陆，在那里卷入了当地的战争。包括麦哲伦在内的四十个人被杀死。

麦哲伦和哥伦布、达伽马一起荣膺最伟大的探险家，但是我们不应该忘记，麦哲伦的旅程在他到达环球航行的一半时就结束了。环球航行是由塞巴斯蒂安·德尔·卡诺完成的。他避开葡萄牙军舰，穿越印度洋，绕过好望角，回到了西班牙，出发时候的五艘船最终只剩下一艘船“维多利亚”号，船员只剩十五个人。这可能是古往今来最伟大的一次航行。它改
440 变了人们思考世界的方式。

图书在版编目（CIP）数据

思想史：从火到弗洛伊德/（英）彼得·沃森（Peter Watson）著；胡翠娥译．—南京：译林出版社，2018.1（2024.2重印）
书名原文：Ideas: A History from Fire to Freud
ISBN 978-7-5447-7063-7

Ⅰ.①思… Ⅱ.①彼… ②胡… Ⅲ.①思想史－世界 Ⅳ.①B1

中国版本图书馆CIP数据核字（2017）第231412号

著作权合同登记号 图字：10-2012-39号

思想史：从火到弗洛伊德 ［英国］彼得·沃森／著 胡翠娥／译

责任编辑 陶泽慧
装帧设计 水玉银文化
校　　对 孙玉兰
责任印制 单　莉

原文出版 Orion，2005
出版发行 译林出版社
地　　址 南京市湖南路1号A楼
邮　　箱 yilin@yilin.com
网　　址 www.yilin.com
市场热线 025-86633278
排　　版 南京展望文化发展有限公司
印　　刷 南京爱德印刷有限公司
开　　本 718毫米×1000毫米 1/16
印　　张 79.75
插　　页 8
版　　次 2018年1月第1版
印　　次 2024年2月第18次印刷
书　　号 ISBN 978-7-5447-7063-7
定　　价 248.00元

思想史

Peter Watson

IDEAS

A History from Fire to Freud

从火到弗洛伊德

下

[英国] 彼得·沃森——著　胡翠娥——译

译林出版社

21

印第安人的心灵：新大陆的思想

从很多方面来说，1492 年既是一个开始，也是一个结束。如果我们承认，在 1.8 万年前到 1.2 万年前之间的某个时间，早期人类曾经横跨西伯利亚、经过白令海峡进入美洲，那么从那时起到 15 世纪末代表了一次独一无二的自然实验。在这次实验中，两群人类在两片辽阔的大陆（我们所说的旧大陆和新大陆）互相隔绝，同时发展，却完全没有意识到对方的存在。这种状态，尽管与一个完美设计的实验相比具有很多缺陷，但是仍应告诉我们许多：哪些可归因于固有的人类本性，哪些可归因于自然环境？思想也是如此：哪些思想是旧大陆和新大陆共同分享的，哪些思想是各自独有的？为什么如此？

同样重要的还有这样一个问题：为什么是欧洲人发现了美洲，而不是相反？比如说为什么印加人没有从西边穿过大西洋到达东岸，征服摩洛哥人和葡萄牙人？加州大学洛杉矶分校医学院的生理学教授贾雷德·戴蒙德最近对这一问题做了深入的研究，他同时也是一个在新几内亚工作过的人类学家。他撰写的《枪炮、病菌与钢铁》获得1998年罗纳—普朗克科学图书奖。在对证据的全面研究之后，戴蒙德发现答案就在地球的整体形态上，尤其是各大陆在地球表面的分布方式。简而言之，美洲大陆和非洲大陆的主轴是南北分布，而欧亚大陆是东西分布。其意义在于，动物驯养和植物栽培更易于沿东西方向传播，更难沿南北方向传播，因为相同的纬度意味着相近的地理和气候条件，例如平均气温、降雨量和日照时间。南北传播比较困难，戴蒙德认为，这一简单的事实阻碍了动物驯养和植物栽培的南北传播。因此，牛、绵羊、山羊等牲畜的散布在欧亚大陆比在非洲或美洲大陆要容易得多，也更彻底。他认为，这样欧亚大陆农业的传播意味着更大的人口密度，与非洲和美洲大陆正好相反，它进一步产生了两个后果。首先，不同社会之间的竞争加剧了新的文化实践活动的演进，尤其是
441 武器的发展，它对征服美洲至关重要。第二个后果是来自动物（主要是驯养动物）的疾病的演化。这些疾病只能在相对较多的人口中生存，当它们被引入像印加人或阿兹特克人等没有发展出相应免疫系统的民族时，疾病摧毁了他们。戴蒙德说，整个世界的发展模式由此而确立。尤其是，从演化意义上，与世界其他地方相比，“领先600万年”的非洲没有进一步发展，因为它三面都濒临浩瀚的海洋，北面是沙漠，而且沿南北走向可以驯化的动植物种类稀少。[1]

美洲大陆也是如此。除了白令海峡，美洲大陆也是四面环海，可供驯化的动植物很少。美洲大陆只有一小部分地区是地中海气候，意味着一年生植物的种类更少，而且其南北走向导致其农业活动传播较慢。例如欧亚大陆有33种大籽草，而美洲大陆只有11种。在已经被驯化的动物中，欧亚大陆有13种（在总共72种哺乳动物中），而美洲大陆只有2种（在24种哺乳动物中）。结果，新大陆“落在”后面。书写于公元前3000年在美索不达米亚被发明，而在中部美洲直到公元前600年才出现。陶器于公元

前 8000 年左右在中东肥沃新月地带和中国就已经出现，而在中部美洲直到公元前 1250 年才出现。酋长制在公元前 5500 年左右在肥沃新月地带出现，而在中部美洲直到公元前 1000 年才出现。[2]

戴蒙德的观点，尽管被指责为纯属猜想（它毫无疑问是猜想），但是如果被接受的话，它确实在某种意义上解答了人类思想的一个领域，它表明为什么不同的民族在公元 1500 年前发展出不同的文明阶段。

美洲的发现对欧洲人来说具有重要的思想意义，因为新大陆和新的民族对地理、历史、神学，甚至人性的传统观点提出了挑战。[3] 美洲成为欧洲需要的商品供应来源，它也因此具有经济和政治重要性。巴黎的律师艾蒂安·帕基耶在 16 世纪 60 年代初期写道："我们的古典作家不知道这个美洲，也就是我们所说的新大陆的存在，这真是个令人震惊的事实。"[4] "这个美洲"不仅超出了欧洲人的经验范围，而且超出了他们的想象范围。非洲和亚洲虽然对大多数人是遥远、陌生的，但是总还知道它们的存在。而美洲完全出乎意料，这也解释了为什么欧洲对这一消息的适应是如此之慢。

适应是个关键词。一开始，正如约翰·艾略特提醒我们的，哥伦布的登陆激发了人们的兴奋激动之情。"振奋精神……听一听新发现吧！"意大利人文主义学者彼得·马特在 1493 年 9 月 13 日给格拉纳达大主教的信中这样写道。他报道说，克里斯托弗·哥伦布"已经平安归来。他说他发现了非常奇特的事情，他还带回黄金，作为那些地方有金矿的证明"。[5] 马特接着解释说，哥伦布发现那里的人"是温和的野蛮人"，"他们赤裸行走，满足于自然给予他们的一切。他们有自己的王，彼此用棍棒和弓箭打斗。虽然赤裸，他们也为权力而争斗，也结婚。他们崇拜天体，不过其宗 442
教信仰的性质还不能确定"。[6]

这封信在1493年印刷了九版，到那个世纪末达到了二十版，这一事实多少说明了哥伦布大发现的初期影响。[7]法国人路易·勒·鲁瓦写道："除印刷机和新大陆大发现外，不要相信还有任何其他更值得骄傲的事情。我一直认为这两样不仅可以与古代相媲美，而且可以不朽。"[8] 1552年，弗朗西斯科·洛佩斯·德·戈马拉（他不总是一个可靠的史学家）在其《西印度群岛历史总论》中就1492年事件做出了最著名的裁定："自从创世以来最伟大的事件（不包括道成肉身以及基督的死亡）是西印度群岛的大发现。"[9]

然而约翰·艾略特正确地警告我们还有另一方面。许多16世纪的作家在看待哥伦布大发现事件上缺乏一个正确的历史视角。例如，当哥伦布在巴利亚多利德去世时，该城编年史没有提到他的死亡。[10]哥伦布是逐渐成为英雄的。他去世一百年后才出现了一些关于他的意大利诗，到1614年他才成为一部西班牙戏剧的主要人物，这就是洛佩·德·维加的《克里斯托弗·哥伦布发现的新大陆》。[11]

刚开始，对新大陆的兴趣集中在可能会在那里发现黄金以及可能皈依基督教信仰的众多灵魂上。然而，整体而言，读者对土耳其人和亚洲更感兴趣。[12]晚至16世纪的最后二十或三十年，世界仍然被认为是斯特拉波和托勒密的古典宇宙学确立的形态。（哥伦布似乎是用了埃涅阿斯·西尔维乌斯在15世纪80年代出版的一个版本。[13]）在某些意义上，文艺复兴本身负有责任：由于人文主义者的努力，人们更推崇古代而不是新事物。[14]

第一批到新大陆旅行的人包括士兵、教士、商人和受过法律训练的官员，观察所看见的事物成为他们的任务。后果之一是，他们对当地土著的描写极尽详细，而忽略了美洲的地形地貌。[15]当哥伦布本人一开始看见当地土著时，有点失望地发现他们一点也不"可怕，长相也不异常"。[16]他注意到他们是多么"简陋"。[17]同时，他们既不是黑人也不是摩尔人，这两种人是基督教世界最熟悉的人种。那么美洲土著在《圣经》记录中占据什么样的位置呢？[18] 也许新大陆就是伊甸园或天堂？早期的记载都集中描写土著人的纯真、简朴、生殖力强和数量众多，他们赤裸着身子四处行走，没有丝毫的羞耻感。[19] 这种观点对宗教人物和人文主义者尤其具有吸引力。由于对欧洲教会的现状感到愤怒和绝望，基督徒们看见了在新大陆重新创立原始使徒教会的机会，这块大陆没有受到欧洲文明邪恶的污染。

1607 年，格雷戈里奥·加西亚，一个西班牙多明我会修士，出版了广泛调查美洲印第安人起源理论的报告。16 世纪的欧洲人相信“一个设
计好的世界”，美洲一定是其中的组成部分。但是还有很多地方有待解释。 443
加西亚认为人类关于“既定事实”的知识来自四种来源之一。《圣经》所揭示的神圣信仰和通过原因解释现象的科学是两种永远正确的来源。因为《圣经》中没有提到美洲印第安人，因此他们的起源才成为一个问题，“而且这个问题出现得太新，没有留给人们收集任何具有说服力的证据的时间”。[20]

即使把新大陆纳入《圣经》揭示的历史图景是所有问题中最棘手的，探险家和传教士还是发现，如果要继续传播福音，就必须对当地人的习惯和传统做适当的了解。由此而开始了他们对印第安人历史、土地所有制和继承法的详尽调查，在某种意义上这是应用人类学的开端。[21] 早期传教士坚信人性本善，认定土著人的心灵“简朴、温顺、容易受伤、善良”，或用巴尔托洛梅·德·拉斯·卡萨斯的话，是空白的石板，“真正的信仰很容易就能在上面铭刻”。[22] 传教士将会感到失望。在《新西班牙的西印度历史》（1581）一书中，多明我会修士迭戈·杜兰认为，印第安人的心灵无法被改变或被纠正，“除非我们对他们实践的所有宗教信仰有所了解……因此那些只有热情却不够审慎的人犯了极大的错误，他们烧毁、破坏了印第安

人的历史文献。这让我们对他们一无所知，任凭他们在我们眼前表演偶像崇拜”。这种观点为16世纪后期教士们对印第安人被征服前的历史、宗教和社会的详尽调查提供了正当的理由。[23] 西班牙王室积极参与其中，发明了问卷调查方法，通过这种新的治理工具炮轰他们安排在西印度群岛的官僚。[24] 其中最著名的问卷调查作于16世纪70年代，应西印度顾问委员会主席胡安·德·奥万多的要求而作。此时正逢知识的各个领域开始出现分类的要求，对美洲的知识也成为这一潮流的一部分。[25] 1565年，来自塞维利亚的尼古拉斯·蒙纳德斯医生撰写了著名的关于美洲药草研究的著作，1577年由约翰·弗兰普顿译成英语，书名为《来自新大陆的喜讯》。[26] 1571年，腓力二世派遣了一支由西班牙博物学家和医生弗朗西斯科·埃尔南德斯率领的探险队前往美洲，系统地收集植物标本（同时也对印第安人皈依的可能性进行评估）。[27] 同一年，西班牙王室设立了一个新的职位，名为“西印度宇宙志学者和官方编年史家”，当然这一举措的背后除了科学目的也有政治动机。其政治动机是提供一个西班牙在新大陆成就的详细记录，以缓和国外的批评。同时王室也感觉到，科学知识对消除西印度顾问们对自己管辖领土普遍存在的无知是必要的。[28]

但是直到1590年，即哥伦布发现新大陆整整一个世纪后，由于何塞·德·阿科斯塔的《西印度自然和道德历史》西班牙语本的出版，把新大陆纳入旧大陆图景的思想才最终尘埃落定。[29] 这一综合过程本身代表了一个世纪的思想转型的最伟大成就，关于新大陆的三种不同观点被综
444 合，纳入了欧洲人的思想模式。首先，美洲大陆是欧洲人完全意想不到的另外一个世界。[30] 其次是美洲印第安人，他们必须被纳入欧洲/基督教对人类的理解图式。最后，美洲作为一个历史的存在改变了欧洲对历史进程的理解。[31] 所有这些对古典学术构成了重要的挑战。[32] 根据《圣经》和人类经验，世界由三块大陆组成：欧洲、亚洲和非洲。改变这一观念正如认

为南半球没有热带一样，都是对传统的根本背离。更有，白令海峡直到1728年才被发现，在那之前，人们一直不清楚美洲是否属于亚洲。1535年，雅克·卡蒂埃在后来所称蒙特利尔的圣劳伦斯河遭遇了湍流，他把这些湍流命名为“中国湍流”。一个世纪之后，即1634年，法国冒险家让·尼克莱被派往北美洲西部探测传言中的通往亚洲的一片内陆海。当他到达密歇根湖，看到眼前格林湾的悬崖时，认为到达了中国。他穿上一件中国丝绸长袍，以示庆贺。[33]古典学术对解释新大陆的发现无能为力。既然伟大的古典作家完全没有意识到这块大陆的存在，他们又怎么能解释呢？新大陆的发现一次又一次证明，个人观察高于传统权威，这也是思维模式的一次重大改变。[34]

美洲大发现时期最强大的（虽然是隐含的）思想之一是人类的二分法。据此，人类依他们的宗教归属（犹太—基督徒，或异教徒）和他们的文明或野蛮程度进行分类。[35]不可避免地，到16世纪，这一分类不得不进行修正。关于印第安人的文明程度，似乎主要取决于观察者是否真正看到了他们。任何与美洲印第安人有过长期接触的人都不太可能认为他们是天真无辜的原始人。[36]陪伴哥伦布第二次航行的昌卡医生观察到伊斯帕尼奥拉岛的印第安人吃草根、蛇、蜘蛛，得出结论：“在我看来，他们的兽性比任何野兽还要大。”这种矛盾（印第安人是野兽还是天真无辜的人）是大发现和定居美洲的早期文学中的一个主要问题。如果印第安人不是人类，那么他就不具备信仰的能力。当教皇保罗三世在1537年的教谕《崇高的上帝》中宣称“印第安人是真正的人类”时，就思考了这一问题。基督徒认定，具有接受上帝恩典能力的，才能称之为人。另一方面，对人的古典定义是“理性的存在”。在《崇高的上帝》之后，多数基督徒承认根据这两种标准，美洲土著可以归为人类。[37]

然而，印第安人到底有多理性？对此，人们持怀疑态度。费尔南德斯·德·奥维多（他对中世纪的骑士史诗怀有持久的兴趣）坚信，印第安人是一种低级的存在形式，“天生懒散，性喜邪恶”。[38]他认为在他们的头骨大小和厚度上发现了他们的低级性质。他认为这些物理属性暗示出与一个人的理性思维能力相关的身体器官上的缺陷。[39]16世纪60年代，托马斯·德·梅尔卡多修士把黑人和印第安人一起归为“野蛮人”，因为“他们从来不受理性支配，只受热情的支配”。这与臭名昭著的“天生奴隶”说已不太远了。这也是当时的一个主要论题。16世纪的异教徒被分成两
445 类，“可以转变的无知者”（犹太人和穆斯林，他们曾经聆听过上帝的声音，但背离了他）和“不可转变的无知者”，那些像印第安人一样的人，他们从未有机会聆听上帝的声音，因此无须指责他们。但是当苏格兰神学家约翰·梅尔等人坚持认为有些人天生是奴隶，有些人天生是自由人时，这一观点很快就庸俗化。[40]1512年西班牙国王斐迪南二世召开政务会，专门讨论雇佣土著劳动力的合法性问题。保留下来的文件表明，当时许多人认为印第安人是野蛮人，因此是天生的奴隶。但是这是“有限的奴隶制”，正如安东尼·派格登所描述的。西班牙人有个传统叫监护征赋制，在该制度下，作为对印第安人艰辛劳动的回报，他们可以向西班牙人学习如何“像人一样”生活。[41]这一观点约在1530年被所谓的萨拉曼卡学派做了进一步的完善，他们是包括弗朗西斯科·维多利亚和路易斯·德·莫利纳在内的一群神学家。他们发展出这样一种观点：如果印第安人不是天生的奴隶，那么就是“自然的孩子”，一种欠发展的人类形式。在其论文《关于印第安人》中，维多利亚认为美洲印第安人是介于人与猴之间的第三物种，“上帝创造他们是为了更好地服务人类”。[42]

然而，不是所有人都同意他的观点。那些同情印第安人的人试图找出他们具备才能的证据。罗纳德·赖特说，对这一文明冲突的最准确描述是一些阿兹特克人在16世纪50年代为伯纳迪诺·德·萨哈冈修士写的，现

在被称为《佛罗伦萨书册》的第十二卷。作者匿名，也许是为了保护他们免受宗教法庭的审判。然而，约翰·艾略特说，对印第安人道德和才能迹象的寻找，帮助形成了16世纪关于什么构成文明人的思想。例如，巴尔托洛梅·德·拉斯·卡萨斯指出，上帝通过自然显示其力量，仅此一条就证明印第安人就是上帝的生民，因此有权接受信仰。他请大家注意墨西哥人的建筑，“这些古代原始拱顶建筑”“不啻审慎和良好政体的标记”。这一点却遭到希内斯·德·塞普尔韦达的完全否定，他指出蜜蜂和蜘蛛也能够造出人类无法比拟的艺术品。[43] 但是印第安社会和政治生活还有其他许多方面给欧洲人留下了深刻的印象。维多利亚在16世纪30年代写道：“他们的事务存在某种方法，因为他们有井然有序的组织形态，有确定的婚姻、治安官和最高统治者，有法律和作坊，还有一种交换制度，所有这些都需要理性，他们还有某种宗教。”[44]

这比表面看起来要重要得多。理性，尤其是在社会中生活的能力，被认为是衡量文明的准绳。但是如果理性能出现在基督教世界之外，那么历史悠久的关于基督徒同野蛮人之间的区别又将怎样？“不可避免地，这种区别开始变得模糊，而且它作为一种区别性的力量也在减弱。”[45] 令人惊奇的是，拉斯·卡萨斯采取了一种很现代的观点，认为所有的人在历史天平中都有自己的位置，位于天平底端的人仅仅比那些更高一级的人“更年轻”而已。换句话说，他正朝着一种人类和社会文化的进化观摸索。

美洲大发现即使没能产生令人震惊的新思想，它也迫使欧洲人反省自身，使他们去面对其文化传统内部存在的观念和问题。例如，对古典 446
的尊重说明他们意识到其他文明的存在，这些文明在很多方面具有不同的价值和态度，而且比他们更优越。事实上，正是古代异教文明的存在和成功为16世纪两部最著名的论著打下了基础，它们试图把美洲纳入一个统一的历史图景。

第一部是巴尔托洛梅·德·拉斯·卡萨斯写于16世纪50年代的鸿篇巨制《西印度辩护简史》，该书在他生前从未出版，直到20世纪才被重新发现。该书是作者出于对塞普尔韦达贬低印第安人的野蛮论文《民主主义者》的愤怒和回应而作，在该文中，塞普尔韦达把印第安人比作猴子。[46]事实上，1550年8月或9月，两人在巴利亚多利德展开了一场著名的辩论，拉斯·卡萨斯认为印第安人是完全理性的个体，足已自己管理自己，因此有权聆听上帝的福音。[47]拉斯·卡萨斯借用亚里士多德作为他的理论指导，从身体和道德方面对印第安人作了仔细的研究，使得他的论作成为也许是比较文化人类学的第一次习作。他把希腊人、罗马人和埃及人、古代高卢人和古代布立吞人的政治、社会和宗教制度同阿兹特克人和印加人的政治、社会和宗教制度放在一起比较。[48]根据他的比较结果，新大陆的民族并没有因比较而居劣势。他对阿兹特克、印加和玛雅艺术给予了充分的尊敬，并且观察到他们吸收有用的欧洲思想的能力。

何塞·德·阿科斯塔的《向受管辖的印度致敬》的写作时间稍晚于拉斯·卡萨斯，写于1576年。他最杰出的贡献是，首先，他把野蛮人分成三类，然后区分了三种土著人，这推进了人类学的理解。最顶层的是像中国人和日本人那样拥有稳定的政体，有法律、法庭、城市和书籍。其次是像墨西哥人和秘鲁人那样缺乏书写艺术和“文明、哲学知识”，但是拥有政府形态。最低级的是那些“没有君主、没有契约、没有行政长官或政体，居无定处，或即使有住所，也是类似兽穴的地方”的人。[49]德·阿科斯塔的著作主要以研究为基础，这使他能够把建立了帝国、有固定居所、不“像野兽一样游荡”的墨西哥人和印加人同逐水草而居、缺乏任何文明组织形式的珍科人、基里关尼人、伊斯盖因戈人和所有的巴西土著区分开来。[50]他还认为印第安人生活在对神灵的畏惧之中，他说这也是基督教与异教的重大区别。印第安人有一些法律和习俗，但是并不完善，或与基督教习俗相悖。这一事实表明撒旦先于哥伦布发现了新大陆。[51]

同样，这些观点比乍看起来重要许多。地理和气候是文化多样性的根本决定性因素这一古老理论被代替。一个新的问题是迁移。“如果美洲居民真的像权威思想坚持的那样是诺亚的后代，那么很显然，他们一定是在漫游的过程中忘记了其社会属性。德·阿科斯塔认为他们穿过亚洲大陆来到新大陆，在迁移过程中变成狩猎者。逐渐地，其中一些人在美洲的某些地区聚集，恢复了社会生活，开始建立政治制度。”[52] 这一观点的重要性（现代性）在于，它假设存在一个从野蛮到文明的发展序列，这又进 447
一步表明现代欧洲人的祖先曾经像15、16世纪的美洲土著一样。根据拉斯·卡萨斯的说法，佛罗里达的土著仍然处在“最早期的原始阶段，其他民族在学会文明之前也和他们一样……我们应该思考一下在耶稣基督来临之前，我们以及所有其他民族的生存状态”。[53] 同样，新大陆原始人的存在似乎佐证了犹太—基督教的时间观，即它是线性的，而不是循环的。[54]

发现美洲的最后一个影响是这样一种观点：现代人已经取得了古代没有取得的某种成就。遥远的黄金时代的思想就这样被削弱。同时，大发现无可争议地证明，第一手经验的价值优于沿袭的传统。16世纪法国哲学家让·博丹写道：“他们所称的黄金时代，如果同我们这个时代相比，只能算黑铁时代……”[55]

欧洲视角以及美洲大发现的短期影响（第28章将讨论其长期影响）就讲这么多。但是在思想领域，欧洲人究竟发现了什么？对这个问题的回答经历了很长时间，甚至许多个世纪。1986年，成立于1973年、旨在提高印第安人历史研究和教学质量的达西·麦克尼克尔美洲印第安人历史研究中心发起了对这一问题的讨论，“美洲1492”，以纪念1992年时美洲大发现五百周年。以下的大部分内容都以该项目的研究成果为基础。[56]

1492年，美洲大陆大约居住着7500万印第安人现在美国的大陆部分的印第安人人数有不同的说法。达西·麦克尼克尔的数字是600万，但是史密森学会的道格拉斯·乌贝雷克在《北美印第安人手册》中说，最精确的估计是189万，平均每100平方公里约11人。[57]不管哪个数据更准确，当时印第安人的分布不是后来的样子。例如，大平原印第安人还没有马匹，因为马匹是欧洲人引进的。“他们本质上是在大平原河流沿岸种地、赤足狩猎的农民，根本不是头戴战帽的战士。”[58]

印第安人的许多习俗与欧洲人不同。靠近北极的民族，也就是我们所称的爱斯基摩人或因纽特人，无一例外同部落其他人分享肉食，因为他们相信动物会更愿意同慷慨的猎人合作。[59]太平洋海岸各部落的特色是巨大的图腾柱，他们使用一百多种药材和植物，熟悉它们的营养和药用属性。[60]他们有用于净化仪式和疗病用的特殊木屋或房子。[61]许多部落有野蛮的入会仪式，即标志青少年长大成人的成年礼。烟草大多出于仪式目的，这种习俗对人类具有毁灭性的后果。他们还建造基瓦会堂，那是一种地下大厅，用作仪式场所以及男人俱乐部。有时，基瓦会堂的墙壁装饰着仪式
448 画，尽管在仪式结束后，通常都会刷新一遍。美洲的艺术与文艺复兴欧洲的艺术具有不同的意义。

然而，他们也有许多习惯同旧大陆相似。印第安人发展出“灵魂”的概念，尽管一些部落成员相信多灵魂说。同样，他们还发展了婚姻制度和农业（以家庭为单位的带状耕作、刀耕火种、冲积平原耕作、山区的梯田）。同世界其他地区一样，女人负责耕种，男人负责狩猎。死亡有复杂的仪式，而且很多部落都发现了如何把尸体做成木乃伊以便保存。在有些地方，寡妇在丈夫死时被杀，让人想起印度的一种相似习俗，殉夫。烹调技术很先进（“烧烤”是台诺语），而且斋戒（同旧大陆一样）的发展同宗

教活动有关。他们用木薯酿造各种啤酒。同在旧大陆一样，黑曜石被大量使用，并且被人尊重。存在某种形式的计数和税收，有些部落甚至拥有“可被描述为公务员”的一类人。[62]

就日常生活而言，最显著的区别是美洲印第安人普遍居住在“长屋”中。易洛魁人的长屋长达三百英尺，几个家庭共有，他们都属于同一个氏族。男人结婚后，搬进长屋，如果长屋内已经没有空间，就把屋子加长。“每个住处居住着多达三十个核心家庭，或大约一百到两百人，他们彼此之间有血缘和婚姻关系。传统上，长屋的中心走廊把整个建筑纵向切分。成对的家庭区彼此相对，就像火车卧铺车厢，中心走廊有公共灶台。”[63]每家之间只有两根墙柱分隔，每家有自己保持不灭的火炉。“家庭吊床（又一个新大陆词汇）同时也作为空间划分的象征。”[64]

巴西的图皮南巴人是食人族。他们同加勒比人和古比欧人一样都相信圣体同质说，吃人肉是仪式的一部分，对种族延续和获得祖宗神明的庇佑至关重要。[65]对早期探险家来说，居住在亚马逊盆地密林中的门都鲁古族人割取敌人首级作为战利品的行为同样野蛮。这些门都鲁古族人因好战而令人惊恐，他们通过取下敌人的首级这一血腥行为来践行自己的意志。不过，任何开始这一行动的武士都承担了重大责任，因为这种行为会引发一个长达三年的仪式。“当首级被取下时，同时即开始了仪式的准备工作。在男人们回到村庄之前很长一段时间内，首级的脑髓被取出，牙齿被敲出保存。首级被煮成半熟，然后风干，使皮肤像羊皮纸。用一根绳从嘴里穿进，再从一只鼻孔穿出，张大的眼睛用蜂蜡涂合上。一个成功的首级猎取者被认为是了不起的英雄，享受神圣的地位。他必须弃绝日常活动，包括同他的妻子或其他女人的性关系。他在早晨要洗一个仪式澡并躲开女人的视线。他大部分时间都待在男人屋的吊床上，寡言少语，只对严肃的话题发表意见。当他真要进食时，他坐在妻子旁边，但是背对背……在猎取首

级的周年纪念日，在一个复杂的仪式上，头皮被从头骨上剥离。一年以
449 后，在最后的庆祝仪式上，牙齿被穿在一起，挂在英雄房屋的一个篮子里。这样经过三年，英雄才恢复正常的生活。”[66]

早期对新证据的收集是偶然的。随着时间的流逝，以及学者跟随商人和探险家一起活动，美洲开始形成了一个比较系统的图景。我们不妨从语言开始。“1492 年，在西半球人们说着多达 2000 种互不相通的语言。其中，大约 250 种在北美洲，大约 350 种在墨西哥和中美洲，有不少于 1450 种在南美洲。”[67] 美洲土著语言同旧大陆的语言一样成熟；它们缺乏某些特征，但另一些特征却比欧亚大陆的语言更普遍。“例如在印第安人语言中，很少在名词上添加后缀表示主格、宾格和与格（就像拉丁语那样），也不使用名词性或代词性的性别指称（就像英语中的‘he’和‘she’，或西班牙语中的‘el’和‘la’）。”[68] 但是，许多印第安语言区分有生命的实体名词和无生命的实体名词，区分哪些明显有归属关系（例如亲属关系和身体各部分）的物体和哪些偶然拥有的物体（例如小刀或工具）。不可避免地是，它们有许多旧大陆语言中缺乏的音，尤其是喉音的闭止（由于声带突然关闭而导致的呼吸间歇，就像英语短语“uh-oh”中的停顿）。[69] 有些单词没有元音，有时还会对一个单词或一个单词的某个成分重复或说两次，以改变它的意义，这种做法很新奇。例如，居住在北美大盆地的瓦肖印第安人用“gusu”指“野牛”，用“gususu”指“各地的野牛”。[70] 在其他情况下，动词随信息的有效性而变化，例如，说话人正传递的信息是亲身所知，还是仅仅听闻，还是在梦中出现。[71]

其他差别更基本。例如，在欧洲，语言主要分成动词和名词。与此相反，亚利桑那的霍皮人把持续时间短的实体当作动词，例如闪电，或波浪、火焰，而把持续时间长的实体当作名词。[72] 在纳瓦霍语中，英语“他拾起了某样东西”可以有十二种翻译方式，“取决于拾起的物体是圆的还

是方的，是细长的还是有生命的，还是像泥块一样，等等”。[73] 比喻同欧洲语言没有什么很大的不同（诗歌被描写为“花的歌”，女人是“裙子”），但是沉默却有着丰富的意义。阿帕切人在遇到陌生人、在追求的开始阶段或在与亲人长期分开后重聚时，会沉默。[74] 有些部落有贸易语言，在家里从来不说，只有商人在与外来人交易时才使用。

除了个别有名的例子，印第安人没有书写。这意味着他们没有可以依赖的文字记载的历史、哲学或经文。[75] 不过，这并不妨碍他们有宗教，即关于灵魂的概念和一些世界起源神话，通常与太阳、月亮和地下世界有关，这些地下世界分许多层。童年得到认可，因为青春期和月经初潮期有成人礼作为标志。有意思的是，在一些部落，成年礼似乎是为了让青少年从他们的孩童环境中摆脱出来。例如，霍皮人从不允许儿童观看某些戴面具的宗教人物的真容，为的是鼓励他们把这些人物当成神灵。但在成年礼 450
上，他们可以一睹面具后的人物，似乎是为了告诫这些刚刚长大的成人抛弃幼稚的信念。[76]

新大陆的宗教通常有一个类似教士的阶层，有时也有“太阳贞女”，都是在十岁时被挑选充当不同的角色，“从在神庙中服务到作为祭祀牺牲”。[77] 祭祀很普遍，可能非常血腥：波尼人的贞女要连着四天参加仪式，最后被一箭穿胸。[78] 不过，从宗教意义上也许最根本的区别是他们普遍使用迷幻剂。部落民众被具有疗治—宗教职能的萨满引导，就像在旧大陆一样。部落有首领（虽然有些部落只在战争期间有），他们也可以充当萨满。某些部落承认六种性别：超男人（战士）、男人、第三性（双性同体）、女战士、女人和超女人（她们精于女性技艺）。第三性和女战士有时可以充当纠纷中的调停者。[79] 心，而不是大脑或面孔，被认为是一个人的本质，萨满会对病人唱“心歌”来疗治他们。[80] 许多部落的人同动物和植物聊天，认为它们能懂人话。

美洲土著对“自我”或“个人”有完全不同的理解。[81] 基本上他们强调“无我”，因为人们从不同的社会组织中获得自己的身份，没有独立的地位。行事自私自利的人会变成巫师，可能是女人，也可能是男人。

婴儿的降生被认为是父亲、母亲和神灵共同作用的结果。父亲给予硬物质，例如骨骼；母亲给予软物质，例如肉和血。在太平洋沿岸西北部，人们相信婴儿未出生前居住在一个特殊的地方，他们像其他人一样生活，直到在地球上找到他们的父母。一般来讲，他们只有在经历了出生的痛苦之后才会有名字，此时可以确实认为婴儿会活下来。[82] 女孩取花的名字，男孩取猛兽的名字。但在庆贺仪式中，会添加别的名字，以纪念孩子的第一次笑，或第一次吹口哨，发出第一个词，甚或第一次剪发。[83] 最大的庆贺总是留给当孩子完成了第一次经济活动，例如采集浆果。有时女孩的成年是以割掉她的阴蒂作为标志的。人们相信，这样做就消除了她性格中的任何男性特征。[84] 据说，男人只有在有了孙辈时才能完全“长大”，这很明显是使家庭团结的手段。[85]

或许这两个半球之间最重大的区别在于关于经济的思想。西方征服时期，美洲最杰出的两大文明是阿兹特克文明和印加文明，在这两个文明中，任何一个统治者的死亡都给社会带来巨大的压力。国王和王后死后被制成木乃伊，保存在经过精心装饰的特别建造的宫殿里。大量奴隶和妃嫔殉葬，供国王在另一个世界驱使。但这不是全部。大量土地被指定用来护卫死者的宫殿，永远保管木乃伊。这意味着，每一段统治的终结都给本已拮据的王国又添加了新的巨大压力。[86] 换句话说，每一位新死的国王都意味着又一次的奢侈浪费。[87] 最后的结果是，因为“守卫木乃伊”而失去的
451 劳动力只能通过征服更多的人和土地来补偿，而这不是没有风险的。主要后果是，他们从未发展出推进个人事业的资本。[88]

虽然新大陆有科学这类东西以及原始技术，但是美洲土著不像旧大陆的欧洲人那样具有关于现象的理论知识。两个大陆的人都相信太阳绕着地球转，它同生长季节有密切的关系。印第安人发明了欧洲人用过的同样的简单机械，类似于古典希腊机械学中的简单设备：楔子、斜坡、杠杆、滑轮和螺钉。（机械的作用是增大加之于其上的力量。）美洲土著对这些器械都很熟悉，他们在从伐树到制造独木船的各种活动中使用它们，不过，当15世纪的欧洲人在寻求那些其结果总能被预测的终极动因时，美洲土著更愿意通过亲近那些控制自然力的神灵来控制自然力，通过仪式或梦来实现。[89]“对欧洲人来说，自然世界有规律可循；对美洲土著来说，自然世界施展自己的意志……欧洲科学同土著科学的重大分歧在于实验。霍皮人从来不会只为了要看看太阳是否会继续向北移动而不是在运行轨道上掉头而停止他们的仪式。”[90]

有些民族，例如纳瓦霍人，根据植物的大小和软硬度把植物分成阳性和阴性。这种观念是建立在同男人和女人的类比基础上，而不是建立在植物本身的性征上。例如，阿兹特克人的植物名称包括一个后缀，表明它们是食物还是药物，是用于织布还是用于建筑。[91]事实上，他们对自然世界的分类标准非常不同于欧洲人的观念。纳瓦霍人把昆虫和蝙蝠分成一类，因为在他们的远古神话中，这两类动物曾经生活在同一个世界。[92]

对欧洲人来说，夜晚的星星是星相学的基础，然而在美洲，地平线更重要。[93]这种思想很普遍，在整个美洲大陆，所有的部落在建造神庙时，都要与显著的天象活动相一致的地平线对齐。“卡萨林克纳达是位于墨西哥西北部查科峡谷地区的一个大型圆形地穴，在它的石头内墙上刻有二十八个距离相等的壁龛。它们的下面是六个更大的、距离不等的壁龛。在夏至那一天，从地穴东北墙高处的窗户射入的阳光有四到五次会照射在这六个壁龛的其中一个上。”[94]但是印第安人根据星星的运动来制定日历，在此过程中，他们形成了自己的计算体系。起初这是玛雅人的发明，后来阿兹特克人将其发展完善。[95] 日历的计算是玛雅人主要的，其实是唯一的对数学的应用，尽管在印加帝国，数学知识似乎在他们的结绳文字中有记载。[96] 这是一种由一系列绳结组成的信息存储系统。这些绳子，有些绳串结在一起，由不同的颜色组成，而且颜色和绳结按照顺序排列。结绳文字的“语言”或说代码，从未被破译，但人们认为它们是某种宗教记录，对这一说法的证据来自保存至今的两片织片。上面的织法非常精细：有一片
452 上织有 10 行圆圈，每行 36 个圆圈，对角线上的所有圆圈加起来是 365。另一片上有 28 个长方形。这些织片显然具有某种日历意义。[97]

一些学者认为中部美洲织物的复杂程度“可与欧洲冶金术中的复杂知识媲美”。战争结束后，布匹经常成为进贡品，棉弹弓在战争中被使用。[98] 美洲驼和羊驼被驯化，成为驮畜和毛料的来源。织物甚至比作为存储容器的陶器更重要。“最精致的衣服用直径 1/125 英寸的线织成，在印加人的织物中发现了大约 125 种色差。1492 年欧洲人知道的所有的重大织布技术印加人也都知道，如挂毯、织锦、薄纱，而且他们还掌握了另一种方法，叫交叉经纱。”[99]

虽然到 1492 年，新大陆的驯养动物种类并不多，但是他们栽培了大量的植物，包括一些当时欧洲人不曾知道的品种，这些品种后来变得非常熟悉：玉米、马铃薯、红薯、可可、南瓜、花生、鳄梨、西红柿、菠萝、烟草和辣椒。在安第斯山脉就有 3000 种不同的马铃薯。[100] 新大陆的文化充分认识到植物的药用价值。例如，阿斯皮里亚具有抗生素作用，被派尤特印第安女性用作避孕药的紫草后来被发现能抑制老鼠的促性腺激素。特拉帕特里在阿兹特克人的医学中是一种利尿剂和有效的坏疽治疗药，之后人们发现它含有白花丹醌，一种抗菌剂，对杀灭葡萄球菌很有效。[101] 然而，美洲土著没有真正的化学概念。对他们来说，植物的药用功能是一种

精神现象。

新大陆没有“艺术”，没有“为艺术而艺术”意义上的艺术，没有哪种当地语言有一个词表示艺术（或宗教）。[102] 这是因为每件雕刻的物品、每首歌或每支舞蹈，都具有强烈的实用目的，它们不可能脱离各自的目的而被认知。即使阿兹特克人的雕刻有时是刻在从未被人见过的一面也没有关系，因为它们具有象征意义，这比它们的形象更重要。换句话说，不存在真正的美学，只有功能，是功能赋予物品以意义。[103] 因此，新大陆的任何地方都没有器乐，因为在正常的活动过程中，歌曲、舞蹈和音乐在仪式中一起出现。只有在较为发达的中部美洲文明中才出现了艺术的职业化。也只有在这里，出现了高雅艺术和民间艺术的差别，就像在欧洲一样。[104] 结果，只有在这些文明中，艺术家享有崇高的声誉。在其他任何地方，每个人都被认为具有某种艺术才能。在印加帝国，某些行业，例如银匠和织毯工，是政府的世袭仆役，并因此而免除课税。[105] 更复杂的是，星相学，或叫魔法，开始发挥作用。例如阿兹特克人相信在“花”相下出生的人注定会成为艺术家或艺人。[106] 艺术家的功能还同创世神话有联系。新大陆的创世神话不同于旧大陆的有趣之处是，旧大陆设想是神创造了一个完美的世界，去理解它的完美是学者、神学家和艺术家的任务；而新大陆的土著则相信世界被创造时是不完美的，艺术家的工作是改善这个世界，使之完 453
美。[107] 印加人相信人类的始祖是巨人，用石头造成。但是伟大的主维罗可卡对自己的作品并不满意，就把他们又变回石头。这些就是印加人崇拜的巨石雕像。维罗可卡又创造了第二种人类，大小同他一样（“按照他自己的形象”）。[108] 玛雅的雕刻工在雕刻作品时不可以有性生活，不过他们会把自己的血洒在作品上，因为他们相信这样能使作品具有神性：就像文艺复兴时期的艺术家一样，这些艺术家也被认为是神圣的。对玛雅人来说，乐器也是神圣的，刻工在制作它们的时候会祈祷，并且用酒精擦拭，这样它们就会“听话、音调和谐、发出好听的声音”。[109]艺术家不在自己的作品上签名，即使是职业艺术家也不会这么做，而且美洲艺术家从未像欧洲的艺术家那么有名。唯一的例外是诗歌领域，那些贵族诗人死后可能被人们记住。内萨瓦尔科约特尔被后人誉为“诗人国王”，但是即使是他，也是因为他作为国王的地位使他获得勇士以及诗人的名声。[110]

到1492年，新大陆的书写系统正在衰退，因此其古典时期（100—900）的许多文字不太可能被理解。[111]阿兹特克和米斯特克的文字主要是图画文字，抄写员除了擅长刻写文字外，还必须记住伴随这些文本的口头评述（口头传授仍旧是主要形式）。我们拥有的手抄本记录了部落的神话历史，它们成为仪式的中心要素，在仪式上抄写员会加入他们的评述。当然这些评述现在也遗失了。阿兹特克人也是前哥伦布时期有意识地收集外来和古代艺术的几个民族之一，尤其是奥尔梅克艺术品。这似乎证实，阿兹特克人至少对过去的历史感兴趣，而且或许他们认为奥尔梅克文明是中部美洲的“母文化”。[112]

印第安人自己是如何看待欧洲人的入侵的？有些印第安民族有圣书。其中最为人所知的是《波波尔·乌》，它是基切人的经书，被描述为等同于《旧约》或梵语吠陀经。同样有趣的是《卡克奇克尔史》，它不太为人所知，但更符合我们的主题。这个民族和基切人一样，采用双王制。一位国王和一位副王，来自两个王室分支，分别称为“索特兹勒之王”和“夏希勒之王”。西班牙征服之后，夏希勒氏族的幸存者写下了卡克奇克尔人的历史，并且以日记的形式进行补充，直到17世纪。令人感到惊奇的是，书中的记载非常平衡，它描写了屠杀，也赞扬了那些试图帮助印第安人的西班牙人。在描述的事件当中，有一场于1604年爆发的瘟疫，作者死于这场瘟疫，另一个人重新拾起他的笔，就像大使的接替和谱系的续写一样。玛雅人也创造了类似的文献，《巴兰神父史书》，它使用的是玛雅语，但是用西班牙字母拼写。这些书故意写得含糊，充满了双关和谜语，外人无法理解。这些史书也续写到 19 世纪：每个玛雅人城镇都有自己的抄本，在当地扩写。《巴兰神父史书》把西班牙人的入侵看作是一场历书或时序的战争。西班牙人带来了他们自己的时间观（在玛雅人看来比较原始），并且试图把它强加给当地人。因此，对玛雅人来说，这主要是一场思想战 454
争，就像敌对的宗教对待彼此的方式一样，是关于时间的战争。[113]

我们应当简明回顾一下前哥伦布时期的土著人缺乏什么。毫无疑问，首先是轮子。考虑到美洲大陆到处都有球类游戏而且它们具有宗教重要性，那么这一点也是最令人感到奇怪的。役畜的缺乏也很普遍，这在本章开头就提到了，尽管美洲驼已经被驯化。同样缺乏的还有大型船只，这可能与环绕美洲大陆的浩瀚海洋有关。不过，这确实表明，除缺乏轮子之外，美洲印第安人更加受到局限，不像欧洲人那样能够到处游历。前哥伦布社会缺失的其他思想或发明还有钱币、伦理一神教、实验思想和一般意义上的书写。那里没有烧窑，因此没有釉陶，也没有弦乐器。缺乏这些东西（役畜、大型船只、书写、钱币）会限制经济的发展，尤其是贸易和剩余产品的积累。我们已经看到，制造的剩余产品多半用在死者的华丽仪式上。经济发展的差距连同伦理一神教和实验方法的缺乏，可能是旧大陆区别于新大陆的三个最重要的方面。

在思想领域，美洲大发现对几乎同时发生的天主教的反宗教改革运动产生了一定影响，因为美洲大发现使天主教徒失去了他们当中一些最有活力、最有天赋的传教者。同样，罗马教会对美洲发生的事情没有什么发言权（特伦托公会基本上没有提到美洲），正如约翰·艾略特所说，它的后果之一是加强了西班牙王室的权威，“既体现在它对臣民的权威，也体现在它与教会的关系上”。从当时到现在，不止一位历史学家思考过这样一个问题：是否“西印度群岛的探险”吸走了比较激进的人口，使那些留下来的人变得越来越专制和保守？

在美洲的发现当然具有经济效应，它反过来促进了思想革命。例如，从 1521 至 1544 年，哈布斯堡领地的矿山产出了比整个美洲还要多三倍的白银，然而从 1545 年到 16 世纪 50 年代后期，这些数字颠倒过来，导致了那些年经济力量的决定性转变，经济中心从德意志和荷兰转向伊比利亚半岛。[114] 约翰·艾略特说，16 世纪后半期，“人们完全有权利谈论一种大西洋经济”。[115] 其政治影响是，西班牙正在崛起，整个欧洲相对于它的老对手伊斯兰国家，也在崛起。（只是到这个时候，穆斯林世界才开始对西班牙崛起的历史缘由表现出一点好奇。[116]）

西班牙的崛起及其缘由自然引起了其他方面的注意。可以确凿地说，正是从这一刻开始，人们开始认识到海上力量在未来的政治中具有至高的
455 重要性，能够通过切断美洲向欧洲输送黄金白银的航路而遏制西班牙的强大。对于一个被新教和天主教分裂的世界来说，新大陆是他们开辟的另一个战场。在某种意义上，全球政治在那个时候开始出现。[117]

对美洲持久的争夺加剧了 16 世纪日益滋长的民族主义，“黑色传奇”开始出现，尤其是涉及西班牙人以及他们被指控的暴行（根据一项估计，他们屠杀了 2000 万印第安人）。[118] 不管怎样，越来越多的西班牙人开始怀疑西印度群岛的探险事业，在西班牙兴起了所谓的“反重金主义者情绪”，对暴发的财富的道德价值表示怀疑。这一观念认为，真正的财富来自贸易、农业和工业，在这些领域，财富的获得是正当的，对它们的使用也是富有成果的。[119]

但是对美洲的争夺的确在后来催生了国际法的基本元素。这块大陆本

身太广袤，一个国家不足以控制其全部，而且西班牙排斥教皇在开拓新大陆事务中的权威，这也对人们对一般权威的态度产生了连锁反应。正如我们已经看到的，许多人认为印第安人有能力管理自己，他们的自由和自治权利应受到尊重。16 世纪中期，阿方索·德·卡斯特罗提出，海洋不应成为任一国家的专属。在这一背景之下，荷兰法学家兼政治家胡戈·格劳秀斯提出了国际关系行为的理论框架。新大陆遂成为欧洲各新兴国家框架以及相互协定的一部分。不妨说，对美洲的征服加快了、也许具体化了人们对资源、地理、人口和贸易模式共同作为形成国际强国的要素的认识。

厄尔·J. 汉密尔顿在一篇著名的论文《美洲的财富以及资本主义的兴起》中审视了可能产生这种现象的各种因素：民族国家、战争以及新教崛起。他得出结论：美洲大发现，尤其是美洲白银的发现，是欧洲资本形成的主要驱动力。“历史上没有哪个时期像墨西哥和秘鲁被征服后那样发生了贵金属产量如此巨大的增长。”[120] 这其实是欧洲崛起的最后因素，它强化了在第 15 章讨论的早期变化。这一论断在来自德克萨斯州的历史学家沃尔特·普雷斯科特·韦伯手中得到进一步发展，他在《大边疆》（1953）中说，美洲大发现“决定性地改变了人口、土地和资本这三个因素之间的比例关系，创造了繁荣的条件”。[121] 他说，1500 年，欧洲的人口密度大约是每平方英里 27 人。美洲大发现开拓了额外的 2000 万平方英里疆土，这块土地直到 1900 年左右才被完全殖民。韦伯推论说，1500 至 1900 年这段时期在历史上是独特的，“美洲的大边疆在这一时期开始形成并且改变着西方文明”。当欧洲重新向着城市推进的时候，新开发的边疆提供了相反的发展动力。[122]

中世纪，在基督教世界和穆斯林世界的货币之间已经取得了某种程度的稳定，一个生产白银，一个生产黄金。但是美洲大发现破坏了这一平衡：1500 至 1650 年，大约 180 吨黄金和 1.6 万吨白银被运往欧洲。这导致了物价革命，它开始于西班牙，然后向外扩散，鼓励了资本在那些参与新事业的人手中聚集，但它在16世纪刺激物价翻了五倍，引发了通货膨
456 胀、社会动荡和社会变化。这时人们再一次有理由对“财富的道德恶果”表示担忧。[123]加尔西拉索·德·拉·维加就是不被贵金属大量涌入迷惑的人之一。他在17世纪初写道：“这种财富的涌入弊大于利，因为财富通常生产罪恶而不是德行，会给它的拥有者带来骄纵、野心、贪婪和骄奢……我的结论是，新大陆的财富从正当的理解看，并未对人类生活所必需的有用之物，例如食品和衣服，有所助益，相反使它们变得越来越缺乏，使人们在理解力，在身体、服装和习俗上失去男子气概，而他们在没有这些财富之前生活得更幸福、更被世界其他地方畏惧。”[124]厄尔·汉密尔顿径直否认这一点，他认为资本主义正是在物价上涨与工资上涨的位差之间得到强化的。这样的辩论无论如何是不会有结论的，讨论的问题很复杂，多数理论存在漏洞；尽管如此，人们不会怀疑，美洲的开拓为发财致富创造了巨大的机会，而财富的社会不平等在当时的欧洲变得非常尖锐。

最后的因素是人口。部分由于西班牙人的残暴，部分由于传入的疾病，印第安人口灾难性的锐减极大地影响了劳动力的供给，而与此同时，在16世纪有大约20万西班牙人移民到美洲。很有可能他们在智力、能力和精力上都高于平均水平，因此可能对留在西班牙的人口基因质量产生了有害影响（不过这些移民会往自己的祖国汇回相当数量的钱）。

美洲大发现对欧洲以及世界其他地方的影响仍然没有得到充分的衡量，也许永远也不可能，因为影响是如此之深刻、深远，就像蒙田说的，“颠倒乾坤”。但是不久人们就会相信加尔西拉索的理智的话：“只存在一个世界，虽然我们谈论旧大陆和新大陆，但这是因为后者新近被我们发现，
457 而不是因为存在两个世界。”[125]

22

历史一路向北：新教在思想上的影响

“彼得和保罗生活在贫穷之中，而15、16世纪的教皇过着像罗马皇帝一样的生活。”根据法国议会的一项估计，1502年，天主教会拥有法国全部财富的75%。[1]二十年后在德意志，纽伦堡会议计算出，教会拥有德意志财富的50%。如此巨大的财富带来了某些“特权”。在英格兰，教士们经常向走进忏悔室的女性求欢：用性来交换赎罪。[2]威廉·曼彻斯特引用了一项统计数字，在英格兰的诺福克、雷普顿和兰贝斯，23%被控告对女性实施性犯罪的人都是教士，而他们占总人口的比例却不到2%。圣奥尔本斯修道院的院长被指控“买卖圣职、放高利贷、非法挪用公款，而且一直公开和娼妓、情妇在修道院里生活”。最普遍的腐败行为是出售赎罪券。有一个专门的宽恕部门，他们有教皇的授权来签发赎罪券。早在1450年，牛津大学的校长托马斯·加斯科因就说：“现在有罪之人说：‘我不担心我在上帝眼中做了多少坏事，因为我能很容易地得到教皇授予我的一张能完全宽恕一切罪行的赦免券或赎罪券，教皇的书面授权我用四便士或六便士就能买到。'”他夸张了，其他记述讲到“两便士，有时一口红酒或啤酒……甚至雇一个娼妓或用性”就可买到赎罪券。16 世纪早期，圣保罗教堂的教长约翰·科雷特抱怨宽恕者的行为及其背后的教阶制度已经使教会扭曲，以至于教会现在不过是一台“金钱机器”。如此抱怨的不止他一个。[3]

1476 年出现了转折点，当时教皇西克斯图斯四世宣布赎罪券也可以用于“在炼狱中遭受痛苦的灵魂身上”。正如威廉·曼彻斯特所称，这一“天国的骗局”很快奏效：农民们为了给去世的亲人买赎罪券，宁愿自己和家人挨饿。[4] 在那些玩世不恭、从中渔利的人中有一个叫约翰·特策尔的多明我会修士，他形成了一套自己的马戏团式巡演做法。“（他）带着镶黄铜的柜子、一袋印好的收条和一个披着罗马教廷旗子的大十字架，从一个村庄走到另一个村庄。他在教堂的钟声中进城……在当地教堂的中殿安
458 顿好，特策尔就开始大声吆喝：‘我这儿有通行证……能把人类灵魂带入极乐天堂。’他强调这些费用都十分便宜，尤其同不买的结果比较时更是如此。他吸引着那些听者的恻隐之心，他们要为自己已经去世却未被赦免的亲人赎罪：‘随着硬币落入碗里的声音，赎买的灵魂就会飞出炼狱，直接进入天堂。’”[5] 最糟糕的是，特策尔写信向那些信以为真的人承诺，一个人打算犯的罪也可以被原谅。

他做得太过了。据说，特策尔的招摇和夸大言辞引起了一位神父的注意，他也是德意志莱比锡以北维滕贝格大学的哲学教授：马丁·路德。然而，最近牛津大学研究教会史的教授迪尔梅德·麦卡洛让人们注意为路德铺设历史舞台的天主教的其他几个发展。例如，在 16 世纪早期，北欧和南欧在教堂里的布道在类型上已经有所不同。在北方，讲道者把焦点放在会众（忏悔者）身上，然而在南方，布道更关注神父和他们在赦免罪恶中担任的中介角色。[6] 意大利对神父地位的满意程度比更北地区要高得多，

这似乎和行会的作用有关。[7] 在瑞士和周边国家，国教会正在形成，它是地方主管的教会，在传授教义上起主要作用的是地方行政官而不是神父。[8] 由于能读到的《圣经》数量大大增加，越来越多的人将自己的信仰转向内心。[9] 1511 年法国国王在比萨召开枢机主教会议，讨论教会改革问题。[10] 然而 1512 年俄利根的一些作品有了拉丁文译本，这些作品表明，根本不存在传统上所理解的人的堕落，包括魔鬼在内每个人都会被救赎，进入天堂。[11] 这么看来，改革正在酝酿当中。

不管怎样，发起这场变革的是路德。他“健壮结实，精力充沛”，父亲是个矿主。在大学时，他希望成为一名律师。但 1505 年在一场暴风雨中，他有过一次神秘的经历，并开始相信“上帝无处不在”。[12] 这是一个根本性的变化。在那之前，他一直是人文主义大家庭的一员，是伊拉斯谟的门徒和同行，翻译过几部古典作品。然而，在他心灵的变化之后，他变得内省，避开人文主义者，执迷于内心的虔诚。在 1510 年，文艺复兴的鼎盛时期，正是达·芬奇、米开朗基罗和拉斐尔活跃在历史舞台上的时期，他游历了罗马。这让他震惊。的确，他崇拜绘画、雕塑和宏伟的宗教纪念建筑中的杰作，但教士和枢机主教们的行为却让他“战栗”，尤其是他们对礼拜仪式的那种玩世不恭的态度，他认为礼拜仪式构成了教士特权的基础。[13]

1512 年，他回到维滕贝格，在那儿过了几年平静的生活。他被自己在罗马的经历深深地震撼了，因而更远离人文主义者的世俗性，也同样远离他所见到的天主教会的腐败犬儒主义。相反，他回到《圣经》本身，尤其是教父们的作品，第一个就是圣奥古斯丁。他继续失望地观察着身边的世界，正如雅各布·布鲁诺斯基和布鲁斯·马兹利什所说的，他在这个时期可能“正酝酿着自己的思想和勇气”。然而到 1517 年，他不再克制自己，在 10 月 31 日，即万圣节前夕，他采取了行动。这是一次将在全世界产生

459 回响的行动，他在维滕贝格教堂门上钉上九十五条论纲，抨击销售赎罪券的行为，挑战任何人与他辩论。[14]“我，马丁·路德，维滕贝格大学僧侣教团的神学博士，愿意公开证明，反对所谓的‘教皇赎罪券’的论纲是本人提出的……”

路德的抨击不仅指向特策尔，或其背后的罗马教廷。他直指赎罪券所代表的神学。这种神学认为，赎罪券之所以存在是因为世界上存在“剩余恩典”。耶稣和继他之后的圣徒做了如此多的善事，使地球上有剩余恩典。购买赎罪券使购买的人“沾上”剩余恩典。路德首先不喜欢恩典可以像土豆那样被买卖的观点，而且更重要的是，它掩盖了这样一个事实：购买赎罪券使购买者不用为罪恶忏悔，而不是摆脱罪恶。因此对路德来说，出售赎罪券具有极大的误导性和非神学性。从这个观点到路德的第二个创新并不远，即重新信奉 12 世纪主张的“真诚的内心忏悔”，即痛悔，才能真正赦免罪恶。教皇可能宣称能完全赦免一切罪行，但路德强调痛悔是一个必要的条件。虽然这一步同样简短但更重要。如果没有痛悔的话，赎罪券就无效，那么很显然，“没有任何教皇授权”，仅有痛悔就足够了。为了使救赎只依靠个人信仰和痛悔，路德取消了对圣礼和主持圣礼的教阶的需要。[15]代祷思想（天主教的基础）被摒弃了。

这就是当时形成宗教改革基础的简单的神学思想，迪尔梅德·麦卡洛称之为“偶然的革命”。[16]但后来发生的事还有另一面，即政治性。[17]当路德谴责教会恶习时，很多人文主义者支持他。伊拉斯谟等人关心的是重新将虔诚和基督教美德带回敬拜中去，而不依靠教理和无谓的学术教条。但当这些支持者看到路德攻击教会根基、焚烧教会法和教皇法令时，他们退却了。[18]民族主义元素就是在这儿出现的，它也产生了很深远的影响。大部分拒绝继续追随路德的人文主义者都不是德意志人。

在他的论纲和其他著作中，路德没有退缩：他清楚地表明他认为教皇不比小偷、杀人犯更好。他希望德意志的教士不要对罗马效忠，而且他想建立一个以美因茨大主教为首的国教。一旦路德有勇气公开陈述，他的想象力就扩展到以前从未有人敢涉足的领域。例如，他强调婚姻不是圣礼。嫁给一个性无能丈夫的妻子可以有其他情人直到她怀孕，而且把这个私生子看作她丈夫的儿子也没什么不合适的。他说，他认为重婚比离婚“更明智”。[19] 他把《圣经》的不同部分按重要性排列。在他1534年的版本中，他把自己怀疑的那些部分，如《马加比书》，分开放到《次经》中去。[20]

我们能想象伊拉斯谟如何看待这样的言论，更不用说罗马教廷了。但是路德并不是孤军作战，绝对不是。毕竟，德意志和罗马教廷长期不和，460
这可以一直追溯到叙任权斗争，甚至追溯到蛮族入侵时期。在1508年，甚至在路德去罗马之前，德意志议会曾投票阻止靠赎罪券聚敛的教廷财富从德意志流失。在1518年，奥格斯堡会议做出决议，称基督教世界“真正的敌人”不是当时的土耳其人，而是他们所谓的罗马“地狱恶犬”。[21] 从理论上说，德意志人的领袖应该是神圣罗马皇帝查理五世。但他有自己的野心并且主要关注西班牙这个通过发现美洲而新富起来的国家。因此，他一直是个天主教徒，“把罗马看作自己的靠山”。所有这一切只对路德有利。不过，他发现，尽管他的大部分抨击指向整个基督教教会，但是在自己国家发起改革却要容易得多。“他从改革一个世界性的教会转向建立一个德意志的教会。”[22] 这在《致德意志基督徒贵族的信》中很明显，在这封信中，他用一种革命性的语气否认教士阶层可以形成一个“独立的精神领域”，并且竭力主张德意志贵族褫夺未被改革的教士的土地。准备以这种方式获利的骑士和贵族大有人在，因此一开始宗教改革很快和更广泛地争夺政治、经济霸权的斗争结合起来。[23]

然而在新教“民族化”的过程中，它自身的腐败初见端倪。最初的路德教主张，为了自由，一个人的行为不应该违背良心或被迫违背良心。这是绝对诚实的正确之路，是那个时期的思想支柱，它不仅是新教的思想支柱，也是当时正在兴起的人文主义和科学革命的思想支柱。但是路德变了。在极其短暂的几年里，他开始接受（甚至开始证明其合理性），用“公民力量”之剑来拥护信仰。[24] 在某种程度上，这是他自找的，因为三组叠加事件（骑士战争、农民起义和再洗礼派运动）迫使他采取这一立场。

第一个事件是骑士战争，其爆发的直接原因是路德敦促属于教会的土地应该被没收。但爆发在1522年的这场战争，尽管使德意志的政治状况紧张化，却失败了。在三年后的1525年，德意志农民难以忍受贵族施加的压力（贵族开始感受到美洲白银的到来而引发的通货膨胀压力）。而且路德教教义指出，《圣经》揭示所有人都平等，农民受到这个教义的影响，发起了他们自己的起义。然而，不幸的是，这次起义的领导权被再洗礼派掌控。他们的名字来源于对婴儿洗礼的反对，反对的理由是婴儿太小，没有信仰，而没有信仰，圣礼就是无效的。再洗礼派教徒在这场改革中的重要性和相关性在于，他们完全排斥教皇统治集团。对他们来说，如果像《圣经》启示的那样虔诚地信赖上帝，就可以取代教权等级制。事实上，许多再洗礼派教徒要极端得多，他们相信自己能直接与圣灵沟通，因此不需要《圣经》。对他们来说，基督再临即将发生，天启的世界“净化”即将到来。20世纪的社会学家卡尔·曼海姆认为“千禧年说”（一种相信耶稣即将再临世界的信条）同农民起义一起，标志着现代历史上的一个决定
461 性转折点。他的论点是，它引发了一个社会革命时代。“如果我们在这里把政治理解为社会各阶层有意识或无意识地参与到实现某种世俗目的（而不是宿命论地接受事件的本来面目或宿命论地接受来自‘上层’的控制）的进程中，正是在这一点上，现代意义上的政治开始了。”[25]

不管曼海姆是否正确，需要强调的是，这种反应不是路德的目的（又一次偶然革命）。事实上，他支持贵族，反对农民。他的观点是信仰和政治不应该混淆，基督徒的责任就是服从合法的权威。具体而言，对他来说，教会要屈从于国家。“对德意志来说，路德思想带来的结果是，它区分了精神的内在生命和个人的外在生命，前者是自由的，后者屈从于不可攻击的权威。德意志思想的这种二元性从路德时期一直延续到现在。”[26]

事实是，路德的性格中也有说不通的地方。他一方面支持权威，但总的说来，不得不说路德教摧毁了权威，当然是就有组织宗教而言。在使人们不受宗教权威约束的同时，新教也在其他方面使人们获得自由。与新教同时发生的美洲大发现和科学革命是反对权威、展现个性的人获益的完美竞技场。路德自己并不乐于见到不断增长的经济个人主义，它并不总是和他重视的虔诚相协调。但如果没有因他而引发的其他形式的自由，他也不能期望个人主义的实现。[27]

与路德十分不同的是约翰·加尔文。他是另一代人，出生于1509年，来自庇卡底努瓦永的一个资产阶级家庭，名为让·肖维内或让·加尔文。他本想进入教会，但他摒弃了神学，改学法律。他的父亲把他送到巴黎，在那里他就读于蒙太古学院，那里也是伊拉斯谟和拉伯雷学习神学的地方。[28]他有一头深色头发，皮肤苍白，性情“敏感”。加尔文后来“突然皈依”新教，但从某种意义上，他早有准备：他的父亲去世时被“绝罚”，加尔文在为他举行一个基督徒葬礼时面临着“无穷无尽的困难”。这让他怨恨天主教会。

皈依后他背离了罗马，也离开了法国。他在还不到三十岁时，完成了《基督教要义》的初稿，“它是宗教改革最重要、最明晰易懂的著作”。路德的著作是他郁结已久的内心感情的檄文和倾泻，而加尔文则着手制定一整套缜密有理、逻辑系统的道德、政策和教理体系。一本开始计划只有六章的书到 16 世纪 50 年代末变成八十章。[29]“这一教理的核心是，人在万能的上帝面前是无助的。”加尔文从路德的论纲得出了合乎逻辑，甚至是狂热的结论。他说，人无法改变自己的命运：他要么生来是被拯救的，要么预定进入地狱。从表面看，这几乎不是一个乐观的教义，但在加尔文体系下，没有人十分清楚自己是否是被救赎的。他说，总的来说，“被选中的人”（他用来表示被救赎者的词）会通过自己在地球上的“模范”行为表现出这一点。但你永远无法确定。在某种程度上，这是一
462 种宗教恐怖。

碰巧，日内瓦刚好对它的天主教主教不满。随后的混乱对加尔文和他的思想有利，即国家应当从属于教会，对上帝的服从要先于对国家的服从（它是以另一种形式重演的叙任权斗争）。随着日内瓦反天主教情绪的高涨和宗教圣像被打碎，加尔文作为《基督教要义》的著名作者，被邀请到那里，帮助把日内瓦建成一座基于《圣经》模范的城市。[30]他一到，就被指定为“《圣经》宣读者”，而且严格地说，他从来就只是一个牧师。但那就好像说尼禄只是一个小提琴家。加尔文接受了邀请，前提是日内瓦人采纳他的规则，这些规则体现在他草拟的法规上，即《教会法规》和《关于人民政权的法典》。从那时起，日内瓦人按照加尔文的规则生活。牧师每年都拜访每个家庭一次，以确保人们对信仰的忠诚。任何违背信仰的人都被迫离开、进监狱，最糟糕的情况要被处死。[31]

加尔文教的实质在于道德规范是强制执行的，而且要严格执行，而新教教义在加尔文创立的日内瓦大学得到发展。[32]他建立了两个政府分支机构，即传教部和宗教法庭。传教部的主要目标在于建立一支可被称为由传道者组成的“军队”。他们必须遵守一定的规章，遵循一定的生活方式并成为表率。宗教法庭的责任是管理道德行为。它由十八人组成，六个牧师

和十二个长老，而且有将人绝罚的权力。正是这个每周四开会的法庭负责日内瓦的恐怖独裁统治，丹尼尔·布尔斯廷称此为《圣经》道德的统治。日内瓦提倡一种生活方式，一种将变得很常见的生活方式：早起、努力工作、总是想着树立好榜样（例如只读积极向上的文学作品）。节俭和节制是最重要的美德。正如一位历史学家所说的："这是一个创造新人类的尝试……教会不仅仅是崇拜上帝的一个机构，还是打造适合崇拜上帝的人类的机构。"[33] 这种体制被称为"清教"运动。[34]

但是路德教和加尔文教隐含的社会变化和思想变化比这更细、更微妙。例如，作为《圣经》极端主义者，他们对科学新发现不满，下一章将提到这一点。然而从哲学角度上说，这些发现来源于那些按自己良知行事的人的观察，新教徒不得不支持这一点。同样相关的是，新牧师不是通过圣礼控制通往神灵之路的代祷者，而是"平等人群中的领导者"。他们带领的是用当地语言读《圣经》的识字的教众。加尔文教学校强调的是机会的平等：而且没有人能决定那会通向何方。[35]

加尔文的经济观念也是向前看，而不是向后看（从某种意义上说偏离《圣经》）。传统观念认为，人们"除了生存必需品外"，不再需要任何东西。他认为这种观念过时了。这种中世纪的观念"使掮客蒙上寄生虫的污名，把贷款人被污蔑为贼"。加尔文不喜欢为炫耀而铺张浪费，但他承认财富的积累如果处理得当，是有用的。[36] 他赞成商人应该为他所借来的资金付利息，因为那会使每个人获利。[37] 在 20 世纪初，德国社会学家马克 463
斯·韦伯在他的《新教伦理与资本主义精神》一书中提出了一些激烈的观点。在该书中他认为，尽管资本主义发展的条件在许多历史阶段都存在，但只有在出现新教及其"使命"和"入世苦行"的概念后，一种"理性的经济伦理"才得以产生。后来，理查德·亨利·托尼在《宗教和资本主义的兴起》一书中强调加尔文教比路德教更有利于资本主义。[38]

但宗教改革创立现代政治还有一个更直接的方式：它帮助建立了现代国家。路德论纲的成功不仅在于摧毁了天主教统治集团的普世野心，还使（日内瓦之外的）宗教从属于国家，教士的身份降为只不过是个人“内心生活”的守卫者。在德意志、法国随之而来的宗教斗争以及后来在三十年战争期间整个欧洲大陆的宗教斗争都有利于塑造正在形成的欧洲：一个由独立的、有主权的民族国家组成的欧洲。[39] 有疆域的民族国家和重商的中产阶级是我们所说的现代历史中最重要的两个要素。路德从来没预料到这一点，但新教是 16 到 17 世纪欧洲的中心力量从地中海国家流失而出现在阿尔卑斯山以北的主要原因。

罗马教廷错误地判断了北方发生的事。虽然好几个世纪以来，德意志一直是教皇的麻烦，但一直在掌控之中。这就解释了为什么罗马那边没有做出迅速的、严厉的回应，为什么当时的教皇利奥十世觉得新教的变革不过是“修道士之间的口角”。[40] 无论如何，让一个腐败的组织发生改变几乎是不可能的。在天主教会统治集团里，察觉到危险的一个高层人物是乌得勒支的枢机主教博埃延斯，他在 1522 年成为阿德里安六世，是历史上唯一一位来自荷兰的教皇。在对枢机主教团的第一次演讲中，他坦白承认，腐败行为如此恶劣，“那些陷入罪恶之中”的人们“不再闻到他们的邪恶散发出的恶臭”。[41] 如果他能自主行事，阿德里安六世会自上而下地清除污秽。但是他周围都是获得既得利益的意大利人，他们让他的每一个措施都以无效告终。他们不需要长时间地阻挡他，仅一年后，阿德里安六世就去世了。他的后继者朱利奥·德·美第奇成为教皇克雷芒七世（在位：1523—1534）。他来自一个（至今）强大的家族，自己却是一个软弱的人，这是一个致命的组合。当路德在德意志从事他的改革时，克雷芒七世在世界舞台，或他所认为的世界舞台玩复杂的外交把戏。他通过让法国国王和当时安顿在西班牙的神圣罗马皇帝查理五世相斗，试图为自己和教会增加荣耀。克雷芒七世和双方都签订了秘密条约，但被揭露，这两方自然而然对他不信任。更糟的是，教皇的错误判断使意大利（与法国、西班牙比要弱小）成了战场。掠夺者的眼睛转向罗马。[42]

事实上，第一次攻击不是来自西班牙或法国，而是来自罗马众多宿敌中的一个：科隆纳家族。1526 年，庞皮欧·科隆纳（本身是一位枢机主教）领导了一场对梵蒂冈的攻击。教皇的几个同伴被杀害，而克雷芒七 464
世自己利用一个为预防此类事件而建造的秘密通道逃跑了。这两个敌对的家族平息了他们的斗争，但这个小冲突只是突显了罗马的软弱。真正的劫掠发生在十二个月后。尽管对此负责的军队名义上属于查理五世，但他们实际上是叛变的雇佣兵。尽管他们打垮了法国国王的军队，但没有得到酬劳。军队的主力是来自中欧日耳曼领地的条顿人，也就是新教徒。出于对战利品和宗教信仰同等的兴趣，他们满腔热情地进军西方基督教世界的首都。[43]

1527 年 5 月 6 日开始的这次劫掠真的很可怕。任何反抗条顿人的人都被杀死了。未被付之一炬的宅邸和宫殿也被洗劫一空。教皇、大多数住在罗马的枢机主教和梵蒂冈官员都在圣天使城堡的堡垒里寻求安全。在城门已经关闭的情况下，一位枢机主教不得不坐在篮子里被用绳索拉到安全的地方。至于其余的人……“不同年龄段的女性被当街强奸，修女被聚拢在一起赶进妓院，神父被鸡奸，平民被屠杀。在首次长达一周的毁灭性扫荡后，两千多具尸体漂在台伯河上，另外将近一万具尸体未被埋葬，而且街上有好几千人被开膛破肚，他们的尸体被老鼠和饿狗吃掉一半。”[44] 光付赎金就花费约四百万杜卡特，那些有钱交纳赎金的人被释放，其余的被杀死。坟墓被挖开，圣人的遗骨被丢给狗，圣物上的珠宝被抢走。除了留足够的纸给梵蒂冈马厩里的马做褥草用，档案馆和图书馆都被烧毁。这次劫掠在八个月后才结束，当时食物吃完了，没有可以勒索的人，而且瘟疫也出现了。[45]

查理五世在财政上的轻率可能是罗马遭洗劫的直接原因，但当时的欧洲还不乏其他说法。其中主要的是上帝惩罚说。就连皇帝军队的一位高级军官也同意这一观点。他写道："事实上，每个人都相信这一切的发生都是上帝对教廷暴政和混乱的审判。"[46] 当然另一方面，条顿人在罗马表现的野蛮行径也被看作"新教异端邪说的真正面目"，而当罗马最后意识到威胁时，这次劫掠也使它铁了心。罗马将以暴制暴，以不宽容对付不宽容，"天主教徒的上帝就要求这样"。[47]

极大的讽刺是，尽管神父的恶行促使许多信徒背弃天主教会，但这类恶行仍然兴盛。天主教高级教士仍然恣意挥霍、放荡不羁，过着一成不变的奢侈生活。主教们仍然不管自己的教区，罗马教廷和以前一样任人唯亲。那时的教皇只是对此视而不见，一味残酷镇压持异见者。教皇谴责新教的教谕一个接一个，一片森林都为此而被砍掉造纸。[48] 正如威廉·曼彻斯特所说："一切背离天主教信仰的行为都遭到由六位枢机主教组成的管理委员会的严酷镇压，有些知识分子被标明属于严格审查对象……托莱多的大主教因为公开表达了对伊拉斯谟的敬仰之情而被判以十七年的牢狱生活。"在法国，光是拥有新教著作就是重罪，宣传异端思想会被判烧死在
465 火刑柱上。举报异端分子可以获得丰厚的报酬，举报人可以得到罪人资产的三分之一。法庭被称为"燃烧的房间"。[49]

书籍审查是镇压背弃信仰行为的一个新的必要举措。印刷书在16世纪中期还是一种新奇事物，但罗马已经清楚它们是宣传煽动性、异端性观点的最好方式。在16世纪40年代，教会拟定了一个禁止阅读或拥有的图书清单。一开始，由地方当局查抄禁书，销毁它们并惩罚拥有者。后来在

1559 年，教皇保罗四世为整个教会公布了第一批禁书书目。教皇说教廷禁书目录上的书对任何阅读者的灵魂都是一种威胁。[50] 伊拉斯谟的所有作品都在书目上（过去的教皇曾从中找到乐趣），连同《古兰经》和哥白尼的《天体运行论》，后者在 1758 年之前都是禁书。伽利略的《对话》在 1822 年之前依然是禁书。继保罗四世的书目之后是 1565 年的特伦托禁书书目，它几乎将欧洲四分之三的印刷书列为禁书。1571 年，教会成立了禁书审查院，以控制和更新禁书书目。教会法现在要求，被允许印刷的书要印有"允许印刷"的字样，而有时"未被禁止"的字样要和审查员的名字一起出现。[51] 这个书单包括科学书籍和杰出的艺术著作，例如拉伯雷的《巨人传》。

但事实上人们没有向禁书书目屈服。作家们辗转于各座城市，躲避审查员，如让·克雷斯潘从法国逃到日内瓦来写他那颇具影响的胡格诺派殉教者传。即使在天主教国家，禁书书目也不受欢迎。这纯粹是因为商业原因，书籍是一种新技术，也是新的商业机会。例如佛罗伦萨的科西莫公爵计算出，如果他遵从教会的指示，在书籍上损失的钱就达十万多杜卡特。他的反应具有代表性。他组织了一次象征性的书籍焚烧活动，烧毁了与巫术、占星术等有关的书籍。这些书理当查禁，但商业价值不大。另外，地方禁书审查院代表经常表现得通情达理，例如他们赞成犹太人的医学书籍应该幸免：需要用它们推动科学进步。因此以这样或那样的方式，通过耽搁或拖延，或决定某些书籍不受地方检查，佛罗伦萨人（其他地方也有，例如法国）设法规避了大部分法令，禁书多少能得以继续自由地流通。无论如何，信奉新教的印刷工专门印刷禁书单上的书（它们只会让人们更好奇），并把它们偷运到天主教国家。"神父、修道士甚至是高级教士竞相在黑市上买（伽利略的）《对话》，"一个观察者说道，"全意大利黑市上的书价从原来的半斯库多涨到四到六斯库多。"[52]

天主教对路德和加尔文思想的回应被称为反宗教改革运动或天主教复兴运动。罗马异端裁判所和禁书审查院是这场思想斗争的两个早期的，而且是长期的方面，但决不是唯一的方面。还有四个方面对塑造我们的世界
466 有着持久的影响。

最早的事件发生在英格兰，被称为廷代尔事件。威廉·廷代尔是英格兰的一位人文主义者，就像他的同时代人一样，他拥护亨利八世即位。[53]当亨利八世捎信给罗马的伊拉斯谟，邀请他到英格兰定居时，伦敦的人文主义者更是倍受鼓舞。他们都错了。伊拉斯谟一到英格兰，亨利八世就对他失去了兴趣。至少一开始，国王变得比以前更信奉天主教。亨利八世的英格兰对异教徒不怎么仁慈。

正是在这样的历史背景下（对人文主义者来说是紧张的背景），威廉·廷代尔决定用英语翻译《圣经》。他第一次有这个想法时是个大学生（在牛津大学和剑桥大学）。1521年，他一被任命为神父就开始工作。“如果上帝赐给我更多时间，”他对一个朋友说，“不需要很多年，我会让扶犁的男孩比你更懂《圣经》。”[54]翻译在今天似乎是一件无伤大雅之事，因而我们很难体会到廷代尔面临的巨大挑战。但一个令人清醒的事实是，教会不希望太多的人阅读《新约》。事实上，梵蒂冈强烈地反对《圣经》翻译。能接触到《圣经》的只能是教士，这样他们才能按照罗马的利益来阐释上帝的讯息。[55]在这种情况下，用本国语翻译《新约》可能是件非常危险的事情。

当廷代尔在英格兰找不到愿意将他的手稿排版的印刷工时，他第一次意识到眼前的麻烦。他被迫越过海峡，首先在（天主教的）科隆找到了一位出版商。然而，在最后关头，当廷代尔的文稿已经排好版时，有人泄露消息给当地的教长。教长告到当局，这次出版活动被镇压了。廷代尔现在意识到自己的生命岌岌可危，就逃离了科隆。德意志人联系了英格兰的枢机主教沃尔西，后者又报告了国王。亨利八世宣布廷代尔是逃犯、罪犯，

在英格兰各港口设立岗哨，命令一看见他就将他逮捕。[56]但廷代尔对他终生的事业充满热情。1525年，在信奉新教的沃尔姆斯，他遇到了另一个印刷商彼得·舍福尔，后者同意出版他的作品。六千本（在当时是很大的印量）被运送到英格兰。但廷代尔仍然是一个被监视的人，他不敢在任何一个地方待上好几年。只有到1529年，他觉得在安特卫普安家是安全的。这是个错误。有人向英格兰当局告发了他，在亨利八世个人的坚持下，廷代尔在靠近布鲁塞尔的菲尔福尔德城堡坐了一年多的牢。他最终因异端罪被公开审判，被判有罪并处以绞刑。为确保他不变成殉教者，他的遗体在火刑柱上被烧毁。[57]

然而廷代尔的《圣经》却幸存下来。尽管托马斯·莫尔称其有错误、有误导性，但它是一个不错的英译本（为1611年詹姆斯一世国王的钦定本奠定了基础）。它如此受欢迎，乃至被偷运往英格兰的译本不断被人们传阅，在偏远的乡村，新教徒贵族把它们借出去，“就好像公共图书馆一样”。英格兰的天主教会尽一切力量杜绝这种行为，例如，伦敦的主教买下了所有他能找到的译本并将它们在圣保罗教堂焚烧。[58]

罗马对亨利八世很感激并表现出这一点。之前的教皇把各种头衔授予西班牙国王（“天主教君主”）和法国国王（“最好的基督徒”）。对亨利八世，利奥十世教皇想出了“信仰的捍卫者”这个称号。[59]没有比这个词更具讽刺意味的了。 467

异端裁判所和禁书审查院本质上都是天主教的消极应对措施。这一态度在保罗三世身上得到最典型的体现，是他设立了这两个可怕的机构。在西班牙，在很长一段时间里，光是拥有禁书书目上的书都会被处以死刑。[60]（这个书目一直更新到1959年，最后在1966年被保罗六世废除。）保罗四世同样也很强硬。他曾经是第一任大审查官，担任教皇后，正是他在罗马教廷收藏的著名的古雕像上放了遮羞布。也正是保罗四世找来丹尼尔·沃尔泰拉，指示他将米开朗基罗的《最后的审判》上“比较引人注目的裸体部分”涂上颜料。[61] 庇护五世也差不多。正如班巴·盖斯科恩所说：“加尔文被称为日内瓦的教皇，但庇护五世一定可以证明自己是罗马的加尔文。”他也曾担任宗教法庭大审查官，提议把通奸行为定为死罪，力图赶走城市里的妓女。虽然这两项提议都无效，但至少庇护五世意识到消极的措施是不够的，是他主要负责执行特伦托公会的决议。该会议从 1545 至 1560 年断断续续地召开。

与尼西亚公会和第四次拉特兰公会相比，特伦托公会是天主教历史上最重要的会议。很多天主教徒希望该会议能探索出与新教徒和解的领域，但他们要失望了。该会议完全否定新教神学，断绝了教徒在弥撒中接受面包和酒或甚至聆听本族语祷告文的任何希望。会议的日期很能说明问题。它花了大约二十年时间才召开，时间上的延迟证实在教会里存在各种冲突，尽管好几位君主还没有明确决定自己站在哪一边，而且在 1541 至 1542 年间还有望达成协议。[62] 罗马也本能地、习惯性地不信任这类会议，因为它们在 15 世纪不断攻击教皇的中央集权。我们永远不会知道，如果教会更迅速地做出回应，新教之火是否会被扑灭。事实是，在会议开始审议时，路德再也不能成为任何攻击的焦点了。在开始会议的几个月后，他去世了。

起初，会议的组成成员并不多，只有四位枢机主教、四位大主教、二十一位主教、五个修会的领袖加上一些神学家和教会法专家。[63] 会议第一要务就是决定枢机主教和主教们在会议期间的生活方式，最后规定他们的生活方式要“节俭、虔诚和冷静”。只是在第二年，那时与会人员增加了一倍，会议才开始转向重要问题。第一个决议与新教徒针锋相对，因为会议决定让天主教的“传统”，例如教父的《圣经》评注，享有与《圣经》

同等的权威。[64] 再没有比这更决绝的行为了，因为教会赐予天主教传统与
《圣经》同等的神圣地位。[65] 但正如所预料的，主要的斗争是围绕仅凭信仰
免罪这一概念而展开。路德的革命性思想是，一个有罪之人要做的事是真
正地信仰基督，那样他就会得到救赎。会议强调这远远不够。教会的论断
是，尽管人类在堕落中失去了许多能力，人类仍有弃恶从善的能力。但正 468
如教会阐释的那样，人类实际上需要基督做典范，通过知情同意而成为善
良之人。[66] 会议还重新确定有七个圣礼（洗礼、坚信礼、圣餐礼、忏悔礼、
涂油礼、圣职受任礼和婚礼），反对路德关于《圣经》中只有洗礼和圣餐
礼这两个圣礼的主张。[67] 圣礼的数量对教会结构当然极为重要，因为忏悔
（告解）只能说给神父听，而神父只能由主教任命。而且会议坚持认为炼
狱真的存在，它实际上是 6 世纪的一个“产物”。这有助于拥护有关赎罪
券的教义，尽管会议确实规定任何赎罪券买卖都是非法的。[68] 因此特伦托
公会的重点在于重申了天主教极度腐败外壳下的教义，使许多问题比以前
更绝对化。特伦托公会这种毫不让步的态度为 17 世纪可怕的宗教战争埋
下了伏笔。[69]

目前为止所提到的每一次反宗教改革行动都是消极的、禁止性的或暴力的。但在教会里有一些人看到真正的前进道路是从思想上把握主动权，与敌人进行思想上的战斗和辩论。领会到这一点的是依纳爵·罗耀拉。依纳爵于 1491 年出生在西班牙北部巴斯克地区的罗耀拉城堡，他本可以轻易地成为数量不断增长的美洲征服者的一员，这些征服者成群结队地横跨大西洋。他自己承认他沉湎于“这个世界的万千浮华”。事实上，他曾是一名士兵，但当他的腿在一次围攻中被一发炮弹直接击中后，他的军旅生涯就结束了。据传，他在自己的城堡恢复身体时，发现他身边的书没有哪一本令他满意。愤怒之下，他拿起了一本圣徒传记，这是一个转折点。在

彼时彼地，“他实际上似乎已经决定成为一名圣徒，一种新的浪漫主义英雄。‘圣多明我曾这样做过，因此我必须这么做；圣方济各这么做过，因此我必须这么做’”。[70] 他为自己成为“圣徒”制定的训练方法详细地表现出军人身上才能看到的那种纪律性和对细节的关注。这种训练方法叫灵性操练，它仍然是罗耀拉创立的耶稣会里自律的基本课程。“它是一个不多不少为期四周的训练计划，是耶稣的精兵的精神训练课程，目的在于通过关注地狱的恐怖、福音故事中的救世真理和基督的典范，使思想从现世超脱出来。”[71] 有一个旨在产生身体上自我厌憎情绪的训练方法是这样的：“让我看看我身体的污秽和丑陋。让我把自己看作脓包，浑身流着各种可怕的、令人恶心的毒汁。”

三十三岁时，依纳爵在巴塞罗那大学学习，后又转到巴黎大学。在那儿，随着其思想的发展，他吸引了一群数量少但十分虔诚的追随者。他们修习他的灵性操练，并最终集体发誓通过为罗马教皇保罗三世献身和允诺“绝对忠诚”来敬奉基督。[72] 在他们的纲领里，他们宣称自己的主要目的是“宣传信仰”，尤其是“教导儿童和未受教育之人去信仰基督教”。他们把自己看作是基督和教皇的精兵，愿意去教皇让他们去的任何地方，“不论是土耳其人的国度、新大陆、路德教徒的国家还是其他地方，不管他们是异教徒还是信徒”。

469 当依纳爵于1556年去世时，罗马的耶稣会大教堂已经建立。今天在他的坟墓对面立着一座纪念碑，来纪念接替他的那个耶稣的战士。圣方济各也曾在巴黎大学读书，他领导着耶稣会，将基督教传播到东方异教徒当中。圣方济各以灵魂的征服者而著称，他从果阿游历到香料群岛和日本。他于1552年去世，生前一直等着有机会去东方的大宝石，即中国这个闭关锁国的帝国。[73]

事实上，耶稣会在东方的经历错综复杂。在欧洲，他们专门教育贵族，我们可以说这反映出他们的政策关注的是领导者和能影响舆论的人。在亚洲也是如此。毕竟在君士坦丁大帝身上有个很好的基督徒先例。约在1580年，他们早期成功的例子是信奉伊斯兰教的印度君主阿克巴。然而耶稣会在中国的命运却很不同。耶稣会的确赢得皇帝的信任，但更多的是通过科学而不是神学。甚至他们花了很多年时间协商才能进北京。当他们第一次进北京时，他们送给皇帝的第一批礼物是一尊圣母像和一个报时的时钟。皇帝十分喜欢这个时钟，对圣母像却不那么喜欢。他很快把它送给了太后，即他的母亲。耶稣会士在北京几乎活动了两个世纪，因他们在数学和天文学上的卓越才能而被接受。但他们没有使多少人皈依基督教。相反，他们发现中国人有如此多的东西值得欣赏，以至于他们不久就穿起中国丝绸制成的衣服，参加儒家的祭祖仪式。[74]

至少起初，日本总的说来似乎是一个更好的选择。1551年，方济各说他在日本留下了约一千名皈依者，他们主要是大名，即当地的领主。然而到17世纪早期，耶稣会称有十五万皈依者，而且据某些统计，有三十万之多。“武士阶层尤其容易皈依，或许因为他们和一些有贵族、军人背景的耶稣会成员有相似之处。”但这只会使基督教成为日本统治阶级内部政治的一个问题。约在1614年，当这一问题变得暴力化时，皈依对新基督徒产生了不利影响。一个日本的宗教法庭出现了，基督徒成为酷刑的受害者。说到其残忍程度，无疑能和欧洲的残酷行为相提并论。例如，在江户，六十个甚至更多的日本基督徒在海滩上被倒着钉在十字架上，“被涨起的潮水淹死”。[75]

耶稣会在远东地区的努力从总体上说是一个彻彻底底的失败。然而，他们在西方却成功得多（现在拉丁美洲的基督徒成为罗马教会最大的单一群体）。但耶稣会不是反宗教改革时期唯一成立的新修会。天佑教士中坚会、圣保罗教士会、布道兄弟会、奥拉托利会和钉子教会（因为他们最初在一个教堂做敬拜仪式，该教堂保留真十字架上的一颗钉子做圣物），所有这些都是传教或教育的修会。罗马最后意识到，在新的环境中，使人们保持天主教信仰的最好方式就是趁他们年轻的时候下手。

在宗教改革的其他影响中，我们要强调的一点是，存在好几种新教：除了路德教和加尔文教外，还出现了英国圣公会，它更重视圣礼和礼拜仪
470 式上的祈祷，而不是布道，而在欧洲大陆重视的却是布道。在欧洲大陆，布道至高无上的地位“导致从爱尔兰到立陶宛的归正会内部进行大规模的改造。现在成为会众关注焦点的是这个引人注目的木制布道塔楼，而不再是祭坛或圣餐桌”。[76] 布道时总是有一个沙漏，为的是让信徒确切地知道还要进行多长时间。迪尔梅德·麦卡洛说布道是一种比剧场流行得多的戏剧形式。在伦敦，每周有“成百上千”场布道，与仅有的十三个剧院形成对比。这种布道崇拜来源于教义问答书（即关于宗教教义的手册）的增长，“一个多世纪来，它是［全欧洲］最常见的教育方式”。[77] 另外，这种一周一次的“来自讲道坛的思想盛宴”使信奉新教的欧洲更重视书本，因而可能比信奉天主教的南方更有文化。根据一项统计，1500 至 1639 年英格兰出版的“重要宗教著作”多达 750 万册，与 160 万册的世俗诗、戏剧和十四行诗形成对比。而 1580 至 1639 年，威廉·柏金斯的宗教著作“获得了”188 个版次，而莎士比亚的作品是 97 个版次。[78] 这种文化素质对信奉新教的北方后来的命运有不可估量的影响。

新教还恢复了忏悔的公共性（忏悔的凳子变得普遍）和所谓的“宽恕戏剧”，在我们今天听起来像是干涉隐私，但和韦伯强调的资本主义纪律有很大关系。新教保持很低的非婚生率，托马斯·克伦穆尔主持的新的婚礼仪式首次强调婚姻可以“因一个人与另一个人共同分享彼此的陪伴、帮助和安慰”而令人愉快。[79] 新教诸教会将新的注意力放在上帝面前男女平

等的思想上，把离婚定为普通婚姻法的一部分。新教改变了天主教对医药的传统观点，并激发了敬拜的愿望，这种敬拜不是以单独的个人或全欧洲的一个大型教会的形式进行，而是以小团体形式进行，这些小团体最终成为卫理公会派教徒、贵格会教徒等。这些不同教派是产生宽容……和怀疑的一种方式。它的确是一次偶然的革命。

在1563年12月的最后一轮会议上，特伦托公会将注意力转向艺术在后路德世界的作用。[80]它重申了绘画在指导信仰上的作用，但在那个时期的背景下，会议坚持应该严格遵循《圣经》里的故事，教士有责任监管艺术家。教士得到这个角色，引发了许多阐释会议决议的手册。其中许多手册得出的结论比特伦托公会原定的结论更具迫害性。[81]

鲁道夫·维特考尔在研究特伦托公会对艺术产生的影响时说，这些阐释者，像圣查尔斯·博罗密欧、枢机主教加布里埃莱·帕莱奥蒂、吉里奥·达·法布里亚诺和拉法埃诺·博尔吉尼，强调三件事：艺术应该清晰、直接，应该写实，应该是“对虔诚的一个情感刺激”。[82]维特考尔说，与文艺复兴的意象化相比，特伦托公会引起的主要变化是，完完全全地展现真相“现在被认为是根本”。必要时，例如在耶稣被钉十字架的故事中，基督应该表现出“受折磨、流着血、被吐口水、皮被划开、受伤、被扭曲、脸色苍白和不堪入目的样子”。此外，应对一个人的年龄、性别、表情、手势和衣着进行一丝不苟的表现。艺术家必须注意《圣经》里所说 471
的，并遵守那些“规则”。同时，会议竭力禁止对各种形象的崇拜；“（对绘画和雕像）表现的敬仰的对象是那些形象所代表的原型”。[83]

这些不安定的思想状况共同在艺术上产生了大量变化。最重要的是巴洛克风格，它实际上是反宗教改革的风格。在特伦托公会之后，在积极的教皇西克斯图斯五世的任期（1585—1590）里，他力图重建罗马，力图在罗马陷落后恢复其昔日的辉煌，这是新艺术形式的第一次行动。枢机主教帕莱奥蒂作了总结，他这样描述17世纪初的罗马艺术："教会想……既赞美殉教者的勇气，又点燃其信徒的灵魂之火。"这很好地表述了巴洛克艺术的目标。继西克斯图斯五世之后的保罗五世完成了圣彼得教堂的建造，因此西克斯图斯五世和保罗五世把异教的罗马变成了基督教的罗马，他们的目标是"通过在信徒面前展现这样华丽的景象"，使教会有"人间天堂的形象"，尤其表现在建筑和雕塑上。[84]"巴洛克鼎盛时期，即在其发展最辉煌、最充分的时候，是建筑、绘画和雕塑艺术的结合，它们共同作用于观者的情感；例如，使观者投入到圣徒的痛苦和狂喜中去。"[85]巴洛克艺术最伟大的倡导者是贝尼尼，他在石头上的造诣是很多人甚至在绘画上都无法做到的。

贝尼尼华丽、浮夸的人物属于古典巴洛克风格，而17世纪初精神自信高涨，产生了非常简单但十分震撼的卡拉瓦乔式绘画，非常真实，对细节一丝不苟但十分虔诚。回顾巴洛克风格，人们不禁感到，尽管像贝尼尼和卡拉瓦乔这样的艺术家心里想着反宗教改革的目标，却也有为艺术而艺术的炽热之爱，而这是特伦托公会坚决抵制的。例如，就是在保罗五世统治下的这个时期，兴建了罗马的大部分喷泉，罗马现在是一个喷泉的城市。

新的精神自信也体现在大规模兴建教堂的时期，尤其在罗马，通常为新修会而建的教堂都十分宏伟。这些意在使教众产生敬畏之情而设计的新建筑见证了巨大华盖下壮观的讲道坛上那些伟大、激昂的布道。华盖用金银珠宝和精美的织品做成。而且最重要的是产生了新的图像。这明显不同于传统的图像。从耶稣的故事改为英雄事迹（大卫和歌利亚、犹滴和荷罗浮尼）、忏悔的典范（圣彼得和回头浪子）、殉教的光荣、圣徒的幻象和狂喜。[86]随着教堂变大，图像也变得更大、更宏伟。正如前文提到的，这个

巴洛克鼎盛时期以贝尼尼为典型，他是“一个戏剧天才”，曾为五位教皇
工作过，但主要是乌尔班八世（1623—1644）。总的说来，他们对艺术采
取更具审美性的态度，帮助提高了艺术质量，使它从16、17世纪之交巴
洛克艺术典型的淡而无味的神秘色彩中摆脱出来。最好的例子可能是贝尼
尼的《圣特雷莎》，一个狂喜中的圣徒雕像，看起来好像是悬在半空。“这
只能根据观看者暗示的、假想的心境看起来才会像真的。”[87]在巴洛克艺术 472
里，奇迹和奇妙的事都被赋予极大的真实性。这主要基于亚里士多德在《修
辞学》里的论理，他说情感是人类最基本的要素，凭借情感而产生劝导。

在这个时期，艺术上另一完全不同的系列事件是“题材”的发展，尤其是风景画、静物画、战争场景和狩猎场景。许多艺术史学家认为决定性的一步是在17世纪迈出的，从一个主要是宗教艺术的世界转向更世俗的形式。维特考尔就是这些史学家中的一个：“在1600年左右的那些年，教会艺术和世俗艺术之间酝酿已久的明显分离成为不争的事实。”[88]17世纪头二十五年后，艺术家第一次能够靠全身心致力于专门题材而谋生。尽管静物画和战争题材的画很流行，却是风景画成为所有非宗教题材中最重要的一种，由此产生了普桑和克罗德。

然而归根到底，罗马的巴洛克艺术最杰出的成就是圣彼得大教堂，这
里面存在重要的讽刺意味。这座宏伟的建筑经过两代人才完成（华盖在
1636年完成，其他部分在17世纪60年代完成）。结束三十年战争的《威斯
特伐利亚和约》（1648）明确表明，自此以后欧洲各国不经过罗马教廷就可
自行解决本国事务。在罗马拥有最伟大的物质荣耀时，罗马在思想上的支
配地位开始无可挽回地衰弱。权力和思想上的领导地位已经移向北方。 473

23

实验天才

科学革命“使自基督教出现以来的一切都暗淡无光，文艺复兴和宗教改革也不过是中世纪基督教世界的插曲和内部更替而已”，英国历史学家赫伯特·巴特菲尔德在1949年出版的《现代科学的起源，1300—1800》中如是说。[1] 这代表了对“科学革命”的一种观点，即在1543年哥白尼有关太阳系的著作出版，和约144年之后1687年艾萨克·牛顿《自然哲学的数学原理》出版之间发生的改变，从根本上颠覆了我们对自然的理解，并且这种颠覆是永久性的。现代科学诞生了。亚里士多德式的世界观被淘汰，牛顿式观点取而代之。（牛顿的同代人，至少他们中的一些人，抱怨他毁掉了彩虹的浪漫，抹杀了人们对天使的需求。）朴素、渐进、精确的理性取代了中世纪模糊、随性、超自然的猜想。正如巴特菲尔德所坚持的，这是自伦理一神教出现以来最重大的思想转变。

这种观点在过去的25年受到攻击，而这种攻击与本书导论部分提及的、由约翰·梅纳德·凯恩斯首次公开讨论的牛顿某些文章的发现有相当大的关系。这些资料表明，除了物理和数学之外，牛顿长久着迷于炼金术和神学，尤其是《圣经》年代学。这使得一些现代学者，比如贝蒂·乔·多布斯和I. 伯纳德·科恩，开始质疑，在这些爱好的影响下，牛顿和一些同代人是否拥有真正的现代思想。多布斯和科恩提醒我们，牛顿试图论证自然界“神圣活动”的规律，来证明“上帝的存在和天意的关怀”，因此他们对其思想上的转变是否果真如此深刻产生怀疑。他们同时指出，现代化学的产生是在牛顿之后很久的18世纪，因此认为，如果我们所说的科学“革命”是指“突然的、根本的和全面的”变革，那么这不能算作真正的科学革命。[2]他们进一步指出，哥白尼私底下是一个“怯懦的保守派”，根本不具有革命性，17世纪世界上有将近十个“太阳中心论者”，开普勒则是一个“内心备受煎熬的神秘主义者”。这些“英雄”都不是冷静的理性主义者。因此我提醒读者，后文所论述的事件是饱受争议的。我将在本章的最后重新讨论这一点。 474

科学家认为，我们现在的生活是第二次科学革命带来的。第二次科学革命仅仅开始于一百多年前的19、20世纪之交，此时量子、基因和潜意识同时被发现。第一次科学革命起源于一系列类似的同时发生和同样重大的事件，它们是天体太阳中心说，万有引力的证实，对光、真空、气体、人体和微生物认识的重大进展。[3]人们仍然无法完全明白为何这些进展会差不多同时发生。本身就是一场革命的新教无疑是其中的原因之一，因为它强调个人良知。宗教改革的其他影响之一是说服人们进行反思，如果如此众多且各异的人都相信他们受到神启，他们不可能全都正确。因此，很明显，神启一定经常出错。资本主义也是原因之一，因为它强调物质主义、金钱和利益，专注于计算。各行各业的不断精确化也发挥了重要作用。新大陆的发现及其与众不同的地理、植物和人文也是重要推动力。最后一个总体背景因素是1453年君士坦丁堡的覆灭，这切断了当时欧洲与古希腊文化及其带来的一切之间最后的联系。在此之前不久，西西里的书稿商和收藏家乔万尼·奥利斯帕仅在一次访问之后就带回了至少238本希腊手稿，将埃斯库罗斯、索福克勒斯和柏拉图介绍给西方人。[4]

托比·赫夫也让人们注意欧洲之外的科学落后的原因。最晚到11世纪，穆斯林的中东拥有“成百上千”座图书馆，其中设拉子的一座图书馆据说多达360个房间。[5]但是在伊斯兰教制度下，天文学家和数学家通常还扮演另一种叫作穆瓦奇特的角色，即清真寺中的计时员和历法计算员，因此他们很难产生新的想法，因为这些想法可能对信仰造成威胁。赫夫认为阿拉伯的天文学家知晓开普勒所知的一切，但从未仔细思考出太阳中心说体系。[6]中国人和阿拉伯人没有发明等号（=），事实上中国人也相信实证调查可以完全解释物理现象。赫夫认为，13世纪欧洲学者与伊斯兰学者或中国学者数量相当，但后两种文明由于学术被国家或统治者中央集权化，没有形成系统的或共同的怀疑论，最终导致了文明的落后。20世纪的哲学家恩斯特·卡西尔在《符号形式的哲学》中也提出了相同的观点。他举例说，某些非洲部落中，“五”的意思实际上是“伸出一只手掌”，“六”的字面意思是“跳”，即跳到另一只手。在别处，数字与其描述的物体是不分开的：例如，“两条独木舟”与“两个椰子”就不一样，其他物体的计数方式也仅仅用“一”“二”“许多”来表示。卡西尔认为，在这样的体系下，数学不太可能有所突破而产生高等数学。[7]

16世纪，了解天空是科学最重要的目标，这里的科学主要指物理学。
475 在宗教社会，“人的全部命运和其他一切都与天体运动密不可分：天空统治着大地。因此，谁理解了天空是怎样运行的，谁就理解了地球上的一切”。[8]科学革命的主要影响之一（到牛顿思想被接受的时候已经很明显）是天空并不统治大地。正如J.D.贝尔纳所说，当时的科学家开始意识到这个问题实际上并不很重要，这必然贬低了天空的地位。不管怎样，此时力学这门新的科学已被发现，并形成自己的数学体系，微分方程数学。这成为理论物理学的基础。

尼古拉·哥白尼是波兰人，他很幸运，有一个主教舅舅，深受舅舅重视，并由其资助在意大利接受教育。哥白尼大概受到了我们所说的过度教育：他学习了法律、医学、哲学和纯文学，对天文和航海也颇有研究。[9]他对哥伦布的发现很着迷，但他即使加入哥伦布的船队，也不会成为一名优秀的航海家，因为哥白尼实际上是个不太合格的天文学家，他的观测结果错误百出。然而他的一次简单观察足以弥补这些缺点：他认为对天空的传统解释是混乱的。哥白尼坚信托勒密是错误的，因为他意识到，自然绝不像这个希腊人所认为的是自成的一系列复杂的"本轮"和"偏心圆"。哥白尼致力于研究这种混乱，以简化这种解释。他这样描述自己的方法："当我投身于这个几乎无解的难题时，我终于意识到怎样才能用比传统更少和更简单的架构来解释它，如果一些假设（也被叫作公理）允许我这么做的话。它们的顺序是：1. 并非所有的天体轨道都围绕一个中心。2. 地球的中心不是宇宙的中心，只是重力和月球轨道的中心。3. 所有天体以太阳为中心运转，因此太阳是宇宙的中心。4. 日地距离与天空高度（即恒星高度）之比远小于地球半径与日地距离之比，因此相对于天空高度来说，日地距离是微乎其微的。"[10]

众所周知，哥白尼否定了地球是宇宙中心这一说法，但从上述言论看来，还有两点也很突出。第一点，他只是重复了阿基米德两千年之前的思想。第二点在理论上的重要性不亚于对地球中心说的否定，他宣称，天空（天体的所在）比任何人想象的都远。这种观点令人震惊和不安，但与阿基米德不同，哥白尼的观点很快就被接受了。一个原因是，他进一步提出了符合人们观察经验的观点，即地球存在三种不同的运动。首先，地球每年围绕太阳旋转一大圈。其次，地球围绕地轴自转。再次，地球绕日旋转的角度是变化的。哥白尼认为，所有这些都表明，太阳表面上的运动不是始终如一的。某种程度上，这是哥白尼推理中最出色的部分：几百年来，
476 人们都对两种现象困惑不已，即为何夏季长度与冬季不同，为何春秋分不发生在一年的中间，或二至的中间。真正的答案当然是包括地球在内的行星的运行轨道不是正圆而是椭圆。但这种重要的见解（我们将有所探讨）如果没有哥白尼对地球和太阳相对运动的观察，是不可能产生的。

哥白尼的新观点被系统地写进了《天体运行论》（人们通常使用拉丁文书名 *De revolutionibus*）一书，但这些观点存在漏洞。例如，他仍然沿用中世纪的观点，认为行星被固定在一系列大型空心同心水晶球的表面。不过除此以外，哥白尼还是成功地摒弃了混乱的解释，取代了托勒密复杂的本轮观点。[11]

尽管《天体运行论》是革命性的，但并没有立刻引起轩然大波。当哥白尼最终落笔撰写论著并将它寄给教皇时，教皇让它在同行学者之间传阅，学者建议将其出版。虽然书被一个新教徒出版商出版，哥白尼的新思想在整个 16 世纪还是“十分受到尊敬”。1615 年之前，没有人抱怨它违反传统神学。[12]

但到那时，丹麦贵族第谷·布拉赫已经开始了在哥白尼著作基础上的研究。布拉赫家族的财产来自税收的分红，这些税是丹麦人向经过丹麦和瑞典之间的厄勒海峡进出波罗的海的船只征收的。第谷是个爱争吵的人，他在一次决斗中被人削掉了鼻尖，从此在众人面前不得不佩戴一个光滑闪亮的假鼻尖。但是丹麦王室意识到他是一个有才华的科学家，因此在厄勒海峡赐给他一座岛屿，在这里他可以避开争吵，并获准建立了“现代第一个科学机构”，[13] 取名“天堡”，即“天空的大门”。这个实验室还包括一座

天文台。

布拉赫或许没有哥白尼那样的天才思想，但他是一个出色的天文学家。在厄勒实验室里，他做了许多准确的天文测量。1599 年，布拉赫离开丹麦前往布拉格，这些观测成果留在了丹麦。在布拉格，布拉赫被任命为神圣罗马皇帝鲁道夫二世的首席数学家。鲁道夫二世极其怪僻，沉迷于炼金术和占星术。在丹麦，布拉赫的观测成果被同样天资卓越的助手约翰·开普勒所用。他开始试图将布拉赫的观测结果和哥白尼的理论相结合。

开普勒是一个执着、勤奋和敏锐的观察者。像哥白尼一样，他一开始也持传统观点，认为天体排列在一系列同心水晶球上。然而，渐渐地，当他发现布拉赫的观测结果无法与水晶球理论一致时，不得不摆脱这个理论。他没有试图将所有行星都安放在同一个系统中，而是将精力放在了火星上，并在此获得突破。[14] 对天文学家来说，火星的作用尤其大，因为它几乎随时都可以观察到。结合布拉赫的观测，开普勒发现火星绕太阳运行的轨道不是正圆，而是椭圆。有了这个突破，开普勒随即证明所有绕日运行的行星轨道都是椭圆形，甚至月球绕地球运转的轨道也不例外。这产生了两个直接的意义，一个是物理和数学的，另一个是神学的。从科学的角 477
度看，椭圆虽然是个相对简单的形状，但完全不像正圆那样简单，而需要更多的解释：行星是怎样以及为什么在某些点上比在其他地方离太阳更远？因此，椭圆轨道的发现激发了对重力及动力学的研究。同时，椭圆轨道理论对宇宙由一系列中空同心水晶球构成这一观点造成了什么影响呢？它使这一观点失去了立足之地。

不过，椭圆轨道确实解释了四季为什么长短不同。椭圆轨道意味着地球不是匀速绕日转动的，而是在靠近太阳时较快，远离时较慢。但正如开普勒所发现的，系统中有一个始终如一的量，即速率与向径（粗略地说，即行星到太阳的距离）的乘积是不变的。[15] 在研究过火星和地球之后，开普勒仍然用布拉赫的数据，计算出了其他绕日运转的行星的轨道、速度和距离。他发现了另一个不变的量：行星绕太阳公转周期的平方与行星到太阳距离的立方的比率不变。宇宙自此建立起明确的新秩序，正如托马斯·库恩所言，不管它有没有指向上帝，“它一定指向了重力”。

继哥白尼、布拉赫和开普勒之后的第四位科学革命巨匠是伽利略。作为比萨大学的数学和军事工程教授，伽利略偶然得到了一件荷兰发明，这项发明由于荷兰和西班牙的战争而被当作军事秘密。这就是望远镜。尽管他十分清楚望远镜的军事用途（在被敌人清点人数之前先清点对方的人数），他却只对探索天空感兴趣。当他将望远镜对准夜空时，受到了史上最大的一次震撼。他顿时清楚，天空中星星的数量远比之前任何人看到的都多。粗略地说，夜空中肉眼可以看到的星星有两千颗，伽利略通过望远镜发现还有无数颗。这再一次深刻地暗示了宇宙的广袤，因此对神学构成挑战。这还不是全部。利用望远镜，伽利略还观察到三颗，后来是四颗绕木星运转的“星星”或“月亮”，就像行星围绕太阳运转那样。这证实了哥白尼的天体理论，同时伽利略也得到了一个实际上是天体钟的例子。这些天体的运动距离地球太远，因此不受地球运动的影响，所以可以提供一种绝对时间的观念。它为航海者提供了在海上寻找经度的方法。[16]

作为一个军事工程教授，自然而然，伽利略的另外一个兴趣是武器，尤其是我们所说的弹道学。在这一点以及其他很多方面，人们对动力学（弹道学是其中一部分）的基本理解本质上是亚里士多德式的。例如，亚里士多德的掷矛理论认为，将矛掷出时，矛穿过空气，矛尖的空气被排挤到矛杆尾端，将矛推向前方。但矛不可能永远穿行在空气中，因为它会“疲
478 劳”而坠落到地上。对运动的这个解释显然不能让人满意，但两千年来，没有人能给出更合理的解释。在观察了另外一种较新式的武器——加农炮弹之后，情况开始改变了。[17] 加农炮的特点之一是其攻击的角度可以改变。

当炮筒被抬高，不再与地面平行时，射程就会不断增加，直到炮筒角度达到 45°，之后射程又开始减小。正是加农炮弹的这种运动方式引起了伽利略对物体运动规律的兴趣，而另一个因素是定期袭击比萨和佛罗伦萨的暴风雨，伽利略发现在此时枝形吊灯和挂灯都会摆动。他用自己的脉搏作为测量工具，为灯的摆动计时，发现灯摆的长度和摆幅之间存在关联。这发展成为他的平方根定律。[18]

伽利略撰写了两篇著名的论文《两大体系》（1632）和《两种新科学》（1638）。两篇论文都使用意大利语（而不是拉丁语）的对话形式，几乎是戏剧的形式，意在将他的思想介绍给更广泛的读者。在第一篇论文中，三个人，萨尔维亚蒂（一个科学家兼学者）、沙格列陀（一个聪明的普通人）和辛普利西奥（一个愚钝的亚里士多德主义者）讨论了托勒密和哥白尼体系的相对优点。在对话中，伽利略明确表明自己赞同哪种观点，但他也（间接地）讽刺了教皇。这导致了在宗教法庭上那场著名的审判，并使他受到监禁。然而，在囚禁期间，他为《两种新科学》（原来的三个人之间一场关于动力学的对话）做准备。正是在这本书中，他陈述了有关抛射体的观点，并表明在不计空气阻力的条件下，抛射体的运动轨迹是一条抛物线。[19] 抛物线由于呈椭圆形，所以是圆锥的函数。两千年来，关于圆锥曲线的研究都是抽象的；现在，突然间，现实世界几乎同时出现了两处应用实例。而更多的宇宙和谐秩序也已经被发现。

具有讽刺意义的是，《两种新科学》是在监狱里完成的。囚禁伽利略是为了熄灭哥白尼的革命之火。事实上，这却为伽利略提供了反思和创作的机会，而他的著作导致了牛顿的发现，并给了宗教最沉重的打击。

根据 1993 年公布的历史上最有影响力的人物名单，艾萨克·牛顿位居第二，在穆罕默德之后，耶稣基督之前。[20] 牛顿在伽利略去世的那一年

（1642）出生，成长于一个视科学为正常职业或兴趣的环境中。这已经与哥白尼、开普勒和伽利略所处的那个宗教和形而上学至上的环境有很大的不同。[21] 同时，牛顿具有某些跟他们相同的伟大品质，尤其是几乎完全可以独立工作的能力。幸亏如此，因为他的许多开创性工作是在 1665 年他被迫隔离的情况下完成的。当时伦敦瘟疫肆虐，他在自己出生的小村庄林肯郡乌尔索普躲避。卡尔·波伊尔在他的数学史中说这是“有史以来数学发现成果最丰硕的时期”，后来华兹华斯的诗句中也有所体现：“我心永在 / 在思想的远洋中独自航行。”[22]

牛顿最早的兴趣是化学，而不是数学和物理。[23] 但是，在剑桥大学
479 三一学院，他开始阅读欧几里得的著作，听（首位）卢卡斯教席教授艾萨克·巴罗的讲座，熟悉了伽利略等人的论著。17 世纪早期是数学现代化的开端，数学发展为与现在相差无几的形式。[24] 除了牛顿（1642—1727）之外，几乎同时代的还有戈特弗里德·莱布尼茨（1646—1716）和尼古拉斯·墨卡托（1620—1687）。牛顿毕业时，勒内·笛卡尔（1596—1650）、皮埃尔·德·费马（1601—1665）和布莱兹·帕斯卡（1623—1662）也离世未久。[25] 新式数学方法有符号表达式、字母的使用、解数学式以及许多几何学新发现。但最为重要的是引入了对数和微积分。

中国人和阿拉伯人都使用过某些形式的小数，1585 年，法国数学家弗朗索瓦·韦达推动了西方对小数的引入。布鲁日的西蒙·斯蒂文在同年用佛兰芒语发表的《第十》一书中用通俗的方式解释了小数，正是他使小数变得几乎人人能懂。然而，斯蒂文并没有使用小数点。举例来说，他这样为 π 赋值：

⓪	①	②	③	④
3	**1**	**4**	**1**	**6**

他没有使用“十分之一”“百分之一”等表示方法，而是用“首位”“第二位”等来替代。直到1617年，约翰·纳皮尔参照斯蒂文的方法，才提出用点或逗号作为小数分隔符。[26] 英国将小数点作为标准用法，但逗号在其他地区被广泛使用。

纳皮尔（或奈培）并不是专业的数学家，而是一个反天主教的苏格兰领主和莫契斯东男爵，论著颇杂。他对数学和三角学很感兴趣，在对对数进行了二十多年的思考后，才发表了相关著作。对数的名称来源于两个希腊文单词，比率（logos）和数（arithmos）。从1594年起，纳皮尔就在思考数列问题，此时苏格兰国王詹姆斯六世（后来成为英国国王詹姆斯一世）的医生约翰·克雷格前来拜访，告诉他三角函数在丹麦的使用情况。几乎可以肯定的是，克雷格在詹姆斯六世穿过北海去见未婚妻丹麦的安妮时曾与詹姆斯六世在一起。由于暴风雨，他们一行人被迫留在距第谷·布拉赫的天文台不远处，在等待天气好转时，布拉赫招待了他们，并提到了三角函数的方法。[27] 这个术语来自希腊文一个意为“加和减”的单词，是将函数的结果（即积）转化为加法或减法的一系列规则。这就是对数的本质：从几何学的角度，数转变成比率，用这种方式，乘法运算被转化为简单的加减运算，计算变得非常容易。* 牛津大学的首位萨维尔数学教席教授亨利·布里格斯完善并改良了由纳皮尔开始制作的对数表。他最终完成了 480
10万以内所有数字的对数。[28]

因此，说牛顿幸运地继承了如此多杰出前辈的知识成果并不是在贬低牛顿的天才。可以说，万事俱备。牛顿众多耀眼的成就要从纯数学开始说起，二项式定理的推导是他最具创造性的成果，它导致了微积分思想的产生。[29] 微积分本质上是一种用代数方法（即计算和测量）理解可能以无穷

---

* 对数原理可以用以下简单等式来说明：100（10^2）×1000（10^3）=100000（10^5）。将2和3相加得到5远比全部的运算简单和快捷。

小差异变化的属性（如速度）的变化，即连续属性的变化。我们家中的书房里可以有 200 本、2000 本或 2001 本书，但不会有 200.75 或 2001.5 本。但火车运行时其速度可以连续无穷小地变化，从每小时 0 英里到每小时 186 英里（如果是“欧洲之星”的话）。微积分与无穷小差异有关，能够解释宇宙中的许多变化方式，因此很重要。

对牛顿贡献的评价可以从他一度是唯一能够“微分”（计算曲线下的面积）的人来看。微分巨大的难度使牛顿在写作其最伟大的作品《自然哲学的数学原理》时并没有使用微分符号，因为他认为无人能懂。1687 年，《自然哲学的数学原理》出版，它被认为是“受到空前敬仰的科学著作”。[30]

然而牛顿的主要贡献在于他的重力理论。正如 J.D. 贝尔纳所言，哥白尼理论尽管在当时得到广泛认同，“却没有得到任何解释”。伽利略已经指出了一个问题：如果地球真像哥白尼所说是旋转的，“为什么没有四处都起大风，风向与地球旋转的方向相反，自西向东？”[31] 地球按照哥白尼所宣称的转速产生的风应当是毁灭性的。那个时期还没有大气的概念，因此伽利略的诘问是合理的。[32] 还有一个惯性问题。如果地球是旋转的，那么谁在推动它？有人认为是天使，但牛顿对此回答并不满意。基于对伽利略钟摆实验的认识，牛顿提出了地心引力的观念。[33] 伽利略在研究圆摆之前先以钟摆作为开始。正是圆摆实验导致了地心引力概念的出现，这反过来使牛顿产生“重力在行星自由旋转时束缚行星”的观点。（圆摆实验中，重力表现为摆的重量和其向心趋势。）

牛顿对重力问题的漂亮解答对现代数学家而言是令人震惊的，但我们不应当忽略的是，重力理论本身就是更大社会中人们的看法发生变化的一个方面。虽然严肃的思考者不再相信占星术，但天文学的中心问题还是理解上帝思想的运作。但到牛顿时期，天文学目标的神学色彩大大减弱，变得更加实际：用来计算经度。伽利略已经以木星的卫星作为一种时钟，但牛顿希望了解更根本的运动原理。尽管这些基本原理是他的主要兴趣所在，牛顿也意识到一系列数表（在这些基本原理的基础上）将会十分实用。

科学史学家重新梳理了重力思想的起源。首先，意大利人 J.D. 博雷
利提出了重力的概念，将其视作向心力的平衡力，否则行星就会突然偏离 481
轨道。牛顿也抓住了这一点，但他进一步提出，要解释椭圆轨道上行星离太阳越近速度越快这一点，重力“一定不断增加，以平衡不断增长的向心力”。因此重力是距离的一种函数。但是怎样的函数呢？罗伯特·胡克，怀特岛上一位牧师的天才儿子，1666 年伦敦大火之后城市重建计划的负责人，甚至在深至矿井、高至教堂尖顶的不同地方测量不同物体的重量。但是测量仪器的精确度远不够用来证明他的想法。法国的笛卡尔对伽利略的《两大体系》进行了自己的解读，太阳系是一种漩涡或涡流的思想由此建立起来：当物体接近漩涡的中心时，就会被吸进去，除非它们的转速足够快，可以将自己保持在外。[34] 这些观点都很接近真理，但没有正中要害。真正的突破来自爱德蒙·哈雷。作为一位充满热情的天文学家，他远航至圣赫勒拿岛观察南半球的天空。作为日后《自然哲学的数学原理》出版的赞助人，哈雷督促包括胡克、雷恩和牛顿在内的几位科学家从事平方反比定律的证明。从开普勒开始，一些科学家就推测绕行椭圆轨道一周的时间与轨道半径成比例，但没有人研究过确切的比例是什么。至少，没有人发表任何东西。事实上，身在剑桥努力研究他认为更重要的棱镜问题的牛顿已经解出了平方反比定律，但没有像现代科学家那样急于发表，而是自己保留起来。然而，在哈雷的鼓动下，他最终将自己的成果公布。他开始潜心写作“整个科学，尤其是物理学的《圣经》”：《自然哲学的数学原理》。[35]

像哥白尼的主要著作一样，《自然哲学的数学原理》也很艰深，但后者的复杂内容却是建立在清晰理解的基础上的。牛顿在解释“世界体系”，

也就是太阳系时，发现了质量、物质的密度（一种内在属性）以及一种“内在力”，即我们所称的惯性。在《自然哲学的数学原理》中，从思想上说，宇宙是系统的、稳定的和去神秘化的。宇宙被驯服，成为自然的一部分。天体的音乐之美淋漓尽致地展现出来。但该书没有提及上帝的任何事情。神性历史已经变为自然历史。

如今，大多数科学史学家都认为，在牛顿发现微积分九年后，莱布尼茨在完全不知晓的情况下也发现了微积分。这位德意志人（莱布尼茨出生于莱比锡）的才能不输于他的英国同行。他发现 / 发明了二进制运算（用 0 和 1 代表数字）、一种早期相对论、物质和能量本质相同的理念和熵（宇宙能量终有一天会消失殆尽的观念），更不用说“单子”的概念。“单子”来源于希腊语，意为“单位”，即物质的组成部分，不仅指原子，而且包含了原始的细胞概念，即有机体也是由部分组成的。然而，无论是牛顿还是莱布尼茨，他们的最高成就都是微积分。“如果没有微积分，牛顿之后
482 物理学的任何发展几乎都是不可能的。”[36]

《自然哲学的数学原理》和微积分尽管本身很出色和完备，却仅是牛顿成就中的两项。他的伟大成果还有光学方面的。希腊人的光学包括对影子和镜子的研究，尤其是凹面镜，它在成像的同时还可用作取火镜。[37] 中世纪晚期已经发明了镜片和眼镜，后来，文艺复兴时期，荷兰人还发明了望远镜，由此又发明了显微镜。

牛顿将两种发明结合起来，形成了反射望远镜。他发现，直接从望远镜中观察的星星通常拥有彩色的边缘，而它们在镜中的像却没有，于是想弄清为何这些彩色边缘会出现在望远镜中。正是这样的想法使他开始了对望远镜的实验，继而导致了对棱镜属性的研究。由于与在中世纪具有宗教意义的彩虹相联系，棱镜最初是幻想的对象。然而，任何热衷于科学的人都能观察到，彩虹的颜色是阳光穿过空中的水滴时形成的。[38] 随后，人们

观察到彩虹的形成与太阳高度、红色光线的弯度小于紫色光线有关。也就是说，人们发现了折射现象，但没有很好地理解它。[39]

牛顿的第一个光学实验是在剑桥大学三一学院其住处的木制百叶窗上凿出一个小洞。一小束光透进来，照在他放置的三棱镜上，然后被折射到对面的墙上。牛顿发现了两点。第一，图像是倒立的，第二，光被分解为它的组成颜色。由此他认识到光是由不同的光线组成的，不同颜色受三棱镜的影响程度不同。古人对光线有自己的理解，但与牛顿的理解相反。之前，人们认为光从观察者的眼中传播到被观察的物体上。但牛顿认为光本身就是一种投射物，从被看到的物体向四处射去。事实上，他发现了我们所称的光子。在另一个试验中，他使光线从窗口射进，穿过三棱镜，将光的彩虹投射在凸透镜上，凸透镜继而将彩色的光线聚集在第二个三棱镜上，使第一个三棱镜的作用消失。[40] 也就是说，在设备正确的情况下，白光可以随意地被分解和重聚。如同他的微积分研究，牛顿并没有急于将成果发表，但他的发现一经（皇家学会）公布，人们随即意识到它更为广泛的重要性。比如说，从古代（尤其在埃及）开始，人们就观察到，地平线附近的星星比预期落下的时间更慢，而升起的时间更早。如果假定地球附近有某些物质使光发生弯曲，这种现象就得到了解释。牛顿时期还没有对大气层概念的认识，但牛顿的成果开创了这种观念，因此要归功于他。同样地，牛顿发现钻石和油都可以折射光，因此推断钻石“一定含有油性成分”。他当然是正确的，因为钻石主要由碳组成。这也是现代思想（21 世纪摄谱学和 X 射线晶体学的相关发现）的先驱。[41] 483

第谷·布拉赫位于丹麦赫汶岛的实验室在前文已经讲到了。1671 年，它又一次登场。法国天文学家让·皮卡尔到达那里，发现整个实验室都被无知的当地人毁坏了。然而，当他在废墟中四处徘徊时，遇到了一个与众不同的年轻人。奥勒·罗默看上去对天文学兴趣浓厚且很有见地。

皮卡尔被他的勤奋求知所感动，便将他邀请到法国。在皮卡尔的指导下，这个年轻人开始自行观察天空。在研究早期，令他十分惊讶的是，他发现伽利略以木星的卫星轨道为基础的著名理论是错误的。这些卫星的速度并非像伽利略所讲的一成不变，而是根据一年中的时间而系统地变化。罗默坐下来安静地思考他的数据时，意识到卫星的速度似乎与木星到地球的距离有关。正是这种想法带来了罗默精彩的见解：光是有速度的。许多人不容易相信这一点，但这个观点确实有一个类似的先例。通过观看战场上炮弹的发射，士兵们都十分清楚声音是有速度的：他们总是先看到炮口的烟火，再听到发射的声音。如果声音有速度，那么光为什么不能有呢？[42]

这些物理学的巨大成就反映了一段时期源源不断涌现的改革和创新思想。牛顿本身有一句名言，将自己与笛卡尔做比较，出现在写给罗伯特·胡克的一封信中："如果我比笛卡尔看得更远，那是因为我站在巨人们的肩膀上。"[43]但在一个问题上牛顿是错误的，并且错在关键的地方。他认为物质由原子构成，并这样陈述他的观点："所有这些考虑在内，我认为很可能上帝一开始用坚固、厚实、无法穿透和可以移动的粒子创造了物质，这些粒子有一定的大小、形状和其他的属性，与宇宙成一定的比例，最大地有助于实现上帝创造它们的最终目的；固体的原始粒子远比任何由它们组成的可穿透物体坚硬；甚至坚硬到不会磨损或破碎……但是……合成物容易破碎，它们即将破碎时不会从固体粒子内部，而是从粒子与粒子之间仅有很少接触点的地方断裂。"[44]

正如我们所知，德谟克利特比牛顿早两千年提出物质由原子组成的观点。普罗旺斯教士皮埃尔·迦桑狄阐释了他的思想并将其引入西欧。在此基础上，牛顿尽管在多方面有所创新，但他对宇宙及其内部原子的观点却不包括变化和演化的概念。虽然他极大地提升了我们对太阳系的认识，但太阳系可能有历史这一观点却在他的认识之外。

1543 年，哥白尼最终发表《天体运行论》的同一年，安德雷亚斯·维萨里也用印刷方式，向世界献上关于人体结构的专著。这很可能比《天体运行论》更重要。哥白尼的理论没有对 16 世纪的思想产生直接影响，它的神学影响较晚之后才引起争议。但对生物学来说，1543 年却是一个很自然的终点和新时代的起点，因为维萨里的观点立刻产生了影响。[45] 每个人 484
都好奇自己的构造（维萨里的学生央求他画出静脉和动脉的示意图），在 16 世纪看到骨骼的解剖图摆放在理发店和公共浴室也绝不稀奇。维萨里对解剖极其严谨的研究也引发了关于人类目的的哲学思考。[46]

维萨里的贡献应当放到大环境中看待。直到他的著作问世，人类生物学的主导知识力量仍然是盖伦。第 9 章提到过，盖伦是医学史上里程碑式的人物之一，古代最后一位伟大的解剖学家，但他的工作环境却很不理想。希罗菲卢斯（生于约公元前 320 年）和埃拉西斯特拉图斯（生于约公元前 304 年）之后，对人体的解剖被禁止，盖伦不得不根据对狗、猪、牛和叟猴的观察做推论。[47] 在他之后的一千多年中，几乎无人超越他的成就。直到西西里国王和神圣罗马皇帝弗里德里希二世（1194—1250）时期才开始有所改变。出于对臣民的关心和对知识的真正兴趣，弗里德里希二世于 1231 年发布敕令，规定“不允许外科医生在不了解人体解剖学的情况下执业”。他又颁布法律支持这条敕令，在萨勒诺提供公开人体解剖的机会，“至少五年一次”。这条最早的解剖立法随后引起了其他国家的陆续效仿。14 世纪早期，位于帕多瓦的威尼斯医学院得到授权，每年可以对人体进行一次解剖。16 世纪早期，维萨里前往帕多瓦接受培训。[48]

人们对人体看法的改变从列奥纳多·达·芬奇的画作中可见一斑。这些画作大多创作于 1510 年左右，比维萨里早三十年。他的笔记显示，早在1489年他就在构思一本关于“人体”的书（但这本书与他的许多书一样都在半途停笔）。[49] 从笔记和列奥纳多的画作中，我们似乎清楚地看到，在与解剖学家安东尼奥·德拉·托尔合作之前，他对解剖学就做了专业的研究。在约1506年他们的关系破裂之后，列奥纳多仍将解剖事业继续了很久。他的七百多幅速写展示了心脏结构和血管系统的分布、不同角度的骨骼图、肌肉及其附着物、不同层次的下肢横截面及大脑和神经的横截面。这些细节不仅为艺术家而且为医学学生提供了足够的知识。[50] 根据一份资料显示，到1510年，列奥纳多至少解剖了三十具尸体，包括男性和女性。

1514年新年前夜，安德雷亚斯·维萨里出生于布鲁塞尔，虽然出身医生世家，但他接受了全面的教育。年轻时，他翻译并出版了拉齐的希腊文医学书籍。他从布鲁塞尔来到鲁汶和巴黎的大学，学成后回到故乡成为一名军医，在比利时的战争中服役。最终，他被帕多瓦相对自由的人体解剖氛围吸引而迁到那里。1537年，年仅二十三岁的他负责从事解剖教学，正是在那里，在不断重复的解剖过程中，他开始看到盖伦的错误之处。很快，他全面否定了盖伦，仅以自己的发现作为教学内容。他的课程风靡一
485 时，学生涌向他的课堂，根据某些记载，有一次达五百人。[51]

在帕多瓦待了五年之后，刚刚二十八岁的维萨里创作了《人体结构》一书，题献给查理五世。这本书在巴塞尔出版，配有很多插图和木版画。[52]（插图由他的同乡、提香的弟子约翰·斯蒂芬·德·卡尔卡所画。）用现代人的眼光来看，德·卡尔卡的作品很怪诞：为了减轻所画之物的生硬感，他将骨骼摆出栩栩如生的造型，并把它们放置在一定的背景中，比如美丽的风景里。无论怪诞与否，如此细节生动的绘图是人们见所未见的，因此立刻产生了巨大影响。“维萨里纠正了盖伦两百多处解剖学错误。”[53] 许多同代人因此谴责他，但维萨里已经完成了他的工作，不受任何评论左右。

例如，他表明人类的下颌骨是一整块骨骼，而不是像狗和其他低等哺乳动物那样是分开的。他证明人类大腿骨是直的，而不像狗那样有弯度；胸骨由三块骨骼组成，而不是之前所认为的八块。一些人试图论证人体结构在盖伦时期之后发生了变化，或“窄裤管的流行是人类的下肢骨骼变直的原因”。神学家也持怀疑态度。“人们普遍相信，男人一侧的肋骨少了一根，因为依据《圣经》的描述，夏娃是由亚当的一根肋骨变成的。然而维萨里发现男人两侧的肋骨数目是相同的。”[54]但时值16世纪中期，宗教改革和反宗教改革运动如火如荼，教会冷酷无情。维萨里受到了强烈的攻击，不得不辞去帕多瓦的教授职位，接受住在西班牙的皇帝查理五世的宫廷医生职位。

“但是维萨里开创的思想是不可阻挡的。”[55]在他之后的重要人物是英格兰人威廉·哈维。1578年，哈维出生于福克斯顿，在坎特伯雷国王学院学习五年后，十六岁时进入剑桥大学。像牛顿一样，他在初期并不耀眼（他当时非常年轻）。他主要学习拉丁语和希腊语，以及基础物理。然而，十九岁毕业后，他立即动身前往意大利的帕多瓦，这表明他一定对医学有所爱好。在帕多瓦，他师从当时的名师法布里修斯。[56]哈维到来时，法布里修斯六十一岁，正在完善自己对血管瓣膜的理解，他还证明了瞳孔对光有反应。法布里修斯自身的知识已经过时，但他的确激发了哈维对医学的极大热情。1602年，哈维拿到博士学位并带着这种热情返回故乡。之后他重返剑桥攻读医学博士，因为这是在英国从医的必需学位。他在伦敦开业，仅在十年之内就被任命为皇家医学院的讲师。[57]有书面证据（他用自己瘦长的手写的书面证据）证明他在到达皇家医学院一年之内，即1616年，就教授了血液循环原理。但他不像维萨里那么激进。请记住，维萨里在二十八岁时就发表了解剖观察成果。而据我们现在所知，哈维在讲授血液循环整十二年后才致力于成果的发表。当他的伟大经典《心血运动论》

在1628年问世时，哈维已经五十岁了。

486 他的观察十分透彻。在《心血运动论》中，他提到了四十种人们观测到心脏跳动的动物。这些动物包括鱼类、爬行动物、鸟类、哺乳动物和少数无脊椎动物。[58] 在一处他这样透露："我也发现确实几乎所有的动物都有心脏，不仅包括（亚里士多德所说的）大型红色血液生物，而且包括高等浅色血液甲壳类和水生贝壳类动物，如蛞蝓、蜗牛、蚌、虾、蟹和许多其他生物；不仅如此，甚至在黄蜂、大黄蜂和苍蝇所谓的尾部的前端，在放大镜下，我亲眼看到了心脏的搏动，并展示给许多人看。"[59] 这本书只有78页，比牛顿和哥白尼的杰作都清晰明了，其中的论证都很简单，即使外行也能理解：体内所有的血液都循环运动，心脏的跳动为此提供动力。[60] 为了有所突破和构想血液循环，哈维一定推断出某些与毛细血管非常类似的构造的存在，它们可以将动脉和静脉联系起来。但他自己没有观察到毛细血管网。他清楚地看到，血液从动脉流入静脉，"以循环的方式运动"。但他更倾向于动脉血经过组织的过滤到达静脉的观点。直到1660年，马尔切洛·马尔皮吉才用透镜观察到透明动物组织中血液流过毛细血管的情形。

哈维清晰的头脑和出色的观察成就了其对血液循环的发现。他用缝合线演示了血流的方向：从静脉流向心脏，经动脉流出心脏。他计算了血管运输的血量，证明心脏确实能够起到如他推断的作用。通过对心脏的仔细观察，他证明心脏的收缩将血液压入动脉，产生脉搏。他特别指出，离开心脏左侧的血液必须返回，因为在不足半小时之内，心脏通过连续跳动送入动脉的血液量比整个身体中的血液总量还多。[61] 正是由于哈维和他的实验，人们才开始意识到，事实上，正是血液在生理机能中发挥着最大的作用。这种观点的改变开创了现代医学。否则，我们便无法理解呼吸、腺分泌（如激素的分泌）或组织的化学变化。

19世纪40年代，英格兰考古学家奥斯丁·莱亚德在如今伊拉克的尼尼微城宫殿废墟中发现了一块透镜状的水晶。一些人认为，这是“一块非常古老的石英透镜”，可追溯到公元前720至前700年。[62] 几乎无人再相信这种说法了。这更有可能是一块“取火镜”，我们知道它在古代被用来生火。塞内卡在《自然问题》中说道：“现在我可以补充说，每种物体在水中看上去都比实际大。无论多小和多模糊的字，当透过装满水的玻璃球看时都会相对大一些。”即使这里确实提到放大，也不再被当作证明古时候使用放大设备的证据。[63] 首段被认可的引文来自阿拉伯医生阿尔哈曾1052年的手稿。这本手稿的主题不只包括人类眼睛和光学原理，还提到玻璃或水晶小球。他发现，用它们观察物体，物体会被放大。罗杰·培根（1214—1294）在他的《大著作》（1267）中也有相同的论述，但没有证据表明培 487
根制造过望远镜或显微镜。

这种状况在16世纪末有所改变。我们知道，当时制作眼镜的人在荷兰、意大利和德意志随处可见，人们很快将几片镜片嵌入管状物中。英格兰人伦纳德·狄格斯（1571）和荷兰人扎哈里亚斯·扬森（1590）都喜欢摆弄望远镜，但伽利略很可能是富有成效地使用望远镜和复式显微镜的第一人。[64] 前文已经提到，1608年，他第一次使用望远镜。一年以后，他使用显微镜观察微小物体。1637年，笛卡尔出版《方法论》时，其附录中就印有显微镜的图画。

这些全都是序曲。首次对微生物的确切描述出现在阿塔纳修斯·基歇尔于1646年出版的《世界明暗大艺》中。书中他讲到，在两片嵌入管中的凹透镜的协助下，他发现所有腐败的物质，如牛奶、发烧者的血液，以及“生活节制的老人”的唾液中都有“微小的‘蠕虫’”。[65] 就这样，基歇尔预示了疾病微生物理论的产生。在他之后是荷兰代尔夫特的安东尼·范·列文虎克，他一生制作了几百个显微镜，据说其中一些的放大率达到两百七十倍。[66]列文虎克去世后将数十套仪器留给了伦敦皇家学会，因为这里为他出版了大量作品，并选举他为会员。[67]这些显微镜是他身为一个观察者获得巨大成功的原因。1673 年，列文虎克四十一岁，从那时开始的整个事业生涯中，他向皇家学会寄出三百七十五封信。[68]威廉·洛奇告诉我们，在这些信中，有三封尤其突出。"这三封是他对原生物、细菌的发现和对血液循环的观察。""1675 年，"列文虎克写道，"我在雨水中发现了活的生物，这些雨水在一个新的内部喷釉的陶壶中只留存了几天。这诱使我密切注意这些水，尤其是那些看上去比斯瓦默丹描述的可以在水中用肉眼观察到的水蚤和水虱小几万倍的小生物……在这些雨水中我发现了第一种生物，我多次观察到它们由五、六、七或八个透明小球体组成，却无法分辨任何将这些小球连在一起或包裹它们的薄膜。当这些微生物或活的原子移动时，它们伸出两个小触角，持续不断地推动自己……"关于大小，列文虎克称一些"微生物""比一滴血小二十五倍"。这个发现的一个哲学意义是，它似乎为可见生物和无生命自然之间架起了人们寻求已久的桥梁。[69]其他观察者很快随之展开观察，1693 年，原生动物的图像首次问世。在很长一段时间内，人们没有将原生动物、细菌和轮虫区别开。甚至到 18 世纪，林奈在没有使用显微镜的情况下完全错误地理解了微生物，将它们归到他称为"混沌"的单一群体中。[70]

但是，1683 年，列文虎克发现了一种更小的生命形式：细菌。在此之前，他已经进行了两年的观察，并仔细地画了图像才发表。（这些都出
488 现在《伦敦皇家学会哲学学报》中。）这些图像至关重要，因为它们清楚表明列文虎克确实观察到了细菌的主要形状：球状、杆状和螺旋状。[71]这是信中的一些细节："尽管我通常保持牙齿清洁，但当我用放大镜观察它们时，发现牙缝中长有少量像湿润的面粉一样厚的白色物质：在这种物质中，尽管看不到任何运动，但我想这里可能有活的生物。于是我取出一些

这样的物质，将它与没有任何生物的纯净雨水混合，或与我的一些唾液（没有气泡造成运动）混合。令我惊讶的是，在这种物质中发现了大量微小的有生命动物，它们在肆意地游荡着。”[72]

列文虎克的最后一项成就是从视觉上证明了血液循环。（记住，哈维从未真正看到过血液在毛细血管中的循环。他曾试图拼上最后一块拼图，通过观察幼小公鸡的鸡冠、兔子的耳朵、蝙蝠的膜翅，但总是错过那最关键的一幕。[73]）1688 年，列文虎克将显微镜对准了蝌蚪的透明尾巴。“一种从未见过的令人惊喜的景象出现在我眼前；因为在这里我发现了不同地方五十多处血液循环，当蝌蚪静静地停在水中时，我可以如我所愿地把它们带到我的显微镜下。我不仅在多处看到血液被极细的血管从尾巴中部运送到边缘，而且每条血管都有弯曲或拐弯，将血液运回尾巴中部，以便再次流回心脏。”[74] 我们也不应当忽视列文虎克 1677 年对精子的发现，尽管精子真正的作用被确定是一个世纪以后的事。列文虎克第一次使生物学家意识到微观世界的广阔领域。[75]

17 世纪的生物学也像物理学一样，是一个多产的时期。1688 年，弗朗切斯科·雷迪证明，昆虫并不是先前认为的自发生产，而是从雌性的受精卵中产生。早在 1672 年，尼希米·格鲁就推测花粉是植物受精的媒介，但直到 1694 年，鲁道夫·雅各布·卡默拉留斯才在《论植物的性别》中表明花粉囊是雄性植物的性器官，并通过实验证明受精需要花粉（通常还需要风）。这表明卡默拉留斯清楚地认识到，植物的有性生殖基本上与动物相同。[76]

弗朗西斯·培根（1561—1626）和勒内·笛卡尔（1596—1650）都是中间人物，这是从他们的一生介于哥白尼《天体运行论》和牛顿《自然哲学的数学原理》出版之间这一意义而论。但从其他任何意义上说，他们都绝不具有中间性：他们思想激进，用自己时代的科学成果推动哲学去适应最新的发现，为牛顿最终证明的大部分世界埋下了伏笔。

如理查德·塔纳斯指出的，西方哲学史上有三个大时代。在古典时
489 期，哲学尽管受当时科学和宗教的影响，大体上是一种自发的活动，主要用来确定和判断其他活动方式。基督教产生之后，神学一枝独秀，哲学居次要地位。然而，随着科学的诞生，哲学不再从属于神学，现在的世界仍大致如此。[77] 培根和笛卡尔是开辟这个最后阶段的主要人物。

弗朗西斯·培根著作丰富，在书中，他实际上在提议成立一个科学家协会，通过实验共同探索世界。他对理论没有特别的关心（尤其是对传统理论）。他的主要著作有《论学术的进展》（1605）（献给詹姆斯一世）、《新工具》（1620）和《新大西岛》（1626）。苏格拉底将知识等同于美德，而培根作为一个世故的人和哲学家，认为知识是与力量联系在一起的。他用实际的眼光看待知识，本质上改变了人们对哲学的看法和态度。对培根来说，科学本质上几乎成了一种宗教义务，由于他持历史不是循环而是前进的观点，因此他期待着一种新式科学的文明。这就是他“伟大的复兴”，即伟大的革新的概念：“在合适的基础上，科学、艺术及人类所有知识的彻底重建。”[78] 培根与许多同时代的人观点相同，认为知识只能建立在对自然的观察上（而不是通过直觉或“天启”知识），知识从具体数据中产生，而不是只发生在某些人身上的抽象观念。陈旧的知识观点是他对古人和经院哲学家的主要批判，也是在继续前进之前最想抛弃的东西。“要发现自然的真正规律，思想必须清除所有的内部阻碍。”[79] 但培根也认为，人们对中世纪盛期和文艺复兴的理解（通过揭示人类与上帝思想的共同之处，研究自然就可以揭示上帝）是错误的。他认为，信仰问题适合神学，但自然问题不同，它们有自身的规则。因此，哲学必须摒弃神学，回归基础，仔细审视科学上的具体发现，以此作为进一步推理的基础。人类思想和自然

的这次“联姻”成为现代哲学方法的基础。培根的观点对刚起步的皇家学会产生了重要影响。“据估计，皇家学会前三十年处理的问题中有 60% 是从公共事业的实际需要中产生的，仅 40% 是纯科学问题。”[80]

同培根一样，笛卡尔也是他所在时代的产物，但他在很多方面不同于培根。他是一位重要的数学家。他全面接受了耶稣会教育，在军队服过兵役，写作了《几何学》，将解析几何介绍给当时的人。[81] 然而这本书没有单独出版，而是作为解释笛卡尔一般哲学方法的《方法论》的三个附录之一。另外两个附录是《折光》和《气象》，前者包括对折射规律的首次公布（实际发现者为威里布里德·斯涅耳），后者包括对彩虹做出的首次总体令人满意的定量解释。[82] 我们不清楚笛卡尔的书为何要包括这些附录，但我们知道，它们表明笛卡尔在哲学中赋予科学至高的地位。[83]

笛卡尔哲学事实上受到当时怀疑主义风潮的很大影响。对塞克斯图 490
斯·恩丕里柯经典著作的重新发现一定程度上推动了这种风潮，蒙田利用它提出，所有的教条都是“人类发明”的，没有任何事是确定的，因为信仰由传统或习惯决定，因为感觉具有欺骗性，因为我们无从知道自然是否与人类的思考过程相符，就无从找到认识的方法。笛卡尔用自己的怀疑主义对它施加影响。他认为，几何和算术具有确定性，对自然的观察没有矛盾，实际上，生活在至少某些事情可以预测的情况下继续。这是常识。当他仔细思考自身时，意识到有一件事是清楚的。这件事毫无疑问（因为他对此十分确定），这就是他自己的怀疑。（丹尼尔·布尔斯廷说，这个“五旬节的理性”发生在 1619 年 11 月 10 日的夜晚。[84]）正是怀疑启迪了笛卡尔的名言“我思故我在”。但笛卡尔也相信，由于上帝是完美的，不会欺骗人类，因此通过理性能够解决的事情“实际上也本该如此”。这使笛卡尔做出了对思想物（主观经验、意识、内心生活，这些都是确定的）和广延物（物质、身体、外部客观世界，“外面的”宇宙）的著名区分。因此笛卡尔构思了著名的二元论。在二元论中，灵魂被理解为思想。这是一个我们今天无法想象的巨大改变，因为，笛卡尔一举否认世界上的物体（曾经被崇拜的石头和溪流、机器和山峰、一切物质的东西）具有任何人类的特质或任何形式的意识。他认为，上帝创造了宇宙，但从那以后，宇宙自行运转，由无生命的原子物质构成。他说：“力学的规律与自然规律是相同的。”所以对宇宙的基本认识可以通过人类理性范围之内的数学来获得。这是一个重要的转变，因为在它之下（但没有被掩盖掉），笛卡尔在说，上帝是由人类理性创造的，而不是与此相反。天启曾经是知识的一种形式，与科学享有同等的权威，但现在开始衰落。从此，天启的真相需要用理性来证实。

因此，最后，在两千年的漫漫长夜过后，在古典希腊之后，经验主义和理性主义的双生力量重返人类活动的中心位置。“牛顿之后，科学统治宇宙，成为权威的定义者。哲学将自身定位为与科学相联系。”“外面的”宇宙不再具备人性或精神的性质，更不具有基督教性质。[85] 培根和笛卡尔之后，世界确立了新的人类观：人类的成就不是来自宗教性质的启示，而是来自与自然世界不断的富有成效的接触。

所有这些发生时，英格兰正在经历一场内战，并将国王送上了断头台。在处决国王之前，战争产生了一些不寻常的作用。例如，英王查理一世曾被迫将大本营设在牛津。牛津大学的教授和研究员对国王陛下十分忠诚，但事与愿违的是，国王被赶走，他们被反叛者定为“危险人物”。他们被取消职位后，被一些来自剑桥和伦敦的更具共和头脑的人取代。其中
491 几个是科学家，因此，科学在牛津繁盛一时。作为其中的一种表现，一些杰出的科学家开始在彼此的房间里聚会探讨问题。这成为发生在全欧洲的

新实践。例如，在意大利，17 世纪早期产生了猞猁之眼科学院，伽利略成为第六位成员。佛罗伦萨也有类似的群体，巴黎 1666 年正式成立了王家科学院，但笛卡尔、帕斯卡和皮埃尔·德·费马等人约从 1630 年就开始了非正式的聚会。[86]

在英国有两个群体。一个以数学家约翰·沃利斯为中心，约从 1645 年开始每周在伦敦的格雷沙姆学院会面。（沃利斯深得奥利弗·克伦威尔的喜爱，因为他曾利用数学破解了敌人的密码。）另一个群体包括共和思想者，以剑桥的罗伯特·波义耳为中心，他是科克伯爵的儿子，曾在清教的日内瓦待过一段时间。他是一位对真空和气体感兴趣的物理学家。罗伯特·胡克是身为富有贵族的波义耳的助手，制作仪器，事实上也做实验。（波义耳将他的群体称为"无形学院"。）胡克很可能是第一个产生平方反比定律和重力观点的人。[87] 沃利斯和他的群体是克伦威尔安排在牛津的人，在那里他们结识了波义耳和他的无形学院。这个扩充后的群体成为皇家学会，于 1662 年正式成立，但在一段时期内，它的会员仍以格雷沙姆哲学家闻名。在日记作者约翰·伊夫林劝说下创立学会的查理二世一定会认为整个过程有些奇怪，因为最新的学术成果显示，在六十八位早期会员之中，清教徒多达四十二位。[88] 但是，这种结构形成了学会的特点：这些人对过去的权威毫无兴趣。

克里斯托弗·雷恩是皇家学会的早期会员之一，他作为圣保罗大教堂及许多伦敦教堂的建造者而为人所知。后来成为罗切斯特主教的托马斯·斯普拉特也是会员，1667 年，他在皇家学会成立仅七年之后，就写了他所称的皇家学会"历史"，但这更多是对"新实验哲学"的辩护，并略去了一些会员尴尬的政治色彩。（该书的扉画上除了王室赞助者之外还有弗朗西斯·培根。）在谴责了一批教条的（纯理论的 / 形而上学的）哲学家后，斯普拉特继续写道："第三种新哲学家不仅不遵从古人，而且自己提出了正确的方法，即缓慢、可靠的实验……现在实验精神广泛传播……所有地方和角落都忙于实验……”他对一些会员做了描述：“其中重要的和最坚定的有现任埃克塞特主教塞思·沃德大人、波义耳先生、威尔金斯博士、威廉·配第爵士、马修·雷恩先生、沃利斯博士（数学家）、戈达德博士、威利斯博士（另一位数学家）、西奥多·哈克博士、克里斯托弗·雷恩博士和胡克先生。”[89]

威廉·配第爵士是统计方法的先行者（尽管他也是牛津大学的解剖学教授，进行过许多解剖，抽水马桶的发明曾一度归功于他，现在认为是在伊丽莎白时期发明的）。据说他曾经“对其所知道的四分之三的事情感到
492 厌倦”。1662年，配第出版了《赋税论》，这是最早表现出“一个经济体的价值不是来自财富的储存，而是来自生产的能力”这一意识的著作之一。[90]同年，在配第的帮助下，另一位英国皇家学会会员约翰·格朗特出版了《伦敦城死亡周报表观察》，这是人寿保险表的基础。这些都说明了早期皇家学会会员的务实倾向及其多面性。这方面最具代表性的就是学会的实验馆长罗伯特·胡克，历史对他的评价并不公正。胡克发明了现代手表的平衡弹簧，出版了第一批包含显微镜下动物图片的书籍《显微图谱》（一次“引起轰动的揭示”），规定了格林尼治子午线，他（和其他一些人）还认为引力延伸到整个太阳系并将其凝聚在一起。正如我们所见，是胡克、雷恩和哈雷之间的讨论促使后者去找牛顿，并产生了《自然哲学的数学原理》。胡克相对来说被人们遗忘了，因为他对牛顿光学实验结果的解释与牛顿产生了分歧。但是最近，胡克的地位被重新确定。[91]

正是皇家学会会员们发展了我们熟悉的科学出版的形式。胡克作为皇家学会雇员的职责之一就是出版和出售《哲学学报》来维持其存在。会员们和其他科学家开始将他们的发现写出来向学会投稿，这样学会就成为一个交换所和《哲学学报》的出版者，这就是后来科学交流的模式。头脑冷

静而务实的会员们要求论文使用规范英语，他们甚至让诗人约翰·德莱顿监督科学家的写作风格。

通常观念认为早期大学在现代科学的发展中作用甚微，大多数科学学院和学会都是私人或“王家”事务。莫迪凯·法因戈尔德最近对此提出了质疑。他表明在1550至1650年间，大学人口有很大的增长（至少在英格兰），卢卡斯数学教授席位是1663年在剑桥大学创立的，萨维尔数学和天文学教授席位几乎同时在牛津大学创立。[92] 早期的一位萨维尔天文学教授约翰·班布里奇组织探险去观察日食、月食和其他现象。当对数专家亨利·布里格斯于1630年去世的时候，所有牛津大学学院的领导都参加了他的葬礼。法因戈尔德找出了许多人的通信（亨利·萨维尔自己、威廉·康登、帕特里克·杨、托马斯·克雷恩、理查德·马多克斯），他们每个人都是全欧洲范围内科学家网络的一部分，与布拉赫、开普勒、斯卡利杰和伽桑狄这些人有联系。他表明，学生们接触到了这些科学发现，课本也根据这些发现做了调整。[93] 总之，在他描绘的图景中，大学是科学革命的一部分，但是并没有产生自己的伟大人物或主要创新。这可能不是非常引人注目的贡献，但是法因戈尔德坚称大学也不是可以忽略的。我们也不应该忘记牛顿来自剑桥大学，伽利略是比萨大学的教授，哈维和维萨里都在大学发展了他们的思想。 493

早期皇家学会和大学的这些细节将我们带回到本章开头以及我们能不能说有一场科学革命的问题。很肯定的是，在哥白尼《天体运行论》的出版和牛顿《自然哲学的数学原理》的出版之间相隔144年，而且牛顿这样的人对炼金术和命理学这样逐渐式微的学科或实践感兴趣。但是正如托马斯·斯普拉特的书表明的，当时的人们确实感觉到他们正在参与新的事情，一项需要保护使之不受批判的事业，他们将弗朗西斯·培根而不是古代的某个人物视为他们的精神导师。他说，实验正在激增。

同样几乎没有疑问的是，知识正以新的更现代的方式重组。例如，彼得·伯克就描述了16、17世纪的这种重组。“研究”一词首次使用是在艾蒂安·帕斯奎1560年的《法国研究》一书中。[94]图书馆在17世纪进行了整修，布局更加世俗化。数学、地理学和字典这些科目更加重要，而神学地位下降。[95]禁书目录按照字母顺序排列，这本质上是一种人为的、非神学的安排。格朗特和配第因为1575年和1630年的瘟疫而加强了关于早期统计学的研究，而这又促进了对人口的统计。法国王室对树木的一次普查也是一个原因。[96]

理查德·韦斯特福尔勾勒出思想在科学革命期间也许是最重要的变化方式。他说，以前神学是所有学科之王，现在，它“再也不被允许进门”。[97]“曾经的基督教文化变成了科学文化……今天的科学家可以阅读和理解1687年之后的著作，却只有历史学家才能理解1543年以前的。”[98]“……最概括地说，科学革命替代了亚里士多德的自然哲学。除了它的早期阶段，亚里士多德的自然哲学在前面的四个世纪完全统治了西欧对自然的思考。”[99]“要发现17世纪之前的实验，我们必须仔细留意才行。那时实验还未被认为是自然哲学的独特过程；到17世纪末，实验就被这样认可了……可用仪器的精细化和普及与实验密不可分。我一直在收集出现在《科学传记词典》里的这一时期的科学家的信息，总共有631人。他们中的156位，只略少于四分之一，要么制作了仪器，要么发明了新的仪器。它们传播到每一个研究领域。”[100]

最后，韦斯特福尔认为所有一切都归结到基督教与科学的关系。他引证了17世纪早期的一个事件，当时天主教会，尤其是枢机主教贝拉明诅咒哥白尼的天文学，因为它与《圣经》中的某些篇章有明显冲突。65年后，牛顿与一个叫托马斯·伯内特的人通信，这个人称《圣经》中关于创世的叙述是虚构的，是摩西出于政治目的而编造的。牛顿为《创世记》辩护，称它表明了科学（化学）引导我们期待的认识。“贝拉明利用《圣经》来评价一种科学观点，而伯内特和牛顿用科学来判断《圣经》的可靠性。”这是个巨大的变化。正如韦斯特福尔总结的，神学成为科学的附庸，与之 494
前的地位恰恰相反，而这种等级关系至今没有改变。[101]

就历史而言，65 年非常短暂。毫无疑问，17 世纪科学带来的变化是“突然的、极端的、彻底的”。简而言之，这就是一场革命。 495

24

自由、财产和社会：保守主义和自由主义的起源

路易十四，法国的太阳王，1638 年出生，1643 年成为国王，1661 年亲政。在其统治以前，法国法律中最后一句话通常写的是："在高级教士和诸侯在场并且同意的情况下。"后来这句话改成"国王依据议事会的审慎决议做出决定"。[1] 这很好地说明了 16、17 世纪的主要政治事实，即民族国家和专制君主政体的兴起，它们脱胎于中世纪和文艺复兴时期的封建王朝和"城邦"。[2] 慢慢地，这些国家呈现出自罗马时代以来从未有过的形式和规模。它们的出现与新一轮的政治理论化密切相关，这一轮的政治理论化比其他任何事件都更突出，并且其结果依然在影响着我们。

当一系列灾祸和大灾难使欧洲几近支离破碎，这些国家的出现恰逢其时。1309 年，教皇开始了在阿维尼翁的流亡。1339 年，英格兰和法兰西之间爆发了百年战争。越来越多的饥荒和瘟疫在 1348 至 1349 年爆发的黑死病期间达到高潮。扎克雷起义（法兰西农民起义）于 1358 年爆发，教会大分裂从 1378 年持续到 1417 年。在 1381 至 1382 年间，英格兰和法兰

西发生叛乱，哈布斯堡王朝四年后被瑞士联邦打败。1395年，土耳其人在尼科波利斯击败匈牙利军队，这成为一场以1453年君士坦丁堡陷落而结束的战争的开端。欧洲没有一处幸免，基督教世界自身也遭到摧毁。黑死病使整个欧洲大陆的人口减少了三分之一，但是即便这样，仍然没有足够的食物。这种普遍的贫困和痛苦引起了欧洲从未有过的最剧烈的社会动荡。[3]与此同时，关于宇宙（因此关于上帝）的思想也开始发生变化，因此世界上的法律和秩序正在瓦解。

托马斯·阿奎那等人告诉人类，上帝规定了人类应该如何生活在一起，任何变化都是不可想象的。在阿奎那的体系里，允许有世俗权威，但它仍是上帝计划的一部分。然而，虽然人们或许仍然非常虔诚，虽然无（宗教）信仰对他们而言或许仍然是不可能的事情，但是人们不是傻瓜。至少他们中的一些人不能接受，混乱和瓦解是上帝计划的一部分。 496

第一个试图把这个问题弄清楚的人是尼科洛·马基雅维里（1469—1527）。他很幸运（如果这是最恰当的词），能够居住在佛罗伦萨，经历三个不同的政体：1494年之前是美第奇家族统治；接着是萨伏那洛拉的统治；他1498年下台后，便是共和国的统治。实际上，马基雅维里在新共和国担任职务，任第二国务秘书，负责国内事宜、战事和一些外交事宜。[4]这一职位没有赋予他很多权力，但让他了解了政治内幕。在与意大利其他城邦打交道的过程中，除了自己城邦的民主政体外，他还接触到威尼斯的寡头政体和那不勒斯的君主政体。二十多岁的时候，在罗马游历时，他遇到了臭名昭著的切萨雷·博吉亚。马基雅维里使切萨雷·博吉亚成为其作品《君主论》的“主人公”。这部作品通常被视为关于现代政治理论，或我们所说的现实政治的第一部作品，但实际上的写作原因仅仅是佛罗伦萨共和国于1512年被推翻，美第奇家族恢复了统治地位。马基雅维里失宠，从官职上下来，被拷打（所有这些接连而至），流亡出城。在这无奈的闲暇里，在圣卡西亚诺的庄园，他飞快地撰写《君主论》，1513年完成作品，并将其题献给洛伦佐·美第奇（光辉的洛伦佐的孙子）。他希望通过这种方式再度得宠。事实上，洛伦佐甚至都没读过这本书，在马基雅维里有生之年，它都没有出版。[5]

马基雅维里是一位人文主义者，因而《君主论》也有人文主义色彩。例如，他对政治采取严格的世俗态度。和列奥纳多·达·芬奇一样，他是一位科学家，按一些人的说法，是第一位社会科学家；并且循着这条路发展时，他注意到自己实际上开辟了一条"新道路"。他的意思是，他试图客观、公正地看待政治，以便能够归纳其规律。他想描述事物的本来面目，而不是"应该"的状态。《君主论》是同过去的彻底决裂，因为马基雅维里没有告诉人们良好或高贵的行为方式是什么，而是描述他所看到的人们的实际行为，"如果君主希望获胜，他必须如何行事"。[6]在政治方面，马基雅维里是第一个经验主义者。

在某些程度上，马基雅维里预示了一个世纪以后的伽利略。伽利略的一个思想是，物质到处都是一样的，天空中和地球上的物质都一样。马基雅维里认为人性在任何地方、任何时间都是一样的。他进一步发展了这个观点，强调虽然人性有好有坏，为了政治目的我们必须假定人性本恶。"人类是邪恶的，"他写道，"不会对你信守诺言……除非人类被迫成为好人，否则他们不可避免地变坏。"也许是因为自己的政治经历让他不再抱有幻想，或因为他依据当时强调邪恶的宗教倾向形成了自己的理论，马基雅维里走上了他的"新道路"。但是与此同时，马基雅维里将政治从宗教中解放了出来。在发现人类总是遵从自己的自私、短期利益行动时，他将政治变成了一个世俗思想的竞技场。[7]

马基雅维里的另一个伟大创新是对国家的论述。在人类自私、邪恶和不断向邪恶倾向屈服的情况下，唯一的防御手段便是国家。"是马基雅维里首先将这个术语用于描述政治权力组织，并且实际上很长时间以来这个词仅存在于意大利语中。”[8]哈根·舒尔茨告诉我们，在那之前，人们曾经谈到“统治”“政府”“王国”或“国土”，“但是马基雅维里以及同时代的意大利人，从维拉尼到奎恰迪尼，在谈到‘国家’时，他们脑海中是一种以前从未想过的政府形式：大致说来是指，在整个领土内统一行使公共政治权威的一种集中形式，无论行使者是谁或以谁的名义行使；它是一个自我证明合法的体系，没有超验的因素或参考”。[9]对马基雅维里而言，为达目的可以不择手段，国家的保护不需要生存以外的任何理由，因为没有国家的生活是不可想象的。“君王只需要胜利，维持他的统治，无论他采取的是什么样的手段，都将被视为是值得称颂的、令每个人高兴的。”[10]这实际上标志着神学和政治学的分离。事实上，马基雅维里曾一度敦促读者去更关心他们的国家，而不是他们的灵魂（尽管他认为教会应该支持国家，没有这种支持，国家很难取得成功）。他同时代的人弗朗切斯科·奎恰迪尼（1483—1540）提出了更极端的观点，认为使政治从属于神学这一中世纪做法现在已经过时了，“没有人能够真正地按照上帝的意愿生活，除非他与这个世界完全脱离；另一方面，人们很难与这个世界和平共处而不冒犯上帝”。[11] 497

此处值得一提的是，称其著作为《君主论》，并用切萨雷·博吉亚作为一个我们今天所说的反英雄时，马基雅维里不是在写一本拥护暴君的手册。这只是马基雅维里的一个手段，目的是使其作品易读、可理解。对他而言，君主是国家的化身。君主代表社会行事，因此必须心甘情愿地“让自己的良心沉眠”。[12]当马基雅维里论述国家的兴衰时，这一点说得很清楚，他说国家的兴衰取决于与宗教法律和个人道德不同的法律。“国家有自己的法规、自己的行为准则，以及必须管理政治家行动的国家理由，如果它们希望成功的话。”[13]“国家理由”也是一个新短语，但它牢牢地进入到语言中，从未被淘汰。本质上，它的意思是统治者有权食言，如果公众利益要求他这么做。同样地，君主也可向人民撒谎，比如宣传，如果他认为这对国家有用。“人通常通过眼睛来判断……普通民众总是对外观和结果印象深刻。”这显然不是一种基督教的态度，但流行起来了，或许反映出这样一个事实：当他说到政治中人性中恶多于善时，马基雅维里是完全正确的。

导致国家出现的最后一个因素是新教徒的反抗，它打破了基督教世界的统一。[14] 与此同时，它改变了教皇的地位。至少对天主教徒而言，教皇现在是欧洲国家社会团体中的一分子，而不是中世纪基督教世界中曾经的，或试图成为的至高无上的教皇。路德和加尔文的重要性在于，权威和政治主权从机构转移到人民手中。[15]

著名的新教神学家于贝尔·郎盖（1518—1581）在其作品《为反对暴君的自由而辩护》中援引了“一个契约理论，其中上帝为一方，君主及其
498 子民为另一方”。国王和人民应确保各自遵循正确的敬拜形式。国王应组织其王国内的教会，如果他未履行其职责，人民有责任胁迫他；如果他们放弃信仰，没有反对“犯错的”君主，他们在上帝眼中才是有罪的。“普通民众陷于两难之间，但他们的确要扮演一定的角色。”[16] 从政治上来说，这是一个关键点。

甚至连天主教徒、耶稣会信徒也在某种程度上受到了这一思想的影响。耶稣会信徒中两位最重要的政治理论家是胡安·马里亚纳和弗朗西斯科·苏亚利兹。他们都是西班牙人，不可能对别处正在发生的事置若罔闻。马里亚纳认为社会秩序来源于自然，政府的发展是为了适应文明生活的需求和保护财产。据此，他说整个社会的利益居于首位，不应该从属于专制统治者。对他而言，国家的目的是敬拜上帝和确立一种基督徒的生活

方式，当然永远与教会的教义一致。因此，世俗政体不可能拥有精神的忠诚，除非得到教会的批准。但是，此处人民也扮演一定的角色，虽然有限。苏亚利兹在其作品《论神的立法者的法律》（1619）中说："所有权力都来自社会；人生而自由，社会注定是要确保秩序。"因此，他认为社会不仅仅是个体的组合体，它本身就是一个权威，以人民一致同意为基础。由此可见，只有社会才能批准权威。这一论述比马里亚纳要有力得多。[17]最后，定义教皇的地位时，耶稣会理论家放弃了在过去造成很多麻烦的教皇主权高于所有君主的传统主张，并且在这个过程中重新定义教会的领导地位。就这样，教皇与其他君主享有同等的主权地位，为天主教徒的利益与他们平等地谈判。[18]

因此，我们可以说从这些事件和理论的结合中产生了四种思想：政治的世俗一面得到了强调，人民在其中具有了定义清晰的角色；个人的自由思想以及反抗的权利越过了一个心理分水岭（这是卡尔·曼海姆的观点）；引入并阐明了国家的概念；最后，宗教冲突那纯粹、无止境的苦难在"疲惫的宽容"中（约翰·博尔的恰当说法）结束。[19]从政治上来说，这就是中世纪秩序的终结、现代世界的诞生。[20]

以官僚体制为中心，因防御/侵略而组织起来的现代国家，首先出现在法国。路易十四实际上从未说过"朕即国家（état）"，但人们肯定明白为什么这句话被认为出自他之口。[21]那时，在法国使用 état 这个词的单数是非常令人吃惊的。复数的 états 指"等级"，指组成法国社会的不同"自然"团体：贵族、教士、平民。他们与君主共同统治，君主自己也是一个等级。（在法国和荷兰，议会过去叫"三级会议"，如今在荷兰依然是这样。）君主应是国家唯一的政权这一新奇的革命性思想，是 16 世纪使法国分裂的残酷内战的结果。面对这样普遍的道德败坏、所有文明标准的瓦解

以及到处可见的宗教狂热，各处的人文主义者都认为任何政体，只要能结
499 束内战，都比持续不断的战争更可取。就这样，在法国和英格兰都出现了
马基雅维里式的人物：让·博丹和托马斯·霍布斯。

让·博丹（1529—1596）是一位律师和哲学家。身处法国胡格诺战争杀戮中的他认识到，拯救国家需要一个强大的中央政权，因此他提出了主权理论。在《国家六书》中，他试图建立强大的政府权力，使它总是能高于地方自治和宗教教派的特殊利益。像耶稣会信徒一样，他认为财产的保护十分重要。从这个角度来讲，他关于国家的思想是，国家首先要维持秩序[22]，它应该在宗教上中立，并且在君主一个人身上体现。[23]这并不意味着君主可以随心所欲。君主必须遵循自然法、公正和上帝的律法。“[国家的]这一主权是不容置疑的。‘除了不朽的上帝外，君主不承认什么比自己更伟大……除了不朽的上帝外，任何人不得要求拥有主权的君主或人民来解释他们的行为。’”这听起来很狂热，博丹的观点无疑产生于法国宗教战争所表现出的残酷的狂热主义。[24]但在他的体系下，宗教问题被刻意排除，不允许它们主宰国家的政策。它们属于教会事宜，并且明确禁止用武力来解决它们。[25]因此，现代主权国家的理论诞生了。“关于世界秩序的古典罗马概念和圣托马斯·阿奎那与但丁提出的基督教社会的理想被遗弃了。”[26]

正如很多人评论的，这一变化的最终结果在20世纪将是灾难性的。但是，在当时，在残酷的宗教不宽容，以及贵族和普通民众的命运发生变化之后，人们认为，为了秩序，发展中央集权是建立高效政府的唯一希望。

在17世纪的法国，它似乎发挥了作用。当时，法国崛起成为欧洲政治上、文化上无可匹敌的霸权。法国人口有2000万，是神圣罗马帝国人口的2倍，英格兰和苏格兰人口总和的3倍，西班牙人口的4倍。众多的

封建贵族通过宫廷而得到驯服和教化：这为“敬拜统治者的神殿”创造了条件。[27] 不少于 1 万人参加复杂的宫廷仪式，再也想不出比成为它的一部分更伟大的荣誉了。国家的力量和团结由一支常备军维持，其人数是宫廷的 10 倍：10 万人。这支常备军是“实现王室权威的终极工具”（这些拉丁词语实际上镌刻在普鲁士军队的大炮上）。这种常备军花费很高，不过国家参与贸易所得可以支付部分费用。[28] 此处的理论是，君主的地位和声望取决于国家的经济繁荣，它赋予国家干涉商业的权利。这意味着税收的引入（和包税制，以保证国家的收入）和奢侈品的发展。后者依据的经济理论是，在欧洲流通的货币量大致是不变的，因此一个国家只能从其他地方吸引货币才能变得更富有。因此，贸易的理想形式是进口相对便宜的原材 500 料，将它们加工为成品，再以更高的价格卖到国外。就法国而言，这一理论发挥了惊人的作用：法国在艺术和手艺方面的技能水平远远高于其他地方。法国的纺织品、瓷器、家具和香水为它带来了巨额收入，其中很多收入被国家抽取。欧洲很多其他国家效仿太阳王。[29] 专制主义产生的最后一个因素是新战术。因为欧洲的庞大常备军，新战术第一次要求以极大的精确度来调动大量士兵，并且意味着现在需要更加严格的纪律。这导致权力在国内更加集中，实际上国家的思想现在完全占据了人们的头脑。[30] 这也与 17 到 19 世纪欧洲经常爆发的战争有关。

第一个在政治上充分利用科学革命的人是托马斯·霍布斯（1588—1679），他的父亲是英格兰西部威尔特郡马姆斯伯里的一位牧师。[31] 与约翰·洛克不同（见下文），霍布斯从来没成为皇家学会会员，但他的确向该学会寄过科学论文，并且自己进行生理学和数学实验。（他的朋友约翰·奥布里在其名著《名士小传》中，称霍布斯“与几何学相爱”。）霍布斯担任过波义耳的助理、弗朗西斯·培根的抄写员，会见过伽利略和笛卡尔。他持有彻底的唯物主义世界观，并且提出了重要的因果关系学说，即世界是“一条无穷无尽的因果链”的思想。[32]

尽管霍布斯比博丹更深入，他还是同博丹持有一些相同的观点，并且原因也几乎相同。正如博丹是在法国胡格诺战争的背景下写成《国家六书》一样，霍布斯是在英国内战后不久写出自己的作品。和博丹一样，他认为宗教暴行是建立在由狂热主义产生的幻想和幻觉基础上。因此，他所寻求的，首先是人民和财产的安全：秩序。和马基雅维里一样，他认为人是理性的，然而也具有掠夺性；和博丹一样，他捍卫了君主专制的观点。不过，霍布斯认为主权者可以是一位君主，也可以是一个议会（尽管他更喜欢前者），并将教会权力牢牢地置于世俗权力之下。《利维坦》（利维坦是《圣经》里的怪物，“只有它才能遏制人类原始状态下狼一样的本性”）是关于政治理论的一部伟大作品，它对霍布斯的观点进行了最全面的描述，尽管他还写了其他几部作品，尤其是《论公民》《三论》和《哲学基本原理》。[33] 在这些作品中，他表明自己为了秩序愿意付出多么沉重的代价。

《利维坦》出版于1651年，“是我对当前混乱造成的公民和宗教政体的论述”。[34] 这本书分为四部分。第一部“论人类”研究了人类知识和心理的状态。有几章论述了“自然法”和社会契约的起源。第二部“论国家”包含了本书的主旨。在第三部中，霍布斯表达了自己的宗教观点。在最后一部分“论黑暗的王国”中，他以对罗马教会的攻击结束。[35]

霍布斯是教条的、说教的、顽固的人。他为“符合科学”所做的努
501 力处处可见。归根结底，他认为社会学真理在政治和在物理学、生物学或天文学中一样都是可以发现的。“创造并维持国家的艺术在于一定的规则，就像算术和几何那样；不仅仅在于实践（如打网球）……”[36] 霍布斯公开提出，国家只不过是人为的发明而已，目的是促进组成它的个体的利益。

他否定了亚里士多德关于人是社会动物的观点，认为在“服从契约”之前不存在社会。[37] 他提出了战争是人类的自然状态这一格言。这是马基雅维里式的观点，只是程度更深，霍布斯的悲观观点对整部作品产生了重要影响。在第一部关于人类的知识和心理的内容里，他对当时已知事物的探究使他得出这样的结论（那时相当有争议）：自然使人类“在身心两个方面的能力十分平等”，因此“综合考虑的话，人与人之间的区别不会大到足以阻止他们之间的竞争……因此，在人的本质中，我们发现发生争执的三个主要原因。第一，竞争；第二，胆怯［霍布斯用该词表示害怕］；第三，荣耀”。这个争执的结果并不好。他有这样一句名言：生活是“孤独、贫困、污秽、残忍和短暂的”。[38]

事物的这种状态没有例外，他说，就连国王和王后也不断地以“角斗士的状态和姿态”彼此嫉妒。因此，霍布斯认为，要避免永久战争这一原始状态，人类必须服从于一个共同权威。既然自我保存是重要的自然法，因此人类有责任“将他们所有的权力和力量都赋予一个能将所有意愿转化成……一个意愿……的人或议会”。这就是“利维坦”的意思，利维坦是一个凡间的上帝（正如他所说），只有他拥有实施契约和义务的力量。霍布斯认为这一契约是至高无上的。他不允许求助于上帝或个人良心，“因为那会给狡猾之人欺压同伴制造可乘之机，这不比回到战争状态强多少”。无论君主做什么，无论他征收什么税或审查什么书，都是公正的，因为他有权威依据。霍布斯不是没有察觉到他的制度的极权主义性质（我们的说法），他承认在这样的制度下生活可能不会愉快。他只不过强调这比其他制度要可取得多。[39] 在三种政体中（君主政体、民主政体和贵族政体），霍布斯坚定地宣布支持第一种，而且理由非常明确。君主的个人利益常常与公众利益相一致，并且他毕竟总能向任何人咨询，因此“不会自己和自己过不去”。对于君主总是有宠臣的批评，他承认“宠臣是个麻烦”，但补充说他们常常很少，而“一个议会的宠臣却很多”。[40]

霍布斯知道自己的作品不会受欢迎，果不其然。实际上，他感到自己受到清教徒的很大威胁，于是逃到法国。因为他的“奴役专制主义”理论，他与议会党的清教徒疏远了；他又与保王派疏远了，因为虽然他赞成专制君主政体，但是他的观点没有立足于君权神授。[41] 议会任命一个委员会来审查《利维坦》，只是由于查理二世的干预才使霍布斯免受迫害。[42] 这部作品不受欢迎也与他思想的新颖有关，部分原因是他摒弃了高尚的时
502 尚，将其体系基于纯粹的有用性，而不是神启的道德。此外，他还摒弃了人们熟知并且感到欣慰的任何关于“自然法”或“上帝之城”的概念。对霍布斯而言，利维坦的正当性不是出于人们一致赞成的任何高尚理由，而仅仅是因为它有益于其组成部分，仅此而已。

今天，我们不像他的同时代人那样认为他会引起异议，因为，大多数时候，我们实际上在按照他构想的很多准则生活。我们现在认识到人的确受到恐惧或骄傲的驱使，而且我们承认两者是同样危险的。最重要的是，在我们生活的社会中，通常是无名的国家会防止赤裸裸的自私人性。[43] 从霍布斯的悲观主义来推断，马基雅维里的悲观主义延续得太久、太好，以至于不可能完全不合时宜。

17 世纪，英格兰和荷兰的日益繁荣是两个因素长期发展的结果：第一，波罗的海的盐度变化把鲱鱼赶到了北海，增加了那儿的捕鱼量，并且提高了那片水域周边国家的渔业。第二，更重要的是，随着美洲大发现以及与西印度群岛和印度发展贸易之后，大西洋通航了，它突出了地中海国家的逐渐衰败。因此，新的民族国家的政治也发生了变化，贸易竞争开始变得比宗教或王朝争斗更重要。普遍增加的繁荣以及商业对政府影响的增大，引起了对财产的更加重视和对个体商业活动应有自由的更多关注。正

是在这一背景下产生了约翰·洛克的哲学。

“约翰·洛克（1632—1704）是英格兰商业联合体、法治和宽容的创始人。正是从洛克的政治思考以及宽容和有限君主制原理在英格兰的实现中，启蒙运动时期的法国思想家才获得了灵感。他们继而重新解读并总结了英格兰思想中比较自由主义的那些方面，使英格兰思想从一种地方性影响扩大为一种世界影响。”[44] 洛克的确代表了一代人的常识，这代人厌烦了宗教战争和内战，并且随时准备从殖民主义以及随后出现的商业阶级中受益。和霍布斯一样，洛克不仅以政治哲学还以人性为题材写作，作品有《人类理解论》和《政府论》。这是他的作品为什么如此具有影响力的一个原因：两部作品旨在将政治组织置于一个更广泛的理解体系中，并且都尽力采取科学的做法。洛克学过医，是英国皇家学会的会员，他的赞助人是英国大法官沙夫茨伯里勋爵。他帮助起草了卡罗来纳宪法。[45] 洛克是一个非常实际、谨慎的人，不喜欢抽象，认为真理是可能的而不是绝对的，这使他成为当时英格兰执政者的典型。在他的世界体系中，政治权力应尽可能远离“君权神授”。他认为上帝将权力传给亚当然后通过其后裔传给今天的王室代表这一观点是愚蠢的。他辛辣地说，要知道，照那样说，我们都是亚当的后裔，并且现在不可能知道谁是谁。他从根本上不同意霍布斯的观点，因为他认为人类的自然状态不是战争，而是理性的运用。“政治 503
权力……我认为就是制定法律（为了管理和保护财产，可以施加死刑以及所有处罚）、运用社会力量执行这些法律，保护国家不受外国侵犯的权利；而所有这些都只是为了公共利益。”[46] 他说，人天生是平等的，正如之前霍布斯所强调的。但洛克没有止步于此。他进而区别了自由和许可。他说，没有许可，自由与霍布斯如此担心的持续战争没有什么不同。因此，公民社会的目的是使用理性，“在自然状态下，每个人都是自身的法官。理性通过建立一个人人可诉诸、人人应服从的已知权威，避免人类自然状态下的种种不便”。在这一点上，他超越了博丹和霍布斯。他说，君主和国王在这一体系中没有地位，“因为没有人在法律之外”。大多数人的意志必须永远至高无上。

当他进而提出人们一起生活在社会中、遵循法律的原因是为了保护他们的财产时，洛克比以前任何时候都更体现出英国的新形势。既然人类是“被迫”进入社会，那么这个社会的权力“永远不能越过共同利益”。并且决定这一共同利益的只能是所有人知道并且赞同的长期有效的法律法规，而不是例如专制君主的临时法令。此外，这些法律必须由“中立正直的法官”司管。只有通过这种方式，人民（以及统治者）才能知道他们所处的位置。[47] 在关于专制君主政体思想的一个重要修补中，洛克说国王永远都不能废止法律。[48] 最后，洛克表达了英国新兴商业阶级的主要忧虑（对他们看到的法国发生的事情感到恐惧，害怕国家对贸易的干预），主张未经他人同意，任何权力都不能剥夺人们的财产。“长官可以命令一个士兵做任何事情，除了处理他的财产。”同样，一个人对他的人身也享有财产权，意思是他的劳动也是他的财产。洛克说，这一观点最重要的结果是，只有征得人民的同意，才能对他们征税。（我们现在从“无代表，不纳税”这个原则中认识到这一点。[49]）

在某种程度上，这是与君权神授的最后决裂。对洛克而言，国家和个人之间的联系纯粹是出于法律和经济便利，只与生存的实用层面有关。换句话来说，并且非常坦率地讲，国家在信仰或良心事宜中绝对不应当起任何作用。就宗教而言，洛克极力提倡宽容（他有两部作品写的都是这个内容，《教育漫话》和《论宽容》）。他说，宽容来源于这一显而易见的事实：不同的大脑具有不同的才智，这可以从同一家庭里不同小孩的成长方式中得到证明。此外，他说基督教思想要求宽容。“没有仁慈，没有靠爱而不是靠武力的信仰，任何人都不能成为一名基督徒……”[50] 他强调，教会必须是一个完全自愿的团体；毋庸置疑，一个人的宗教不应影响他或她的公民权利。“救赎只关乎个人。”

和霍布斯《利维坦》中的大部分思想一样，洛克的观点在今天看也不过是老生常谈而已，这还是因为今天的我们视它们是理所当然的。但它们在洛克的时代是非常新颖的观点。政府的权威来自被统治者这个思想是惊人的，它暗示了政府存续的时间只能由人民的需要决定。“在国王的终身 504
制时代，这一思想提供了变革，甚至革命的前景。”[51]

巴鲁赫·德·斯宾诺莎（1634—1677）比洛克晚两年出生，但在某种程度上，他与霍布斯拥有更多的共同点。和霍布斯一样，他认为君主的权力是我们为秩序付出的代价。然而，和霍布斯不同的是，他对人性有较高的评价，并且认为通过更多地使用新科学，知识和政治自由是可能的。他乐观地认为，相互帮助“对人而言是天生的，就像恐惧和骄傲一样”。所以对斯宾诺莎而言，社会的目的是人的意识的延伸。做出这一假设，继而研究人的心理时，科学家能够发现一种适应那种行为的政治结构。因此，一个与人性吻合的道德框架是找得到的。[52]

斯宾诺莎认为，只有为了某个更高利益合作时，人才能实现自己更高的品质，并且“只有社会才是这种实现的媒介”。实际上，他认为政府本身是“人类天生的”相互帮助这一冲动的表现。（这显然与霍布斯说的完全相反。[53]）“生活和国家的目的是其自身的充分实现。”他在其伟大作品《神学政治论》中写道：“因此，政府的最终目的不是靠恐惧来统治……不是要求人们顺从，而是使人们摆脱恐惧，尽可能安全地生活……政府的目标不是把人们从理性之人变成野兽或傀儡，而是使他们能够安全地发展身心，不受束缚地使用他们的理性……实际上，政府的真正目的是自由……这一观点与加尔文或圣奥古斯丁体现的对生活的恐惧是对立的。我们不需要为获得救赎而否定生活。相反，用耶稣的话来说，人类的目标是‘拥有生活，并且使其更加丰富’，国家必须按这个清晰的目标来治理。”[54] 斯宾诺莎赞同宽容和言论自由，因为他认为这样国家才会更安全。

他为促进思想自由做出的最惊人努力表现在《神学政治论》中对《圣经》所做的公正分析的部分。在激进的开头部分，这部作品的前十章论述了《旧约》，评价了它的真实性以及神迹的确切性质。这实际上是把科学应用于宗教，这是一次正面交锋。它引出了对自然法的审视以及斯宾诺莎的结论：“人类不单单按照理性生活，还按照本能生活，因此正如猫不一定按狮子的自然法则生活一样……人类也不一定要按照一个聪明人的法则生活。”[55] 斯宾诺莎的这个立场非常新颖：他虽然是一位科学家，但他不像其他科学家那样受到理性的束缚。但是，斯宾诺莎和霍布斯的确都断定“政治义务的基础是对安全的渴望”，这是一个完全功利主义的概念。因此，斯宾诺莎一下子推翻了全部的古典和中世纪假设：政治是对神启的自然法则的理性反应。相反，和霍布斯一样，斯宾诺莎把主权国家看作是“两害中较轻者”。他建议君主倾听公众的声音，“因为不受欢迎的政府不会持久”。他说，民主政体有其优点，因为“不合理命令的危险不那么令人担
505 心，因为大多数人，尤其是人数非常多的话，赞同一个不合理的意图是几乎不可能的”。[56]“主权权力应该认为所有人，无论贫富，在它面前都是平等的……统治者的权力实际上被他感觉到的对臣民的恐惧所限制：使一个人成为臣民的不是顺从的动机，而是顺从的事实。政治家的目的是制定我们的机构，以使每个人，无论他的倾向是什么，宁要公共权利而不是私人利益；这就是任务，这就是考验……公共事务应按照极端安全、极端诚实的原则来管理……”[57]

于是，对斯宾诺莎而言，生活既是本能的满足，也是理性的运用，人的智慧是神圣思想的一部分，因此理性也有自己的缺点。“每当自然中的

任何事物在我们看来是荒谬的、荒诞的或邪恶的，这是因为我们对事物只有部分了解，对整个自然的秩序和连贯性也主要处于无知状态中，并且因为我们希望一切都按照我们理性的规定来安排……每个人都有权利实现自我，只要他具有力量；并且人们自然对彼此具有制约权力，只要他们能够靠武力或说服来强迫实施；而且，任何人从自己的利益出发，经过判断后认为有必要背弃诺言时，无论对或错，都不需要对另一个人守信用。道德价值是一个在人工花园中培养的人类创造物。”[58]

从人性的这一观点来看，大多数人的权利几乎是唯一重要的政治事实。既然人不可避免地“受到激情的支配”，那么只有在这些条件下才能实现和睦。同样，国家的唯一考验标准是它能否带来和睦与安全。[59]国家不过是一个权宜之计；国家是为人类而存在的，而不是相反。

斯宾诺莎与霍布斯和洛克最大的区别在于他对知识的强调。因为知识是变化的，因此“政府必须时刻准备好变革”。而且，就国家是一个权宜之计、一个人工花园而言，变革是可以预期的。[60]

在其近著《激进的启蒙》中，乔纳森·伊斯雷尔将斯宾诺莎视为现代性产生过程中的关键人物，因为他融合了本章论述的关于政治理论和组织的思想、前一章论述的关于科学革命的思想、下一章中关于宗教怀疑的思想，以及第26章关于对人性法则的启蒙探索。伊斯雷尔说，在笛卡尔引入新哲学（他的机械宇宙观）之后，在创立现代世界的过程中，使人类的思维方式改变最多的是斯宾诺莎。伊斯雷尔的论据是，启蒙运动不像通常描绘的主要指法国、英国和德意志的思想变革，而是遍布整个欧洲，包括斯堪的纳维亚、西班牙、葡萄牙和意大利，而且起始于联合省，就是当时的低地国家。他说，是斯宾诺莎使思想发生了整体和普遍的变化，该思想包含五个领域：哲学、《圣经》批评、科学理论、神学和政治思想。我们通常将它们分别对待，但斯宾诺莎的思想却把它们编织成一张简洁的网。

伊斯雷尔认为，斯宾诺莎的作用没有得到充分的重视，因为有利于他的很多证据都被秘而不宣。他讨论了私下传播的二十二篇“斯宾诺莎”手稿，报道了很多被流放的或其作品遭到当局禁止的追随者。虽然如此，他描述了无数遍布欧洲的秘密“斯宾诺莎派”思想家，他们的宗教、政治和科学
506 观密切相连，共同培育了一种将公开爆发成启蒙运动的新思想。[61]

他说，是斯宾诺莎最终用哲学取代了神学，使哲学成为理解我们困境的主要方式和政治学的基础原理；是斯宾诺莎摒弃了魔鬼和巫术；是斯宾诺莎表明知识是民主的，就知识而言，没有特殊利益群体（例如教士、律师或医生）；斯宾诺莎比任何其他人都更使我们相信人是一种自然生物，在动物王国中有着合理的位置；是斯宾诺莎使他的男女同胞相信，自由只能从哲学上来理解；是斯宾诺莎为共和制度和民主制度奠定了基础；是斯宾诺莎阐明这些思想的最终结果是宽容。对伊斯雷尔而言，斯宾诺莎是牛顿、洛克、笛卡尔、莱布尼茨、卢梭、培尔、霍布斯，或许还有亚里士多德的融合体。在这个意义上，斯宾诺莎是自阿奎那以来最重要的人物。

“比起牛顿掌握物质定律，人类能更深刻、更清楚地了解自己；因此，原则上，了解历史知识（人类动机及其结果的描述）要比了解这个归根到底很模糊的外部世界来得更深刻、更详细。”尽管乔纳森·伊斯雷尔肯定了斯宾诺莎的种种贡献，但在世界上所有见解独到的思想家中，最被低估的人物是那不勒斯的詹巴蒂斯塔·维柯（1668—1744）。他的简单见解，即人类只能了解他们制造的东西，在科学革命的高潮时出现，完全改变了人类对自身的看法。实际上，它给人类提供了不是一种，而是两种关于自身的看法，而且是相互矛盾的看法。因为这两种观点一直都没有得到调和（它们是本书最后一部分的主题之一），我们可以说维柯和任何人一样，对现代的混乱负有责任。[62]

维柯是一位哲学家，历史对他比对他那个时代的任何其他人都更重要，他竭力了解原始人的思想。他认为，没有这种了解，我们永远不能了解我们自己。为了做到这一点，他对心理学、语言学和诗歌的运用极具创新性。[63]他最著名的作品是1725年出版的《新科学》。该作品旨在揭示一种世俗的历史哲学，他认为，它的法则有助于为未来设计可行的政治制度。正如约翰·鲍勒所说，按现代的标准，维柯的生物学知识很弱，而且自然选择导致进化的观念出现在他之后的一个多世纪。这限制了他的洞察力，然而与此同时，维柯也对自己的工作投入了巨大精力。虽然他像当时的很多人一样，认为上帝通过体现人类事务的法则来统治世界，但是他也同意斯宾诺莎的观点：这些法则是"无所不在的"，而不是超验的，也就是说，它们不能通过神启获得，而是在人类制度中出现，并且可以推断。[64]与霍布斯以及其他人不同的是，他不赞同法律来源于一个公开的理性契约；相反，他说它从本能的习俗领域产生。"堕落的人类不再能够直接理解真理，但依然通过本能的激发与上帝联系起来。通过黑暗，人类和各民族通过应对环境挑战时形成的'共同智慧'，依然可以感知神圣意旨的微光。"

维柯环顾四周，并回顾历史，发现了三种本能。它们是信仰神、承
认父母，以及埋葬死者的本能，这些本能在宗教、婚姻和埋葬的习俗与仪 507
式中有所体现。[65]他同意人类从上帝的恩典中堕落了，但仍然相信人类是自己命运的主人，因为他们越来越理解文明生活的演变。从这个意义上来说，文明是上帝意旨的一种表现，尽管哲学知识可以补充本能的不足。人类的伟大集体事业（法理学、科学、艺术、宗教本身）可以用来研究其所揭示的"神圣建筑师"的目的。[66]

维柯的魅力在于，他的一些思想现在看来是如此过时和荒诞，然而在其他方面又如此现代，依然令人耳目一新。例如，维柯认为大洪水之后，

人类分为正常大小的人和崇拜偶像的、野蛮的巨人，后者“生活在洪水消退后形成的沼泽中”。人类由这些巨人发展而来，尽管我们逐步达到了现在的大小比例。文明来源于对雷电的恐惧，雷电使巨人从他们“野蛮的混沌”中惊醒，对此他们感觉到的只是羞耻。因此，由于感到羞耻，他们不愿再在野外行使他们的本能，而将他们的配偶携带到洞穴中，在那里建立了家庭生活。正是这最初的“暴力权威”造成了女性的“天生顺从”和男性的“天生高贵”。维柯遍读历史，能通过援引异教神话中把雷电归于朱庇特的说法使自己的观点风趣生动。同样，《旧约》中的巨人与希腊神话和泰坦巨人反对众神的战争联系在一起。[67] 人类历史的第一阶段自然而然地被称为神的时代，目的是让人类的始祖学习纪律。他们构想出象征着大海、天空、火和庄稼的神，并且逐步形成了宗教、家庭生活、语言和财产的基本原理。（维柯认为最后一项来源于对死者的埋葬。）神的时代之后便是英雄的时代，然后才是人的时代。

在该书的第三部分，维柯将注意力转向人类，试图通过参考语言，尤其是诗歌和早期人类的神话来重建人类历史。“在无知深渊中的民族自然通过传说和寓言来解读他们周围的事物：语言的发展自然与社会的发展相对应。在神的时代，当人类发声说话时，语言是模糊的、诗意的；时间的流逝用收获的次数来表明；众神的名字象征食物和农业的自然利益。在英雄的时代，人类通过符号和纹章交流。”[68] 在另一节中他提出，人类的社会发展来自堕落人类遭受的三种惩罚：羞耻感、好奇心和工作的需要。他说，神话中的每位神和英雄都可以理解为这个或那个惩罚结果的表现。

今天，对我们而言，维柯的观点是无法令人信服的，至少细节是无法令人信服的，这些细节中很多显然是荒诞的，但是荒诞之中有着令人惊讶的现代感：人类的进化不仅体现在生物学方面，还体现在语言、习俗和社会组织、法律和文学方面。并且所有这些的背后是一个更大的定时炸弹：宗教本身是演化的。因此，维柯也促进了怀疑论的出现，怀疑论将是下一章的主题。508

从 1513 年的《君主论》到 1725 年的《新科学》，这个时期与科学革命的时间有很大重合，所有这些政治哲学家都试图至少依据新科学的原理来建构他们的理论，建构能够从一个国家推广到另一个国家的体系，这当然也不是巧合。然而，他们也许是过早地将新科学应用到了人类事务上。不过，最持久的遗产其实是那些如马基雅维里和霍布斯一样对人性感到悲观的人物（导致专制主义或保守主义哲学）和那些如洛克和斯宾诺莎一样比较乐观的人物（自由主义哲学）之间的区别。在广泛的意义上，这依然是我们大多数人遵循的政治划分，尽管我们现在将它们分别称作右派和左派。

“社群”的思想（以及其作为一个政治权威的合法性）是贯穿本章的一个主题。但是这个词有一个意义，我们还没有完全涉及，不过剑桥大学历史学家蒂姆·布兰宁说，它也是在这个时期（即 17、18 世纪）形成的。“社群”的这一意义是“公众”，他称之为“一个新的文化空间……在以宫廷和君权代表为中心的旧文化之外，出现了一个‘公共领域’，个体聚到一起形成一个大于部分之和的整体。通过交流信息、思想和批评，这些个体创造了一个文化参与者，即公众，它从此在欧洲文化中占据统治地位。现代世界的很多文化现象，就算不是大部分，都来源于‘漫长的 18 世纪’，例如期刊、报纸、小说、新闻工作者、评论家、公共图书馆、音乐会、艺术展览、公共博物馆、国家剧院等”。[69]

布兰宁的研究重点是这些发明中的三项：小说、报纸和音乐会。他说，17 世纪末到 18 世纪初出现了“阅读革命”，并且引用当时的很多回忆录来支持这个论点。例如，英国 17 世纪早期每年出版书籍 400 种，1630

年增加到6000种，1710年是21000种，18世纪90年代是56000种。[70]他发现，德意志18世纪经历了从使用“有学问的人”一词到“受过教育的或有修养的人”一词的“重要一步”。“甚至对那些反对天启宗教和经文权威的人，教育也提供了一种通过文化进行世俗救赎的方式。”[71]从摘自布兰宁著作中的图表也可以看出不断变化的品位和小说的兴起：

德意志的出版物：1625—1800

门类	1625年	1800年
法律	7.4%	3.5%
医学	7.5%	4.9%
历史等	12.0%	15.7%
神学	45.8%	6.0%
哲学	18.8%	39.6%
纯文学	5.4%	27.3%

509

布兰宁说，小说的主要魅力在于它的写实主义、伪装成实际报道的想象；虽然很多小说是琐碎的、煽情的，但塞缪尔·理查森表述了一个更为严肃的目的，即“在娱乐的流行伪装下，探究基督教的伟大教义”。[72]小说的另一个影响及其对此时此刻的关注是，将家庭关系和女性推到舞台中央，部分原因是大部分中产阶级和上层阶级的女性比男性享有更多的空闲时间。

就报纸和期刊而言，从零星出版到定期出版的转变是17世纪最后几十年才在欧洲的几个地方发生的：安特卫普、法兰克福、都灵，以及巴黎和伦敦。培尔的《文学界新闻》最先于1684年出版。然而，到18世纪30年代，伦敦有6种日报；到18世纪70年代，有9种日报，联合发行量达

1260万份。甚至没有阅读能力的人也会跟上潮流；他们聚集在伦敦551家咖啡馆、207家旅馆或447家酒馆里，听人们大声朗读报纸新闻。与神圣罗马帝国相比，这些数字就黯然失色了，那儿到法国大革命之前有1000多种报纸和期刊。[73]

这一图景因为乔纳森·伊斯雷尔对“学术期刊”的论述而多少有所修改，“学术期刊”也是在这一时期形成的。“它们绝大多数都面向思想、学术和科学领域的最新发展，在使受过教育的公众把注意力从已确立的权威和古典著作转移到新的、具有创新性或挑战性的事物方面发挥了很大作用，即使这种创新出现在遥远的国度和不熟悉的语言中。”以前人们需要好几年才能了解另一种语言的书籍，而现在“几周内”就能获悉。[74]除了使人们消息更灵通外，伊斯雷尔说这些期刊通常表现出宽容和知识客观性的新价值，并且往往促进了“国王、议会、教会等拥护的根深蒂固的观念（即存在人人皆知、认可和尊敬的共识真理）的瓦解。同时，这些期刊也试图排斥启蒙运动较为激进的方面，即斯宾诺莎主义者传播的部分”。[75]

虽然书籍的使用在急剧增加，但是它们以不同的形式已经存在许多世纪了。相比之下，公共音乐会是一种全新的媒介。布兰宁说，现代意义上（观众和演奏者之间有了清晰的区别，无名的公众支付费用后才能进入）第一场公共音乐会是1672年在伦敦约翰·巴尼斯特的家中举行的，那里“正对着”怀特·弗里尔的乔治酒馆。随着人们音乐知识的增加，这不仅刺激了对其他音乐会的需求，还刺激了对乐谱的需求。这反过来引起了对特定音乐的需求，海顿和亨德尔便是这种音乐的受益人。交响乐格外受新音乐爱好者的欢迎。音乐厅成为大市场城镇（法兰克福、汉堡，尤其是莱比锡）的一个主要亮点，成为旅行的额外收获。[76]

音乐的新思想仍然产生于拥有宫廷的城市（萨尔茨堡、曼海姆、柏林），但布兰宁的观点是，新公众、新的公共领域，带来了一种比以往存

510 在的更强烈的民族感情。实际上，新的、具有自我意识的公众以及它培养的对文化思想的品位形成了一种类似鸡尾酒的强劲混合物，一个传播以前从未有过的思想的新论坛。这个混合物不仅将决定什么样的文化思想是流行和持久的，还确保文化本身成为民族主义一个强劲的、狂热的方面。不同国家应该在文化方面存在不同这一强大信条实际上来源于 17 世纪形成
511 的公共领域，该信条将被证明既具有激励作用、又具有同等的危害性。

25

“无神论恐慌”和怀疑论的到来

哥白尼死于1543年。据说，他在临死前才收到他那本关于天体的著名书籍《天体运行论》。虽然这是一个具有戏剧性的动人故事，但是我们不应过分夸大这一事件。事实上，《天体运行论》引发的“革命”要过很长一段时间才能发生。首先，除了博学的天文学家，其他人几乎无法阅读这本书。其次，更重要的是，关于哥白尼的研究的报道，包括他的地球绕着太阳运转而不是相反的新理论，自1515年以来就在欧洲的科学家中广为人知。在至少二十年的时间里，哥白尼一直被认为是欧洲最杰出的天文学家之一，详细阐发这一新理论的著作早在同行的密切期待中。

当《天体运行论》最后问世时，大多数同行立即承认了它的重要性。[1]事实上，许多天文学家称哥白尼为“托勒密第二”。到16世纪后半期，他的著作已经成为这一领域几乎所有专家的标准参考书。与此同时，《天体运行论》的主要观点却被忽视，这让我们觉得不可思议。“那些对哥白尼的博学赞不绝口、借用他的图表或引用他关于地球到月球之间距离的测算的作者们，通常都忽略地球运转说或把它斥为荒唐。”[2] 1594 年，也就是哥白尼的著作出版半个多世纪以后，一本关于天体的英语基础课本认为地球的静止不动是当然的事实。当我们回顾这一事实时，它更令人惊讶，因为若不考虑教会，哥白尼只不过是在推开一扇比我们想象中要更敞开的大门。

到 16 世纪末期，欧洲有不少人认为基督教受到了严重的质疑。[3] 成千上万新教徒和天主教徒彼此厮杀，成百上千的殉道者因为坚信没有人能够证明或证伪的信条而被推上死亡之路，而且经常是以极其残忍的方式。正如上面提到的，倘若这么多的人相信自己受到的神启是对的，而他们又剧烈地反对彼此，那么这必然意味着神启通常是虚幻的。非常具有嘲讽意义的是，《圣经》本身在引发这类事件上起到了推波助澜的作用。正是此时，各国的本国语译本把《圣经》带到了大众面前。从 16 世纪 20 年代以来，《圣经》不再是学者和神职人员的专利。正如布赖恩·莫伊纳汉指出的，
512 《圣经》中没有什么内容，同有什么内容的意义同样重要。尤其是，我们现在能够清楚看出，教会的许多活动和特权“来自习俗，而不是直接来自上帝”。[4] 门诺·西门只不过是荷兰平于姆一个心存疑虑的二十八岁年轻人，他对面包和酒是基督的肉与血持怀疑态度。他把自己的怀疑归因于魔鬼，是魔鬼试图动摇他的信仰。他说，他经常对此忏悔，最后他决定“不辞辛苦研读《新约》……不久我便发现我们都被骗了……”[5] 他说，他其实“很快放松”，因为他发现面包和酒不过是基督受难的象征而已。不管放松与否，这仍然是个巨大的冲击。

各国的本国语译本为普通民众提供了阅读《圣经》的途径，这是非常危险的，教会知道这一点。例如，这就允许世俗民众自己去发现经书中的谬误和矛盾之处，这些谬误和矛盾之前一直不为他们所知。埃塞克斯郡切姆斯福德的一位年轻英国人被禁止阅读威廉·廷代尔的《圣经》英译本

（它的几百本复本被偷运进英国），他的父亲命令他只能阅读拉丁本《圣经》，而年轻人却无法阅读拉丁文。他做出了反抗，设法获得了英译本并藏在床垫下，一有机会就拿出来读。这使他很快开始嘲笑他的长辈对十字架表露的敬畏之情，他们会跪在教堂的十字架前，在宗教游行时每逢十字架经过就会举起双手。有天晚上当他的父亲睡着后，他对他的母亲说，这样的行为不过是偶像崇拜，有悖上帝的意愿，上帝曾说过“你们不应雕刻任何图像，也不能向它低头，不能崇拜它”。[6]

为《圣经》中的章节编号的做法是由出版商罗伯特·斯特凡努斯于1551年在日内瓦开创的，它也起了某种作用。对许多人来说，能直接阅读经书只能使书中那些明显的讹误与矛盾更加突出。再洗礼派教徒指出《创世记》宣传一夫多妻制，而在《马可福音》中，耶稣说，“人要……与妻子连合”（10: 7）。在《申命记》中离婚是被允许的，但在《马太福音》中是被禁止的。[7]《列王纪》鼓励不缴税，而《马太福音》却说必须要缴税。世俗大众认定经书中规定的其他年代久远的活动和传统，其实在书中根本找不到。这些传统包括教皇的权威、教士的独身制、圣餐变体论、婴儿洗礼、圣人封圣以及非天主教徒的不可救赎等。[8]

跨信仰暴力引发的分裂以及随之而来的广大俗众对《圣经》中讹误与矛盾的发现，帮助产生了这样一种局面，即到16世纪末，持极端观点的教派数量之多，竟到了令人困惑的地步。现在，太多的神学选择使发现“真正的信仰”变得比以前更加困难、更加不可能。后果之一是，“无神论者”这个词比以前任何时候的使用都更广泛。[9]

无神论是一个希腊词。历史上第一个有据可查的无神论者是克拉左门奈的阿那克萨哥拉（活跃于公元前480至前450年）。他肯定是第一个 513
因“无神论”而被指控，并且因为他的自由思想受到迫害和诅咒的人。[10]

但是，苏格拉底告诉我们，阿那克萨哥拉的书在雅典广为流传，任何人都能花一个银币把它们买来，也就是说，他并没有被视为一个疯子。[11] 米洛斯岛的诗人迪亚哥拉斯指出世上没有神，因为这么多的不公正行为没有得到惩罚。他因此被指控为无神论者。[12]（我们还得知迪亚哥拉斯打碎了一具赫拉克勒斯的木雕像，把它用作柴火，竟敢无礼地让这位大力神烹煮萝卜，完成他的第十三项“伟业”。）欧里庇得斯戏剧中不止一个人物谴责神灵，坚持说在“诗人的悲惨故事”中不可能有真理。[13] 在古罗马，自由思想比雅典更少。西塞罗的私人信件中没有提到过宗教，而佩特罗尼乌斯的《萨蒂利孔》中的人物则以取笑那些虽然主持秘密宗教仪式却并不真正理解它们的祭司为乐。[14] 但是这也不过是怀疑主义，而不是彻头彻尾的无神论。

正如在本书“导论”中所说的，詹姆斯·思罗尔仔细分析了他所说的“另一个传统”，即古代世界对宗教解释的摒弃。例如，他描述了印度的顺世论传统，它起源于公元前 6 世纪，本质上是一种享乐主义世界观，所依据的经典是已经佚失的《博拉斯帕提经》。这一信仰同佛教和《奥义书》差不多同时出现（它也被称作卡瓦卡）。它的中心教义是拒绝传统和巫术，认为肉体和自我是同一的，也就是说死后没有生命：人只活在此生此世。富兰那迦叶是一位云游印度的苦行者，他也攻击过印度教中的基本思想因果报应，认为没有来世，美德是一种自然现象，它唯一的目的就是为了此生的幸福。在他之后是阿耆多翅舍钦婆罗和末迦梨拘舍罗，即生命派的鼻祖，这一教派一直延续到至少 13 世纪，他们对人类持一种自然主义观。[15] 解释世界变化和演化的“自然律”观念在古代和中古印度思想中并非不常见。[16]

思罗尔还注意到，中国的道家不鼓励对世界本源和末日的思考，他们强调“道”的永恒和本有，认为在天和地被创造之前，一切都是寂静空荡的，认为世界存在一个根本的统一体，那就是一套法则，而哲学的任务就是去理解，而不是创造。在中国，荀子（前298—前238）排除超自然力量，无视祈祷和占卜的作用，建议研究自然而不是膜拜自然，而且同他后来的追随者王充（27—97）一样，认为世上发生的事情是人类“美德或恶行”的后果，而不是超自然的力量。[17]朱熹（1130—1200）的自然主义理论在第14章已经作了阐述。

思罗尔的观点是，如果把这些印度和中国思想同希腊和罗马思想（伊奥尼亚的科学、诡辩学家、伊壁鸠鲁学派、罗马人的军权观和把富有成就的皇帝变成神灵的实用主义）并置，那么，这种略去超自然因素的自然世界观就构成了另一个思想链，历史学家对它还未给予充分的关注。

J.M.罗伯逊在他关于西方思想自由史的著述中写道，在1376年的巴
黎大学哲学系学生中呈现出“令人震惊”的思想自由。在他们撰写的219 514
篇论文中，他们否认三位一体，否认耶稣的神性、复活和灵魂的不朽。他们坚持认为祷告没有用，《福音书》就像其他书一样，充满了“无稽之谈和不实的故事”。虽然他们受到大主教的严厉“斥责”，但是似乎并未引起什么严重的后果。[18]

历史学家让·塞内克记录了异教的神灵在文艺复兴艺术作品中的呈现，从波提切利到曼提尼亚，从科雷焦到丁托列托。他表明了古代异教思想从未在中世纪真正消失，至少异教神灵没有。勃艮第的公爵们就以自己是一位半神的后裔而骄傲，因此特洛伊人的形象在他们的宫廷备受荣宠。[19]朱庇特和赫拉克勒斯出现在博韦大教堂的挂毯上，[20]锡耶纳市政厅的15世纪小礼拜堂描绘了四位神话人物，其中包括太阳神阿波罗、战神玛尔斯和朱庇特。[21]在佛罗伦萨的钟楼，朱庇特的打扮像个僧侣！[22]塞内克的观点是（就它与此处的叙述相关而言），异教神灵和基督教的上帝一直到文艺复兴时都并列存在，因为中世纪的人不愿意完全放弃古典神灵。[23]

当哥白尼（逐渐）在欧洲得到认可时，米歇尔·埃伊奎姆，他更为人所知的名字是蒙田（1533—1592），正运用他的古典教育和他的混合背景（父亲是一个虔诚的天主教徒，母亲是转皈新教的犹太人）发展出一种看待世界的新方式，它拒绝正统的基督教立场，为后来者准备了将要向他们袭来的摧枯拉朽的变化。

蒙田的背景使得他不可能接受一种信仰能够在神启上占据一统，而且他的这种思想不止针对信仰，也针对德行。在来自新大陆的众多发现的时期长大也对他产生了应有的影响，在他身上激发了对大西洋另一面发现的习俗和信仰多样性的兴趣，那里的人都是“非基督徒”，这个标签也可以用来指早期怀疑主义者。[24] 这使蒙田对他人、对不同的思想模式具有伟大的宽容，它们共同为蒙田彻底否定基督教的一个中心要义奠定了基础。对蒙田生活的世界的基督徒来说，一个人的智力生活的主要目的是为了在来世获得救赎（他尤其批评路德）。[25] 哲学在这样一个世界的主要功能就像神学的女仆，是“为人类准备好一个安全的死亡”。[26] 蒙田认为这是无稽之谈，他推翻了这一观点，认为知识的目的是为了教导人们如何在这个世界上活得更充分、更有成就、更快乐。这样的修正对智力生活形态产生了重大影响。特别是，对蒙田来说，作为“科学女王”的神学以及哲学的重要性现在大大减弱：心理学、民族学和美学取代了神学和哲学，成为人们兴趣的主要对象。这实际上就是人文科学的诞生。

蒙田这么做无疑为世俗世界注入了有力的思想强心剂，其目标和价值就是多样性。在反对基督教对“另一世界”的迷恋时，他也对灵魂的不朽
515 产生怀疑。[27]“如果哲学是为了教导我们如何生活，而不是如何死亡，那么我们必须尽最大可能收集关于人类各种生活方式的信息，然后平静、理智地分析它们。”[28] 当他放眼四周，看见那些刚从新大陆和其他地方获得的材料时，男人和女人发展出适应各自环境的许多不同方式这一事实对他而

言立刻变得明显起来。因此，上帝喜欢多样性而不是统一性，这是不言而喻的。[29]同样，蒙田对现世而不是来世的关注还削弱了基督教中另一个基本要素的重要性，即灵魂的概念以及相应的认为任何与灵魂有关的事情都是有益的，任何与肉体相关的事情都是低级有害的倾向。从这产生了两个后果：第一，它冲击了作为灵魂命运代祷人的教士阶层；第二，它使人们从认定性本身是堕落的这一中世纪信仰中解放出来。相反，蒙田认为性应该是体面的，不应对生活中的性感到愧疚。

蒙田的观念革新意味着对传统犹太/基督教中一个妒忌、独断而且有时还是残忍的上帝的观念的破除。相反，正如不止一位历史学家所评述的，蒙田同英国的沙夫茨伯里勋爵分享发现“上帝是位绅士”的荣誉。虽然蒙田从未真正怀疑过上帝的存在，但他极大地改变了我们对于上帝是什么样的观念。

蒙田从未怀疑过上帝的存在的原因之一是，在他有生之年这么做几乎是不可能的。法国历史学家吕西安·费夫贺在他的经典名著《16世纪的不信教问题》中指出：“这一时期彻底否定上帝存在，在观念上的困难如此巨大，以致无法逾越。”“日常活动时不时被召唤虔信者去祷告的教堂钟声打断，生活完全被宗教信仰和组织占据：它们主导着职业生活和公共生活，就连行会和大学也是宗教组织。”人们吃的东西都被宗教仪式和禁令所限制。[30]在蒙彼利埃，大斋节开始，用来烧肉的旧锅被砸碎，重新支起新锅来烧鱼。星期五要是烹煮公鸡的话要受到鞭打或在弥撒上被当众羞辱。如果虫子或老鼠在乡村为患，要首先叫教士来消灭它们。[31]“人们还没有获得一种怀疑上帝存在的必需的客观性，它也不可能产生，除非建立了一组内在统一的理由，其中每一个都建立在无人能否认的科学发现的基础上。”[32]

因此，当人们互相指控对方为“无神论者”时，他们所指的内涵同我们今天的理解不一样。当时，许多人把无神论等同于自由思想。[33] 法国人马兰·梅森（1588—1648）既是一位科学家，也是一位修士，他宣称仅巴黎就有“大约五万名无神论者”，但是他列举的那些人都信仰上帝。事实是，梅森把那些上帝观不同于自己的人称为无神论者，这种现象具有代表性。当时，“无神论者”这个词不像我们现在这样被使用，而是作为一种侮辱。16 世纪的人从来不曾想过把自己称为无神论者。[34]

然而，观念和想法确实开始发生变化。蒙田引领了这一变化，但是将近一个世纪之后，当人们逐渐把握而且开始理解哥白尼学说的全部意义
516 时，他的观点才被完全接受。托马斯·库恩对这些事件做了精心的记录。

前面提到，库恩证明，专业天文学家几十年来能够使用哥白尼提供的多数知识，却没有注意到他的中心观点，即地球围绕太阳旋转。革命发生得很慢，而且当它的确发生时，那是因为这些观点已经超出了天文学家的范围。一开始，人们嘲笑哥白尼及其同道的观点之荒谬。[35] 法国政治哲学家让·博丹（1529—1596）对此尤其不屑一顾。“任何一个能正常思考或拥有最基本的物理知识的人，”他写道，“都不会认为因自身重量和质量而笨重的地球能绕着自己的中心轴摇晃，还能绕着太阳旋转：因为地球稍微一动，我们就会看到城市、堡垒、城镇和山脉统统倒塌。”[36]

然而，最强烈的反对声音来自那些发现哥白尼的理论与《圣经》相抵触的人。即使在哥白尼出版他的书之前而他的学说正在流传之际，马丁·路德在 1539 年举行的一次“席间漫谈”中被人引证说：“人们听信一个自命不凡的占星家［原文如此］，他努力想要表明地球不是在天上或天空旋转，而是绕着太阳和月亮转……这个傻瓜想要颠覆整个天文科学，但是神圣的经书告诉我们［《约书亚记》，10: 13］，约书亚让太阳静止不动，而不是地球。”[37] 随着越来越多的《圣经》引文被用来反驳哥白尼等人，他

们也被称为“异教徒”或“无神论者”。最终，大约在1610年，当天主教会正式加入这场与新天文学的论战时，指控就变成了正式的异端邪说。[38] 1616年，《天体运行论》以及其他宣称地球运动的著作被列入禁书目录，天主教徒被禁止教授或阅读哥白尼学说。

如库恩所示，到这时，哥白尼学说的真正意义已经被吸收，人们知道他的影响对整个思想体系具有潜在的毁灭性。库恩的描述值得在这里详细引用：“例如，如果地球仅仅是六大行星中的一个，那么关于人类堕落与救赎的故事，以及它们对基督徒生活的巨大影响，又如何保留呢？如果其他天体在本质上同地球一样，上帝的仁慈必然让它们也能够供人居住。但是，如果其他星球上也有人类，他们又怎么能成为亚当和夏娃的后代，而且如何能够获得原罪，这个原罪能解释为什么人类在一个仁慈、全能的上帝为他们创造的星球上艰苦地劳动。如果没有原罪说，这样的劳动是无法理解的。同样，其他星球上的人如何得知为他们打开永生可能性的那位救世主？又或，如果地球只是一个行星，一个远离宇宙中心的天体，那么位于魔鬼和天使之间的人类的非常关键的位置会发生什么变化？……最糟糕的是，如果宇宙如后来的哥白尼分子所认为的是无限的，那么上帝的宝座位于何处？在一个无限的宇宙，人如何找到上帝，上帝又如何找到人？”这些问题改变了人类的宗教经验。[39]

约翰·多恩和约翰·弥尔顿都认为哥白尼很有可能是对的（基思·托马斯提醒我们，在第一次世界大战前，弥尔顿生活的时代比英国任何时期的教育程度都要高），但是尽管如此，没有人喜欢这一新体系，而且弥尔顿在他的《失乐园》中让他的故事返回了传统学说。[40] 新教领袖，包括加尔文和路德，同样热切地压制哥白尼学说的传播，但是他们从来没有拥有过像反宗教改革运动的天主教拥有的警察机构，因此他们的压制也没什么效果。即便如此，在1616年，当教会禁止教授或信仰太阳中心说时，许 517

多天主教徒为之震惊，有两个原因。其一，受过较好教育的人能够看出，那时这一新理论得到了不断出现的新证据的证实。其二，这是教会的一个重大立场转变：之前它对宇宙论一直保持一种高高在上的沉默，这至少能阻止它犯错，而且同时表现出对新思想保持开明的姿态。现在面具都被揭掉了。[41]

1572 年的夜空出现了一颗新星，这使得传统观点越来越难以站得住脚。1577、1585、1590、1593 和 1596 年接连出现了系列彗星。每一个事件都表明天空是多变的，再一次同经书相悖。[42] 在这些天体中人们没有观察到天文视差，这迫使人们得出结论：它们比月球还要远，也就是说，它们占据了天空区间，而人们一直认为天空装满了一个个水晶球体。一点一
518 点地，哥白尼变得越来越难以反驳。[43]

正如我们在前面一章中看到的，开普勒发现行星的轨道是椭圆形，而不是圆形，这也摧毁了水晶球体的观点。然而，开普勒踌躇着未能勇敢面对其发现的重大意义，是伽利略和他的望远镜提供了“无数的”证据，使哥白尼学说不再受到怀疑。[44] 他先发现，肉眼看去就像天空中一道淡光的银河现在成为一个浩瀚的星群集合。接着，他发现月球表面覆盖着火山坑、山脉和峡谷（根据它们投下的阴影大小，伽利略能够测算它们的高度）。所以月球同地球相差并不大，这更加深了人们对于地上和天上差异的怀疑。[45]

但是最严重的，也是对 17 世纪的想象力产生最大影响的一大发现是伽利略对木星四大“卫星”的发现，它们大致以圆形轨道环绕木星。这不仅严格证实了哥白尼曾经提出的地球环绕太阳运行的理论，而且，也许是更重要的，证明了地球不是宇宙中心这一更为普遍的观念，它其实不过是茫茫宇宙中几千，也许是几十万天体中的一个。这时哥白尼学说受到前所未有的反对，也许这是预料之中的事。伽利略之前，人们还可能对哥白尼

学说表示诚实的怀疑，但是在伽利略之后要想对哥白尼学说提出疑问就需要有意曲解证据。[46] 枢机主教贝拉明是教会官员中的领袖人物，他虽然谴责哥白尼学说，但也承认这一问题。在1615年的一封信中，他说："如果真有证据表明太阳是宇宙的中心，地球是第三行星，太阳不是围绕地球转，而是地球围绕太阳转，那么我们将不得不在解释《圣经》中那些教导相反说法的篇章时，抱着极大的小心谨慎，宁可承认我们不懂，也不要将一种已被证实的观点宣称为虚妄。"[47] 直到1822年，教会才允许那些认为地球运转为事实的书籍出版，这一延迟给天主教科学和教会的名誉带来了致命的损害。[48] 这样，尽管有证据，哥白尼在两百年后才被完全接受。而在这段时期，对上帝的态度正在发生变化。

被理查德·波普金称为"17世纪思想第三大力量"的怀疑论经历了四个阶段的发展。我们可以把它们称为理性主义的超自然主义、自然神论、怀疑主义和最后完全成熟的无神论。还应指出，怀疑论的出现不仅是思想史上的一章，而且也是出版史上的一个阶段。虽然正统的传统主义者与自由思想者（给所有怀疑者一个统称）之间的斗争部分是在书本中进行的，但这也是小册子发展鼎盛的一段时期。（小册子的自然篇幅符合一篇布道或书信的长度，而且这样的篇幅似乎非常流行。）本章接下来要讨论的许多思想在当时既以书本形式出版，也以小册子形式出版：脆纸张出版的短小的小册子，通常具有咄咄逼人的题目和风格（例如，《斥圣体变餐论》，1684；《地质时代，或大洪水之前的地球》，1690；《简述三位一体教义的荒谬性，致朋友信》，1692）。

怀疑论的第一个阶段，理性主义的超自然主义在英国尤其流行。它的基本信条是宗教应当符合理性，神启尤其必须与理性一致。[49] 这一主张的早期倡导者之一是坎特伯雷大主教约翰·提罗生（1630—1694），他认为宗教（任何宗教，特别是基督教）必须被视作一系列由逻辑支撑的理性论题。提罗生关注的主要问题是神迹。[50] 他说，神迹肯定超出了人类的能力，但是，神迹要成为神迹一定是出于一个逻辑的理由，而不仅仅是神奇巫术的展示。因此，他说，耶稣的神迹符合理性：它们有自身的目的。但并不是所有后使徒时代圣人的神迹都能归入这一类。[51]

约翰·洛克可以被归为一个理性主义的超自然主义者。他相信基督教是一种十分理性的宗教，因为它的基本教义是非常理性的（不过，信仰宽容的洛克会否认某些宗教教派，包括罗马天主教的言论自由，他认为那是对国家的非理性威胁）。[52] 这些基本教义包括：只有一个全能的上帝，他要求人应当过一种符合上帝意志的有道德的生活；存在来世，此生的罪孽会在来世得到惩罚，而善行会得到奖励。[53] 在洛克看来，这是上帝安排宇宙的一种非常完美的方式，因为它很合理。他主张，神迹可能“超越理性”，但不能违背理性。约翰·托兰（1670—1722）是洛克的一个狂热追随者，他主张如果上帝“有什么事要向我们启示，那么他就能清晰地表达出来”。托兰认为，上帝不会希望有任何被误解的可能，因此，真正的启示必须符合理性。对他来说，一些神迹，例如童贞女生子，不符合理性，因此应当被抛弃。在出版于1702年的《关于人类灵魂的反思》中，威廉·科沃德认为，人类灵魂的思想（一个“与人类肉体连为一体的精神不朽物质”）
519 是“一个明显的异教发明，有悖哲学、理性或宗教的原则”。他认为这是“荒谬的……可憎的”。[54]

自然神论思想，也就是怀疑论的第二个阶段，也在英国扎根，从那里传播到欧洲大陆和美洲。它持续了一个半世纪左右，从舍伯里的赫伯特勋爵（1583—1648）一直到托马斯·杰斐逊（1743—1826）。然而“自然神论者”这个词其实是日内瓦人皮埃尔·维雷（1511—1571）造出来的，用来描述信仰上帝但不信仰耶稣基督的人。后来自然神论者受到的主要影响之一是科学的新发现，它向众人说明，上帝不是像古代犹太教中那样的反复无常的神，而是哥白尼、伽利略、牛顿和其他人发现的自然法则的创立者。自然神论者争辩道，既然上帝创立了这些法则，他就自然会遵守，这样为人类树立了一个榜样。美洲、非洲和其他地方的发现恰恰说明，所有的人类都具有宗教思想，但是其他大陆的人却对耶稣没有概念。自然神论者因此用它来证明，宗教不需要任何超自然因素的支撑，预言和神迹在一种“科学的宗教”中没有存在的理由，而且这样一套信仰对所有理智健全的人都有吸引力，不管他们身处何方。[55]

大多数自然神论者都反对教士制度。这也解释了为什么当时的自然神论小册子大部分或是讽刺，或具有强烈的嘲弄笔调。[56]多数自然神论者坚持认为，普遍存在的迷信和教会中复杂的崇拜机构不过是教士阶层出于自私和政治目的而捏造出来的存在。其中最坏的是代祷，它把教士放在人和上帝之间，让教士享受一系列在经书中找不到根据而且很容易揭穿的特权。更为根本的是诸如威廉·惠斯顿（1667—1752）等人对《圣经》的攻击，惠斯顿是剑桥大学的数学教授，他认为地球引力的发现具有伟大的自然神论意义。另一位具有相同思想的人物是安东尼·科林斯，他们两人仔细研究了《旧约》中的预言，发现几乎没有证据表明它们预言了耶稣的到来。[57]彼得·安内特在他的《耶稣复活深思》（1744）中大胆提出，使徒对耶稣复活的记述是虚构的，而查尔斯·布朗特（1654—1693）同样大胆地质疑原罪说，他发现原罪说概念是不合理的。他对天堂和地狱也持同样的观点，认为它们是教士发明出来“以加强对那些内心充满恐惧的无知民众的控制”。[58]

影响最大的法国自然神论者是伏尔泰，他之所以成为自然神论者，部分原因是因为年轻时他曾去过英国并且称赞英国的政治制度。受此激发，他产生了一种强烈的愿望去摧毁法国的沾沾自喜和不宽容。（他认为任何神都不值得人们狂热崇拜。[59]）他嘲笑基督教的每一个方面，从《圣经》是圣书的观念到神迹，在他看来这些都是彻底的欺骗。“每个有理性的人，”他写道，“每个正直的人都应当憎恶基督教。有神论者这一伟大的名称，没有得到应有的尊重，而它确是人们应当采用的唯一的名称。人们应当读的唯一《福音书》是自然这本伟大的书，那是上帝亲手创作、完毕时盖上他的印章的书。人们应当信仰的唯一宗教是崇拜上帝并且成为一个善良的人。”[60] 同时，伏尔泰也应和了雅典人的思想：他感到新的学说对受过
520 教育的上等阶层不是问题，但是下层民众需要宗教，即旧式的宗教，作为社会黏合剂。让·雅克·卢梭（1712—1778）试图把自然神论确立为法国的公民宗教。他认为一个人必须承认一个“强大的、智慧的、仁慈的、先知先觉的神”的存在，人们对于“那些既不能证伪也不能理解的事情”应保持审慎的态度。这里还是没有耶稣的位置。[61] 卢梭所说的宗教其实是对邻人的一种公正和慈善的哲学关怀。[62]

在德意志，伊曼努尔·康德一边接受基督教的基本教义，认为它是一种仁爱的宗教，一边也不遗余力地反对超自然因素（预言和神迹），称之为“完全的邪恶”。他还反对天恩的中世纪概念，天恩的泛滥导致了之前对赎罪券的滥用。在美洲，本杰明·富兰克林和乔治·华盛顿都是自然神论者，杰斐逊也是。[63]

自然神论者的整体成就是造成上帝观的重大转变，这很可能是自公元前 6 世纪伦理一神教发展以来在认识领域的最伟大变化。经基督徒和穆斯林改造过的以色列人的那个嫉妒、心胸狭窄的部落的上帝已经成为历史，取而代之的是一个“更伟大、更高尚的上帝”，他是宇宙万物的主宰，正如亚历山大·蒲柏所说，是与新的天文学和自然科学相符的上帝。上帝已经丢掉了他的“任意武断”，而被视作制定法则和遵守法则的神，同“不断重复、有序可循的自然”一样。[64] 不过，这直接有悖于三位一体论。

然而，自然神论在欧洲和美洲都归于失败，之所以如此是因为它在两个方面都未能成功。一方面，对虔信者、传统主义者和正统主义者来说，它太冒险、太抽象；另一方面，它又太怯懦，无法吸引真正的怀疑论者。不管怎样，它充当了自伦理一神教诞生以来思想领域最激烈革命的某种折中。许多人无法直接从正统信仰突然转入无神论，自然神论是个铺垫。

虽然托马斯·霍布斯没有自称怀疑论者，但是从他的激烈言辞来看，很难对他做出别的评价。他再三主张，宗教信仰的本质基础是无知，尤其是对于科学和未来的无知。他认为，大多数宗教和神学著述都是无用的，“它们用噪声和混乱填满了我们的图书馆和这个世界，而从中我们最不能期望的就是信服”。[65] 另一个更好、更理性因此而更具毁灭性的怀疑论者是大卫·休谟，法国人称他“好人大卫”。他对思想论辩的巨大热情从其书名涵盖的范围中可见一斑。[66] 这些书包括《论迷信和激情》（1742）、《神迹论》（1747）、《论上帝和未来之国》（1748）。同维柯一样，休谟对宗教做了历史研究，这首先让他了解到，宗教与人类的许多其他活动具有相同之处。他得出结论，宗教没有什么特别之处，它像古代社会的人类其他活动一样诞生，它能一直延续至今是因为父母把它教给自己的孩子，而孩子们长大以后无法以其他的方式思考。他说多神教是最早的宗教形式，源自人类对善恶的经验。仁慈的神灵是因为他们做的好事，而邪恶的神灵是因 521
为他们做的坏事。他发现，不管何种情况，神灵都长得和人一样。另一方面，他认为一神论（神的更抽象形式）产生自人类对自然的观察。宏大的自然现象，例如地震、闪电、彩虹和彗星等，使人类相信它们是一个强大任性的上帝的行为。休谟非常准确地认识到，多神教比一神教更宽容。[67]

休谟尤其非常努力地证明，不存在所谓上帝存在之证据这样的事情，上帝的神人同形观念也是错误的，甚至是荒唐的。“我们不能从部分中知道全体。难道对一片树叶的了解能告诉你关于一棵树的知识？”[68]“假设宇宙有一位创始者，他可能是一个笨拙的人，或一个早已死去的神，男神或女神，或善恶的混合体，或在道德上漠不关心的人。最后一种假设更有可能。”[69]接下来是休谟对神迹和“未来之国”发起的毁灭性抨击。他并没有从原则上否认神迹的存在，但是没有哪个神迹到达过可被接受为神迹的标准。他的主要论点是，归根结底，没有什么无可指责的证据证明存在任何能被一个有理性的人接受的神迹。休谟坚持认为，假设上帝在未来之国会“偿清”此生的不公正同样也是荒唐的。人与人之间的关系太复杂，做到完全公正是不可能的。

法国怀疑论最重要的人物是皮埃尔·培尔，他以休谟摧毁神迹一样的战斗力攻击《旧约》。培尔出生在比利牛斯山附近一个具有阿尔比教派独立传统的村庄，他对像约拿和鲸鱼这样的故事表示出无情的蔑视，而他对信仰的嘲讽是如此之辛辣，让人感到在面对相反的事实面前竟然继续信仰上帝实在是可笑的事情。[70]

尽管对神迹毁灭性的抨击数不胜数，而且许多人对“未来之国”的怀疑也日益增加，但很少有人敢站出来径直说自己不信上帝。现代意义上的第一位彻底的无神论者大概是卢西略·瓦尼尼（1585—1619），一位意大利科学家。他的演讲随着他的广泛游历而使很多人受到影响。但是当局在图卢兹以异端的罪名将他逮捕。在被割掉舌头之后，他被处以火刑（但是他的著述仍旧流行。伏尔泰将他比作苏格拉底）[71]。继牛顿的科学发现之后，在英国和法国出现了更理性的无神论者。* 在英国，“从万灵学院［牛津］到皇家学会，大量的无神论作品在出版，数量之多是这个国家前所未

---

* 牛顿本人是一个阿里乌教徒，也就是说，他不信仰基督的神性。他认为上帝在空间和时间上是“无所不在的”，物质自身是被创造出来的。这其实是对古老的柏拉图流溢说的回归。[72]

见的”。[73] 在伦敦皇家交易所附近有一条街叫作“无神论者之街”。（这么命名很可能是因为那里的咖啡馆是刚出现的知识渊博的“阅历丰富之人”经常光顾的地方，包括不信教者。[74]）约翰·雷德伍德在他关于小册子论战的历史著述中告诉我们，书店开始“塞满应对无神论恐慌的小册子、传单 522
和大报”。[75] 剧院也经常成为无神论讽刺剧的场所。[76] 戏剧告诉人们“如何可以在没有造物主的情况下生活；如何在一点都不依靠上帝保佑的情况下可以活得最好。戏剧号召人们怀疑上帝的存在……上帝被指责每一次都忽略了保佑人类……”[77]

作为牛顿的思想继承者，法国的无神论者被称为机械论者（因为他们受到机械宇宙思想的启发）。其中一个较突出的人物是朱利安·德·拉·梅特里，他写了一本书叫《人是机器》，在书中他对人和宇宙做了非常详细的机械式分析。他说，里面没有上帝的位置。他得到了霍尔巴赫男爵保罗·亨利·蒂里（1723—1789）的支持，他是一个移民到巴黎的德意志人。他比他的大多数同行都更激进，公开承认上帝观念和超自然主义是无法理解自然现象的原始人的发明。同培尔、沙夫茨伯里以及其他自然神论者一样，他坚持一种可以接受的道德不依赖宗教的思想。因此，与伏尔泰不同的是，他认为向大众教授无神论知识是非常安全的。霍尔巴赫是第一个主张人类其实与宇宙其他生物没有什么区别的人之一，既不比它们更好，也不比它们更坏。因此，人类必须培养自身的道德，而不是从任何超自然权威中获得。这是一个重要的观点，几十年后它将帮助人们走向进化论理论。

在哥白尼、伽利略和牛顿的科学发现之后，最能影响宗教信仰的学术领域是《圣经》批评。对经书的第一次重大攻击始于12世纪，当时犹太学者阿本·埃兹拉挑战了摩西是《摩西五经》作者的传统说法。但是进入现代之后的第一次攻击是路易·卡佩尔在 17 世纪早期发起的，他证明原始的《旧约》不是用希伯来文，而是阿拉米文写成，这样《旧约》的成书时间比之前设想的晚许多。最有破坏力的结论是，经书不可能是上帝向摩西口授的：换句话说，《旧约》不是“神启”的。这是可怕的一击。（卡佩尔的方法本身就标志着一个重大变化：现在经书被视为世俗作品，能够对其进行文本和其他的分析评价。）本书“导论”中提到的伊萨克·拉·佩莱尔（1596？—1676）也声称摩西没有撰写《摩西五经》，并且更具有争议的是，在亚当和夏娃之前就存在男人和女人，即最初的以色列人（他还说大洪水只局限于犹太人）。托马斯·霍布斯发展了这一说法，证明《约书亚记》《士师记》《撒母耳记》《列王纪》的写作年代都大大晚于所描述的事件。卡佩尔和霍布斯的观点得到斯宾诺莎的证实，他主张《创世记》不可能由一位作者写成，《旧约》中大部分书都比通常认为的要晚得多。（斯宾诺莎的观点在一些非正统书稿中流行，它们太具有争议性而无法获准出版。[78]）接下来是里夏尔·西蒙，一个法国天主教学者，他发现《旧约》各书的顺序并不总是同它成书之后一样，这在当时是一个重大发现，这一发现直到 17 世纪 80 年代才艰难地发表。这很重要，因为它使威
523 廉·惠斯顿在 1722 年对《旧约》中的某些篇章所做的分析更为可信，他认为这些篇章是伪造的。同样，它也使安东尼·科林斯认为《但以理书》的写作时间比任何人想象的都要晚的论点更顺耳，这一时间框架引起对书中“预言”的怀疑：它们其实写于事件发生之后。在某种意义上，它使《但以理书》成为伪造品。

1753 年，一位对《圣经》研究感兴趣的法国医生让·阿斯特吕克提出《创世记》其实是两部基本文献的糅合。他说，一部文献中把上帝称为“埃洛希姆”，一部文献中把他称为“耶和华”，它们成为后来所认可的 E 本和 J 本。[79] 继阿斯特吕克之后是德意志人卡尔·大卫·伊尔根，他认为

《创世记》其实来自近二十种文献，由三组作者编纂而成。这一观点至今还是主流。* 托马斯·伯内特在他的《可见世界的考古研究和理论》（1736）中计算了四十天大洪水期间的地面降雨量，发现这远远不够淹没地面和最高的山峰。[81] 他的计算后来被托马斯·布朗用到对神迹发起的全面攻击中。[82]

对《圣经》精确性的执着带来了对地球年龄的全新分析。在犹太教/基督教世界，人们相信人类的历史始于亚当。犹太编年史计算出创世发生在公元前 3761 年，但是基督徒持一种更具象征意义、更对称的观点。在他们的时间框架下，人类历史根据本书第 10 章描述的宇宙星期可以分成象征性的七个阶段，每一阶段持续一千年。这样创世发生在公元前 4000 年，并认为基督教时代将持续两千年，之后就是最后的一个千年。（路德是赞成这一框架的人之一，他认为诺亚生活在公元前 2000 年。）其他学者也做了不同的计算。约瑟夫·贾斯特斯·斯卡利杰运用《圣经》中的谱系算出创世发生在公元前 3947 年 4 月 23 日，开普勒选择的是公元前 3992 年，而詹姆斯·乌瑟大主教在他的《旧约与新约编年史》（1650—1653）中算出创世那个星期开始于公元前 4004 年 10 月 23 日（星期天），亚当是在公元前 4004 年 10 月 28 日，即星期五被创造的。最后，约翰·莱特富特（1602—1675），一位拉比学者，在乌瑟的基础上计算出亚当出生于公元前 4004 年 10 月 28 日星期五早上 9 点。[83]

不是每个人都同意斯卡利杰、乌瑟或莱特富特的观点。随着越来越多的人开始对《圣经》失去信任，以《圣经》为根据对地球年龄的计算也失去了支持。（在地上和天上的）科学发现表明地球一定比《圣经》上说的要古老许多。与这种认识相联系的是地质学的诞生，它在早期的主要任务是理解地球的形成过程。早期的一个洞见来自对法国，特别是多姆山省（邻

---

* 大卫·罗森伯格和哈罗德·布鲁姆（1990）在《J 本书》中提出 J 本的作者可能是所罗门王宫廷的一位王室女性（尽管最新的以色列学术研究对所罗门是否存在提出了怀疑）。[80]

近克莱蒙费朗）的死火山的研究。[84] 这导致了一大发现，玄武岩，一种到524 处都能找到的岩石，是凝固后的火山熔岩。早期地质学家逐渐认识到，玄武岩的岩层在很多年前就已经形成（在有活火山的地方，这一过程在现代依然能够观察和测算到），而且更底下的岩层年代非常久远。同样，地质学新秀们观察到沉积岩层，它的沉积速度能够测算出来。那些岩层平均厚约 1 万英尺，有的地方厚 10 万英尺，越来越清楚地表明，地球非常古老。与此同时，他们还发现水体（河流）曾经切割了岩石中的许多岩层，表明这些岩层能折叠、弯曲甚至可以整个翻转，表明地球曾经历了剧烈的地质活动，也说明它比《圣经》中说的要古老许多。伦敦皇家学会（学会的期刊《哲学学报》对这一在当时最重大的哲学问题保持沉默，这有些奇怪）的罗伯特·胡克在化石中，也就是我们现在认识的化石，发现了早已灭绝的动物。[85] 他因此提出，某些物种曾经在地球上活跃过，然后灭绝。这也表明，地球比《圣经》说的要古老许多：这些物种在《圣经》成书之前就生存过，然后灭绝。[86]

因此，在那时，虽然教会把任何与公元前 4000 年有重大出入的数据视为异端邪说，法国博物学家布封伯爵（乔治·路易·勒克莱尔）在他的《自然纪元》（1779）中先测算出地球的年龄是 7.5 万年，后来修正为 16.8 万年，尽管他个人认为将近 100 万年，这一观点在他的有生之年从未发表过。[87] 为了缓和对正统思想的打击，他也承认七阶段说：第一阶段，地球和其他星球形成；第二阶段，大山脉形成；第三阶段，海水覆盖大陆；第四阶段，海水消退，火山开始活动；第五阶段，大象和其他热带动物开始在北部栖居；第六阶段，大陆彼此分离（他注意到美洲和欧亚大陆的动物和植物相似，因此推论这两片大陆一定在某个时期曾经连接在一起）；第七阶段，人类开始出现。这在当时仍然是非常现代的观点，因为它预测了大陆漂移和演化。

怀疑论的到来对伦理思想产生了重大影响。自人文主义，特别是蒙田的散文（本章前面已经论及）出现以后，道德的超自然基础已经被质疑。但在蒙田之后最特殊的思想发展轨迹是从托马斯·霍布斯经过沙夫茨伯里和休谟一直到爱尔维修和杰里米·边沁。霍布斯主张人的道德以自我利益为基础，就像他的心理学其他部分一样，这并不让我们感到吃惊。生活，包括它的困境及其伴随的情感，可以分成快乐的和痛苦的。霍布斯认为生活行为应当按照使个人快乐最大化、使他人痛苦最小化的努力来组织。沙夫茨伯里（还有培尔）接受了这一观点隐含的思想，即宗教和道德并没有必然的联系。[88] 虽然许多人觉得宗教和道德相分离令人震惊，但是趋势就是如此。休谟、爱尔维修和霍尔巴赫都接受后来所称的功利主义伦理观，即人虽然本质上是享乐主义的，但他也是一个社会动物。因此检验任何教 525
义或政策的标准是，正如爱尔维修用一句至理名言所归纳的："为最大数量人的最大利益。"[89] 社会福利和个人幸福都必须得到考虑。边沁（1748—1832）公开把这种思想宣传为后来所谓的"幸福计算法"，它是功利主义伦理的核心，主张人是冷静的理性动物，因此谋求最大数量人的最大利益对政治家来说是能够实现的目标。

所以，对上帝的攻击，不仅从严格的宗教意义上导致了信仰的衰弱，而且激发了对历史的新态度（历史比任何人想的都要古老许多），为许多现代科学（进化论、大陆漂移、社会学）、现代经济学（亚当·斯密的经济学理论，详见第26章）和现代政治学奠定了基础。"为最大数量人的最大利益"还是我们至今认为理所当然的一个论断。但是在怀疑主义和怀疑论将宗教与道德分离之前，这是不可想象的。 526

26

从灵魂到心灵：寻求人性的法则

1726年，法国作家伏尔泰来到英国。他当时三十二岁，正在流亡中。不久前，在巴黎歌剧院，他受到一位贵族罗昂骑士的羞辱。“德·伏尔泰先生，还是阿鲁埃先生［伏尔泰的真名］，你的名字叫什么？”言外之意是，伏尔泰用“德”是为了给自己装体面。从不回避战斗的伏尔泰回击道：“我的姓名并不高贵，但是至少我知道如何给它带来荣誉。”一场打斗险些发生，两人都最后被劝阻住。几天后，这位骑士指使六个人伏击了伏尔泰。没有被吓倒的伏尔泰向他要求决斗，罗昂家族认为这样的挑战实在是胆大妄为，把他投进巴士底狱。伏尔泰只能答应离开法国以获取自由。他选择了英国。[1]

这个插曲，尽管当时看起来很不幸，对伏尔泰来说却是幸运的。未发生的决斗暴露出法国贵族对特权的滥用，它激起了伏尔泰的斗志。在某种意义上，他的事业变成与权威的毕生决斗。伏尔泰在英国度过的三年对他产生了深刻的影响，帮助形成了他回国之后充分阐述的思想。伏尔泰远比其他任何人都更算得上是法国启蒙运动的中心人物。虽然他在法国大革命前十年去世，但是他的思想对德尼·狄德罗和皮埃尔-奥古斯丁·德·博马舍等人施加了影响，为1789年的事件提供了思想基础。

在英国期间，对伏尔泰来说最重要的事件是艾萨克·牛顿爵士的去世。牛顿时年八十四岁，是皇家学会主席，享有至高的荣誉。正是这一点让伏尔泰印象深刻：一个出身中等家庭但是才智过人的人也能上升到社会最高层，受到国人的如此尊敬，不管他的背景如何。这和他刚从路易十四阴影下摆脱出来的祖国形成了鲜明对比。在法国，正如伏尔泰的自身困境所表明的，出身的特权决定了一切。伏尔泰的书信揭示出他非常欣赏英国的思想和政治组织、皇家学会的地位、英国人的言论自由以及代议制政府 527
的“理性”体系。在一个多世纪之前，即自1614年后，法国的三级会议就没有召开过，而且要直到1789年才会召开，当然伏尔泰永远不会知道。牛顿的死激起了他对这位物理学家的发现和理论的兴趣，而伏尔泰最伟大的成就在于，他把这些发现和理论同笛卡尔和约翰·洛克的理论糅合在一起，发展出他自己的思想。据一则轶事，当伏尔泰回到法国和他的情人身边时，第一件事（至少也是第二件）就是教她牛顿的运动理论，包括万有引力。他的《关于英国人的哲学通信》受到广泛的赞扬，尽管法国政府表现出他所抨击的不宽容和高压手腕，烧毁了他的书，认为那是“不容于宗教、道德和既定权威之应有尊重的诽谤性著作”。[2]

伏尔泰所做的本质上是使笛卡尔传统适应以牛顿和洛克为代表的英国新思想。作为一个理性主义者，笛卡尔从比较传统的通过直觉把握的先验性“事物的本质”入手，加上重要的怀疑原则。伏尔泰采用了牛顿体系，强调客观观察获得的经验，然后再推论出规律。也许最重要的是，他把这种体系运用到心理学领域，为洛克思想打开了一扇门，因为洛克也观察四周并且描述自己所看见的一切。伏尔泰是这样评价洛克的：“在这么多思想者打造出灵魂的传奇之后，终于出现了一个具有真正智慧的人，他以一种能想象到的最谦虚的方式，告诉了我们灵魂的真正历史。洛克先生向我们剖析了他自己的灵魂，一如某位博学的解剖学家对尸体所做的解剖。”[3]伏尔泰认为，科学表明宇宙由“自然法则”支配，自然法则也适用于人类，国家也应当按同样的方式治理。伏尔泰相信这赋予人类某些“自然权利”，正是这一套核心信仰将最终引发革命信条。折服于牛顿科学的伏尔泰深信，通过努力，宗教思想最终将被科学思想取代。他坚持认为，人不再需要过一种建立在赎罪基础上的生活；相反，人应当努力通过改革政府、教会、教育等制度来提升他在世间的存在。“工作和计划将代替禁欲式的隐修。”[4]伏尔泰重要影响的另一因素是，至少在法国，他倡导的思想变化正好吻合许多人要求推翻旧政权的愿望。新思想因此成为这一愿望的象征。法国哲学关注的许多传统问题（自由意志和天恩的本质）都被伏尔泰及其追随者视为毫无意义；相反，他们主张实务更重要。

在法国，这一切都发生在不满和抗议日益高涨的时期。早在 1691 年，弗朗索瓦·德·萨利尼亚克·德·拉·莫特·费纳龙就出版了他的《检视国王的良心》以及后来的《致路易十四的信》，在里面他对所谓太阳王的国度做了灰暗的描绘：“您的人民正在因饥饿而死去。农业几乎停滞，所有的工业都在枯萎，所有的商业在毁灭。法国是个巨大的医院。”[5]1737 年，
528 阿冉松侯爵勒内·路易撰写了《论法国过去和现在的政府》，揭露法国政府的权力滥用和腐败，如此腐败以致该书直到 1764 年才得以出版。

正是在这一主要由伏尔泰发起的背景下，德尼·狄德罗出版了《百科全书》。它起初也是一个英国人的想法，因为狄德罗刚开始想做的仅仅是翻译埃弗拉伊姆·钱伯斯 1728 年在英国出版的《百科全书》。然而，这一想法逐渐超越了单纯的技术主题和统计数字，而更多包括当代文化状态，一个综合描述，成为对全法国社会和思想的检视。狄德罗公开宣称的目的

不仅是提供一个知识综合体，更是为了特意激发人们思想方式的变化：为了改变集体思维方式。[6]《百科全书》的出版本身就是思想史的新一章。从1751 年第一次面世，二十年后才出全，它的命运随着审查官的好恶而载浮载沉。[7] 从经济上，出版商获利不少，但是狄德罗不止一次被投进监狱，一些印版和文章被没收。

《百科全书》首先在位于圣罗什王家大道霍尔巴赫男爵府邸（今穆兰街 8 号）每周两次的晚宴中出现，这里成为人们熟知的“无神论者会堂”。[8] 到 1750 年底，出版方制作了 8000 份《百科全书》说明书，征订者需要预付 80 里弗，加上后续付款共 280 里弗。出版方承诺出版八卷加上两卷配图（实际上总共出了 28 卷，超过 7.1 万个条目）。覆盖“A”字的第一卷在 1751 年 6 月出版，全名为“科学、艺术和技艺详解词典”，外加由让·勒朗·达朗贝尔写的“前言”。在“前言”中，达朗贝尔解释道，这部书既是一部百科全书，又是一部词典，其对知识的锐利眼光将展示连接不同学科的“秘密通道”。“前言”描述了达朗贝尔对自文艺复兴以来思想运动的观点，用达朗贝尔的话说，就是一条各种假说的“巨链”。[9] 他说，在这条巨链中，“人类只发现了极少数的几个连接点”。他说，实际上只有两种确定的知识，关于我们存在的知识和关于数学的真理。P.N. 福班克在他撰写的狄德罗批评传记中认为，只有从《百科全书》作者对当局审查的应对中才能完全理解该书（例如，“互见”是为了把读者引向出人意料地方的异端甚至煽动性的观点）。[10]

第一卷卖得很好，到最后关头印量从 1625 册上升到 2000 册。后来各卷出版都不得不对付审查官的检查，不过狄德罗找到了一位负责图书贸易的大臣朋友，拉穆瓦尼翁·德·马勒泽布，他非常推崇出版自由，并且把手稿藏在自己的家中，那可能是法国最安全的地方。这显然证明了伏尔泰的观点：正如雅各布·布鲁诺斯基和布鲁斯·梅兹利什指出的，在英国，即使内容更大胆的书籍也可以原封不动地出版。但是在法国，到了18世纪60年代早期，国王和蓬巴杜夫人才对《百科全书》思想有所接受。[11]

狄德罗《百科全书》的许多卷最终比更早出版的钱伯斯《百科全书》
529 影响大得多，部分是因为这是一个更浩大的工程，部分也是因为在18世纪，法国还是诺曼·汉普森所称的欧洲的“文化独裁者”。在文学、艺术、建筑以及盛行一时、直至今天仍占据特别位置的附属艺术，例如家具、时装和烹饪等的品位标准方面，人们都唯法国马首是瞻。更重要的是，这时法语已经取代拉丁语，成为欧洲贵族的通用语。[12] 就连最能代表普鲁士精神的弗里德里希·威廉一世法语都说得比德语好。[13]

法语是本质上源自拉丁语的语族中的一种，该语族统称为罗曼语，包括撒丁语、意大利语、罗马尼亚语、西班牙语、葡萄牙语、加泰罗尼亚语、普罗旺斯语和法语。它们都源自士兵、商人、殖民者说的口头（通俗）拉丁语，而不是文学语言（古典拉丁语）。最初的高卢语被认为是凯尔特语的一种形式（留传下来的只有很少的一些铭文），同拉丁语有亲属关系。高卢（也就是当时的法国）说的拉丁语后来分化成两种语言，沿着一条大致从现在的波尔多经过吕萨克到依泽尔的线分成北部的奥依语和南部的奥克语。9世纪的《斯特拉斯堡誓言》（842）中可以发现古法语，中古法语在14世纪（1328年，瓦卢瓦王朝建立）首次出现。[14]

现代法语起源于17世纪。随着巴黎成为首都，法语（法兰西岛说的方言）注定要成为民族语言，北部方言开始对南部方言取得优势。[15] 但是直到著名的《维莱—科特雷法令》（1539）颁布，法语才正式成为法庭用语。[16] 即使那时，法语仍旧被视为低于拉丁语，后者仍然是新学术（科学）的用语。但是法语被用在通俗文学中，随着印刷术的到来和阅读的推广，法语在普及和使用方面稳步增长。1549年，约阿希姆·杜·贝莱撰写《保卫与发扬法国语言》，号召法语不仅仅是通俗故事的文字载体，还应该具有更大的雄心，甚至“辉煌”。从那时起，法语就成为法国思想和民族生活中一个具有我自意识的实体，其发展方式是任何其他语言都不具备的。随着法语被完善、发展和净化，整个17世纪都贯穿着对“正确用法”和“优美用法”的关注。[17]这一趋势到《波尔—罗瓦雅尔普遍唯理语法》(1660)的出现达到高潮，它提出了建立一种在逻辑基础上的哲学语法的思想。18世纪的法语成为一种比其他任何语言都具有更多自我意识的，并且在某种意义上更人工化的语言。这种理性的整饬帮助形成了法语的优美，但是也形成了它相对的枯燥性和较小的词汇量。[18]当其他语言自然发展时，法语在一定程度上仍是一种官话，正因如此，晚至20世纪中期，在法国，母语不是法语的人口有200万（阿尔萨斯语、布列塔尼语、普罗旺斯语等）。[19]

28卷的《百科全书》不管按什么标准都是令人生畏的读物。狄德罗会把这样一个项目作为一个有商业利益的计划，这一事实告诉了我们许多关于18世纪正在变化的阅读习惯的情况。事实上，在18世纪后半期，阅读习惯确实发生了重大变化。这时传统的私人赞助模式在消退。越来越多的 530
作家开始以图书销售的收入为谋生手段，依靠新一代读者为生，他们与作家之间的关系完全是非个人的。塞缪尔·约翰逊和奥利弗·哥尔德斯密斯是第一批完全为新一代读者写作的作家。实际上，出版商取代了赞助人的角色，当然还有一个中间阶段，即公共订阅，我们看到《百科全书》就是以这种方式发行的。[20]

我们也不应忘记，在16、17世纪，为富人和穷人提供主要娱乐活动的不是阅读，而是音乐。[21]“补锅匠和挤奶的女工哼着歌，赶车的人吹着口哨；各个行业的人，就连乞丐都有自己特有的音乐；维奥尔琴挂在客厅，给等候的访客解闷；为等待的顾客消遣的鲁特琴、西特琴、维吉诺古钢琴是理发店的必需品。”[22]伦敦虽然有剧场，不过观众仅为全城500万人口的四分之一。笛福和班扬至少在英国作家中是第一批斯蒂尔所称“聪明圈子”，也就是那些受到庇护的贵族社会作家之外的人。“如果审视一下那些在18、19世纪早期崭露头角的自学成才者的回忆录，我们会发现，他们与文化的第一次接触几乎无一例外是通过‘《天路历程》《圣经》《失乐园》《鲁滨逊漂流记》’。”[23]

阿诺德·豪泽尔说，它的一个重要影响是中产阶级的品位从贵族垄断中摆脱出来。“它塑造了现代意义上文学生活的历史起点，它的典型形式是图书、报纸和期刊的定期出版，尤其是代表文学世界一般价值标准和公众意见的文学专家和评论家的出现。”[24]文艺复兴时期的人文主义者无法做到这一点，因为他们手中没有期刊/报纸。私人赞助制度本质上意味着作家的收入同其作品的内在价值或对公众的吸引力没有任何联系。现在发生了改变：书籍成为商业社会的一部分，成为一种商品，“它的价值取决于它是否能在自由市场上卖出去”。[25]这种公共品位对历史性、传记和资料性百科全书式图书的作用尤其强烈。

期刊的出版同样成为一门日益壮大的生意。在《观察者》第10期中，约瑟夫·艾迪生写道：“我的出版商告诉我本刊日发行量3000份，如果每份有20个读者，在我看来这是一个保守的估计，那么我在伦敦和威斯敏斯特就有6万忠实的读者了。”如果这个数字听起来有点大，那么我们应该记住，当时伦敦的咖啡馆是文化沟通的主要媒介，而到1715年仅伦敦就有2000家咖啡馆。任何一份报纸都很可能以这种方式在20个人手中传阅。[26]根据某些统计，《观察者》的印刷量后来上升到2万到3万份；而据艾迪生的计算，它的流通量大约达到了50万（1700年英格兰的人口是600万多一点）。这后来反映在报纸阅读量的增长上：1753至1775年，报纸的平均日销量实际上翻了一番。[27] 一位叫詹姆斯·莱金顿的书商在回忆录中写道：“比较贫穷的农夫，甚至一般的贫困乡下人，在此之前（20年 531
前）都会在讲述巫师、鬼怪、妖怪等的故事中度过夜晚。现在，如果走进他们的屋子，你会在他们的咸肉架上发现《汤姆·琼斯》《罗德里克·兰登》等通俗小说。”[28] 1796年，《每月评论》说当年的小说出版量是前一年的两倍。[29]

18世纪最有影响力的一本书是爱德华·吉本的《罗马帝国衰亡史》（1776—1788），该书认为基督教同蛮族一起导致了罗马文明的灭亡，形成了所谓的黑暗时代。不过，吉本的理论如此重要，另有原因。它表明，或试图表明，宗教如何干涉（妨碍、延迟）进步。古代文明多半相信静止或循环的宇宙。古代以色列人对弥赛亚的期望可以被看作是与进步相关的原始思想，但是这样的观点流传并不广泛。而在古希腊，人们（包括柏拉图、亚里士多德和波利比乌斯在内）通常认为，文明在从某个黄金时代退步，或呈循环式：从君主制到僭主制，到贵族制，到寡头制，到民主制，到无政府，然后再回到君主制。[30]

然而对伏尔泰和其他法国哲学家而言，科学的近期发现以及它们呈现的进步前景，以及越来越多的人能够读到这些进步，这些都意味着乐观的进步观念突然之间进入了每个人的思想，这也成为宗教信仰变化的原因和表征。在意大利人文主义者和蒙田出现之前，基督徒的生活一直都类似某种思想的地狱边界：虽然人们尽力按照教会制定的戒条过有道德的生活，但实际上他们接受创世时的完美无瑕以及之后的堕落和衰退。他们等待在另一世界的自我完善。[31] 与牛顿的科学发现同时，一种新情感开始在欧洲传播。它最重要的特点是相信仁慈法则，它现在既属于上帝也属于人类。地球“为了人类的尘世幸福”而被创造的观点已经深入人心。（“仁慈”和

“乐观”都是 18 世纪出现的词汇。）这经常导致一些荒唐的观念：例如费纳龙说上帝决定了西瓜的形状和密度，使它易于切开；普吕什修道院院长指出潮汐的存在是为了让船只更容易入港。[32]

这种认为自然的和谐是上帝仁慈的表现的思想在 18 世纪尤其重要，因为现在注意力开始转向人本身。如果宇宙的其他部分是由笛卡尔、牛顿、莱布尼茨、拉瓦锡和林奈等人能够发现的（相对）简单的法则所支配，那么人性本身也应该受同样简单、同样容易发现的法则支配。对人性、人与社会关系的探索或许是启蒙时代最具特点的一个方面。在这个时期，我们现在承认的许多现代“学科”，例如语言学（语文学）、法律、历史学、道德和自然哲学、心理学、社会学，都完全成形，或作为元学科而产生，这些元学科将在 19 世纪成形（例如，“心理学”这个词要到 19 世纪 30 年代
532 才在英语中广泛使用，尽管它在拉丁语和德语中曾经被使用过）。[33]

这一变化的潜在动力，正如罗杰·史密斯在他的《人文科学史》中所说，是把灵魂作为心灵的重新概念化。心灵此时越来越被理解为意识、语言、同这个世界的关系，它同在另一世界扮演不朽和重要地位的灵魂恰好相反。[34] 这一思想主要是我们之前讲到的约翰·洛克（1632—1704）在 1690 年出版的《论人类理解力》中阐发的。该书的草稿早在 1671 年就完成了。在书中，洛克本人使用了“心灵”而不是“灵魂”，并且把经验和观察，而不是某种“先天”或宗教（神启）来源作为思想的源头。他要求读者“从孩子出生时就开始观察时间在他身上带来的变化”，拒绝所有天生思想论。然而，洛克毫不怀疑地认为，心灵的确包含某些先天能力，例如反映的能力，“是我们自身感受并且反映出心灵的内在活动”。[35] 他说，对物质世界的经验给予我们感觉（他的例子包括“黄色”“热”“软”“苦”）。我们对这些经验给出反应，然后分析它们，形成我们的思想。

至少对英国人来说，这就是牛顿和洛克塑造的现代世界。牛顿奠基了根本真理，而洛克通过用心理世界取代形而上学，“揭示了经验赖以产生真理的心理机制”。[36]他的观点和分析很新颖，他甚至提供了这一新世界观的词汇，这一变化也反映在如下事实上：关于灵魂的讨论变得让人尴尬，代之而起的是关于心灵的更加世俗的思想。另外，正如批评家很快指出的，洛克给予经验（而不是先天知识）首要地位，使他得出这样一个观点：信仰同经验相关。例如，他发现有些民族没有神的概念，并利用这一证据来攻击先天思想论。这是心理学产生的主要因素，即使这一术语还不怎么被使用。洛克主张动机建立在经验（自然）基础上，经验帮助塑造心灵，而不是来自某种作用于灵魂的超验力量。他把行为视作对伴随感觉而生的喜悦或痛苦的反应，这为动机的决定论 / 机械论打开了道路。这产生的一个令人不安的影响是进一步把上帝同道德分离，正如我们在上一章看到的，这种观点在 18 世纪之后成为主导观点。道德需要教导；它不是天生的。同样，洛克把“意志”从灵魂中去除，把它解释为在对心灵感受到的感觉做出反应后做出的简单选择。也许最重要的是，他说自我，也就是“我”，不是什么与灵魂相关的神秘存在，而是“构成经验的感觉和感情的集合体”。[37]

洛克对现代心理学思想的最后贡献是对语言的卓越见识。17 世纪之前，语言在许多人心中占有特别的地位。词语被认为是特殊的东西，可以说词语类似它们描绘的物体。《圣经》是上帝的“言”，有些人相信每种物体最初都拥有一个表示其身份的名称，语文学的任务就是重新找到这个最初的名称。雅各布 · 伯麦等学者尤其主张这种观点，他主张存在一种“亚当语言”，即许多人认为的比其他任何语言都更接近希伯来语的最初形式。[38]然而，洛克认为语言不过是传统和便利的产物，语言在 533
变化和发展。他认为以下观点是荒唐的：我们能够（或说应该）“重新发现”语言的某种原初形式，就好像这能帮助我们找到智慧的某种原初形式一样。所有这些都让人们感到震惊和迷惑。

尽管有洛克的理论，许多人还是不愿意接受对灵魂的贬黜，而且这一思想经历了几次华丽的变身。以燃素理论闻名的格奥尔格·施塔尔认为整个身体是灵魂的化身。尼古拉·马勒伯朗士（1638—1715）认为，上帝作用于灵魂，使之产生先天的思想和动机。安托万·阿尔诺（1612—1694）和皮埃尔·尼科尔（1625—1695）在《思维的艺术》中，同样提出灵魂负责思考，尽管他们也承认语言结构反映了心灵工作的方式。[39] 莱布尼茨提出了“存在的基本单位，即单子”。[40] 他说，正是这些基本的、无形的“原质”成为身体和灵魂的基础。用罗杰·史密斯的话说，“莱布尼茨成为相信灵魂在掌握知识和产生行为中具有先天的、本质的功能的首要人物”。[41] 关于灵魂的复杂的推理表明，人们陷入一种尴尬概念的思想困境。洛克的体系虽然令人震惊，但是解释起来要容易许多。

但是关于灵魂的努力并没有消失，而且远远没有。德意志人就像英国以外的所有其他欧洲人一样，仍然相信灵魂是一个统一的实体，体现了上帝的设计。[42] 例如，以“犹太人的苏格拉底”著称的摩西·门德尔松（1729—1786）认为，灵魂中有一种只对美起作用的特殊能力，它使人对美做出反应，“了解”它并认识它，其方式是分析永远不能达到的。[43] 根据这一观点，是灵魂预先规定了人向高等文化发展，也使他同动物区分开来。

正如现代意义上的心理学需要时间才能逐渐远离灵魂一样，心理学同哲学的分野也在渐渐展现。把两者分开的，除了伊曼努尔·康德，别无他人。他的观点建立在科学的知识和哲学（批判性思维），以及科学（严格意义上）和实践知识之间的本质区别的基础上。康德对自身（我们所说的自我）以及它是如何认识事物的非常感兴趣。他的结论是，不是所有的知识都是科学的，批判性思维表明就其本质而言，我们无法认识世界。[44] 例如，关于心灵的知识，不像 18 世纪理论假设的那么机械。“不可能存在心理学‘科学’，因为我们心中观察到的并不以时间和空间形式存在。”[45] 部分因为这一点，康德开始对人类学和相面术产生兴趣，他把它们界定为“从可见的外形和外表判断一个人内心的艺术，不管是就其感觉方式还是思维方式而言”。[46]

罗杰·史密斯说，这就是启蒙运动的定义。“18 世纪对人性的引证有点像《圣经》中对上帝的引证：它是其他所有事物围绕的主题。”[47] 塞缪尔·约翰逊声称对人性的研究在 17 世纪末首次成为显学；在 18 世纪 534
20 年代，达勒姆主教约瑟夫·巴特勒做了关于人性的布道。1739 年，大卫·休谟出版了他的《人性论》。它并没有立即成为经典（休谟说它“在出版商那里难产”），但是它最终帮助塑造了启蒙运动的另一本质特点，即相信知识将代替神启成为获取至善的途径。[48] 以下是德·马布里修道院院长的话：“为了让人成为他应该成为的样子，让我们首先研究人是什么样的。”[49]

对人性法则的探索有两种主要形式：生理的和道德的。18 世纪的人们着迷于身体、感觉、感情，即心灵通过神经系统作用于身体的方式。苏格兰医生罗伯特·怀特（1714—1766）用被割掉脑袋的青蛙做实验，发现它们仍然能够通过移动四肢擦掉抹在它们背上的酸性物质。他因而得出结论：它们的脊髓中有一个“分散的灵魂”。怀特的同时代人威廉·库仑（1710—1790）第一个发明了“神经症”术语，但他把这个词运用于所有的神经紊乱，他认为神经紊乱比之前想象的要更加广泛。神经症的现代意义是在 19 世纪末期出现的；然而，在 18 世纪，抑郁、焦虑和长期的气闷被描述为“神经质”。[50] 医学语言现在不再使用体液术语，疯病被解释为

“失去心智”。心智被理解成位于一个身体器官，即大脑中。

对大脑的探索其实早在17世纪60年代就由托马斯·威利斯开始了，他是早期的一代科学家，同雷恩、胡克和波义耳一起创建了皇家学会。威利斯进行了无数次的大脑解剖术，主要是人和狗，并且发展出一种把大脑从头骨中分离的新技术，从底下取出，这样有助于保留其形状的完整。他细致的观察和解剖以及灵巧的染色技术使他发现，大脑上覆盖着一个纤细的血管网络，脑室（大脑皮层在其中折叠的中心部位）不能提供血液，因此不可能成为像有些人认为的灵魂的居所。他证明大脑比任何人想象的都要复杂许多，并且确立了一些新的部位，例如纹状体，并且发现大脑通过神经与面部、某些肌肉和心脏连接。他的书《大脑和神经解剖学》（1664）在把激情和灵魂同心脏分离上做出了极大的贡献，使他声名鹊起。他发明了“神经学”术语，称之为神经的法则。他把该书题献给谢尔登大主教，以便向所有人强调自己不是无神论者。

态度和信仰的变化也许不可避免地集中体现在一本书中，这本书把这些态度和信仰发挥到了极致。它就是由法国外科医生朱利安·德·拉·梅特里在1747年撰写的《人是机器》，尽管为了躲避法国的审查他被迫在荷兰的莱顿出版该书。在主张思想是“与电相同”的一种物质时，他其实是在宣布支持决定论、唯物论和无神论，所有这些都将使他陷入水深火热中。他的观点是，人性和兽性属于同一连续体，人性等同于物理属性。他坚持认为不存在“非物质存在”，从而对灵魂的存在提出了巨大的疑问。
535 他说，物质受自然力的推动，具有它本身的组织力量。他说，活着的有机体之间没有本质区别，“人不是从一块更昂贵的黏土捏出来的；自然只使用了一块面团，不过变换了一下酵母而已”。[51]

艾蒂安·博诺，孔狄亚克修道院院长（1714—1783）认为所有的思想活动是由愉快或痛苦的感觉产生的，但是他还说，灵魂先于感觉。夏尔·博内（1720—1793）认为思想活动都发生在大脑纤维中，但是这一活动需要灵魂参与。

伴随从灵魂向心灵转变的是另一相关的发展，即德罗尔·沃曼称为现代自我思想的出现。在对 18 世纪戏剧中不同性别的表现方式、描述种族的方式和认识动物的方式（尤其是大猩猩与人之间的关系）做出调查之后，在对当时的肖像、小说中变化的人物以及丰富多彩的时装进行研究之后，沃曼证明，人对自我的理解在发生变化，从某种因气候、历史或宗教而可变的东西转变成来自内在的东西。这还不是生物学意义上的自我概念，而是表明了一种认识，即自我能够发展。在第 21 章讨论过并且在第 28 章还要讨论的美洲大发现对欧洲人关于种族、生物学、文化和历史的思想产生了巨大影响，不过在现在的情境下，对于许多人来说成为分水岭的是美国独立战争。在这场冲突中，不同的民族（英国人、法国人、德意志人、意大利人）团结在一起对英国作战。这具有深刻的影响，它比之前的任何战争都更使人们思考自己到底是谁。人与动物的分界线也在这一身份语境下得到重新思考，并且同阶级和性别的分界线进行比较。肖像画在这一世纪的早期还主要通过服装来区别人物，现在则开始强调人物具有区别性的脸部特征。沃曼说，小说的兴起是 18 世纪晚期“内心情结”最生动的例证。18 世纪早期，小说中的人物通常遵循一定的套路；到 19 世纪初，人物因为自身以及它的独一无二而受到尊崇。小说处理的不是传统类型人物应对典型问题的为人熟知的方法，而是向读者介绍“陌生人”，他们的内心生活可能完全不同于读者自己，从而引发同情和理解。[52] 正是在 18 世纪晚期，人物发展的概念开始得到强调，也就是德语中的“教化”思想，它反映出这样一种观点：在生命的过程中，自我可能在某些方面会变化，而在其他方面保持不变（歌德的思想在这里尤其有影响力）。同样，艺术中也发展出对儿童肖像画的兴趣（例如在约书亚·雷诺兹的作品中），与此相关的是把儿童看作“天真无邪的白板”而不是小型成人的新思想。[53] 正是这种对人物、身份以及他们从何而来的兴趣引发了相面术风尚，即从面部特征预测人物的未来。所有这些都反映并强化了启蒙运动中的自然权利概念。大型阶级群体中的不知名成员不太可能像拥有强烈自我感觉的个人那样自信或具有自我意识。

536 巴黎（伏尔泰和《百科全书》的家乡、孟德斯鸠和笛卡尔的家乡，以及拉·梅特里和孔狄亚克的家乡）成为启蒙运动和探寻人性法则的中心，并不令人意外。自 11 世纪学校和大学创立以来（详见第 17 章），巴黎一直是聪明才俊和新思想的中心。比较奇怪的是，英国北部的一个小城竟然成为巴黎的对手。

“在将近半个世纪的时间里，从 1745 年的高地叛乱到 1789 年的法国大革命，小城爱丁堡一直统治着西方的思想界。”这是詹姆斯·布坎在他的近著《心灵的资本》中说的话。“过去几个世纪里一个曾经是贫困、宗教偏见、暴力和污秽的代名词的城市在近五十年的时间里，竟然为现代世界奠定了思想基础……‘爱丁堡，污水池’成了‘爱丁堡，大不列颠的雅典’。”17 世纪的某个时期，在爱丁堡和伦敦之间每周有三趟邮车，有时回程的邮车只有一封从伦敦到整个苏格兰的信。[54] 就是在这样的背景下，一群名人（大卫·休谟、亚当·斯密、詹姆斯·赫顿、威廉·罗伯逊、亚当·弗格森和休·布莱尔）成为现代世界第一批思想闻达，“他们之所以闻名，既因为他们的思想大胆，也因为他们古怪的习惯和无可挑剔的道德行为。他们告诉欧洲和美洲如何思考，如何讨论 18 世纪新的思想领域：意识、民事政府的目的、塑造和区分社会的各种力量、物质的构成、时间与空间、正确的行为、什么东西使两性结合、什么东西使两性分离。他们能够冷静地观察上帝已经死去的世界……美国的爱国者本杰明·富兰克林带着儿子在1759年首次访问爱丁堡，他回忆说他在那里体会到曾经有过的‘最强烈的幸福’。法国启蒙思想家的《百科全书》在1755年只用一个小小段落介绍苏格兰，而到1762年，伏尔泰写道，‘今天正是从苏格兰我们才取得了从史诗到园艺的所有艺术的品位标准’，语气中颇有愤恨”。[55]

推动这一北方文艺复兴的直接原因是1745年的叛乱。为重新确立（天主教的）斯图亚特王朝在苏格兰（和不列颠）的统治地位、由查尔斯·爱德华·斯图亚特王子领导的高地叛乱在爱丁堡曾经短暂兴盛过，之后查尔斯在向伦敦发起进攻的路上，在德比附近被击败，被迫逃回法国。这件事使许多才智之士汇集于爱丁堡，促使许多人思考，他们的未来同英格兰休戚相关，王室争斗体现的宗教分裂弊大于利，而且未来掌握在新学术中而不是旧政治中。

爱丁堡的成功还归因于修建爱丁堡新城的计划。詹姆斯·布坎写道：“爱丁堡新城不仅被设计为漂亮的建筑集合，而且是市民生活概念的具体表现……它们体现了一个新的社会存在，文雅、具有阶级意识、敏感、遵纪守法、讲卫生而且惧内：一句话，现代。”城市向老城以北的延伸不仅是其人口增加的表现，也是雄心的体现。新的中产阶级需要一座更舒适的城市，一座规划更理性、商业设施更完备、拥有更好聚会场所的城市，反映出社会不仅在经济上，而且在人与人的关系上正在发生变化。由于新的科学发现，人与人之间的关系得到了更好的理解。教堂和酒馆已经不够了：难道孟德斯鸠没说过，首都城市大量集中的人口增加了他们的商 537
业需求吗？[56]事实是，人们开始认识到自古就存在的真理：城市可以带来巨大的快乐。（1745年之前，爱丁堡还是以一种非常严格的清教方式进行管理的。实际上，“十点钟人”这个短语反映出一个事实，即苏格兰教会的长老们会在十点钟巡视全城的酒馆，以确保再没有酒类供应。）爱丁堡新城是以公共募捐方式建立起来的，它是“直到18世纪60年代运河热之前欧洲最大的公共工程”。[57] 除了其中个别建筑是罗伯特·亚当或他的兄弟约翰（或同时两人）设计的，整个新城的设计理念，它的视觉和思想统一性，主要归功于詹姆斯·克雷格。正是他的规划（宽阔的主街、狭窄的服务街、街道两头的广场和新古典主义和新帕拉迪奥建筑风格的正面，比例都非常完美）为爱丁堡赢得了“哲学家的天堂之城”[58] 称号。詹姆斯·布坎说：“世界上没有哪座城市像爱丁堡一样。”罗伯特·路易·史蒂文森写道：“巴黎本应成为这样。”老城堡耸立在悬崖峭壁上，就像帕提农神庙俯瞰着新城规整的帕拉迪奥建筑群，这一切使爱丁堡甚至比巴黎都更加宏伟（巴黎宽阔的林荫大道和美丽的街景始建于19世纪），成为18世纪城市雄伟规划的至美典范。在这种宏伟的背景下，我们可以考量一下爱丁堡的闻达们。

在英国，特别是在苏格兰，对于灵魂和心理学关系的认知方式有一种特别的光彩，它被称为道德哲学。这是一个古代术语，可以追溯到中世纪后期，它反映出这样一种观点：灵魂、人性和社会条件的安排都是相互联系的，对人性的研究可以揭示上帝对道德的目的。（道德哲学在早期美国大学也被传授。[59]）有些人认为，道德感是灵魂的一种能力，是上帝告诉人们应该如何行为的方式。不过把道德性建立在人性基础上的人是大卫·休谟，也就是上一章我们讲到的对宗教的理性辩护进行攻击的那个休谟。休谟于1711年出生于爱丁堡劳恩市场区，是伯立克郡一个地主的儿子，在大学时对文学和哲学产生了浓厚的兴趣。他二十多岁时就已经完成了他最重要的著作，但是从未获得教授的称号，有可能是因为他的怀疑主义让爱丁堡人感到困惑，甚至感到恐慌。临死时，他的朋友凯瑟琳·穆尔恳求他趁来得及“烧掉你的那些小册子”。[60]

1739年1月，二十八岁的休谟出版了两卷本《人性论》的第一卷，它为建立人的科学奠定了基础，这样的科学将提供一种理性的道德法则（书的副标题是“在道德领域引入实验推理方法的尝试”）。“没有什么重要问题不被包括在人的科学中；在我们熟悉这门科学之前，没有什么问题能够得到确定的解答。因此，在声称对人性法则做出解释时，我们实际上在提出一个完整的科学体系，它建立在一个崭新的基石之上，而且也是我们能安全倚赖的唯一基石。”[61]他删去了一些最有力的观点，因为它们很可能严重冒犯基督徒，但是尽管如此，正如有位观察者注意到的，他仍旧展现出“自古以来从未见过的”[62]怀疑主义。和洛克一样，休谟的理论建立在 538
牛顿的基础上，但是他敏锐地发现，这位物理学家虽然描述了重力，但是并没有真正予以解释。例如，牛顿认为知识的基础是因果关系。我们知道某件事情，是因为我们经验到它的形成过程。但是休谟坚持认为这是幻觉：我们永远不能证明因果关系。一个著名的例子是，他说当一个弹子“击中”另一个，使它滚向桌子另一边时，这并没有表明因果关系，只是一种巧合。[63]经验规定了生活，“知识成为信仰，‘一种心灵感受到的东西’，而不是一个理性过程的结果”。按照这一基础，所有的宗教，连同它最终的因果关系和神迹，都是纯粹的无稽之谈。[64]休谟认为，理性完全成为激情的奴隶，在这一意义上，所有的科学都不可靠。他说，没有自然法则，没有自我，没有存在的目的，只有混乱。同样，他认为要解释“灵魂的最终法则”也是不可能的，但他认为有四种“科学”与人性相关。它们是逻辑、道德、批评和政治。“逻辑的唯一目的是解释我们推理能力的原则和操作过程，以及我们思想的性质：道德和批评关心的是我们的趣味和情感；政治认为人在社会中是统一的，而且彼此依赖。”[65]虽然他的书分三部分，关于知性、关于情感、关于道德，但他认为从根本上，人性由两个主要部分组成：情感和知性。他坚持认为，激发行为的是情感而不是理性，情感总是能分成快乐和痛苦，这些情感会影响我们对善恶的立场。[66] 他还用心灵代替了灵魂，他相信心灵最终能“完全被认识”。[67] 尽管休谟把情感放在中心位置，但他本人在生活中是一个节制的人。他觉得他的许多同时代人“可亲”，而且在他的晚年，经常为朋友们烹调饭菜，这些朋友中包括一些教士。[68]

亚当·弗格森是一个教士的儿子，1723 年 6 月出生在泰赛德，那是通往苏格兰高地的主要东向道路。他性格“火爆”，根据他的医生约瑟夫·布莱克所说，他经常穿着“数量多得不寻常的衣服”。在经历一系列冒险和任职之后，包括担任“黑卫队”团的牧师以及在爱尔兰和美洲的任职，他最后被任命为爱丁堡大学的自然哲学教授。他最著名、最有影响力的书是《文明社会史论》，该书在爱丁堡遭受广泛批评，尤其是大卫·休谟的批评，但它在伦敦有许多狂热的读者。该书在弗格森有生之年重印了七版。它对欧洲大陆的影响也是深刻的，它把“市民社会”一词给予了德意志哲学。[69] 詹姆斯·布坎说：“《文明社会史论》是马基雅维里和马克思之间的主要桥梁：即处在公民参与的贵族梦想与一个分裂、‘异化’人格的左翼梦魇之间。”[70]

弗格森的理论是，进步既不是线性的，也不是不可避免的。从来没有过什么人类由之堕落的黄金时代；相反，人类由四种本性所定义：独创性、谨慎、顽固和好动。[71] 人是社会的，因此只能“在群体中”被理解，“正如他们一直以来存在的方式那样”。理性的世界并不是如法国哲学家希望我们相信的那样，历史的演化像雾一样不明确。“民众的每一步、每一个行动，即使在启蒙时代，也是在对未来毫不知情的情况下迈出的；国家
539 的建立是偶然的，它实际上是人类行为的结果，而不是出于任何人类设计……没有什么制度是出于共同意志，没有什么政府从一个计划中复制产生……”[72] 尽管他的理论中有一部分欢迎工业社会（他对历史“阶段”有

自己的看法），但他较早指出制造业“会使人类沦为一只简单移动的手或脚，人变得狭隘，变得专门化，失去了对公众利益的认识……我们在制造一个奴隶国家，不再有自由公民”。“工资和自由，”他说，“不是同义词。”[73] 对弗格森而言，我们不能过于热爱进步。

17 世纪之前，还没有自身作为一个实体的“经济”的概念。在以亚里士多德为中心的大学课程中，事务的管理属于伦理学的一个分支。只有到 18 世纪，经济学才从道德问题中分离出来。在那之前，商品的“正当价格”一直由行会机构和王室代表确定，而不是（至少不直接是）市场。17 世纪现代国家（法国、奥地利、普鲁士、瑞典）的兴起是重要一步，因为它们开始理解人口数量、制造和农业生产力之间的联系，以及国际贸易收支平衡带来的各种后果。结果是，18 世纪这些国家（但还不包括荷兰和英国）的大学里设立了经济学和国家管理（政治经济学）的教席。[74]

这里的一个关键人物是让·巴蒂斯特·科尔贝，他是路易十四在 1663 至 1683 年的财政大臣，他相信，如果一个国家想要繁荣，就需要对社会和经济情况作精确了解。1666 年，法兰西科学院创立，奉命对这些问题进行研究。[75] 因此，关于信贷管理、合同法、贸易自由和货币流通的具体知识引起了研究的兴趣。人们第一次认识到，流通中的货币数量能够被测算，而且同经济的表现相关。

经济学发展中第一位举足轻重的英国人是威廉·配第（1623—1687），他是皇家学会会员，我们在第 23 章曾谈到他，他创造了短语“政治算术”，这也是他的一本书的标题。他试图对英国的资本资产、公共财政和人口作一次综合的量化统计（这比听起来更困难，因为议会到 1801 年才批准统计调查，而且直到 1851 年才能做到综合调查）。继霍布斯之后，配第设想经济活动是许多单个个体按照各自的理性利益而行动的系统。同时，他消除了作为交易系统的市场的所有道德考虑。第二位人物是约翰·格朗特（1620—1674），他率先发起了社会统计调查（他称之为“商店算术”）。社会统计起初的目的是为了消除公众对犯罪的恐惧，但是格朗特把他的方法扩展到评估不同地区的人口水平。死亡率的变化统计数据就是以这种方式开始出现的，为新生的人寿保险业带来巨大的利益。[76]

在欧洲大陆，一些国家非常小，政府中几乎没有经济、社会、医疗和法律事务的分工，这些合起来被称为统治者的“财政学”（cameralistics），源自统治者的“密室”（camera）。1727 年，在普鲁士的哈雷大学和奥德河畔法兰克福大学第一次分别设立了财政学教席。事实上，哈雷大学的第一
540 个教席是经济、警察和财政学。而在英国，人们认为人性，而不是国家，应当支配经济学。当时，人们普遍承认社会已经进入了一个新的时代：“商业”时代。人们感觉到商业社会是人类进化的最后（或至少是最新）阶段。这种理论或态度在另一个爱丁堡伟人亚当·斯密那里得到了概括。“每个人因此通过交换而生活，或在某种意义上每个人都成为商人，社会本身也发展成一个恰如其分的商业社会。”[77] 换句话说，一个人在社会中的位置由他或她能够购买和销售的东西所决定。

斯密于 1723 年出生于柯克迪，从小体弱多病，根据某些记载，有一次他被吉普赛人绑架。[78] 他长大后成为一个多才多艺的人，精通拉丁语、希腊语、法语和意大利语。他翻译法语书籍，以提高自己的英语水平。他撰写有关天文学、哲学、“诗歌和雄辩术”方面的著作，曾经担任格拉斯哥大学的逻辑和修辞学教授，后来被任命为威望更高的道德哲学教授。他虽然生活在格拉斯哥，并在那里工作，但是他完全融入爱丁堡生活：格拉斯哥到爱丁堡的公共马车每天准时到达，可以参加那里午后不久的餐会。[79] 1759 年，他出版了《道德情操论》，该书被《爱丁堡评论》创始人亚历山大·韦德伯恩描述为揭示了“哲学的最深刻原理”。但是让亚当·斯密被

世界记住和尊敬的是他出版于 1776 年的《国富论》。

当他去世时，一家地方报纸在其讣告栏中（1790 年 8 月 4 日）抱怨说，“在经历了充满思想冒险和谨慎的社会活动的一生之后”，亚当·斯密“把他在格拉斯哥大学的道德哲学教席变成了一个贸易和财政教席”。[80] 虽然说的不是没有一点道理，但是由于斯密一直以来被理解和误解的方式，因此必须重申，他是一个学术型的道德哲学家，他对自己的工作具有非常浓厚的道德观念。“资本主义”是在 20 世纪初才出现的词（由德国经济学家和社会学家维尔纳·桑巴特创造），斯密不可能认识这个词，也不可能了解这种情感因素。他对财政和金融业的理解从来不是特别强烈，在他的晚年，他对“商业社会的道德现状”表达了深切的忧虑。[81] 这是一种讽刺，因为斯密发明了最终将经济学同大多数人理解的道德相分离的方法和语言。但他认为，允许经济活动有绝对自由，这本身就是一种道德。特别是，他的著作是对谷物贸易垄断行为发起的一次道德抨击。[82] 他反对垄断者，捍卫消费者的利益，把消费者的需求确定为创造财富的动力。[83] 我们不应当忘记，在 18 世纪，国家干预对经济发展非常重要，斯密从没有对此有异议。[84]

正如罗杰·史密斯和保罗·兰福德强调的，商业社会的形成是现代人性论发展的一个新阶段。“‘经济人’这个术语是个代码，它暗示了这样一种观点：我们所称的社会仅仅是那些根据合乎理性的自身利益而行动的个人的组合，他们以最大限度实现他们的物质利益和福利。”[85] 同其他所有事情一样，这一点对人类心理显然具有重要意义，而且人们认识到斯密在书 541
中引入的这个新的消费者世界非常重要。“建筑学家约翰·伍德在 1749 年的著作中列举了自乔治二世登基以后出现的发明创造。廉价肮脏的地板让位给铺上地毯的冷杉木板，粗糙的石膏板被包裹在漂亮的护墙板里。石炉和烟囱通常用石灰水清洁，在地板上会留下石灰渍，现在都改用大理石。

容易损坏的配铁锁的门被废弃不用，代之以镶嵌铜锁的硬木门。镜子又多又雅致。设计时尚的胡桃木和桃花心木家具取代了笨重的橡木家具。皮革、锦缎和刺绣给座椅带来的舒适是藤条和灯芯草无法达到的……18 世纪 60、70 年代许多店主和商人家中的地毯、墙饰、家具、厨房和客厅用品会让他们的父辈感到惊奇，让他们的祖辈感到震惊。”[86]

斯密的理论尤其尖锐，因为当时在思想上唯一能与之比肩的法国的所谓“重农主义者”的理论和他的理论非常不同，而且很快证明，一点也不像斯密的理论那样富有成效和精确。重农主义者值得注意，因为他们也鼓励这样一种思想，即 18 世纪出现了向商业社会的转变，并承认商业和交换对理解人性法则至关重要。然而，法国远比英国更加乡村化和农业化，而这决定了重农主义者的理论，这里的主要人物是弗朗索瓦・魁奈（1694—1774）和米拉波侯爵（1719—1789）。他们的观点在一系列书中得到阐述，认为所有的财富来自土地，来自农业生产力。文明本质上是由农业产品减去生产所需的食物得到的剩余驱动的。[87] 这种剩余的扩展以及它刺激的消费创造了人口的增长，增长的人口耕种更多的土地，形成良性循环。魁奈的理论使他以一种特殊的角度看待社会。有一个从事农业的“生产阶级”；有一个所有者阶级，即包括国王和教会在内的土地所有者，他们接受以十一税、赋税和地租形式存在的农业收益；还有一个他所称的“不生产阶级”，包括依靠农业的制造商，根据他的理论，他们不能生产剩余产品。[88]

亚当・斯密事实上采取了相反的观点。他认为人类已经超越了农业社会，进入了文明的新阶段，即商业社会。他说，经济价值的基础，财富的来源在于劳动，即完成的工作。这是一个显著的变化，因为斯密没有规定哪一个行业部门是财富的根本基础。他说，重要的反倒是交换和生产力，是在任何交易中增加的价值。这一理论后来成为所谓的“古典经济学”，因此有必要在这里重申，斯密没有形成一个脱离道德关系研究、脱离文明史或脱离关于如何治理英国的政治问题的经济学概念。“他把政治经济学定义为‘政治家科学的一个分支’。”[89] 斯密的观点本质上正是我们现在的现代观点：一个人的价值要从他的理性和道德品质以及它们在多大程度上有利其同胞的利益来评判。这使斯密改变态度，例如对企业家的态度：他说，企业家不是名声欠佳的道德上可疑的人，而是积累资本并由此
而促进他人生产的重要人物。虽然斯密被视为自由市场经济学之父，但是 542
实际上他相信法律在生活的某些领域不可或缺，为的是维护公正与公开，他自己还讲授司法学。[90]20 世纪伟大的美籍奥地利经济学家 J.A. 熊彼特说，斯密的开创性作品《国富论》（1776）是所有经济学著作中最有影响力的，而且也是仅次于达尔文《物种起源》的最好的科学著作。19 世纪的 H.T. 巴克尔认为《国富论》“也许是有史以来撰写的书籍中最重要的”。[91] 斯密的理论，他的理性主义，将数学应用到贸易和交易中。这种方法并不总能奏效，但是它的确表明，经济活动服从某些规律或秩序。为此，我们要感谢斯密。他经常同“自由放任经济学”这个短语联系在一起，但是这是一个法语词，反映出 18 世纪法国人的观点，这派观点直到 19 世纪才在英国流行。事实上，斯密本人总是对文明社会的公正和财富创造表现出同等的关注。他在将英国同其他国家进行比较的时候为自己的观点做了辩护。在赋予劳动以价值的时候，虽然不能消除明显的不平等，但是他认为能减少赤贫。正如他预测的，在英国比在欧洲其他国家或印度，尤其如此。他感到人们总是会自然地追求自身利益，如果其他条件允许的话，这将会带来一个鼓励消费、生产力和持续向上发展的高工资经济。特别是，斯密相信上帝对人性的设计如此周密，以致普通人在追求私利的同时，也富于同情心。他相信一种公民人文主义可以同一个商业社会共同存在。

政治经济学是亚当·斯密创立的。斯密最有影响力的追随者之一是

托马斯·罗伯特·马尔萨斯牧师（1766—1834），他因人口以及人口对经济的影响理论而被称为“人口马尔萨斯”。法国革命的到来以及革命后的激烈影响使人们专注于似乎各处可见的政治不稳定，马尔萨斯认为他至少有了一个答案，就算不是那个正确的答案。与他的许多同时代人一样，他认为人性法则是可以发现的。但是就他而言，他相信进步是有限制的，他认为自己解决了一个最棘手的问题。他首先在 1798 年出版了《人口学原理，因为它影响社会的未来进步》，1803 年出版了第二版，几乎是一个新的版本，在书中他扩展了自己的论述。在这些著作中，马尔萨斯表现出一种对未来非常悲观的观点。他的观点是，存在人性法则，而一个基本法则是，人口增长率以几何速度增加，而食物的生产只以算术速度增加。由此可知，物资匮乏是人类生存条件的一个永久性特征。[92] 不过，我们不应当忽略这样一个事实：马尔萨斯是一个牧师，他从道德的角度看待自己的发现，因此，他的结论不是饥饿是不可避免的，而是人们应当节制，避免增加人口，因为人类没有能力维持自身需要。他说他发现的法则是，上帝向人类表明必须节制生殖、努力增长财富以保证足够的食物供给。[93]

543 马尔萨斯同前面谈到的边沁一样是功利主义者。在结束本节时，我们可以看一看马尔萨斯在新建的东印度学院担任牧师期间他的一位同事的思想。东印度学院是东印度公司训练职员的教学场所（东印度公司是英帝国黄金时代在印度的主要机构）。在学院中，他遇见了詹姆斯·密尔，即约翰·斯图尔特·密尔（1806—1873）的父亲。詹姆斯·密尔是一位最不妥协的、最有科学头脑的功利主义者。在《人类心灵现象的分析》中，詹姆斯·密尔说，他的目的是为了让“人类的心灵就像从伦敦的查令十字车站到圣保罗教堂的路一样清晰”。（换句话说，对那些熟悉伦敦的人，这条路并不长，而且基本上是条直线。）密尔告诉我们，他在书名中使用“分析”一词是为了表明他的方法至少努力做到像化学方法。正如一位评论家所说："知觉、联想、命名是人类心灵构成的三个因素，就像碳、氢、氧和氮之于人体构成。"[94] 联想是早期心理学的一个重要概念，指疼痛和快乐、思想和行动等知觉汇集在一起形成一个有规则的模式。对今天的我们来说，这又是一个不言自明的思想，但它在那个时代是崭新的，因为它把大脑里的思想同行为和经验联系起来，产生了现代心理学的大部分知识，例如学习理论、知觉和动机。[95]

正如心理学在 18 世纪若隐若现，到 19 世纪才真正成形一样，社会学也是如此。在启蒙运动时期，关于人以及人与人的关系，存在相互对立的看法。一些人赞成霍布斯的观点，认为人不是天生的社会人，而其他人则认为社会性非常正常。一般人都能发现，各地的人们生活在文明社会，在城市中，形成政治，因此对许多人来说，"社会"法则（此处是一个 18 世纪的词语）应当是可以明确的。[96]

问题之一是野蛮与文明的区别，这使人想起古代蛮族 / 希腊罗马人的区分。例如，卡尔·林奈（1707—1778）在他著名的分类系统下列举了几种人属动物，包括野人、树人（包括黑猩猩）和有尾人（部分包括神话中的人，部分包括没有被完全理解的先天性疾病的携带者）。第一批灵长类动物就是在这个时候被引进欧洲的（猩猩和黑猩猩），导致了比较解剖学的诞生。尽管像林奈和爱德华·泰森等人能够看出它们在外形上与人的关系，但是在那个时期缺乏理解这些相似性的理论体系。查尔斯·达尔文的祖父伊拉斯谟·达尔文（1731—1802）在 18 世纪 90 年代撰写了《生物学：或有机生命的科学》，论述了动物如何随着时间的推移而发生变化。这虽然是早期的进化理论，但是还没有表现出对自然选择的理解。当 18 世纪的人们在旅行中遇到"野蛮人"或"原始人"时，他们不知道这些民族是处在发展的较早期阶段，还是较晚期阶段，是否处在从较高文明衰退

的阶段。人区别于动物的是人拥有灵魂和语言。人们开始收集头骨，作为
544 不同“种族”类型的证据。

罗杰·史密斯还说，关于欧洲作为不同于基督教世界的一个存在实体、一个自成一体的文明、区别于东方的西方的思想也是在 18 世纪开始出现的。这在第 29 章（关于东方的复兴）有详细的讨论，但是相比其他更“原始”、更“自然”的民族，“欧洲是人为的”这一思想因为让-雅克·卢梭（1712—1778）的“高贵野蛮人”理论得到加强。从心理学上讲，卢梭远不是一个简单的人（他的母亲死于难产，父亲在他十岁的时候失踪），一些现代历史学家认为他有心理障碍。[97] 卢梭于 1755 年就“人类不平等的起源是什么？不平等是否符合自然法？”的问题向第戎学院递交了一篇论文，从此引起公众的注意。他从描写和理解人类最初的自然状态开始，尽管他承认这是一个困难的、甚至是不可能的任务，因为到那时人类身上有太多的人为因素。然而，他得出结论，道德生活是文明，而不是自然状态的结果；在道德和文明的背后，男人和女人失去了他们的淳朴。有所获得就有所失去。他提出这一观点，是因为他感到人类拥有一种精神，一种自由意识，灵魂通过情感揭示自身。“自然召唤着每种动物，野兽也会服从。人类虽然感到同样的冲动，但是他知道他可以选择服从或抵御；人的灵魂的精神性正是首先在他的自由意识中展示出来的。”[98] 卢梭的“自然人”是“个人的，与他的感觉相一致的，这感觉肯定是对自我的感觉，但也包括自我提升的愿望以及对他人的同情”。[99] 这是浪漫主义运动的起源之一（第 30 章会讨论）。正是这一点使人与动物区分开来。“一些真实存在的野蛮社会，例如加勒比人，在‘原始状态的懒散与我们虚荣的任性所为’之间保持一种快乐的平衡。其他社会发展出了铁器和玉米，‘给人类带来的文明，却毁坏了人类这个种族’。制造业和农业创造了劳动分工，而且通过劳动、财产和不平等……人不再是他们从前的状态，他们变

成骗子、剥削者、不平等的立法者、压迫的维护者、暴君。”[100] 他的《社会契约论》引入了“公意”思想，该书成为一些人眼中的法国大革命的神圣经典。

夏尔·德·塞孔达，即孟德斯鸠男爵（1689—1755），是出版于1748年《论法的精神》的作者，他同卢梭的观点相反。对孟德斯鸠（一个业余实验科学家）来说，以下事实是不言自明的：社会世界同自然世界一样具有规则和节奏。由此他得出同亚当·弗格森截然相反的结论：世界不是由盲目的偶然支配的，人类的社会行为法则是可以发现的。“法则，就其最宽泛的意义上说，是来自事物自然状态的必要关系；在这一意义上，所有的生命都有自己的法则……”[101] 尽管他的一些论断坦率来讲有问题，例如他认为温暖的气候“使神经纤维扩张”，让人感到慵懒，但是他更重要的论述包括对不同政体（君主政体、共和国、专制政体）以及它们对自由、教育和社会其他方面的意义所做的分析。他最重要的观点是，与其说是政府体制决定了它的统治方式，不如说是个人管理政府的方式决定了它的统治方式。在当时的情境下，这被认为是对君权神授的批评，因此《论法的精神》被列为禁书。 545

18世纪对人性法则的审视最终通过学术史的产生得以进行。历史学本身当然不是新鲜事。新鲜的首先是新型的研究手段，它为自身成为一门学科奠定了基础；其次是历史的想象开始扩展，把文明史纳入其中。这促进了现代进步思想的产生。

伏尔泰的《路易十四时代》（1751）和大卫·休谟的《英国史》（1754—1762）都对把正统基督教作为历史变化的中心主题的观点进行了质疑，而爱德华·吉本的《罗马帝国衰亡史》（1776—1788）在最后“流露更多的，是认为基督教欧洲的建立是一种不可挽回的损失而不是兴奋之情”。[102]

18 世纪 50 年代，一种非正统的历史观开始出现。例如，所谓的“四阶段理论”把社会变化归因于生活方式的转变，从狩猎到放牧到农业再到商业。虽然许多人从中发现漏洞，然而同基督教不相关的历史阶段说广为流行，因为它解释了地理大发现时代发现的世界上的极度多样性。进步的概念正是以这种方式传播的。如果进步是可能的，那么它就必须被界定和衡量，而这只有通过对过去的正确研究才能做到。[103]

早在 14 世纪，穆斯林哲学家伊本・赫勒敦（1332—1406）就认为，历史学是一门科学，应当尽力解释文明的起源和发展，他把文明比作一个有机物的生命。[104] 弗朗西斯・培根也有历史进步的思想。他写道：“当世界正在变老时，这些时代才是古代；从我们的时代开始往前数，我们的时代比以前的时代才算真正的古代。”对他来说，正如大人被认为比小孩更聪明一样，后来时代的人们应该拥有更丰富的知识。[105] 笛卡尔也专门谈到科学发现将带来人类健康的“改善”。但是在 17 世纪晚期的英国，在一系列小册子中，出现了一次关于古代和当代思想孰优孰劣的著名对话。1690 年，威廉・坦普尔爵士在他的《论古代和现代学术》中甚至否定了哥白尼理论和血液循环的重要性，认为毕达哥拉斯和柏拉图比伽利略和牛顿更伟大。就连乔纳森・斯威夫特，坦普尔的门生，也在讽刺作品《书的战争》（1697）中赞成古代的优越性。坦普尔的错误被人指出，部分是由威廉・沃顿在《再论古代和现代学术》（1694）中反驳的，尽管如此，论争本身就表明当时有多种关于进步的思想在流传。

法国作家贝尔纳・德・丰特内尔（1657—1757）比所有的英国作家走得更远。在《漫谈古人和今人》中，他得出了五个令人惊讶的很现代的结论。它们是：从生物学角度看，古代人和现代人之间没有区别；在科学
546 和工业领域所取得的成就彼此依赖，因此“进步是累积的”，意为现代人已经超越了古代人；这并不表明现代人比古代人更聪明，他们只是利用了

从前的成果，他们有更多的知识积累而已；在诗歌、修辞和艺术领域，古今其实没有什么差别；我们应当记住，对古代人“不合理的崇拜”会阻碍进步。[106]德·丰特内尔得到了夏尔·佩罗（1628—1703）的支持。佩罗认为，虽然自古代以来知识在积累，但是近期的科学发明使现代世界走向完美，而将来的时代则不会有更多的贡献。“我们只需读一读法国和英国的杂志，浏览一下这两个大国的科学院取得的伟大成就，就能相信，在过去的二十至三十年间，自然科学领域的发现比整个古代学术还要多。”[107]安·罗贝尔·雅克·杜尔哥（1727—1781）于1750年12月在索邦大学发表演讲的时候只有二十四岁，那次演讲后来成书出版，书名为《论人类精神的连续进步》。虽然他很年轻，但是他的理论非常有影响力。他认为文明是地理、生物和心理因素的产品，而且从根本上说，人的生理不会改变。人类具有共同的知识宝库，它保存在书写中，建立在过去的基础上。他区分了三个思想进步的阶段：神学的、形而上学的、科学的。他承认，完善是可能的，而且有一天会实现。

伏尔泰撰写了三部历史著作。第一部是关于一个人，查理十二世（1728）；第二部是关于一个世纪，《路易十四时代》（1751）；第三部，也是他最重要的著作，是1756年的《风俗论》，该书的雄心比其他两部书大得多，正如他说的，旨在解释“人类思想的灭绝、复生和进步”。[108]伏尔泰的思路同样是新鲜的，他没有集中在政治历史上，而是以文化成就为中心。他给自己规定的任务是展现“人类从以前野蛮人的粗陋发展到我们现在的文雅，经历了什么样的阶段”。他把这一过程称为人类思想的“启蒙”，“单单它本身就使这些混乱的事件、派别、革命和犯罪值得人类研究”。[109]虽然他对神圣的或“第一”动因不感兴趣，但他要表明世界是如何从那里起步的。还是在这本书中，他引入了“历史哲学”这个词，意思是要把历史看作一门科学，对证据做经验的批判的权衡，这里没有直觉的位置。

或许关于进步最完整，肯定是最详细的思想是由孔多塞侯爵（1743—1794）在1795年出版的《人类精神进步史表纲要》中提出的。他认为："自然对人类心智能力的完善没有设置限制，人的可完善性……除了自然给予我们的这个地球的寿命外，没有任何其他限制。"[110] 他把历史分成九个阶段：渔猎；畜牧；农耕；希腊的商业、科学和哲学时代；从亚历山大到罗马帝国灭亡时期的科学和哲学；从罗马帝国灭亡到十字军东征；从十字军东征到印刷术的发明；从印刷术发明到路德、笛卡尔和培根对权
547 威的攻击；从笛卡尔到法国大革命，"理性、宽容和人性成为所有人的口号"。他把法国大革命看作过去和"辉煌未来"的分水岭，自然将被更加完全地掌握，进步将没有限制，工业将使土地为每个人生产充足的粮食，性别平等，"死亡不再是常规，而是一种例外"。[111]

英国人威廉·戈德温（1756—1836）完全从政治角度看待进步。也就是说，他把政治看作人类取得普遍正义的一种途径，没有它，人类不可能实现正义。他说，实现正义就是进步的目标。他的书《政治正义论》（1793）出版的时候，正是法国大革命如火如荼之际，该书也引起了轰动。"烧掉你的化学书，"据说华兹华斯这样告诉一个学生，"如果需要，就读戈德温的书吧。"[112] 戈德温的理论是，人类是可以完善的，但没能在过去取得很大的进步，这是因为强制性的人类机构的压迫，尤其是政府和教会的压迫。因此他提出废除中央政府，除设立教区外不允许设立任何强制性政治机构。他建议废除婚姻，财产平均分配。人类按照其意愿（除了同胞的道德批评）自由行使理性而取得的进步，只有通过政治正义才能实现，而这，戈德温认为有赖于文学和正当的教育。[113]

伊曼努尔·康德（1724—1804）与他的同时代人赫尔德（1744—1803）一样，承认历史具有一个伟大的宏伟目的，人类通过不自觉地遵守自然法则而向着这一目的前进。（康德自己的规则是不变的，他的邻居可以依照

他每天的散步日程设定钟表。）对他来说，哲学家的任务之一是发现宇宙为人类设计的计划。他认为，原则上，历史和进步的这些自然法则是可以被发现的，就像牛顿发现行星法则一样。他的历史哲学提出了九条概括人类进步的命题。他的主要论述是，人的内心永远存在冲突，即在关心邻人利益的社会人和只关心自我、成就和独立的自利人之间的冲突。他认为，这种不断的斗争随着时间变化而此消彼长，在社会和个人两个领域都产生进步。他说，当有一个强大的国家约束社会生活，有一种最大的个人自由允许个体性自由地发展时，这种创造性的冲突能产生最大的效果。他清楚地表明，这是一种道德的进步观念：最大多数人的自由（为实现他们的个体性以及照顾他们的邻人）是其目的。[114] 同康德一样，格奥尔格·威廉·弗里德里希·黑格尔（1770—1831）认为进步的本质就是有关自由。纵观历史，黑格尔区分了自由得到发展的三个不同的历史阶段。首先是东方体系，在这一体系下只有一个人是自由的：专制君主。其次是希腊和罗马的体系，在这一体系下一些人是自由的。最后是普鲁士体系，在这一体系下所有人都是自由的。这一简明的概述有点歪曲了黑格尔的观点，但是他自己就被迫歪曲一些事实以证明他所说的 19 世纪普鲁士是所有可能世界中最好的政体。

就进步而言，最后让我们回到法国和克劳德–亨利·德·圣西门伯爵（1760—1825）与奥古斯特·孔德（1798—1857）的理论。这两个人都可算是早期社会学家，对进步观念的研究是这一新兴社会科学的主要焦点。548
这两个人更感兴趣的是实现进步，而不是对进步的理论化。（在这种意义上，社会学的出现本身就是进步的一部分。）在一段广为人知的话中，圣西门说：“诗人的想象把黄金时代放在了人类的摇篮时期。他们本应放入的是铁器时代。黄金时代不在我们的后面，而在我们的前面。它就是社会秩序的完善。我们的先辈没能看见它；我们的孩子有一天将会到达那里，我们的任务是为他们开辟道路。”[115] 圣西门接受了杜尔哥提出的进步三阶段论，并补充说科学进步和工业革命确实极大地启动了进步。由于对法国大革命中的暴力和非理性主义感到失望，他认为工业化是人类唯一的前进方式。他成为一个雄辩的倡导机器的宣传家。特别新颖的是，圣西门提倡建立某些新议院，他把一个称为发明院，里面包括工程师、诗人、画家、建筑师；另一个称为审查院，里面包括医生和数学家；第三个叫行政院，由工业界首脑组成。他的想法是，第一种议院制定法律，第二种议院审查并通过法律，第三种议院决定如何执行。

在他的《实证哲学》一书中，孔德把历史分成三个阶段：神学的、形而上学的和科学的阶段。他对圣西门的思想加以改造，因为他认为引导工业和技术进步的人应该是社会学家（就像有些人所称的“社会学教士”），女人应该成为道德的监护者，工业界首脑应当管理社会。他认为，在政治中，“想象”应当从属于观察。孔德死于 1857 年，两年后查尔斯·达尔文出版了《物种起源》，进化论开始改变并且永久性地简化了进步的概念。

18 世纪启蒙运动的特征是，它是运用自然科学方法和思路来解释人类自身的第一次尝试。虽然并不全部管用，但也不全是失败。它对于我们现在仍然是个问题。我们所称的“硬”科学（物理学、化学和生物学）已经取得了巨大进步。另一方面，“软”科学（心理学、社会学和经济学）却从未达到同样程度的一致，或同样的预测力量，也从未在人类事务领域产生与核物理学、固体物理学、有机化学和遗传工程等领域同等高效的技术。今天，在启蒙运动的两个世纪之后，我们仍然无法确定人性究竟遵循什么样的法则，甚至不能确定这些法则是否与“硬”科学领域的法则相
549 同。这种分离实质上是本书最后一部分的主要课题。

27

工厂的概念及其影响

“焦煤镇……是个一色红砖房的市镇，或说，要不是因为烟和灰，这些砖本来应该是红色的；但是，事实摆在面前，这个镇却是一片不自然的红色与黑色，就像一张抹着庸脂俗粉的野人脸。这是个到处都是机器和高耸烟囱的市镇，无穷无尽的长蛇般的浓烟，一直不停地从烟囱里冒出来，怎么也直不起身来。镇上有一条黑色的水渠，还有一条河，这里面的水被气味难闻的染料冲成深紫色，许多庞大的建筑物上面开满了窗户，里面整天只听到嘎啦嘎啦的颤动声响，蒸汽机上的活塞单调地移上移下，就像一头患了忧郁症的大象的脑袋。镇上有好几条大街，看起来条条都是一个样子，还有许多小巷也是彼此相同，那儿的居民也几乎各个相似，他们同时进，同时出，走在同样的人行道上，发出同样的脚步声音，他们做同样的工作，而且，对于他们，今天跟昨天和明天毫无区别，今年跟去年和明年也是一样。”[1]

除了最阴郁的“工业小说”《艰难时世》的作者查尔斯·狄更斯还有

谁呢？焦煤镇，校长葛擂梗先生，银行家和实业家庞得贝先生，马术师史里锐先生，庞得贝先生的管家斯巴塞夫人，她在光景好的时候和婆雷家与斯卡鸠士家有交往——狄更斯小说中的名字就讲了故事的一半了。用凯特·弗林特的话说，这本书的主要主题之一就是调查“那些坚持将工人视为能派上用场的工具，视为‘人手’，而非充分起作用的复杂人类的人们”的思维方式。[2] 但是狄更斯从来不是位说教的作家：他不需要说教。

如果如前文所说，理解力方面的一次关键变化发生在 1050 至 1200 年之间，并创造了我们所说的“西方思想”，那么另一次不逊于此的重大变化就发生在 18 世纪。这一变化有三个因素。一是西方世界的重心从欧洲大陆转移到了欧洲大陆与北美洲之间的某个地方，重心向西转移到大西洋中想象出来的某个点是美国革命（见第 28 章）的结果。第二个重大变化是民主、选举政府对欧洲更加传统的，通常是绝对的君主制的取代。撇开英国不谈，这一取代主要来源于引发了贯穿 19 世纪直至 20 世纪一系列其
550 他革命的法国大革命，也有部分原因是美国产生的思想。18 世纪的第三个变化是作为工业生活象征的工厂的发展，它与过去完全不同。[3]

为什么工厂和工厂带来的一切都源自英国呢？[4] 一种答案是，其他欧洲国家仍残留的许多封建束缚和王室束缚在英国都被 17 世纪的革命扫除了。[5] 另一个我们将会谈到的原因是木材的短缺，因为这迫使虽然较次等但是更便宜的煤的使用获得新的发展。[6] 我们还应该记住的是，第一次工业革命发生在英国很小的一个地区，西至什罗普郡的煤溪谷，南至伯明翰，东至德比，北至兰开夏郡的普雷斯顿。这些地方在后来的工业革命中都起到了各自的作用：亚伯拉罕·达比于 1709 年在煤溪谷用煤炼钢；捻丝工托马斯·朗比于 1721 年在德比设计并建造了世界上第一座工厂；理查·阿克莱特于 1732 年出生于普雷斯顿；约翰·怀亚特和路易斯·保罗

于 1741 年或 1742 年在伯明翰首次应用了滚轴纺棉系统，后来阿克莱特将其据为己有并加以改进。[7]

工厂组织和技术创新的双重作用首先发生在纺织业。纺织机的要点在于它们模仿人用手指提高羊毛或棉花纤维的张力，这样就能拉出一条连续不断的线。有一种纺织机是詹姆斯·哈格里夫斯于 18 世纪 60 年代发明的，另一种纺织机被面包师理查·阿克莱特申请了专利。他们的机器使用了一系列锭子和滚轴来逐渐增大张力。大约十年后，塞缪尔·克朗普顿发明了兼具这两种机器功能的新机器，纺织机多少变得完善起来。[8] 我们需要考虑到的重要一点是，虽然哈格里夫斯和克朗普顿才是发明者，但阿克莱特这位具有金融嗅觉的组织者（他可能窃取了前两位发明家的想法）为水力纺纱机申请了专利并大赚一笔。[9] 他意识到未来的关键是棉花而不是羊毛，因为与印度日益增长的贸易非常重要。用手纺出强韧的棉线从来就不容易。传统上，英国纺织工人纺布用的纬纱是棉花，经纱是亚麻（在织布机上，纬纱上的线保持不动，而经纱上的线总是被梭子来回带着而拉紧）。阿克莱特知道，强韧到足以同时用作纬纱和经纱的棉线将会改变整个产业。[10]

最早的工厂由流水提供动力，这就是为什么它们通常位于德比郡偏僻的河谷。只有这里的溪流可以全年提供充足的水力。孤儿院和济贫院的孩子们提供了廉价劳动力。这本身不是什么新做法，丹尼尔·笛福在 18 世纪 20 年代就观察到在约克郡的村子里有许多妇女儿童长时间在纺织机边工作。新鲜的是工厂本身和它们严酷的规章制度。在当时的情况下，至少孩子们有一点点在乡间自由玩耍的时间。但是在 19 世纪初，当蒸汽机取代水力的时候，连这一点也改变了。这一取代使得工厂能够搬迁到劳动力 551
来源之处，即城镇，在那里煤的数量和在乡间一样充足。[11]

蒸汽机的最早使用是将水从矿下抽出。（这是一个古老的难题。早在 1644 年，埃万杰利斯塔·托里拆利就发现抽吸泵抽水的高度超不了三十英尺多少。*）远在地下水位之下的更深的矿就需要用桶或一系列水泵把水排出。托马斯·纽可门在约18世纪初发明了第一台为这些水泵提供动力的蒸汽机，用于康沃尔的铜矿。在这种早期的蒸汽机中，推动活塞的蒸汽在汽缸中压缩，压缩产生的吸力将活塞拉回来。这勉强有用，但是其缺点是每一个来回之后整个汽缸都会被注入压缩蒸汽的水冷却下来。詹姆斯·瓦特的贡献即在于此。瓦特是格拉斯哥大学一位熟练的仪器制造者，他计算了纽可门蒸汽机的效率，并开始思考怎么能够防止或避免热量流失。他的解决方法是将蒸汽压缩在一个与汽缸连接但不属于汽缸的槽内。这种安排意味着压缩室总是冷的，而汽缸总是热的。虽然有这一大突破，但是瓦特的蒸汽机在格拉斯哥的表现并不令人满意，因为当地铁匠的手艺太差了。当瓦特在伯明翰马修·博尔顿的工厂找到更优秀的铸工的时候，情况就不同了。[12]

从很多方面来说，这都是工业革命决定性的一刻，它极大地影响了现代生活。一旦蒸汽成为动力的基础，煤和铁就成为工业的支柱。实际上，冶铁技术已经很发达了。直至约1700年，只有木炭可以在高炉中分离出铁矿石。英国的木材稀缺这时就扮演了很重要的角色。法国木材充足，因此继续使用木炭。但是在英国，充足的不是木炭而是煤。所有人都知道这一点，不止一个投资者领悟到分离铁矿石的一种方法就是排出煤中的气体，使其变为焦炭，这样就能更安全地提高温度。[13]亚伯拉罕·达比和他的家人于大约1709年成为第一个做到这一点的铁匠，他们将这个秘密保守了三十多年。[14]他们出产的生铁如果要投入使用仍然需要精炼，但是用彼得·霍尔的话说，后来，铸铁在当时就如同我们的塑料一样普及。[15]

18世纪的农业革命也发挥了作用。汤森子爵发明的作物轮作新方法和

---

* 这本身是发现气压的一步。

罗伯特·贝克韦尔在养牛方面的创新极大地提高了效率，将人们从土地上赶走，破坏了乡村生活，迫使人们进入城市，进入工厂。[16]

但是工业革命不仅仅是，实际上也不主要关于当时的伟大发明。工业革命带来的长期性变化其实是更深刻的工业组织变化造成的。[17] 正如一位研究这一伟大变化的历史学家所指出的，各项发明的数量和多样性使它们“几乎无法整理”。但是所有发明可以分为三大类。机器（快速、有规律、 552
精确、不知疲倦）取代了人的技巧和力气；无生命动力源（水和煤）取代了有生命的动力源（马、牛），最值得注意的是将热转化为功的机器，它们几乎能为人们提供无穷无尽的能量；最后，所有这些都意味着人类可以利用新的原料，主要是矿物，而它们储量丰富。[18]

这些改进的意义在于，它们使人类的生产力得到了前所未有的提高，而且是可以自给自足的生产力。过去，生产力的提高总是很快伴随着人口的增长，而人口增长最终消解了生产力的提高。“现在，经济和知识在历史上首次发展得如此迅速，足以产生连续不断的投资和科技创新。”这尤其改变了人们的态度：“新”的概念首次变得有吸引力，比传统的、熟悉的、可靠的、经过验证的东西更有魅力。[19]

从英国棉花产业的发展可以一窥这种变化的规模。1760 年（通常被视为工业革命的开端），英国进口了 250 万磅原棉。到 1787 年这个数字上升到了 2200 万磅，到 1837 年则上升到了 3.6 亿磅。同时，纱线的价格下跌到了原来价格的 1/20，棉花产业的几乎所有工人，除了手织机的织工，都在工厂条件下工作。现代工业和工厂体系的崛起“改变了国家内部、国与国之间、文明与文明之间政治力量的平衡；使社会秩序发生了革命；改变了人类思考和做事的方式”。[20]

历史学家重建了这一变化的主要原因，它可能是因为之前乡村体系机械化的不平衡。例如，织工的织布机虽然很有效，但是纺车的技术要求更低，按丹尼尔·笛福的说法，“任何一个四岁或四岁以上的人都能操作”。由于这个原因，纺纱工的薪酬很低，妇女将其视为二等的工作，排在做家务和抚养孩子之后。因此，纺纱通常成为这一体系的瓶颈。第二个缺点是，虽然织工在理论上是独立的人，但是实际上他不得不把织布机抵押给商人。当行业不景气的时候，织工不得不借钱过活，而他唯一的保障就是他的机器。同时，这也不一定给商人带来利益，因为当行业景气的时候，织工也通常只求养活自己和家人罢了，并不多干。换句话说，当织工需要更多工作的时候，这个体系与他作对；当商人需要更多产品的时候，这个体系也与他作对。因此，总是没有盈余。正是这种（令人不满的）状况导致了工厂的诞生。工厂的本质在于它使厂主能够控制原料和工作时间，使需要多重步骤或多名工人的操作更加合理化。[21]新的机器被引入，经过很少训练或根本没有经过训练的人，包括妇女和儿童，都可以使用这些机器。

对于工人来说，工厂生活一点都不方便。成千上万的儿童从孤儿院和济贫院被招募进来。威廉·赫顿在德比的丝绸厂做学徒的时候穿着木套
553 鞋，因为他太小了，够不着机器。儿童和他们身边的大人一样都要受到工厂的监督，遵守工厂的纪律。这是一种新体验：任务越来越细化，时间越来越重要。以前从来没有过这样的事；新工人无法拥有或提供生产资料；他们只不过是被雇佣的手。[22]

当蒸汽机的发明使工厂城市成为可能时，这种工作体验的根本性变化就变得愈加明显了。1750 年，英国只有两座城市的人口超过 5 万——伦敦和爱丁堡。至 1801 年，人口超过 5 万的城市增至 8 座，1851 年增至 29 座，其中 9 座的人口超过 10 万，这意味着截至此时，英国的城镇人口第一次超过了农村人口。[23]人口向城市流动是被迫发生的，人们必须到有工作的地方去，但是他们热情不高，原因也不难看出。城市不仅烟雾弥

漫、环境脏乱、空间狭窄，卫生和供水水平远落后于人口的增长，而且是霍乱、伤寒和污染引起的呼吸道和肠道疾病的温床。“文明造就了自身的奇观”，法国人阿列克西·德·托克维尔写道，他于1835年访问了曼彻斯特，“文明人几乎退化成了野蛮人。”[24]但是在工厂城，工厂主可以很快从新发明和新思想中获益，这也是工业革命的一个重要特点，即它无论在知识上还是物质上都可以自给自足。它生产了新产品，尤其是铁制品和化学品（碱、酸和染料），这些产品大部分都需要大量的能量/燃料来生产。工厂城的另一方面是新工业主义扩散到了全世界，从原料产地到工厂，再到市场。这也刺激了新思想的产生和对新产品的需求。举例来说，就是工业革命的诸多发展使茶和咖啡、香蕉和菠萝成为日常食品。按照大卫·兰德斯的说法，人类物质生活的这一变化堪称人类发现火以来最伟大的变化：“1750年（即工业革命前夕）的英国人在物质方面与其曾孙辈相去甚远，反而比较接近恺撒军团的士兵。”[25]

从长远来看，同样重要的是，工业革命拉大了贫富差距，使阶级冲突达到了前所未有的严峻程度。[26]工人阶级不仅数量增加，而且聚集而居，因此更有阶级意识。这一变化值得详细探讨，因为它后来对政治产生了巨大的影响。工业革命前的劳动力与工业革命后有很大不同。传统农民拥有自己的财产或作坊，他们也有主人，双方互有义务（虽然是很不平等的义务）。但是，工业革命使“技工”或“人手”取代了农民或仆从，即人。它还使工作变得有规则、千篇一律，而工业革命前基于季节或天气的劳动节奏就完全不是如此。[27]（人们在工业革命前通常选择在星期二开始一周的工作。星期一被讽刺地称为“圣星期一”。）

工人阶级之所以贫穷的一个原因，当然也是他们工资低的一个原因在于，收入被转移给了新兴商业阶级，他们则投资新机器和新工厂。工业革命没有创造第一批资本家，“但是它确实造就了一个数量之多和力量之大 554

前所未有的商业阶级”。[28] 这些被称为“烟囱贵族”的商人在 19 世纪控制了欧洲大部分国家的内政。

工业革命的另一个比较独立的方面是经济。经济学这门学科的起源在上一章已经论述过。除此之外，英国还出现了私人储蓄现象，私人储蓄在 1688 年后开始积累。国王将这些储蓄用于战争，国债由此产生。成立于 1694 年的英格兰银行就是这一发展的组成部分，商人和地主持有国债，并从中获取利息。[29] 1700 年前，政府贷款的利息是 8%，到 1727 年就下降到了 3%，这对工业革命也有影响。当利率高的时候，投资者寻求迅速获利；但是利率低的时候，人们更愿意考虑长期项目，这些项目可能会在未来带来更大的回报。这时就很适合开启大规模的资本项目，如投资矿业、开凿运河或建设工厂。早期的工厂位于乡村，规模小，单个家庭都有财力资助工厂建设，但是随着需求的增加，为了满足增长的市场需求，城市工厂规模如滚雪球般扩大，这就需要更多的投资。

英国之所以在工业革命中居领先地位，部分原因在于许多发明都孕育于此，部分因为法国大革命和拿破仑战争使欧洲大陆一直到 1815 年都无暇他顾。但是，一旦这些国家达到一定程度的政治稳定，就迫不及待地创建自己的金融机构，尤其是为资助大规模资金项目而建立的股份制投资银行或动产信贷公司。按照大卫·兰德斯的说法，最早的例子是半公立机构：布鲁塞尔的兴业银行和柏林的国营外贸公司。这些机构在筹措铁路建设资金方面尤其有用，“铁路建设需要的资金数目是前所未有的”。[30]

同时发展的是科技学校，这些学校在欧洲大陆的作用就如同英国的不信国教学校（见本章下文）。法国一马当先，于 1794 年成立了巴黎综合理工大学（最初叫中央公共工程大学）。这所学校富有竞争力的特点（只通过考试录取学生，公示录取结果，只有部分学生能够完成学业顺利毕业）

吸引了最优秀的学生。希望从业于新工业的毕业生到法国国立巴黎高等矿业学校和法国国立桥路学校学习应用科学，并参加在职培训。[31] 旨在教授工程师和商业管理人才的中央工艺学校是 1829 年成立的私人学校，1856 年被纳入国家体系。成为其他国家效法对象的是这些法国的例子，而非最初英国的不信国教学校，因为截至 18 世纪末，英国学校的“边做边学”策略，虽然开始取得了很好的效果，但是后来在创新发明的数量上位居下风。人们需要更加抽象和理论化的教学，而且电学和化学这两个领域在许多不同地区取得了进步，学生只有在这些新学校里才能跟上发展。 555

特别是电学和化学领域的进步奠定了组成工业革命的许多新产业。电学在后牛顿时代取得了发展，因为这是牛顿鲜少投身的、其他科学家有勇气进行研究的领域之一。几百年来，人们就知道存在电这种东西。人们知道，例如，琥珀经过摩擦会吸引小物体。18 世纪早期人们还发现摩擦（在黑暗中摇晃气压计）能产生绿光。[32] 但是第一次真正激动人心的事件是斯蒂芬·格雷带来的，他在 1729 年对电有了更成熟的看法，认为电可以进行长距离传输。他首先注意到当试管（不是试管塞）被摩擦的时候，他放在试管一端的试管塞会吸引小纸片或小金属片。推而广之，他发现甚至在他的花园附近从试管中延伸出来的丝绸环也有这样的性质。他发现电“可以从某个地方流到另一个地方，而无须发生物质移动”。电是没有重量的，他称之为“不可称重的流体”。格雷还发现一种异常但也是基本的现象：电可以储存在产生电的玻璃或丝绸等物体中，但是不能穿过其中。相反的，那些可以导电的物质不能产生或储存电。[33]

电学风靡欧洲和美国是在埃瓦尔德·格奥尔格·冯·克莱斯特于 1745 年试图将一股电流（当时还没有这个名字）通过一根钉子传导到一个瓶子里之后。他在拿着瓶子的时候不小心碰到了钉子，然后被电击中。很快每个人都想感受一下电击，法国国王甚至安排了一个旅的侍卫，让他们接受电瓶的电击，然后一起跳起来。远在费城的本杰明·富兰克林就是对这个想法产生了兴趣。是富兰克林意识到，当无法检测到电的时候，它往往维持在其自然电平。当电平增加，即带正电，会排斥物体；而如果电平减少，即带负电，则会吸引物体。富兰克林还意识到，这种吸引物体的倾向就是电火花和电击的来源。更令人印象深刻的是，他意识到这就是闪电的本质，即大型的电火花。他在著名的风筝实验中表明闪电确实就是电，并在这一过程中发明了避雷针。[34]

1795 年，帕维亚的物理教授亚历山德罗·伏打（1745—1827）表明，将两块不同的金属摆在一起，中间放置液体或潮湿的布就可以产生电，由此电流蓄电池诞生了。但是生产这些蓄电池十分昂贵，直到汉弗里·戴维于 1802 年在伦敦的皇家科学研究所分离出了新金属钠和钾，电才开始成为严肃实验的对象。十八年后的 1820 年，哥本哈根的汉斯·克里斯蒂安·奥斯特发现电流可以使指南针的指针发生偏转，电与磁的联系就这样被最终确立。[35]

18 世纪和 19 世纪初期，比电的发现更重要的是化学的崛起。说起化学这个学科可回头翻阅第 23 章，之前化学还没有在科学革命中发挥重要作用，但是现在化学迎来了自己的革命。化学发展缓慢的一个原因是人们对炼金术持续的痴迷和对寻找制金方法的热情。这在当时看来并不像现在
556 这么让人吃惊。帕拉塞尔苏斯 1597 年写的书《炼金之城》是第一部关于化学的优秀著作。虽然帕拉塞尔苏斯也沉迷于炼金术，但是他也认识到开采煤矿会引起肺部疾病，鸦片能止痛。但是，只有当化学成为一门理性的科学之时它才能进步。人们感兴趣的主要领域，至少在一开始，是燃烧现象。当物质在空气中燃烧的时候到底发生了什么？每个人都能看到这些东西在火焰和烟雾中消失，只留下灰烬。另一方面，许多物质并不容易燃

烧，不过如果将它们暴露在空气中，它们确实会发生变化，例如，金属会生锈。发生了什么？空气到底是什么？

一个答案来自约翰·约阿希姆·贝希尔（1635—1682）和格奥尔格·恩斯特·施塔尔（1660—1734），他们认为可燃物包含一种叫燃素（phlogiston）的物质，可燃物燃烧的时候会失去燃素。（燃素这个名字来自希腊文的“火焰”，phlox。）根据这一理论，包含许多燃素的物质容易燃烧，而不包含燃素的物质是“去燃素的”。虽然关于燃素还有些东西本质上不那么令人信服（例如，17 世纪以来人们就知道金属加热会增重），但是那时有足够多“无法称重的流体”（磁、热，还有电本身）使这一理论在许多人眼里是可以接受的。但是对燃烧的关注不仅仅是学术问题：例如，气体（混沌）就是矿工十分关心的一个实际问题，因为他们面临着沼气和“易燃气体”的危险。[36] 而正是对气体的关注最终提供了前进的道路，因为到那时为止，在关于燃烧的实验中，只测量了矿石的重量。用 J.D. 博纳尔的话说，这使得对化学的“结算”不可能发生。但是当气体被考虑进去的时候，立即就产生了米哈伊尔·罗蒙诺索夫的物质守恒定律，1785 年安托万·拉瓦锡将其确立为基本原理。将这一点证明得比其他任何人都更令人信服的是苏格兰医生约瑟夫·布莱克，他对诸如氧化镁和石灰石等碳酸盐加热时失去的气体进行称重，发现这些失去的气体可以被水重新吸收，重量不变。[37]

布莱克之后是约瑟夫·普利斯特里，他认为空气比看上去更加复杂。他用能找到的所有气体或自己制造的气体做了实验，其中一种气体是他加热红色氧化汞之后产生的，他一开始称其为“去燃素空气”，因为物质在该气体中燃烧更充分。1774 年普利斯特里分离出这种气体之后继续通过实验显示这种“去燃素空气”，或我们今天叫的氧气，在燃烧和呼吸之后会被用尽。普利斯特里充分意识到了他的发现的重要性，因为他接着证明，在阳光下，绿色植物会吸收混合空气——二氧化碳，然后产生氧气。碳循环的概念由此诞生，从大气（当时的又一个新概念）到动植物，再回到大气。[38]

普利斯特里是实验派，而拉瓦锡则是综合者和系统建立者。和他的英国同行一样，这个法国人首先是一名物理学家。（在化学发展的早期，大多数伟大人物都不是化学家，化学家被炼金术和燃素拖了后腿。）拉瓦锡意识到氧气的发现，即氧气原则，改变了化学，实际上颠覆了燃素理论。是拉瓦锡创造了现代化学，因为他意识到他可以继续亚里士多德和波义耳
557 的工作，创造一个更大的系统化学科。他认识到水就是氢和氧，空气中包含氮和氧。最重要的也许是，他认识到化合物基本上有三种：氧和非金属，即酸；氧和金属，即碱；酸碱化合物，即盐化物。[39]就这样，拉瓦锡发明了我们今天仍然使用的化合物的术语——碳酸钾、醋酸铅等。这将化学提高到系统化水平，使化学终于与物理学具有同等的地位。“化学如今不再是一套必须记忆的处方，而是一个可以理解的系统。”[40]

对气体的研究还使英国曼彻斯特的一名贵格会教徒兼教师约翰·道尔顿（1766—1844）提出了原子理论。他对流体的弹性有着特别浓厚的兴趣，正是他认识到，在不同的压力下，结合物质守恒定律，同样重量的气体一定具有不同的结构。新气体的产生和对它们重量的研究使他创造了一套我们今天仍在使用的命名系统，例如 N_2O、NO 和 NO_2。这种系统的研究让他认识到元素和化合物是由原子组成的，并根据“牛顿的引力定律和电排斥定律”排列。[41]他对其他一些化学反应，尤其是沉淀（例如当两种透明液体接触立即产生固体或发生颜色变化）的观察也令他相信，一种基本的实体，原子，获得了不同的结构。他的推理很快得到了新晶体学的支持，晶体学表明，对任何一种物质来说，晶体不同面之间的角度都是相同的，相关的物质具有形状相似的晶体。17 世纪荷兰

物理学家克里斯蒂安·惠更斯意识到这意味着晶体一定是由相同的分子“像弹丸一样”堆积起来组成的。[42] 最终，汉弗里·戴维和迈克尔·法拉第演示将电流通过盐化物会分离出诸如钠、钾、钙等金属。本质上，所有元素都可以分为金属和非金属，金属带正电，非金属带负电。法拉第进一步表明原子在水溶剂中的流动率与物质的重量有关，这最终引发了存在电“原子”的理论，电“原子”就是我们今天说的电子。但是电子直到 1897 年才被 J.J. 汤姆孙确认。

除了对元素的组织感兴趣外，拉瓦锡还进行了一系列实验，这些实验表明人体就如同火，燃烧食物中的物质，释放产生的能量，即热。物质在受热之后的表现（有些熔化或汽化，其他燃烧、烧焦或凝结）导致了无机化学和有机化学的分离，19 世纪的德意志科学家对此进行了全面探索。[43]

必须要说的很重要的一点是，开启工业革命的许多发明并不是诞生在例如经常造访皇家学会的传统科学家手中。皇家学会的中心要务一直是数学，数学在后牛顿时代被认为是科学中的女王。在这样一种崇尚抽象的氛围中，实用的发明家并不总被视为“真正的”科学家。[44] 但与之形成鲜明对比的是，在工厂城中，兴起了一批“不信国教学校”。之所以被这么 558
称呼，是因为这些学校最初是为不信仰国教的牧师（贵格教徒、浸礼会教徒、循道宗教徒）提供教育，他们不被允许进入常规大学学习。但是这些学校很快扩大了其目标和招生数量。不信国教学校中最著名的三所是曼彻斯特哲学学会、沃灵顿研究院和伯明翰月光社，不过在诸如达文垂和海克尼这些城镇也有其他有名的学校。约瑟夫·普利斯特里的职业生涯就是这些学校如何运作的一个好例子。沃灵顿研究院创办不久，普利斯特里就在这里开始了他的职业生涯，他一开始教授英语和其他语言。事实上，他开创了也许是历史上最早的英国文学和现代历史课程。但是在沃灵顿，他也听了许多同事的课，就这样他接触到了新兴的电学和化学。[45]

几乎可以肯定地说，18 世纪最有影响力的科学学会就是伯明翰月光社。一开始，它的成员（被亲切地称为“疯子”）在不同的朋友家中举办非正式聚会。正式的聚会开始于大约 1775 年。带头人是伊拉斯谟·达尔文，大家在每个月最接近满月的星期一碰头。1791 年普利斯特里家中发生暴乱（见下文）之后聚会就渐渐减少。[46] 月光社的核心人物，至少在早期，是詹姆斯·瓦特和马修·博尔顿。我们已经知道，瓦特在苏格兰发明了著名的蒸汽机，但是他发现苏格兰的工人技艺达不到标准，所以与博尔顿一起合作，因为博尔顿在伯明翰的工厂操作水平很高。[47] 但是瓦特和博尔顿绝不是月光社仅有的明星。约书亚·威治伍德是另一个：他创立了威治伍德陶器厂，所产陶器以意大利伊特鲁里亚乡间发现的古希腊花瓶为原型（他将他的陶器命名为伊特鲁里亚）。遵循当时的典型做法，威治伍德尽力使他的工厂达到最高的工艺水平。另外，他还发明了高温计（不过他坚持称其为温度计）来测量高温，这使他得到了一个重大发现，即所有物质在高温下都会发出同样的光，无论是什么物质，颜色都可以表示温度。这后来又导致了量子论的诞生。[48] 月光社的其他成员包括发明了煤气灯（最早用于博尔顿在伯明翰的索霍工厂）的威廉·默多克和电报的发明者之一理查德·埃奇沃思。[49]

约瑟夫·普利斯特里 1780 年才来到伯明翰，但是他一来就成为领袖人物。[50] 他还成为一名一位论派牧师。一位论派有时被人指责是信仰无神论或自然神论，因此被认为是那个时代最大胆的思想家（柯勒律治就信仰一位论）。[51] 普利斯特里确实很大胆，他的《论政府的首要原则》很可能是阐述最大多数人的福祉是评价政府的标准的第一本著作。[52] 普利斯特里的小舅子约翰·威尔金森也是月光社的成员，后者的兄弟曾经就读于沃灵顿研究院，他的姐姐就是这样结识并嫁给了当时在沃灵顿当老师的普利斯特里。威尔金森的父亲是一名铁器制造商，约翰也非常精通金属的使用。他和亚伯拉罕·达比设计并在铁桥峡建造了著名的铁桥，铁桥于1779年投入使用。威尔金森建造了第一艘铸铁船并在铁桥下通行。[53] 他于1805年去世，被埋葬在一口铁棺材里，也算忠实于自己的原则。 559

我们依旧不能过于夸大月光社的“局外人”地位。普利斯特里在皇家学会演讲过，并获得了皇家学会威望极高的科普利奖章。月光社（在学术上）与爱丁堡的詹姆斯·赫顿有联系，赫顿在地球史方面的研究将在第31章讨论；威治伍德与威廉·汉密尔顿爵士过从甚密，后者收集的古代花瓶后来为大英博物馆增色不少，也促成了优雅的威治伍德陶器的诞生；不少“疯子”与亨利·卡文迪许有通信往来，后者对科学的兴趣使他的后人为了纪念他而成立了剑桥大学卡文迪许实验室（见“结语”）；他们的活动都被德比的约瑟夫·赖特和乔治·斯塔布斯画了下来。但是月光社确实拥有许多第一：其成员为了提高机器在现代生活中的接受度做了许多事，他们是最早认识到营销、广告，甚至是购物的重要性的人。他们的成就还包括：认识光合作用和它在生活中的重要性；认识大气（部分是由他们用气球升空的无畏壮举完成的）；他们最早试图系统地理解和预测天气模式；他们为制造硬币创立了现代铸币厂；完善了印刷机，使大规模报纸发行成为可能；他们认为儿童读物是使幼儿领略科学的神秘与种种可能的一种方式。他们是废奴主义的最早提倡者。用珍妮·厄格罗的话说：“他们是高速公路、运河和新的工厂制度的先驱。他们是给国家带来高效的蒸汽能量的一群人……他们中的所有人……将他们对实验的信任、对进步的乐观带入个人生活和国家的政治与改革中……他们知道知识是暂时的，但是他们也明白知识带来力量，而且这种力量应该属于我们所有人。”[54]

但是，还是让很早就研究过月光社的罗伯特·斯科菲尔德来总结其成就和意义吧。“由身份和习俗决定的上流社会可能还关心着土地和头衔，他们可能仍然花时间在没有代表性的议会上争执，在伦敦的咖啡馆讨论文学和艺术，在怀特（一家男士俱乐部）喝酒赌博；但是他们所认识的世界只是个幻影。在另外一个社会中，地位是由非'上流'的成功决定的，这个社会正在根据它的喜好创造一个不同的世界。法国大革命和政治代表制推迟了新社会对旧社会的取代，但正是新社会提供了赢得战争的力量……月光社代表了这个正在寻求地位的'另一个社会'。如果它与其他地方团体只是在性质上不同，那么就值得更多的调查研究，因为在月光社可以找到19世纪英国的种子。"[55]

1791年，约瑟夫·普利斯特里在伯明翰的住所遭到袭击，因为有人认为（后来证明是错的）他在举办"庆祝巴士底狱陷落"的晚宴。这不是第一起这类袭击，它是一场针对同情法国大革命的人的有组织运动的一部分。这一次，普利斯特里的家被洗劫并被放火焚烧。虽然谣言渐消，但是
560 普利斯特里受够了：他离开了伯明翰，逃亡到美国。这是一个引人注目的举动，非常具有揭示意义：当时，不论对法国大革命的看法如何，许多不信仰国教的科学家和创新者对美国的革命目标持同情态度。原因之一在于，美国成功地实现了启蒙运动的目标，这将在下一章中讨论。另一个更实际、更紧迫的原因在于，诸如伯明翰或曼彻斯特等工业革命前仅仅还是乡村的制造业重镇，相应地在议会的代表人数不足。[56]

宗教异议与政治异议是同一现象的不同方面。像普利斯特里和威治伍德这样的人支持自由贸易，这一观点与地主贵族的观点南辕北辙，他们最希望的是在他们土地上种植的粮食保持高价。这发展成一个重要的分歧。德国社会学家马克斯·韦伯率先提出新教，尤其是加尔文教，是现代工业经济关键因素的理论。之前其他人不是没有提出过类似看法，但韦伯第一个系统地阐述了为什么存在这种分歧，以及为什么新教徒有那样的影响

力。他认为，加尔文教的预定论在教徒的心中引起了对他们能否得到救赎的长期忧虑，而这种忧虑只有在信徒遵循他们认为能够带来救赎的生活方式时才能得到消解。韦伯说，这使他们采取了一种“现世禁欲主义”的生活方式，在这种生活中唯有祈祷和工作是有价值的活动。“好的加尔文教徒节俭、勤劳、禁欲。”韦伯说，不久，这种生活方式普及开来。甚至连不相信救赎的人也像加尔文教徒一样生活和工作，因为他们认为这样做是正确的。[57]

后来所称的新教伦理不仅仅灌输勤劳、节俭、禁欲的理念，它还带给我们这样一个观点：只要有正确的工具，任何人都可以理解、描述、测量某物，只有在这种情况下某物才是真实的。按照韦伯的理解，在新教徒心中出现了两种知识的根本区分。一方面是非常私人的宗教和精神体验；另一方面是不断积累、可以被任何人分享的科技进步。[58]这种区分今天仍然伴随着我们。[59]

如果我们将新教伦理的发展称为一种宗教—社会学现象，那么工业革命的主要政治影响，尤其在最初几十年，就是拉大了贫富差距，将贫困的性质从农耕贫困转变为城市贫困。在新城市（肮脏、污秽、拥挤），雇主和雇员之间的分化变得更加尖锐恶化，政治的本质也因此改变了近两百年。

正如 E.P. 汤普森在他的《英国工人阶级的形成》一书中所表明的，劳动人口在 1790 至 1830 年间的典型经历是一个变窄的过程，他们在这个世界的地位变低、变弱。对于英国的工人阶级来说，工业革命的本质就是无地者普遍权利的丧失和许多行业的日益贫困，这些都是“为了使就业更加不稳定而对其进行刻意操纵”造成的。[60]在 1790 年之前，英国的工人阶级以不同的形式存在着；最初削弱他们的压迫和权利逐渐丧失最终成为塑造现代政治的一股统一强化的主要力量。

不断加剧的分化的另一方面，同时也是工业革命物质成功（即忽视人的牺牲）的结果就是，制造业的利益连同它在贸易和金融领域的亲兄弟们现在成为政府政策背后的主导力量，（历史上第一次）取代了地主贵族。这不仅仅是因为城市工厂的重要性，也是因为传统的土地占有制形式（涉及封建特权和公共权利）被圈地的无限所有制有意地篡取了。这极大地改变了乡村生活的剩余面貌。所以两件事情同时发生。工人阶级被驱离土地，被吸进拥挤、肮脏、不卫生的城市。同时，中产阶级扩大了，这个阶级由日趋常见的职业组成（白领工人、工程师、教育工作者），还有全新的“服务业”，例如酒店、餐馆和所有与旅行相关的设施，因为铁路和铁船已经变为现实。这一新生的资产阶级和无产阶级一样有很强的自我意识。实际上，他们中的许多人就是通过他们与工人阶级的不同来定义自己的。这也是新的现象。[61]

而这种可以被视为维多利亚文明主要特点的分化，在两个关键领域（经济学和社会学）产生了新思想。

我们已经知道，工业革命之前流行的经济正统是重商主义，第一个对其进行破坏的是法国所谓的重农主义，重农主义的座右铭是“自由放任”，其领导人是前一章提到的弗朗索瓦·魁奈。[62] 虽然他们的思想从未在法国之外被接受，但是他们确实表现出了对货物流通的重要性的认识，而这一概念又为亚当·斯密所采用，亚当·斯密的思想前一章也讨论过了。在本章有必要重申，斯密自己意识到工厂体制对工人生活的不良影响，而似乎是他的追随者对此视而不见。斯密认为工人的状况只有在社会扩张时期才能改善，而只有在自由放任的氛围下社会才会扩张。他相信并提出，工人和工厂主一样，都应该可以自由地追求自身利益。他说，人们必须接受人性的本来面貌，所以“将我们私人的快乐和利益视为值得称赞的行动准则”并不有损人的尊严。[63] 作为一个宗教信徒，斯密明白自私自利也会无法控制。在《国富论》中，他给出了不少例子，说明哪里发生了这样的事，某些商家做事过火，自食恶果。[64]

从短期来看，斯密的书为工业革命的雇主提供了他们行为的简洁理论基础，但是其他两名经济学家的理论导致了最坏的工厂主的产生。他们是托马斯·马尔萨斯和大卫·李嘉图。我们已经讨论过马尔萨斯了。这里我们需要补充的是，他的结论——食物产量只能呈算术增长，而人口会呈指数增长——在 19 世纪被理解为：在中长期，大众的状况无法得到改善。 562
这成为反对提供公共或私人慈善的一个有力论据。

大卫·李嘉图的股票经纪人父亲是荷兰籍犹太人，因为结婚的时候皈依基督教而被家族剥夺了继承权。人们一直怀疑，是李嘉图的个人境遇使他的心肠变硬，当然，他的理论使他成为“新的统治秩序中新的统治阶级”的传声筒。[65] 他对经济理论的主要贡献是，如果工业要成功，那么劳动者创造的价值必须高于支付的工资。于是，他说，如果工资一直保持在“刚好够劳动者维持生存、繁衍后代，不增加也不减少”的低水平，那么资本的积累永远不会到头，普遍的生产过剩也不会发生。正如 J.K. 加尔布雷斯提醒我们的，这成为工资铁律，并表明“工人注定是贫穷的，任何其他状态都会威胁整个工业社会这座大厦”。李嘉图在其供职的议会被称为“神谕”，他同意亚当·斯密的一点是，扩张的经济能提高总体工资水平，但这是他对穷人做出的仅有让步。[66] 作为一个认为任何税收都会削减可用于投资的资本数目的典型的自由放任派资本家，他也是激怒卡尔·马克思的人之一。[67]

杰里米·边沁的功利主义也需要在这里讨论一下，因为他的“幸福计算”思想，即快乐和痛苦的总体集合，与商品生产的最大化是一致的，而后者是新工业主义最典型的成就。“最大多数人的最大幸福”这一根本思想很快被修正成这样一种曲解，即，无论少数人的困难如何严重（例如失业），都必须忍受。边沁甚至说："我们应该硬起心肠，反对同情少数人，反对为他们谋利，以免多数人的福祉受到损害。"[68]

不是每个人都能像李嘉图或边沁一样硬起心肠来。罗伯特·欧文就是其中一个。他在《论工业制度的影响》一书中总结道，英国有大约 90 万户家庭从事农业，而从事贸易与制造业的则超过 100 万户，而且这个数字还在急剧增长。欧文深知，工厂的长时间轮班对工人的健康和尊严都造成了重大危害。他说，在工厂，"雇佣"已经成为"不顾道德责任的金钱关系而已"。[69] 对他来说，这种道德的缺失是最要紧的。穷人"眼见他身边所有的人都匆匆向前，用邮车那样的速度获取个人财富……"[70]"所有人都被孜孜不倦地教诲低价买入，高价卖出；为了用这种方式成功，所有人都必须学会欺骗；每一阶层的商人都培养这样一种精神，它对公开、诚实和真诚是毁灭性的，而没有这些品质，人就无法让他人幸福，也无法自己享受幸福。"[71]

欧文从出生地威尔士的蒙哥马利郡搬到伦敦之后，十岁就开始工作。他成功致富并成为曼彻斯特一家工厂的合伙人，后来又成为苏格兰新拉纳克工厂的经理和合伙人。而正是在这里，欧文在接下来的二十年里进行了
563 工业环境下的社会改革的著名实验。接受拉纳克的工作之后他曾受到极大的震动。"工人无事可做，贫困交加，通常都背负债务；他们经常醉酒，买卖偷来的东西。他们习惯说谎和争吵，只有在激烈反对雇主的时候才团结在一起。"[72] 儿童的状况比狄更斯小说里描绘的还差。他们来自爱丁堡的济贫院，被迫从早上 6 点工作到晚上 7 点。欧文发现"他们中的很多人不仅身材矮小，智力水平也不高"也就不稀奇了。[73]

他的应对措施十分激进。为了遏制偷窃和酗酒，他制定了一套奖惩制

度。他将儿童的最低工作年龄从六岁提高到十岁，并出资建立一所乡村学校教幼儿读写和“玩耍”。[74] 他完善了居住条件，为街道铺路，种植树木，修建花园。让他很满意的是，他能够表明他的改善措施不仅使劳动者的生活更轻松，而且实际上提高了他们的生产力。然后他着手将同样的做法推广到全国。[75]

这一计划包含三个目标。首先，欧文希望建立国家资助的免费学校，面向所有五至十岁的儿童。其次，他呼吁通过多个工厂法案，以限制工人一天的工作时间。一条工厂法案于 1819 年通过，从这一意义上说他成功了，不过欧文自己一点儿都不觉得这就够了。最后，他呼吁建立一个全国范围的穷人救济系统。他不是在提倡发放钞票，而是提议建立一系列合作村，每个村大约一千二百人，周围有一圈土地。每个村子都要有一所学校，并且自给自足，随着村民发展为获利的社会成员，贫困人口就会减少。[76] 有一两个这样的村子做了试验（例如格拉斯哥以东九英里处的奥比斯顿），但是不得不说，这后一个想法基本上没有什么结果。（欧文是有组织宗教的狂热批判者，这意味着他得罪了许多潜在的捐助者。）但是他的其他两个想法确实成功了，即使成功得不如他希望的那么快、那么深远。三个中有两个成功已经不错了。从某种程度上说，他确实为劳动阶层恢复了一些他认为随着工厂城市的到来而失去的尊严。[77]

甚至在今天，参观一下英国什罗普郡的铁桥峡就能确定英国在 18 世纪仅仅处于半工业化状态。第一批工厂建在乡间峡谷内未开发的地方。[78] 只有当工厂搬到城镇之后，工业革命的恐怖才全面展开。只有到了 19 世纪，工业化和随之而来的巨大贫富差距才一起促成了一个具有自我意识的痛苦阶级的诞生，这个阶级感到自己被隔离在工业家获得的巨大财富之外。根据艾瑞克·霍布斯鲍姆的说法，19 世纪 40 年代之后前工业化传统才最终消亡（例如，以诸如摔跤比赛、斗鸡、纵狗咬牛等娱乐的形式；19世纪40年代也标志着工人唱民歌为主的时代的终结）。[79]

不少历史学家注意到，重要的一点是19世纪初工人阶级的状况发生
564 了明显的恶化。霍布斯鲍姆自己就提供了不少生动的例子：1800至1840年间，伦敦的肉类供应不足；850万爱尔兰人中接近100万人在1846至1847年的饥荒中饿死；手织机织工的平均工资从1805年的23先令下降到1833年的6先令3便士。人口的平均身高（这能很好地表明营养水平）在1780至1830年间增长，但是在其后三十年间下降，然后又增长。19世纪40年代甚至在当时都被称为“饥饿的40年代”。1811—1813、1815—1817、1819、1826、1829—1835、1838—1842、1843—1844、1846—1848，英国都爆发了基本上与食物短缺有关的暴动。霍布斯鲍姆引用1816年芬斯一名暴乱分子的话：“‘我在天地之间，上帝请帮助我。我宁可失去生命也不愿意就这样回家。我要面包，我会有面包的……’1816年在东部所有的郡，1822年在东安格利亚，1830年在肯特郡与多塞特郡之间、萨默塞特郡与林肯郡之间的所有地区，1843至1844年又是在英格兰中部和东部郡县，打谷机被破坏，草垛在夜间被焚毁，因为人们要求最低的生活保障。”[80]一开始，这一大批暴动都是因为暴动者希望获取食物。但是从1830年开始，骚乱形式开始发生变化，最终产生了总工会的概念，工会拥有“终极武器，即大罢工”（大罢工也被称为“圣月”，这并不完全是反讽）。“但是本质上将所有这些行动联合起来，或使它们在数次失败和解散之后复兴起来的是人们的普遍不满，这些人觉得自己在一个充满财富的社会里忍受饥饿，在一个以自由为骄傲的国家沦为奴隶，追求面包和希望，却收获石头和绝望。”[81]这不仅仅是今天的马克思主义历史学家说的话。1845年一个路过曼彻斯特的美国人在家书中这样吐露：“人类躺在遍布整个社会的流血碎片中，悲惨、被欺

骗、被压迫、被粉碎……活着的每一天，我都感谢上天，我不是一个生活在英国、需要养家糊口的穷人。”[82]

1845 年，弗里德里希·恩格斯在曼彻斯特工作（他由此认识了欧文）。他受雇于那里的棉花业，但是他能看见身边发生的事，并深受震动，对工业化的新英国进行了揭露。当年出版的《英国工人阶级状况》一书用绝望的笔调详细描绘了成千上万人生活的“绝对悲惨和物质上的脏乱”。但是，虽然恩格斯的书很生动，他只是开了个头而已。是他的朋友兼合作者震撼了这个世界。[83]

卡尔·马克思被恩格斯的书深深打动了，但是正如 J.K. 加尔布雷斯所注意到的，事实上马克思很可能就是一个“天生的革命者”。马克思终生执着于自由，他所取得的一生成就的动力可以理解为对“人类固有的自由如何被隐藏”的调查和揭示。马克思出生在德意志的特里尔，父亲是一名律师兼高等法院官员，所以他成长为一名当地的精英人士，而他和一位当地男爵之女燕妮·冯·威斯法兰的婚姻又加强了他的社会地位。[84] 马克思去柏林师从格奥尔格·黑格尔之后思想发生了变化。黑格尔的主要思想是，所有的经济、社会和政治生活都处于不断的运动中。这就是他著名的正题、反题和合题理论。黑格尔说，一旦一种状态发生进化，就会出现第二种状态挑战第一种状态。这一论点在当时比现在更站得住脚，因为当马克思师从黑格尔之时，新的实业家已经涌现并挑战旧制度（即传统的地主统治阶级）的权力。[85] 变化是这里的关键概念。古典经济学（尤其是李嘉 565
图勾勒的体系）认为，当工业社会中雇主与工人之间，土地、资本与劳动力之间这些根本性关系不变的时候，经济学的目标是均衡。马克思借鉴黑格尔，根本不接受传统智慧。

并不是说他所有的观点都来自黑格尔和柏林。和李嘉图一样，他本人的经历也有关系。离开普鲁士首都之后，他到了科隆，成为《莱茵报》的编辑。这家报社是（也是一个很重要的因素）鲁尔地区新实业家的一个机构。一开始他确实做得很好。但是渐渐地，在一些小的方面，他的报纸开始支持一系列触犯其读者利益的政策。例如，他发表文章支持当地人在附近森林采集枯木的权利。在欧洲的许多国家，这一直是一项传统特权，但是最近这项权利被剥夺了，因为新工业需要这些木材。结果，任何敢到森林里去的当地人现在都犯了非法入侵罪。马克思还支持离婚法的改革，使教会的角色不再那么重要。这些接二连三的激进社论让科隆当局无法忍受，于是马克思被解雇。然后他开始了流浪生涯。他首先去了巴黎，为德意志侨民阅读的一份德语期刊撰稿。审查员没收了第一期，普鲁士人向法国人抗议“包庇马克思是不友好的行为”。[86] 他搬到了比利时，但是普鲁士人在那里还对他紧追不舍。经历了其他几次流浪和被驱逐的经历之后，马克思最终到达了英国。

现在他当然发生了变化，更加具有革命精神。在英国，他与恩格斯合作写成了 J.K. 加尔布雷斯所说的“有史以来最著名，也是最为人诟病的政治宣传册”，即《共产党宣言》。在《共产党宣言》中，马克思和恩格斯将资本主义国家称为“处理整个资产阶级一般事务的委员会”，又说“掌握了物质生产资料的阶级同时掌握了精神生产资料”。他们认为工业社会分裂为“两大对立群体”，无产阶级和资产阶级，两者在根本上是对立的。[87] 出于对这一主题的兴趣，马克思着手写作三卷本的著作《资本论》。恩格斯编辑了第一卷，1883 年马克思死后，他从马克思的笔记与手稿中摘选汇编成后两卷。

仅仅为马克思贴上经济学家的标签是不够的。许多人将他与奥古斯特·孔德一起视为社会学之父。这主要是由于他的兴趣远非局限在经济学。对马克思来说，人要自由，必须理解自由。他的目标一直是告诉人们，历史的物质结果是如何干涉这种理解的。对马克思来说，这种理解是政治的中心。[88]

最重要的是，他信仰唯物主义。他断然拒绝了黑格尔的历史是精神的
辩证法和正题产生反题的思想。对马克思来说，历史的进程就是人类所面
对的物质条件的结果。[89]特别是，他认为是人类在工作中使用的劳动与技
术决定了人类是否取得成就。但是他确实使用了黑格尔的一个思想，即异 566
化的概念，不过马克思对其进行了修改，意思是说人类可能看上去是自由
的（主要是在工作中），但实际上他们是被束缚的。[90]

整个19世纪50年代，马克思都在大英博物馆的阅览室里辛勤地挖掘，“像魔鬼一样工作”，最终整合出了他对资本主义行为与工业行为的揭露，他这样做的目的是为了主张社会的物质条件（工作的组织方式和财富的生产方式）塑造了这个社会的每一个方面，“从我们的思考方式到社会许可和赞成的制度”。[91]这是一个巨大的抱负，这也是为什么马克思远不仅仅是经济学家的原因。他的主要论点是，生产条件是基础，是建造社会的根本基石。“所有社会制度（他称为上层建筑）都来源于此，无论是法律、宗教，还是组成国家的不同因素。换句话说，权力说了算。”[92]然后，他又同样详细地（这本书有三卷长）说明了这一根本现实对个人的影响。在这里，他最有力的观点是上文提到的他修改过的黑格尔的异化思想。马克思认为，在工业社会，为了效率和增加价值，“劳动者被异化了”。他的意思是说工厂组织与生产的逻辑使人成为机器人。工厂生活中人的主要特点是，“工厂人手”的身份由此削弱，因为工人多半憎恶自己的工作，而且无法掌控他们的工作。同样重要也同样损害人的是，他们被迫“在他们的能力之内”工作。这就是异化。[93]

工人并不知道他们被异化了，马克思说，这是因为一种他称之为“意识形态”的东西。社会的组织方式和权力的组织方式产生了一系列关于这个社会条件的信仰——意识形态。这种“意识形态”包含了关于人性本身

的理论，这些理论本身就是为统治阶级的利益服务的；它们维护统治阶级的权力，但多半是错误的。马克思说有组织宗教就是他所说的起作用的意识形态一个很好的例子，因为它教育人们必须接受上帝的旨意，维持现状，而不是采取行动改变状况。[94]

马克思不仅仅是位经济学家，在某些方面，他也不仅仅是位社会学家，他几乎是一位哲学家。在《资本论》中，他实际上根本没有像哲学家或神学家那样讨论过“人性”，但这恰恰是一个要点。对他来说，不存在抽象的人类本质；相反，人对自我的感知来源于他的物质状况，他与生活中重要人物的关系，以及塑造他的经济、社会和政治力量。在这里重要的、同时令许多人不安的是，马克思的论点暗示了人可以通过改变环境来改变本性。革命既是经济上的，也是心理上的。[95]

马克思看待世界的新方式的最后一层是许多人认为最有争议的，即他的工作是科学的，即他在大英博物馆做的调查揭示了一些一直被掩藏的东西，而这些东西被发现是对社会的客观认识，因此他的分析展现出一种不
567 可避免的进程。虽然许多人对此持反对意见，但是对其他人来说，这赋予了“马克思主义”千禧宗教的意味，而当他的巨著将人类社会划分为以主要生产方式为特点的不同阶段时，就更是如此了。对马克思来说，现代世界的源头出现在从封建主义到资本主义的转变时期。也许最著名的是，他进一步说明经济不稳定和阶级斗争是生产历史所固有的方面，最终会导致革命和最后的演变——到达共产主义。“资本主义私有制的丧钟响起了。”（马克思在使用“革命”这个词之前最初用的是“瓦解”。[96]）

《资本论》出现的时机非常关键。这是一种全新的世界观，一种超越了经济学、社会学甚至政治学的理论，充满了后启蒙时代的科学氛围，在宗教明显衰落之时提供了或试图提供对人类事务的全面理解。因此，在19世纪60年代，马克思本人成为一个政治人物。尤其是1867年《资本论》

第一卷出版之后，马克思就被欧洲众多革命团体视为在大英博物馆研究多年之后赋予革命行动科学依据的人。例如，他的思想促成了 1864 年国际工人联合会，即所谓“第一国际”的诞生，“马克思主义”也是在那里首次提出的。[97]

在对工业革命的文学回应中有一系列写于英国，也以英国为背景的“工业小说”。它们有伊丽莎白·盖斯凯尔的《玛丽·巴顿》（1848）和《北方与南方》（1855），后来的英国首相本杰明·迪斯累利的《西比尔》（1845）、查尔斯·金斯利的《奥尔顿·洛克》（1850）、乔治·艾略特的《菲利克斯·霍尔特》（1866）和本章开头所选的查尔斯·狄更斯的《艰难时世》（1854）。这些书的主题不仅仅是对新社会的批判，还包含着一种对随时可能从工人阶级中爆发出来的暴力的恐惧。

虽然这些书中的一些在当时和后来一直有巨大的影响力，但是从 21 世纪的角度来看，一系列关于某些词语新用法的重要观察更加突出。英国评论家雷蒙德·威廉姆斯表明：“在 18 世纪的最后几十年和 19 世纪的前半叶，一些在今天极其重要的新词首次进入日常英语中，或已经存在于英语中的词语获得了新的重要意思。”他进一步说明，这些词语描绘出了一个反映生活和思想中更广泛变化的新思想的综合模式，而这，我们应该明白，“见证了我们对普通生活的典型思考的变化”。这些词是工业、民主、阶级、艺术和文化。[98]

威廉姆斯说，在工业革命之前，“工业”（industry）一词可以换用为“技艺、刻苦、毅力、勤劳”。虽然这些传统用法保留了下来，但是“工业”现在成了表示制造和生产机构，以及它们的特有活动的集体词语。[99]随后出现了“工业的”“工业化”，1830 年起出现了“工业主义”。“工业革命”这个关键词组，他说，是法国作家于 19 世纪 20 年代首创的，明显地仿照了法国大革命。[100]（其他人认为恩格斯首先使用了这个词组。）“民主”（democracy）一词虽然从古希腊时代就一直用作表示“人民的政府”，但
568 是它到美国和法国革命期间才流行开来。在英国，虽然从大宪章之后，或共和国之后，或1688年之后就可能有民主了（至少在理论上），但是英国不称自己为民主国家，而且在18世纪末，民主基本上等同于雅各宾主义或暴民统治。“民主人士在18世纪末和19世纪初通常被视为危险的有破坏性的暴民煽动者。”[101]“阶级”（class）一词的现代意义要追溯至约1740年。在那之前，它主要用于学术背景下，表示学校或大学中的群体。首先出现的是“下层阶级”，表示“下层社会”，18世纪90年代出现“高层阶级”，之后是“中产”或“中等阶级”，“工人阶级”要到1815年才出现，“上层阶级”紧随其后。“阶级偏见、阶级立法、阶级意识、阶级斗争、阶级战争这些词在19世纪陆续出现。”[102]威廉姆斯不会那么幼稚地说这是英国社会分裂的开端，但是他坚持认为这种新用法反映了那些分裂的性质的变化。人们越来越意识到分裂的存在，并且发现，意义比较模糊的“阶级”比“等级”更有用，“等级”一词在此之前一直被使用，现在用得越来越少了。

他说，“艺术”（art）一词的用法变化与“工业”非常相似。它的传统意思是“技艺”，指任何技艺。“艺术家”的意思曾是有技艺的人，和“工匠”的意思一样。但是“艺术”现在开始代表特殊的技艺，有想象力的或有创造性的技艺，“首字母大写的‘艺术’代表一种特殊的真理，想象的真理，使艺术家成为特殊的一种人……一个新名词，‘审美’，被找来描述对艺术的鉴赏……艺术——文学、音乐、绘画、雕塑、戏剧——在这一新词组中被归为一类，因为它们都拥有一些将它们与其他人类技艺区分开来的东西。正是这时候，艺术家与工匠和手艺人的区别开始出现，也是这时候原本意为‘特别的性格’的‘天才’一词开始具有‘杰出才能’的意思”。[103]

“文化”（cultuve）一词的意思变化大概是最有趣的了。这个词一开始的意思是某种东西的培育，正如对自然生长的维护一样，具有生物学意义。它的意思改变经历了多个阶段。“它的意思变为，第一，‘头脑的大致状态或习惯，’与人的完美的概念联系密切。第二，它的意思变为‘在整个社会中智力发展的大致状态’。第三，它的意思变为‘全体艺术’。第四，在这一世纪后期，它的意思变为‘整个生活方式，物质的、智力的、精神的’。”[104] 马修·阿诺德在他最著名的《文化与无政府状态》（1869）中将文化定义为一段内心的旅程，一种使自己摆脱无知的努力，“通过了解这个世界上已经被思考过和说过的所有关乎我们事务的最好的东西，来追求我们的绝对完美；并且通过这种知识，将新鲜和自由的思想转向我们现在坚定但机械地遵循着的陈旧的观念与习惯”。[105] 阿诺德认为在新工业化社会的每一个阶级都存在着“残余者”，他们是与典型的大多数人共存的少数人，他们没有因为他们阶级平凡的观念而“裹足不前”，他们热爱人类的完美。通过他定义的文化，这些人会开发出“最好的自己”作为美和人类完美的标准，从而“拯救”更多的人类。他完全不认为这是精英主义。[106] 阿诺德的思想与马克思或欧文或亚当·斯密 569
的思想相去甚远，而实际存在于他脑中的“高等文化”的概念在今天备受诟病，在某种程度上已经走下坡路了。因此更重要的是附上阿诺德的这些经常被省去的话：“文化将我们的注意力引向人类事务中的自然趋势及其连续的作用，文化不会让我们将信仰固定在任何一个人及其行为上。它不仅让我们看见人好的一面，也让我们看见人身上有多少东西必然是有限和短暂的……”[107]

彭慕兰最近在《大分流》中认为英国和欧洲的经济（因此还有文明）在1750年之后加速发展，很快超过了印度、中国、日本和亚洲其他国家的经济，创造了我们今天还可以看到的巨大不平等（在某些地区，不平等正在被矫正）。他说，人们通常将加速和分流归功于工业革命，但是工业革命并不是全部。他说，为了完整理解工业革命的影响，我们需要考虑另外两个因素。一是蒸汽驱动的交通方式（尤其是蒸汽船）的发明，这极大地减少了长途贸易的成本，并在此过程中使第二个因素，即新大陆的存在，成为一个更加成功的经济市场。新大陆的矿物和其他资源，它的奴隶社会（产生了前所未有的利润）和广阔的地理范围正好提供了工业革命所代表的新技术与规模经济赖以回馈的那种市场条件。他说，18 世纪初印度、中国与亚洲其他地区的经济与欧洲并没有什么不同，也不比欧洲经济简单；如果没有上述因素的结合，西方的“第二次加速”（继 1050 至 1300 年间发生的第一次之后）就不会那么具有决定性。帝国的崛起也扮演了它们的角色，它们本质上是被保护的市场。[108]

工业革命一个相关的，也许是最重要的长期影响是世界在 1815 至 1914 年间维持了一百年的和平。这一关联并不常被人提起，但是卡尔·波兰尼在《巨变》中对此进行了很有说服力的阐述，这本书出版于 1944 年，再版于 2001 年。[109] 波兰尼的论点是，工业革命带来了巨大的财富，未来还可能带来同样巨大或更大的财富，许多新行业（棉花、铁路、船运、药品）具有了国际化特点，从 16 世纪成熟起来的债券市场已经发展到基本上每一个政府的公债都被外国人持有一定比例（例如 14%），所有这些意味着历史上第一次出现了“和平的强大利益”，而这，他说，“是工业文明史上一个独特的阶段”。1815 年后这一变化是突然而彻底的。法国大革命的后果在确立和平商业为普遍利益的过程中进一步掀起了工业革命的浪潮。梅特涅宣称欧洲人想要的不是自由，而是和平。[110]“和平利益”最有
570 特色的机构被他称为高级金融，他的意思是国际金融。

波兰尼并没有否认19世纪有“零星战争”（还有不止一次革命），但是坚持认为从1815年到第一次世界大战爆发没有爆发过大国之间的全面或持久的战争。劳伦斯·詹姆斯认为这一时期具有“冷战”的特点；而这有多么不寻常可以从尼尔·弗格森《金钱关系》中的数据得以一窥，在该书中他引用数字表明1400至1984年间，欧洲“平均每4年发生一次战争，而大国战争（即牵涉到不止一个大国的战争）则每7年或8年发生一次。”波兰尼说，高级金融起到世界上政治组织与经济组织间主要纽带的作用。金融巨头不是和平主义者，也不介意有多少小型、短期或局部战争发生。“但是如果大国之间的全面战争干扰了这一系统的货币基础，他们的生意就会受到影响。”他说，高级金融并不是作为和平的工具而建立的，也没有推进和平的专门组织，但是由于它实际上独立于任何政府，就组成了世界上一股新的力量。如果大战爆发，那么大量的政府证券和其他投资的持有者就“注定会成为第一批输家”。因此这些有权有势的人是和平的既得利益者。关键因素是，他说，贷款和续贷是由信用决定的，而信用是由良好的表现决定的。宪政和预算工作的规范行为就反映了这一点。波兰尼给出了一些例子，在土耳其、埃及或摩洛哥这些地方，金融家实际上在短期内接手了政府的（至少部分）统治权，来治理威胁到政治稳定的金融问题（通常是债务监管）。他说，所有这些都表明贸易已经与和平联系在了一起。正是在这个时候，罗思柴尔德家族等金融财阀崛起了。1830年，詹姆斯·德·罗思柴尔德甚至量化了战争的成本。他说，如果发生战争，他的租金收入就会下降30%。迪斯累利计算出1859年法国和意大利对奥地利的战争花费了证券交易所的6000万英镑，索尔兹伯里侯爵注意到爱尔兰外商投资的缺乏：“比起10%的利润加早餐室内的子弹，资本家更喜欢和平加3%的利润。”最近的学术成果表明这一局面其实更广更深，这些学术成果显示在1820至1917年间，民主和民主国家得到了历史上最大的发展，除了第二次世界大战后那些年。[111]

最终，高级金融没能避免第一次世界大战的发生，而第一次世界大战又反过来使西方的银行系统发生了根本性的变化。但是1815年是一个分水岭。在那之前，政府和商人一直认为战争提供了扩大贸易的机会。工业革命之后，随着富裕的中产阶级的崛起，战争经济学永远地改变了。卡尔·波兰尼所说的百年和平使工业革命点燃了一种全新的文明形式——大
571 众社会的发展。

28

美国的创造

“美洲的发现和绕过非洲的航行，给新兴的资产阶级开辟了新天地。东印度和中国的市场、美洲的殖民化、对殖民地的贸易、交换手段和一般商品的增加，使商业、航海业和工业空前高涨，因而使正在崩溃的封建社会内部的革命因素迅速发展……”[1]这段话出自卡尔·马克思和弗里德里希·恩格斯的《共产党宣言》。厄尔·J. 汉密尔顿在他的著名论文《美国的财富和资本主义的崛起》中追溯了16世纪欧洲的各种变化：民族国家的出现、战争带来的破坏与机遇、新教的兴起，最终结论是，没有一种变化产生的影响可以与美洲的发现相比。他深信美洲是欧洲资本形成的主要原因。“美洲的发现促进了欧洲工业的增长，因为欧洲不得不制造产品用来交换美洲产品；（美洲）为欧洲提供白银，以满足其与东方贸易的需要。由于发起者从中获得巨额利益，因此这是一种有力促进资本形成的贸易；美洲的发现引起了欧洲价格革命，由于工资增长低于产品价格增长，这又一次促进了资本积累。”[2]在另一部著作《经济个人主义兴起之面面观》

中，H.M. 罗伯逊认为发现美洲的重要意义“不只局限于物质领域。因为随之发生的贸易扩张意味着必然的思想扩张”。他认为，最重要的是，“机会大量涌现，具有资本主义和个人主义精神的企业家阶层从这些新机会中出现，成为传统社会的瓦解剂”。[3]

沃尔特·普雷斯科特·韦伯在《大边疆》(1953) 中有更为明确的描述。他认为，欧洲是大都市，而美洲则是大边疆。尽管遇到很多问题，北美大平原也需要新型农耕方式，但是“这片边疆的开辟改变了欧洲的前景，因为它决定性地改变了人口、土地和资本三个要素间的比率，因此为欧洲的繁荣创造了条件”。[4] 他认为，尤其要提的是，1500 年欧洲 375 万平方英里的土地养活了大约 1 亿人口，即人口密度为每平方英里 26.7 人。新大陆发现后，这些人口突然间拥有了另外 2000 万平方英里的土地。韦伯认为，这些富余的土地使欧洲开始了长达四个世纪的繁荣，“直到 1900 年
572 左右这片边疆封闭为止”。因此，1500 至 1900 年的四个世纪是一段特殊的历史时期。在这段时期内，美洲“大边疆”改变了西方文明。[5] 正如约翰·艾略特所说：“在关于美洲影响的研究上所达成的一致意见可以总结为三个反复出现的主题：金银的刺激、贸易和机会。”*

“地理大发现时代”在 16 世纪达到鼎盛，并形成了历史上首批全球性帝国。这不仅增加了欧洲国家间新的矛盾来源，这些矛盾“远远越过了赫拉克勒斯之柱”，即欧洲的传统边界，而且对世俗权力与教会之间的关系也产生了影响。罗马教廷一直宣称具有全球统治权，但其经文对新大陆却一无所知，也只字未提。[7] 表面上，几百万人过着未曾受益于基督教的生活，发现他们为教会扩大影响力提供了空前的机会。但事实上，其影响却

* 约翰·艾略特怀疑，如果没有新大陆财富的支持，需要大量金银装饰的巴洛克艺术是否还会产生。[6]

复杂得多。地理大发现与宗教改革运动和反宗教改革运动（天主教改革运动）同时发生。比起新大陆带来的机会，罗马宗教权威更专注于后者，尽管事实也有可能是，欧洲的宗教辩论遭遇了困难，因为太多更加得力的福音传教士到大西洋彼岸去了（特兰托公会极少讨论美洲事务）。但不管怎样，传教士在新大陆的出现本身就必须经过世俗权力的批准。西班牙国王尤其成为传播福音进程和形式的理想领导者，在他说服罗马教廷给予他探索的权力，即法律上的保教权后，就更是如此了。[8] 甚至有资料表明，西班牙国王在西印度群岛的绝对权力助长了欧洲的专制思想。[9] 英国的理查德·哈克里特提出，殖民化“吸走”了那些最有可能暴动的人。[10] “就像 16 与 17 世纪西班牙的专制倾向可能促使不满者移居国外一样，不满者的离开反过来也可能强化了国内的专制主义……如果机会和权力能够通过移民海外以更小的代价获得的话，在国内为此而战斗的诱因大概也会减少。”[11]

约翰·艾略特证实，16 世纪 40 至 50 年代早期，神圣罗马帝国的重心发生了根本性的转移，从德意志和荷兰转移到伊比利亚半岛。[12] “这个变化象征着旧金融中心安特卫普和奥格斯堡的衰落，取而代之的是将热那亚与塞维利亚及美洲银矿相连的新金融中心。16 世纪后半叶，提到大西洋经济是很合乎情理的事，而在此之前却不是。”[13]

因此不足为奇的是，西班牙及其征服引起了法国和英国的嫉妒。秘鲁的白银首先引起这些敌对国的觊觎，这些白银在运到巴拿马地峡时最易受到攻击。新教政策提出另一种观点，即“通过西印度群岛”来遏制西班牙。这证实了政治正扩展到全球范围，也表明海上的霸权地位被认为越来越重要。从政治上讲，新大陆对欧洲民族主义的发展也起了一定作用。随 573
着文明中心向伊比利亚半岛转移，西班牙人自然而然地认为自己是“上帝选民”。但在 16 世纪中期，西班牙的海外形象因两部作品的出版而大打折扣。人们所说的“黑色传奇”从这两部作品中产生。一部是巴尔托洛梅·德·拉斯·卡萨斯于1552年在西班牙首次出版的《西印度毁灭述略》。该书试图公开为西印度人辩护。另一部是吉罗拉莫·本佐尼1565年在威尼斯出版的《新大陆的历史》。[14]这两本书被迅速翻译成法语、荷兰语、德语和英语，胡格诺派教徒、荷兰人和英国人也随即表示对西班牙人的所作所为感到震惊。蒙田读过“黑色传奇”之后，说出了许多人的心声：“这么多美好的城市遭到洗劫而被夷为平地；这么多国家遭到破坏而变得荒芜；无数无辜的人，不论性别、国籍和年龄，遭到屠杀、蹂躏，惨死刀下；世界上最富有、最美丽、最好的地方由于珍珠和胡椒买卖变成一片狼藉、废墟，丑陋不堪……”[15]2000万印第安人的毁灭从此成为西班牙人“天性”残忍的证据。约翰·艾略特认为，至少在欧洲历史上，这是用宗主国的殖民历史来反殖民的第一例。[16]

事实依然是，发现美洲后的一个多世纪里，在知识上，欧洲思想模式并没有将新大陆融入其中而取得真正的进步。该怎样解释新大陆呢？举例来说，正如前文提到的，经文中没有提到美洲。[17]这是否意味着或许美洲是大洪水晚期的特殊产物，或它遭受了晚于欧洲的、属于自己的、完全不一样的大洪水，现在正从中恢复？新大陆的气候为何与欧洲如此不同？比如，五大湖与欧洲所处纬度相同，但湖水的冰冻期长达半年。为什么新大陆有如此多的沼泽和湿地？那里的森林为何如此茂密，土壤水分多得难以农耕？为什么那里的动物很不一样？为什么那里的人很原始、很少？尤其是为什么这些人是铜色皮肤而不是黑色或白色？或许最重要的是，这些野蛮人是从哪里来的？[18]他们或许是以色列人消失支派的后代？阿姆斯特丹的拉比玛拿西·伊斯拉埃尔相信这一点，因为他找到了秘鲁寺庙与犹太教会堂间存在相似性的“决定性证据”。一些人认为，广泛实行的割礼也强化了这种解释。或许美洲人是迷路的中国人，漂过太平洋到了这里？他们是最伟大的航海家诺亚的后代吗？亨利·康马杰认为，最为广泛接受、也是最符合常识的理论是，他们是鞑靼人的后代，从俄罗斯的堪察加半岛航行到阿拉斯加，沿新大陆西海岸南下，而后活动范围逐渐扩大。[19]

关于美洲是亚洲的一部分，还是自成一片大陆的问题在 18 世纪 30 年代早期得到了解答。最初，维图斯·白令在 1727 年受俄国沙皇的委派去确定西伯利亚是否一直延伸到美洲。他在回来的报告中称两片大陆之间是隔海的，但他的陈述缺少细节，并且与流传于俄国海岸当地居民中的故事 574
相似，因此人们对他报告的真实性产生怀疑，由此引发的争论一直延续到今天。[20] 西伯利亚堪察加半岛地区的人们知道地平线另一边的陆地并不遥远，因为有很多关于浮木的报道，它们被冲到卡金斯克岛上，是一种岛上没有的冷杉品种。1728 年，白令将他的任务交给了另一位指挥官，正是这位指挥官的两个助手伊凡·费奥多罗夫和米哈伊尔·格罗茨德夫最终于 1732 年发现了阿拉斯加。

尽管这个问题解决了，而且解决得毫不含糊，但关于美洲的其他争论，如它的作用和意义，仍在继续。关于新大陆的早期设想（这里是传说中的黄金国，到处有贵金属、神奇的河流，有七座魔法城市）从未得到过证实。[21] 一些人认为，美洲是一个错误，因为它的主要特点就是落后。弗朗西斯·培根写道："不要对美洲稀少的人口感到惊奇，也不用对他们的野蛮和无知感到讶异，因为你必须承认，美洲人是一个年轻的民族；比起世界其他地方，他们至少年轻一千年。"[22] 同样地，布封伯爵认为，比起其他大洲，美洲从大洪水时代中出现的时间较晚，这也解释了其土壤的潮湿、植被的茂盛和森林的密集。[23] 他认为，任何事物在这里都无法兴盛，动物无论身体还是头脑都"发育不良"。"因为大自然像继母而不是母亲那样对待它，从［美洲土著人］身上收回了爱的感情和繁殖的欲望。这些野蛮人的生殖器官小而无力……他们的身体远不如欧洲人强壮。他们的感觉也迟钝得多，而且更胆小怯懦。”一位瑞典教授彼得·卡尔姆认为，美洲的虫子太多，植物无法生长，所以橡树很脆弱，“用它们建的房子也是”。甚至连伊曼努尔·康德也认为美洲土著人不能创造文明。[24]

其他人所持的观点是，美洲极其糟糕，以致根本无法融入历史主流，也无法被基督教化或文明化。梅毒是上帝对西班牙人“过早”发现及占领美洲的过程中所犯暴行的惩罚。[25]美洲野牛是犀牛、奶牛和山羊失败而荒谬的杂交结果。[26]科尔内耶·德·波夫修道院院长在《百科全书》中写道：“放眼整片美洲，从合恩角到哈德逊湾，从未出现过一位哲学家、艺术家或有学识的人。”[27]

我们现在读到这些，会付之一笑。正如美国历史学家亨利·斯蒂尔·康马杰所说，实际情况是，美国在许多方面已经实现了只能存在于欧洲想象中的启蒙。因为，“美国也有自己的启蒙运动者，虽然他们中很少有人专门从事哲学或科学活动。他们大部分时间忙于研究农业、医学、法律或神学。更重要的是，他们缺少宫廷、大教堂、学院、大学和图书馆，而这些机构在旧大陆是赞助和培养哲学的主要力量。他们相信理性和科学（在其有用之处），许多人曾在欧洲学习过。他们带回了欧洲思想，但是有选择性，因为其中更多是他们不赞同的东西：这是最重要的”。[28]

575 确实如此。早期美国人在开创自己的启蒙运动时并不缓慢。这种启蒙运动是他们仔细而且明智地为新环境量身打造的。比如，美国没有宗教机构，没有清教（谈到这个，也没有天主教反宗教改革运动的狂热）。早期美国思想世俗且实际。费城的美国哲学会（模仿伦敦皇家学会而建）由自然神论者本杰明·富兰克林所建，他从1769年开始任会长，直至1790年去世。[29]作为威廉·佩恩的“神圣实验”，费城很快成为美国的“思想之都”，增添了一家图书馆公司、一座学院（后来成为大学）、一所医院、一座植物园和两座博物馆（约翰·亚当斯称其为英属北美的“松果腺”）。[30] 早期费城独树一帜，各方面的成就都不亚于像爱丁堡那样的城市。植物学家大卫·米伦伯格牧师对足足一千多种植物进行了确认和分类，数学家和天文学家托马斯·戈弗雷发明了新的象限仪，他的儿子小托马斯创作了《帕提亚王子》并将其搬上舞台，这成为新大陆的第一部戏剧。殖民地的首家医学院诞生在费城，由在爱丁堡接受过培训的三个人——约翰·摩根、爱德华·夏平和本杰明·拉什创立。费城也自然受到当时艺术家的关注，如本杰明·韦斯特、为贵格派士绅画像的马修·普拉特和亨利·本布里奇。正是在费城，查尔斯·威尔森·皮尔建立了第一所艺术学院。也正是费城吸引了旧大陆著名的流亡者，如托马斯·潘恩和约瑟夫·普利斯特里前来定居。

最重要的是，费城有“首席天才”本杰明·富兰克林。[31] 他是一位伟大的格言创作者（如“时光一去不复返”）。“他独有的才能是‘出现’……他出现在 1754 年的奥尔巴尼代表大会上，所起草的计划预见了美国联邦的最终形成；他出现在众议院中，捍卫美国在对外管理和对内税收上的区别；他出现在木匠厅中，协助杰斐逊起草《独立宣言》；还在委员会上出现，为新国家起草《十三州联邦宪法》。他出现在路易十六的宫廷中，赢得了法国的支持，也出现在和平谈判中，使独立后的美国获得承认。最后，他出现在联邦制宪会议上，为新国家起草宪法。”[32] 这些仅仅是他一半的才能。英国连续十四年、法国连续八年都可能把富兰克林视为美国、英国和法国启蒙运动的主要因素。他的才能多种多样，他是印刷商、记者、科学家、政治家、外交家、教育家及“最好的自传作家”。[33]

富兰克林在费城的继任者本杰明·拉什的才能与他不相上下，兴趣几乎同他一样广泛。拉什毕业于爱丁堡大学和伦敦大学，师从约翰·洛克。他不仅是一名医生，而且也是像富兰克林一样的政治家和社会改革家。[34]

回到美国后，他被任命为新的费城学院的化学教授，但仍抽时间研究印第安人的疾病和参加反奴隶制运动。[35] 他创办了第一家诊疗所用来接种天花疫苗。据说他为托马斯·潘恩的小册子取名为《常识》。[36] 签署《独立宣言》后，他立刻参军了。

乔尔·巴洛来自康涅狄格，毕业于耶鲁大学，虽然是一个牧师，却提出了早期的进化思想。但他更以“文化博物学家”“共和国第一位诗人”而著称。他呕心沥血二十年，想要创作一部像荷马和维吉尔的作品那样宏大的美国史诗，最后写成了六千行诗句——《哥伦布的远见》(1887)，
576 这部史诗审视了“旧大陆的忧郁历史，将其与新大陆的光辉前景作对比……拜伦本人，不管出于崇拜还是嘲笑，称他为‘美国的荷马’”。[37] 巴洛还是一个成功的投机商，在巴黎住了一段时间，在那里创办了一个极为流行的沙龙，托马斯·潘恩和玛丽·沃斯通克拉夫特都是那里的常客。潘恩被监禁时，巴洛确保了其《理性时代》手稿的成功出版。玛拿西·卡特勒像巴洛一样是牧师，也像本杰明·拉什一样不仅仅是位医生，还是律师、外交家和地理学家。他是又一个强烈提倡接种疫苗的人，也是第一个开始系统研究印第安坟冢的人。[38]“正是从他的教区中，第一批勇敢的移民和他们的牧师一起，带着《圣经》和步枪，踏上了前往俄亥俄地区的征程，他们是去往新天地的新‘清教徒移民’。”[39]

约瑟夫·普利斯特里（在英国政坛，他曾是美国利益的维护者）在六十一岁时移民到美国。[40] 宾夕法尼亚和弗吉尼亚大学都为他提供教席，他却选择去宾夕法尼亚边疆一座可以俯瞰萨斯奎哈纳河的农场。在对旧大陆的幻想破灭后，普利斯特里一度想要和他的朋友雪莱、骚塞和柯勒律治在美国成立一个乌托邦。虽然这个想法最终未能实现，但他确实完成了巨作《基督教会通史》，将耶稣和苏格拉底的学说做了对比（这部书被献给了杰斐逊）。[41]

托马斯·潘恩有三项事业，分别在英国、美国和法国。虽然他不是一个简单的人或容易归类的人，但他的才能和激情（甚至是狂热）却受到了广泛认可。他所到之处，都会结交名人朋友，美国有富兰克林，英国有普利斯特里，法国有孔多塞。他是一个真正的激进分子，最爱制造麻烦，同时也是一个才华横溢的作家，一个可以将复杂问题变简单的天才。“他开口便吐出格言，就像莫扎特动笔就写出旋律一样。”[42] 或许是因为没有特别受过教育，他简化了启蒙运动的重要思想，其简化形式获得了巨大反响。他认为，规范着“宇宙伟大机器和结构”的自然法则表明，权利是自然存在的。出于这个逻辑，他支持革命。令他欣慰的是，在他居住过的三个国家，他见证了两次革命。

与许多启蒙运动者不同的是，潘恩既不是学者，也不是美学家。他最感兴趣的是实际的进步。他迫切想提高贫困人口的物质条件，希望更公平地分配资源。[43] 他将《人权论》第二部的副标题命名为“理论与实践相结合”。因此他是奴隶制度的早期批评家。他为禁止奴隶制度的《宾夕法尼亚法案》作序，极大地满足了自己的意愿。在他的其他著作，尤其是《常识》（1776，尽管“缺少深度”，却卖出了 12 万本）中，他极力主张实行累进所得税和遗产税，并将其用来资助社会福利。[44] 他也希望年轻人可以得到补助，使婚姻生活有好的开始。他提倡穷人的孩子免费上学，失业者可以得到财政和物质帮助。“托马斯·潘恩是个世界级人物，然而，是美国造就了他。他找到人生使命的地方，是美国；在受到英国和法国的排斥后，他最后回到的地方，是美国；他的希望聚焦的地方，也是美国。旧大 577
陆无处不充斥着支持专制的古旧风俗和坏习惯……美国是政治世界唯一能够推行普遍改革原则的地方。”[45]

这些人个个能力非凡，美国能够拥有他们，可以说非常幸运。后来，正如我们将要看到的，他们将启蒙运动的思想精华融合在一起，创造了（以美国宪法的形式）一种共同生活的新方式，它确凿地证明自由、平等和繁荣是紧密联系和互为支持的。然而，在设立首批大学、医院和奖学金的同时，他们的首要任务，却是改变许多自命不凡的欧洲人所坚持的一些不好的和 / 或错误的想法。现在看来，早期美国生活的进步超出了预期。

托马斯·杰斐逊本身就是美国最有力且最热烈的支持者。[46] 比如，有人控诉新大陆的自然贫瘠脆弱，他用宾夕法尼亚的例子作为回答，“一个名副其实的伊甸园，溪流中鱼群涌动，草地上百鸟齐歌”。当“所有的欧洲人都为我们的玉米、烟草和稻谷而来时，新大陆的土壤怎么会是贫瘠的呢？每一个美国人吃得都比大部分欧洲贵族好”。当数据显示伦敦和巴黎的降雨量高于波士顿和费城时，美国的气候怎会令人衰弱呢？[47]

1780 年，一位年轻的法国外交家德·巴贝–马布瓦侯爵产生了一个想法，想要汇集美国几个州长的意见，于是向他们提出了一系列问题，询问各个州的组织及资源情况。杰斐逊给出了最详细、最有说服力也是迄今为止最著名的答复：《弗吉尼亚杂记》。书中某些内容现在看来不太真实，但我们仍然能够强烈地感受到那时它所抨击的问题。杰斐逊对布封及欧洲的怀疑者给予了迎面回击。根据精算统计数据，他对比了欧洲人和美国人的工作比例，结果对美国人有利。[48] 布封认为欧洲拥有新大陆无法与之匹敌的“威严的大象”、“强壮的河马”、狮子和老虎。杰斐逊说，“荒谬，”他搬出了巨爪地懒。“我们有种生物的爪子有 8 英寸长，狮子的爪子还不到 1.5 英寸，这说明什么？”即使在 1776 年，也发现了足够多的猛犸象骨化石，证明新大陆是它的诞生地，而猛犸象的尺寸是大象的“五六倍”有余。[49] 在人口层面，杰斐逊和他的伙伴也做了富有成效的对比。他们指出，欧洲农村地区出生人数大于死亡人数。虽然两者之间差值不大，但足够维持人口数量平衡。然而，城市的状况严峻得多，人口数量正在跌落。仅伦敦一处，死亡与出生人数就为 5∶4。18 世纪前半叶，伦敦人口仅增加了 2000 人，而且要靠周围的乡村移民来补充。整个英国和法国，1/6 的婴儿在出生第一年就夭折，一些地方情况更糟，例如，在布雷斯劳，42% 的孩子活不过五岁。[50] 而在大西洋彼岸，自北至南，“不管是黑人还是白人”的人口都在剧增。18 世纪早期，英国殖民地人口为 25 万。独立浪潮出现时，578
这个数量上升到 150 万。移民仅仅是部分原因。1790 年（英国第一次人口普查的 10 年前）美国第一次人口普查时，人口将近 400 万，但从统计上看，美国人口与欧洲有很大差异。“尽管在伦敦、巴黎、阿姆斯特丹和柏林，平均每对夫妻有 4 个孩子，但在美国却将近 6.5 个。在英国，每 26 个人中有一个新生儿；而在美国，每 20 个人中就有一个是新生儿。”[51] 有关死亡的数字更为明显：欧洲人当时的平均寿命为三十二岁，而美国人是四十五岁。

仅靠杰斐逊一个人，美国就有力地回击了欧洲。在他的身躯之内有一种精神，他将帕拉迪奥风格引进弗吉尼亚，在蒙蒂切洛建造了盖瑞·威尔斯所称的美国最美建筑。杰斐逊欣然接受了亚当·斯密的新经济学，对粮食和作物进行实验（他认为，农业是“头等科学”），在为建造一个排除旧大陆陋习的新国家思虑的同时，他还抽时间学习希腊语和拉丁语。[52] 至少在知识上，杰斐逊尝试着领导人们走出荒芜。他进行了卷心菜、洋蓟、各种坚果、无花果、水稻、桑树、栓皮栎和橄榄树的培育实验。“他彻夜不眠，观看伦巴底人制作奶酪的过程，以便将其引入美国……他试图驯化夜莺，但没有成功。”[53] 他进行天文观察，是最早发现在巴拿马地区开凿运河可能带来好处的人之一。[54]

早期美国人这种坚定、务实的乐观主义在创造民族精神、性格和延续到今天的生活方式上带来的成功远多过失败。只有一个领域是美国人拿不准的：处理与印第安人的关系。布封和其他一些法国启蒙思想家（在 3500

英里之外的地方）称印第安人为堕落的民族。杰斐逊做出回应，试图反驳他：“你们会改变看法的。”[55]他讲到了明戈人首领洛根的雄辩之才：这强调了印第安人的思想像他们的身体一样较好地适应着所处的环境，跟欧洲人没什么两样。[56]但是，如果洛根和他的印第安伙伴具有杰斐逊所说的所有品质，如果这位印第安首领具有德摩斯梯尼和西塞罗身上的所有品质，也如杰斐逊所言，那么美国白人有什么权利如此大规模地屠杀他们，侵吞他们的土地呢？[57]美国人的观点前后不一。早期西班牙人认为印第安人不完全是人类，无法对信仰做出反应；之后，启蒙思想家认为印第安人是原始人类；再后来，浪漫主义者认为他们是高贵的；最终，美国人找到了一种更为现实的观点，正如费尼莫尔·库柏（1789—1851）的作品所体现的那样。但到那时，破坏已经造成。

但是，正是在政治领域，早期美国人的伟大天才达到了极致。美国与旧大陆在这里的对比同样有助于说明美国人正在避开什么。欧洲的大部分政治实践反映出一套现在已不足为信的旧思想。

579 英国的状况并不好于其他国家，其政治统计数据令人感到羞耻。当时英国人口约900万，但仅20万人有投票权。[58]这部分占总人口2.2%的少数人填满了政府机构、陆军、海军、教会、法庭及殖民管理部门的所有职位。在苏格兰之外，只有这部分人有权利上大学，在那里，所有人都会被授予圣职。其他地方有过之而无不及。许多国家正处于专制主义时代，君主独揽大权，无须询问议院或议会。在君主专制的法国，军队职位只授予那些有四代贵族血统的人。在欧洲许多地区，政府职位实行世袭制，英国议会中70个席位是那些来自零选民选区的人归还的。“在匈牙利，贵族是唯一有权担任官职的人，他们占据了教会、军队和大学的所有职位，而且被免除大部分的税款。”[59]在德意志，安斯巴赫伯爵在一次狩猎聚会中因一个人竟敢顶撞他而开枪将其击毙，拿骚–迪根伯爵同样处决了一个农民，仅仅为了表明他可以不怕后果。[60] 在威尼斯，约 15 万人口中仅 1200 名贵族有权出席市议会。[61] 低地国家（它们为新兴共和国提供了大量贷款）有自由的新闻出版和大学，文化水平较高，贫富差距没有那么严重。[62]“即便如此，阿姆斯特丹仍然由 36 个人掌握政权，实行世袭制和终身制。”[63]

这样看来（我大量借用了亨利·斯蒂尔·康马杰对早期美国的描述），不难理解富兰克林、杰斐逊及其同仁为何要寻求改变了。然而，美国同时拥有显而易见的天然优势。这里没有君主制，没有传统的教会及其必需的等级制度。这里也没有帝国政治，没有既定的法律体系，也没有威严的传统。在这种情况下，政治成为天然的受益者。

例如，美国的原始性确保了民主政治在大西洋西岸的建立，而且同样重要的是，也确保了社区之间的相似性。城镇会议和地方法院以大致相同的方式在所有刚成立的州出现，并在宾夕法尼亚、弗吉尼亚、北卡罗来纳、佛蒙特和佐治亚以几乎相同的步调开始实行男性普选制。“正是在这样的环境中，宾夕法尼亚州出现了本杰明·富兰克林和查尔斯·汤姆森，马萨诸塞州出现了塞缪尔·亚当斯和约瑟夫·霍利，纽约出现了亚历山大·麦克道格和亚伦·伯尔，弗吉尼亚州出现了帕特里克·亨利和爱德蒙·彭德尔顿。”在通常情况下，如果是在旧大陆，这些人将会被排除在政治之外。此外，无论在首都城市还是在地方法院，富兰克林和彭德尔顿这样的人都不会脱离选民。[64]

缺陷也同时存在。各州早期法律规定选举人必须具有宗教资格。宾夕法尼亚州由于在其他各方面都很自由，而且石油丰富，一开始不得不放开宗教限制，但后来要求所有政府官员必须是新教徒，必须宣誓信奉《旧约》和《新约》的神圣感召。[65] 有时，职位看上去像家族式（如在康涅狄格州、纽约和美国南部），但这绝不同于欧洲的世袭做法。

起草联邦宪法的制宪会议是早期美国最好一面的体现。这个“半神的集会”（出自杰斐逊的说法）历史上第一次规定所有官职（所有的）对每
580 个人开放。甚至连对总统本身（欧洲君主在新大陆的对等物）也只有两个要求：必须出生于美国，必须满三十五岁（记住，欧洲人当时的平均寿命是三十二岁）。对总统没有宗教要求，这是又一个现代历史前所未有的举动。“美国证明了柏拉图的正确性：哲学家历史上第一次成为国王。”[66]

这些事件的进展十分迅速，这种速度的重要性不亚于事件本身及其发展方向。欧洲国家花费几代人的时间（几个世纪）来发展不同的身份认同，而在美洲，一个有着成熟自我意识和独特身份的新国家的形成只用了辉煌的一代。用托马斯·潘恩的话来说，“在美国，我们的公民身份就是我们的国家性格……我们的伟大头衔是‘美国人’”。

“美国的民族主义不仅以一种前所未有的速度形成，而且也成为一种新的民族主义。它不是由征服者或君主施加的。它不依靠一个既定的教会（所有人都在它的圣坛前礼拜），也不依靠一个统治阶级的权力。它不从一个传统敌人身上汲取力量。它来自人民；它遵从人民的意愿。”[67]我们也不应当忽略这样的事实：对许多美国人来说，他们的国家有意识或无意识地都是对旧大陆糟粕的弃绝。由于不少人都是被迫逃离旧大陆而来，因此他们的新国家变得更加和谐，以更快的速度形成，结果也更令人满意。人们享有的自由在旧大陆几乎是无法想象的：婚姻自由、信仰自由、择业自由、求学自由，最重要的是言论和思想自由。从这个意义上说，美国的诞生是一次道德行动。[68]

两个因素使这一切的发生更加容易。一个是印第安人的存在。这个 W. H. 奥登口中“棍棒下的民族”使外来者能够团结起来对抗一个共同的

敌人，也为美国人提供了自己的想象关注点。[69] 第二个因素是，宗教异见者和各教派第一次成为主体。美国存在传统教会，如公理会和圣公会，但大多数人由于遭受宗教偏见之苦，不愿再将这种罪恶继续下去。[70]

最后，我们绝不能忽略革命本身及一系列有助于形成共同命运感和民族主义的准备过程。来自不同州的人们并肩战斗，没有雇佣兵的参与。在击败旧大陆强大军队、获得军事胜利的同时，革命还为美国人民带来了一连串传奇和英雄（华盛顿和福吉谷、内森·黑尔和约翰·保罗·琼斯），并产生了新国家的象征——国旗和白头海雕。[71]（休·布罗根认为国旗是美国仅有的两件神圣物品之一，另一件是白宫。[72]）

接近一个殖民地政府的机构可以追溯到 1745 年的《奥尔巴尼联盟计划》。18 世纪 60 年代，印花税法案会议将九个殖民地的代表聚集在一起，其中几位成为美国革命中的重要人物。这意味着第一次大陆会议召开时，许多美利坚领导人已经互相认识了。约克城战役之前仅用六个月就形成了联盟，这个因素起了关键作用。“如果在此之前没有形成一个有效的联盟，581
可能永远都不会有约克城战役……令旧大陆无法想象的是，美国民族主义是美国人民自身的产物：它是自觉形成和自我产生的。边疆居民和农民、渔民和樵夫、店主和学徒、小镇律师（没有高级律师）、乡村牧师（没有主教）和乡下教师（没有大学教师）织出了民族主义的一丝一线。”[73] 1782 年，美籍法裔人 M. G. 让·德·克雷夫科尔认为，美国创造了“人类的新种族”，并提出了“种族熔炉”的观点。[74]

由于缺少君主、宫廷、传统教会及数个世纪的“传统”，新兴共和国的开国元勋将智慧的目光投向了法律。根据亨利·斯蒂尔·康马杰的观察，建国之初的四十年里，除华盛顿以外，每位总统、副总统、国务卿都是律师出身。[75]

《独立宣言》是律师制定的。起草各州法律和美国宪法的，也主要是律师。这种状况影响了早期美国文学的形成。美国革命时期，没有任何诗人、戏剧家，甚至小说家可以与杰斐逊、约翰·亚当斯、詹姆斯·麦迪逊、托马斯·潘恩或詹姆斯·威尔逊的政治作品相比。新国家着眼于政治和法律。“他们废除教会法、行政法甚至法院法，限制普通法的范围，这些法律都散发着旧大陆特权和腐败的臭气。”正是这样的态度导致了司法至上和司法审查思想的产生和权力分立，也导致了法学院的产生，消除了出庭律师和诉状律师的区别。[76] 如果没有清教改革、约翰·洛克和孟德斯鸠的思想及对罗马共和国的了解，就不会有我们所知的美国，但托马斯·潘恩（约翰·菲尔林称他为“慵懒的幻想家”）的观察无疑是正确的：“美国的出现及其环境像是在一个新大陆的开端……我们立刻见证了一个政府的成立，就像经历了一个时代的开始。”[77]

“传统”带有炫目的光环，尤其在旧大陆。但从另一个角度看，它是死者用来管理活人的准则，并不适合美国。早期美国人希望他们的新大陆是开放和灵活的，因此不希望受到传统的束缚。这也是开国元勋为何允许修订和增补宪法的原因。[78] 事实上，这种灵活性一直在被保守地使用。

可以说，美国政法体系中最辉煌，同时也是最脆弱的部分是联邦制。从十三个州中成立一个真正的联邦，每个州都保留自身的独立和主权，这不是一件易事。新成立的美国是一个联盟还是国家？这个问题经历过多次检验，最著名的一次是在内战期间。美国第四任总统詹姆斯·麦迪逊对其他联盟做了前所未有的彻底而全面的研究，包括意大利同盟、汉萨同盟和瑞士新教徒联盟、荷兰同盟和神圣罗马帝国的历史。他总结道，所有这些联盟都有同样致命的弱点：它们的力量太弱，以致无法抵抗外国入侵或内部争端。对麦迪逊和他的伙伴来说，核心问题一直都是怎样创造一个足够强大的联邦政府来抵御外敌和遏制内乱；同时，联邦政府不能强大到威胁公民自由或地方政府繁荣的地步。[79]

在联邦政府与地方各州的分权问题上，他们做得恰到好处。不太成功的地方是他们制定的使中央政府可以坚持要求不服从州遵守分权条款的手段。国父们制订出的解决方案意在将一切权力都置于美国人民的管理之下，这个方案在内战时期受到威胁，但在其他时候都非常奏效。人民作为国家主权所有者，恰当地分配了州与联邦之间的权力。它们之间的矛盾不是靠武力，而是靠法律解决。[80]这里做了一个“精妙”的区分：“武力不是用来对抗州或国家，而只是用来对抗违反法律的个人。”[81]州与联邦之间权力的平衡很可能是宪法中最辉煌的因素，因为它限制了政府权力（此时欧洲正处于专制主义极盛时期）。这就是“联邦统治”的概念。[82]仅次于权力制衡的第二个辉煌成就是《人权法案》。当然，这在欧洲是有先例的，尤其在英国：1215年的《大宪章》、1628年的《权利请愿书》、1689年不朽的《权利法案》。[83]马萨诸塞受《大宪章》的启发，于1641年也制定了《自由体系》，但作为宪法补充的美国《人权法案》却是一套完全不同的规则。[84]在英国，权利从来都不是“不可剥夺的”，国王或议会绝对可以剥夺它们。因此《大宪章》与美国《人权法案》有着本质的区别。《大宪章》确保了法律的正当程序，禁止残酷和非常的惩罚、过度罚款和过高保释金；后来，未经议会允许，常备军也不可设立；对自由选举的干涉同样被禁止，议会掌控国库。美国宪法和《人权法案》确保的是：宗教自由、言论自由、新闻和集会自由及许多其他自由。五个州禁止自供犯罪；六个州特别宣称公民的地位高于军队。北卡罗来纳州和马里兰州禁止垄断，认为这“可恶且有悖自由政府的精神”。特拉华州废除奴隶贩卖，许多州也紧随其后，新成立的佛蒙特州完全废除了奴隶制度。[85]杰斐逊在《独立宣言》中坚持使用“追求幸福”这几个字，其中包含的感情深刻地影响了美国的自由精神。[86]

理查德·普林斯牧师从遥远的伦敦观察着这些事件的发生，他写道："人类的最后一次进步将在美国发生。"他几乎是正确的。但事实上，是法国最直接从美国的天才身上获益。1789 年 8 月的《人权宣言》大部分由拉法耶特、米拉波和让·约瑟夫·穆尼埃完成，"但其中的哲学思想却来自美国《人权法案》"。（杰斐逊在巴黎时，拉法耶特时常私下向他求教。"追求幸福"被拉法耶特用法语翻译成"la recherche du bien-être"。[87]）很
583 大程度上，法国《人权宣言》甚至比美国版本更深入。它废除奴隶制，取消长子继承权和限嗣继承，免除了神职人员的名誉优待和特权，并解放了犹太人。它使贫穷和年老者得到照顾，保证了公费教育。[88]

首次对"人类的最后一次进步"做出总结，而且某种程度上仍然是最具思想性和最少党派性的总结的，是一个法国人。阿列克西·德·托克维尔于法国共和历 13 年热月 11 日，即 1805 年 7 月 29 日在巴黎出生，父亲是诺曼底的一位伯爵。他对监狱改革一直很感兴趣，做了一名地方法官，很想在政治上有所作为。然而，由于父亲仍效忠于已被废黜的波旁王朝，权宜之下阿列克西和他的朋友兼同事古斯塔夫·德·博蒙一起去了美国。表面上，他们是为了学习新大陆的监狱制度，但他们广泛游历美国，回来后都写了有关美国的书。[89]

他们在美国待了一年，游历了纽约、波士顿、布法罗、加拿大和费城。他们到达了边疆地区，沿密西西比河南下到新奥尔良，又穿过南部返回华盛顿。他们体验了美国不同的地方，接触了各异的美国人。在波士顿，他们住进了美国第一家大型豪华酒店——特雷蒙特酒店，它的每间屋子都设有私人客厅，服务员为客人擦亮皮靴，并送上拖鞋。[90]"这里弥漫着奢侈和高雅，"托克维尔写道，"几乎所有的女人都会讲流利的法语，我们见到的所有男人都去过欧洲。"[91] 他说道，这与纽约人"令人讨厌的"傲慢大相径庭。在纽约，他们住在"时尚的"百老汇的一处公寓，见到了

“某些粗鲁的行为”，如人们在谈话中吐痰。[92]

一开始，在到达边疆之前，他们很失望地发现，美国树木稀少，个头矮小、四肢瘦弱的印第安人“因为我们的酒而兽性发作”。[93]他们参观了哈德逊河岸的监狱——新新监狱，同约翰·昆西·亚当斯、山姆·休斯顿（德克萨斯州的创建者，他带着他的种马上船，在密西西比河上航行）见面，并受到美国哲学学会的招待（博蒙觉得那里非常无聊）。[94]途中，尽管物质条件不见改善（其中一艘他们乘坐的汽轮在俄亥俄河上触礁沉没），托克维尔对美国的崇拜却与日俱增，因此在返回法国的途中他决心写一本书，来论述使美国与众不同的最重要的特点：民主。这本书有两个版本，第一版在 1835 年问世，内容集中在政治上；第二版在 1840 年问世，增加了他对我们称为民主的社会学效应的思考和观察。在第二版中，托克维尔论述了他认为的民主政治的主要问题——它会使人们的思想变得平庸，从而损害人们的最终自由，因此比第一版暗淡些。

但几乎在其他所有方面，他都对民主精神和美国体系充满赞美。他发现，美国造就了一个社会，在这里阶级差别远远小于欧洲，即使普通的售货员也不会有法国下层阶级那样的“糟糕样貌”。“这是一个商业民族，”他的同事博蒙一度写道，“整个社会好像都融为一个中产阶级。”[95]女性较高的地位、人们的努力、总体较高的道德水平、没有军事力量，这些 584
给两人留下了深刻的印象。小土地所有者（他们被视为最典型的美国人）坚定的个人主义更加打动了他们。[96]“美国人不比其他民族更高尚，”托克维尔写道，“但比我所了解的任何一个民族都开明无数倍（我指的是大众）……”[97]在《论美国的民主》一书中，托克维尔特别强调美国体系的稳定性（虽然他也使人们注意到期望过高的危险），将其与法国——一定程度上，也与英国（他也曾到访过）——做了对比。[98]他将此归因于普通美国人比欧洲人更多地参与政治社会、公民社会和宗教社会，也归因于这样一个事实，那就是美国的运行方式几乎与欧洲背道而驰："就组织顺序看，地方社区先于县，县先于州，州先于联邦。"[99]托克维尔高度赞赏地位高于政治家的美国法庭的作用以及新闻界的状况。美国新闻界虽然像法国的一样"激烈"，却无人加以干涉：从未有人想过要审查新闻说了什么。

他也看到了美国存在的问题。他认为，种族问题无法解决。在旧大陆，奴隶制与征服有关；但在美国，它却与种族有关，所以他认为没有解决办法。他总结道，民主国家倾向于选举平庸的领袖，这样最终会阻碍进步，多数对少数太不宽容。他举例称，反破产法在美国没有通过，因为太多人认为自己可能会破产；对酒的立法也是如此，虽然饮酒与犯罪之间的联系即便在那时也不证自明。[100]

在纯思想领域，他认为民主国家在实践中将比在理论科学中产生更大的进步。华盛顿的建筑给他留下了深刻印象，尤其是，这样宏伟的建筑出现在华盛顿，毕竟它"跟蓬图瓦兹市差不多大"。他期望诗歌可以在美国繁荣起来，因为"自然在这里生机勃发"。他发现，美国家庭比欧洲家庭更加亲密，思想更加独立，并由衷支持这里的婚姻潮流——不考虑经济或家族的因素，而是以爱和感情为基础。[101]

尽管托克维尔对美国提出了警告，但他对美国的欣赏及对平等（法国大革命三位一体价值观之一）的痴迷闪耀在整部作品中，作品一经出版就受到欢迎，在法国获得价值 1.2 万法郎的蒙蒂雍奖，英国的 J.S. 密尔将托克维尔的作品描述为"献给现代民主的第一部伟大的政治哲学著作"。[102]此后，其他著作试图模仿托克维尔，但他的书已经成为一部经典。当然，这些著作虽然使人着迷，但在某种程度上却不切实际。关于美国最确切无疑的评判是，大量移民从欧洲，而后从世界其他国家来到这里寻找自由和
585 繁荣。他们现在仍然在用脚投票。

第 五 部
从维柯到弗洛伊德：
平行的真理，现代的不协调

29

东方的文艺复兴

当葡萄牙人探索非洲西海岸，发现巴西和远东时，印刷术的发明正在改变欧洲的知识生活。虽然读写能力的提高在整体上反映出巨大的进步，但是也使葡萄牙人更难把他们的巨大地理发现作为秘密来保守。

无可置疑的是，葡萄牙人曾经齐心协力保守秘密。例如在若昂二世时期（1481—1495），葡萄牙王室通过宣誓和各种包括死刑在内的惩罚手段“阻止”人们泄露消息。1481年，议会请求国王禁止外国人，尤其是热那亚人和佛罗伦萨人在本国定居，因为“他们盗取王室关于非洲和各岛屿的秘密”。[1] 稍后，1504年，曼努埃尔一世再次宣布东南和东北方向的航海活动全部为国家机密，违者处死。“这样一来，所有有关到非洲、印度和巴西路线的航海图、地图和航海日志都被存放在王室图表室，由若热·德·瓦斯康塞洛斯保管。”[2] 一些历史学家发现，不止一种葡萄牙的发现记录为了保密而故意遗漏信息。唐纳德·拉克在关于葡萄牙的信息控制的研究中说，葡萄牙人几乎肯定实行了对非洲发现和贸易的新闻进行管制的政策："在 1500 年到 16 世纪中期之间，在葡萄牙没有出版任何关于亚洲新发现的著作，很难用偶然来解释这一事实。" [3]

这样的禁止无法持久。葡萄牙制图家同那些参加过航海的水手和商人一样，在海外出售服务和信息，向出价最高的卖家出售他们掌握的内部消息。有些人似乎为此感到内疚，因此经常略去军事细节。随着 16 世纪慢慢展开，大发现逐渐成为普遍的知识。葡萄牙国王的常规声明中会留下一些具有吸引力的线索，他们向欧洲各国王室和教皇传递官方公报。信息传播的另一途径是通过在里斯本的大量意大利商人，他们中至少一些人是威尼斯的间谍。通往印度的航路尽管被列为国家机密，却正是以这种方式成为在葡萄牙的一些外国人早期记述的主题。那些对此怀有兴趣的人能够
589 重建一个大致的（如果说是模糊的）图景。[4] 拉克说，葡萄牙的保密政策在大约五十年时间内大致是成功的，但到该世纪中期开始崩溃，因为很明显，葡萄牙无法在香料贸易上保持垄断地位。大约在 1550 年后，出现了游记文学热，也是在这个时候，耶稣会士开始出版他们著名的"信札"。多年间它们提供了对远东最完整的描述。[5]

16 世纪颁布的一系列教皇教谕使葡萄牙王室得以建立一种后来所称的保教权（同西班牙的保护权相似）。王室被授予为探索需要而动用某些教会收入以及向教皇建议非洲和东印度主教候选人的特权。[6] 这样，果阿成为耶稣会在东印度传教的总部。1542 年，方济各・沙勿略到达果阿的四个月后，在给耶稣会总长的信中说，果阿已经"完全成为基督教之城"。[7]（果阿原来的名字是"提库阿利"，意思是"三十个村庄"。）随着沙勿略的到来，耶稣会士成为保教权领地内公认的基督教传教士领导者。

早期的每一次探索都涉及传教士或神职人员，他们当中许多人都撰写了自己的经历。但是直到耶稣会士积极参与海外传教之后，一个综合的通信体系才得以建立，信息的传播几乎成为常规工作。伊纳爵・罗耀

拉明确指示其修会成员给身在罗马的他写信。重要事件以正式信函形式呈送，而不太重要的或私人的内容则放在一张称为“海越拉”的单独纸片上。所有此类信件一式三份，分三条路线呈送给罗马。[8]“这些报告必须精心细致地准备，因为它们要被修会用作制定政策的启迪和指导，激发公众对海外事业的兴趣。”[9]罗马成立了一个部门，负责与传教士通信、接收信函、编辑并翻译信函，然后在全欧洲发布。关于印度人民文化和思想的信息就是以这种方式第一次传播的。随着果阿成为行政中心，所有收集到的信息，无论来自哪里（中国或日本）都被称为“印度信札”。大约在此时，一所耶稣会学校在葡萄牙的科英布拉成立，它遂成为耶稣会士信函送往欧洲到达罗马的储藏地和中转站。[10]有五种信函形式：前面提到的海越拉；专为激发国内同胞对东方的兴趣而写的劝告性信件；语调比较克制、供公众浏览的记述；个人描述；以及“附加文件”，它们其实是附录，例如关于某些部落的历史、关于某些事件或议题的记录，国内人士可能对此想了解更多。[11]最后，当信函成为稳定的体系时，罗马和科英布拉的耶稣会士不再把它们翻译成不同的欧洲各语言，而是以《印度通信》形式以拉丁语出版。[12]

耶稣会士的信件同一些世俗作家的写作不同，它们不涉及贸易。他们确实也提到军事行动，但是通常涉及的是远方民族的文化事件、思想和活动、制度以及习俗。例如，就马拉巴尔来说（马拉巴尔在印度的西海岸， 590
在孟买以南），耶稣会士报告了一位统治者的死亡，描述了哀悼者如何聚集在田野火葬地，如何彻底清除体毛，“除了眼睫毛和眉毛”，清洁牙齿之后，十五天之内不再进食槟榔、肉或鱼。[13]他们的记述同样展示了司法公正如何根据犯人的种姓而变化，神罚也很常见，有的被控告者被要求把右手两个手指伸进沸腾的油里。“如果他的手指烧伤，犯人就要经受酷刑，被强迫招出偷窃的物品。无论招供与否，他都会被处以死刑。如果他的手指没有烧伤，就会被释放，而控告者或被处以死刑，或罚款，或流放。”[14] 孟加拉人被描述成“狡猾、英俊的黑皮肤人，比其他任何种族的人都更机敏”。[15] 不过他们也被指责“过于谨慎和奸诈”。报告称，在印度其他地方称某人是孟加拉人对他是一种侮辱。他们的记述进一步报告说，孟加拉人的政府在葡萄牙人到来之前三百年里被穆斯林控制这大体上是对的。正是从葡萄牙的耶稣会士那里，欧洲首次较为详细地了解到莫卧儿人的到来以及他们同阿富汗人之间的权势之争。[16]

大多数耶稣会士认识到，理解印度的关键在于掌握本地语言以及研究本地文学。[17] 为了彻底清除印度教，他们没收了一些圣书，有时也翻译它们，译本被送往欧洲。其中包括《摩诃婆罗多》的十八卷。不过总体上，耶稣会士对印度教的了解是不系统的，他们把许多传说斥为“不经之谈”。[18] 印度教中的神毗湿奴、湿婆和梵天的名字传到欧洲，他们组成一个三相神，即一种三位一体形式，但是耶稣会士同样认为这些信仰属于“无药可救的迷信”。信札经常提到印度教宝塔，“都是用石头或大理石建造的大型房屋”，这些房屋“满是公牛、母牛、大象、猴子和人的雕像”。[19] 一些耶稣会士完全惊讶于这些建筑的规模，认为它们是由亚历山大大帝或罗马人建造的。耶稣会士发现印度人有三种祭司：婆罗门、瑜伽师和古鲁。他们观察并描写了第一种祭司如何从七岁起在肩上披戴绳线，每根线敬奉不一样的神，三根线如何结在一起，“这样他们宣称具有和我们宗教中一样的三位一体”。不过一般情况下，耶稣会士并不尊敬这些人，而且对印度的祭司能够结婚感到非常恐惧。[20] 耶稣会士对种姓制度和婚姻习俗感到非常着迷，有一位观察者指出，“有许多人同自己的表亲、姐妹和嫂子结婚”。这位观察者甚至援引印度人的习俗同教皇辩论，要求他允许欧洲的婚姻容许三到四代亲戚通婚。不过耶稣会士从未对印度本土的学术或高等文化产生过尊敬或同情。这也是为什么当东方的文艺复兴发生时能产生其应有的影响。

中国虽然离欧洲最远，但是在思想领域却表现出令人奇怪的某些相似之处。例如，在16世纪末期，中国出现了它自己的“文艺复兴”，在戏剧、小说和哲学领域出现突然的繁荣。许多知识分子属于某一政治或文学 591
团体，“复社”。例如，在这个时候禅宗的影响开始增大，同样还有“良知”的概念，即“内心的道德知识”。这是柏拉图主义的某种中国形式，它坚持人心中存在没有被任何私欲污染、“必须在自我中寻求”的与生俱来的善。这一“心学”派非常有争议，因为它的倡导者攻击孔子，认为他阻碍了天生于人心中的思想。[21]16、17世纪中国文艺复兴的另一方面是学校和图书馆的繁荣，这是中国对活字印刷术发明做出回应所致。[22]

这一时期的其他创新包括朱载堉（1536—1611）的《律学精义》，他是世界上第一位规定等程音阶的人。[23]李时珍（1518—1598）撰写了《本草纲目》，描述了一千种植物和一千种动物的医药功能。他还首次提到了一种接种天花的方式，同后来西方发展为免疫学的方法差不多。王夫之创立了一种原始的社会学形式，他把社会看作由自然力推动而演进，这在中国语境下尤其有影响力，因为他消灭了一些人聊以自慰的认为将回到一个黄金时代的希望，也就是回到汉代、复兴古老的传统。王夫之认为遥远的古代其实是“野蛮的”[24]，认为回不到过去。这在中国是一种极其重要的（且不受欢迎的）思想，因为它被认为“反儒家”。

中国的明朝在拥有某种复兴的同时，也建立了自己的异端裁判所。它源自1646年以来恢复的科举考试。[25]它之所以成立是因为涌现了同这些考试相关的私人书院。由于朝廷对考试科目严加控制，他们得以钳制人民的大部分思想、封堵对朝廷的批评。18世纪早期，这样的钳制最终发展成为一种更直接的控制手段，就像西方的异端裁判所一样。它包括一个禁书书目，禁书一度达到10231种，2300种被销毁。同时，对持有异见的作者进行相应的惩罚：苦役、流放、没收财产，甚至死刑。[26]

同英国和法国一样，中国在18时纪早期也发展出对百科全书的兴趣。有一本用活字铜版印刷的书不少于10000章。1716年，著名的《康熙字典》问世，直到20世纪它一直是西方汉学家的基本工具。谢和耐说，18世纪中国总共有五十多种“大型出版物”经典，它们规范了中国的学术并成为与西方启蒙运动平行的鲜活的存在。思想传播当然不总是单向的，耶稣会士对中国的影响表现在天文、绘图和数学方面。1702年，康熙向耶稣会神父安多建议用里作为地球子午线的一个函数。这一创新是在欧洲把英
592 里作为子午线函数之后、把公里作为函数之前。[27]

随着18世纪的推进，中国成为令欧洲人极度迷恋的对象，有时这种迷恋甚至到了狂热的地步。“很快，每个人都在宣称孔子的智慧，或赞扬中国式教育或他们认为具有中国式风格的绘画的优点，或在中国式园林中建造中国式宝塔……”[28] 1670年，耶稣会士阿塔纳修斯·基歇尔报道说，中国“由博士管理，按照柏拉图的方式”，另一位耶稣会士勒孔德神父在他的《中国现势新志》中认为，中国践行基督教美德已经有两千多年。[29] 尽管用心良苦，他受到巴黎大学经院哲学家的诅咒：他使基督教变得“多余”。莱布尼茨认为在伦理和政治的大部分事务中，中国都领先欧洲。他甚至建议把汉语作为一种世界语言来教授。伏尔泰也同意。

中国形式的美席卷了欧洲，“风靡所有的王室”。在无忧宫有一个中国亭，在德累斯顿有一座瓷器宫，在魏玛有一个中国公园，而在瑞典的王家避暑苑王后岛建造了一个名为“广州”的中国村。在卡塞尔城外还有一个中国村，在邱园和宁芬堡也建造了宝塔。坎伯兰公爵在泰晤士河保留了一艘中国游船，它上面雕刻着一条龙。华托和布雪用中国风格绘画。每个人都用中国的瓷器杯子喝茶。[30]

当然，对欧洲游客来说，伊斯兰世界比远东文明更为熟悉。关于伊斯兰的第一件事是，这种信仰被证明是非常成功的。到 18 世纪，穆斯林信仰从大西洋传播到南中国海，从乌拉尔河几乎延伸到赞比西河口。它成为面积至少三倍于基督教地区的整个地域的主要信仰。

在波斯，伊斯法罕成为继巴格达和托莱多之后的又一座富庶之城，成为伊斯兰艺术、文学和哲学复兴的中心。当时，波斯语而不是阿拉伯语，成为伊斯兰世界的通用语言。伊斯法罕是萨非帝国的首都，那里涌现了一批以比扎德为代表的细密画画家、织毯工以及一批具有高度个人风格的回忆录作家。伊斯法罕的成就还吸引了许多学者，尤其是哲学家，尽管哲学在正统宗教的眼里仍然是一项可疑的事业。人们对亚里士多德、柏拉图和"异教"价值观重新产生了兴趣。其中一位哲学家，米尔·达马德（卒于 1631 年）认为，世界完全由光组成。苏哈拉瓦迪，一位柏拉图主义者，相信在某个地方存在一个"意象王国"。这一"波斯化繁荣"还产生了三位伟大的立法者、新的文学传记形式、绘画和书法鉴赏思想，以及新的翻译流派。[31] 这一繁荣就其作为一次"抒情"运动而不是"实证主义"运动而言，被比作意大利的文艺复兴。[32]

16、17 世纪伊斯兰的这种"抒情的"，或说"柏拉图式"的一面，部分是因为阿布·法兹勒对苏非主义的改革。称苏非主义为"柏拉图式"或"新柏拉图式"，严格来说并不正确。同样，根据一些学者的观点称它为"神秘主义"也不正确。不管怎样，这正是多数人看待苏非教派的方式，即把它当作一种非常私密的伊斯兰形式，是寻找通往真主道路的禁欲主义，它就在我们的内心。据说，我们与生俱来的天性中就有模糊的概念（就像中国人说的"心学"）。苏非教徒穿着粗羊毛外套（苏非的意思是"羊毛"），有时组成"托勒盖"（苏非教团），各教团有自己独特的通往真主的道路。有时它包括对圣徒的敬拜，即敬拜那些修行接近真主并且已经 593

进入天堂的苏非教徒。苏非教义除了与柏拉图主义有相似之外，还与佛教有重合之处。

阿布·法兹勒（1551—1602）的活动中心并不在伊斯法罕，而是在印度阿克巴大帝的宫廷，他的书名为《阿克巴传》。[33] 根据阿布·法兹勒的阐释，苏非教派的基本思想就其同文明的组织关系而言，鼓励男女之间的“温和”关系，在所有的事情上达成妥协。这大大不同于许多人对伊斯兰教的理解（尤其是在“9·11”事件之后的现在）。到 18 世纪晚期，当大批穆斯林呼吁改革信仰时，无疑已经渗入苏非教派的腐败（这再次使我们想起在中古时期渗透中国佛教的腐败行为）使这种呼声引发了激烈的反应。穆罕默德·本·阿卜杜·瓦哈比（卒于 1791 年）对苏非教派尤其不满，于它对圣徒的敬拜尤甚，因为他感到这种敬拜是偶像崇拜，是对穆罕默德的背弃。依据正统法律，这是死罪，于是瓦哈比和他的追随者，其中包括伊本·沙特，沙特阿拉伯的一个地方统治者，千方百计建立了一个以他们不妥协原则为基础的国家。然后，让穆斯林世界大为恐惧的是，他们开始毁灭许多圣地遗址，不仅是苏非教派的，也包括主流伊斯兰教本身的，因为后者也被偶像崇拜所沾染。最令人发指的是，瓦哈比教徒屠杀了来朝拜这些圣地的许多朝拜者。

最后，主流伊斯兰教非常困难地把他们镇压下去。但是瓦哈比派从来没有彻底消失。在短时间内，对他们的镇压引发了一个完全不同的问题，因为他们是被一种新式奥斯曼军队镇压的，使用西方发展起来的装备和战术的军队。这标志着奥斯曼帝国在思想上的重大变化。[34] 正如我们将要看到的，伊斯兰与西方以及西方思想之间的关系是非常曲折的。

尽管穆斯林军队在 1492 年从西班牙撤退、1683 年在维也纳差点胜利，但是穆斯林世界在很长时期内保持小心谨慎，甚至可以说对西欧思想界正在发生的事情没有兴趣。[35]著名的伊斯兰研究学者伯纳德·刘易斯写道：“几个世纪之前把许多希腊、波斯和叙利亚著作带入阿拉伯和其他穆斯林读者视野的伟大的翻译活动已经终结，欧洲的新兴科学文献对他们来说几乎完全是陌生的。直至18世纪晚期，只有一本医学著作被翻译成一种中东语言，那是一部关于梅毒的16世纪论文，1655年译成土耳其语，上呈苏丹穆罕默德四世。”刘易斯说，这部译本不是偶然。梅毒被公认为源自美洲，它经过欧洲传入伊斯兰世界（至今在阿拉伯语、波斯语、土耳其语和其他语言中被称为“法兰克人的疾病”）。即使在伊斯兰世界出现了重大思想突破时，这些突破也并非总能得到认可。例如，威廉·哈维在1628年出版了《论心脏和血液的运动》，13世纪一位叙利亚医生伊本·纳菲斯
在其著作中对此已经有所论述。他的论文对盖伦和阿维森纳的智慧进行了 594
大胆质疑，提出了循环理论。尽管如此，他的书却不为人所知，对医学实践也没有什么影响。神圣罗马帝国驻土耳其大使奥吉尔·基斯林·德·布斯贝克在1560年的一封信中这样说：“没有哪个民族比他们更乐意接受其他民族有用的创造发明。例如，他们从我们这里偷学了大大小小的铸炮技术以及许多其他的科学发现以为己用。但是，他们却从未印刷过书籍，从未铸造公共时钟。他们认为，如果他们引以为神圣的经书被印刷，就不再成为经书；如果铸造公共时钟，他们的宣礼员就失去了权威，他们古老的仪式就会败坏。”[36]

这不太可能是真的，至少描述的图景并不全面。诚然，有些报道称奥斯曼人自认在道德上比欧洲人优越，对异教徒表现出一种极度的“骄矜”“盲目自大”，认定从西方学不到什么。[37]但是，比较近期的研究表明，自16世纪以来，土耳其人的确跟进过西方的发展，尤其是军事、采矿、地理和医学领域。伊斯坦布尔早在1573年就有了自己的天文台，那里的首席天文学家塔齐·丁有十五个助手，不过七年后天文台被毁。塔齐·丁

发明了一种测量经度和纬度的新方法，他的方法比以往的任何方法都更精确，他还发明了一些新的天文观测仪器。[38] 奥斯曼帝国的大使在 1721 年、1748 年分别参观了巴黎和维也纳的天文观测台，意大利和法国的天文学著作也分别在 1768 年和 1772 年被译为土耳其语。[39]

土耳其科学史教授艾克麦勒丁.·伊赫桑诺格鲁表明，奥斯曼帝国的宗教学校从 14 世纪的 40 所增长到 15 世纪的 97 所，到 16 世纪增长到 189 所。再后来，数字增长到 665 所。[40] 尤其是，奥斯曼人撰写了大量的地理书。土耳其最著名的目录学家和翻译家卡迪布·切莱比（1609—1657）为读者呈现了对欧洲科学和艺术机构所做的一次大范围调查，首次（通过暗示）指出奥斯曼人在科学上落后于欧洲。[41] 切莱比的书《书目词典》对文艺复兴时期的学院做了一个批判性的调查，他还翻译了地理学家墨卡托的著作。

集体翻译欧洲作品的工作始于 1720 年，是遵照大维齐尔内夫谢希尔利达马特·易卜拉欣帕夏的命令进行的，当时是在苏丹艾哈迈德三世的统治时期，这一时期史称“郁金香时代”。[42] 翻译活动因往欧洲派遣大使而得到强化（有一个使团被派往彼得堡，有的被派往巴黎和维也纳）。法蒂玛·穆热·戈切克在关于 1720 至 1721 年派往巴黎的大使的记述中表明，土耳其带去了军事礼物，而法国则回赠了技术物品。[43] 戈切克说，在那时土耳其的医学学校正处于衰落时期，奥斯曼帝国面临无法控制未经训练的从医人员的问题。[44] 法国人被告知，虽然当时的伊斯坦布尔拥有 24 座公共图书馆，但是“充满‘谎言’（历史、诗歌、天文、哲学）的书籍”是不能被作为礼物馈赠给这些图书馆的。

因此，根据较新的研究，土耳其对君士坦丁堡 / 伊斯坦布尔的征服尽管迫使许多希腊 / 拜占庭学者逃亡西方，有的携带手稿，有的没有，但是
595 依然启动了伊斯兰学术的一次复兴，使伊斯兰世界对西方 / 文艺复兴思想

产生了兴趣。因为某种原因，这种兴趣在 17 世纪衰退，只有到了 18 世纪早期才又复苏。

无论如何，在整个 18 世纪，奥斯曼帝国同欧洲之间的隔绝在逐渐减小，欧洲出现了新的一类人去游览穆斯林国家。他们包括我们现在所称的专家，即为伊斯兰一方提供专门服务的个人。更东边的穆斯林国家也是如此，例如莫卧儿王朝的印度就雇用了意大利医生马努奇。这一切最终引发了一种态度变化，这对许多穆斯林来说是令人震惊的：竟然可以向之前受鄙夷的异教徒学习。[45] 从东方到西方的旅行更多。在之前几个世纪里，只有俘虏和少数外交使臣才从东向西旅行。毕竟，在西方没有什么圣地可供穆斯林去朝觐，至少在理论上也没有什么可以激发商人对奢侈品的兴趣。（艾弗里雅·切莱比是个例外，他于 17 世纪后半期在欧洲旅行，留下了生动的记述。）18 世纪发生了变化。正如古尔非山·可汗最近指出的，有许多印度人（穆斯林和印度教徒）到欧洲旅行。[46] 现在，不仅被派往欧洲的使臣数量在增加，他们负有观察情况的使命，而且对待外国人的态度也有所缓和。1734 年，土耳其军队建立了一所由法国人赞助的数学学校，1729 年在匈牙利人指导下创立了一所印刷机构。但进步仍然是零星的。伯纳德·刘易斯描述了制于 1513 年的哥伦布地图（已经丢失）的一个土耳其版本，它被保存在伊斯坦布尔的托普卡帕皇宫。它在那里无人问津，无人知晓，直到 1929 年一位德国学者发现了它。[47]

但是从东方到西方的旅行继续在增加。开始是埃及的帕夏，然后是土耳其的苏丹，再然后是波斯的沙阿，他们都派遣学生到巴黎、伦敦和其他西方国家的首都。一开始，他们只是寻求军事技术，但也必然学习法语、英语和其他欧洲语言，而一旦学会，这些使臣就能够自由地阅读任何东西。然而，即使这样，他们在某种意义上还是受到阻碍。这是因为伊斯兰教视基督教为天启的一种早期形式，因此穆斯林没有必要走回头路。他们对西方的主要兴趣在于经济或政治。[48]

伊斯兰世界在西欧国家的使臣主要对两种政治思想有兴趣，第一种是爱国主义，特别是来自法国和英国的爱国主义。这尤其对奥斯曼帝国的年轻政治家有吸引力，他们认识到如果能打造一种奥斯曼爱国主义，就能够通过对领土的共同热爱而统一众多不同的族群和部落，也意味着对统治者的共同效忠。第二种思想是民族主义，这更多的是中欧和东欧思想，主要指种族和语言上的身份认同。这一思想的长期影响是很不成功的，因为它往往使国家分裂而不是统一。[49]

除了政治，使臣们最感兴趣的话题还有女性的地位、科学和音乐。“伊斯兰教允许一夫多妻制和妾侍制度。到过欧洲的穆斯林谈到西方女性的不庄重和无礼、她们享受的难以置信的自由和荒唐的尊敬，谈到欧洲男性在面对他们的女人不道德和滥交行为时缺乏男人的忌妒心时，感到吃
596 惊，甚至恐怖。”[50] 这种态度源自基本的伊斯兰法律，法律规定有三种人不能享受完整的保护：不信教者、奴隶和妇女。[51] 对数学和天文学的兴趣在18 世纪晚期穆斯林统治下的印度日益增长，牛顿的《自然哲学的数学原理》在 19 世纪第二个十年被加尔各答的一位穆斯林译成波斯语。埃及发明了孵卵器，土耳其引入了接种天花医术。[52]

关于阿拉伯 / 伊斯兰世界的这一“不对称”发展有不同的说法。[53] 一种理论把它同中东贵金属的“枯竭”联系起来，当时正好遇上欧洲人在新大陆发现了黄金和白银以及其他稀有资源。有种生物学理论把阿拉伯人的失败归为伊斯兰国家盛行的表亲通婚。另一种生物学理论把责任归咎于可怜的山羊，是它们咬掉树皮，把草连根拔掉，使曾经肥沃的土地变成沙漠。其他理论则把注意力转向前现代时期中东对有轮交通工具的放弃。这看上去更像在提出问题，而不是在做出回答。“这种工具在古代有很多，到了中世纪变得稀少，并且一直如此，直到在欧洲人的影响或统治下才又重新使用。”[54]

这些解释都不令人满意。理由之一，此时的伊斯兰世界不再等同于中东。在印度、更远的东方，还有非洲，也有很多穆斯林。正如之前提到的，伊斯兰在世界的传播是非常成功的。纯粹从精神（而不是从物质）层面看，这一发源于阿拉伯的信仰取得了非凡的成功，在传播上没有什么能与之相比。因此关于“不对称”的更广泛的答案，如果有的话，肯定在于世界的大开放，在于大发现时代，它为欧洲人提供了去往非洲、澳大利亚和美洲辽阔的新奇土地的机会，提供了与其相关的动物、植物和自然资源，特别是以前所未有的规模进行贸易、革新和资本积累的巨大市场。这一解释最简单，也最有说服力。

在 17 世纪的法国，路易十四得知葡萄牙人在印度的占领地并不那么巩固，他看到了机会。他毫不犹豫地给正派往暹罗的使团增加了六个年轻的耶稣会士，他们都是科学家，也是高级教士。[55] 这些人在印度南部上岸，成为第一个法国（而不是葡萄牙）的“印度使团”，他们将因为日后经历的磨难以及记录他们亲身经历的《耶稣会士书信集》而获得美名和恶名。这些耶稣会士比他们之前的同行对印度人更加同情，更加宽容。这明确表现在他们对天主教礼拜问题上所允许的“退让”上，这些成为我们所知的马拉巴尔礼仪或中国礼仪，一种混合的礼拜形式，它受到罗马教廷的谴责并最终于 1744 年被废止。如果说这种宽容没有让梵蒂冈感到满意，它至少在比尼翁修道院院长看来具有吸引力。他是法国国王的图书馆管理员，
也是重新组织巴黎碑文学院的人。他要求传教士们留心印地语文献，他渴 597
望通过收集这些文稿组建一个东方图书馆。1733 年，耶稣会士在书信中宣布他们的回复：有了一个惊人的发现，他们发现了一直认为早已遗失的完整的吠陀经。[56]（实际上是用格兰塔文字写的完整的《梨俱吠陀》。）如果法国的耶稣会士没有采取宽容、亲和的态度，他们首先就不可能这么接近

当地祭司和知识分子，也就不可能有机会一睹印度教经文，他们也不可能认识到自己看到了什么。若干年后，由于梵蒂冈的抵制，耶稣会同印度知识分子之间的关系日渐恶化，从次大陆到欧洲的航行中断。不过，到那时为止，欧洲已经接触到了梵文，这将成为一个重大思想事件。

“只有在1771年之后，世界才真正是圆的；思想地图的另一半不再是空白。”这是法国学者雷蒙·施瓦布在他的《东方的文艺复兴》中的话，书名取自埃德加·基内。基内在1841年描述了18世纪到达欧洲的大量梵文文献，并把它们比之于荷马的《伊利亚特》和《奥德赛》带来的影响。[57]我采纳了基内和施瓦布的书名作为本章的题目，以下内容大多取自他们的著作。施瓦布的意思是，梵语文献的到来，连同几乎同一时期对埃及象形文字的破解，是一重大事件，可与改变11、12世纪欧洲人生活的古希腊和拉丁文稿（多数以阿拉伯文译本出现）的到来相媲美（见第17章）。施瓦布自己感到，梵语及梵语文学的发现是“思想的伟大事件之一”。[58]

这一改变几乎可以确定发生在1771年，那一年，亚伯拉罕·安克蒂尔·迪佩农，“一位不知名的学识渊博之人，在法国出版了他翻译的《阿维斯陀经评注》。施瓦布说，这是第一次有人成功地破解了一种不为人所知的亚洲语言”。[59]安克蒂尔被爱德华·萨义德描述为一个法国学者和“泛信仰主义者（扬森派、天主教徒和婆罗门）”。他在苏拉特抄写并翻译了《阿维斯陀经评注》，用施瓦布的话说，“使古老的人文主义从地中海盆地得以释放”。[60]他是第一个纯粹以学习印度经文为目的而去往印度的西方学者。起初，他把梵语称为“桑斯克里特”“桑克里谭”或“桑斯克鲁谭”。

然而，东方文艺复兴的真正启动开始于威廉·琼斯到达加尔各答以及1784年1月15日建立的“孟加拉亚洲学会”。这一学会是由一群东印度公司的英国公务员创立的，他们在帮助治理次大陆的日常事务之余，还有更广泛的兴趣爱好，包括语言研究、复原和翻译印度经典、天文学和自然科学研究。四位人物脱颖而出。首先是沃伦·黑斯廷斯（1732—1818），他是孟加拉总督，也是一位极富争议的政治人物，他后来因为腐败而被弹劾（在断断续续七年的审判后，被无罪释放）。但是整个过程中他一直支持学 598
会的活动。[61] 正是黑斯廷斯让学识渊博的婆罗门聚集在威廉堡，提供阐释印度法律、文学和语言的权威文本。另三位是威廉·琼斯法官、亨利·科尔布鲁克（"梵语大师"）和查尔斯·威尔金斯。他们一起完成了三件事情。他们发现、复原并翻译了印度语主要的印度教和佛教经典，开始了对印度历史的研究。而琼斯在重构印度历史的过程中，于灵光一闪间，发现梵语同希腊语、拉丁语之间巨大的相似性，他重构历史的方式我们将在本章后半部分进行探讨。

这些人都是卓越的语言学家，尤其是琼斯。身为一位数学教授的儿子，琼斯首先是一位杰出的诗人。他在十五岁时出版了用希腊语创作的诗歌，十六岁时，由于师从"一位生活在伦敦的叙利亚人"学习波斯语，他把哈菲兹的作品翻译成英语。[62] 他后来说，自己学习了二十八种语言，精通十三种。

除了琼斯取得的突破性成就外，第二个最吸引人的是让·弗朗索瓦·商博良在破解埃及象形文字上取得的成就。1822 年，商博良写了著名的《致达希尔》，信中提供了译解从埃及带回来的三种文字对照的罗塞塔石碑上的象形文字的关键。"1822 年 9 月 14 日的上午，商博良穿过他居住的马扎林街，进入碑文学院的图书馆，他知道在那里能找到他的哥哥（让·雅克·）商博良-费雅克。他冲哥哥喊道：'我找到了，'然后回家，昏倒在地。经过五天的昏迷，他醒来后立刻拾起如同他自己一样老的梦幻般的经历，让人拿来自己的笔记。9 月 21 日，他口授了一封给哥哥的信，日期写为 22 日。27 日，他在法国碑文学院宣读了信件。"[63]

译解过程自此为人熟知。罗塞塔石碑刻有三种语言这一事实既提供了破解的机会，也成为破解的障碍。其中的希腊语是人们了解的，其他两种语言，一种是图像文字，代表意义；另一种是字母文字，表示声音。[64] 商博良认识到一小部分未知的经常重复出现的文字一定是元音，椭圆形图案专门指代国王的名字，而且父亲在儿子的后面（“甲，乙的儿子”），象形文字因此而被破解。商博良发现，不认识的字母文字是希腊语译文，而象形文字则是同一信息的速写形式。

当孟加拉亚洲学会在 1784 年成立时，沃伦·黑斯廷斯被推举为主席，但他拒绝了，结果琼斯被推选为主席。他到达印度刚刚十八个月。他的关于梵语同希腊语、拉丁语之间关系的发现是在亚洲学会成立三周年纪念会上首次发表的。十一年来的每一年，他都要通过一次重大发言来纪念学会的创立，其中一些发言是有关东方文化的重要演讲。不过，他发表于 1786 年 2 月 2 日的第三次演讲，“关于印度语”，是迄今为止最具有里程碑意义的。他说：“梵语，无论源自哪里，具有奇妙的结构；比希腊语更完美，比
599 拉丁语更丰富，比这二者都更精致，然而在动词的词根和语法形式上同二者却有着密切的亲属关系，远不是巧合所能解释；如此密切，以至于任何研究这三种语言的语文学家都不得不相信它们源自某种共同的语言，这种语言可能已经不存在了。”[65]

我们今天很难把握这一发现的全部意义。在把梵语同希腊语、拉丁语联系起来，在提出这种东方语言比西方语言更古老、更优越时，琼斯给西方文化的基石以及认为西方文化比任何其他文化都更发达的观念给出了沉重一击。有必要对思想和态度做出重大的“重新调整”，而且不仅仅是历史的调整。安克蒂尔对《阿维斯陀经评注》的翻译是亚洲文本第一次以一种完全无视基督教和古典传统的方式被认知。这就是为什么施瓦布说世界在这个时候才真正成为圆的：东方的历史终于同西方的历史平起平坐，不再居于从属地位，不再是西方历史的一部分。“基督教上帝的普世

性终止了，代之而起的是一种新的世界主义。”在关于法国亚洲学会的研究中，费利克斯·拉科特在题为《印度学》的论文中说：“欧洲人怀疑古代印度是否值得去了解。这是一种顽固的偏见，沃伦·黑斯廷斯在18世纪的最后二十五年还在为消除这一偏见而斗争。”[66]不过，到1832年，事情发生了翻天覆地的变化，德意志浪漫主义者奥古斯特·威廉·施莱格尔有着不同的观点。他说，他所在的世纪产生的关于印度的知识“比亚历山大大帝之后二十一个世纪”的知识还要多。[67]（施莱格尔同琼斯一样，是语言学天才。他十五岁就会说阿拉伯语和希伯来语。十七岁还是赫尔德的学生时，施莱格尔就举办了关于神话的讲座。[68]）19世纪，弗里德里希·马克斯·穆勒，一位德意志东方学家，牛津大学第一任比较语文学教授，曾说：“如果有人问我什么是19世纪关于人类古代历史的最重大发现，我将用以下公式回答：梵语‘天父帝奥斯’=希腊语‘天父宙斯’=拉丁语‘朱庇特’=古诺尔斯语‘蒂尔’。”[69]

梵语是关键，但并不是唯一的突破。施瓦布确定了这一时期的五大发现，它们都在思想领域产生了全面转向。它们是：1785年梵语的译解，1793年帕拉维语的译解，1803年楔形文字的译解，1822年象形文字的译解，以及1832年阿维斯陀语的译解。“打开了久已封闭的语言。”这些事件的一个直接作用是，远东研究第一次去除了它的神秘性，脱离了推测。虽然大约自1640年左右，牛津大学就设立了阿拉伯语劳德教席，但是印度语和汉语现在开始获得认真的研究。[70]

1822年，英国人把发掘出的西藏和尼泊尔经文从亚洲送回伦敦。其中最重要的是佛经：一百卷藏语佛经和八十卷梵语佛经。它们由英国民族志学者布赖恩·霍奇森发现并送到西方。正是因为对这些文本的翻译，西方学者才认识到基督教和佛教之间的相似性，如第8章所述。在德意志，历史哲学家约翰·戈特弗里德·冯·赫尔德深受安克蒂尔翻译的《阿维斯陀

经评注》影响，并且感动之下把威尔金斯的英译《薄伽梵歌》(1784年译
600 出）里的一些诗篇翻译成德语。但是赫尔德是在读了琼斯英译迦梨陀娑《沙恭达罗》的德文译本后思想才发生了重大转变。施瓦布这样描述这一事件的重要性："众所周知，在对想象中印度的热情之后，在重新点燃人们对破解之后印度的热情的过程中，赫尔德是如何在浪漫主义者中传播人类原始文明的摇篮始于印度的思想。"[71] 同样，出版于19世纪第一个十年的《薄伽梵歌》和《牧童歌》的德文译本对弗里德里希·施莱尔马赫、F. W. 谢林、奥古斯特·施莱格尔、J. C. 席勒、诺瓦利斯，以及约翰·歌德和阿图尔·叔本华都产生了巨大的影响。

但是成为伟大奇迹的是《沙恭达罗》。它不仅诱惑着赫尔德，也抓住了歌德的心。尽管不喜欢印度教中的多神崇拜，歌德仍然写下了这样的话："当我提到《沙恭达罗》时，一切尽已明了。"《沙恭达罗》是促使施莱格尔学习梵语的因素之一。琼斯的闻名，既是因为其在梵语同拉丁语、希腊语之间建立亲属关系，也是因为其对《沙恭达罗》的翻译。歌德称他为"无可比拟的琼斯"。"《沙恭达罗》是同真正印度的第一次联系，也是赫尔德把人类的原始阶段确认为始于印度的基础。"[72] 海涅以《沙恭达罗》为基础创作了几首诗歌。在法国，1830年，安托万·莱昂纳尔·德·舍济翻译的迦梨陀娑经典"是构成19世纪特征的文学事件之一。并不只是因为它的直接影响，而是因为它给世界文学带来了未曾预料的竞争"。[73] 舍济的译本把歌德的著名诗句作为题词，在诗中歌德承认《沙恭达罗》是"使自己的夜晚比白天还亮的星星中的一颗"。拉马丁在舍济的翻译中看见"同一首诗中体现出荷马、忒俄克里托斯和塔索的三种天才"。[74] 到1858年，《沙恭达罗》在法国如此闻名，受到如此好评，乃至在巴黎歌剧院以芭蕾舞演出，由恩斯特·雷耶谱曲，泰奥菲尔·戈蒂耶布景。

《薄伽梵歌》的影响同样是深刻的。它的诗歌，它体现的智慧，以及

其纯粹的繁复和华美使人们对印度、东方以及东方的能力有了重大的认识改变。“这是一个伟大的惊喜，”法国学者让·德尼·朗瑞奈写道，“我们在来自印度的一部极其古老的史诗中发现了除轮回转世之外的关于神存在和灵魂不朽的杰出理论，斯多葛学派所有崇高的信条……纯精神的泛神论，最后还有全能上帝的思想。”[75] 其他人则在印度发现了斯宾诺莎和贝克莱的前驱。朗瑞奈继续提出，《寓言故事书》（关于政治、友谊和世俗智慧的教诲，可追溯到公元前 3 世纪）包括了所有时代最伟大的道德论文，可与《圣经》和教父们的著作相提并论。这些论断得到了弗里德里希·施莱格尔的证实，他在《论印度人的语言和智慧》中把印度的形而上学传统放在与希腊和拉丁思想同等的地位进行了讨论。这在当时远比现在我们感到的更为重要，因为在自然神论和怀疑论风潮下，这一方法承认印度人，遥远东方的居民，同欧洲人一样对真正的神有着完全的认识和信仰。这同教会所宣讲的大不一样。琼斯曾经推测梵语、希腊语和拉丁语具有共同的 601
源头，但是也有人怀疑梵语实际上是上帝创造世界后人们说的最初语言。（“梵语”这个词的本义不是“神圣的书写”，而是“得到完善”。）婆罗门与亚伯拉罕之间是什么关系呢？

梵语的丰富性也与启蒙运动的信仰相抵触，启蒙思想家认为语言在初始阶段是贫乏的，后来发展得逐渐精密。[76] 这使人们越来越认识到，维柯是对的，语言的结构能够充分地揭示古代人类。这反过来引发了 19 世纪语文学的伟大时代，语法和词汇都得到研究，以说明语言族群的关系，例如日耳曼语族从希腊语、拉丁语和波罗的海—斯拉夫语族分离出来。[77] 这里施莱格尔和弗朗茨·波普的著作对威廉·冯·洪堡产生了影响，洪堡于 1818 年帮助创立了德意志第一个梵语教席。[78] 洪堡对语言能够对不同民族的心理有什么揭示作用特别感兴趣。此时的许多宗教人物仍然相信，最早的（也是最完美的）语言一定是希伯来语，或某种与它相似的语言，因为它是上帝选民的语言。波普背离了这一信仰，他表明，梵语在几千年前就如何精细复杂，由此对希伯来语是最初语言的观念提出了怀疑。正是以这种方式，语言被承认拥有自然的历史，而不是神圣的历史，语言研究其实可以经受科学的调查。[79]

谢林在琼斯的基础上向前迈进了一步。在1799年关于“神话哲学”的演讲中，他提出，正如一定存在一种共同“母语”一样，也一定存在一个所有民族共同分享的“神话”。他认为，受过语言学训练的德意志学者的任务是为现代欧洲创造一个“所有人类神话传统的融合体……印度、希腊、斯堪的纳维亚和波斯的所有传说‘必须’作为一种新的世界性宗教的组成部分，这一新宗教将复兴一个被理性主义导入歧途的新大陆”。[80]希波利特·泰纳认为佛教同基督教的一致性是“历史上最伟大的事件”，因为它揭示了世界的本源神话。[81]印度太大、太生动，它的宗教太复杂，所以仅仅诅咒异教徒、对他们不屑一顾，并且希望他们有一天能皈依，这是远远不够的。基督教必须吸收一种具有千年历史，而且至今生机勃勃的异质宗教。[82]

这一发现深刻影响人们的最后的、最根本的方式体现在“变化”观念上。如果不同宗教处在不同的发展阶段，却又以某种神秘的方式互相联系（现在只是看个大概），那么这是不是意味着，上帝自身也可以说正在“变化”而不是“现有”，正如按照古希腊—基督教传统所理解的世上其他生物一样？这显然是一个重大问题。所有这些不同观点最重要的意义是，自然神论被赋予了新的生命。上帝开始被视为一个抽象的形而上学实体，而不是人神同形的存在。再一次，上帝和人之间出现了非常真实的、非常巨大的差异。[83]

人们越来越深刻地理解到，人类的语言以一种系统方式互相联系，这一理解同林奈提出的生物分类以及赫顿地质学取得的飞跃（见第31章）

几乎同时发生，它在支持早些时候提出的后来被称为进化论的思想上起到 602
了重要作用。但是东方的文艺复兴对另一完全不同的发展也起了关键作用，这一发展甚至支配着我们现在的生活。这就是它同浪漫主义运动起源之间的联系。

最明显、最强有力的联系发生在印度学研究与德意志的浪漫主义之间。印度学研究在德意志的盛行有着广泛的民族主义因素。坦白地说，在德意志学者看来，雅利安 / 印度 / 波斯传统同最初蛮族从东方对罗马帝国的入侵有联系，再加上斯堪的纳维亚神话传说，这一（更北方的）传统就不同于两千五百年来一直支配欧洲人生活和思想的希腊和拉丁地中海的古典主义（见第 10 章）。更有甚者，佛教与基督教之间的相似性，印度教关于世界灵魂的思想，所有这些对德意志人来说似乎是一种启示的原始形式，实际上是最初的形式，犹太教和基督教从中产生，它意味着上帝的真正目的隐藏在东方宗教的某个地方。在前基督教世界，第一种宗教可能存在于印度古老文献中。这样一种观点说明，存在一个所有人类信奉的单一的神和一个世界神话，对它的理解将是根本的。用赫尔德的话说，这一古老神话是“人类童年的梦”。[84]

影响浪漫主义的另一因素是，最初的印度经文用诗歌写成。因此，认为诗歌是“最初的语言”，韵文是智慧从上帝传到人类的本初方式的观点开始流行（“人是能唱歌的动物”）。诗歌被认为是伊甸园的最初语言，通过印度的古代诗歌，伊甸园才能重新被发现。因此，语文学家和诗人共同努力开始了施瓦布所说的“多元对统一的复仇”。[85] 此时科学家试图把世界纳入控制之下，让它根据越来越少的规律运转，此时进步的观念向往着越来越窄的经验，所有的社会被认为会朝着同一个方向前进。然而语文学家和诗人却反其道而行之，希望借助新的宗教寻求社会的更新。他们的观点是，人类一开始是统一的，但是后来发展出不同的然而却同样有效的宗教，它们各自的传说、神话和行为同样具有权威，同样适合在其中占统治地位的各自的环境和国家。根据这一观点，存在一种本初的一神宗教，后来发展成多神宗教。也就是说，原则上，启示的内容与神话并无不同。“印度、希腊、斯堪的纳维亚和波斯的所有传说‘必须’作为一个新的世界性宗教的组成部分，这一新宗教将复兴一个被理性主义导入歧途的新大陆。”[86]

受这些观点影响的诗人、作家和哲学家分布在大西洋两岸。爱默生和梭罗沉浸在佛教中。爱默生的第一批诗中有一首名为“梵天”，是受《薄伽梵歌》的启发而作。他的《日记》中有许多地方提到琐罗亚斯德、孔子、印度教和吠陀经。1848 年 10 月 1 日，他写道：“感谢《薄伽梵歌》让我度过了美妙的一天。这是最原初的书，似乎整个帝国在向我们说话，它
603 的诉说不是没有价值的肤浅之语，而是深奥、宁静、流畅，它的声音流露出一种古老的智慧，这一智慧在另一个年代、另一个地方已经思考并解决了一直困扰我们的问题。”[87] 梭罗给爱默生留下了他收集的东方书籍。惠特曼承认，他为准备自己的诗歌创作而阅读印度诗歌。歌德学习波斯语，在《西东合集》的序言中说：“我想深入人类的最初起源，那时他们还能用地上的语言接受神灵的旨意。”[88] 海涅在波恩师从施莱格尔学习梵语，在柏林师从波普。[89] 他写道：“我们的诗歌是为了歌颂东方。”施莱格尔相信印度最初的居民雅利安人是被“吸引”到北方的，即他们是德意志人和斯堪的纳维亚人的祖先。施莱格尔和另一位德意志的东方学家斐迪南·埃克斯坦相信，印度、波斯和希腊的史诗取自同样的传说，它是德意志伟大的复仇史诗《尼伯龙根之歌》的基础，瓦格纳在此基础上创作了他的音乐剧《尼伯龙根的指环》。[90] 埃克斯坦在“古老的异教中……寻求基督教的前身”。[91] “对施莱尔马赫而言，就像对诺瓦利斯周围的一圈人一样，所有宗教的来源，用里卡达·胡赫的话说，‘在无意识或在东方，所有宗教的发源地’，

‘能够被发现’。”[92]

叔本华与东方的相遇改变了他。他对佛教的认识是：“没有什么神话比它更接近真理，将来也不会有。”[93]他相信：“我们的宗教没有，也不愿意在印度扎根；人类最原始的智慧不会让自己因为发生在加利利的一次越轨行为而脱离自己的轨道。”[94]叔本华说，基督教，而不是犹太教，“在精神上是印度的，因此也更有可能源自印度，尽管是不直接地通过埃及而来”。[95]他接着不是很有逻辑性地审视了他认为的基督教的印度—伊朗起源：“虽然基督教在本质上只传授亚洲很久以前就已经知道甚至知道得更多的知识，但是对欧洲人来说，它仍然是一个新的伟大的启示。”他继续说：“《新约》……一定有某些印度起源；它的把道德转化成禁欲主义的伦理，它的悲观主义，以及它的化身概念，都证明了这一起源……源自印度智慧的基督教教义已经完全替代了与它的教义格格不入的更为粗俗的犹太教。”[96]

拉马丁承认，印度哲学最令他动容。“[它]使所有的哲学都黯然失色：它是海洋，我们不过是云彩……我读一遍，再读一遍，再读一遍……我大喊，我闭上眼睛，我的心里充满了敬仰……”[97]他有个创作宏伟诗歌系列的计划，“灵魂的史诗”，他把它描述为“印度斯坦的”，但该计划从未实现。[98]“从它[印度]身上，我们同时呼吸到神圣、慈祥和悲伤，在我看来似乎刚从已经向人类关闭的伊甸园而来。”[99]对拉马丁而言，对印度及其文学的发现不仅仅是“为旧图书馆添加的一座新侧楼；它是遭遇沉船的人应该欢呼的新陆地”。[100]对另一位伟大的法国作家维克多·雨果来说，东方既吸引着他，又令他反感。1870年9月，当他发表“致德意志人”的演讲，试图说服攻城的德意志人饶恕巴黎时，他用了一个许多人都用过的比方，德意志人也喜欢这样谈论自己。“德意志之于西方犹如印度之于东方，是伟大的祖先。让我们向她表达敬意吧。”[101]他的

诗歌有许多地方提到埃洛拉、恒河、婆罗门、“巨大的转轮”，以及法利
604 德·丁《百鸟会》中神奇的鸟。[102]古斯塔夫·福楼拜记述了“一座巨大的印度森林，那里生命在每一个原子中跳跃”，[103]而魏尔伦整个假期都“投入到印度教神话中”。[104]

1865年，法国的伯爵（自封的）约瑟夫·阿尔蒂尔·德·戈平瑙，一个臭名昭著的人种理论学家，出版了《中亚宗教与哲学》（1865），书中的中心思想是，所有的欧洲思想都发源于亚洲。写这本书时，他甚至在1855年到波斯旅行以证实自己的观点。[105]他并不同意其他人认为北欧语言来自印度的观点，却认为北欧人源自印度。对他来说，雅利安人是高贵的人种，“雅利安”这个词同德语“雅尔”（意思是“荣誉”“正直”）相关。在《论人类种族的不平等》的最后一部分“德意志人种的能力”中，他认为，德意志雅利安人是神圣的，是地球上的高贵种族。在结尾处，他宣称“德意志种族具有雅利安种族所有的活力……它之后的白种人没有任何强大和积极的东西可以贡献”。[106]

瓦格纳在其晚年“拥抱了戈平瑙的思想”。[107]瓦格纳会见了戈平瑙，并为他的作品集撰写导论。瓦格纳发现这位法国人的哲学和“科学”很契合自己的目标，即否定法国—意大利歌剧的经典中心地位，从而打造一种倡导截然不同的传统的“未来音乐”：德意志的史诗、德意志的异教主义、“不可改变的纯净之源”。[108]“正如瓦格纳在《我的一生》中所记述的，1855年他在创作《女武神》的时候发生了注定要充实其生命的事件：‘布诺夫在《印度佛教史》中的导论让我尤其感兴趣，我在其中发现了创作一部戏剧诗的材料，自此，这种想法一直在我心中……在佛陀的心中，每个人的过去世（前世）就像现在世一样清楚地出现在他面前。’”[109]瓦格纳的日记不时提到佛陀和佛教概念。“每件事情对我来说都很奇怪，我经常对涅槃的国度有着怀乡一样的情怀。但是对我来说，涅槃再一次，很

快地变成了特里斯坦。”[110]《罗摩衍那》中的元素在《帕西法尔》中出现，而且在一段时期，这位作曲家计划从《恒河之声》中提取材料创作一部戏剧。[111]

东方的文艺复兴是多重的。它为宗教、历史、时间、神话以及世界各民族之间的联系提供了新的解释。在启蒙运动和工业革命期间，它为诗歌注入了新的生命，把诗一样的、唯美的方法带入了人类生活。从短期来看，它是催生浪漫主义革命的力量之一，这是下一章的主题。但是从长期来看，发现梵语同希腊语、拉丁语之间有着共同的源头将部分导致把遗传学、考古学和语言学联系起来的现代科学大综合，它使我们对这个世界的民族有了极丰富的认识，这显然是我们的历史上最伟大、最重要的一个方面。它代表了一个重大的思想转变，这一转变却往往因为 18 世纪的其他成就而被忽略。605

30

伟大的价值颠覆：浪漫主义

法国作曲家埃克托尔·柏辽兹是一位了不起的人物。“有关他的每一件事情都与众不同，”哈罗德·勋伯格在他的《作曲家传记》中说。“他几乎单枪匹马打破了欧洲的音乐传统。在他之后，音乐再也不是从前的样子。”[1]还是个学生时，柏辽兹的卓尔不群就让许多人感到震惊。“他不信上帝，也不信巴赫，”作曲家兼指挥家兼钢琴家斐迪南·希勒这样描述柏辽兹：“高高的前额，深陷的眼睛，巨大的鹰钩鼻，薄薄的精致的嘴唇，短小的下巴，一头令人惊奇的浅褐色的头发，它如此之茂密，理发师都无能为力。无论谁看到这样的脑袋，都永远不会忘记。”事实上，柏辽兹的脑袋以及行为，同他的音乐一样都让他闻名。法国戏剧家埃内斯特·勒古夫有一天晚上在观看韦伯的歌剧《自由射手》时，剧场发生了骚动。“我的一个邻座从座位上站起来，对着乐队大喊：‘那个地方你们不能用两个长笛，你们这些野兽！你们要用两个短笛！两个短笛，听见了吗？哦，野兽啊！’在一片混乱中，我回头看见一位年轻人激动地颤抖，两手紧握，两眼发光，还有一脑袋的头发——这一脑袋的头发！看上去就像一把用头发做的巨伞，在猛禽的喙上撑开一个可以移动的遮篷。”同时代的漫画家在这件事上大显身手。[2]

柏辽兹不是在作秀，也不是在表演，尽管有些人是这样认为的。门德尔松就是其中一个，认为柏辽兹造作。在两人第一次碰面之后，门德尔松写道：“这种纯粹写在外表的热情，这种在女性面前流露的绝望，这种以大写的天才自居，我是不能接受的。”[3]这对柏辽兹的伟大雄心，特别是他对管弦乐队的宏伟设想是不公正的，耶胡迪·梅纽因把它归因为一种新的社会观。[4]柏辽兹是史上公认最伟大的管弦乐创新者。直至19世纪30年代，管弦乐队几乎不超过60人演奏。虽然早在1825年柏辽兹就组织了一支150人的管弦乐队，但是他承认他的“梦想乐队”人数是467人，加上360人组成的合唱队。要有242个弦乐器、30台竖琴、30台钢琴和16个法国圆号。[5]柏辽兹远远走在了他的时代前面，正如勋伯格描述的，他是第一个真正的音乐浪漫主义者、狂热分子、革命者、“无法无天的独裁者”、第一个自觉的前卫派。[6]“无拘无束、极度情绪化、机智、多变、生动，他对自己的浪漫主义有充分的意识。他喜爱浪漫主义这个概念：自我 606
表现的冲动，与古典理想中秩序和节制截然相反的古怪。”[7]

浪漫主义是一次巨大的思想革命。虽然同法国大革命、工业革命和美国革命迥然不同，但它的意义同样是根本性的。以赛亚·伯林说，在西方政治思想史上（尽管他从最宽泛的意义上使用“政治”这个词）“出现了三次重大转折点，当说到转折点时，我们指的是在问题赖以提出的整个认识框架内的激烈变革：新思想、新词汇、新的关系。从这种新视角出发，旧问题与其说被解决，不如说开始显得遥远、陈旧，有时甚至不可辨识，这样过去一度困扰我们的问题和疑问现在看上去不过是可疑的思想方法，抑或属于逝去时代的混乱而已”。[8]

他说，第一个转折点发生在公元前4世纪末，在亚里士多德（前384—前322）逝世和斯多葛学派兴起的这段时间，此时雅典的哲学学校“不再认为个体只在社会生活的背景下是可以理解的，不再讨论曾经主宰柏拉图学园和吕刻昂学府的与公众生活和政治生活有关的问题，仿佛这些问题不再是核心。他们突然转而仅从内心经验和个人救赎的角度来探讨人”。[9] 这一伟大的价值观转变（“从公众转向私人、从外部转向内心、从政治转向伦理、从城市转向个人、从社会秩序转向与政治无关的无政府主义”）如此深刻，以至于之后的一切都彻底改变。[10] 这一转变在第6章作了讨论。

第二个转折点是从马基雅维里（1469—1527）开始的。这包括了他的一个认识，即承认“自然品德和道德品德之间的区分，认为政治价值不仅仅区别于，而且可能在原则上不容于基督教伦理”。[11] 这产生了一种功利主义宗教观，与此同时否定了任一政治体制背后的神学合理性。这一点也很新奇，令人震惊。“在此之前，人类从未被公开要求在一个没有目的的世界，从不可调和的私人和公众价值观之间做出选择，并且被预先告知说，根本不存在最终的、客观的选择标准。”[12] 马基雅维里的政治思想在第24章进行了讨论。

第三个伟大的转折点（伯林认为是至今最伟大的）发生在18世纪末，德意志是前锋。[13] “简而言之，浪漫主义思想目睹了在伦理和政治领域真理和有效性思想的毁灭，不仅包括客观或绝对真理，也包括主观或相对真理，只要是真理和有效性就统统毁灭。”伯林说，这产生了巨大的不可估量的后果。他说，其中最重要的变革发生在奠定西方思想基础的根本假定上。在过去，人们总是想当然地认为，所有的一般问题都属于同样的逻辑类型：都是关于事实的问题。由此得出，一旦所有相关的信息收集完全，生命中的重大问题最终能够得到解决。换言之，人们毫不怀疑诸如“什么是人类最理想的生活方式？”“什么是权利？”“什么是自由？”等道德和政治问题在原则上同“水是由什么构成的？”“天上有多少星星？”“尤利乌斯·恺撒是什么时候去世的？”等问题一样都能够有答案。[14] 伯林说， 607
虽然为了回答这些问题一直以来争吵不休，但是“人们始终相信答案是可以找到的”。这是因为，尽管随着时间的变迁存在各种宗教差异，但是有一个根本思想把人类统一起来，尽管这一思想有三个层面。[15]“第一，存在人性这样一种实体，无论是自然的还是超自然的，它都可以被相关的专家理解；第二，拥有某种本性，就是要去追求上帝或非人类生物外加于它或内赋于它的目标，追求这些目标才使人成为人；第三，这些目标以及相应的利益和价值（发现和制定价值是神学家或哲学家的任务）不可能互相冲突。事实上，它们必须形成一个和谐的整体。”[16]

正是这一基本思想产生了自然法和寻求和谐的观念。人们已经意识到了某些不和谐之处，例如亚里士多德发现，火在雅典和波斯以同样的方式燃烧，但是这两地的道德和社会规范却不一样。不管怎样，直至 18 世纪，人们仍然认为，只要收集到了足够的材料，世界上的所有经验都能得到和谐一致的解释。[17] 为强调这一点，伯林举例提出了几个问题：“我应当追求公正吗？”“我应当仁慈吗？”正如每个有思想的人能看出的，对这两个问题都做出“肯定”回答有时是互相抵触的。根据传统观点，一个真命题不能在逻辑上与另一真命题相矛盾。浪漫主义者提出的反驳是对这样一种思想进行质疑，即价值，采取行动和做出选择的理由，是完全可以被发现的。浪漫主义者认为，有些问题是没有答案的。他们不无原创性地进一步提出，没有谁能保证价值在原则上不相互矛盾。他们坚持认为，持与之相反的观点是“一种自我欺骗”，会走入歧途。最后，浪漫主义者提出了一套新的价值，实际上是一种看待价值的新方法，它同旧方法完全不同。[18]

第一个捕捉到这种新方法的人是詹巴蒂斯塔·维柯（1668—1744），那不勒斯的法学学生，我们在第24章提到过他，他用一种惊人的简单方式颠覆了启蒙运动中关于科学中心的思想。1725年，他出版了《新科学》，在书中宣称关于人类文化的知识“比物理的自然知识更真实，因为人类能确切地知道，并且对他们自己创立的事物有一个科学的认识”。他说，人的内心生活只能以一种特殊的方式去了解，这种方式却不适用于并非人类创造的“外部”世界，物理的世界，也即传统科学研究的对象。在这基础上，维柯说，由人类创造的语言、诗歌和神话的真理比当时数学哲学取得的胜利更具有合法性。“毫无疑问，永远闪耀着那从未消失的真理之光：文明社会当然是由人类创造的，因此只能在人类思想的范畴发现它的规律。无论是谁反思这一点，都不能不感到惊讶：哲学家竟然大费周折地研究那个上帝创造因此只有他自己了解的自然世界；他们竟然忽视了对各个民族世界或文明世界的研究，这个世界自从人类创造它之后，人类能够逐
608 步认识它。”[19]

维柯说，就这样，非常重要的、即便是非常简单的事情随之出现，只不过人类太忙于注视自身之外的世界以致没有注意。例如，人类具有相同的本性，因此肯定以相似或类似的方式聚合他们的文化。[20]他说，这使仔细的历史学家有可能，也有必要重新建构人类经过的其他时代的思想过程。[21]他认为，在任何文明社会，人应当拥有某些共同的信仰，也就是常识，这是不言自明的。他发现，有三种信仰是世界各地的人们共同拥有的。它们是整个人类历史以及所有宗教中对万物之主的信仰、对不朽灵魂的信仰，以及对节制感情需要的认可。[22]他说，人类在整个历史中都表现了自己的本性，因此对神话和诗歌的记录“也是对人类意识的记录”。[23]这么说的时候，维柯改变了关于人的科学，把它提升到与自然科学同等重要的地位。

维柯的创新几十年来并没有在别的地方受到关注，直到康德，这种新方法才开始盛行。康德的伟大贡献是，他提出是心灵生成知识，存在直觉这样一个过程，它是直观的，并且我们对世界现象能感到最有把握的是对于“我”和“非我”的区分。[24]他说，鉴于此，把理性看作“照耀自然的秘密”的光，是不充分的和错置的解释。[25]相反，康德说，生育过程是一个更好的比喻，因为它表明人类理性创造了知识。为了找出在特定情形下我应当做什么，我必须聆听“一个内心的声音”。正是这个声音才具有颠覆力量。根据科学，理性本质上是逻辑的，可以同等地运用于各种自然现象。[26]但是内心的声音无法被纳入这个整齐划一的图景。它的命令不一定是事实陈述，而且，不一定真或伪。“命令可能对可能错，可能讹误可能公正，可能清楚可能模糊，可能琐碎可能重要。”内心声音的目的经常是为某人设定一个目标或价值，这些与科学无关，而都是个人的创造。这是个体性取得的一次根本意义转变，它完全是崭新的。[27]第一（也是首次），人们认识到道德性是一个创造性过程；第二，但并不次要的是，康德重新强调了创造性，这也把艺术家提高到与科学家同样的地位。[28]艺术家创造、表达自己，创造价值。艺术家并不像科学家（或哲学家）那样发现、计算、推理。在创造的过程中，艺术家发明他的目标，然后朝着那个目标发现自己的道路。“赫尔岑问，在作曲家孕育歌曲之前，歌曲在哪里呢？”在这种意义上，创造是人类唯一完全自主的活动，也因此而居显著地位。“如果人的本质是自主（自己选择生活目标和形式），这构成了对关于人在宇宙中位置的传统模式的激烈叛离。”[29]伯林说，浪漫主义者的思想一下子击毁了自然法思想，如果说“自然法”的意思是“和谐”，人需要找到与整个宇宙通用的法则相一致的位置的话。以同样的方式，艺术也被改变、被扩大。它不再仅仅是摹仿，或再现，而是表现，是一种更为重要、更加显著、更有雄心的活动。一个人在创造的时候是他最真实的自己。“这一

点，而不是推理的能力，才是我身上的神圣火花；正是在这个意义上，我
609 是按照上帝的形象而被创造的。”这一新的伦理要求一种新的人与自然之间的关系。“自然是我赖以展现意志的对象，是我塑造自己的所在。”[30]

我们今天仍然生活在这一革命带来的后果中。有两种看待世界的方式：冷静、客观的科学理性；艺术家热情、活泼的创造性。它们相互竞争，构成了现代的不和谐之音。两种方式看上去同等真实、有效，然而有时却从根本上不相容。正如以赛亚·伯林所描述的，当我们认识到这种不相容时，我们感到不安。

这种分歧在德意志表现最明显。19世纪初，德意志人目睹了拿破仑在奥地利、普鲁士和一些德意志小国所取得的一系列伟大胜利，这更加突出了德语世界经济、社会和政治的落后。这些落后在德意志土地上激发出创新的渴望，结果许多以德语为母语的人开始回到内心，借助思想和美学观念以期统一和激发他们的人民。[31]“浪漫主义根植于痛苦与不幸，而在18世纪末，德语国家是欧洲备受煎熬的国家。”[32]

18世纪70年代的文化和知识生活集中在遍布大德意志的许多王公的宫廷。维柯和康德的传统就在其中一个小公国得到发展。[33]萨克森—魏玛公爵卡尔·奥古斯特聘用约翰·沃尔夫冈·歌德和约翰·戈特弗里德·赫尔德在他的宫廷服务。我们很快会说到歌德，但是首先说说赫尔德。他曾学习过神学，后在柯尼斯堡师从康德，在那里接触到休谟、孟德斯鸠和卢梭的作品。[34]在他们的影响下，他在1784到1791年间动手创作四卷本《人类历史哲学的概念》。在书中，赫尔德有意识扩展了维柯的思想，认为文学和艺术表现出人类意识的增长，这种增长是（通常是乐观的）历史进程的一部分。[35]“我们居住在一个我们自己创造的世界。”[36]对赫尔德来说，正是人性中的“表现力量”创造了世界各地不同的文化，这些文化也显然

因地理、气候和历史的不同而不同。对他来说，这意味着，只有通过不同民族的比较历史才能理解人性。[37]赫尔德说，每个民族都有自己的历史，有自己鲜明的意识和特殊的文学、艺术形式，更不用提语言了。[38]“一个民族还有比其祖先的语言更珍贵的东西吗？”他说，诗歌和宗教使一个民族凝聚，因此这些真理只能以精神的或象征的方式而不是功利主义方式被理解。（他说，古代诗歌是一种化石形式。[39]）罗杰·史密斯说，自赫尔德之后，对人文学科的研究，尤其是历史和文学，成为理解社会新方式的中心因素。[40]

创造性活动的一个重要因素是意志，约翰·戈特利布·费希特第一个，也是最生动地提出了这一思想。[41]费希特继续康德没有走完的路，提出：“我开始意识到自我，不是作为某个更大体系中的一个因素，而是在同非我的斗争中。非我即是在外部世界中使自我获得意义的自我的对立面，我要加以抵制，必须让它服从于我的自由创造思想。”因此，费希特把自我描绘成“行动、努力、自我引导。它行使自己的意志力，在思想和行动上改变并且分割这个世界，而且根据自己的概念和范畴”。康德 610
已经把这看作一个无意识的直觉过程，但是费希特认为它是“一种有意识的创造性活动……我相信，不是因为我必须，而是因为我愿意”。[42]他说，有两个世界，人同时属于这两个世界。一个是“外面的”受因果律支配的物质世界，一个是内心的精神世界，“我完全是自己的创造”。[43]这一思想（本身是一种构建）为理解哲学带来了根本变化。“我的哲学取决于我是什么样的人，而不是相反。”这样，意志在人类心理中起越来越大的作用。费希特说，所有的人都以基本相同的方式推理，所不同的是他们各自的意志，后者能够并且确实产生冲突，而理性是不能的，因为逻辑就是逻辑。[44]

这一思想的意义是巨大的。人们对工作的理解发生了变化。工作不再被视为令人厌恶的必需，而变为“人类的神圣任务”，因为只有通过工作（意志的表现），人类才能给“无生命”的自然打上自己独特的创造性人格的烙印。[45] 人类现在越来越背离了中世纪的苦行理想，因为人类的本质不再被理解为冥想，而是行动。在某种意义上，尤其在德意志浪漫主义者中间，路德的“使命”概念被改造成浪漫主义理想，不过现在重要的是，不是把上帝和敬拜作为行动的目标，而是个人最自由的追求，特别是“能达到个体目标的创造性活动”。[46] 现在对艺术家来说重要的是“动机、正直、诚实……心灵的纯洁、自发性”，重要的是意图，而不是智慧或成功。传统模式（圣人、智者、“通过理解而获得幸福或美德或智慧”的人）被那些“不惜任何代价、不论何种艰辛、努力实现自己的”悲剧性英雄取代。[47] 世俗的成功并不重要。

这一价值的颠覆是不能低估的。第一，人类创造了自身，因此不存在决定其行为、反应和思考的可以确认的本性。不同于以往的是，人不用对后果负责。第二，也许更令人震惊的是，既然人类的价值不是被发现的而是被创造的，那么就不存在能描述它们或将其系统化的方式，“因为它们不是事实，不是世界的实体”。它们在科学、伦理或政治的王国之外。第三，令人不快的真相是，不同文明、国家或个人的价值很可能相互冲突。和谐不能得到保证，即使同一个人，他自己的价值也可能随时间变化而变化。[48]

同样，这里思想变化的重要性也不能低估。在过去，如果一个基督徒在十字军东征中杀死一个穆斯林，他可能会为这样一个勇敢的对手竟然死于一种错误的信仰而感到遗憾。但中心问题是，穆斯林真诚地相信自己的信仰，这件事本身就使情况变得更糟。敌人越是真诚地相信错误的信仰，他就越难令基督徒佩服。[49] 浪漫主义者采纳了一种完全不同的观点。对他们来说，在巨大的困难面前勇敢捍卫自己信仰的殉道者和悲剧式英雄成为理想人物。[50] 他们首先推崇的是在同妥协或同世俗的成功相对抗时导致的失败。[51] 作为局外人的艺术家或英雄就是这样诞生的。

这种思想产生了我们能立即辨认的一种文学、绘画和（最形象的）音乐形式：反抗平淡乏味的庸俗市侩社会的殉道英雄、悲剧式英雄、被放 611
逐的天才、痛苦中的未开化人。[52] 正如阿诺德·豪泽尔正确指出的，没有哪种现代艺术不曾受惠于浪漫主义。“现代艺术所有的丰富、无秩序和暴力……它无拘无束的表现主义，都源自浪漫主义。这种主观的、自我中心的态度对我们来说成为一种当然的事实，如此绝对不可避免，以致我们发现，要重现即使是抽象的思想，也不可能不谈论我们自己的情感。”[53]

浪漫主义运动之初，也就是 18 世纪 70 年代，出现了“狂飙突进”运动，德意志新一代年轻诗人反抗他们所受的严格教育和社会传统，而寻求自己的情感表现。[54] 在这些“受到不公正评价”的作品中，最著名的是歌德的《少年维特的烦恼》（1774）。[55] 这里我们有最完美的浪漫主义故事：个人与社会发生冲突。维特是一个热情奔放的年轻人，与死板、枯燥、虔诚的路德教徒格格不入。不过歌德只是开始。夏多布里昂和卢梭的绝望、幻想破灭、多愁善感和忧郁才真正启动了浪漫主义，他们同歌德一起探索传统社会不能满足其主人公的精神需求的各种方式。在维克多·雨果宏伟的全景图和泰奥菲尔·戈蒂耶以及亚历山大·大仲马的“波西米亚树林”中，政治野心和个人雄心相互交织，证实了雨果所说的“浪漫主义是文学上的自由主义”。[56] 司汤达和普罗斯佩·梅里美把艺术看作“禁止向普通人开放的秘密天堂”，凸显了浪漫主义的一个目标，即后来所称的“为艺术而艺术”。巴尔扎克强调在对时代的伟大问题上采取立场的“不可避免的必要性”，即一个人不能是袖手旁观的艺术家。[57]

法国的浪漫主义本质上是对法国大革命的反拨，英国的浪漫主义则是对工业革命的反拨（拜伦、雪莱、戈德温和李·亨特都是激进主义者，虽然沃尔特·司各特依旧是或变成了托利党人）。正如阿诺德·豪泽尔所说：“如果没有城市与乡村的分离，浪漫主义者对自然的狂热是无法想象的，正如如果没有工业城市的冷酷和悲惨，他们的悲观主义也是不可想象的一样。”[58] 正是这些相对年轻的浪漫主义者（雪莱、济慈和拜伦）采取了不妥协的人文主义，他们认识到工厂对整个生活造成的非人影响。即使是比较保守的华兹华斯和司各特，也分享了浪漫主义者的“民主式”同情，表现在他们的作品针对文学的普及化，甚至政治化。[59] 同他们的德意志和法国同道一样，英国的浪漫主义诗人相信一种作为诗歌灵感来源的超验精神。他们沉溺于语言中，探索意识，在任何有能力产生某种诗歌形式文字的人中看见柏拉图主张的回响，即这就是某种神圣意图。雪莱在他的著名格言“诗人是世上没有得到承认的立法者”里表达的就是这个意思。（华兹华斯害怕“想象的末世”。[60]）在某种意义上，诗人成为他自己的上帝。[61] 雪莱可能是典型的浪漫主义者：作为一个天生的叛逆者和无神论者，他把世界看作善与恶两种力量的伟大战场。然而他的无神论更多是反对作为暴君的上帝，而不是否定上帝的存在。同样，济慈的诗歌处处透露
612 着忧郁的气息，那是对“生活中失去的美”的哀悼，对自己无法抓住的美的哀悼。艺术的神秘正在替代信仰的神秘。

拜伦可能是最著名的浪漫主义者。（霍华德·芒福德·琼斯在描述“浪漫的自我”时，很恰当地说，华兹华斯的自我是内化的，而拜伦的自我“全欧洲都能看见”。[62]）在作品中，拜伦描写的无家可归的漫游英雄形象，部分源自他自己浪荡不羁的性格，然而却并不完全是他的原创。但是，早期这一类型的英雄对于自己作为社会局外人这一事实会感到内疚或忧郁，而拜伦的局外人身份却转变成对社会的“自认合理的反叛”，“孤立的感觉现在发展成孤独崇拜”，他的英雄作为表现主义者“公开展示自己

的伤口”。[63] 这些向社会宣战的被放逐者主导了19世纪文学。如果说这一类型人物是卢梭和夏多布里昂发明的，那么到拜伦的时代，它已经发展成自我迷恋。“[英雄]对自己毫不宽恕，对他人毫不留情。他不知道宽恕，不需要上帝或人类的原谅。他对一切都不感到后悔，即使生活窘迫，也不愿意过另一种生活……他虽然粗犷、放荡不羁，却出身高贵……他有一种独特的魅力，女人无法抵挡，男人要么成为他的朋友，要么成为他的敌人。”[64]

拜伦的意义甚至比这还大。他的“堕落天使”思想成为包括拉马丁和海涅等许多人采纳的原型。在19世纪的各种特征中，首先是从上帝处堕落（见第35章）的自责，拜伦式悲剧英雄正符合自我完善的要求。不过拜伦带来的其他变化从长远来看，具有同等的重要性。例如，是拜伦鼓励读者去深入了解英雄，这反过来又增加了读者对作者的兴趣。直至浪漫主义运动之前，作者的私人生活大部分是不为人所知的，也对读者没有什么吸引力。拜伦以及他的自我宣传改变了这一切。在他之后，作者同读者之间的关系一方面开始变得像治疗师和患者之间的关系，一方面又像影星和追星族之间的关系。[65]

与此相关的是另一重大变化，即“第二自我”的概念，也就是，相信在每个浪漫主义人物的内心，在混乱而黑暗的灵魂深处有一个完全不同的人；一旦通往“第二自我”的途径被找到，就会发现另一个更深的现实。[66] 这实际上就是无意识的发现，它被理解成深藏在理性思想背后的一个实体，是解决问题的非理性方法的来源，是一种秘密的、令人狂喜的东西，它的首要特点是神秘、在夜间活动、丑陋、像幽灵、恐怖。[67]（歌德曾经把浪漫主义描写为“医院诗歌”，诺瓦利斯把生活描绘成“心灵疾病”。）第二自我，也就是无意识，被认为是精神放大的方式，将有助于作为浪漫主义一大特点的伟大的抒情主义的发展。[68] 无意识的发现将在第36章讨论。

另外，艺术家被认为比别人更多愁善感，可能更接近神，这一思想可以追溯到柏拉图，该思想本身反映出艺术家和资产阶级之间的自然冲突。[69] 19 世纪早期可能是把艺术家当作超越其时代、超越资产阶级的先锋派的观
613 念产生的时期。艺术是“禁果”，只能由那些得到启示的人品尝，“市侩”资产阶级当然没有权利。从这里不难得出，青年被认为比老年更具有创造性，而且不可避免地更优越。青年必定知道未来的事情，必定具有拥抱新思想和新风尚的活力，自然对更传统的事物不太熟悉。天才这一概念充分强调新天赋的本能火花，而忽视一生的艰苦学习。

在绘画领域，浪漫主义给我们带来了透纳，约翰·霍普纳说看他的画就像在凝视一堆煤火（这个比喻也被用来形容柏辽兹的音乐）。德拉克鲁瓦说一幅画首先应当是视觉的盛宴。但正是在音乐领域，浪漫主义超越了自身。伟大的一代浪漫主义作曲家的出生时间相差都不超过十年：柏辽兹、舒曼、李斯特、门德尔松、威尔第和瓦格纳。当然，在他们所有人之前还有贝多芬。芒福德·琼斯说所有的音乐都走向贝多芬，所有的音乐也都远离贝多芬。[70] 贝多芬、舒伯特和韦伯组成了一个小群体，我们可以称之为前浪漫主义作曲家，他们共同改变了音乐思想和音乐演奏。

贝多芬（1770—1827）和比他大十四岁的莫扎特之间的巨大区别是，贝多芬认为自己是艺术家；而莫扎特的信札中从未出现这个词，他认为自己是个手艺人，就像他之前的海顿和巴赫一样，是在供应商品。贝多芬认为自己是特殊的种类，一个创造者，这把他提升到同王室名流平起平坐的地位。他说：“我内心的东西必须出来。”[71] 歌德就感受到贝多芬的人格，他写道：“我从来没有遇到精神如此集中和强烈、如此充满活力、如此勇敢的艺术家。我能充分理解他在适应这个世界及其方式时有多么艰难。”[72] 就连贝多芬的音乐手稿中涂改的部分也具有狂野的力量，这是莫扎特不具备的。[73] 就像他之后的瓦格纳一样，贝多芬感到世界亏欠他，因为他是天才。

有一个时期，两位维也纳王公为了把贝多芬留在城里，赠予他一些钱。后来其中一位死于一次事故，贝多芬把那位王公的继承人告到法庭，要求强制执行偿付。他认为这是他的权利。[74]

在贝多芬毕生创作的优美音乐中，有两部交响曲与众不同，那是两部改变音乐史的作品。它们是 1805 年初次公演的《英雄交响曲》和 1824 年首次公演的《第九交响曲》。[75] 哈罗德·勋伯格对《英雄交响曲》首次公演的宏大场合及观众内心发生的变化感到惊异。“犹如面对一个交响曲怪物，它比之前的任何曲子都要长、谱子都更多；是有复杂和音的交响曲，是具有震撼力量的交响曲，是强度就像能使人无法动弹的葬礼进行曲的交响曲。”[76] 这是一种新的音乐语言。对许多人来说，《英雄交响曲》以及它的悲怆是永远不能被超越的。乔治·马雷克说，这种经历就像听到原子裂变的消息一样。[77]

贝多芬是一个足够浪漫的人物，但是在《英雄交响曲》首次公演时开始折磨他、后来将使他完全失聪的听力困难也使他变得内向。他的宏大歌剧《费德里奥》（虽然也许人物太多）、伟大的小提琴钢琴协奏曲和著名的钢琴奏鸣曲《华尔德坦》和《热情》，都含有不可思议的、神秘的和里 614
程碑式的因素。但是《第九交响曲》是革命性的，经常被后来的浪漫主义者奉为至高无上。从各方面来看，它的首演是灾难性的，之前只彩排过两次，而且许多演员无法唱出高音部分。（领唱请求贝多芬修改，但是他拒绝了。没有人比他的意志更坚定。[78]）然而，使《英雄交响曲》和《第九交响曲》具有共同之处的，使它们的音乐如此新颖、如此不同于莫扎特的是，贝多芬首先关心的是人类的内心状态，关心自我表现的冲动、激动人心的灵魂的强烈表现。“贝多芬的音乐不优雅。他所呈现的，是激情的感觉，是冲突和决心……这是先于他和后于他的作曲家所没有的。[《第九交响曲》的] 音乐并不漂亮，也没有吸引力。它就是庄严……这是转向内心的音乐，是灵魂的音乐，是极度主观性的音乐……”[79] 正是《第九交响曲》，正是那“抗议和释放”的宏伟斗争，才最深刻地影响了柏辽兹和瓦格纳，也成为勃拉姆斯、布鲁克纳和马勒心中的理想（很大程度上不可企及）。[80] 德彪西承认，对作曲家来说，这部伟大的乐谱已经成为“一个梦魇”。他的意思是，没有几个作曲家能够与贝多芬比肩，也许只有瓦格纳一个人能超越他。

弗朗茨·舒伯特被描述为“古典主义浪漫主义者”。[81] 他的一生很短暂（1797—1828），且终其一生都生活在贝多芬的光环之下。不过，他也感到自己只能成为一个艺术家，他告诉一位朋友说:“我来到这个世界，不是为了别的目的，只是为了作曲。”他开始是唱诗班的童声歌手，后来在变声之后成为一名小学教师。但是他憎恨教书，于是转向作曲。同贝多芬一样，他个子小，5 英尺 1.5 英寸高，贝多芬是 5 英尺 4 英寸高。舒伯特的昵称是“胖子”。贝多芬的听力不好，舒伯特的眼睛不好。更重要的是，他是最完美的浪漫主义者典范：有两个自我。一方面，他饱读诗书，因给歌德、席勒和海涅等的诗歌谱曲而成名；另一方面，他饮酒过度，感染了性病，并且从整体来看，任由享乐使自己堕落。这表现在他的音乐中，尤其在 B 小调交响曲《哀歌》中。[82] 他也是无伴奏演唱的音乐大师。[83]

舒伯特死于贝多芬去世后的第二年。到那个时候为止，现代世界基本已经成形。新铁路把人们迅速联结起来。由于工业革命，一方面是资产阶级的巨大财富，另一方面是贫民的绝望。生活的这些方面直接在音乐世界留下痕迹。音乐现在不只是一种宫廷活动，而且受到新兴资产阶级的喜爱。他们发明了舞曲，华尔兹尤其风靡 1814 至 1815 年间的维也纳国际会议。在 19 世纪 20 年代的狂欢节上，维也纳一个晚上举办了 1600 场舞会。[84] 城里还有四座剧院，时不时表演歌剧，在大学和其他地方还有许多其他的小音乐厅。资产阶级的音乐创造时代已经来临。

除了新的剧院，对音乐会和歌剧来说，新技术对乐器本身产生了深刻的影响。贝多芬扩大了管弦乐队的规模，而且正如本章开头所说，柏辽兹还会将它的规模扩得更大。同时，新的金属技术大大改善了 18 世纪 615
尚不可靠的管乐器。按键和活瓣的设计使小号和巴松管的演奏更加合调。[85] 相互连接的金属按键使演奏者的手指可以按住以前够不到的小孔。大号有了发展，阿道夫·萨克斯发明了萨克斯管。[86] 与此同时，随着管弦乐队规模的增大，需要有人指挥整个乐队。在那之前，大多数乐队都由首席小提琴师或任何一位演奏键盘乐器的人担任指挥。但在贝多芬之后，大约在 1820 年，我们现在知道的指挥家出现了。作曲家路德维希·施波尔和卡尔·马利亚·冯·韦伯就用一根小棒指挥自己的音乐，这样做的人还有巴黎音乐学院管弦乐队的创始人弗朗索瓦·安托万·阿伯内克，他用自己的琴弓指挥。

也是在这一时期，现代钢琴开始出现。这里涉及两个因素。一个是钢骨架的发展，工业革命带来了钢的发展，使钢琴能够比莫扎特时代的更大、更稳。另一因素要归功于尼科洛·帕格尼尼（1782—1840）的天才（以及宣传），他在十九岁首次演出，可能是有史以来最杰出的小提琴演奏家。[87] 他是杰出的技师、华丽的表演家，喜欢在演出中故意弄断弓弦，然后用三根弦完成晚上最后的演出。他是第一批超级表演大师之一。[88] 当然，他确实扩展了小提琴的演奏技艺，引入了新的运弓法、指法和泛音，同时激发钢琴演奏家在他们自己更加丰富的乐器上努力模仿他。[89]

在钢琴上模仿帕格尼尼最多的是弗朗茨·李斯特，他是历史上第一位举办自己的演奏会的钢琴家。部分由于这些艺术大师的缘故，全欧洲建造了许多音乐厅（北美也有一些）以满足新兴资产阶级渴望听到这些表演家演出的需要。结果，一批作曲家—乐器演奏家应运而生：韦伯、门德尔松、肖邦和李斯特是他们那个时代最伟大的四位钢琴家，柏辽兹、门德尔松、韦伯和瓦格纳是最伟大的四位指挥家。[90]

“在十年内，大约是1830到1840年间，”哈罗德·勋伯格说，“整个音乐和声的语汇发生了改变。不知道从什么时候开始，但是仿佛一夜之间，作曲家们已经在使用第七、第九，甚至第十一根和弦、变和弦以及同传统全音和声相反的半音和声……浪漫主义音乐家痴迷于奇异的音调组合、复杂的和弦和不和谐音，这些音对当时比较守旧的人来说，简直就是折磨。”[91] 浪漫主义音乐因此具有它自身的声音，丰富而感性，有自己的情调、神秘，但它也是新颖的，因为它有自己的“节目”，讲述一个故事，这是以前不可想象的。[92] 这一发展特别表现出音乐和文学之间新的紧密联系，音乐的目的经常是为了描述（正如先驱者贝多芬那样）情感的内心状态，或说心灵的状态。

卡尔·马利亚·冯·韦伯同舒伯特一样，也是一位非常浪漫的人物，尽管不怎么像贝多芬或柏辽兹那种意义上的浪漫。他的臀部有问题，走路有点瘸，但是最重要的是，他是一个痨病患者，也许这是浪漫主义的时代病，一种慢性的、悲剧性的身体衰竭（《茶花女》和《波西米亚人》的女
616 主人公都是痨病患者）。韦伯也是一位吉他大师和优秀的歌唱家，直到偶然喝了一杯硝酸而毁坏嗓音。但是他还有出众的手上功夫，也就是说他能够演奏一般人不能演奏的他自己的某些音乐篇章。[93] 他被召到德累斯顿，主管那里的歌剧院，在那里他使指挥家（他自己）成为唯一的支配人物，开创了一种风尚。不过，他还努力消除当时对以罗西尼作品为基础的意大利歌剧的狂热。由于韦伯的功劳，德意志的歌剧传统开始兴起，并且到瓦格纳达到顶峰。韦伯的歌剧《自由射手》在1820年首次公演，开创了一个新世界。它处理的是一种超自然力量，一种神秘的邪恶力量，这种情节将风行整个19世纪。他自己说，这部歌剧中最重要的一句台词是主人公马克斯说的：“但是黑暗力量吞噬了我。”[94]

柏辽兹是历史上第一个用坦率的自传形式在音乐中表现自己的作曲家，虽然他也从莎士比亚、拜伦和歌德处“获取火种”。[95] 他被描述为“第一个真正的音乐狂人”，在这方面甚至超过贝多芬。一个革命者、一个同贝多芬一样对自己的天才有自我意识的多变的人，而这种自我意识将成为浪漫主义运动的标志。虽然柏辽兹撰写了生动的自传，但是他的音乐也是自传性质的。他的第一部伟大作品，也许是他一生中最伟大的，他的“鸦片梦魇”《幻想交响曲》，记录了他与爱尔兰女演员哈里特·史密森热烈的爱情故事。[96] 故事一开始并不怎么浪漫，至少从传统的意义上不是。他看见了舞台上的她，在还没有互相见面之前就开始不断给她写情书。这些情书如此热情、如此亲密，以致使她感到困惑，甚至害怕。（他会去剧院观看她，往往在看到她被台上的爱人拥抱时，愤怒地大叫着离开。）当他听到谣言说她有情人时，他伤心至极，竟然在交响曲的最后一幕中把她编为一个娼妓。当他得知这些谣言是假的时候，他立即改变了音乐。当她最终同意在他的一次演出中亮相的那个下午，用大卫·凯恩斯的话说，成为“其浪漫生涯中的一个重大日子”。[97] 在柏辽兹之前，音乐从未被用来讲述一个故事，而这种想法改变了作曲家和观众。其中，感触最深的是瓦格纳，他认为只有三位作曲家值得注意：李斯特、柏辽兹和他自己。这没有给舒曼和肖邦以应有的评价。

罗伯特·舒曼在某些方面是最完全的浪漫主义者。他的家庭有精神病和自杀传统，因此他终生都担心自己也会以同样的方式结束生命。他的父亲是书商和出版商，他在伟大的浪漫主义作家的作品中长大：歌德、莎士比亚、拜伦和诺瓦利斯。他们都给他带来了巨大影响。（他读拜伦的《曼弗雷德》时失声痛哭，后来为这部作品谱曲。[98]）舒曼试图创作诗歌，并且在别的方面也模仿拜伦，开始一段又一段爱情故事。19 世纪 50 年代早期，他患上一周的幻想病，幻想有天使向他传授音乐，而自己则受到猛兽的威胁。他曾从桥上跳入水中，但是没有死成，后来在本人的要求下被送进精神病院。他最为人所知，也可能是最受喜爱的作品是《狂欢节》，在其中，他描绘了他的朋友、他的妻子克拉拉、肖邦、帕格尼尼和门德尔
617 松。(《狂欢节》对勃拉姆斯产生了巨大影响。[99])

肖邦虽然是包括德拉克鲁瓦（他收到过肖邦的许多信件，谈及肖邦与乔治·桑的爱情故事）在内的许多伟大浪漫主义者的朋友，但是他假装对他们的目标不屑一顾。他对德拉克鲁瓦的画的评价是矜持的，而不是热情洋溢。他对阅读伟大的浪漫主义作家也不感兴趣。尽管如此，他确实同贝多芬、柏辽兹和李斯特一样，认为自己是天才。他是波兰人，在19世纪30、40年代迁到浪漫主义运动的中心巴黎，在音乐出版人普莱尔的沙龙举办的音乐晚会上同李斯特一起演奏双人钢琴，门德尔松为他们翻乐谱。[100]肖邦发明了一种我们至今还非常熟悉的新的钢琴演奏方式。他有一些习惯性的手指动作，这使他与众不同，至少在那个时候是如此，并发展出既具有实验性又非常优美的钢琴音乐。“鲜花包裹下的大炮”是舒曼对其音乐的描述。(他的评价没有得到回报。[101])肖邦引入了新的踩踏板、指法和节奏，事实证明这些新想法非常有影响力。(他更喜欢英国人布洛德伍德制作的钢琴，它没有其他钢琴那么复杂。[102])他的作品细腻而又具有印象主义画作一样的生动色彩，就像每个人都知道雷诺阿画作同德加画作的区别一样，每个人在听到其作品的时候都知道这是肖邦的。他可能不会把自己想象成一个浪漫主义者，但是他的波兰舞曲和小夜曲传递出的是浪漫主义（在他和他的波兰舞曲之后，音乐被民族主义情绪侵入）。[103]如果没有肖邦，钢琴曲就不能得到充分的理解。

没有李斯特也不行。同肖邦一样，李斯特也是一位杰出的技巧大师（他在十岁时举办了首场演奏会），而且同贝多芬（他获得了贝多芬的布洛德伍德钢琴）和柏辽兹一样，他也有领袖魅力。[104]李斯特长相俊美，俊美

的外表是领袖魅力的一部分。他发明了华美的钢琴演奏风格。在他之前，钢琴家从手腕处演奏，两手挨着，靠近琴键。而他是第一个以走向舞台作为演奏序曲的人。他会坐下来，脱去手套，随便一扔，高举双手，然后猛击琴键（女人们会争着去捡他扔掉的手套）。[105] 当时，他是一个作秀的人，而且对许多人来说，他是一个华而不实的人。[106] 但是，毫无疑问，他是最浪漫的钢琴演奏家之一，很可能是有史以来最伟大的，因为他融合了柏辽兹、帕格尼尼和肖邦的魅力。他发明了钢琴独奏，来自全欧洲的钢琴家都涌向他的门下，向他学习。他深刻地影响了瓦格纳，引入了新的音乐形式，尤其是交响诗（一种受诗或戏剧启发而创作的具有象征意义的单乐章音乐形式）。[107] 在大胆使用半音阶体系时，他引进了不和谐音，被从肖邦到瓦格纳的所有人效仿。李斯特成为伟大的音乐老人，比他的多数同时代人多活几十年。作为“历史上的一个自大狂”，他飘逸的白发和成堆的疣子，使他的头在晚年就像年轻时一样格外引人注目。[108]

费利克斯·门德尔松可能是继莫扎特之后取得成就最广泛的音乐家。他不仅是一位优秀的钢琴家，而且还是当时最伟大的指挥家和风琴演奏家。他是一位出色的小提琴家，博览诗歌和哲学著作。（阿尔弗雷德·爱因斯坦说他是一位浪漫主义古典主义者。[109]）他来自一个富裕的犹太银行家家庭，是哲学家摩西·门德尔松的孙子。作为一个狂热的德意志爱国者，他相信自己的同胞在所有的艺术领域都是最优秀的。事实上，如果存在过度教育这一说法的话，门德尔松就受到了过度的教育。还是一个孩童时，他就被要求早上 5 点起床，学习音乐、历史、希腊语和拉丁语、科学 618
和比较文学课程。当他出生时，他的母亲看了看他的手指，惊叹说这是“弹奏巴赫赋格曲的手！”[110] 同许多浪漫主义音乐家一样，门德尔松也是一位少年天才，只不过他更加幸运，因为他的父母有能力雇用管弦乐队演奏他作的曲子，而他则担任指挥。他去到巴黎，在那里遇见了李斯特、肖邦和柏辽兹。他从莎士比亚那里获得了第一部作品的灵感，这就是《仲夏夜之梦》，一个提供完美的浪漫题材的仙境（虽然门德尔松从来没有很多内心的魔鬼）。[111] 他从巴黎又去往莱比锡担任音乐指挥，并且在短时期内把它变成德意志的音乐之都。作为第一个使用小棒指挥的指挥家，他用指挥棒把莱比锡管弦乐队变成当时第一流的乐器组合：精确、简便、喜欢速度。他扩大了管弦乐队的规模，修改了曲目。事实上，门德尔松可能是第一个独断的指挥家，这种方式现在非常流行，他也是我们今天听到的基本曲目的主要策划人，其中莫扎特和贝多芬是主要作品，海顿、巴赫（他的《马太受难曲》被门德尔松从百年沉睡中唤醒）和亨德尔位居其后，罗西尼、李斯特、肖邦、舒伯特和舒曼也都包括在内。[112] 正是门德尔松设计了我们今天听见的大多数音乐会的形貌：序曲，大型作品（例如交响乐），最后是协奏曲。（在门德尔松之前，多数交响曲被认为一气听下来太长：在乐章之间会有较短的不太复杂的作品。[113]）

音乐中伟大的浪漫主义运动是由歌剧奠定的，它可能是所有艺术形式中最富有激情的。19 世纪产生了两个歌剧巨人：一个是意大利人，另一个是德意志人。

朱塞佩·威尔第（1813—1901）同他的大多数同时代音乐家不一样，他不是一个少年天才。他的钢琴弹得不好，第一次考试没能进入米兰音乐学院。他的第一部歌剧取得了一定的成功，第二部是个失败，但是第三部歌剧《纳布科》使他享誉意大利。在排演这部歌剧的时候，没有哪项工作是在台下准备的，因为画家和机械师被他们听到的这部音乐如此感动，以至都放下手中的活，挤在乐池四周。《纳布科》之所以在意大利闻名，除了音乐以及威尔第使用了比传统规模更大的管弦乐队之外，还因为它被视为对奥地利统治意大利的抵抗。“‘飞吧，思念’合唱表达了流亡的犹太人对家乡的思念，它被所有的意大利观众认为表达出他们自己对自由的渴望。”[114] 在演奏的第一个晚上，观众起立欢呼。[115] 威尔第自己是一位狂热的民族主义者，他生前目睹了意大利的统一，后来成为新议会的一位（不情愿的）代表。在奥地利占领时期，他的名字“V.E.R.D.I.”被刻在许多意大利城市的墙上，意思是：“维托里奥·埃马努埃莱，意大利之王”。[116]

在《纳布科》之后的歌剧《伦巴底》和《埃尔纳尼》，特别是在《麦克白》中，威尔第创造了一种之前从未听过的歌剧音乐，但是从浪漫主义作曲家中获得了启示。威尔第寻求的不是漂亮、旋律优美和控制有度的音乐，而是能反映歌唱家内心状态、情感波动、爱、恨、心理压力和悲伤的 619
声音所产生的音乐。威尔第在《麦克白》即将进入排演之际写给巴黎歌剧院主管的一封信中对此有明确的解释。他尤其反对选用尤金妮亚·塔多里尼，当时的一位伟大歌唱家。“塔多里尼的高超演技不适合这个角色［麦克白夫人］，也许你会觉得这是个矛盾！塔多里尼非常美丽，而我希望麦克白夫人是个扭曲、丑陋的女人。塔多里尼的演唱完美至极，而我根本不希望麦克白夫人唱歌。塔多里尼有一副美妙动听、清澈有力的嗓音，而我希望麦克白夫人的声音粗哑、空洞。塔多里尼的声音有点像天使，而麦克白夫人的声音应该有点像魔鬼……”[117] 威尔第在转向音乐剧，在这种剧中，自然的情感“以最原始的色彩呈现在舞台上：爱、恨、复仇、对权力的欲望”。[118] 它由旋律而不是由管弦乐队的和音引导，因此它具有瓦格纳所没有的人本主义。[119] 即使如此，它同之前的任何形式都非常不一样，也就是说，尽管他的歌剧非常受欢迎（第一次演出时，剧院的大门不得不提前四小时开放，因为拥挤的人流太大），它们还是受到前所未有的批评。1855 年在纽约的一次《弄臣》演出中，有两个人试图把这部作品告上法庭，因为他们认为它太淫秽，不适合女性观看。[120]

在他漫长生命的晚年，当他成为意大利的名人之后，威尔第又回归莎士比亚，创作了《奥赛罗》和《福斯塔夫》。就像莎士比亚原作中的故事一样，《福斯塔夫》是一个悲喜剧，这也许是最难完成的一种体裁（在威尔第的合同中写道，如果最后的彩排不理想，他有权撤回）。我们喜欢福斯塔夫，也不喜欢他。一个傻瓜能成为一个悲剧人物，很难让人接受，但他就是他。威尔第的音乐，它的奇妙，为莎士比亚的故事增添了光彩，它让我们能看到，即使表面看没有悲剧人物，悲剧也可以发生。在这一意义上，1893 年 2 月在米兰斯卡拉大剧院首次上演的威尔第的《福斯塔夫》把浪漫主义带入了尾声。[121]

到那时，瓦格纳以及他所代表的浪漫主义已经终止。无论瓦格纳是否是一位比威尔第更伟大的音乐家，他显然是一个更伟大、更复杂的人物，具有像福斯塔夫一样的多重性，而且可能同样难以让人喜欢。就性格而言，瓦格纳像贝多芬或柏辽兹，甚至有过之而无不及，而且总是对自己的天赋有很强的自我意识。对戏剧的热爱深入他的骨髓。[122]“我天生与众不同。我必须拥有伟大、美和光明。世界亏欠我。我不能靠管风琴师的微薄收入维持生活，就像你们的大师巴赫那样。”[123]像威尔第一样，他也是一个起步较晚的人，直到十五岁听到贝多芬的《第五交响曲》和《费德里奥》，他才决定成为一个音乐家。当时他只能笨拙地弹奏钢琴，而且承认自己不是最好的乐谱读者。哈罗德·勋伯格说，他的早期作品“没有一点天分”。[124]同柏辽兹一样，瓦格纳的热情让他的早期情人感到害怕；而且同舒伯特一样，他经常负债，至少在其音乐生涯的早期是如此。在莱比锡，他获得了一笔学费（但又被取消），人们都知道他是个酒鬼和赌徒，说话令人厌恶、独断专行。

但是经历了一系列事件之后，当他的债主把他追得东奔西跑时，他最后终于创作了五幕剧《黎恩济》，一举成名，如同《纳布科》使威尔第一举成名一样。[125]《黎恩济》在德累斯顿上演，很快又上演了《漂泊的荷兰人》，之后瓦格纳被任命为那里的管弦乐队指挥。接下来的《汤豪舍》 620 和《罗恩格林》也获得了很高的评价，后者因为大胆运用木管乐器和弦乐器结合而尤其受欢迎，不过瓦格纳本人由于在1848年的动乱中支持革命者而不得不逃离德累斯顿。[126]他逃到魏玛，和李斯特在一起，后来又到苏黎世，在那里的六年他什么也没有创作。他试图建立自己的艺术理论，熟悉叔本华的哲学，最终不仅撰写了系列作品《艺术与革命》（1849）、《未来的艺术作品》（1850）、《犹太教与音乐》（1850）和《歌剧与戏剧》（1851），而且以中世纪条顿人的传说《尼伯龙根之歌》创作了一部浩大的歌剧脚本。这就是瓦格纳所称的“总体艺术”概念，认为所有的伟大艺术（语言、音乐、布景和服装一起）必须建立在神话的基础上，它们是神的话语的最初记录，是神圣经文的现代（浪漫）注脚。对瓦格纳来说，有必要回到前基督教传统，因为基督教已经扭曲了从前的传统。正如东方的文艺复兴所表明的，前基督教传统的一种可能是印度的雅利安神话，但是遵循德意志路线的瓦格纳更喜欢北方的传统，它同地中海传统正好相反。这就是他采用条顿人的《尼伯龙根之歌》的原因。[127]除了新的神话，瓦格纳还发展了一种新的语言形式，或说激活了一种古老的形式，回韵，它令人想起北欧英雄传奇中的诗歌，每行末尾的元音在回行的第一个音节或词中重复。最重要的是他对管弦乐队的新思想（相比贝多芬和柏辽兹，瓦格纳设想的乐队规模更大）。在这里，他发展了他的整部作品连贯的音乐思想。管弦乐队因而像演唱者一样成为歌剧的一部分。（瓦格纳为从未给任何篇章创作过“宣叙调音乐”而感到自豪，他自己称此为“我们时代最伟大的艺术成就”。[128]）

一位批评家说，所有这些的结果是，一方面欧洲在为威尔第喝彩，另一方面它在议论瓦格纳。许多人憎恨这种新的音乐（许多人现在仍然如此），另一位（英国）批评家则把瓦格纳斥为“不过是噪音”。但是其他人认为他是“一种原生力”，当《特里斯坦和伊索尔德》上演时，证实了这一观点。“在音乐史上从未有哪种歌剧音乐如此宽阔、强烈、和谐丰富、宏大、诉诸美感，具有如此强大的力量、想象和色彩。《特里斯坦和伊索尔德》的开场合唱主导了 19 世纪后半期，一如《英雄交响曲》和《第九交响曲》主导了前半期一样：一种断裂，一个新的概念。”瓦格纳后来说他创作这部歌剧时几乎处在一种恍惚状态。“我信心百倍地投入到灵魂事件的内心深处，从世界的最深处之中心，我毫不畏惧地创造出它的外部形式。”《特里斯坦和伊索尔德》是一部毫不留情的作品，它“逐步剥掉下意识的层层外衣，直抵内心的深渊”。[129]

瓦格纳的独特地位在其生命的最后阶段得到最清楚的揭示，他被巴伐利亚的疯子国王路德维希二世所救。路德维希二世是个同性恋者，他显然爱上了瓦格纳的音乐，而且也可能爱上了瓦格纳本人。不管怎么样，他告诉瓦格纳，他在巴伐利亚几乎可以随心所欲，瓦格纳当即接受。“我是最典型的德意志人，我就是德意志精神。想想我的作品那无可比拟的魔力。”[130] 虽然由于他的奢侈和政界的一次丑闻，他被迫流亡了一段时间，
621 但是他与路德维希二世的交情的确最终带来了他职业的鼎盛阶段以及浪漫主义的鼎盛阶段。那就是专门为他的作品以及《尼伯龙根的指环》而建造的剧院：拜罗伊特剧院。第一届拜罗伊特音乐节在 1876 年举办，就是在这里首次上演了他耗时二十五年写成的《尼伯龙根的指环》。[131] 在第一届音乐节上，大约四千名瓦格纳迷随同德国皇帝、巴西的皇帝和皇后、七位其他皇室成员，还有来自世界各地的大约六十名报社记者光临拜罗伊特剧院，有两名来自纽约的记者被允许使用新的跨大西洋海底电缆及时传送他们的报道。[132]

尽管有批评者，而且总会有批评者，但是气势恢宏的《尼伯龙根的

指环》是音乐思想史的一个转折点。它是一部寓言，一种“被爱拯救的宇宙力量的戏剧”，它解释了为什么只有传统价值才能把现代世界从不可避免的厄运中拯救出来，同时，它也没有给基督教带来什么安慰。[133]尽管《尼伯龙根的指环》讲述的是神话故事，却令人惊奇地具有现代风格，这正是它的魅力所在。（妮可·瓦格纳也说这个故事同瓦格纳家族有许多相似之处。）“听众完全被一种原始的、永恒的东西所震慑，被自然力所冲击。《尼伯龙根的指环》演绎的不是普通女性，而是大写的女性；不是普通男性，而是大写的男性；不是普通的人，而是大写的民族；不是意识，而是潜意识；不是宗教，而是基本仪式；不是自然，而是大写的自然。”[134]从此以后，瓦格纳就介于王与神之间，被庆贺、被歌颂，穿着最精美的丝绸，受到最甜蜜的奉承，他趁机完善自己的写作和音乐。他的观点（关于犹太人、关于颅相学、关于雅利安人是神的后裔的观点）不如他的音乐那样经久不衰，有一些观点纯粹是无稽之谈。但是，毫无疑问，瓦格纳以其强烈的自我意识、尼采式的意志，以及建造拜罗伊特剧院作为躲避世俗纷扰的避难所，的确促成了一种思想气候，尤其是在19世纪末的德国（见第36章）。[135]在音乐上，他对理夏德·施特劳斯、布鲁克纳、马勒、德沃夏克，甚至对勋伯格和贝尔格产生了巨大影响。惠斯勒、德加和塞尚都是瓦格纳迷，奥迪隆·雷东和亨利·方丹·拉图尔从他的歌剧中获取绘画的灵感。马拉美和波德莱尔宣称为瓦格纳的音乐所倾倒。在后来，阿道夫·希特勒会这样说：“任何想理解国家社会主义德国的人必须理解瓦格纳。”[136]

这是一个不幸的评语。浪漫主义的真正目标、根本目标是由济慈确定的，他说自己创作诗歌是为了减轻“神秘力量的负荷”。从一个方面看，浪漫主义总是对宗教信仰衰落的一种回应，这种衰落在18世纪和整个19世纪非常明显。而当科学家试图，或说希望，解释这一神秘力量时，浪漫主义者却对它产生兴趣，最大可能地运用它，并且其运用方式是许多科学家无法，也不愿理解的。这就是为什么诗歌和音乐成为主要的浪漫主义回应，因为它们更容易减轻负荷。

这种二分法，即以赛亚·伯林所说的在科学的世界观与诗学世界观之间的不相容或不一致，不能再继续。浪漫主义者的世界是阴影与神秘的内心世界，是激情与内在的世界，它可能创造出一种补偿性的美，甚至可能创造出智慧。但是在唯实际事务的新技术、新科学突破的19世纪维多
622 利亚时期，当外部世界正在以前所未有的规模扩张、被征服和被控制的时候，需要一种新的妥协，或至少需要尝试一种新的妥协。这一妥协产生了作为本书结尾的两大发展。在文学和艺术领域，在音乐、诗歌和绘画领域，它产生了我们所知道的“现代主义”运动。而另一方面，它产生了可
623 能是现代最为特别的现象。这就是使无意识成为一种科学的努力。

31

历史、史前史和深度时间的兴起

1798 年 5 月，思想史上最卓越的一次探险活动从法国的土伦出发。不少于一百六十七位化学家、工程师、生物学家、地质学家、建筑师、画家、诗人、音乐家和医生被召集起来，他们被当时集结在法国南部这个港口的三万八千军人称为“学者”。同军队一样，这些学者也不知道要去哪里，因为他们年轻的指挥官拿破仑·波拿巴对目的地保守秘密。这些学者的平均年龄是二十五岁，最年轻的十四岁，不过其中也不乏著名人物，他们包括：花卉画家皮埃尔-约瑟夫·雷杜德、地质学家格拉代·德·多洛米厄（多洛米特山就是以他命名的），还有卓越的化学家和博物学家尼古拉·孔特。[1]

事实证明，他们要前往埃及。被维克多·雨果欢呼为“西方的穆罕默德”的拿破仑乘坐一艘名为“东方”号的舰船在亚历山大港登陆。这次远征是殖民主义和文化 / 思想冒险活动的结合。波拿巴公开宣称的目标不仅仅是征服，而且是为了综合法老的智慧和伊斯兰的信仰，为此，军队在埃及的一切行为“都通过准确的《古兰经》阿拉伯语进行解释，得到合理化”。同军队一起，学者可以随时对中东世界进行研究。他们的研究结果在许多方面都令人震惊。条件非常艰苦，他们不得不随机应变。孔特发明了一种新型泵和一种不用石墨的新型铅笔。外科医生拉雷让自己成为一位人类学家，对犹太人、土耳其人、希腊人和贝都因人组成的混杂人口的关系做记录。每隔十天左右，他们就出版一种定期刊物，部分是为了供军队消遣娱乐，部分也是为了记录他们自己的活动和发现。拿破仑自己组织辩论，作为提供给学者的一种高级娱乐形式，发表关于政府、宗教和伦理问题的观点。[2] 最重要的是，从长远来看，学者收集资料，成为后来二十三卷本《埃及志》的材料，该书每一页有一平方米大小（记住，米是当时的新测量单位），在随后的二十五年里连续出版。《埃及志》探索了许多事物。它的开篇是由让-巴蒂斯特·约瑟夫·傅立叶撰写的一百多页的导论。傅立叶是拿破仑秘密建立的埃及研究院的秘书。傅立叶表明，法国把埃及视为“一个伟大的记忆中心”，它是亚洲、非洲和欧洲的聚焦点（正如之前的亚历
624 山大港一样），因此，它“对艺术、科学和政府具有重要意义”，将来它的发展不可限量。《埃及志》接下来简要描述了埃及自然存在的新的动植物群落和新的化学物质，还有新的地质特征。但是最能激发学者想象力、让他们变成世界上第一批埃及学家并且回国后尤其受欢迎的，是考古发现，其规模之大、种类之丰富，使所有接触到的人都为之疯狂。当一队士兵在罗塞塔建造防御工事而清理一块土地，发现一大块花岗岩时，人们的疯狂尤其加剧。这块石碑刻有三个文本，一个用象形文字，一个用通俗的埃及草体，一个用希腊语。它表明，象形文字有可能很快得到破解。（见前面第 29 章。[3]）

可以说，西方的考古学开始于这次远征，为此，我们要感谢拿破仑。事实上，在思想领域，我们要感谢拿破仑的还有很多。从埃及回国后，拿破仑接着发动了对德意志的战役，间接来说，这场战役的好处也不少。到

19 世纪初期，经历三十年战争之后的大约两千个自治德语国家已经减少到大约三百个。按其他国家的标准，这仍旧是个大数目，但是在 1813 年，德意志人在普鲁士的领导下最终成功地击败了拿破仑，与此同时，他们学会了秩序和尊重规则等美德，这在将来会给德意志带来巨大的益处。[4] 这是朝着 1871 年德意志统一而迈出的重要一步。

在 18 世纪，四分五裂的德语国家的思想严重落后于其他国家——荷兰、比利时、英国和法国，不仅体现在政治自由、贸易、科学进步方面，而且还体现在工业创新方面。这一点在拿破仑的迅速攻势下变得尤其明显。19 世纪将目睹德意志的兴起，不仅在政治上，而且在思想上。当拿破仑在整个欧洲势如破竹时，即大约 19 世纪 20 年代，德意志的大学还名不见经传。18 世纪初，只有哥廷根大学堪称在学术方面有所成就。然而，拿破仑的征服使许多德意志人感到屈辱，在他的刺激之下，亲法的普鲁士大臣威廉·冯·洪堡（1767—1835）着力推动一系列行政改革措施，它们对德意志的知识生活产生了深远的影响。洪堡在拿破仑崛起之前就在巴黎待过。特别需要一提的是，洪堡构想出了现代大学的理念，它不仅仅是培训教士、医生和律师的学院，那是传统的套路，它更是使研究成为基本活动的地方。与此同时，洪堡还引入了德意志的中学教师如果要教书必须拥有学位的做法。这比以前更直接地把大学同中学联系起来，帮助在整个德语社会传播了建立在原创性研究基础上的学术理想。建立在原创性研究基础上的高等学位“哲学博士”被引入。德意志的思想界发生转型，不久其影响传播到整个欧洲和北美洲。[5]

这开启了德意志思想影响的黄金时代，这一影响直到希特勒 1933 年
之后的疯狂破坏才终止。德意志的思想发展首先表现在柏林大学（后来改 625
称洪堡大学）。在其诸多的著名思想家中，有哲学家格奥尔格·威廉·弗里德里希·黑格尔（1770—1831）、历史学家巴托尔德·格奥尔格·尼布

尔和法学家弗里德里希·卡尔·萨维尼。不仅仅是名字而已。新的学科被发明，它们超越了传统的法律、医学和神学的学科分类。例如，哲学、历史学、化学和生理学等学科细分都在那时开始形成、发展和壮大。[6]随着崭新的文献（史学家的历史材料、化学家的化学知识）的发展，学科分类思想本身获得了新的发展动力。正如罗杰·史密斯指出的，这是专门文献和普通阅读首次出现区分的时期。也正如史密斯所说，这些新学科还没有包括社会学或心理学，后者的形成是以一种更加实际的方式，是在大学之外，在监狱、精神病院或济贫院的观察的结果。[7]

历史学的兴起部分归功于黑格尔。在《历史哲学》中，他提出，当宇宙逐渐展现自身时，“神圣意志”随着时间而逐渐展现，因此，历史其实就是这一神圣意志的描述。对他来说，这意味着历史将取代神学，成为理解最终真理的方式。因为黑格尔，人类不再是被动的生物，不再是历史的观察者，而从各个方面都是历史的参与者、创造者，或说同神圣意志一起的共同创造者。黑格尔关于历史如何前进的著名理论——正题、反题、合题，以及他认为在特定的关键时刻，“世界历史人物”（例如拿破仑）将会出现并提炼和人格化一个时代的中心论题的思想，对许多人来说是关于过去以及过去如何走向现在的最令人满意的思想。[8]

但历史学并不仅仅只有黑格尔。我们已经看到了帮助历史研究在德意志复兴的学科——语文学，即语言的比较科学的兴起。甚至到19世纪，古典语言仍旧占有相当的位置，虽然语言研究已经因为威廉·琼斯爵士关于梵语和拉丁语、希腊语之间联系的观察而发生了转变（论述见第29章）。琼斯的洞见产生了应有的影响，因为在当时，许多人熟悉古典著作，尤其是博士论文（即使在“硬”科学领域）必须用拉丁文撰写。中学也强调希腊语和拉丁语，因为古典作家在逻辑、修辞和道德哲学的发展中占有重要地位。威廉·琼斯的创举，以及随后古代印度经文的发现和翻译，不仅改变了语文学，而且改变了对所有文本的研究。这一方面最重大的努力首先出现在18世纪晚期的哥廷根，在那里，《圣经》文本得到了极其细致的分析。这种做法最终对神学产生了深刻的影响，它表明，在19世纪早期，语文学成为新兴大学的主要学科，至少就人文学科而言是如此。[9]

洪堡自己对语文学尤其感兴趣。他同巴黎的孔狄亚克建立了友谊，这位法国人帮助推翻了这样一种标准观念，即语言源自上帝赐予的单一语言，它是其他所有语言的来源。洪堡同孔狄亚克一样都认为，语言是发展的，它们反映出不同部落和民族的不同经历。[10] 洪堡的结论是，语言是一种“精神活动”，因此它反映了人类的进化历程。[11] 语文学和历史学就是这样成为大学 626
学术研究的主要成分，它在整个19世纪将变得越来越重要。同东方的文艺复兴一起，语文学使印度成为一时的显学。对语言变化的分析似乎表明，有四批人曾经先后从他们最初的家园，经由中东迁徙到欧洲。虽然现在这一观点已经不再为人接受，它在当时却很重要，因为正是在这一论辩的背景下，弗里德里希·施莱格尔在1819年首次使用了“雅利安人”这个词来描述最初的印欧民族。这一概念被后来的理论家严重曲解。[12]

在经过洪堡改革的德意志大学体系中，迄今为止最富有争议而又最具影响力的历史/语文学研究是对《圣经》及相关文献的文本批评。[13] 由于东方文艺复兴和拿破仑在埃及和中东其他地方的远征，世界在展开，越来越多的早期手稿被发现（例如在亚历山大港和叙利亚），这些手稿内容各异，它们不仅告诉学者早期思想是如何变化的，而且在完善确定成书年代的技术上也非常有帮助。由语文学家转变而成的历史学家，例如利奥波德·冯·兰克（1795—1886），是审查和确定原始文献成书年代的先驱人物。

学术研究的注意力还开始转向《新约》。释经学，即对《圣经》文本意义的解释，不是什么新鲜事物，就像我们在第25章看到的。然而，新的德意志语文学家具有更大的雄心：由于掌握了新的技术，他们的第一个成就是精确计算《福音书》的成书年代，其后果是阐明不同记述中的矛盾之处，使它们的整体可信度受到质疑。需要指出的是，这不是一夜之间发生的，也不是有意为之。起初，F.D.E. 施莱尔马赫（1768—1834）等学者仅仅是希望为《圣经》叙事提炼出一个合理的故事，一个能够被任何有理性的人接受的故事。然而，在此过程中，对文本本身的怀疑如此之多，以致耶稣作为一个历史人物的存在本身开始被削弱，而这具有推翻整个基督教意义的危险。[14] 最具有争议性的轰动性德语作品是大卫·施特劳斯（1808—1874）于 1835 年出版的《耶稣传》。施特劳斯深受德意志浪漫主义影响，他创作了一部浪漫主义悲剧，将其搬上舞台，他对磁疗和催眠疗法非常感兴趣。他以这种方式获得了对上帝在自然界无处不在但不会干预历史进程的理解。[15] 施特劳斯运用历史来反对宗教。他提出，宗教的细节远远不能为 19 世纪的基督教提供充分的证明。他的发现（认为耶稣不是一个神圣人物，神迹从未发生，我们所知的教会同耶稣没有什么关系）具有如此的破坏力，以致施特劳斯 1839 年到苏黎世大学任职教授时引发了当地的风波，当局如此担忧，致使他还未就任就不得不“退休”。然而，他得出的结论却不会轻易退出。在英国，玛丽安·埃文斯（她更为著名的名字是乔治·艾略特）“虽然在把施特劳斯的作品翻译成英语时对其中窒息灵魂的艰苦工作几乎濒临绝望，但是她仍然认为这是她对人类的责任”。[16] 我们将在第 35 章看到，施特劳斯的工作不过是 19 世纪与宗教决斗以及有
627 些人开始宣称的“上帝死亡”的一个侧面。

“当巴黎人看见我三四次之后，”从意大利凯旋的二十八岁的拿破仑·波拿巴说，“没有一个人会转过头再看我一眼。他们想看的是事迹。”[17] 他的下一个行动是埃及，我们已经论述了，他带上一百六十七位学者，他们把一个令人着迷的早期文明的成就带回欧洲。在这些发现的基础上很快又出现了其

他发现，使19世纪早期成为另一新兴历史学科——考古学诞生的时代，也是英雄的时代（至少在西方是如此）。

“考古学”这个词的第一次使用是在19世纪60年代，它扩大、深化了语文学的研究，走出了文本；它证明，人类的历史远为古老，在书写发明之前有史前时代。1802年，教师格奥尔格·弗里德里希·格罗特芬德（1775—1853）向哥廷根科学院提交了三篇论文，说已经破解了波斯波利斯楔形文字，方法是通过重新组合楔形图画组（“就像软沙地里的‘鸟形’爪印”），在各组字母之间加入空格，并把它们的形式同（地理上）相近的梵文联系起来。他推测，有些文字是国王的名字，而有些国王的名字是我们已经知道的。[18] 楔形文字的其他类型，包括巴比伦文字，后来也被破解。19世纪20年代，正如我们在第29章看到的，商博良破解了埃及的象形文字。1847年，奥斯丁·莱亚德爵士挖掘出现位于伊拉克的尼尼微和尼姆鲁德遗址。他在那里发现了亚述王阿苏尔纳斯帕二世（前885—前859）和西拿基立王（前704—前681）宏伟的宫殿遗址。城门前比真实体格大得多的半牛半狮状守护神在欧洲引起轰动，使考古学风行一时。这些考古发掘最终导致刻有《吉尔伽美什》史诗的楔形泥板文字的发现，它之所以著名主要有两个原因：它比《荷马史诗》或《圣经》都要古老许多；还有就是因为故事中的几个情节，例如大洪水，让人想起《旧约》。

这些发现中的每一个都把人类的历史往前推，并且让人开始对《圣经》产生了新的理解。但是，除了《吉尔伽美什》，对历史起源并没有什么太突出的新证据：它没有同《圣经》年谱发生根本冲突。所有的改变是在1856年出现的，当时工人在尼安德山谷的一侧开始清理一个小洞穴，杜塞尔河经这个山谷流进莱茵河。在那里，在一米多深的黏土下，他们发现了一个头骨和其他骨头。发现骨头的工人们把这些交给当地的一个朋友，他们认为他受过教育，应该能够认出是什么，后者又交给了赫尔曼·夏夫豪森，波恩大学的一位解剖学教授。夏夫豪森辨认出这些骨头包括头骨顶部的残骸、两块腿骨、左臂的部分骨头、部分骨盆，以及其他小骨片。他随后就这些发现撰写了论文，在其中，他请读者注意骨头的厚度、肌肉留下的疤痕的大小、眼睛上方突出的眼眶，以及低陷窄小的前额。重要的是，夏夫豪森推断出，这些骨头并没有因为它们保留的地方，也没有因为一些病理过程而变形。他写道："有足够的证据表明，人类曾经
628 和在洪积层发现的动物一起存在过；在所有有史记载的时期之前，许多野蛮人种可能连同古老世界的动物一起消失了，而那些组织结构得到改善的人种延续了人这一个类属。"他得出结论，他手中的标本"很可能属于日耳曼人之前居住在北欧的野蛮原住民"。[19] 这并不是我们今天所说的尼安德特人的含义，但是它不管怎样都是一个突破。它虽然没有立刻改变人们对时间的态度，因为它太具有争议性，但是它构成了 19 世纪后期思想"背景辐射"的一部分。正是在这样的背景下，佩尔特以及本书"前言"中提到的其他人的远见和发现开始确立下来。关于我们现在所理解的史前史的大纲之一是由约翰·拉巴克在《文明的起源》和《人类的原始状态》（1870）中勾勒出来的："从最早的粗糙石器到青铜和铁器的考古证据揭示出技术能力的稳步发展。在缺乏人类生物学进化的化石证据的情况下，进化论者抓住文化进步的证据，作为其理论的至少是间接的支撑。19 世纪晚期出现的史前考古的巨大发展允许人们建立一个文化发展系列阶段，这些系列阶段被认为随着人类的发展而递相发展。人们几乎没有考虑到，在同一阶段，不同的文化可能同时存在。"[20]

到此时，"科学"这个词已经开始获得其现代含义。（"科学家"这个词是由威廉·惠威尔在 1833 年造出来的。）到 18 世纪末之前，使用更多的是"自然哲学"或"博物学"。这是因为"自然哲学"听起来更温和、

更人性化，还因为它是一个混成词：在许多地方“博物学”协会举办诸如文学、人文学科和哲学等讲座。逐渐地，随着各种学科出现，首先在德意志，后来在其他地方，由于学科专业化的普及，人们开始更喜欢用“科学”来指称这些新活动。

我们现在可能难以理解，但是在18世纪末、19世纪初，当语文学家在攻击基督教的基本教义时，科学界人士大多没有加入。大部分生物学家、化学家和生理学家在宗教信仰上都非常虔诚。林奈就是一个典型的例子。虽然林奈是启蒙运动的主要人物之一和现代生物学的奠基人之一，而且他还为进化论构筑了部分背景，但他同伏尔泰非常不同。最早同“存在之链”理论决裂的是约翰·雷，一个博物学家，他认识到全部物种（几千个物种都是在新大陆和非洲发现的）不能在一条有意义的等级链中排序，他认为生命形式在很多方面各个不同。林奈因此想，对世界的有机物进行重新分类可能会帮助他理解上帝的神圣计划。他并没有宣称自己了解上帝的想法，他坦白承认自己的分类体系是人为的分类法。但是他认为这个体系有可能接近上帝的设计。后来证明尤其关键的是，在他自己的植物学领域，他借用了R.J.卡梅拉留斯对植物性别的发现（1694），这意味着林奈把植物的生殖器官作为其分类体系赖以建立的主要特征。[21]（当时，对有性繁殖有多种解释，或是由于自然发生，或是由于微生物，或是源自雄性和雌性的精子混合在子宫中，这些微生物或精液被认为具有“记忆”，知 629
道它们将孕育成什么形状。）林奈在《植物种志》（1753）、《植物属志》（1754）和《自然系统》中提出的双名法让人们注意到种、属、科等之间的系统相似性。从这里明显可以看出，上帝的计划不是线性的，这导致布封在攻击林奈时发展出自己的“变性”理论，例如，他知道的200个哺乳类物种都来自38个“原始”种类。这是一种早期进化论思想。[22]

但是另一个学科正在发展中，它将把历史，尤其是史前史推到一个完全不同的位置，并将进一步为达尔文做好理论准备。这就是地质学。地质学从根本上不同于其他所有的科学，也不同于哲学。正如查尔斯·吉利斯皮所说，地质学是第一门关注自然历史而不是自然秩序的科学。

17 世纪，笛卡尔首次把新兴的天文学和新兴的物理学联系起来，形成一个关于宇宙的连贯观点，在这个宇宙中，就连太阳，更不用说地球，也不过是一颗星星而已。他猜想地球的形成可能源自一个冷却的灰尘球，被太阳的“漩涡”吸住。（为了避免教会的攻击，他只说这些“有可能”发生。）贝尔纳·德·丰特内尔在《多元世界》（1688）中曾经强调人类在世界新秩序中的渺小，甚至想知道其他星球是否可以居住。[23] 物理学的运作法则在整个宇宙都一样，这种观念是中世纪不可能发生的重大思想变化。关于天堂和人世的基本思想，至少在西方，是亚里士多德式的，这两个王国被认为在根本上是不同的：一个不可能产生另一个。[24] 虽然最终笛卡尔的物理学被牛顿的物理学取代，“漩涡”被重力取代，但是那并没有怎么改变早期的地质学理论。1691 年，托马斯·伯内特出版了他的《地球的神圣理论》，在书中他提出，各种不同的物质一起构造了地球，厚重的岩石居于中心，其次是不太重的水，然后是一层轻外壳，也就是我们居住的地方。这样来解释大洪水就容易多了：在薄薄的地壳下面就是浩瀚的水体。几年后，1696 年，牛顿在剑桥大学的继任者威廉·惠斯顿提出，地球有可能形成自一颗彗星留下的尘埃云团，它们一起构成一块固体，又因为第二颗经过的彗星带来的洪水而被淹没。[25] 日本人认为地球曾经被巨大海洋覆盖，然后海水才渐渐退去。G.W. 莱布尼茨补充说，地球曾经比现在要热得多，地震在过去比现在猛烈得多。（即使在那时人们也清楚，现时的地震对地球表面的影响是极小的。）

18 世纪，康德在他的“星云假说”中提出，整个太阳系是由一团冷凝的气体云团形成的，这一理论被威廉·赫歇尔的观察所证实，他那经过巨大改良的望远镜表明，或说似乎表明，夜空中的一些星云“或薄雾状云块”是气体或尘埃云团“正在明显地凝结成一颗星”。[26] 布封发展了这一观点，但是就像他之前的笛卡尔一样，他也在寻求与教会的妥协，提出地球开始非常热，但是经过七个阶段逐渐冷却（类似于《圣经》创世中的七天），在最后一个阶段出现人类。 630

逐渐地，地球本身一直在发生变化的观点开始形成。然而，不管地球是怎么形成的，早期地质学家面临的关键问题是：那些从水中沉积下来的沉积岩怎么能耸立在干燥的陆地上？正如彼得·鲍勒指出的，只可能有两个答案：或海平面消退，或陆地上升。“所有的沉积岩都沉积在一片后来消失的巨大海洋的海底，这样的学说被称为尼普顿理论（岩石水成论），取自罗马海神的名字。”[27] 与之相对的理论是武尔坎理论（岩石火成论），取自罗马火神的名字。18 世纪最有影响力的岩石水成论者，事实上也是最有影响力的地质学家，是亚伯拉罕·戈特洛布·维尔纳，德意志弗赖堡一所矿业学校的老师。他提出，一旦假定地球在冷却后形成高低不平的表面，不同地域的海水以不同的速度消退，那么就能够解释岩石的形成。首先暴露的是原生岩石。再假定海水消退得很慢，那么原生岩石就会受到侵蚀，被冲刷进巨大的海洋，然后当海水进一步消退时，这些沉积物又会暴露在地表，形成次生岩石。这样一个过程可以一而再，再而三地重复。不同种类的岩石就以这种方式形成，分成五个阶段。第一个阶段产生“原生”岩石——花岗岩、片麻岩、斑岩，它们在大洪水时期从最初的化学溶液中结晶而成。最后一个阶段是在所有的洪水消退后由于火山活动才形成某些岩石，火山活动解释了熔岩和凝灰岩的形成。根据维尔纳的理论，地球上的火山是由煤矿床燃烧引起的。[28] 他认为，火山活动对地球的形成影响极微，尽管他本人对宗教丝毫不感兴趣，但是他的岩石水成论同《圣经》中的大洪水非常吻合，这也是为什么它在欧洲非常受欢迎的原因。由此产生了“圣经地质学”一词。

虽然这一理论自有其优点，但是存在一些严重的问题。首先，它甚至没有尝试解释为什么有些据维尔纳理论相对较新的岩石经常被发现位于年代较老的岩石下面。更成问题的是，需要多少海水才能把地球所有的陆地置于溶液中。那必须是许多英里深的大洪水，而这反过来又引发一个更大的问题：那么大的洪水消退到哪里去了？

维尔纳的主要对手是一个参加爱丁堡启蒙运动的苏格兰人，詹姆斯·赫顿（1726—1797）以及他的岩石火成论，尽管一开始他没有什么影响力。自 18 世纪中期以来，一些博物学家开始怀疑火山活动曾经对地球产生了一些影响。例如，人们注意到，法国中部的一些山脉具有火山形态，虽然历史上没有此类活动的记载。另一些博物学家则引证爱尔兰的巨人岬，那里的柱状玄武岩似乎是熔化而成，因此源自火山活动。赫顿没有从地球的起源开始，而是把自己的理论限于观察而不是猜想。他观察四周能够看见的正在发生的地质变化，认为这些过程一直都在继续。他以这样
631 的方式观察到，地球最外面、离我们最近的那层地壳由两种岩石组成，一种是火成岩，一种是水成岩。他进一步观察到，主要的火成岩（花岗岩、斑岩、玄武岩）通常位于水成岩下面，除非剧烈的地底活动将火成岩推到上面。他还观察到任何人都能看见的现象：风化和水蚀即使在今天也会在靠近河口的海床上留下一层包含砂岩、石灰岩、黏土和小石子的细细淤泥。他问道，什么东西才有可能把这些淤泥转化成我们四周可见的坚硬岩石？他得出结论，只可能是热度。水被排除在外，这是一个重要的突破，因为许多岩石显然是不溶于水的。这种热量从哪里来呢？赫顿的结论是，它来自地球的内部，以火山活动的形式表现出来。他认识到，这种活动将能够解释世界各地都能看见的复杂的、棱角突出的岩层。他指出，火山活动还在发生，陆地还在上升和下沉（当时就有证据表明，苏格兰和瑞典正

在隆起），河流仍然在携带泥沙流入大海，这是任何人都能看见的。[29]

赫顿把他的理论于1788年首次发表在爱丁堡皇家学会的学报上，随后于1795年出版了两卷本《地球理论》，“最早一部可以视为地质学综述而不是想象作品的论著”。[30]赫顿的一个重要前提是，化石的起源问题已经完全解决了（“化石”起初的意思是指任何挖出来的东西）。17世纪，尼古拉斯·斯蒂诺和约翰·伍德沃德辨认出化石是生物的残留物，其中许多生物现在已经灭绝。[31]但是人们也认识到，诺亚洪水可以解释山顶化石的存在。当赫顿的书出版时，大洪水作为一种历史事实也不存在疑问了。“当从地质角度考虑地球的历史时，人们只有假设一场全世界范围的大洪水导致了巨大的地球变化，也是形成现在地球表面的首要因素。大洪水的发生证明，上帝不仅是主宰者，而且也是创造者。”正如大洪水没有争议一样，《创世记》中关于创世的叙述也没有争议。因此，创世至今的时间依然约为六千年，尽管有人开始怀疑这个时间是否足够古老，但是没有人认为地球比这古老很多。另一个问题是，动物是否比人类先被创造，不过即使这样，它也没有大幅度增加人类的古老历史。[32]

毫无疑问，赫顿的岩石火成论比维尔纳的水成论更符合地质事实。然而许多批评家拒绝接受，因为火成论意味着存在巨大的地质时间，“存在超过任何前人可以想象的不可思议的漫长年代”。[33]正如维尔纳和其他人所观察的，今天的火山和地震只对地球表面产生“微小”的影响。如果这种情况要造成地球现今的变化，说明地球的年龄必须非常古老，这样大山脉才能抬高到现在的高度。但是赫顿的思想还给地球假设了一个“稳定状态”。它同以下观点相比，显得更糟糕：即地球曾经比现在热得多，那时的地质活动，不管有没有大洪水，都比现在强烈得多。这至少暗示地球是发展的。赫顿的理论中还有一些冷峻的东西，因为他认为我们现在所知道 632
的地球是通过一系列“极小事件”而不是像洪水那样的重大灾难形成的。

要使赫顿的火成论同《圣经》故事吻合，就需要一些灵活的构思。一个构思是，曾经出现过“大蒸发”（它能解释所有的洪水如何消失）。然而，正如查尔斯·吉利斯皮表明的，19 世纪有许多出色的科学家拒绝接受赫顿的理论，而仍然接受水成论，比如约瑟夫·班克斯爵士、汉弗莱·戴维和詹姆斯·瓦特，更不用提皇家学会的秘书海德·沃拉斯顿。[34] 直到约翰·普莱费尔于 1802 年出版一个通行本（见后面第 35 章关于 19 世纪普及者的关键角色以及他们在信仰衰退中的作用），赫顿的理论才开始流行。

但是赫顿（一个自然神论者）并不是唯一相信对现在还在继续的地质过程的观察最终会胜利的人。1815 年，一个运河建造者，通常被称为英国地质学“之父”的威廉·史密斯指出，散布在地表的形状相似的岩石包含相似的化石，它们中的许多物种已经不存在。这本身说明，物种在让岩石形成并硬化的漫长时间里曾经生存过、繁盛过，最后灭绝。这在两个方面具有重要意义。第一，它证明，不同的岩层不是在同一时间形成的，而是在不同时期形成。第二，它证明，存在众多的彼此独立的创造和灭绝，同《圣经》上的说法完全相左。[35]

对《圣经》叙述的反对意见越来越多。不过，情况仍然是，19 世纪初几乎没有多少人质疑大洪水。《圣经》叙述中的水成论仍然是最普遍的说法。彼得·鲍勒说，当时有的地质学书比流行小说销量还要好，不过，科学“只有当它没有扰乱宗教和社会传统时才受人尊敬”。[36] 不过，在 1811 年，当法国人乔治·居维叶出版他的《化石骨骸的研究》时，水成论确实迎来一次重要转变。这本书在十年内出了四版，它表明一种全新的升级版的水成论正是人们最需要的。居维叶是法国自然博物馆（其前身是王家植物园）的馆长，他宣称，地球的历史上有过不是一次而是几次大灾难，包括大洪水。他以赫顿的方式观察四周，发现因为完整的哺乳动物和其他大型脊椎动物被山区的冰雪“整个覆盖”，所以这些灾难一定是突如其来的。

他还认为，如果整座山脉从海洋中抬起，这些灾难只能（从理论上）非常强烈，如此强烈以至于整个物种（包括早期的人类）都会灭绝。[37] 巴黎盆地的考古发掘进一步表明了在咸水和淡水之间有一个沉积层，表明“大陆和海洋的相对位置发生了一系列重大变化”。[38] 但是居维叶的研究同《圣经》的记载并不完全相符。他还观察到，岩层中较深层的化石与现存生物形式完全不同，而且世界各地的化石都呈现相同的层次，它们是：鱼、两栖动物、爬行动物、哺乳动物。他因此得出结论：岩层越古老，灭绝动物的比例就越大。因为在那时还没有发现任何人类化石，他得出结论：“…… 633
人类一定是在最后一次大灾难和之前的大灾难之间的某个时间出现的。”[39] 他还发现，埃及探险队带回来几千年前的动物干尸，它们同现存的动物一致，证明了物种的稳定性。因此，化石物种在灭绝之前一定生存了很长时间。[40] 在某种意义上，这是对《圣经》做了妥协。人类在大洪水之后被创造，动物则要古老得多。

然而，居维叶的观察使得水成论和灾变论流行起来，尤其在英国，那里直到 19 世纪 20 年代才接受了赫顿的理论。罗伯特·詹姆森是爱丁堡维尔纳学会的领头羊，他甚至想方设法避免让赫顿的理论在他的家乡产生太大影响。[41] 事实上，许多地质学家，尤其是在英国，之所以赞成大洪水理论还有另外的理由：有些大岩石的类型完全不同于周围的陆地。后来将有人证明，它们是在大冰期被冰原沉积而成的，但是一开始，它们的分布被归因于大洪水。最坚持这一点的是牛津大学的首位地质学教授威廉·巴克兰。1819 年，在他的任职演讲“地质与宗教的关系考察”中，他试图“表明，地质学研究具有证实自然宗教的倾向；地质学研究得出的证据同《摩西五经》中记载的创世和大洪水相符合”。[42] 另外，他到牛津没多久，一些矿工于 1821 年在约克郡皮克灵溪谷的柯克代尔发现了一个洞穴，在那里他们发掘出含有“各种骨头”的巨大沉积层。巴克兰看到了自己的机会。

他赶到约克郡，迅速发现，虽然大多数骨头属于土狼，但也有许多鸟类和其他物种，包括在英国已经灭绝的动物：狮子、老虎、大象、犀牛、河马。而且，每块骨头和头骨扭曲或损坏的方式都几乎一样，他因此得出结论：矿工们发现的是一个土狼窝。他记录了这一发现，首先写成了一篇学术文章，获得了皇家学会的“科普利奖章”，之后又将其扩充为一本更受欢迎的记述。他在书中的主旨是强化大洪水的存在以及人类较晚被创造这一事实。他的文章论述极其整饬：柯克代尔的大多数骨头都属于现在欧洲已经灭绝的物种；这样的骨头从未在冲积沙层或冲积泥层被发现过；没有证据表明这些动物在大洪水之后曾经在欧洲生存过。巴克兰说，显然，矿工们发现的残骸所属动物一定是在诺亚之前被埋葬的。他最后认为，最上面一层的残骸在黏土中保存得如此完美，“它们一定是突然被埋入的，而且从覆盖在黏土上的后冲积世钟乳石层来判断，也就在五千或六千多年前”。[43]

不管怎样，洪水理论仍旧存在问题，尤其是，就连巴克兰也承认，世界各地的各种化石证据表明的大洪水时期大不一样。（巴克兰同许多人一样并没有让信仰过于歪曲科学。[44]）另外，到 19 世纪 30 年代，地球冷却理论在解释为什么地质活动在过去比现在更强烈时越来越具有逻辑连贯性，它进一步证明地球在演化，生命形式在过去很不同。1824 年，巴克兰
634 自己描述了第一种已知的恐龙，“巨齿龙”，尽管“恐龙”一词到 1841 年才由伟大的解剖学家理查·欧文命名。同一年，约翰·菲利普斯确定了地质形成的伟大序列：古生代，即鱼类和无脊椎动物的时代；中生代，即爬行动物的时代；新生代，即哺乳动物的时代。[45] 这部分建立在亚当·塞奇威克和威尔士的罗德里克·穆启生爵士的研究基础上，他们开始了对古生代的解构工作。古生代时期最后被证实从大约 5.5 亿年前到 2.5 亿年前，在那一时期，植物从海洋迁移到陆地，鱼类出现，然后是两栖类，再然后

是爬行动物登上陆地。这些新的生命形式在大约2.5亿年前灭绝，原因现在依然不明。但是从塞奇威克和穆启生的分析中能清楚看出，地球上的早期生命形式非常古老，生命首先出现在海洋，然后爬行到陆地。不管有没有大洪水，这些再一次同《圣经》有相当大的出入。[46]

这时，对化石和岩层序列的研究同正在兴起的胚胎学联系在了一起。这里的关键人物是卡尔·恩斯特·冯·贝尔，他反对早期的流行观念，这种观念认为，人类的胚胎综合了无脊椎动物—鱼类—爬行类—哺乳类的演进过程。相反，他认为，所有的胚胎在早期都很简单，然后发展出在世界上占据自身地位的特殊特征：低级动物并不像人们所想的是人类的不成熟形式。[47]冯·贝尔还指出，各种生命形式的组织不是一个“以人为中心的等级结构”，人类只不过是许多终极结果中的一个而已。罗伯特·欧文在《脊椎动物骨骼的原型与异体同形》（1848）和《肢体的性质》（1849）中表明，脊椎动物具有一个基本相似的结构，它们按照不同的方式适应环境，但不是按照线性方式朝着人类发展。[48]

这都是后话了。居维叶、塞奇威克和穆启生的发现的重要性，特别是其内在价值在于，他们为查尔斯·赖尔的思想带来了决定性的变化。1830年，他出版了后来成为三卷本《地质学原理》的第一卷。赖尔的观点体现在书的副标题中，“通过现在起作用的原因对地球表面以前的变化做出解释的努力”。他还受到了一个法国人乔治·斯克罗普的很大影响。赖尔说，斯克罗普对法国中央高原的研究表明“河流在无数个世纪的流淌中切割出山谷”。在自己的书出版之前，赖尔游览了欧洲，会见了地质学同行艾蒂安·德·塞尔等人，共同研究了一些地质特征，最为著名的是西西里的活火山。他发现，那里巨大的火山堆是通过长期的系列小火山爆发而逐渐形成的。另外，火山坐落在最近形成的沉积岩石上，这从化石中的软体动物同现存的软体动物相同这一事实上得到证明。这使赖尔相信，没有必要假定这座山脉只发生过一次灾难。

但是，《地质学原理》本质上是一部综合性著作，而不是原创性研究，因为在书中，赖尔通过辨别和阐明已经出版的材料来支持两个结论。第一个结论很显然是为了表明地球上的主要地质特征能够被解释为历史上地质活动的结果，这些活动同现在能观察到的活动完全相同。在对该书的评论
635 中，“均变论”一词被使用并且很快流行开来。赖尔的第二个目标是反对一场大洪水或系列洪水导致了我们现在看到的地球特征的观点。他大量借用了斯克罗普的观点，同意他说的河流开辟出了自己的山谷，“蜿蜒的河床”不可能是剧烈活动的结果，更不可能是大灾难的结果。在宗教方面，赖尔采取了一种常识观，认为上帝不太可能不断地干预自然法则，引发一系列重大灾难。相反，他认为，如果假设过去足够久远，那么现在仍能观察到的地质活动就足以解释“岩石中的记录”。[49] 他补充说，不乏证据表明，火山在整个历史上定期爆发，而且同洪水或灾难没有任何关系。他比较了地层学、古生物学和自然地理学的发现，确定了三个具有显著不同的生命形式的独立时期，也就是后来所说的上新世、中新世和始新世，最后一个时期在 5500 万年前。这比《旧约》中的任何记录都要古老许多。

《地质学原理》第一卷对大洪水说进行了辩驳，并且开始了彻底否定这种思想的过程。在第二卷，赖尔粉碎了《圣经》中的创世说。通过仔细研究岩石中的化石，他表明，曾经存在过连续不断的生命创造和灭绝活动，涉及难以计数的物种。18 世纪，林奈曾猜想，一定存在“一个特别的地球之角”，专门留作“上帝的孵化器”，生命和新物种就从那里开始。赖尔证明了这种想法有多么荒谬。他表明，生命开始于“不同的聚焦点”。他认为，人类被创造相对较晚，但其创造过程同其他动物是完全一样的。[50]

赖尔理论中的一个大问题是，它复兴了赫顿的地球“稳定状态”理

论，认为我们所看见的世界是构造活动和破坏活动的结果。那么，所有活动的能量从何而来呢？随着19世纪中期热力学的发展，开尔文勋爵等物理学家提出，地球一定在冷却，并在此基础上计算出地球的年龄至少有1亿年。这当然离事实很远，但是比《圣经》中说的还是古老许多。（直到20世纪，物理学家才认识到某些元素的放射性能够保持地球的中心温度。[51]）站在现在的角度，我们能说，赖尔的书稍微提了提进化。但也只是提了提，因为他没有自然选择的概念。另一方面，他的确彻底驳倒了水成论。

然而，仍旧有一些人在为调和《圣经》故事和科学发现中的洪水而做最后的努力，最后的结果是出现一系列后来所称的“布里奇沃特论文”。“这一系列奇怪的、在现在读者眼里有致命缺陷的论文是根据第八代布里奇沃特伯爵弗朗西斯·亨利·埃杰顿牧师的遗嘱制作的，他是一个贵族教士，经常忽略自己的教区职责，死于1829年。布里奇沃特伯爵在遗嘱中要求其遗嘱执行人坎特伯雷大主教、伦敦主教和皇家学会主席选出八位科学作家，每一位代表自然科学的一个主要领域，要求他们能够证明‘一如创世中显示的上帝的力量、智慧和仁慈；用所有理性的论述解释说明在动 636
物、植物和矿物世界中上帝创造所有生物的多样性和构成……’”这八位被挑选的科学作家其实包括教士、物理学家和地质学家。[52]他们中没有人说过有益于辩论的事情，但是这些论文的存在本身表明，有些人多么努力地阻碍科学的进步。他们论述中使用的一个观点是：从统计学上，宇宙是不大可能的，因此“上帝的指南”一定在发挥作用。我们的世界如此仁慈，它只能由上帝创造，例子包括：鱼的眼睛专门适合海洋条件；铁矿石总是在煤矿邻近出现，因为这样它才能冶炼，等等。[53]在最后一篇论文中，托马斯·查默斯博士坚持认为，人类良心的存在，道德性概念本身，就是“一个精致的、神圣构成的和谐存在的绝对证据……”[54]

这些论文很流行。它们在1833至1836年间分别发表，至少到19世纪50年代每篇论文都出了四版。它们的主要缺陷在于对待科学的轻率方式，每一篇写得都像最后的定音，就好像地质学、生物学、语文学和其他新兴学科除了过去的发现外，不会再有进一步的发展。

对"布里奇沃特论文"做出的最迅速的反应是查尔斯·巴贝奇于1838年发表的《第九篇布里奇沃特论文》。文章提出，肯定存在一个创造者，因为巴贝奇自己就创造了著名的"计算引擎"，也就是现代计算机的前身。他能够给机器编制程序，让它改变之前预定计划的运算。这样就诞生了一种将会流行的观念"创造法则"，挺像繁殖法则。这一观点在另一位爱丁堡人罗伯特·钱伯斯手中得到了最充分的运用，他在1844年出版的《创世的自然史遗迹》是对传统的根本叛离，如此激进，他不得不匿名出版。这本书提出了进化论的基本思想，尽管丝毫没有预见到达尔文的自然选择说。钱伯斯把生命过程描述为一个纯粹的自然过程。他首先说明，生命是自然发生的，"并援引很快将被推翻的某些实验作为证据，这些实验中，小昆虫在电的作用下产生"。[55] 他以巴贝奇的《第九篇布里奇沃特论文》为例，提出模糊的创造法则来解释演化。但是他的主要贡献，正如本书"前言"中介绍的，是按照上升体系组织古生物学的证据，并且提出人类并不比自然世界的其他有机物更高级。尽管他没有掌握自然选择，或说没有掌握进化是如何运作的，但是钱伯斯确实比达尔文早十五年向大家介绍了进化的思想。[56] 詹姆斯·西科德在他的《维多利亚的轰动》(2000)中全面探讨了《创世的自然史遗迹》的影响。他甚至说，达尔文在某种意义上是被钱伯斯"占了先机"；英国社会上下都在讨论《创世的自然史遗迹》，在各种协会、时髦的知识分子沙龙和学会，在伦敦、剑桥、利物浦和爱丁堡，还有在下层社会群体中；书中提倡的思想逐渐变成普遍议题，绘画、展览和新兴大众发行的报纸上的漫画中都提到它；女权主义者和自

由思想者也在讨论它。西科德指出，钱伯斯不是一个科学家，而是一个来 637
自出版商家庭的中层知识分子，他的书实质上提供了一个历史的“进步”叙事，既充分借用了科学发现，也充分借用了新兴小说的叙事技巧（小说本身就是一种新事物）。钱伯斯相信他的书会造成轰动：他匿名出版的一个原因是怕万一反响不好，另一个原因是怕反响太好。但是，西科德说，作者匿名本身就说明，整个进化问题到19世纪40年代已经有较广泛的传播，而且带来了很大的争议。西科德提出的特别重要的观点是，正是《创世的自然史遗迹》（出版十四次）向最广泛的人们介绍了进化思想，因此，这样看来，达尔文的《物种起源》是化解了一个危机，而不是引发了一个危机：“进化思想不是以达尔文为中心的叙事。”这是思想史上的一个重大修正。[57]

对“布里奇沃特论文”的另一个同样有说服力的回应几乎与《创世的自然史遗迹》同时出现，它凸显了正在展开的科学的性质，这就是路易·阿加西和其他人对大冰期的发现。阿加西是一位瑞士地质学家，他后来因为关于冰川的研究而于1847年被邀请到哈佛大学。关于大冰期的最初思想并不是他的：1795年，詹姆斯·赫顿在他的一次罕见猜想中，曾经怀疑日内瓦附近一些奇怪的、“不规则的”大圆石是被已经消退的冰川携带而来的。但确实是阿加西收集并整理了大量的证据，使这一问题不再存有疑问。赖尔为证明地球的古老而做的努力，也正是阿加西为证明大冰期做的努力。

通过观察现存的冰川（在瑞士的阿尔卑斯山不乏此类冰川），阿加西得出结论：欧洲北部的大部分地区曾经被埋在冰川下，有些地方的冰厚3公里。这一结论（当时因为他对鱼类化石更感兴趣而越发不寻常）主要建立在即使在现在的冰川边沿都能发现的三种证据的基础之上：“不规则大圆石”、冰堆石和冰碛。不规则大圆石是一种大型圆石，就像日内瓦的那些石头一样，它们的结构同周围的岩石很不一样。[58] 它们在冰块增大时被冰川边缘推动着，然后当地球再次变暖，冰川消退时，它们就留在了一个“陌生的”环境里。这样地质学家就能在一块由石灰岩构成的地区突然发现一块巨大的花岗岩圆石。早期地质学家曾经认为这种现象是由大洪水造成的，但是阿加西表明，是冰川带来了这一结果。冰碛是冰川在地球上延展并且（用 J.D. 麦克杜格尔的话说）像一块巨大的砂纸一样冲刷而成的一种碎石。[59]（冰碛为现代建筑业提供了大量的碎石资源。）冰堆石是在冰川边缘形成的碎石堆，可以非常大：纽约州的长岛大部分是一块长 110 英里的冰堆石。阿加西和其他人得出结论：最近的大冰期开始于约 13 万年前，2 万年前达到顶峰，1 万至 1.2 万年前迅速结束。它非常重要，因为它同农业开始的证据相符。[60] 它在时间上和文化进化上都提供了一致性。

“进化”这个词最初只在生物学领域使用，指胚胎的发育。在拉丁语原文中，它的意思是“展开”。除了这种用法，“演进”或“发展”也被用来表达“较单一的组织以至今不为人所知的方式生成更复杂的组织”这一
638 连贯性概念。专家们就这一过程是否包括人类而产生分歧。“进化”的第二种用法是文化意义上的。根据维柯、赫尔德和其他人的观察，进化指他们在人类社会的发展中看到的从比较原始到比较高级的文明形式的进步。彼得·鲍勒指出，早期人类学家 E.B. 泰勒和 L.H. 摩尔根等人认为，不同的种族按照相似的文化阶段序列发展，那些仍旧“原始”的民族属于“文化发展中落后的序列，处于白种人在早期阶段已经越过的阶段”。[61]

拉马克是演进主义最重要的倡导人之一。让-巴蒂斯特·德·莫内，又称德·拉马克骑士（1744—1829），并不是有时被人描绘成的无赖和傻瓜。正是他注意到一些化石物种同现存的生物类似，这使他想到，至少一

些化石中的物种可能没有灭绝，而是应对地球上的环境变化而发生了改变，因此仍旧生存，“但以一种我们不能辨认的改进形式”。这是一种前达尔文的适应概念。[62] 拉马克相信地球的古老年龄，认为生命形式在漫长的时间中一直在发生变化。他把人视为这一发展过程的最后结果。[63] 拉马克的进化思想是双重的。首先，他相信自然体现了越来越复杂的原则。其次，他相信任何动物的组织使用越多、发展就越高级，而且这些强化了的（或获得的）特征能传给下一代，前提总是“这些获得的改变适应于两性，或适应于那些能繁殖后代的一方”。[64]

由于这些因素以及我们要谈到的其他因素，可以说 19 世纪中期已经有某种思想“在传播”，它催生了达尔文所称的自然选择。[65] 马尔萨斯早在 1797 年就暗示了为生存而做的竞争。他说，历史上每个部落都会为资源而竞争，失败者最终消亡。“现在我们知道，达尔文除了阅读马尔萨斯外，还阅读了亚当·斯密和其他政治经济学家的著作。他提出的由专门化而产生分化的概念体现出从劳动分工中增长的经济优势。”[66] 另一种理论是威廉·查尔斯·威尔士于 1813 年在《一个白种女性的记述》中提出的，他认为人类可能是在迁移到无人居住的地域面临新环境时产生的。[67] 人口中的偶然变化意味着，某些人更适应新的环境，他们也因此更可能成为新人种的父母。

纵观 19 世纪中期，大家都在谈论社会和自然中的争斗、竞争作用。[68] 现在要无视或反驳岩石中的证据已经很难，岩石提供了一幅清楚的图景。“最古老的岩石［6 亿年前］中只发现了无脊椎动物的残骸，第一种鱼类在志留纪［4.4 亿年前至 4.1 亿年前］才出现。中生代［2.5 亿年前至 6500 万年前］是爬行动物的时代，包括恐龙。虽然中生代也有少量的哺乳动物， 639
但它们到新生代［6500 万年前至现在］才繁盛起来，逐渐变成今天更高级的生物，包括人类。”[69]（方括号内的时间在 19 世纪当然还不被人认可。）

当时的人很难不在这一进步中读出某种“终极目标”，通过各个阶段，“通向”人类，“因此揭示出一个具有象征目标的神圣计划”。在当时的作品中，大多数“生命之树”都表示出一根主干，比其他的树枝都要粗，直接指引向人类。

当然，根据詹姆斯·西科德的近著，对这种图景不得不做出修正。在书中，西科德提供了达尔文在大英博物馆阅览室阅读《创世的自然史遗迹》时做的笔记。虽然达尔文对书中的许多论述并不感兴趣（他从未给自己买过一本），但是作为“传播中”的思想的头一个，《创世的自然史遗迹》显然对达尔文在加强自己的自然选择理论同其他对抗理论的区别时产生了影响。[70]

在这一“思想气候”，或说“传播的东西”中，“演进主义”及其成立的最后一个因素是阿尔弗雷德·罗素·华莱士的作品。近年来，华莱士在发现进化论中的名声和角色也经历了变化。多年以来，人们认为华莱士在1858年递交给达尔文的论文《论变种极大偏离原始物种的倾向》清楚地提出了自然选择，以至于达尔文被迫开始考虑出版他自己的书《物种起源》。因此，一些学者认为，华莱士从未获得应有的认可。他们甚至暗示，达尔文及其追随者有意使华莱士远离公众视线。[71]然而，最近对华莱士论文的仔细研读表明，他的自然选择思想同达尔文并不相同，而且作为一种解释工具远远不如后者有力。特别是，华莱士没有强调个体之间的竞争，而是强调了个体同环境之间的争斗。对华莱士而言，那些较不适应的个体，即那些较不适应环境的个体，将会消亡，尤其当那个环境发生重大变化时。在这个体系下，每个个体都为环境而斗争，每个个体的命运都同其他个体没有关系。[72]这种差别，也是根本的差别，它能够解释为什么当达尔文的书在华莱士递交论文后的次年出版时，后者没有表示任何反对。[73]

当然，以上所说不能掩盖这样一个事实：当《物种起源》在 1859 年出版时，它带来了“一种崭新的，对达尔文的同时代人而言完全没有意料到的关于生物进化问题的解释”。达尔文的理论解释了生物世界的一种新的变化机制，这是任何人都没有做到的。它表明了一个物种如何产生另一个物种，用恩斯特·迈尔的话说，“不仅代表了一种新科学理论对另一科学理论（物种不变论）的取代，而且要求重新思考人类对世界和自身的认识；更具体的是，它要求摒弃西方人的一些最根深蒂固、最珍视的信仰”。对彼得·鲍勒来说，“随着基督教的人与自然观被一种唯物主义观所取代，思想史家把生物学中的革命看作西方社会价值体系一个更深刻的变化的征兆”。[74] 达尔文提出的最著名的洞见是他的自然选择说，也是该书的主要理论（书的全名是《依据自然选择或在生存斗争中适者生存的物种起源》)。任何物种的个体都表现出变体特征，那些适应能力更强的个体 640
更有可能繁殖并产生新的后代。这样，比其他个体更能适应的偶然变体受到鼓励。这一理论或过程不需要“设计”，而且同时比任何其他理论都更经济，能够从各个方面被观察到。[75]

虽然达尔文是在与华莱士接触后被激发而出版了《物种起源》，但自从 19 世纪 30 年代后期，在乘坐如今闻名于世的“小猎犬”号环球航行后，他就一直在酝酿他的理论。在南美洲，尤其是在加拉巴哥群岛，当他从一个岛屿到另一个岛屿研究物种变体时，在那里度过的时间教会他从群体而不是个体的角度思考问题。当他在巴塔哥尼亚的彭巴草原旅行时，他对普通的美洲鸵鸟，一种不能飞的鸟类，已经很熟悉了。在四处游览时，他吃过各种不同的鸵鸟。他注意到，在被两个鸟群占领的地区的边界，存在优势权力的争斗。他开始感到惊奇，为什么在不同的岛屿和大陆存在相关的物种，难道上帝访问过每个地方，并且做了细微的调整？[76] 通过对藤壶的研究，他发现一个物种会有多种变体，所有的这些观察和推理逐渐汇集起来。当他的书在1859年11月24日出版时，第一天就被抢购了1250本。达尔文自己则在约克郡的伊尔克雷疗养，等待暴风雨的到来。[77]他没有等太久，原因不难看出：恩斯特·迈尔说，达尔文的理论有六大哲学意义：（1）一个静止的世界被一个演化的世界取代；（2）证明了创造宇宙说是不可置信的；（3）摒弃了宇宙目的论（认为宇宙存在一个目的）；（4）废除了绝对人类本位说（世界的目标就是创造人类）的任何证据；（5）用纯粹的唯物主义发展过程代替世界的"设计"说；（6）本质主义被种群思维代替。

我们必须对《物种起源》的影响有清楚的了解。它同达尔文可靠的信誉有一定的关系，而且他的书中充满了支持证据。它不是一个不知名人物写的。[78]然而，其影响也同以下事实相关：正如詹姆斯·西科德指出的，该书解决了，或说似乎解决了一个危机，而不是引发了一个危机。自然选择本质上是进化论最后的支撑，而不是第一个；是进化论最后的补充，它提供了一个物种如何产生另一个物种的机制。《物种起源》的非革命性质，用彼得·鲍勒的话说，在西科德书中的图表里得到了证明。根据它的记录，《物种起源》到20世纪才开始决定性地比《创世的自然史遗迹》更畅销。[79]

即便如此，《物种起源》确实引发了强烈反对。达尔文自己认识到，他的自然选择理论将是其学说中最有争议的部分，他没有错。达尔文崇拜的一位哲学家约翰F.W.赫歇尔称自然选择是"乱七八糟的法则"，而塞奇威克（既是神学家，又是科学家）诅咒它是一种"道德侮辱"。[80]许多对《物种起源》的好评对自然选择都保持不温不热：例如赖尔就从来没有完全接受，并把自然选择描述为"令人反感"，而T.H.赫胥黎认为它无法得到证实。[81]19世纪晚期，当进化论被广泛接受时，自然选择却被忽视，这很重要，因为忽略自然选择使人们假定进化"是为了向一个特定的目标发展，正如胚胎朝着成熟发展一样”。如果这样看的话，进化论就不像有时表现的那样是对宗教的一种威胁了。[82] 事实上，《物种起源》有两章论述了生命形式的地理分布，借用了上述的地质学和古生物学知识，因此人们接受这些比接受自然选择机制容易得多。《创世的自然史遗迹》为此做了部分准备。恩斯特·迈尔说达尔文理论的自然选择部分直到 20 世纪 30、40 年代，在进化综合论出现后才最终被接受。[83] 许多人只是简单地认为《物种起源》的含义是不道德的，并始终相信，世界是井然有序的（这是上帝存在的证据），达尔文关于偶然进化（“乱七八糟”）的思想无法创造这样的和谐。他们说，达尔文学说是自私和奢侈的，一个仁慈的神灵永远不会允许这样的过程发生。用达尔文的理论，音乐能力的目的是什么？或者说完成抽象数学演算能力的目的是什么？[84] 应该说，达尔文对“选择”这个词从来都不满意，而许多人对如何理解“最适者”存在误区。一些批评家认为，达尔文的理论化方式是不科学的，因为他的理论无法被证伪。 641

达尔文的理论显然有一个重大缺陷。它没有论述遗传特征传给下一代的真正机制（“硬遗传”）。虽然摩拉维亚的格雷戈尔·孟德尔修士在 1865 年发现了这些机制，但是达尔文和所有人都忽略了它们的重要性，它们直到 1900 年才被重新发现、广泛传播。在孟德尔被重新发现之前，德意志生物学家奥古斯特·魏斯曼最受关注，尤其是他从细胞理论发展出的“种质”思想。细胞首次被发现是在显微镜被发明之后，当时被称为“水珠”或“气泡”。到 19 世纪早期，随着显微镜设计方面取得重大进展，从马里-弗朗索瓦·格扎维埃·比沙开始，众多生物学家确认了二十一类动物组织，发现它们都由细胞构成。现在的研究表明细胞不仅包含细胞壁，而且包含一种黏性“生命物质”，J.E. 普尔基涅在 1839 年把这种物质命名为“原生质”。[85] 最后证明所有的动植物都由细胞构成的人是 J.J. 施莱登（植物，1838 年）和特奥多尔·施旺（动物，1839 年）。魏斯曼注意到细胞核的存在，并逐渐形成这样一种观点：种质不包括完整的生殖细胞，而是集中在细胞核内的杆状结构中，这些杆状结构因为被碱性染料着上不同的颜色，因此称为“染色体”。但是即使孟德尔的理论被重新发现，也并没有立即表现出来他的机制在某种意义上“完善”了达尔文理论。这是因为当时发起了一场激烈的论辩：选择，如果发生的话，是在连续变体上发生作用，还是在离散变体上发生作用？也就是说，特征（例如蓝眼睛或棕色眼睛）是离散变化的，还是像身高那样可以连续变化？孟德尔自己似乎选择离散特征（花的颜色，种子是皱粒还是圆粒），因为它们能够支撑他想要证明的理论，而且因为他有自己的与达尔文不同的理论，即选择对杂交、对过渡类型发生作用。（传统上杂交是一个神学问题，被认为是上帝创造的物种之间的过渡形式。）孟德尔遗传学对达尔文自然选择理论的全部意
642 义直到 20 世纪 20 年代才得到认识。[86]

达尔文没有止步于《物种起源》。任何关于达尔文学说的记述都不能忽略《人类的由来》。“演进主义的进化论”思想在 19 世纪风行各个领域，正如我们所看到的，甚至在物理学领域，在康德和拉普拉斯的星云假说中。他们认为太阳系是一团巨大的尘埃，在重力作用下聚集而成。[87]

这就是为什么当 19 世纪中期社会学、人类学和考古学开始兴起时，它们共同打造了一个演进主义框架。早在 1861 年，亨利·梅恩爵士在《古代法》中就探索了现代法律体系如何从“父权制家族群体”的早期习俗发展而来。[88] 其他采用类似方法的书还有约翰·拉巴克 1870 年的《文明的起源》和路易斯·摩尔根 1877 年的《古代社会》，当然最杰出的是詹姆斯·弗雷泽于 1890 年出版的《金枝》。早期的人类学家还受到殖民地经历的影响：他们几次试图教化殖民地的人，目的是让他们转入“显然”高等的欧洲文化习俗。这些努力都以失败告终，这至少让一些人类学家相信，存在“一个所有文化发展时都要经历的固定的阶段顺序”。[89] 从这得出，不

能把一种文化从它的早期阶段人为地转入另一阶段。路易斯·摩尔根把这些发展阶段描述为：蒙昧时代、野蛮时代和文明时代。这对殖民者来说是一种令人鼓舞的学说。他讨论的主要思想包括政府思想的演化、家庭思想的演化和财产思想的演化。[90]

正是在这种知识气候中，考古学家开始构想本书“前言”中讲到的石头手斧的进步，提出了“三阶段论”（石器、铜器、铁器）。我们看到，当时远古“石器时代”的思想遭到激烈的反对。没有人能接受最初的人类同现在已经灭绝的动物共同存在过，只有当佩尔特在法国北部的碎石床发现了同灭绝动物骸骨并存的石器时，思想才开始发生变化。不过，大约在1860年，部分是因为《物种起源》的出版，观念发生了剧烈的改变，关于人类远为古老的观点最终被接受。查尔斯·赖尔最后也同意了关于地球的演进主义观点，然后收集了大量支持这一新观点的证据，并且在《人类古老的地质学证据》（1863）中将其做了综合阐述。

最早的石器极端粗糙原始的特点使许多人相信，早期人类的社会和文化环境同样原始，这导致约翰·拉巴克提出，人类社会从蒙昧时代开始演进。这比表面上看来还要令人感到震惊，因为19世纪的宗教思想家仍然认为，现代人同堕落之前的亚当和夏娃相比是倒退的。正是在他的《史前时代》（1865）一书中，拉巴克第一次使用了“旧石器时代”和“新石器时代”术语来描述从旧石器时代到新石器时代的转变，他说这种转变可以从凿石到磨石的变化中区分开来，当然更加复杂的变化很快被陆续发现。[91]

对许多人而言，关于人是否从猿猴进化而来的论辩背后的关键是灵魂问题。如果正如事实所说，人类只不过比猿猴高级一点，那么是不是意味 643
着我们将不得不抛弃灵魂的概念（传统上区分人与动物的标记）？达尔文在1871年出版的《人类的由来》中试图同时完成两件事情：让怀疑者相

信人类确实从动物演化而来；同时试图解释人之为人的意义，人如何获得他们独特的品质。

“虽然达尔文逐渐抛弃了对一个仁慈造物主的信仰，但是他显然倾向于认为白种人的确代表向着最高级事物不可避免（即便不规则）的演进中的高等位置。”[92] 在《人类的由来》中，他知道首先必须解释从猿猴到人类的进化中思维能力的巨大增加。[93] 如果进化是一个缓慢的渐进过程，为什么会存在这一巨大的脑力差距？这正是宗教怀疑论者寻求的答案。他给出的答案在书中第 4 章。在那里，达尔文提出，人类拥有一个独特的身体特征，也就是本书开始时提到的直立。达尔文认为，这种直立和双足行走模式能解放人的双手，从而最终发展出使用工具的能力。他说，正是这一点将在大猿猴的一类中引发智力的迅速增长。[94] 在《人类的由来》中，达尔文没有给出令人信服的理由去解释为什么远古人类开始直立行走，直到 1889 年华莱士才指出，可能是因为对新环境的一种适应。他猜想，也许因为气候变化，森林在减少，早期人类被迫从树上转移到开阔的热带草原。他提出，在热带草原，直立行走是一种更合适的行动模式。

直立的重要意义起初并没有被认为非常重大，尽管这一思想是达尔文本人提出的。直到尤金·杜布瓦在 1891 至 1892 年间发现了“爪哇猿人”，即直立猿人（现在的人属），这一理论才显出其重要性（也证实了尼安德特人骸骨的重要性，见第 1 章）。直立猿人的骸骨包括能表明双足直立结构的一块股骨。还有一块表明脑的大小在猿猴与人类之间的头骨。即使如此，人类直立的重要意义要到 20 世纪 30 年代才被完全认可。[95]

达尔文学说留给我们的遗产是复杂的。“进化论的到来被有些人看作是现代文化同西方思想的传统根源分离的分水岭。”[96] 毫无疑问，除了它本身的思想内容，该学说的发表也在西方思想的世俗化过程中扮演了重要角色，这一点将在第 35 章讨论。[97] 达尔文学说迫使人们面对一种新的历史观：历史是偶然发生的，没有目的，没有终极目标。它在消灭对上帝的需要的同时也改变了关于智慧的观念，智慧成为某种确定可以企及的状态，无论它有多么遥远。它从各个方面削弱了传统观念，也改变了未来的可能性。只需提两点。正是达尔文的社会变化模式使马克思产生了革命是不可避免的观点，也是达尔文的生物学使弗洛伊德构想出潜意识精神活动的“前人类”性质。正如我们将要在后面的一章看到的，达尔文在进化论语境下对于什么构成“适应”的观念被大大误解，并且有意无意地产生了
许多不公正的残忍的社会制度。但是自从 1900 年基因的发现以及建立在 644
基因之上的技术繁荣以来，达尔文学说取得了彻底胜利。除了美国一些农村还有一两个令人尴尬的“创世论”小团体，地球和人类的远古性质现在
已经深入人心。 645

32

关于人类秩序的新思想：社会科学和统计学的起源

约瑟夫–伊尼亚斯·吉约丹于1738年5月28日出生于法国西部的桑特，在家中十二个孩子中排行第九。具有讽刺意义的是，他是早产儿，早产原因是其母亲偶然目睹了一次悲惨的公开行刑。也许正因为这一点，当约瑟夫–伊尼亚斯长大后，他总是意识到在法国，正如在其他地方一样，行刑手段因罪犯的社会地位而有很大的不同。一般来说，贵族的死刑执行得快，而那些社会较低的人，死刑执行时间经常会拉长，而且非常痛苦。在18世纪的法国，大约有一百多种罪名带来死刑，而最残酷的一次是对弗朗索瓦·达米安（1714—1757）的公开处决，这个倒霉鬼用折刀攻击了路易十五，而且划破了国王的胳膊。达米安胸膛上、胳膊上和大腿上的肉被烧红的铁钳子扯开，他曾经拿过折刀的右手被放在硫黄中灼烧，熔化的铅和沸腾的油被倒在刚刚被撕掉皮肤、暴露在外的肉上，然后他的身体被朝四个方向拖拽的四匹马肢解。行刑者对犯人表示出了同情，他用一把锋利的小刀挑断了犯人关节处的筋，这样就能比较容易地撕裂身体。

在法国大革命之前，约瑟夫–伊尼亚斯已经是一位重要人物，一位杰出的医生，也是巴黎大学医学院的院长和解剖学教授。他后来成为国民会议代表。他还是一位和平主义者，出于人道主义考虑，他在 1789 年 12 月向国民会议提出了六项提议，旨在建立一部新的、更人道的刑法法典，对所有人都平等对待，在执行处罚时不区分犯人的身份等级。新法典第二条建议，此后的死刑要用一种新的、简单的机器砍头。国民会议仔细讨论了吉约丹医生的建议，后来采纳。在讨论期间，有位记者问道（带着讥讽和夸张，因为新机器还没有设计出来，更不用说搭建了）：“机器的名称是叫吉约丹还是米拉波？”

吉约丹既没有设计也没有搭建这个后来以他的名字命名的机器。设计者是另一位医生，叫安托万·路易（有段时期，计划把新机器取名“小路易”），而实际搭建行刑机器的是一个叫戈顿或圭顿的先生，一个给国家 646
提供绞架的木匠。新的奇妙装置在 1792 年 4 月 17 日测试（使用稻草、绵羊和一些尸体）。当一具脖子特别厚的尸体被砍三次都没有成功时，路易医生增加了铡刀下降的高度，并且把刀刃从凸起的弧形改为 45 度直线形。人们举办宴会庆祝“吉约丹医生的女儿”，为“最卓越的平等工程”干杯。

断头台第一次“实际”使用是一个星期后，也就是 1792 年 4 月 25 日，一个叫雅克·尼古拉·佩尔蒂埃的小偷和刺客被处死。[1] 几千人蜂拥去观看新的机器，但是许多人都感到失望，因为行刑结束得太快了。

不管是吉约丹医生还是路易医生都不能预见他们改良过的新机器在未来的几年将会用得多么频繁、在平等处决不同身份的人时有多么高效。1789 年的法国大革命最多被人想起的就是黑格尔所说的“令人发指的余波”，连续五年的血腥恐怖、酷刑和屠杀，还有几年的政治动荡，最后导致了拿破仑·波拿巴的独裁统治，引发了二十年的战争。被送上断头台（常常是因为轻微的过失）的人员名单，至今令人震惊：化学家安托万·拉瓦锡，因为他曾经是一个收税人；诗人安德烈·舍尼埃，因为有人不喜欢他的一篇社论；乔治·丹东和卡米尔·德穆兰，因为他们遭到罗伯斯庇尔的抨击；罗伯斯庇尔本人，还有其他两千五百人。罗伯斯庇尔忠诚的追随者菲利普·勒·布拉斯开枪自杀，即使如此，也被带入革命广场（现在的协和广场），一样被砍头。人们谈论着“断头台狂热”和“绞刑架崇拜者”庆祝的“红色弥撒”。[2]

我们能从这种混乱中学到多少教训？历史学家雅克·巴尔赞认为，许多在“自由、平等、博爱”旗帜下，希望打倒君主、贵族和教士的“革命者”都是普通但能言善辩的人——律师、工匠、地方官员、地主，他们大多数缺乏政治和管理经验。这样一些人，虽然许多人受过教育，有时行动起来会像暴徒，这解释了革命后的余波来临时命运的剧烈转折。在国外，尤其是英国，人们视法国大革命为恐怖。[3]

但是它的影响比这要复杂得多，在很多方面是比较积极的。人们看待这些事件时持有的严肃态度可以从一项统计数字中看出：卢梭的《社会契约论》在1789年后的十年内平均每四个月重印一次。[4]一整套改革开始了，虽然其中的一些措施没有持续多久，但是很多措施持续了很长时间。大学和大学校被重新组建，消减了教会的权力，王室图书馆被重新组建成国家图书馆，建立了音乐学院，音乐家就能在那里享受公费培养。

其中一个最持久、最有影响力的发明是长度单位米。在旧制度下，法国不可思议地存在二十五万种不同的度量衡单位，尽管使用最广泛的长度单位是“步”，相当于国王一只脚的长度。它还有其他的用途，例如印刷中的“点”是一只脚的1/144。在革命形势下，没有什么比这更具有煽动性了，即使就这件事而言，1789年的事件只不过加速了1775年
647 就已经在谈论的改革，当时的首席大臣杜尔哥要求孔多塞起草一个以一秒钟摆为基准的科学的度量衡制度计划。这要追溯到伽利略，他的想法

是，长度的基本单位应当是一秒时间内钟摆一次的距离（这是塔列朗的想法）。但是跟这相关的有很多问题，主要都同以下事实相关：地球不是一个完美的球体，而是一个两极扁平、赤道凸起的球体。就连牛顿都意识到，重力随着纬度变化而稍有不同，而且并不一致，因此，挂钟的摆动比想象中的要不规则。第二种建议是把长度单位建立在自然中的某种事物上，于是法国任命的一个委员会选择用地球的周长，委员会每个人都参与了测量。委员会计算出，相当于周长的那个长度如果除以 4000 万，就会得到一个接近巴黎“奥纳”的数值，一个“奥纳”是人体尺度的三个脚长。[5] 事实证明它很通行，如果把它看作一个更加理性的度量系统的基础时尤其如此：1 克就是 1 立方厘米雨水在最大密度温度（4℃）的真空里的质量；1 法郎就是 0.1 克黄金，可分成 100 个生丁。所有这些都通行了，除了时间上的十进制。30 天 1 个月，共 12 个月的新日历（同样效仿自然）从未流行（革命历的 2 月又叫雾月，革命历的 11 月又叫热月，革命历的 6 月又叫风月）；把一天分成 10 个小时，把 1 小时分成 100 分钟的做法也没有流行。人们从来不习惯 5 点就是中午，10 点就是半夜，这样的日历没有持久。

但是米的重要性不仅仅是其自身。它引发了一次著名的实验，或说一次为期七年的实地调查，那时让-巴蒂斯特・约瑟夫・德朗布尔和皮埃尔・弗朗索瓦・安德烈・梅尚两人绘制了从敦刻尔克到巴塞罗那的子午线（经过巴黎），它决定了地球的确切周长，在此基础上建立了米的单位。这次调查导致第一次世界科学大会在 1799 年召开，共同审查德朗布尔和梅尚提出的证据，并决定确切的长度。具有讽刺意味的是，调查产生了一系列错误，这些错误因为其重要性而成为复杂统计学发明过程中的一个重要阶段，本章稍后会讨论。[6] 这两个人计算出的地球周长同现代卫星测量的周长相差不到本书的八页厚。

但是1789年的事件最令人战栗的后果当然是恐怖，以及随后而来的督政府和执政府。这向许多人表明，旧的压迫仅仅是被新的压迫所取代。而对其他人，1789年的后果只不过再次强化了以下观点：人的真正本性既野蛮又邪恶，既爱报复又悲惨，证明在世俗世界和精神世界都需要绝对专制。[7]第三种反应又不同。这一观点认为革命不受控制，是因为有些人急切地希望把自由放在秩序的前面，而另外一些人则相反，把秩序放在自由的前面。什么才是能够使自由最大化的最佳秩序？这就是社会学得以产生的奠基性问题。

648 罗杰·史密斯认为，是法国的革命党人把变化描述为社会艺术，而最先提到社会科学的是西哀士的《什么是第三等级》。在这本小册子中他试图确定，同君主、贵族和教会相比，法国的"平民"到底是什么。在西哀士和追随他的同道人心里，社会科学其实是思想上的一个新阶段，是世俗世界思想向前迈出的一步，因为人们现在正在关注的是无须求助于政治派别的社会组织和社会秩序。[8]孔多塞首先是法兰西科学院的终身秘书（曾经因为砍头的威胁而躲藏），他在创立"1789俱乐部"时采用了西哀士的话，其具体目标是运用道德科学和政治科学来重建法国社会。虽然俱乐部在孔多塞死于监狱之后即解散，但是社会科学的理想却留存下来，在1795年大学和大学校的改革之后，在新的法兰西学院下属的"道德科学和政治科学学院"下成立了一个"社会科学和法律系"。[9]

社会科学在法国流行一点也不奇怪。大革命之后，法国不再由"臣民"组成，而是由"公民"组成了，它意味着学习一种新的共同生活方式。而这因为左派和右派（第一次用这些术语是标明1789年后法国制宪会议的座位表）公民感到需要一点新的东西而变得越发迫切。[10]

如果说西哀士和孔多塞是第一个造出"社会科学"术语的人，那么第一个名副其实的社会科学家，至少在法国，是克劳德–亨利·德·圣西门

（1760—1825）。他曾在美国独立战争中为美国而战，因此非常清楚年轻的共和国是如何在合适的情况下采用启蒙运动思想来实现民主、科学和进步的。而且同许多他那一代的法国人一样，他也迷恋于数学和自然科学最近取得的进步。他目睹了科学不断进步和政治体制上的混乱无序之间的强烈对比，这使他朝着社会科学领域发展。这种科学进步以及伴随的普遍乐观主义促使他引入“实证”一词来描述那些最终不再依赖形而上学解释的人类活动。大革命之后，他认为人的科学将变得越来越具有实证性，尤其是如果生理学继续取得它现在正取得的进步，更是如此。他相信，在“具体的诸如气候、健康、饮食和劳动等社会生活条件中”，有待发现其中的规律和模式。他相信，生活中存在与政治（或神学）不相关的组织。对圣西门而言，医学，尤其是生理学，是这一社会组织的一个很好的比喻。他开始问，是否存在我们不知道的支配社会行为的原理，就像血液循环的原理也曾不为我们了解一样。[11]

但是，如果说作为一种新的思维方式、一种人类秩序新理论的社会科学首先出现在法国，那么可以说正是工业化的迅速发展，尤其是从英国乡村到城镇的大批移民产生了对这一新理论的实践需求。1801 至 1851 年间，英格兰和威尔士的人口近乎翻倍增长，从 1050 万增长到 2080 万，而城市的人口增长完全不成比例。伯明翰人口从 7.1 万增长到 23.3 万，增长到原先的 328%，格拉斯哥从 8.4 万跃到 32.9 万（392%），曼彻斯特 / 索尔福德 649
从 9.5 万增长到 40.1 万，令人吃惊地增长到原先的 422%。[12] 这样的大幅度增长必然产生重大后果，最糟糕的就是恶劣的住房、拥挤的工厂、对童工的残酷、简陋原始的卫生条件和它引发的疾病。几十万工人，如果不是几百万，住在拥挤、狭窄的屋子里，居住的建筑物被高炉的煤烟熏得不成样子，缺乏最基本的生活设施。条件如此恶劣，以致在伯明翰和斯托克之间的整个地区成为“黑色乡村”。[13]

约翰·马科斯收集了一些关于童工和疾病的恐怖记载。“大量七岁以上可怜的儿童被送到工厂主那里，每天工作超过 12 个小时，星期六也不休息，监工经常用鞭子抽打他们。有时，童工一周 6 天连续每天工作 14 或 15 个小时，吃饭的时间被用来擦洗机器……下面是 1831 至 1832 年间送交政府工厂童工委员会的部分证据：‘在寒风凛冽的天气，早上这些女孩什么时候去工厂？’‘在寒风凛冽的天气，她们连续 6 个星期，早上 3 点去工厂，晚上 10 点或将近 10 点半回来。’‘在 19 个小时的工作中休息时间是多少？’‘早餐，15 分钟；晚餐，30 分钟；喝水，15 分钟。’‘这些时间有没有被用来擦洗机器？’‘她们一般必须把机器完全擦干；有时要占用整个早饭或喝水的时间，因此她们不得不用最快速度吃完晚饭或早饭。如果吃不完，就带回家。’”[14] 尽管从 1819 年开始，议会通过了法案限制这种极度的剥削，但是远远不够，童工的条件依然悲惨。

在这种制度下，儿童变得如此疲惫，他们不得不在早上被摇醒，由成年监工帮着穿衣服。“在有些煤矿，条件甚至更加恶劣。儿童四岁就沦为童工，负责打开和关闭通风活门。他们不得不长时间坐在煤堆上挖出的小洞里，用一个委员的话说，他们的工作‘是最差的单独监禁’。”[15] 不足为奇，这些工厂中的死亡率是令人震惊的，尤其是很多儿童因为工作时睡着而滑入机器中。这至少还算死得快。有许多疾病从这种肮脏的卫生条件中爆发，最突出的是肺结核、霍乱和伤寒这三大邪恶的疾病。[16]

狄更斯等作家创作了“工业小说”，罗伯特·欧文等人发起了法律改革运动，不过第一个认为工业化能够成为系统研究问题的人是法国人奥古斯特·孔德（1798—1857）。孔德有一个突出的身体特征，短腿。他的成长环境非常特别，因为他在一个完全由女性组成的家庭中长大，而这似乎对他产生了一生的影响：他总是与女人发生纠葛，而且总是对那些境遇不如自己的人感兴趣。孔德出生于一个公务员家庭，他进入当时以科学和工程课程著称的巴黎综合理工学院，专心研究法国大革命和工业革命。正是在这里，孔德发现了自己一生的目标，即“运用物理学方法来研究社会”。[17] 650
孔德知道他周围的社会正在发生根本变化：他所称的“神学”和“军事”价值正在让位于“科学”和“工业”价值。他说，在这样一个世界，工业家取代了战士，科学家取代了教士。社会科学家，“由于他们掌握人类和谐，从而在本质上扮演着新社会等级中高级教士的角色”。[18]

从巴黎综合理工学院毕业后，从1817年到1824年，孔德成为圣西门的秘书。在闹翻之后（因为孔德觉得圣西门发表的一篇文章没有给予他足够的荣誉），这位秘书开始了自己的道路。他是一个坚定的阶段论者，在《实证哲学教程》中，他提出，人类和科学都经过了三个阶段。[19] 首先是神学阶段，在这一阶段人类把宇宙现象归因于一个神灵；在第二个形而上学阶段，人类把原因归结为抽象的力量或形式；在第三个阶段，他称之为“实证阶段”，科学“摒弃了对终极动因的寻求”，开始在“可以观察到的现象中”寻找规律和可预测的顺序。他相信，人类在主要科学领域已经取得了系统进步：17世纪的物理学，18世纪和他所在的19世纪早期的生命科学。他说，从现在开始，科学，尤其是生命科学，将成为进化文明的中心。[20] 在他自己心中，他把生命科学称为“有机物理学”，并分为生理学和社会物理学，也就是后来他说的社会学，一个他自己造出的新词。他说，社会物理学本质上从生理学分化而来，“它有自己的研究对象，即社会世界的规则，它们是不能被转化成其他科学规律的”。[21] 孔德有意想用社会学代替政治哲学（他说这是不可避免的），作为较少党派性的社会和谐及道德的基础。他说，社会现象就像其他现象一样，因为它们有自己不变的自然法则。不过，他确实区分了两种形式的社会学：一种是支配社会组织、建立秩序和道德的“静态”形式，一种是支配变化律的“动态”形式。[22]

随后，孔德迷失了方向。他对社会秩序的执迷，连同他对有组织宗教的轻蔑的观点（更不用提一次狂热的风流韵事），使他在一种新宗教里尝试自己的社会秩序，新宗教的目的是“在实证知识基础上为爱而活”。孔德热爱宗教仪式，他认为仪式能帮助带来社会和谐，但是，这些以他的名义创立的组织没有什么“实证”之处。事实上，它们尤其类似于天主教，除了其崇拜的对象是人类之爱。[23]孔德的巨大创造力就这样走入歧途而化为乌有。这阻碍了他的社会物理学的成熟，它最终因为两个原因而失败。他的体系中没有心理学的位置，没有考虑个人的动机。他对秩序、对如何实现秩序如此执迷，以致他忽略了矛盾在社会中的作用，忽略了权力的严酷现实。这一空白将由马克思来填补。[24]

孔德的英国同行是赫伯特·斯宾塞（1820—1903）。同这个法国人一样，斯宾塞也受到了硬科学和工程学的很大影响。就斯宾塞而言，主要因为他在德比长大，那是一个位于英国中部的铁路城镇，斯宾塞在这里的第
651 一份工作就是在铁路公司供职。但是，他同孔德有一个根本的不同：孔德的最终目标是让社会学影响政府决策，而斯宾塞总是热切地希望社会学能表明，政府“应当尽可能少地干涉人类事务”。他是亚当·斯密和查尔斯·达尔文的崇拜者，他把他们的思想加以改造而建立一个社会图景。他认为，这样的社会将日益复杂，因此需要结构分工和职能分工，就像工厂那样。这是必要的，他说，因为这样的结构在达尔文学说意义上适应性更强。他坚持说，进化在社会的每个层面都会发生，导致“最适者生存”（这是他的短语，虽然他部分借用了自然选择理论）。他说，这个过程将“清除”适应能力不太强的民族，这种学说后来成为社会达尔文主义。[25]

当然在英国和美国，斯宾塞比孔德更受欢迎，他最著名的书《社会学研究》在这里既作为精装书出版，也作为丛书出版。他受到欢迎的一个原因是，他告诉了维多利亚中产阶级他们想听的：个人努力是变化的

动力，因此社会学支持自由放任主义经济学和在工业、卫生与福利方面最少的政府干预。

19 世纪，德意志社会学家后来居上，赶超了其法国和英国同行。冷战时期斯大林主义的恐怖和许多东欧国家的严峻情况之后（更不用提中国），卡尔·马克思（1818—1883）这个名字具有太多的思想负担。他的政治理论在第 27 章讨论过。然而，对许多人来说，他既是政治理论家，也是社会学家。他的社会学思想围绕着他的异化和意识形态概念展开。虽然这些也在前面讨论过，但是简短概述一下会有帮助。[26] 异化指人的生活和自我意象被他们的工作条件所决定，并且经常是指他们受到的损害。马克思说："在工厂工作的人成为工厂工人。"他的意思是，他们开始对自己的生活失去控制，并且经常被迫做那些远远低于他们能力的工作。他的"意识形态"是指一个社会中无意识代表的、占据支配地位的世界观，例如它可以使人们以为无法改变自己的状况，无法改善，因为事物的存在方式是"自然的"。马克思的其他社会学思想包括社会的"基础"和"上层建筑"。对他来说，生产条件构成了作为社会根本现实的经济基础，而社会制度（法律、政府行政部门、教会）组成了上层建筑。对马克思来说，经济学，而不是心理学，是根本的人的科学，因此当他这么界定的时候，他创造了一种看待人类事务的新方式——信仰或知识或社会制度同权力运作的关系。"当启蒙运动作家或 19 世纪的自由主义分子从宣扬人性开始思考时，马克思正好相反，他寻求通过历史和经济因素来解释人性。"[27]

现在看起来也许令人吃惊，但是一开始，马克思的思想并没有在西欧被接受，直到 19 世纪末（哈罗德·柏金斯说马克思主义在 19 世纪 80 年代之前的英国"几乎不为人知"）。一开始，俄国人对他更感兴趣，俄国当 652
时还是一个政治和社会非常落后的国家，那里的人们开始思考，这样一个落后的国家是否能向前“飞跃”，还是需要经历西方已经经历过的不同的改革、革命和复兴？马克思吸引西方的注意是在后来俄国的形势激化，并且似乎印证了他的论点时。

其他帮助建立社会学和塑造20世纪的德意志社会学家有马克斯·韦伯、斐迪南·滕尼斯和格奥尔格·齐美尔。同马克思一样，韦伯的理论也主要是经济学的，但是他还借鉴了孔德的理论，而且很可能是第一个称自己为社会学家的德意志人。（在19世纪末之前，把社会称为“社会”并不常见。人们指称“政治社会”“蒙昧社会”，等等，但不用“社会”来指称任何更抽象的东西。[28]）

德意志社会学家关心的主要问题是“现代性”，现代生活在社会、政治、心理、经济和道德意义上如何同之前的生活区分开。这一思想因为德意志在1871年1月1日的正式统一而显得尤其重要。马克斯·韦伯的所有工作都是要指出，是什么使现代西方文明独具特色，但是正如罗杰尔·史密斯概括的，所有早期社会学家都对现代性是如何产生的感兴趣。下面是史密斯的清单：

> 赫伯特·斯宾塞：现代性包括从一个以好战［军事］为主导的社会向工业社会的转变；
>
> 卡尔·马克思：从封建主义向资本主义的转变；
>
> 亨利·梅恩（英国社会学家/人类学家，著名作品是《古代法》，采用一种进化思想）：身份→契约；
>
> 马克斯·韦伯：传统权威→理性—法律权威；
>
> 斐迪南·滕尼斯：共同体→联盟。[29]

韦伯认为，社会科学的发展应当通过分析和确认什么才是“不可避免的现代社会和经济条件”来帮助新统一的德意志国家。他是 1872 年成立的“社会政治联盟”团体的成员，主要都是些经济史学家，团体的目标是研究社会条件同工业化之间的联系。[30]“社会政治联盟”成员认为德国正面临困境。他们主张，他们现在生活和工作的第二帝国除了接受工业化没有其他选择，但是同时他们又不相信经济能同等地满足每个人。他们因此建议政府制定能反映这一现实的政策，例如制定旨在缓解工人阶级贫困的国家保障体系。[31]

在社会学领域，韦伯是一个博学者。他起初撰写经济史，后来调查普鲁士在 19 世纪 80 年代的农业萧条，然后又转向另一历史层面，以色列、印度和中国的古代宗教，它们为他提供了一个看待（现代）西方经济发展的比较视角。[32] 这为他 1904 年出版的最著名的书《新教伦理与资本主义精神》增加了权威性。在书中，他试图解释，“现代世界最重要的经济发展，资本主义，首先且主要是新教徒实践的一种行为活动，即使在天主教国家 653
也是如此”。[33] 而且，这些新教徒不是因为金钱能够买到奢侈而必然对创造财富感兴趣，而是因为工作是一种道德义务形式，一种使命，是履行对上帝的责任的最好方式。实际上，对天主教徒来说，最高的理想是通过远离尘世和冥想而净化个人的灵魂（就像隐修中的僧侣那样），而对新教徒来说，正好相反：救赎来自帮助他人。[34]

虽然韦伯是一个充满激情的政治人物，但他也像孔德一样热切地希望社会学能够产生关于社会的“非价值事实”，即，摆脱了进行研究的科学家个人或群体的价值观的事实。同时，韦伯又极力指出，科学不能提供价值观，也不能告诉我们如何生活；它只能提供可以帮助我们决定如何生活的新事实。他认为，现代世界最显著的事实是它带来幻灭。他说，这是一个“没有也不可能有神灵的位置”的世界。[35] 对韦伯来说，现代性就是理性，是建立在效率、秩序、物质满足这三者基础上的事务组织。对他来说，这些是通过日益主宰我们彼此之间关系的法律、商业和行政机构来实现的。他认为其中的问题是，商业和工业社会，无论它带来什么样的自由和其他福利，都给我们的生活带来幻灭，消除了人类的任何“精神目标”。[36]他认为对此我们无能为力；幻灭会留下来，伴随人类。

韦伯最后的论点是，社会学作为新的人文学科之一，同自然科学有根本不同。我们能够通过运用因果律来“解释”自然现象，但是人类的行为具有“内在的意义”，因此必须以一种自然界没有的方式被“阐释”或“理解”。[37]韦伯的这种二分法一直保持了活力，并且一直传到现在。

当时，几乎与这种二分法具有同样影响力的是斐迪南·滕尼斯（1855—1936）做出的区分。1887年，他把前现代社会概括为建立在共同体（community）基础上，而现代社会建立在联盟（association）基础上。传统意义上的共同体有机地发展，具有每个成员都分享的“神圣”价值，大多数价值都是不受质疑的。而现代世界的社会是按照理性和科学原则规划，由行政机构治理的。滕尼斯说，这表明，现代社会不可避免地具有人为性和随意性，不能保证我们与之交往的人会分享我们自己的价值。这种观点在现代艺术中经常得到表现（第36章）。

19世纪第四位伟大的德意志社会学家是格奥尔格·齐美尔，他在1903年发表了一篇文章《大城市与精神生活》。在文中，他解释说，“大城市个体性赖以建立的心理基础是因为外部和内部刺激迅速、持续的变化而导致的精神生活的紧张”。[38]齐美尔也是卡尔·曼海姆和捷尔吉·卢卡奇的老师。对齐美尔来说，19世纪出现的新兴大城市（大城市，不是
654 中世纪的大学镇）是一种新的空间，对人际关系具有重要意义，“一个激动、异化的空间……一个因为客观文化过度生长而导致主观文化萎缩的空间……”[39]如果第一句听起来像印象派极力描绘的城市，那是因为齐美尔在柏林以“哲学界的马奈”著称。他的另一个有影响的观点是对“客观”

和“主观”文化的区分。对齐美尔来说，客观文化是我们所说的“高等文化”，是马修·阿诺德描述的人类所思考过、书写过、谱写过和描绘过的最好的东西。这种文化是客观的，因为它“就在那里”，有具体的形式，每个人都能看见、听见、读到。齐美尔认为，界定一个社会或一种文化的最好方式就是人们同这些“经典”作品发生关系的方式。另一方面，齐美尔说，在“主观文化”中，个人不是通过任何“就在那里”的文化寻求“自我成就和自我实现”，而是通过他或她自己的资源。没有什么，或非常少，可以在主观文化中共享。齐美尔认为，主观文化的经典例子是商业文化，每个人都成为自己的独特项目。在这样一个世界，每个人都对自己的命运基本满意，却没有认识到群体不满，其表现形式就是异化。1894 年，齐美尔成为第一个教授名为“社会学”的课程的人。[40]

齐美尔让我们再次回到法国，那里同他地位相当的人是埃米尔·涂尔干（1858—1917）。他来自一个拉比家庭，是一个犹太人，也是一个外省人。涂尔干是一个双重边缘人，这可能使他的观察更加锐利。法国自 1789 年经历了几次动荡（1848 年的革命，1870 至 1871 年的普法战争以及巴黎围城战），这使涂尔干对社会稳定条件产生了持久的兴趣：什么决定了社会稳定，什么破坏了社会稳定，什么因素带给个人目的感，让他们保持诚实而且乐观的态度？[41]

从职业意义上，涂尔干是当时发生在法国高等教育界大量变化的受益者。在巴黎围城战和巴黎公社失败之后，法国共和派和天主教保王派争夺控制权，尤其是对教育的控制权，最后共和派成为胜者。他们采取的首要措施之一就是改革大学，按照德国大学的模式成立科学研究系。涂尔干卷入了这些变化中：到 1887 年他一直在波尔多大学任职，教授一门新课程，“社会科学”。[42] 因此，当局重组波尔多大学和其他大学时，涂尔干充分利用自己的地位创立了（至少在法国）崭新的社会学学科。涂尔干察觉到这是他的重要时刻，他迅速行动，撰写了关于该学科的一本教材和两本比较专门化、更有争论性的作品，《社会劳动分工论》（1893）和《自杀论》（1897）。一年后，他又创立了《社会学年鉴》期刊。1902 年，他进入索邦大学。

《自杀论》是他最著名的书。表面上，正如罗杰·史密斯说的，这不像一个社会学题材。[43] 它的内容非常私密、个人化、主观化（纪德后来认为，自杀从原则上是无法解释的）。但那就是涂尔干的论点：他要表明心理具有社会学意义。在该书的第一部，他运用统计数据表明，自杀率根据一个人是新教徒还是天主教徒，是住在乡村还是城市而变化。这是以前从未有人做过的，人们为他的调查发现感到震惊。但是涂尔干本人对这些比
655 较明显的变量并不满意。他还认为，不太明显的社会特征也同样重要。他把自杀分成利己性、利他性、失范和宿命论四种类型。他把“利己性自杀”描述为“社会未能成为个人情感中心的失败”。[44] 在这种失败明显的时候，很多人失去目标而“分裂”。他把“失范”描述为一个社会缺乏普遍的准则，这意味着许多人过着没有节制的生活，出现大量的副作用，例如高犯罪率。涂尔干因此主张，自杀现象之中存在社会这种事物，存在社会现象（利己主义、失范，它们在某种意义上存在于个人之外），因此不能归结为生物学或心理学现象。[45]

涂尔干在为解释人类行为的社会学方法做辩护时取得的另一成就是，他为社会学医学，也就是我们现在说的流行病学奠定了基础。当然他不是唯一的一个，德意志各邦、奥地利和瑞典在 18 世纪都开始为此目标而收集数据。不过，社会学医学，或说流行病学，出现在大工业城市，是在人们努力应对前所未有的问题和经验，尤其是卫生问题时诞生的。英国的第一位先驱是约翰·斯诺爵士，他在早期取得了杰出的成就，并且成为其他

人效仿的榜样。斯诺从统计学 / 社会学角度对霍乱进行了研究。1854 年，伦敦爆发了严重的霍乱，在不到十天的时间里夺去了五百多人的生命。在核查死者和受病痛折磨人员的名单时，斯诺发现大多数霍乱病人出现在布劳德大街附近。“通过调查病人的家庭成员，斯诺能够确定一个单一的共同因素，即布劳德大街附近的水管，病人都通过它饮水。另一佐证来自对布劳德大街地区济贫院的观察，他发现那里只有几个人感染霍乱，而且每个病例都是在进入济贫院之前就感染了。斯诺假定（并且发现）济贫院从单独的水井中抽水……当斯诺最后相信布劳德不干净的水管是霍乱发生的根源时，他向当局要求关闭水管，他的仔细调查获得了回报。”霍乱停止了。虽然没有产生什么即时效应，但是这件事后来成为传奇。使该调查非常不寻常的是这样一个事实：霍乱杆菌是由罗伯特·科赫在斯诺调查的二十八年后才发现的。[46]

疾病细菌学说直到 19 世纪 80 年代才完全成形。在斯诺得出结论的差不多同一时间，匈牙利人伊格纳茨·塞麦尔韦斯观察到，外科医生在接生前后洗手就可以减少产褥热的发生。约瑟夫·李斯特在 1865 年更进一步，他提出手术时，在病人的伤口上使用石碳酸（防腐剂）。但是直到路易·巴斯德注意到变弱的细菌可以用来提供由该类正常细菌引起的疾病的免疫力，才构想出接种概念，并很快将它运用到广泛的城市疾病（肺结核、白喉和霍乱）的防治中。[47]

城市化问题还促使英国人建立从 1851 年开始的十年一次的普查机制，目的是为现代英国的社会各层面提供一个简单但是经验性的基础。普查反过来激发了对贫困和住房问题的第一次系统评估。罗杰·史密斯说，这“改变了英国的政治和道德意识”。[48] 656

普查反映出人们对统计学兴趣的增长。成立于 1831 年的英国科学进步学会，其本身也是一个新组织，在同年成立了统计部。两年后，曼彻斯特统计学会成立，再过一年伦敦学会成立。现在人们毫不怀疑，收集发病率、犯罪率或精神病或营养状况的数据，将构成政府制定社会政策和大学社会科学的实证基础。突然之间，或说看上去突然之间，人们可以获得大量描述英国和其他地方生活的数据。正是这些大量的数据引发了更加复杂的统计学分析，而不是简单的计算。两种统计学方法的第一种集中在生活任意方面测量值的分布，第二种是分析各种测量值之间的相关性。这些技术除了具有政策意义外，还有其他两个影响。它们表明，某些不同现象是如何倾向于一起出现，产生新的问题；它们还揭示出那些相关性总是不太完美的程度。因为测量值在变化（沿着一个分布方向），人们开始就这个世界的不确定性提出疑问。这种痴迷在 20 世纪变得日益突出，甚至在硬科学领域，例如物理学，也是如此。[49]

比较正式的统计学始于比利时天文学家 L.A.J. 凯特莱（1796—1874）。他于 1823 来到巴黎学习天文学，在那里他接触到当时七十多岁的皮埃尔·西蒙·拉普拉斯创立的概率论（他死于 1827 年）。这里，我们要回到德朗贝尔和梅尚为米的精确测量而做的调查上。肯·亚尔德在关于此次调查的书中说，这两个人的工作方式非常不同。德朗贝尔在标明页码的笔记本上用钢笔记录下所有东西：他犯的任何错误都在那里，所有人都能看见。而梅尚使用单独的纸张，通常只是纸片，用铅笔记录，字迹可能褪色，甚至被擦掉或丢失。不管这些工作方式是否具有说明意义，当两个人一起比较笔记时，德朗贝尔发现他的同事显然捏造了许多数据，主要为了同期望的结果一致。这些“不一致”出现的一个原因是，地球其实是一个比梅尚想象的还要不规则的球体，它意味着子午线会稍微变化，因此在某些位置，重力也会稍微不同，会影响他们使用的铅垂线。但是梅尚认为他获得了不规则的结果是因为错误计算了三角测量中恒星的度数。到那时，恒星的准确位置已经几乎成为天文学和数学的一个经典问题。从表面上看，确定恒星的准确位置（和明显的运动轨迹）看起来很简单，但其实一点也不简单。在测定单位米之前，人们知道即使用最先进的望远镜，也很难定位遥远恒星的准确位置。观察可能产生一系列结果。一开始，对这些观察所做的算术均数被当作“真正”答案。后来发现，人们对读数有系统性的不同，这样研究人员习惯了消除这一偏差。但是许多数学家对此仍然不满意：他们感到更接近均数的观察结果应当比不接近的结果更有效、更有分量。这引发了两个重要发展。阿德里安–马里·勒让德发明了完成此 657
任务的最小平方法。在这种方法下，任何序列观察结果的最佳匹配被认为是“从每个采样点与曲线误差值的最小平方”。[50] 在我们看来，重要的一点是，勒让德提出了自己的理论并且首先根据德朗贝尔和梅尚的数据进行了成功测算。

卡尔·弗里德里希·高斯（1777—1855）在拉普拉斯、凯特莱和勒让德的工作基础上进一步发展，取得了第二大进步。从本质上，天文学技术表明，当把不同天文学家的观察结果在图表上标注时，它们（用规范的语言说）“呈规则分布”。这种规则分布被发现也适用于其他现象，因此该短语变成“标准分布”（在均数上下）。19 世纪 90 年代，英国数学家卡尔·皮尔逊（1857—1936）发明了“正态分布曲线”，也就是后来的钟形曲线。这可能是当时最有影响的思想，因为钟形曲线被凯特莱用来发明他所说的“平均人”概念。[51] 正是这种想法激发了许多人的想象力，不久便被诸如作家、市场营销人员和制造商广泛运用。除此之外，这一发明还引发了关于人性的更为根本的问题。平均人是理想人吗？抑或是最平庸的人？处在分布边缘的人是怪人还是堕落的人？平均人是否代表人的本质？[52]

人们开始认识到，统计学中有某种基本的，甚至神秘的东西。正态分布、平均人的概念本身意味着男人和女人在某种意义上按照数字逻辑行动。例如，虽然个别谋杀是不可预测的，但是犯罪统计数字揭示出，在有多少谋杀发生以及在哪里发生方面呈现出规则特征，甚至一种稳定性。涂尔干在自杀的问题上发现了同样的现象。这些对现代生活的复杂性说明了什么？这种隐藏的模式说明了什么？“因此统计学似乎成为使社会事实研究像物理学研究一样客观和精确的一种方法，也是社会科学像物理学一样发现一般规律的方法。”这种思想为那些相信“必须为了一般福利而重建……竞争体系”，以及国家应该干预以缓解严酷工业化带来的损害的人提供了希望。[53] 这也是 1883 至 1884 年成立于伦敦的费边社和伦敦政治经济学院的主要信仰之一，后者从 1903 年开始教授社会学。[54]

但是，正如我们在第 17 章看到的，13、14 世纪测量的发展、精确性的提高和定量思维的兴起是现代西方诞生的因素之一，而这方面的进一步飞跃出现在维多利亚时期。最后的影响来自埃德温·查德威克，他坚持政府调查中必须包括一个特殊问题，“死因”。[55] 查德威克是两次王室调查（关于济贫法和劳动卫生条件）的研究员，“事实调查员”，而且由于他的工作，维多利亚时期对统计的热情进一步强化（为济贫法委员会收
658 集的统计资料有 14 卷）。查德威克得出的最令人震惊的数字是，7.7 万靠救济度日的人中，不少于 1.4 万人由于发烧而沦为穷人。[56] 这种相关性确认出前人从未想过而且在某种程度上今天依然存在的一个问题。查德威克确认并发表了工业城市日益增长的死亡率，它在十年内翻了一倍，并且表明，在贫困地区，每 120 人中，是的，是 120 人，“只有一个很难使用的厕所”。[57]

这些数据使许多维多利亚中产阶级人士感到愤怒，也为现代政治（例如工党的成立）的发展做出了应有的贡献。同时，仍有其他维多利亚时代的人认为，统计和测量的冲动是一种控制形式。历史学家 G. M. 扬写道：“我认为铁路时刻表约束了最大多数的人。”[58] 但是在一个大众社会，

统计是必需的手段，它远不是一种控制因素。对许多人来说，它是一种自由。对维多利亚时代的人来说，统计是激动人心的。从哲学意义上，它揭示了集体生活中的确定因素和不确定因素；从实际意义上，它为新兴的，通常是严峻的大城市的治理提供了帮助。现在，对大多数人来说，统计已经变得枯燥，而且失去了它曾经有过的令人激动的效应。即便如此，在现代社会，尤其是福利国家，没有统计是不可想象的。 659

33

民族主义和帝国主义的应用与滥用

1648年，在发现西印度群岛和美洲的一百五十年后，《威斯特伐利亚和约》终于签订。它结束了三十年战争，在这三十年内，新教国家和天主教国家因为如何理解上帝的意图而打得不可开交。它们同意，从今往后每个国家将自由地走自己的宗教道路。人们已经为永远无法解决的思想问题而流了太多的血，“疲惫的宽容”似乎是唯一的前进方式。[1]然而，无法回避的事实是：从这一新的局势中产生了一些令人不快的后果。教廷被削弱，西班牙和葡萄牙失去了权力，欧洲的重心向北推进到法国、英国和新近统一的荷兰。[2]但是到现在为止，人们很清楚，地球比第一批探险家所设想的要更大、更充满变化和更桀骜不驯，这为北方国家带来了心理变化，这些国家的存在本身因为三十年战争而得到确立。北方国家现在对贸易和商业更感兴趣，而不是对其他民族的粗暴征服，西班牙就曾因为对美洲印第安人的暴行而备受指责。（到拉美独立前，到拉丁美洲殖民的西班牙和葡萄牙人只有大约四分之一是女性，而英国到北美洲的移民被鼓励带上妻子和孩子。结果，英国移民从土著人那里寻找性伴侣的人要少得多。）天主教和后来新教之间的态度变化同以下事实有很多关联：新兴商业阶级正取代传统军事和地主贵族，成为主要的政治力量。因此这一发展存在一个思想和道德基础：商业被认为对双方都是一种文明化和人性化的力量，“商业不仅仅是商品交换，它还包括交流和宽容”。[3]

这里的关键是英国和荷兰等新教国家。它们都有悠久的贸易传统，而且作为付出代价才取得宗教宽容的国家，它们不希望把同样的罪恶强加在遥远土地上的人们。如果能做什么的话，它们愿意把这些“原始人”从异教信仰中拯救出来，作为贸易的一个附属目标，但不是用武力。[4]

如果有什么区别的话，英国在这方面比荷兰更重要。英国有自己的美洲殖民地，而且在七年战争结束后，英国成为最大的海上强国。但是七 660
年战争也使英国背负了沉重的债务，因此它通过向美洲殖民地征税，直接拒绝殖民地在议会的直接代表制，试图弥补财政损失，最终引发了美国独立战争（尽管向美洲殖民地的征税标准跟英国国内相比要低很多）。[5] 这虽然不是一个不可避免的结局，但是与此同时，对英国和其他地方的许多人来说，很明显，殖民永远无法长期奏效。经验将表明，殖民地或成为附属国，然后耗尽母国的资源；或一旦出现经济自足的迹象，就想走自己的道路。亚当·斯密一个最中肯的预测是，相比作为殖民地臣民，独立后的美国人将成为更好的贸易伙伴。尼尔·弗格森说，有充分的理由相信，到1770年，新英格兰人将是“世界上最富裕的民族”。

历史学家现在称美国为英国的“第一帝国”，以区分它在亚洲、非洲和太平洋的“第二帝国”，英国在那里的殖民政策非常不同。在“第二帝国”总有军事力量存在，但是在那里取得直接的征服却从来不是一个值得向往的（或说可以实现的）目标。[6] 正如英国东印度公司和荷兰东印度公司（它们成为这一阶段帝国的主要特征）的名字所表明的，它们的口号是贸易，受到保护的贸易。它们在东方的殖民地主要包括葡萄牙人所说的“商站”、工厂、自治独立的飞地，经常通过条约获得，旨在让它们成为欧洲和亚洲商人之间的国际转口港。虽然有军队驻扎，但是它们没有真正的军事力量。例如，在印度，它们从未对莫卧儿军队构成威胁。900 名英国公务员和 7 万名英国士兵管理着超过 2.5 亿印度人。（他们是如何做到的，需要另外一本书来探讨。[7]）

但是帝国的力量确实在增长，加上穆斯林的撤退，帝国的商业最终取得胜利，东印度公司在力量和影响上也逐渐扩大。东印度公司最终成为印度大部分地区的实际统治者，但是即使如此，根据安东尼·派格登的说法，印度总是同美国以及后来在非洲的殖民地有区别。“印度和亚洲，”他说，“一般来说总是一个过渡，而不是定居地……在印度的欧洲人心中从来没有感到自己是一个单独的民族。这里从来不存在一个曾经使前西属美洲殖民地变成真正跨种族社群的克里奥尔人群，也不存在大量的跨种族繁殖。”[8]

即使如此，当两种截然不同的文化彼此摩擦时，会存在内在的危险。我们在第 29 章看到，孟加拉亚洲学会是如何帮助启动了东方的文艺复兴，那时威廉·琼斯爵士注意到梵语同希腊语、拉丁语之间的相似性，孟加拉总督沃伦·黑斯廷斯吸引印度教学者到加尔各答研究印度教经文（他自己精通波斯语和印地语）。但是在 1788 年，即他卸去总督职务以后三年，他被伦敦的议会弹劾，被指控“藏匿”了一笔部分从东印度公司窃取、部分
661 从贝拿勒斯和阿瓦德统治者那里获取的巨额的个人财产。尽管经过漫长的七年，黑斯廷斯最终被无罪开释，但是对他的审判是埃德蒙·伯克在幕后操纵的“一个戏剧性大事件”，此后，这位前总督从未能真正恢复元气。伯克深信东印度公司背离了它的宗旨，即除了贸易，它还应当“在帝国传播文明和启蒙思想”。他说，恰恰相反，黑斯廷斯领导下的东印度公司专断、腐败，“压迫印度人，背离了它应当散播的仁慈”。（后来的历史学家得出了

不同的结论，认为黑斯廷斯对印度文化研究越多，他就越受人尊敬。[9]）伯克说黑斯廷斯背叛了帝国的最高理想，即仁爱地传播西方文明，这种态度令人想起拿破仑。伯克（还有拿破仑）可能说话言不由衷，不过弹劾黑斯廷斯真正表明的是一种自负的帝国心理：无论他们冒充多么崇高的目的，他们同第一帝国那些更直接的侵略殖民者没有什么大不同。尼尔·弗格森列举了英国的"第二"帝国赖以建立并且最希望传播的九大思想。它们是：英语、英格兰的土地所有制形式、苏格兰和英格兰的银行业、普通法、新教、团队体育、有限政府或"守望者"政府、代议制和自由思想。[10]

然后就是具有争议性的奴隶制问题。帝国都涉及这种或那种形式的奴隶制。我们永远不要忘记古代雅典和罗马也有奴隶。但是，在古希腊或罗马，成为奴隶并不必然代表被贬黜。不幸的奴隶被送入军队或工矿，幸运的奴隶可能成为主人的孩子们的家庭教师。

现代奴隶制同这不一样：奴隶贸易本身是可耻的、令人恐惧的。"它开始于 1444 年 8 月 8 日，第一艘载着从现在的塞内加尔获取的 235 名非洲人的货船在葡萄牙港口拉各斯靠岸。一个初始的奴隶市场在码头形成。惊恐不安的非洲人，在被关押在小船肮脏的船舱几周后，被按照年龄、性别和健康状态分成不同的组。"[11] 在"航海家"恩里克王子得到通知并到达码头前，不允许买卖。作为航海的赞助人，恩里克王子有权获得五分之一的战利品，这次是 46 个奴隶。"黑色黄金"（奴隶被如此称呼）贸易便是这样开始的。

虽然奴隶贸易对欧洲是新鲜的事物，但是它在非洲已经存在了几百年。现在改变的是需求的规模。欧洲的奴隶贸易因为一种新商业而得到发展：甘蔗种植。欧洲对蔗糖的需求如此之大，在 1492 至 1820 年间，根据安东尼·派格登的研究，"数量相当于白种欧洲人五到六倍的非洲人来到美洲”。这个统计数字尽管为人熟知，仍然令人震惊。它塑造了美洲，也给美国带来了可能是最棘手的问题。造成美国这个挥之不去困境的深刻原因之一是，现代奴隶制包含了对主人与奴隶关系的一种新理解。[12] 无论亚里士多德还是西塞罗，都对奴隶制思想感到尴尬。虽然他们有时试图争辩说奴隶是另一种“类型”的人，但是他们知道这没有说服力，因为在许多情况下，奴隶只是从战败的一方获得。世界上的主要一神教也持相同的观点。
662 《旧约》和《古兰经》都允许拥有奴隶，但只在“正义的战争”之后。[13] 早期基督徒并不赞成把其他基督徒卖为奴隶，不过他们并不以同样的仁慈惠及非基督徒。在奴隶贸易的早期阶段，一些天主教教士和法学家试图宣称非洲内陆的战争是“正义的”，但是很少有人认真对待他们的观点。1686 年出现了某种进展，当时宗教法庭谴责奴隶贸易。但是，重要的是，它并不谴责奴隶制本身。[14]

梵蒂冈的观点反映出一个时期的普遍观点：奴隶贸易比奴隶制更令人不快。但反抗不断增加，它让人注意到，在其背后存在一个悖论。许多人认为黑人是“低等民族，比动物强不了多少”，因此似乎是为了证实这一点，他们经常给黑人取宠物的名字——费多、跳马等。但是这种态度同主人经常要求他们的奴隶从事需要充分脑力活动的工作相矛盾。[15] 同样危险的是，男主人发现他们的女奴很有性吸引力，因此生出混血后代并产生新的社会问题。新的关系充满了矛盾和紧张。

奴隶制被彻底废除之时以及之后，种族主义的观点仍然很顽固。无法摆脱欧洲基督教文化是文明化力量的信仰的废奴主义者数不胜数，威廉·威尔伯福斯不过是其中之一。在某个时候，他承认“与通过基督教和英国的法律、制度和习俗把光、真理和幸福带给奴隶相比，解放奴隶可能实际上不太重要”。不过，威尔伯福斯确实成为某个殖民地试验的发起人之一，即 1787 年建立的塞拉利昂，目的是“把文明带到土著人中，并且通过自由劳动方式耕种土地”。塞拉利昂繁荣发展，它的首都弗里敦成为新的皇家海军反奴隶贸易舰队的基地之一。[16]丹麦在1792年成为第一个废除奴隶贸易的欧洲国家。英国在1805年结束奴隶贸易，到1824年奴隶贸易在该国是处以绞刑的罪行。但是在其他地方，奴隶贸易仍旧持续了半个世纪，最后一次贸易是在1870年的古巴进行的。[17]

1648年的《威斯特伐利亚和约》产生了一批欧洲国家。1815年，为决定拿破仑倒台之后的欧洲局势而召开的维也纳会议产生了另一批国家。当时的态度同现在大不相同。对新欧洲的建设者之一、英国外交大臣卡斯尔雷勋爵来说，意大利不过是一个“地理概念”，它作为一个统一的国家是“不可想象的”。[18]会议上的一个德意志人对他自己的国家也有相同的认识。他说，“把所有的德意志邦国统一成一个单一的、未分裂的国家”不过是一个梦想，“被一千年的历史所否定，最终不了了之……它既不可能通过任何人类的智慧实现，也不可能通过最血腥的革命实现；只有疯子才会追求这样的目标”。他得出结论：如果民族统一思想在欧洲占据上风，“那么留给我们后代的将是一片血腥的废墟”。[19]

维也纳会议的主要目标是阻止欧洲再一次发生革命，为了这个目的， 663
到会的外交官和政治家开始着手描绘1648年之后形成的欧洲政治地图。“西班牙和葡萄牙恢复了从前的统治家族，荷兰获得前奥属尼德兰（后来的比利时），瑞士成为独立国家，瑞典与挪威合并。由于五国联盟（欧洲五大强国俱乐部）没有法国是不可想象的，因此法国保留了它在1792年的边界。”[20]但是这样一个小心维持的欧洲均衡体系依赖的是一个保持分裂、混乱和无力的中部欧洲。[21]参加维也纳会议的许多欧洲人对所谓的“德意志统一派”感到不安，因为他们决心使德意志统一为一个民族国家。正如法国外交大臣夏尔–莫里斯・德・塔列朗–佩里戈尔从维也纳寄给路易十八的信中所说：“他们试图推翻有辱他们尊严的秩序，用一个单一的政权代替这个国家的所有政府。同他们意见一致的还有来自大学的人，这些年轻人怀揣着自己的理论，还有所有那些把那块土地在战争期间遭遇的所有痛苦都归因于德意志分裂的人。德意志祖国的统一是他们的口号、他们的信仰和他们的宗教，他们热烈到狂热的地步……如果德意志大众将统一成一个整体、变得雄心勃勃，谁能估计其后果？谁能说那样的一种运动会在哪儿停止？”[22]

换句话说，正如哈根·舒尔茨指出的，在那时，民族主义原则只有在同君主的合法统治相联系时才得到认可：在大不列颠、法国、西班牙、葡萄牙、荷兰和瑞典，即欧洲的北部和西部。说德语的地区和意大利除外。这帮助解释了为什么民族主义，又叫文化民族主义，成为一种德意志思想。这个地区的政治分裂其实是欧洲秩序的逻辑结果。只需看看地图就能知道为什么。“从波罗的海到第勒尼安海，欧洲中部把大国彼此之间分开，使它们远离，避免发生直接冲突。”[23]没有人希望中部欧洲出现过度的权力集中，因为如果任何一方取得控制权，那么就能轻易成为“整个大陆的霸主”。[24]对许多人来说，分裂的意大利和德意志各邦国是自由的保障。虽然意大利和德意志在这方面非常相似，但是意大利大部分地区被外国势力占领（北部是奥地利，南部是波旁王朝），这也解释了为什么现代民族主义出现在德意志。实际上，德意志和意大利的统一是19世纪的两个重大政治事件，它们同美国内战一起在19世纪最后几十年极大地形成了工业竞争，塑造了我们的现代世界，同时也最终导致第一次世界大战的爆发，为多灾多难的20世纪创造了条件。塔列朗多么英明啊！[25]

第一个明确定义“文化民族主义”的人是约翰·戈特弗里德·赫尔德（1744—1803），尽管伟大的德意志历史学家弗里德里希·梅尼克说，弗里德里希·卡尔·冯·莫泽在1765年首次在“一天当中就能游览二十个公国的德意志地区”发现了一种“民族精神”的迹象。正如我们在第 24 章看到的，这一时期正是 17 世纪晚期一个具有自我意识的“公众”开始出现的时期。赫尔德说：“自然不仅用森林、山脉、海洋、沙漠、河流和气候，而且尤其用语言、爱好和性格把各民族分开。所以，遏制专制主义的 664
任务变得更加困难，地球的四端无法塞进一个木马的肚子里。”[26] 对赫尔德来说，民族是不可化约的，它同帝国的思想不能兼容。他说帝国思想有悖世界民族的“自然多元性”本质。[27] 德意志人想要统一为一个民族国家，为此，他们必须经过“教化”，因为他们作为欧洲权力争夺的剧场已经太长时间了，在那里，“今天的统治者可能成为明天的敌人”。[28]19 世纪目睹了两个大国取代曾经统治中部欧洲几个世纪的“混乱割据”，这一变化的性质怎么强调都不过分。

其他的欧洲国家对这些德意志和意大利情结的回应是哈根·舒尔茨所说的“爱国主义的重生”。[29] 法国尤其如此，例如，它的整个教育体系都围绕着为民族主义事业服务。历史和国家政治课程是为了革命和屡次战败后的民族重生事业。最明显的，也可以说是最荒唐的一个例子是 G. 布鲁诺的《爱国二童子传》。它讲述的是一个十四岁的男孩安德烈·瓦尔登和他七岁的弟弟于连的故事。故事的背景是普法战争之后，两个孩子成为孤儿，困在已被德意志占领的家乡法尔斯堡。他们逃离家乡，环游整个法国，最后找到了一个新家，多亏了这次环游，他们发现了法国的所有伟大之处。该书首次出版于 1877 年，在后来的三十年内，再版二十次。当时狂热民族主义的另一个例子是当儒勒·费里（1832—1893）任教育部长时，每个教室都被要求贴一张法国地图，上面的阿尔萨斯和洛林用黑色丧纱围起来。儒勒·米什莱（1798—1874）称法国是“现代文明的重镇”，意思是它是现代启蒙国家的先锋，“法国的文明思想就这样成为一种民族宗教的核心”。(《马赛曲》在 1879 年被采纳为国歌。[30])

英国也有回应，但是以一种不同的方式。大英帝国的扩张在 1880 年到第一次世界大战之间达到了前所未有的规模。如下图清楚所示：

殖民附属地（单位：万平方公里）

	大不列颠	法国	德国	西班牙	意大利
1881	2239.5	52.6	0	432	0
1895	2902.1	357.7	264.1	197.4	24.7
1912	3008.7	790.6	290.7	21.3	159.0[31]

以下是同时代的一些评论，不仅为了说明其大意，而且证明它们多么普遍，兹详细引述。“帝国主义已经成为我们民主民族主义最近、最高的体现。它是我们民族的有意识的表达。”（威斯敏斯特公爵）“英国人是世665 界上曾经有过的最伟大的统治民族。”（约瑟夫·张伯伦）在看到悉尼港后，查尔斯·达尔文写道：“我的第一感觉是庆幸自己是一个英国人。”“我宣称，我们是世界上的领导民族，我们殖民的地方越多，对人类就越有益……因为［上帝］显然让说英语的民族成为他为创造一个建立在公正、自由与和平基础上的国家与社会而选择的工具。如果我竭尽所能为这个民族提供尽可能大的空间和力量，那一定是上帝的意志。我想，如果存在上帝，他一定愿意看到我完成一件事情，那就是，把尽可能多的非洲版图涂成英国的红色。”（塞西尔·罗兹）[32]

现在分析，这种民族主义爆发的负面效应是更多的种族主义，反犹主义在法国和德国尤其猖獗，这部分要归因于对英国的嫉妒[33]：同英国相比，法国和德国的海外帝国都太小，以致形成这样的观点，正如法国“爱国者联盟”创始人保罗·德鲁莱德所说：“在治好我们的国内痼疾之前，我们不能希望在国外能有任何进展。”[34] 而关于谁是国内头号敌人，没有任何怀疑，那就是犹太人。1886年，爱德华·德鲁芒出版了《犹太人的法国》一书，“捏造”犹太人的生活和习俗，尽管它非常幼稚和拙劣，却立刻成为畅销书。后来证明它成为那个国家反犹主义浪潮的序曲，在德雷福斯事件期间达到高潮，即一名犹太军官被指控为德国间谍。在德国，所谓的“文化斗争”其实是新教国家迫使天主教政治家接受普鲁士政策的一种努力，尽管斗争是因为学校的监管权和教职任命权而引起的。在这种不宽容气氛中，必然会讨论犹太人的角色。

民族主义在20世纪初莫里斯·巴雷斯的《民族精力的小说》三部曲（1897—1903）中达到鼎盛。巴雷斯的思想是，自我崇拜是文明堕落的主要根由。“国家在自我之上，因此必须在个人生活中具有至高的优先权。个人除了服从国家授予他的任务，‘其世系的神圣法律’，除了‘倾听这片土地和死者的声音’，别无选择。”[35] 正如哈根·舒尔茨正确指出的，关于民族的思想，即民族主义，在19世纪初还是作为自然政治和文化实体的一种乌托邦，但是到20世纪初已经成为国内政治富有争议性的因素了。“它再也不能跃居统一社会的政党之上。它本身就成为一个政党，分裂社会。”其后果是灾难性的。

再一次，我们要小心避免夸大其词。民族主义在很多方面是灾难性的，但是它也有积极的一面。最明显的是19世纪德国智识生活的伟大繁荣，无论这种繁荣是因为德国的统一，还是因为统一之后伴随的伟大的民族主义情感，它们显然是同时出现的。

西格蒙德·弗洛伊德、马克斯·普朗克、恩斯特·马赫、赫尔曼·冯·亥姆霍兹、马克斯·韦伯、尼采、易卜生、斯特林堡、冯·霍夫曼斯塔尔、鲁道夫·克劳修斯、威廉·伦琴、爱德华·冯·哈德曼……所有这些人都是德国人或说德语。有时我们会忽略1848至1933年这段时

666 期与世纪之交（也是本书所论截止的20世纪初期）重叠，也是德意志天才迸发的鼎盛时期。“20世纪本来是属于德国的世纪，”美国历史学家诺曼·康托在1991年这样写道。法国哲学家雷蒙·阿隆在柏林参观纪念物理学家阿尔伯特·爱因斯坦、奥托·哈恩和莉泽·迈特纳诞生一百周年的展览会上对德国历史学家弗里茨·斯特恩也说过这话。这些人都在1878至1879年出生，阿隆有感而发：“它本来是德国的世纪。”[36]康托和阿隆的意思是，德国的思想家、艺术家、作家、哲学家和科学家在1848至1933年间是世界上最优秀的，如果就他们本身而论，本来可以把新统一的德国带入新的、从未梦想过的顶峰，而且确实正是那样做的，直到阿道夫·希特勒的灾难发生。

任何对此论断（1848至1933年是德国的世纪）有所怀疑的人只需看看下面的名单。我们几乎可以从任何领域开始，因为德国的伟大是如此全面，不过让我们从音乐开始吧：约翰内斯·勃拉姆斯、理夏德·瓦格纳、安东·布鲁克纳、弗朗茨·李斯特、弗朗茨·舒伯特、罗伯特·舒曼、古斯塔夫·马勒、阿诺德·勋伯格、约翰·施特劳斯、理夏德·施特劳斯、阿尔班·贝尔格、安东·韦伯恩、威廉·富特文格勒、布鲁诺·瓦尔特、弗里茨·克莱斯勒、阿尔图尔·奥涅格、保罗·欣德米特、寇特·威尔、弗朗茨·雷哈尔、柏林爱乐乐团和维也纳爱乐乐团。医学和心理学也不逊色。除了弗洛伊德，想想阿尔弗雷德·阿德勒、卡尔·荣格、奥托·兰克、威廉·冯特、赫尔曼·罗夏、埃米尔·克雷丕林、威廉·赖希、卡伦·霍尼、梅兰妮·克莱因、恩斯特·克雷奇默、吉泽·若海姆、雅各布·布劳耶、理夏德·克拉夫特–艾宾、保罗·埃尔利希、罗伯特·科赫、瓦格纳·冯·尧雷格、奥古斯特·冯·瓦色尔曼、格雷戈尔·孟德尔、埃里克·丘歇马克、保罗·科雷曼斯。在绘画领域，有马克斯·利贝曼、保罗·克利、马克斯·佩希斯坦、马克斯·克林格尔、古斯塔夫·克里姆特、弗朗茨·马克、洛维斯·科林特、汉斯·阿尔皮、格奥尔格·格罗斯、奥托·迪克斯、马克斯·斯勒福格特、马克斯·恩斯特、莱昂·法伊宁格、马克斯·贝克曼、阿列克谢·亚夫伦斯基。瓦西里·康定斯基虽然是俄国人，但他是在慕尼黑取得了现代艺术最重要的突破：抽象艺术。在哲学领域，除了尼采，还有马丁·海德格尔、埃德蒙德·胡塞尔、弗朗茨·布伦塔诺、恩斯特·卡西尔、恩斯特·海克尔、戈特洛布·弗雷格、路德维希·维特根斯坦、鲁道夫·卡尔纳普、斐迪南·滕尼斯、马丁·布伯、特奥多尔·赫茨尔、卡尔·李卜克内西、摩里兹·石里克。

在学术研究和历史学领域有：尤利乌斯·迈尔-格拉斐、利奥波德·冯·兰克、特奥多尔·蒙森、路德维希·帕斯特、威廉·博德和雅各布·布克哈特。在文学领域，除了胡戈·冯·霍夫曼斯塔尔，还有海因里希和托马斯·曼、赖纳·马利亚·里尔克、赫尔曼·黑塞、施蒂芬·茨威格、格哈德·霍普特曼、戈特弗里德·凯勒、特奥多尔·冯塔纳、瓦尔特·哈森克莱弗、弗朗茨·魏尔夫、弗朗茨·魏德金、阿尔图尔·施尼茨勒、施蒂芬·格奥尔格、贝托尔特·布莱希特、卡尔·克劳斯、威廉·狄尔泰、马克斯·布洛德、弗朗茨·卡夫卡、阿诺德·茨威格、埃里希·马利亚·雷马克、卡尔·楚克迈尔。在社会学和经济学领域有：维尔纳·松巴特、格奥尔格·齐美尔、卡尔·曼海姆、马克斯·韦伯、约瑟夫·熊彼特和卡尔·波普尔。在考古和《圣经》学领域，除了 D.F. 施特劳斯，还有海因里希·施里曼、恩斯特·库尔提乌斯、彼得·霍希哈默尔、格奥尔格·格罗特芬德、卡尔·理夏德·莱普修斯、布鲁诺·迈斯纳。最后（虽然也很有可能是第一）在科学、数学和工程学领域有：恩斯特·马赫、阿尔伯特·爱因斯坦、马克斯·普朗克、埃尔温·薛定谔、海因里希·赫兹、鲁道夫·狄塞尔、赫尔曼·冯·亥姆霍兹、威廉·伦琴、卡尔·冯·林德、斐迪南·冯·齐柏林、埃米尔·费歇尔、弗里茨·哈伯、

667 赫尔曼·盖格、海因茨·容克斯、格奥尔格·康托、理夏德·科朗特、阿尔图尔·佐默费尔德、奥托·哈恩、莉泽·迈特纳、沃尔夫冈·泡利、大卫·希尔伯特、瓦尔特·海森堡、路德维希·冯·贝塔朗菲、阿尔弗雷德·魏格纳，更不用提下面的工程公司：AEG 公司、博世、奔驰、西门子、赫斯特、克虏伯、梅赛德斯、戴姆勒、徕卡、蒂森。

这还不是对德意志天才的充分评价。1900 年（本书的结束时间）见证了尼采、罗斯金和奥斯卡·王尔德的逝世，但也同时见证了三大思想的产生，这三大思想可以毫不夸张地说，构成了 20 世纪的思想主流，也是科学领域的主线。这些思想是无意识理论、基因理论和量子理论。每一个都来自德意志。

在解释德国思想在 1848 至 1933 年迅速取得的伟大胜利时，我们需要审视三个因素，每一个都不仅是德国和德国思想所独有的，而且也是本章主题的特殊之处。首先，我们需要理解德国的文化概念，它是什么，它包括什么以及它在国家生活中的位置是什么。例如，英语中的“文化”一般不严格区分精神领域和技术领域，但是在德语中，“文化”代表创造性活动的智力、精神或艺术领域的生活，而不是社会、政治、经济或技术—科学生活。结果，在英语中，“文化”和“文明”是相同事情的互补方面，而在德语中却不然。19 世纪，德语的“文化”表现出精神创造活动性质——艺术、宗教、哲学；而相反，“文明”指社会、政治和技术组织，而且更重要的是，它们被认为处于较低的位置。尼采充分利用了这点，这是一个非常关键的区分。没有它，就不可能理解 19 世纪的德国思想。

因此，在德国出现了 C. P. 斯诺所称的一种“双文化”精神，而且非常激烈。后果之一是会突出并深化自然科学同艺术与人文科学之间的差别。有些学科因其自身的性质，同工程学、商业和工业结成了自然联盟。而与此同时，尽管这些学科取得了巨大成功，却受到艺术家的鄙视。在像英国或美国这样的国家，科学与艺术在很大程度上被视为同一枚硬币的两面，一起组成知识精英，而在19世纪的德国远非如此。一个典型的例子是1900年发现量子理论（即所有能量以极小量的形式存在，即量子）的马克斯·普朗克。普朗克来自一个虔信宗教、有些学术气氛的家庭，而且自己还是一个出色的钢琴家。尽管普朗克对量子的发现堪称历史上最伟大的科学发现之一，但是在普朗克自己的家里，人文学科被认为是高于科学的一种知识形式。[37] 他的表兄、历史学家马克斯·伦茨总是语带双关地开玩笑说，科学家其实就是森林人，也就是我们所说的"乡巴佬"。*

恩斯特·马赫的工作强化了这一点。马赫（1838—1916）是最热切的还原论者，有许多发现，包括内耳半规管对身体平衡的重要性，以及物体 668
超音速移动时，由于高速产生的真空，能产生两种冲击波，一种在前面，一种在后面（这就是为什么我们说到协和飞机时用"马赫数"）。但是马赫极力反对任何形式的形而上学，抨击他所说的"滥用的概念"，例如上帝、自然和灵魂。他认为弗洛伊德的"自我意识"概念是"无用的假说"。他感到即使"自我"也是不可挽回的，所有的知识都能还原为感觉，科学的任务就是用最简单、尽可能中性的方法描述感觉数据。马赫在他那个时代被广为阅读：列宁和他的信徒以及维也纳学派都是他的追随者。马赫坚信，科学能提供答案，而哲学和心理分析等学科基本上是无用的。[38]

这一深刻的分裂（一方面是科学，一方面是艺术、人文学科）具有严重的后果。与此处论述尤其相关的一个后果是，在德国比在任何地方，艺术家的直觉得到更多的尊敬，被给予高得多的地位。这反映在第二个分裂上，它比艺术与科学（就是文化与文明的分裂）更严重。这是精神（Geist）与力量（Macht）的对立，是知识或精神奋斗与权力和政治控制之

* 有些段落是作者以前的书《20世纪思想史：惊骇之美》所讨论问题的进一步阐述。

间的对立。必须指出，精神与力量之间的关系，文化先行还是国家先行的问题，从来没有在德国得到满意的解决。其后果是重大的，简短回顾一下德国的政治 / 社会史将会表明这一点。

1848 年，德意志试图发起资产阶级革命，却失败了，德意志职业人士和商人阶级要求获得平等的政治和社会权利的斗争也失败了。换言之，德意志未能取得像英国、荷兰、法国和北美那样的社会政治进步，几代之前，这些国家在某些方面就已经实现了进步。德意志的自由主义，或说将来的自由主义，建立在中产阶级要求“自由贸易和保护其经济和社会空间的一个宪法体制”基础之上。当要求宪法改革的努力失败后，1871 年以普鲁士为首建立了德意志帝国，形成一系列最不寻常的历史环境。从真正意义上说，正如戈登·克雷格指出的，德国人民在帝国的创造上没有扮演任何角色。“新的帝国是未经接受者同意而给予这个民族的‘礼物’。”[39] 它的宪法不是斗争得来的，而是现有德意志各邦统治者之间的合约，它们在 1918 年以前一直保留各自的王位。对于我们的现代思维，这产生了一些非凡的影响。其中一个就是，“帝国有一个没有权力的议会，没有政府职责的政党以及不能决定政府成员的选举”。除了帝国议会，还有参议院，都不是选举出来的机构，而是各邦政府委员会同议会分权，但是没有人能够解除首相的职务。还有，各邦的国内结构没有因 1871 年事件而受到影响。例如普鲁士议会的投票权（普鲁士占德国总人口的 3/5）以其纳税额
669 为标准，也就是说，前 5% 的纳税者享有 1/3 的投票权，与后 85% 的纳税人比例相同。[40] 首相的治理也没有内阁的帮助：帝国各部的权力越来越多，由下属的国务秘书负责。这同德国在西方的任何竞争者的现存体制都不相同，甚至更加落后（尽管德国的体制是否“落后”现在成为激烈的学术争论）。尽管德国已经是工业国家，但是国家事务仍然掌握在大地主贵族手中。权力越来越集中在少数人手中，因为随着城市化的到来、商业增

长和工业扩张，四分五裂的德意志各邦变得日益衰弱，而帝国越来越成为现实。随着政府在经济和社会问题调节上扮演日益重要的角色，它也变得越来越专制。简而言之，随着越来越多的人加入到德国的工业、科学和思想成就中，帝国也越来越掌控在一小群传统人物手中——大地主贵族和军事领袖，而最上面的则是皇帝本人。这种错位在第一次世界大战之前成为"德国性"的根本特征。它是历史上最严重的时代错误之一。[41]

这一严重错位产生了两个与我们相关的后果。其一是，在政治上受到排挤而又渴望获得某种平等的中产阶级，常常借重教育和文化，将它们当作可能取得成功的关键领域，成功指的是同贵族的平等地位以及在一个充满竞争的民族主义世界相比外国人的优越地位。"高等文化"因此在德意志帝国总比在其他地方显得更加重要，这也是为什么它在 1871 至 1933 年间繁荣的原因之一。但是这赋予了文化一种基调：自由、平等或个人特殊性容易隐含在个人的"内心世界"，而社会被描述成一个"捉摸不定的、外在的、经常是充满敌意的世界"。第二个后果是回到民族主义，它与第一个后果有重叠之处，但这里的民族主义是同新兴的工人阶级（和社会主义的萌芽）、犹太人和非德意志民族相对立的以阶级为基础的民族主义。"民族主义被视为可能实现乌托邦的道德进步。"[42] 第二个因素的影响之一是对之前时期（即工人阶级出现之前，尤其是中世纪和文艺复兴时期的理想化），它们代表前工业时代一种和谐的生活，一个"黄金时代"。在大众社会发展的背景下，受过教育的中产阶级把文化看作一套稳定的价值，能够提升他们的生活，使他们区别于"下层社会"（语出弗洛伊德），尤其是加强他们的民族主义方向。"大众"，一个关于普通德国人曾经是什么样的充满半神秘色彩、怀旧式的理想（他们曾经是知足常乐、有才能、不关心政治的"纯粹"的人民）开始确立。

这些因素一起在德国文化中创造出一个概念，它几乎无法翻译成英语，但它对理解 19、20 世纪之交的德国思想是一个决定性的因素，而且它能帮助解释无意识的发现（主要是德国人发现的）以及为什么在这一领域德国人占主导地位。德语中这个词是“内向性”（Innerlichkeit）。[43] 如果能被翻译，它的意思是，远离或不关心政治，而个人反身向内的一种倾向。“内向性”意味着艺术家故意避开权力和政治，他们相信，参加甚至
670 撰写有关政治的事情，是对他们使命的贬低；对艺术家来说，内心世界而不是外部世界才是真正的世界。正如戈登·克雷格告诉我们的，在 1914 年之前，只有在极少数的场合，德国艺术家才表现出对政治和社会事件的兴趣，更不用说为之激动了。即便 1870 至 1871 年事件也未能动摇他们的这种漠不关心。“对法国的胜利以及德国统一没有激发出文学或音乐或绘画的杰出作品。”[44] 作家和画家不觉得自己所处的时代“足够有诗意”，可以挑战他们的天赋。“随着新帝国基础结构的确立，德国的艺术家开始创作遥远时期的故事，或在他们的画布上涂抹海神、半人马和希腊石柱。”就连伟大的瓦格纳创作的音乐剧也只与他生活的时代有一点点相关（1876 年的《齐格菲》、1882 年的《帕西法尔》）。[45]

当然也有例外。在 19 世纪 80 年代，艺术领域出现了一次称为“自然主义”的运动，部分是受法国作家埃米尔·左拉小说的激发，目的是揭露工业化引起的社会丑陋和不公正。但是同欧洲其他国家的文学相比，德国的自然主义运动在激烈抨击方面半心半意，自然主义者从来没有把注意力转向帝国固有的政治危险上。戈登·克雷格在他关于德意志帝国的历史书中写道：“其实，当这些危险变得越来越明显时，在威廉二世统治下，狂热的帝国主义初现端倪，伴随侵略性武器计划的实施，这个国家的广大小说家和诗人都转移目光，回到那个一旦真实世界变得令人困惑，就会成为他们避难所的‘内向性’。”[46] 德国没有出现左拉、萧伯纳、康拉德、纪德、高尔基或亨利·詹姆斯。在当时的（德国）名人中——施蒂芬·格奥尔

格、赖纳·马利亚·里尔克、胡戈·冯·霍夫曼斯塔尔——严酷的现实屈服于情感以及试图对瞬间印象、即刻情绪、模糊感觉的捕捉。霍夫曼斯塔尔的“脱落”概念将在第 36 章讨论，它指时代的逃遁性，没有什么可以固定，没有什么保持不变，到处都是模糊和悖论。古斯塔夫·克里姆特在绘画领域也表达了相同的观点，他的例子能够说明问题。

克里姆特于 1862 年出生于维也纳附近的鲍姆加登，是一个金匠的儿子。他在用巨大壁画装饰环城大道新建筑时一举成名。这些是同他的弟弟恩斯特一起干的，但是在后者于 1892 年去世后，他隐居了五年，这段时期他研究了詹姆斯·麦克尼尔·惠斯勒、奥布里·比尔兹利和爱德华·蒙克的作品。1897 年，他以崭新的风格复出。新风格大胆而又复杂，具有三个鲜明的特征：金箔的微妙使用（运用他从父亲那里学到的技术），使用像瓷釉一样坚硬的小荧光点，以及描绘女人慵懒的色情。克里姆特的画不是典型的弗洛伊德式：他的女性人物并不神经质，远远不是。德国的妇女解放相比其他地方更加关注内心的解放，克里姆特的人物体现出这一点。[47] 她们宁静、温和，尤其是充满色欲，但是如霍夫曼斯塔尔所言，她们依旧是“凝结在艺术中的本能生活”。在关注女性的色欲时，克里姆特就像弗洛伊德一样颠覆了传统的思维方式。这些女性具有理夏德·克拉夫特–艾宾在其著作《性心理病态》中报道的性反常行为，这使她们既具有 671
诱惑力又令人震惊。克里姆特的新风格立刻在维也纳毁誉参半，但是也为他赢得了维也纳大学的委托。

维也纳大学委托他创作的是三幅大油画：《哲学》、《医学》和《法学》。它们都引起了激烈的批判，不过关于《医学》和《法学》的争论不过是重复对《哲学》的喧哗而已。委托规定第一幅画的主题是“光明对黑暗的胜利”，克里姆特实际创作的是“一群交错的不透明”的身体，在旁观者眼前飘浮，互相碰撞的一群五光十色的身体，周围都是一片虚空。哲学教授们被激怒了，他们攻击克里姆特在“用不清楚的形式表达不清楚的思想”。哲学本应该是理性的，“通过严格的科学追求真理”。克里姆特的画完全相反，因此，它不是希望中的作品：八十位教授一起上书要求克里姆特的画永远不能挂在维也纳大学。作为回答，画家归还了酬金，而且永远没有提交剩下的作品。[48] 这次争论的重要意义在于克里姆特在这些画中试图做出的宣告。他在问，当不理性、本能和无意识在生活中如此重要时，理性怎么能成功？理性确实是前进的途径吗？本能是一种更古老、更强大的力量。它可能更加返祖、更加原始，而且有时是一种黑暗力量，但是否定它的存在有什么好处呢？[49]

内向性概念在弗洛伊德、托马斯·曼、施尼茨勒或克里姆特那里是一方面：原初、使人充满活力、充满挑战。但是它还有另一面，尤其表现在像保罗·拉加德和尤利乌斯·朗贝等人那里。他们现在都不如弗洛伊德、克里姆特、曼和其他人闻名，但是在当时他们都同等地著名。他们都强烈地反现代，在周围奇妙和伟大的文明中，他们看见的只有腐朽。拉加德是一位《圣经》历史学家（这是德国领先世界的学术领域之一），他热爱古代有多强烈，憎恨现代就有多强烈。他相信人的伟大和意志：他说理性是第二重要的。他相信民族具有灵魂，他信仰“德意志民族特性”，认为德国是具有非凡意志的、独一无二的英雄民族。拉加德也是那些呼吁一种新宗教的人之一，这一思想后来对阿尔弗雷德·罗森堡、戈林和希特勒都产生了吸引力。拉加德攻击新教，说它缺乏仪式和神秘，说它不过是世俗主义。他说，倡导一种新宗教就是想让“《福音书》中的古老教义同德意志民族特性的融合”。拉加德率先寻求的是德意志民族的复兴。一开始，他使用“内心移民”：即人们应当在内心深处寻求救赎；但是后来他提倡德国接收奥地利帝国的所有非德意志地区。这是因为，德国人是优等的，而所有其他人，尤其是犹太人，是低等的。[50]

1890年，尤利乌斯·朗贝出版了《作为教师的伦勃朗》。朗贝的目标是抨击知性主义和科学。他说，艺术，而不是科学或宗教，才是更高的善，是知识和美德的真正来源。在科学中，古老的德国美德——简单、主观性、个体性——正在失去。《作为教师的伦勃朗》是对"现代德国受到过分追捧的知性主义的大声喊叫"，朗贝认为这种知性主义将扼杀创造性的生活；它是为在文明外衣下埋藏已久的德国人民或部落的非理性力量 672
发出的喊叫。伦勃朗，"完美的德国人和无可比拟的艺术家"，被描绘成现代文化的对立面，是德国"第三次改革"，也是另一次转向内心的楷模。[51] 整本书的主题是：德国文化正在被科学和知性主义摧毁，只有通过艺术（能体现一个伟大民族内在特质的艺术）的复兴和新社会中英雄式、具有艺术天赋的人掌权，才能得到再生。1871年之后，德国丧失了其艺术禀赋及其伟大的艺术家，对朗贝来说，柏林尤其成为德国文化中邪恶的象征。商业和物质主义（曼彻斯特主义或美国化）的毒药正在侵蚀这座普鲁士驻军城市的古老内在精神。艺术应当使人高贵，朗贝说，而自然主义、写实主义以及任何揭露像左拉或曼关注的社会不公的东西都应当被驱除。[52]

换句话说，可以这么认为（有人一直都这么认为），19世纪的德国产生了一种特殊的艺术家和特殊的艺术，向内看和向后看；德国人对文化的倾心和迷恋使它的文明背离了轨道。特别是，它为科学种族主义的产生建立了深厚的基础。

现代（科学）种族主义源自三个因素。第一是启蒙运动关于人类的存在本质上是一种生物状态（而不是神学状态）的观点；第二是帝国征服带来的不同种族之间更加广泛的接触；第三是达尔文式思维在世界各种文化中的运用和误用。

一个叫儒勒·维雷的法国医生是生物种族主义的早期倡导者之一，他于 1841 年在巴黎医学院发表题为“文明的生物原因”的演讲。维雷把世界民族分成两类：“几至完善的文明阶段”的白人和注定“永远处在不完善文明阶段”的黑人（非洲人、亚洲人和美洲印第安人）。对于黑人是否能达到“完全的文明”，维雷持悲观态度。他指出，家畜，例如牛，就像白人一样肉是白的；而野生动物，例如鹿，它们的肉是深色的。这种观点即使在那时也与科学不符（16 世纪以后人们已经知道人类的身体在皮肤下面都是一样的颜色），但是对维雷来说，这一“基本”差别导致了所有的结果。例如，他说“正如野生动物成为人的猎物一样，黑人也是白人的天然猎物”。[53] 也就是说，奴隶制一点也不残酷，它符合自然。[54]

这个等式中的一个新元素是 19 世纪欧洲种族主义思想的发展。这里一个熟悉的名字是阿尔蒂尔·德·戈平瑙，他在《论人类种族的不平等》（1853—1855，即达尔文和自然选择学说之前和《创世的自然史遗迹》之后）中宣称，德国和法国的贵族（要记住他自己是一个自封的贵族）“保留了雅利安人最初的特质”，雅利安人是人类最初的种族。与之相比，其他任何人都是混血儿。[55] 这种思想从来没有流行起来，而比较流行的则是
673 努力工作、虔诚甚至是毫无乐趣的北方新教徒与“懒怠、本质上消极和专制的”南方天主教拉丁人之间的区别。毫不奇怪的是，许多北方人（例如查尔斯·狄尔克爵士）坚信，北方种族，包括盎格鲁-撒克逊人、俄罗斯人和中国人，将领导未来。其他人构成世界上“将死的民族”。[56]

这种推理在另一个法国人乔治·瓦谢·德·拉普热（1854—1936）那里演绎到极致。拉普热研究过古代人的头骨，他相信种族就是形成过程中的物种，种族差别是“先天的、无法根除的”，任何认为不同种族能够融合的思想都是违反生物学规律的。[57] 对拉普热来说，欧洲居住着三个种族群体：欧洲种族——身材高大、皮肤白、头骨长（长头颅）；阿尔卑斯种

族——身材较小、肤色较深、短头颅；地中海种族——长头颅，但是比阿尔卑斯种族皮肤更深、身材更矮小。[58]拉普热认为民主是灾难，他相信短头颅种族将统治世界。他认为，由于移民美国，欧洲长头颅人的比例正在减少。他建议向最差的人群免费供给酒，期望他们能够互相残杀。他不是在开玩笑。[59]

继达尔文《物种起源》出版后，没过多长时间，他关于生物学的理论被应用到人类社会。达尔文学说首先在美国流行起来。（达尔文在 1869 年成为美国哲学学会的荣誉会员，十年后他的母校剑桥大学才授予他荣誉学位。[60]）美国社会科学家，耶鲁大学的威廉·格雷厄姆·萨姆纳和索斯坦·范勃伦，布朗大学的莱斯特·沃德，芝加哥大学的约翰·杜威以及哈佛大学的威廉·詹姆斯、约翰·费斯克就是在达尔文学说“生存竞争”和“适者生存”背景下就政治、战争和把人类社会分为不同阶级的做法进行了论辩。萨姆纳相信，达尔文看待人类的新方式为现存的世界提供了最终的解释，也使其理性化。它解释了自由放任经济学，即商人之间通行的自由的、没有束缚的竞争。其他人相信，它解释了世界盛行的帝国结构，在这个世界，白种“适者”“自然”位居其他“堕落”种族之上。[61*]

费斯克和范勃伦在 1899 年出版的书《有闲阶层理论》中断然反对萨姆纳的富人是生物学上的最适者的理论。范勃伦事实上把这种论证反了过来，认为在商业世界“占主导权”的人比野蛮人强不了多少，不过是“回到”一种更加原始的社会形式。[62]

在德语国家，一大群科学家和伪科学家、哲学家和伪哲学家、知识分子和伪 / 准知识分子争相吸引公众的注意力。动物学家和地理学家弗里德里希·拉采尔认为，所有的生命体都为生存空间而竞争，赢家驱除输家。

* 同样，这些段落部分以作者《20 世纪思想史：惊骇之美》中的材料为基础。

同样的竞争也适用于人类，成功的种族如果要避免衰退，必须扩展他们的
674 生存空间。[63] 耶拿大学的动物学家恩斯特·海克尔（1834—1919）热衷于社会达尔文主义，把它视为第二天性。他把“竞争”看作“时代的口号”。[64] 然而，海克尔是获得性特征遗传的热烈倡导者，并且他同斯宾塞不同，他喜欢强大的国家。正是因为这一点，以及他好斗的种族主义和反犹主义，人们把他看作原始纳粹分子。[65] 休斯顿·斯图尔特·张伯伦（1855—1927）是一个英国海军将领的儿子，他叛逃到德国，娶瓦格纳的女儿为妻。对他来说，种族斗争“对‘科学’地理解历史和文化是至关重要的”。[66] 张伯伦把西方的历史描绘为“高尚的、创造文化的雅利安人同唯利是图的物质主义的犹太人之间不断的冲突史”（他的第一任妻子有一半犹太人血统）。[67] 张伯伦认为，日耳曼民族是雅利安人最后的幸存者，但他们因为与其他种族通婚而变得羸弱。

出生在布达佩斯的马克斯·诺尔道（1849—1923）同涂尔干一样，来自拉比家庭。他最著名的书是两卷本的《退化》，该书虽然长达六百页，却成为国际畅销书。诺尔道相信，“一场严重的精神瘟疫，一种退化和歇斯底里的黑死病”正在欧洲肆虐，消耗它的活力，体现出一整套症状，“斜眼睛、不完全的耳朵、生长萎缩……悲观、冷漠、冲动、感情用事、神秘主义、完全缺乏是非判断”。[68] 他所看到的任何地方都有退化。[69] 他说，印象主义画家是退化的结果，因为他们的眼球震颤，所以才以模糊不清的方式绘画。诺尔道在波德莱尔、尼采和王尔德的作品中发现“过于自负的自大狂”，认为左拉“对龌龊有不解的迷恋”。诺尔道相信，退化是工业化社会导致的：铁路、汽船、电话和工厂摧毁了领袖人物。当弗洛伊德拜访诺尔道时，发现他“不可忍受地自负”，完全缺乏幽默感。[70] 相比欧洲其他地方，在奥地利，社会达尔文主义不仅仅是一种理论。两位政治领导人，格奥尔格·冯·舍内雷尔和卡尔·卢埃格尔打造的政治平台强调两个

目标，首先是把权力归还农民（因为他们没有同腐败的城市接触而“免于污染”），其次是强烈的反犹思想，犹太人被描绘成退化的真正体现。青年希特勒在1907年第一次到达维也纳进入艺术学校时面对的正是这些乌烟瘴气的思想。

与此相反，法国较晚才了解达尔文主义，但是，一旦了解，遂产生了自己的充满热情的社会达尔文主义者。克莱门斯·奥古斯特·罗耶在她的《人类与社会的起源》中，表现出强烈的社会达尔文主义色彩，她认为“雅利安人”比所有其他种族都要优越，各种族之间为了进步而引发的战争是不可避免的。[71] 在俄罗斯，无政府主义者彼得·克鲁泡特金（1842—1921）在1902年发表《互助论》，采取了不同的立场。他认为，虽然竞争毫无疑问是生活事实，但是合作也是一种事实，它在动物王国如此普遍，乃至成为一种自然法则。同范勃伦一样，他提出了与斯宾塞理论不同的模式，在这个模式中，暴力被谴责为非常态。社会达尔文主义被与马克思主义相提并论并非不自然，而且不仅仅是在俄国知识分子的心中。[72]

在美国南方各州也能听到颇为相似的论说。达尔文学说认为，所有 675
的种族具有同一个起源，这为反对奴隶制提供了基础，正如切斯特·洛灵·布雷斯所做的那样。[73] 但是其他人持相反的立场。约瑟夫·赖康忒（1823—1901）同拉普热或拉采尔一样，受过教育，不是乡巴佬，而是训练有素的地质学家。当他的书《南方的种族问题》在1892年出版时，他已是美国科学进步协会德高望重的主席。他的观点是非常野蛮的达尔文主义。[74] 他说，当两个种族互相接触时，一方必定主宰另一方。

社会达尔文主义最直接的政治影响是优生学运动，随着新世纪的到来，它成为一项既定政策。以上所有作家都在其中起过一定作用，但是最直接的肇事者是达尔文的表弟弗朗西斯·高尔顿（1822—1911）。在1904

年发表的一篇文章（刊于《美国社会学杂志》）中，他提出，优生学的本质是“劣等性”和“优越性”可以得到客观的描述和衡量。[75]

种族主义或至少说不妥协的种族中心主义，塑造了这一切。研究古代印度哲学的权威专家理查德·金说，正是东方学家在18、19世纪“有效地创造了”印度教和佛教。[76]他的意思是，虽然许多个世纪以来东方发展出复杂的信仰系统，但是生活在那里的民族并没有把宗教“看作是一个关系到一套连贯信仰、教义和仪式活动的完全统一实体”。他说，有组织的信仰系统、使用神圣经文、拥有为之献身的教士阶层的宗教这种概念是欧洲人的创造，源自公元3世纪基督徒对拉丁词“敬仰”（religio）的重新定义。一开始，这个词的意思是对祖先传统习惯的“重读”，但是早期的基督徒在罗马人压迫下重新定义该词，这样它的意思变为“结合体，‘虔诚的纽带’将联结所有的真正信仰者”。[77]金说，宗教正是以这种方式开始表示一个强调“有神信仰、排他性、人类世界与神性的超验世界之间根本的二元区分系统……到启蒙运动时期，人们理所当然地认为，所有的文化都能以这种方式被理解”。[78]

金说，其实，“兴都”（hindoo）这个词来自波斯语，它是梵语“信都”（sindhu）的波斯语译名，指印度河。也就是说，波斯人用这个词特指居住在那一地区的部落，它当时没有宗教含义。[79]他说，当英国人到达印度，他们首先把当地居民描述成“异教徒、魔鬼的孩子、根都（来自葡萄牙语gentio，相当于‘异教徒’）或巴尼亚人（取自印度北部的商人）”。但是依据早期的殖民者对宗教的理解，他们无法设想其他民族也拥有自己的宗教，于是他们用“根都人的宗教”这个短语来形容这一复杂的信仰体系。[80]到18世纪末，“根都”变成“兴都”。根据金的说法，1816年，一位印度知识分子拉姆摩罕·罗伊第一次使用了“兴都教”（Hinduism）这个词，也就是我们今天说的印度教。[81]

佛教差不多也是这样的。金说：“西藏人、僧伽罗人和中国人在 18、19 世纪被欧洲人称为佛教徒之前，绝对没有自认为是佛教徒。”[82] 这里的关键 676
人物是欧仁·比尔努夫，他在《印度佛教史导论》中颇有成效地创造了我们今天认识的这种宗教。出版于 1844 年的这本书是建立在布赖恩·霍奇森于 1824 年从尼泊尔带回来的 147 种梵文手稿的基础上。

在这两个重要例子中，金说，两种宗教的当代表现形式都被认为是最初古典形式的“退化”，需要改良。这种“神秘化”达到了三个目的。第一，在视东方为“退化和落后”时，帝国主义得到合理化。第二，如果东方是古老的，那么相比较，西方就是“现代的”和进步的。第三，东方的古老宗教满足了欧洲对起源的怀旧感，这在当时非常盛行。当弗里德里希·施莱格尔写道，“一切，是的，一切，没有例外，都源自印度”，他道出了许多人的心声。[83]

前面我们提到的沃伦·黑斯廷斯在 1772 年被任命为孟加拉总督。他坚信，英国在印度的权力如果要发展的话，需要印度人自己的同意和支持。这种思路的自相矛盾似乎并没有让任何人止步。相反，他开始在教育领域展开一系列措施，目的是取悦印度部分阶层。一开始，他提议在牛津大学建立波斯语教席。那里落空之后，他的下一个行动是同威廉·琼斯和其他人一起创立孟加拉亚洲学会，这在第 29 章讨论过。更为实际的是，他规定东印度公司的官员学习波斯语，那是莫卧儿宫廷的官方语言，并把印度教学者带到加尔各答教授这些人梵语，同时翻译古代经文。这一行动的后果之一是出现了几代熟悉当地语言、同情印度和穆斯林文化的英国官员。以下是黑斯廷斯为自己发起的《薄伽梵歌》译文所做序言中的几句话：“使我们更加清楚了解印度人真实性格的每个例子都给我们留下深刻的印象，使我们对他们的自然权利具有更充分的认识，并且教导我们用我们自己的方式去估计他们的价值。但是这些例证只能从他们自己的写作中获得；而这些例证，在英国在印度的统治长久结束之后，在它曾经产生财富和权力的源头再不被人记起时，仍将留存。”[84]

黑斯廷斯的成就在1800年的新总督韦尔斯利侯爵手中得到了发展，他创立了威廉堡学院，该学院后来以“东方大学”著称。在这里，语言教学进一步扩展，除了波斯语和梵语，还教授阿拉伯语和六种印度本土语言，另外还教授印度教、伊斯兰教和印度的法律、科学和数学。韦尔斯利还要求务必引入西方教学技巧，尤其是书面考试和公开辩论。“许多年来，辩论开始的仪式被视为一年中重大的社会事件。”威廉堡学院是一项宏伟的事业，至少早期如此。它拥有自己的出版社，出版教材、翻译印度经典，出版印度历史、文化和法律的研究。当它收藏了一批珍稀手稿后，还建立了一个图书馆。[85]

这一开明的政策并没有持久。第一次打击来自东印度公司，它建议威
677 廉堡学院，至少是教授欧洲科目的部分，转移到英国。自英国人在韦洛尔（印度东南部）被大批屠杀之后，政策发生了决定性的改变。英国政府下令，要想维持英国在次大陆的统治，只有让印度教徒大规模皈依。[86]这是一个根本性的改变，不能不引起冲突。在一本名为《孟加拉官员为印度人辩护》的著名小册子中，“兴都”·斯图尔特上校争辩说，任何要求大规模皈依的企图都注定失败，一个理由是印度教“在许多方面更优越……众多的印度教神祇代表不同的美德，而灵魂转世说比基督教的天堂和地狱更受欢迎”。[87]

这不管用。在议会于1813年对东印度公司重新下达特许之后，成立了加尔各答主教辖区，威廉堡学院被解散，它的藏书和手稿都流失了。1854年1月，学院正式解体。[88]孟加拉亚洲学会被任凭自生自灭。学院以

及学会的命运是更大变化的气压计。英国在18世纪末、19世纪初实行的东方政策至少帮助了西方关于东方的知识的扩展。大规模皈依的企图仅仅使印度两极化，分成殖民者和被殖民者。

就思想而言，帝国主义留下了什么？答案是复杂的，而且不能脱离前殖民地在现代世界的社会、政治和经济发展而论。第二次世界大战后许多年，当去殖民化在加快进程时，帝国主义带有许多负面影响：它是种族主义、经济压榨、殖民者对被殖民者盛气凌人的别名。后现代运动的很大一部分目标是修复前殖民地文化。在哈佛和剑桥执教过的诺贝尔经济学奖获得者印度人阿玛蒂尔·森表示，自英国殖民者离开后，印度的饥荒就少得多了。

然而，最近出现一个更加复杂的图景。“如果没有英国在世界各地的统治，很难相信自由资本主义框架会在这么多不同的经济体中成功确立……印度，作为世界上最大的民主国家，应该对英国统治表示感谢的地方比它承认的更多。从它的精英学校、大学、文官机构、军队、新闻机构和议会制度中，现在仍能分辨出英国的模式。最后，还有英语……19世纪的英帝国毫无疑问率先实行自由贸易、资本自由流动［劳伦斯·詹姆斯所说的‘看不见的货币帝国’］以及随着废除奴隶制而出现的自由劳动力。英帝国为发展全球交通进行了巨大投资，它在广袤的地区传播和实施法制。”尼尔·弗格森表明，1913年，也就是英帝国的鼎盛时期，63%的海外直接投资流入发展中国家，而1996年只有28%。1913年，世界资金的大约25%投资在人均收入只有美国人均国民生产总值的20%或更少的国家，而到1997年这一数额下降到5%。1955年，殖民时期将近结束时，赞比亚的国民生产总值是英国的1/7；而在2003年，经过四十年的独立，它的国民生产总值是英国的1/28。对49个国家的最近调查表明，“采纳英国普通法的国家对投资者的法律保护是最强的，而采纳法国的大陆法系的国 678

家对他们的保护最弱”。绝大多数的普通法国家都曾经经历英帝国的统治。美国政治科学家西摩·马丁·李普塞指出，前英属殖民地国家在独立后比其他国家的殖民地国家有更大的可能获得“持久的民主化”。另一方面，如果帝国主义者攫取的是已经城市化、拥有自己的发达文明（如印度和中国）的国家，殖民者对掠夺比对建立新制度更感兴趣，那么殖民化会产生更加消极的影响。弗格森认为，这能很好地解释为什么这两个国家从领先的文明（也许迟至16世纪还算领先）沦为相对贫困的“大歧途”。

因此，帝国主义不仅仅是征服。它是一种国际政府形式，是全球化的一种形式，它不仅仅使统治者一方受益。殖民者中不仅仅包括塞西尔·罗兹，而且包括沃伦·黑斯廷斯和威廉·琼斯爵士。[89]

在多大程度上东方主义发展成为帝国主义的一个方面，这已经成为从20世纪末直至现在的一个热门话题。最具有吸引力的论述来自已故的巴勒斯坦批评家、纽约哥伦比亚大学比较文学教授爱德华·萨义德。他在两本书中首先指出，19世纪的许多艺术作品描述了一个想象的东方，一个充满漫画色彩和简化的一成不变的东方。例如让-莱昂·热罗姆的画作《舞蛇者》（1870）描绘了一个年轻男孩，除了全身缠绕的蛇以外，赤身裸体站在地毯上给一群男人表演，他们是深色皮肤的阿拉伯人，扛着步枪和刀剑，懒洋洋地靠在一面饰有阿拉伯花饰和阿拉伯文字的砖墙上。萨义德的观点是，在西方发展的东方学历史已经被政治权力所腐蚀，作为一个单一存在的“东方”这个概念本身是荒唐的，是对一个包含多种文化、多种宗教和多种民族群体的巨大地域的贬损。他举例说，法国人希尔维斯特·德·萨西在1806年出版的《阿拉伯读本》中试图把“东方学”同拉丁和希腊学置于同等重要的地位，这也帮助形成了东方是如同古典希腊或罗马那样的同质体的思想。他说，世界就这样开始由两个不平等的半球组成，由根植于政治（帝国）权力的不平等交换形成。他说，出现了一个关于“神秘东方”的“想象的魔鬼学”，其中，“东方人”千篇一律都是懒惰、欺诈成性和不理性的。[90]

在《文化与帝国主义》（1993）中，萨义德更进一步。如他所说，正是在“伟大的文化档案”中，“海外殖民地的思想和美学被塑造。如果你是 19 世纪 60 年代的英国人或法国人，你可以看见，或感觉到印度和北非既熟悉又遥远，但从来不会有独立的主权感。在你的叙述、历史记载、游记和探险故事中，你的意识呈现为主要权威……你的权力意识很少会想象那些看上去既服帖又默默合作的‘本地人’能够最终让你放弃印度或阿尔及利亚……”[91] 在某些基本层面，萨义德坚持认为“帝国主义意味着思考、居住、控制不属于你的土地，它是遥远的、被别人居住和占有的……对 679
19 世纪的英国和法国公民来说，帝国是一个不会让人感到尴尬的重大文化话题。光是英属印度和法属北非就对英国和法国的想象力、经济、政治生活和社会生活发挥了不可估量的作用。如果我们提到德拉克鲁瓦、埃德蒙·伯克、罗斯金、卡莱尔、詹姆斯和约翰·斯图尔特·密尔、吉卜林、巴尔扎克、奈瓦尔、福楼拜或康拉德等人，我们只是在绘制这些巨大的集体天赋所描写的一个远为广大的现实的一个小角而已”。萨义德的论点是，“伟大的欧洲现实主义小说”的主要目的之一是在海外扩张中保持一个社会的统识。[92]

萨义德集中分析了 1878 年左右，那时“瓜分非洲”刚刚开始，而且现实主义小说成为主流。“到 19 世纪 40 年代，可以这么说，英国小说作为英国社会的美学形式和一种主要的思想代表，取得了突出的成就。”[93] 他说，19 世纪中期所有的英国小说家都接受了一种全球化世界观，而且事实上无法忽视英国的海外力量。[94] 萨义德列举了那些他认为符合他的主题的书：简·奥斯丁的《曼斯菲尔德庄园》、夏洛蒂·勃朗特的《简·爱》、萨克雷的《名利场》、查尔斯·金斯利的《向西去啊！》、查尔斯·狄更斯的《远大前程》、迪斯雷利的《唐克雷德》、乔治·艾略特的《丹尼尔·德龙达》和亨利·詹姆斯的《一位女士的画像》。他说，每部作品的背景都是帝国。萨义德说，在很多情况下，“在欧洲19世纪的大部分时期，帝国在小说中的功能是一种定规，如果仅仅是隐隐可见的存在的话，非常类似豪华家庭和小说中的仆人，他们的职责被认为是理所当然，而又仅仅是提到而已，极少被研究或得到过多的关注……”[95]

例如，《曼斯菲尔德庄园》（1814）的故事主线是范妮·普赖斯的起伏命运，她十岁时离开朴次茅斯的家乡，作为一个穷亲戚住在伯特伦家在乡村的曼斯菲尔德庄园。范妮逐渐赢得了这个家庭的尊重，尤其是家中各姐妹的尊重，以及长子的爱情。她最后嫁给了长子，成为庄园的主人。然而，萨义德集中分析了奥斯丁的一些几乎是不经意间发表的议论，大意是托马斯·伯特伦爵士在海外照看他在西印度群岛安提瓜岛的地产。萨义德说，这些叙述的不经意性质暴露出这样一个事实：这些在当时都是理所当然的。但事实是，“维持他们生计的是伯特伦在安提瓜岛经营欠佳的地产”。[96]他说，奥斯丁看得很清楚，要想保住曼斯菲尔德庄园就是要保住与之关系密切（即便不能说是不可避免的关系）的帝国财产。“确保国内宁静与令人心动的和谐的，是他者的生产力和纪律。”[97]

范妮敬慕的正是这种宁静与和谐。正如她自己是来到曼斯菲尔德庄园的外来者，一个事实上的“舶来品”，安提瓜岛地产生产的、维持曼斯菲尔德庄园宁静的蔗糖也是如此。因此，奥斯丁是在把一种社会观察（旧的血统需要新鲜的血液才能变得更年轻）与政治观点（帝国大多数情况下是看不见的，但是它具有绝对的经济重要性）结合起来。萨义德隐含的观点是，奥斯丁在其人性和艺术之外，含蓄地接受奴隶制以及与之相关的残酷，并且以同样的方式接受殖民地对宗主国的顺从。他引用约翰·斯图尔特·密尔在《政治经济学原理》中关于殖民地的话："它们几乎不被视为国家，而是被恰如其分地看作属于一个更大社会的位置偏远的农业或制造业 680
基地……所有运转的资本都是英国资本，所有的工业都是为英国服务……与西印度群岛的贸易很少被看作对外贸易，而更像城镇与乡村的贸易。"[98] 正是萨义德的论证使《曼斯菲尔德庄园》（丰富、思想复杂、杰出的经典代表）所隐藏的东西同它表露的东西变得同等重要，在此意义上，它是其时代的典型。

吉卜林和康拉德都把帝国经历作为其作品的主题，前者体现在《吉姆》（1901），后者体现在《黑暗的心》（1904）、《吉姆老爷》（1900）、《诺斯特罗莫》（1904）。萨义德把《吉姆》描绘成一部"绝对的男性"小说，两个非常有魅力的男人是故事的中心。吉姆是一个男孩（在书中他从十三岁长到十七岁）。故事的重要背景，"大博弈"（政治、外交、战争），用萨义德的话说，被处理成一个大恶作剧。埃德蒙·威尔逊对《吉姆》的著名评论是："我们看到两个并存的不同世界，彼此都没有真正理解对方……平行线永远不会汇合……吉卜林的这部小说没有生动地表达任何根本冲突，因为他永远也不会面对任何冲突。"[99] 相反，萨义德说："吉姆的殖民地职务与他对印度伙伴的忠诚之间的矛盾并没有得到解决，不是因为吉卜林不能面对它，而是因为对吉卜林来说，不存在矛盾。"对吉卜林来说，印度的最好命运就是被英国统治。[100] 吉卜林尊重印度社会的所有群体，从不因之感到困惑；无论是他还是他的性格，从不进行干涉。他说，到 19 世纪晚期，在印度存在六十一种等级关系，英国人与印度人之间的爱恨关系"源自两个民族同时存在的复杂的等级态度"。[101] 萨义德下结论道："我们必须把这部小说看作一个累积过程的最后爆发，这个过程在 19 世纪的最后几年，在印度独立前夕，正处于最后时刻：一方面是对印度的监管和控制，一方面是对它每个细节的热爱与神往……今天我们阅读《吉姆》时，我们能看见一个伟大的艺术家，他在某种意义上被自己对印度的看法所蒙蔽……一个他热爱但无法正当拥有的印度。”[102]

在所有参与帝国争夺的人中，约瑟夫·康拉德成为背弃“财富四溢”的黑色大陆的人。在不同的商船队当了多年水手后，康拉德决定安定下来，创作小说，他最著名的作品《吉姆老爷》（1900）、《黑暗的心》（1902年以书本形式出版）、《诺斯特罗莫》（1904）和《特务》（1907）汲取了达尔文、尼采和诺尔道的思想，探索20世纪科学、自由乐观主义和科技乐观主义的断裂线以及关于人性的悲观主义。据说，他有一次对H.G. 威尔斯说：“威尔斯，我们之间的差别是根本的。你不在乎人类，但是认为他们能够进步。我热爱人类，但是我知道他们不能进步！”[103]

康拉德的原名是约瑟夫·特奥多尔·康拉德·科热尼奥夫斯基，1857年出生于俄国占领下的波兰，俄国是在对那个总是四分五裂的国家1793年瓜分协定中占领波兰的。（他的出生地目前在乌克兰境内。）他的父亲阿波罗是一个没有土地的贵族，因为他的家族财产在反俄起义之后的1839
681 年被没收。未满十二岁就成为孤儿的康拉德很多时候依赖舅舅塔德乌什的慷慨救济，舅舅每年给他提供资助，并在1894年去世后，留给康拉德一千六百英镑（相当于现在的十万多英镑）。同一年，康拉德的第一本书《阿尔迈耶的愚蠢》（1889）出版，开始使用约瑟夫·康拉德做笔名。从此，他成为一个作家，把自己航海时的经历和听到的故事写成小说。[104]

在康拉德的舅舅去世之前某段时间，约瑟夫在去波兰的路上在布鲁塞尔逗留，参加比利时上刚果贸易有限公司的一个职位面试。这是一次决定命运的面试，带来了他在1890年6月到12月之间在比属刚果的经历，并导致了十年之后《黑暗的心》的产生。在那十年间，刚果始终隐藏在他的心中，随时等待触发，形成文字。这一契机来自1897年令人震惊的“贝宁屠杀”以及斯坦利在非洲的探险记述。《贝宁：血腥之城》于1897年在伦敦和纽约同时出版，向西方文明世界报道了非洲土著血祭的恐怖故事。1884年柏林会议之后，英国宣称自己为尼日尔河流域地区的保护者。在一个去往贝宁（现在是尼日利亚的一座城市）的英国使团于杜博阿尔国王血祭祖先仪式期间抵达而遭杀戮之后，英国派遣了惩罚性远征队，攻占了贝宁城，长久以来的一个奴隶制中心。远征队的情报官员R.H.培根中校的记述在某些细节上与《黑暗的心》有相似之处。培根到达贝宁之后看见了他所说的难以用语言形容的东西，尽管他的语言很生动："继续描述这里的恐怖是没有用的，到处都是死亡、野蛮和血腥，闻起来几乎不像是人类应当闻和居住的地方。"[105] 康拉德避免对什么是"恐怖。恐怖。"做出界定，那是小说结尾由主人公马洛前来营救的库尔兹说出的著名句子；相反，康拉德选择了暗示，例如马洛在接近库尔兹营地时从双筒望远镜中看到的杆上的圆球状东西。而培根则描写了一堆堆头骨和骨头包围的"十字架树"，血涂抹得到处都是，连青铜雕像和象牙艺术品上也都是。

然而，康拉德的目的不是要引发文明世界对野蛮行径报道做出的典型反应。培根中校在他的记述中已经展示了这种态度："……他们［土著人］不可能看不见，和平与白人的良好统治意味着幸福、满足和安全。"类似的情感在库尔兹为"镇压野蛮习俗国际学会"撰写的报告中也得到表达。马洛称之为"美妙的文笔"，"洋溢着雄辩的文采"。然而，"在唤起你心中的每一份人道情感的最后，写下的是几个字，睿智、可怕，就像湛蓝的天空出现的一道闪电：'消灭所有的野蛮人！'"[106]

文明人内心深处的野蛮还体现在白人商人的行为中，马洛称他们是"朝圣者"。白人旅行者的故事，比如H.M.斯坦利怀着欧洲人对土著人的不可置疑的优越感记述的"非洲最深处"的故事，康拉德都能读到。《黑暗的心》的魅力在于文明与野蛮、光明与黑暗之间具有讽刺意义的颠覆。下面是斯坦利日记中一个典型的斯坦利式情节。因为需要食物，他告诉一 682

群土著人:“我必须获得食物，否则我们会死。他们必须卖，可以用红色、蓝色或绿色的珠子，铜或黄铜线或贝壳交换，否则……我在脖子处做了个重要手势。这就够了，他们立刻明白。”[107]相反，在《黑暗的心》中，马洛对那些陪伴远征队的挨饿的食人族的克制力感到惊奇，他们的报酬是一些黄铜线，但是没有食物，他们的腐烂变质的河马肉（欧洲人无法忍受那恶臭的味道）被扔进了河里。他感到奇怪，为什么“他们不向我们进攻——人数之比是三十比五——美美地吃一顿？”[108]当然，库尔兹是一个象征性人物（“库尔兹是整个欧洲的创造物”），康拉德的严厉讽刺通过马洛的叙述清楚地展现出来。帝国的教化使命相当于一次野蛮掠夺，正如康拉德在别处描述的:“玷污人类良知历史的最卑鄙的掠夺。”[109]

《黑暗的心》出版时，有些读者嫌恶康拉德，这种感情一直都会有。正是这种反应突出了他的成就。这也许能从1914年出版的第一部全面研究康拉德的著作的作者理查德·柯尔处得到最好的解释。[110]柯尔发现，对许多人来说，人们固执地相信世界虽然可怕，但是能够通过人的努力和一种合适的自由哲学得到纠正。然而与同时代作家威尔斯和高尔斯华绥不同的是，康拉德嘲笑这种观点，认为它顶多是个幻想，而最坏则是绝望毁灭的通道。[111]证据表明，康拉德对自己在非洲的经历无论从生理上还是从心理上都感到恶心，自觉地同当时剥削非洲和非洲人民的帝国主义种族主义者脱离。《黑暗的心》对结束利奥波德二世在比属刚果的专制暴治起到了一定的作用。

虽然出生在波兰，而且尽管《黑暗的心》背景设在比属刚果，但是约瑟夫·康拉德用英语写作。英帝国一项最后的成就是英语的传播，从美洲殖民地开始，但其顶峰是在对印度和非洲的“争夺”期间。今天，在印度说英语的人同英国的人一样多，北美洲说英语的人比英国多四倍。在全世界，有 1.5 亿人讲英语。然而，在许多年里，在许多世纪里，英语曾经是少数人说的语言，历尽艰辛才存活到现在。它后来成为世界上最有用的语言，这一胜利正如梅尔文·布莱格所说，是一次奇妙的冒险。

我们关于英语的最早认识是，它是公元 5 世纪日耳曼武士说的一种语言，他们作为雇佣军被邀请到不列颠，帮助巩固前不久罗马人离开后的废墟。[112] 不列颠群岛最初的居民是凯尔特人，他们说凯尔特语，当然因为罗马人而掺杂了一点拉丁语。日耳曼部落（撒克逊人、盎格鲁人和朱特人）说的方言都不同，但彼此都能听懂，后来盎格鲁方言胜出。现在荷兰靠近北海的弗里斯兰省的语言被认为同早期英语最接近，它仍旧使用像 trije（树）、froast（霜冻）、blau（蓝色）、brea（面包）和 sliepe（绵羊）等词。[113]

早期英语从拉丁语 / 凯尔特语中也借用了一些词，例如 win（酒）、
cetel（牛群）和 streat（街道），但是今天的绝大多数英语词汇来自古英语，
如 you（你）、man（男人）、son（儿子）、daughter（女儿）、friend（朋
友）、house（房子）等。同样，北方方言中的 owt（任何东西）和 nowt（没 683
有东西）来自 awiht 和 nawiht。[114] 地名后的 -ing 表示“……地方的人”，例
如 Reading、Dorking、Hastings；后缀 -ham 表示农场，例如 Birmingham、
Fulham、Nottingham；后缀 -ton 表示围场或村庄，例如 Taunton、Luton、
Wilton。日耳曼部落带来了古北欧字母表，称为如尼文字，以字母表的前
几个字母命名。如尼文字主要由直线组成，这样能够容易在石头或木头上
刻写。如尼文有二十四个字母，没有 j、q、v、x 和 z，但是有 æ、p、ð 和
uu。uu 后来演变为 w。[115]

“英格里斯克”（Englisc），这是英语最初的名称，是在维京人入侵后才开始发展的，那时例如 -by 这样的后缀被添加到地名上表示农场或城镇：Corby、Derby、Rugby 等。丹麦人把 -son 加在父亲的名字后造出人名，例

如 Johnson、Hudson、Watson。进入英格里斯克语的其他古诺尔斯语还有：birth（出生）、cake（蛋糕）、leg（腿）、sister（姐妹）、smile（微笑）、thrift（节俭）和 trust（信任）。[116]

1066 年黑斯廷斯战役之后的三百年里，英语面临最大的威胁。当征服者威廉于那年的圣诞节在威斯敏斯特教堂加冕时，加冕仪式用的是英语和拉丁语，但他本人自始至终都说法语。法语成为宫廷、法庭和议会的语言。但是英语幸存下来，法语词被借用进来。它们主要被用来描述新的社会秩序：army（军队）、throne（王座）、duke（公爵）、govern（统治）；也用来描述饮食：pork（猪肉）、sausages（香肠）、biscuit（饼干）、fry（煎）、vinegar（醋）。[117] 古英语并没有消亡，通常情况下它在改变。例如，古英语中的 ppel 用来指任何水果，但是当法语词 fruit（水果）进入之后，古英语词做出让步，开始表示其中的一种水果，apple（苹果）。[118] 其他此时进入英语的法语词包括：chimney（烟囱）、chess（象棋）、art（艺术）、dance（舞蹈）、music（音乐）、boot（靴子）、buckle（带扣）、dozen（一打）、person（人）、country（国家）、debt（债）、cruel（残忍）、calm（镇静）和 honest（诚实）。checkmate（将死）一词来自法语 eschec mat，这个法语词又来自阿拉伯语 Sh hmt，意思是“国王死了”。[119] 这些词成为中古英语。[120]

中古英语直到 14 世纪末才开始在英格兰取代法语的位置。由于黑死病，英格兰就像其他所有地方一样，发生了变化。黑死病杀死了许多神职人员，他们都说拉丁语和法语。农民起义也同英语的复兴有很大关系，英语成为抗议者的语言。布莱格说，当理查二世在瓦特·泰勒和他的军队面前讲话时，他用的是英语，而且理查二世是诺曼征服之后史载第一个只说英语的君主。1399 年，当兰开斯特公爵亨利废除理查二世自封为王时，他也使用正史所说的“母语”，英语。[121] “以圣父、圣子和圣灵的名义，我，兰开斯特的亨利，誓死保卫英格兰王室和王位，它的所有臣民和领土，因为我是亨利三世国王的后裔……”。[122] 虽然乔叟使用的 1/4 的词来自法语，当然它们表示的意义往往已经死亡（lycour= 湿度，straunge= 外来的、遥远的），但是他使用英语时的自信表明历史掀开了新的一页。[123]

这种自信体现在把《圣经》翻译成英语的要求上。布莱格说，虽然人们记得第一个做出这种尝试的人是约翰·威克利夫，但大部分工作却是王后学院的尼古拉斯·赫里福德承担的。他在牛津秘密建造的缮写房翻译了许多手稿，至少有 175 种流传至今。[124] 684

> 起初神创造天地。
>
> 地是空虚混沌。渊面黑暗。神的灵运行在水面上。
>
> 神说，要有光，就有了光。

当时的拼写还是很随意。“教堂”（church）可以是 cherche、chirche、charge、cirche”。“人们”（people）可以是 pepull、pepille、poepul，或 pupill。第一次为这些拼写制定秩序的是大法官法庭。这是个居于法院、税务机构和白厅之间的交叉机构，它实际上控制整个国家，同时“大法官法庭英语”开始被当作“官方”的权威语言。“我”（I）代替了“Ich”，“这样”（suche）代替了“sych”和“sich”，“正确”（righte）成为“right”。印刷术发明之后，拼写进一步固定下来，同时伴随着元音大推移，即英语的发音出现了系统变化。没有人明确知道为什么会发生这些变化，但是布莱格给出的例子表明，“我将我的船命名为皮特”（I name my boat Pete）过去可能说成“ee nahm mee bought Peht”。[125]

所有这些都是自信增加的标志，1611 年出版的以威廉·廷代尔译本为基础的钦定本《圣经》的伟大创新就是这样一个标志。在这里，我们看见形成过程中的现代英语，包括其诗歌和形式：

> 虚心的人有福了，因为天国是他们的。
> 哀恸的人有福了，因为他们必得安慰。
> 温柔的人有福了，因为他们必承受地土。
> 饥渴慕义的人有福了，因为他们必得饱足。

在文艺复兴和地理大发现时代，英语中开始出现大量的新词：竹子（bamboo，马来语）、咖啡和凉亭（coffee，kiosk，土耳其语）、酒精（alcohol，阿拉伯语）、咖喱（curry，泰米尔语）。人文主义的兴起以及对古典作品的兴趣复活了许多希腊和拉丁词，如骨架（skeleton）、声门（glottis）、喉（larynx）、温度计（thermometer）、寄生虫（parasite）、肺炎（pneumonia）。这些词的使用引发了所谓的墨水瓶之争。墨水瓶是一个盛墨水供笔管蘸墨的角质小罐，它后来指代那些喜欢造新词、卖弄古典学问的人。争论渐渐消失了，不过虽然我们仍旧在使用上面提到的词，但是并不是所有的新词还在使用，例如“使疲劳”（fatigate）、“造窝”（nidulate）、“阻碍的反面”（expede）。[126] 莎士比亚是这场复兴的一分子，他是第一个使用大量新词的人，无论这些新词是不是他发明的。现在有很多关于莎士比亚英语的著作，不过我们从其戏剧和诗歌中发现的新词可能包括：猥亵（obscene）、厚颜无耻（barefaced）、了无光泽（lacklustre）、少不更事时期（salad-days）、从我的心眼看（in my mind’s eye）、相比愤怒更悲伤（more in sorrow than in anger）。不过，莎士比亚也使用了一些行不通的词：覆败（cadent）、扭曲（tortive）、嘲笑（perisive），甚至恐惧吓怕（honorificabilitudinatibus）。[127]

美洲的新景象和新民族激发了许多新词或说新颖的造词，从“山脚”

（foothill）、“峭壁”（bluff）、“分水岭”（watershed）到“驼鹿”（moose）和“小门廊”（stoop）。然后是“擅自占据空房子的人”（squatter）、“浣熊”（raccoon，一度拼写为 rahaugcum）和黄鼠狼（skunk，一度拼写为 segankw）。熟悉的词合在一起表示新的事物和经历：牛蛙（bull-frog）、响尾蛇（rattlesnake）、征途（warpath）。有些词的传统意义在新大陆发生了改变：lumber 在伦敦是垃圾的意思，但是到了美国就变成砍下来的木头。 685
诺亚·韦伯斯特撰写的畅销书《美国单词拼写课本》在新大陆的销量仅次于《圣经》，它激发了美国人对于拼写的热情：今天，当英国人吞着音说“墓地”（cemet’ry）和“实验室”（laborat’ry）的时候，美国人发出的音是完整的 cemetery 和 laboratory。[128] 正是韦伯斯特略去了“colour”和“labour”中的“u”，去掉了“traveller”中的一个“l”。他说这些是不必要的。他把“theatre”和“centre”改成“theater”和“center”，这样更清晰，就像“check”代替“cheque”一样。“music”和“physic”后面没有了通常的“k”。[129] 边疆的开垦带来了更多的印第安词：“玉米”（maize）、“美洲山核桃”（pecan）、“柿子”（persimmon）、“平底雪橇”（toboggan），不过“美洲落叶松”（tamarack）和“干肉饼”（pemmican）不怎么流行。穷人乘着用称为“riff”的桨划行的筏（raft）向西航行，这些人就称为“乌合之众”（riff-raff）。“踢皮球”（pass the buck）和“责无旁贷”（the buck stops here）来自西部的扑克牌游戏。“buck”起初是一种用雄鹿角做柄的小刀，递到谁手中就表明谁有发牌权。[130] “OK”或“okay”这个英语中使用最多的词，据称具有许多种词源。乔克托印第安人有一个词“Okeh”，意思是“是这样”。在波士顿，据说它是“Orl Korrekt”的简称，而一些伦敦人宣称，他们也使用“Orl Korrec”。在路易斯安那的劳动者通常在准备沿河运送到海边的一包包棉花上潦草地写上“Au quai”。这些来源只是肤浅的说法，问题远没有得到解决。[131] “牛仔裤”（jeans）的出现要归功于列维·施特劳斯先生，他使用了一种称为“棉麻粗布”（geane fustian）的布，这种布最初是在热那亚（Genoa）制造的。

启蒙运动和工业革命自然产生了更多的新词：“水库”（reservoir）、“冷凝器”（condenser）、“金属钠”（sodium，1807）、“摄氏度”（Centigrade，1812）、“生物学”（biology，1819）、“盗窃癖”（kleptomania，1830）、“古生物学”（palaeontology，1838）、“妇科医学”和“细菌”（gynaecology和bacterium，都在1847年）、“幽闭恐惧症”（claustrophobia，1879）。据估计，在1750到1900年之间，世界上的一半科学论文都是用英语撰写的。[132] 在印度，在英帝国鼎盛时期，哪个民族具有语言支配权还存在争议。作为印欧语言的英语的遥远背景是梵语。但是印度诸语进入英语的词包括：“平房”（bungalow）、“方头雪茄”（cheroot）、“暴徒”（thug）、“印花棉布”（chintz）、“马球”（polo）、“丛林”（jungle）、“丁香花”（lilac）、“贱民”（pariah）、“卡其”（khaki，意思是“土灰色”）和“睡衣”（pyjamas）。英国人把“Kolkata”重新命名为“Calcutta”（加尔各答），尽管最近恢复了原词。[133]

但是随着英语在19世纪连同英帝国一起传播到澳大利亚、西印度群岛、非洲和中东许多地区，它就像曾经的阿拉伯语、拉丁语和法语一样，成为国际交流的通用语言，其地位一直到现在。甘地感到，或他认为他感到被英语奴役，但是印度作家用英语写作时的优美与受欢迎程度证明这种情感是虚假的。英语在全世界的胜利虽然体现出早期民族主义和帝国主义思想，但是它远远超越了这些。英语不仅是帝国的语言，也是科学、资本
686 主义、民主以及互联网的语言。

34

美国精神与现代大学

旧大陆帝国的鼎盛期与美国内战几乎处于同一时期。因此，两个大陆所面临的困境在一定程度上很相似：不同民族、不同种族的人应该如何共同生存。这场内战成了美国各个方面的分水岭。尽管当时没有多少人意识到，但奴隶制带来的窘境已经困住了美国前进的步伐，而内战最终释放了资本主义与工业主义的全部生命力，使其得以大显身手、一展实力。内战之后，美国才能不受约束地履行先前的承诺。

美国 1865 年的人口数为 3100 万多一点，因此，相对欧洲主要大国来讲，仍然相对较少。其知识生活，跟其他事物一样，仍处于形成和发展阶段。[1] 在取得 1776 年的胜利以及令诸多欧洲人倍感振奋的《美国宪法》的辉煌成就之后，美国人没必要再缺乏信心了。但尽管如此，仍然存在很大的不确定性：边疆不断开放（引发了如何处理大平原印第安人的问题），并且移民模式也不断变化。1803 年美国又从法国人手里购买了路易斯安那州。因而，种族、部落、民族、宗教信仰以及民族认同的问题在各个方面无处不在。在这种背景下，美国就不得不塑造自我，创造所需的新观念，并从旧大陆汲取可用的相关思想。[2]

将欧洲思想逐渐同化并应用到美国大环境下的这个过程，已经由理查德·霍夫斯塔特以及最近的哈佛大学英语系教授路易斯·梅南载入编年史，后者的记述更为翔实。他们为19世纪为数不多的几位人士编写传记，而这些新英格兰人彼此互相了解，并且共同努力，创造了我们所谓的典型美国的现代思想传统，即美国精神。本章第一部分主要基于梅南的著作。[3]涉及人士的专长涵盖了哲学、法理学、心理学、生物学、地质学、数学、经济学以及宗教学。具体说来，我们将讨论拉尔夫·瓦尔多·爱默生、奥利弗·温德尔·霍姆斯、威廉·詹姆斯、本杰明·皮尔斯、查尔斯·皮尔斯、路易·阿加西以及约翰·杜威。

“这些人个性极其鲜明，并不总是赞同对方，但他们的事业却多方面互相交叉，作为一个整体，他们在将美国思想推向现代社会方面的贡献，
687 比任何一个群体都大……他们的思想改变了美国人过去以及现在和将来有关教育、民主、自由、公平以及宽容的思考方式。因此，他们改变了美国人的生活方式：他们的学习方式、表达观点的方式、理解自我的方式以及对待他人的方式……可以说，这些思想家所共有的，并不在一套思想，而在于一个简单的看法：关于思想的看法。他们认为，思想的意义并不是‘就在那里’等待发现，而是作为工具，就像刀叉和微芯片一样，是人类发明了用来应对所处世界的……他们还认为，既然思想是临时应对某个特定的、不可重现的环境的，那么，思想的存在就不取决于其永恒性，而在于其适应性……他们教给人质疑的精神，使得人们能够应对驳杂的工业化大市场社会中的生活，在这个社会里，惯例和团体这些旧有的连接人与人关系的纽带似乎已经日益衰减……不过，他们的文字中也含蓄地提到，思想在增加人类幸福的努力中，作用是有限的。”[4]在这个过程中，我们应

该关注美国一些知识中心的创立——耶鲁大学、普林斯顿大学、芝加哥大学、约翰·霍普金斯大学、哈佛大学以及位于马萨诸塞州坎布里奇市的麻省理工学院。

美国传统的创始人之一就是老奥利弗·温德尔·霍姆斯医生。他出身名门，像卡波特、昆西以及杰克逊这样的地主世家都是他的朋友；但他自己却是个教授，曾在巴黎学习医学。正是老霍姆斯发明了“波士顿婆罗门”这个词，来形容出身高贵同时又是学者的一群人。也正是老霍姆斯，作为一名医生，发现了产褥热的原因，明确地证明这种疾病在分娩孕妇间的传播是由医生自身引起的。这个发现让他在医学同仁中不怎么受欢迎，但这是疾病病菌与抗菌理论发展的一大进步。[5] 他学术生涯的顶峰当属担任哈佛大学医学院院长的时候，许多人认为他是他们所见识的人中最健谈的一个；而且他创建了“玄学俱乐部”，也叫“星期六俱乐部”，这些都同样使他声名远播。玄学俱乐部是人们在餐桌上讨论文学问题的地方，其会员还包括爱默生、霍桑、朗费罗、詹姆斯·罗塞尔·洛威尔以及查尔斯·艾略特·诺顿。老霍姆斯还帮助创办了《大西洋月刊》，刊名就是他想出来的，反映出新大陆与旧大陆之间的联系。[6]

美国思想界传统的另一创始人是爱默生。他跟老霍姆斯是好朋友，彼此相互影响。1837 年，当爱默生在哈佛美国优秀大学生荣誉学会做关于“美国学者”的著名演讲时，老霍姆斯就坐在听众席中。这是爱默生为宣布美国文学独立所进行的第一次演讲，他力劝同胞用自己的风格创作，避开他们熟悉的欧洲那一套（尽管他所谓的“伟人”中没有一个是美国人）。一年之后，在哈佛神学院的另一次同样著名的演讲中，爱默生说到他如何被一次布道弄得“心烦意乱”，并将其虚伪同教堂外肆虐的暴风雪做比较。他说，这次布道（以及其他诸多沉思）使得他放弃了对超自然的耶稣以及有组织基督教的信仰，转而青睐更加个人化的启示。这在一定程度上导致 688

了哈佛大学（当时是个信奉加尔文主义的院校）在之后的三十年内都排斥爱默生。[7]然而，老霍姆斯却仍旧对他的朋友信赖有加。最重要的是，他认同爱默生对"美国"文学的信仰，这就是他为何如此积极参与《大西洋月刊》的原因。[8]

小霍姆斯跟他父亲一样，也对爱默生印象深刻。1858年，小霍姆斯是哈佛大学的一名大一新生。多年以后，他说，爱默生当时"点燃了我心中的火"。而小霍姆斯跟他父亲还不一样。尽管老霍姆斯因为宗教原因主张废奴，但他跟黑人却从没有直接接触。而另一方面，小霍姆斯对形势的认识却更加敏锐。由于《匹克威克外传》对西印度群岛人的态度，他觉得此书令人厌恶；他也同样讨厌白人扮演的黑人说唱团。他说，这些都具有"侮辱"性质。[9]他同意爱默生的看法，认为科学的世界观并不妨碍合乎道德的生活。换句话说，人与人在宗教组织外的关系，有可能比在宗教组织内更为融洽。

抱定这样的信念，当1861年美国内战爆发的时候，小霍姆斯便有了做些实事的机会。正如小霍姆斯所说，他"本着道德义务"接受了部队的任职。[10]他打的第一场仗，该年10月21日的巴尔斯布拉夫战役，远远算不上胜仗：1700名联邦士兵渡河前进，但返回的却不到半数。霍姆斯心脏附近挨了一枪，这是他在这场战争中三次受伤的第一次，而正如梅南所说，这些创伤塑造了他。（他告诉与他通信的人，他之所以字迹潦草，是因为他得平躺着写字。[11]）随后，尽管他或许时不时会复述他的战斗功绩，但他从来不读有关内战的历史。[12]他知道自己所了解的，没有必要也不想重新体会那种恐惧。美国内战用的是现代武器，而战术却是前现代的。步兵密集进攻队形的设计和使用，本是用来对付滑膛枪的，这种枪的射程约为八十码。而19世纪的来复枪射程却有四百码。这正是内战造成惨重伤亡的原因。至今，内战仍是使美国人丧生最多的一次战争，这也正是为何它对小霍姆斯及其他人有如此深刻影响的原因。[13]

在这次大屠杀中，他学到了一件事，并对其一生铭记。这就是对绝对和必然的一种不信任，对“绝对导致暴力”的认定。[14] 他仔细观察并注意到，尽管在 1850 年，废奴主义者是许多北方人眼中的破坏分子，而到战争结束的时候，“他们成了爱国者”。他以此总结道：“生命并没有必然的方式。”[15] 这指导并促使他成长为一位睿智的法官。这种智慧体现在他的著作《普通法》[16] 中，这部著作以洛威尔讲座的形式走进哈佛大学，共计十二场，场场座无虚席，而他讲课也不需要看笔记。[17]

小霍姆斯的传记作者马克·德沃夫·豪认为，不论在英国人还是美国人中，小霍姆斯都是第一位从哲学家的角度分析普通法、从历史学家的视角解释普通法的律师。[18] 小霍姆斯的哲学才华使他发现，法律没有压倒一切的目标或思想。（这是他从内战的灾难中汲取的一个想法。[19]）而且，普通法的演变是朝着实用主义的。[20] 每个案例，至少就事实而言，都是独特的。当进入法庭审理时，每个案例都被卷入梅南所说的一种意图、假设和信念的“漩涡”。比如，有想要寻求本例中公正解决方案的意图，同时还有想要得出和以往类似案例一致的裁决的意图。此外，也有想要得出对 689
社会整体有益的一种裁决的意图，使得裁决结果能够以儆效尤。[21] 除此之外，还有其他不太迫切的目的，这些也会对裁定产生影响，而小霍姆斯承认，其中一些目的是没有明说的。这或许包括，把开支从承受不起的一方当事人（通常是受害者）重新分配到有能力的另一方（通常是厂商或保险公司）。“然而，在这整个模式之上的（可以说，在任何案件发生之前，这整个模式便已启动）是一个单一的元命令：即不能让案件看起来是某一个次要命令起了决定作用，而公然地牺牲了其他命令。所忌讳的是，一种裁决结果从直觉看起来是公平的，但有违法律判例；法庭并不想显得宽恕了某些疏忽大意的行为（例如，紧邻人口密集地区进行铁路运营），但也不乐意给社会希望鼓励的行为（例如修建铁路）建筑过高的责任屏障。”[22]

小霍姆斯的过人之处在于他看到了任何领域中都没有什么严格的区别这样一个事实。这在《普通法》开篇的一个名句中有明确的说明，他说:“法律的生命不在逻辑，而在经验。”[23]他觉得自己有义务说出严酷的事实，而不能让步于历史传统。[24]他的论点是，普通法体系的法官们，大多数情况下是先得出结论，而后再想出一个“貌似可信的解释”，说明其推断过程。他甚至还认为，法官会受到“无意识”的影响，这个词的使用很早，也颇有意思。[25]小霍姆斯并不是在说法官判决时刚愎自用、胡乱下结论，甚至是古里古怪。他只是不太确定经验是否可以还原成一般抽象，尽管人类已经花了大气力在做这件事。他于1899年写道:“生命的乐趣都在于一般思想，但生命的功用却都在具体的解决方案上了，而这解决方法却不能靠一般概论达成，就像不能仅凭绘画方法规则来作画一个道理。解决方法的达成要靠洞察力、机智，还有具体知识。”[26]随之，在这种对经验的认识基础之上，他又得出了其对法律最大的贡献：他发明了理性人这个概念。小霍姆斯认为，经验的意义在于它的“集合性与两愿性”，是在社会层面，而非心理学层面。这就揭示了现代责任理论的本质，这是法律在解决“我们如何共同生存？”这个问题时的主要论点之一。正如梅南所说，在经典案例中，一些人因为另一些人的行为而受到伤害，从而引起这样的疑问：民事责任由何产生？传统上用以下三个论点解释。第一，这足以证明因果关系。所有公民对自己的行为自行负责；因此，公民为其行为引发的所有损失负责，不论他们是否预见了这些行为后果。这是“严格责任”。第二，公民仅为其有意带来的伤害负责，而不对预期之外的伤害负责。在法律上，这叫犯罪意图，即“犯罪心理”理论。第三，过失论点：即便公民在某特定行为中没能预期对他人造成伤害的可能性，仍要为其过失或鲁莽行为负责。[27]

小霍姆斯在这个领域的贡献在于，将传统法律术语“犯罪”以及“过失”用“疏忽”及“鲁莽”代替。[28] 他认为，此举将有助于解释清楚疏忽或鲁莽行为的意思。正如其所见，主要问题是，如何确定哪些是某一行为的“可容许的附带结果”，哪些又不是。他说，答案在于“经验”，而他 690
的成就则在于对“经验”的定义。[29] 就此背景下，他所说的“经验”意指“有才智、谨慎的社会成员”的经验。他说，法律并不是“天上沉思的全知全能者”；法律必得依据“一般”社会成员的准则来运转，最好的例证就是陪审团的存在。[30] 小霍姆斯坚决认为：“当人们在社会中生存时，为求得全民福利，一定的行为规范，某些个性的牺牲……都是必需的。”因此，正是“理性人”及其信念和行为支配了小霍姆斯对责任的理解。梅南指出，如今这个词语已成了统计学的一个假定，并成为阿道夫·凯特莱的“平均人”这个概念的“法学表亲”。“‘经验’告诉‘理性人’，某个特定环境下的某种行为，比如，在居住区进行打靶练习，带有伤害他人的风险。”[31]

小霍姆斯曾说，法官“不应该有政治主张”。然而，他本人就支持作为风险承担者及财富制造者的资本家，而且有人认为，他的论点实际上把法律从严格责任理论推到了疏忽理论，这让大企业更容易逃脱其对工人及顾客所负的“责任”。“不过，在侵权理论中，小霍姆斯的做法跟达尔文在其偶然变异进化论中的做法以及麦克斯韦在其气体分子运动论中的做法一样：他将19世纪的伟大发现应用到自己的专业领域。这个发现即个人行为的不确定性可通过将人们视为统计学中的群体来调整。”[32] 这是法律民主化进步的一大步。

在法律领域，经验对小奥利弗·温德尔·霍姆斯来讲是如此重要，而对老霍姆斯的朋友、“星期六俱乐部”的成员、哲学家及心理学家威廉·詹姆斯来讲，这个词同样重要。尽管名字是地地道道的威尔士名字，但詹姆斯实际上是爱尔兰血统。[33]

这位哲学家的祖父也叫威廉，是一位纺织品行业的百万富翁，除约翰·雅各布·阿斯特之外，纽约州就数他最富有了。[34]他的儿子亨利嗜酒如命，在威廉去世后，就被剥夺了继承权，但他对遗嘱提出质疑，并取得胜利。根据理查德·霍夫斯塔特的说法，威廉·詹姆斯是第一位受益于19世纪60及70年代兴起的科学教育（本章稍后讨论）的伟人。有人打趣说，比起哥哥亨利，威廉是一位更优秀的作家，而他哥哥却是更优秀的心理学家。跟温德尔·霍姆斯一样，威廉·詹姆斯对确定性也持怀疑态度。他最喜欢说的话就是“该死的绝对！”[35]他没有接受正规教育，而是随家人遍游欧洲，尽管他没有在任何学校待过多长时间，但这段旅行给了他“经验”。（他不知在哪里也学会了绘画。[36]）1861年，他最终在哈佛大学立身于科学事业，融进了路易·阿加西的圈子，而阿加西正是大冰期的发现者，同时也是最激烈的达尔文批评者，他坚称自己的反对根植于“科学”。[37]在经历了早年的成功之后，阿加西在一家出版公司损失了一大笔钱，运气越来越坏。而美国的一个系列讲座给了他摆脱困境的希望，的确，他在波士顿取得了巨大的成功（“星期六俱乐部”就常被称为阿加西俱乐部）。他
691 在波士顿期间，哈佛大学正在筹建自然科学院（见本章下文），为他专设了一个教授职位。[38]

最吸引詹姆斯的是阿加西和达尔文之争。据为他作传的人说，正是这个瑞士人的榜样使他下决心成为一名科学家。[39]自然神论者阿加西把达尔文的理论描述为“一个错误”，驳斥其事实依据，认为它是“恶作剧”而非真科学。[40]詹姆斯并不如此肯定。他尤其怀疑阿加西的教条主义，而认为达尔文进化论点亮了各种新思想，并且在非常实际，甚至实用的原则上揭示了生物学原理，这是他最喜欢的。对詹姆斯来说，自然选择是个出色的

观点，简单又实际；适应不过是解决随时出现的实际问题的一种方式。[41]詹姆斯喜欢说，生命的价值由结果衡量。[42]

1867 年，詹姆斯离开哈佛，前往德意志。19 世纪，约有九千名美国人到德意志的大学求学。如我们先前所见，德意志的大学设有各种学科，而非仅仅是培养牧师、医生和律师的摇篮。詹姆斯师从在莱比锡建立第一所心理实验室、当时实验心理学的领军人物威廉·冯特。冯特的专业生理心理学或心理物理学被认为是当时最有可能取得进展的领域。它的最基本假设是，所有心灵（意识）过程都与大脑相关，即每个有意识的思维或行动都具有有机的物质基础。它的一个影响是使实验代替内省，成为基本研究方式。在所谓的新心理学领域，感觉和思维成了“大脑分泌”的产物，“大脑分泌”是一种有机变化，它可以在适当的时候受制于实验操作。詹姆斯对新心理学和冯特感到失望。现在冯特的作品已鲜有人读。（我们现在知道，事实上，他自己也在逐渐脱离僵硬的心理学实验方法。[43]）冯特的主要贡献是通过实验方法提高了心理学的地位，而这种提高对詹姆斯产生了影响。

如果冯特的影响是偶然的，那皮尔斯父子的影响则是重大的。同温德尔·霍姆斯父子一样，皮尔斯父子也是一对令人敬畏的父子组合。本杰明·皮尔斯应算是美国培养的第一个世界一流的数学家。（爱尔兰数学家威廉·罗恩·汉密尔顿认为皮尔斯是“和他有过亲密接触的最具智慧的人”。）另外，皮尔斯也是星期六俱乐部的十一个创始人之一。[44]

他的儿子查尔斯同样令人称奇。他十一岁撰写了一部化学史，十二岁拥有自己的实验室，并且双手可同时写字。因此他在哈佛大学感到无趣，还酗酒，毕业名次在班级九十人中列第七十九名，[45]这也许并不奇怪。那是他人生的低谷。后来，他继续父亲的工作，并同父亲一起在数学基础上设想出实用主义哲学。“定义实用主义并非易事：意大利人帕匹尼认为，与其说实用主义是一种哲学，不如说它是一种无须哲学的做事方法。”[46]起初，本杰明·皮尔斯着迷于皮埃尔-西蒙·拉普拉斯和卡尔·弗里德里希·高斯（第
692
32 章中提及）的理论和推测，尤其是他们的概率论思想。[47]概率论，或称错误产生的规律，对 19 世纪影响甚深，因为它存在一个明显的悖论，即使现象偏离“正常”规律的偶然波动自身受到（统计）规律的限制。这条规律甚至应用于人类本身这一事实，把许多人指向了决定论。[48]

查尔斯·皮尔斯不是其中一员。他相信在他身边能随处发现自发的生活。（他曾在书中抨击拉普拉斯。）他认为，很明显，自然规律本身也发生了进化。[49]他坚信达尔文关于偶然性、不确定性的理论，他的终极哲学目标是要引领哲学走出混乱。[50]1812 年，拉普拉斯在他的《概率分析理论》中说道：“我们必须……把现在的宇宙状态想象成先前状态的结果和以后状态的原因。”这是牛顿关于物质的撞球理论对人类的一般应用，它没有偶然性。[51]苏格兰物理学家詹姆斯·克拉克·麦克斯韦在他 1871 年发表的《热理论》中反驳这一点。他认为气体中的分子变化行为可理解为概率。（皮尔斯在 1875 年到剑桥时见过麦克斯韦。[52]）密封罐中的气体温度是分子速度的函数。分子运动越快，碰撞就越多，温度也就越高。但是，从理论角度来看，最重要的一点是，温度与分子运动的平均速度，而非单个分子的速度相关。如何达到这种平均速度？又如何理解？麦克斯韦说道：“分子中速率的分布规律与在‘最小平方差’理论观察下错误的分布规律相同。”（这个规律最先由天文学家发现。[53]）对于 19 世纪，麦克斯韦思想中最重要的一点是，物理规律并非牛顿学说，并非绝对精确。皮尔斯在达尔文的生物领域领会到这一观点的重要性。事实上，它为自然选择创造了环境。梅南建议以鸟为例。任何特殊物种，比如雀类，大多个体的喙在“正常分布”之内，但是，时常有一只具有在“正常分布”之外的喙的鸟出现，如果它提供一种进化优势，就会被“选择”。在这一程度上，进化是

偶然产生的，但不是绝对随机，而是根据统计规律。[54]

皮尔斯深受这种观念的影响。如果连最小的，或在某种意义上最为基础的物理事件都是不确定的；如果连对如星星的位置这样简单事物的感观都容易出错，那么人的大脑如何能成为现实的“镜子”？令人尴尬的事实是：“现实不会停留太久，等着被准确反映。”因此，詹姆斯赞同小霍姆斯和威廉·詹姆斯的观点：经验不可或缺，即使科学也需要陪审团。知识是社会性的。[55]

所有这些应该算是实用主义的“深层背景”（由于某些奇怪的原因，皮尔斯几乎未曾用过实用主义一词。他说这个词“丑陋至极，连绑架者都要对其避而远之”）。[56]这个词过去是，现在仍然比第一眼望去更加重要，比日常所说的“实用”一词更有内涵。这部分是塑造美国的那种思想的自然结果（第 28 章中讨论过）；部分由于科学不确定性的发现，它成为 20 世纪思想的一大特征；部分还由于，甚至主要由于在通往个人主义道路上思想的进一步演化，也是一种新转折。 693

有一个小霍姆斯熟悉、詹姆斯常用、梅南强调的经典实用问题。假设一个朋友告诉了你一件要绝对保密的事情。后来，在与另一个朋友的讨论中，你发现两件事。一、他并不知晓你知晓秘密；二、依你看，如果他知道了你所知道的秘密，就能避免一个严重的错误。你会怎么做？你会忠实于第一个朋友，继续保守秘密？或说出秘密，帮助第二个朋友免于伤害或尴尬？詹姆斯说结果取决于你更喜欢哪个朋友。这是他的观点的一部分。浪漫主义者认为真正的自我存在于内心，但詹姆斯说，即使在这样一种简单的情况下，内心也有好几个自我，或一个也没有。事实上，他倾向于这样表述：一个人，只有选择了特定行为，真正如此行事，才能知晓哪个才是真正的自我。“最终，你会做你认为正确的事情，但是实际上，这种‘正确’只是你对自己选择结果的赞美。”[57]詹姆斯说，我们只有理解思维和行为的关系，才能真正理解思维。“在餐馆点龙虾帮助我们决定，我们喜欢吃龙虾；判决被告有罪，帮助我们确立应用到这起案件中的公正标准；选择保守秘密，使我们把诚实作为原则，选择背叛则帮助我们确认友谊的价值。”[58]行为中见真我，而非真我中见行为，这与浪漫主义观点背道而驰。

詹姆斯强调这种方法并不会使生活变得随意，或使动机总是以自我为中心。“我们大多数人感觉不到，在涉及道德生活时，我们的决定总是自私的。”他认为，我们内心有一套不完美的关于自身和自身过去的行为、关于他人和他人行为的假设，这些假设为我们做出的判断提供信息。[59]于詹姆斯而言，真理是循环的：“理解一个特殊信念真实性的标准都是循环的，在获得信仰的过程自身之外，没有某种标准。思想是个循环的过程，在这一过程中，某一结局，某一想象的后果，在思想开端便已经呈现……真理偶然成为一种观念，观念变成事实，事实由事件成就。”[60]

詹姆斯形成这些观念时，新（经验）心理学取得了重大进展。在伯克利，爱德华·桑代克把鸡放在一个笼子里。如果鸡啄杆，笼子上的门便会打开。这样，鸡可以走出笼子，获得食物。桑代克观察到“尽管起初有多次明显的非系统（比如随机的）的尝试，最终习得的只有饥饿的鸡的成功行为。”[61]詹姆斯对此并不吃惊，但这种庸俗的方式的确证实了他的观点。鸡学会了：如果它们啄杆，门会开，有食物作为奖励。詹姆斯更进一步。他说，实际上，鸡相信如果它们啄杆，门就会开。他这样讲：“它们的信念
694 是行动的规则。”他认为这样的规则应用更广泛。“如果我们表现得如同有自由意志，或如同存在上帝，能让我们获得想要的结果，我们就不仅相信这些假设，而且认为它们是实用的，是真理……‘真理’就是被证明有效的信念。”[62]换句几乎颠覆性的话说，真理并非就“在那里”，它们与“事物本来面目”毫无关联。詹姆斯说，这并非是我们拥有心灵的原因。按照达尔文的解说，心灵具有适应性：它帮助我们获得认可，在思想和行为中

保持一致。

最具争议性的是，詹姆斯把他的推理应用于直觉和先天观念。洛克曾说，我们的所有观念均来自感觉经验，但康德坚持认为一些基本的概念，比如因果关系概念，不可能来源于感觉经验，因为我们只能推断因果关系，不能看见。因此，他总结道，这些观念是“固有的，天生的”。[63]詹姆斯（在大多数地方）与康德持相同观点，认为许多观念是固有的，但他并不认为这些观念是神秘或神圣的。[64]用达尔文的话来讲，“固有的”观念只是出现后被自然选择的变体。“拥有这些观念的心灵比没有这些观念的心灵更受欢迎。”但这并不是因为这些观念在抽象或神学意义上更加接近“真理”，而是它能帮助有机体适应环境。[65]我们信仰上帝（如果我们真的信仰）的原因是，经验告诉我们信仰会得到回报。人们不再信仰上帝（19世纪，大批人不再信仰上帝，见下章）是因为信仰再无回报。

继皮尔斯和詹姆斯之后，美国第三位实用主义哲学家是约翰·杜威。他是芝加哥大学教授，拖着长长的佛蒙特州腔，戴着无框眼镜，没有一点时尚感。在某种程度上，他是最成功的实用主义者。和詹姆斯一样，他认为每个人都有自己的哲学和信仰，这种哲学应当使人们拥有更加幸福和更富有成效的生活。他自己的生活就极富有成效。通过报纸、流行书籍和同其他哲学家，如伯特兰·罗素和《存在巨链》的作者阿瑟·洛夫乔伊等人之间的论战，杜威通过其他哲学家少用的方式广为人知。[66]同詹姆斯一样，杜威是个坚定的达尔文主义者，认为科学以及科学方法须融入生活的其他领域。尤其是，他认为科学发现应该应用于儿童教育。对杜威来说，20世纪的开端是一个“民主、科学和个人主义”的时代，这深深影响着教育。那时，人们对儿童的态度变化极快。1909年，瑞典女权主义者爱伦·凯出版了《儿童的世纪》一书，反映了儿童被重新发现的基本观点。“被发现”的意思是儿童童年生活有了新的快乐的可能，并且人们认识到儿童与成人不同，儿童与儿童也不同。[67]这对于现在的我们不过是常识，但在19世纪，在战胜儿童高死亡率之前，家庭比现在庞大，有许多孩子死去，当时没有，也不可能有，像后来那样对儿童在时间、教育和情感方面进行相同的投资。杜威认为这对教学有重大影响。到那时为止，就孩子总体状况来
695 说，在比欧洲更加宽容的美国，教育也被教师的绝对权威所支配。他们对于一个受过教育的人应该怎么样有着固定的观念，他们的主要目标是向学生传授知识，传授“对固定真理的思考”的理念。[68]杜威是改变这种思想方式的运动的领导者之一，这场运动指向两个方向。他发现，传统的教育观念根源于安逸的贵族社会，此种社会形态正在欧洲迅速消失，在美国从未存在过。现在，教育需要满足民主的需求。第二，同样重要的是，教育需要反映儿童在能力和兴趣方面彼此不同的事实。为使儿童能尽己所能为社会做贡献，教育应少“灌输”教师自认为必要的当然事实，而应多发现每个儿童的能力所在。换句话说，把实用主义应用于教育。

杜威，连同弗洛伊德的观点，无疑对童年重要性的提高产生了影响。个体成长的观念，以及“知识是什么，教育应当寻求什么”的传统专制理念的消退，对许多人来说都是富于解放意义的思想。（杜威坦率的目标是通过教育使社会变得更加“有价值、有爱与和谐”。[69]）在美国，因为大量的移民和广阔的疆域，新教育培养了许多个人主义者。同时，“成长运动”总是有走得太远的风险：孩子们太独立、太自由。在有些学校，教师认为“儿童不应体验失败”，因此取消了考试和成绩。[70]

杜威的哲学观与詹姆斯和皮尔斯父子的观点基本吻合。哲学应考虑的是如何在这个世界上生存。[71]思想和行动是同一枚硬币的两面。知识是自然的一部分。我们在世界中竭尽所能寻找生存方式，边探寻边学习什么行得通，什么行不通：行为并非天生。[72]他觉得，这种方法应该应用于哲学。传统上，人们一直迷恋于心灵和世界的关系。因为这样，著名的哲学难

题，即“我们是怎样知道的？”在某种意义上是个错误的问题。杜威用一个类比来证明自己的观点，梅南强调了这个类比：没有人曾经被同样重要的，比如手和世界的关系问题所严重困扰。“手的功能是帮助有机体适应环境；在手用不上的场合，我们会用其他的方式，比如脚，或鱼钩，或社论，来适应环境。”[73] 他的观点是，没人为手不“合适”，不能与“世界相连”的场合而担忧。手有用时，我们就用手；脚有用时，我们就用脚；舌头有用时，我们就用舌头。

杜威认为，思想几乎同手一样：它们是对待世界的工具。“思想不比，例如叉子，更具有形而上学的重要地位。当叉子不适用于喝汤时，你不必担心叉子本身的不足，可以换勺子。”思想大致也是如此。我们陷入麻烦，是因为“思想”和“现实”仅存在于抽象概念之中，具有我们在任何概括中发现的所有缺陷。“因此，讨论思想和世界的‘割裂’如同讨论手和环境的‘割裂’、叉子和汤的‘割裂’一样，毫无意义。”“事物……”杜威 696
写道，“是它们所经历的东西。”[74] 据梅南所言，杜威认为哲学从一开始就走入歧途，我们今天之所以到了这个地步很大部分是由古典希腊时期的阶级结构所致。毕达哥拉斯、柏拉图、苏格拉底、亚里士多德和其他希腊哲学家在很大程度上均属于有闲的，“养尊处优而又泰然自若的”阶级，故此从实用主义的角度而言，他们以生产劳作为代价去歌颂内省与思辨，的确有其用处。杜威认为，自此以后，哲学便一直受困于类似的阶级偏见，这些偏见一如既往地坚持把各种价值观分离开来：稳定压倒变化、必然胜过偶然、艺术优于技术、“心智活动高于手工劳动”。[75] 其结果我们有目共睹。杜威说：“当哲学仍纠缠于那些矫揉造作的难题时，科学已经采用了纯粹的工具主义和实验主义方法，并改变了世界。”实用主义将是哲学得以迎头赶上的必由之路。

实用主义会出现在美国并不让人意外，事实上一点也不意外。黑格尔、拉普拉斯、马尔萨斯、马克思、达尔文和斯宾塞的机械论和唯物主义理论在本质上都是决定论；然而对詹姆斯和杜威而言，宇宙（与美国极为相似）仍在发展中，仍在创造中，是“一个没有任何预知定论的地方，每个问题都经得起杜威所说的智力活动的考验”。尤为重要的是，他感觉到，伦理亦像其余一切事物般在进化。这是一个快速从达尔文学说中得出的尖锐推论，却一直未得到足够重视。“对病人的照看教导我们如何保护健康人。”[76]

如我们所见，威廉·詹姆斯是个大学生。他在某种形式上与哈佛大学、约翰·霍普金斯大学和芝加哥大学有关联。19 世纪约有九千名美国人在德意志的大学念书，詹姆斯是其中一员。在爱默生、霍姆斯、皮尔斯父子和詹姆斯兄弟发展自身才华之际，美国的大学正处于形成阶段，应该说，德意志大学和英国大学也是如此。尤其在英国，人们喜欢把大学视作自中世纪时期建立的古代机构。在某种意义上，的确如此，可这蒙蔽不了事实：我们今天所知的大学主要还是 19 世纪的产物。

我们可以一探究竟。直至 1826 年，英国仅有两所大学——牛津大学和剑桥大学，并且只提供极为有限的教育类别。[77] 牛津大学一年仅招收不足两百名新生，他们当中有很多还不能坚持完成学业。英国的大学只能招收英国国教教徒，根据一条规定，他们必须接受《三十九条信纲》。在 18 世纪，这两所高等学府每况愈下，仅就牛津大学而言，唯一被认可的课程竟是一门“对亚里士多德哲学学说有一知半解”的浅薄的古典课程；而在剑桥大学，正式考试几乎完全与数学有关。两校均无入学考试，而且贵族无须考试便可获得学位。19 世纪开始的几十年，考试规模得以扩张，制度得以完善，但从后来的发展看来，更重要的是由来自爱丁堡的三位苏格兰人向牛津、剑桥两校发起的攻击，这三人分别是：弗朗西斯·杰弗里、亨
697 利·布鲁厄姆和西德尼·史密斯。他们中有两人毕业于牛津大学。在他们

创办的报刊《爱丁堡评论》中，他们批评了牛津大学和剑桥大学的教育，辩称其教育太过于依赖古典著作，导致它们大部分都没有用处。“英国人对现代心智的偏见如此之深，所以碰见一些英国人时要不是因为他们头发灰白和满脸皱纹，很容易让人误以为他们是学生，这种事并不稀奇。他们谈论拉丁文诗歌；而且，人类的岁数要是从其心理发展状态算起的话，很明显这些英国人正好就是十八岁，连一天也不大……”[78]以上抨击言论的作者西德尼·史密斯继而批评牛津、剑桥的人对科学、经济学、政治学、英国与欧洲的地理和经济关系均一无所知。他说，古典著作培养了他们的想象力，却没有培养他们的才智。

我们或可谈谈当时的两种反应。其一是英国市立大学的创办，特别是伦敦大学学院和伦敦国王学院。这两所大学均为接受不信奉英国国教的人特意建立，并均在一定程度上以苏格兰的大学以及它们优秀的医学院为基础。托马斯·坎贝尔是参与创办伦敦大学学院的其中一员。他曾参观柏林大学（建立于 1809 年）和波恩大学（建立于 1816 年），其后他选择了这两所学校和苏格兰大学都在实行的教授授课制度，而非牛津大学的导师制度。灵感的另一来源是建立于 1819 年的弗吉尼亚大学，该校的成功创办主要归功于托马斯·杰斐逊的不懈努力。1818 年，该校的主要目标在国家委员会的报告中被提出，由于报告地点是美国蓝岭的岩石鱼鸿沟，故它以《岩石鱼鸿沟报告》一名为人所知。根据这份报告，该校的具体目标是要“培养出与社会繁荣和个人幸福息息相关的政治家、立法人员与法官……”政治学、法学、农学、商贸、数学、自然科学和文科都被一一涵盖。伦敦大学学院效法这种较为实用可行的思路，并且采纳了一种更为实用和新颖的理念，就是创立一家公开募股公司为这所大学筹集资金。英国开始有了跨教派的大学教育。[79]

这一转变成为争议焦点。1852 年 5 月，这场争议在约翰·亨利·纽曼，即后来的纽曼枢机主教，于都柏林举行的一连五场名为“大学之理念”的演讲中达到高潮。直接刺激纽曼举行演讲的原因是各所新成立的大学都在原则上拒绝接纳神学，比如伦敦大学和在爱尔兰各地设立的女王学院（包括贝尔法斯特、科克郡和戈尔韦市等地）。纽曼的演讲为“自由教育”（今天仍时常有人如此称呼）做了经典辩护。他的演讲对两点进行了辩护。第一个论点是“基督教必须成为所有教育不可或缺的元素和原则”。[80] 纽曼称知识的所有分支相互联系，排斥神学就是扭曲智慧。他的第二个论点认为知识本身就是教育的目标所在，大学教育的目的不在于对人有立竿见影的用途，而在于使人终身受益。他说道：“思想的气质一经形成便持续终生，这种气质的特性包括自由、公平、冷静、节制和睿智，或一如我在上一篇论文中不揣冒昧地称为哲学气质的秉性……知识本身能成为自身的目的。”[81] 纽曼的开创性思想，同时也是最具争议性并且在今天仍然引起争论的论点被他在第七次演讲中提出（五次演讲在都柏林进行，另外五次只出版，不作演说）。在这次演讲中，他说：“……一个学会了思考、推理、
698 比较、辨别和分析的人，一个提高了品位、形成了自己的判断力、拓宽了思想视野的人，即使不会立即成为一名律师、辩论者、演说家、政治家，或内科医生、好地主、商人、士兵，或工程师、化学家、地质学家、古玩收藏家，也总能在知识界任何一个我提及过的科学领域或行业中从容优雅、多才多艺，成功地占有一席之地……那么，从这个意义上说……精神文化大有用处。”[82]

除了纽曼对“自由”教育的关注外，他对宗教的重视也并不像表面看起来那样不合时宜，特别是在美国。据乔治·M. 马斯登对早期美国大学的研究显示，大约有五百所大学在内战以前成立，当中可能有两百所延续到20世纪。有2/5属于长老会制或公理会大学，而杰斐逊时期，长老会制或公理会大学占了一半以上。比例下降是因为不少卫理公会、浸礼会、天主

教大学的建立。这些大学在1830年以后，特别是1850年之后加速发展。[83]在19世纪美国的教育领域，科学、常识、道德与真正的宗教“坚定地联结在一起”，是一个被广泛接受的信条。[84]

从17世纪中期到18世纪中期，哈佛和耶鲁几乎就是美国高等教育的全部。直至该时期结束时，才有一所英国国教的大学在美国南部建立，名为威廉玛丽学院（1693年获得办学执照，1707年开办，逐渐发展为一所成熟的大学）。除此之外，大部分渐渐变得有名的大学由新教义派的神职人员创办，包括：1746年的新泽西学院（后来的普林斯顿大学）、1764年的布朗大学、1766年的王后学院（后来的罗格斯大学）、1769年的达特茅斯学院。在美国，新教义派是对启蒙运动的响应。成立于1701年的耶鲁大学就是对哈佛大学明显的神学正统式微的回应。新的道德哲学假定，在理性的基础上，“道德”能被人知晓；基于理性，上帝会为人类展现生命的道德基础，正如他为牛顿揭示宇宙运行的规律一样。这种新的道德哲学本质上是耶鲁成立的基础。[85]不久以后，这个新方法发展为众所周知的大觉醒运动，这场运动在美国语境中描述了美国社会从以悲观为主的人性观转变为更加乐观积极的观念的过程，其典型代表是英国国教。这是一种对思想更为人性化的观照（迥异于仍然信奉加尔文教的哈佛大学），它引导人更进一步去领会启蒙运动在那些大学取得的成就，比如效仿耶鲁大学的普林斯顿大学。

这种思想在1828年著名的《耶鲁报告》中达到顶峰。报告认为人类的个性由各种不同的才能组成，其中最为崇高的是理性与良知，各种才能必须保持平衡。所以，教育的目标是“在文学与科学的不同分科之间维持均衡的比例，以期每个学生形成适度而平衡的性格”。[86]报告继而提出，古典著作应成为这种平衡的性格塑造的核心部分。

大学的一个重要使命是去西部那些未开发之地传播新教。1835 年，莱
699 曼·比彻在他的著作《为西部求情》中力陈其主张，他认为沿海地区之外的区域要解决教育问题，不能仅靠从东部输送教师，西部必须设立自己的大学和神学院。当时人们害怕天主教会接管西部，这种恐惧更随着来自南欧天主教国家的移民不断涌入美国而日益加深。比彻的警告引起了人们的注意。到 1847 年，长老会已经在美国二十六个州建成了约有一百所学校的教育系统。[87] 伊利诺伊大学创办于 1868 年，加州大学则创办于 1869 年。大约就是在此时期，德意志教育系统的吸引人之处开始受到重视，好几位大学教授与大学行政管理人员远赴普鲁士，学习他们的办学方法。如此一来，宗教在美国大学教育中占据的地位便有所下降。例如，德意志人在史学领域的领先地位更进一步意味着神学本身也随着历史而发展，这也促进了《圣经》批评的发展。德意志的教育理念主张教育不仅是私人事务，更应是国家的责任。最后，正是德意志的教育理念指出，大学不仅是教师的家，还应成为学者（研究人员、作家）的家园。

这个理念在哈佛大学表现得淋漓尽致。1636 年创办之初，哈佛是一所清教徒大学。马萨诸塞湾殖民地的三十多名合伙人都毕业于剑桥大学的伊曼纽尔学院，因此他们在波士顿附近成立的大学亦理所当然地采用了伊曼纽尔模式。苏格兰模式具备同等的影响力，尤其是阿伯丁大学。苏格兰的大学不提供住宿，遵照民主制度而非宗教，管理者是当地望族，他们成为学校董事会的前身。

众所周知，第一个构思现代大学的人是查尔斯·艾略特，他是麻省理工学院的一名化学教授。1869 年，年仅三十五岁的他被其本科母校哈佛大学任命为校长。艾略特初到任时，哈佛有 1050 名学生和 59 名教职人员。1909 年艾略特退休时，哈佛的学生人数已是当年的四倍，教员人数是当年的十倍。但是艾略特关心的不只是学校的规模。“他结束和埋葬了从前任

校长手中接过的狭窄的文科学院课程。艾略特建立了专业学院并将之与哈佛融为一体。最后，他推进研究生教育，并建成了一个其他所有渴望开展研究生教育的美国大学都争相效仿的教育模式。”艾略特遵循了德意志高等教育体系，这个体系已经为世界培养出多位伟人：普朗克、韦伯、施特劳斯、弗洛伊德和爱因斯坦。约翰·费希特、克里斯蒂安·沃尔夫和伊曼努尔·康德等知识分子是德意志教育思想界的重要人物，是他们把德意志学术研究从对神学的一味依赖中解放出来。结果有目共睹，德意志学者比其欧洲同行在哲学、语文学和物理科学方面具有明显优势。例如，物理、化学和地质等学科正是在德意志首次被大学视作与人文学科享有同等地位。[88] 诸如研究生研讨会、哲学博士学位和学生自主权等，都是德意志的理念。

从艾略特的时代起，美国的大学纷纷开始效法德意志体系，特别是其研究领域。然而，这个德意志范例尽管在推动知识进步和推出新型工业技术方面令人印象深刻，它却妨碍了“学院制生活”以及本科生与教员之间密切的个人关系，这种关系在美国采用德意志方法以前一直都是美国高等教育的一个主要特点。德意志体系与被威廉·詹姆斯所称的“博士生章 700
鱼”脱离不了干系。1861 年，耶鲁大学在大西洋西岸授予了第一个博士学位；到了 1900 年，每年有三百人以上获得该学位。[89]

跟随德意志的代价就是与英国学院制体系的彻底决裂。多所大学已经完全不向学生提供住宿，也不再配备公共食堂。19 世纪 80 年代的哈佛大学对德意志体系亦步亦趋，甚至到了连课堂考勤都不作要求的地步，只有考试表现才至关重要。随后，反作用出现了。芝加哥大学是第一所做出反应的大学，该校到 1900 年共建了七栋宿舍大楼，“尽管当时受尽（中）西部各方的批评，理由是他们的做法守旧、紧跟英国而且专制独裁”。很快，耶鲁大学和普林斯顿大学均采用了类似方法。20 世纪 20 年代，哈佛大学按照英国住宿模式改组了学校住宿条件。[90]

当星期六俱乐部的实用主义者结成好友并形成自己的观点时，大约就在同一时期，另一个不同的实用主义者团体正影响着美国人的生活。美国内战之后，约1870年，美国培养出该国有史以来，以及对于世界上任何一个国家而言，最具独创性的一代发明家。托马斯·P.休斯在他的美国发明史研究中甚至声称，1870至1918年这半个世纪可与伯里克利时代的雅典，或文艺复兴时期的意大利，或工业革命时期的英国比肩。美国1866至1896年，每年颁发的专利数量翻了一番以上；1879至1890年这十多年间，从每年18200份增加到26300份。[91]

理查德·霍夫斯塔特在其著作《美国生活中的反智主义》中写到美国商人与知识分子之间的紧张关系，提到赫尔曼·麦尔维尔的警告，"人类被大众科学降低品格，乃至变得残酷"；他也提到范·怀克·布鲁克斯对马克·吐温的斥责，因为"将他对机械设备的热情与对文学的热情相比，后者简直微不足道"；还提到亨利·福特那有名的评论，"历史几乎鬼话连篇"。[92] 但美国的第一代发明家似乎并不特别反智。恰恰相反，他们处在一个与众不同的文化时期，原因如我们所见，在19世纪，大学学术和研究方法尚处于形成阶段。大学依然主要是宗教机构，直至19世纪末才成为我们今天所见的现代大学。

同样，因为工业研究实验室在1900年左右才普及开来，这些发明家中的大部分人不得不自己搭建私人实验室。就是在这样的环境里，托马斯·爱迪生发明了电灯和留声机，亚历山大·格雷厄姆·贝尔发明了电话，莱特兄弟发明了飞机，后来电报和收音机也相继面世。[93] 也正是在这样的环境里，埃尔默·斯佩里为海军首创回转罗盘和各种自动控制装置；1885年，海勒姆·史蒂文斯·马克沁着手制造并示范操作"世上最具杀伤力的机关枪”。马克沁发明的机关枪利用前一发子弹的后坐力来装填和发射下一发子弹，远远胜过发明于1862年的加特林机关枪。在帝国的鼎盛时期，是马克沁机关枪在殖民地引起无尽的恐慌。[94]1916年7月1日，也正是德国的马克沁机关枪在索姆河造成六万人死伤。这些发明家与金融企业家的合作，创办出美国最经久不衰的企业和教育机构，它们都是现在耳 701
熟能详的名字：通用电气公司、美国电话电报公司、贝尔电话公司、爱迪生联合电气公司、麻省理工学院。

在本书中，我们或许要把电报机从其他发明中单独拎出来讲一下。约1750年就有人提出用电作为一种信号方式的想法，但是第一台可运行的电报机是弗朗西斯·罗纳兹于1816年在他的花园（位于伦敦汉默史密斯花园）发明的。伦敦国王学院的实验哲学教授查尔斯·惠特斯通第一次测量了电的速度（虽然结果是错误的），也是第一个认识到欧姆（一种阻力单位）是电报中重要概念的人。他和同事福瑟吉尔·库克在1837年首次获得专利。同电报装置的技术细节几乎同样重要的是惠特斯通和库克要求在新建的铁路沿线铺设电线的想法，它保证了电报的快速，而公众津津乐道的约翰·塔维尔被捕一事更是带来了正面影响。他在斯劳杀人逃逸，多亏了电报，在伦敦被捕。塞缪尔·摩斯的代码当然起到了一定的作用，而且摩斯也是提倡铺设跨大西洋电缆的几个美国人之一。电缆的铺设是一项史诗般的工程，但超出了本书的范围。当电缆铺设时，许多人满怀期望，以为更快速的通信将为世界和平带来助益，让政治家的联系更加紧密。事实证明希望落空了，但是1866年完工的跨大西洋电缆很快在商业上建立奇功。正如吉利安·库克森在《电缆：改变世界的电线》一书中所写：“从这一刻起开始了一种共同的经历，它是两个说英语的不同文化的汇聚。”[95] 702

35

十字架的敌人：灵魂的终结

1842年，英国小说家乔治·艾略特再也不去教堂了。她很早就开始质疑基督教。她深受大卫·弗里德里希·施特劳斯的著作《耶稣传》的影响。如我们所见，该著作于19世纪30年代中期在德意志出版，并且被她翻译成了英文。在她痛苦的译文中，施特劳斯得出结论说："世界上没有什么事情可以说是确定发生了的，并且在基督教信仰赖以立基的一切当中，可以更加肯定的是，有关耶稣行为和命运的神迹以及超自然事件并没有发生。"[1] 同样地，1836年，丁尼生读赖尔的《地质学原理》时，像当时很多人一样，对赖尔关于化石证据的解释感到困扰："地球上的居民，与它的其他所有构成一样，都在变化。不仅个体，连整个物种都会死亡。"[2]

作家A.N.威尔逊探讨了19世纪许多人（有名人也有普通人）心中那种令人痛心的、缓慢的，但不可阻挡的信仰丧失感。他对艾略特、丁尼生、哈代、卡莱尔、斯温伯恩、詹姆斯·安东尼·佛罗德、阿瑟·克拉夫、托尔斯泰、赫伯特·斯宾塞、塞缪尔·巴特勒、约翰·罗斯金和爱德蒙·高斯的研究证实了别人所说的话：信仰的丧失、“上帝已死”不仅是思想上的一个变化，也是一种情感转变。专门的书籍和论述产生了影响，但是整个舆论环境也发生了变化，这是一件又一件事情（往往大相径庭）累积起来的令人不安的影响。[3]1874 年，达尔文的表弟弗朗西斯·高尔顿向 189 位英国皇家学会会员发放了一份问卷，询问他们的宗教信仰，收到的答案让他感到惊讶。70% 的会员称自己是国教成员，而一些会员说他们没有宗教信仰，其他很多人是不信奉国教者——卫理公会教徒、天主教徒或其他有组织教会的成员。问卷还问到他们的宗教信仰是否曾以任何方式妨碍了他们的科学事业，近 90% 的会员回答说“根本没有”。[4] 直到 1874 年依然信仰上帝的会员包括：迈克尔·法拉第、约翰·赫歇尔、詹姆斯·焦耳、詹姆斯·克拉克·麦克斯韦和威廉·汤姆森（开尔文勋爵）。威尔逊指出，关于信仰的丧失，有多少人就有多少种原因。有些人比其他人更相信上帝已死，而“有些人却能同时做到既反上帝又反科学”。[5] 703

同 16、17 世纪关于不信仰的思想论战（比方说，《圣经》字面真理所引起的疑问，或神迹的不真实性）不同，19 世纪的信徒必须解决更多的问题。威尔逊发现，这种氛围变化始于 18 世纪末期。法国启蒙运动哲人的无神论是其中一个因素，但在英国，他说，有两部作品对信仰的破坏比任何其他因素都大。这两本著作分别是爱德华·吉本的《罗马帝国衰亡史》，于 1776 到 1788 年间分三次出版，和大卫·休谟于 1779 年（即他去世三年后）出版的《自然宗教对话录》。威尔逊说，吉本并没有提出重要的形而上学或神学观点。[6] 相反，“……吉本在一页页中轻率地展示出对基督教英雄人物及其‘最高理想’的纯粹鄙视，对信仰起了破坏作用。吉本不仅仅是通过反复地、引人发笑地指出基督徒通过个人的邪恶来达到自己的目标。更确切地说，是通过他的整个态度，他坚决不受基督教对‘文明’的贡献说的影响”。[7] 正是吉本对前基督教文化的“明显智慧”同早期基督徒迷信的、无理性的时代错误和野蛮的不断对比，才对读者产生了这样的影响。[8]

休谟对“心灵”和宇宙秩序的批判，以及康德认为上帝、灵魂和不朽等概念永远无法得到证实，已在之前的章节中讨论过。[9] 如果这些事情可被称作信仰普遍丧失的“深层背景”，那么还有其他19世纪所特有的因素。历史学家欧文·查德威克将这些因素分为“社会因素”和“思想因素”，其中包括了自由主义、马克思主义、反教权主义和“工人阶级的心态”。

查德威克说，自由主义在19世纪占主导地位。[10] 但是他承认，它是一个千变万化的词语，其本意仅仅是自由、不受约束。在后来的宗教改革运动中，它被用来表示过于自由、放纵或无政府状态。这是约翰·亨利·纽曼等人在19世纪中期对它的理解。但是自由主义，无论我们喜欢与否，在很大程度起因于基督教。通过用宗教来划分欧洲，宗教改革运动最终产生了宽容，但从某种程度上来说，基督教一直追求的是内心的宗教，而不仅仅是宗教仪式的举行。它对个人良知的敬畏，（查德威克说）最终并且不可避免地会削弱纯粹遵奉国教的渴望。“基督徒的良知［因此］是一种使欧洲‘世俗化’的力量；也就是说，允许一个国家有很多宗教或没有宗教。”[11]

始于信仰自由的东西变成了对自由本身的热爱，自由成为一项权利（我们知道，这是约翰·洛克的贡献，并且是法国大革命的表面原因之一）。直到1860至1890年，它才真正在西欧主要国家得到实现。[12] 查德威克说，这在很大程度上归功于约翰·斯图尔特·密尔，他在1859年，即达尔文发表《物种起源》的那一年发表了论文《论自由》。然而，密尔对自由的探究涉及一个他认为的新问题。由于深受孔德的影响，他对可能遭到专制国家威胁的自由不太注意，因为那是一个古老而熟悉的问题。相反，他更关注新生民主国家中多数人对个人或少数人的专制，更关注思想

704

压制。他看到自己周围，“人民”开始掌权，并且预计这些“人民”（常常是过去时代的暴民）会剥夺他人持不同意见的权利。[13]因此，他着手定义新的自由：“对文明群体中任何一员在违反其意志情况下正当使用权力的唯一目的，是阻止其对他人的伤害。他自己的利益，不论是身体上还是精神上的，都不能成为充分的正当理由。他不能被正当地强迫去做或不去做某事，仅仅因为别人说这样做对他有好处，会使他更快乐，这样做是明智的或甚至是正当的。”[14]这比看上去更重要，因为这意味着一个自由人“有被说服和信服的权力”，这同“一人一票”一样，是民主的一个重要含意。而且，正是这一点将自由主义和世俗化联系起来。密尔的论文最先论证了世俗国家的全部含意。文中没有一点激情，这正是密尔为如何处理事务树立榜样的方式。[15]

从普通人的一言一行来判断，查德威克发现，至少英国社会正是在1860至1880年变得“世俗化”了。[16]他说，这可以从当时的回忆录和小说中看出，它们记录了一般人的阅读习惯和会话，并且表明虔诚的信徒越来越愿意与不笃信宗教的人建立友谊，“为他们的真诚向他们表示敬意，而不是谴责他们没有信仰”。[17]这也可以从新的、销量很大的报纸所起的作用中看出来。[18]报纸实际上起到了很多作用，其中之一便是引发思想论战，使其两极化，并且通过这种方式使很多市民第一次成为政治存在物（因为他们现在是知情的）。这也是一种世俗化的影响，政治取代宗教，成为普通人的主要思想关注点。记者这一新职业的确立几乎与教师同神职人员的分离同时发生。[19]

随着读写能力的提高和新闻业的响应，关于自由的思想经历了又一次转折。人们发现，经济意义上或适用于良知或舆论的个人自由不同于真正的政治或心理自由。通过报纸，人们比以往更加认识到，工业发展如果被放任不管，只会扩大富人与穷人之间的差距。“以大城市中的贫民窟告终的学说不可能包含一切真理。”[20]这使自由主义人士发生了深刻的变化，事实上，它开始改变自由主义本身的意义。查德威克说，它标志着我们称为集体主义思想的开始，此时，人们开始越来越支持政府干预作为一种改善公共福利的方式。[21]“自此以后，自由更多地是从社会而不是从个人角度来理解的；自由更多的是作为负责的社会生活的一个品质，而不是作为不受限制的自由，在这种生活中所有人都有机会分享自由。”[22]

这种新的思维方式使马克思主义更具吸引力，包括它的基本思想——宗教是不真实的，这成为世俗化的又一个因素。[23]当然，马克思对宗教长期流行的解释是，它是社会生活疾病的一个征兆。“它使病人忍受本来无法忍受的痛苦……”[24]他说，宗教是资本主义社会使大众安于现状所必需的：
705 通过给大众提供来世的某种东西，他们就会更容易接受现世的命运。[25]
基督教，大多数宗教，都承认社会中的现有划分，“安慰”一无所有者，说他们的不幸是对他们罪恶的公正惩罚，或是一场磨难，对它的回应会令人变得高贵、催人奋进。马克思主义变得重要，不仅因为19世纪发生的许多重大事件（巴黎公社、巴黎公社对共产国际的影响、德国社会主义者、俄国革命党的发展），这些事件似乎证实它所说的是真实的，还因为它也提供了一种关于来世的说法：革命，之后世界会恢复正义和福佑。查德威克认为，通过提供一个世俗的来世，马克思主义生产出一种出乎意料的副产品：社会主义和无神论联系起来，并且宗教得到了政治化。

但是马克思并不是孤独的，绝对不是。在《英国工人阶级状况》中，恩格斯写道：“几乎人人都对宗教全然漠视，或最多是自然神论的某个迹象因未充分发展而仅仅成为空话，或是对异教徒、无神论者等词语不明确的恐惧……”[26]彻底的无神论者并不常见，但在19世纪50年代中期，在英国各地出现了第一批“世俗团体”。很矛盾的是，这些团体有清教徒倾向，其中很多团体都与禁酒运动有关。这大约在1883至1885年间达到了顶峰，其中一个原因是无神论者获得了议会席位的权力。[27]

创造一个更世俗化世界的另一个一般因素是城市化自身。德国和法国的统计资料显示，去教堂做礼拜的人数在数十年内下降了，大城镇中人数减少得更多，并且授予神职的次数同时也在下降。[28]这可能无非是组织化宗教的一个组织失误，但很重要，因为它说明教会无力迅速使自己适应城镇。“巴黎的人口在1861至1905年间几乎翻了一番，教区的数量大约上升了33%，神父的数量大约上升了30%。”[29]

我们现在对启蒙运动所持的观点——启蒙运动是“一件好事”，向前迈进了一步，是现代世界发展的一个必要阶段——并不是19世纪的观点。[30]在维多利亚时代的人看来，启蒙运动是以断头台和恐怖统治告终的时代。托马斯·卡莱尔只不过是认为伏尔泰及其自然神论是“可鄙的”人中的一个而已。对他而言，拿破仑是最后一位伟人，并且卡莱尔为其父亲“从未怀疑过”而感到自豪。[31]在整个拿破仑时代，以及一直到维多利亚女王统治时期，“人们认为启蒙运动是思想的尸体、死胡同，是具有破坏性的时代，这个时代推翻了人类社会作为一个文明群体在思想上和物质上的里程碑”。[32]

这些观点直到19世纪70年代才开始发生变化。实际上，英语单词Enlightenment第一次用来表示“启蒙”（Aufklärung）可追溯到1865年，出现在J.H.斯特林关于黑格尔的一本书中。但即使在这里，这个词也是贬义的。直到1889年，它才在爱德华·开尔德对康德的研究中获得了完全正面的意义，该研究第一次使用了“启蒙时代”这个短语。[33]但是，真正将启蒙运动及其世俗价值观从它们所在的消极意义领域解救出来的是约翰·莫利，他是期刊《双周评论》的记者。正是莫利（他也是一位国会议员）意识到，启蒙运动者概括了英国对1789年暴行的反应，并且浪漫主 706
义者对内心生活的热爱与他所称的一种市侩形式结合起来，目的是模糊18

世纪的真正成就。受到刺激后，他写了一系列文章，因为他看到在自己的周围，教会正试图扼杀实证科学。[34]

法国也发生了类似的变化。法国有一位与卡莱尔相当的人物，叫约瑟夫·德·梅斯特，他写道："称赞伏尔泰是堕落心灵的标志，如果有人为他的作品所吸引，那么可以肯定的是，上帝不爱这种人。"[35] 尽管拿破仑对教会态度反复无常，但据说他命令其御用文人攻击伏尔泰。

接着出现了史学家儒勒·米什莱。19 世纪 40 年代初期，米什莱与一群朋友一起（其中有维克多·雨果和拉马丁）抨击了教会。他说，天主教的偏狭是不可宽恕的，独身是"违反自然"的罪恶，告解是对隐私的滥用，耶稣会士是阴险的操纵者。这些猛烈的抨击是在法兰西学院的一系列言辞激烈的讲座中发表的。与其他地方不同的是，他攻击的焦点不是科学而是伦理学。当然，这具有讽刺意义，因为伏尔泰一直强烈反对他自己引发的那种狂热。米什莱"以正义和自由的名义"不断攻击教会，并且正是由于这些抨击，伏尔泰才成为法国一场凶险的思想论战的焦点。[36] 例如，路易·拿破仑 1851 年登基时，伏尔泰和卢梭的书在各地的图书馆被迫下架。又如，一位本来受人尊敬的学者，在编辑伏尔泰的文章时，警告读者，伏尔泰"造成了"1789 年革命和 1793 年的恐怖统治。[37] 事情在 1885 年发展到紧急关头，此时巴黎开始有传言称，伏尔泰和卢梭的遗骸都不在先贤祠中，这是它们本应该所在的地方，是杰出人物的安息地。[38] 据称，1814 年，一群保王党由于无法忍受神圣之地上的这些遗骸，在深夜将尸骨移走并扔在荒地里。除了间接证据外，这传言并没有任何其他依据，但是人们普遍相信这些传言，这激怒了伏尔泰的支持者，以至于在 1897 年一个政府委员会被指定对此进行调查。调查甚至重新掘开坟墓，检验遗骸，最后宣布它们是伏尔泰和卢梭的遗骸。[39] 人们最终意识到，这样的争论走得太远了，尸骨被重新埋葬在属于它们的地方。经过这件多方面都令人尴尬的事件后，关于启蒙运动的态度开始发生变化，多少变成了现在我们所持的观点。

正如我们看到的，乔治·艾略特的信仰受到了大卫·施特劳斯的著作《耶稣传》的影响，但她并不是个完全的典型。更常见的反应是瑞士人的反应，他们的示威暴乱使施特劳斯甚至还未开始就任，便被解除了教授职位。很多我们现在认为使宗教信仰衰落的19世纪的重要书籍，通常没有对大多数人直接起作用。公众没有阅读赖尔、施特劳斯或达尔文的作品。然而，他们的确阅读了一些普及作品：卡尔·沃格特关于达尔文、雅各布·摩莱肖特关于施特劳斯、路德维希·毕希纳关于新物理学和新细胞生物学的作品。人们阅读这些人的作品，因为他们比达尔文或赖尔走得更远。无论《物种起源》抑或《地质学原理》，其本身并没有抨击宗教。虽 707
然含有这个意思，但是普及者为更多读者解读了这些作品并且清楚地说明了这些含意。欧文·查德威克说："与物理学或生物学相比，宗教更是大多数人的共同利益。公众对科学与宗教的对抗比对科学本身更感兴趣。"正是这些普及者使维多利亚时代的中产阶级注意到，现在对世界有了其他的解释。他们并没有立刻说所有宗教都是错误的，但他们的确使《圣经》的准确性、精确性和可信度受到了严重质疑。[40]

最伟大的普及者是德意志人恩斯特·海克尔，他于1862年发表了《自然创造史》。这是一篇支持达尔文的通俗易懂的论战檄文，正好在《物种起源》之后三年发表，并且清楚地说出了它的含意。这部作品到19世纪末再版了九次，被翻译成十二种语言。1900年，英译本《宇宙之谜》是对新宇宙学的解读，德文和英文版本均售出了10万册。[41]海克尔的作品比达尔文的作品受到更广泛的阅读，并且在一段时期内变得同样出名，人们成群结队地去听他演讲。[42]

另一位普及者埃内斯特·勒南为施特劳斯做了海克尔为达尔文所做

的事情，并且在这一过程中变得同样出名。起初，他注定要成为神父，但是他失去了信仰，转而将新的信念投入到几部作品中，其中《耶稣传》（1863）是目前最有影响力的作品。[43] 虽然他在不同的时期说了不同的观点，但似乎正是对历史的研究摧毁了勒南的信仰，并且他关于耶稣的作品也对他人产生了同样的影响。[44] 这本书之所以产生这样的影响力，部分原因是它那优雅的法文，还因为它将耶稣看作一位历史人物，否认他的超自然行为，清晰地呈现了对其神性产生怀疑的学术研究，同时也以同情的角度把耶稣描绘出"至高的人性"，他的天赋和道德教义改变了世界。勒南对耶稣的明显同情似乎使他强调的缺点更容易被人接受。同时，他解除了对教会、教义、圣礼和教条的需求。和孔德一样，勒南认为实证主义可以成为新信仰的基础。[45] 他强调，耶稣是一位道德领袖、一位伟人，但绝不是神，存在于 19 世纪的组织化宗教与他毫无关系。这是一种宗教形式，是伦理人文主义，是很多在新大学接受过教育的人可以接受的。他的做法有时相当不寻常。"神性也会间断地中止；一个人不可能在一生中时时刻刻都是上帝之子。"这有点像回到了希腊的观点：神是半英雄半人。勒南的作品具有吸引力的原因与自然神论在 17、18 世纪具有吸引力的原因相同：它促使人们失去对超自然实体的信仰，却又不完全失去信仰。大多数人不可能只需一步便从信仰转变为不信仰。勒南的《耶稣传》是 19 世纪里以法文出版的最著名的书，它在英国也引起了轰动。

除了勒南提供的令人同情的画面外，就其基本的文献证据而言，令人印象深刻的是他对基督教不可靠根基的揭露。例如，瑞士历史学家雅各
708 布·布克哈特读了施特劳斯的《耶稣传》，意识到《新约》的历史"无法承受信仰力图建立于其上的重量"，并且很多人都经历了类似的反应。[46]

一个使 19 世纪世俗化争论不同于 16、17 世纪争论的新因素涉及了修正后"教条"的概念。起初，"教条"指的是对信仰、学说的肯定，也就

是说，它具有积极意义。但是，这一点慢慢地发生了变化，以至到启蒙时代时，“教条式”成为“无知的、不接受真理的代名词”。[47] 这是一次重要的转变，因为尽管天主教会统治集团绝不缺乏与异端教条做斗争的经验，但“教条”概念本身现在受到了攻击。实证科学的成功方法提供了另一种选择，并且越来越被用作抨击教会的工具。现在听起来有点怪诞但是当时特有的一个组织是相互尸检协会。这一群人（主要是人类学家）非常关注对灵魂不存在的证明，以致他们都将自己的尸体遗赠给该协会，以便解剖和检查，目的是消灭有关灵魂居所的思想。他们举行宴会，宴会上的食物盛在史前的陶器里，或人的腔体内，有一次是盛在长颈鹿的头骨中，目的是强调人的骸骨没有什么特别，它们与动物骸骨没有什么不同。正如詹妮弗·迈克尔·赫克特在其关于灵魂终结的著作中指出的，一位人类学家写道：“为了维护道德和法律基础，我们验证了很多体系。说实话，这些努力不过是不现实的想法……良知不过是本能的一个特殊方面，而本能不过是承袭的习惯……没有独立的灵魂，没有不朽，没有来世的威胁，就不再有任何惩罚。”[48]

在这些情况下，天主教会的反应通常是不情愿的。这本身就成了一个问题，成了反教权主义发展的一个因素。反教权主义也是世俗化的另一个方面，至少对喧闹的少数人而言。查德威克说，在英国，它于 1864 年 5 月第一次出现在《星期六评论》上，批评罗马教廷在现代科学进步面前的软弱无能，尤其是到那时伽利略的发现和见解已有数百年历史。这样，教权主义成为蒙昧主义和行政妨碍的同义词，并且从罗马天主教会扩大至所有的教会以及它们对现代思想，包括政治思想的反对立场。[49] 在各地受教育的天主教徒中，有些人对罗马教廷的反现代立场感到遗憾，但在意大利，还有另外一个问题。

1848 年，即整个欧洲发生革命的年份，意大利发动了反抗奥地利的解放斗争。这使教皇庇护九世处于两难境地。罗马教廷会站在哪一边呢？意大利和奥地利都是教会之子。那年4月底，庇护九世宣布，“作为最高牧首”，他不能对任何天主教徒宣战。对于很多意大利民族主义者而言，这是无法容忍的，因此他们转而反对罗马教廷。这是反教权主义第一次在意大利出现。

在法国，反教权主义对国教造成了严重破坏。除了抨击教会权威外
709 （施特劳斯、达尔文、勒南、海克尔），在法国，天主教神职人员都被整个驱逐出高等教育机构，这意味着随着时间的推移，教会对年轻人思想的影响越来越小。[50] 18世纪的法国主教几乎都是贵族出身，法国教会正为此付出代价。受法国大革命的破坏，法国教会如此大幅度地改变立场，迫使教皇将整个法国教阶绝罚，并拒绝任命任何新主教。法国教会因此脱离罗马一段时间，但这对减少反教权主义情绪影响不大，因为对许多普通人来说，现在的罗马比以前更遥远了。[51]

更复杂的转折是法国试图使教会与大革命的目标妥协。这些都是由费利西泰·德·拉梅内领导的，他是一位神父，但更是一个极力献身于世俗教育机构的人。他创办了一份叫《未来》的日报，宣传宗教自由、教育自由、新闻自由、结社自由、普选权和地方分权。这非常现代，而且太现代了。《未来》的宗旨太有争议了，几次停刊后，教皇甚至发布《对你们感到惊异》的通谕，专门谴责这份报纸。[52] 拉梅内两年后发表《一位信徒的话》作为回应，从宗教立场抨击资本主义，并呼吁工人阶级团结起来要求“上帝赋予他们的权利”。这引起另一篇教皇通谕《我们独特的》，该通谕将《一个信徒的话》批判为“内容空洞却极其邪恶”，称它正散播“引起混乱并与上帝的话截然相反”的错误思想。格列高利十六世最后要求各地的天主教徒要服从“正当的权威”。但从某种意义上说，这却招致适得其反的结果，因为它出现后不久就爆发了1848年的革命，革命复活了法国

天主教徒中的共和主义。有史以来第一次，教会阶层中相当一部分人似乎同情革命。[53]

庇护九世原本是一位自由主义者（他在五十五岁时被选为教皇。对教皇的职位来说，这是一个比较年轻的年纪），但和其他意大利人一样，1848年的事件改变了他。“在抛弃了所有的自由主义之后”，庇护九世授权三位枢机主教不受约束地在罗马重建绝对权威。[54] 然而，由于伴随这一举措的是更大政治舞台上传统权威的普遍丧失（例如，意大利对奥地利的独立之战，德国统一），这只会引起反教权主义的新浪潮。1857年，在《包法利夫人》一书中，福楼拜描述了一个大多数时候反对教权的民族，尽管他们的孩子都被施洗礼，并且他们一如既往地接受神父执行的临终圣礼。[55] 在法国，对宗教的漠视情绪在普通人当中不断增长，正如恩格斯十年前在英国注意到的一样。

在学校的世俗化上，法国的反教权主义在这个世纪最后十年进入高潮。对罗马教廷来说，失去学校对其影响力是致命的一击。[56] 这就是为什么在19世纪70年代中期许多天主教大学在欧洲大陆建立，这是教会弥补其损失的一些努力。但这只是开创了一个新的战场：神父和教师现在彼此对立。

教师们赢了。他们由第三共和国的新教育部长儒勒·费里领导。正如
在他之前的奥古斯特·孔德一样，费里也相信神学和玄学的时代已经成为 710
过去，实证科学将成为新秩序的基础。费里宣称：“我的目标是组建一个没有上帝、没有国王的社会。”为了这一目标，他开除了十万多名信教的教师。[57]

罗马教廷通过在巴黎、里昂、里尔、昂热和图卢兹建立天主教学院，回应了这一最新动向。每一个学院都有一个独立于国立大学的神学系，其任务是发展自己的学术，与科学界和《圣经》史学界正发生的一切做斗

争。莱斯特·库尔茨阐述了罗马教廷的思想。[58]“首先，它在经院神学的范围内定义了天主教的正统，从而系统、逻辑地回应了现代学术的探索性问题。其次，它详细阐述了教皇权威和教权（教会的教诲权威）的教义，宣称只有教会及其领导阶层从耶稣的使徒那里继承了在宗教事务上的权威。最后，通过塑造离经叛道的内部人员的异端阴谋的形象，它以天主教正统不是什么的方式定义了它是什么。”[59]教会现在渐渐认识到一个“异端”的新时代，主要在保守的天主教出版物中加以陈述（尤其是耶稣会的出版物：罗马的《天主教文明》和巴黎的《真理》)。也有一系列教皇教谕（1864 年的《谬说要录》；1879 年的《永恒之父》；1893 年的《上智者天主》)，之后是谴责美国主义的《见证仁慈》(1899)，最后一个是对现代主义发起的全面抨击，《可悲》(1907)。

罗马教廷所有这些教谕和谴责的方式中有一个致命错误：教会将抨击它的人描述为有阴谋的组织，企图破坏其等级制度，同时又假装成教会的朋友。[60]这样在低估反对派的同时也对他们屈尊俯就。罗马教廷真正的敌人是新思想气候中权威的性质。罗马教廷自始至终强调它的传统权威、它的历史性、使徒统绪。[61]这些思想在教皇无谬论的教义中走向极端。教皇无谬论最初在 1870 年的首届梵蒂冈会议上宣布。19 世纪天主教在很多方面与 12 世纪的天主教相似，特别是，它由两位任期很长的教皇统治，即庇护九世（1846—1878）和他的继承者利奥十三世（1878—1903)。令人惊讶的是，在民主政体和共和国在世界各地纷纷形成的时候，这两位教皇力图在教会内外复兴君主专制理论。在他的《谬误纲要》通谕中，庇护九世追溯到博尼法斯八世在 1302 年发布的教皇诏书《一圣教谕》(见第 16 章)。换句话说，他力图复兴绝对的、至高无上的教皇权威这一中世纪概念。在《见证仁慈》中，利奥十三世抨击美国主义，排除了教会中存在民主的可能，认为只有绝对权威才能防范异端邪说。[62]

在这些情况下，随着意大利对独立和统一的渴望危及教皇国，反教权主义在意大利愈演愈烈。这是促成教皇庇护九世发表使徒信的重要背景因素之一，该信提议召开第一次梵蒂冈大公会议。[63]政治动荡意味着该会议几乎不会有进展。当取得进展时，它将面临重新建立教会等级制度的问题，而尝试这么做则产生了两个著名的论断。第一个是这样的："基督教会不是一个所有信徒都享有相同权利的平等团体。"相反，一些信徒被"上帝赋予了权力……得以神圣化、行使教诲和统治"。第二，也是最著名的论断："我们教授并将定义以下为神启教理：当罗马教皇行使宗座权威，即行使全部基督徒的牧首和神学家的职权时，他可以凭借他至高无上的使徒权威，界定一种为普世教会所共有的同信仰或道德有关的教义。凭借神佑彼得允诺的神助，罗马教皇永无谬误，由此，神圣的救世主期望他的教会拥有界定同信仰或道德有关的教义的权利。"[64] 711

因此教皇无谬误的教义第一次成为天主教徒的一条信仰。[65]这具有很大的风险，因为至少从 14 世纪起它就遭到反对。罗马教廷可能已经感觉到，随着 19 世纪伟大的旅行和通信革命，它将比中世纪更能有效地发挥权威。这可能解释了为什么除了教皇永无谬误教义之外，利奥十三世在 1879 年还发布了《永恒之父》。在这个通谕中，他认为圣托马斯·阿奎那是现代天主教思想的重要导师。这和庇护九世的《谬误纲要》谕令一样，隐含了回归中世纪时期的前启蒙运动、前宗教改革和前文艺复兴的思想。经院神学因其前科学性和冥想性而著称，是将基督教和其他思想形式结合的一种尝试。它也因其机巧而非广泛赞同的真理而闻名。[66]事实上，天主教的思想主要在耶稣会神学家的手里再一次成为一个封闭的、自我指称的循环体系。其中最有影响力的当属以《公教文明》为中心的团体。这份刊物于 1849 年在教皇的命令下创建而成，是对 1848 年事件的回应。[67]这些托马斯主义者（其中佩鲁贾的主教焦阿基诺·佩契，也即后来的利奥十三世，是领袖人物）顽固反对现代思想的发展。他们坚持认为应该“毫无例外地”摒弃现代思想。

这种新托马斯主义思想的主要特征是，它拒绝任何进化、变化的思想。它追溯到12世纪以前，追溯到亚里士多德，追溯到经院思想所确立的永恒真理思想。《永恒之父》之后，主教们被命令只能任命那些受“圣托马斯智慧”指导的人为教师和神父。[68] 每当新科学与神启教义发生矛盾时，他们的目标都是要表明新科学事实上是“错误的”。这就是“教皇无谬论”在起作用，但除此之外，教权的教义也重新被引入，重新被定义。它试图通过使天主教世界最重要的大学（格列高列大学）变成托马斯主义研究的一个重要中心这一举措来实现。这一尝试被莱斯特·库尔茨称为意义最为深远的变化。为了改变大学里的权力均衡，确保其符合新的教皇正统，教廷做出了一系列重要任命，比以前更注重保存他们认为仍然有效的旧思想，而不是发现新思想。[69]

利奥十三世似乎嫌这一切还不够，1893年，他发布旨在囊括《圣经》新学术的《上智者天主》谕令。这一谕令在达尔文之后三十多年、施特劳斯和赖尔之后近六十年声称，“世俗的科学”不能实现“对神圣作品的有
712 益理解”。谕令反复强调，智慧来自上天。当然，在这些事务上，教皇绝无谬误。教皇的文件驳斥了对《圣经》存在伪造和错误之处的指责，并指出，科学“离最终真理如此遥远，以至于他们（科学家）必须永远不断地改善并补充它”。[70]

而另一个压制有关《圣经》问题讨论的方式来自利奥十三世在1902年任命的《圣经》委员会。在《警醒注意》这一使徒信中，他宣布委员会要由有学识的人组成，他们的责任是以“我们这个时代所要求”的方式解读神圣的文本，因此这一解读“不仅不能有任何错误，而且不能有任何造次”。[71] 利奥十三世阻止新思潮的最后尝试是他谴责“美国主义”为异端

的使徒信——《见证仁慈》。这一突出的行为反映出民主制和君主制之间的内在斗争以及欧洲一些保守天主教徒的观点。他们认为，美国天主教精英因为支持“自由主义者、进化论者……以及始终谈论自由、对个人的尊重、进取心、自然美德和对我们时代的同情，而削弱了教会的力量”，他们是有罪的。[72] 在《见证仁慈》中，教皇声明了他对美国人的“热爱”，但他的主要目的是“指出一些要避免和纠正的事”。他说使天主教适应现代世界的努力注定要失败，因为“天主教的信仰不是一种人类能详细阐述的哲学理论，而是一种既要忠诚捍卫又要毫无错误地声明的神圣宝藏”。他同样坚持认为宗教权威和政治权威之间存在根本的不同：教会的权威来自上帝且不容置疑，而政治权威来自人们。[73]

19 世纪是赖尔、达尔文、施特劳斯、孔德、马克思、斯宾塞、凯莱特、麦克斯韦和许多其他人的世纪。在这个世纪末，罗马教廷面临的困境是，留住教徒的策略无法吸引那些已经脱离教会的人，而只能起维持作用。1903 年，当庇护十世登上教皇的宝座时，他坚信“基督十字架的敌人的数量在最近大量增长”。他说他相信只有信徒才可以“站在秩序的一边，有能力在这场动荡中恢复秩序”。[74] 因此他自己承担这项责任，以新的活力继续利奥十三世与现代主义的斗争。在他 1907 年的《可悲》谕令中，他谴责了现代主义的 65 个具体议题，包括对《圣经》的批评，并重新主张信仰的奥秘原则这一教义。禁书书目上也出现了更多的书，高级教士候选人必须宣誓对教皇忠诚，宣誓的内容要求摒弃现代主义的思想。《可悲》再一次用这句著名的话重申教理的作用：“信仰是在意志影响下的一种思想行为。”[75]

世界上虔诚的天主教徒对罗马教廷经过严密论证的论断和坚定的立场充满感激。到 1907 年，科学领域的重大发现纷至沓来——电子、量子、无意识，以及最重要的可能是基因，它解释了达尔文的自然选择如何得以发生。在一个变化万端的世界有一个可以倚赖的精神支柱是有帮助的。然而，在天主教之外，很少有人在倾听。当罗马教廷与现代主义
713 危机较劲时，艺术领域里一场更为广泛的运动，也叫现代主义，标志着后浪漫主义、后工业革命、后法国大革命以及后美国内战的思想最终到来。正如尼采所预见的，上帝的死会释放出新的力量。这位牧师之子写道："基督教一心要发现世界是坏的、丑陋的，而且基督教使它变坏、变丑陋。"他认为民族主义会成为一种新力量，他是对的。但其他力量也在填充这个正被创造的真空。其中一个就是马克思主义的社会主义，它对来世有另一种理解。第二个是所谓的科学心理学——弗洛伊德主义，它对灵魂有新的理解。

我们在第 29 章关于东方的文艺复兴中看到，伊斯兰教世界和西方的关系至少可以说掺杂了一种傲慢，伊斯兰教没有什么需要向欧洲学习。随着欧洲的成就越过宗教界限，这种傲慢后来有所缓和。但这一隔阂真正开始结束是随着以土耳其为中心并在 19 世纪 50 年代的克里米亚战争中达到鼎盛的奥斯曼帝国的衰弱。这是关键性的，因为这场战争是历史上基督教军队和伊斯兰教军队第一次真正的联合，当时土耳其和法国、英国联合起来对付俄国。这次比平常都要亲密的合作使穆斯林发现，他们有许多要向欧洲学习并获益的地方，不仅仅关于武器和战斗以及一直以来吸引他们的医学，还有其他各行各业。

这种新态度首先出现在土耳其，那里出现了一场叫作"改革"的运动。[76] 土耳其成立了一个最高改革委员会，并按照法国模式重新组织，伊斯兰教法仅限于家庭法。征税代替了包税制，人们变成了"臣民"。这里重要的人物是纳米克·凯末尔（1840—1888）。他编辑了一份叫作《自由》的刊物，目标是自由地追求科技成果、新闻自由、分权、法律面前人人平

等以及重新解读《古兰经》以使其与议会民主制相一致。纳米克·凯末尔最重要的观点是，并不是所有一切都由真主预先决定。依沙克·埃芬迪被任命为帝国军事工程学校的首席指导。他在1834年出版了四卷《数学大全》，该书基于西方资料，为穆斯林世界引进了许多现代科学成果。十二年后，库德西·埃芬迪撰写了《天体的秘密》，书中竭力调和哥白尼体系与伊斯兰教。1839年，36名学生从军事和工程学校被选拔出来去巴黎、伦敦和维也纳学习。1845年，临时教育委员会开始考虑"公众教育"这个概念。1848年，第一本土耳其语现代化学书出版。1865年，第一本土耳其语现代生物书出版。按照西方模式建造的工厂始于19世纪60年代。1867年，一所平民医学院在伊斯坦布尔建成。两年后，这所大学开始招生。1874至1875年间，这所大学开始授课，设有文学院、法学院和以法国桥梁和道路学校为蓝本的土木工程学院，而没有原本计划成立的科学院。一个类似于法兰西学院的学术机构在1851年开始酝酿。1866年，成立了一个翻译委员会。公制在1869年被采用。当巴斯德在1885年发现狂犬病疫苗时，土耳其派了一个医生代表团去巴黎学习这一新知识并授予这个伟大的人一枚土耳其奖章。[77] 714

马尔科姆·可汗（1844—1908）是与纳米克·凯末尔同时代的伊朗人。他在巴黎上学，受奥古斯特·孔德的影响很大。他写了一本名为《改革之书》的书，书中他提倡分权、世俗法和人权法案。他编辑了一份叫作《法律》的报纸，在上面提议设立两个议会，一个是大众议会，一个是学者议会。和这两个人同时代的还有哈耶尔·丁·图尼西（1822—1890）。他是突尼斯人，曾在巴黎学习。他对21个欧洲国家及其政治体系进行了一项调查，就像亚里士多德在古希腊所做的调查一样。他认为，穆斯林拒绝接受他人所取得的成就，仅仅是因为他们不是穆斯林，这是错误的。他建议伊斯兰教世界应该学习欧洲所提供的"最好的东西"。[78]

这个时期，伊斯兰世界总共出现了 50 多位重要的思想家，他们为伊斯兰教的现代化努力着。这些人中有埃及的卡西姆·阿敏、阿富汗的马哈茂德·塔尔齐、印度的赛义德·可汗、爪哇的阿赫默德·达赫兰和中国的王静斋。但最有影响力的三位伊斯兰教现代主义者（他们的名字本应在西方更广为人知）是：伊朗的赛义德·贾迈勒丁·阿富汗尼（1838—1897）、埃及的穆罕默德·阿卜杜（1849—1905）以及生于黎巴嫩但成年后一直居住在埃及的穆罕默德·拉希德·里达（1865—1935）。

阿富汗尼的主要观点是，欧洲的成功基本上来源于两方面：科学和法律。他认为这些都源自古希腊和古印度。他说："科学没有尽头也没有限制，科学主宰世界。"（这是他在 1882 年说的。）"除了科学，过去、现在和未来的世界都没有其他主宰。""英国人已经到达阿富汗，法国人已占领突尼斯。事实上，这种侵占、侵略和征服不是来自法国或英国，而是科学在各地显示其伟大和力量。"阿富汗尼希望伊斯兰教的处境得到重新考虑。他认为"思想是历史变化的动力"，并且他说伊斯兰教世界需要宗教改革。他嘲笑乌理玛（即当时的宗教学者），他们熟读经书，却不知道电的起因或蒸汽机的原理。他问道，这些人如何能自称"圣人"？他将乌理玛比作灯芯很短的灯，"既不能照亮周围也不能给他人带来光明"。阿富汗尼在法国和俄国求过学。当他在巴黎时，他与埃内斯特·勒南关系很好。阿富汗尼明确地说，宗教人士就像是套在犁上的牛，"被教理束缚，成为教理的奴隶"，必须永远走在先前犁好的犁沟里。他将巴格达辉煌时代的结束归咎于伊斯兰教，认为神学院抑制了科学。他希望有一种非教条的哲学，鼓励科学探索。

穆罕默德·阿卜杜也在巴黎求过学，在那里他创办了著名的期刊《最坚固的纽带》。该刊物鼓动反对帝国主义，也呼吁宗教改革。[79] 回到埃及，他成为一位显要的法官，并在阿拉伯世界最具影响力的学术团体之一爱资哈尔清真学院的管理部门任职。他为女孩受教育和伊斯兰教法之外的世俗法进行各种游说活动。他尤其对法律和政治感兴趣。这里有他写的一些东西："人类知识实际上是关于有用利益的规则的集合。通过知识，人们组织带来利益的工作方法……法律是活动的基础，安排这些活动……为了产生可见利益……每个国家的法律与该国家的理解力一致……因此不能将一个团体的法律应用到另一个理解力超过第一个团体的团体……会扰乱第二个团体之间的秩序……"在另一个场合，他坚持认为政治应该由具体情况决定，而不是教义。阿卜杜继续在埃及改革法律，为清晰简单的法律辩护，避免产生他所称的《古兰经》"歧义"。他希望埃及走上大革命后的法国道路，说法国从一个绝对的君主制国家到一个受限制的君主制国家，再到一个自由的共和国。他希望有一种人们一致同意的民法，以合理的方式管理生活的大部分方面。他的法律体系中没有先知、伊斯兰教、清真寺或宗教。 715

穆罕默德·拉希德·里达在黎巴嫩一所结合现代教育和宗教教育的学校上学。他能说好几种欧洲语言，广泛地学习科学知识。[80] 他与阿卜杜关系亲密，并为阿卜杜撰写传记。他也创办自己的期刊《灯塔》。一直到他去世，该刊物都在传播改革思想。里达的思想是，社会、政治、市民和宗教革新是必要的、持续的，能使社会"走上科学和知识的道路"。"各个时期的人类都需要新事物和旧事物"，他说道。他注意到尽管英国、法国和德国通常偏爱自己的处事方式和思维方式，但他们对外界的影响也是持开放的态度。他承认受到过他认为是异端分子的人的帮助，也喜爱他们。这里他听起来有点像伊拉斯谟，但他的话也令人想起前面提到的欧文·查德威克的观点。查德威克说，大概从 1860 年开始，自认为是基督徒的欧洲人才能同非信徒友好相处。最重要的是，里达认为伊斯兰教法很少或没有涉及农业、工业和贸易，"这些全靠人们的经验"。他说，这个国家准确地说是由这些构成的：科学、艺术、工业、金融、行政和军事系统。它们在伊斯兰教是一项集体责任，忽略它们就是一种罪恶。要记住的一条原则是，“需要使不可能成为现实”。

在伊斯兰教世界，现代主义的共同成果由以下元素构成。第一个元素是文化复兴。这是复兴伊斯兰教艺术和文化的尝试，主要是通过参照西欧启蒙运动时期所发生的一切。这里有一些例子：圣徒传记传统被改变，变得更像现代传记。在阿拉伯世界发展了一种游记的传统，公开表露出对欧洲和美国繁荣（煤气灯、铁路和蒸汽船）的惊讶之情。1847 年，随着法国戏剧改编本的问世，第一批戏剧开始在黎巴嫩出现。1853 年，在印度，第一部乌尔都语戏剧被创作。1859 年，第一部土耳其语戏剧上演。随着轮转印刷机的发明，一种新的杂志出版业出现在阿拉伯世界。出版的刊物有：《自由》、《警示》和《解释者》。阿尔及利亚甚至有一种改革者报纸《评论家》。评论家塔塔维写了一本关于伏尔泰、卢梭和孟德斯鸠以及西方法律的书；纳米克·凯末尔在土耳其翻译了培根、孔狄亚克、卢梭和孟德斯鸠的书籍。第二个元素是宪政。在这里，“宪政”的意思是政府受法律限制，即我们今天所谓的分权，选举出来的是议会而不是君主、酋长或部落首领统治的政府。立宪主义者明确表明要忽略天堂的概念，认为重要的是现世的平等。在埃及，立宪主义者的主张是在 1866 年产生或
716 通过的，在突尼斯是 1861 年，在奥斯曼帝国是 1876 年和 1908 年，在伊朗是 1906 年，再一次通过是在 1909 年。在阿富汗，一场现代主义运动在 1909 年遭到镇压。[81] 人们甚至开始谈论“立宪的国家”。科学和教育是现代主义的第三个元素。人们对达尔文理论十分担忧，因为许多伊斯兰世界的学者相信赫伯特·斯宾塞关于社会达尔文主义的思想。他们认为穆斯林世界是过时的并且终将衰败。因此他们强烈要求采用西方的科学，尤其要在新学校中教授西方科学。这时有一个名为“新原则”的新学校运

动，新学校虽然同时教授宗教和世俗学科，但其目标十分明确，即用更多的现代学者代替传统的宗教学者。在伊斯兰教的现代主义者中，社会学变得十分受欢迎。他们尤其信奉孔德以及孔德关于社会可以分成三个渐进阶段的思想：自然的、社会的和政治的。阿富汗尼认为人和动物没有什么不同，可以像研究动物那样研究人，认为适者生存。和马克思以及尼采一样，他认为生活最终是关乎权力的。阿卜杜拜访了赫伯特·斯宾塞，并翻译了他的书。最重要的是，现代主义者认为法律来自自然人性，来自对自然规律的研究，认为这才是真主显示自身的方式，而不是通过《古兰经》。正如 19 世纪西方所发生的，随着对《圣经》的解构（套用我们的说法），《古兰经》和圣训文本也遭到批评，这构成了现代主义的第四个元素。里达是一个对圣训进行无情批判的批评家，认为后来人们引入的一系列文本对阻碍伊斯兰教的发展最应该承担责任。就《古兰经》本身而言，他认为《古兰经》只是一个指导，而不是命令。赛克·塔他维·乔哈里（1870—1940）基于现代科学对《古兰经》做出了解释。第五个元素是女性。19 世纪见证了在几个伊斯兰教国家（即使不是所有地方）女性教育的推广。19 世纪见证了孟加拉和俄国妇女组织的产生，见证了印度一夫多妻制的结束，见证了 1918 年阿塞拜疆妇女的选举权（之后法国在 1947 年妇女才拥有选举权，瑞士更迟）。1896 年的黎巴嫩和 1920 年的突尼斯都爆发了呼吁妇女自由就业权利的运动。

读者可能会问这场现代主义运动在伊斯兰教国家结果会怎么样？简要的回答是，一直到第一次世界大战，它都在蓬勃发展，之后偃旗息鼓。由于它不属于该书的时间框架，从第一次世界大战到现在所发生事情的概要请见注释。[82]

基督教和伊斯兰教在 19 世纪后期都不断遭受攻击。现在谁能说哪一种信仰更成功地抵挡了这些攻击呢？ 717

36

现代主义与无意识的发现

青年时期的西格蒙德·弗洛伊德并不缺少雄心抱负。尽管他是出了名的书呆子，但他乌黑的眼睛和浓密的黑发给了他几分自负的神态，可以用“魅力超凡”这个词来形容。[1]他幻想自己是汉尼拔、奥利弗·克伦威尔、拿破仑、海因里希·施里曼（特洛伊古城的发现者），甚至是克里斯托弗·哥伦布。后来成名之后，他不那么爱幻想了，而将自己比作哥白尼、列奥纳多·达·芬奇、伽利略和达尔文。在有生之年，他受到安德烈·布勒东、西奥多·德莱塞以及萨尔瓦多·达利的崇拜。托马斯·曼认为他是“神谕”，尽管后来又改变了看法。1938 年，美国总统富兰克林·罗斯福本人对身处第三帝国统治下的犹太人弗洛伊德的保护问题产生了兴趣，并最终诱导纳粹分子准许他离开奥地利。[2]

或许，在思想史上，还从未有人经历过像弗洛伊德所经历那样的重新评价，达尔文肯定没有，甚至马克思也没有。正如当今就“文艺复兴”与我们所简称的“前文艺复兴”问题（即 1050 至 1250 年为现代世界的开始），专业历史学家与一般阅读大众之间看法并不一致，如今，一般大众对弗洛伊德的了解与多数精神分析学专家对他的理解，也存在巨大的差异。

第一次重新评价，可以说否定了弗洛伊德在无意识发现问题上具有的优先权。盖伊·克莱斯顿在其最近的无意识历史研究中，将“类似无意识”的东西追溯至公元前1000年小亚细亚的“孵化寺”，而“释放神灵”的传统在小亚细亚很常见。他声称，希腊人对灵魂的概念中，暗含了“未知的深度”。而帕斯卡、霍布斯及埃德加·爱伦·坡只是许多人中的三位，他们认为自我中有神秘的、半隐半现的灵魂存在，可以对人的行为及情感施加影响。“要想找到一位不认同无意识大脑活动的存在及至高重要性的19世纪的心理学家或医学心理学家，是很困难，或许是根本不可能的。”这源自马克·D.阿尔丘勒所著的《人类行为概念起源》（1977）一书。我们今天所使用的“精神错乱”及“精神病”这些术语，是由维也纳的恩斯特·冯·福伊希特斯勒本男爵（1806—1849）在1833年之后引入的。在小说家中，19世纪被称为“我们的神经世纪”，并且“神经衰弱症”一词也于1858年由乔治·比尔德创造出来。[3] 英国哲学家兰斯洛特·劳·怀特说，1870年前后，无意识成为公众话题， 718
不仅是专业人士的话题，也是那些想要表现得有修养之人的话题。德国作家弗里德里希·施皮尔哈根也同意：在他1890年出版的一部小说中，他描述了19世纪70年代柏林的一家俱乐部，它的主要话题有两个：瓦格纳和无意识哲学。但是即便如此，也不能公正地证明无意识作为一种思想在19世纪的发展程度。要想说明的话，我们就要求助于亨利·艾伦伯格及其巨著《无意识的发现》了。[4]

艾伦伯格将其研究方法分成三部分：我们所谓的精神分析的远端、近端医学背景，以及19世纪的医学背景。三者同等重要。

他说，远端背景中包括了像弗朗茨·安东·梅斯梅尔（1734—1815）这样的前辈，他有时被比作克里斯托弗·哥伦布，因为他被认为发现了“一座新大陆”，只不过这座新大陆位于内心的世界。梅斯梅尔治疗病患时，先让他们吞下含铁药剂，然后将磁铁连到他们的身体上。在观察某些心理症状如何随着月相变化而变化之后，他打算操纵人体内的“人工潮汐”。这个方法似乎可以去除某些病例中的症状，至少可以维持数个小时。梅斯梅尔认为，他已经发现了人体中他可以控制的“看不见的流体”：这跟其他“无法衡量”的流体，诸如燃素及电的发现十分相像，而这也部分解释了人们为何对他的发现产生浓厚的兴趣，他的发现由普伊塞居尔侯爵（1751—1825）进一步发展。他发明了两种方法，被称为“完美危机”及“人工梦游症”，看起来像是磁力引发催眠术的两种形式。[5]

让·马丁·夏科（1835—1893）或许是最接近弗洛伊德的先行者了。作为他那个时代最伟大的神经病学家，他诊治过“从撒马尔罕到西印度群岛”的病人，正是他将催眠术应用于癔病性麻痹及器质性麻痹的区分，使催眠术获得了人们的尊敬。他让病人在接受催眠的状态下产生麻痹，以此证明自己是对的。随后，他便能够证明癔病性麻痹经常在创伤后发病。他同时也证明，癔病性记忆丧失可以在催眠状态下找回。弗洛伊德在巴黎萨勒贝特里埃医院待了四个月，与夏科一起做研究，尽管近期人们已经对这位法国人的工作产生了疑问：如今看起来，他的病人之所以那样表现，是为了迎合其治疗师的期望。[6]

催眠是整个19世纪非常流行的一种治疗方式，这也和一种叫作漫游性自动症的情况有关，这种病症是指，人们看起来会自我催眠，完成一些在恢复记忆之前都不自知的任务。催眠对一些我们如今称之为神游症的病例也很有效，患神游症的人会突然从自己的生活中脱离，离开自己的家，甚至会忘记自己是谁。[7]然而，随着19世纪的发展，人们对催眠的兴趣渐渐淡化，尽管癔病仍然是精神病学关注的焦点。粗略地来讲，每二十个女性病例只对应一例男性病例，所以，癔病最初被当作一种女性疾病，而且，尽管起初人们认为此病的根源，以某种神秘的方式，跟子宫的运动或“漫游”有关，但很快人们就看清楚，这是一种心理疾病。性被认为有可能，甚至是很可能与此相关，因为癔病在修女中间几乎不存在，而在妓女中却很常见。[8]

磁力催眠师发现，将某人催眠之后，“一种主体没有意识到的新生命就会显露出来，而且会出现一种全新的、更为鲜明的人格”。可以证明，无意识这个术语作为我们今天所理解的意思，就是在这之后出现的。[9]这 719
种“双重意识”让19世纪的人们深深着迷，而且产生了“双重自我”或“精神双元论”的概念。[10]人被依据第二意识是否“关闭”或“打开”，而分为两类。精神双元论在马克斯·德索瓦的《双重精神》中得到发展，这本书于1890年出版，广受好评。在书中，他将意识分为“上层意识”和“下层意识”，并说，后者有时会在梦中显露出来。

艾伦伯格说，在导致无意识产生的一般背景因素中，浪漫主义与之密切相关，因为浪漫主义哲学包含了“原始现象”这一概念，以及由此衍生出来的变态现象。[11]“原始现象”中包含了“原始植物”、“普遍意识”以及无意识。据戈特黑尔夫·海因里希·冯·舒伯特（1780—1860）所说，另一个“原始现象”叫作“自爱”。冯·舒伯特认为，人类是“双星”，赋有“第二中心”。[12]被艾伦伯格形容为“浪漫医生”的约翰·克里斯蒂安·奥古斯特·海因洛特（1773—1843）提出，精神疾病的主要原因是罪孽。他建立了一套理论，称意识根源于另一原始现象，叫作“人之上”。[13]瑞士人约翰·雅各布·巴霍芬（1815—1887）于1861年出版《母权论》，宣扬母权制理论。[14]他认为，历史经历了三个阶段：“群婚制、母权制及父权制。”第一阶段的特点是性滥交，孩子不知道父亲是谁；第二阶段的确立经过了数千年的斗争，之后女性取胜，建立了家庭和农业，行使所有社交及政治权力。这个时期主要的美德就是爱母亲，因为所有母亲一起建立了一个拥有一般自由、平等及和平的社会体系。母权制社会崇尚身体（实际价值）教育胜过智力教育。在经过另一长时间的艰苦斗争之后，父权制社会才产生。这是一个跟母权制社会完全相反的社会，更偏爱个体独立，将人与人分开。巴霍芬说，父爱是一个比母爱更为抽象的原则，不太讲求实际，并导致了高水平的智力成就。他认为，许多神话中隐藏着母权制社会存在的证据，例如俄狄浦斯神话。[15]

许多哲学家也先于弗洛伊德使用了这一理论。下文所列书单只是作为指导，并未穷尽：奥古斯特·温克尔曼的《动力心理学入门》(1802)、爱德华·冯·哈特曼的《无意识哲学》(1868)、W.B. 卡朋特的《大脑的无意识活动》(1872)、J.C. 费舍尔的《哈特曼的无意识哲学》(1872)、J. 沃凯尔特的《无意识与悲观主义》(1873)、C.F. 弗莱明的《无意识活动的解释》(1877)、A. 施密特的《无意识哲学的自然科学原理》(1877)、E. 科尔瑟内的《精神的无意识生活》(1880)。[16]

在《作为意志和表象的世界》一书中，叔本华将意志设想为一种“盲目的驱动力”。他说，人是一种不理性的生物，受到内部力量的牵制，“而这种力量对人来讲，又是未知的，几乎不被察觉”。[17] 叔本华所用的比喻
720 是地球的表面，其内部不为我们所知。他说，那些主宰人类的非理性力量有两种类型——保护本能及性本能。两者中，性本能更为强大，而且，正如叔本华所说，是无可匹敌的。“如果一个人认为他可以否定性本能的话，那他就是自欺欺人了。他或许‘以为’自己可以，但实际上，智力会受到性冲动的唆使，那么，从这个意义上说，意志就成了‘智力的秘密敌人’。”叔本华甚至还有一个概念，就是我们后来所谓的压抑，其本身也是无意识的：“意志阻止其所排斥物为智力所知，这正是精神错乱侵入精神的

切入点。”[18]“意识只是我们心理的表面，对此，正如对地球一样，除了外壳之外，我们并不了解其内部。”[19]

然而，冯·哈特曼进一步提出，无意识具有三个层面。它们分别是：（1）绝对的无意识，“这构成了宇宙的实质，是其他形式的来源”；（2）生理无意识，这是人类进化发展的一部分；（3）心理无意识，它支配着我们有意识的精神生活。胜过叔本华的是，冯·哈特曼收集了丰富的证据（在某种程度上，属于临床证据），来支撑自己的论点。比如说，他讨论了思想、智慧、语言、宗教、历史同社会生活之间的联系。值得注意的是，这些都是弗洛伊德本人将要探索的领域。

弗洛伊德关于无意识的诸多思想，尼采也早有论及（他的其他哲学思想随后讨论）。尼采对无意识的认识是，将之视为“狡猾、隐蔽、本能”的实体，通常受到创伤的惊吓，以一种超现实的方式伪装，但会引发病理的产生。[20]约翰·赫尔巴特及G.T.费希纳也同样有所论述。弗洛伊德的第一位（正式）传记作家恩斯特·琼斯让人们注意到波兰心理学家路易斯·冯·卡品斯卡，是他首先发现了弗洛伊德的一些基本观点与赫尔巴特的观点（比弗洛伊德早七十年）之间的相似之处。赫尔巴特将心理形容为二元的，处于有意识过程及无意识过程的不断斗争之中。他有一个概念被描述为“受压抑的”，是指“思想由于某些对立想法而无法进入意识之中”的状态。[21]费希纳在赫尔巴特的基础上进一步发展，特别将心理比作冰山，“其十分之九的部分都是在水下，而且其航程不仅仅由表面起作用的风决定，更由深处的洋流决定”。[22]

或许皮埃尔·雅内亦可视为“弗洛伊德”之前的精神分析学者。在包括亨利·伯格森、埃米尔·涂尔干、吕西安·列维-布留尔以及阿尔弗雷德·比奈的法国一代伟大的学者中，雅内作为其中的一员，其第一部重要著作是《心理自动现象》，涵盖了他在1882至1888年之间，在勒阿弗尔市所做的实验结果。他声称自己改善了催眠的技术，在这个过程中，他诱导患者进行自动写作。他说，这些写下来的东西解释了患者为何在没有明显原因的情况下，会迸发“恐惧”心理。[23] 雅内还注意到，在催眠条件下，患者有时会展现出双重性格。一重性格是为了讨好医生，而同时产生的第二重性格，则最好可用“回归童年”来解释。（患者会突然间称呼自己童年的昵称。）雅内移居巴黎时，发明了一项被称为“精神分析”的技术。这是指重复性地进行催眠和自动写作，在这个过程中，他注意到，
721 诱导危机产生之后，患者的意识变得越来越清晰。然而，危机逐步变得越来越严重，随之浮现的思想表明，它们不断反向穿越时间，进入患者越来越早期的生活。雅内总结说道，“在人脑中，从没有什么被遗忘”，而且，“潜意识里存在的思想，既是心理脆弱的结果，也是造成心理进一步脆弱的根源”。[24]

19 世纪同时还面临着儿童性行为问题。传统上，医生视此为一种少见的异常现象，但是早在 1846 年，道德神学家及医生 P.J.C. 德布勒恩神父就出版了一部小册子，其中他强调，幼儿手淫、儿童性游戏以及乳母和仆人对幼小儿童的性诱惑这些事情发生的频率很高。法国奥尔良主教迪庞卢是另一位不断强调儿童性游戏频率的神职人员，他提出，其中多数儿童是在一至两岁之间养成了“坏习惯”。最著名的是儒勒·米什莱，在他的《我们的儿子》中，他警告父母注意儿童性行为的事实，尤其是如今所谓的恋母情结。[25]

在这段对 19 世纪（主要是德国及法国）思想的简短回顾中，我们实际上发现了两件重要事情。一是消除关于弗洛伊德“发现”了无意识的这个说法。先不说无意识是否以一种实体的形式存在（这个问题我们稍后再作讨论），光无意识这个概念的出现就早于弗洛伊德数十年，而且在整个 19 世纪的大多数时间内，在欧洲都是很常见的流行话题。二是在许多人眼

中其他跟弗洛伊德密不可分的许多心理学概念，例如儿童性行为、恋母情结、压抑、退行机制、移情、力比多、本我及超我这些概念，同样也不是来源于弗洛伊德。它们就跟无意识的概念一样，早就在“流传中”，正如达尔文创造自然选择机制时，“进化”的概念早就存在一样。弗洛伊德也远不像人们赞扬的那样有创造力。

尽管这对很多人来说非常令人震惊，这还不是对他的主要指控；对批评弗洛伊德的人而言，这还不是他的主要罪过。这些批评家包括弗雷德里克·克鲁斯、弗兰克·希奥弗、艾伦·艾斯特森、马尔科姆·麦克米伦及弗兰克·萨洛威（这个名单很长，人数也在增加），他们进一步指出，弗洛伊德是个（直截了当地说）江湖骗子，一个加引号的“科学家”，认为他捏造数据，欺骗自己也欺骗别人。批评家们指责道，这完全损害了其理论以及基于该理论的结论。

要表达对弗洛伊德的这种新看法，最好的方式是，首先给出关于其理论形成方法及接受度的传统观点，然后再指出对他的主要指控，表明传统观点应该如何做出修正（需要再次指出的是，这种修正将是很激烈的。这里讨论的，涵盖了过去四十年间批评研究的看法，但主要是过去十五年内的）。首先来看传统的版本。

西格蒙德·弗洛伊德的观点，最先是在《癔症研究》一书中得到陈述的，该书于1895年与约瑟夫·布洛伊尔共同署名出版。随后更为全面
的论述是出版于1899年最后几周的《梦的解析》。（严格来讲，该书出版 722
于1899年11月的莱比锡和维也纳，但书上的日期却是1900年，第一篇评论的发表是在1900年1月初。）弗洛伊德是一名来自摩拉维亚地区弗莱贝格的犹太医生，当时已经四十四岁。作为八个孩子中的老大，他表面上是个很传统的人。他极其信奉准时，穿英国布料做的西装，料子是妻子挑

选的。他还爱好运动，是个敏捷的业余登山运动员，从来不喝酒。另一方面，他还是个“坚持不懈”的雪茄烟鬼。[26]

尽管在个人习惯上，弗洛伊德是个传统的人，他的《梦的解析》却是一部饱受争议的书，而且对很多维也纳人而言完全是一部令人震惊的书。正是在这本书中，弗洛伊德关于人性理论的四个基本模块首次同时出现：无意识、压抑、儿童性行为（导致恋母情结）以及对心理的三重划分——分成了自我，即自我意识；超我，广义指意识；本我，即对无意识的原始生物学表达。在从19世纪80年代开始的十五年内，弗洛伊德发展了自己的思想，并完善其技术。他自认为很大部分沿用了达尔文开创的生物学方式。在取得医生职业资格之后，弗洛伊德获得了师从夏科的奖学金，夏科当时在一家为患有无法治愈的神经紊乱的女性而设立的精神病院。夏科在研究中发现，催眠状态下可以引发癔症症状。几个月后，弗洛伊德从巴黎回到维也纳，并且在发表了数篇关于神经性的文章（例如，关于脑性麻痹及失语症）之后，开始跟另一位出色的维也纳医生约瑟夫·布洛伊尔（1842—1925）合作。同为犹太人的约瑟夫已经做出了两个重大发现，关于调整呼吸的下迷走神经的作用，以及控制着人体平衡的内耳半规管。然而，布洛伊尔对弗洛伊德、对精神分析的价值，在于他于1881年发明的所谓的谈话疗法。[27]

从1880年12月开始的两年内，布洛伊尔都在治疗一位患有癔病的维也纳犹太女孩，名叫贝尔塔·帕彭海姆（1859—1936），出于病例的目的，他称之为安娜·O。她有一系列严重症状，包括幻觉、语言障碍、精神性假妊娠、间歇性麻痹以及视力问题。在患病期间，她有两种不同的意识状态，经受了长期的夜游症发作。布洛伊尔发现，在后一种状态中，她会在鼓励下讲述自己所编的故事，而其症状也会随之短暂性好转。然而，当她父亲去世后，她的身体状况就严重恶化，幻想症状及焦虑状态更加严重。

但是，布洛伊尔又发现，如果在“安娜”自我催眠的状态下，他能说服她讲述自己的幻觉，她的症状就会有所好转。她自己将这个过程称之为“谈话疗法”或“清扫烟囱”。布洛伊尔取得的另一进展出于偶然：“安娜”开始谈论某个症状（吞咽困难）之后，该症状就消失了。在此基础上，布洛伊尔最终（经过相当长一段时间）发现，如果他能说服患者以倒叙的方式，回忆某个症状的发生过程，直到她到达最初时刻的话，多数症状都会以同样的方式消失。到 1882 年 6 月，帕彭海姆小姐已经能够结束自己的治疗，“完全治愈”了。[28]

安娜·O 的病例给弗洛伊德留下了很深的印象（很明显，他对乔治·比尔德关于神经衰弱症的论述不以为然）。弗洛伊德自己曾一度在癔 723
病患者身上尝试电疗法、按摩、水疗法以及催眠法，但又放弃了这种办法，转而进行“自由联想”。通过这个办法，他让患者谈论他们想到的任何东西。正是这种办法让他发现，在合适的条件下，许多人都能回忆起早年生活中的事情，而这些他们都自以为完全忘记了。弗洛伊德得出结论，尽管这些早期事情已经被遗忘，它们仍然能够影响人的行为方式。由此诞生了其无意识以及压抑的概念。弗洛伊德还认识到，这些在自由联想下（艰难地）揭示的早期记忆中，有许多在本质上都跟性有关。当进一步了解到许多这些“回忆起”的事件实际上从未发生时，他又改进了恋母情结这个概念。换句话说，在弗洛伊德看来，患者虚报的性创伤及性心理异常是一种模式，表现的不是实际发生过的事，而是人们暗自“希望”发生的事，证实了人类婴儿经历了一个很早的性意识阶段。他说，在这个阶段内，儿子跟母亲很亲近，并将自己视作父亲的对手（恋母情结），反之适用于女孩（恋父情结）。弗洛伊德又引申说，这种广泛存在的动机持续于人的整整一生，促进性格的确定。[29]

弗洛伊德的这些早期理论受到愤怒的怀疑，遭到不断的敌视。维也纳大学的神经学研究所拒绝跟他有任何来往。正如弗洛伊德后来所说："在我周围很快就形成了一个真空区。"[30] 而他的回应就是，更加投身于自己的研究，并对自己进行精神分析。促使这件事发生的，是他父亲雅各布于 1896 年 10 月去世。尽管父子俩的关系疏远了很多年，弗洛伊德惊奇地发现，自己不知怎地竟为父亲的去世所触动，而且许多埋藏已久的回忆竟自然而然地浮现出来。他做的梦也变了。他从中辨别出对父亲有一种无意识的敌意，而这种敌意他一直在压抑。这致使他将梦视为"通往无意识的捷径"。[31] 在《梦的解析》一书中，弗洛伊德的中心思想是，在睡梦中，自我就像"一位在哨岗上打瞌睡的哨兵"。[32] 通常情况下压抑本我冲动的警戒变得不那么有效了，梦因此就成了本我现身的一种隐蔽方式。

《梦的解析》早期的销量就说明其反响不佳。在起初的两年里，600 份首印本中仅卖出了 228 本，而且在出版后的六年中，也只卖出去了 351 本。[33] 更让弗洛伊德烦恼的，是维也纳医学界对该书的完全忽视。[34] 在柏林，情况也大致相同。弗洛伊德答应在大学里进行一场关于梦的讲座，但仅有 3 人到场。1901 年，就在他向哲学学会致辞前不久，有人递给他一个纸条，请求他"当要讲到令人不快的事情时，示意并暂停一下，好让女士们离开会场"。这种孤立没有持续下去，而且尽管有很激烈的争议，许多人最终还是开始将无意识视为 20 世纪最有影响力的思想。

关于传统看法就谈这么多。现在我们开始重新评价弗洛伊德。主要有四项指控。按照重要性的先后顺序依次排列，第一，弗洛伊德并"没有"
724 发明"自由联想"的疗法。这是由弗朗西斯·高尔顿于 1879 年或 1880 年发明的，并在《大脑》杂志上刊登，被描述为探索"模糊深处"的手段。[35] 第二项指控是，弗洛伊德的书及理论遭到敌视这个说法是不真实的，最近的学术成就已经揭示了其不真实的程度。诺曼·基利在他的《弗洛伊德：没有后见之明》（1988）中说到，在1899至1913年之间发表的44篇（这已经不算少了）关于《梦的解析》的评论中，仅有8篇可被归为“反对”派。本身属于弗洛伊德学派的汉娜·德克在她的《弗洛伊德在德国：科学的革命与反拨，1893—1907》（1977）一书中总结道：“外行人对弗洛伊德关于梦的理论的反响绝大多数都是很热烈的。”[36]尽管《梦的解析》的销量或许不太好，但它的一个通俗本的确很畅销。正如本章前面所讲，无意识的历史以及一些概念的发展，例如超我、儿童性行为及压抑这些概念，都表明弗洛伊德所说的并不是全新的思想。人们为什么会有如此不满呢？他发表自己的观点时从未遇到麻烦。不像罗伯特·钱伯斯在向广大读者介绍进化这个概念时匿名发表那样，弗洛伊德从未匿名发表过观点。

第三项指控是，弗洛伊德本人对布洛伊尔最有名的患者之一“安娜·O”，即贝尔塔·帕彭海姆的描述存在严重缺陷，很有可能是基于蓄意的欺骗。亨利·艾伦伯格亲自追踪帕彭海姆接受治疗的诊所，发现了布洛伊尔使用的笔记。由于这些记录中的一些措辞跟后来出版的论文中的一致，我们可以确定这些的确是原稿。艾伦伯格及之后的其他人发现，根本没有证据证明帕彭海姆曾患有精神性假妊娠。如今学界认为，这是弗洛伊德编造的故事，目的是用来弥补布洛伊尔所叙述的安娜·O病例中明显缺失的性方面的病因。弗洛伊德坚称性是所有癔症症状的根源，布洛伊尔的叙述则跟这完全不一致。阿尔布雷希特·希尔施米勒在约瑟夫·布洛伊尔的传记中甚至说：“弗洛伊德和琼斯关于安娜·O治疗结束的说法应被视为不真实的。”[37]希尔施米勒本人可以证明，帕彭海姆的许多症状都进入了全部或部分的自发性缓解，而且她并没有经历精神发泄或精神疏泄，事实上，病例记录在1882年突然终止。而且，在经过布洛伊尔治疗之后，她在接下来的几年内又住院不下于四次，每次都被诊断为“癔症”。换句话说，弗洛伊德声称布洛伊尔“让安娜·O恢复了健康”是虚假的，同样重要的是，他有一封信清楚地显示，布洛伊尔知道安娜·O于1883年仍在生病，还因为她是弗洛伊德未婚妻玛莎·伯内斯的朋友。[38]

安娜·O病例的重要性，至少从弗洛伊德所描述的方式来看，体现在三个方面。它表明，弗洛伊德夸大了“谈话疗法”的效果。它表明他引入了一个原本不存在的性的因素。它还表明他对待临床资料的态度漫不经心。我们能看到，在他之后的生涯中，这些癖好在一些重要方面，全部在不断地重复。

第四项针对弗洛伊德的指控，目前来讲是最严厉的，但也来源于安娜·O的病例。其整个精神分析的大厦所基于的临床证据及观察，
725 往好的方面说，是可疑或有瑕疵的，而最坏可以说是具有欺诈性的。或许精神分析中最重要的思想是弗洛伊德得出的结论。他认为婴儿期性意识一直伴随到成年，只不过没有被意识到，因此才能产生精神病理。“在每例癔病的最后，”他在1896年的报告中提到，“有一个或多个事件属于童年生活的最初几年。尽管几十年过去，但通过精神分析可以重现。”关于这一点奇怪的是，1896年之前，他未曾报道过一例婴儿受性虐待的病例，但是，四个月内，他宣称从十三个患癔症的病人那里“追寻”到了受虐的无意识记忆。与此相关的是，他认为他的精神分析方法可以揭示产生某一特殊症状的事件或情形，把它们“发泄”出来，通过带有相关情感表达的谈话释放，将获得“净化”，缓解症状。他开始相信，用他自己的话说，这是“一个重要的发现，发现了神经病理学的尼罗河源头……”[39]但是，他继续说——这部分后来受到很大修正——“这些病人从未自愿重复这些故事，也没有在治疗的过程中突然向医师呈现这样完整的回忆图景。”对弗洛伊德而言，就像他在他的发现中呈现的那样，这些是无意识的记忆，在病人的意识之外，“痕迹从不在有意识的记忆中显现，它只存在于疾病的症状之中”。他的病人，开始治疗时并不知道这些场景，并且他承

认，当他告诉他们时，他们“通常会愤怒”。“他们只有在最有力的强迫治疗诱导之下才开始重复它们。”（早期受虐待的情形）如同艾伦·伊斯特森和其他人展示的那样，弗洛伊德早期的方法并非像一个感性的分析家那样安静地坐在沙发上听病人说话。相反，弗洛伊德会触摸病人的额头，这是他的“压力”疗法，并且坚称有些事情会进入他们的头脑——一个想法、图像或记忆。他要求他们描述这些图像和记忆，直到长时间的回忆之后，他们能够叙述出引发他们（假定的）癔症症状的事件。批评家说，换句话说，关于不同症状的深层原因，弗洛伊德有非常固定的想法；他把他的观点强加给他的病人，而非被动地倾听并从观察中获得临床证据。

通过这种非同寻常的方法，他形成了最为著名的一套观察结果。病人在幼儿时期被诱奸，或受性虐待的经历是他们后来精神症状的根源。罪犯分为三类：陌生的成年人；照顾儿童的成年人，比如女仆、家庭女教师或男教师；“不懂事的儿童……大多是哥哥和比他们小一些的妹妹连续几年发生性关系”。[40] 这些早熟的性经验通常发生在三到五岁。关于这点，批评家主要争辩的是，弗洛伊德声称的“临床”观察并不存在，它们不过是建立在症状的符号性解释之上的令人怀疑的“重建”。有必要重申，仔细阅读弗洛伊德的各种报告就会发现，病人从未自愿说过这些关于性虐待的事。恰恰相反，他们极力否认。一直是弗洛伊德自己“告知”“劝说”“直觉”或“推测”这些过程。在几个地方，他确实承认自己是在“猜想”深层原因。 726

然而，十八个月之后，弗洛伊德向他的同事威廉·弗莱斯（但是只有弗莱斯）坦言道，他不再相信神经症起源这一理论。这是另一个具有一定重要性的事件。他认为不可能存在这么多对儿童的性变态行为，何况他无法通过基于这些思想得出的分析而得出成功的结论。“当然，我不会在达恩说，不会在亚实基伦说，不会在非利士人的土地上说，只有你知我知……”换句话说，他不准备做科学上值得尊敬的事情，公开收回前一年自信满满宣称的“发现”。现在，他开始考虑这些事件可能是无意识的想象，而非记忆。但是，即使在那时，这一新的情况需要时间才能与他的理论完全融合，因为一开始，弗洛伊德认为婴儿幻想的出现是为了“掩盖儿童早期手淫行为”。1906年，他说，并在1914年再次说到，在青春期，一些病人臆想出婴儿期受“诱奸”的无意识记忆来“抵挡”婴儿时手淫的记忆。1906年，他认为幻想出的“罪犯”是成年人或较大的儿童；而在1914年，他没有指出他们是谁。然而，在那篇报告中，他最终收回了诱奸理论。即便如此，直到1925年，在相关事件发生了将近三十年之后，他才第一次公开承认他早期的女病人大多指控她们的父亲诱奸了她们。这个彻底改变怎么强调也不过分。首先，毫无疑问，他急剧地改变了诱奸情景，从真实的变成了想象的；再者，他把诱奸人从陌生人、家庭教师、兄弟变成了父亲。值得注意的重要一点是，做出这种改变是因为缺乏新的临床证据：弗洛伊德只是用同样的材料画了一张不同的画，不同的是，这次是在证据出现二十五年之后。第二，同样重要，从19世纪90年代晚期到1925年，这段漫长的时间里，弗洛伊德治疗了许多女病人，但他从未报告说她们中的任何一人曾提到早期受到父亲或他人的诱奸。换言之，似乎只要弗洛伊德停止探寻，这些症状便不再出现。批评家说，这的确进一步证明，诱奸理论，以及延伸的恋母情结和恋父情结（或许是弗洛伊德主义最具影响力的方面和20世纪医学和艺术领域最重要的思想之一，更不用说常用说法），被证明具有最不寻常、最歪曲、坦白说也是最不可能的谱系。该理论起源的前后矛盾十分明显。弗洛伊德并没有在他的病人中“发现”早期的性意识：他推断，或直觉感到，或“猜测”它的存在。他不是在仔细的和冷静的观察中发现恋母情结的临床证据：在先前的“欺骗”甚至连他自己也不能说服之后，他把预定的观念强加于“证据”之上。此外，这是任何一个独立的、有怀疑精神的科学家都不能再现的过程，这或许是最为重要的证据，就弗洛伊德声称自己是个科学家而言，这便是钉在棺材上的最后一颗钉子。有哪种科学，其他的科学家用同样的技术和方法都不能再现其实验或临床证据？安东尼·克莱尔，英国的精神病医生和广播员，把弗洛伊德描述为一个“无情的、偷偷摸摸的江湖骗子”，并且得出结论“精神分析的许多基石都是假的”。[41] 不同意这点很难。考虑到弗洛伊德的“压力”方法、他的“劝告”和“猜测”，我们有权质疑无意识是否存在。727
实际上，一切都是他编造出来的。

无意识这个观念，以及它所包含的一切，都可被看作主要是德国，或说德语的人传统上的医学形而上观念的集合，这个谱系十分关键。弗洛伊德总认为自己是一名科学家、生物学家，崇拜并且遵循哥白尼和达尔文的传统。没有什么比这更偏离事实，是时候把精神分析当作已死的概念，连同燃素、长生不老药、炼狱和自古至今江湖郎中发现行之有效的错误的观念一起埋葬掉。很清楚的是，精神分析法不能作为治疗方法。弗洛伊德的许多后期著作，比如《图腾与禁忌》和他对列奥纳多·达·芬奇画中“性意象”的分析，都使用了过时和明显错误的证据，是令人汗颜的无知。弗洛伊德主义整个事业摇摇欲坠。

即便如此，事实仍然是，以上各段只是描述了最新的重新评价。弗洛伊德生活的时代，19 世纪晚期和 20 世纪早期，无意识被认为确实存在，受到认真对待，并起到了为本书涉及的最后一个重要观点奠定基础的作用。这个转变，尤其在艺术领域，对思想产生了重大影响。这个思想便是现代主义。

1886 年，画家文森特·梵高画了一幅小画《巴黎郊外》。它是个荒凉的意象。低低的地平面被笼罩在灰暗可怖的天空下。泥泞的小路忽左忽右，画中没有方向。路的一旁是坏掉的篱笆，前面是无脸的龙骑兵，后面是一位母亲和一些孩子，一盏孤独的油灯塞在中间。沿着地平线，有一座风车和一些低矮、笨重、有着一色窗户的建筑——工厂和仓库。色彩单调。这可能是维克多·雨果或埃米尔·左拉书中的场景。[42]

这幅画展示了法国首都边缘的郊区，它的日期十分重要。梵高用如此单调的方法所描绘的，是巴黎人称之为“奥斯曼化余波”的场景。[43] 世界，更具体的是法国世界，从 1789 年和工业革命之后的变化已经超出预计，巴黎比其他任何地方改变的都要多，“奥斯曼化”就是对这一无情改变的称谓。依照拿破仑三世的要求，奥斯曼男爵用了超过十七年的时间，以此地或其他任何地方都毫无先例的方法重塑巴黎。到 1870 年，巴黎中心五分之一的道路都出自他手，35 万人被迫搬家，花费了 25 亿法郎，五分之一的工人被雇佣为建筑工。（请注意 19 世纪对统计数据的热情。）从现在开始，林荫大道成了巴黎的心脏。[44]

梵高 1886 年的油画记录了这个世界凄凉的边缘，但是其他的画家，马奈以及以他为首的印象画派，更倾向于赞扬新的开阔空间和广阔的街道，“忙碌”成了光之城新巴黎的象征。古斯塔夫·盖尔伯特的《下雨的巴黎街道》（1877）或是他的《欧洲桥》（1876）、莫奈的《卡普辛大街》
728 （1873）、雷诺阿的《林荫大道》（1875）、德加的《巴黎协和广场》（约 1873）或皮沙罗的任何画作，都展现了春天或秋天、晴天或雨雪天气中宽阔的街道。

现代主义诞生于 19 世纪的城市。随后的岁月里，人们发明了内燃机和蒸汽机，电力最终被人主宰，电话、打字机和磁带录音机全部诞生。大众化报纸和电影院被发明。第一个工会形成，工人有了组织。1900 年，有 11 座大都市（包括伦敦、巴黎、柏林和纽约）常住人口超过一百万，人口空前集中。我们在早先的章节讲过，城市，连同大学的扩大，带来了哈罗德·珀金所称的专业社会的兴起，从那时（约 1880 年）起，医生、律师、中学和大学老师、地方政府官员、建筑师和科学家等专业人士开始控制民主国家的政治，并且认为专业化是前进的方向。珀金描述道，在英国从事这些职业的人数在 1880 至 1911 年间至少翻了一倍，在某些行业中甚至是增长了三倍。夏尔·波德莱尔和古斯塔夫·福楼拜最早把马奈和他的“团伙”（一位批评家所称）试图在绘画中捕捉的画面用文字描述出来：瞬息万变的城市经历——短暂、剧烈、偶然和任意。印象派抓住了变化的灯光，也抓住了不同寻常的视野：新机器，比如铁路，令人敬仰的同时也令人畏惧；火车站如同巨大的洞穴，带来旅行的希望的同时伴随着令人窒息的烟灰；美丽的都市风光因丑陋但必要的桥梁大打折扣；卡巴莱歌舞的明星被底下的脚灯不自然地映照出来；从墙上那面闪光的大镜子中可以看到酒吧女侍的前前后后。这是“新事物”的视觉象征，现代主义远不止这些。它既是对现代和世界的庆祝，也是诅咒，这是一个科学、实证主义和理性主义的世界，它曾经产生了伟大的城市，连同它的巨额财富和新式贫穷、荒凉和堕落。[45] 现代主义的城市人来人往，令人迷惑，大多充满了偶然或意外。科学使这个世界失去了（宗教、精神上的）意义。在这样的困境中，艺术承担起描述、评估、批判，以及（如有可能）拯救这些现状的工作。这样便形成了一种思想气候，不论现代主义代表什么，它都代表其相反的一面。令人惊奇的是，在这样迷惑和矛盾的环境中，竟涌现出如此多的才俊。“单从创造性来说，现代主义时期的影响足以和浪漫主义时期，甚至文艺复兴时期相媲美。”[46] 哈罗德·罗森伯格所称的“创新传统”开始兴起。这是资产阶级文化的顶峰。在这个涌动的世界，产生了先锋的概念，它是对艺术先于并且通常竭力反对资本主义这一浪漫观点的神化，就品位和想象而言，先锋是领跑者，它扮演着既毁灭又创造的角色。

如果有什么使现代主义者统一在一起——他们一方面是理性主义者和

现实主义者，另一方面是理性主义的批判者、无意识的信奉者和文化悲观
729 主义者——那便是他们交战的强度。现代主义主要是艺术（绘画、文学、音乐）的辉煌时期，而城市是强化剂：城市的本质使人们彼此相对，更好的通讯使一切相遇加快了速度。[47] 结果是，对话变得更尖锐、更喧嚣、也必然更激烈。我们现在认为这是理所当然的，但在那时，压力在增大，人们发现它也是一种创造力。如果说现代主义通常是反科学的，那是因为正是科学引发了它的悲观。达尔文、麦克斯韦和 J.J. 汤姆孙的科学发现使人们惊慌失措，至少可以说，它似乎使这个世界失去了道德、方向和稳定，削弱了现实观念。

在这令人迷惑的世界努力寻找出路的许多作家中，我们可以将胡戈·冯·霍夫曼斯塔尔（1874—1929）当作我们的出发点，因为他澄清了大部分困惑。冯·霍夫曼斯塔尔生于一个贵族家庭，他很幸运，有一位鼓励甚至期望他成为一位审美家的父亲。而霍夫曼斯塔尔注意到科学对维也纳传统审美文化的入侵。“我们这个时代的性质，”他于 1905 年写道，“充满多样性和不确定性。它仅仅依靠在‘脱落’上。”他继续说：“其他几代人认为是固定的事物，事实上也是捉摸不定的。”[48] 在麦克斯韦和普朗克的发现之后，有更好的方法能够描述牛顿世界的改变吗？（这将在结语中涉及。）霍夫曼斯塔尔写道：“一切都分成了不同的部分，部分又再次分成了更多的部分，没有什么允许自身被包含在概念之下。”[49] 霍夫曼斯塔尔对奥匈帝国的政治发展，尤其是反犹主义的发展，感到忧虑。对他来说，非理性主义的崛起在某种程度上是由于科学引起的对现实的理解的改变；新观念破坏力十足，以致促进了反动的非理性主义的大范围传播。

除了霍夫曼斯塔尔，易卜生、斯特林堡和尼采一起代表了在重心转移、三十年战争之后，欧洲思想的最后北移。后面三位如此突出，很大程

度上是因为丹麦批评家格奥尔·勃兰兑斯。1883 年，他在题为《取得现代突破的人们》一书中，列出了取得现代突破的人物。[50] 他强调的“现代思想家”包括福楼拜、约翰·斯图尔特·密尔、左拉、托尔斯泰、布勒特·哈特和沃尔特·惠特曼，但最重要的是以上三位：易卜生、斯特林堡和尼采。勃兰兑斯定义现代文学的任务是，综合自然主义和浪漫主义、外部世界和内心世界，并将这三人作为最高例证。

易卜生现象首先出现在柏林，然后扩散到欧洲。它始于 1887 年被警察禁止的《群鬼》（完美的现代主义 / 先锋事件）。封闭演出之后，订购大幅度超额。（然而，书却卖得很好，很快就重印。[51]）在一次易卜生的宴会上，他宣告了“新时代黎明”的到来。“易卜生周”紧随其后，《海上夫人》《野鸭》《玩偶之家》同时上演。那年晚些时候，当《群鬼》可以公开演出时，它引起了轰动并对许多人产生了重要影响，尤其是詹姆斯·乔伊斯。弗朗茨·塞维斯这样说：“一些人，好像内心破碎，几天都不能恢复平静。他们在城市里奔波，在蒂尔加滕奔波……”易卜生风行了两年。[52]“现代戏剧史上最重要的事件是，在《培尔·金特》之后，易卜生放弃诗篇而改用散文创作戏剧，展现当代问题。”[53] 许多其他的作家，包括亨利·詹姆斯、契诃夫、萧伯纳、乔伊斯、里尔克、布莱希特和皮兰德娄，从他那里受益良多。他开创的新领域包括当代政治、日益重要的大众传 730
媒、变化的道德、无意识的工作方式，其细腻和强烈是任何他人不可比拟的。可以这样赞美易卜生，他几乎把现代戏剧易卜生化，以致我们现在很难看懂当时的大惊小怪都是为了什么，他的主题与生活紧密相连：女性的角色（《玩偶之家》）、代沟（《建筑大师》）、个人自由与政府权威的冲突（《罗斯莫庄》）、商业产生污染但提供就业机会（《人民公敌》）[54]。但是，吸引众人的是他细腻的语言和人物强烈的内心生活；批评家称，他们能从戏剧表层下挖出“第二个未说出的事实”，或如里尔克所说，易卜生的全部作品是对“内视世界的可见关系所做的前所未有的绝望探索”。[55] 易卜生是发现现代社会中“第二个自我”的戏剧性结构的第一人，如此便为人们阐发了从维柯之后人类困境主要的不一致性。他展示了那种困境如何可能成为悲剧、喜剧，或仅仅是庸俗。如同威尔第（当然也包括莎士比亚）意识到悲剧最深刻的形式在于关注非英雄（就像乔伊斯 1922 年在《尤利西斯》中完美展现的那样），易卜生表明，庸俗、荒谬可笑、毫无意义，或它们的威胁，是现代主义不稳定的基石。

易卜生的长处在于他的力度，而斯特林堡的长处在于他的多样性。用一位观察家的话说，他具有“马背上的思想”，是个多面的天才，一些人把他与列奥纳多·达·芬奇和歌德相提并论。[56] 他是小说家、画家，但最重要的是，他和易卜生一样，是剧作家。他生活在现代社会最混乱的时代。在一本早期的书中（完成于 1890 年 6 月的《穿越公海》)，他的主题正如他自己所说，是“个体如果孤立，他将会毁灭”。[57] 主角博格“被迫生活在蒸汽和电气时代快节奏的生活中”，变成了一个现代人，精神错乱，满是“坏死神经”。斯特林堡说，这些是生活中日益增长的“活力”（压力）的症状，它使人们日益“敏感”（心理疾病）。它的结果是“创造出一个新的种族，至少是一种新型的人类”。[58] 后来，在他四十多岁崩溃（他称之为“地狱危机”）之后所写的剧作里，他对梦的兴趣越来越浓厚（《到大马士革去》《一出梦的戏剧》)。一位评论家称其为“一个确定的内心现实，不符合内心逻辑的逻辑感和不全受意识控制的这些最高力量的认识（个人内在和外在)”。他对新的舞台技术怀有浓厚的兴趣，创造了“表现派”戏剧。[59] 在《到大马士革去》中，我们甚至不清楚那些无名的角色是否是个角色，或是代表心理或情感状态的心理原型，就像艾伦伯格的“原始现象”。就像斯特林堡自己所言：“人物分裂、双重、多重；他们蒸发、结晶、分散、聚合。但是唯一的意识控制着他们；做梦人的意识。”[60]（这可能是霍夫曼斯塔尔所说的脱落。）这部戏剧与《穿越公海》极为不同：在这部戏剧里，斯特林堡说，关于信仰，科学对我们无可奉告，理智在最根本的生活谜团面前无能为力。“梦为显然的随意——混合、转化、分解——提供了赋予其形式的方法。”“有时，我认为自己是一 731
个媒介：半是在无意识的情况下，一切来得容易，仅有一点点的计划和计算……但是它不是要命令我，也不是要取悦我。”[61]里尔克对于《杜伊诺哀歌》的“到来”说了大致相同的话，毕加索说非洲面具在他的艺术中扮演“调解人”的角色。[62]

斯特林堡身上还纠缠着许多其他事情。他的实验主义（换句话说，他对传统的不满），他崩溃后远离科学，他对非理性的痴迷（梦、无意识、后达尔文世界中固执的宗教信仰）所有这些标志着他是现代主义的典范，是从各方面施加在个人身上的许多力量的焦点。尤金·奥尼尔说斯特林堡“是我们现在戏剧所有现代性的引路人……”就像詹姆斯·弗莱彻和詹姆斯·麦克法兰所说，他是时代独特的传感器。[63]

俄国作家托尔斯泰、屠格涅夫、普希金、莱蒙托夫，尤其是陀思妥耶夫斯基，也同斯特林堡和易卜生一样，关注剧烈的内在生活。对于约翰·韦恩·布罗所谓的“难以捉摸的自我”，一些最独到的探索是俄罗斯人做的，这或许是因为俄罗斯与其他的欧洲国家相比十分落后，那里的作家地位较低，没有根基。[64]屠格涅夫甚至使用了“多余人”这一术语（《多余人的日记》，1850），多余是因为主人公饱受自我意识的折磨以致没有多大的成就，“用言语和自省打发生活”。[65]屠格涅夫写于1856年的以主人公命名的小说中的鲁丁、陀思妥耶夫斯基《罪与罚》（1866）中的拉斯柯尔尼科夫、《群魔》（1872）中的斯塔夫罗金、托尔斯泰《战争与和平》（1869）中的皮埃尔和《安娜·卡列尼娜》（1877）中的列文都尝试通过犯罪、浪漫的爱情、宗教或革命性的活动摆脱衰弱的自我意识。[66]但是，陀思妥耶夫斯基可能走得更远，在《地下室手记》(1864)中，他研究了一个小官员的生活——如果算得上生活的话，他继承了一笔数额不大的遗产，退休后，过起了隐士生活。这个故事事实上是在讨论意识、性格和自我。尽管在某个阶段，这位官员被描述成凶狠、报复心重和恶毒的角色，但在其他的时候，他则具有完全相反的品质。人物个性的不一致性是陀思妥耶夫斯基的主要着力点。小官员最后坦白道："事实上，我什么都不是。"他没有个性，他只有面具，在这副面具之下仅有其他的面具。[67]

这与威廉·詹姆斯和奥利弗·温德尔的实用主义的相关性显而易见。人的内心不存在所谓连续一贯的个性。人们在不同的场合随机表现，不能保证自己的一致性：事实上，如果机会规律有任何指导作用，那么，行为将会按照一个标准的分布变化。从那里，我们汲取了我们能够汲取的关于自身的知识。但是俄罗斯作家更倾向于说，我们"仅仅是为了获得某种身份"而做出了随意的选择。[68] 甚至普鲁斯特也受这种思想的影响，他在巨著《追忆似水年华》中，探索了人物性格随时间变化表现出的不稳定性。普鲁斯特笔下的人物不仅不可预知，甚至令人不安地表现出矛盾的性格特点。[69]

最后是尼采(1844—1900)。通常，人们认为他是一个哲学家，尽管他自己声称心理学在科学中占据了领先位置。"目前，所有的心理学都
732 被卡在道德偏见和恐惧之中；不敢向深处探究……因此敢于'做出牺牲'[探究深层]的心理学家……有权要求心理学被认定为科学女王，其他科学的存在是为它提供服务和做好准备。"[70] 沃尔特·考夫曼称尼采是"第一个伟大的(深层)心理学家"。他所指的是，尼采能够超越自我描述，"看见隐藏的动机，听到未说的话"。[71] 弗洛伊德同样承认他借鉴了尼采，但远非直接借鉴。在表明我们的感觉和欲望并不像我们所说的那样时，弗洛伊德提出了无意识，但尼采使用的却是"权力意志"。对尼采来说，难以捉

摸的自我或第二自我，与其说隐藏不见，不如说没有得到充分认识。“自我实现”或“自我认知”的道路是意志，这是个“战胜自我”或打破自我限制的过程。于尼采而言，一个人不是通过看向内心，而是通过把内心表达出来而发现自我，经过努力承认骄傲这样的动机的存在并且认为这毫不可耻，而仅仅是自然现象。人只有“战胜”了自我局限才能发现自我。[72]

尼采认为对客观性的科学崇拜并不可取，就像浪漫主义者所说的（尽管对他来说他们通常也是伪君子），人创造自己的生活，创造自己的价值，只有在行动中才能发现自我。“集中和强化了生活的自律和不断的自我检测……与自我否定和压抑相反。这种否定和压抑使内在的权力意志对抗自我，如基督教中一样，产生自我憎恨、犯罪感，对健康人、有成就的人和优越者产生敌视……在一个意识混乱和缺乏道德意义形而上保证的世界，天命观念提供了通过有选择的、有规定的、有纪律的活动和自我选择接受义务，而在社会情境中检测、锻造和稳定自我的一种明显的方式。”[73]

一切表象之下，现代主义可以被看作是弗洛伊德无意识的美学对应物。它同样关注内在状态，试图解决现代社会的脱节，使浪漫主义和自然主义结合起来，规定科学、理性主义和民主的顺序，但同时也强调它们的不足和缺陷。现代主义是超越事物表面意义的美学尝试。它的非表象主义具有极高的自我意识和直觉，它的作品具有鲜明的自我特征，但也是另一种个人主义的高潮。它的许多“主义”——印象主义、后印象主义、表现主义、野兽派、立体派、未来主义、象征主义、意象主义、分隔主义、漩涡主义、达达主义、超现实主义——是先锋派的序列，可理解为通向未来意识的革命性试验。[74]现代主义庆祝旧体制文化的消失和埋葬，与科学一起，艺术把我们带入精神和感情相连的新概念，它的实验形式——既荒谬可笑又毫无意义——都是为了挽救“无形宇宙的偶然性”。[75]在认为革命

是不可避免的马克思主义信仰中（那时是个新的“信仰”），人们迫不及待
地期待变革。当人们担心真理的非永恒性（它被新的科学和在新都市中自
我——比从前更难捉摸——的本质所揭示）时，虚无主义从来没有深埋在
733 表面之下。“虚无主义疗法”的信条是，身体上的疾病或像维也纳盛行的
社会疾病都无可救药。与此吻合的作品是奥斯卡·王尔德的《道林·格雷
的画像》，一部幻想作品，它表面上讲述了一件幻化为灵魂的艺术作品，
实质上揭示了主人公“真正的”自我。

这就是使《梦的解析》一书如此重要、出现得如此适时的情境。弗洛
伊德（根据生活在“重新评价之前”世界的非专业人员的观点）把“尊重
临床证据”引入了之前一直七零八乱的思想领域。[76] 他包罗万象的理论使
明显非理性的深层自我呈现出一致性，并以科学的名义使其获得尊严。在
734 1900 年，这似乎是未来的前进方向。

结　语

电子、元素和难以捉摸的自我

英国剑桥大学的卡文迪许实验室可以说是世界上最卓越的科研机构。自 19 世纪后期成立以来，该实验室已经取得了有史以来意义最重大、最革新的科学进步。其中包括：在 1897 年发现电子，1919 年发现轻元素的同位素以及原子的裂变，1920 年发现质子，1932 年发现中子，1953 年解开脱氧核糖核酸（DNA）的结构，1967 年发现脉冲星等。自 1901 年诺贝尔奖设立以来，已有 20 多名卡文迪许物理学家或接受过卡文迪许实验室培养的物理学家在物理学或化学领域获得过此项殊荣。[1]

该实验室成立于 1871 年，三年后开始对外开放。实验室被安置在自由学校街的一座仿哥特式建筑里，其引以为傲的是建筑外观的六面山形墙和里面多个狭小的房间，用史蒂文·温伯格的话来说，由“楼梯与走廊不可思议的纵横交错”[2] 连接而成。19 世纪后期，很少有人确切知道“物理学家”是干什么的。在当时，这个称谓相对较新，也没有公共资金资助物理实验室。的确，物理实验室这个想法在当时甚至闻所未闻。而且，按照今天的标准，物理学还处于原始状态。剑桥大学所开设的物理学课程是数学荣誉学士学位考试内容的一部分，考试目的是使青年具备担任英国及大英帝国要职的条件。在这个体系中，研究并无立锥之地：物理学实质上是数学的一个分支，学生们被教导如何解决问题，好成为合格的神职人员、律师、学校教师或公务员（也就是，不包括物理学家）。[3] 然而在19世纪70年代，随着德国、法国、美国与英国四方经济竞争日趋激烈（这主要是德国实现统一以及内战之后的美国得以前进的结果），柏林的大学开始扩招，并且建立了新的实验物理实验室，剑桥大学经历了重组。威廉·卡文迪许是德文郡的第七代公爵，也是一名地主和实业家，他的祖先亨利·卡文迪许是万有引力方面早期的权威人士。他表示，假若剑桥承诺设立一个实验物理学方面的教席，他便资助一个实验室。实验室开办时，公爵收到一封信函（内容以文雅的拉丁文写就），告知他，为表敬意，实验室将以他的名字命名。[4]

新实验室经历一些失败后才取得成功。剑桥大学起初尝试吸引来自格拉斯哥的威廉·汤姆森，即后来的开尔文勋爵（除了其他方面的成
735 就，他是第一个提出绝对零度概念的人，对热力学第二定律亦有贡献），其后剑桥大学尝试吸引来自德国的赫尔曼·冯·亥姆霍兹（他有大量为人称道的发明和远见卓识，包括对量子的早期想法），最后剑桥大学向詹姆斯·克拉克·麦克斯韦提供实验室主管一职，他是苏格兰人，也是剑桥的毕业生。这是很偶然的。麦克斯韦后来通常被认为是“介乎牛顿与爱因斯坦之间的最伟大的物理学家”。[5] 最重要的是，麦克斯韦完成了一系列有利于从根本上理解电流与磁力的数学公式。这些公式解释了光的本质，也启发了德国物理学家海因里希·赫兹于1887年在卡尔斯鲁厄证实电磁波的存在，现在电磁波以无线电为人所知。

麦克斯韦还在卡文迪许实验室成立了一个研究项目，计划为电测量，

特别是为电阻单位欧姆，制定一个精确的标准。由于19世纪50、60年代电报系统大规模扩张，该项目具有了国际重要性，麦克斯韦的首创精神既推动英国走上这一领域的前沿，同时使得卡文迪许实验室一举成为处理实际问题和发明新式仪器的佼佼者。更重要的是，正是后一项成就帮助实验室在从1897至1933年的物理学黄金时代扮演了关键角色。卡文迪许的科学家被称赞为“学识超群，聪明绝顶”。[6]

1879年，麦克斯韦去世，继任人是瑞利勋爵，继续麦克斯韦的工作，但五年后他便前往自己位于埃塞克斯郡的庄园过上退休生活。此后，实验室主管一职出人意料地传给了二十八岁的约瑟夫·约翰·汤姆孙，尽管年轻，他已经是剑桥大学知名的数学物理学家。可以说，汤姆孙，即人们通常称呼的“J.J.”，开始了第二次科学革命，创造出我们现在的世界。在第23章里我们说过，第一次科学革命的发生从哥白尼的天文发现（发表于1543年），到艾萨克·牛顿主要关于万有引力（见其1687年出版的著作《自然哲学的数学原理》）的天文发现为止。第二次科学革命将围绕在物理学、生物学和心理学上的新发现而展开。

但首先是物理学。有段时间物理学也在变化不定。这主要由于人们对原子的认识各有差异。如我们所见，原子是一种古已有之的理念：一种单一、无形、不可分割的物质，可追溯到古希腊时期。以此为基础，在17世纪，牛顿构思中的原子与微小的撞球甚为相似，“坚硬而且密不可透”。19世纪头几十年，诸如约翰·道尔顿等化学家曾为解释化学反应而被迫接受原子是元素的最小单位这一理论，比如解释两种无色的液体混合在一起时，是怎么立刻产生一种白色的固体或沉淀物的。与此相似的是俄国的德米特里·门捷列夫。在他那座距离莫斯科200英里的特维尔庄园，门捷列夫以对化学研究的耐心热忱排列63种元素的卡片时，脑海中之所以能浮现出元素周期表，也是受到上述化学特性及其系统的变化方式和原子重量的启发。此项发现被称为“组成宇宙语言的字母表”，这份周期表还提示人们，除了已发现的元素外，某些元素尚待发现。门捷列夫的元素周期表与粒子物理学家的发现相吻合，把物理学与化学合理地联结起来，为各门
736 科学的统一迈出了第一步，这将成为20世纪科学界的一大鲜明特征。

当麦克斯韦接管卡文迪许实验室的工作时，他进一步完善了牛顿有关原子的概念。1873年，麦克斯韦在牛顿那个微小撞球互相撞击的机械世界里引入电磁场的概念。麦克斯韦认为这个电磁场“充盈于整个空间”，电能和磁场能均以光速“穿过电磁场”。[7] 尽管麦克斯韦取得这样的进步，他仍然把原子视为坚硬固体，原子的本质是机械的。

即便假设原子存在，问题却在于原子体积太小，以当时可用的技术根本不能观察到。这种情况在德国物理学家马克斯·普朗克那里有所改变。普朗克博士学位研究的部分内容是热导体和热力学第二定律。第一个发现这条定律的人是出生于波兰的德国物理学家鲁道夫·克劳修斯，尽管开尔文勋爵也有所贡献。克劳修斯首先于1850年展示这条定律，这条定律对一个人人皆能观察得到的现象做出规定：当功完成以后，能量以热能形式散发，而且，热能不能重组为有用的形态。这本是常识性的观察，却有着相当重要的推论。其中一个推论认为，产生热能以后，能量便不可重新聚集起来，既不可用也不可整合，宇宙必将逐渐耗尽能量并充满不可测性：坍塌的房屋不会自行回复原状，摔破了的瓶子也不复原貌。这个不可逆且渐增的混乱状态被克劳修斯称为“熵”，他还总结出，宇宙终将停止运行。普朗克在其博士论文中抓住了此推论的重要性。热力学第二定律实质上阐明了时间是宇宙或物理的一个基础部分。本书在序言里开宗明义地提到深层时间的发现，而普朗克则让我们回到原点。不论时间是什么，它都是我们世界的一个基本元素，时间与物质有关，尽管我们并未全面认清其关联。时间意味着宇宙只能单向发展，因此牛顿的机械撞球构想必定有误，

在最好的情况下也有不足之处，因为在牛顿那里，宇宙可以对等地向前或向后任一方向运动。[8]

但假如原子不是撞球，那它们是什么呢？

新的物理学每次向前迈进一步，都从老问题和新仪器中显现出来。这个老问题就是电力。它究竟是什么呢？* 本杰明·富兰克林曾把电力比作一种“微妙的流体”，这很接近事物的本质，但也很难再进一步，因为电流在自然状态下出现的主要形态，即闪电，不易于被带进实验室中研究。后来，研究有所进步，因为有人发现“光能”的闪光偶尔会出现在气压计里的局部真空中。这个发现带来了一项新发明，事实上该项发明非常重要，就是一种新仪器：两端都带有金属电极的玻璃容器。人们先抽出玻璃容器中的空气，创造出真空状态，再导入气体，并让电流穿过电极（有点类似闪电），然后看看会发生什么，并观察气体是否会受到影响。在这些实验的过程中，人们注意到如果电流在真空中穿过，就会出现一种奇怪的光。起初人们不清楚这种光的确切性质，但由于射线从电路的阴极放射出来后被阳极吸收，欧根·戈尔德施泰因便将这些射线称为阴极射线。直到 737
19 世纪 90 年代，源自阴极射线管的三个实验才厘清了一切问题，现代物理学走上成功的道路。

首先，威廉·伦琴于 1895 年 11 月在维尔茨堡观察到，当阴极射线射到阴极射线管的玻璃壁上面时，就会发射出高穿透性的射线，他将之称为 X 射线（因为对一名数学家而言，X 意味着未知数）。X 射线使得几种不同的金属发出荧光，更惊人的是，X 射线能穿过他手部的软组织并显露出里面的骨头。一年后，被伦琴观察到的荧光激发起兴趣的亨利·贝克勒尔决定研究那些能自然发出荧光的元素有没有同样的效果。在一个有名却偶

* 电力之名来自希腊语中“ηλεκτρον”（elektron）一词，意即琥珀。古希腊时期，人们首次发现琥珀被摩擦后能吸引一切与之接近的物件。

然的实验里，他把铀盐放到光电板上，并将之搁在一个密封（遮光）的抽屉里。四天以后，他发现光电板上分布着由我们现在所知的放射性物质所发射出的图案。贝克勒尔发现“荧光”是一种自然发生的放射性现象。[9]

然而，风头最劲并产生出卡文迪许实验室众多辉煌成就中的第一项骄人成绩，且令现代物理学无可争辩地迅速发展为现代世界中最振奋人心、最重要的智力探索活动的，是汤姆孙 1897 年的发现成果。在一系列实验中，J.J. 汤姆孙向玻璃管泵入不同的气体，然后让电流从中穿过，再以电场或磁铁环绕着玻璃管。通过对实验条件的系统操控，汤姆孙有力地证明了阴极“射线”实际上是从阴极喷出并被吸引到阳极的无限细小的微粒。汤姆孙进一步发现这些微粒的轨道能被电场改变而且磁场能够使之形成曲线。[10] 更为重要的是，他发现这些微粒比当时所知的最小物质单位氢原子还要轻，而且不管电流穿过什么种类的气体，微粒依然不变。汤姆孙显然发现了某些基本的东西。事实上，这是人类第一次在实验的基础上建立了物质粒子说。

这些被汤姆孙最初称作“粒子”的微粒，如今被称为电子。是电子的发现以及汤姆孙对电子性质的系统性检测直接引领欧内斯特·卢瑟福在十年以后取得突破性研究。他将原子的结构设想为一个微型的“太阳系”，微小的电子犹如行星围绕太阳般绕着重原子核。通过这一设想，卢瑟福试验性地证明了爱因斯坦在脑海中构思出来并显示于其著名公式 $E=mc^2$（1905）的推论，即物质和能量本质上是一样的。[11] 这些洞察和实验成果的影响，包括热核武器，以及随之而来的政治对峙，亦即冷战，均超出本书的讨论范围。* 但是，汤姆孙的成就之所以重要的另一原因与本书有关系。

---

* 然而，本书作者已在著作《20 世纪思想史：惊骇之美》中对其影响作了充分讨论。

汤姆孙凭借系统的实验取得多项进展。在本书的开头，即引言部分，我们便提出对历史有着最重大影响的三大因素分别是灵魂、欧洲的理念和实验。现在，是时候证明这一主张了。按相反的顺序阐明这三点最能有力 738
说明这一观点。

毋庸置疑，我们所谓的西方国家（传统上的西欧，尤其包括北美洲，还有诸如澳大利亚等前哨），无论是现在抑或是过去相当长的时期内，在公民享有优越的物质条件和政治自由以及他们拥有的道德自由等方面，都是地球上最成功和最富裕的社会（这个情况正发生变化，但是到目前为止，这种观点依然正确）。就其中的许多物质进步（医疗创新、印刷和其他传播媒介、交通技术、工业生产过程）在民主化的普遍进程中给上述国家带来了社会自由与政治自由而言，这些条件是相互联系、相互交织的。它们几乎毫无例外都是基于观察、实验和演绎的科学创新的成果。在此，实验作为一种独立、合理的（因此亦是民主的）权威形态，起到了至关重要的作用。正是我们共同享有并通过大量技术得以显露和巩固的如下事物构成了现代世界的基础：实验的权威性、科学方法的权威性，科学家无关上帝或君主的独立地位。科学的累积性本质亦使其知识形态不致过于脆弱。正是这一点使得实验成为一种重要的思想。科学方法魅力无限，还很可能是迄今为止最为纯粹的民主形态。

但疑问亦立即产生：为什么实验最先并最富有成效地出现在我们所称的西方？对这个问题的回答揭示了为什么“欧洲”的理念以及大约从 1050 至 1250 年间发生的一系列变革，均如此重要。第 15 章已经详述了这些变化，但为了在此重述要点，我们可以说：欧洲很幸运地没有像亚洲遭受瘟疫蹂躏那样遭到破坏；欧洲是第一片“满布”人口的大陆，因为资源有限，便把高效率思想作为其价值观；个性从这种思想中以及基督教的发展中应运而生，并创造出一种统一的文化，这种文化反过来有助于大学的萌芽，在大学里独立思想得以蓬勃发展，世俗思想和实验思想亦得以酝酿。思想史上一个最重大的时刻当数 11 世纪中期。在 1065 年或 1067 年，尼扎米亚学院在巴格达成立。这是一所神学院，它的成立给阿拉伯 / 伊斯兰学术界活跃了约两百至三百年的伟大的知识开放画上了句号。仅仅过去了二十年，即 1087 年，伊纳留开始在博洛尼亚教授法律，同时，伟大的欧洲学术运动亦开始启动。随着一种文化走向衰弱，另一种文化开始站稳脚跟。欧洲的形成是思想史上最重要的转折点。

对一些读者来说，把“灵魂”归为历史上第三大最具影响力的思想似乎令人费解。神这个概念无疑更加强大、更为普及，而且无论如何，“灵魂”与“神”不是有很多重合之处吗？神固然是历史上一种非常强大的思
739 想，的确，这种思想还将在全球许多地方延续下去。但同时，我们有两个充分的理由说明，灵魂为什么在过去一直是，现在仍是，一个比神本身更具影响力和生命力的理念。

其一是来世概念的创造（并非所有宗教都信奉来世）。假如没有来世，任何诸如灵魂的独立存在体将意蕴大减。这个概念为有组织的宗教能更轻易地控制人的思想开启了方便之门。在古代晚期和中世纪时期，有关灵魂的技艺、灵魂与来世的关系、灵魂与神的关系，最为重要的是灵魂与神职人员的关系，都使得宗教权威人士有能力运用一种特权。尽管灵魂的思想在过去多个世纪无可估量地丰富了人的心灵，但无疑正是这种思想同样在过去多个世纪里钳制了思想与自由，令（大体上）无知的信徒被受过教育的教士奴役，妨碍和延迟了进步。想一想特策尔修士曾信誓旦旦地保证人只要为身处炼狱的灵魂购买赎罪券，钱币投入盘子那一刻便是他们升往天堂之时。对于我们或可称作“灵魂技艺”的滥用

是促成宗教改革的一个主要因素，它彻底地将信仰从神职人员的控制中解放出来，促使人们产生怀疑和不信任（第22章已作讨论），尽管日内瓦出现了约翰·加尔文。灵魂的几个不同转化形式（从包含于精液中，到古希腊亚里士多德的《蒂迈欧篇》三位一体的灵魂，到中世纪和文艺复兴时期的双重人概念，到将灵魂视作女性，再到将灵魂视作鸟的形态，再到马维尔的灵魂与肉体之间的对话，再到莱布尼茨的“单子”），在今天看来或许奇特有趣，但在当时却是严肃的问题，也是通往自我的现代概念的重要阶段。与笛卡尔将灵魂从一个宗教范畴重新组合为哲学范畴同样重要的其他几个步骤包括：17世纪的转化——本质自我的居所从体液转移到肠胃再到大脑——以及霍布斯认为并不存在“精神”或灵魂的论述。[12] 从灵魂世界（包括来世）到实验世界（此时此地）的过渡最先也最彻底地发生于欧洲，它描述了古代世界与现代世界的基本区别，并且仍然代表着历史上思想权威的最重大变革。

然而还有另一个迥然不同的理由说明为何至少在西方，灵魂非常重要，甚至可能比神的概念更为重要、更为丰富。简单而言，灵魂理念比神的理念更经久不衰；甚至可以说，灵魂理念的演化超越了神、超越了宗教，因为连没有信仰的人，或说尤其是没有信仰的人，都会关注内心世界。

我们可以从整个历史几个不同的紧要关头来看灵魂的不朽力量，同时察看灵魂不断演化的本质。灵魂会以一个特定和反复出现的模式显示其力量，尽管每次出现的形式均有所不同。这个模式的特点或许就是人类重复的“内心转向”，这是一种为追求真理而持续不断和经常性地深入审视自己的不懈努力，德罗尔·沃尔曼称之为我们的“内心情结”。就我们所知，第一次“内心转向”发生于所谓的轴心时代（见第5章），大体而言就在公元前7到前4世纪。当时大约在同一时期内，巴勒斯坦、印度、中国、

希腊，极有可能还包括波斯，都发生了类似的事情。在每个例子中，官方
740 宗教都变得浮华空洞，具有高度的仪式感。特别是都出现了祭司一职，他们享有优越的特权地位：教士俨然成为一个世袭的特权阶级，既支配着人们接近神的机会，又在物质和宗教的双重意义上从其显赫的地位中获利。然而，在上述所有国家中都出现了先知（在以色列）或智者（如印度的佛或《奥义书》的作者以及中国的孔子），他们谴责祭司，提倡人们转向内心，主张真正的圣洁须经过某种形式的自我克制和自我沉思。柏拉图有个著名的看法，认为心灵高于物质。[13]

以上哲人均以身作则，率先垂范。耶稣和圣奥古斯丁也宣扬了大同小异的思想。比如耶稣强调上帝的仁慈，并主张信徒要追随内心信仰而非表面上遵守仪式（第 7 章）。圣奥古斯丁（354—430）十分注重自由意志，并认为人类自身拥有评价事情或人的道德秩序的能力，人能够自行判断和决定事物孰轻孰重。按照圣奥古斯丁的看法，深入审视我们自己和选择上帝就等同于认识上帝（第 10 章）。我们已在第 16 章讨论过，12 世纪普世性的罗马天主教中存在另一个伟大的内心转向。人们越发意识到上帝想要的是内心的忏悔，而非外在的赎罪。当时，第四次拉特兰会议要求人们定期进行告解。14 世纪黑死病的影响力与之相似。死亡人数之多令人们变得悲观，并驱使他们转向内心，寻求一种更为私人的信仰（瘟疫过后，越来越多的私人礼拜堂和慈善团体成立起来，神秘主义开始盛行）。文艺复兴时期自传的增加是另一次内心转向，被雅各布·布克哈特称作“灵魂深处的充实写照”。15 世纪末，佛罗伦萨的吉罗拉莫·萨伏那洛拉修士深信自己受上帝派遣“去帮助意大利人民改造内心世界”，为革新教堂进行了一系列长篇声讨，并以恐怖的预言警告众人，除非立即并彻底改造内心世界，否则邪恶将会降临。16 世纪的新教改革（第 22 章）毫无疑问是有史以来最伟大的“内心转向”。对于教皇声称信徒可以为他们“在炼狱中备

受折磨”的亲人购买赎罪券，马丁·路德最终爆发了，他主张人们并不需要神职人员的介入来获得上帝的恩典，天主教会的穷奢极欲及其充当人与造物主之间代祷者的理论性神学姿态在《圣经》中找不到任何依据，纯属胡闹。他力劝人们回归到“真正的内心忏悔”，还说恰当的赦罪首先需要内心的痛悔：个人内在的良知至关重要。17 世纪，笛卡尔曾引人注目地转向内心，他认为人能够确定的唯一事物就是其内心世界，尤其是内心的怀疑。18 世纪末或 19 世纪初，浪漫主义为反抗 18 世纪启蒙运动所主张的世界经由科学能被人类认识的态度或思想，同样产生了一次内心转向。浪漫主义者与启蒙主义者恰恰相反，认为人类体验中那个无可辩驳的真相正来自人类内心体验本身。在维柯之后，卢梭（1712—1778）和康德（1724—1804）均指出我们应倾听内心的声音才能认清我们应当做什么。[14] 浪漫主义者以此为基础，认为我们生命中所珍视的每一样事物，特别是道德，都来自内心。小说和其他艺术形式的发展反映了这种观点。 741

浪漫主义者尤为清晰地展示了灵魂这种思想的演化。根据 J.W. 拔罗的观察，浪漫主义的本质，或许可以说历史上所有其他“内心转向”的本质，都可归结为“第二自我”这一双重人概念，第二自我是一个人们试图发现或释放的，一种不同的（而且在很多时候甚至更高级或更完善的）自我。阿诺德·豪泽尔用另一种方式这样表达：“我们生活于两个不同范围的两个不同层面……它们的存在区域如此深入地互相渗透，乃至任何一方都不从属于另一方，也不会将另一方视作对立面而与之抗衡。存在的双重性当然不是什么新概念，我们对于对立统一的概念也耳熟能详……但是存在的双重意义和双重性……从没像现在（即浪漫主义时期）这般强烈地被体验过。”[15]

亨利·艾伦伯格在那本重点论述西格蒙德·弗洛伊德、阿尔弗雷德·阿德勒和卡尔·荣格的观点以及将精神分析学带领到康庄大道上的巨著《发现无意识》中，把浪漫主义及其意义上的“第二自我”作为其中一个因素涵盖其中。如上一章所论，无意识是人们为了科学认识内心世界所做的最后一次内心转向和尝试。不过我们将看到，无意识的失败之所以重要，不仅仅是因为其作为治疗方法的不足，还体现在更广泛的意义上。

浪漫主义、意志、教化、韦伯意义上的天职、民族精神、无意识的发现、内向性……内心世界的主题、第二自我，或康德所称的更高自我，以其贯穿于整个历史的势头或至少不逊于此的势头贯穿了19世纪的思想。由于其主导是关注非理性的德国的思想，这种思潮被一些人视为构成20世纪纳粹主义恐怖思想的“深层背景”（这种思想把创造更高级的人类——那些凭借意志力克服了自身局限性的个体——作为人类历史的目标）。这并非琐事但不是这部分要关注的主要问题。相反，我们更感兴趣的是这个思潮对总结思想史有何帮助。它无疑进一步证实了上述的模式，即人们反复尝试审视自己内心深处以寻找……上帝、圆满、感情净化、自身的“真正”动机和“真实”自我。

阿尔弗雷德·诺思·怀特海曾有个著名评论，说西方思想史是对柏拉图的一系列注脚。在我们漫长旅程的最后，我们现在可以看到，不管怀特海是出于修辞效果还是语带讽刺，他充其量只说对了一半。在思想领域，历史由两大主流构成（我在此处过于简化，不过所谓“结语”必然如此）。从过去到现在都存在着一部“外部”的历史，它与人类之外的世界有关，与亚里士多德式的观察、探索、传播、发现、测量、实验和操纵环境的世界有关，简而言之就是我们现在称之为科学的物质世界。尽管科学探险难以沿着直线前进，偶尔才取得零星的进步，甚至连续几个世纪遭到宗教的阻挠或阻碍，但总的来说，这场探险应被视为一项成就。几乎没有人会质疑，世界的物质进步或其大部分进步是有目共睹的。这种进步在20世纪还在加速继续发展。

思想的另一主流是探索人类的内心世界，即人类的灵魂和 / 或第二自我，与亚里士多德式的世界相对，我们或可将此（用怀特海的方法）归为柏拉图式的世界。这条主流本身可划分出两条支流。首先，人类的道德生 742
活，包括社会生活、政治生活、共同生活的发展方式等等，取得了确定无疑的成功，至少有着显著的积极效果。历史从教皇或世俗的专制制度经过封建制度到民主制度，从神权统治过渡到世俗社会，这些广泛转变显然为更多人带来了更大的自由和更多的成就（当然这是就总体而言——例外总是难免的）。前文已经描述了这个演变过程的不同阶段。虽然世界各地的政治和法律安排方式各有不同，但是每个民族都拥有自己的政治体系和法律体系。他们的公正理念都远远超越了我们简称为丛林法则的概念。举个例子，在诸如竞争考试这类体制下，公正理念超越了纯粹的刑事或法律领域而延伸至教育领域中。如第 32 章所见，即使是数学形式之一的统计学，有时也得益于公正而促进了自身发展。尽管与物理学、天文学、化学或医学的成就相比，正式的社会科学成就有限，但是社会科学本身的演化就是对政治党派性质的恰当改良。这一切都应视为（可能是确定的）成功。

最后一个主题，即人类对自身和内心世界的认识，被证明是最令人失望的。有些人，或许很多人，会反对这个观点，认为艺术和创造史的大部分是关于人类内心世界的历史。在某种意义上，这种看法毋庸置疑，但同样，艺术并不能阐明自我。它们经常试图描述自我，更具体地说，是描述无数情况下的无数个自我。但在当今世界广受欢迎、而且主要关注“内心世界”和自尊（不管误导性有多大）的弗洛伊德学说和其他“深度”心理学显然进一步肯定了上述看法。假如艺术真的取得成功，人们还会求助于这样的心理学和这些审视内心的新方法吗？

由此我们可以得出一个显著的结论，那就是不管人的主体性有了何等长足的发展，艺术发展何等巨大，小说地位如何提升，也不管各式男女如何设计许多表达自我的方法，历史上人类对自身的研究依旧是人类知识最大的失败，也是人类试图探究的领域中最不成功的部分。结论的正确性毫无疑问，因为多少世纪以来持续不断的“内心转向”已经表明了这一点。这些“内心转向”不像科学界般会以累加的方式，把前一个转向作为基础，而只是随着前一个转向力量衰减或消亡，新的转向取代旧的转向。柏拉图误导了我们，而怀特海也是错误的：思想史所取得的辉煌成绩主要得益于亚里士多德的思想遗产而非柏拉图的思想。这一点首先得到历史编纂学最新发展的证实：它重点强调，今人所称的近代早期已经取代文艺复兴时期，成为历史上至为关键的转折点。正如 R.W.S. 萨瑟恩所言，1050 至 1250 年之间这段重新发现亚里士多德的历史时期，引领了人类走向现代，是人类生活中最伟大、最重要的转变，而非两个世纪之后的（柏拉图式的）文艺复兴。

数百年来，人类几乎深信自己拥有灵魂，不管身体深处有没有某些“灵魂实体”，他们仍毫不怀疑灵魂代表了人的本质，一个不朽的、坚不可摧的本质。在 16、17 世纪，有关灵魂的思想发生了改变，而且随着人们对上帝信仰的丧失开始加快步伐，人们发展出其他思想。从霍布斯开始，
743 然后是维柯，人们议论的话题从灵魂转移到自我与心灵上来，在 19 世纪，特别是在浪漫主义、人文科学或社会科学、内向性和无意识均取得发展的德国，这种观点占据主流。大众社会和新的大都会的发展在此也扮演了重要角色，激起人们自我丧失之感。[16]

在这种背景之下，弗洛伊德的出现颇为奇特。继叔本华、冯・哈特曼、夏科、珍妮特、马克斯・德索瓦的精神双元论和冯・舒伯特的原型现象或巴霍芬的母权论之后，弗洛伊德的思想在当时并不如现在那样表现出惊人的新奇性。可是，经历了不确定的开端后，他的思想变得极具影响

力，20 世纪 90 年代中期保罗・罗宾逊将之形容为“本［20］世纪占据主导地位的思想潮流”。[17] 原因之一在于，作为一名医师的弗洛伊德遵照哥白尼和达尔文遗留下来的传统，将自己视为一名生物学家和科学家。因此弗洛伊德的无意识是科学对待自我的一次复杂尝试。从这个意义上说，无意识有可能融合思想领域两大主流，我们可以称之为对柏拉图问题的亚里士多德式的认识。如果它行得通，无疑能产生历史上最伟大的思想成就和有史以来最伟大的思想综合。

今天仍有很多人坚信弗洛伊德的努力成功了，这解释了为何整个“精神分析学”领域如此受欢迎。但同时，在精神病学专业和更为广阔的科学世界中，弗洛伊德如今却普遍被贬低，他的思想被认为稀奇古怪和不科学而遭到摒弃。1972 年，诺贝尔奖得主彼得・梅达沃爵士曾把精神分析形容为“20 世纪思想史上最令人感到遗憾和奇怪的里程碑之一”。[18*] 有多项已发表的研究成果表明，精神分析作为治疗方法已经行不通，弗洛伊德在他的其他几本书（比如《图腾与禁忌》或《摩西与一神教》）中的思想也因其误导性和使用了不能被证实的证据而彻底失信。上一章已讨论到，最近的学术界已经非常不信任弗洛伊德的学说，故此他们更是着重强调这一点。

可是，假如说大部分受过教育的人接受了精神分析已经行不通这一事实，那么生物学家和神经病学家为描述我们现代意义上的自我而创造的新概念“意识”，进展也并没有更好。作为总结部分，如果说我们从 19 世纪末“快进”到 20 世纪末，将会遇到“大脑的十年”，这个说法在 1990 年已被美国国会采用。在紧接下来的十年时间内，大量有关意识的书籍相继

* 在某种意义上，在当今世界基因已经延续了灵魂的性质。之所以这样说是因为基因是隐藏着的、不可破坏的物质，不管我们有意识地希望自己成为怎样的人，基因已经在一定程度上决定了我们的本性。基因不是灵魂，但很多人似乎将之视作灵魂。

出版，“意识研究”迅速发展为一门学科，期间举行了三次以意识为专题的国际会议。成果呢？这取决于你与谁交流。《自然》和《科学》是世界上最尖端的科学类期刊，《自然》的前任主编约翰·马杜克斯曾写道：“即使再多的内省也不能使人有能力发现他或她头脑中哪一部分的哪个神经元
744 集合正执行着某个思考过程。此类信息似乎都对人类隐藏起来。”新泽西州立罗格斯大学的英国籍哲学家科林·麦克金认为，原则上并且在任何时候，意识都无法得到解释。[19]其他哲学家，比如哈佛的托马斯·内格尔和希拉里·普特南则指出，科学现在（甚至可能是永远）解释不了我们理解为意识的第一人称的知觉性经验，即“可感受特性”，可是，用西蒙·布莱克本的话来说，为什么大脑的灰质能为我们提供诸如胆怯的体验呢？本杰明·利贝特进行了一系列备受争议的实验，他声称意识的产生耗时约半秒（“利贝特延迟”）。假如实验结论真实，这究竟是不是一项进步仍未可知。伦敦政治经济学院的欧洲思想教授约翰·格雷是认同这类现象属于意识研究中“疑难问题”的学者之一。[20]

另一方面，加州大学伯克利分校的米尔斯哲学教授约翰·赛尔说，没什么可以解释，因为意识具有突现特征，当你把“一束神经元”放在一起时，意识会自动产生。他用类比法解释了或尝试解释：水分子的性质“解释”了流动性，但单个水分子却不具有流动性。[21]（这个论点令人回想起第 34 章讨论过的威廉·詹姆斯和查尔斯·皮尔斯的“实用主义”哲学，在他们那里，是自我意识从行为中显露出来而非与此相反。）伦敦大学的物理学家罗杰·彭罗斯相信人们需要一种新的双重性，并相信实际上整套新的物理法则或许可以应用于大脑内部，并对意识做出解释。彭罗斯的独特贡献在于提出量子物理在大脑神经细胞内部的微小结构，即被称为小管的结构里面（并以某种尚未指明的方式）运作，产生出我们视为意识的现象。[22]实际上彭罗斯认为我们生存于三个世界中——物质世界、精神世界

和数学世界：“物质世界是精神世界的基础，反过来，精神世界是数学世界的基础，而数学世界又是物质世界的基础，如此循环往复。”[23] 尽管许多人感到这个论点颇为诱人，却并不觉得彭罗斯证实了什么。他的推断既具吸引力又有独创性，但那终究只是推断。

相反，当前最受支持的是还原论的两种形式。对于塔夫茨大学的生物哲学家丹尼尔·丹尼特以及有类似想法的人来说，人类的意识和身份来自对我们生活的叙述，这些叙述与特定的大脑状态相关。例如，越来越多的证据显示人类“将目的谓词施于他人身上是人的共性”，这种能力与大脑的特定区域（眼窝前额皮质）相联系，在自闭症患者人生的某些阶段，这种能力存在缺陷。另有证据显示，与非目的动词相比，当人类“处理”目的动词时，对眼窝前额皮质的血液供给会有所增加，大脑的这个区域若遭到破坏将使人无法进行内省。其他实验结果显示，大脑内名为扁桃体的区域的活动与恐惧体验有关；在某些游戏中单个猴子所作的决定能通过眼眶纹状体电路里单个神经元的放电模式推测出来；神经递质，即一般人所知的血清素，影响了决策过程；当人产生愉悦的体验时，纹状体的腹侧外壳会被激活。[24] 尽管这项发现具有启发性，但同时，大脑显微解剖的个体差异相当大，而且特定的知觉性经验在大脑的几个不同地方都有所体现，这显然需要人们加以整合。人们至今仍未发现任何将体验与大脑活动联系起来的“深层”模式，尽管这仍是可能性最大的前进方向，但还有很长一段路要走。 745

一个与此相关的方法是，从达尔文学说的角度探索大脑与意识——考虑到近年来其他方面的进展，这可能是人们所期待的。意识在什么意义上具有适应性？这个方法提出了两种观点：其一，在进化过程中，大脑为完成繁多而甚为不同的任务，实际上已经“偷工减料”。因此，大脑本质上就是三种器官，包括满足我们基本欲望的爬虫类脑核，能产生诸如对后代的喜爱情感的古代哺乳类层，以及能够进行推理、语言运用以及其他“更高级功能”的新哺乳类大脑。[25] 第二种观点认为突现特征贯穿于整个进化过程（以及我们整个身体）。比如，每种生理和医学现象背后都有生物化学方面的解释——钠离子或钾离子溶剂穿过细胞膜的现象可形容为“神经动作电位”。[26] 那么从这个意义上说，意识基本上不是什么新鲜事物，尽管我们至今仍未全面理解意识。

对整个动物界的神经活动的研究显示，神经通过“放电”或不放电来进行运作，放电频率代表了强度——刺激越是强烈，某个特定神经开启和关闭的速度则越快。显然这与电脑运作的方式十分相似，在电脑中，每项工作都由若干比特的信息单位 0 或 1 加以表示。计算机并行处理的概念面世以后，丹尼尔·丹尼特受到启发并思考在不同的进化层面中，大脑内部是否出现了一个类似的程序，从而产生了意识。同样，尽管这个推理很诱人，但在初步探索之后却没有很大进展。现在似乎无人有能力提出下一步该怎么走。

因此，不管近年来人们在意识方面进行了多少研究，也不管“硬”科学还能多大的可能性为我们提供前进方向，自我依然令人难以捉摸。就“外部”世界而言，科学已取得了巨大成就，但在我们可谓最感兴趣的那一个领域中——我们自己，科学至今仍未成功。尽管人们普遍认为自我以某种方式产生于大脑活动（或曰产生于电子和元素的作用中），人们难以逃避如下结论，那就是，这么多年过去了，我们甚至依然不清楚该如何讨论意识，如何讨论自我。

故而我们从本书出发，提出最后一个观点以供科学家进一步研究。考虑到亚里士多德学说在久远及最近的过去所取得的成功，难道不是时候去直面本质上属于柏拉图理念的“内在自我”，有可能（甚至很可能）是个错误设想这一现实吗？也许根本不存在内在自我。我们审视“内心”，却一无所获——无论如何，没有什么是屹立不倒的，没有什么是经久不衰的，也没有什么是我们一致认同的，没有什么是无可辩驳的——因为里面什么都没有。我们人类是自然的一部分，因此以动物界的一员的角色和位置去观察外部世界令我们更易于发现自己的"内在"本质以及认识我们自己。用约翰·格雷的话来说就是："动物园作为我们向外观察人类世界的良好窗口要胜于修道院。"[27]这并非悖论，若不对研究方法做出某种重新调整，现代社会的不连贯性将持续下去。746

注释和参考文献

如果同一出版物给出了两个年份，第一个指精装本，第二个指平装本。如果没有特意指明，页码通常都是平装本页码。

前言　历史上最重要的思想：一些候选

1. Michael White, *Isaac Newton: The Last Sorcerer*, London: Fourth Estate, 1997, p.3. 凯恩斯还说："我猜他［牛顿］的卓越之处在于，他的直觉是一个人所能拥有的最强大、最持久的。" Robert Skedelsky, *John Maynard Keynes*, London: Macmillan, 2003, p.458.
2. Norman Hampson, *The Enlightenment*, London: Penguin, 1990, p.34 and p.36.
3. James Gleick, *Isaac Newton*, London: Fourth Estate HarperCollins, 2003/2004, pp.101—108; Frank E. Manuel, *A Portrait of Isaac Newton*, Cambridge, Massachusetts: The Belknap Press of Harvard University Press, 1968, p.398n.
4. Joseph Needham, *The Great Titration*, London: Allen & Unwin, 1969, p.62.
5. Charles Freeman, *The Closing of the Western Mind*, London: William Heinemann, 2002, p.322.
6. *Ibid.*
7. *Ibid.*, p.327.
8. Marcia Colish, *Medieval Foundations of the Western Intellectual Tradition: 400—1400*, New Haven and London: Yale University Press 1997, p.249.
9. Harry Elmer Barnes, *An Intellectual and Cultural History of the Western World*, volume 2. *From the Renaissance Through the Eighteenth Century*, New York: Dover, 1937, p.825.
10. Francis Bacon, *Novum Organum*, Book 1, aphorism 129, quoted in Joseph Needham et al., *Science and Civilisation in China*, vol. 1, Cambridge, England: Cambridge University Press, 1954, p.19.
11. *Ibid.*
12. Barnes, *Op. cit.*, p.831.
13. John Bowle, *A History of Europe*, London: Secker & Warburg/Heinemann, 1979, p.391.
14. Hagen Schulze, *States, Nations and Nationalism*, Oxford: Blackwell, 1994/1996, p.395.
15. Ernest Gellner, *Plough, Sword and Book*, London: Collins Harvill, 1988.
16. *Ibid.*, pp.19f.
17. Barnes, *Op. cit.*, pp.669ff.
18. Adam Smith, *An Inquiry into the Nature and Causes of the Wealth of Nations*, edited by R. H. Campbell and A. S. Skinner, two volumes, Oxford: Oxford University Press, 1976,

vol. 1, p. 265.
19. Gellner, *Op. cit.*, p.19.
20. Carlo Cipolla, *Guns and Sails in the Early Phase of European Expansion, 1400—1700*, London: Collins, 1965, pp.5 and 148—149.
21. Richard Tarnas, *The Passion of the Western Mind*, London: Pimlico, 1991, pp.298ff.
22. Johan Goudsblom, *Fire and Civilisation*, London: Allen Lane The Penguin Press, 1992, pp.164ff.
23. Isaiah Berlin, *The Sense of Reality: Studies in Ideas and Their History*, edited by Henry Hardy, London: Chatto & Windus, 1996, pp.168—169.
24. Jared Diamond, *Guns, Germs and Steel*, London: Jonathan Cape, 1997, pp.200—202.
25. Jacob Bronowski and Bruce Mazlish, *The Western Intellectual Tradition*, New York: Harper & Brothers, 1960, p.495.
26. Barnes, *Op. cit.*, p.720.
27. Bronowski and Mazlish, *Op. cit.*, p.259.
28. Arthur O. Lovejoy, *The Great Chain of Being*, Cambridge, Massachusetts: Harvard University Press, 1936/1964, p.23.
29. Edward P. Mahoney, 'Lovejoy and the hierarchy of being', *Journal of the History of Ideas*, vol. 48, 1987, p.211.
30. Lovejoy, *Op. cit.*, p.55.
31. *Ibid.*, p.89.
32. *Ibid.*, p.91.
33. *Ibid.*, p.201.
34. *Ibid.*, p.211.
35. *Ibid.*, p.232.
36. *Ibid.*, p.241.
37. Paul Robinson, 'Symbols at an exhibition', *New York Times*, 12 November 1998, p.12.
38. Gladys Gordon-Bournique, 'A. O. Lovejoy and the history of ideas', *Journal of the History of Ideas*, vol. 48, 1987, p.209.
39. 这同黑格尔所称的“哲学命题”相似。See：Donald A. Kelley, 'What is happening to the history of ideas?', *Journal of the History of Ideas*, vol. 51, 1990, p.4.
40. Philip P. Wiener (editor), *Dictionary of the History of Ideas*, four volumes, New York: Charles Scribner's Sons, 1973.
41. Kelley, *Op. cit.*, pp.3—26.
42. James Thrower, *The Alternative Tradition*, The Hague: Mouton, 1980.

序曲　发现时间

1. Jacquetta Hawkes (editor), *The World of the Past*, London: Thames & Hudson, 1963, p.29.

2. *Ibid.*, p.33.
3. James Sackett, 'Human antiquity and the Old Stone Age: the 19th-Century background to palaeoanthropology', *Evolutionary Anthropology*, vol. 9, issue 1, 2000, pp.37— 49.
4. Hawkes, *Op. cit.*, pp.30—34 and pp.147—148.
5. *Ibid.*, p.27.
6. Glyn Daniel, *One Hundred and Fifty Years of Archaeology* (second edition), London: Duckworth, 1975, pp.25—26.
7. Bruce G. Trigger, *A History of Archaeological Thought*, Cambridge: Cambridge University Press, 1989, p.53.
8. Ian Tattersall, *The Fossil Trail*, Oxford and New York: Oxford University Press, 1995/1996, p.8; and Hawkes, *Op. cit.*, pp.25—26.
9. Hawkes, *Op. cit.*, pp.28—29.
10. Sackett, *Op. cit.*, p.46.
11. Peter J. Bowler, *Evolution: The History of an Idea* (revised edition), Berkeley, Los Angeles and London: University of California Press, 1989, pp.32—33.
12. Trigger, *Op. cit.*, pp.92—93.
13. James A. Secord, *Victorian Sensation: The Extraordinary Publication, Reception, and Secret Authorship of 'Vestiges of the Natural History of Creation'*, Chicago and London: University of Chicago Press, 2000, p.146.
14. *Ibid.*, p.105.
15. Peter Burke, 'Images as evidence in seventeenth-Century Europe,' *Journal of the History of Ideas*, vol. 64, 2003, pp.273—296.
16. Burke, *Op. cit.*, pp.283—284.
17. Trigger, *Op. cit.*, p.74.
18. *Ibid.*, p.76.
19. Sackett, *Op. cit.*, p.48.
20. *Ibid.*

1 语言之前的思想

1. George Schaller, *The Last Panda*, Chicago: University of Chicago Press, 1993, p.8.
2. Robert J. Wenke, *Patterns in Prehistory*, Oxford: Oxford University Press, 1990, pp.119—120.
3. But see Stephen Oppenheimer, *Out of Eden: The Peopling of the World*, London: Constable, 2003, p.10.
4. *Journal of Human Evolution*, vol. 43, 2002, p.831, reported in *New Scientist*, 4 January 2003, p.16. 当然，使用木质工具的行为，如果存在的话，是无法留存下来的。
5. Paul Mellars and Chris Stringer, *The Human Revolution*, Edinburgh: Edinburgh University Press, 1989, p.70 and chapter six, 'Multi-regional evolution: the fossil

alternative Eden', by Milford H. Wolpoff. 现在人们并不认为黑猩猩同人类的关系像以前认定的那样密切。See *New Scientist*, 28 September 2002, p.20. 最近的却仍然有争议的证据认为，黑猩猩同人类之间的分离出现在 400 万到 1000 万年前。See Bernard Wood, 'Who are we?', *New Scientist*, 26 October 2002, pp.44—47.

6. *New Scientist*, 13 July 2002, p.6; and 13 July 2002, p.6. 正如伯纳德·伍德指出来的，久拉普沙漠位于东非大裂谷以西 150 公里处，这意味着，这一地方可能再也不能被认为是早期人类的唯一家园。'Who are we?', *New Scientist*, 26 October 2002, p.47. 萨赫勒人乍得种后来被认为是早期类人猿的一种，而不是人类的祖先。See *Times Higher Educational Supplement*, 25 October 2002, p.19. 2000 年，一则报道发现的一块腿骨，被认为是我们距今 600 万年的"千年祖先"的遗骸，具备直立姿势。*New Scientist*, 15 December 2000, p.5. 斯蒂芬·奥本海默说，"后两足直立"最早的"清晰证据"在 400 万年前的湖畔南方古猿骸骨中可以看见。Oppenheimer, *Op. cit.*, p.5.
7. Oppenheimer, *Op. cit.*, p.11.
8. Steven Mithen, *The Prehistory of the Mind*, London: Thames & Hudson, 1996, p.238.
9. Richard G. Klein with Blake Edward, *The Dawn of Human Culture*, New York: John Wiley, 2002, p.56.
10. 另一理论认为，直立姿势使头部更加暴露，通过头顶更有助于在非洲炎热地带散热。Oppenheimer, *Op. cit.*, p.5.
11. 一种最新的理论提出，每 10 万年发生一次的气候突然变化导致了智力的发展。*Times Higher Educational Supplement*, 4 October 2002, p.29.
12. Klein with Edward, *Op. cit.*, p.65.
13. 这或许同以下事实有关：6500 万年前（地球被一颗小行星撞击），恐龙灭绝之后，哺乳动物开始繁盛，这时，早期的生物都是夜间活动，因此，它们需要更大的脑容量对各种感官（触觉、嗅觉、听觉和视觉）获得的信息进行加工。以黑猩猩为例，它们从听觉获得的推断能力似乎比从视觉获得的能力更强。Mithen, *Op. cit.*, pp.88 and 114.
14. Oppenheimer, *Op. cit.*, p.11.
15. Mithen, *Op. cit.*, pp.108—109.
16. Wenke, *Op. cit.*, p.120.
17. Mithen, *Op. cit.*, p.22. 能人在一些古生物学家那里又被称为"南方猿人属能人"。See Bernard Wood, 'Who are we?', *New Scientist*, 26 October 2002, p.47.
18. Mithen, *Op. cit.*, p.126.
19. Oppenheimer, *Op. cit.*, pp.14—15. John Noble Wilford, 'Experts place ancient toolmaker on a fast track to northern China,' *New York Times*, 5 October 2004, citing a report in the then current *Nature*.
20. 最近在格鲁吉亚德玛纳西发现的直立人，其大脑较小，只有 600 毫升的脑容量。这表明，他们走出非洲，不是因为他们比其他人科动物更聪明，或拥有更好的工具，而是因为，由于气候变化，非洲的自然条件延伸到了欧洲。不过有可能这些例子实际都是儿童。*The Times* (London), 5 July 2002, p.14.
21. Wenke, *Op. cit.*, pp.145—147.
22. Richard Rudgley, *The Lost Civilisations of the Stone Age*, New York: The Free Press, 1999, p.143.

23. Goudsblom, *Fire and Civilisation*, *Op. cit.*, pp.16 and 34.
24. *Ibid.*, pp.25—27.
25. Rudgley, *Op. cit.*, p.88 and Mellars and Stringer, *Op. cit.*, p.428. 石器技术一个奇特的方面是，在有些遗址，手斧似乎没有被使用过。这促使一些古生物学家提出，这类“工具”的堆积其实是“孔雀羽毛”的早期形态，也就是作为吸引配偶的炫耀性装饰。Klein and Edgard, *Op. cit.*, p.107. 即使在今天，某些爱斯基摩人群体也区分用于捕捉动物的工具和只用于社会场合的工具。Mellars and Stringer. *Op. cit.*, p.359. 直立人有时又被称为非洲“人属罗德西亚种”，但是该名称逐渐不被使用。
26. Rudgley, *Op. cit.*, p.163. 北卡罗来纳教堂山杜克大学的史蒂文·邱吉尔对尼安德特人骨所做的实验表明，他们使用双臂握住长矛戳刺，而不是投掷长矛，这出现在 20 万至 2 万年前。*New Scientist*, 23 November 2002, pp.22—23. 古智人又被称为黑莓人和海德堡人。
27. Rudgley, *Op. cit.*, p.176.
28. *Ibid.*, p.177.
29. *Ibid.*, p.226.
30. Mellars and Stringer, *Op. cit.*, p.214.
31. *El País* (Madrid), 12 August 2002, p.1.
32. Francesco d'Errico, 'The invisible frontier. A multiple species model for the origin of behavioral modernity', *Evolutionary Anthropology*, vol. 12, 2003, pp.188—202.
33. Mellars and Stringer, *Op. cit.*, p.156.
34. 这也许能够解释为什么尼安德特人在短时期内重复使用洞穴：生火，以提高封闭空间的温度和加工肉类。然后，他们再前进。
35. Rudgley, *Op. cit.*, p.217. 与此同时，这些骸骨只在食肉动物相对较少的区域被发现，也就是说，我们所看见的一切都是其他动物食腐行为的差别性残留。
36. Mellars and Stringer, *Op. cit.*, p.217.
37. *Ibid.*, p.219.
38. Paul Mellars, 'Cognitive changes in the emergence of modern humans in Europe', *Cambridge Archaeological Journal*, vol. 1, number 1, April 1991, pp.63—76. 这一观点被安东尼·E. 马克斯等在同一刊物后来发表的一项研究中反驳。它表明，尼安德特人制造出的雕刻刀同解剖学意义上现代人类制造的没有区别。'Tool standardisation in the middle and upper Palaeolithic', *Cambridge Archaeological Journal*, vol. 11, number 1, 2001, pp.17—44.
39. Mellars, *Op. cit.*, p.70.
40. James Steele et al., 'Stone tools and the linguistic capabilities of earlier hominids', *Cambridge Archaeological Journal*, vol. 5, number 2, 1995, pp.245—256.
41. Merlin Donald, *Origins of the Modern Mind: Three Stages in the Evolution of Culture and Cognition*, Cambridge, Massachusetts: Harvard University Press, 1991, pp.149—150.
42. *Ibid.*, p.163.
43. Merlin Donald, *A Mind So Rare: The Evolution of Human Consciousness*, New York: W. W. Norton, 2001, p.150.
44. Donald, *Origins of the Modern Mind*, *Op. cit.*, p.210.
45. Donald, *A Mind So Rare*, *Op. cit.*, p.150.
46. John E. Pfeiffer, *The Creative Explosion*, New York: Harper & Row, 1982.

47. N. Goren-Inbar, 'A figurine from the Acheulian site of Berekhet Ram', *Mitekufat Haeven*, vol. 19, 1986, pp.7—12.
48. Francesco d'Errico and April Nowell, 'A new look at the Berekhet Ram figurine: Implications for the Origins of Symbolism', *Cambridge Archaeological Journal*, vol. 9, number 2, 1999, pp.1—27.
49. 关于布隆伯斯洞的串珠，see Kate Douglas, 'Born to trade', *New Scientist*, 18 September 2004, pp.25—28; 关于长笛， see I. Turk, J. Dirjec and B. Kavur, 'Ali so v slovenjii nasli najstarejse glasbilo v europi?' [The Oldest musical instrument in Europe discovered in Slovenia?] , *Razprave IV*, *razreda SAZU* (*Ljubliana*), vol. 36, 1995, pp.287—293。
50. Francesco d'Errico, Paolo Villa, Ana C. Pinto Llona and Rosa Ruiz Idarraga, 'A Middle Paleolithic origin of music? Using cave-bear bones to assess the Divje Babel bone "flute"', *Antiquity*, vol. 72, 1998, pp.65—79.
51. Oppenheimer, *Op. cit.*, pp.115—117.
52. *Ibid.*, p.127.
53. Mithen, *Op. cit.*, p.174.
54. *Ibid.*, p.175.
55. Mircea Eliade, *A History of Religious Ideas*, vol. 1, London: Collins, 1979, p.17.
56. *The Times* (London), 17 February 2003, p.7. *New York Times*, 12 November 2002, p.F3.
57. *International Herald Tribune*, 16 August 2002, pp.1 and 7.
58. Stephen Shennan, 'Demography and cultural innovation: a model and its implication for the emergence of modern human culture', *Cambridge Archaeological Journal*, vol. 11, number 1, 2001, pp.5—16.
59. Oppenheimer, *Op. cit.*, pp.112—113.
60. Mithen, *Op. cit.*, p.195.
61. 同样，尼安德特人大约生活在大冰期，没有创造出我们所了解的任何艺术。这一事实强烈表明，他们的智力水平无法制造此类手工艺品。
62. Mithen, *Op. cit.*, p.197.
63. *Ibid.*
64. Rudgley, *Ibid.*, p.196.
65. 在以色列的海法附近，迦密山地区的沃德洞穴里，发现了一块距今 1.03 万至 1.28 万年的燧石，它的形状具有某种艺术双关意义。从某些角度看，它类似阴茎（这是现代古生物学家的说法），从另外的角度看，它像一对睾丸。如果仔细观察，它实际雕刻的是一对面对面而坐呈性交姿势的情侣。Rudgley, *Op. cit.*, pp.188—189.
66. Eliade, *Op. cit.*, p.20.
67. *Scientific American*, November 2000, pp.32—34.
68. Mellars and Stringer, *Op. cit.*, p.367. 兰德尔・怀特进一步报道说，许多珠子用"奇特"的材料做成——象牙、滑石、蛇纹石。在有些情况下，这些材料从 100 公里以外运来。这说明当时可能已经有了早期贸易思想。*Ibid.*, pp.375—376. 不同的遗址在相似的出土层呈现出相似的主题（例如海洋贝壳），它表明，早期的美学思想（或许是早期的时尚形态）在不同的民族之间传播。*Ibid.*, p.377.
69. Mithen, *Op. cit.*, p.200.
70. David Lewis-Williams, *The Mind in the Cave*, London and New York: Thames & Hudson, 2002, p.127.

71. *Ibid.*, pp.199—200 and pp.216—217.
72. *Ibid.*, pp.224—225.
73. *Ibid.*, pp.285—286.
74. Will Knight and Rachel Nowak, ‘Meet our new human relatives’, *New Scientist*, 30 October 2004, pp.8—10.

2 语言的出现及战胜寒冷

1. 实际数字分别为 67 和 82，但是这有点太具体了。Mithen, *Op. cit.*, p.119.
2. Mellars and Stringer, *Op. cit.*, p.343.
3. Klein with Edgard, *Op. cit.*, p.19.
4. 纳尔逊湾的居民在往内陆迁移时，使用鸵鸟蛋壳作为盛水的容器，而那些居住在科拉西斯河附近的人却不这样。
5. Mithen, *Op. cit.*, p.250. 关于虱子的研究，see Douglas, *Op. cit.*, p.28。
6. Mellars and Stringer, *Op. cit.*, p.439.
7. *Ibid.*, p.451.
8. Oppenheimer, *Op. cit.*, pp.54 and 68.
9. Stuart J. Fiedel, *The Prehistory of the Americas*, Cambridge, England: Cambridge University Press, 1987, p.25.
10. Oppenheimer, *Ibid.*, p.215.
11. *Ibid.*, p.225.
12. Brian Fagan, *The Great Journey*, London and New York: Thames & Hudson, 1987, pp.188—189.
13. *Ibid.*, p.73.
14. Fiedel, *Op. cit.*, p.27.
15. Fagan, *Op. cit.*, p.79.
16. 关于南方路线的地图，see Oppenheimer, *Op. cit.*, p.233。
17. Fagan, *Op. cit.*, p.89.
18. *Ibid.*, p.92. 虽然贝里列赫最有可能成为古印第安人采用的路线，但是久克台石器文化同在北美发现的文化并不完全相像，这也是另一遗址出现的原因——堪察加半岛的乌什基。乌什基是一个面积达 100 平方米的大型遗址，那里较早期的石器（距今 1.2 万年）缺乏久克台文化特有的楔形。然而，到后期（距今 8800 年），出现了久克台工具。这说明了一种复杂的可能性：久克台人赶走了乌什基人，后者不得不迁往别处。Fagan, *Ibid.*, pp.96—97. 如果路线是贝里列赫的话，将意味着早期人类沿着世界的顶端迁徙，沿着东西伯利亚海岸行走或航行（或乘筏），再沿着楚科奇海，到达现在的楚科奇半岛。杰日尼奥夫角离阿拉斯加威尔士王子角 50 至 60 英里远。最新的证据把最初的美洲人追溯到日本的绳纹文化。*International Herald Tribune*, 31 July 2001.
19. Fagan, *Op. cit.*, pp.108—109.

20. *Ibid.*, p.111.
21. Frederick Hadleigh West, *The Archaeology of Beringia*, New York: Columbia University Press, 1981, pp.156, 164 and 177—178.
22. Fagan, *Op. cit.*, pp.93ff.
23. Antonio Torroni, 'Mitochondrial DNA and the origin of Native Americans', in Colin Renfrew (editor), *America Past, America Present: Genes and Language in the Americas and Beyond*, Cambridge, England: McDonald Institute for Archaeological Research, University of Cambridge, *Papers in the Prehistory of Language*, 2000, pp.77—87.
24. 一些证据表明蒙特沃德遗址的年代为距今 3.7 万年，梅多克罗夫特遗址的年代为距今 1.9 万年。See Oppenheimer, *Op. cit.*, pp.287 and 291. 但是许多考古学家并不这么认为。
25. Hadleigh West, *Op. cit.*, p.87.
26. Fagan, *Op. cit.*, p.92; Hadleigh West, *Op. cit.*, p.132.
27. 根据新西兰奥克兰大学心理学教授迈克尔・科尔巴利斯的研究，语言可能从手势发展而来。他指出，黑猩猩的手语能力比语言能力更好，它们的大脑中，对应布洛卡氏区的部位与产生和接收手部动作有关。聋人在发展手语时也不会有困难。科尔巴利斯认为，后两足直立使早期人类能够发展出手部和脸部姿势，语言能力只有在这些语法、句法等规则已经在大脑中成形后才发展起来。See Michael Corballis, *From Hand to Mouth: The Origins of Language*, Princeton, New Jersey, and London: Princeton University Press, 2002. 有关坎奇的"单词"，see Anil Ananthaswamy, 'Has the chimp taught himself to talk?', *New Scientist*, 4 January 2003, p.12。
28. Mellars and Stringer, *Op. cit.*, p.397.
29. Oppenheimer, *Op. cit.*, p.27.
30. Mellars and Stringer, *Op. cit.*, p.406.
31. *Ibid.*, p.412.
32. *Ibid.*, chapter 10, 'New skeletal evidence concerning the anatomy of middle Palaeolithic populations in the Middle East: the Kebara skeleton', especially p.169. 'Neanderthals not so dumb', Mark Henderson, *The (London) Times*, 22 June 2004, p.4.
33. *International Herald Tribune*, 16 August 2002, p.1.
34. 英国一家人的十五个成员中，所有人都具有严重的语言缺陷，而且所有人都有一种畸变版叉头框 P2 基因。
35. Tore Janson, *Speak*, Oxford and New York: Oxford University Press, 2002, p.27.
36. Les Groube, 'The impact of diseases upon the emergence of agriculture', in David R. Harris (editor), *The Origins and Spread of Agriculture and Pastoralism in Eurasia*, London: University College London Press, 1996, p.103.
37. 约翰娜・尼克尔斯计算出 167 种美洲语言的"库"。斯蒂芬・奥本海默观察到，南美洲的语言比北美洲多得多。他绘制了一张世界各地的图表，对语言的多样性和人类的职业分期进行调整。他的图表基本显示出一条直线。也就是说，在时间深度和语言多样性之间存在一种直接的关系，Oppenheimer, *Op. cit.*, p.299。关于威廉・萨瑟兰认为世界上有 6809 种语言的观点，see *New Scientist*, 17 May 2003, p.22。
38. Rudgley, *Op. cit.*, p.39.
39. Terence Grieder, *Origins of Pre-Columbian Art*, Austin: University of Texas Press, 1982.
40. Oppenheimer, *Op. cit.*, p.304.
41. Colin Renfrew and Daniel Nettle (editors), *Nostratic: Examining a Linguistic Macrofamily*,

Cambridge, England: McDonald Institute for Archaeological Research, 1999, p.5.
42. *Ibid.*, p.130.
43. *Ibid.*, pp.12—13.
44. Nicholas Wade, 'Genes are telling 50000-year-old story of the origins of Europeans', *New York Times*, 14 November 2000, p.F9.
45. Renfrew and Nettle (editors), *Op. cit.*, pp.53—67; Merritt Ruhlen, *The Origin of Languages*, New York: Wiley, 1994. Luigi Cavalli-Sforza and Francesco Cavalli-Sforza, *The Great Human Diasporas*, New York: Addison-Wesley, 1995, pp.174—177 and pp.185—186.
46. Renfrew and Nettle (editors), *Op. cit.*, p.68.
47. *Ibid.*, pp.68—69.
48. *Ibid.*, pp.54 and 398.
49. Gyula Décsy, 'Beyond Nostratic in time and space', in Renfrew and Nettle (editors), *Op. cit.*, pp.127—135.
50. Steven Pinker and P.Bloom, 'Natural language and natural selection', *Behavioural and Brain Science*, vol. 13, 1990, pp.707—784. Robin Dunbar, *Grooming, Gossip and the Evolution of Language*, London: Faber & Faber, 1996.
51. Mellars and Stringer, *Op. cit.*, p.485.
52. *Ibid.*, p.459.
53. *Ibid.*, pp.468—469.
54. Donald, *Origins of the Modern Mind*, *Op. cit.*, p.215.
55. *Ibid.*, p.334.
56. *Ibid.*, pp.333—334.
57. Mellars and Stringer, *Op. cit.*, p. 356.
58. Alexander Marshack, 'Upper Palaeolithic notation and symbols', *Science*, vol. 178, 1972, pp.817—828.
59. Franceso d'Errico, 'A new model and its implications for the origin of writing: the La Marche Antler revisited', *Cambridge Archaeological Journal*, vol. 5, number 2, October 1995, pp.163—206.
60. Rudgley, *Op. cit.*, p.74.
61. *Ibid.*, p.77.
62. *Ibid.*, p.79. 'Three is the magic number alphabets have in common', *New Scientis*t, 12 February 2005, p.16.
63. Donald, *Origins of the Modern Mind*, *Op. cit.*, p.348.

3 神灵的诞生，房屋和家的演化

1. Mithen, *After the Ice*, *Op. cit.*, p.54.
2. *Ibid.*, pp.12—13.
3. Chris Scarre, 'Climate change and faunal extinction at the end of the Pleistocene',

chapter 5 of *The Human Past*, edited by Chris Scarre, London: Thames & Hudson, forthcoming, p.13.

4. David R. Harris (editor), *The Origin and Spread of Agriculture and Pastoralism in Eurasia*, London: University College London Press, 1996, p.135.
5. *Ibid.*, p.144.
6. *Ibid.*
7. Goudsblom, *Op. cit.*, p.47.
8. Scarre, *Op. cit.*, p.11.
9. Harris (editor), *Op. cit.*, pp.266—267. 有关猪的参考书，see Scarre, *Op. cit.*, pp.9ff。
10. *New Scientist*, 10 August 2002, p.17.
11. Harris (editor), *Op. cit.*, p.264. Bob Holmes, 'Manna or millstone,' *New Scientist*, 18 September 2004, pp.29—31.
12. Daniel Hillel, *Out of the Earth*, London: Aurum, 1992, p.73.
13. Mark Nathan Cohen, *The Food Crisis in Prehistory*, New Haven: Yale University Press, 1977.
14. Groube, 'The impact of diseases upon the emergence of agriculture' in Harris (editor), *Op. cit.*, pp.101—129.
15. V. G. Childe, *Man Makes Himself*, London: Watts, 1941.
16. *Ibid.*, pp.554—555.
17. Jacques Cauvin, *The Birth of the Gods and the Origins of Agriculture*, Cambridge, England: Cambridge University Press, 2000 (French publication, 1994, translation: Trevor Watkins), p.15.
18. *Ibid.*, p.16.
19. *Ibid.*, p.22.
20. *Ibid.*, pp.39—48. See also: Ian Hodder, *The Domestication of Europe*, Oxford: Blackwell, 1990, pp.34—35, 参考相关的理论。
21. Cauvin, *Op. cit.*, p.44. 关于约旦贝达的曲线房屋，see John Graham Clark, *World Prehistory*, Cambridge, England: Cambridge University Press, 1977, p.50。
22. Cauvin, *Op. cit.*, p.69.
23. *Ibid.*, p.125.
24. *Ibid.* See Erlich Zehren, *The Crescent and the Bull*, London: Sidgwick & Jackson, 1962, 关于中东牛墓的早期讨论。
25. Cauvin, *Op. cit.*, p.128.
26. *Ibid.*, p.132.
27. Mithen, *After the Ice*, *Op. cit.*, p.59.
28. Fred Matson (editor), *Ceramics and Methuen*, 1966, p.241.
29. *Ibid.*
30. *Ibid.*, p.242.
31. *Ibid.*
32. Goudsblom, *Op. cit.*, pp.58—59.
33. Matson, *Op. cit.*, p.244.
34. Mithen, *After the Ice*, *Op. cit.*, p.372.
35. Matson, *Op. cit.*, p.245.

36. *Ibid.*, p.210.
37. *Ibid.*, p.211. 关于萨拉卜土丘的重要放射性碳时间测定，see Clark, *Op. cit.*, p.55。
38. Matson, *Op. cit.*, p.207.
39. *Ibid.*, p.208.
40. *Ibid.*, p.220.
41. *Ibid.* 关于陶器首先出现的另一描述，see also Clark, *Op. cit.*, pp.61ff。
42. Mircea Eliade, *A History of Religious Ideas*, *Op. cit.*, vol. 1, pp.114—115. 有些石板墓非常巨大，位于西班牙塞维利亚附近索托的一个墓地长 21 米，有一块高 3.4 米的花岗岩石块作为山墙。
43. Colin Renfrew, *Before Civilisation*, London: Cape, 1973, pp.162—163.
44. *Ibid.*, p.164.
45. *Ibid.*, p.165.
46. Alastair Service and Jean Bradbery, *Megaliths and Their Mysteries*, London: Weidenfeld & Nicolson, 1979, p.33.
47. *Ibid.*, p.34.
48. *Ibid.*, p.35.
49. Chris Scarre, 'Shrines of the land: religion and the transition to farming in Western Europe', 'Faith in the Past: Theorising an Archaeology of Religion', Publication forthcoming, edited by David Whitley, p.6.
50. Douglas C. Heggie, *Megalithic Science: Ancient Maths and Astronomy in North-Western Europe*, London and New York: Thames & Hudson, 1981, pp.61—64.
51. Eliade, *Op. cit.*, p.117.
52. Service and Bradbery, *Op. cit.*, pp.22—23.
53. Marija Gimbutas, *The Gods and Goddesses of Old Europe: 6500 to 3500 BC*, London: Thames & Hudson, 1982, p.236.
54. *Ibid.*, p.237.
55. *Ibid.*, p.177.
56. *Ibid.*, p.24. 该观点得到了霍德的证实，他还探讨了陶器上的女性象征，*Op. cit.*, p.61。
57. 玛丽亚·金布塔斯在她的著作 *The Gods and Goddesses of Old Europe: 6500 to 3500 BC* 中，还探讨了这些原创性思想同希腊人关于他们的神灵的观点之间的联系。特别是，她发现希腊人的女神以阿耳忒弥斯形象流传下来：围绕她的敬拜仪式让人想起旧欧洲古代雕像（例如阿耳忒弥斯·爱勒提亚——生育女神），pp.198—199。
58. Matson, *Op. cit.*, p.141.
59. *Ibid.*, p.143.
60. Leslie Aitchison, *A History of Metals*, London: MacDonald, 1960, p.37.
61. *Ibid.*
62. *Ibid.*, p.38.
63. *Ibid.*, p.39. 关于苏萨陶器和冶金术的讨论，see Clark, *Op. cit.*, p.92。
64. Aitchison, *Op. cit.*, p.40.
65. *Ibid.*, pp.40—41.
66. *Ibid.*, p.41.
67. 詹姆斯·米利把技术知识迅速传播的原因之一归给书写的发明，这一点我们会在第 4 章讨论。See Theodore Wertime et al. (editors), *The Coming of the Age of Iron*,

New Haven: Yale University Press, 1980, p.26. 但是还存在别的可能。最早以一定数量出现的真正青铜器（锡青铜）出现在美索不达米亚的乌尔，正好是公元前 2000 年之前。也有人提出，由于苏美尔人从更东边迁移过来，而且由于在印度河流域摩亨约—达罗也发现了同样的冶金技术，因此，也许苏美尔人首先学会了青铜制造的方法，然后，这一技术向两个方向传播。不过，这一观点在恰当提出之前，需要发现大量的锡储量。Aitchison, *Op. cit.*, p.62. 该理论被以下事实进一步证实：苏美尔的青铜时期仅仅持续了三百年，然后衰落，因为当地的锡储量在枯竭。Wertime, *Op. cit.*, p.32.

68. Aitchison, *Op. cit.*, p.78.
69. *Ibid.*, p.82.
70. *Ibid.*, p.93. 关于短剑变成长剑的插图，see Clark, *Op. cit.*, pp.179 and 186。
71. Aitchison, *Op. cit.*, p.98.
72. Wertime, *Op. cit.*, pp.69—70 and 99.
73. *Ibid.*, p.100.
74. *Ibid.*, p.101.
75. *Ibid.*, p.17.
76. *Ibid.*, p.102. 关于铁器技术影响的更广泛讨论和从黑彩陶瓶摘取的一个希腊铁匠图，see Clark, *Op. cit.*, pp.185f。
77. Wertime, *Op. cit.*, p.103.
78. *Ibid.*, p.82.
79. *Ibid.*, p.116. Clark, *Op. cit.*, p.186，讨论了后来铁的廉价成本。
80. Wertime, *Op. cit.*, p.121.
81. *Ibid.*, p.194.
82. *Ibid.*, p.105.
83. *Ibid.*, p.82.
84. *Ibid.*, pp.197 and 215. Clark, *Op. cit.*, p.170，讨论了黄金作为盔甲装饰的功能。
85. Wertime, *Op. cit.*, p.198.
86. Jack Weatherford, *A History of Money*, New York: Three Rivers Press, 1997, p.21.
87. *Ibid.*, p.27.
88. *Ibid.*, p.31. 关于早期希腊钱币的讨论，see Clark, *Op. cit.*, p.194。
89. Mithen, *After the Ice*, *Op. cit.*, pp.67—68.
90. Weatherford, *Op. cit.*, p.32.
91. *Ibid.*, p.37.
92. Georg Simmel, *The Philosophy of Money*, London: Routledge Kegan Paul, 1978, p.152.

4 智慧之城

1. H. W. F. Saggs, *Before Greece and Rome*, London: B. T. Batsford, 1989, p.62. Petr Charva't, *Mesopotamia Before History*, London: Routledge, 2002, p.100. (First published

as: *Ancient Mesopotamia-Humankind's Long Journey into Civilization by the Oriental Institute*, Prague, 1993)
2. Renfrew, *Before Civilisation*, *Op. cit.*, p.212, and Rudgley, *Op. cit.*, p.48.
3. Gwendolyn Leick, *Mesopotamia*, London: Penguin, 2002, p.xviii. 关于布拉克丘和哈姆卡尔丘，see Graham Lawton, 'Urban legends', *New Scientist*, 18 September 2004, pp.32—35。
4. Hans J. Nissen, *The Early History of the Ancient Near East*, Chicago: University of Chicago Press, 1988, pp.5 and 71. Charva't, *Op. cit.*, p.134.
5. Nissen, *Op. cit.*, p.56. 佐治亚大学和缅因大学的科学家在《科学》杂志上撰文认为，世界在五千年前温度突降，这可能激发了两个半球复杂文明的发展。对远古鱼骨的研究表明，温度突降造成了第一次厄尔尼诺现象，也就是太平洋上周期性的变暖现象，使每两到七年会出现不寻常的气候模式。在南美洲海岸，鱼群数量大增，这可能促使人们建造大型庙宇（通过集体敬拜，保持捕鱼收获）。但是气候和温度的变化也可能使大量区域变干燥，迫使尤其是旧大陆的人们集中在河谷地带。*Daily Telegraph* (London), 2 November 2002, p.10.
6. Nissen, *Op. cit.*, p.67.
7. *Ibid.*, p.56.
8. *Ibid.*, p.69.
9. Leick, *Op. cit.*, p.2.
10. *Ibid.*, p.3.
11. Charva't, *Op. cit.*, p.93.
12. Mason Hammond, *The City in the Ancient World*, Cambridge, Massachusetts: Harvard University Press, 1972, p.38.
13. Nissen, *Op. cit.*, p.72.
14. *Ibid.*, pp.130—131.
15. *Ibid.*, pp.132—133. Charva't, *Op. cit.*, p.134.
16. Hammond, *Op. cit.*, pp.37—38. Charva't, *Op. cit.*, p.134.
17. *Ibid.*
18. 汉斯·尼森警告说，我们对美索不达米亚的“庙宇”和“宫殿”所知甚少，因此在把它们称为“公共建筑物”之外的东西时，其实没有根据。Nissen, *Op. cit.*, p.98.
19. 这个特殊单词的使用在一些现代学者中激发了这样一种想法：金字形神塔的建造是为了重现在苏美尔人原始家园的自然山顶建造的类似神龛。这表明，他们曾经从北部和东部的高地迁移至美索不达米亚三角洲。Hammond, *Op. cit.*, p.39.
20. *Ibid.*
21. *Ibid.*, p.45.
22. D. Schmandt-Besserat, *Before Writing*, vol.1: *From Counting to Cuneiform*, Austin: University of Texas Press, 1992.
23. Rudgley, *Op. cit.*, p.50.
24. *Ibid.*, p.53.
25. *Ibid.*, p.54. 对此重构持怀疑态度的法国学者是 Jean-Jacques Glassner, *The Invention of the Cuneiform: Writing in Sumer*, Baltimore and London: Johns Hopkins University Press, 2003。
26. S. M. M. Winn, *Pre-writing in South Eastern Europe: The Sign System of the Vinca*

Culture, circa 4000 BC, Calgary: Western Publishers, 1981.
27. *Le Figaro* (Paris), 3 June 1999, p.16.
28. Saggs, *Op. cit.*, p.6.
29. *Ibid.*, p.7.
30. Nissen, *Op. cit.*, p.74.
31. *Ibid.*, p.76.
32. *Ibid.*, pp.78—79.
33. Saggs, *Op. cit.*, p.83.
34. Rudgley, *Op. cit.*, p.70.
35. Nissen, *Op. cit.*, p.84.
36. Saggs, *Op. cit.*, p.62.
37. *Ibid.*, p.65.
38. *Ibid.*, pp.66—68.
39. *Ibid.*, pp.68—69.
40. G. Contenau, *Everyday Life in Babylon and Assyria*, London: Edward Arnold, 1954, p.158.
41. *Ibid.*, p.160.
42. *Ibid.*, pp.162—163.
43. Leick, *Op. cit.*, p.66.
44. Nissen, *Op. cit.*, p.138.
45. Leick, *Op. cit.*, p.73.
46. Nissen, *Op. cit.*, p.139.
47. Leick, *Op. cit.*, p.75.
48. David C. Lindberg, *The Beginnings of Western Science*, Chicago: University of Chicago Press, 1992, p.12.
49. Nissen, *Op. cit.*, p.140. Charva't, *Op. cit.*, p.127.
50. Saggs, *Op. cit.*, pp.78—84.
51. *Ibid.*
52. *Ibid.*, p.81.
53. Nissen, *Op. cit.*, p.136.
54. Saggs, *Op. cit.*, p.98.
55. *Ibid.*, p.104. 大多数抄写员是男性，但也不尽然。阿卡德国王萨尔贡的女儿是乌尔城月神的高级祭司，她成为著名的诗人。当抄写员在文件上签名时，通常要添加父亲的名字和职位，证明自己是城市管理者、庙宇管理者、军官或祭司的儿子。读写能力只限于抄写员和管理者。
56. Saggs, *Op. cit.*, p.105.
57. *Ibid.*
58. *Ibid.*, p.107.
59. *Ibid.*, p.110.
60. *Ibid.*, p.111.
61. *Ibid.*, p.112.
62. *Ibid.*, p.103.
63. Leick, *Op. cit.*, p.214.

64. *Ibid.*, p.82.
65. Contenau, *Op. cit.*, p.196.
66. William B. F. Ryan et al., 'An abrupt drowning of the Black Sea shelf', *Marine Geology*, vol. 38, 1997, pp.119—126. 2002 年 10 月，《海洋地质学》整期讨论了黑海假说问题。许多人持否定态度。
67. George Roux, *Ancient Iraq*, London: Penguin, 1966, p.109.
68. Nissen, *Op. cit.*, p.95.
69. *Ibid.*
70. H. and H. A. Frankfort et al., *Before Philosophy*, London: Penguin, 1949, p.224. Andrew R. George, *The Babylonian Gilgamesh Epic: Introduction, Critical Edition and Cuneiform Texts* (2 vols), Oxford: Oxford University Press, 2003.
71. Contenau, *Op. cit.*, p.204.
72. Frankfort et al., *Op. cit.*, p.225.
73. *Ibid.*, p.226.
74. Contenau, *Op. cit.*, p.205.
75. Frankfort et al., *Op. cit.*, p.226.
76. Lionel Casson, *Libraries in the Ancient World*, New Haven: Yale University Press, 2001, p.4.
77. *Ibid.*, p.7.
78. *Ibid.*, p.13.
79. Charva't, *Op. cit.*, p.101.
80. *Ibid.*, p.210.
81. *Ibid.*
82. Leick, *Op. cit.*, p.90.
83. Stuart Piggott, *Wagon, Chariot and Carriage*, London and New York: Thames & Hudson, 1992, p.16.
84. *Ibid.*, p.21, map.
85. *Ibid.*, p.41.
86. *Ibid.*
87. *Ibid.*, p.44.
88. Yuri Rassamakin, 'The Eneolithic of the Black Sea steppe: dynamics of cultural and economic development 4500—2300 BC', in Marsha Levine et al., *Late Prehistoric Exploitation of the Eurasian Steppe*, Cambridge, England: McDonald Institute for Archaeological Research Monographs, 1999, pp.136—137.
89. *Ibid.*, pp.5—58.
90. *Ibid.*, p.9.
91. Quoted in Saggs, *Op. cit.*, p.176.
92. Arthur Ferrill, *The Origins of War*, London and New York: Thames & Hudson, 1985, p.15.
93. *Ibid.*, pp.18—19.
94. *Ibid.*, p.21.
95. *Ibid.*, p.26. 在苏美尔，书写证明，他们在袭击山区民族时，进行杀戮、掠夺和奴役时没有感到良心不安。表意文字“女奴”是“女人”和“山”的合体。Saggs, *Op. cit.*, p.176.

96. Ferrill, *Op. cit.*, p.46.
97. *Ibid.*, pp.66—67.
98. *Ibid.*, p.72. 以色列考古学家 Yigael Yadin 使用亚述人墓地浮雕来研究战争围城技术的发展。公元前 2000 至前 1000 年军队出现之后，激发各地建造设防工事，围城成为必需的战术。亚述的将领发展出各种专业装备。有带轮子的撞击装置和移动塔楼。碳化钢的发现鼓励了专用杆、矛的发展，它们可以在城墙的薄弱地方进行刮擦。围城从来不是一件容易的事情：许多城市储备了足够维持一年多的水和食物，而这么长时间里，任何事情都有可能发生。（当亚述人在公元前 722 年围攻耶路撒冷时，他们因为瘟疫而死伤大半。）与其困守等待时机，人们更愿意进攻。See Ferrill, *Op. cit.*, pp.76—77.
99. Saggs, *Op. cit.*, p.156.
100. Roux, *Op. cit.*, p.185.
101. W. G. De Burgh, *The Legacy of the Ancient World*, London: Penguin, 1953/1961, p.25.
102. Saggs, *Op. cit.*, pp.156—158.
103. Roux, *Op. cit.*, p.187.
104. *Ibid.*, p.171.
105. *Ibid.*, p.173.
106. Saggs, *Op. cit.*, p.160.
107. *Ibid.*, p.161.
108. *Ibid.*, p.162.
109. *Ibid.*
110. *Ibid.*, p.165.
111. Charva't, *Op. cit.*, p.155.
112. *Ibid.*, p.230.
113. *Ibid.*, p.236.

5　祭祀、灵魂、救世主："精神的突破"

1. Brian Fagan, *From Black Land to Fifth Sun: The Science of Sacred Sites, Reading*, Massachusetts: Helix/Perseus Books, 1998, pp.244—245.
2. 孟加拉达罗毗荼部落的冈德人向大地女神献祭。被称为"莫利亚"的人牲，要么从其父母处买来，要么其父母本身也是人牲。"莫利亚"一家过上几年快乐的生活，他们被视为神圣的存在，可以同其他人牲结婚，并获得一块土地作为嫁妆。在献祭前的两个星期，人牲在一个仪式上被剪掉头发，之后是狂欢，"莫利亚"被带到附近一片"尚未被斧头污染过"的树林。人们用黄油和其他油以及鲜花为他涂油，然后让他服用鸦片。他或被碾压死，或被勒死，或在火盆上慢慢烧烤。然后，他被切成块，带到附近的村庄掩埋，以确保好的收成。Mircea Eliade, *Patterns in Comparative Religion*, London: Sheed & Ward, 1958, pp.344—345.
3. 如果滴下的眼泪是为了祈求神灵下雨，这被人类学家 J. G. 弗雷泽认为是纯粹宗教。如果眼泪是为了模仿下雨，那就是交感巫术和宗教的结合：人把自己诱导神灵要做的事情表演出来。See also Eliade, *Patterns*, *Op. cit.*, p.345. Miranda Aldhouse Green, *Dying for the Gods: Human Sacrifice in Iron Age and Roman Europe*, London: Tempus, 2001.

4. B. Washburn Hopkins, *Origin and Evolution of Religion*, New Haven and New York: Yale University Press, 1924, p.116. Royden Keith Kerkes, *Sacrifice in Greek and Roman Religions and Early Judaism*, London: Adam and Charles Black, 1953, p.31.
5. Hopkins, *Op. cit.*, p.50.
6. Eliade, *Patterns*, *Op. cit.*, p.86.
7. *Ibid.*, p.88.
8. *Ibid.*, p.90.
9. *Ibid.*, p.91.
10. *Ibid.*, p.217. 关于达罗毗荼人的历史，see A. C. Bouquet, *Comparative Religion*, London: Cassell, 1961, pp.116ff。
11. Eliade, *Patterns*, *Op. cit.*, p. 219. Kerkes, *Op. cit.*, p.92.
12. Eliade, *Patterns*, *Op. cit.*, p.332.
13. *Ibid.*, p.334.
14. 关于埃及寓示肥沃的仪式，see Michael Jordan, *Gods of the Earth*, London: Bantam, 1992, p.106。
15. Eliade, *Patterns*, *Op. cit.*, p.342.
16. *Ibid.*, p.343.
17. 关于美索不达米亚的玉米种植史，see Barry Cunliffe, Wendy Davies and Colin Renfrew (editors), *Archaeology: The Widening Debate*, Oxford: Oxford University Press, 2002。关于玉米母神，see Frank B. Jevons, *An Introduction to the History of Religions*, London: Methuen, 1896/1904, pp.257—258。
18. C. Jouco Bleeker and Geo Widengren (editors), *Historia Religionum*, vol. 1, *Religions of the Past*, Leiden: E. J. Brill, 1969/1988, p.116.
19. Eliade, *Patterns*, *Op. cit.*, p.75.
20. *Ibid.*, p.102.
21. *Ibid.*, p.104.
22. 同天体相联系的最早的印度—雅利安语词根是 moon（我），在梵语中，它变成一个意为“我衡量”的词。具有相同词根和意义的词在古普鲁士语、哥特语、希腊语（mene）和拉丁语（mensis）中都存在。想想英语单词 commensurate 和 menstruation。Eliade, *Patterns*, *Op. cit.*, p.154.
23. *Ibid.*, p.165. 关于月亮公牛，see also Jevons, *Op. cit.*, pp.228—229，and Zehren, *Op. cit.*, pp.94—95 and pp.240—241。
24. Hopkins, *Op. cit.*, p.109. E. B. Tylor, *Primitive Culture: Development of Mythology, Religion, Art, Astronomy etc.*, London: John Murray, 1871.
25. *Ibid.*, pp.124—126.
26. *Ibid.*, p.130.
27. S. G. Brandon, *Religion in Ancient History*, London: Allen & Unwin, 1973, pp.147ff.
28. *Ibid.*, p.69.
29. *Ibid.*, p.70.

30. Bleeker and Widengren (editors), *Op. cit.*, pp.96—99.
31. Brandon, *Op. cit.*, p.71.
32. *Ibid.*, p.7.
33. *Ibid.*, p.72. 关于把新月看作天亮前“太阳船”驶向太阳和来世（太阳的光晕）的讨论，see Zehren, *Op. cit.*, pp.283—284。
34. Brandon, *Op. cit.*, p.72.
35. *Ibid.*, p.73.
36. Edwin Bryant, *The Quest for the Origins of Vedic Culture*, Oxford and New York: Oxford University Press, 2001, pp.298—299; George Cordana and Dhanesh Jain (editors), *The Indo-Aryan Languages*, London: Routledge, 2003; Asko Parpola, ‘Tongues that tie a billion souls’, *Times Higher Education Supplement*, 8 October 2004, pp.26—27.
37. Bryant, *Op. cit.*, p.165.
38. *Ibid.*, p.166.
39. *Ibid.*
40. Brandon, *Ibid.*, p.87.
41. *Ibid.*
42. *Ibid.*, p.86.
43. Jan N. Bremmer, *The Rise and Fall of the Afterlife*, London and New York: Routledge, 2002, p.1.
44. *Ibid.*, p.2.
45. Brandon, *Op. cit.*, p.74.
46. *Ibid.*, p.75.
47. *Ibid.*, pp.31—32.
48. *Ibid.*, p.76.
49. Bremmer, *Op. cit.*, p.4.
50. *Ibid.*, p.5 and ref. 关于哈得斯的讨论，see Jevons, *Ibid.*, chapter 21, ‘The next life’。
51. 对一些学者来说，前往哈得斯的旅途需要一位向导这一事实说明，也许由于近来的战争，人们对于来世的命运越来越感到担忧，对极乐世界描述最宏伟的是《埃涅阿斯纪》，书中，埃涅阿斯到极乐世界拜见自己的父亲安喀塞斯。
52. Bremmer, *Op. cit.*, p.7.
53. Brandon, *Op. cit.*, p.79.
54. 活着的灵魂从来不等同于死者的灵魂，也不是肉体的对立面。以色列人有一个词，叫“罗阿克”，通常翻译为“精神”，但也可以指“领袖魅力”，表示杰出人物（如以利亚）的身体和心理力量。Bremmer, *Op. cit.*, p.8.
55. *Ibid.*, pp.8—9.
56. Karl Jaspers, *The Origin and Goal of History*, London: Routledge, 1953, p.2. 关于这一理论的社会学版本，see Robert Bellah' article，‘Religious evolution’, reprinted in his *Beyond Belief: Essays on Religion in a Post-Traditional World*, Berkeley, Los Angeles and London: University of California Press, 1970/1991。
57. Grant Allen, *The Evolution of the Idea of God*, London: Grant Richards, 1904, p.180.
58. Cyrus H. Gordon and Gary A. Rendsburg, *The Bible in the Ancient Near East*, New York: Norton, 1997, pp.109—113.
59. Allen, *Op. cit.*, p.181.

60. *Ibid.*, p.182.
61. *Ibid.*
62. *Ibid.*, p.184.
63. *Ibid.*, pp.185—186. 关于其他早期希伯来传统，see John Murphy, *The Origins and History of Religions*, Manchester: Manchester University Press, 1949, pp.176ff。
64. 巨石阵和石板门，虽然不如西欧发现的那么壮观，但是仍能在古代腓尼基、迦南，也就是现在的加利利和叙利亚找到（希罗多德描述了他在叙利亚看见的一根饰有女阴的石柱）。Allen, *Op. cit.*, pp.186—187.
65. *Ibid.*, p.190.
66. *Ibid.*, p.192.
67.《申命记》的作者写道，“如果以色列服从耶和华，耶和华将使你们的肚子永远多产，使你们的牛群永远健壮，使你们的土地永远富饶”，但是如果以色列“无视妒忌的上帝”，那么“你们的身体，你们的土地，你们的母牛，和你们的羊群将受到诅咒”。Allen, *Op. cit.*, p.194. 最后，在耶和华作为生育之神的社会语境下，需要人们献出第一个出生的孩子作为献祭的牺牲。在世俗世界，第一个孩子通常被认为是神灵“获得初夜权使母亲受孕”而生下的后代。Karen Armstrong, *A History of God*, London: Vintage, 1999, p.26.
68. Allen, *Op. cit.*, p.212.
69. *Ibid.*, p.213.
70. *Ibid.*, p.215.
71. *Ibid.*, pp.216—217.
72. *Ibid.*, p.219. See Bouquet, *Op. cit.*, chapter 6，‘The golden age of religious creativity’, pp.95—111. Kerkes, *Op. cit.*, p.32.
73. 关于《申命记》的伪造，see Allen, *Op. cit.*, p.22。
74. Bruce Vawter, *The Conscience of Israel*, London: Sheed & Ward, 1961, p.15.
75. *Ibid.*, p.18.
76. Paul Johnson, *A History of the Jews*, London: Weidenfeld & Nicolson, 1987, p.38. See also Norman Podhoretz, *The Prophets*, New York: The Free Press, 2002, p.92.
77. 这一现象在非利士人的战争时期爆发，并使先知同沉迷于神舞和其他身体活动的拿撒勒人联系起来，这些活动如此频繁，以至于最终成为一种催眠暗示，在催眠的作用下，他们会几小时失去意识。Vawter, *Op. cit.*, pp.22—23. 到前 8 世纪，当伟大的道德先知登上历史舞台的时候，神秘主义已经不再流行。以色列人曾经同他们的相邻部落一样进行占卜活动，例如用动物的肝脏进行预测，不过这也废弃不用了。*Ibid.*, pp.24 and 31.
78. *Ibid.*, pp.39—40.
79. Johnson, *Op. cit.*, pp.36—38. 出于巧合，先知反对上帝的形象，因为这样就剥夺了当时的王把这种形象留为己用的权力，也剥夺了王相应的“神性”和权力，还因为有一个“看不见的”内在的神灵，帮助人们看清世界，使男男女女回归自身，成为道德的执行者。*Ibid.*, p.124.
80. Vawter, *Op. cit.*, p.66. See also Israel Finkelstein and Neil Asher Silberman, *The Bible Unearthed*, New York: The Free Press, 2001, pp.172—173.
81. Vawter, *Op. cit.*, p.82.
82. *Ibid.*, p.95; Podhoretz, *Op. cit.*, pp.119f.

83. Vawter, *Op. cit.*, p.111.
84. *Ibid.*, p.72.
85. 先知中的第二位弥迦把历史学家布鲁斯·沃特所称的“犹太资本主义”视为自己的主要目标，也就是大地产的增长（得到考古学证据证实），财富集中到少数人手里，使其他人沦为“无助的依附者”。那时祭司因为个人的收益高于他人而受到攻击，因为在同亚述人合伙的时候，他们背离耶和华信仰而转信别的神灵。弥迦活跃于公元前 750 至前 686 年，所以迟至这个时期，耶和华信仰还没有在以色列稳固下来。Vawter, *Op. cit.*, p.154.
86. Podhoretz, *Op. cit.*, p.183; Vawter, *Op. cit.*, pp.165—166.
87. Thomas L. Thompson, *The Bible in History*, London: Cape, 1999, p. 56. Vawter, *Op. cit.*, p.170.
88. Vawter, *Op. cit.*, p.175.
89. *Ibid.*, p.75.
90. Podhoretz, *Op. cit.*, pp.187 and 191; Gordon and Rendsburg, *Op. cit.*, p.253. Vawter, *Op. cit.*, p.75.
91. Podhoretz, *Op. cit.*, pp.219ff. Finkelstein and Silberman, *Op. cit.*, p.297.
92. Paul Kriwaczek, *In Search of Zarathustra*, London: Weidenfeld & Nicolson, 2002, p.206.
93. *Ibid.*, p.222.
94. *Ibid.*, p.119.
95. *Ibid.*, p.120.
96. *Ibid.*, p.49. See also *A Nietzsche Reader*, selected and translated, and with an introduction by R. J. Hollingdale, London: Penguin, 1977, 关于道德问题，尤其见 pp.71—124。
97. Brandon, *Op. cit.*, p.96.
98. Kriwaczek, *Op. cit.*, p.210.
99. Eliade, *Op. cit.*, p.309.
100. 由于原始的恶神时常有欺骗行为，琐罗亚斯德要求信徒不再敬拜它们。在设想“正义之路”时，琐罗亚斯德教预示了柏拉图（关于善的理念）、佛教和儒家的思想。在要求信徒不再敬拜恶神时，琐罗亚斯德的思想可能帮助了犹太人从主神教（众神当中只有一个是值得敬拜的）到一神教的转变（只有一个神）。Kriwaczek, *Op. cit.*, p.183.
101. *Ibid.*, p.210.
102. *Ibid.*
103. Eliade, *Op. cit.*, p.308.
104. *Ibid.*, p.312.
105. Kriwaczek, *Op. cit.*, p.195.
106. Eliade, *Op. cit.*, p.330.
107. Pat Alexander (editor), *The World's Religions*, Oxford: Lion Publishing, 1994, p.170.
108. *Ibid.*, p.173.
109. *Ibid.*, p.174.
110. Karen Armstrong, *Buddha*, London: Weidenfeld & Nicolson, 2000, p.15.
111. *Ibid.*, p.19.
112. *Ibid.*, p.23.

113. S. G. F. Brandon (editor), *The Saviour God*, Manchester: Manchester University Press, 1963, p.218.
114. *Ibid.*, p.86.
115. *Ibid.*, p.89.
116. *Ibid.*, p.90.
117. Armstrong, *A History of God*, *Op. cit.*, p.41.
118. *Ibid.*, p.42.
119. *Ibid.*
120. R. M. Cook, *The Greeks Till Alexander*, London and New York: Thames & Hudson, 1962, p.86. See also Armstrong, *A History of God*, *Op. cit.*, p.45.
121. Armstrong, *Op. cit.*, p.46. 关于柏拉图修改他的理论，see Cook, *Op. cit.*, p.41。
122. Armstrong, *A History of God*, *Op. cit.*, p.48.
123. *Ibid.*, p.49.
124. D. Howard Smith, *Confucius*, London: Temple Smith, 1973. John D. Fairbanks, *China*, Cambridge, Massachusetts: The Belknap Press of Harvard University Press, 1992, pp.50—51.
125. Fairbanks, *Op. cit.*, p.25.
126. *Ibid.*, pp.33—34.
127. Brandon, *Op. cit.*, p.98.
128. Armstrong, *A History of God*, *Op. cit.*, p.43.
129. *Ibid.*, p.45.
130. Fairbanks, *Op. cit.*, p.63.
131. *Ibid.*, p.66. See also Bouquet, *Op. cit.*, p.180.
132. Benjamin I. Schwarz, *The World of Thought in Ancient China*, Cambridge, Massachusetts: The Belknap Press of Harvard University Press, 1985, p.193. Brandon (editor), *Op. cit.*, p.179.
133. D. C. Lau, *Introduction to Lao Tzu, Tao te ching*, London: Penguin, 1963, pp.xv—xix.
134. Schwarz, *Op. cit.*, p.202. Brandon (editor), *Op. cit.*, p.180.

6 科学、哲学和人文学科的起源

1. Allan Bloom, *The Closing of the American Mind*, London: Penguin, 1987, p.369.
2. H. D. F. Kitto, *The Greeks*, London: Penguin, 1961.
3. Peter Hall, *Cities in Civilisation*, London: Weidenfeld & Nicolson, 1998, p.24.
4. Daniel J. Boorstin, *The Seekers: The Story of Man's Continuing Quest to Understand His World*, New York and London: Vintage, 1999, Part II.
5. A. R. Burn, *The Penguin History of Greece*, London: Penguin, 1966, p.28.
6. *Ibid.*, pp.64—67.
7. *Ibid.*, p.68. See above, pp.90—91.

8. Robert B. Downs, *Books That Changed the World*, New York: Mentor, 1983, p.41. See also Burn, *Op. cit.*, p.73.
9. John Roberts, *A Short Illustrated History of the World*, London: Helicon, 1993, p.108.
10. Burn, *Op. cit.*, p.119.
11. *Ibid.*, pp.119—121. 僭主在后来的民主希腊人中变成贬义词。See also Peter Jones, *An Intelligent Person's Guide to Classics*, London: Gerald Duckworth, 1999/2002, p.70.
12. Kitto, *Op. cit.*, pp.75 and 78. 关于雅典的人口，see Jones, *Op. cit.*, p.65。
13. Roberts, *Op. cit.*, p.109.
14. Kitto, *Op. cit.*, p.126.
15. *Ibid.*, p.129.
16. Erwin Schrödinger, *Nature and the Greeks and Science and Humanism*, Cambridge, England: Cambridge University Press, 1954/1996, pp.55—58.
17. Geoffrey Lloyd and Nathan Sivin, *The Way and the Word: Science and Medicine in Early China and Greece*, New Haven, Connecticut, and London: Yale University Press, 2002, pp.242—248.
18. Geoffrey Lloyd, *The Revolution in Wisdom: Studies in the Claims and Practices of Ancient Greek Science*, Berkeley and London: University of California Press, 1987, p.85.
19. *Ibid.*, pp.56, 62, 109 and 131.
20. *Ibid.*, p.353.
21. Schrödinger, *Op. cit.*, p.58.
22. Michael Grant, *The Classical Greeks*, London: Weidenfeld & Nicolson, 1989, p.46.
23. Kitto, *Op. cit.*, p.177.
24. Freeman, *The Closing of the Western Mind*, *Op. cit.*, p.9.
25. Kitto, *Op. cit.*, p.179.
26. *Ibid.*, p.181.
27. Burn, *Op. cit.*, p.131; see also Cook, *Op. cit.*, p.86.
28. Burn, *Op. cit.*, p.138.
29. E. G. Richards, *Mapping Time: The Calendar and Its History*, Oxford: Oxford University Press, 1998, p.36.
30. David C. Lindberg, *The Beginnings of Western Science*, Chicago: University of Chicago Press, 1992, p.29.
31. *Ibid.*, p.34.
32. Burn, *Op. cit.*, p.247. 关于阿那克萨戈拉对透视的理解，see Cook, *Op. cit.*, p.147。
33. Burn, *Op. cit.*, p.248.
34. Schrödinger, *Op. cit.*, p.78.
35. Lindberg, *Op. cit.*, p.31.
36. *Ibid.*, p.113.
37. Burn, *Op. cit.*, p.271; Cook, *Op. cit.*, p.144.
38. Lindberg, *Op. cit.*, p.116.
39. Burn, *Op. cit.*, p.272.
40. Geoffrey Lloyd, *Magic, Reason and Experience*, Cambridge, England: Cambridge

University Press, 1979, chapter 4.
41. Lloyd and Sivin, *Op. cit.*, p.241.
42. Grant, *Op. cit.*, p.47.
43. *Ibid.*, p.70. Cook, *Op. cit.*, p.138 说智者经常成为笑柄。
44. Grant, *Op. cit.*, p.72.
45. Freeman, *Op. cit.*, p.24.
46. Burn, *Op. cit.*, p.307.
47. Grant, *Op. cit.*, pp.209—212.
48. Lindberg, *Op. cit.*, pp.40—41.
49. Pierre Leveque, *The Greek Adventure*, translated by Miriam Kochan, London: Weidenfeld & Nicolson, 1968, p.358. 柏拉图还把在感官的直接世界之外存在另一个世界的想法（这里我们必须谨慎使用“思想”这个词）运用于灵魂。“灵魂是独立存在的实体，它同肉体之间没有有机的联系；它能够反映和构想思想。” *Ibid.* 但是肉体总是横在其中，污染形式的经验。道德性，也就是苏格拉底意义上的正派生活，包括尽力避免肉体的腐蚀。“当我们活着，我们应当尽量接近知识，尽可能避免同肉体的来往和交流……而应远离它，保持纯净。”灵魂，还有理念，在此时此地可见一斑：这就是冥思、学术、诗歌和爱情的目的。对柏拉图来说，死亡意味着肉体的终结，但是灵魂保持不朽，“因为它参与了理念”。灵魂被一辆两匹马拉的大车拖着，一匹是高贵的情感，一匹是低劣的情感，被理性驱赶着。
50. Leveque, *Op. cit.*, p.359.
51. *Ibid.* 关于柏拉图的写作风格，see Cook, *Op. cit.*, p.146。
52. Leveque, *Op. cit.*, p.361.
53. Boorstin, *Op. cit.*, p.57.
54. *Ibid.*, p.58.
55. *Ibid.*, p.59.
56. *Ibid.*, p.61.
57. *Ibid.*, p.62. 在《政治学》中，他让一个助手调查地中海沿岸一百五十个城邦。Cook, *Op. cit.*, p.143. 幸存的故事本身就是一个复杂的拜占庭故事。他的藏书经过了不同人的手，在一个地窖中埋藏，然后被带入罗马，在那里被来自罗得岛的一个叫安德罗尼柯的人做了分类。
58. Boorstin, *Op. cit.*, p.64.
59. *Ibid.*, p.65.
60. Lereque, *Op. cit.*, p.365.
61. Boorstin, *Op. cit.*, p.69.
62. *Ibid.* 关于亚里士多德的美德就是两种邪恶之间中道的理论，see Cook, *Op. cit.*, pp.142—143。
63. Boorstin, *Op. cit.*, p.71.
64. Leveque, *Op. cit.*, p.363.
65. *Ibid.*, p.364.
66. *Ibid.*
67. Grant, *Op. cit.*, p.252.
68. Burn, *Op. cit.*, p.204.
69. Grant, *Op. cit.*, p.39.

70. Burn, *Op. cit.*, p.124.
71. *Ibid.*
72. Grant, *Op. cit.*, p.39.
73. *Ibid.*, p.40. See also Cook, *Op. cit.*, p.145.
74. Burn, *Op. cit.*, p.205.
75. Grant, *Op. cit.*, p.110.
76. *Ibid.*, pp.129—130. Cook, *Op. cit.*, p.145.
77. Boorstin, *Op. cit.*, p.79.
78. Grant, *Op. cit.*, p.158.
79. *Ibid.*, p.159. Cook, *Op. cit.*, p.118.
80. John Boardman, *Greek Art*, London and New York: Thames & Hudson, 1996, p.145.
81. Cook, *Op. cit.*, p.157. Grant, *Op. cit.*, pp.95—96.
82. Grant, *Op. cit.*, p.81.
83. 被许多人认为是古典希腊雕塑顶峰的作品于 1972 年在意大利南部卡拉布里亚的里亚切沿海被发现。它们被称为里亚切青铜作品，即两座六英尺高的男性雕塑。两座雕塑都有胡须，原来都戴着头盔，而且可能携带盾牌，尽管这些都已经遗失，可能是被掠夺。男子有一头茂密的头发，嘴唇和乳头（可能还有眼睫毛）都用铜制作。从理论上，也是从实际上，这些雕像不输于任何雕像，而且尽管我们不知道是谁制造了它们，但是，有两个主要人选，一个是雕塑家毕达哥拉斯，普林尼把他描述为第一个“描绘筋肉、血管和头发等解剖细节”的人，他的家乡在利基翁（现在的雷焦卡拉布里亚），青铜器就是在那附近被发掘的。第二个是波利克里托斯。之所以这么说，是因为他在阿哥斯创作了许多青铜作品，而发现的青铜作品具有多种阿哥斯特征。他的作品也是通过复制品而被人所知的，一个是那不勒斯的“持矛年轻人”（持矛者）。波利克里托斯还写了一部作品《经典》，表达了他眼中理想的人体比例。这表明，波利克里托斯对美持一种数学观点：美是比例的哲学问题，人体“是数学原理的完美体现”。普林尼说，许多人受到《经典》的影响。在一次为以弗所阿耳忒弥斯神庙创作女战士雕像的竞赛中，波利克里托斯击败了菲狄亚斯。但是，这些都不能证明在里亚切发掘的青铜作品是他的作品，而且可能的事实是，古典希腊雕塑的杰作来自不知名雕塑家。Grant, *Op. cit.*, pp.81ff.
84. *Ibid.*, p.59.
85. John Boardman, *Athenian Red Figure Vases: The Classical Period*, London and New York: Thames & Hudson, 1989, p.8. Richard Neer, *Style and Politics in Athenian Vase-Painting: The Craft of Democracy, Circa 530—470 BCE*, Cambridge, England: Cambridge University Press, 2002.
86. *Ibid.*, pp.263—264.
87. Hall, *Op. cit.*, pp.32—33. 但是许多雕像被涂上油漆。See Cook, *Op. cit.*, p.151.
88. Hall, *Op. cit.*, p.30.
89. Grant, *Op. cit.*, p.279.
90. *Ibid.*, p.280.
91. *Ibid.*, p.224.
92. *Ibid.*, p.281.
93. Walter Burkhart, *The Orientalizing Revolution*, Cambridge, Massachusetts: Harvard

University Press, 1992 (1984 in German), *passim*.
94. Martin Bernal, *Black Athena: The Afroasiatic Roots of Classical Civilisation*, London: Free Association Books, 1987/Vintage paperback 1991, p.51.
95. M. L. West, *The East Face of Helicon: West Asiatic Elements in Greek Poetry and Myth*, Oxford: Oxford University Press, 1997. 韦斯特说埃及对希腊的文学影响是“微乎其微的”，但他说，虽然伯纳尔叙述中的许多细节属于极大夸张，但是他的总体论述是合理的。Peter Jones, *Op. cit.*, p.225.
96. Isaiah Berlin, *Liberty* (edited by Henry Hardy), Oxford: Oxford University Press, 2002, pp.302—303.
97. *Ibid.*, p.294 and ref.
98. *Ibid.*, p.304.
99. *Ibid.*, p.308.
100. 关于芝诺的悖论，see Peter Jones (editor/director), *The World of Rome*, Cambridge, England: Cambridge University Press, 1997, p.289。
101. Berlin, *Op. cit.*, p.310.
102. Leveque, *Op. cit.*, pp.328ff.
103. Berlin, *Op. cit.*, p.312.
104. *Ibid.*, p.314.
105. Grant, *Op. cit.*, p.263.
106. Translated by Erwin Schrödinger in his *Nature and the Greeks and Science and Humanism*, *Op. cit.*, p.19.

7 以色列思想与耶稣思想

1. Johnson, *History of the Jews*, *Op. cit.*, p.78.
2. *Ibid.*, p.82.
3. Robin Lane Fox, *The Unauthorised Version*, New York: Knopf, 1991, pp.71—72. 关于以色列人同耶和华之间的紧张关系，see Finkelstein and Silberman, *Op. cit.*, pp.120—121。
4. Lane Fox, *Op. cit.*, p.70. Gordon and Rendsburg, *Op. cit.*, p.323.
5. Lane Fox, *Op. cit.*, p.56.
6. Johnson, *Op. cit.*, p.83.
7. Lane Fox, *Op. cit.*, p.275.
8. Johnson, *Op. cit.*, pp.84—85.
9. *Ibid.*, p.85.
10. Lane Fox, *Op. cit.*, p.85.
11. *Ibid.*, p.107. 理查德·弗里德曼认为是以斯拉制定了摩西律法的最终形态；see Finkelstein and Silberman, *Op. cit.*, p.310.
12. Philip R. Davies, *Scribes and Schools*, London: SPCK, 1998, p.24.

13. *Ibid.*, p.7.
14. Lane Fox, *Op. cit.*, p.109.
15. *Ibid.*, p.10.
16. *Ibid.*, p.116.
17. 菲利普·戴维斯持相反的观点。他认为，希伯来《圣经》的最后形式不能向我们揭示任何关于其演化的内容。Davies, *Op. cit.*, pp.89—90. 事实上，《旧约》的三部分描述了以色列历史的四个阶段：古代世界史和以色列祖先的选择（《创世记》）；国家的创立，从雅各在埃及的后代开始到上帝赐予律法和国土；衰落期，从摩西的领导，经历约书亚和扫罗到大卫王和所罗门，然后经过不太理想的以色列和犹大王国，最后到流亡巴比伦（《出埃及记》《列王纪》和《历代记》）；犹大复国，重建圣殿，重新确立犹大 / 以色列作为"致力于与耶和华立约并在他的神殿敬拜"的宗教实体。到这个时候，正史结束，尽管犹太人的历史并未结束。对基督徒来说，随着弥赛亚的降生，犹太教从理论上终结了。*Ibid.*, p.55. "犹太人"这个词来自希伯来语 yehudi，Judahite 或 Judaean，是雅各的第四个儿子和继承人犹大的后代，他也是"耶和华最初给亚伯拉罕赐福的历史传承者"。Allen Bloom, *Closing*, *Op. cit.*, p.4. 值得让我们记住的是，基督教的《旧约》同希伯来的《圣经》篇章安排不同。前面五卷顺序相同，但是书名不同。基督教的《创世记》是希伯来人的 Bereshith，"天地之初"；基督教的《民数记》是希伯来人的 Bemidbar，"在荒野中"。希伯来人的习惯，就像微软的 word 文档一样，通常以该章的前面几个单词作为名称。在《托拉律法》或《摩西五经》之后，《旧约》同希伯来《圣经》各书的顺序就很少有相同之处了。基督教的《旧约》结尾是玛拉基宣称新的以利亚，一个新的先知；而希伯来《圣经》的结尾是《历代记》第二卷，以色列人回到耶路撒冷和圣殿重建。
18. Allen Bloom, *Op. cit.*, pp.4—5.
19. Finkelstein and Silberman, *Op. cit.*, pp.246ff.
20. Keith W. Whitelam, *The Invention of Ancient Israel*, London: Routledge, 1996, pp.128—129.
21. Finkelstein and Silberman, *Op. cit.*, pp.81ff.
22. Israel Finkelstein, personal interview, Tel Aviv, 22 November 1996. See also Finkelstein and Silberman, *Op. cit.*, pp.72ff.
23. Amihai Mazar, personal interview, Tel Aviv, 22 November 1996.
24. Raz Kletter, personal interview, Tel Aviv, 25 November 1996. Ephraim Stern, *Archaeology of the Land of the Bible, Vol. 2*, New York: Doubleday, 2001, pp.200—209. Finkelstein and Silberman, *Op. cit.*, pp.246ff 还认为，绝对敬拜耶和华的行为在公元前 8 世纪才开始。
25. Finkelstein and Silberman, *Op. cit.*, p.129.
26. Anne Punton, *The World Jesus Knew*, London: Olive Press/Monarch Books, 1996, p.182.
27. Lane Fox, *Op. cit.*, p.197.
28. *Ibid.*, p.16. Gordon and Rendsburg, *Op. cit.*, pp.36ff.
29. Lane Fox, *Op. cit.*, p.19.
30. *Ibid.*, p.21.
31. *Ibid.*, pp.58—59. 关于亚伯拉罕的角色、耶路撒冷的兴起和 E 本与 J 本《圣经》的其他影响，see Finkelstein and Silberman, *Op. cit.*, pp.44—45。关于《创世记》的世界，see also Thompson, *Op. cit.*, pp.105ff。

32. 美国学者哈罗德·布鲁姆认为，实际上，J 本是《旧约》的最早要素，是《圣经》的起源，而且，它的作者是个女人。在评论对 J 本要素的新翻译中，他认为这位公元前 10 世纪的女人把耶和华更多看作一个希腊或苏美尔人的神灵，具有浓厚的神人同形色彩：精力充沛、喜欢恶作剧、喜怒无常，“一个易怒的人”。布鲁姆把《旧约》类比于荷马与赫西俄德的组合体。这些促成了上帝概念的演化，这在前一章讨论过。David Rosenberg and Harold Bloom, *The Book Of J*, New York: Grove Weidenfeld, 1990, p.294.
33. Johnson, *Op. cit.*, p.91.
34. Punton, *Op. cit.*, p.83.
35. *Ibid.*, p.209.
36. *Ibid.*
37. *Ibid.*
38. Jean-Yves Empereur, *Alexandria*, London and New York: Thames & Hudson, 2001/2002, p.38.
39. Punton, *Op. cit.*, p.102.
40. Lane Fox, *Op. cit.*, p.123. See also R. H. Charles, *The Apocrypha and Pseudepigrapha of the Old Testament*, Oxford: Oxford University Press, 1913.
41. Punton, *Op. cit.*, p.217.
42.《圣经》中的最后一个因素是口传《托拉律法》，这是因为书面的《托拉律法》尽管权威，但是不能解释所有的情况。例如，它允许离婚，但没有指明离婚应当采取哪种形式，或离婚如何进行。对律法的阐释和解释越来越多，随之产生了一种口头传统。最终，这一口头传统成为像书面律法一样的经典。有着惊人记忆力的学者致力于诵记和传递这一传统（这些人被称为坦拿伊姆）。然而，这一传统经典最后变得庞大，不得不写下来。引发这一举动的还有降临犹太人的两次灾难：公元 70 年第二圣殿的毁灭和公元 131—135 年反抗罗马人的失败。反抗失败后，犹太人四分五裂，散居各地，看来口头传统可能就遗失了。在这种情况下，王子犹大，也是一个拉比，决定终其一生记录和组织所有重要的口头传统。他和他的同事在公元 200 年完成了这一作品，名为《米什拿》，里面包括了食品法、仪式的纯净、节日和神殿活动、婚姻和离婚、通奸和民权。Punton, *Op. cit.*, p.20.
43. Lane Fox, *Op. cit.*, pp.167ff.
44. Davies, *Op. cit.*, p.176; Lane Fox, *Op. cit.*, p.200. See also F. M. Cornford, *Principium Sapientiae: The Origins of Greek Philosophical Thought*, Cambridge, England: Cambridge University Press, 1952.
45. Johnson, *Op. cit.*, p.93.
46. Lane Fox, *Op. cit.*, p.402.
47. *Ibid.*, p.410.
48. *Ibid.*, p.412. 关于《约伯记》特殊之处的证明（分成散文和诗歌），以及这种划分的重要性，see Gordon and Rendsburg, *Op. cit.*, p.78。
49. Punton, *Op. cit.*, p.192.
50. Johnson, *Op. cit.*, p.99.
51. Kenneth Clark, *Civilisation*, London: BBC, 1969, p.19.

52. Johnson, *Op. cit.*, p.102.
53. *Ibid.*, p.106.
54. Paula Fredericksen, *From Jesus to Christ*, New Haven and London: Yale University Press, 1988, p.87.
55. Colleen McDannell and Barnhard Lang, *Heaven: A History*, New Haven and London: Yale University Press, 1988, pp.12—13.
56. Frederiksen, *Op. cit.*, pp.88—89.
57. Christopher Rowland, *Christian Origins*, London: SPCK, 1985/1997, pp.72—73.
58. Rowland, *Op. cit.*, p.73; Frederiksen, *Op. cit.*, p.89.
59. Rowland, *Op. cit.*, p.88.
60. Frederiksen, *Op. cit.*, p.82.
61. *Ibid.*, p.93.
62. Gordon and Rendsburg, *Op. cit.*, p.265.
63. Rowland, *Op. cit.*, p.94.
64. Frederiksen, *Op. cit.*, p.77. 利未和流便的《次经》讲到一个有祭司身份兼大卫式的弥赛亚，这在《死海古卷》中得到了证实。
65. Frederiksen, *Op. cit.*, p.78.
66. Johnson, *Op. cit.*, p.111.
67. *Ibid.* 但是关于《圣经》统一分散的以色列各部落的力量，see Finkelstein and Silberman, *Op. cit.*, p.316。
68. 保持祭坛香火不断的香，其制作秘方来自阿维蒂娜家族，他们家的妇女从不使用香水，因此她们永远不会被指责堕落。
69. Johnson, *Op. cit.*, p.116.
70. 关于祭祀规模，可以从以下事实中获得：在圣殿的下面有三十四个水池，专门盛接冲洗血迹的水。除了水池，还有地下室，储存从世界各地来的朝拜者的香火钱。Johnson, *Op. cit.*, pp.116—117.
71. G. A. Wells, *The Jesus of the Early Christians*, London: Pemberton Books, 1971, p.131.
72. *Ibid.*, p.4.
73. Eliade, *Patterns*, *Op. cit.*, p.426.
74. Lane Fox, *Op. cit.*, p.202.
75. *Ibid.*, pp.147—148.
76. *Ibid.*, p.151. 关于产生非正典《福音书》的世界的讨论，see Walter Bauer, *Orthodoxy and Heresy in Early Christianity*, Philadelphia: Fortress Press, 1971, pp.80ff。
77. Lane Fox, *Op. cit.*, pp.123—124. 关于《福音书》的早期手稿的讨论，see also Bauer, *Op. cit.*, pp.184ff。
78. Lane Fox, *Op. cit.*, p.126.
79. *Ibid.*, p.114. 关于马吉安的角色，see Bauer, *Op. cit.*, pp.128—129。
80. 1996 年，“联合圣经公会”为学生和翻译人员发布了一个新的希腊文《圣经》版本。根据“联合圣经公会”，“有两千处地方，重要的新解读在好的手稿中幸存”。Lane Fox, *Op. cit.*, p.156.
81. Frederiksen, *Op. cit.*, p.51.
82. Rowland, *Op. cit.*, p.127.
83. 大约在公元 200 年左右，有基督徒认为基督诞生于 11 月 3 日（建立在对希律王死亡时间的错误理解上），而其他基督徒认为基督是在春天出生的。圣诞节在 12 月 25 日庆祝仅仅是在公元 4 世纪之后，即使在那时，帝国东半部的基督徒仍愿意在 1 月 6 日庆祝圣诞节。Lane Fox, *Op. cit.*, p.36. See p.175 of this book.

84. Gez'a Vermes, *The Religion of Jesus the Jew*, London: SCM Press, 1993, p.214.
85. *Ibid.*
86. Russell Shorto, *Gospel Truth*, New York: Riverhead/Puttnam, 1997, p.33.
87. Wells, *Op. cit.*, p.12.
88. *Ibid.*, p.13.
89. *Ibid.*
90. Vermes, *Op. cit.*, p.217.
91. Lane Fox, *Op. cit.*, p.29.
92. *Ibid.*, p.30.
93. *Ibid.*
94. *Ibid.*, p.32. Bauer, *Op. cit.*, p.45 引用了斐洛在罗马同彼得联系的一个报道。
95. Lane Fox, *Op. cit.*, p.33. Sir James Frazer, *The Golden Bough*, Oxford: Oxford University Press, 1890/1994, p.358.
96. Vermes, *Op. cit.*, pp.46—47.
97. Johnson, *Op. cit.*, p.139.
98. Lane Fox, *Op. cit.*, p.21.
99. 但是加利利在另一方面也很重要。20 世纪 90 年代后期，特拉维夫大学的埃尔赫南・赖纳博士发现了一些公元前 200 年的米德拉什，即关于《旧约》的古代注释。这些早期文献中有几处提到了当时一位叫约书亚的加利利人，名字听起来很熟悉。在加利利，“约书亚”通常讹化成“耶稣”，而且关于这位约书亚的记叙同耶稣的事迹有许多相似之处，包括：（1）约书亚领导权的第一时期发生在外约旦；《圣经》中耶稣作为成人首次出现是在约旦河洗澡。（2）约书亚任命十二位长老分配以色列的土地，正如耶稣任命十二位门徒。（3）约书亚的死“震惊了世界”，一位天使下来，发生了一次地震，表明上帝认为约书亚的死是一件可怕的事情，很少有其他人这样。耶稣身上也发生了类似的事情：大地在震颤，天使降临。（4）约书亚最亲的人名叫约瑟夫和米里亚姆（马利亚）。（5）约书亚的死发生在伊亚尔月的 18 日，也就是逾越节前三天，正是耶稣受难的同一天。（6）在一份阿拉米语文本中，希伯来传统认为，耶稣受难不是在耶路撒冷，而是在提比里亚，即加利利。（7）约书亚和耶稣的故事里都有一个扮演重要的反面角色犹大。（8）在故事的某一个时候，约书亚逃到埃及，就像小时候的耶稣逃到埃及一样。两个故事的相似之处不止这些，不过即使是这些也足够让人怀疑耶稣的真实身份。Personal interview, Tel Aviv, 26 November 1996.
100. Wells, *Op. cit.*, p.93.
101. *Ibid.*, p.94.
102. *Ibid.*, p.95.
103. *Ibid.*, p.99. See also Brian Moynahan, *The Faith*, London: Aurum, 2002, pp.11—13.
104. Frederiksen, *Op. cit.*, pp.120—121.
105. Wells, *Op. cit.*, p.245.
106. *Ibid.*
107. *Ibid.*, p.103.

108. *Ibid.*, p.40. 关于耶稣遗体从十字架放下的清楚记述，see Moynahan, *Op. cit.*, p.16。
109. Rowland, *Op. cit.*, p.189.
110. *Ibid.*
111. *Ibid.*, pp.191—192. 关于妇女的角色，see Moynahan, *Op. cit.*, p.19。
112. Shorto, *Op. cit.*, p.147.
113. *Ibid.*, pp.160—161.
114. 2002 年 10 月，据说在耶路撒冷的橄榄山南部发现了一个石灰石骨盒。盒子已经被掠走，但是以色列地质勘探局证实，该石灰石确实来自耶路撒冷地区。盒子的特殊之处是，上面用阿拉米语刻有“雅各，约瑟的儿子，耶稣的兄弟字样”。根据巴黎索邦大学的安德烈・勒梅尔教授的观点，其书写风格可确定该骨盒年代为公元 10 到 20 年间。雅各、约瑟和耶稣的名字在当时并不少见。233 个公元 1 世纪的骨罐被发掘，其中 19 个提到了约瑟夫，10 个提到了耶稣，5 个提到了雅各（阿拉米语是雅科夫）。考虑到耶路撒冷的男性人口是 4 万，假设每个男性都有两个兄弟，勒梅尔教授计算出当时大约有 20 人名叫“雅各，约瑟的儿子，耶稣的兄弟”。但是考虑到雅各（在《马太福音》和《马可福音》中都提到是耶稣的兄弟）在公元 62 年之前一直都是耶路撒冷教会的领导者，他被当作异教徒被石头砸死，并且耶稣也很有可能广为人知，勒梅尔教授认为，该骨盒确实指称耶稣基督的可能性要小于 1/20。当时在骨盒上提到兄弟的情况很少，在 233 个骨罐中，只有另一个还提到了兄弟。事实上，人们对盒子的真实性产生了怀疑，现在它被认为是赝品。*Daily Mail* (London), 24 October 2002, p.13.
115. Vermes, *Op. cit.*, p.140.
116. *Ibid.*, pp.154ff.
117. *Ibid.*, p.26.
118. Frederiksen, *Op. cit.*, p.39.
119. *Ibid.*, p.135.

8　公元 0 年的亚历山大港，西方和东方

1. G. J. Whitrow, *Time in History*, Oxford and New York: Oxford University Press, 1988, p.70.
2. E. G. Richards, *Mapping Time*, *Op. cit.*, p.7.
3. Whitrow, *Op. cit.*, p.32.
4. Richards, *Op. cit.*, pp.82—83. 关于巴比伦对中国影响的怀疑，see Endymion Wilkinson, *Chinese History: A Manual* (revised and enlarged edition), Cambridge, Massachusetts, and London Harvard University Asia Center, for the Harvard-Yenching Institute, distributed by Harvard University Press, 2000, p.177。
5. Whitrow, *Op. cit.*, p.95. Wilkinson, *Op. cit.*, p.171.
6. Whitrow, *Op. cit.*, p.32.

7. *Ibid.*, p.271. 亚述巴尼拔图书馆的二十三块楔形文字泥板上都有月亮神话。See A. Leo Oppenheim, *Ancient Mesopotamia*, Chicago: University of Chicago Press, 1964, p.225.
8. Whitrow, *Op. cit.*, p.26.
9. *Ibid.*, p.39.
10. Richards, *Op. cit.*, p.95.
11. *Ibid.*, p.106.
12. *Ibid.*, p.222.
13. Whitrow, *Op. cit.*, p.57.
14. Richards, *Op. cit.*, p.207.
15. Whitrow, *Op. cit.*, p.66.
16. Richards, *Op. cit.*, p.215.
17. Whitrow, *Op. cit.*, p.66.
18. 尽管据说，他是为了纪念在那个月自杀的克利奥帕特拉。Richards, *Op. cit.*, p.215.
19. Whitrow, *Op. cit.*, p.68.
20. Richards, *Op. cit.*, pp.218—219.
21. Empereur, *Op. cit.*, p.15. Peter Green, 'Alexander's Alexandria', Kenneth Hamma (editor), *Alexandria and Alexandrianism*, Malibu, California: J. Paul Getty Museum, 1996, p.11.
22. Roy Macleod (editor), *The Library of Alexandria*, London: I. B. Tauris, 2000, p.36. Günter Grimm, 'City planning?', in Hamma (editor), *Op. cit.*, p.66.
23. Empereur, *Op. cit.*, p.3.
24. *Ibid.*, p.4.
25. Theodore Vrettos, *Alexandria: City of the Western Mind*, New York and London: Free Press, 2001, pp.34—35. Lilly Kahil, 'Cults in Hellenistic Alexandria' in Hamma (editor), *Op. cit.*, p.77.
26. Empereur, *Op. cit.*, p.6.
27. *Ibid.*, p.7. 亚历山大港的学术概述 see E. M. Forster, *Alexandria: A History and a Guide* (editor, Miriam Allott), London: André Deutsch, 2004, pp.34—35。
28. Vrettos, *Op. cit.*, pp.52—53.
29. *Ibid.*, p.55.
30. *Ibid.*, p.42.
31. Empereur, *Op. cit.*, pp.6—7.
32. Carl Boyer, revised by Uta C. Merzbach, *A History of Mathematics* (second edition), New York: John Wiley, 1968/1991, pp.104f.
33. Vrettos, *Op. cit.*, p.43. 欧几里得的许多原始著作已经遗失，仅存于阿拉伯文译本中，后来又被翻译成拉丁文和现代各语种。在那些完全遗失的著作中，有一部可能包括他最有创意的思想系论。我们不清楚欧几里得的系论到底是什么，但是从后来的评论家那里看出，它似乎是介于定理和问题之间的一个中间概念。Boyer, *Op. cit.*, p.101.
34. Lindberg, *Op. cit.*, p.87.
35. Vrettos, *Op. cit.*, p.50.
36. Ettore Carruccio, *Mathematics and Logic in History and Contemporary Thought*, London:

Faber, 1964, pp.80—83.

37. Lindberg, *Op. cit.*, p.88. 阿基米德也发明了“这一方法”。它被人发现的方式极富传奇色彩。它在 1906 年因为偶然的机会被丹麦科学史家 J. L. 海伯格重新发现。他经常阅读发现，在君士坦丁堡藏有“关于数学”的一个覆写本。Boyer, *Op. cit.*, p.139. 覆写本是擦掉羊皮纸上的书写，然后在上面重新书写文本。海伯格发现，这张纸上原来的字迹没有擦干净，借助照相技术，他能够读出原来的文本。原来这是一封阿基米德写给亚历山大港数学家和图书馆员厄拉多塞的信，包括概述其工作方法的十五个命题，其中包括当人们在机械装置中想平衡重量时，可以通过悬挂细线来测试计算结果。换言之，这一方法解释了阿基米德如何从杠杆转移到运用相同原理的更复杂的数学问题。*Ibid.*, p.137.
38. Lindberg, *Op. cit.*, p.89.
39. Vrettos, *Op. cit.*, p.58.
40. *Ibid.*, pp.60ff.
41. Boyer, *Op. cit.*, pp.140ff.
42. Lindberg, *Op. cit.*, p.97.
43. Vrettos, *Op. cit.*, pp.163—168.
44. *Ibid.*
45. *Ibid.*
46. *Ibid.*, p.177.
47. *Ibid.*, p.185.
48. *Ibid.*, p.195.
49. Lindberg, *Op. cit.*, p.97.
50. Heinrich von Staden, ‘Body and machine: interactions between medicine, mechanics and philosophy in early Alexandria’, in: Hamma (editor), *Op. cit.*, pp.85ff.
51. Von Staden, *Op. cit.*, p.87.
52. *Ibid.*, p.89.
53. *Ibid.*, p.92.
54. *Ibid.*, p.95.
55. Lindberg, *Op. cit.*, p.105. 在亚历山大港，医生可以分成两种，那些使用传说中医方的不识字的医生和那些具有读写能力的医生。后者通过阅读文献和来自世界各地的译本获得经验，研究其他医生使用过的理论和实践经验，从历史中寻找权威。
56. *Ibid.*
57. Empereur, *Op. cit.*, p. 7.
58. *Ibid.*, p.8.
59. Richards, *Op. cit.*, p. 173.
60. *Ibid.*, p.27.
61. John Keay, *India: A History*, London: HarperCollins, 2000, pp.130—133.
62. Jean S. Sedlar, *India and the Greek World*, Totowa, New Jersey: Rowman & Littlefield, 1980, p.65.
63. Sedlar, *Op. cit.*, p. 82.
64. *Ibid.*, p.84.
65. *Ibid.*, pp.92—93.

66. Radhakamal Mukerjee, *The Culture and Art of India*, London: Allen & Unwin, 1959, p.99.
67. *Ibid.*, p.107.
68. Sedlar, *Op. cit.*, p.109.
69. *Ibid.*, p.111.
70. *Ibid.*, p.112.
71. *Ibid.*, p.122. H. G. Keene Cie, *History of India*, London: W. H. Allen, 1893, pp.28—29 并不这样认为，提出佛来自婆罗门教，婆罗门教还可能为早期犹太教和基督教提供了要素。
72. Sedlar, *Op. cit.*, p.180.
73. *Ibid.*, p.176.
74. *Ibid.*, p.180.
75. *Ibid.*, p.187.
76. Keay, *Op. cit.*, p.78.
77. *Ibid.*, p.85. 旃陀罗笈多是一个耆那教徒，到班加罗尔以西斯特拉瓦纳贝尔哥拉的卡纳塔克隐修。据说，在一个山洞里，他曾经想绝食而死，这是“耆那教自我泯灭的最终方式”。显然，国王虽然在许多方面取得了成就，但是在从一位名叫僧统婆陀罗的名僧处听说了即将到来的饥馑之后，放弃了王位。僧统婆陀罗据说是最后一位认识耆那教创始人大雄的耆那教徒。*Ibid.*, p.86.
78. A. L. Basham (editor), *A Cultural History of India*, Oxford and New Delhi: Oxford University Press, 1975, p.42.
79. *Ibid.*, p.88. 关于巴利 / 普拉克利特语，see Richard Lannoy, *The Speaking Tree: A Study of Indian Culture and Society*, Oxford: Oxford University Press, 1971, p.328。
80. Keay, *Op. cit.*, p.89.
81. *Ibid.*, p.97. 关于孔雀王缔结的同盟以及婆罗门教的扩张，see Keene Cie, *Op. cit.*, pp.34—35。
82. Keay, *Op. cit.*, p.80.
83. Mukerjee, *Op. cit.*, p.91.
84. Keay, *Op. cit.*, p.81.
85. Ralph Turner, *The Great Cultural Traditions*, vol. II, New York: McGraw-Hill, 1941, pp.758—759.
86. *Ibid.*, p.760.
87. *Ibid.*, p.762.
88. Basham (editor), *Op. cit.*, p.171.
89. *Ibid.*, pp.170—171.
90. Keay, *Op. cit.*, pp.44—47.
91. *Ibid.*, p.101.
92. *Ibid.*, p.103. 关于希腊人认识的印度，see Keene Cie, *Op. cit.*, pp.29ff。
93. Basham (editor), *Op. cit.*, p.116.
94. *Ibid.*, p.122.
95. Keay, *Op. cit.*, p.104.
96. D. P. Singhal, *India and World Civilisation*, vol. 1, London: Sidgwick & Jackson, 1972, p.272. 印度商人和传教士在东南亚扩大他们的影响。在湄公河三角洲，也就是现在

越南的考古发掘发现了公元 2 世纪毗湿奴和其他印度教神祇的石像。其他发现证明，东南亚的书写是从印度引进的。

97. Fairbanks, *Op. cit.*, pp.72ff.

98. Richards, *Op. cit.*, p.170. 关于中国文字和甲骨文的发现，see Wilkinson, *Op. cit.*, pp.388ff；关于干支体系，see p.175；关于对年的不同称呼，see p.181；关于 100 单位，see p.202；关于约数和权威数字，see p.225；关于防伪造装置，see p.241。

99. Richards, *Op. cit.*, p.166. 关于餐鼓和宵禁，see Wilkinson, *Op. cit.*, p.206。

100. Fairbanks, *Op. cit.*, p.62.

101. *Ibid.*, p.63.

102. *Ibid.*, p.64.

103. *Ibid.*, p.65. Charles O. Hucker, *China's Imperial Past*, London: Duckworth, 1975, pp.194ff, 说，公元前 2 世纪还在使用。

104. Fairbanks, *Op. cit.*, p.65.

105. Jacques Gernet, *A History of Chinese Civilisation* (second edition), Cambridge, England: Cambridge University Press, 1982, p.163. (French edition：Paris: Librairie Armand Colin, 1972; translated by J. R. Foster and Charles Hartman.)

106. Fairbanks, *Op. cit.*, p.70. 关于“古典”一词的派生，see also Wilkinson, *Op. cit.*, p.476。

107. Gernet, *Op. cit.*, pp.163—164.

108. *Ibid.*, p.167.

109. Fairbank, *Op. cit.*, p.67 and Gernet, *Op. cit.*, p.159. 到公元 2 世纪中期，据载，太学有 3 万名学生，当然不是所有的学生都是住校生（中国当时人口 6000 万）。

110. Fairbank, *Op. cit.*, p.68.

111. Hucker, *Op. cit.*, p.56.

112. Gernet, *Op. cit.*, p.160.

113. Turner, *Op. cit.*, p.776.

114. *Ibid.*, p.777.

115. *Ibid.*, p.778.

116. *Ibid.*

117. Hucker, *Op. cit.*, p.213.

118. Gernet, *Op. cit.*, p.124.

119. Fairbanks, *Op. cit.*, p.63.

120. Gernet, *Op. cit.*, p.140.

121. *Ibid.*, pp.131—132.

122. *Ibid.*, pp.34—135. 关于丝绸的经济学和词源学（汉语中表示丝绸的字是“丝”), see Werner Eichhorn, *Chinese Civilisation*, London: Faber & Faber, 1969, p.155。

123. Gernet, *Op. cit.*, p.141.

124. 关于他的一首诗歌，see Eichhorn, *Op. cit.*, p.114。 Gernet, *Op. cit.*, p.162.

125. Hucker, *Op. cit.*, p.200.

126. Jonathan Bloom, *Paper Before Print: The History and Impact of Paper in the Islamic World*, New Haven and London: Yale University Press, 2001, p.32.

127. *Ibid.*, p.33.

128. *Ibid.*, p.34.

129. *Ibid.*, p.36.
130. Gernet, *Op. cit.*, pp.168—169.

9 法律、拉丁语、读写能力和自由七艺

1. Lionel Casson, *Libraries in the Ancient World*, New Haven and London: Yale University Press, 2001, pp.26—28.
2. *Ibid.*, p.68.
3. *Ibid.*
4. Joseph Farrell, *Latin Language and Latin Culture*, Cambridge, England: Cambridge University Press, 2001, p.32.
5. Jones et al., *The World of Rome*, *Op. cit.*, p.7.
6. *Ibid.*, p.7.
7. *Ibid.*, p.9.
8. Michael Grant, *The World of Rome*, London: Weidenfeld & Nicolson, 1960, p.26.
9. Jones et al., *Op. cit.*, p.84.
10. *Ibid.*
11. *Ibid.*, p.96.
12. Grant, *Op. cit.*, p.13.
13. Jones et al., *Op. cit.*, p.116.
14. *Ibid.*, p.118.
15. Grant, *Op. cit.*, p.27.
16. Jones et al., *Op. cit.*, p.121.
17. J. D. Bernal, *Science in History*, vol. 1, London: Penguin, 1954, p.230 对罗马法律做了一个总体论述。
18. Jones et al., *Op. cit.*, p.275. 关于法官，see O. F. Robinson, *The Sources of Roman Law*, London and New York: Routledge, 1997, pp.42ff。
19. Jones et al., *Op. cit.*, p.257.
20. Beryl Rawson (editor), *The Family in Ancient Rome*, London and Sydney: Croom Helm, 1986, pp.5ff and the references mentioned.
21. *Ibid.*, pp.16—17 and chapter 5, *passim*.
22. Bernal, *Op. cit.*, p.230.
23. Jones et al., *Op. cit.*, p.214.
24. *Ibid.*
25. *Ibid.*, p.238.
26. C. W. Valentine, *Latin: Its Place and Value in Education*, London: University of London Press, 1935; see chapter headings, pp.41, 54 and 73.
27. Farrell, *Op. cit.*, *passim*.
28. Mason Hammond, *Latin: A Historical and Linguistic Handbook*, Cambridge,

Massachusetts: Harvard University Press, 1976, pp.21—23.
29. *Ibid.*, p.25.
30. *Ibid.*, p.39.
31. *Ibid.*, p.51.
32. J. Wight Duff, *A Literary History of Rome*, London: Ernest Benn, 1963, p.16.
33. Jones et al., *Op. cit.*, p.200.
34. *Ibid.*
35. Oscar Weise, *Language and Character of the Roman People*, London: Kegan Paul, Trench, Trübner & Co., 1909, translated by H. Strong and A. Y. Campbell, p.4.
36. *Ibid.*, p.8.
37. Farrell, *Op. cit.*, p.40.
38. Duff, *Op. cit.*, p.19.
39. Farrell, *Op. cit.*, pp.54—55.
40. Jones et al., *Op. cit.*, p.214.
41. *Ibid.*, p.218.
42. 关于古典拉丁语的权威性以及它在诗歌中的韵律，see Philip Hardie, 'Questions of authority: the invention of tradition in Ovid's Metamorphoses 15', in Thomas Habinek and Alessandro Schiesaro (editors), *The Roman Cultural Revolution*, Cambridge, England: Cambridge University Press, 1997, p.186。
43. Jones et al., *Op. cit.*, p.232.
44. *Ibid.*, p.234. Moynahan, *The Faith*, *Op. cit.*, p.28.
45. Moynahan, *Op. cit.*, pp.241—242.
46. Jones et al., *Op. cit.*, p.234.
47. Colish, *Op. cit.*, p.24.
48. Jones et al., *Op. cit.*, p.239.
49. *Ibid.*, p.240.
50. Grant, *Op. cit.*, p.71.
51. *Ibid.*, p.262.
52. William V. Harris, *Ancient Literacy*, Cambridge, Massachusetts: Harvard University Press, 1989, p.19.
53. *Ibid.*, p.328.
54. *Ibid.*, p.32.
55. *Ibid.*, p.35. 一些现代学者认为，读写能力（书写）使得希腊人能够组织城邦生活，而且同样重要的是，书写通过刺激批评态度，把不同的观点并置，开启了哲学和科学。*Ibid.*, p.40. 另一论点是，书写使律法可以向公众展示，帮助传播民主制度。这些观点也被一一驳回，被认为"模糊"。*Ibid.*, p.41. 即便如此，很显然，如果没有书写，辽阔的罗马帝国是不可能建立起来的。除了书写，一个人还能怎么把命令发布到几千英里之外的地方并期望得到执行呢？
56. L. D. Reynolds and N. G. Wilson, *Scribes and Scholars: A Guide to the Transmission of Greek and Latin Literature* (third edition), Oxford: The Clarendon Press of Oxford University Press, 1968/1991, p.25.
57. Jones et al., *Op. cit.*, p.266.
58. Harris, *Op. cit.*, p.202.

59. *Ibid.*, pp.204—205.
60. *Ibid.*, p.214.
61. Reynolds and Wilson, *Op. cit.*, p.5.
62. *Ibid.*, p.22.
63. *Ibid.*, p.25.
64. *Ibid.*, p.22.
65. Jones et al., *Op. cit.*, p.263.
66. *Ibid.*, p.217.
67. Boorstin, *The Seekers*, *Op. cit.*, p.146.
68. Jones et al., *Op. cit.*, pp.259—261.
69. 关于“文学”涂鸦，大多数在前三到四个单词后，都出现拼写错误，表明文字语言是由不熟悉拉丁文拼写规则的人记诵并抄写的。
70. Jones et al., *Op. cit.*, p.264.
71. *Ibid.*, p.269.
72. 关于罗马的一些“都市”价值，see Andrew Wallace-Hadrill, ‘Mutatio morum: the idea of a cultural revolution’, in Habinek and Schiesaro (editors), *Op. cit.*, pp.3—22。
73. Jones et al., *Op. cit.*, p.272.
74. Reynolds and Wilson, *Op. cit.*, p. 3. 关于莎草纸，see also Bernhard Bischoff (translated by Dáibhi Ó Cróinin and David Ganz), *Latin Palaeography: Antiquity and the Middle Ages*, Cambridge, England: Cambridge University Press, 1991/2003, p.7。
75. Reynolds and Wilson, *Op. cit.*, p. 4.
76. *Ibid.*, p.8.
77. *Ibid.*, p.11.
78. *Ibid.*, pp.31ff.
79. Lindberg, *Op. cit.*, p.138.
80. Reynolds and Wilson, *Op. cit.*, p.33.
81. William H. C. Frend, *The Archaeology of Early Christianity*, London: Geoffrey Chapman/Cassell, 1996, pp.34—36 讨论了早期法律。
82. Reynolds and Wilson, *Op. cit.*, p. 35.
83. J. M. Ross, introduction to: Cicero, *The Nature of the Gods*, London: Penguin Books, 1972, p.7.
84. *Ibid.*, p.59.
85. R. H. Barrow, *The Romans*, London: Penguin Books, 1949/1961, p.156.
86. *Ibid.*, p.165.
87. Cicero, *Selected Works*, London: Penguin Books, 1960/1971, Introduction by J. M. Ross, p.11.
88. *Ibid.*, p.12.
89. *Ibid.*, p.25.
90. Virgil, *The Aeneid*, Oxford: Oxford University Press, 1986/1998, introduction by Jasper Griffin, p.xvii. Boorstin, *Op. cit.*, pp.145f 说维吉尔花十一年的时间才创作出《埃涅阿斯纪》。
91. Lindberg, *Op. cit.*, p. 125.
92. *Ibid.*, p.126.

93. *Ibid.*
94. *Ibid.*, p.129. 关于简要概述以及盖伦在 1952 年才有英文全译本的事实，see Bernal, *Op. cit.*, pp.222—223。
95. Lindberg, *Op. cit.*, p.130.
96. Jones et al., *Op. cit.*, p. 295.
97. *Ibid.*, p.292.
98. Boorstin, *Op. cit.*, p.63.
99. Jones et al., *Op. cit.*, p.245.
100. *Ibid.*, p.288.
101. W. G. De Burgh, *The Legacy of the Ancient World*, *Op. cit.*, p.256.
102. Jones et al., *Op. cit.*, p.290. 例如，帕西特里斯和他的作坊专门制作拼凑品，例如把一个希腊原作的头放在另一个的身体上。
103. Edward Gibbon, *The History of the Decline and Fall of the Roman Empire*, London, 1788, chapter 3. 我所使用的是戴尔于 1993 年在纽约发行的版本。

10　异教徒和基督徒，地中海和日耳曼传统

1. Ferrill, *Op. cit.*, p.12.
2. *Ibid.*
3. *Ibid.*, p.15.
4. *Ibid.*, p.17.
5. Turner, *The Great Cultural Traditions*, *Op. cit.*, p.270.
6. *Ibid.*, pp.270ff. Bauer, *Op. cit.*, p.57 讨论了“希伯来人的《福音书》”。
7. Turner, *Op. cit.*, p.273.
8. *Ibid.*, pp.275—276.
9. *Ibid.*, p.278. 这一令人尴尬的事实也可能解释了为什么《马可福音》把耶稣受难的罪人从本丢・彼拉多转移到犹太长老。*Ibid.* 一些现代学者相信布兰登夸大了“奋锐党”的意义，认为他们更多是匪徒，而不是完全意义上的革命者。
10. *Ibid.*, p.279. Moynahan, *Op. cit.*, p.36 考察了耶稣的四个兄弟。
11. Freeman, *Op. cit.*, p.108.
12. Rowland, *Op. cit.*, p.195.
13. Turner, *Op. cit.*, p.280.
14. Rowland, *Op. cit.*, p.216. 关于保罗的皈依和安条克在早期基督教的重要地位，see Moynahan, *Op. cit.*, pp.23ff。
15. Turner, *Op. cit.*, p.317.
16. *Ibid.*, p.318.
17. Rowland, *Op. cit.*, pp.220ff.
18. Turner, *Op. cit.*, p.374.
19. *Ibid.*, p.375. 详细内容可见 Moynahan, *Op. cit.*, p.26。

20. Freeman, *Op. cit.*, p.121.
21. *Ibid.*, p.119.
22. Prudence Jones and Nigel Pennick, *A History of Pagan Europe*, London: Routledge, 1995, p.53.
23. Armstrong, *A History of God*, *Op. cit.*, p.109.
24. *Ibid.*, p.110.
25. Jones and Pennick, *Op. cit.*, p.55.
26. *Ibid.*, p.57.
27. *Ibid.*, p.58.
28. Lane Fox, *Op. cit.*, pp.168ff; 关于斯多葛主义与基督教之间的联系，see Moynahan, *Op. cit.*， p.29。
29. Lane Fox, *Op. cit.*, p.94.
30. *Ibid.*, p.30, but see Chapter 25 of this book.
31. *Ibid.*, p.299.
32. 另一思想虽然不诅咒异教徒，但是在异教徒眼里被认为是非理性的，那就是关于天使的思想。这些神圣的存在显然是在犹太教后期构想出来的（例如，在撰写《死海古卷》的库姆兰艾赛尼教派中）。保罗在旅行途中提到了很多天使。天使在危机的时候出现，帮助信徒，因此教会早期变得备受欢迎。
33. 关于这一时期的暴力，see Robin Lane Fox, *Pagans and Christians*, London and New York: Viking, 1986, chapter 9, pp.419ff。
34. Jones and Pennick, *Op. cit.*, p.62. Bauer, *Op. cit.*, pp.24f.
35. Lane Fox, *Pagans and Christians*, *Op. cit.*, p.567.
36. Turner, *Op. cit.*, p.377. 关于施加于殉道者身上的刑罚以及受难的各种方式，see Moynahan, *Op. cit.*, pp.70ff。
37. 不应忽略，他的前任伽列里乌斯临终之前已经发布了一项宽容令。许多人把这件事，而不是君士坦丁的皈依，看作宗教史的转折点。Jones and Pennick, *Op. cit.*, pp.64—65. 公元 311 年，同一人报道了来自几座城市的人们如何来找他，恳求重新迫害基督徒。Lane Fox, *Pagans and Christians*, *Op. cit.*, pp.612—613.
38. Jones and Pennick, *Op. cit.*, p.65. 关于尤利乌斯・阿非利加努斯的角色以及早期主教的角色，see Bauer, *Op. cit.*, p.45。关于尤利乌斯在确定例如诺亚方舟等圣地中的角色，see also Moynahan, *Op. cit.*, p.104。
39. Turner, *Op. cit.*, p.1054.
40. *Ibid.*, p.1057. 关于戴克里先和瓦莱里安面临的问题，see Moynahan, *Op. cit.*, p.76。
41. Turner, *Op. cit.*, p.1059.
42. Lane Fox, *Pagans and Christians*, *Op. cit.*, pp.613—614. 关于米尔维安桥战役的生动描述，see Moynahan, *Op. cit.*, pp.91—93。
43. Jones and Pennick, *Op. cit.*, pp.68—69.
44. Lane Fox, *Pagans and Christians*, *Op. cit.*, pp. 150—151.
45. Jones and Pennick, *Op. cit.*, p.75.
46. Lane Fox, *Pagans and Christians*, *Op. cit.*, p.670.
47. Armstrong, *A History of God*, *Op. cit.*, p.147.
48. 选中七这个数字是因为耶稣的门徒在耶路撒冷指定了七位下属领导人。Turner, *Op. cit.*, pp.1070—1071.

49. *Ibid.*, p.1075.
50. *Ibid.*, p.1076.
51. 然而，他被迫交出教堂的圣器和黄金。Moynahan, *Op. cit.*, p.154.
52. Turner, *Op. cit.*, p.1080.
53. *Ibid.* and Moynahan, *Op. cit.*, pp.129ff.
54. Turner, *Op. cit.*, p.1080.
55. 修士不被允许洗漱，在就餐时必须盖住头，因为帕科米乌认为吃饭是“不雅观的行为”。*Ibid.* 关于帕科米乌以及他阻止欺诈的方式，see Moynahan, *Op. cit.*, p.133。
56. Norman Cantor, *The Civilisation of the Middle Ages*, New York: HarperCollins, 1963/1993, p.149.
57. *Ibid.*, p.149.
58. Turner, *Op. cit.*, p.1095，关于早期基督徒的写作，see Moynahan, *Op. cit.*, p.44。
59. Turner, *Op. cit.*, p.1096.
60. *Ibid.*, p.1097.
61. *Ibid.*, p.1104. 关于孟他努派关于节食的信仰，see Moynahan, *Op. cit.*, pp.115—116。
62. “穆拉多利残片”得名于它的发现者穆拉多利（1672—1750），大概写于这一时期，它的结构表明，罗马各公会在那时已经把它当作神启经书。
63. Turner, *Op. cit.*, p.1112.
64. Moynahan, *Op. cit.*, pp.56—57.
65. Armstrong, *A History of God*, *Op. cit.*, p.113.
66. *Ibid.*, p.118. 关于俄利根对保罗是否为《保罗书信》作者的怀疑，see Moynahan, *Op. cit.*, p.46。
67. Turner, *Op. cit.*, p.1114.
68. *Ibid.*
69. Barrow, *Op. cit.*, p.364.
70. Colish, *Op. cit.*, p.22.
71. St Augustine, *Confessions*, London: Penguin Books, 1961, introduction by R. S. Pine-Coffin, p.11. 关于对这个年轻人和他的酗酒父亲及其残暴的生动描述，see Moynahan, *Op. cit.*, pp.144ff。
72. 他还有渴望被人喜欢的毛病，这一缺点导致他在孩童时抢劫果园，成年后否认自己犯过的罪行。
73. Colish, *Op. cit.*, p.28.
74. *Ibid.* 在后来的著作中，他的思想走得更远。例如在《论秩序》中，他考虑了两种邪恶：自然的和道德的。地震是一种自然邪恶，因为它让无辜的人遭受痛苦。同时，地震从长远来看增加土壤的肥沃度，因此是好的。这与其说是一种解释，不如说是通过解释来敷衍：在奥古斯丁思想中新柏拉图主义的残留依然存在。他也同样承认，道德邪恶更加棘手。有些道德邪恶可以通过解释消除，他给的例子是妓女，从短期来看，她们都是邪恶的，但是更大的体系需要她们，以维持秩序。但是对于谋杀，奥古斯丁总是解释不清。他无法通过解释来敷衍，他也不能解释为什么上帝允许谋杀。关于奥古斯丁的预定论思想，see Moynahan, *Op. cit.*, p.149。
75. Armstrong, *A History of God*, *Op. cit.*, p.126.
76. *Ibid.*, p.135.

77. *Ibid.*, p.142.
78. Colish, *Op. cit.*, p.29.
79. *Ibid.*
80. Armstrong, *Op. cit.*, pp.139ff.
81. *Ibid.*, p.145. 关于他说的奥古斯丁对原罪的否认，see Moynahan, *Op. cit.*, p.149.
82. 关于格列高利的行政管理天赋，see Moynahan, *Op. cit.*, pp.192ff。
83. Colish, *Op. cit.*, p.40.
84. 满月代表功德圆满，这是人类必须达到的，也只有耶稣获得了圆满。确定后来节日的准确日子也非常重要，因为早期基督徒相信太早庆祝复活节是渎神行为。这样做意味着自认能在没有“上帝荣耀”的帮助下获得救赎，这是极大的狂妄。太晚庆祝也是渎神行为，因为它意味着你不关心，对于自己的信仰不执着。复活节的日期因此至关重要，其他许多节日以此为基础。Richards, *Op. cit.*, pp.345ff.
85. *Ibid.*, p.350.
86. 关于庆祝复活节早期的日期变化，see Moynahan, *Op. cit.*, p.57。
87. *Ibid.*, pp.1—2.
88. 传说复活节计算表的规则曾经向公元 4 世纪的埃及修士帕科米乌显示过，有一位天使曾经拜访他。关于具体论述，see Bauer, *Op. cit.*, pp.152—154。
89. Richards, *Op. cit.*, p.350. 有关基督教性质的改变，see Peter Brown, *The Cult of the Saints*, Chicago: University of Chicago Press, 1981/1982; and R. A. Markus, *The End of Ancient Christianity*, Cambridge, England: Cambridge University Press/Canto, 1990/1998。
90. Ferrill, *Op. cit.*, pp.17—18.
91. *Ibid.*, p.18.
92. *Ibid.*
93. *Ibid.*, p.17.
94. *Ibid.*
95. Arno Borst, *Medieval Worlds: Barbarians, Heretics and Artists in the Middle Ages*, London: Polity, 1991, p.3.
96. *Ibid.*
97. *Ibid.*, p.5.
98. *Ibid.*
99. *Ibid.*
100. *Ibid.*, p.6. 关于圣奥古斯丁的回应，see Moynahan, *Op. cit.*, p.152。
101. Borst, *Op. cit.*, p.6.
102. D. Herlihy, *Medieval Culture and Society*, London: Macmillan, 1968, p.xi.
103. William Manchester, *A World Lit Only by Fire*, New York and London: Little Brown, 1992, p.3.
104. *Ibid.*, p.5.
105. *Ibid.*
106. *Ibid.*, p.7.
107. *Ibid.*, p.15.
108. Peter S. Wells, *The Barbarians Speak*, Princeton, New Jersey and London: Princeton University Press, 1999, p.100.

109. *Ibid.*, p.103.
110. P. J. Geary, *The Myth of Nations: The Medieval Origins of Europe*, Princeton, New Jersey and London: Princeton University Press, 2002, p.64.
111. Wells, *Op. cit.*, pp.107—108.
112. *Ibid.*, p.108.
113. Warwick Bray and David Tramp, *The Penguin Dictionary of Archaeology*, London: Penguin Books, 1970, p.130.
114. Geary, *Op. cit.*, p.73.
115. *Ibid.*, p.79. 关于异教徒皈依基督教的生动记述，see Moynahan, *Op. cit.*, pp.191ff。
116. Geary, *Op. cit.*, p.81.
117. Wells, *Op. cit.*, pp.116—117.
118. *Ibid.*, p.118.
119. *Ibid.*, pp.118 and 126.
120. *Op. cit.*, p.123，见地图。
121. *Ibid.*, p.114.
122. Jones and Pennick, *Op. cit.*, p.81.
123. *Ibid.*
124. Wells, *Op. cit.*, pp.163ff.
125. *Ibid.*, p.185.
126. Jones and Pennick, *Op. cit.*, pp.120ff.
127. Wells, *Op. cit.*, p.256.
128. Geary, *Op. cit.*, p.93.
129. *Ibid.*, p.109.
130. Borst, *Op. cit.*, p.6. Moynahan, *Op. cit.*, p.197 描写了“许多世纪以来”并行不悖的异教徒和基督徒的活动。
131. Borst, *Op. cit.*, pp.6—7.

11　书籍的浩劫，基督教艺术的兴起

1. Joseph Vogt, *The Decline of Rome*, London: Weidenfeld & Nicolson, 1967, p.51.
2. *Ibid.*, p.183.
3. *Ibid.*, p.185. Moynahan, *Op. cit.*, pp.150—151.
4. Vogt, *Op. cit.*, p.187.
5. Lionel Casson, *Libraries in the Ancient World*, New Haven and London: Yale University Press, 2001, p.137.
6. Vogt, *Op. cit.*, p.188.
7. *Ibid.*, p.198.
8. Moynahan, *Op. cit.*, pp.153fn.
9. Vogt, *Op. cit.*, p.236.

10. *Ibid.*, p.234.
11. Reynolds and Wilson, *Op. cit.*, p.48.
12. Anne Glynn-Jones, *Holding Up a Mirror*, London: Century, 1996, p.201.
13. *Ibid.*, pp.201—202.
14. Freeman, *Op. cit.*, p.321.
15. Richard E. Rubenstein, *Aristotle's Children: How Christians, Muslims, and Jews Rediscovered Ancient Wisdom and Illuminated the Dark Ages*, New York and London: Harcourt, 2003, pp.77—78.
16. Freeman, *Op. cit.*, p.325.
17. *Ibid.*, p.327.
18. *Ibid.*, pp.322—323.
19. Vogt, *Op. cit.*, p.202. Moynahan, *Op. cit.*, p.101.
20. Freeman, *Op. cit.*, p.323.
21. *Ibid.*
22. Vogt, *Op. cit.*, p.203.
23. Casson, *Op. cit.*, p.139.
24. *Ibid.*, p.140.
25. Reynolds and Wilson, *Op. cit.*, p.53.
26. *Ibid.*
27. *Ibid.*, p.59. 关于君士坦丁堡的学校，see also Michael Angold, *Byzantium: The Bridge from Antiquity to the Middle Ages*, London: Weidenfeld & Nicolson, 2001, pp.138—139。
28. Nigel Wilson, *Scholars of Byzantium*, London: Duckworth, 1983, p.50.
29. *Ibid.*, p.51.
30. *Ibid.*
31. Colish, *Op. cit.*, p.43.
32. Cantor, *Op. cit.*, p.82.
33. Colish, *Op. cit.*, p.43.
34. *Ibid.*, p.48.
35. Cantor, *Op. cit.*, p.82. Angold, *Op. cit.*, p.98.
36. Colish, *Op. cit.*, p.51. Charles Freeman, personal communication, 30 June 2004.
37. Gernet, *A History of Chinese Civilisation*, *Op. cit.*, p.288. See also below, Chapter 12, note 47.
38. Reynolds and Wilson, *Op. cit.*, p.63.
39. *Ibid.*, p.65.
40. *Ibid.*, p.66. Bischoff, *Op. cit.*, p.183.
41. Reynolds and Wilson, *Op. cit.*, p.67. 关于一些手稿的幸存，see Angold, *Op. cit.*, pp.89—90。
42. Reynolds and Wilson, *Op. cit.*, p.68.
43. *Ibid.*, p.61. 关于巴达斯的角色，see Angold, *Op. cit.*, p.124。关于缩略，see Bischoff, *Op. cit.*, pp.97, 150ff, 170 and 176。
44. Reynolds and Wilson, *Op. cit.*, p.60.
45. Warren T. Treadgold, *The Nature of the Bibliotheca of Photius*, Washington, DC: Dumbarton Oaks, Center for Byzantine Studies, Trustees for Harvard University, 1980, p.4. 关于对佛提

乌斯的解释，see Angold, *Op. cit.*, p.124。
46. Cyril Mango, *Byzantium*, London: Weidenfeld & Nicolson, 1980, p.62.
47. *Ibid.*, pp.71—72.
48. *Ibid.*, p.80. See also Angold, *Op. cit.*, p.70. Moynahan, *Op. cit.*, p.96 说在城市的黄金时代有 4388 座“具有建筑学价值”的大楼。
49. Lawrence Nees, *Early Medieval Art*, Oxford: Oxford University Press, 2002, p.31.
50. Mango, *Op. cit.*, p.258. 关于戴克里先，see John Beckwith, *Early Christian and Byzantine Art*, London: Penguin, 1970/1979, p.14。
51. Mango, *Op. cit.*. See also Moynahan, *Op. cit.*, p.96.
52. Mango, *Op. cit.*, p.259.
53. Nees, *Op. cit.*, p.52. David Talbot Rice, *Byzantine Art*, London: Penguin Books, 1935/1062, p.84 认为拉文纳比罗马更有优势，关于“紫皮书册”，see Beckwith, *Op. cit.*, pp.42—43。
54. Mango, *Op. cit.*, p.261. 关于基督教艺术中的帝国主题，see Angold, *Op. cit.*, pp.35f。
55. Nees, *Op. cit.*, p.52. Dominic Janes, *Gold and Gold in Late Antiquity*, Cambridge, England: Cambridge University Press, 1998.
56. 对书本中的基督教艺术说几句。公元 2 世纪到 4 世纪书册的发展，正如我们看到的，至少部分同基督教的兴起有关联，因为书册比书卷更难造假。最早的插图《圣经》手稿是被称为“奎德林堡的意大利旧拉丁圣经”且受到很大损毁的《撒母耳书》的一个本子。包括拉丁文《圣经》译者哲罗姆在内，不止一个人对豪华插图书进行批评，这表明它们是一种新现象。“奎德林堡的意大利旧拉丁圣经”有背景插图，底部有阴影，每幅插图都画在一个小正方形框里。劳伦斯·尼斯说古代从没有过这样的书册（除了荷马和维吉尔的插图羊皮纸书册），这表明，这些插图书在基督教社会起中心作用，很可能帮助它越来越成为一种有经书的宗教。Nees, *Op. cit.*, pp.94—96.
57. *Ibid.*, p.141. 关于查士丁尼，see Beckwith, *Op. cit.*, p.59.
58. *Ibid.*, p.142. 关于拜占庭艺术的黄金时代，see Talbot Rice, *Op. cit.*, p.147，关于绘制圣像的各派，see p.149。Beckwith, *Op. cit.*, pp.125—126.
59. Nees, *Op. cit.*, p.143.
60. Mango, *Op. cit.*, p.264.
61. Nees, *Op. cit.*, p.146. Moynahan, *Op. cit.*, pp.210ff; Angold, *Op. cit.*, pp.70ff; Talbot Rice, *Op. cit.*, pp.22ff. Beckwith, *Op. cit.*, p.168.
62. Cantor, *Op. cit.*, p.173. Moynahan, *Op. cit.*, p.211. Beckwith, *Op. cit.*, p.169.
63. Nees, *Op. cit.*, p.149.
64. Beckwith, *Op. cit.*, pp.151 and 158. 我们也不应该忽视这一事实：圣像破坏者不反对在非基督教艺术使用人物画像。西里尔·曼戈说，君士坦丁堡的米利翁凯旋门标志着穿越整个巴尔干半岛的大路建设的开始。凯旋门的主导雕塑是皇帝最宠信的御夫的精美雕像。没有人想过要对这发起攻击。Mango, *Op. cit.*, p.266.
65. *Ibid.*, p.267. 关于护卫圣像者自身如何受到嘲弄，see Moynahan, *Op. cit.*, p.211。
66. Mango, *Op. cit.*, pp.271—272. 关于绘画技术，see Talbot Rice, *Op. cit.*, p.151. Beckwith, *Op. cit.*, p.191.
67. 关于“强烈的光环”，see Mango, *Op. cit.*, p.278。关于类似的解释，see Angold, *Op. cit.* Beckwith, *Op. cit.*, p.346。

12　巴格达和托莱多的哲学与代数

1. Philip K. Hitti, *A History of the Arabs*, London: Macmillan, 1970, p.90.
2. *Ibid.*, p.25.
3. *Ibid.*
4. *Ibid.*, p.91.
5. 实际上，某些情况下更多。阿拉伯诗人，又叫沙尔，被认为通晓秘密知识。不是所有的知识都是正当的，有些知识可能来自魔鬼。因此，一个雄辩的诗人能够给敌人带来厄运，而给自己的部落带来勇气。菲利普・希提说，即使在和平时期诗人也能作为一个怀疑论者，推翻煽动家的“谣言和目的”。关于阿拉伯社会里诗歌的地位，see Angold, *Op. cit.*, p.60。
6. 前伊斯兰社会的诗人即使在今天的阿拉伯世界也是家喻户晓的名字。乌姆鲁勒・盖斯的爱情诗和祖海尔道德箴言可能是其中著名的。除了诗人，演讲者和传述者也享受很高的荣誉，他们能简述过去时代的传说故事。他们的地位决定了经文抄写员的地位，后者只在伊斯兰教兴起后才变得重要起来。Hitti, *Op. cit.*, p.56.
7. G. F. von Grunebaum, *Classical Islam*, London: Allen & Unwin, 1970, p.24.
8. Hitti, *Op. cit.*, pp.64—65.
9. *Ibid.*, p.112.
10. Anwar G. Chejne, *The Arabic Language: Its Role in History*, Minneapolis: University of Minnesota Press, 1969, pp.7—13. Hitti, *Op. cit.*, p.123.
11. Bernard Lewis, *The Middle East*, London: Phoenix, 1995, p.53.
12. Hitti, *Op. cit.*, p.118. 关于朝向的讨论，see Angold, *Op. cit.*, p.61。
13. Lewis, *Op. cit.*, p. 53.
14. Hitti, *Op. cit.*, p.128.
15. *Ibid.*
16. *Ibid.*, p.129.
17. 最初，安拉要求人们一天祈祷五十次，但是当穆罕默德在天堂夜游时，他做了折中。
18. Hitti, *Op. cit.*, p.132. 禁酒可能不是在一开始就坚持的，《古兰经》中的一章表明，早期主张禁酒是为了防止扰乱星期五的仪式。
19. *Ibid.*, p.124. 关于伊斯兰教的审判，see Jane Idleman Smith and Yvonne Yazbeck Haddad, *The Islamic Understanding of Death and Resurrection*, Oxford and New York: Oxford University Press, 2002, p.64。
20. Hitti, *Op. cit.*, pp.124—126.
21. Chejne, *Op. cit.*, p.25.
22. *Ibid.*, p.28.
23. *Ibid.*, p.356.
24. Lewis, *Op. cit.*, p.54. 关于争夺哈里发位置的战争，see Angold, *Op. cit.*, p.60。
25. Lewis, *Op. cit.*, p.64.
26. *Ibid.*, p.65.

27. *Ibid.*, p.68. 关于钱币的角色，see Angold, *Op. cit.*, pp.57—59。
28. Hitti, *Op. cit.*, p.242. 关于倭马亚王朝，尤其是他们的建筑成就，see Angold, *Op. cit.*, pp.61ff。
29. Hitti, *Op. cit.*, p.393.
30. Doris Behrens-Abouseif, *Beauty in Arabic Culture*, Princeton, New Jersey and London: Markus Wiener/Princeton University Press, 1998/1999, p.126. 关于圆顶清真寺，see Angold, *Op. cit.*, p.62，关于大马士革的大清真寺，see p.65。
31. Behrens-Abouseif, *Op. cit.*, p.124.
32. *Ibid.*, p.132.
33. Lewis, *Op. cit.*, p.37. Albert Hourani, *A History of the Arab Peoples*, Cambridge, Massachusetts: The Belknap Press of Harvard University Press, 1991, pp.56ff.
34. Behrens-Abouseif, *Op. cit.*, p.148.
35. Angold, *Op. cit.*, p.67. 书法在各行各业都非常重要，无论是政治领域还是宗教领域。许多物体都饰有文字，有些情况下，纯粹是与情景没有内在关联的漂亮文字。在10世纪的巴格达发展出两种特别的书法字体，即库法体和纳什基体，前一种具有宗教传统，后一种具有世俗和行政传统。现在库法体一般应用在传统宗教情境下，而纳什基体应用于历史目的，通常是在装饰华丽的背景下。Hourani, *Op. cit.*, p.56.
36. 除了禁止采用视觉形式描绘人体外，伊斯兰教从本质上还敌视音乐。在另一圣训中，穆罕默德把乐器描述为“魔鬼的宣礼员”，是魔鬼号召人们敬拜他的方式。尽管如此，倭马亚王朝的宫廷却是音乐的庇护者，声势之大，乃至“四大音乐家”至今为人们所铭记。其中一位叫伊本·苏拉伊（约634—726），被认为是发明指挥棒的人。Hitti, *Op. cit.*, p.275.
37. Lewis, *Op. cit.*, p.75.
38. *Ibid.*, p.77.
39. Hitti, *Op. cit.*, p.301.
40. *Ibid.*, p.303.
41. 公元988年，纳迪姆编写了《索引书》，这是当时该城市可以获得的一种书评。它显示了当时流行的思想和活动。他提到了讨论催眠、吞剑、吃玻璃和杂耍等内容的手稿。当然也提到了比较严肃的内容。
42. Howard R. Turner, *Science in Medieval Islam*, Austin: University of Texas Press, 1995, pp.28—29 and 132—133.
43. Boyer, *Op. cit.*, pp.211ff.
44. P.M. Holt et al. (editors), *The Cambridge History of Islam*, vol. 2, Cambridge, England: Cambridge University Press, 1970, p.743.
45. Hugh Kennedy, *The Court of the Caliphs: The Rise and Fall of Islam's Greatest Dynasty*, London: Weidenfeld & Nicolson, 2004, pp.246 and 255. William Wightman, *The Growth of Scientific Ideas*, Edinburgh: Oliver & Boyd, 1950, p.322.
46. Dimitri Gutas, *Greek Thought, Arabic Culture*, London: Routledge, 1998, p.132. Kennedy, *Op. cit.*, pp.258—259.
47. 对希腊、波斯和印度作品的翻译因纸张的引进而推进。纸张很可能是中国人在公元1世纪发明的。据说，阿拉伯人在751年得到怛罗斯（现在的吉尔吉斯斯坦，塔什干东北150英里处）战役中抓获了一些中国俘虏，纸才传到中东。根据这一说法，中国俘虏教会他们的征服者如何制作这种新产品，才得以保住性命。这一说法现在被认为不太可能，因为事实证明，在阿拉伯征服时，就有中国的画家、织工和金匠住在伊拉克南部的库法。很显然，他们也熟悉造纸的过程。不过这一点并不能改变以下事实：这是巴格达盛行的又一外来的重要思想。古代阿拉伯语中的“纸”一词是 kaghdad，它来自汉语。在巴格达，城里有一个叫“文具市场”的地方，街道两边有一百多家卖纸的商店。巴格达是重要的造纸中心，至少对拜占庭人来说，它是最好的。他们把纸称为“巴格达迪克森”，标准的 73 厘米 ×110 厘米尺寸的纸张被称为“巴格达纸”。有很多不同类型的纸，通常都以统治者命名：塔勒希纸、努伊纸、塔希里纸等。纸是新技术，阿拉伯人是造纸的大师。Jonathan Bloom, *Paper Before Print*, *Op. cit*. See also Gutas, *Op. cit.*, p.13.

48. Howard R. Turner, *Science in Medieval Islam*, *Op. cit.*, p.133.
49. *Ibid.*, p.139.
50. Hitti, *Op. cit.*, pp.364—365.
51. 在 15 至 19 世纪，他关于这一内容的著作出版了 40 次。Turner, *Op. cit.*, p.135.
52. 他出生在 9 世纪中亚一个叫布哈拉的地方，在早期行医时，他治愈了当地一个统治者，这使他名声大噪。这使他得以进入该统治者的巨大图书馆。图书馆连同他像伊本·西那般惊人的记忆力，使他成为历史上最杰出的集大成者之一。
53. Turner, *Op. cit.*, p.136. 关于翻译的历史，see Wightman, *Op. cit.*, pp.165 and 335—336。位于伊朗哈马丹的伊本·西那墓地现在成为宏伟的纪念建筑。这两位是最伟大的医生，但不止他们两人：侯奈因·伊本·伊斯哈格写于 9 世纪关于眼睛的论文为现代光学开辟了道路，马居士在 10 世纪发现了毛细血管，12 世纪纳菲斯描述了心脏与肺之间的血液循环，这比威廉·哈维发现血液大循环早几个世纪（见第 23 章）。Turner, *Op. cit.*, p.137.
54. Boyer, *A History of Mathematics*, *Op. cit.*, p.227. See also Bernal, *Op. cit.*, vol. 1, pp.275ff.
55. Boyer, *Op. cit.*, p.227.
56. *Ibid.*, p.229.
57. *Ibid.*, p.237.
58. Boyer, *Op. cit.*, p.234.
59. Turner, *Op. cit.*, p.190.
60. Holt et al. (editors), *Op. cit.*, p.777. 关于光学以及化学科学的起源，see also Bernal, *Op. cit.*, vol. 1, p.278。
61. Philip K. Hitti, *Makers of Arab History*, London: Macmillan, 1969, p.197.
62. *Ibid.*, p.205.
63. *Ibid.*, p.218. 关于伊本·西那的灵魂思想，see Hourani, *Op. cit.*, p.173。关于其他伊斯兰教关于灵魂的思想，以及它同肉体的关系，see Smith and Haddad, *Op. cit.*, pp.40ff。
64. Hitti, *Op. cit.*, pp.393—394. 目前盛行的用来描绘特别在中东常见的许多暴行的“人体炸弹”一词严格来说并不准确。在伊斯兰教中自杀是一种不可饶恕的大罪，就像在天主教中一样。但是殉道者的死亡可以为其在天堂赢得一席之地。See Smith and Haddad, *Op. cit.*, p.ix.
65. Hitti, *Op. cit.*, p.408.

66. *Ibid.*, p.410.
67. Ross E. Dunn, *The Adventures of Ibn Battuta*, Los Angeles and Berkeley: University of California Press, 1989, p.98.
68. Hitti, *Op. cit.*, p.414.
69. Hourani, *Op. cit.*, pp.63—64.
70. Hitti, *Op. cit.*, p.429.
71. Hourani, *Op. cit.*, p.65.
72. Hitti, *Op. cit.*, p.434. See also Bernal, *Op. cit.*, vol.1, p.275.
73. Hourani, *Op. cit.*, pp.167—171.
74. Holt et al. (editors), *Op. cit.*, p.527. See also Ivan van Sertina, *The Golden Age of the Moor* (a special issue of the *Journal of African Civilisations*, vol. 11, Fall 1991), New Brunswick, New Jersey, and London: Transaction Publishers 1992.
75. Holt et al. (editors), *Op. cit.*, p.531. 关于科尔多瓦发展起来的新的诗歌形式，see also Hourani, *Op. cit.*, p.193。
76. Hitti, *Op. cit.*, p.252, Quoting Franz Rosenthal, Ibn Khaldun, *The Maqaddimah: An Introduction to History*, vol. 1, New York: Pantheon Books, 1958, p.6.
77. 虽然科尔多瓦大学是最大的大学，但并不是唯一的大学。塞维利亚、马拉加和格拉纳达都建立了类似的机构。主要系科有天文学、数学、医学、神学和法律，虽然格拉纳达还教授哲学和化学。由于 12 世纪中期从摩洛哥引进的造纸术的传播，书籍在这里非常丰富。（英语中纸张的计数单位“令”来自阿拉伯语“里兹马”，意思是“一捆”。）
78. Boyer, *Op. cit.*, pp.254—271.
79. *Ibid.*, p.254.
80. Holt et al. (editors), *Op. cit.*, p.579.
81. *Ibid.*, p.583.
82. Philip K. Hitti, *Islam: A Way of Life*, Oxford: Oxford University Press, 1970, p.134.
83. Hourani, *Op. cit.*, p.175. See also Bernal, *Op. cit.*, vol. 1, p.275 中关于“两种真理”部分。关于伊斯兰的天堂观，see Smith and Haddad, *Op. cit.*, pp.87—89。
84. Reynolds and Wilson, *Scribes and Scholars*, *Op. cit.*, pp.110 and 120.
85. Holt et al. (editors), *Op. cit.*, p.854.
86. *Ibid.*, p.855.
87. Bernal, *Op. cit.*, vol. 1, pp.303f. 正是这一译本产生了英语中的“正弦”（sine）。印度人最初把三角学中的半弦称为“吉瓦”。阿拉伯人沿用过来，名为“吉巴”。但是在阿拉伯语，已经存在一个词“加义巴”，意思是“海湾”。当切斯特的罗伯特翻译到这个技术术语“吉巴”时，他好像把它错当成了“加义巴”，可能是因为在阿拉伯语中，元音常被省略。因此，他译成了拉丁语中的 sinus，即“海湾”。巴斯的阿德拉德也是把阿拉伯—印度数字介绍给拉丁语读者的人之一。这些数字传播速度惊人地慢，许多人仍旧使用希腊语中的九个字母再加上一个特殊的零符号。采用印度计数体系之慢的原因之一是，只要人们还在使用算盘，那么它的优势就不那么明显。事实上，几个世纪以来，在珠算家和演算家之间存在激烈的竞争，只有在读写能力更加普及之后，阿拉伯—印度数字的优势才变得明显起来（在纸笔计算中，而不是在算盘中）。直到 16 世纪，演算家才最终取得了胜利。Boyer, *Op. cit.*, pp.252—253.

13 印度数字、梵语、吠檀多

1. Basham (editor), *A Cultural History of India*, *Op. cit.*, p.48.
2. John Keay, *India: A History*, London: HarperCollins, 2001, p.138. Romila Thapar, *A History of India*, London: Penguin Books, 1966, vol. 1, pp.136ff.
3. Keay, *Op. cit.*, pp.156—157. See Thapar, *Op. cit.*, p.146, 他在书中说，中国西行的佛教徒提到了他们。
4. Keay, *Op. cit.*, p.157.
5. *Ibid.*, p.136.
6. T. Burrow, *The Sanskrit Language*, London: Faber & Faber, 1955, p.64. See also Thapar, *Op. cit.*, p.58.
7. Burrow, *Op. cit.*, p.65.
8. Keay, *Op. cit.*, p.139.
9. *Ibid.*, p.145. See also Thapar, *Op. cit.*, p.140.
10. Keay, *Op. cit.*, p.145.
11. 行会甚至充当银行家的角色，有时向王室借贷。
12. Keay, *Op. cit.*, p.145.
13. *Ibid.*, p.146.
14. Basham (editor), *Op. cit.*, p.162.
15. Burrow, *Op. cit.*, p.43.
16. Basham (editor), *Op. cit.*, p.162; see also Keay, *Op. cit.*, p.61 and Thapar, *Op. cit.*, p.123.
17. Burrow, *Op. cit.*, p.58.
18. *Ibid.*, p.2.
19. *Ibid.*, p.50.
20. Basham (editor), *Op. cit.*, p.170.
21. Keay, *Op. cit.*, p.151.
22. Basham (editor), *Op. cit.*, p.172.
23. Keay, *Op. cit.*, p.152.
24. *Ibid.* 在印度，梵语的发展（或停滞）导致了某些不规则现象。例如，在迦梨陀娑的剧本中，有一个戏剧传统，那就是属于下层的仆人和所有的女人儿童都只能说和理解普拉克利特语，表明它是所有人的第一语言。Burrow, *Op. cit.*, p.60. 在剧本中，梵语只属于那些“重生的”国王、刹帝利和有学问的婆罗门。Keay, *Op. cit.*, p.153. 因为梵语非常僵硬，因此，在波你尼之后整整一千年里的作家不得不用独创代替更新。后果之一就是，一个句子有时长达几页，而单词可能长达五十个音节。（相反，在早期梵语中，复合词的使用与荷马时代没有什么不同。）Burrow, *Op. cit.*, p.55. 尽管梵语只能被极少数人理解，那些人却非常重要，而且正如我们要看到的，这并不能阻止新思想的发展或传播。随着各地方言的分化和繁殖，梵语在印度充当了一种文化纽带。
25. Basham (editor), *Op. cit.*, p.197.
26. *Ibid.*, p.203.
27. *Ibid.*, p.204. 关于德奥格尔的毗湿奴庙的设计，see Thapar, *Op. cit.*, p.158。

28. Heinrich Zimmer, *Myths and Symbols of Indian Art and Civilisation*, Princeton, New Jersey, and London: The Bollingen Series of Princeton University Press, 1972/1992, p.48.
29. *Ibid.*, p.49.
30. *Ibid.*, p.53.
31. 与世界许多地方不同，印度人并不敬拜太阳。相反，太阳被认为是一种破坏性力量。而月亮被认为是生命的创造者。月亮出现了才会有露水，而且月亮还通过潮汐控制着水。水是神灵饮用的仙露在地上的对应物（仙露一词同希腊语中的“仙馐”有关）。水、树液、牛奶和血液都是仙露的不同形式，而它在地球上最鲜明的体现是三条圣河：恒河、萨拉斯瓦蒂河、亚穆纳河。有罪之人在这几条河流附近死去的话，就会被赦免所有的罪孽。Basham (editor), *Op. cit.*, p.110.
32. *Ibid.*, p.81.
33. Keay, *Op. cit.*, p.152.
34. *Ibid.*, p.174.
35. Thapar, *Op. cit.*, p.190 有详细描写。
36. Keay, *Op. cit.*, p.206.
37. *Ibid.*, p.214.
38. *Ibid.*, p.208. See also Thapar, *Op. cit.*, p.195.
39. Keay, *Op. cit.*, p.217. Thapar, *Op. cit.*, p.210 中详细讲述了寺庙的收入。
40. Keay, *Op. cit.*, p.209.
41. Gernet, *Op. cit.*, p.92.
42. Thapar, *Op. cit.*, pp.143—146. Gernet, *Op. cit.*, p.96.
43. Mukerjee, *The Culture and Art of India*, *Op. cit.*, pp.269—271.
44. *Ibid.*, pp.267ff.
45. Thapar, *Op. cit.*, pp.161ff.
46. S. N. Das Gupta, ‘Philosophy’, in Basham (editor), *Op. cit.*, pp.114ff.
47. Das Gupta, *Op. cit.*, p.118.
48. Mukerjee, *Op. cit.*, pp.255ff.
49. Thapar, *Op. cit.*, p.162.
50. Basham (editor), *Op. cit.*, p.119. Thapar, *Op. cit.*, p.185.
51. Boyer, *A History of Mathematics*, *Op. cit.*, p.207.
52. Basham (editor), *Op. cit.*, p.147.
53. 公元后的头四个世纪中，泰米尔语诗歌经常提到“耶婆那”，即那些熟悉古希腊科学和罗马技术的西方人。正如我们之前提到的，一些人认为这个词来自希腊语“伊奥尼亚人”。Basham (editor), *Op. cit.*, p.151 and W. W. Tam, *The Greeks in Bactria and India*, Cambridge, England: Cambridge University Press, 1951.
54. Basham (editor), *Op. cit.*, p.154.
55. 前面已经讨论过（第 12 章注释 87），“正弦”产生于对印度名称“吉瓦”的误译。
56. Boyer, *Op. cit.*, p.210. See also Thapar, *Op. cit.*, p.155.
57. Boyer, *Op. cit.*, p.198.
58. *Ibid.*, p.212.
59. D. E. Smith, *History of Mathematics*, New York: Dover, 1958, vol. 1, p.167.
60. Joseph Needham et al., *Science and Civilisation in China*, Vol. 3, Cambridge, England: Cambridge University Press, 1954, p.11n.

61. Basham (editor), *Op. cit.*, p.157.
62. Boyer, *Op. cit.*, p.215.
63. *Ibid.*, p.216. 印度的数学影响着全世界。但是西方人永远不应忘记，从历史上看，印度的国际影响力主要在它东边的国家。特别是它的梵语文学、佛教和印度教，以不同的形式和姿态塑造了东南亚国家。单纯就所影响的人数而言，到中世纪时期，没有哪一种文明能超过印度对世界的影响。印度医生相信生命始于“原水”，人的长相（他们的形貌）对应不同神灵的相貌，发烧是恶魔引起的，消化不良也是如此，恶魔是所有疾病最常见的原因。Basham (editor), *Op. cit.*, p.148. 健康来自三种体液之间的合理平衡：黏液、胆汁和风（或呼吸），它们取决于饮食（血液是后来加入的，作为第四种体液）。肺被认为把水运送到整个身体，肚脐是血管的最终来源。印度人有着浩瀚的药典，其原理是植物和食物的某些特质按照不同比例对应着不同的体液。蜂蜜被认为具有疗救功能，同“不朽的灵药”仙露有关。*Ibid.*, p.149. 有趣的是，他们没有大脑疾病的概念，而认为意识集中在心脏。水肿、肺痨、麻风病、脓肿、某些先天性疾病和一些皮肤病得到了确认和描述。印度医神的名称是“阿须云”，最著名的医生是恰拉卡，他描述了许多真实的和不太真实的病况。例如，他把长寿的科学命名为“阿育吠陀”。*Ibid.*, p.150. 所有的疾病都被看作具有一种道德因素，在某方面源自一种道德堕落。有一种专门的大象医药传统。
64. S. A. A. Rizvi, ‘The Muslim ruling dynasties’, in Basham (editor), *Op. cit.*, pp.245ff.
65. *Ibid.*, pp.281ff.
66. Basham (editor), *Op. cit.*, p.284.
67. Mukerjee, *Op. cit.*, pp.311—327. Thapar, *Op. cit.*, pp.306—307 中探讨了苏非教派同主流伊斯兰教的联系以及它在非正统教派和理性主义中扮演的角色。
68. Mukerjee, *Op. cit.*, pp.298—299.

14　中国的士大夫、理学和毛笔文化

1. Valerie Hansen, *The Open Empire*, New York: Norton, 2000, pp.171—174. 英语中的“中国”（China）一词来自“秦”的音译，秦是公元前3世纪建立的中华帝国。
2. Needham et al., *Science and Civilisation in China*, *Op. cit.*, p.134. Wilkinson, *Chinese History: A Manual*, *Op. cit.*, p.844.
3. JanetAbu-Lughod, *Before European Hegemony: The World System, AD 1250—1350*, Oxford and New York: Oxford University Press, 1989, p.316.
4. Yong Yap and Arthur Cotterell, *The Early Civilisation of China*, London: Weidenfeld & Nicolson, 1975, p.199.
5. Lucien Febvre and Henri-Jean Martin, *The Coming of the Book*, London: Verso, 1976, p.71.
6. 最古老的纸样是斯坦因在中亚长城上一座被废弃的石头工事里发现的，中国军队在公元2世纪中期从那里撤出。Febvre and Martin, *Op. cit.*, p.72. 微观分析表明，这些用栗特语写成的书信完全由大麻纤维制成。（栗特是撒马尔罕附近的一个中亚古

国，撒马尔罕位于今乌兹别克斯坦。）纸张由此而迅速传播。关于丝绸之路，see Richard N. Frye, *The Heritage of Central Asia: From Antiquity to the Turkish Expansion*, Princeton, New Jersey, and London: Markus Wiener/Princeton University Press, 1998, pp.151ff；关于粟特人的世界，see pp.183ff。

7. Febvre and Martin, *Op. cit.*, pp.72—73.
8. Gernet, *Op. cit.*, p.332. 关于印刷术的思想影响，see Hucker, *China's Imperial Past*, *Op. cit.*, p.272。Wang Tao, personal communication, 28 June 2004.
9. Febvre and Martin, *Op. cit.*, p.75.
10. Gernet, *Op. cit.*, p.335.
11. Febvre and Martin, *Op. cit.*, p.76.
12. *Ibid.*
13. Hucker, *Op. cit.*, p.317. 奇怪的是，欧洲人似乎对东方在这一领域做出的贡献极其不感兴趣。例如，蒙古人在 1289 年向法兰西和英格兰的国王以及教皇送去一些木版画和刻有字样的鲜红色印章，1305 年又送去一批，但是西方没有人学习这一新的技术。即使是马可 · 波罗，一个酷爱旅行、好奇心非同一般的人，对在中国看见的银票称奇，但好像并没有发现它们是从雕刻的木板上印制而成的。Febvre and Martin, *Op. cit.*, p.76.
14. Yu-Kuang Chu, 'The Chinese language', in: John Meskill et al. (editors), *An Introduction to Chinese Civilisation*, New York: Columbia University Press, 1973, pp.588—590.
15. *Ibid.*, p.592.
16. *Ibid.*, p.593.
17. *Ibid.*, pp.595 and 612.
18. *Ibid.*, pp.597—598.
19. *Ibid.*, p.603. 关于"新文本"同"旧文本"之间的差异，以及旧文字包含的学术，see Hucker, *Op. cit.*, p.197。
20. Gernet, *Op. cit.*, p.325.
21. Hansen, *Op. cit.*, p.271. 纸币尤其推动了中国海上商队的发展，在当时，它是世界上最大的海上商队，see pp.304—305。
22. Raymond Dawson, *The Chinese Experience*, London: Weidenfeld & Nicolson, 1978, pp.181—182. Gernet, *Op. cit.*, p.324.
23. 由于"水稻"种植取得的进步，中国出现了完全不同的创新。从 6 世纪开始，中国人开始系统地选种，到 11 世纪，即五百年后，水稻产量大幅度增加，一年有两次收成。但是到 11 世纪末，在越南南部海岸的占城出现了一种早熟、抗旱的水稻。尽管它的产量比较少，但是它六十天成熟的事实解决了许多问题（16 世纪培养出五十天一熟的水稻，在 18 世纪培养出四十天一熟的水稻）。早熟稻对中国人口具有重大影响，它意味着，这个国家比同时期的欧洲更能满足人口的粮食需求。"正是因为充足的粮食供应，中国人口才能在 11 世纪初开始以相对快的速度增加，直到 18 世纪末期。" Ho Ping-Ti, 'Early-ripening rice,' in James Liu and Peter Golas (editors), *Change in Sung China*, Lexington, Massachusetts: D. C. Heath and Co., 1969, pp 30—34. 与新型水稻相关的是，曲柄转动装置、耙和水稻田用犁在这一时期都被发明。也许最有效的新技术是龙骨车，它利用曲轴齿轮装置，把水从低处送到高处。Hansen, *Op. cit.*, p.265.
24. 独轮手推车（"木牛"）是在公元 3 世纪发明的，它能在狭窄蜿蜒的小路上运送三百磅重的货物。

25. 火药只是诸多将对世界历史产生显著影响的军事技术进步中的一种。中国人还为其军队完善了一种选拔技术：让新兵参加一系列测试（射击和视力），并根据成绩把他们分配到专门部门。新型武器被发明，包括连弩、类似坦克的装置、由活塞推动可以连续喷火的煤油喷火器。《武经总要》是一部军事著作，探讨了围攻战的新理论。Gernet, *Op. cit.*, p.310. 这本论著出版于 1044 年，第一次提到了火药的配方（欧洲第一次提及火药配方是罗杰·培根在 1267 年提到的）。
26. Gernet, *Op. cit.*, p.311.
27. *Ibid.*
28. *Ibid.*, p.312.
29. David Battie (editor), *Sotheby's Concise Encyclopaedia of Porcelain*, London: Conran Octopus, 1990, pp.15ff.
30. Gernet, *Op. cit.*, p.320. See also Hucker, *Op. cit.*, p.204.
31. Gavin Menzies, *The Year That Changed the World: 1421*, London: Bantam Press, 2002. 它关于中国人环游世界并发现美洲的观点受到了强烈质疑。
32. Gernet, *Op. cit.*, pp.326—327.
33. 平底帆船很可能出现在长江的大港湾，河口 10 至 20 公里宽，往内陆延伸 150 公里。这里感觉不到从江河到海洋的过渡。Gernet, *Op. cit.*, p.327.
34. 道家的试验引发了指南针的发明（见第 20 章）。这一试验的思想也早于欧洲，尽管持续时间不长。See Hucker, *Op. cit.*, p.204. 中国的地图也比当时欧洲的地图先进，使用了经度和纬度的早期概念。欧洲地图由于受到宗教观点的限制而落后。Gernet, *Op. cit.*, p.328. 正如李约瑟指出的，宋代是中国历史上的关键时期，而且不仅仅体现在海军事务上。宋代发展起来的对外贸易鼓励了其海军的兴起，以及相关的发明和创新。然而，尽管是海上大国，中国总是保持为一个农耕帝国。在政治上和军事上，它面临的最大威胁来自亚洲内陆，而且它从农业税收获取的财政资助总是比从国际贸易上获得的多。罗荣邦（音译）说，这一基本事实永远没有改变，它帮助解释了为什么虽然中国人这么聪明灵巧，却最终被其他民族利用了它的许多发明创造。Lo Jung-Pang, 'The rise of China as a sea power', in Liu and Golas (editors), *Op. cit.*, pp.20—27.
35. Yong Yap et al., *Op. cit.*, p.43.
36. F. W. Mote, *Imperial China*, Cambridge, Massachusetts: Harvard University Press, 1999, p.127.
37. *Ibid.*
38. *Ibid.*, p.128.
39. 这意味着，非常贫困的家庭可能省吃俭用两到三代，直到他们有能力把最喜欢的儿子送到书院读书。
40. 关于这点以及宋代科举的其他方面，see John W. Chaffee, *The Thorny Gates of Learning in Sung China: A Social History of Examinations*, Cambridge, England: Cambridge University Press, 1985, pp.104—105, *passim*。
41. 关于长安的具体情况，see Frye, *Op. cit.*, p.164。
42. Chaffee, *Op. cit.*, p.104.
43. Fairbanks, *Op. cit.*, p.95.
44. Chaffee, *Op. cit.*, p.134. See Hucker, *Op. cit.*, pp.315—321, 他说后来的王朝转而依靠

赞助人体制。

45. C. K. Young, *Religion in Chinese Society*, Berkeley and London: University of California Press, 1961, p.216.
46. Gernet, *Op. cit.*, p.215. 关于栗特人社群的组织，尤其是关于缺少一个僧侣等级制的叙述，see Frye, *Op. cit.*, pp.195—196。
47. Gernet, *Op. cit.*, p.216.
48. Hucker, *Op. cit.*, p.210 中说，鸠摩罗什翻译的《莲华经》是东亚佛教最有影响力的书。关于佛教在印度和中国之间的复杂情况，see also Gernet, *Op. cit.*, p.21。
49. Gernet, *Op. cit.*, p.221.
50. Young, *Op. cit.*, pp.119—120.
51. Gernet, *Op. cit.*, p.226.
52. 关于敦煌的考古发现，see Frye, *Op. cit*。
53. 1900 年，一个姓王的道士在甘肃省敦煌的千佛寺居住，那是丝绸之路上一个重要的佛寺中心。王道士在千佛寺一个洞窟的灰泥墙上发现了一个缝隙，当他叩击时，发现里面是空的。由此发现了所谓“藏经洞”，里面包含 13500 种书卷，学者据此重构了 8 世纪敦煌的日常生活形态。这些书卷表明，在一个 1.5 万人口的小镇，建有 13 座寺庙，每十个人中就有一个与寺庙建筑有关，他们或是僧人，或是尼姑，或是寺庙杂役。Hansen, *Op. cit.*, pp.245—251.
54. Gernet, *Op. cit.*, p.295.
55. Hansen, *Op. cit.*, p.198.
56. Mote, *Op. cit.*, p.339.
57. 关于朱熹的描述，see Hucker, *Op. cit.*, p.370。
58. 理学（Lixue），又称理学（li-hsueh），*Ibid.*, p.365. Yong Yap et al., *Op. cit.*, p.198.
59. Mote, *Op. cit.*, p.342.
60. Yong Yap, et al., *Op. cit.*, p.198.
61. *Ibid.*, p.208.
62. *Ibid.*, p.170. Wilkinson, *Op. cit.*, p.686.
63. Yong Yap et al., *Op. cit.*, p.171.
64. *Ibid.* Wilkinson, *Op. cit.*, p.679.
65. Yong Yap et al., *Op. cit.*, p.171. 在 11 世纪，宋徽宗派遣官员到全国各地搜寻形状怪异、纹理稀奇的岩石。尤其是经水流冲刷的形状奇异的石灰石，它们是令人心生慑服的自然力的见证。这些生命力必须与之共生存，精致的花园就是一种象征。关于洞穴绝壁的角色，see Hucker, *Op. cit.*, p.260。
66. Yong Yap et al., *Op. cit.*, p.172.
67. Gernet, *Op. cit.*, p.341.
68. Mote, *Op. cit.*, p.151.
69. *Ibid.*
70. Mark Elvin, *The Pattern of the Chinese Past*, London: Eyre Methuen, 1973, pp.164ff and 179ff.
71. Mote, *Op. cit.*, p.152. 关于楷书和草书之间的区别，see Hucker, *Op. cit.*, p.263。
72. Mote, *Op. cit.*, p.326.
73. *Ibid.*, see also Robert P. Hymes, ‘The elite of Fy-Chou, Chiang-hsi’, in his *Northern and Southern Sung*, Cambridge, England: Cambridge University Press, 1986. See also Nathan

Sivin, *Science and Technology in East Asia*, New York: Science History Publications, 1987, pp.xv—xxi.

74. Abu-Lughod, *Op. cit.*, p.4.

15 欧洲的观念

1. Alfred W. Crosby, *The Measure of Reality: Quantification and Western Society, 1250—1600*, Cambridge, England: Cambridge University Press, 1997, p.3.
2. Bernard Lewis, *The Muslim Discovery of Europe*, London: Weidenfeld & Nicolson, 1982, p.82.
3. 费尔南·布罗代尔在他的书 *Civilisation and Capitalism*, vol. 2, *15—18th Centuries, The Wheels of Commerce*, London: Collins, 1982, pp.68ff 提出了这一论点。
4. Michael McCormick, *Origins of the European Economy: Communication and Commerce, AD 300—900*, Cambridge, England: Cambridge University Press, 2001, p.794.
5. *Ibid.*, pp.704—708.
6. *Ibid.*, p.344.
7. *Ibid.*, p.789.
8. *Ibid.*, p.790. 最近的海底发掘也证实了这一论点。See Dalya Alberge, ‘Shipwrecks cast new light on the Dark Ages’, *The (London) Times*, 9 June 2004, p.8.
9. McCormack, *Op. cit.*, p.796.
10. Abu-Lughod, *Before European Hegemony*, *Op. cit.*, p.4.
11. *Ibid.*, p.3.
12. *Ibid.*, p.19.
13. *Ibid.*, p.357.
14. *Ibid.*, p.34.
15. *Ibid.*, p.360.
16. Needham, *The Great Titration*, *Op. cit.*, p.121.
17. *Ibid.*, p.150. 但是 Frye, *Op. cit.*, pp.194—195 中说邻近的栗特很不同，他们有一个兴盛的商人阶层。
18. Toby E. Huff, *The Rise of Early Modern Science in Islam, China and the West*, Cambridge, England: Cambridge University Press, 1993, p.120.
19. *Ibid.*, p.129.
20. *Ibid.*, p.189.
21. Douglas North and Robert Thomas, *The Rise of the Western World*, Cambridge, England: Cambridge University Press, 1973, p.33.
22. *Ibid.*, pp.34—35.
23. *Ibid.*, p.41.
24. Carlo M. Cipolla, *Before the Industrial Revolution: European Society and Economy, 1000—1700* (third edition), London and New York: Routledge, 2003, p.141.

25. *Ibid.*, pp.160—161.
26. *Ibid.*, p.180. See also J. R. S. Phillips, *The Medieval Expansion of Europe*, Oxford: Oxford University Press, 1988, p.103.
27. Anthony Pagden (editor), *The Idea of Europe*, Cambridge, England, and Washington: Cambridge University Press/Woodrow Wilson Center Press, 2002, p.81.
28. *Ibid.*, p.84.
29. R. W. Southern, *Scholastic Humanism and the Unification of Europe*, vol. 1, *Foundations*, Oxford: Basil Blackwell, 1995, p.1.
30. Pagden (editor), *Op. cit.*, pp.83—84.
31. Southern, *Op. cit.*, p.2.
32. *Ibid.*, p.3.
33. *Ibid.*, pp.4—5.
34. *Ibid.*, p.5.
35. *Ibid.*, pp.5—6.
36. Herbert Musurillo SJ, *Symbolism and the Christian Imagination*, Dublin: Helicon, 1962, p.152.
37. *Ibid.* 关于公元 1000 年左右的大致事件，see *The Faith*, *Op. cit.*, pp.206ff。
38. Southern, *Op. cit.*, p.6.
39. *Ibid.*, p.11.
40. *Ibid.*
41. *Ibid.*, pp.189—190.
42. Southern, *Ibid.*, pp.205—206. See also Moynahan, *Op. cit.*, p.242.
43. D. A. Callus (editor), *Robert Grosseteste*, Oxford: Oxford University Press, 1955, p.98.
44. *Ibid.*, p.106.
45. Colin Morris, *The Discovery of the Individual: 1050—1200*, London: SPCK, 1972, pp.161ff. See also Freeman, *The Closing of the Western Mind*, *Op. cit.*, p.335. Robert Pasnau, *Aquinas on Human Nature*, Cambridge, England: Cambridge University Press, 2003.
46. Tarnas, *The Passion of the Western Mind*, *Op. cit.*, p.177.
47. *Ibid.*, p.181.
48. *Ibid.*, p.188. See also Joseph Canning, *A History of Medieval Political Thought, 300—1450*, London: Routledge, 1996, pp.132—133, 他解释说，阿奎那并没有赋予世俗世界全部的自主权。
49. Tarnas, *Op. cit.*, p.191.
50. Robert Benson and Giles Constable (editors), *Renaissance and Renewal in the Twelfth Century*, Oxford: Oxford University Press, 1982, p.45.
51. *Ibid.*, p.56.
52. *Ibid.*, p.61.
53. *Ibid.*, pp.65—66.
54. *Ibid.*, pp.150—151. 关于对耶路撒冷的不同观点，see Moynahan, *Op. cit.*, p.229。
55. Morris, *Op. cit.*, p.23.
56. *Ibid.*, pp.26—27.
57. *Ibid.*, p.28. Moynahan, *Op. cit.*, p.216.

58. Morris, *Op. cit.*, p.27.
59. *Ibid.*, p.31.
60. Musurillo SJ, *Op. cit.*, p.135.
61. Morris, *Op. cit.*, p.34.
62. Benson and Constable (editors), *Op. cit.*, p.67.
63. *Ibid.*, p.71.
64. *Ibid.* 关于拉特兰第四次圣公会以及圣餐变体论，see Moynahan, *Op. cit.*, p.302。目的问题同12世纪人们对心理学的强烈兴趣相配合。例如，克雷蒂安·德·特鲁瓦的《克里杰斯》中两个情侣用几页的篇幅争论对彼此的感情。许多神学著作第一次分析了喜爱对一个人行为的影响。心理学被理解为“灵魂朝着上帝的活动”。Morris, *Op. cit.*, p.76.
65. Georges Duby (editor), Arthur Goldhamer (translator), *A History of Private Life*, vol. II, *Revelations of the Medieval World*, Cambridge, Massachusetts, and London: The Belknap Press of Harvard University Press, 1988, pp.272—273.
66. *Ibid.*, p.512.
67. *Ibid.*, p.538.
68. Benson and Constable (editors), *Op. cit.*, p.281.
69. Morris, *Op. cit.*, p.79.
70. *Ibid.*, p.84.
71. *Ibid.*, p.85.
72. 关于某种意义上不同的观点以及基督教的想象力从圣奥古斯丁的影响下逐渐脱离，那个时代诗歌有所体现，see Musurillo SJ, *Op. cit.*, chapter 10 and 11。
73. Morris, *Op. cit.*, p.88.
74. 插图手稿展现出同样的自然主义和对个人性格的兴趣。
75. Morris, *Op. cit.*, p. 90.
76. *Ibid.*, pp.134ff.
77. Christopher Brooke, *The Age of the Cloister*, Stroud, England: Sutton Publishing, 2003, p.110.
78. *Ibid.*, p.10.
79. *Ibid.*, p.18.
80. *Ibid.*, pp.126ff.
81. *Ibid.*, p.211.
82. Morris, *Op. cit.*, p.283. 经典化的速度也反映出这一变化。See Moynahan, *Op. cit.*, p. 247.
83. *Ibid.*, p.158.

16 “上帝与人之间”：教皇的思想控制手段

1. Cantor, *Op. cit.*, pp.269ff.
2. *Ibid.*, pp.258—259.

3. Edward Grant, *God and Reason in the Middle Ages*, Cambridge, England: Cambridge University Press, 2001, p.23.
4. *Ibid.*, p.23.
5. *Ibid.*, p.24. 关于其他的措施，包括司铎以上的教士都保持单身制，see Moynahan, *Op. cit.*, p.216。
6. Grant, *Op. cit.*, p.24.
7. David Knowles and Dimitri Obolensky, *The Christian Centuries*, vol. 2, *The Middle Ages*, London: Darton, Longman & Todd, 1969, pp.336—337.
8. *Ibid.Op. cit.*, p.337.
9. Reinhard Bendix, *Kings or People: Power and the Mandate to Rule*, Los Angeles: University of California Press, 1978, p.23.
10. *Ibid.*, p.27.
11. *Ibid.*, p.29.
12. *Ibid.*, p.31. 关于安布罗斯，see Canning, *Op. cit.*, p.34。
13. Bendix, *Op. cit.*, p.32. 对国王王位的发展非常重要而且同教权有关的是臭名昭著的“君士坦丁御赐教产谕”，现在普遍被认为很可能是教皇自己伪造的。沃尔特·厄尔曼说:“这一伪造对中世纪欧洲，特别是对教皇权力产生的影响是巨大的。”这一思想源自5世纪一本小说性质的畅销书，它断言，教皇西尔维斯特治愈了君士坦丁的麻风病，君士坦丁在痛悔中匍匐在教皇的脚下，除去自己的皇帝象征（包括王冠），充当马夫的角色，牵着教皇的马走了一小段距离。这含义再清楚不过了。Walter Ullmann, *A History of Political Thought: The Middle Ages*, London: Penguin Books, 1965, p.59.
14. Cantor, *Op. cit.*, pp.178—179. 查理曼在罗马经历了一次非常古怪但是具有揭示意义的事件。当时的教皇利奥三世并不成功，也不受欢迎。他如此不受欢迎，以致被一群罗马暴徒痛打一顿，并被指控“道德败坏”。利奥三世不得不寻求查理曼的庇护。当查理曼进入罗马对利奥三世进行裁判，洗清了对利奥三世的指控后，在800年的圣诞节，查理曼去圣彼得的墓地进行祈祷。当他站起来时，利奥三世突然走上前，把皇冠戴在国王的头上。这一举动是重新确认教皇具有授予皇帝称号的权力的露骨的尝试，查理曼一点也没有感到高兴。他说，如果他知道教皇的企图，他永远也不会进入教堂。Cantor, *Op. cit.*, p.181. 关于加洛林王朝的神权思想，see also Canning, *Op. cit.*, p.66。
15. Bendix, *Op. cit.*, p.33.
16. Cantor, *Op. cit.*, p.195. See also Canning, *Op. cit.*, pp.60—61.
17. David Levine, *At the Dawn of Modernity*, Los Angeles: University of California Press, 2001, p.18.
18. Cantor, *Op. cit.*, p.203.
19. *Ibid.*, pp.218—223. 关于奥托和他矫揉造作的皇帝做派，see Canning, *Op. cit.*, p.75。
20. Cantor, *Op. cit.*, p.218.
21. *Ibid.*, p.244.
22. Colish, *Op. cit.*, p.227.
23. Cantor, *Op. cit.*, p.341.
24. Colish, *Op. cit.*, p.228.
25. Marina Warner, *Alone of All Her Sex*, London: Weidenfeld & Nicolson, 1976, pp.147—148.

26. Levine, *Op. cit.*, p.74.
27. Colish, *Op. cit.*, p.235. See also Moynahan, *Op. cit.*, p.272.
28. Colish, *Op. cit.*, p.237.
29. Cantor, *Op. cit.*, p.249.
30. Colish, *Op. cit.*, p.245.
31. Canning, *Op. cit.*, p.85.
32. Cantor, *Op. cit.*, pp.254—255.
33. *Ibid.*, p.258. See also Canning, *Op. cit.*, p.88.
34. Moynahan, *Op. cit.*, p.218. 关于格列高利引发的论战，see Canning, *Op. cit.*, pp.98f。See also Cantor, *Op. cit.*, p.262.
35. Cantor, *Op. cit.*, p.267.
36. *Ibid.*, p.268.
37. Elisabeth Vodola, *Excommunication in the Middle Ages*, Los Angeles: University of California Press, 1986, pp.2—3.
38. *Ibid.*, p.4.
39. *Ibid.*, p.10.
40. 中世纪早期，王朝通常支持教会的决定。因此，被绝罚者也会失去他们的公民权利。这源自罗马的“不名誉”概念，它剥夺不道德之徒和罪犯的投票权利。
41. 同样，那些不知道谁是被绝罚者的人也被判定为不受牵连。Vodola, *Op. cit.*, p.25.
42. *Ibid.*, p.29.
43. *Ibid.*, p.32. See also Moynahan, *Op. cit.*, p.87.
44. Vodola, *Op. cit.*, p.52.
45. Cantor, *Op. cit.*, p.271.
46. *Ibid.*, p.290. 关于基督教的损失，see Moynahan, *Op. cit.*, pp.186—187。
47. Moynahan, *Op. cit.*, pp.190ff.
48. Cantor, *Op. cit.*, pp.292—293.
49. Moynahan, *Op. cit.*, p.222 中列举了五个对乌尔班具有历史意义演讲的记述，作者说，它们“各个完全不同”。
50. 第一次十字军东征在时机上是成功的。基督徒的热情仍然很高，公元 1000 年刚刚过去，而耶稣受难一千年，即公元 1033 年，越来越近。另外，由于阿拉伯人之间短暂的分裂削弱了他们抵挡基督教军队的战斗力，因此，十字军战士到达耶路撒冷的时候，几乎没有什么损失。在经过了一个多月的围攻之后，十字军攻占了耶路撒冷。在屠杀所有穆斯林和犹太居民时，后者是在他们的主要会堂被火烧死的。
51. Steven Runciman, *The First Crusade*, Cambridge, England: Cambridge University Press/ Canto, 1951/ 1980, p.22.
52. 对圣徒和圣物的敬拜激发了大量虔信者前往朝圣，不仅仅是去三大地方——耶路撒冷、罗马和圣地亚哥，还去同奇迹或圣物相关的其他许多圣所。大卫·莱文谈到了“在欧洲乡村迸发的一种圣事经济地理学”。法兰西各地被众多的朝圣路线分割，例如，巴黎道路和韦兹莱道路把信徒从北方带到西班牙，在那里，他们同沿着阿尔勒道路旅行至此的其他人会合。Levine, *Op. cit.*, p.87. 他们的基本观点是，正如巴黎学者和形而上学家根特的亨利（约 1217—1293）所说，圣徒和一些景象可以接近上帝的思想，因此，对他们的知识“具有完整的、永远正确的信心”。Colish, *Op. cit.*, p.305. 佛罗里达大学的历史学教授帕特里克·吉尔里研究了一百多种记述偷窃圣徒遗物的中世纪报道，发现偷窃者通常不是流浪汉，而是修士，这些人把遗物转运到自己的家乡或修道院里。正如朝圣路线所表明的，圣物刺激了对食宿的需求。但是对圣徒的敬拜也可以被看作回归多神教的一种形式：圣徒各异的性格特点让信徒与各自同情的人物联系起来（圣徒是人而不是神），因为他们做出了一些奇特的事情。吉尔里表明，圣徒敬拜如此强烈，以致至少在意大利，出现了圣物职业小偷，经营着运到北方各地的危险贸易。Patrick J. Geary, *Furta Sacra: Thefts of Relics in the Central Middle Ages*, Princeton, New Jersey: Princeton University Press, 1978/1990.

53. Cantor, *Op. cit.*, p.388, and Moynahan, *Op. cit.*, p.279. See Peter Biller and Anne Hudson (editors), *Heresy and Literacy, 1000—1530*, Cambridge, England: Cambridge University Press, 1994, p.94.
54. Bernard McGinn, *AntiChrist*, New York: Columbia University Press, 1994, p.6.
55. *Ibid.*, pp.100—113; see also Moynahan, *Op. cit.*, p.215.
56. McGinn, *Op. cit.*, p.138.
57. *Op. cit.*, pp.136—137.
58. Colish, *Op. cit.*, p.249.
59. Cantor, *Op. cit.*, p.389.
60. Biller and Hudson (editors), *Op. cit.*, pp.38—39. Colish, *Op. cit.*, p.251. 关于鲍格米勒派的叙述，see Moynahan, *Op. cit.*, pp.280—281。
61. Cantor, *Op. cit.*, p.390.
62. Colish, *Op. cit.*, p.251.
63. Edward Grant, *God and Reason in the Middle Ages*, *Op. cit.*, p.24.
64. Cantor, *Op. cit.*, p.417. Canning, *Op. cit.*, p.121 中认为，英诺森的统治是中世纪教皇权力的关键。
65. Cantor, *Op. cit.*, pp.389—393.
66. Edward Burman, *The Inquisition: Hammer of Heresy*, Wellingborough, Northamptonshire: Aquarian Press, 1984, p.16.
67. *Ibid.*
68. *Ibid.*, p.23.
69. *Ibid.* 关于更多的统计数字，see Stephen Haliczer (editor), *Inquisition and Society in Early Modern Europe*, London and Sydney: Croom Helm, 1987, p.10。
70. Burman, *Op. cit.*, p.23.
71. *Ibid.*, p.25.
72. James B. Given, *Inquisition and Medieval Society*, Ithaca, New York: Cornell University Press, 1997, p.11. See also Moynahan, *Op. cit.*, p.281.
73. 关于宗教审查的早期机构，see Burman, *Op. cit.*, p.33 and Given, *Op. cit.*, p.14。
74. Burman, *Op. cit.*, p.41. See also Moynahan, *Op. cit.*, p.41.
75. Burman, *Op. cit.*, p.57.
76. *Ibid.*, pp.60—61. 在另一场合，他下令在斯特拉斯堡烧死了 80 个男人、女人和儿童。See Moynahan, *Op. cit.*, p.286.
77. 在刑车上，犯人被绑在车轮上鞭打。那闻名的机架将身体拉伸到断裂的程度，有点像吊刑。
78. 犹太人是一个不同的但与之相联系的问题。在法兰西南部（清洁派的地区），有一个活跃的大型犹太人群体，正如我们看到的，在清洁派的发展史中很可能渗入了犹太教思想。因此，尽管英诺森禁止使用武力强迫犹太人皈依，但是他确实也提倡隔离政策：身体隔离，它不仅限制了接触，而且暗示犹太人是贱民。1215 年在英诺森统治将近结束的拉特兰第四次圣公会上，谕令要求犹太人必须佩戴一个黄色布片，“这样能够很容易认出他们是被逐出者”。See Cantor, *Op. cit.*, p.426.

79. William Chester Jordan, *Europe in the High Middle Ages*, London: Allen Lane The Penguin Press, 2001, p.9 and Cantor, *Op. cit.*, pp.418—419. See also as a general reference：Jacques le Goff, *The Medieval Imagination*, translated by Arthur Goldhammer, Chicago: University of Chicago Press, 1985, especially part 2, section 2, ‘The perception of Christendom by the Roman Curia’ and ‘The organisation of an ecumenical council in 1274’.
80. Knowles and Obolensky, *Op. cit.*, p.290.
81. Cantor, *Op. cit.*, p.491.
82. Canning, *Op. cit.*, pp.137—148.
83. Cantor, *Op. cit.*, p.493.
84. *Ibid.*, p.495. See also Canning, *Op. cit.*, pp.139—140.
85. Cantor, *Op. cit.*, p.496.
86. Moynahan, *Op. cit.*, pp.298ff.

17 学术的传播和精确性的兴起

1. Georges Duby, *The Age of the Cathedrals*, Chicago: University of Chicago Press, 1981, pp.97ff.
2. *Ibid.*, p.98.
3. *Ibid.*
4. Anders Piltz, *The Medieval World of Learning*, Oxford: Blackwell, 1981, p.26. See also Moynahan, *Op. cit.*, p.269 and Le Goff, *Op. cit.*, p.54.
5. Duby, *Op. cit.*, p.100.
6. *Ibid.*, p.101.
7. *Ibid.*, p.111.
8. R. W. S. Southern, ‘The schools of Paris and the schools of Chartres’, in Benson and Constable (editors), *Op. cit.*, p.114.
9. *Ibid.*, p.115.
10. *Ibid.*, pp.124—128.
11. *Ibid.*, p.129.
12. Chester Jordan, *Op. cit.*, p.116. R. W. S. Southern, *Western Society and the Church in the Middle Ages, The Penguin History of the Church*, London: Penguin Books, 1970/1990, p.94. 关于中世纪的城市概念，see also Le Goff, *Op. cit.*, p.179。
13. Rubenstein, *Aristotle's Children*, *Op. cit.*, p.127. See also Chester Jordan, *Op. cit.*, p.113 and Duby, *Op. cit.*, p.115.

14. Duby, *Op. cit.*, p.115.
15. *Ibid.*, p.116.
16. Alan Cobban, *The Medieval Methuen*, 1975, p.8.
17. *Ibid.*, p.9.
18. *Ibid.*, p.10.
19. *Ibid.*, p.11.
20. Piltz, *Op. cit.*, p.18.
21. Cobban, *Op. cit.*, p.12.
22. *Ibid.*, p.14.
23. Rubenstein, *Op. cit.*, p.104.
24. Cobban, *Op. cit.*, p.18. 亚历山大也在蒙彼利埃学习过。See Nathan Schachner, *The Medieval Universities*, London: Allen & Unwin, 1938, p.263.
25. *Ibid.*, p.15. 关于中世纪医生的兴盛，see Schachner, *Op. cit.*, pp.132—133。
26. Rubenstein, *Op. cit.*, p.17.
27. *Ibid.*, p.162.
28. *Ibid.*
29. *Ibid.*, p.186.
30. *Ibid.*, p.187.
31. *Ibid.*, p.42.
32. *Ibid.*, p.210.
33. *Ibid.*, p.197.
34. *Ibid.*, p.198.
35. *Ibid.*, p.220.
36. *Ibid.*, p.221.
37. Cobban, *Op. cit.*, p.22.
38. *Ibid.*, p.23. 关于着装的要求，see also Schachner, *Op. cit.*, p.62。
39. Cobban, *Op. cit.*, pp.23—24.
40. *Ibid.*, p.24.
41. *Ibid.*, p.25.
42. Hastings Rashdall, *The Universities of Europe in the Middle Ages*（new edition in three volumes）, edited by F. M. Powicke and A. B. Emden, Oxford: Clarendon Press of Oxford University Press, 1936, vol. II, p.22.
43. *Ibid.*, pp.24ff.
44. Cobban, *Op. cit.*, p.31.
45. *Ibid.*, p.37. 关于瘸子和盲人，see Schachner, *Op. cit.*, p.51。
46. Chester Jordan, *Op. cit.*, p.125. Cobban, *Op. cit.*, p.41.
47. Olaf Pederson, *The First Universities*, Cambridge, England: Cambridge University Press, 1997, pp.122ff.
48. Cobban, *Op. cit.*, p.44.
49. *Ibid.*, p.45.
50. Hilde de Ridder-Symoens (editor), *A History of the Universities in Europe*, vol. 1, Cambridge, England: Cambridge University Press, 1992, pp.43ff.
51. Cobban, *Op. cit.*, pp.49—50.

52. Chester Jordan, *Op. cit.*, p.127. Cobban, *Op. cit.*, p.50. Schachner, *Op. cit.*, p.151 中说有怀疑伊纳留是否存在过。
53. Cobban, *Op. cit.*, p.51.
54. *Ibid.*, p.52.
55. *Ibid.*, p.53.
56. Rashdall, *Op. cit.*, p.23.
57. Cobban, *Op. cit.*, p.54. 关于博洛尼亚大学学生的年龄和经济地位，see Schachner, *Op. cit.*, p.153。
58. Cobban, *Op. cit.*, p.55.
59. Carlo Malagola, 'Statuti dell' universita 'e dei collegii dello studio Bolognese', 1888. In: Lynn Thorndike (editor), *University Records and Life in the Middle Ages*, New York: Octagon, 1971, pp.273ff.
60. Cobban, *Op. cit.*, p.58.
61. *Ibid.*, p.62.
62. Ridder-Symoens (editor), *Op. cit.*, pp.148ff.
63. *Ibid.*, p.157. See also Schachner, *Op. cit.*, pp.160f.
64. Cobban, *Op. cit.*, p.65.
65. *Ibid.*, pp.66—67.
66. 关于巴黎大学的规章制度，see Thorndike (editor), *Op. cit.*, p.27。关于教皇的管理制度，see p.35。
67. Cobban, *Op. cit.*, p.77.
68. *Ibid.*, pp.82—83. 关于“民族国家”的概念，see also Schachner, *Op. cit.*, pp.74ff。
69. Cobban, *Op. cit.*, p.79.
70. *Ibid.*, p.96.
71. 关于学术通过北安普顿、格拉斯哥和伦敦进入英格兰的历史，see Ridder-Symoens (editor), *Op. cit.*, p.342。
72. Cobban, *Op. cit.*, p.98.
73. *Ibid.*, p.100.
74. Thorndike (editor), *Op. cit.*, pp.7—19.
75. Cobban, *Op. cit.*, p.101.
76. Pederson, *Op. cit.*, p.225 描述了牛津大学的早期生活。
77. Cobban, *Op. cit.*, p.107.
78. Schachner, *Op. cit.*, pp.237—239. See also Rubenstein, *Op. cit.*, p.173.
79. Cobban, *Op. cit.*, p.108.
80. Chester Jordan, *Op. cit.*, p.119. Cobban, *Op. cit.*, p.116.
81. Cobban, *Op. cit.*, p.116. 学院尤其是巴黎、牛津和剑桥的特色。这些通常是法律机构，具有自治权，而且享受慷慨的捐赠。通常情况下，它们是慈善性质的机构。学院的创立也反映出这样一种思想：学生的贫困不应当成为学术进步的障碍。这尤其体现在巴黎，从学院首先在那里创立这一意义上，巴黎是联合大学思想的发源地。艾伦·科班说：“有信息可查的最早的欧洲学院是十八人学院，它于 1180 年开始创立于巴黎，当时一个叫霍西亚斯·德·隆多尼斯的人购买了他在巴黎圣马利亚医院的房间，并且让十八位贫穷的职员永久使用。”这一做法很快被效仿，但是路易九世的专职神甫罗贝尔·德·索邦在 1257 年开始创立的索邦学院才真正开创了我们现在熟悉的大学体系。索邦学院的初衷是为了接纳研究生、已经取得硕士学位的学有所成的学者并将开始攻读神学博士的人。到 1300 年，巴黎成立了大约十九所学院，到 14 世纪至少有三十六所学院，“14 世纪是大学思想传播的世纪”。15 世纪又创立了十一所学院，巴黎一共有六十六所学院。巴黎的学院在 1789 年法国大革命时受到压制，大学从此再也没能回到联合大学的思想。英国的学院比巴黎学院发展较晚，而且始终是为研究生而创立，本科生是后来的发明。默顿学院最先在 1264 年创立，起初以酒馆为院址，稍后是创立于约 1280 年的大学学院和 1282 年的贝列尔学院。在剑桥大学，彼得学院创立于 1284 年。到 1300 年，剑桥大学已经有八个学院，一百三十七名教职人员。在牛津大学，国王学院在 14 世纪早期率先接收本科生。研究生型学院逐渐转变为大学生学院，主要是为了经济目的——学费。这一转型过程到宗教改革时期已经大部分完成。正是大学学院引入了导师制度，因为公共讲座体系正在分崩离析。Cobban, *Op. cit.*, pp.123—141, *passim.*

82. *Ibid.*, p.209.
83. *Ibid.*, p.214. See also Schachner, *Op. cit.*, pp.322ff.
84. Cobban, *Op. cit.*, p.215.
85. Crosby, *Op. cit.*, p.19. 这可能受到雅克・勒高夫所说的“记忆新教育”的鼓励。这一教育是因为拉特兰第四次圣公会要求信徒每年做一次告解。勒高夫还说，布道在当时也变得越来越精确。*Op. cit.*, p.80.
86. Crosby, *Op. cit.*, pp.28—29.
87. *Ibid.*, p.33.
88. *Ibid.*, p.36.
89. Paul Saenger, *Space Between Words: The Origins of Silent Reading*, Stanford and London: Stanford University Press, 1997, p.136.
90. Crosby, *Op. cit.*, p.42. 数字仍然具有神秘的力量。6 是完美的，因为上帝用 6 天创造了世界。7 是完美的，因为上帝在创世之后在那天休息了。10 是《摩西十诫》中的数量，代表律法。而 11 在律法之外，代表了罪恶。1000 同样代表完美，因为它是《摩西十诫》中把 10 连续相乘三次的结果。3 是三位一体和从耶稣受难到复活之间的天数。*Ibid.*, p.46.
91. Jacques le Goff, ‘The town as an agent of Civilisation, 1200—1500’, in Carlo M. Cipolla (editor), *The Fontana Economic History of Europe: The Middle Ages*, Hassocks, Sussex: Harvester, 1976—1977, p.91.
92. Crosby, *Op. cit.*, p.57.
93. Saenger, *Op. cit.*, pp.12, 17 and 65. John Man, *The Gutenberg Revolution*, London: Review/Headline, 2002, pp.108—110.
94. Chester Jordan, *Op. cit.*, p.118. Crosby, *Op. cit.*, p.136. Saenger, *Op. cit.*, p.250.
95. A. J. Gurevich, *Categories of Medieval Culture*, London: Routledge & Kegan Paul, 1985, pp.147—150. 关于中世纪的时空概念，see Le Goff, *The Medieval Imagination*, *Op. cit.*, pp.12—14。
96. Crosby, *Op. cit.*, p.82.
97. *Ibid.*, p.101. 雅克・勒高夫说，当时存在一股巨大的反智思潮，它推迟了对有些新发明的接受。Jacques le Goff, *Intellectuals in the Middle Ages*, Oxford: Blackwell, 1993, pp.136—138.
98. Crosby, *Op. cit.*, p.113.

99. 整个 16 世纪，德国人使用 $\overline{\text{P}}$ 和 $\overline{\text{M}}$ 标记，为其争取地位，直到法国的代数学家使用它们，它们才最终被采用。
100. Crosby, *Op. cit.*, p.117.
101. *Ibid.*, p.120.
102. Charles M. Radding, *A World Made by Men: Cognition and Society, 400—1200*, Chapel Hill: University of North Carolina Press, 1985, p.188.
103. Piltz, *Op. cit.*, p.21.
104. Crosby, *Op. cit.*, p.146.
105. Albert Gallo, *Music of the Middle Ages*, Cambridge, England: Cambridge University Press, 1985, vol. 2, pp.11—12.
106. 特别是一种称为"切分歌"的切分法。这是一个法语词，表示一个声音在唱，另一个声音在休息，然后迅速反过来的一种技巧。"切分歌"最终成为英语中的单词"打嗝"。Crosby, *Op. cit.*, p.158.
107. Piltz, *Op. cit.*, pp.206—207.
108. 关于大学引发的需求，see Man, *Op. cit.*, p.87。
109. Crosby, *Op. cit.*, p.215. 从思想上看，辩论可能是大学里最重要的发明，它让学生看到，权威不是一切。在一个教会和教会法占统治地位的年代，这很关键。手稿的流通体系也使个人学习成为可能，这是对有创造力学生的另一鼓励，它在 15 世纪末由于印刷书本的到来而得到强化。
110. 即使如此，像法国这样大小的一个国家一年就能轻易生产出十万捆牛皮纸，每捆消耗四十张牛皮。Febvre and Martin, *Op. cit.*, p.18.
111. *Ibid.*, p.20.
112. Man, *Op. cit.*, pp.135—136.
113. Febvre and Martin, *Op. cit.*, p.50. 关于早期的出版社，see Alister McGrath, *In the Beginning: The Story of the King James Bible*, London: Hodder & Stoughton, 2001, pp.10ff。
114. Febvre and Martin, *Op. cit.*, p.54. See also Moynahan, *Op. cit.*, p.341.
115. Febvre and Martin, *Op. cit.*, p.56. 关于早期书籍的印刷质量，see Moynahan, *Op. cit.*, p.341。
116. Douglas MacMurtrie, *The Gutenberg Documents*, New York and Oxford: Oxford University Press, 1941, pp.208ff.
117. Febvre and Martin, *Op. cit.*, p.81. 关于古登堡的印刷字体，see McGrath, *Op. cit.*, p.13。
118. Martin Lowry, 'The Manutius publicity campaign', in David S. Zeidberg and F. G. Superbi (editors), *Aldus Manutius and Renaissance Culture*, Florence: Leo S. Olschki, 1998, pp.31ff.
119. 关于早期的版本大小，see McGrath, *Op. cit.*, p.15。
120. Febvre and Martin, *Op. cit.*, p.162.
121. 第一个措施是，出版商决定，除非作者允许，不能出版同一书的第二版。要得到作者的允许，必须另外付酬金。Febvre and Martin, *Op. cit.*, p.164.
122. *Ibid.*, p.217.
123. McGrath, *Op. cit.*, p.18 上说，古登堡印刷的一本《圣经》相当于 1520 年德国大型城镇一处房产的价钱。一开始，全欧洲的书籍在书籍市场销售。里昂是其中一个，部分因为它有很多商展会，商人对交易过程很熟悉。里昂还是一个重要的交通枢纽，罗讷河和索恩河上建有重要的桥。另外，为了保住交易会，国王给予里昂的商人一些特权，例如不强迫检查任何商人的账本。城里大约有四十九家书商和印刷商，主要在服饰用品一条街，尽管多数是外国商人。这说明，里昂书市可以买卖多种语言的书籍，城市也成为思想传播的重要中心。（法律书籍尤其受欢迎。）主要的竞争对手在法兰克福（离美因茨不远）。那里也有许多商展会，交易酒、马、香料、啤酒花、金属。书商在 16 世纪开始进入，同时到来的还有来自威尼斯、巴黎、安特卫普和日内瓦的出版商。商展会上，他们集中在美因河和圣莱昂纳德教堂之间的书籍一条街。新书在法兰克福做广告，那里似乎已经出现了出版商书目，法兰克福同时也成为印刷设备市场。这样，法兰克福逐渐成为每个投身于图书贸易的人的中心，现在也仍然是，每年 10 月的两个星期这里都有书展。吕西安·费夫贺和马尔坦在对这些图书的影响进行研究的时候，浏览了法兰克福的这些书目，发现在 1564 到 1600 年间，市面上有两万种不同的图书，分别由来自六十个城镇的一百一十七家出版商出版。三十年战争（1618—1648）对图书生产和法兰克福书市造成了灾难性的后果。相反，政治形势使莱比锡书市受益，要过一段时间后，法兰克福才会重振其盛名。Febvre and Martin, *Op. cit.*, p.231.

124. *Ibid.*, p.244.
125. Lisa Jardine, *Worldly Goods*, London: Macmillan, 1996, pp.172—173.
126. Febvre and Martin, *Op. cit.*, p.246.
127. *Ibid.*, p.248.
128. See for example, Ralph Hexter, 'Aldus, Greek, and the shape of the "classical corpus" ', in Zeidberg and Superbi (editors), *Op. cit.*, pp.143ff.
129. Febvre and Martin, *Op. cit.*, p.273. 关于印刷术引起的各国语言的兴起，see McGrath, *Op. cit.*, pp.24ff and 253ff。
130. Febvre and Martin, *Op. cit.*, p.319.
131. *Ibid.*, p.324. 关于罗伯特·考德利在 *The Table Alphabetical of Hard Words*（1604）一书中列举的两千五百个罕见词或借来词，see McGrath, *Op. cit.*, p.258。
132. 赫克斯特说阿尔杜斯促进了希腊语和拉丁语的发展。Hexter, *Op. cit.*, p.158.

18　世俗的到来：资本主义、人文主义和个人主义

1. Jardine, *Worldly Goods*, *Op. cit.*, pp.13—15.
2. Harry Elmer Barnes, *An Intellectual and Cultural History of the Western World*, vol. 2, New York: Dove, 1965, p.549.
3. Charles Homer Haskins, *The Twelfth Century Renaissance*, Cambridge, Massachusetts: Harvard University Press, 1927. 尽管威廉·切斯特·乔丹在他的 *Europe in the High Middle Ages*, *Op. cit.*, p.120 对 12 世纪是否只目睹了“一系列伟大人物”表示疑问。
4. Erwin Panofsky, *Renaissance and Renascences in Western Art*, Stockholm: Almqvist & Wiksell, 1960, pp.3, 25 and 162.
5. Norman Cantor, *In the Wake of the Plague*, New York: HarperCollins, 2001, p.203.
6. *Ibid.*, pp.204—205. 关于佛罗伦萨和瘟疫，see Gene Brucker, *Renaissance Florence*,

Los Angeles: University of California Press, 1983, pp.40ff。
7. Paul F. Grendler, *Schooling in Renaissance Italy: Literacy and Learning 1300—1600*, Baltimore and London: Johns Hopkins University Press, 1989, p.410.
8. *Ibid.*, p.43.
9. *Ibid.*, pp.122—124.
10. *Ibid.*, pp.72—73.
11. *Ibid.*, pp.310—311.
12. *Ibid.*, pp.318—319.
13. Hall, *Cities in Civilisation*, *Op. cit.*, 1998, p.78.
14. R. A. Goldthwaite, *The Building of Renaissance Florence: An Economic and Social History*, Baltimore: Johns Hopkins University Press, 1989, pp.20—22.
15. 关于旧式和新式商人，see Gene Brucker, *Florentine Politics and Society, 1343—1378*, Princeton, New Jersey: Princeton University Press, 1962, pp.33ff。
16. G. Holmes, *Florence, Rome and the Origin of the Renaissance*, Oxford: Oxford University Press, 1986, p.39. See also Brucker, *Op. cit.*, p.71.
17. R. S. Lopez, 'The trade of medieval Europe: the south', in M. Postan et al., (editors), *The Cambridge Economic History of Europe*, vol. 2: *Trade and Industry in the Middle Ages*, Cambridge, England: Cambridge University Press, 1952, pp.257ff.
18. Hall, *Op. cit.*, p.81.
19. J. Lamer, *Italy in the Age of Dante and Petrarch: 1216—1380*, London: Longman, 1980, p.223.
20. Hall, *Op. cit.*, p.81. 羊毛工业显示出刚刚兴起的资本主义的不同方面。例如，两百家羊毛公司多数是两个甚至更多的拉奈瓦利联合而成的组织，拉奈瓦利是为工厂运作提供资金但是极少参与管理的企业家，管理工作由一个拥有 150 人左右下属的领薪经理人执行，工人包括染工、漂洗工、织工和纺纱工。在 1427 年的人口调查中，羊毛产业是佛罗伦萨继制鞋和文书之后从业人数第三多的行业。资本主义精神还可以从劳动力越来越集中到更少、更大的企业中得到体现，企业在 1308 至 1338 年间，从三百家减少到两百家。"有人发财，也有许多人破产。" *Ibid.*, p.83 and Lamer, *Op. cit.*, p.197.
21. Hall, *Op. cit.*, p.84. 关于巴尔迪家族的傲慢，see Brucker, *Op. cit.*, p.105。
22. Hall, *Op. cit.*, p.85.
23. 关于重商和贵族价值之间的冲突，see Brucker, *Op. cit.*, p.105。
24. Hall, *Op. cit.*, p.101.
25. *Ibid.*, p.87.
26. 关于相同志趣团体的聚集，see Brucker, *Op. cit.*, pp.217—218。
27. Hall, *Op. cit.*, pp.94—95.
28. *Ibid.*, p.98.
29. 对画家和雕塑家来说，最基本的工作单位是画室或工作室，通常制作不同的物品。例如，波提切利制作新娘用品箱，师傅同助手一起工作，就像现代的手工艺人一样。吉兰达约、拉斐尔和佩鲁基诺都有自己的工作室，通常都是家庭产业。Hall, *Op. cit.*, pp.102—103 and M. Wackenagel, *The World of the Florentine Renaissance Artist: Projects and Patrons, Workshop and Market*, Princeton, New Jersey: Princeton University Press, 1981, pp.309—310. Translation: A. Luchs.

30. Brucker, *Op. cit.*, pp.215—216.
31. Hall, *Op. cit.*, p.108.
32. Brucker, *Op. cit.*, p.26.
33. Hall, *Op. cit.*, pp.98 and 106.
34. *Ibid.*, p.108.
35. 关于但丁的历史地位，see Brucker, *Op. cit.*, pp.214—215。
36. D. Hay, *The Italian Renaissance in Its Historical Background*, Cambridge, England: Cambridge University Press, 1977, p.139.
37. Hall, *Op. cit.*, p.110.
38. *Ibid.*
39. *Ibid.*, p.371.
40. William Kerrigan and Gordon Braden, *The Idea of the Renaissance*, Baltimore and London: Johns Hopkins University Press, 1989, pp.7—8.
41. Tarnas, *The Passion of the Western Mind*, *Op. cit.*, p.212.
42. Brucker, *Op. cit.*, pp.226—227.
43. James Haskins, *Plato in the Italian Renaissance*, Leiden: E. J. Brill, 1990, vol. 1, p.95.
44. Hans Baron, *The Crisis of the Early Italian Renaissance: Civic Humanism and Republican Liberty in an Age of Classicism and Tyranny* (two volumes), Princeton, New Jersey: Princeton University Press, 1955, vol. 1, p.38.
45. Kerrigan and Braden, *Op. cit.*, p.101. 一些学者怀疑学院是否曾经存在过。
46. *Ibid.* 费奇诺觉得柏拉图而不是亚里士多德（另外，他的作品是最近才获得的）如此亲切的原因之一是，柏拉图认为“事迹比对事迹的记叙更能影响我们”，以及“作为表率的生活”（苏格拉底的生活方式）比亚里士多德的道德说教是更好的老师。
47. Tarnas, *Op. cit.*, p.214; Brucker, *Op. cit.*, p.228. Haskins, *Op. cit.*, p.295.
48. Tarnas, *Op. cit.*, p.216. Haskins, *Op. cit.*, p.283.
49. Barnes, *Op. cit.*, p.556.
50. *Ibid.*, p.558.
51. A. J. Krailsheimer, ‘Erasmus’, in A. J. Krailsheimer (editor), *The Continental Renaissance*, London: Penguin Books, 1971, pp.393—394.
52. McGrath, *Op. cit.*, pp.253ff. 关于蒙田，see also Krailsheimer (editor), *Op. cit.*, pp.478ff。
53. Barnes, *Op. cit.*, p.563.
54. *Ibid.*
55. Bronowski and Mazlish, *The Western Intellectual Tradition*, *Op. cit.*, p.61.
56. Kerrigan and Braden, *Op. cit.*, p.77.
57. Bronowski and Mazlish, *Op. cit.*, p.67.
58. 关于格言的背景以及成功，see Krailsheimer (editor), *Op. cit.*, pp.388—389。
59. Barnes, *Op. cit.*, p.564.
60. *Ibid.*, p.565.
61. Bronowski and Mazlish, *Op. cit.*, p.72. 关于伊拉斯谟在他处对路德的看法，see Moynahan, *Op. cit.*, p.339。
62. Francis Ames-Lewis and Mary Rogers (editors), *Concepts of Beauty in Renaissance Art*, Aldershot: Ashgate, 1998, p.203.
63. Peter Burke, *Culture and Society in Renaissance Italy, 1420—1540*, London: Batsford,

1972, p.189.
64. *Ibid.*, p.191.
65. Kerrigan and Braden, *Op. cit.*, p.17.
66. Burke, *Op. cit.*, p.191.
67. Kerrigan and Braden, *Op. cit.*, p.11.
68. *Ibid.*, pp.19—20. 甚至之前提到的达提尼家族的财政记录，也是为了“后代”而保存，好像它们等同于某种文学收藏，金钱成为诗歌的对等物。*Ibid.*, pp.42—43.
69. *Ibid.*, p.62.
70. Burke, *Op. cit.*, p.194. 关于布克哈特的批评和他得出的结论，see Brucker, *Op. cit.*, p.100。
71. Burke, *Op. cit.*, p.195.
72. *Ibid.*, p.197.
73. Hall, *Op. cit.*, p.90. 关于佛罗伦萨的大学以及宽容，see Brucker, *Op. cit.*, pp.218—220。
74. Tarnas, *Op. cit.*, p.225.
75. Peter Burke, *Introduction to Jacob Burckhardt, The Civilisation of the Renaissance in Italy*, London: Penguin Books, 1990, p.13.
76. 他们甚至感到能够战胜死亡，因为他们获得了某种名声，它将比他们活得长久，并且使他们被记住。例如，在 15 世纪的墓地雕塑中，死亡主题几乎绝迹。Burke, *Culture and Society in Renaissance Italy*, *Op. cit.*, p.201.
77. *Ibid.*, p.200. 关于布拉乔利尼以及佛罗伦萨人对金钱和名声的态度，see Brucker, *Op. cit.*, pp.223—225。
78. Burke, *Op. cit.*, p.201.

19 想象力的爆发

1. 有很多记述。例如，可参考 Herbert Lucas SJ, *Fra Girolamo Savonarola*, London: Sands & Co., 1899, pp.40ff；关于萨伏那洛拉的其他计谋，see also Pierre van Paassen, *A Crown of Fire: The Life and Times of Girolamo Savonarola*, London: Hutchinson, 1961, pp.173ff。
2. Burckhardt, *The Civilisation of the Renaissance in Italy*, *Op. cit.*, pp.302—303. 关于另一记述，see also Moynahan, *Op. cit.*, pp.334—335。
3. Elizabeth Cropper, *Introduction to Francis Ames-Lewis* and Mary Rogers (editors), *Concepts of Beauty in Renaissance Art*, p.1.
4. *Ibid.*, p.2 and Burckhardt, *Op. cit.*, vol. II, p.351.
5. 空中视角处理所有可观察到物体的走向，当物体远离观者，色调变得更加柔和，因为大气的浓度，物体的颜色随着距离的增加而更蓝（这就是为什么远处的山总是有点蓝色）。Peter and Linda Murray, *Dictionary of Art and Artists* (seventh edition), London: Penguin Books, 1997, pp.337—338.
6. 有一个主教，莫城主教，在他的长篇巨诗《教化者奥维德》中说，奥维德的许多神话中可以找到基督教训诫。Burke, *Op. cit*. 关于波提切利在萨伏那洛拉影响下做出的改变，see Moynahan, *Op. cit*., p.335。

7. 与此相一致地，出现了一种可以称为“寓言文学”的文体。随着诸如费奇诺学院等向佛罗伦萨之外的城市发展，能够解读寓言文学成为廷臣期望的一种成就。关于象征的图书开始出现，里面会给出一个神话中的图案，旁边是几行诗，解释图案的意思和道德含义。例如，一只脚站在乌龟上的维纳斯告诫人们“女人的位置属于家庭，她应当知道什么时候不说话”。See Peter Watson, *Wisdom and Strength: The Biography of a Renaissance Masterpiece*, New York: Doubleday, 1989, p.47. 箴言是另一种发明。它包括图像和文字，但是专门为某个人所作，而且是为了纪念那个人生活中的某件事，或他的某些特点或性格。它不以书本的形式出现，而是以圆形浮雕、雕塑或浅浮雕的形式，后者经常出现在那位杰出人物卧室的天花板上，这样每当他睡觉时就能反思其意义。16 世纪中期还出现了一些流行手册，例如利里奥・格雷戈里奥・吉拉尔迪的《神灵的历史》(1548）和纳他利・孔蒂的《神灵的形象》(1556)。孔蒂最好地解释了这些书册的目的：自古以来（首先在埃及，然后在希腊），思想家就有意隐藏科学和哲学的真相，让它们藏在神话的面纱下，目的是防止它们被世俗玷污。他按照自己认为被隐藏的真相的顺序安排书的结构：自然的秘密、道德的教训，等等。让・塞内克总结了这一时期的精神，他说寓言文学开始被视为“使思想可见”的一种方式。Jean Seznec, *The Survival of the Pagan Gods*, Princeton, New Jersey: Princeton University Press/Bollingen Series, 1972/1995.
8. Umberto Eco (translated by Hugh Bredin), *Art and Beauty in the Middle Ages*, New Haven and London: Yale University Press, 1986/2002, pp.116—117.
9. *Ibid*., p.114.
10. Ames-Lewis and Rogers (editors), *Op. cit*., pp.180—181.
11. Dorothy Koenigsberger, *Renaissance Man and Creative Thinking*, Hassocks, Sussex: Harvester Press, 1979, p.236.
12. Burckhardt, *Op. cit*., p.102.
13. Koenigsberger, *Op. cit*., p.13.
14. *Ibid*., pp.19—21.
15. *Ibid*., p.22. See also Brucker, *Op. cit*., p.240.
16. Burke, *Culture and Society in Renaissance Italy*, *Op. cit*., pp.51—52.
17. Ames-Lewis and Rogers (editors), *Op. cit*., pp.113—114.
18. Burke, *Op. cit*., pp.51—52.
19. *Ibid*., pp.55—56. Brucker, *Op. cit*., p.243 上说布鲁内莱斯基还“学习了一些数学知识”。
20. Ames-Lewis and Rogers (editors), *Op. cit*., pp.32—35.
21. *Ibid*., p.33.
22. Koenigsberger, *Op. cit*., p.31.
23. Ames-Lewis and Rogers (editors), *Op. cit*., p.81.
24. *Ibid*., p.72.
25. 人文主义对艺术影响的一个特殊方面是再次创作，即以对古代作品的书面描述为基础，重新创作那些古典画作，古典作家曾经看到过这些作品，但是它们现在已经遗失。同样，文艺复兴的艺术家也在仿效古典艺术家。例如，普林尼记述了关于宙克西斯画作中葡萄的错视效果，它们如此逼真，以致小鸟把它们当成了真的葡萄，飞下来啄食。同样，费拉莱特也讲述了一个关于乔托和契马布埃的故事：“我们读到乔托，他刚开始画画时，画了苍蝇，他的老师契马布埃以为是真的，拿着破布条就追打。” *Ibid.*, p.148.
26. Burke, *Op. cit.*, illustration facing p.148.
27. *Ibid.*
28. 事实上，这一方法不奏效。
29. Watson, *Op. cit.*, p.31.
30. Barnes, *Op. cit.*, p.929.
31. *Ibid.*, p.931.
32. Yehudi Menuhin and Curtis W. Davis, *The Music of Man*, London: Methuen, 1979, p.83.
33. *Ibid.*, p.83.
34. *Ibid.*, p.84.
35. 法拉比认为拉巴巴琴最配这种声音。Anthony Baines (editor), *Musical Instruments Through the Ages*, London: Penguin, 1961, p.216.
36. Joan Peysor et al. (editors), *The Orchestra*, New York: Billboard, 1986, p.17. 关于毕达哥拉斯的更多知识，see Baines (editor), *Op. cit.*, p.68。 *Ibid.*, p.53 也把肖姆管同乌尔的乐器联系起来。John Spitzer and Neal Zaslaw, *The Birth of the Orchestra: History of an Institution, 1650—1815*, Cambridge, England: Cambridge University Press, 2003.
37. Alfred Einstein, *A Short History of Music*, London: Cassell, 1936/1953, p.54.
38. Barnes, *Op. cit.*, p.930.
39. Baines, *Op. cit.*, p.117, 他在 p.192 上说奥菲欧也使用了双列弦竖琴。
40. Barnes, *Op. cit.*, p.932.
41. Hall, *Cities in Civilisation*, *Op. cit.*, p.114. Sheldon Cheney, *The Theatre: Three Thousand Years*, London: Vision, 1952, p.266 上说只有三分之一的剧本幸存下来。
42. Hall, *Op. cit.*, p.115.
43. Richard Stone, *The Causes of the English Revolution, 1529—1642*, London: Routledge Kegan Paul, 1972, p.75.
44. L. C. Knights, *Drama and Society in the Age of Jonson*, London: Chatto & Windus, 1937, p.118. 关于剧场兴起后面的社会变迁，see also Cheney, *Op. cit.*, pp.261ff。
45. N. Zwager, *Glimpses of Ben Jonson's London*, Amsterdam: Swets & Zeitlinger, 1926, p.10.
46. Hall, *Op. cit.*, p.125.
47. *Ibid.*, p.126.
48. 关于控制剧院的连续企图，see also Annabel Patterson, *Shakespeare and the Popular Voice*, Oxford: Blackwell, 1989, pp.20—21。
49. 关于另一候选，see Cheney, *Op. cit.*, p.264。 Patterson, *Op. cit.*, p.30 上指出，《哈姆雷特》中至少有五位人物是博学多才型。
50. Hall, *Op. cit.*, p.130 and Cheney, *Op. cit.*, p.169. 关于莎士比亚式剧场的一幅无可争议的罕见画作，see the latter source，p.271。
51. 关于当时的文化分歧，see Patterson, *Op. cit.*, p.33。关于莎士比亚自己对文盲的攻击，see pp.49—50。
52. Harold Bloom, *The Western Canon*, New York: Harcourt Brace, 1994, pp.46—47.
53. *Ibid.*, pp.67—68. 关于莎士比亚的改编和雇佣写作，see Cheney, *Op. cit.*, p.273。
54. Barnes, *Op. cit.*, p.620.

55. 关于《塞莱斯蒂娜》, see Krailsheimer (editor), *Op. cit.*, p.325。
56. Angus Fletcher, *Colors of the Mind*, Cambridge, Massachusetts: Harvard University Press, 1991. 关于勒班陀战役和更多关于堂吉诃德与桑丘·潘沙之间关系, see also William Byron, *Cervantes*, London: Cassell, 1979, pp.124ff and p.427。
57. Byron, *Op. cit.*, p.430.

20 克里斯托弗·哥伦布的精神视野

1. Valerie Flint, *The Imaginative Landscape of Christopher Columbus*, Princeton, New Jersey, and London: Princeton University Press, 1992, p.115.
2. Beatrice Pastor Bodmer, *The Armature of Conquest*, Stanford, California: Stanford University Press, 1992, pp.10—11.
3. John Parker, *Discovery*, New York: Scribner, 1972, p.15.
4. *Ibid.*, p.16.
5. *Ibid.*, pp.18—19.
6. 关于哥伦布所乘船的规模和速度, see E. Keble Chatterton, *Sailing the Seas*, London: Chapman & Hall, 1931, pp.150—151。
7. Parker, *Op. cit.*, p.24.
8. *Ibid.*, p.25.
9. *Ibid.*, p.26.
10. 为了一劳永逸地证实这点，亚历山大指示他信任的一个军官尼阿库斯往西航行返回波斯，在那里与亚历山大会合。尼阿库斯一路航行，发生了许多事情。他遇到了只以鱼为生的人，他们甚至用鱼做面包。他看见了令人恐惧的鲸鱼，它们就像喷泉一样吐水。他的船只被不可预测的大风吹得分不清东西南北。最后，一些船只成功返回波斯，尼阿库斯和亚历山大在波斯湾重新会合，而且发现了通往印度的陆路和海路。Parker, *Op. cit.*, pp.30—32.
11. *Ibid.*, p.33.
12. John Noble Wilford, *The Mapmakers*, New York: Vintage, 1982, pp.19—20.
13. 关于厄拉多塞制作的世界地图, see Ian Cameron, *Lode Stone and Evening Star: The Saga of Exploration by Sea*, London: Hodder & Stoughton, 1965, p.32。
14. Parker, *Op. cit.*, pp.48—49.
15. *Ibid.*, p.51.
16. Evelyn Edson, *Mapping Time and Space*, London: British Library, 1997, pp.108—109, 里面包括一张展示天堂的地图，它在东边，是个大放光芒的岛屿，从那里流出四条河流。
17. Parker, *Op. cit.*, p.54.
18. *Ibid.*, p.55.
19. 关于其他的“神秘”航行, see Tryggi J. Oleson, *Early Voyages and Northern Approaches 1000—1632*, Oxford and New York: Oxford University Press/McClelland Stewart, 1964, pp.100ff。

20. Noble Wilford, *Op. cit.*, p.38.
21. Parker, *Op. cit.*, p.62.
22. *Ibid.*, p.63.
23. Oleson, *Op. cit.*, p.101 上说布伦丹“很可能”到达了圣劳伦斯河。
24. 关于这些丑人，*Ibid.*, chapter 6。关于中世纪对美洲的发现，see Phillips, *The Medieval Expansion of Europe*, *Op. cit.*, pp.166—179。大约 1440 年，耶鲁大学特意制作了文兰地图，不过很有可能是伪造的，它表明这些“西方小岛”仍然留在制图者的想象中（而且非常准确），它们组成了人们对大西洋北部的传统概念。
25. Parker, *Op. cit.*, p.83. 关于祭司王约翰 / 亚历山大大帝的传奇故事，see Phillips, *Op. cit.*, p.192。
26. Bodmer, *Op. cit.*, pp.13—14 and Phillips, *Op. cit.*, p.69.
27. Parker, *Op. cit.*, p.89.
28. Bodmer, *Op. cit.*, p.15.
29. 关于波罗的其他探险活动，see Moynahan, *Op. cit.*, p.188。
30. Ross E. Dunn, *The Adventures of Ibn Battuta*, Los Angeles and Berkeley: University of California Press, 1986/1989. 关于比萨的鲁斯蒂谦，see Phillips, *Op. cit.*, p.113。
31. Flint, *Op. cit.*, p.3.
32. *Ibid.*, p.7.
33. 这个位置还意味着要到那里，必须经历艰难的爬山旅途，这同当时的道德关怀相一致。
34. Flint, *Op. cit.*, p.9.
35. *Ibid.*, p.10.
36. *Ibid.*, p.26.
37. *Ibid.*, p.36.
38. Bodmer, *Op. cit.*, p.13.
39. Flint, *Op. cit.*, p.40. and ref. Samuel Morison, *Christopher Columbus: Mariner*, maps by ErwinRaisz, London: Faber, 1956, p.103.
40. Flint, *Op. cit.*, p.42.
41. Bodmer, *Op. cit.*, p.15.
42. Flint, *Op. cit.*, p.53.
43. 通过阅读他的作品，我们发现他实际上希望设立一个委员会来管理自己发现的第一个岛屿。Joachim G. Leithäuser, *World Beyond the Horizon*, translated by Hugh Merrick, New York: Knopf, 1955, p.73.
44. *Ibid.*, p.44.
45. Bodmer, *Op. cit.*, chapter 4 有对“模式”的讨论，即理解新大陆及其社会组织的方式。
46. Flint, *Op. cit.*, p.95.
47. *Ibid.*, p.96.
48. J. D. Bernal, *The Extension of Man: The History of Physics Before the Modern Age*, London: Weidenfeld & Nicolson, 1954, pp.124—127.
49. J. H. Parry, *The Age of Reconnaissance*, London: Weidenfeld & Nicolson, 1963, pp.100ff. See also Edson, *Op. cit.*, especially chapter 1; and Noble Wilford, *Op. cit.*, chapter 4 and 5, pp.34—72.
50. Parry, *Op. cit.*, p.103.
51. *Ibid.*, p.105.

52. *Ibid.*, p.106.
53. Noble Wilford, *Op. cit.*, pp.71ff.
54. Parry, *Op. cit.*, p.112.
55. Noble Wilford, *Op. cit.*, p.75.
56. 夜晚，所谓的北极星“守卫者”描述了每二十四小时围绕北极的圆。“夜行者”仪器包括一个圆盘，中心有孔，是为了观看北极星，还有一个对齐小熊星座的旋转指针。在圆盘的边缘，是一系列标记，表示一年中不同日期的午夜角度。它标注出粗略测量一年中每一天午夜的方法。Noble Wilford, *Op. cit.*, p.77.
57. *Ibid.*, p.79.
58. *Ibid.*, p.82.
59. 潮汐流在大西洋也比地中海更加重要，大西洋的潮汐升降好几英尺，而地中海则没有这么高，而且危险的只有墨西拿海峡的潮汐流。潮汐同月亮之间的关系现在也越来越成为焦点问题，因为它们经常影响到大西洋港口的路径。Noble Wilford, *Op. cit.*, p.85.
60. Parry, *Op. cit.*, p.98. 关于北极星消失的后果，see Phillips, *Op. cit.*, p.194。
61. Parry, *Op. cit.*, p.63.
62. *Ibid.*
63. 乘大木船航行的生动描述，see Chatterton, *Op. cit.*, p.139。
64. Parry, *Op. cit.*, p.58. 关于大三角帆船索具以及它在 1571 年勒班陀战役中的应用，see Chatterton, *Op. cit.*, p.144。这套设备能让船只“更接近风向两点”航行。See also the illustration facing p.142.
65. Ronald J. Watkins, *Unknown Seas: How Vasco da Gama Opened the East*, London: John Murray, 2003, p.118.
66. Parry, *Op. cit.*, p.140.
67. 他还在马拉巴尔海岸发现了基督徒，他们的祷告文用古叙利亚语写成。Moynahan, *Op. cit.*, p.553.
68. Parry, *Op. cit.*, p.149.
69. Bodmer, *Op. cit.*, p.10.
70. Parry, *Op. cit.*, p.151.
71. Felipe Fernández-Armesto, *Columbus and the Conquest of the Impossible*, London: Weidenfeld & Nicolson, 1974, pp.166—167.
72. Parry, *Op. cit.*, p.154 and ref. See also Peter Martyr, *De Orbo Novo*, edited and translated by F. A. McNutt, New York 1912, vol. 1, p.83, quoted in Parry, *Ibid.*
73. *Ibid.*, p.159.

21　印第安人的心灵：新大陆的思想

1. Diamond, *Guns, Germs and Steel*, London: Cape, 1997.
2. *Ibid.*, p.140.

3. J. H. Elliott, *The Old World and the New*, Cambridge, England: Cambridge University Press/Canto, 1970/1992, p.7.
4. *Ibid.*, p.8.
5. *Ibid.*
6. Bodmer, *Op. cit.*, p.33.
7. Elliott, *Op. cit.*, p.9.
8. *Ibid.*, pp.9—10.
9. Bodmer, *Op. cit.*, pp.65—66 and 88. 关于戈马拉，see Michael D. Coe, *Breaking the Maya Code*, London and New York: Thames & Hudson, 1992, p.78。
10. Elliott, *Op. cit.*, p.10.
11. *Ibid.*, p.11.
12. *Ibid.*, p.12. 但是关于美洲人的期望，see Jack P. Greene, *The Intellectual Construction of America*, Chapel Hill: University of North Carolina Press, 1993, p.15。
13. Bodmer, *Op. cit.*, p.12.
14. Elliott, *Op. cit.*, p.15.
15. 第一批探险者也有强硬的一面。关于哥伦布让手下人不闹事的计谋，see Leithäuser, *Op. cit.*, pp.38ff。
16. *Ibid.*, p.24.
17. Bodmer, *Op. cit.*, p.32.
18. Elliott, *Op. cit.*, p.25.
19. *Ibid.* See also Moynahan, *Op. cit.*, p.510.
20. Elliott, *Op. cit.*, p.29.
21. 从比较科学的不同方面来看，尽管在新大陆有许多野生动物，但是西班牙人的大猎犬最让印第安人恐惧。这些大猎犬有时受主人指示把印第安人撕成碎片。Leithäuser, *Op. cit.*, pp.160—161.
22. Bodmer, *Op. cit.*, pp.212—213.
23. Elliott, *Op. cit.*, p.34.
24. *Ibid.*, p.36.
25. *Ibid.*, p.37.
26. 关于印第安人对这些活动的图画作品，see Leithäuser, *Op. cit.*, pp.165—166。
27. Bodmer, *Op. cit.*, pp.60—61.
28. Elliott, *Op. cit.*, p.38.
29. *Ibid.*, p.39.
30. 德·阿科斯塔有一套理论，认为矿物在新大陆就像植物一样“生长”。Bodmer, *Op. cit.*, pp.144—145.
31. Elliott, *Op. cit.*, p.39.
32. *Ibid.*, pp.39—40.
33. Evgenii G. Kushnarev (edited and translated by E. A.P. Crownhart-Vaughan), *Bering's Search for the Strait*, Portland: Oregon Historical Society Press, 1990 (first published in Leningrad［now St Petersburg］, 1968). 关于卡蒂埃和尼克莱，see Phillips, *The Medieval Expansion of Europe*, *Op. cit.*, p.259。
34. Elliott, *Op. cit.*, p.40.
35. 关于此时对“野蛮”意义的讨论，see Bodmer, *Op. cit.*, pp.209ff。See also ‘Savagesnoble

and ignoble: concepts of the North American Indian', chapter 7 (pp.187ff) of: P. J. Marshall and Glyndwr Williams, *The Great Map of Mankind: Perceptions of the World in the Age of Enlightenment*, London: Dent, 1982.
36. 关于墨西哥特诺奇提特兰城及其先进的工程和艺术作品的生动描写，see Leithäuser, *Op. cit*。
37. Elliott, *Op. cit.*, pp.42—43.
38. Bodmer, *Op. cit.*, p.67.
39. Elliott, *Op. cit.*, p.43.
40. Anthony Pagden, *The Fall of Natural Man*, Cambridge, England: Cambridge University Press, 1982, p.39.
41. *Ibid.*, p.49. 关于这后面隐含的尊重法律的思想，see Moynahan, *Op. cit.*, p.508。
42. 这一观点设想，有一天印第安人会成为自由人，但在那一天到来之前，他必须生活"在西班牙国王的正当监护之下"。Pagden, *Op. cit.*, p.104.
43. Wright, *Op. cit.*, p.23. See also Bodmer, *Op. cit.*, pp.143—144 and Moynahan, *Op. cit.*, p.510.
44. Pagden, *Op. cit.*, p.45.
45. *Ibid.*, p.46.
46. Moynahan, *Op. cit.*, p.510. Bodmer, *Op. cit.*, p.144.
47. Pagden, *Op. cit.*, p.119.
48. 关于美洲详细地图的发展，see Leithäuser, *Op. cit.*, pp.197ff。
49. Elliott, *Op. cit.*, p.49.
50. Pagden, *Op. cit.*, p.164.
51. *Ibid.*, p.174.
52. 还有一种理论认为，世界上的稀有金属集中在赤道附近一个奇特的地区，美洲土著知道这个地区的位置。Padre José de Acosta, *Historia Natural y Moral de las Indias*, Madrid, 1954, pp.88—89, quoted in Bodmer, *Op. cit.*, p.155.
53. Elliott, *Op. cit.*, pp.49—50.
54. *Ibid.*, p.51.
55. *Ibid.*, p.52.
56. Alvin M. Josephy Jr. (editor), *America in 1492*, New York: Vintage, 1991/1993, p.6.
57. William McLeish, *The Day Before America*, Boston: Houghton Mifflin, 1994, p.168.
58. 另外，苏族人和其他许多像大草原战士一样闻名的部落在 1492 年并不居住在大草原。Josephy (editor), *Op. cit.*, p.8.
59. *Ibid.*, p.34.
60. J. C. Furnas, *The Americas: A Social History of the United States, 1587—1914*, London: Longman, 1970, 里面包括欧洲人试图向印第安人学习的事情细节。
61. Josephy (editor), *Op. cit.*, p.76.
62. *Ibid.*, pp.170—171.
63. McLeish, *Op. cit.*, p.131.
64. *Ibid.*, p.195.
65. *Ibid.*, p.196.
66. *Ibid.*, p.194.
67. Josephy (editor), *Op. cit.*, p.251. 关于三十一种玛雅语的分类和时间图表，see Coe, *Op. cit.*, p.48。

68. Josephy (editor), *Op. cit.*, p.253.
69. *Ibid.*
70. *Ibid.*, p.254.
71. 阿拉斯加中部的尤皮克人因为他们对雪的不同词汇而闻名，他们区分“地上的雪”“小雪”“深而软的雪”“快要雪崩的雪”“飞雪”和“雪片”。Josephy (editor), *Op. cit.*, p.255.
72. *Ibid.*, p.262.
73. *Ibid.*, p.263.
74. Furnas, *Op. cit.*, p.366 上说阿帕切人对耶稣会士进行的传教活动最不顺从。
75. Josephy (editor), *Op. cit.*, p.278.
76. *Ibid.*, p.291. 关于霍皮语语法以及他们的世界观，see Coe, *Op. cit.*, p.136。
77. Josephy (editor), *Op. cit.*, p.294.
78. McLeish, *Op. cit.*, p.233.
79. Josephy (editor), *Op. cit.*, p.309.
80. 一名前任萨满的坟墓会在几年后被扒开，遗骸被焚烧，制成一种特别的神奇药剂，人们在特殊仪式上服用它就能获得前任萨满的一些智慧。Josephy (editor), *Op. cit.*, p.312.
81. *Ibid.*, p.326.
82. *Ibid.*, p.329.
83. *Ibid.*
84. *Ibid.*, p.330.
85. Ronald Wright, *Stolen Continents: The 'New World' Through Indian Eyes*, Boston: Houghton Mifflin, 1992. 书中分析了五种新大陆文明——阿兹特克文明、印加文明、玛雅文明、彻罗基文明和易洛魁文明——以及他们对侵略的反应。例如，赖特描述了印加人巨大的储存系统、他们复杂的灌溉网络、他们对早期文明的综合。进入印第安人的心理世界进而探索他们在 17、18 和 19 世纪对抢占他们土地的回应，是一种令人着迷的尝试。（See this chapter，pp.454—455.）
86. Josephy (editor), *Op. cit.*, p.343. 但是关于阿兹特克 / 印加史学，see Coe, *Op. cit.*, pp.59—60.
87. Josephy (editor), *Op. cit.*, p.343.
88. *Ibid.*, p.367.
89. *Ibid.*, p.372.
90. *Ibid.*
91. 关于阿兹特克书写如何被建构的图表，see Coe, *Op. cit.*, p.118。
92. Josephy (editor), *Op. cit.*, p.375.
93. *Ibid.*, pp.375—376.
94. *Ibid.*, p.377.
95. *Ibid.*, p.381.
96. Furnas, *Op. cit.*, p.166 上记录了阿兹特克宗教与基督教之间有意义的相似性，包括在夏娃、蛇和大洪水上的对应。
97. Josephy (editor), *Op. cit.*, p.389.
98. *Ibid.*, p.392.
99. *Ibid.*

100. 关于玛雅人对野生动物的态度，see Coe, *Op. cit.*, p.58。
101. Josephy (editor), *Op. cit.*, pp.402—403.
102. *Ibid.*, pp.408—409.
103. *Ibid.*, p.409.
104. *Ibid.*, p.412.
105. 关于印加人的“工程奇迹”、镀金石头和织布技巧，see Furnas, *Op. cit.*, pp.179f。
106. *Ibid.*, p.413.
107. *Ibid.* 关于神灵的讨论，see Coe, *Op. cit.*, pp.242—243。
108. Josephy (editor), *Op. cit.*, pp.413—414.
109. 神性的其他方面在于这样一个事实：相似物的创造者据说对他创造的人物具有控制力。还有这样一个事实：被创造的物体比它们的创造者更重要，甚至更神圣。Josephy (editor), *Op. cit.*, p.416.
110. *Ibid.*, p.417.
111. *Ibid.*, p.419.
112. 位于奥斯丁的德克萨斯大学艺术史教授特伦斯·格里德比较了美洲的早期艺术与澳大利亚、波利尼西亚、印度尼西亚和东南亚的艺术，发现了一些有趣的现象。他发现存在三种基本的文明形态，这三种文明的艺术在形式和象征内容上都呈现出系统变化。他认为，这支持了美洲经历了三次不同移民这一观点。格里德的主要观点是，存在一种文化梯度，它显示出美洲同澳大利亚、东南亚大陆之间的相似性。例如，在远离欧亚大陆的澳大利亚和南美洲大西洋海岸，发现了“最原始的民族”，住在那里的人是狩猎采集部落，他们没有永久居住地，没有农业或专门技艺。另一方面，美拉尼西亚人、北美大草原的居住者以及南美洲一些地区的人们居住在固定的村庄，从事农业。最后，在印度尼西亚、马来西亚、菲律宾群岛、亚洲大陆和中部美洲，大量人口居住在城镇，建有石庙，从事专门的职业。在这两个地带（一个是澳大利亚到东南亚，一个是美洲），相似的文明水平具有相似的象征艺术。正如格里德所说的，第一波艺术的特点是原始的女阴和男性生殖器符号、杯状石头、脸部和身体绘画。第二波的典型是圣树或杆、面具和树皮布。第三波展示出几何象征（十字、棋盘格、卍字符、S 形状），而且通常描绘宇宙（天体象征），这还体现在用洞穴和山脉（包括人造山或金字塔）作为圣地。纹身和树皮书是在第三波出现的。当然，在许多地方，不同波次互相接触，互相影响（易洛魁象征主义尤其是三波的综合，这一结论得到血型分析的支持）。但是格里德发现，三波的象征主义非常强烈，不太可能发明了两次。他因此得出结论，不仅有三波移民进入美洲大陆，而且这三波移民同从东南亚到澳大利亚、塔斯马尼亚和新西兰的移民同时发生。Grieder, *Origins of Pre-Columbian Art*, *Op. cit.*
113. Wright, *Op. cit.*, pp.53—54 and 165. 关于“基督教的”杀人形式，see also Moynahan, *Op. cit.*, p.513。
114. Elliott, *Op. cit.*, pp.81 and 86.
115. *Ibid.*, p.87.
116. Bernard Lewis and P. M. Holt, *Historians of the Middle East*, Oxford: Oxford University Press, 1962, p.184.
117. 整个过程因为始自圣父的一种思想而得到强化：文明以及世界力量从东方稳步向西方转移。这样一来，文明开始于美索不达米亚和波斯，相继被埃及、希腊、意大利、法国和现在的西班牙所代替。据说（当然是西班牙人）“由于海洋的阻挡，而且防御如此坚固”，文明将在这里驻留。Elliott, *Op. cit.*, p.94 and Fernando Pérez de Oliva, *Las Obras*, Córdoba, 1586, pp.134f.

118. Elliott, *Op. cit.*, p.95.
119. *Ibid.*, p.96.
120. Earl J. Hamilton, *American Treasure and the Price Revolution in Spain, 1501—1650*, Cambridge, Massachusetts: Harvard University Press, 1934, p.vii.
121. Walter Prescott Webb, *The Great Frontier*, London: Secker & Warburg, 1953. 关于旋转装置和两种新的农耕方式，see pp.239ff。See also Wilbur R. Jacobs, Turner, Bolton and Webb: *Three Historians of the American Frontier*, Seattle: University of Washington Press, 1965。
122. 尽管迈克尔·科说即使今天，玛雅印第安人的人口数量也不为人所知。Coe，*Op. cit.*, p.47.
123. Elliott, *Op. cit.*, p.65.
124. *Royal Commentaries*, translated by Livermore, part II, ‘The conquest of Peru’, pp.647—648. Quoted in Elliott, *Op. cit.*, p.64.
125. Elisabeth Armstrong, *Ronsard and the Age of Gold*, Cambridge, England: Cambridge University Press, 1968, pp.27—28.

22 历史一路向北：新教在思想上的影响

1. Manchester, *A World Lit Only by Fire*, *Op. cit.*, p.132.
2. *Ibid.*, p.130.
3. *Ibid.*, p.131.
4. Manchester, *Op. cit.*, pp.134—135.
5. 关于特茨勒的其他“行话”，see Moynahan, *The Faith*, *Op. cit.*, pp.346—347。
6. Diarmaid MacCulloch, *Reformation: Europe's House Divided 1490—1700*, London: Allen Lane/Penguin Books, 2003, p.14.
7. *Ibid.*, p.17.
8. *Ibid.*, p.51.
9. *Ibid.*, p.73.
10. *Ibid.*, p.88.
11. *Ibid.*, p.113.
12. Bronowski and Mazlish, *The Western Intellectual Tradition*, *Op. cit.*, p.80. Moynahan, *Op. cit.*, p.347.
13. Bronowski and Mazlish, *Op. cit.*, p.81.
14. Boorstin, *The Seekers*, *Op. cit.*, p.116 上对论纲是否钉在门上提出怀疑。
15. Bronowski and Mazlish, *Op. cit.*, p.84.
16. MacCulloch, *Op. cit.*, p.123.
17. Bronowski and Mazlish, *Op. cit.*, p.76.

18. 关于路德同教会的论战，see Moynahan, *Op. cit.*, pp.350—351。
19. Manchester, *Op. cit.*, p.167.
20. MacCulloch, *Op. cit.*, p.134.
21. Bronowski and Mazlish, *Op. cit.*, p.85.
22. *Ibid.*
23. W. D. J. Cargill Thompson, *Luther's Political Thought*, Hassocks, Sussex: Harvester, 1984, p.28.
24. *Ibid.*, p.160.
25. Bronowski and Mazlish, *Op. cit.*, p.88.
26. 关于内在性的讨论，见第 33 章和结语。
27. 关于路德论文的猛烈和受欢迎度，see Moynahan, *Op. cit.*, pp.352—353。Boorstin, *Op. cit.*, p.115 上说这些论文以及路德翻译的《圣经》奠定了德语作为一种文学语言的基础。
28. Boorstin, *Op. cit.*, p.119.
29. Bronowski and Mazlish, *Op. cit.*, p.92. Moynahan, *Op. cit.*, pp.384—385.
30. Bronowski and Mazlish, *Op. cit.*, p.93.
31. Moynahan, *Op. cit.*, p.386.
32. Boorstin, *Op. cit.*, p.120.
33. Bronowski and Mazlish, *Op. cit.*, p.94. 关于宗教法庭的运作，see Moynahan, *Op. cit.*, pp.386—387。
34. Boorstin, *Op. cit.*, p.121.
35. See Harro Höpfl (editor and translator), *Luther and Calvin on Secular Authority*, Cambridge, England: Cambridge University Press, 1991.
36. Bronowski and Mazlish, *Op. cit.*, pp.96—97.
37. 正是此时涌入日内瓦的工匠创造了制表这一行业，瑞士至今仍然以此闻名。Moynahan, *Op. cit.*, p.396.
38. 在日内瓦，当局不能容忍任何对正统的偏离。因此来到日内瓦向加尔文求教的外国人，例如约翰·诺克斯，必须回到自己的国家。在这里，他们是少数人，因此经常不得不要求宗教宽容。一般来说，加尔文教徒都成为“反绝对论者”，支持少数民族的权力。在某种意义上，这使他们成为民主派的原型。这是朝着现代政治思想迈出的另一半步。Bronowski and Mazlish, *Op. cit.*, p.99.
39. *Ibid.*, pp.105—106.
40. Manchester, *Op. cit.*, p.193.
41. *Ibid.*, p.195.
42. 关于背景，see M. Creighton, *A History of the Papacy from the Great Schism to the Sack of Rome*, London: Longman, Greene & Co., 1919, pp.309ff。
43. *Ibid.*, pp.322—323.
44. *Ibid.*, pp.340ff.
45. Moynahan, *Op. cit.*, p.421.
46. Manchester, *Op. cit.*, p.199.
47. *Ibid.*
48. *Ibid.*, p.201. 尽管在 1536 年成立了一个教皇改革委员会，但是它与新教徒之间的差异实在太大。Moynahan, *Op. cit.*, pp.422—423.

49. Manchester, *Op. cit.*, pp.201—202.
50. Jardine, *Worldly Goods*, *Op. cit.*, p.172.
51. Moynahan, *Op. cit.*, p.432.
52. *Ibid.*, p.440.
53. 托马斯·莫尔爵士甚至说，亨利八世“比英格兰王朝史上之前的任何人”都更有学问。S. Manchester, *Op. cit.*, p.203.
54. *Ibid.*, p.203.
55. 关于翻译的确切日期，see McGrath, *In the Beginning: The Story of the King James Bible*, *Op. cit.*, p.72。
56. Manchester, *Op. cit.*, p.204.
57. 关于科隆本的重新发现，*Ibid*。McGrath, *Op. cit.*, p.72.
58. 关于英语的质量，see McGrath, *Op. cit.*, pp.75—76。
59. Manchester, *Op. cit.*, p.205.
60. Bamber Gascoigne, *The Christians*, London: Jonathan Cape, 1977, p.186.
61. *Ibid.*, p.186. 沃尔泰拉后来总被当作“发明马裤的人”。
62. MacCulloch, *Op. cit.*, p.226.
63. Michael A. Mullet, *The Catholic Reformation*, London: Routledge, 1999, p.38.
64. *Ibid.*, pp.38—39.
65. *Ibid.*, p.40.
66. *Ibid.*, p.45.
67. *Ibid.*, p.47.
68. *Ibid.*, p.68. See Jacque le Goff, ‘The time of Purgatory’, in *The Medieval Imagination*, *Op. cit.*, pp.67—77.
69. 特伦托公会的后果：首先，同异端的斗争使有些教派分离出去，就像 12 世纪的清洁派那样。例如，为了使低地国家成为天主教西班牙的安全之地而实行恐怖统治的阿尔瓦公爵让人把他的肖像画成十字军战士。正是瓦萨里被委托在梵蒂冈画两幅画，描绘 16 世纪 70 年代的两个事件，“犹如天主教取得的两次同等重大的胜利”。那就是勒班陀战役和圣巴托洛缪节大屠杀。在勒班陀战役中，土耳其海军被击败。在大屠杀中，巴黎难以计数的新教徒被从床上拖出来，在街上被屠杀。天主教徒如此醉心于这一令人发指的“胜利”，他们打造了一枚纪念章，刻画了胡格诺教徒被屠杀的场景。Gascoigne, *Op. cit.*, p.187.
70. *Ibid.*, p.185. Moynahan, *Op. cit.*, p.419.
71. Gascoigne, *Op. cit.*, p.419.
72. *Ibid.*, p.186.
73. *Ibid.*, p.189.
74. 关于沙勿略在日本，see Moynahan, *Op. cit.*, pp.558ff。
75. Gascoigne, *Op. cit.*, pp.192—193; 关于受难，see Moynahan, *Op. cit.*, pp.560—561。
76. MacCulloch, *Op. cit.*, p.586.
77. *Ibid.*, p.587.
78. *Ibid.*, p.589.
79. *Ibid.*, p.651.
80. Rudolf Wittkower, *Art and Architecture in Italy: 1600—1750*, London: Penguin, 1958/1972, p.1.

81. *Ibid.*
82. 关于著名艺术家的宗教虔诚，see Germain Bazin, *The Baroque*, London and New York: Thames & Hudson, 1968, p.36。
83. Wittkower, *Op. cit.*, p.12.
84. 圣彼得教堂的多数彩色大理石是从古代建筑中取来的。Wittkower, *Op. cit.*, p.10.
85. Peter and Linda Murray, *Penguin Dictionary of Art and Artists*, *Op. cit.*, p.38.
86. Wittkower, *Op. cit.*, p.17.
87. Bazin, *Op. cit.*, pp.104—105.
88. Wittkower, *Op. cit.*, p.18.

23 实验天才

1. Herbert Butterfield, *The Origins of Modern Science, 1300—1800*, New York: Free Press, 1949, revised edition 1957.
2. Margaret J. Ostler (editor), *Rethinking the Scientific Revolution*, Cambridge, England: Cambridge University Press, 2000, p.25.
3. J. D. Bernal, *Science in History*, *Op. cit.*, p.132.
4. *Ibid.*, p.133. See also MacCulloch, *Reformation*, *Op. cit.*, p.78 and Richard H. Popkin, *The Third Force in Seventeenth-Century Thought*, Leiden: E. J. Brill, 1992, p.102.
5. Huff, *The Rise of Early Modern Science in Islam, China and the West*, *Op. cit.*, p.73.
6. *Ibid.*, pp.57ff.
7. *Ibid.*, p.226. See also Ernst Cassirer, *The Philosophy of Symbolic Forms*, vol. 1, *Language*, New Haven: Yale University Press, 1953, pp.230—243.
8. Bernal, *Op. cit.*, p.134.
9. Thomas Kuhn, *The Copernican Revolution: Planetary Astronomy and the Development of Western Thought*, Cambridge, Massachusetts: Harvard University Press, 1957/1976, p.156.
10. *Ibid.*, p.157.
11. *Ibid.*, p.159.
12. 尽管它的导论部分被一位可怕的编辑删了。Moynahan, *Op. cit.*, p.435.
13. Kuhn, *Op. cit.*, p.160.
14. *Ibid.*, p.166.
15. *Ibid.*, p.168.
16. 关于伽利略对《圣经》的态度:“不是一本科学手册”，see Moynahan, *Op. cit*。
17. 列奥纳多画了西方第一支火枪。Kuhn, *Op. cit.*, p.174.
18. *Ibid.*, p.183.
19. Boyer, *A History of Mathematics*, *Op. cit.*, pp.326—327.
20. Michael White, *Isaac Newton: The Last Sorcerer*, *Op. cit.*, p.11.
21. Kuhn, *Op. cit.*, p.189.
22. Boyer, *Op. cit.*, p.393. 关于华兹华斯，see Boorstin, The Seekers, *Op. cit.*, p.296。

23. Boyer, *Op. cit.*, p.391.
24. Kuhn, *Op. cit.*, p.192.
25. Boyer, *Op. cit.*, p.333.
26. *Ibid.*, p.317 and Boorstin, *Op. cit.*, p.161.
27. Boyer, *Op. cit.*, pp.310—312.
28. *Ibid.*, p.314.
29. White, *Op. cit.*, p.205.
30. Boyer, *Op. cit.*, p.398.
31. J. D. Bernal, *The Extension of Man*, *Op. cit.*, p.207.
32. *Ibid.*, p.208. 关于像伽利略和牛顿那样对《圣经》的不同态度，see Moynahan, *Op. cit.*, p.439。与伽利略不同，牛顿没有感觉到“受限”。
33. J. D. Bernal, Extension *Op. cit.* p.209.
34. Schmuel Shanbursky (edited, introduced and selected by), *Physical Thought from the Presocratics to the Quantum Physicists*, London: Hutchinson, 1974, pp.310—213.
35. Bernal, Extension, *Op. cit.*, p.212.
36. Shanbursky (editor), *Op. cit.*, pp.269 and 302. 关于微积分分成微分和积分，see G. MacDonald Ross, *Leibniz*, Cambridge, England: Cambridge University Press, 1984, p.31。
37. Bernal, Extension, *Op. cit.*, p.217.
38. 牛顿关于“光学”著作的优秀辑本，see Shanbursky (editor), *Op. cit.*, pp.172 and 248。See also R. E. Peierls, *The Laws of Nature*, London: Allen & Unwin, 1955, pp.24 and 43.
39. 对棱镜的兴趣还有另外一个非常不同的、更世俗的原因。切割玻璃的质量一直在提高，因而出现了枝形吊灯市场的繁荣。这些吊灯除了别的魅力之外，还有就是它们呈现出不同的颜色。艾伦·麦克法兰说如果没有玻璃的发展，科学革命可能就不会发生。如果没有玻璃，十五项伟大实验就不会成功。*Times Higher Educational Supplement*, 21 June 2002, p.19.
40. Bernal, Extension, *Op. cit.*, p.221.
41. Shanbursky (editor), *Op. cit.*, p.312.
42. Wightman, *The Growth of Scientific Ideas*, p.135. 下一个进步是，人们认识到光同样以波形旅行。取得这一特殊进展的克里斯蒂安·惠更斯在他的观察发现中得益于一种被称为冰洲石的“神奇晶体”。如果把一块冰洲石晶体放在打开的书页上，在书页上滑动，你会看到印刷的文字出现重影。另外，如果把晶体向四周滑动，这两个影像会向彼此移动。惠更斯是第一个把握答案的人，他认为答案在于：光是波。Bernal, Extension, *Op. cit.*, pp.225—227.
43. James Gleick, Isaac Newton, *Op. cit.*, p.15.
44. Bernal, Extension, *Op. cit.*, pp.235—236.
45. William A. Locy, *The Growth of Biology*, London: G. Bell, 1925, pp.153—154.
46. Carl Zimmer, *The Soul Made Flesh: The Discovery of the Brain and How It Changed the World*, London: Heinemann, 2004, p.19.
47. Locy, *Op. cit.*, p.155.
48. 在中世纪盛期，虽然教会对人体解剖持有敌意，但这种敌视并不总是像表面那样。例如，教皇博尼法斯在1300年颁布的教皇谕令《关于埋葬》中严禁为科学目的而解剖尸体，但是其初衷是要禁止对十字军骑士的尸体进行分割，因为那样会容易把尸体带回家，而增加疾病风险。Locy, *Op. cit.*, pp.156—157. 关于维萨里的画，see Charles

Singer, *A History of Biology*, London and New York: Abelard-Schuman, 1959, p.103。

49. *Ibid.*, pp.82ff.
50. Locy, *Op. cit.*, p.160
51. Zimmer, *Op. cit.*, p.20.
52. Locy, *Op. cit.*, p.168.
53. *Ibid.*, pp.169ff. 关于盖伦学说的衰落，see also William S. Beck, *Modern Science and the Nature of Life*, London: Macmillan, 1958, p.61。
54. Locy, *Op. cit.*, p.174. 关于所有这些如何改变灵魂思想，see also Zimmer, *Op. cit.*, p.21。
55. Locy, *Op. cit.*, pp.175—176.
56. Arthur Roch (editor), *The Origins and Growth of Biology*, London: Penguin, 1964, pp.178 and 185 and Zimmer, *Op. cit.*, p.66.
57. Locy, *Op. cit.*, p.184. Roch (editor), *Op. cit.*, p.175 对哈维出版著作的动机有一个概述。
58. 他两次提到放大玻璃。
59. Locy, *Op. cit.*, p.187.
60. *Ibid.*, p.188 and Zimmer, *Op. cit.*, p.69.
61. 虽然关于哈维的一些错误，see Zimmer, *Op. cit.*, p.69。
62. Locy, *Op. cit.*, p.196.
63. *Ibid.*, p.197.
64. Roch (editor), *Op. cit.*, pp.100—101.
65. Locy, *Op. cit.*, p.201.
66. Ernst Mayr, *The Growth of Biological Thought*, Cambridge, Massachusetts: The Belknap Press of Harvard University Press, 1982, p.138.
67. Locy, *Op. cit.*, p.208.
68. *Ibid.*, p.211.
69. Mayr, *Op. cit.*, p.321.
70. Locy, *Op. cit.*, p.213.
71. Roch (editor), *Op. cit.*, pp.80ff.
72. Locy, *Op. cit.*, p.216.
73. *Ibid.*, p.217.
74. 他后来在一条青蛙腿的蹼膜和幼鱼及鳗鱼中发现了同样的现象。
75. Mayr, *Op. cit.*, p.138. 意大利的马尔切洛·马尔比基和英国的尼西米·格鲁不是把显微镜用在动物上，而是用在植物上。对植物的兴趣是由探险家从新大陆带回的奇异物种引发的。*Ibid.*, pp.100—101. 两人都出版了插图精美的关于植物结构的书。纯粹出于巧合，当格鲁的书从印刷商处分发的那一天，马尔比基的手稿被交付给伦敦的皇家学会。*Ibid.*, p.387. 在马尔比基的书《植物结构》中，组成不同结构的细胞被称为“胞囊”。他观察到植物中不同的细胞种类，有携带空气的，有携带汁液的，等等。格鲁的书《植物解剖》也大致如此。*Ibid.*, p.385. 尽管格鲁观察到了细胞，并把它们称为“气囊”，他并没有做进一步研究（后来的人把细胞称为“气泡”）。两人谁也没有认识到细胞是生命的基本建筑，所有更复杂的组织都建立在它们之上。这一思想在两个世纪里没有被发现。
76. Mayr, *Op. cit.*, pp.100 and 658—659.
77. Tarnas, *The Passion of the Western Mind*, *Op. cit.*, p.272.
78. *Ibid.*, p.273; see also Boorstin, *Op. cit.*, pp.155 and 158.

79. Tarnas, *Op. cit.*, p.274.
80. Robert Merton, *Science, Technology and Society in Seventeenth-Century England*, Bruges, 1938, chapter 15.
81. Boyer, *Op. cit.*, p.336.
82. *Ibid.*, p.337 and Boorstin, *Op. cit.*, pp.166—167.
83. 笛卡尔的几何学即现在的分析几何。
84. Tarnas, *Op. cit.*, p.277. Boorstin, *Op. cit.*, p.164. Popkin, *Op. cit.*, pp.237—238.
85. Tarnas, *Op. cit.*, pp.280—281.
86. Bronowski and Mazlish, *Op. cit.*, pp.183—184.
87. Bernal, *Science in History*, *Op. cit.*, p.462. 关于第一次见面，see Zimmer, *Op. cit.*, pp.183ff。他说起初可能有四十个会员。
88. Bronowski and Mazlish, *Op. cit.*, p.182. Zimmer, *Op. cit.*, p.95 认为有另一个早期的牛津团体：牛津实验哲学团体。
89. Zimmer, *Op. cit.*, p.184.
90. Bronowski and Mazlish, *Op. cit.*, p.185; see also Zimmer, *Op. cit.*, pp.96 and 100.
91. Lisa Jardine, *Ingenious Pursuits: Building the Scientific Revolution*, New York: Doubleday, 1999; see also Zimmer, *Op. cit.*, pp.185—186. Lisa Jardine, *The Curious Life of Robert Hooke: The Man who Measured London*, London: HarperCollins, 2003.
92. Mordechai Feingold, *The Mathematicians' Apprenticeship: Science, Universities and Society in England: 1560—1640*, Cambridge, England: Cambridge University Press, 1984, pp.6, 122 and 215.
93. *Ibid.*, p.215.
94. Peter Burke, A *Social History of Knowledge: From Gutenberg to Diderot*, Cambridge, England: Polity Press, 2000, 45.
95. *Ibid.*, p.103.
96. *Ibid.*, p.135.
97. Ostler (editor), *Op. cit.*, p.43.
98. *Ibid.*, p.44.
99. *Ibid.*, p.45.
100. *Ibid.*, p.49. 卡尔·齐默关于牛津实验哲学团体（见上面注释 88）的观点突出了这个方面。
101. Ostler (editor), *Op. cit.*, p.50.

24 自由、财产和社会：保守主义和自由主义的起源

1. Schulze, *States, Nations and Nationalism*, *Op. cit.*, p.17.
2. John Bowle, *Western Political Thought*, London: Cape, 1947/1954, p.288.
3. Schulze, *Op. cit.*, p.28.
4. Bronowski and Mazlish, *Op. cit.*, p.28.

5. Allan H. Gilbert, *The Prince and Other Works*, Chicago: University of Chicago Press, 1941, p.29.
6. Bronowski and Mazlish, *Op. cit.*, p.31.
7. 尤其是，他认为宗教（他指基督教）阻碍了一个强大国家的发展，因为宗教宣扬顺从。同时，他又认为某种形式的宗教是可取的，因为它充当了社会“黏合剂”，使人民凝聚起来。不过这一点也是新的，因为这是第一次有人（公开地）认为宗教是一种抑制力量，而不是精神力量。Bronowski and Mazlish, *Op. cit.*, p.34; Boorstin, *Op. cit.*, p.178.
8. Schulze, *Op. cit.*, p.30.
9. *Ibid.*, p.31.
10. N. Machiavelli, *The Prince*, translated by Peter Whitshome (1560), reprinted 1905, chapter 18，p.323.
11. Boorstin, *Op. cit.*, p.178.
12. Bronowski and Mazlish, *Op. cit.*, p.36.
13. *Ibid.*, p.32.
14. Bowle, *Op. cit.*, pp.270—272.
15. 同其民族国家特点相关的是，新教为建立在人民基础上的政治主权国家奠定了精神 / 心理基础。加尔文对个人良知的显著地位的坚持甚至允许只要忏悔也可以诛杀天主教暴君，这使他成为主张反抗权力的先驱，而反抗将成为后来历史时期的重要特征。这些因素一起将最终产生国家的民主理论。对早期新教徒而言，国家的目的是保护它之下的民众，其本身不是为其人民提供精神发展。“生命中最美好的事情根本不在国家的范围之内。” Bowle, *Op. cit.*, pp.280—281.
16. *Ibid.*, pp.281—282.
17. Jonathan Wright, *The Jesuits: Mission, Myths and Historians*, London: HarperCollins, 2004, pp.148—149.
18. Bowle, *Op. cit.*, p.285.
19. *Ibid.*
20. Reinhard Bendix, *Kings or People: Power and the Mandate to Rule*, *Op. cit.*, pp.307ff; see also John Dunn (editor), *Democracy: The Unfinished Journey: 508 BC to AD 1993*, Oxford: Oxford University Press, 1992, especially pp.71ff.
21. Schulze, *Op. cit.*, p.49.
22. Moynahan, *Op. cit.*, p.455 认为 1562 至 1598 年间充满了屠杀、谋杀和战争。
23. Schulze, *Op. cit.*, p.50.
24. Bowle, *Op. cit.*, p.290. 许多（法国）胡格诺教徒在路易十四于 1685 年取消宽容令之后移民到美洲。See Moynahan, *Op. cit.*, p.576.
25. 从任何意义上，博丹都不是一个狂热分子。事实上，他的思想为枢机主教黎塞留的务实观点提供了先声，后者将把博丹的思想大规模付诸实践。
26. Bowle, *Op. cit.*, p.291.
27. Schulze, *Op. cit.*, p.53.
28. *Ibid.*, pp.56—57.
29. 波兰和荷兰是例外。Schulze, *Op. cit.*, p.57.
30. Bowle, *Op. cit.*, p.293.
31. *Ibid.*, p.317.

32. Bronowski and Mazlish, *Op. cit.*, p.198.
33. Bowle, *Op. cit.*, p.318. See also Moynahan, *Op. cit.*, p.492.
34. 最突出的一个特点是所有书籍最生动的题名页。上半页是一幅风景，描绘的是空旷乡村背景下的规划有致的城镇。风景的上面，站立着一位头戴王冠的巨人，泰坦，腰部以上可见。他伸开双手，呈保护或拥抱状，一只手握着一把剑，另一只手上是一根牧杖。最强烈的是，这个人的身形是从一群矮小的人眼中呈现的，他们背对着读者，眼光凝视着巨人的脸。这是历史上最怪异、最有震撼力的图画。
35. Ernst Cassirer, *The Philosophy of the Enlightenment*, Princeton, New Jersey: Princeton University Press, 1951, p.254.
36. Roger Smith, *The Fontana History of the Human Sciences*, London: Fontana Press, 1997, pp.105ff.
37. Bronowski and Mazlish, *Op. cit.*, p.205.
38. Bowle, *Op. cit.*, p.321.
39. *Ibid.*, p.329.
40. *Ibid.*, p.328.
41. Bronowski and Mazlish, *Op. cit.*, p.206.
42. *Ibid.*, p.207.
43. Bowle, *Op. cit.*, p.331.
44. *Ibid.*, p.361.
45. Boorstin, *Op. cit.*, p.180.
46. Bowle, *Op. cit.*, p.363.
47. *Ibid.*, p.364.
48. Schulze, *Op. cit.*, pp.70—71.
49. Bowle, *Op. cit.*, p.365.
50. Boorstin, *Op. cit.*, p.186. 他说这些作品很“费劲”，它们如此具有启发性，令人感到惊奇。
51. Bronowski and Mazlish, *Op. cit.*, p.210.
52. Bowle, *Op. cit.*, p.378.
53. *Ibid.*, pp.379—381.
54. 《神学政治论》一开始匿名出版，遭到禁止。阿姆斯特丹的犹太人团体把他驱逐出去。
55. Bowle, *Op. cit.*, p.381. See Richard H. Popkin, ‘Spinoza and Bible scholarship’, in: Don Garrett (editor), *The Cambridge Companion to Spinoza*, Cambridge, England: Cambridge University Press, 1996, pp.383ff, 里面收录了斯宾诺莎对《圣经》更加精炼的评论。
56. R. H. Delahunty, *Spinoza*, London: Routledge & Kegan Paul, 1984, pp.211—212.
57. Bowle, *Op. cit.*, p.383.
58. Delahunty, *Op. cit.*, p.7.
59. Bowle, *Op. cit.*, p.386.
60. *Ibid.*, p.387.
61. Jonathan I. Israel, *Radical Enlightenment: Philosophy and the Making of Modernity 1650—1750*, Oxford: Oxford University Press, 2001, p.591.
62. Giuseppe Mazzitta, *The New Map of the World: The Poetic Philosophy of Giambattista Vico*, Princeton, New Jersey: Princeton University Press, 1999, pp.100—101.
63. Bowle, *Op. cit.*, p.389.
64. Joseph Mali, *The Rehabilitation of Myth: Vico's ‘New Science’*, Cambridge, England:

Cambridge University Press, 1992, p.48.
65. 关于天命和好奇心，*Ibid.*, pp.99ff。
66. Bowle, *Op. cit.*, p.393.
67. 关于其中有些思想是如何在奥斯瓦尔德·斯宾格勒那里得到呼应的，see Boorstin, *Op. cit.*, p.233。
68. Bowle, *Op. cit.*, p.395.
69. T. C. W. Blanning, *The Culture of Power and the Power of Culture: Old Regime Europe 1660—1789*, Oxford: Oxford University Press, 2002, p.2.
70. *Ibid.*, p.137.
71. *Ibid.*, p.208.
72. *Ibid.*, p.151.
73. *Ibid.*, pp.156—159.
74. Israel, *Op. cit.*, p.150.
75. *Ibid.*, p.151.
76. Blanning, *Op. cit.*, p.169.

25 “无神论恐慌”和怀疑论的到来

1. 正如托马斯·库恩在他关于哥白尼革命的专著中所说，它是“能够在深度和广度上与《天文学大成》相媲美的第一本欧洲天文学著作”。Kuhn, *The Copernican Revolution*, *Op. cit.*, p.185.
2. *Ibid.*, p.186.
3. Armstrong, *A History of God*, *Op. cit.*, p.330.
4. Popkin, *The Third Force in Seventeenth-Century Thought*, *Op. cit.*, pp.102—103. See also Moynahan, *The Faith*, *Op. cit.*, p.354.
5. Moynahan, *Op. cit.*, p.357.
6. *Ibid.*, p.359.
7. *Ibid.*, p.360.
8. Simon Fish, *A Supplicacyion for the Beggars Rosa*, quoted in Menno Simons, *The Complete Writings*, Scotsdale: University of Arizona Press, 1956, pp.140—141.
9. Armstrong, *Op. cit.*, p.330.
10. 有趣的是，阿那克萨戈拉，一个伊奥尼亚人，也是米利都的阿那克西美尼的学生，他的一些观点成为哥白尼观点的先声。他说，太阳并不是以雅典人相信的那种方式“被推动”，它也不是一位神灵，而是“比伯罗奔尼撒半岛大许多倍的一团炽热的物质”。他还坚持认为，月亮是固体，具有地理特征（平原、山脉和山谷），就像地球一样。阿那克萨戈拉还相信地球是圆的。J. M. Robertson, *A History of Freethought*, vol. 1, London: Dawsons of Pall Mall, 1969, p.166.
11. 事实上，在伯里克利统治的雅典，似乎存在一种自由思想潮流，那里的贵族预示了伏尔泰时期法国的思想，因为他们相信“普通人”需要宗教“保持节制”，但是他们自己却不需要这种限制。

12. Thrower, *The Alternative Tradition*, *Op. cit.*, pp.173 and 225—226.
13. Robertson, *Op. cit.*, p.181.
14. Thrower, *Op. cit.*, pp.204ff and 223.
15. *Ibid.*, pp.63—65.
16. *Ibid.*, p.84.
17. *Ibid.*, p.122.
18. Robertson, *Op. cit.*, pp.395—396.
19. Seznec, *The Survival of the Pagan Gods*, *Op. cit.*, p.25.
20. *Ibid.*, p.32.
21. *Ibid.*, p.70.
22. *Ibid.*, p.161.
23. Robertson, *Op. cit.*, pp.319—323.
24. Lucien Febvre, *The Problems of Unbelief in the Sixteenth Century*, Cambridge, Massachusetts: Harvard University Press, 1982, p.457.
25. Jim Herrick, *Against the Faith*, London: Glover Blair, 1985, p.29.
26. Barnes, *An Intellectual and Cultural History*, *Op. cit.*, p.712.
27. 它虽然对许多人来说很可怕，但是同时也具有解放力量，因为正如哈里·艾尔墨·巴恩斯所说，它让人从“中世纪地狱恐惧症”中解放出来。
28. Barnes, *Op. cit.*, p.714.
29. John Redwood, *Reason, Ridicule and Religion, 1660—1750*, London: Thames & Hudson, 1976, p.150.
30. Febvre, *Op. cit.*, p.340.
31. *Ibid.*, p.349.
32. Barnes, *Op. cit.*, p.715. 正如费夫贺所表明的，像法语这样的民族语言既缺乏表示怀疑主义的词汇，也缺乏句法。诸如“绝对”“相对”“抽象”“具体”“晦涩”“敏感”或“直觉”等词还没有被使用。这些词都是在 18 世纪造出来的。正如吕西安·费夫贺所说，“16 世纪是一个渴望信仰的世纪”。 Febvre, *Op. cit.*, p.355.
33. Redwood, *Op. cit.*, p.30.
34. Febvre, *Op. cit.*, p.332.
35. 库恩引用了 1578 年出版、非常受欢迎的一部宇宙长诗，它把哥白尼派描述成：
    那些职员认为（想想这个玩笑多荒唐），
    天空和星星根本不会转动，
    也不会绕着这个大圆球跳舞；
    但是地球本身，我们的这个庞大球体，
    每二十四小时就旋转一次：
    我们就像陆地的新手
    被带到船上冒险航行；
    第一次从海边出发，认定
    船没动，移动的是地面……
36. Kuhn, *Op. cit.*, p.190. 无论其观点如何，就连博丹的这本书也被列入禁书目录。
37. *Ibid.*, p.191. 路德的主要助手菲利普·梅兰希通走得更远，他引用《圣经》段落，说哥白尼的理论同《传道书》1: 4—5 相矛盾，《传道书》中说“地球永远不动”，“太阳升起来，又落下去，赶快回到它升起的地方”。

38. *Ibid.*, p.191; 关于对太阳中心说的不同讨论以及对它的接受，see Israel, *Radical Enlightenment*, *Op. cit.*, pp.27ff。Peter Harrison, *The Bible, Protestantism, and the Rise of Natural Science*, Cambridge, England: Cambridge University Press, 2001.
39. Kuhn, *Op. cit.*, p.193.
40. Keith Thomas, *Religion and the Decline of Magic*, London: Penguin, 1971, p.4.
41. Kuhn, *Op. cit.*, p.197.
42. *Ibid.*, p.244.
43. 第谷·布拉赫确实找到了不同于哥白尼的解释，他让地球位于宇宙中心，月亮和太阳位于传统的托勒密轨道上。但是即使这样，所谓的“第谷体系”也必须让太阳的轨道同金星和火星的轨道相交。这意味着，行星和恒星绕着巨大晶体球运行的传统思想再也无法成立。
44. Thomas, *Op. cit.*, p.416.
45. 接着，望远镜发现的太阳上的斑点同上界的完美观相悖，斑点出现和消失的方式也表露出天空的多变性。更糟糕的是，太阳斑点的活动暗示，太阳也以哥白尼宣称地球的运转方式一样，绕着自轴旋转。Kuhn, *Op. cit.*, p.222.
46. 人们当然在尝试。伽利略的一些敌人甚至拒绝用望远镜观看。他们认为如果上帝想要人类以这种方式观看天堂，他就会给人类一双望远镜似的眼睛。
47. 在大学里，托勒密体系、哥白尼体系和第谷体系被同时教授，托勒密体系和第谷体系直到 18 世纪才退出大学。
48. Kuhn, *Op. cit.*, p.198.
49. Popkin, *Op. cit.* Barnes, *Op. cit.*, p.784. 人们起初并没有看见宗教和理性之间有任何冲突。*Op. cit.*, pp.214—215.
50. 关于该主题的更完整的讨论，see Israel, *Op. cit.*, chapter 12，‘Miracles denied’, pp.218—229 and Thomas, *Op. cit.*, pp.59—60。
51. Barnes, *Op. cit.*, p.785.
52. Herrick, *Op. cit.*, p.38.
53. 思考越多，区分就越困难。
54. Redwood, *Op. cit.*, p.140. 启示的概念在 17 世纪末随着巫师、鬼魂、神秘疗法和符咒在科学发现之后遭受近乎致命的打击而受到挫折。科学发现表明了宇宙以原子论的形式存在。
55. Barnes, *Op. cit.*, p.788.
56. Redwood, *Op. cit.*, p.179.
57. Israel, *Op. cit.*, p.519. 以色列的书中有一整部分论述科林斯，pp.614—619.
58. Barnes, *Op. cit.*, p.791.
59. Herrick, *Op. cit.*, p.58.
60. A. C. Giffert, *Protestant Thought Before Kant*, New York: Scribners, 1915, pp.208ff.
61. Roger Smith, *Op. cit.*, p.282.
62. Israel, *Op. cit.*, p.266.
63. 不是说自然神论者全部都持否定态度。有一种自然神论接受耶稣的真正基督教，但是拒绝接受教会中发展起来的基督教。
64. Barnes, *Op. cit.*, p.794.
65. Preserved Smith, *History of Modern Culture*, *Op. cit.*, vol. 2, p.522.

66. See in particular the sections on scepticism in Stephen Buckle, *Hume's Enlightenment Tract*, Oxford: Clarendon Press of Oxford University Press, 2001， for example, pp.111—118, 167—168, 270—280.
67. *Ibid.*, pp.289—294.
68. Herrick, *Op. cit.*, p.105.
69. Barnes, *Op. cit.*, p.805.
70. Herrick, *Op. cit.*, p.33. 有人怀疑贝尔不是一个真正的怀疑论者，而把他视为“信仰主义者”，一个认为“说出自己的怀疑以鼓励他人信仰更坚定是基督徒的责任”的信仰者。Roy Porter, *The Enlightenment*, London: Palgrave, 2001, p.15. 还有许多以德尼・狄德罗及其《百科全书》为中心的法国怀疑论者。诸如达朗贝尔和爱尔维修等人就像休谟那样争论道，人们婴儿时期所学到的一生都会伴随他们，无论好坏。
71. Herrick, *Op. cit.*, p.29; Barnes, *Op. cit.*, p.813 and Redwood, *Op. cit.*, p.32.
72. Armstrong, *A History of God*, *Op. cit.*, p.350.
73. Redwood, *Op. cit.*, p.35.
74. Israel, *Op. cit.*, pp.41 and 60.
75. Redwood, *Op. cit.*, p.35.
76. *Ibid.*, p.181.
77. *Ibid.*, p.187.
78. Richard H. Popkin, *The History of Scepticism from Erasmus to Spinoza*, Berkeley and London: University of California Press, 1979, pp.215—216. See also the same author's *The History of Scepticism from Savonarola to Bayle* (revised and expanded edition), Oxford: Oxford University Press, 2003. Redwood, *Op. cit.*, p.34.
79. Barnes, *Op. cit.*, p.816.
80. Redwood, *Op. cit.*, p.120.
81. Israel, *Op. cit.*, p.605.
82. 具有讽刺意义的是，有些现代大学的地质学系仍旧庆祝 10 月 23 日，把它作为地球的生日。
83. Mayr, *The Growth of Biological Thought*, *Op. cit.*, p.315.
84. Rosenberg and Bloom, *The Book of J*, *Op. cit.*
85. Israel, *Op. cit.*, p.142.
86. Redwood, *Op. cit.*, p.131.
87. Mayr, *Op. cit.*, p.316.
88. 波义耳其实说的是，他信仰“自然道德”。Herrick, *Op. cit.*, p.39.
89. Barnes, *Op. cit.*, p.821.

26　从灵魂到心灵：寻求人性的法则

1. Bronowski and Mazlish, *Op. cit.*, pp.247ff.
2. 关于伏尔泰逃往伦敦及其影响，see Boorstin, *The Seekers*, *Op. cit.*, p.193。关于伏尔

泰所受教育以及它们如何培养出思想独立，see Geoffrey Hawthorn, *Enlightenment and Despair: A History of Social Theory*, Cambridge, England: Cambridge University Press, 1976, p.11。关于英国对法国启蒙运动的影响（洛克和牛顿），see pp.10—11。
3. Bronowski and Mazlish, *Op. cit.*, p.249.
4. *Ibid.*
5. Quoted *Ibid.*, p.250.
6. *Ibid.*, p.251.
7. Raymond Naves, *Voltaire et l'Encyclopedie*, Paris, 1938.
8. P. N. Furbank, *Diderot*, London: Secker & Warburg, 1992, p.73.
9. *Ibid.*, p.84. See also Boorstin, *Op. cit.*, p.196.
10. Furbank, *Op. cit.*, p.87.
11. 在很多问题出现之后。See *Ibid.*, p.92.
12. Norman Hampson, *The Enlightenment*, p.53.
13. *Ibid.*, pp.53—54.
14. Alfred Ewert, *The French Language*, London: Faber & Faber, 1964, pp.1—2.
15. *Ibid.*, pp.8—9.
16. M. K. Pope, *From Latin to Modern French*, Manchester: Manchester University Press, 1952, p.49.
17. *Ibid.*, pp.51 and 558.
18. Joachim du Bellay, *The Defence and Illustration of the French Language*, translated by Gladys M. Turquet, London: Dent, 1939, pp.26ff and 80ff.
19. Ewert, *Op. cit.*, p.19. 在英格兰，从 12 世纪到 13 世纪末，法语在宫廷、议会和法庭上使用，直到 15 世纪它依旧是宫廷语言，而且作为法庭诉讼记录语言，直到 18 世纪才被英语取代。
20. Arnold Hauser, *The Social History of Art*, vol. 3, New York: Vintage/Knopf, n.d., p.52.
21. Q. D. Leavis, *Fiction and the Reading Public*, London: Bellew, 1932/1965, p.83.
22. *Ibid.*, pp.83—84 and William Chappell, *Popular Music of the Olden Time*, two vols, London, 1855—1859.
23. Leavis, *Op. cit.*, p.106; 关于有许多人读过《天路历程》和《鲁宾逊漂流记》, see part 2, chapter 2。
24. Hauser, *Op. cit.*, p.53.
25. *Ibid.*
26. Leavis, *Op. cit.*, pp.123 and 300.
27. *Ibid.*, p.130. 其他刊物也相继出现，成为该潮流的一部分：《绅士杂志》创办于 1731 年，很快在 1749 年出现了《伦敦杂志》《评论月刊》和 1756 年的《评论》。
28. Leavis, *Op. cit.*, p.132.
29. *Ibid.*, p.145.
30. 只有卢克莱修和他的早期进化思想才可以说具备了一种进步观念。
31. Barnes, *Op. cit.*, p.714.
32. Hampson, *Op. cit.*, pp.80—82.
33. Roger Smith, *The Fontana History of the Human Sciences*, *Op. cit.*, p.162.
34. *Ibid.*, pp.158—159.
35. *Ibid.*, p.162 and ref.

36. Alfred Cobban, *In Search of Humanity: The ROLE of the Enlightenment in Modern History*, London: Cape, 1960, p.69.
37. Boorstin, *Op. cit.*, p.184.
38. Roger Smith, *Op. cit.*, p.175.
39. *Ibid.*, p.192.
40. *Ibid.*, p.196.
41. *Ibid.*, p.197; 关于莱布尼茨拒绝接受牛顿的一些观点，see Cobban, *Op. cit.*, p.38。
42. Israel, *Radical Enlightenment*, *Op. cit.*, especially pp.552ff.
43. *Ibid.*, pp.436—437.
44. Cobban, *Op. cit.*, p.210.
45. *Ibid.*, p.208.
46. *Ibid.*, p.211. 虽然相面术风行 18 世纪晚期，但是使康德思想影响更持久的是他在 1783 年创立的两种刊物，一种是《经验心理学杂志》，一种是《经验灵魂知识杂志》。由于同医学和生理学的密切联系，这是现代心理学创立的另一阶段。
47. Roger Smith, *Op. cit.*, p.216.
48. Cobban, *Op. cit.*, p.133.
49. L. G. Crocker, *Nature and Culture: Ethical Thought in the French Enlightenment*, Baltimore: Johns Hopkins University Press, 1963, pp.479ff.
50. Roger Smith, *Op. cit.*, p.221.
51. J. O. de La Mettrie, *Man a Machine*, La Salle: Open Court, 1961, p.117. (Translated by G. C. Bussey.)
52. Dror Wahrman, *The Making of the Modern Self: Identity and Culture in Eighteenth Century England*, New Haven: Yale, 2004, pp.182—184.
53. *Ibid.*, pp.275—286.
54. James Buchan, *Capital of the Mind*, London: John Murray, 2003, p.5.
55. *Ibid.*, pp.1—2.
56. *Ibid.*, pp.174—179. 而且还帮助发展了法律。Cobban, *Op. cit.*, p.99.
57. R. A. Houston, *Social Change in the Age of Enlightenment: Edinburgh 1660—1760*, Oxford: Clarendon Press of Oxford University Press, 1994, p.80.
58. *Ibid.*, pp.8—9.
59. Buchan, *Op. cit.*, p.243.
60. 19 世纪鲜有人读他的著作。正如詹姆斯·布坎所说："休谟是在灰暗的 20 世纪才被封为英国哲学之王的。"他因为纠正其老师的英语措辞而被免去第一份工作。Buchan, *Op. cit.*, p.76.
61. *Ibid.*, p.247 and ref.
62. Buckle, *Hume's Enlightenment Tract*, *Op. cit.*, pp.149—168.
63. Buchan, *Op. cit.*, p.81.
64. Hawthorn, *Op. cit.*, pp.32—33.
65. Buchan, *Op. cit.*, p.247 and ref.
66. 关于威廉·詹姆斯对休谟的回应，see Hawthorn, *Op. cit.*, p.32。
67. Buchan, *Op. cit.*, p.81.
68. Buckle, *Op. cit.*, pp.14—15.
69. Buchan, *Op. cit.*, p.221.

70. Cobban, *Op. cit.*, p.172 详细叙述了弗格森之前的其他法国和瑞士作家。
71. Buchan, *Op. cit.*, p.222.
72. Frania Oz-Salzberger, *Translating the Enlightenment: Scottish Civic Discourse in Eighteenth-Century Germany*, Oxford: The Clarendon Press of Oxford University Press, 1995, especially chapter 4, 'Ferguson's Scottish contexts: life, ideas and interlocutors'.
73. Buchan, *Op. cit.*, p.224.
74. *Ibid.*, p.305.
75. 联合省吸引了许多人的目光，因为尽管这是一个小国家（它甚至要开辟自己的国土），但是由于它在艺术和商业方面的杰出成就，已经在各国中居于领先位置。
76. "生命统计学"是维多利亚时期的用语。Buchan, *Op. cit.*, p.309.
77. *Ibid.*, p.316.
78. Ian Simpson Ross, *The Life of Adam Smith*, Oxford: The Clarendon Press of Oxford University Press, 1995, p.17.
79. *Ibid.*, p.133.
80. *Ibid.*, chapter 11，pp.157ff, "The making of the theory of moral sentiments".
81. *Ibid.*, p.121.
82. Paul Langford, *A Polite and Commercial People*, Oxford: Oxford University Press, 1989, p.447.
83. *Ibid.*, p.3.
84. *Ibid.*, p.391.
85. Roger Smith, *Op. cit.*, p.317.
86. Langford, *Op. cit.*, p.70.
87. Roger Smith, *Op. cit.*, p.319.
88. *Ibid.*
89. Hawthorn, *Op. cit.*, p.56.
90. Bernal, *Science in History*, *Op. cit.*, vol. 4, p.1052 上说，对亚当·斯密而言，自由放任主义经济是自然秩序。
91. H. T. Buckle, *A History of Civilisation in England*, London: Longman's Green, 1871, three vols, vol. 1, p.194.
92. Roger Smith, *Op. cit.*, p.333.
93. 这一直是一种有影响力的悲观主义，在 20 世纪的生态学运动中非常活跃。它也解释了为什么托马斯·卡莱尔把经济学描述为"忧郁的科学"。See Kenneth Smith, *The Malthusian Controversy*, London: Routledge & Kegan Paul, 1951.
94. Roger Smith, *Op. cit.*, p.335; see also Hawthorn, *Op. cit.*, p.80.
95. Roger Smith, *Op. cit.*, p.251.
96. 在理解我们所称的"社会学"方面，简而言之，那时和现在的主要区别是，在 18 世纪，他们不像我们这样关心生物学和心理学，而是更关心道德和政治。
97. Cobban, *Op. cit.*, p.147. Boorstin, *Op. cit.*, p.198 把他看作一个总是在寻找母亲的受虐狂。
98. J. -J. Rousseau, *The First and Second Discourses* (edited by R. D. Masters), New York: St Martin's Press, 1964, pp.92f. 关于卢梭的"思想顿悟"，see Cobban, *Op. cit.*, p.149。
99. Roger Smith, *Op. cit.*, p.278.
100. Boorstin, *Op. cit.*, p.199. 卢梭认为感情应当引导人们生活，他可以被视为浪漫主义运动的鼻祖。这同样导致了他的教育思想：他相信儿童的天真，而不是当时普遍认为的儿童天生有罪、需要从根底拔除。

101. Hawthorn, *Op. cit.*, pp.14—15.
102. Roger Smith, *Op. cit.*, p.293.
103. Bronowski and Mazlish, *Op. cit.*, p.258.
104. Barnes, *Op. cit.*, p.826.
105. 关于培根没能认识到纳皮尔、维萨里和哈维的进步思想，see Boorstin, *Op. cit.*, p.161。
106. Cobban, *Op. cit.*, p.51.
107. F. J. Teggar, *The Idea of Progress*, Berkeley: University of California Press, 1925, pp.110ff.
108. Roger Smith, *Op. cit.*, p.259.
109. *Ibid.* 关于“文明”一词和概念使用的争论，see Boorstin, *Op. cit.*, pp.193ff。
110. Teggar, *Op. cit.*, p.142; Boorstin, *Op. cit.*, p.219.
111. Barnes, *Op. cit.*, p.824 and James Bonar, *Philosophy and Political Economy*, London: Macmillan, 1893, pp.204—205.
112. H. S. 萨尔特说：“汤姆·潘恩曾经被当作汤姆傻子。” Deborah Manley, *Henry Salt: Artist, Traveller, Diplomat, Egyptologist*, London: Libri, 2001. See also H. S. Salt, *Godwin's Inquiry Concerning Political Justice*, printed for G. G. and J. Robinson, Paternoster Row, London, 1796, pp.1—2.
113. 正如有位观察家所说：“这是个人主义的神化，在某种意义上也是新教主义的神化。” Barnes, *Op. cit.*, p.836.
114. Barnes, *Op. cit.*, p.839 and Boorstin, *Op. cit.*, p.208.
115. Barnes, *Op. cit.*, p.840 and Louis, duc de Saint-Simon, *Memoires de Saint-Simon*, edited by A. de Boislisle (41 vols), Paris, 1923—1928; Boorstin, *Op. cit.*, pp.207—212; Hawthorn, *Op. cit.*, pp.72—79, 他把圣西门描述为“一个机会主义者”。

27　工厂的概念及其影响

1. Charles Dickens, *Hard Times*, London: Penguin, 2003, with an introduction by Kate Flint, pp.27—28.《艰难时世》首次出版于 1854 年。
2. *Ibid.*, p.xi.
3. Bronowski and Mazlish, *Op. cit.*, p.307. 在不同学者笔下，18 世纪有着不同的“革命”，例如包括人口革命、化学革命和农业革命。
4. David Landes, *The Wealth and Poverty of Nations*, New York: Norton/Abacus, 1998/1999, p.42.
5. Bernal, *Science and History*, *Op. cit.*, p.520.
6. *Ibid.*
7. Peter Hall, *Cities in Civilisation*, *Op. cit.*, p.310.
8. *Ibid.*, p.312.

9. Phyllis Deane, *The First Industrial Revolution*, Cambridge, England: Cambridge University Press, 1979, p.90.
10. Hall, *Op. cit.*, p.313.
11. David S. Landes, *The Unbound Prometheus: Technological Change and Industrial Development in Western Europe from 1750 to the Present Day*, Cambridge, England: Cambridge University Press, 1969, pp.302—303.
12. Peter Lane, *The Industrial Revolution*, London: Weidenfeld & Nicolson, 1978, p.231. 关于瓦特转移到伯明翰，see Samuel Smiles, *The Lives of Boulton and Watt*, London: John Murray, 1865, pp.182—198。
13. Hall, *Op. cit.*, p.315.
14. Lane, *Op. cit.*, pp.68—69.
15. Hall, *Op. cit.*, p.316.
16. *Ibid.*, p.319.
17. *Ibid.*, p.308.
18. Landes, *The Wealth and Poverty of Nations*, *Op. cit.*, p.41.
19. *Ibid.*
20. *Ibid.*
21. Hall, *Op. cit.*, pp.311—312.
22. Deane, *Op. cit.*, p.22.
23. *Ibid.*
24. Landes, *The Wealth and Poverty of Nations*, *Op. cit.*, pp.64—65.
25. *Ibid.*, p.5.
26. *Ibid.*, p.7.
27. Eric Hobsbawm, *The Age of Revolution*, London: Weidenfeld & Nicolson, 1962, p.63.
28. Landes, *The Wealth and Poverty of Nations*, *Op. cit.*, p.7.
29. Hall, *Op. cit.*, p.308.
30. Landes, *The Wealth and Poverty of Nations*, *Op. cit.*, p.262.
31. *Ibid.*, p.282.
32. Bernal, *Science and History*, *Op. cit.*, p.600.
33. *Ibid.*, pp.286—287.
34. 克莱斯特在许多历史著作中都被忽略。See Michael Brian Schiffer, *Draw the Lightning Down: Benjamin Franklin and Electrical Technology in the Age of Enlightenment*, Berkeley: University of California Press, 2003, p.46.
35. 在安德烈-马利·安培（1775— 1836）、卡尔·弗里德里希·高斯（1777—1855）和格奥尔格·欧姆手中，人们对由于电流而产生磁场以及电流通过导体方式的知识在增加。电学现在是一门量化科学。 Landes, *Unbound Prometheus*, *Op. cit.*, p.285.
36. Bernal, *Science and History*, *Op. cit.*, p.620.
37. *Ibid.*, p.621.
38. Jean-Pierre Poirier, *Lavoisier: Chemist, Biologist, Economist*, Philadelphia: University of Pennsylvania Press, 1996, pp.72ff, ‘The Oxygen Dispute’. Nick Lane, *Oxygen: The Molecule that Made the World*, Oxford: Oxford University Press, 2003.
39. Poirier, *Op. cit.*, pp.72ff.

40. 关于新化学，*Ibid.*, pp.102f；关于酸类的形成，see pp.105ff；关于燃烧，see p.107；关于金属煅烧，see pp.61ff；关于水分析，see p.150。
41. John Dalton, *A New System of Chemical Philosophy*, London: R. Bickerstaff, 1808—1827 (reprinted 1953), vol. II, section 13, pp.1ff and vol. I, pp.231ff. And see the diagrams facing p.218.
42. Barnes, *Op. cit.*, p.681.
43. Bernal, *Science and History*, *Op. cit.*, p.625.
44. Bronowski and Mazlish, *Op. cit.*, p.323.
45. *Ibid.*, p.324.
46. Robin Reilly, *Josiah Wedgwood, 1730—1795*, London: Macmillan, 1992, p.183.
47. Bronowski and Mazlish, *Op. cit.*, p.325.
48. Reilly, *Op. cit.*, p.314.
49. *Ibid.*, p.327. 塞缪尔·高尔顿是优生学之父弗朗西斯·高尔顿的祖父，他是又一个从沃灵顿研究院转到月光社的人，他开始了最早的科学仪器收藏。托马斯·戴闻名之处是他写的儿童故事。根据一个记载，他的写作“浮夸而又无趣”，但是他借钱给其他成员，资助他们的活动。Robert E. Schofield, *The Lunar Society of Birmingham: A Social History on Provincial Science and Industry in Eighteenth Century England*, Oxford: Clarendon Press, 1963, p.53. 詹姆斯·柯尔是一个退伍军人，他尝试着从巨藻中提取碱（他的方法奏效了，但是量太少）。因为在法国打过仗，法语很好，他翻译了马克尔的《化学词典》（一本杰出的也是非常实用的著作），这提升了月光社的名气。
50. John Graham Gillam, *The Crucible: The Story of Joseph Priestley LLD, FRS*, London: Robert Hale, 1959, p.138.
51. Bronowski and Mazlish, *Op. cit.*, p.329.
52. *Ibid.*, p.330.
53. *Ibid.*, p.329.
54. See Jenny Uglow, *The Lunar Men: The Friends Who Made the Future*, London: Faber & Faber, 2002, especially pp.210—221, 237, 370 and 501.
55. Schofield, *Op. cit.*, p.440.
56. 马萨诸塞州在 18 世纪 60 年代爆发著名的抗议，认为英国政府没有权利向殖民地征税，因为议会中没有马萨诸塞的代表。英政府的部分答复是，曼彻斯特也没有代表。Henry Steel Commager, *The Empire of Reason: How Europe Imagined and America Realised the Enlightenment*, London: Weidenfeld & Nicolson, 1978/2000. 但是关于伯明翰的氛围，see also Gillam, *Op. cit.*, p.182。
57. Landes, *Unbound Prometheus*, *Op. cit.*, p.23.
58. *Ibid.*, pp.25—26.
59. 关于对争论的详细讨论，*Ibid.*, pp.22—23。
60. E. P. Thompson, *The Making of the English Working Class*, London: Gollancz, 1963, pp.807f.
61. *Ibid.*, chapter 16，pp.781ff.
62. Bronowski and Mazlish, *Op. cit.*, p.339.
63. Athol Fitzgibbons, *Adam Smith's System of Liberty, Wealth and Virtue: The Moral and Political Foundation of the Wealth of Nations*, Oxford: The Clarendon Press of Oxford

University Press, 1995, pp.5ff.
64. Landes, *Unbound Prometheus*, *Op. cit.*, p.246.
65. 关于他同宗教的决裂，see David Weatherall, *David Ricardo*, The Hague: Martinus Nijhoff, 1976, p.27。
66. *Ibid.*, p.147.
67. J. K. Galbraith, *A History of Economics*, London: Hamish Hamilton/Penguin Books, 1987/1991, p.84.
68. *Ibid.*, p.118.
69. R. W. Harris, *Romanticism and the Social Order*, London: Blandford, 1969, p.78.
70. Frank Podmore, *Robert Owen*, New York: Augustus M. Kelley, 1968, p.188.
71. A. L. Morton, *The Life and Ideas of Robert Owen*, London: Lawrence & Wishart, 1963, p.92.
72. *Ibid.*, pp.88ff.
73. Bronowski and Mazlish, *Op. cit.*, pp.450ff.
74. Harris, *Op. cit.*, p.80. 关于新拉纳克磨坊的图片，see Podmore, *Op. cit.*, pp.80 and 88。
75. 他还建立了一所学院，为那些离开学校后想继续学习的人提供夜校课。Morton, *Op. cit.*, p.106.
76. Bronowski and Mazlish, *Op. cit.*, p.456.
77. 他的另一思想是所谓的"欧文式社区"（在伦敦、伯明翰、诺里奇和谢菲尔德）。在这里，他把手工艺人聚在一起，在没有资本家雇佣的情况下制造自己所需的东西。欧文总是认为资本主义"天生就是邪恶的制度"，他希望别人能分享他的观点。这也是为什么他成为工会制度的狂热拥护者。是欧文产生了劳动交换的思想，即手工艺者能够用自己的产品交换"劳动券"，用它又可以交换商品（另一种排除资本主义的方法）。大多数想法，至少是以欧文设想的方式，都失败了。但是，正如 R. W. 哈里斯所指出的，欧文是一个空想家，而不是一个组织者。他的大多数思想在 19 世纪后半期和大半个 20 世纪成为劳工政治学的重要因素。Harris, *Op. cit.*, p.84.
78. 关于工业革命中的润滑剂，see Landes, *Unbound Prometheus*, *Op. cit.*, pp.298—299。
79. Hobsbawm, *The Age of Revolution*, *Op. cit.*, p.69.
80. *Ibid.*, p.72.
81. *Ibid.*, p.73.
82. 另参见恩格斯同一个曼彻斯特人关于这一主题的谈话。Hobsbawm, *Op. cit.*, p.182.
83. David McLellan, *Karl Marx: His Life and Thought*, London: Macmillan, 1973, p.130.
84. Galbraith, *Op. cit.*, p.127.
85. *Ibid.*, p.128. 关于马克思同黑格尔之间的关系，see Hawthorn, *Op. cit.*, p.53。
86. 法国的犹太人期望有一个更美好的未来。Hobsbawm, *Op. cit.*, p.197.
87. Terrell Carver (editor), *The Cambridge Companion to Marx*, Cambridge, England: Cambridge University Press, 1991, p.56.
88. Roger Smith, *Op. cit.*, p.435.
89. *Ibid.*, p.436.
90. McLellan, *Op. cit.*, pp.299ff.
91. *Ibid.*, p.334.
92. Galbraith, *Op. cit.*, pp.128—129.

93. McLellan, *Op. cit.*, pp.299—300 and 349—350.
94. *Ibid.*, pp.433—442.
95. Roger Smith, *Op. cit.*, pp.433—442.
96. Karl Marx, *Capital*, vol. 2, Chicago: E. Untermann, 1907, p.763. Hawthorn, *Op. cit.*, p.54.
97. McLellan, *Op. cit.*, p.447. 共产国际一直到 1972 年才解体。
98. Raymond Williams, *Culture and Society, 1780—1950*, London: Chatto & Windus, 1958, Penguin, 1963.
99. 事实上，亚当·斯密是第一批以这种新方式使用该词的人。
100. Williams, *Op. cit.*, pp.13—14.
101. *Ibid.*, p.14.
102. *Ibid.*, p.15.
103. *Ibid.*, pp.15—16.
104. *Ibid.*, p.16.
105. *Ibid.*, p.124. See also Nicholas Murray, *A Life of Matthew Arnold*, London: Hodder & Stoughton, 1996, pp.243—245.
106. Williams, *Op. cit.*, p.130 and Murray, *Op. cit.*, p.245.
107. Williams, *Op. cit.*, p.136 and Matthew Arnold, *Culture and Anarchy*, London: John Murray, 1869, p.28.
108. Kenneth Pomeranz, *The Great Divergence: China, Europe and the Making of the Modern World Economy*, Princeton, New Jersey, and London: Princeton University Press, 2000, *passim*.
109. Karl Polanyi, *The Great Transformation*, Boston: Beacon Press, 1944/2001, pp.3ff.
110. *Ibid.*, pp.5 and 7.
111. *Ibid.*, p.15. See also Niall Ferguson, *The Cash Nexus*, London: Allen Lane/Penguin, pp.28—29 and 295—296. 关于民主的成长图，see p.355。这一时期同时也是帝国主义的鼎盛时期，这一讽刺和悖论不怎么被人探索。

28 美国的创造

1. Elliott, *The Old World and the New*, *Op. cit.*, pp.54—55.
2. *Ibid.*, p.56.
3. *Ibid.*, p.57.
4. Samuel Eliot Morison, Henry Steel Commager and William E. Leuchtenberg, *The Growth of the American Republic*, Oxford and New York: Oxford University Press, 1980, vol. 2, pp.4—5.
5. Elliott, *Op. cit.*, pp.58—59.
6. *Ibid.*, p.65.
7. 关于当时对古典欧洲的尊重，see Greene, *The Intellectual Construction of America*,

Op. cit., pp.21—22。
8. Elliott, *Op. cit.*, p.81.
9. *Ibid.*, p.82.
10. Greene, *Op. cit.*, pp.39—42.
11. *Ibid.*, p.84; 关于美国早期的天堂和乌托邦思想，see Greene, *Op. cit.*, pp.28—29。
12. Elliott, *Op. cit.*, p.86.
13. *Ibid.*, p.87. 这一新经济秩序的活力甚至足以令穆斯林产生兴趣。奥斯曼人现在面对一个因在美洲取得胜利而变得强大的西班牙。西班牙拥有巨大的白银储量。奥斯曼人开始展示出对新大陆的好奇心。大约在1580年,《西印度群岛史》被撰写并被呈送给苏丹穆拉德三世。这本书主要依赖意大利和西班牙语资料，作者写道:“在二十年的时间里，西班牙人征服了所有的岛屿，抓获了四万人，屠杀了成千上万的人。让我们向真主祈祷，有一天，这些珍贵的土地会被伊斯兰大家庭征服，被穆斯林居住，成为奥斯曼的国土。” *Ibid.*, p.88.(比较下文第29章注释47。)
14. Bodmer, *Armature of Conquest*, *Op. cit.*, p.212.
15. Elliott, *Op. cit.*, p.103.
16. *Ibid.*, pp.95—96.
17. Henry Steel Commager, *The Empire of Reason*, *Op. cit.*, p.83.
18. *Ibid.*, pp.83—84.
19. *Ibid.*, p.84.
20. Kushnarev (edited and translated by Crownhart-Vaughan), *Bering's Search for the Strait*, *Op. cit.*, p.169.
21. Bodmer, *Op. cit.*, p.106.
22. Antonello Gerbi, *The Dispute of the New World: The History of a Polemic, 1750—1900*, revised and enlarged edition, translated by Jeremy Moyle, Pittsburgh: University of Pittsburgh Press, 1973, p.61.
23. Greene, *Op. cit.*, p.128.
24. Gerbi, *Op. cit.*, p.7.
25. Greene, *Op. cit.*, p.129.
26. Bodmer, *Op. cit.*, p.111.
27. Gerbi, *Op. cit.*, pp.52ff.
28. Commager, *Op. cit.*, p.16; 关于富兰克林同伏尔泰的会面，see Gary Wills, *Inventing America*, Boston: Houghton Mifflin, 1978/2002, pp.99—100。
29. Commager, *Op. cit.*, p.17; Boorstin, *The Seekers*, *Op. cit.*, p.204; Hugh Brogan, *The Penguin History of the United States*, London: Penguin, 1985/1990, p.97.
30. Brogan, *Op. cit.*, p.93.
31. Commager, *Op. cit.*, p.20.
32. *Ibid.* and Brogan, *Op. cit.*, p.98.
33. Commager, *Op. cit.*, p.21.
34. Wills, *Op. cit.*, p.172.
35. Commager, *Op. cit.*, p.23.
36. *Ibid.*, p.24.
37. Greene, *Op. cit.*, p.168 and John Ferling, *A Leap in the Dark*, Oxford: Oxford University Press, 2003, p.256.

38. Commager, *Op. cit.*, p.30.
39. *Ibid.*
40. Wills, *Op. cit.*, p.45.
41. Commager, *Op. cit.*, p.33.
42. *Ibid.*, p.39.
43. Greene, *Op. cit.*, pp.131—138.
44. Brogan, *Op. cit.*, p.178; Daniel Boorstin, *The Americans: The National Experience*, London: Weidenfeld & Nicolson, 1966, p.399.
45. Commager, *Op. cit.*, p.41.
46. *Ibid.*, p.94.
47. Merrill D. Peterson, *Thomas Jefferson and the New Nation*, Oxford: Oxford University Press, 1970, pp.159—160.
48. Wills, *Op. cit.*, pp.136—137.
49. Commager, *Op. cit.*, p.98.
50. *Ibid.*, p.106.
51. *Ibid.*, p.108.
52. 关于在蒙蒂切洛的小装置，see Wills, *Op. cit.*, p.129 and p.99。
53. Commager, *Op. cit.*, p.114.
54. Peterson, *Op. cit.*, p.160.
55. Commager, *Op. cit.*, p.99.
56. *Ibid.*, p.100.
57. Wills, *Op. cit.*, p.287.
58. Commager, *Op. cit.*, p.146.
59. *Ibid.*
60. *Ibid.*, pp.149—150.
61. *Ibid.*, p.151.
62. Ferling, *Op. cit.*, p.315.
63. Commager, *Op. cit.*, p.153.
64. 关于彭德尔顿，see Wills, *Op. cit.*, p.6。关于亚当斯（约翰·F. 肯尼迪在他的《当仁不让》中描写过），see p.18。
65. Morison et al., *Op. cit.*, p.67; Brogan, *Op. cit.*, pp.94—95.
66. Commager, *Op. cit.*, p.173, quoting：Samuel Williams, *Natural and Civil History of Vermont*, 1794, pp.343—344.
67. *Ibid.*, p.176.
68. 关于美国的富饶和婚姻的某些特点，see Greene, *Op. cit.*, p.99。
69. W. H. Auden, *City Without Walls*, London: Faber, 1969, p.58.
70. Commager, *Op. cit.*, p.181.
71. *Ibid.*, p.183.
72. Brogan, *Op. cit.*, p.216.
73. Commager, *Op. cit.*, pp.187—188.
74. Ferling, *Op. cit.*, p.26.
75. Commager, *Op. cit.*, p.192.
76. *Ibid.*, pp.192—193.

77. Ferling, *Op. cit.*, p.150.
78. Commager, *Op. cit.*, p.201.
79. *Ibid.*, p.208.
80. 关于这一思想对于欧洲的影响，see Greene, *Op. cit.*, pp.131ff。
81. 关于背景，*Ibid.*, p.177。
82. Ferling, *Op. cit.*, p.298.
83. Commager, *Op. cit.*, p.236.
84. *Ibid.*, p.238.
85. Ferling, *Op. cit.*, p.257.
86. Commager, *Op. cit.*, pp.240—241.
87. Wills, *Op. cit.*, p.249; Ferling, *Op. cit.*, p.434.
88. Commager, *Op. cit.*, p.245.
89. 托克维尔注意到新奥尔良“堕落的”说法语者同“虔诚的”说法语的加拿大人之间的区别。
90. Andre Jardin, *Tocqueville*, London: Peter Halban, 1988, p.149.
91. *Ibid.*
92. *Ibid.*, p.117. See also James T. Schleifer, *The Making of Tocqueville's 'Democracy in America'*, Chapel Hill, North Carolina: University of North Carolina Press, 1980, especially pp.62ff, 191ff and 263ff.
93. Jardin, *Op. cit.*, p.126.
94. *Ibid.*, p.158; Brogan, *Op. cit.*, p.319.
95. Jardin, *Op. cit.*, p.114. 另一观点认为，托克维尔认为平等是美国最重要的因素，而革命对于创造这一精神没有什么作用。他还说过一句著名的话，即未来的两大强国将是美国和俄罗斯。See Wills, *Op. cit.*, p.323.
96. Alexis de Tocqueville, *Oeuvres Complètes* (edited and selected by J. P.Mayer), Paris: Gallimard, vol. 1, p.236.
97. Jardin, *Op. cit.*, p.162.
98. Brogan, *Op. cit.*, p.75.
99. Jardin, *Op. cit.*, p.208.
100. *Ibid.*, p.216.
101. 其部分论述以及一些观察是自相矛盾的。他发现美国的生活更加隐私，而同时他又认为人们互相嫉妒。他感到，美国工业的发展可能会摧毁他如此崇敬的集体精神，因为它加剧了人与人之间的差异。See Jardin, *Op. cit.*, p.263.
102. Wills, *Op. cit.*, p.323.

29　东方的文艺复兴

1. Donald F. Lach, *Asia in the Making of Europe*, Chicago: University of Chicago Press, 1965, vol. 1, book 1, p.152.

2. *Ibid.*
3. *Ibid.*, p.153.
4. *Ibid.*, p.155.
5. J. C. H. Aveling, *The Jesuits*, London: Blond & Briggs, 1981, p.157.
6. John W. O'Malley et al. (editors), *The Jesuits: Culture, Science and the Arts, 1540—1773*, Toronto: University of Toronto Press, 1999, p.338, 尽管这也被看作一种阻碍。
7. *Ibid.*, p.247.
8. Lach, *Op. cit.*, p.314.
9. *Ibid.*
10. *Ibid.*, p.316; O'Malley et al. (editors), *Op. cit.*, p.380.
11. 基本资料来自 John Correia-Afonso SJ, *Jesuit Letters and Indian History*, Bombay, 1955。
12. *Ibid.*, p.319. 关于使用艺术作品克服语言障碍，see Anna Jackson and Amin Jaffer (editors), *Encounters: The Meeting of Asia and Europe 1500—1800*, London: V & A Publications, 2004, especially the chapter by Gauvin Bailey。
13. 关于耶稣会士报道的其他印度教风俗，see O'Malley et al. (editors), *Op. cit.*, pp.408ff。
14. Lach, *Op. cit.*, p.359.
15. *Ibid.*, p.415.
16. 书札中零零星星地提到流行病、钱币、价格和某些食物的供应。总体而言，除了对这个或那个统治者的描述外，没有讲到政治。Correia-Afonso, *Op. cit.*, *passim.*
17. Lach, *Op. cit.*, p.436.
18. *Ibid.*, p.439.
19. O'Malley et al. (editors), *Op. cit.*, p.405 讨论了这样一种思想，即耶稣会士认为他们比印度教徒更加理解印度教。
20. Lach, *Op. cit.*, p.442.
21. Gernet, *A History of Chinese Civilisation*, p.440.
22. 关于耶稣会士到中国的使命，see O'Malley et al. (editors), *Op. cit.*, pp.343—349。
23. Gernet, *Op. cit.*, p.441.
24. Hucker, *China's Imperial Past*, *Op. cit.*, p.376.
25. Gernet, *Op. cit.*, p.507.
26. *Ibid.*, p.508. 按照特殊的中国方式，书籍不能使用皇帝名字中的任何字，以免不尊重。
27. Gernet, *Op. cit.*, pp.521—522.
28. Commager, *Op. cit.*, p.62.
29. *Ibid.*
30. Peter Watson, *From Manet to Manhattan: The Rise of the Modern Art Market*, New York and London: Random House/Vintage, 1992/1993, pp.108—109.
31. Marshall G. S. Hodgson, *The Venture of Islam: Conscience and History in a World Civilisation*, vol. 3, *The Gunpowder Empires and Modern Times*, Chicago and London: University of Chicago Press, 1958/1977, p.42.
32. *Ibid.*, p.50.
33. *Ibid.*, pp.73ff.
34. *Ibid.*, p.158.
35. Hourani, *A History of the Arab Peoples*, *Op. cit.*, pp.256ff and Bernard Lewis, *What Went*

Wrong?, London: Weidenfeld & Nicolson, 2002, p.7.
36. Lewis, *Op. cit.*, p.118.
37. Asli Cirakman, *From the 'Terror of the World' to the 'Sick Man of Europe': European Images of Ottoman Empire and Society from the Sixteenth Century to the Nineteenth Century*, New York: Peter Lang, 2002, p.51.
38. Ekmeleddin Ihsanoglu, *Science, Technology and Learning in the Ottoman Empire: Western Influence, Local Institutions and the Transfer of Knowledge*, Aldershot: Ashgate/ Variorum, 2004, pp.II 10—15.
39. *Ibid.*, p.II 20.
40. *Ibid.*, p.III 15.
41. *Ibid.*, pp.IX 161ff.
42. *Ibid.*, p.II 20.
43. Fatma Müge Göçek, *East Encounters West: France and the Ottoman Empire in the Eighteenth Century*, Oxford: Oxford University Press, 1987, p.25.
44. *Ibid.*, p.58.
45. Lewis, *Op. cit.*, p.25.
46. See, for example：Gulfishan Khan, *Indian Muslim Perceptions of the West During the Eighteenth Century*, Oxford: Oxford University Press, 1988; and: Michael Fischer, *Counterflows to Colonialism: Indian Travellers and Settlers in Britain 1600—1857*, Oxford: Oxford University Press, 2004.
47. "关于新大陆的土耳其语书是在 16 世纪末撰写的，而且显然是以欧洲资料为基础——口头资料，不是书面资料。它描述了新大陆的动物、植物和居民，表达了这块被祝福的土地终有一天会受到伊斯兰之光照耀的希望。这本书一直不为人知，直到 1729 年它在伊斯坦布尔印刷……知识是需要获得、存储，甚至需要购买的东西，而不是自我生长或发展的东西。" Lewis, *Op. cit.*, pp.37—39.
48. *Ibid.*, p.46.
49. *Ibid.*, p.47.
50. *Ibid.*, p.66.
51. 它将会改变。See Hourani, *Op. cit.*, pp.303ff 和本书第 35 章。
52. Lewis, *Op. cit.*, p.79.
53. 关于贸易模式的改变，see Hourani, *Op. cit.*, p.261。
54. Lewis, *Op. cit.*, p.158.
55. O'Malley et al. (editors), *Op. cit.*, pp.241ff.
56. 关于对假装婆罗门苦修者的罗伯托·德·诺比利的审判，see Moynahan, *Op. cit.*, p.557。
57. Raymond Schwab, *The Oriental Renaissance: Europe's Rediscovery of India and the East, 1680—1880*, New York: Columbia University Press, 1984, p.11.
58. *Ibid.*, p.7.
59. Abraham Hyacinthe Anquetil-Duperron, translation of *Zenda Avesta: Ouvrage de Zoroastre*, Paris, 1771.
60. *Ibid.*, p.xii.
61. Patrick Turnbull, *Warren Hastings*, London: New English Library, 1975, pp.199ff.
62. Schwab, *Op. cit.*, p.35.

63. Lesley and Roy Adkins, *The Keys of Egypt*, New York: HarperCollins, 2000, pp.180—181, 书中复制了商博良取得突破时解读的真实的象形文字。
64. Schwab, *Op. cit.*, p.86.
65. *Ibid.*, p.41 and ref.
66. *Ibid.*, p.21. 关于印度人的智慧，see the translation by E. J. Millington of *The Aesthetic and Miscellaneous Works of Friedrich von Schlegel*, London, 1849。
67. Schwab, *Op. cit.*, p.21.
68. *Ibid.*, p.218.
69. H. G. Rawlinson, 'India in European literature and thought', in G. T. Garratt, *The Legacy of India*, Oxford: The Clarendon Press of Oxford University Press, 1937, pp.35—36.
70. *Ibid.*, pp.171ff.
71. Robert T. Clark Jr, *Herder: His Life and Thought*, Berkeley, University of California Press, 1955, pp.362f.
72. Schwab, *Op. cit.*, p.59.
73. M.von Hersfeld and C. MelvilSym, translators, *Letters from Goethe*, Edinburgh: Edinburgh University Press, 1957, p.316.
74. Alphonse de Lamartine, *Cours familier de litérature*, Paris: privately printed, 1856, vol. 3, p.338.
75. Schwab, *Op. cit.*, p.161.
76. *Ibid.*, p.177.
77. *Ibid.*, p.179.
78. Paul R. Sweet, *Wilhelm von Humboldt*, Cincinnati: Ohio State University Press, vol. 2, 1980, pp.398ff, 书中表明洪堡对印第安语言的兴趣同对梵语的兴趣一样大。
79. Schwab, *Op. cit.*, p.181.
80. *Ibid.*, p.217.
81. *Ibid.*, p.250.
82. Marc Citoleux, *Alfred de Vigny, persistences classiques et affinities étrangères*, Paris: Champion, 1924, p.321.
83. Schwab, *Op. cit.*, p.468.
84. Clark Jr, *Op. cit.*, pp.130ff.
85. Schwab, *Op. cit.*, pp.273ff.
86. *Ibid.*, p.217. Friedrich Wilhelm Schelling, *Philosophie der Mythologies*, Munich: C. H. Beck, 1842/1943.
87. Schwab, *Op. cit.*, p.201.
88. *Ibid.*, p.211.
89. 非德语读者应当参考：Franz Bopp, *A Comparative Grammar of the Sanskrit, Zend, Greek, Latin, Lithuanian, Gothic, German and Slavonic Languages*. Translated from the German by Lieutenant Eastwick, conducted through the press by H. H. Wilson. Three vols, London: Madden and Malcolm, 1845—1853。
90. Schwab, *Op. cit.*, p.213.
91. *Ibid.*, p.220.
92. *Ibid.*, p.219.

93. Rüdiger Safranski, *Schopenhauer*, London: Weidenfeld & Nicolson, 1989, p.63.
94. Schwab, *Op. cit.*, p.427.
95. *Ibid.*
96. Arthur Schopenhauer, *The World As Will and Idea* (translated by R. B. Haldane and J. Kemp), London: Trübner, three vols, 1883—1886, vol. 3, p.281.
97. Schwab, *Op. cit.*, p.359.
98. *Ibid.*, p.357.
99. *Ibid.*, p.361.
100. *Ibid.*
101. Joanna Richardson, *Victor Hugo*, London: Weidenfeld & Nicolson, 1976, pp.217ff.
102. Schwab, *Op. cit.*, p.373.
103. *Ibid.*, p.417.
104. Referred to in：Emile Carcassone, 'Leconte de Lisle et la philosophie indienne', *Revue de litérature comparée*, vol. 11, 1931, pp.618—646.
105. Schwab, *Op. cit.*, p.431.
106. Michael D. Biddiss, *The Father of Racist Ideology*, London: Weidenfeld & Nicolson, 1970, pp.175—176.
107. Schwab, *Op. cit.*, p.438.
108. Richard Wagner, *My Life*, two vols, New York: Dodds Mead, 1911, vol. 2, p.638. 施瓦布有一整章论述了瓦格纳的佛教思想。
109. 他还说他"恨"美国，那是"一场可怕的噩梦"。Wilhelm Altman (editor and selector), *Letters of Richard Wagner*, London: Dent, 1927, vol. 1, p.293.
110. Schwab, *Op. cit.*, p.441.
111. Judith Gautier, *Auprès de Richard Wagner*, Paris: Mercure de France, 1943, p.229.

30 伟大的价值颠覆：浪漫主义

1. Harold C. Schonberg, *Lives of the Composers*, London: Davis-Poynter/MacDonald Futura, 1970/1980, p.124.
2. 关于柏辽兹与希勒的友谊，see David Cairns, *Berlioz*, London: Allen Lane The Penguin Press, 1999, pp.263—278, *passim*。
3. Schonberg, *Op. cit.*, p.126.
4. Menuhin and Davis, *The Music of Man*, *Op. cit.*, p.163.
5. Schonberg, *Op. cit.*, p.126.
6. Jacques Barzun, *Classical, Romantic, Modern*, London: Secker & Warburg, 1962, p.5.
7. Schonberg, *Op. cit.*, p.124.
8. Berlin, *The Sense of Reality*, London: Chatto & Windus, 1996. p.168.
9. *Ibid.*, p.168.
10. *Ibid.*, pp.168—169.

11. *Ibid.*, p.168.
12. *Ibid.*, p.169.
13. 关于因拿破仑而出现的德意志民族主义，see Howard Mumford Jones, *Revolution and Romanticism*, Cambridge, Massachusetts: The Belknap Press of Harvard University Press, 1974, p.368。关于柏林沙龙，see Gerald N. Izenberg, *Impossible Individuality: Romanticism, Revolution and the Origins of Modern Selfhood, 1787—1802*, Princeton, New Jersey, and London: Princeton University Press, 1992, pp.45—47 and 94。
14. Berlin, *Op. cit.*, p.170.
15. *Ibid.*, p.171.
16. *Ibid.*
17. *Ibid.*, p.173.
18. *Ibid.*, p.175.
19. 关于维柯在哲学上反对自然主义这一观点，see Israel, *Radical Enlightenment*, *Op. cit.*, p.668。
20. *Ibid.*
21. *Ibid.*, p.666.
22. *Ibid.*, pp.344 and 665.
23. *Ibid.*, p.344.
24. Mumford Jones, *Op. cit.*, p.242; see also Hawthorn, *Enlightenment and Despair*, *Op. cit.*, pp.32—33.
25. Roger Smith, *Op. cit.*, p.337.
26. Berlin, *Op. cit.*, p.176.
27. Mumford Jones, *Op. cit.*, p.229.
28. Berlin, *Op. cit.*, p.178.
29. *Ibid.*, p.179.
30. 关于对意志思想发展的讨论，see Barzun, *Op. cit.*, pp.135ff。
31. Berlin, *Op. cit.*, p.179.
32. Hauser, *A Social History of Art*, *Op. cit.*, vol. 3, p.174.
33. Roger Smith, *Op. cit.*, pp.346—347.
34. Mumford Jones, *Op. cit.*, p.66.
35. *Ibid.*
36. Roger Smith, *Op. cit.*, p.347.
37. 正如奥尔特加·伊·加塞特后来所说："人没有本性，他所有的只有历史。" Ortega y Gasset, 'History as a system', in *Philosophy and History, Essays Presented to Ernst Cassirer*, edited by R. Klibonsky and J. H. Paton, 1936, p.313.
38. Mumford Jones, *Op. cit.*, p.100.
39. *Ibid.*
40. Roger Smith, *Op. cit.*, p.350.
41. Berlin, *Op. cit.*, p.179.
42. Mumford Jones, *Op. cit.*, p.242 说费希特关于意志的思想可能是早期的超我概念。
43. Berlin, *Op. cit.*, p.180.
44. *Ibid.*, pp.181—182; see also Hawthorn, *Op. cit.*, pp.238—239.
45. Berlin, *Op. cit.*, pp.182—183.

46. *Ibid.*, p.183.
47. 芒福德·琼斯在论述浪漫主义天才的章节（*Op. cit.*, p.274）中认为，该理论的一部分观点是：一个人尽最大可能自我实现就是对社会的最大帮助。
48. Berlin, *Op. cit.*, pp.185—186.
49. *Ibid.*, p.187.
50. 勿论德国人的民族主义如何，浪漫主义者感到其他文化的英雄可能“更接近人与造物主共享的自然”。Mumford Jones, *Op. cit.*, p.279.
51. Berlin, *Op. cit.*, p.188.
52. Mumford Jones, *Revolution and Romanticism,* 第 12 章题名是“浪漫主义的反叛者”，*Op. cit.*。
53. Hauser, *Op. cit.*, p.166.
54. Roger Smith, *Op. cit.*, p.346.
55. Mumford Jones, *Op. cit.*, p.274.
56. Hauser, *Op. cit.*, p.192.
57. *Ibid.*, p.188.
58. *Ibid.*, p.208.
59. Izenberg, *Op. cit.*, pp.142—143.
60. *Ibid.*, p.144.
61. 这个短语是豪泽尔的，*Op. cit.*, p.210。
62. Mumford Jones, *Op. cit.*, p.288.
63. Hauser, *Op. cit.*, p.212.
64. *Ibid.*, pp.213—214.
65. *Ibid.*, p.216.
66. *Ibid.*, p.181.
67. 在讨论“个体性的两种概念”时，杰拉尔德·艾曾伯格探讨了浪漫主义对女性和男性差异的观点。Izenberg, *Op. cit.*, pp.18—53.
68. 关于诗歌作为净化，see Nicholas Boyle, *Goethe: the Poet and the Age*, vol. 1, *The Poetry of Desire*, Oxford: The Clarendon Press of Oxford University Press, 1991, pp.329—331。
69. 芒福德·琼斯讨论了这一问题的各个方面，*Op. cit.*, p.264.
70. *Ibid.*, p.394.
71. Schonberg, *Op. cit.*, p.83.
72. *Ibid.*
73. See, for example Alfred Einstein, *A Short History of Music*, London: Cassell, 1953, p.143.
74. Schonberg, *Op. cit.*, p.86.
75. 《英雄交响曲》起初是献给拿破仑的，但是据说贝多芬在波拿巴称帝之后改变了心意。George R. Marek, *Beethoven*, London: William Kimber, 1970, p.343.
76. Schonberg, *Op. cit.*, p.89.
77. Einstein, *Op. cit.*, p.146. Marek, *Op. cit.*, p.344.
78. Mumford Jones, *Op. cit.*, p.293.
79. Schonberg, *Op. cit.*, pp.93—94.
80. Mumford Jones, *Op. cit.*, p.394.

81. Einstein, *Op. cit.*, p.152.
82. *Ibid.*
83. *Ibid.*, p.154.
84. Schonberg, *Op. cit.*, p.98.
85. *Ibid.*, p.109.
86. Barzun, *Op. cit.*, pp.545—546. 关于萨克斯管的发展，see also Baines (editor), *Musical Instruments Through the Ages*, *Op. cit.*, p.260。
87. Menuhin and Davis, *Op. cit.*, p.165; Mumford Jones, *Op. cit.*, p.391; 关于帕加尼尼以及小提琴的最后发展细节，see Baines (editor), *Op. cit.*, pp.124—125; 关于英国和德国（维也纳）钢琴的区别，see p.91。
88. 据说，他能取得如此巨大的成就，是因为他把自己卖给了魔鬼（他的面容如死尸般惨白）。他也从来没有试着辩解。Menuhin and Davis, *Op. cit.*, p.165 and Mumford Jones, *Op. cit.*, p.410.
89. Schonberg, *Op. cit.*, p.110.
90. 爱德华·登特说浪漫主义是在韦伯登上历史舞台时开启的。Winton Dean (editor), *The Rise of Romantic Opera*, Cambridge, England: Cambridge University Press, 1976, p.145.
91. Schonberg, *Op. cit.*, p.112.
92. Einstein, *Op. cit.*, p.152.
93. Schonberg, *Op. cit.*, p.119.
94. Mumford Jones, *Op. cit.*, p.410.
95. Einstein, *Op. cit.*, p.176.
96. Mumford Jones, *Op. cit.*, p.410.
97. Cairns, *Op. cit.*, vol. 2, p.1.
98. Mumford Jones, *Op. cit.*, p.375.
99. Menuhin and Davis, *Op. cit.*, p.178.
100. Jeremy Siepmann, *Chopin: The Reluctant Romantic*, London: Gollancz, 1995, pp.132—138, *passim*.
101. *Ibid.*, p.103. Schonberg, *Op. cit.*, p.153.
102. Menuhin and Davis, *Op. cit.*, p.180.
103. Einstein, *Op. cit.*, p.199.
104. Eleanor Perényi, *Liszt*, London: Weidenfeld & Nicolson, 1974, p.56. See also Baines (editor), *Op. cit.*, p.100.
105. Menuhin and Davis, *Op. cit.*, p.165.
106. 尽管阿尔弗雷德·爱因斯坦提醒我们，李斯特挽救了 19 世纪的天主教教堂音乐。Einstein, *Op. cit.*, p.180.
107. *Ibid.*
108. Perényi, *Op. cit.*, p.11.
109. Einstein, *Op. cit.*, pp.158 and 178.
110. *Ibid.*, p.179.
111. *Ibid.*, p.158.
112. *Ibid.*, p.160.
113. Schonberg, *Op. cit.*, p.183.

114. *Ibid.*, p.214.
115. Menuhin and Davis, *Op. cit.*, p.187.
116. Mumford Jones, *Op. cit.*, p.325n and Menuhin and Davis, *Op. cit.*, pp.187—188.
117. Charles Osborne (selector, translator and editor), *The Letters of G. Verdi*, London: Gollancz, 1971, p.596.
118. Mumford Jones, *Op. cit.*, p.216.
119. Einstein.*Op. cit.*, p.172.
120. Mary Jane Phillips-Matz, *Verdi*, Oxford: Oxford University Press, 1993, p.204.
121. *Ibid.*, p.715.
122. Einstein, *Op. cit.*, p.185.
123. Schonberg, *Op. cit.*, p.230 and ref.
124. *Ibid.*, p.232.
125. Einstein, *Op. cit.*, p.185.
126. *Ibid.*, p.187; 但是关于"《汤豪舍》问题", see also Nike Wagner, *The Wagners*, London: Weidenfeld & Nicolson, 2000, p.25。
127. *The Nibelungenlied* (new translation by A. T. Hatto), London: Penguin Books, 1965.
128. Einstein, *Op. cit.*, p.188.
129. Schonberg, *Op. cit.*, p.239.
130. John Louis Di Gaetani, *Penetrating Wagner's Ring*, New York and London: Associated Universities Press, 1978, pp.206—207, 例如关于他对莱茵河的观点。
131. Einstein, *Op. cit.*, p.190; 关于拜罗伊特可见到的新乐器, see Baines (editor), *Op. cit.*, pp.258—259。
132. Schonberg, *Op. cit.*, p.244.
133. Einstein, *Op. cit.*, p.191.
134. Nike Wagner, *Op. cit.*, p.172.
135. Einstein, *Op. cit.*, p.192.
136. Di Gaetani, *Op. cit.*, pp.219—238. 关于希特勒发起的瓦格纳研究, see also Erik Levine, *Music in the Third Reich*, London: Macmillan, 1994, p.35。

31　历史、史前史和深度时间的兴起

1. Frank McLynn, *Napoleon*, London: Jonathan Cape, 1997, p.171.
2. Jacques Barzun, *From Dawn to Decadence, 500 Years of Western Cultural Life*, New York and London: HarperCollins, 2000, pp.442—444.
3. *Ibid.*, p.442.
4. *Ibid.*, pp.395—396.
5. Roger Smith, *Op. cit.*, p.372.
6. *Ibid.*, p.373.
7. *Ibid.*, p.374.

8. 关于伯特兰·罗素和本杰明·富兰克林对黑格尔的批评，see Boorstin, *The Seekers*, *Op. cit.*, p.210。
9. Paul R. Sweet, *Wilhelm von Humboldt: A Biography*, vol. 2, Columbus: Ohio University Press, 1980, pp.392ff.
10. Roger Smith, *Op. cit.*, p.379.
11. 这本身就非常现代，但是洪堡更进一步，他认为有些语言（德语势必为其中一种，尽管拿破仑取得了很多成就）更“适于”“较高”的目的。这将成为非常危险的思想的开端。
12. Roger Smith, *Op. cit.*, p.382.
13. *Ibid.*, p.385.
14. *Ibid.*, p.387.
15. David Friedrich Strauss, *The Life of Jesus, Critically Examined*, edited and with an introduction by Peter C. Hodgson, London: SCM Press, 1972, p.xx.
16. 关于对施特劳斯以及神话和作假之间差异的讨论，see John Hadley Brooke, *Science and Religion*, Cambridge, England: Cambridge University Press, 1991, p.266。See also Strauss/Hodgson, *Op. cit.*, p.xlix.
17. Vincent Cronin, *Napoleon*, London: Collins, 1971, p.145.
18. C. W. Ceram, *Gods, Graves and Scholars*, London: Gollancz, 1971 pp.207—208.
19. Ian Tattersall, *The Fossil Trail*, *Op. cit.*, p.14. H. Schaafhausen, ‘On the crania of the most ancient races of Man’. Translated, with an introduction by G. Bush, in *Natural History Review*, vol. 1, 1861, pp.155—176.
20. Bowler, *Evolution: The History of an Idea*, *Op. cit.*, p.65.
21. *Ibid.*, p.65.
22. *Ibid.*, p.75.
23. *Ibid.*, p.26.
24. Suzanne Kelly, ‘Theories of the earth in Renaissance cosmologies’, in Cecil J. Schneer (editor), *Towards a History of Geology*, Cambridge, Massachusetts: MIT Press, 1969, pp.214—225.
25. Bowler, *Op. cit.*, p.31.
26. *Ibid.*, p.37.
27. *Ibid.*, p.40.
28. *Ibid.*, p.44.
29. Charles Gillispie, *Genesis and Geology*, Cambridge, Massachusetts: Harvard University Press, 1949; Harper Torchbook, 1959, p.48.
30. *Ibid.*, pp.41—42.
31. Nicholas Steno, *The Prodromus of Nicholas Steno's Dissertation concerning a Solid Body Enclosed by Process of Nature within a solid.* Original 1669, translated into English by J. G. Winter in 1916, as part of the University of Michigan Humanistic Studies, volume 1, part 2, reprinted by Hafner publishing company, New York, 1968. John Woodward, ‘An Essay Toward a Natural History of the Earth and terrestrial Bodyes’, originally London 1695, reprinted New York: Arno Press, 1977.
32. Gillispie, *Op. cit.*, p.42. Jack Repcheck, *The Man Who Found Time: James Hutton and the Discovery of the Earth's Antiquity*, London: Simon & Schuster, 2003. 作者说赫顿的论文

"非常费解"，当时的人对地球的古老不是很感兴趣。
33. See for example Gillispie, *Op. cit.*, p.46.
34. *Ibid.*, p.68.
35. *Ibid.*, p.84.
36. Bowler, *Op. cit.*, p.110.
37. Gillispie, *Op. cit.*, p.99.
38. Bowler, *Op. cit.*, p.116.
39. Gillispie, *Op. cit.*, p.101.
40. Bowler, *Op. cit.*, p.116.
41. *Ibid.*, p.119.
42. Brooke, *Op. cit.*, p.203 认为，在有个场合，巴克兰把"英国科学促进协会"会议一直开到午夜，"详细阐述"大树懒的"结构"。
43. Gillispie, *Op. cit.*, p.107.
44. Bowler, *Op. cit.*, p.110.
45. *Ibid.*, p.124 有一幅图表。
46. Gillispie, *Op. cit.*, pp.111—112 and 142.
47. Bowler, *Op. cit.*, p.130.
48. *Ibid.*, p.132.
49. *Ibid.*, pp.134ff.
50. Gillispie, *Op. cit.*, p.133.
51. Bowler, *Op. cit.*, p.138.
52. Gillispie, *Op. cit.*, p.210.
53. *Ibid.*, p.212.
54. *Ibid.*, p.214.
55. Secord, *Victorian Sensation*, *Op. cit.*, p.388.
56. *Ibid.*, chapter 3，pp.77ff.
57. 有关《创世的自然史遗迹》和《物种起源》出版史的比较，*Ibid.*, p.526。
58. 有关阿加西"大冰期"概念的发展由来，see Edward Lurie, *Louis Agassiz: A Life in Science*, Chicago: University of Chicago Press, 1960, pp.97ff。
59. J. D. Macdougall, *A Short History of Planet Earth*, New York and London: John Wiley & Sons, 1996, p.210.
60. 但是还有别的东西。在冰渍石中发现了大量的钻石。钻石在地下深处形成并被火山运动产生的熔岩浆带出地表。这进一步证明了火山的持续活动，进一步说明，大冰期的发现既证实了地球的古老，也证实了地质学的均变说。*Ibid.*, pp.206—210.
61. Peter J. Bowler, *The Non-Darwinian Revolution*, Baltimore and London: Johns Hopkins University Press, 1988, p.13.
62. Mayr, *The Growth of Biological Thought*, *Op. cit.*, p.349. See also Moynahan, *Op. cit.*, p.651.
63. Pietro Corsi, *The Age of Lamarck: Evolutionary Theories in France 1790—1830*, Berkeley and London: University of California Press, 1988, pp.121ff. 杰出的生物学史家恩斯特·迈尔说，拉马克比达尔文更勇敢地发表了自己的进化论，后者在五十年后才发表自己的学说。Mayr, *Op. cit.*, p.352.

64. 有关那些赞成和反对拉马克观点的人，see Corsi, *Op. cit.*, pp.157ff。存在巨链思想的兴起，在导论部分已经讨论过，也成为 19 世纪中期思想气候的一部分。一开始给予它可信度的是一种古老的思想，但它并不是一种真正的科学思想，因此在达尔文的创新出现之后，它就烟消云散了。关于 19 世纪的存在巨链思想，see Bowler, *Evolution: The History of an Idea*, *Op. cit.*, pp.59ff; 有关表格，见 p.61。
65. 这些其他的因素包括工业资本主义：人们应当在商业活动中自由竞争，因为那样社会利益和个人利益才能重合。
66. Bowler, *The Non-Darwinian Revolution*, *Op. cit.*, p.36.
67. *Ibid.*, p.41.
68. Barry Gale, 'Darwin and the concept of the struggle for existence: a study in the extra-scientific origins of scientific ideas', *Isis*, vol. 63, 1972, pp.321—344.
69. Bowler, *The Non-Darwinian Revolution*, *Op. cit.*, p.57.
70. Secord, *Op. cit.*, p.431.
71. Bowler, *The Non-Darwinian Revolution*, *Op. cit.*, p.42. Martin Fichnan, 'Ideological factors in the dissemination of Darwinism', in Everett Mendelsohn (editor), *Transformation and Tradition in the Sciences*, Cambridge, Massachusetts: Harvard University Press, 1984, pp.471—485.
72. Bowler, *The Non-Darwinian Revolution*, *Op. cit.*, p.43.
73. Mayr, *Op. cit.*, p.950. Ross A. Slotten, *The Heretic in Darwin's Court: The Life of Alfred Russel Wallace*, New York: Columbia University Press, 2004.
74. Bowler, *The Non-Darwinian Revolution*, *Op. cit.*, p.152.
75. Mayr, *Op. cit.*, p.501.
76. Bowler, *The Non-Darwinian Revolution*, *Op. cit.*, p.162.
77. *Ibid.*, p.187.
78. *Ibid.*, p.67.
79. Secord, *Op. cit.*, p.526.
80. Mayr, *Op. cit.*, p.510.
81. 尽管 T. H. 赫胥黎被称作“达尔文的斗牛犬”，并且为促进整个进化论事业做出了很大贡献，可他实际上从未好好运用过自然选择。
82. Bowler, Evolution: *The History of an Idea*, *Op. cit.*, p.24.
83. 关于进化论综论的总结，see Peter Watson, *A Terrible Beauty: The People and Ideas That Shaped the Modern Mind*, London: Weidenfeld & Nicolson, 2000/*The Modern Mind: An Intellectual History of the Twentieth Century*, New York: HarperCollins, 2001, p.371。See also Ernst Mayr and William B. Provine (editors), *The Evolutionary Synthesis*, Cambridge, Massachusetts: Harvard University Press, 1990/1998.
84. Secord, *Op. cit.*, pp.224 and 230.
85. Mayr, *Op. cit.*, p.654.
86. Bowler, *Evolution: The History of an Idea*, *Op. cit.*, p.271.
87. Bowler, *The Non-Darwinian Revolution*, *Op. cit.*, p.132.
88. *Ibid.*, p.135.
89. *Ibid.*
90. Lewis Morgan, *Ancient Society*, London: Macmillan, 1877.
91. 然而，整个辩论充满了种族主义色彩。例如，出现了一种叫“颅骨测量法”的新科学，比较不同种族的脑容量。这里的领头人物是美国的 S. G. 莫尔顿和法国的保罗·布洛卡，二人都认为自己证明了“低等”种族脑容量较小，因此他们的智力较低，处在文化进化阶梯的较原始位置。

92. Bowler, *The Non-Darwinian Revolution*, *Op. cit.*, p.144.
93. *Ibid.*, p.145.
94. *Ibid.*
95. 关于杜布瓦到远东旅行的背景，see Brooke, *Op. cit.*, p.147。
96. Bowler, *The Non-Darwinian Revolution*, *Op. cit.*, p.174.
97. *Ibid.*, p.175.

32　关于人类秩序的新思想：社会科学和统计学的起源

1. D. Gerould, *The Guillotine: Its Legend and Lore*, New York: Blast Books, 1992, p.25.
2. *Ibid.*, p.33.
3. 关于法国大革命的其他回应，see Barzun, *From Dawn to Decadence*, *Op. cit.*, pp.519ff。
4. *Ibid.*, p.428.
5. Ken Alder, *The Measure of All Things: The Seven-Year Odyssey That Transformed the World*, London: Little Brown/Abacus, 2002/2004, p.96.
6. *Ibid.*, pp.314—325.
7. Hawthorn, *Enlightenment and Despair*, *Op. cit.*, p.67.
8. Roger Smith, *Op. cit.*, p.423.
9. Hawthorn, *Op. cit.*, p.218.
10. Roger Smith, *Op. cit.*, pp.423—424.
11. 圣西门把社会看作由贵族、产业工人和“低贱阶级”组成。换言之，他对中产阶级有一种健康的不喜之情。Hawthorn, *Op. cit.*, p.68.
12. John Marks, *Science and the Making of the Modern World*, London: Heinemann, 1983, p.196.
13. *Ibid.*, p.197.
14. *Ibid.*, pp.198—199.
15. *Ibid.*
16. Charlotte Roberts and Margaret Cox, *Health and Disease in Britain: From Prehistory to the Present Day*, Stroud, England: Sutton, 2003, pp.338—340. 罗伊和波特警告说，尽管我们现在把肺结核和肺痨等同，但其实后者通常包括哮喘、黏膜炎等。Roy and Dorothy Porter, *In Sickness and in Health: The British Experience, 1650—1850*, London: Fourth Estate, 1988, p.146.
17. Roger Smith, *Op. cit.*, p.427. Boorstin, *The Seekers*, *Op. cit.*, p.222.
18. Roger Smith, *Op. cit.*, p.201.
19. 有关同圣西门的决裂，see Mary Pickering, *Auguste Comte: An Intellectual Biography*,

Cambridge, England: Cambridge University Press, 1993, pp.192ff。
20. Roger Smith, *Op. cit.*, p.429.
21. *Ibid.*, p.430.
22. Pickering, *Op. cit.*, pp.612—613 and 615.
23. Roger Smith, *Op. cit.*, p.431.
24. 孔德对自己的成就评价很高，在生命的最后阶段，他这样给自己签名，“普世宗教的创立者、人类的伟大牧师”。
25. See ‘The vogue for Spencer’, in Richard Hofstadter, *Social Darwinism in American Thought*, Boston: Beacon Books, 1944/1992, pp.31ff.
26. Roger Smith, *Op. cit.*, p.438.
27. *Ibid.*, p.446.
28. L.A.Coser, *Masters in Sociological Thought: Ideas in Historical and Sociological Context*, New York: Harcourt Brace, 1971, p.281. Harold Perkin, *The Rise of Professional Society: England Since 1880*, London and New York: Routledge, 1989/1990, p.49.
29. Roger Smith, *Op. cit.*, p.555.
30. 关于在协会中“闷烧”的争论，see Hawthorn, *Op. cit.*, pp.147ff。
31. Roger Smith, *Op. cit.*, p.556.
32. *Ibid.*, pp.556—557.
33. Hawthorn, *Op. cit.*, p.157.
34. Anthony Giddens, Introduction to Max Weber, *The Protestant Ethic and the Spirit of Capitalism*, London and New York: Routledge, 1942 (reprint 1986), p.ix.
35. Reinhard Bendix, *Max Weber: An Intellectual Portrait*, London: Heinemann, 1960, p.70. 关于韦伯的政治观点，see Hawthorn, *Op. cit.*, pp.154f。
36. Roger Smith, *Op. cit.*, pp.561—562.
37. Giddens, *Op. cit.*, pp.ixff.
38. Roger Smith, *Op. cit.*, p.563.
39. Hawthorn, *Op. cit.*, p.186.
40. David Frisby, *Georg Simmel*, London: Tavistock Publications, 1984, p.51.
41. Roger Smith, *Op. cit.*, p.546.
42. *Ibid.* 关于同实用主义的联系（见第 34 章），see Hawthorn, *Op. cit.*, p.122。
43. Roger Smith, *Op. cit.*, p.547.
44. Steven Lukes, *Emile Durkheim: His Life and Work*, London: Allen Lane The Penguin Press, 1973, pp.206ff.
45. 关于利己、道德沦丧和利他的差异，*Ibid.*, p.207。
46. Marks, *Op. cit.*, p.208.
47. Roberts and Cox, *Op. cit.*, p.537. ‘The germ theory of disease’, Alexander Hellemans and Bryan Bunch, *The Timetables of Science*, New York: Simon & Schuster, 1991, p.356.
48. Roger Smith, *Op. cit.*, p.535.
49. Bernal, *Science and History*, *Op. cit.*, vol. 4, p.1140.
50. Alder, *Op. cit.*, p.322.
51. Alan Desrosières, *The Politics of Large Numbers: A History of Statistical Reasoning*, translated by Camille Naish, Cambridge, Massachusetts: Harvard University Press,

1998, p.75.
52. *Ibid.*, pp.73—79 and 90—91.
53. Lisanne Radice, *Beatrice and Sidney Webb*, Fabian Socialists, London: Macmillan, 1984, p.55.
54. 不是每个人都喜欢这种新方法。在英国，出生、婚姻和死亡登记制度受到各方面的批评。计算出生率激怒了英国国教，他们认为不计算洗礼数量是对非国教徒的过分尊重；一种观点认为计算将要加入造物主队伍的人数是对上帝的不敬；许多人则认为他们的家庭规模绝对是私事。M. T. Cullen, *The Statistical Movement in Early Victorian Britain*, Hassocks, Sussex: Harvester, 1975, pp.29—30.
55. David Boyle, *The Tyranny of Numbers*, London: Harper-Collins, 2000, pp.64—65.
56. *Ibid.*, p.72.
57. *Ibid.*, p.74.
58. Desrosieères, *Op. cit.*, pp.232ff.

33 民族主义和帝国主义的应用与滥用

1. Schulze, *States, Nations and Nationalism*, *Op. cit.*, p.69.
2. Anthony Pagden, *People and Empires*, London: Weidenfeld & Nicolson, 2001, p.89.
3. Niall Ferguson, *Empire: How Britain Made the Modern World*, London: Allen Lane/Penguin, 2003/2004, p.63. See also Pagden, *Op. cit.*, p.92.
4. *Ibid.*, p.94.
5. *Ibid.*, p.97.
6. *Ibid.*, p.98. 关于新英格兰人的财富，see Ferguson, *Op. cit.*, p.8。
7. 然而，“保护”思想的意思是，东印度公司确实需要涉入政治。See Jürgen Osterhammel, *Colonialism*, Princeton, New Jersey, and London: Princeton University Press, 2003, p.32. See also Ferguson, *Op. cit.*, p.163.
8. Pagden, *Op. cit.*, pp.100—101.
9. Jeremy Bernstein, *Dawning of the Raj: The Life and Times of Warren Hastings*, London: Aurum, 2001, pp.208ff. See also Ferguson, *Op. cit.*, p.38.
10. Pagden, *Op. cit.*, p.104. Ferguson, *Op. cit.*, pp.xxiii and 260. 大卫·阿米蒂奇在他的 *The Ideological Origins of the British Empire* (Cambridge, England: Cambridge University Press, 2002) 一书中说，新教徒关于财产的论点在帝国思想中非常重要。
11. Seymour Drescher, *From Freedom to Slavery: Comparative Studies in the Rise and Fall of Atlantic Slavery*, London: Macmillan, 1999, p.344 上说，犹太人几乎没有参与奴隶制。
12. Pagden, *Op. cit.*, p.111.
13. *Ibid.*, p.112.
14. *Ibid.*, p.113. 关于教皇的其他奴隶制教谕，see Moynahan, *Op. cit.*, pp.537ff。
15. Pagden, *Op. cit.*, p.114.

16. Lawrence James, *The Rise and Fall of the British Empire*, London: Little Brown/Abacus, 1994/1998, p.185. 关于在威尔伯福斯之前和之后时期的反奴隶制运动，see Drescher, *Op. cit.*, pp.69—71。
17. Pagden, *Op. cit.*, p.117.
18. Schulze, *Op. cit.*, p.197.
19. *Ibid.*, p.198.
20. *Ibid.*
21. *Ibid.*, p.199.
22. *Ibid.*, p.200.
23. *Ibid.*, p.204.
24. *Ibid.*, p.205.
25. Tony Smith, *The Pattern of Imperialism*, Cambridge, England: Cambridge University Press, 1981, p.41, 书中探讨了工会如何开始干预帝国意识形态。
26. Friedrich Meinecke, *Cosmopolitanism and the National State*, translated by Robert B. Kimber, Princeton, New Jersey: Princeton University Press, 1970, pp.25—26.
27. *Ibid.*, p.136.
28. Michael Morton, *Herder and the Poetics of Thought*, Pittsburgh: Pennsylvania University Press, 1989, p.99.
29. Schulze, *Op. cit.*, p.232.
30. *Ibid.*, p.233.
31. Wolfgang J. Mommsen (editor), *Imperialismus*, Hamburg, 1977, p.371.
32. William J. Stead (editor), *The Last Will and Testament of C. J. Rhodes*, London: Review of Reviews Office, 1902, pp.57 and 97f. James, *Op. cit.*, p.169.
33. Osterhammel, *Op. cit.*, p.34.
34. Raoul Girardot, *Le nationalisme français, 1871—1914*, Paris, 1966, p.179.
35. Schulze, *Op. cit.*, p.237.
36. Fritz Stern, *Einstein's German World*, Princeton, New Jersey, and London: Princeton University Press, 1999, p.3.
37. William R. Everdell, *The First Moderns: Profiles in the Origins of Twentieth-Century Thought*, Chicago: University of Chicago Press, 1997, p.166.
38. William Johnston, *The Austrian Mind: An Intellectual and Social History 1848—1938*, Berkeley, Los Angeles and London: University of California Press, 1972/1983, p.183.
39. Gordon A. Craig, *Germany: 1866—1945*, Oxford and New York: Oxford University Press, 1978/1981, pp.39ff. Eva Kolinsky and Wilfried van der Will (editors), *The Cambridge Companion to Modern German Culture*, Cambridge, England: Cambridge University Press, 1998, p.5.
40. *Ibid.*, pp.43ff. Kolinsky and van der Will, *Op. cit.*, p.21.
41. See for instance: Giles Macdonogh, *The Last Kaiser*, London: Weidenfeld & Nicolson, 2000/Phoenix, 2001, p.3. Kolinsky and van der Will, *Op. cit.*, pp.22—23.
42. Craig, *Op. cit.*, p.56. Kolinsky and van der Will, *Op. cit.*, pp.4 and 50.
43. *Ibid.*, p.218.
44. *Ibid.*, pp.218—219.

45. Schonberg, *Lives of the Composers*, *Op. cit.*, pp.239ff.
46. Craig, *Op. cit.*, p.218.
47. J. W. Burrow, *The Crisis of Reason: European Thought, 1848—1914*, New Haven and London: Yale University Press, 2000, p.158.
48. 它们在 1945 年当纳粹烧毁伊门道夫城堡时被毁，第二次世界大战期间它们一直被藏在那里。
49. Carl E. Schorske, *Fin-de-Siècle Vienna: Politics and Culture*, London: Weidenfeld & Nicolson/New York: Knopf, 1980, pp.227—232.
50. Burrow, *Op. cit.*, pp.137—138.
51. See Craig, *Op. cit.*, p.188.
52. Burrow, *Op. cit.*, p.188.
53. Pagden, *Op. cit.*, p.147.
54. *Ibid.*, p.148.
55. Hofstadter, *Social Darwinism in American Thought*, *Op. cit.*, p.171.
56. 有关俄国为什么在那点上不能成为未来之国，see Tony Smith, *Op. cit.*, pp.63—65。
57. Ivan Hannaford, *Race: The History of an Idea*, Washington, DC, and Baltimore: The Woodrow Wilson Center Press and Johns Hopkins University Press, 1996, p.292.
58. Mike Hawkins, *Social Darwinism in European and American Thought, 1860—1945*, Cambridge, England: Cambridge University Press, 1997, p.193.
59. *Ibid.*, p.196.
60. Hofstadter, *Op. cit.*, p.5.
61. *Ibid.*, pp.51—70.
62. *Ibid.*, pp.143ff.
63. Hannaford, *Op. cit.*, pp.291—292.
64. Hawkins, *Op. cit.*, p.132.
65. Hannaford, *Op. cit.*, pp.289—290.
66. Hawkins, *Op. cit.*, p.185.
67. *Ibid.*
68. Hannaford, *Op. cit.*, p.338.
69. *Ibid.*
70. Johnston, *Op. cit.*, p.364.
71. Hawkins, *Op. cit.*, pp.126—127.
72. *Ibid.*, p.178.
73. *Ibid.*, p.62.
74. *Ibid.*, p.201.
75. Hannaford, *Op. cit.*, p.330.
76. A. L. Macfie, *Orientalism*, London: Longman, 2002, p.179.
77. *Ibid.*, p.180.
78. *Ibid.*
79. *Ibid.*
80. 托尼·史密斯说，当英国人到来时，英国殖民之前的印度在经济上落后于欧洲大约五百年。Macfie, *Op. cit.*, p.75.
81. *Ibid.*, p.181.

82. *Ibid.*
83. *Ibid.*, p.182.
84. 转引自：Ferguson, *Op. cit.*, p.39. Bernstein, *Op. cit.*, p.89 上说纳撒尼尔·哈尔海德（1771 年时二十三岁）是第一个指出孟加拉语和梵语之间的区别的人。
85. 黑斯廷斯还资助了一些探险活动。 Bernstein, *Op. cit.*, pp.145ff.
86. Macfie, *Op. cit.*, p.53.
87. 关于英国人在印度所毁坏的，see Tony Smith, *Op. cit.*, p.74。
88. Macfie, *Op. cit.*, p.56.
89. Ferguson, *Op. cit.*, pp.365—371.
90. Edward Said, *Culture and Imperialism*, London and New York: Chatto & Windus/Vintage, 1993/1994, pp.xiff.
91. *Ibid.*, p.xxiv.
92. *Ibid.*, pp.8—12.
93. *Ibid.*, p.85.
94. 有关萨义德书中的一些漏洞，see Valerie Kennedy, *Edward Said: A Critical Introduction*, Cambridge, England: Polity Press, 2000, pp.25 and 37。萨义德只考虑小说，see Roger Benjamin, *Orientalist Aesthetics: Art, Colonialism and North Africa, 1880—1930*, Berkeley and London: University of California Press, 2003, especially pp.129ff, 关于艺术家的学术旅行。See also Philippe Jullian, *The Orientalists: European Painters of Eastern Scenes*, Oxford: Phaidon, 1977。在关于艺术家影响的章节中，他说他们帮助建立了“荒芜的东方”（p.39）。
95. Said, *Op. cit.*, p.75.
96. *Ibid.*, p.102.
97. *Ibid.*, p.104.
98. *Ibid.*, p.108.
99. Edmund Wilson, ‘The Kipling that nobody read’, in *The Wound and the Bow*, Oxford: Oxford University Press, 1947, pp.100—103.
100. 诺埃尔·安南在他的文章“Kipling's place in the history of ideas”中提出了不同的观点，他认为，吉卜林对社会的看法与新社会学家（涂尔干、韦伯、帕雷托）相似，他们都把“社会看作群体的联结；正是这些群体无意中建立起来的行为方式，而不是人的意志或任何类似于阶级、文化或民族传统之类的东西，从根本上决定了人的行为。他们问：这些群体是如何促进社会秩序或不稳定的？而他们的前辈们则问：是否某些群体推动了社会进步？” Said, *Op. cit.*, p.186 and Noel Annan, ‘Kipling's place in the history of ideas’, *Victorian Studies*, vol. 3, number 4, June 1960, p.323.
101. Said, *Op. cit.*, p.187.
102. *Ibid.*, p.196.
103. Redmond O'Hanlon, *Joseph Conrad and Charles Darwin*, Edinburgh: Salamander Press, 1984, p.17.
104. D. C. R. A. Goonetilleke, *Joseph Conrad: Beyond Culture and Background*, London: Macmillan, 1990, pp.15ff.
105. Kingsley Widner, ‘Joseph Conrad’, in *Dictionary of Literary Biography*, Detroit: Bruccoli Clark, vol. 34, 1988, pp.43—82.

106. Joseph Conrad, *Heart of Darkness*, Edinburgh and London: William Blackwood/Penguin, 1902/1995.
107. Goonetilleke, *Op. cit.*, pp.88—91.
108. Conrad, *Op. cit.*, p.20.
109. Goonetilleke, *Op. cit.*, p.168.
110. Richard Curle, *Joseph Conrad: A Study*, London: Kegan Paul, French, Trübner, 1914.
111. 在《西方主义》一书中（London: Atlantic Books, 2004），伊恩·布鲁玛和阿维沙伊·马格利特区分了与东方主义相反的情感，“对西方世界怀有敌意的俗套形象，可以煽动诸如基地组织运动内心的仇恨”。他们认为这一情感根源于 19 世纪的泛日耳曼运动，这场运动影响了 20 世纪阿拉伯世界和日本的民族感情，还根源于波斯的摩尼教同天主教与希腊东正教之间的差异，而东正教在俄国煽动起一种反理性主义精神。
112. Melvyn Bragg, *The Adventure of English*, London: Hodder & Stoughton, 2003, p.1.
113. *Ibid.*, p.3. But see also Geoffrey Hughes, *A History of English Words*, Oxford: Blackwell, 2000, p.99.
114. Bragg, *Op. cit.*, p.28.
115. 关于英语的历史，see Hughes, *Op. cit.*, pp.xvii-xviii; see also Barbara A. Fennell, *A History of English*, Oxford: Blackwell, 2001, pp.55—93。
116. Bragg, *Op. cit.*, p.23.
117. 关于殖民者如何影响（经常是破坏）被殖民者语言的讨论，see Osterhammel, *Op. cit.*, pp.103—104。
118. Bragg, *Op. cit.*, p.52.
119. *Ibid.*, p.58.
120. *Ibid.*, p.52.
121. *Ibid.*, p.67.
122. M. T. Clanchy, *England and Its Rulers* (second edition), Oxford: Blackwell, 1998.
123. 不是所有的征服者都强加他们自己的语言。关于西班牙语和荷兰语（在印度尼西亚）在这方面的不同经历，see Osterhammel, *Op. cit.*, p.95。
124. Bragg, *Op. cit.*, p.85.
125. *Ibid.*, p.101.
126. Hughes, *Op. cit.*, pp.153—158.
127. Bragg, *Op. cit.*, p.148.
128. 关于美国人的“说话方式”，see Boorstin, *The Americans*, *Op. cit.*, pp.275ff。
129. John Algeo (editor), *The Cambridge History of the English Language*, Cambridge, England: Cambridge University Press, vol. VI, 2001, pp.92—93 and 163—168, *passim*. See also Bragg, *Op. cit.*, p.169.
130. Bragg, *Op. cit.*, p.178.
131. Boorstin, *Op. cit.*, p.287 说另一种起源可能来自老肯德胡克，这是马丁·范布伦在总统选举中使用的昵称。他受到纽约 OK 俱乐部民主党的支持。
132. Bragg, *Op. cit.*, p.241.
133. 关于世界各地的英语，see Robert Burchfield, *The Cambridge History of the English Language*, Cambridge, England: Cambridge University Press, vol. V, 1994, especially chapter 10。

34 美国精神与现代大学

1. Boris Ford (editor), *The New Pelican Guide to English Literature*, vol. 9, *American Literature*, London: Penguin Books, 1967/1995, p.61.
2. Commager, *The Empire of Reason*, *Op. cit.*, pp.16f.
3. Louis Menand, *The Metaphysical Club: A Story of Ideas in America*, London: Harper Collins/Flamingo, 2001.
4. Menand, *Op. cit.*, pp.x—xii. See also Hofstadter, *Op. cit.*, p.168, 作者还确认了美国思想中的"文艺复兴"。
5. Morison et al., *Growth of the American Republic*, *Op. cit.*, p.209.
6. Menand, *Op. cit.*, p.6. Harvey Wish, *Society and Thought in Modern America*, London: Longmans Green, 1952, 他的名单上还添加了范勃伦、萨姆纳、惠特曼、德莱赛和普利策、路易·沙利文和温斯洛·荷默。
7. Brogan, *The Penguin History of the United States*, *Op. cit.*, p.300. See also Boorstin, *The Americans: The National Experience*, *Op. cit.*, p.251.
8. Menand, *Op. cit.*, p.19.
9. *Ibid.*, p.26. 有关爱默生对作家们的重要影响，see also Luther S. Luedtke, *Making America: The Society and Culture of the United States*, Chapel Hill: University of North Carolina Press, 1992, p.225。
10. Menand, *Op. cit.*, p.46.
11. Mark DeWolfe Howe, *Justice Oliver Wendell Holmes: The Shaping Years*, vol. 1, Cambridge, Massachusetts: The Belknap Press of Harvard University Press, 1957—1963, two vols, p.100.
12. Menand, *Op. cit.*, p.61.
13. 有关内战的武器和战术介绍，see Brogan, *Op. cit.*, pp.325ff。
14. Morison et al., *Op. cit.*, p.209. See also Albert W. Alschuler, *Law Without Values: The Life, Work and Legacy of Justice Holmes*, Chicago: University of Chicago Press, 2000, pp.41ff, 'The battlefield conversion of Oliver Wendell Holmes'.
15. 有关达尔文对霍姆斯的影响，see Hofstadter, *Op. cit.*, p.32。
16. 霍姆斯说过著名的话，任何人都应当在他或她四十岁时取得令人瞩目的成就。他自己就做到了：他在三十九岁时制定了普通法。
17. Menand, *Op. cit.*, p.338.
18. Howe, *Op. cit.*, vol. 2, p.137.
19. Menand, *Op. cit.*, p.339.
20. Morison et al., *Op. cit.*, p.209.
21. Menand, *Op. cit.*, p.339.
22. *Ibid.*, p.340.
23. *Ibid.*, p.341.
24. Howe, *Op. cit.*, vol. 2, p.140.
25. Morison et al., *Op. cit.*, p.209.
26. Menand, *Op. cit.*, p.342.

27. Alschuler, *Op. cit.*, p.126.
28. Menand, *Op. cit.*, p.344.
29. 他说，他对人性怀有悲观主义观点。*Op. cit.*, pp.65 and 207.
30. Morison et al., *Op. cit.*, pp.201—210.
31. Menand, *Op. cit.*, p.346.
32. *Ibid.*
33. Morison et al., *Op. cit.*, p.209.
34. Menand, *Op. cit.*, p.79.
35. Hofstadter, *Op. cit.*, p.127. Morison et al., *Op. cit.*, p.199.
36. 他的自画像，see Gary Wilson Allen, *William James: A Biography*, London: Rupert Hart-Davis, 1967, p.140。
37. Morison et al., *Op. cit.*, p.297.
38. 米南德认为这“标明美国科学职业化的开始”，Menand, *Op. cit.*, p.100.
39. Linda Simon, *Genuine Reality: A Life of William James*, New York: Harcourt Brace, 1998, p.90.
40. Menand, *Op. cit.*, p.127.
41. *Ibid.*, p.146.
42. Morison et al., *Op. cit.*, p.199.
43. Allen, *Op. cit.*, p.25.
44. Menand, *Op. cit.*, p.154.
45. *Ibid.*
46. Morison et al., *Op. cit.*, p.198.
47. Menand, *Op. cit.*, p.180.
48. *Ibid.*, p.186.
49. Joseph Brent, *C. S. Peirce: A Life*, Bloomington, Indiana: Indiana University Press, 1993, p.208.
50. 关于赫伯特·斯宾塞同实用主义之间的联系，see Hofstadter, *Op. cit.*, pp.124ff。
51. Menand, *Op. cit.*, p.196.
52. Brent, *Op. cit.*, p.96.
53. Menand, *Op. cit.*, p.197.
54. *Ibid.*, p.199.
55. *Ibid.*, p.200.
56. Brent, *Op. cit.*, p.274. 关于皮尔斯和斯宾塞对詹姆斯的影响，see Hofstadter, *Op. cit.*, pp.128ff。See also Boorstin, *The Americans*, *Op. cit.*, p.260.
57. Menand, *Op. cit.*, p.352.
58. *Ibid.*
59. 有关皮尔斯对詹姆斯的助益，see Simon, *Op. cit.*, pp.348ff。
60. Morison et al., *Op. cit.*, p.199.
61. Menand, *Op. cit.*, p.355.
62. *Ibid.*
63. *Ibid.*, p.357.
64. 有关他的保守，see Allen, *Op. cit.*, p.321。
65. Menand, *Op. cit.*, pp.357—358.

66. Lovejoy, *The Great Chain of Being*, *Op. cit.*
67. See for example：Ellen Key, *The Century of the Child*, New York: Putnam, 1909.
68. Boorstin, *Op. cit.*, p.201.
69. Morison et al., *Op. cit.*, p.223.
70. 缺乏体系最后产生了事与愿违的后果，培养出的孩子更加遵循传统，因为他们缺乏偶尔的失败能教给他们的硬知识或独立的判断能力。把孩子们从父母的“专制”下解放出来毫无疑问是一种自由，但是在 20 世纪，它也会产生自己的一套问题。
71. Morison et al., *Op. cit.*, pp.198—199.
72. Menand, *Op. cit.*, p.360.
73. *Ibid.*, p.361. See also Hofstadter, *Op. cit.*, p.136.
74. Menand, *Op. cit.*, p.361.
75. Robert B. Westbrook, *John Dewey and American Democracy*, New York: Cornell University Press, 1991, p.349.
76. Morison et al., *Op. cit.*, pp.199—200.
77. Fergal McGrath, *The Consecration of Learning*, Dublin: Gill & Son, 1962, pp.3—4.
78. *Ibid.*, p.11.
79. Negley Harte, *The University of London: 1836—1986*, Dublin: Athlone Press, 1986, pp.67ff.
80. John Newman, *The Idea of a University*, London: Basil Montague Pickering, 1873/New Haven, Connecticut Yale University Press, 1996, p.88.
81. *Ibid.*, p.123.
82. *Ibid.*, p.133.
83. George M. Marsden, *The Soul of the American University*, New York and Oxford: Oxford University Press, 1994, p.80.
84. *Ibid.*, p.91. 丹尼尔·布尔斯廷说美国学院的一个特点是，它们更多是一个崇拜的地方，而不是教导的地方——对成长的个人的崇拜，这也是本章的两部分联结之处：实用主义和大学。See Boorstin, *The Americans: The Democratic Experience*, New York: Vintage, 1973, 该书还对包括许多设计的新学位在内的美国教育进行了有用的讨论，pp.479—481。
85. Marsden, *Op. cit.*, pp.51—52.
86. Brooks Mather Kelley, *A History of Yale*, New Haven, Connecticut: Yale University Press, 1974, pp.162—165. 然而，正在耶鲁大学，迟至 1886 年，学习古代语言占用了学生三分之一的时间。See Caroline Winter, *The Culture of Classicism*, Baltimore and London: Johns Hopkins University Press, 2002, pp.101—102.
87. *Ibid.*, p.88. 有关对美国大学发展的统计资料，see Morison et al., *Op. cit.*, pp.224—225。
88. Marsden, *Op. cit.*, p.153.
89. Abraham Flexner, *Universities: American, English, German*, Oxford: Oxford University Press, 1930, p.124.
90. Samuel Eliot Morison (editor), *The Development of Harvard University*, Cambridge, Massachusetts: Harvard University Press, 1930, pp.11 and 158.
91. Thomas P. Hughes, *American Genesis*, London: Penguin, 1990, p.14.
92. *Ibid.*, p.241.

93. *Ibid.*, p.16. Morison et al., *Op. cit.*, p.53.
94. Hughes, *Op. cit.*, p.105.
95. Gillian Cookson, *The Cable: The Wire That Changed the World*, Stroud, Gloucestershire: Tempus, 2003, p.152.

35 十字架的敌人：灵魂的终结

1. A. N. Wilson, *God's Funeral*, London: John Murray, 1999, p.133.
2. *Ibid.*, p.160.
3. *Ibid.*, p.4.
4. *Ibid.*, p.189.
5. *Ibid.*, p.193.
6. 对 1905 年出版的对自由思想家产生影响的书籍的调查证实了这一点。See Edward Royle, *Radicals, Secularists and Republicans*, Manchester: Manchester University Press, 1980, p.173.
7. Wilson, *Op. cit.*, p.20.
8. *Ibid.*, p.22.
9. *Ibid.*, p.35.
10. Owen Chadwick, *The Secularisation of European Thought in the Nineteenth Century*, Cambridge, England: Cambridge University Press/Canto, 1975/1985, p.21.
11. *Ibid.*, p.23.
12. *Ibid.*, p.27.
13. Alfred Cobban, *In Search of Humanity: The Role of the Enlightenment in Modern History*, London: Cape, 1966, p.236. See also Hawthorn, *Enlightenment and Despair*, *Op. cit.*, pp.82—84.
14. Chadwick, *Op. cit.*, p.28.
15. *Ibid.*, pp.29—30 and Hawthorn, *Op. cit.*, p.87.
16. Chadwick, *Op. cit.*, p.37.
17. *Ibid.*
18. *Ibid.*, p.38.
19. 但是两极化各有利弊。“1889 年的教皇比 1839 年的教皇影响力大得多，因为后来的教皇有出版社，而早些时候的教皇没有。” *Ibid.*, p.41.
20. 大卫·兰德斯说穷人“进入市场的可能性微乎其微”。David Landes, *Unbound Prometheus*, *Op. cit.*, p.127.
21. Chadwick, *Op. cit.*, p.46.
22. *Ibid.*, p.47.
23. 再一次，马克思在有影响力的作品目录上，同吉本名列前茅。（见上面的注释 6。）Royle, *Op. cit.*, p.174.
24. Chadwick, *Op. cit.*, p.57. Hawthorn, *Op. cit.*, p.85 讨论了新教和天主教的区别，以及

这种区别对马克思主义的意义。
25. Chadwick, *Op. cit.*, p.59.
26. *Ibid.*, p.89.
27. Hofstadter, *Op. cit.*, p.24 观察到，新教徒更容易成为无神论者。
28. Chadwick, *Op. cit.*, p.92.
29. *Ibid.*, p.97.
30. *Ibid.*, p.144.
31. Cobban, *Op. cit.*, p.110. 关于卡莱尔，see Boorstin, *The Americans*, *Op. cit.*, pp.246—247。
32. Chadwick, *Op. cit.*, p.145.
33. *Ibid.*, p.151.
34. Royle, *Op. cit.*, p.220.
35. *Ibid.*, p.17.
36. Chadwick, *Op. cit.*, p.155. Boorstin, *The Americans*, *Op. cit.*, p.195.
37. 有关 19 世纪对 18 世纪普遍悲观主义的态度，see Cobban, *Op. cit.*, p.215。
38. Chadwick, *Op. cit.*, pp.158—159.
39. *Ibid.*, p.159.
40. 有关英国世俗化的组织及其在 1876 年的复苏，see Royle, *Op. cit.*。有关法国，see Jennifer Michael Hecht, *The End of the Soul: Scientific Modernity, Atheism and Anthropology in France*, New York: Columbia University Press, 2003。
41. *Ibid.*, p.177.
42. 接近 19 世纪末，当明斯特的一位天主教神学教授约瑟夫·鲍茨提出火山是炼狱存在的证明时，他受到严厉的嘲讽，被讽刺为“地狱教授”。Chadwick, *Op. cit.*, p.179. 查德威克说，大多数父母不再相信地狱，但告诉孩子说自己相信，把这作为一种方便的控制手段。
43. Chadwick, *Op. cit.*, p.212.
44. *Ibid.*, p.215.
45. *Ibid.*, p.220. 同孔德一样，勒南认为实证主义可以成为一种新信仰的基础。Hawthorn. *Op. cit.*, pp.114—115.
46. Chadwick, *Op. cit.*, p.224.
47. Lester R. Kurtz, *The Politics of Heresy*, Berkeley: University of California Press, 1986, p.18.
48. Hecht, *Op. cit.*, p.182. See also Kurtz, *Op. cit.*, p.18.
49. Chadwick, *Op. cit.*, p.123.
50. Kurtz, *Op. cit.*, p.25.
51. *Ibid.*, p.27.
52. Moynahan, *The Faith*, *Op. cit.*, p.655.
53. Kurtz, *Op. cit.*, p.30.
54. Moynahan, *Op. cit.*, p.655.
55. Kurtz, *Op. cit.*, p.30.
56. *Ibid.*, pp.30—31.
57. ‘Liberals and intransigents in France, 1848—1878’, Chapter III of Alec R. Vidler, *The Modernist Movement and the Roman Church*, New York: Garden Press, 1976, pp.25ff.

58. Kurtz, *Op. cit.*, p.33.
59. *Ibid.*
60. Vidler, *Op. cit.*, pp.42 and 96.
61. Kurtz, *Op. cit.*, p.34.
62. *Ibid.*, p.35.
63. *Ibid.*
64. 有关那一天的生动记述（包括特殊的天气），see Moynahan, *Op. cit.*, p.659。
65. Kurtz, *Op. cit.*, p.37.
66. *Ibid.*, p.38.
67. Vidler, *Op. cit.*, pp.60—65 and 133f.
68. Kurtz, *Op. cit.*, p.41.
69. *Ibid.*, p.42.
70. 'The Biblical Question', Chapter X, in Vidler, *Op. cit.*, pp.81ff. Moynahan, *Op. cit.*, p.661 说利奥的"同情"民主和良知自由，只是相较于庇护而言。
71. Kurtz, *Op. cit.*, p.44.
72. *Ibid.*, p.45.
73. 德国的文化争端使普鲁士的所有主教职位空缺，一百多万天主教徒无法接受圣礼。有关信息 see Moynahan, *Op. cit.*, p.661。
74. Kurtz, *Op. cit.*, p.50.
75. *Ibid.*, p.148.
76. Hourani, *History of the Arab Peoples*, *Op. cit.*, chapter 18，'The culture of imperialism and reform', pp.299ff and Erik J. Zürcher, *Turkey: A Modern History*, London: I. B. Tauris, 1993, pp.52—74.
77. Ekmeleddin Ihsanoglu, *Science, Technology and Learning in the Ottoman Empire*, *Op. cit.*, especially chapters II, III, IV, V, VII, VIII, IX and X.
78. *The Times* (London), 29 April 2004. See also Aziz Al-Azmeh, *Islams and Modernities* (second edition), London: Verso, 1996, especially chapter 4，pp.101—127.
79. Hourani, *Op. cit.*, pp.307 and 346—347.
80. *The Times*, 29 April 2004. Al-Azmeh, *Op. cit.*, pp.107—117. See also Francis Robinson, 'Other-worldly and This-Worldly Islam and the Islamic Revival', Cantwell Smith memorial Lecture, Royal Asiatic Society, 10 April 2003.
81. 对马基雅维里的研究在伊斯兰世界变得非常流行，它成为理解专制君主和独裁者的方式。
82. *The Times*, 29 April 2004. Al-Azmeh, *Op. cit.*, pp.41ff. Hourani, *Op. cit.*, pp.254, 302 and 344—345. See also Tariq Ramadan, *Western Muslims and the Future of Islam*, Oxford: Oxford University Press, 2003. 改革大约由于第一次世界大战的爆发而终止，当时很多人对科学文化和物质主义都失去了信仰。战后伊斯兰世界目睹了两种平行思潮。现代主义在许多领域继续，但是开始于埃及"穆斯林兄弟会"的一种更加好战的思潮开始扎根。整个 20 世纪 20、30 和 40 年代，马克思主义和社会主义成为官方的统治信条，而宗教被贬低，伊斯兰教也没有容身之地。这在 1968 年的六日战争（第三次中东战争）中达到高潮，穆斯林国家在这场战争中大败。这在伊斯兰世界被视为社会主义的巨大失败，也正是从这时起，宗教极端主义开始填补此时的政治真空。

36 现代主义与无意识的发现

1. Ronald Clark, *Freud: The Man and the Cause*, New York Random House, 1980, pp.20 and 504.
2. Everdell, *The First Moderns*, *Op. cit.*, p.129.
3. Mark D. Altschule, *Origins of Concepts in Human Behavior: Social and Cultural Factors*, New York and London: John Wiley, 1977, p.199. Peter Gay, *Schnitzler's Century: The Making of Middle Class Culture 1815—1914*, New York and London: W. W. Norton, 2002, pp.132 and 137.
4. Guy Claxton, *The Wayward Mind: An Intimate History of the Unconscious*, London: Little, Brown, 2005, *passim*.
5. Henri F. Ellenberger, *The Discovery of the Unconscious*, London: Allen Lane The Penguin Press, 1970, pp.56—70.
6. *Ibid.*, pp.124—125.
7. *Ibid.*, p.142.
8. Reuben Fine, *A History of Psychoanalysis*, New York: Columbia University Press, 1979, pp.9—10.
9. Ellenberger, *Op. cit.*, p.145.
10. 历史学家彼得・盖伊的著作，尤其是他的四卷本 *The Bourgeois Experience: Victoria to Freud*（Oxford and New York: Oxford University Press, 1984）认为整个 19 世纪从某种意义上在弗洛伊德身上达到鼎盛。他的作品涉及性、性别、品位、学术、隐私、对自我的变化的看法，内容太过广泛，无法以本书的篇幅进行合理地解读。古斯塔夫・杰里的书 *From the Unconscious to the Conscious*（London: Collins, 1920）提出了相反的观点：进化产生了意识。
11. Ellenberger, *Op. cit.*, p.205.
12. *Ibid.*, p.212.
13. *Ibid.*, p.219.
14. *Ibid.*, pp.218—223.
15. 一种完全不同的传统（在作者看来离题太远了），see David Bakan, *Sigmund Freud and the Jewish Mystical Tradition*, Princeton, New Jersey: D. Van Nostrand, 1958。
16. Ellenberger, *Op. cit.*, p.208.
17. *Ibid.*, p.209.
18. Quoted in Bryan Magee, *The Philosophy of Schopenhauer*, Oxford: Oxford University Press, 1983, pp.132—133.
19. Ernest Gellner, *The Psychoanalytic Movement*, London: Paladin, 1985, pp.21ff.
20. Allen Esterson, *Seductive Mirage*, Chicago and La Salle, Illinois: Open Court, 1993, p.224.
21. Ernest Jones, *Sigmund Freud: Life and Work*, London: Hogarth Press, 1953/1980, vol. 1, p.410.
22. Ellenberger, *Op. cit.*, p.358.
23. Elton Mayo, *The Psychology of Pierre Janet*, London: Routledge & Kegan Paul, 1951, pp.24ff 给出了一份简洁的描述。

24. Ellenberger, *Op. cit.*, p.296.
25. *Ibid.*
26. Giovanni Costigan, *Sigmund Freud: A Short Biography*, London: Robert Hale, 1967, p.100.
27. Johnston, *The Austrian Mind*, *Op. cit.*, p.235.
28. Esterson, *Op. cit.*, pp.2—3. Johnston, *Op. cit.*, p.236.
29. Johnston, *Op. cit.*, p.236.
30. Costigan, *Op. cit.*, p.42.
31. *Ibid.*, pp.68ff.
32. *Ibid.*, p.70.
33. Clark, *Op. cit.*, p.181.
34. *Ibid.*, p.185.
35. Gregory Zilboorg, 'Free association', *International Journal of Psychoanalysis*, vol. 33, 1952, pp.492—494.
36. See also Hannah Decker, 'The medical reception of psychoanalysis in Germany, 1894—1907: three brief studies', *Bulletin of the History of Medicine*, vol. 45, 1971, pp.461—481.
37. Albrecht Hirschmüller, *The Life and Work of Josef Breuer*, New York and London: New York University Press, 1978/1989, p.131.
38. Mikkel Borch-Jacobsen (translated by Kirby Olson in collaboration with Xavier Callahan and the author), *Remembering Anna O. A Century of Mystification*, New York and London: Routledge, 1996, pp.29—48.
39. Morton Schatzman, 'Freud: who seduced whom?', *New Scientist*, 21 March 1992, pp.34—37.
40. Esterson, *Op. cit.*, p.52.
41. Anthony Clare, 'That shrinking feeling', *The Sunday Times*, 16 November 1997, pp.8—10.
42. T. J. Clark, *The Painting of Modern Life*, Princeton, New Jersey, and London: Princeton University Press, 1984, p.25.
43. *Ibid.*, p.30.
44. *Ibid.*, pp.23ff.
45. Perkin, *The Rise of Professional Society*, *Op. cit.*, p.80 有一张图表。这一论点也适用于德国，see Geoffrey Cocks and Konrad H. Jarausch (editors), *German Professions: 1800—1950*, New York and Oxford: Oxford University Press, 1990。Malcolm Bradbury and James McFarlane (editors), *Modernism: A Guide to European Literature, 1890—1930*, London: Penguin Books, 1976/1991, p.47.
46. *Ibid.*, p.68.
47. *Ibid.*, p.100.
48. Johnston, *The Austrian Mind*, *Op. cit.*, pp.23 and 32 and Schorske, *Fin-de-Siècle Vienna*, *Op. cit.*, p.19.
49. Schorske, *Op. cit.*, p.19.
50. Bradbury and McFarlane (editors), *Op. cit.*, p.37.
51. Robert Ferguson, *Henrik Ibsen*, London: Richard Cohen Books, 1996, p.321.
52. Everdell, *The First Moderns*, *Op. cit.*, p.290. Franz Servaes, 'Jung Berlin, I, II, III', in *Die*

Zeit (Vienna), 21 and 28 November, 5 December 1896.
53. Bradbury and McFarland (editors), *Op. cit.*, p.499.
54. 建立在易卜生对其同胞的愤怒之上。Ferguson.*Op. cit.*, pp.269ff.
55. John Fletcher and James McFarlane, 'Modernist drama: origins and patterns', in Bradbury and McFarlane (editors), *Op. cit.*, p.502.
56. *Ibid.*, p.504.
57. Sandbach, *Op. cit.*, p.viii.
58. *Ibid.*, p.ix.
59. Frederich Marker and Lise-Lone Marker, *Strindberg and Modernist Theatre*, Cambridge, England: Cambridge University Press, 2002, p.31; James McFarlane, 'Intimate theatre: Maeterlinck to Strindberg', in Bradbury and McFarlane (editors), *Op. cit.*, pp.524—525.
60. Marker and Marker, *Op. cit.*, pp.23ff.
61. Bradbury and McFarlane (editors), *Op. cit.*, p.525.
62. André Malraux, *Picasso's Masks*, New York: Holt, Rinehart & Winston, 1976, pp.10—11.
63. Everdell, *Op. cit.*, p.252; Fletcher and McFarlane, *Op. cit.*, p.503.
64. Burrow, *The Crisis of Reason*, *Op. cit.*, p.148.
65. *Ibid.*
66. *Ibid.*, p.148.
67. *Ibid.*, p.149.
68. *Ibid.*
69. *Ibid.*, pp.162—163.
70. Roger Smith, *The Fontana History of the Human Sciences*, *Op. cit.*, p.851 and ref.
71. *Ibid.*, p.852 and ref.
72. *Ibid.*, p.853. 尼采的传记作家柯蒂斯·凯特说，尼采认识到个人对待自己过去的态度本质上是模棱两可的，在这一方面，他是弗洛伊德、阿德勒和荣格的先声。这可能是一种刺激因素，也可能适得其反。过去可以提供灵感，获得意志的力量。Curtis Cate, *Friedrich Nietzsche*, London: Hutchinson, 2002, p.185.
73. Burrow, *Op. cit.*, pp.189—190.
74. 有关现代主义是什么以及"可能不是什么"的讨论，see Everdell, *Op. cit.*, pp.1—12。有关修拉的《拉格兰德加特岛的星期日下午》画作为第一幅现代主义杰作候选，see p.63. Malcolm Bradbury and James McFarlane, 'The name and nature of modernism', in Bradbury and McFarlane (editors), *Op. cit.*, p.28。
75. Bradbury and McFarlane (editors), *Op. cit.*, p.50.
76. James McFarlane, 'The Mind of Modernism', in Bradbury and McFarlane (editors), *Op. cit.*, p.85.

结语　电子、元素和难以捉摸的自我

1. 卡文迪许实验室的诺贝尔奖获得者包括：J. J. 汤姆孙 (1906), 欧内斯特·卢瑟福

(1908), W. L. 布拉格 (1915), F. W. 阿斯顿 (1922), 詹姆斯·查德威克 (1935), E. V. 阿普尔顿 (1947), P. M. S. 布莱克特 (1948), 弗朗西斯·克里克和詹姆斯·沃森 (1962), 安东尼·休伊什和马丁·赖尔 (1974), 以及彼得·卡皮查 (1978). See: Jeffrey Hughes, '"Brains in their finger-tips": physics at the Cavendish Laboratory, 1880—1940', see Richard Mason (editor), *Cambridge Minds*, Cambridge, England: Cambridge University Press/Canto, 1994, pp.160ff。

2. See the photograph on page 243 of J. G. Crowther, *The Cavendish Laboratory, 1874—1974*, London: Macmillan, 1974.
3. Mason (editor), *Op. cit.*, p.162.
4. Crowther, *Op. cit.*, p.48.
5. Steven Weinberg, *The Discovery of Subatomic Particles*, New York: W. H. Freeman, 1983/1990, p.7.
6. Mason (editor), *Op. cit.*, p.161.
7. Paul Strathern, *Mendeleyev's Dream: The Quest for the Elements*, London: Hamish Hamilton, 2000, pp.3 and 286. See also Richard Rhodes, *The Making of the Atomic Bomb*, New York: Simon & Schuster, 1986, p.30.
8. *Ibid.*, p.31.
9. *Ibid.*, pp.41—42.
10. *Ibid.*, pp.38—40.
11. *Ibid.*, pp.50—51 and 83—85.
12. Roy Porter, *Flesh in the Age of Reason*, London: Allen Lane, The Penguin Press, 2003, pp.69ff.
13. *Ibid.*, p.30. Wahrman, *The Making of the Modern Self*, *Op. cit.*, pp.182—184.
14. Bradbury and McFarlane (editors) *Op. cit.*, p.86 and Arnold Hauser, *A Social History of Art*, *Op. cit.*, vol. IV, p.224. 在 *Augustine's Invention of the Inner Self* (Cambridge, England: Cambridge University Press, 2003) 一书中，菲利普·卡里认为，奥古斯丁发明了作为私人内心空间的自我概念，并因此而开启了西方的内心化传统。
15. Burrow, *Op. cit.*, pp.137—138.
16. *Ibid.*, p.153.
17. Robinson, 'Symbols at an Exhibition', *Op. cit.*, p.12.
18. P. B. Medawar, *The Hope of Progress*, London: Methuen, 1972, p.68.
19. John Maddox, *What Remains to Be Discovered*, London: Macmillan, 1998, p.306.
20. John Cornwell (editor), *Consciousness and Human Identity*, Oxford and New York: Oxford University Press, 1998, p.vii. See Simon Blackburn, 'The world in your head', *New Scientist*, 11 September 2004, pp.42—45 and Jeffrey Gray, *Consciousness: Creeping Up on the Hard Problem*, Oxford: Oxford University Press, 2004. Benjamin Libet, *Mind Time: The Temporal Factor in Consciousness*, Cambridge, Massachusetts: Harvard University Press, 2004.
21. See for example J. R. Searle, *The Mystery of Consciousness*, London: Granta, 1996, pp.95ff.
22. Roger Penrose, *Shadows of the Mind: A Search for the Missing Science of Consciousness*, Oxford and New York: Oxford University Press, 1994.
23. *Ibid.*, p.87.

24. Cornwell (editor), *Op. cit.*, pp.11—12. Laura Spinney, 'Why we do what we do', *New Scientist*, 31 July 2004, pp.32—35; Emily Suiger, 'They know what you want', *Ibid.*, p.36.
25. Robert Wright, *The Moral Animal*, New York: Pantheon, 1994, p.321.
26. Olaf Sporns, 'Biological variability and brain function', in Cornwell (editor), *Op. cit.*, pp.38—53.
27. John Gray, *Straw Dogs*, London: Granta, 2002, p.151.

索 引

（条目后数字为原书页码，见本书边码。）

人名和地名

思想

图书在版编目（CIP）数据

思想史：从火到弗洛伊德/（英）彼得·沃森（Peter Watson）著；胡翠娥译．—南京：译林出版社，2018.1（2024.2重印）
书名原文：Ideas: A History from Fire to Freud
ISBN 978-7-5447-7063-7

Ⅰ.①思…　Ⅱ.①彼…②胡…　Ⅲ.①思想史－世界　Ⅳ.①B1

中国版本图书馆 CIP 数据核字（2017）第 231412 号

思想史：从火到弗洛伊德　［英国］彼得·沃森／著　胡翠娥／译

责任编辑　陶泽慧
装帧设计　水玉银文化 syyart@163.com
校　　对　孙玉兰
责任印制　单　莉

原文出版　Orion，2005
出版发行　译林出版社
地　　址　南京市湖南路 1 号 A 楼
邮　　箱　yilin@yilin.com
网　　址　www.yilin.com
市场热线　025-86633278
排　　版　南京展望文化发展有限公司
印　　刷　南京爱德印刷有限公司
开　　本　718 毫米 ×1000 毫米　1/16
印　　张　79.75
插　　页　8
版　　次　2018 年 1 月第 1 版
印　　次　2024 年 2 月第 18 次印刷
书　　号　ISBN 978-7-5447-7063-7
定　　价　248.00 元